Aa

a

PALABRA CLAVE

(*a* + *el* = *al*) *prep*

1 (*dirección*) to; **fueron a Acapulco/Chile** they went to Acapulco/Chile; **me voy a casa** I'm going home

2 (*distancia*): **está a 15 millas de aquí** it's 15 miles from here

3 (*posición*): **estar a la mesa** to be at table; **al lado de** next to, beside; *ver tb* **puerta**

4 (*tiempo*): **a las 10/a medianoche** at 10/midnight; **a la mañana siguiente** the following morning; **a los pocos días** after a few days; **estamos a 9 de julio** it's July ninth; **a los 24 años** at the age of 24; **al año/a la semana** a year/week later

5 (*manera*): **a la francesa** the French way; **a caballo** on horseback; **a oscuras** in the dark

6 (*medio, instrumento*): **a lápiz** in pencil; **a mano** by hand; **estufa** (*MÉX*) *o* **cocina** (*LAm exc MÉX, ESP*) **a gas** gas stove

7 (*razón*): **a 30 pesos la libra** at 30 pesos a pound; **a más de 50 millas por hora** at more than 50 miles per hour

8 (*dativo*): **se lo di a él** I gave it to him; **vi al policía** I saw the policeman; **se lo compré a él** I bought it from him

9 (*tras ciertos verbos*): **voy a verlo** I'm going to see him; **empezó a trabajar** he started working *o* to work

10 (*+ infin*): **al verlo, lo reconocí inmediatamente** when I saw him I recognized him at once; **el camino a recorrer** the distance we *etc* have to travel; **¡a callar!** keep quiet!; **¡a comer!** let's eat!

abad, esa *nm/f* abbot (abbess) ❑ **abadía** *nf* abbey
abajo *adv* (*situación*) (down) below, underneath; (*en edificio*) downstairs; (*dirección*) down, downwards; **el** (*LAm*) **departamento de ~** the downstairs flat; **la parte de ~** the lower part; **¡~ el gobierno!** down with the government!; **cuesta/río ~** downhill/downstream; **de arriba ~** from top to bottom; **el ~ firmante** the undersigned; **más ~** lower *o* further down
abalanzarse *vr*: **~ sobre** *o* **contra** to throw o.s. at
abanderado, -a *nm/f* (*portaestandarte*) standard bearer; (*de un movimiento*) champion, leader; (*MÉX: linier*) linesman, assistant referee
abandonado, -a *adj* derelict; (*desatendido*) abandoned; (*desierto*) deserted; (*descuidado*) neglected
abandonar *vt* to leave; (*persona*) to abandon, desert; (*cosa*) to abandon, leave behind; (*descuidar*) to neglect; (*renunciar a*) to give up; (*INFORM*) to quit; **abandonarse** *vr*: **~se a** to abandon o.s. to ❑ **abandono** *nm* (*acto*) desertion, abandonment; (*estado*) abandon, neglect; (*renuncia*) withdrawal, retirement; **ganar por abandono** to win by default
abanicar *vt* to fan ❑ **abanico** *nm* fan; (*NÁUT*) derrick
abaratar *vt* to lower the price of; **abaratarse** *vr* to go *o* come down in price
abarcar *vt* to include, embrace; (*LAm: acaparar*) to monopolize
abarrotado, -a *adj* packed
abarrotar *vt* (*local, estadio, teatro*) to fill, pack
abarrotero, -a (*MÉX*) *nm/f* grocer ❑ **abarrotes** (*MÉX*) *nmpl* groceries; **tienda de abarrotes** (*MÉX, CAm*) grocery store
abastecer *vt*: **~ (de)** to supply (with) ❑ **abastecimiento** *nm* supply
abasto *nm* supply; **no dar ~ a** to be unable to cope with
abatido, -a *adj* dejected, downcast
abatimiento *nm* (*depresión*) dejection, depression
abatir *vt* (*muro*) to demolish; (*pájaro*) to shoot *o* bring down; (*fig*) to depress; **abatirse** *vr* to get depressed; **~se sobre** to swoop *o* pounce on
abdicación *nf* abdication
abdicar *vi* to abdicate
abdomen *nm* abdomen ❑ **abdominales** *nmpl* (*tb*: **ejercicios abdominales**) situps
abecedario *nm* alphabet
abedul *nm* birch
abeja *nf* bee
abejorro *nm* bumblebee
abertura *nf* = **apertura**
abeto *nm* fir
abierto, -a *pp de* **abrir** ♦ *adj* open
abigarrado, -a *adj* multi-colored (*US*), multi-coloured (*BRIT*)
abismal *adj* (*fig*) vast, enormous
abismar *vt* to humble, cast down; **abismarse** *vr* to sink; **~se en** (*fig*) to be plunged into
abismo *nm* abyss
abjurar *vi*: **~ de** to abjure, forswear
ablandar *vt* to soften; **ablandarse** *vr* to get softer
abnegación *nf* self-denial
abnegado, -a *adj* self-sacrificing
abocado, -a *adj*: **verse ~ al desastre** to be heading for disaster
abochornar *vt* to embarrass
abofetear *vt* to slap (in the face)
abogado, -a *nm/f* lawyer; (*en tribunal*) attorney (*US*), barrister (*BRIT*) ▸ **abogado defensor** defense attorney (*US*) *o* lawyer
abogar *vi*: **~ por** to plead for; (*fig*) to advocate
abolengo *nm* ancestry, lineage
abolición *nf* abolition
abolir *vt* to abolish; (*cancelar*) to cancel
abolladura *nf* dent
abollar *vt* to dent
abombarse (*LAm*) *vr* to go bad
abominable *adj* abominable
abonado, -a *adj* (*deuda*) paid(-up) ♦ *nm/f* subscriber
abonar *vt* (*deuda*) to settle; (*terreno*) to fertilize; (*idea*) to endorse; **abonarse** *vr* to subscribe ❑ **abono** *nm* (*pago*) payment; (*para plantas*) fertilizer; (*DEPORTE, FERRO*) season ticket; (*MÉX: pago parcial*) installment (*US*), instalment (*BRIT*)
abordar *vt* (*barco*) to board; (*asunto*) to broach
aborigen *nmf* aborigine
aborrecer *vt* to hate, loathe
abortar *vi* (*malparir*) to have a miscarriage; (*deliberadamente*) to have an abortion ❑ **aborto** *nm* miscarriage; abortion
abotonar *vt* to button (up), do up
abovedado, -a *adj* vaulted, domed
abrasar *vt* to burn (up); (*AGR*) to dry up, parch
abrazar *vt* to embrace, hug
abrazo *nm* embrace, hug; **un ~** (*en carta*) with best wishes
abrebotellas *nm inv* bottle opener
abrecartas *nm inv* letter opener
abrelatas *nm inv* can *o* tin (*BRIT*) opener
abreviar *vt* to abbreviate; (*texto*) to abridge; (*plazo*) to reduce ❑ **abreviatura** *nf* abbreviation
abridor *nm* bottle opener; (*de latas*) can *o* tin (*BRIT*) opener
abrigador, a (*MÉX*) *adj* warm
abrigar *vt* (*proteger*) to shelter; (*ropa*) to keep warm; (*fig*) to cherish
abrigo *nm* (*prenda*) coat, overcoat; (*lugar protegido*) shelter
abril *nm* April
abrillantar *vt* to polish
abrir *vt* to open (up) ♦ *vi* to open; **abrirse** *vr* to open (up); (*extenderse*) to open out; (*cielo*) to clear; **~se paso** to find *o* force a way through
abrochar *vt* (*con botones*) to button (up); (*zapato, con broche*) to do up
abrumar *vt* to overwhelm; (*sobrecargar*) to weigh down
abrupto, -a *adj* abrupt; (*empinado*) steep
absceso *nm* abscess
absentismo *nm* absenteeism
absolución *nf* (*REL*) absolution; (*JUR*) acquittal
absoluto, -a *adj* absolute; **en ~** *adv* not at all
absolver *vt* to absolve; (*JUR*) to pardon; (*: acusado*) to acquit
absorbente *adj* absorbent; (*interesante*) absorbing
absorber *vt* to absorb; (*embeber*) to soak up
absorción *nf* absorption; (*COM*) takeover
absorto, -a *pp de* **absorber** ♦ *adj* absorbed, engrossed
abstemio, -a *adj* teetotal
abstención *nf* abstention
abstenerse *vr*: **~ (de)** to abstain *o* refrain (from)
abstinencia *nf* abstinence; (*ayuno*) fasting
abstracción *nf* abstraction
abstracto, -a *adj* abstract
abstraer *vt* to abstract; **abstraerse** *vr* to be *o* become absorbed
abstraído, -a *adj* absent-minded
absuelto *pp de* **absolver**
absurdo, -a *adj* absurd
abuchear *vt* to boo
abuelo, -a *nm/f* grandfather(-mother); **~s** *nmpl* grandparents
abulia *nf* apathy
abultado, -a *adj* bulky
abultar *vi* to be bulky
abundancia *nf*: **una ~ de** plenty of ❑ **abundante** *adj* abundant, plentiful
abundar *vi* to abound, be plentiful
aburguesarse *vr* to become middle-class
aburrido, -a *adj* (*hastiado*) bored; (*que aburre*) boring ❑ **aburrimiento** *nm* boredom, tedium
aburrir *vt* to bore; **aburrirse** *vr* to be bored, get bored
abusado, -a (*MÉX: fam*) *adj* (*astuto*) sharp, cunning ♦ *excl*: **¡abusado!** (*inv*) look out!, careful!
abusar *vi* to go too far; **~ de** to abuse
abusivo, -a *adj* (*precio*) exorbitant
abuso *nm* abuse
abyecto, -a *adj* wretched, abject
acá *adv* (*lugar*) here; **¿de cuándo ~?** since when?
acabado, -a *adj* finished, complete; (*perfecto*) perfect; (*agotado*) worn out; (*fig*) masterly ♦ *nm* finish
acabar *vt* (*llevar a su fin*) to finish, complete; (*consumir*) to use up; (*rematar*) to finish off ♦ *vi* to finish, end; **acabarse** *vr* to finish, stop; (*terminarse*) to be over; (*agotarse*) to run out; **~ con** to put an end to; **~ de llegar** to have just arrived; **~ por hacer** to end (up) by doing; **¡se acabó!** it's all over!; (*¡basta!*) that's enough!
acabóse *nm*: **esto es el ~** this is the last straw
academia *nf* academy ❑ **académico, -a** *adj* academic
acaecer *vi* to happen, occur
acallar *vt* (*persona*) to silence; (*protestas, rumores*) to suppress
acalorado, -a *adj* (*discusión*) heated
acalorarse *vr* (*fig*) to get heated
acampar *vi* to camp
acantilado *nm* cliff
acaparar *vt* to monopolize; (*acumular*) to hoard
acariciar *vt* to caress; (*esperanza*) to cherish
acarrear *vt* to transport; (*fig*) to cause, result in
acaso *adv* perhaps, maybe; **(por) si ~** (just) in case; **¿~ tengo yo la culpa?** is it MY fault?
acatamiento *nm* respect; (*ley*) observance
acatar *vt* to respect; (*ley*) obey
acatarrarse *vr* to catch a cold
acaudalado, -a *adj* well-off
acaudillar *vt* to lead, command
acceder *vi*: **~ a** (*petición etc*) to agree to; (*tener acceso a*) to have access to; (*INFORM*) to access
accesible *adj* accessible
acceso *nm* access, entry; (*camino*) access, approach; (*MED*) attack, fit
accesorio, -a *adj, nm* accessory
accidentado, -a *adj* uneven; (*montañoso*) hilly; (*azaroso*) eventful ♦ *nm/f* accident victim
accidental *adj* accidental ❑ **accidentarse** *vr* to have an accident
accidente *nm* accident; **~s** *nmpl* (*de terreno*) unevenness *sg*
acción *nf* action; (*acto*) action, act; (*COM*) share; (*JUR*) action, lawsuit ❑ **accionar** *vt* to work, operate; (*INFORM*) to drive
accionista *nmf* shareholder, stockholder
acebo *nm* holly; (*árbol*) holly tree
acechar *vt* to spy on; (*aguardar*) to lie in wait for ❑ **acecho** *nm*: **estar al acecho (de)** to lie in wait (for)
aceitar *vt* to oil, lubricate
aceite *nm* oil ▸ **aceite de oliva** olive oil ❑ **aceitera** *nf* oilcan ❑ **aceitoso, -a** *adj* oily
aceituna *nf* olive
acelerador *nm* accelerator, gas pedal (*US*)
acelerar *vt* to accelerate
acelga *nf* chard, beet
acento *nm* accent; (*acentuación*) stress
acentuar *vt* to accent; to stress; (*fig*) to accentuate
acepción *nf* meaning
aceptable *adj* acceptable
aceptación *nf* acceptance; (*aprobación*) approval
aceptar *vt* to accept; (*aprobar*) to approve
acequia *nf* irrigation ditch
acera *nf* sidewalk (*US*), pavement (*BRIT*)
acerca: **~ de** *prep* about, concerning
acercar *vt* to bring *o* move nearer; **acercarse** *vr* to approach, come near
acerico *nm* pincushion
acero *nm* steel
acérrimo, -a *adj* (*partidario*) staunch; (*enemigo*) bitter
acertado, -a *adj* correct; (*apropiado*) apt; (*sensato*) sensible
acertar *vt* (*blanco*) to hit; (*solución*) to get right; (*adivinar*) to guess ♦ *vi* to get it right, be right; **~ a** to manage to; **~ con** to happen *o* hit on
acertijo *nm* riddle, puzzle
achacar *vt* to attribute
achacoso, -a *adj* sickly
achantar (*fam*) *vt* to scare, frighten; **achantarse** *vr* to back down
achaque *etc vb ver* **achacar** ♦ *nm* ailment
achicar *vt* to reduce; (*NÁUT*) to bale out
achicharrar *vt* to scorch, burn
achichincle (*MÉX: fam*) *nmf* minion
achicoria *nf* chicory
achuras (*RPl*) *nfpl* offal *sg*
aciago, -a *adj* ill-fated, fateful
acicalar *vt* to polish; (*persona*) to dress up; **acicalarse** *vr* to get dressed up
acicate *nm* spur
acidez *nf* acidity
ácido, -a *adj* sour, acid ♦ *nm* acid
acierto *etc vb ver* **acertar** ♦ *nm* success; (*buen paso*) wise move; (*solución*) solution; (*habilidad*) skill, ability
acitronar (*MÉX: fam*) *vt* to brown
aclamación *nf* acclamation; (*aplausos*) applause
aclamar *vt* to acclaim; (*aplaudir*) to applaud
aclaración *nf* clarification, explanation
aclarar *vt* to clarify, explain; (*ropa*) to rinse ♦ *vi* to clear up; **aclararse** *vr* (*explicarse*) to understand; **~se la garganta** to clear one's throat
aclaratorio, -a *adj* explanatory
aclimatación *nf* acclimatization
aclimatar *vt* to acclimatize, acclimate (*US*); **aclimatarse** *vr* to become acclimatized
acné *nm* acne
acobardar *vt* to intimidate
acodarse *vr*: **~ en** to lean on
acogedor, a *adj* welcoming; (*hospitalario*) hospitable
acoger *vt* to welcome; (*abrigar*) to shelter; **acogerse** *vr* to take refuge
acogida *nf* reception; refuge
acomedido, -a (*MÉX*) *adj* helpful, obliging
acometer *vt* to attack; (*emprender*) to undertake ❑ **acometida** *nf* attack, assault
acomodado, -a *adj* (*persona*) well-to-do
acomodador, a *nm/f* usher(ette)
acomodar *vt* to adjust; (*alojar*) to accommodate; **acomodarse** *vr* to conform; (*instalarse*) to install o.s.; (*adaptarse*): **~se (a)** to adapt (to)
acompañar *vt* to accompany; (*documentos*) to enclose
acondicionar *vt* to arrange, prepare; (*pelo*) to condition
acongojar *vt* to distress, grieve
aconsejar *vt* to advise, counsel; **aconsejarse** *vr*: **~se con** to consult
acontecer *vi* to happen, occur ❑ **acontecimiento** *nm* event
acopio *nm* store, stock
acoplamiento *nm* coupling, joint ❑ **acoplar** *vt* to fit; (*ELEC*) to connect; (*vagones*) to couple
acorazado, -a *adj* armor-plated (*US*), armour-plated (*BRIT*) ♦ *nm* battleship
acordar *vt* (*resolver*) to agree, resolve; (*recordar*) to remind; **acordarse** *vr* to agree; **~se (de algo)** to remember (sth) ❑ **acorde** *adj* (*MÚS*) harmonious, in keeping with ♦ *nm* chord; **acorde a** *o* **con** (*ley*) in conformity *o* compliance with
acordeón *nm* accordion; (*MÉX: fam: en examen*) cheat-sheet
acordonado, -a *adj* (*calle*) cordoned-off
acorralar *vt* to round up, corral
acortar *vt* to shorten; (*duración*) to cut short; (*cantidad*) to reduce; **acortarse** *vr* to become shorter
acosar *vt* to pursue relentlessly; (*fig*) to hound, pester ❑ **acoso** *nm* harassment ▸ **acoso sexual** sexual harassment
acostar *vt* (*en cama*) to put to bed; (*en suelo*) to lay down; **acostarse** *vr* to go to bed; to lie down; **~se con algn** to sleep with sb
acostumbrado, -a *adj* usual; **~ a** used to
acostumbrar *vt*: **~ a algn a algo** to get sb used to sth ♦ *vi*: **~ (a) hacer** to be in the habit of doing; **acostumbrarse** *vr*: **~se a** to get used to
acotación *nf* marginal note; (*GEO*) elevation mark; (*de límite*) boundary mark; (*TEATRO*) stage direction
acotamiento (*MÉX*) *nm* shoulder (*US*), berm (*US*), hard shoulder (*BRIT*)
ácrata *adj, nmf* anarchist
acre *adj* (*olor*) acrid; (*fig*) biting ♦ *nm* acre
acrecentar *vt* to increase, augment
acreditar *vt* (*garantizar*) to vouch for, guarantee; (*autorizar*) to authorize; (*dar prueba de*) to prove; (*COM: abonar*) to credit; (*embajador*) to accredit; **acreditarse** *vr* to become famous
acreedor, a *adj*: **~ de** worthy of ♦ *nm/f* creditor
acribillar *vt*: **~ a balazos** to riddle with bullets
acróbata *nmf* acrobat
acta *nf* certificate; (*de comisión*) minutes *pl*, record ▸ **acta de nacimiento/matrimonio** (*MÉX*) birth/marriage certificate ▸ **acta notarial** affidavit

actitud *nf* attitude; (*postura*) posture

activar *vt* to activate; (*acelerar*) to speed up

actividad *nf* activity

activo, -a *adj* active; (*vivo*) lively ♦ *nm* (*COM*) assets *pl*

acto *nm* act, action; (*ceremonia*) ceremony; (*TEATRO*) act; **en el ~** immediately

actor *nm* actor; (*JUR*) plaintiff ♦ *adj*: **parte ~a** prosecution

actriz *nf* actress

actuación *nf* action; (*comportamiento*) conduct, behavior (*US*), behaviour (*BRIT*); (*JUR*) proceedings *pl*; (*desempeño*) performance

actual *adj* present(-day), current ❑ **actualidad** *nf* present; **actualidades** *nfpl* (*noticias*) news *sg*; **en la actualidad** at present, presently (*US*); (*hoy día*) nowadays

> ⚠ No confundir **actual** con la palabra inglesa ***actual***.

actualizar *vt* to update, modernize

actualmente *adv* at present; (*hoy día*) nowadays

> ⚠ No confundir **actualmente** con la palabra inglesa ***actually***.

actuar *vi* (*obrar*) to work, operate; (*actor*) to act, perform ♦ *vt* to work, operate; **~ de** to act as

acuarela *nf* watercolor (*US*), watercolour (*BRIT*)

acuario *nm* aquarium; **A~** (*ASTROLOGÍA*) Aquarius

acuartelar *vt* (*MIL*) to confine to barracks

acuático, -a *adj* aquatic

acuchillar *vt* (*TEC*) to plane (down), smooth

acuciante *adj* urgent

acuciar *vt* to urge on

acudir *vi* (*asistir*) to attend; (*ir*) to go; **~ a** (*fig*) to turn to; **~ en ayuda de** to go to the aid of

acuerdo *etc vb ver* **acordar** ♦ *nm* agreement; **¡de ~!** agreed!; **de ~ con** (*persona*) in agreement with; (*acción, documento*) in accordance with; **estar de ~** to be agreed, agree

acumular *vt* to accumulate, collect

acuñar *vt* (*moneda*) to mint; (*frase*) to coin

acupuntura *nf* acupuncture

acurrucarse *vr* to crouch; (*ovillarse*) to curl up

acusación *nf* accusation

acusar *vt* to accuse; (*revelar*) to reveal; (*denunciar*) to denounce

acuse *nm*: **~ de recibo** acknowledgement of receipt

acústica *nf* acoustics *pl*

acústico, -a *adj* acoustic

adaptación *nf* adaptation

adaptador *nm* (*ELEC*) adapter ▶ **adaptador universal** universal adaptor

adaptar *vt* to adapt; (*acomodar*) to fit

a. de C. *abr* (= *antes de Cristo*) B.C.

adecuado, -a *adj* (*apto*) suitable; (*oportuno*) appropriate

adecuar *vt* to adapt; to make suitable

adelantado, -a *adj* advanced; (*reloj*) fast; **pagar por ~** to pay in advance

adelantamiento *nm* (*AUTO*) passing (*US*), overtaking (*BRIT*)

adelantar *vt* to move forward; (*avanzar*) to advance; (*acelerar*) to speed up; (*AUTO*) to pass (*US*), overtake (*BRIT*) ♦ *vi* to go forward, advance; **adelantarse** *vr* to go forward, advance

adelante *adv* forward(s), ahead ♦ *excl* come in!; **de hoy en ~** from now on; **más ~** later on; (*más allá*) further on

adelanto *nm* advance; (*mejora*) improvement; (*progreso*) progress

adelgazar *vt* to thin (down) ♦ *vi* to get thin; (*con régimen*) to slim down, lose weight

ademán *nm* gesture; **ademanes** *nmpl* manners; **en ~ de** as if to

además *adv* besides; (*por otra parte*) moreover; (*también*) also; **~ de** besides, in addition to

adentrarse *vr*: **~ en** to go into, get inside; (*penetrar*) to penetrate (into)

adentro *adv* inside, in; **mar ~** out at sea; **tierra ~** inland

adepto, -a *nm/f* supporter

aderezar *vt* (*ensalada*) to dress; (*comida*) to season ❑ **aderezo** *nm* dressing; seasoning

adeudar *vt* to owe; **adeudarse** *vr* to run into debt

adherirse *vr*: **~ a** to adhere to; (*partido*) to join

adhesión *nf* adhesion; (*fig*) adherence

adicción *nf* addiction

adición *nf* addition

adicto, -a *adj*: **~ a** addicted to; (*dedicado*) devoted to ♦ *nm/f* supporter, follower; (*toxicómano*) addict

adiestrar *vt* to train, teach; (*conducir*) to guide, lead; **adiestrarse** *vr* to practice; (*enseñarse*) to train o.s.

adinerado, -a *adj* wealthy

adiós *excl* (*para despedirse*) goodbye!, cheerio! (*BRIT*); (*al pasar*) hello!

aditivo *nm* additive

adivinanza *nf* riddle

adivinar *vt* to prophesy; (*conjeturar*) to guess ❑ **adivino, -a** *nm/f* fortune-teller

adj *abr* (= *adjunto*) encl

adjetivo *nm* adjective

adjudicación *nf* award; adjudication

adjudicar *vt* to award; **adjudicarse** *vr*: **~se algo** to appropriate sth

adjuntar *vt* to attach, enclose ❑ **adjunto, -a** *adj* attached, enclosed ♦ *nm/f* assistant

administración *nf* administration; (*dirección*) management ❑ **administrador, a** *nm/f* administrator, manager(ess) ▶ **administrador de redes** system administrator

administrar *vt* to administer ❑ **administrativo, -a** *adj* administrative

admirable *adj* admirable

admiración *nf* admiration; (*asombro*) wonder; (*LING*) exclamation point (*US*) *o* mark (*BRIT*)

admirar *vt* to admire; (*extrañar*) to surprise; **admirarse** *vr* to be surprised

admisible *adj* admissible

admisión *nf* admission; (*reconocimiento*) acceptance

admitir *vt* to admit; (*aceptar*) to accept

admonición *nf* warning

adobar *vt* (*CULIN*) to season

adobe *nm* adobe, sun-dried brick

adoctrinar *vt*: **~ en** to indoctrinate with

adolecer *vi*: **~ de** to suffer from

adolescente *nmf* adolescent, teenager

adonde *conj* (to) where

adónde *adv* = **dónde**

adopción *nf* adoption

adoptar *vt* to adopt

adoptivo, -a (*LAm exc MÉX*) *adj* (*padres*) adoptive; (*hijo*) adopted

adoquín *nm* paving stone

adorar *vt* to adore

adormecer *vt* to put to sleep; **adormecerse** *vr* to become sleepy; (*dormirse*) to fall asleep

adornar *vt* to adorn

adorno *nm* ornament; (*decoración*) decoration

adosado, -a *adj*: **casa adosada** duplex (*US*), semi-detached house (*BRIT*)

adosar (*MÉX*) *vt* (*adjuntar*) to attach, enclose (*with a letter*)

adquiero *etc vb ver* **adquirir**

adquirir *vt* to acquire, obtain

adquisición *nf* acquisition

adrede *adv* on purpose

adscribir *vt* to appoint

adscrito *pp de* **adscribir**

aduana *nf* customs *pl*

aduanero, -a *adj* customs *cpd* ♦ *nm/f* customs officer

aducir *vt* to adduce; (*dar como prueba*) to offer as proof

adueñarse *vr*: **~ de** to take possession of

adulación *nf* flattery

adular *vt* to flatter

adulterar *vt* to adulterate

adulterio *nm* adultery

adúltero, -a *adj* adulterous ♦ *nm/f* adulterer (adulteress)

adulto, -a *adj, nm/f* adult

adusto, -a *adj* stern; (*austero*) austere

advenedizo, -a *nm/f* upstart

advenimiento *nm* arrival; (*al trono*) accession

adverbio *nm* adverb

adversario, -a *nm/f* adversary

adversidad *nf* adversity; (*contratiempo*) setback

adverso, -a *adj* adverse

advertencia *nf* warning; (*prefacio*) preface, foreword

advertir *vt* to notice; (*avisar*): **~ a algn de** to warn sb about *o* of

Adviento *nm* Advent

advierto *etc vb ver* **advertir**

adyacente *adj* adjacent

aéreo, -a *adj* aerial

aerobic (*LAm exc MÉX, ESP*) *nm* aerobics *sg* ❑ **aerobics** (*MÉX*) *nmpl* aerobics *sg*

aerodeslizador *nm* hovercraft

aeromozo, -a (*LAm*) *nm/f* air steward(ess)

aeronáutica *nf* aeronautics *sg*

aeronave *nm* spaceship

aeroplano *nm* airplane (*US*), aeroplane (*BRIT*)

aeropuerto *nm* airport

aerosol *nm* aerosol

afabilidad *nf* friendliness ❑ **afable** *adj* affable

afamado, -a *adj* famous

afán *nm* hard work; (*deseo*) desire

afanador, a (*MÉX*) *nm/f* (*de limpieza*) cleaner

afanar *vt* to harass; (*fam*) to pinch; **afanarse** *vr*: **~se por hacer** to strive to do

afear *vt* to disfigure

afección *nf* (*MED*) disease

afectación *nf* affectation ❑ **afectado, -a** *adj* affected

afectar *vt* to affect

afectísimo, -a *adj* affectionate; **suyo ~** yours truly

afectivo, -a *adj* (*problema etc*) emotional

afecto *nm* affection; **tenerle ~ a algn** to be fond of sb

afectuoso, -a *adj* affectionate

afeitar *vt* to shave; **afeitarse** *vr* to shave

afeminado, -a *adj* effeminate

Afganistán *nm* Afghanistan

afianzamiento *nm* strengthening; security

afianzar *vt* to strengthen; to secure; **afianzarse** *vr* to become established

afiche (*RPl*) *nm* poster

afición *nf* fondness, liking; **la ~** the fans *pl*; **pinto por ~** I paint as a hobby ❑ **aficionado, -a** *adj* keen, enthusiastic; (*no profesional*) amateur ♦ *nm/f* enthusiast, fan; amateur; **ser aficionado a algo** to be very keen on *o* fond of sth

aficionar *vt*: **~ a algn a algo** to make sb like sth; **aficionarse** *vr*: **~se a algo** to grow fond of sth

afilado, -a *adj* sharp

afilar *vt* to sharpen

afiliarse *vr* to affiliate

afín *adj* (*parecido*) similar; (*conexo*) related

afinar *vt* (*TEC*) to refine; (*MÚS*) to tune ♦ *vi* (*tocar*) to play in tune; (*cantar*) to sing in tune

afincarse *vr* to settle

afinidad *nf* affinity; (*parentesco*) relationship; **por ~** by marriage

afirmación *nf* affirmation

afirmar *vt* to affirm, state ❑ **afirmativo, -a** *adj* affirmative

aflicción *nf* affliction; (*dolor*) grief

afligir *vt* to afflict; (*apenar*) to distress; **afligirse** *vr* to grieve

aflojar *vt* to slacken; (*desatar*) to loosen, undo; (*relajar*) to relax; (*fam*: *dinero*) to fork out ♦ *vi* to drop; (*bajar*) to go down; **aflojarse** *vr* to relax

aflorar *vi* to come to the surface, emerge

afluente *adj* flowing ♦ *nm* tributary

afluir *vi* to flow

afmo, -a *abr* (= *afectísimo(a) suyo(a)*) Yours

afónico, -a *adj*: **estar ~** to have a sore throat; to have lost one's voice

aforo *nm* (*de teatro etc*) capacity

afortunado, -a *adj* fortunate, lucky

afrancesado, -a *adj* francophile; (*pey*) Frenchified

afrenta *nf* affront, insult; (*deshonra*) shame, dishonor (*US*), dishonour (*BRIT*)

África *nf* Africa ❑ **africano, -a** *adj, nm/f* African

afrontar *vt* to confront; (*poner cara a cara*) to bring face to face

afuera *adv* out, outside; **~s** *nfpl* outskirts

agachar *vt* to bend, bow; **agacharse** *vr* to stoop, bend; (*MÉX*: *fam*: *ceder*) to give in

agalla *nf* (*ZOOL*) gill; **tener ~s** (*fam*) to have guts

agarradera (*MÉX*) *nf* handle

agarrado, -a (*fam*) *adj* stingy, mean (*BRIT*)

agarrar *vt* to grasp, grab; (*LAm*: *tomar*) to take, catch; (*recoger*) to pick up ♦ *vi* (*planta*) to take root; **agarrarse** *vr* to hold on (tightly)

agarrotar *vt* (*persona*) to squeeze tightly; (*reo*) to garrotte; **agarrotarse** *vr* (*motor*) to seize up; (*MED*) to stiffen

agasajar *vt* to treat well, fête

agazaparse *vr* to crouch down

agencia *nf* agency ▶ **agencia de viajes** travel agency ▶ **agencia inmobiliaria** real estate (*US*) *o* estate (*BRIT*) agent's (office)

agenciarse *vr* to obtain, procure

agenda *nf* diary

> ⚠ No confundir **agenda** con la palabra inglesa ***agenda***.

agente *nmf* agent ▶ **agente (de policía)** policeman(-woman) ▶ **agente de seguros** insurance agent ▶ **agente de tránsito** (*MÉX*) traffic cop ▶ **agente inmobiliario** Realtor® (*US*), estate agent (*BRIT*)

ágil *adj* agile, nimble ❑ **agilidad** *nf* agility, nimbleness

agilizar *vt* (*trámites*) to speed up

agiotista (*MÉX*) *nmf* (*usurero*) usurer

agitación *nf* (*de mano etc*) shaking, waving; (*de líquido etc*) stirring; (*fig*) agitation

agitado, -a *adj* hectic; (*viaje*) bumpy

agitar *vt* to wave, shake; (*líquido*) to stir; (*fig*) to stir up, excite; **agitarse** *vr* to get excited; (*inquietarse*) to get worried *o* upset

aglomeración *nf*: **~ de tráfico/gente** traffic jam/mass of people

aglomerar *vt* to crowd together; **aglomerarse** *vr* to crowd together

agnóstico, -a *adj, nm/f* agnostic

agobiar *vt* to weigh down; (*oprimir*) to oppress; (*cargar*) to burden

agolparse *vr* to crowd together

agonía *nf* death throes *pl*; (*fig*) agony, anguish

agonizante *adj* dying

agonizar *vi* to be dying

agosto *nm* August

agotado, -a *adj* (*persona*) exhausted; (*libros*) out of print; (*acabado*) finished; (*COM*) sold out

agotador, a *adj* exhausting

agotamiento *nm* exhaustion

agotar *vt* to exhaust; (*consumir*) to drain; (*recursos*) to use up, deplete; **agotarse** *vr* to be exhausted; (*acabarse*) to run out; (*libro*) to go out of print

agraciado, -a *adj* (*atractivo*) attractive; (*en sorteo etc*) lucky

agradable *adj* pleasant, nice

agradar *vt*: **él me agrada** I like him

agradecer *vt* to thank; (*favor etc*) to be grateful for ❑ **agradecido, -a** *adj* grateful; **¡muy agradecido!** thanks a lot! ❑ **agradecimiento** *nm* thanks *pl*; gratitude

agradezco *etc vb ver* **agradecer**

agrado *nm*: **ser de tu** *etc* **~** to be to your *etc* liking

agrandar *vt* to enlarge; (*fig*) to exaggerate; **agrandarse** *vr* to get bigger

agrario, -a *adj* agrarian, land *cpd*; (*política*) agricultural, farming

agravante *adj* aggravating ♦ *nm*: **con el ~ de que ...** with the further difficulty that ...

agravar *vt* (*pesar sobre*) to make heavier; (*irritar*) to aggravate; **agravarse** *vr* to worsen, get worse

agraviar *vt* to offend; (*ser injusto con*) to wrong; **agraviarse** *vr* to take offense (*US*) *o* offence (*BRIT*) ❑ **agravio** *nm* offense (*US*), offence (*BRIT*); wrong; (*JUR*) grievance

agredir *vt* to attack

agregado, -a *nm/f*: **A~** ≈ teacher (*who is not head of department*) ♦ *nm* aggregate; (*persona*) attaché

agregar *vt* to gather; (*añadir*) to add; (*persona*) to appoint

agresión *nf* aggression

agresivo, -a *adj* aggressive

agriar *vt* to (turn) sour; **agriarse** *vr* to turn sour

agrícola *adj* farming *cpd*, agricultural

agricultor, a *nm/f* farmer

agricultura *nf* agriculture, farming

agridulce *adj* bittersweet; (*CULIN*) sweet and sour

agrietarse *vr* to crack; (*piel*) to chap

agrimensor, a *nm/f* surveyor

agrio, -a *adj* bitter

agrupación *nf* group; (*acto*) grouping

agrupar *vt* to group

agua *nf* water; (*NÁUT*) wake; (*ARQ*) slope of a roof; **~s** *nfpl* (*de piedra*) water *sg*, sparkle *sg*; (*MED*) water *sg*, urine *sg*; (*NÁUT*) waters; **~s abajo/arriba** downstream/upstream ▶ **agua bendita/destilada/potable** holy/distilled/drinking water ▶ **agua caliente** hot water ▶ **agua corriente** running water ▶ **agua de colonia** eau de cologne ▶ **agua mineral (con/sin gas)** (carbonated/uncarbonated) mineral water ▶ **agua oxigenada** hydrogen peroxide ▶ **aguas jurisdiccionales** territorial waters

aguacate *nm* avocado (pear)

aguacero *nm* (heavy) shower, downpour

aguado, -a *adj* watery, watered down; (*MÉX, CAm*: *fam*: *aburrido*) boring

aguafiestas *nmf inv* spoilsport, killjoy

aguamiel (*MÉX*) *nf* fermented maguey *o* agave juice

aguanieve *nf* sleet

aguantar *vt* to bear, put up with; (*sostener*) to hold up ♦ *vi* to last; **aguantarse** *vr* to restrain o.s. ❑ **aguante** *nm* (*paciencia*) patience; (*resistencia*) endurance

aguar *vt* to water down

aguardar *vt* to wait for

aguardiente *nm* brandy, liquor

aguarrás *nm* turpentine

aguaviva (*RPl*) *nf* jellyfish

agudeza *nf* sharpness; (*ingenio*) wit

agudizar *vt* (*crisis*) to make worse; **agudizarse** *vr* to get worse

agudo, -a *adj* sharp; (*voz*) high-pitched, piercing; (*dolor, enfermedad*) acute

agüero *nm*: **buen/mal ~** good/bad omen

aguijón *nm* sting; (*fig*) spur

águila *nf* eagle; (*fig*) genius

aguileño, -a *adj* (*nariz*) aquiline; (*rostro*) sharp-featured

aguinaldo *nm* Christmas tip, Christmas box (*BRIT*)

aguja *nf* needle; (*de reloj*) hand; (*ARQ*) spire; (*TEC*) firing-pin; **~s** *nfpl* (*ZOOL*) ribs; (*FERRO*) points

agujerear *vt* to make holes in

agujero *nm* hole

agujetas *nfpl* stitch *sg*; (*rigidez*) stiffness *sg*; (*MÉX*: *cordones*) shoe laces

aguzar *vt* to sharpen; (*fig*) to incite

ahí *adv* there; **de ~ que** so that, with the result that; **~ llega** here he comes; **por ~** that way; (*allá*) over there; **200 o por ~** 200 or so

ahijado, -a *nm/f* godson/daughter

ahínco *nm* earnestness

ahogar *vt* to drown; (*asfixiar*) to suffocate, smother; (*fuego*) to put out; **ahogarse** *vr* (*en el agua*) to drown; (*por asfixia*) to suffocate

ahogo *nm* breathlessness; (*fig*) financial difficulty

ahondar *vt* to deepen, make deeper; (*fig*) to study thoroughly ♦ *vi*: **~ en** to study thoroughly

ahora *adv* now; (*hace poco*) a moment ago, just now; (*dentro de poco*) in a moment; **~ voy** I'm coming; **~ mismo** right now; **~ bien** now then; **por ~** for the present

ahorcar *vt* to hang

ahorita (*fam*) *adv* (*LAm*: *en este momento*) right now; (*MÉX*: *hace poco*) just now; (*: dentro de poco*) in a minute

ahorrar *vt* (*dinero*) to save; (*esfuerzos*) to save, avoid ❑ **ahorro** *nm* (*acto*) saving; **ahorros** *nmpl* (*dinero*) savings

ahuecar *vt* to hollow (out); (*voz*) to deepen; **ahuecarse** *vr* to give o.s. airs

ahumar *vt* to smoke, cure; (*llenar de humo*) to fill with smoke ♦ *vi* to smoke; **ahumarse** *vr* to fill with smoke

ahuyentar *vt* to drive off, frighten off; (*fig*) to dispel

airado, -a *adj* angry

airar *vt* to anger; **airarse** *vr* to get angry

aire *nm* air; (*viento*) wind; (*corriente*) draft (*US*), draught (*BRIT*); (*MÚS*) tune; **~s** *nmpl*: **darse ~s** to give o.s. airs; **al ~ libre** in the open air ▸ **aire acondicionado** air conditioning ❑ **airearse** *vr* (*persona*) to go out for a breath of fresh air ❑ **airoso, -a** *adj* windy; drafty (*US*), draughty (*BRIT*); (*fig*) graceful

aislado, -a *adj* isolated; (*incomunicado*) cut-off; (*ELEC*) insulated

aislar *vt* to isolate; (*ELEC*) to insulate

ajardinado, -a *adj* landscaped

ajedrez *nm* chess

ajeno, -a *adj* (*que pertenece a otro*) somebody else's; **~ a** foreign to

ajetreado, -a *adj* busy

ajetreo *nm* bustle

ají (*CS*) *nm* chil(l)i, red pepper; (*salsa*) chil(l)i sauce

ajillo *nm*: **gambas al ~** garlic prawns

ajo *nm* garlic

ajuar *nm* household furnishings *pl*; (*de novia*) trousseau; (*de niño*) layette

ajustado, -a *adj* (*tornillo*) tight; (*cálculo*) right; (*ropa*) tight(-fitting); (*resultado*) close

ajustar *vt* (*adaptar*) to adjust; (*encajar*) to fit; (*TEC*) to engage; (*IMPRENTA*) to make up; (*apretar*) to tighten; (*concertar*) to agree (on); (*reconciliar*) to reconcile; (*cuentas, deudas*) to settle ♦ *vi* to fit; **ajustarse** *vr*: **~se a** (*precio etc*) to be in keeping with, fit in with; **~ las cuentas a algn** to get even with sb

ajuste *nm* adjustment; (*COSTURA*) fitting; (*acuerdo*) compromise; (*de cuenta*) settlement

al *cont* (= **a + el**); *ver* **a**

ala *nf* wing; (*de sombrero*) brim; winger ❑ **ala delta** *nf* hang-glider

alabanza *nf* praise

alabar *vt* to praise

alacena *nf* kitchen closet (*US*), kitchen cupboard (*BRIT*)

alacrán *nm* scorpion

alambique *nm* still

alambrada *nf* wire fence; (*red*) wire netting

alambrado *nm* = **alambrada**

alambre *nm* wire; (*MÉX CULIN*) kebab ▸ **alambre de púas** barbed wire

alameda *nf* (*plantío*) poplar grove; (*lugar de paseo*) avenue, boulevard

álamo *nm* poplar ▸ **álamo temblón** aspen

alarde *nm* show, display; **hacer ~ de** to boast of

alargador *nm* (*ELEC*) extension lead

alargar *vt* to lengthen, extend; (*paso*) to hasten; (*brazo*) to stretch out; (*cuerda*) to pay out; (*conversación*) to spin out; **alargarse** *vr* to get longer

alarido *nm* shriek

alarma *nf* alarm ▸ **alarma social** public alarm ❑ **alarmante** *adj* alarming ❑ **alarmar** *vt* to alarm; **alarmarse** *vr* to get alarmed

alba *nf* dawn

albacea *nmf* executor/executrix

albahaca *nf* basil

Albania *nf* Albania

albañil *nm* bricklayer; (*cantero*) mason

albarán *nm* (*COM*) delivery note, invoice

albaricoque (*ESP*) *nm* apricot

albedrío *nm*: **libre ~** free will

alberca *nf* reservoir; (*MÉX*: *piscina*) swimming pool

albergar *vt* to shelter

albergue *etc vb ver* **albergar** ♦ *nm* shelter, refuge ▸ **albergue juvenil** youth hostel

albóndiga *nf* meatball

albornoz *nm* (*para el baño*) bathrobe; (*de los árabes*) burnous

alborotar *vi* to make a row ♦ *vt* to agitate, stir up; **alborotarse** *vr* to get excited; (*mar*) to get rough ❑ **alboroto** *nm* row, uproar

alborozar *vt* to gladden; **alborozarse** *vr* to rejoice

alborozo *nm* joy

álbum (*pl* **~s, ~es**) *nm* album ▸ **álbum de recortes** scrapbook

albur (*MÉX*) *nm* (*juego de palabras*) pun; (*doble sentido*) double entendre

alcachofa *nf* artichoke

alcalde, -esa *nm/f* mayor(ess)

alcaldía *nf* mayoralty; (*lugar*) mayor's office

alcance *etc vb ver* **alcanzar** ♦ *nm* reach; (*COM*) adverse balance

alcancía (*LAm*) *nf* (*para ahorrar*) money box; (*para colectas*) collection box

alcantarilla *nf* (*de aguas cloacales*) sewer; (*en la calle*) gutter

alcanzar *vt* (*algo: con la mano, el pie*) to reach; (*algn: en el camino etc*) to catch up (with); (*autobús*) to catch; (*bala*) to hit, strike ♦ *vi* (*ser suficiente*) to be enough; **~ a hacer** to manage to do

alcaparra *nf* caper

alcayata *nf* hook

alcázar *nm* fortress; (*NÁUT*) quarter-deck

alcoba *nf* bedroom

alcohol *nm* alcohol ▸ **alcohol metílico** wood alcohol (*US*), methylated spirits *pl* (*BRIT*) ❑ **alcohólico, -a** *adj, nm/f* alcoholic

alcoholímetro *nm* Breathalyzer® (*US*), Breathalyser® (*BRIT*)

alcoholismo *nm* alcoholism

alcornoque *nm* cork tree; (*fam*) idiot

alcurnia *nf* lineage

aldaba *nf* (door) knocker

aldea *nf* village ❑ **aldeano, -a** *adj* village *cpd* ♦ *nm/f* villager

aleación *nf* alloy

aleatorio, -a *adj* random

aleccionar *vt* to instruct; (*adiestrar*) to train

alegación *nf* allegation

alegar *vt* to claim; (*JUR*) to plead ♦ *vi* (*LAm*: *discutir*) to argue

alegato *nm* (*JUR*) allegation; (*LAm*: *discusión*) argument

alegoría *nf* allegory

alegrar *vt* (*causar alegría*) to cheer (up); (*fuego*) to poke; (*fiesta*) to liven up; **alegrarse** *vr* (*fam*) to get merry *o* tight; **~se de** to be glad about

alegre *adj* happy, cheerful; (*fam*) merry, tight; (*chiste*) risqué, blue ❑ **alegría** *nf* happiness; merriment

alejamiento *nm* removal; (*distancia*) remoteness

alejar *vt* to remove; (*fig*) to estrange; **alejarse** *vr* to move away

alemán, -ana *adj, nm/f* German ♦ *nm* (*LING*) German

Alemania *nf* Germany

alentador, a *adj* encouraging

alentar *vt* to encourage

alergia *nf* allergy

alero *nm* (*de tejado*) eaves *pl*; (*guardabarros*) fender (*US*), mudguard (*BRIT*)

alerta *adj, nm* alert

aleta *nf* (*de pez*) fin; (*ala*) wing; (*de foca, DEPORTE*) flipper; (*AUTO*) fender (*US*), mudguard (*BRIT*)

aletargar *vt* to make drowsy; (*entumecer*) to make numb; **aletargarse** *vr* to grow drowsy; to become numb

aletear *vi* to flutter

alevín *nm* fry, young fish

alevosía *nf* treachery

alfabeto *nm* alphabet

alfalfa *nf* alfalfa, lucerne

alfarería *nf* pottery; (*tienda*) pottery store (*US*) *o* shop (*BRIT*) ❑ **alfarero, -a** *nm/f* potter

alféizar *nm* window-sill

alférez *nm* (*MIL*) second lieutenant; (*NÁUT*) ensign

alfil *nm* (*AJEDREZ*) bishop

alfiler *nm* pin; (*broche*) clip

alfiletero *nm* needle case

alfombra *nf* carpet; (*más pequeña*) rug ❑ **alfombrar** *vt* to carpet ❑ **alfombrilla** *nf* rug, mat; (*INFORM*) mouse mat *o* pad

alforja *nf* saddlebag

algarabía (*fam*) *nf* gibberish; (*griterío*) hullabaloo

algas *nfpl* seaweed

álgebra *nf* algebra

álgido, -a *adj* (*momento etc*) crucial, decisive

algo *pron* something; anything ♦ *adv* somewhat, rather; **¿~ más?** anything else?; (*en tienda*) is that all?; **por ~ será** there must be some reason for it

algodón *nm* cotton; (*planta*) cotton plant ▸ **algodón de azúcar** cotton candy (*US*), candy floss (*BRIT*) ▸ **algodón hidrófilo** absorbent cotton (*US*), cotton wool (*BRIT*)

algodonero, -a *adj* cotton *cpd* ♦ *nm/f* cotton grower ♦ *nm* cotton plant

alguacil *nm* bailiff, constable (*US*); (*TAUR*) mounted official

alguien *pron* someone, somebody; (*en frases interrogativas*) anyone, anybody

alguno, -a *adj* (*delante de nm*: **algún**) some; (*después de n*): **no tiene talento ~** he has no talent, he doesn't have any talent ♦ *pron* (*alguien*) someone, somebody; **algún que otro libro** some book or other; **algún día iré** I'll go one *o* some day; **sin interés ~** without the slightest interest; **~ que otro** an occasional one; **~s piensan** some (people) think

alhaja *nf* jewel; (*tesoro*) precious object, treasure

alhelí *nm* wallflower, stock

aliado, -a *adj* allied

alianza *nf* alliance; (*anillo*) wedding ring

aliar *vt* to ally; **aliarse** *vr* to form an alliance

alias *adv* alias

alicatado (*ESP*) *nm* tiling

alicates *nmpl* pliers ▸ **alicates de uñas** nail clippers

aliciente *nm* incentive; (*atracción*) attraction

alienación *nf* alienation

aliento *nm* breath; (*respiración*) breathing; **sin ~** breathless

aligerar *vt* to lighten; (*reducir*) to shorten; (*aliviar*) to alleviate; (*mitigar*) to ease; (*paso*) to quicken

alijo *nm* consignment

alimaña *nf* pest

alimentación *nf* (*comida*) food; (*acción*) feeding; (*tienda*) grocery store (*US*), grocer's (shop) (*BRIT*) ❑ **alimentador** *nm* feeder ▸ **alimentador de papel** sheet-feeder

alimentar *vt* to feed; (*nutrir*) to nourish; **alimentarse** *vr* to feed

alimenticio, -a *adj* food *cpd*; (*nutritivo*) nourishing, nutritious

alimento *nm* food; (*nutrición*) nourishment

alineación *nf* alignment; (*DEPORTE*) line-up

alinear *vt* to align; **alinearse** *vr* (*DEPORTE*) to line up; **~se en** to fall in with

aliñar *vt* (*CULIN*) to season ❑ **aliño** *nm* (*CULIN*) dressing

alioli *nm* garlic mayonnaise

alisar *vt* to smooth

aliso *nm* alder

alistarse *vr* to enlist; (*inscribirse*) to enroll

aliviar *vt* (*carga*) to lighten; (*persona*) to relieve; (*dolor*) to relieve, alleviate; **aliviarse** *vr* (*MÉX*: *fam*: *embarazada*) to give birth

alivio *nm* alleviation, relief

aljibe *nm* cistern

allá *adv* (*lugar*) there; (*por ahí*) over there; (*tiempo*) then; **~ abajo** down there; **más ~** further on; **más ~ de** beyond; **¡~ tú!** that's your problem!

allanamiento *nm* (*LAm*: *de policía*) raid ▸ **allanamiento de morada** (*ESP*) breaking and entering

allanar *vt* to flatten, level (out); (*igualar*) to smooth (out); (*fig*) to subdue; (*JUR*) to burgle, break into

allegado, -a *adj* near, close ♦ *nm/f* relation

allí *adv* there; **~ mismo** right there; **por ~** over there; (*por ese camino*) that way

alma *nf* soul; (*persona*) person

almacén *nm* (*depósito*) warehouse, store (*US*), shop (*BRIT*); (*MIL*) magazine; (*CS*: *de comestibles*) grocery (*US*), grocer's (shop) (*BRIT*); **grandes almacenes** department store *sg* ❑ **almacenaje** *nm* storage

almacenar *vt* to store, put in storage; (*proveerse*) to stock up with ❑ **almacenero** (*CS*) *nm* storekeeper (*US*), shopkeeper (*BRIT*)

almanaque *nm* almanac

almeja *nf* clam

almendra *nf* almond ❑ **almendro** *nm* almond tree

almíbar *nm* syrup

almidón *nm* starch ❑ **almidonar** *vt* to starch

almirante *nm* admiral

almirez *nm* mortar

almizcle *nm* musk

almohada *nf* pillow; (*funda*) pillowcase ❑ **almohadilla** *nf* cushion; (*para alfileres*) pincushion; (*TEC*) pad

almohadón *nm* large pillow; bolster

almorranas *nfpl* piles, hemorrhoids (*US*), haemorrhoids (*BRIT*)

almorzar *vt*: **~ una tortilla** to have an omelette for lunch ♦ *vi* to (have) lunch

almuerzo *etc vb ver* **almorzar** ♦ *nm* lunch

alocado, -a *adj* crazy

alojamiento *nm* lodging(s) *pl*; (*viviendas*) housing

alojar *vt* to lodge; **alojarse** *vr* to lodge, stay

alondra *nf* lark, skylark

alpargata *nf* rope-soled sandal, espadrille

Alpes *nmpl*: **los ~** the Alps

alpinismo *nm* mountaineering, climbing ❑ **alpinista** *nmf* mountaineer, climber

alpiste *nm* birdseed

alquilar *vt* (*propietario*: *inmuebles*) to let, rent out; (*: carro*) to rent (out), hire (out) (*BRIT*); (*: TV*) to rent (out); (*alquilador*: *inmuebles, TV*) to rent; (*: carro*) to rent, hire (*BRIT*); **"se alquila casa"** "house for rent (*US*) *o* to let (*BRIT*)"

alquiler *nm* renting; letting; (*arriendo*) rent; rental fee (*US*), hire charge (*BRIT*); **~ de automóviles** car rental (*US*), car hire (*BRIT*); **de ~** for rent, for hire (*BRIT*)

alquimia *nf* alchemy

alquitrán *nm* tar

alrededor *adv* around, about; **~ de** around, about; **mirar a su ~** to look (around) about one ❑ **alrededores** *nmpl* surroundings

alta *nf* (certificate of) discharge; **dar de ~** to discharge

altanería *nf* haughtiness, arrogance ❑ **altanero, -a** *adj* arrogant, haughty

altar *nm* altar

altavoz *nm* loudspeaker; (*amplificador*) amplifier

alteración *nf* alteration; (*alboroto*) disturbance

alterar *vt* to alter; to disturb; **alterarse** *vr* (*persona*) to get upset

altercado *nm* argument

alternar *vt* to alternate ♦ *vi* to alternate; (*turnar*) to take turns; **alternarse** *vr* to alternate; to take turns; **~ con** to mix with ❑ **alternativa** *nf* alternative; (*elección*) choice ❑ **alternativo, -a** *adj* alternative; (*alterno*) alternating ❑ **alterno, -a** *adj* alternate; (*ELEC*) alternating

Alteza *nf* (*tratamiento*) Highness

altibajos *nmpl* ups and downs

altiplanicie *nf* high plateau

altiplano *nm* = **altiplanicie**

altisonante *adj* high-flown, high-sounding

altitud *nf* height; (*AVIAT, GEO*) altitude

altivez *nf* haughtiness, arrogance ❑ **altivo, -a** *adj* haughty, arrogant

alto, -a *adj* high; (*persona*) tall; (*sonido*) high, sharp; (*noble*) high, lofty ♦ *nm* halt; (*MÚS*) alto; (*GEO*) hill ♦ *adv* (*de sitio*) high; (*de sonido*) loud, loudly ♦ *excl* halt!; **la pared tiene 2 metros de ~** the wall is 2 meters high; **en alta mar** on the high seas; **en voz alta** in a loud voice; **las altas horas de la noche** the small *o* wee hours; **en lo ~ de** at the top of; **pasar por ~** to overlook

altoparlante (*LAm*) *nm* loudspeaker

altruismo *nm* altruism

altura *nf* height; (*NÁUT*) depth; (*GEO*) latitude; **la pared tiene 1.80 de ~** the wall is 1 meter 80cm high; **a estas ~s** at this stage; **a estas ~s del año** at this time of the year

alubia *nf* bean

alucinación *nf* hallucination

alucinar *vi* to hallucinate ♦ *vt* to deceive; (*fascinar*) to fascinate

alud *nm* avalanche; (*fig*) flood

aludir *vi*: **~ a** to allude to; **darse por aludido** to take the hint

alumbrado *nm* lighting ❑ **alumbramiento** *nm* lighting; (*MED*) childbirth, delivery

alumbrar *vt* to light (up) ♦ *vi* (*MED*) to give birth

aluminio *nm* aluminum (*US*), aluminium (*BRIT*)

alumno, -a *nm/f* pupil, student

alunizar *vi* to land on the moon

alusión *nf* allusion

alusivo, -a *adj* allusive

aluvión *nm* alluvium; (*fig*) flood

alverja (*LAm*) *nf* pea

alza *nf* rise; (*MIL*) sight

alzada *nf* (*de caballos*) height; (*JUR*) appeal

alzamiento *nm* (*rebelión*) rising

alzar *vt* to lift (up); (*precio, muro*) to raise; (*cuello de abrigo*) to turn up; (*AGR*) to gather in; (*IMPRENTA*) to gather; **alzarse** *vr* to get up, rise; (*rebelarse*) to revolt; (*COM*) to go fraudulently bankrupt; (*JUR*) to appeal

ama *nf* lady of the house; (*dueña*) owner; (*institutriz*) governess; (*madre adoptiva*) foster mother ▸ **ama de casa** housewife ▸ **ama de llaves** housekeeper

amabilidad *nf* kindness; (*simpatía*) niceness ❑ **amable** *adj* kind; nice; **es usted muy amable** that's very kind of you

amaestrado, -a *adj* (*animal*: *en circo etc*) performing

amaestrar *vt* to train

amago *nm* threat; (*gesto*) threatening gesture; (*MED*) symptom

amainar *vi* (*viento*) to die down
amalgama *nf* amalgam ❑ **amalgamar** *vt* to amalgamate; (*combinar*) to combine, mix
amamantar *vt* to suckle, nurse
amanecer *vi* to dawn ♦ *nm* dawn; **~ afiebrado** to wake up with a fever
amanerado, -a *adj* affected
amansar *vt* to tame; (*persona*) to subdue; **amansarse** *vr* (*persona*) to calm down
amante *adj*: **~ de** fond of ♦ *nmf* lover
amapola *nf* poppy
amar *vt* to love
amargado, -a *adj* bitter
amargar *vt* to make bitter; (*fig*) to embitter; **amargarse** *vr* to become embittered
amargo, -a *adj* bitter ❑ **amargura** *nf* bitterness
amarillento, -a *adj* yellowish; (*tez*) sallow ❑ **amarillo, -a** *adj, nm* yellow
amarrado, -a (*MÉX*: *fam*) *adj* mean, stingy
amarrar *vt* to moor; (*sujetar*) to tie up
amarras *nfpl*: **soltar ~** to set sail
amasar *vt* (*masa*) to knead; (*mezclar*) to mix, prepare; (*confeccionar*) to concoct ❑ **amasijo** *nm* kneading; mixing; (*fig*) hodgepodge (*US*), hotchpotch (*BRIT*)
amateur *nmf* amateur
amazona *nf* horsewoman ❑ **Amazonas** *nm*: **el Amazonas** the Amazon
ambages *nmpl*: **sin ~** in plain language
ámbar *nm* amber
ambición *nf* ambition ❑ **ambicionar** *vt* to aspire to ❑ **ambicioso, -a** *adj* ambitious
ambidextro, -a *adj* ambidextrous
ambientación *nf* (*CINE, TEATRO etc*) setting; (*RADIO*) sound effects
ambiente *nm* atmosphere; (*medio*) environment
ambigüedad *nf* ambiguity ❑ **ambiguo, -a** *adj* ambiguous
ámbito *nm* (*campo*) field; (*fig*) scope
ambos, -as *adj pl, pron pl* both
ambulancia *nf* ambulance
ambulante *adj* itinerant, traveling *cpd* (*US*), travelling *cpd* (*BRIT*)
ambulatorio (*ESP*) *nm* out-patients department
amedrentar *vt* to scare
amén *excl* amen; **~ de** besides
amenaza *nf* threat
amenazar *vt* to threaten ♦ *vi*: **~ con hacer** to threaten to do
amenidad *nf* pleasantness
ameno, -a *adj* pleasant
América *nf* America ▸ **América Central/Latina** Central/Latin America ▸ **América del Norte/Sur** North/South America ❑ **americana** (*ESP*) *nf* coat, jacket; *ver tb* **americano** ❑ **americano, -a** *adj, nm/f* American
amerizar *vi* (*nave*) to land (on the sea)
ametralladora *nf* machine gun
amianto *nm* asbestos
amigable *adj* friendly
amígdala *nf* tonsil ❑ **amigdalitis** *nf* tonsillitis
amigo, -a *adj* friendly ♦ *nm/f* friend; (*amante*) lover; **ser ~ de algo** to be fond of sth; **ser muy ~s** to be close friends
amilanar *vt* to scare; **amilanarse** *vr* to get scared
aminorar *vt* to diminish; (*reducir*) to reduce; **~ la marcha** to slow down
amistad *nf* friendship; **~es** *nfpl* (*amigos*) friends ❑ **amistoso, -a** *adj* friendly
amnesia *nf* amnesia
amnistía *nf* amnesty
amo *nm* owner; (*jefe*) boss
amodorrarse *vr* to get sleepy
amolar (*MÉX*: *fam*) *vt* to ruin, damage
amoldar *vt* to mold; (*adaptar*) to adapt
amonestación *nf* warning; **amonestaciones** *nfpl* (*REL*) marriage banns
amonestar *vt* to warn; (*REL*) to publish the banns of
amontonar *vt* to collect, pile up; **amontonarse** *vr* to crowd together; (*acumularse*) to pile up
amor *nm* love; (*amante*) lover; **hacer el ~** to make love ▸ **amor propio** self-respect
amoratado, -a *adj* purple
amordazar *vt* to muzzle; (*fig*) to gag
amorfo, -a *adj* amorphous, shapeless
amoroso, -a *adj* affectionate, loving
amortajar *vt* to shroud
amortiguador *nm* shock absorber; (*parachoques*) bumper, fender (*US*); **~es** *nmpl* (*AUTO*) suspension *sg*
amortiguar *vt* to deaden; (*ruido*) to muffle; (*color*) to soften
amortización *nf* (*de deuda*) repayment; (*de bono*) redemption
amotinar *vt* to stir up, incite (to riot); **amotinarse** *vr* to mutiny
amparar *vt* to protect; **ampararse** *vr* to seek protection; (*de la lluvia etc*) to shelter ❑ **amparo** *nm* help, protection; **al amparo de** under the protection of
amperio *nm* ampere, amp
ampliación *nf* enlargement; (*extensión*) extension
ampliar *vt* to enlarge; to extend
amplificación *nf* enlargement ❑ **amplificador** *nm* amplifier
amplificar *vt* to amplify
amplio, -a *adj* spacious; (*de falda etc*) full; (*extenso*) extensive; (*ancho*) wide ❑ **amplitud** *nf* spaciousness; extent; (*fig*) amplitude
ampolla *nf* blister; (*MED*) ampoule
ampuloso, -a *adj* bombastic, pompous
amputar *vt* to cut off, amputate
amueblar *vt* to furnish
amurallar *vt* to wall up *o* in
anacronismo *nm* anachronism
anales *nmpl* annals
analfabetismo *nm* illiteracy ❑ **analfabeto, -a** *adj, nm/f* illiterate
analgésico *nm* painkiller, analgesic
análisis *nm inv* analysis
analista *nmf* (*gen*) analyst
analizar *vt* to analyze (*US*), analyse (*BRIT*)
analogía *nf* analogy
analógico, -a *adj* (*INFORM*) analog; (*reloj*) analogue, analog (*US*)
análogo, -a *adj* analogous, similar
ananá (*RPl*) *nm* pineapple
anaquel *nm* shelf
anarquía *nf* anarchy ❑ **anarquismo** *nm* anarchism ❑ **anarquista** *nmf* anarchist
anatomía *nf* anatomy
anca *nf* rump, haunch; **~s** *nfpl* (*fam*) behind *sg*
ancho, -a *adj* wide; (*falda*) full; (*fig*) liberal ♦ *nm* width; (*FERRO*) gauge; **ponerse ~** to get conceited; **estar a sus anchas** to be at one's ease
anchoa *nf* anchovy
anchura *nf* width; (*extensión*) wideness
anciano, -a *adj* old, aged ♦ *nm/f* old man (woman); elder
ancla *nf* anchor ❑ **ancladero** *nm* anchorage ❑ **anclar** *vi* to (drop) anchor
andadura *nf* gait; (*de caballo*) pace
Andalucía *nf* Andalusia ❑ **andaluz, a** *adj, nm/f* Andalusian
andamiaje *nm* = **andamio**
andamio *nm* scaffold(ing)
andar *vt* to go, cover, travel ♦ *vi* to go, walk, travel; (*funcionar*) to go, work; (*estar*) to be ♦ *nm* walk, gait, pace; **andarse** *vr* to go away; **~ a pie/a caballo/en bicicleta** to go on foot/on horseback/by bicycle; **~ haciendo algo** to be doing sth; **¡anda!** (*sorpresa*) hey!; **anda por** *o* **en los 40** he's about 40; **¡ándele!** (*MÉX*: *fam*) come on!, hurry up!
andén *nm* (*FERRO*) platform; (*NÁUT*) quayside; (*CAm*: *de la calle*) sidewalk (*US*), pavement (*BRIT*)
Andes *nmpl*: **los ~** the Andes
andinismo (*LAm*) *nm* mountaineering, climbing
Andorra *nf* Andorra
andrajo *nm* rag ❑ **andrajoso, -a** *adj* ragged
anduve *etc vb ver* **andar**
anécdota *nf* anecdote, story
anegar *vt* to flood; (*ahogar*) to drown; **anegarse** *vr* to drown; (*hundirse*) to sink
anejo, -a *adj, nm* = **anexo**
anemia *nf* anemia (*US*), anaemia (*BRIT*)
anestesia *nf* (*sustancia*) anesthetic (*US*), anaesthetic (*BRIT*); (*proceso*) anesthesia (*US*), anaesthesia (*BRIT*)
anexar *vt* to annex; (*documento*) to attach ❑ **anexión** *nf* annexation ❑ **anexionamiento** *nm* annexation ❑ **anexo, -a** *adj* attached ♦ *nm* annex (*US*), annexe (*BRIT*)
anfibio, -a *adj* amphibious ♦ *nm* amphibian
anfiteatro *nm* amphitheater (*US*), amphitheatre (*BRIT*); (*TEATRO*) dress circle
anfitrión, -ona *nm/f* host(ess)
ánfora *nf* (*cántaro*) amphora; (*MÉX POL*) ballot box
ángel *nm* angel; **tener ~** to be charming ▸ **ángel de la guarda** guardian angel ❑ **angelical, angélico, a** *adj* angelic(al)
angina *nf* (*MED*) inflammation of the throat; **tener ~s** to have tonsillitis ▸ **angina de pecho** angina
anglicano, -a *adj, nm/f* Anglican
anglosajón, -ona *adj* Anglo-Saxon
angosto, -a *adj* narrow
anguila *nf* eel
angula *nf* elver, baby eel
ángulo *nm* angle; (*esquina*) corner; (*curva*) bend
angustia *nf* anguish ❑ **angustiar** *vt* to distress, grieve
anhelar *vt* to be eager for; (*desear*) to long for, desire ♦ *vi* to pant, gasp ❑ **anhelo** *nm* eagerness; desire
anidar *vi* to nest
anillo *nm* ring ▸ **anillo de boda** wedding ring
animación *nf* liveliness; (*vitalidad*) life; (*actividad*) activity; bustle
animado, -a *adj* lively; (*vivaz*) animated ❑ **animador, a** *nm/f* (*TV*) host(ess), compere (*BRIT*); (*DEPORTE*) cheerleader
animadversión *nf* ill-will, antagonism
animal *adj* animal; (*fig*) stupid ♦ *nm* animal; (*fig*) fool; (*bestia*) brute
animar *vt* (*BIO*) to animate, give life to; (*fig*) to liven up, brighten up, cheer up; (*estimular*) to stimulate; **animarse** *vr* to cheer up; to feel encouraged; (*decidirse*) to make up one's mind
ánimo *nm* (*alma*) soul; (*mente*) mind; (*valentía*) courage ♦ *excl* cheer up!
animoso, -a *adj* brave; (*vivo*) lively
aniquilar *vt* to annihilate, destroy
anís *nm* aniseed; (*licor*) anisette
aniversario *nm* anniversary
anoche *adv* last night; **antes de ~** the night before last
anochecer *vi* to get dark ♦ *nm* nightfall, dark; **al ~** at nightfall
anodino, -a *adj* dull, anodyne
anomalía *nf* anomaly
anonadado, -a *adj*: **estar/quedar/sentirse ~** to be overwhelmed *o* amazed
anonimato *nm* anonymity
anónimo, -a *adj* anonymous; (*COM*) limited ♦ *nm* (*carta anónima*) anonymous letter; (*: maliciosa*) poison-pen letter
anormal *adj* abnormal
anotación *nf* note; annotation
anotar *vt* to note down; (*comentar*) to annotate
anquilosamiento *nm* (*fig*) paralysis; stagnation
anquilosarse *vr* (*fig*: *persona*) to get out of touch; (*método, costumbres*) to go out of date
ansia *nf* anxiety; (*añoranza*) yearning; **no comas ~s** (*MÉX*) don't worry ❑ **ansiar** *vt* to long for
ansiedad *nf* anxiety
ansioso, -a *adj* anxious; (*anhelante*) eager; **~ de** *o* **por algo** greedy for sth
antagónico, -a *adj* antagonistic; (*opuesto*) contrasting ❑ **antagonista** *nmf* antagonist
antaño *adv* long ago, formerly
Antártico *nm*: **el ~** the Antarctic
ante *prep* before, in the presence of; (*problema etc*) faced with ♦ *nm* (*piel*) suede; **~ todo** above all
anteanoche *adv* the night before last
anteayer *adv* the day before yesterday
antebrazo *nm* forearm
antecedente *adj* previous ♦ *nm* antecedent; **~s** *nmpl* (*historial*) record *sg* ▸ **antecedentes penales** criminal record
anteceder *vt* to precede, go before
antecesor, a *nm/f* predecessor
antedicho, -a *adj* aforementioned
antelación *nf*: **con ~** in advance
antemano: **de ~** *adv* beforehand, in advance
antena *nf* antenna; (*de televisión etc*) aerial ▸ **antena parabólica** satellite dish, dish antenna (*US*)
antenoche (*LAm*) *adv* the night before last
anteojo *nm* eyeglass; **~s** *nmpl* (*LAm*: *gafas*) glasses, eyeglasses (*US*)
antepasados *nmpl* ancestors
anteponer *vt* to place in front; (*fig*) to prefer
anteproyecto *nm* preliminary sketch; (*fig*) blueprint
anterior *adj* preceding, previous ❑ **anterioridad** *nf*: **con anterioridad a** prior to, before
antes *adv* (*con prioridad*) before ♦ *prep*: **~ de** before ♦ *conj*: **~ de ir/de que te vayas** before going/before you go; **~ bien** (but) rather; **dos días ~** two days before *o* previously; **no quiso venir ~** she didn't want to come any earlier; **tomo el avión ~ que el barco** I take the plane rather than the boat; **~ que yo** before me; **lo ~ posible** as soon as possible; **cuanto ~ mejor** the sooner the better; **~ no** (*MÉX*) just as well, luckily
antiaéreo, -a *adj* anti-aircraft
antibalas *adj inv*: **chaleco ~** bullet-proof jacket
antibiótico *nm* antibiotic
anticipación *nf* anticipation; **con 10 minutos de ~** 10 minutes early
anticipado, -a *adj* (*pago*) advance; **por ~** in advance
anticipar *vt* to anticipate; (*adelantar*) to bring forward; (*COM*) to advance; **anticiparse** *vr*: **~se a su época** to be ahead of one's time
anticipo *nm* (*COM*) advance
anticonceptivo, -a *adj, nm* contraceptive
anticongelante *nm* antifreeze
anticuado, -a *adj* out-of-date, old-fashioned; (*desusado*) obsolete
anticuario *nm* antique dealer
anticuerpo *nm* (*MED*) antibody
antidepresivo *nm* antidepressant
antídoto *nm* antidote
antiestético, -a *adj* unsightly
antifaz *nm* mask; (*velo*) veil
antiglobalización *nf* anti-globalization ❑ **antiglobalizador, a** *adj* anti-globalization *cpd*
antigualla *nf* antique; (*reliquia*) relic
antiguamente *adv* formerly; (*hace mucho tiempo*) long ago
antigüedad *nf* antiquity; (*artículo*) antique; (*rango*) seniority
antiguo, -a *adj* old, ancient; (*que fue*) former
Antillas *nfpl*: **las ~** the West Indies
antílope *nm* antelope
antinatural *adj* unnatural
antipatía *nf* antipathy, dislike ❑ **antipático, -a** *adj* disagreeable, unpleasant
antirrobo *adj inv* (*alarma etc*) anti-theft
antisemita *adj* anti-Semitic ♦ *nmf* anti-Semite
antiséptico, -a *adj* antiseptic ♦ *nm* antiseptic
antítesis *nf inv* antithesis
antojadizo, -a *adj* capricious
antojarse *vr* (*desear*): **se me antoja comprarlo** I have a mind to buy it; (*pensar*): **se me antoja que** I have a feeling that
antojitos (*MÉX*) *nmpl* snacks, nibbles
antojo *nm* caprice, whim; (*rosa*) birthmark; (*lunar*) mole
antología *nf* anthology
antorcha *nf* flashlight, torch
antro *nm* cavern
antropófago, -a *adj, nm/f* cannibal
antropología *nf* anthropology
anual *adj* annual
anuario *nm* yearbook
anudar *vt* to knot, tie; (*unir*) to join; **anudarse** *vr* to get tied up
anulación *nf* annulment; (*cancelación*) cancellation
anular *vt* (*contrato*) to annul, cancel; (*ley*) to revoke, repeal; (*suscripción*) to cancel ♦ *nm* ring finger
Anunciación *nf* (*REL*) Annunciation
anunciante *nmf* (*COM*) advertiser
anunciar *vt* to announce; (*proclamar*) to proclaim; (*COM*) to advertise
anuncio *nm* announcement; (*señal*) sign; (*COM*) advertisement; (*cartel*) poster
anzuelo *nm* hook; (*para pescar*) fish hook
añadidura *nf* addition, extra; **por ~** besides, in addition
añadir *vt* to add
añejo, -a *adj* old; (*vino*) mellow
añicos *nmpl*: **hacer ~** to smash, shatter
añil *nm* (*BOT*: *color*) indigo
año *nm* year; **¡Feliz A~ Nuevo!** Happy New Year!; **tener 15 ~s** to be 15 (years old); **los ~s 90** the nineties; **el ~ que viene** next year ▸ **año bisiesto/escolar** leap/school year
añoranza *nf* nostalgia; (*anhelo*) longing
apa (*MÉX*) *excl* goodness me!, good gracious!
apabullar *vt* to crush, squash
apacentar *vt* to pasture, graze
apacible *adj* gentle, mild
apaciguar *vt* to pacify, calm (down)
apadrinar *vt* to sponsor, support; (*REL*) to be godfather to
apagado, -a *adj* (*volcán*) extinct; (*color*) dull; (*voz*) quiet; (*sonido*) muted, muffled; (*persona*: *apático*) listless; **estar ~** (*fuego, luz*) to be out; (*RADIO, TV etc*) to be off
apagar *vt* to put out; (*ELEC, RADIO, TV*) to switch off; (*sonido*) to silence, muffle; (*sed*) to quench
apagón *nm* power outage (*US*), power cut (*BRIT*)
apalabrar *vt* to agree to; (*contratar*) to engage
apalear *vt* to beat, thrash
apantallar (*MÉX*) *vt* to impress
apañar *vt* to pick up; (*asir*) to take hold of, grasp; (*reparar*) to mend, patch up; **apañarse** *vr* to manage, get along
apapachar (*MÉX*: *fam*) *vt* to cuddle, hug
aparador *nm* sideboard; (*MÉX*: *escaparate*) store (*US*) *o* shop (*BRIT*) window
aparato *nm* apparatus; (*máquina*) machine; (*doméstico*) appliance; (*boato*) ostentation ▸ **aparato de facsímil** facsimile (machine), fax ▸ **aparato digestivo** (*ANAT*) digestive system ❑ **aparatoso, -a** *adj* showy, ostentatious
aparcamiento (*ESP*) *nm* parking lot (*US*), car park (*BRIT*)
aparcar (*ESP*) *vt, vi* to park

aparear *vt* (*objetos*) to pair, match; (*animales*) to mate; **aparearse** *vr* to make a pair; to mate
aparecer *vi* to appear; **aparecerse** *vr* to appear
aparejado, -a *adj* fit, suitable; **llevar** *o* **traer** ~ to involve ❑ **aparejador, a** *nm/f* (*ARQ*) master builder
aparejo *nm* harness; rigging; (*de poleas*) block and tackle
aparentar *vt* (*edad*) to look; (*fingir*): ~ **tristeza** to pretend to be sad
aparente *adj* apparent; (*adecuado*) suitable
aparezco *etc vb ver* **aparecer**
aparición *nf* appearance; (*de libro*) publication; (*espectro*) apparition
apariencia *nf* (outward) appearance; **en ~** outwardly, seemingly
apartado, -a *adj* separate; (*lejano*) remote ♦ *nm* (*tipográfico*) paragraph ▸ **apartado de correos** (*ESP*) post office box ▸ **apartado postal** (*LAm*) post office box
apartamento *nm* apartment, flat (*BRIT*)
apartamiento *nm* separation; (*aislamiento*) remoteness, isolation
apartar *vt* to separate; (*quitar*) to remove; **apartarse** *vr* to separate, part; (*irse*) to move away; to keep away
aparte *adv* (*separadamente*) separately; (*además*) besides ♦ *nm* aside; (*tipográfico*) new paragraph
aparthotel *nm* serviced apartments
apasionado, -a *adj* passionate
apasionar *vt* to excite; **apasionarse** *vr* to get excited; **le apasiona el tenis** she's crazy about tennis
apatía *nf* apathy
apático, -a *adj* apathetic
Apdo *abr* (= *Apartado (de Correos)*) PO Box
apeadero *nm* halt, stop, stopping place
apearse *vr* (*jinete*) to dismount; (*bajarse*) to get down *o* out; (*AUTO, FERRO*) to get off *o* out
apechugar *vr*: ~ **con algo** to face up to sth
apedrear *vt* to stone
apegarse *vr*: ~ **a** to become attached to ❑ **apego** *nm* attachment, devotion
apelación *nf* appeal
apelar *vi* to appeal; ~ **a** (*fig*) to resort to
apellidar *vt* to call, name; **apellidarse** *vr*: **se apellida Pérez** her surname *o* last name (*US*) is Perez
apellido *nm* surname, last name (*US*)
apelmazarse *vr* (*masa, arroz*) to go hard; (*prenda de lana*) to shrink
apenar *vt* to grieve, trouble; (*LAm*: *avergonzar*) to embarrass; **apenarse** *vr* to grieve; (*LAm*: *avergonzarse*) to be embarrassed
apenas *adv* scarcely, hardly ♦ *conj* as soon as, no sooner
apéndice *nm* appendix ❑ **apendicitis** *nf* appendicitis
aperitivo *nm* (*bebida*) aperitif; (*comida*) appetizer
apero *nm* (*AGR*) implement; **~s** *nmpl* farm equipment *sg*
apertura *nf* opening; (*POL*) liberalization
apesadumbrar *vt* to grieve, sadden; **apesadumbrarse** *vr* to distress o.s.
apestar *vt* to infect ♦ *vi*: ~ **(a)** to stink (of)
apetecer (*ESP*) *vt*: **¿te apetece un café?** do you fancy a (cup of) coffee? ❑ **apetecible** *adj* desirable; (*comida*) appetizing
apetito *nm* appetite ❑ **apetitoso, -a** *adj* appetizing; (*fig*) tempting
apiadarse *vr*: ~ **de** to take pity on
ápice *nm* whit, iota
apilar *vt* to pile *o* heap up; **apilarse** *vr* to pile up
apiñarse *vr* to crowd *o* press together
apio *nm* celery
apisonadora *nf* steamroller
aplacar *vt* to placate; **aplacarse** *vr* to calm down
aplanar *vt* to smooth, level; (*allanar*) to roll flat, flatten
aplastante *adj* overwhelming; (*lógica*) compelling
aplastar *vt* to squash (flat); (*fig*) to crush
aplatanarse *vr* to get lethargic
aplaudir *vt* to applaud
aplauso *nm* applause; (*fig*) approval, acclaim
aplazamiento *nm* postponement
aplazar *vt* to postpone, defer
aplicación *nf* application; (*esfuerzo*) effort
aplicado, -a *adj* diligent, hard-working
aplicar *vt* (*ejecutar*) to apply; **aplicarse** *vr* to apply o.s.
aplique *etc vb ver* **aplicar** ♦ *nm* wall light
aplomo *nm* aplomb, self-assurance
apocado, -a *adj* timid
apodar *vt* to nickname
apoderado *nm* agent, representative
apoderarse *vr*: ~ **de** to take possession of
apodo *nm* nickname
apogeo *nm* peak, summit
apolillarse *vr* to get moth-eaten
apología *nf* eulogy; (*defensa*) defense (*US*), defence (*BRIT*)

⚠ No confundir **apología** con la palabra inglesa ***apology***.

apoltronarse *vr* to get lazy
apoplejía *nf* apoplexy, stroke
apoquinar (*fam*) *vt* to fork out, cough up
aporrear *vt* to beat (up)
aportar *vt* to contribute ♦ *vi* to reach port; **aportarse** *vr* (*LAm*: *llegar*) to arrive, come
aposento *nm* lodging; (*habitación*) room
aposta *adv* deliberately, on purpose
apostar *vt* to bet, stake; (*tropas etc*) to station, post ♦ *vi* to bet
apóstol *nm* apostle
apóstrofo *nm* apostrophe
apoyar *vt* to lean, rest; (*fig*) to support, back; **apoyarse** *vr*: **~se en** to lean on ❑ **apoyo** *nm* (*gen*) support; backing, help
apreciable *adj* considerable; (*fig*) esteemed
apreciar *vt* to evaluate, assess; (*COM*) to appreciate, value; (*persona*) to respect; (*tamaño*) to gauge, assess; (*detalles*) to notice
aprecio *nm* valuation, estimate; (*fig*) appreciation
aprehender *vt* to apprehend, detain
apremiante *adj* urgent, pressing
apremiar *vt* to compel, force ♦ *vi* to be urgent, press ❑ **apremio** *nm* urgency
aprender *vt, vi* to learn
aprendiz, a *nm/f* apprentice; (*principiante*) learner ▸ **aprendiz de conductor** learner driver ❑ **aprendizaje** *nm* apprenticeship
aprensión *nm* apprehension, fear ❑ **aprensivo, -a** *adj* apprehensive
apresar *vt* to seize; (*capturar*) to capture
aprestar *vt* to prepare, get ready; (*TEC*) to prime, size; **aprestarse** *vr* to get ready
apresurado, -a *adj* hurried, hasty ❑ **apresuramiento** *nm* hurry, haste
apresurar *vt* to hurry, accelerate; **apresurarse** *vr* to hurry, make haste
apretado, -a *adj* tight; (*escritura*) cramped
apretar *vt* to squeeze; (*TEC*) to tighten; (*presionar*) to press together, pack ♦ *vi* to be too tight
apretón *nm* squeeze ▸ **apretón de manos** handshake
aprieto *nm* squeeze; (*dificultad*) difficulty; **estar en un ~** to be in a fix
aprisa *adv* quickly, hurriedly
aprisionar *vt* to imprison
aprobación *nf* approval
aprobar *vt* to approve (of); (*examen, materia*) to pass ♦ *vi* to pass
apropiación *nf* appropriation
apropiado, -a *adj* suitable
apropiarse *vr*: ~ **de** to appropriate
aprovechado, -a *adj* industrious, hard-working; (*económico*) thrifty; (*pey*) unscrupulous ❑ **aprovechamiento** *nm* use; exploitation
aprovechar *vt* to use; (*explotar*) to exploit; (*experiencia*) to profit from; (*oferta, oportunidad*) to take advantage of ♦ *vi* to progress, improve; **aprovecharse** *vr*: **~se de** to make use of; to take advantage of; **¡que aproveche!** enjoy your meal!
aproximación *nf* approximation; (*de lotería*) consolation prize ❑ **aproximado, -a** *adj* approximate
aproximar *vt* to bring nearer; **aproximarse** *vr* to come near, approach
apruebo *etc vb ver* **aprobar**
aptitud *nf* aptitude
apto, -a *adj* suitable
apuesta *nf* bet, wager
apuesto, -a *adj* neat, elegant
apuntador *nm* prompter
apuntalar *vt* to prop up
apuntar *vt* (*con arma*) to aim at; (*con dedo*) to point at *o* to; (*anotar*) to note (down); (*TEATRO*) to prompt; **apuntarse** *vr* (*DEPORTE*: *tanto, victoria*) to score; (*ESCOL*) to enroll (*US*), enrol (*BRIT*)

⚠ No confundir **apuntar** con la palabra inglesa ***appoint***.

apunte *nm* note
apuñalar *vt* to stab
apurado, -a *adj* needy; (*difícil*) difficult; (*peligroso*) dangerous; (*LAm*: *con prisa*) hurried, rushed
apurar *vt* (*agotar*) to drain; (*recursos*) to use up; (*molestar*) to annoy; **apurarse** *vr* (*preocuparse*) to worry; (*LAm*: *darse prisa*) to hurry
apuro *nm* (*aprieto*) fix, jam; (*escasez*) want, hardship; (*vergüenza*) embarrassment; (*LAm*: *prisa*) haste, urgency
aquejado, -a *adj*: ~ **de** (*MED*) afflicted by
aquel (*f* **~la**, *pl* **~los, as**) *adj* that; (*pl*) those
aquél (*f* **~la**, *pl* **~los, as**) *pron* that (one); (*pl*) those (ones)
aquello *pron* that, that business
aquí *adv* (*lugar*) here; (*tiempo*) now; **~ arriba** up here; **~ mismo** right here; **~ yace** here lies; **de ~ a siete días** a week from now
aquietar *vt* to calm (down), quiet (*US*) *o* quieten (*BRIT*) (down)
ara *nf*: **en ~s de** for the sake of
árabe *adj, nmf* Arab ♦ *nm* (*LING*) Arabic
Arabia *nf* Arabia ▸ **Arabia Saudí** *o* **Saudita** Saudi Arabia
arado *nm* plow
Aragón *nm* Aragon ❑ **aragonés, -esa** *adj, nm/f* Aragonese
arancel *nm* tariff, duty ▸ **arancel de aduanas** customs (duty)
arandela *nf* (*TEC*) washer
araña *nf* (*ZOOL*) spider; (*lámpara*) chandelier
arañar *vt* to scratch
arañazo *nm* scratch
arar *vt* to plow, till
arbitraje *nm* arbitration
arbitrar *vt* to arbitrate in; (*DEPORTE*) to referee ♦ *vi* to arbitrate
arbitrariedad *nf* arbitrariness; (*acto*) arbitrary act ❑ **arbitrario, -a** *adj* arbitrary
arbitrio *nm* free will; (*JUR*) adjudication, decision
árbitro *nm* arbitrator; (*DEPORTE*) referee; (*TENIS*) umpire
árbol *nm* (*BOT*) tree; (*NÁUT*) mast; (*TEC*) axle, shaft ❑ **arbolado, -a** *adj* wooded; (*camino etc*) tree-lined ♦ *nm* woodland
arboleda *nf* grove, plantation
arbusto *nm* bush, shrub
arca *nf* chest, box
arcada *nf* arcade; (*de puente*) arch, span; **~s** *nfpl* (*náuseas*) retching *sg*
arcaico, -a *adj* archaic
arce *nm* maple tree
arcén *nm* (*de autopista*) berm (*US*), shoulder (*US*), hard shoulder (*BRIT*); (*de carretera*) verge
archipiélago *nm* archipelago
archivador *nm* filing cabinet
archivar *vt* to file (away) ❑ **archivo** *nm* file, archive(s) *pl* ▸ **archivo adjunto** (*INFORM*) attachment
arcilla *nf* clay
arco *nm* arch; (*MAT*) arc; (*MIL, MÚS*) bow ▸ **arco iris** rainbow
arder *vi* to burn; **estar que arde** (*persona*) to fume
ardid *nm* ploy, trick
ardiente *adj* burning, ardent
ardilla *nf* squirrel
ardor *nm* (*calor*) heat; (*fig*) ardor (*US*), ardour (*BRIT*) ▸ **ardor de estómago** heartburn
arduo, -a *adj* arduous
área *nf* area; (*DEPORTE*) penalty area
arena *nf* sand; (*DEPORTE*) arena ▸ **arenas movedizas** quicksand *sg*
arenal *nm* (*arena movediza*) quicksand
arengar *vt* to harangue
arenisca *nf* sandstone; (*cascajo*) grit
arenoso, -a *adj* sandy
arenque *nm* herring
arete (*MÉX*) *nm* earring
argamasa *nf* mortar, plaster
Argel *n* Algiers ❑ **Argelia** *nf* Algeria ❑ **argelino, -a** *adj, nm/f* Algerian
Argentina *nf*: **(la)** ~ Argentina
argentino, -a *adj* Argentinian; (*de plata*) silvery ♦ *nm/f* Argentinian
argolla *nf* (large) ring
argot (*pl* **~s**) *nm* slang
argucia *nf* subtlety, sophistry
argüir *vt* to deduce; (*discutir*) to argue; (*indicar*) to indicate, imply; (*censurar*) to reproach ♦ *vi* to argue
argumentación *nf* (line of) argument
argumentar *vt, vi* to argue
argumento *nm* argument; (*razonamiento*) reasoning; (*de novela etc*) plot; (*CINE, TV*) storyline
aria *nf* aria
aridez *nf* aridity, dryness
árido, -a *adj* arid, dry ❑ **áridos** *nmpl* (*COM*) dry goods
Aries *nm* Aries
ario, -a *adj* Aryan
arisco, -a *adj* surly; (*insociable*) unsociable
aristócrata *nmf* aristocrat
aritmética *nf* arithmetic
arma *nf* arm; **~s** *nfpl* arms ▸ **arma blanca** blade, knife ▸ **arma de fuego** firearm ▸ **armas cortas** small arms
armada *nf* armada; (*flota*) fleet
armadillo *nm* armadillo
armado, -a *adj* armed; (*TEC*) reinforced
armador *nm* (*NÁUT*) shipowner
armadura *nf* (*MIL*) armor (*US*), armour (*BRIT*); (*TEC*) framework; (*ZOOL*) skeleton; (*FÍSICA*) armature
armamento *nm* armament; (*NÁUT*) fitting-out
armar *vt* (*soldado*) to arm; (*máquina*) to assemble; (*navío*) to fit out; **~la, ~ un lío** to start a row, kick up a fuss
armario *nm* (*de ropa*) closet (*US*), wardrobe; (*de cocina, baño*) closet (*US*), cupboard
armatoste *nm* (*mueble*) monstrosity; (*máquina*) contraption
armazón *nm o f* body, chassis; (*de mueble etc*) frame; (*ARQ*) skeleton
armería *nf* gunsmith's
armiño *nm* stoat; (*piel*) ermine
armisticio *nm* armistice
armonía *nf* harmony
armónica *nf* harmonica
armonioso, -a *adj* harmonious
armonizar *vt* to harmonize; (*diferencias*) to reconcile ♦ *vi*: ~ **con** (*fig*) to be in keeping with; (*colores*) to tone in with, blend
arnés *nm* armor (*US*), armour (*BRIT*); **arneses** *nmpl* (*de caballo etc*) harness *sg*
aro *nm* ring; (*tejo*) quoit; (*CS*: *pendiente*) earring
aroma *nm* aroma, scent
aromático, -a *adj* aromatic
arpa *nf* harp
arpía *nf* shrew
arpillera *nf* sacking, sackcloth
arpón *nm* harpoon
arquear *vt* to arch, bend; **arquearse** *vr* to arch, bend
arqueología *nf* archeology (*US*), archaeology (*BRIT*) ❑ **arqueólogo, -a** *nm/f* archeologist (*US*), archaelogist (*BRIT*)
arquero *nm* archer, bowman
arquetipo *nm* archetype
arquitecto *nm* architect ❑ **arquitectura** *nf* architecture
arrabal *nm* poor suburb, slum; **~es** *nmpl* (*afueras*) outskirts
arraigado, -a *adj* deep-rooted; (*fig*) established
arraigar *vt* to establish ♦ *vi* to take root; **arraigarse** *vr* to take root; (*persona*) to settle
arrancar *vt* (*sacar*) to extract, pull out; (*arrebatar*) to snatch (away); (*INFORM*) to boot; (*fig*) to extract ♦ *vi* (*AUTO, máquina*) to start; (*ponerse en marcha*) to get going; **~ de** to stem from
arranque *etc vb ver* **arrancar** ♦ *nm* sudden start; (*AUTO*) start; (*fig*) fit, outburst
arrasar *vt* (*aplanar*) to level, flatten; (*destruir*) to demolish
arrastrado, -a *adj* poor, wretched; (*RPl*: *servil*) servile
arrastrar *vt* to drag (along); (*fig*) to drag down, degrade; (*agua, viento*) to carry away ♦ *vi* to drag, trail on the ground; **arrastrarse** *vr* to crawl; (*fig*) to grovel; **llevar algo arrastrado** to drag sth along
arrastre *nm* drag, dragging
arre *excl* gee up!
arrear *vt* to drive on, urge on ♦ *vi* to hurry along
arrebatado, -a *adj* rash, impetuous; (*repentino*) sudden, hasty
arrebatar *vt* to snatch (away), seize; (*fig*) to captivate; **arrebatarse** *vr* to get carried away, get excited
arrebato *nm* fit of rage, fury; (*éxtasis*) rapture
arrecife *nm* reef
arredrarse *vr*: ~ **(ante algo)** to be intimidated (by sth)
arreglado, -a *adj* (*ordenado*) neat, orderly; (*moderado*) moderate, reasonable
arreglar *vt* (*poner orden*) to tidy up; (*algo roto*) to fix, repair; (*problema*) to solve; **arreglarse** *vr* to reach an understanding; **arreglárselas** (*fam*) to get by, manage
arreglo *nm* settlement; (*orden*) order; (*acuerdo*) agreement; (*MÚS*) arrangement, setting
arrellanarse *vr*: ~ **en** to sit back in/on
arremangar *vt* to roll up, turn up; **arremangarse** *vr* to roll up one's sleeves
arremeter *vi*: ~ **contra** to attack, rush at
arrendamiento *nm* (*de vivienda*) renting; (*de máquina*) renting, hiring (*BRIT*) ❑ **arrendar** *vt* to let, lease; to rent ❑ **arrendatario, -a** *nm/f* tenant
arreos *nmpl* (*de caballo*) harness *sg*, trappings
arrepentimiento *nm* regret, repentance
arrepentirse *vr* to repent; **~ de** to regret
arrestar *vt* to arrest; (*encarcelar*) to imprison ❑ **arresto** *nm* arrest; (*MIL*) detention; (*audacia*) boldness, daring ▸ **arresto domiciliario** house arrest
arriar *vt* (*velas*) to haul down; (*bandera*) to lower, strike; (*cable*) to pay out

arriba
PALABRA CLAVE
adv

1 (*posición*) above; **desde arriba** from above; **arriba de todo** at the very top, right on top; **Juan está arriba** Juan is upstairs; **lo arriba mencionado** the aforementioned
2 (*dirección*): **calle arriba** up the street
3: **de arriba abajo** from top to bottom; **mirar a algn de arriba abajo** to look sb up and down
4: **para arriba: de 5000 pesos para arriba** from 5000 pesos up(wards)
♦ *adj*: **de arriba: el piso de arriba** the upstairs apartment (*US*) *o* flat (*BRIT*); **la parte de arriba** the top *o* upper part
♦ *prep*: **arriba de** (*LAm: por encima de*) above; **arriba de 200 dólares** more than 200 dollars ♦ *excl*: **¡arriba!** up!; **¡manos arriba!** hands up!; **¡arriba México!** long live Mexico!

arribar *vi* to put into port; (*llegar*) to arrive

arribista *nmf* parvenu(e), upstart

arriendo *etc vb ver* **arrendar** ♦ *nm* = **arrendamiento**

arriero *nm* muleteer

arriesgado, -a *adj* (*peligroso*) risky; (*audaz*) bold, daring

arriesgar *vt* to risk; (*poner en peligro*) to endanger; **arriesgarse** *vr* to take a risk

arrimar *vt* (*acercar*) to bring close; (*poner de lado*) to set aside; **arrimarse** *vr* to come close *o* closer; **~se a** to lean on

arrinconar *vt* (*colocar*) to put in a corner; (*enemigo*) to corner; (*fig*) to put on one side; (*abandonar*) to push aside

arrodillarse *vr* to kneel (down)

arrogancia *nf* arrogance ❏ **arrogante** *adj* arrogant

arrojar *vt* to throw, hurl; (*humo*) to emit, give out; (*COM*) to yield, produce; **arrojarse** *vr* to throw *o* hurl o.s.

arrojo *nm* daring

arrollador, a *adj* overwhelming

arrollar *vt* (*AUTO etc*) to run over, knock down; (*DEPORTE*) to crush

arropar *vt* to cover, wrap up; **arroparse** *vr* to wrap o.s. up

arroyo *nm* stream; (*de la calle*) gutter

arroz *nm* rice ▸ **arroz con leche** rice pudding

arruga *nf* (*de cara*) wrinkle; (*de vestido*) crease

arrugar *vt* to wrinkle; to crease; **arrugarse** *vr* to get creased

arruinar *vt* to ruin, wreck; **arruinarse** *vr* to be ruined, go bankrupt

arrullar *vi* to coo ♦ *vt* to lull to sleep

arsenal *nm* naval dockyard; (*MIL*) arsenal

arsénico *nm* arsenic

arte (*gen m en sg y siempre f en pl*) *nm* art; (*maña*) skill, guile; **~s** *nfpl* (*bellas artes*) arts

artefacto *nm* appliance

arteria *nf* artery

artesanía *nf* craftsmanship; (*artículos*) handicrafts *pl* ❏ **artesano, -a** *nm/f* artisan, craftsman(-woman)

ártico, -a *adj* Arctic ♦ *nm*: **el Á~** the Arctic

articulación *nf* articulation; (*MED, TEC*) joint ❏ **articulado, -a** *adj* articulated; jointed

articular *vt* to articulate; to join together

artículo *nm* article; (*cosa*) thing, article; **~s** *nmpl* (*COM*) goods

artífice *nmf* (*fig*) architect

artificial *adj* artificial

artificio *nm* art, skill; (*astucia*) cunning

artillería *nf* artillery

artillero *nm* artilleryman, gunner

artilugio *nm* gadget

artimaña *nf* trap, snare; (*astucia*) cunning

artista *nmf* (*pintor*) artist, painter; (*TEATRO*) artist, artiste ▸ **artista de cine** movie (*US*) *o* film (*BRIT*) actor (actress) ❏ **artístico, -a** *adj* artistic

artritis *nf* arthritis

arveja (*LAm*) *nf* pea

arzobispo *nm* archbishop

as *nm* ace

asa *nf* handle; (*fig*) lever

asado *nm* roast (meat); (*LAm: barbacoa*) barbecue

ASADO

Traditional Latin American barbecues, especially in the River Plate area, are celebrated in the open air around a large grill which is used to grill mainly beef and various kinds of spicy pork sausage. They are usually very common during the summer and can go on for several days. The head cook is nearly always a man.

asador *nm* spit

asadura (*ESP*) *nf* entrails *pl*, offal

asalariado, -a *adj* paid, salaried ♦ *nm/f* wage earner

asaltante *nmf* attacker

asaltar *vt* to attack, assault; (*fig*) to assail ❏ **asalto** *nm* attack, assault; (*DEPORTE*) round

asamblea *nf* assembly; (*reunión*) meeting

asar *vt* to roast

asbesto *nm* asbestos

ascendencia *nf* ancestry; (*LAm: influencia*) ascendancy; **de ~ francesa** of French origin

ascender *vi* (*subir*) to ascend, rise; (*ser promovido*) to gain promotion ♦ *vt* to promote; **~ a** to amount to ❏ **ascendiente** *nm* influence ♦ *nmf* ancestor

ascensión *nf* ascent; (*REL*): **la A~** the Ascension

ascenso *nm* ascent; (*promoción*) promotion

ascensor *nm* elevator (*US*), lift (*BRIT*)

ascético, -a *adj* ascetic

asco *nm*: **¡qué ~!** how revolting *o* disgusting!; **el ajo me da ~** I hate *o* loathe garlic; **estar hecho un ~** to be filthy; **poner a algn del ~** (*MÉX: fam*) to call sb all sorts of names

ascua *nf* ember; **estar en ~s** to be on tenterhooks

aseado, -a *adj* clean; (*arreglado*) tidy; (*pulcro*) smart

asear *vt* to clean, wash; to tidy (up)

asediar *vt* (*MIL*) to besiege, lay siege to; (*fig*) to chase, pester ❏ **asedio** *nm* siege; (*COM*) run

asegurado, -a *adj* insured

asegurador, a *nm/f* insurer

asegurar *vt* (*consolidar*) to secure, fasten; (*dar garantía de*) to guarantee; (*preservar*) to safeguard; (*afirmar, dar por cierto*) to assure, affirm; (*tranquilizar*) to reassure; (*tomar un seguro*) to insure; **asegurarse** *vr* to assure o.s., make sure

asemejarse *vr* to be alike; **~ a** to be like, resemble

asentado, -a *adj* established, settled

asentar *vt* (*sentar*) to seat, sit down; (*poner*) to place, establish; (*alisar*) to level, smooth down *o* out; (*anotar*) to note down ♦ *vi* to be suitable, suit

asentir *vi* to assent, agree; **~ con la cabeza** to nod (one's head)

aseo *nm* cleanliness

aséptico, -a *adj* germ-free, free from infection

asequible *adj* (*precio*) reasonable; (*meta*) attainable; (*persona*) approachable

aserradero *nm* sawmill ❏ **aserrar** *vt* to saw

asesinar *vt* to murder; (*POL*) to assassinate ❏ **asesinato** *nm* murder, homicide (*US*); (*POL*) assassination

asesino, -a *nm/f* murderer, killer; (*POL*) assassin

asesor, a *nm/f* adviser, consultant

asesorar *vt* (*JUR*) to advise, give legal advice to; (*COM*) to act as consultant to; **asesorarse** *vr*: **~se con** *o* **de** to take advice from, consult ❏ **asesoría** *nf* (*cargo*) consultancy; (*oficina*) consultant's office

asestar *vt* (*golpe*) to deal, strike

asfalto *nm* asphalt, blacktop (*US*)

asfixia *nf* asphyxia, suffocation

asfixiar *vt* to asphyxiate, suffocate; **asfixiarse** *vr* to be asphyxiated, suffocate

asgo *etc vb ver* **asir**

así *adv* (*de esta manera*) in this way, like this, thus; (*aunque*) although; (*tan pronto como*) as soon as; **~ que** so; **~ como** as well as; **~ y todo** even so; **¿no es ~?** isn't it?, didn't you? *etc*; **~ de grande** this big; **¡~ nomás!** (*LAm: fam*) anyhow, just like that

Asia *nf* Asia ❏ **asiático, -a** *adj, nm/f* Asian, Asiatic

asidero *nm* handle

asiduidad *nf* assiduousness ❏ **asiduo, -a** *adj* assiduous; (*frecuente*) frequent ♦ *nm/f* regular (customer)

asiento *nm* (*mueble*) seat, chair; (*de carro, en tribunal etc*) seat; (*localidad*) seat, place; (*fundamento*) site ▸ **asiento delantero/trasero** front/back seat

asignación *nf* (*atribución*) assignment; (*reparto*) allocation; (*sueldo*) salary ▸ **asignación (semanal)** allowance (*US*), pocket money (*BRIT*)

asignar *vt* to assign, allocate

asignatura *nf* subject; course

asilado, -a *nm/f* inmate; (*POL*) refugee

asilo *nm* (*refugio*) asylum, refuge; (*establecimiento*) home, institution ▸ **asilo político** political asylum

asimilación *nf* assimilation

asimilar *vt* to assimilate

asimismo *adv* in the same way, likewise

asir *vt* to seize, grasp

asistencia *nf* audience; (*MED*) attendance; (*ayuda*) assistance ❏ **asistente** *nmf* assistant; **los asistentes** those present ▸ **asistente social** social worker

asistido, -a *adj*: **~ por** (*LAm*) **computadora** computer-assisted

asistir *vt* to assist, help ♦ *vi*: **~ a** to attend, be present at

asma *nf* asthma

asno *nm* donkey; (*fig*) ass

asociación *nf* association; (*COM*) partnership ❏ **asociado, -a** *adj* associate ♦ *nm/f* associate; (*COM*) partner

asociar *vt* to associate

asolar *vt* to destroy

asomar *vt* to show, stick out ♦ *vi* to appear; **asomarse** *vr* to appear, show up; **~ la cabeza por la ventana** to put one's head out of the window

asombrar *vt* to amaze, astonish; **asombrarse** *vr* (*sorprenderse*) to be amazed; (*asustarse*) to get a fright ❏ **asombro** *nm* amazement, astonishment; (*susto*) fright ❏ **asombroso, -a** *adj* astonishing, amazing

asomo *nm* hint, sign

aspa *nf* (*cruz*) cross; (*de molino*) sail; **en ~** X-shaped

aspaviento *nm* exaggerated display of feeling; (*fam*) fuss

aspecto *nm* (*apariencia*) look, appearance; (*fig*) aspect

aspereza *nf* roughness; (*agrura*) sourness; (*de carácter*) surliness ❏ **áspero, -a** *adj* rough; bitter; sour; harsh

aspersión *nf* sprinkling

aspiración *nf* breath, inhalation; (*MÚS*) short pause; **aspiraciones** *nfpl* (*ambiciones*) aspirations

aspirador *nm* = **aspiradora**

aspiradora *nf* vacuum cleaner, Hoover®

aspirante *nmf* (*candidato*) candidate; (*DEPORTE*) contender

aspirar *vt* to breathe in ♦ *vi*: **~ a** to aspire to

aspirina *nf* aspirin

asquear *vt* to sicken ♦ *vi* to be sickening; **asquearse** *vr* to feel disgusted ❏ **asqueroso, -a** *adj* disgusting, sickening

asta *nf* lance; (*arpón*) spear; (*mango*) shaft, handle; (*ZOOL*) horn; **a media ~** at half mast

asterisco *nm* asterisk

astilla *nf* splinter; (*pedacito*) chip; **~s** *nfpl* (*leña*) firewood *sg*

astillero *nm* shipyard

astringente *adj, nm* astringent

astro *nm* star

astrología *nf* astrology ❏ **astrólogo, -a** *nm/f* astrologer

astronauta *nmf* astronaut

astronave *nm* spaceship

astronomía *nf* astronomy ❏ **astrónomo, -a** *nm/f* astronomer

astucia *nf* astuteness; (*ardid*) clever trick

asturiano, -a *adj, nm/f* Asturian

astuto, -a *adj* astute; (*taimado*) cunning

asumir *vt* to assume

asunción *nf* assumption; (*REL*): **A~** Assumption

asunto *nm* (*tema*) matter, subject; (*negocio*) business

asustar *vt* to frighten; **asustarse** *vr* to be (*o* become) frightened

atacar *vt* to attack

atadura *nf* bond, tie

atajar *vt* (*enfermedad, mal*) to stop ♦ *vi* (*persona*) to take a short cut

atajo *nm* short cut

atañer *vi*: **~ a** to concern

ataque *etc vb ver* **atacar** ♦ *nm* attack ▸ **ataque cardíaco** heart attack

atar *vt* to tie, tie up

atarantado, -a (*MÉX*) *adj* (*aturdido*) dazed

atardecer *vi* to get dark ♦ *nm* evening; (*crepúsculo*) dusk

atareado, -a *adj* busy

atascar *vt* to clog up; (*obstruir*) to jam; (*fig*) to hinder; **atascarse** *vr* to stall; (*cañería*) to get blocked up ❏ **atasco** *nm* obstruction; (*AUTO*) traffic jam

ataúd *nm* coffin, casket (*US*)

ataviar *vt* to deck, array; **ataviarse** *vr* to dress up

atavío *nm* attire, dress; **~s** *nmpl* finery *sg*

atemorizar *vt* to frighten, scare; **atemorizarse** *vr* to get scared

Atenas *n* Athens

atención *nf* attention; (*bondad*) kindness ♦ *excl* (be) careful!, look out!

atender *vt* to attend to, look after ♦ *vi* to pay attention

atenerse *vr*: **~ a** to abide by, adhere to

atentado *nm* crime, illegal act; (*asalto*) assault; **~ contra la vida de algn** attempt on sb's life

atentamente *adv*: **Le saluda ~** Sincerely yours (*US*), Yours sincerely (*BRIT*)

atentar *vi*: **~ a** *o* **contra** to commit an outrage against

atento, -a *adj* attentive, observant; (*cortés*) polite, thoughtful

atenuante *adj* extenuating

atenuar *vt* (*disminuir*) to lessen, minimize

ateo, -a *adj* atheistic ♦ *nm/f* atheist

aterciopelado, -a *adj* velvety

aterido, -a *adj*: **~ de frío** frozen stiff

aterrador, a *adj* frightening

aterrar *vt* to frighten; to terrify

aterrizaje *nm* landing

aterrizar *vi* to land

aterrorizar *vt* to terrify

atesorar *vt* to hoard

atestado, -a *adj* packed ♦ *nm* (*JUR*) affidavit

atestar *vt* to pack, stuff; (*JUR*) to attest, testify to

atestiguar *vt* to testify to, bear witness to

atiborrar *vt* to fill, stuff; **atiborrarse** *vr* to stuff o.s.

ático *nm* attic ▸ **ático de lujo** penthouse (apartment (*US*) *o* flat (*BRIT*))

atinado, -a *adj* (*sensato*) wise; (*correcto*) right, correct

atinar *vi* (*al disparar*): **~ al blanco** to hit the target; (*fig*) to be right

atisbar *vt* to spy on; (*echar una ojeada*) to peep at

atizar *vt* to poke; (*horno etc*) to stoke; (*fig*) to stir up, rouse

atlántico, -a *adj* Atlantic ♦ *nm*: **el (océano) A~** the Atlantic (Ocean)

atlas *nm* atlas

atleta *nm* athlete ❏ **atlético, -a** *adj* athletic ❏ **atletismo** *nm* athletics *sg*

atmósfera *nf* atmosphere

atolladero *nm* (*fig*) jam, fix

atolondramiento *nm* bewilderment; (*insensatez*) silliness

atómico, -a *adj* atomic

atomizador *nm* atomizer; (*de perfume*) spray

átomo *nm* atom

atónito, -a *adj* astonished, amazed

atontado, -a *adj* stunned; (*bobo*) stupid, dumb (*US*), daft (*BRIT*)

atontar *vt* to stun; **atontarse** *vr* to become confused

atormentar *vt* to torture; (*molestar*) to torment; (*acosar*) to plague, harass

atornillar *vt* to screw on *o* down

atosigar *vt* to harass, pester

atracador, a *nm/f* robber

atracar *vt* (*NÁUT*) to moor; (*robar*) to hold up, rob ♦ *vi* to moor; **atracarse** *vr*: **~se (de)** to stuff o.s. (with)

atracción *nf* attraction

atraco *nm* holdup, robbery

atracón *nm*: **darse** *o* **pegarse un ~ (de)** (*fam*) to stuff o.s. (with)

atractivo, -a *adj* attractive ♦ *nm* appeal

atraer *vt* to attract

atragantarse *vr*: **~ (con)** to choke (on); **se me ha atragantado el chico** I can't stand the boy

atrancar *vt* (*puerta*) to bar, bolt

atrapar *vt* to trap; (*resfriado etc*) to catch

atrás *adv* (*movimiento*) back(-wards); (*lugar*) behind; (*tiempo*) previously; **ir hacia ~** to go back(wards), go to the rear; **estar ~** to be behind *o* at the back

atrasado, -a *adj* slow; (*pago*) overdue, late; (*país*) backward

atrasar *vi* to be slow; **atrasarse** *vr* to remain behind; (*tren*) to be *o* run late ❏ **atraso** *nm* slowness; lateness, delay; (*de país*) backwardness; **atrasos** *nmpl* (*COM*) arrears

atravesar *vt* (*cruzar*) to cross (over); (*traspasar*) to pierce; to go through; (*poner al través*) to lay *o* put across; **atravesarse** *vr* to come in between; (*intervenir*) to interfere

atravieso *etc vb ver* **atravesar**

atrayente *adj* attractive

atreverse *vr* to dare; (*insolentarse*) to be insolent ❏ **atrevido, -a** *adj* daring; insolent ❏ **atrevimiento** *nm* daring; insolence

atribución *nf*: **atribuciones** (*POL*) powers; (*ADMIN*) responsibilities

atribuir *vt* to attribute; (*funciones*) to confer

atribular *vt* to afflict, distress

atributo *nm* attribute

atril *nm* (*para libro*) lectern; (*MÚS*) music stand

atrocidad *nf* atrocity, outrage

atropellar *vt* (*derribar*) to knock over *o* down; (*empujar*) to push (aside); (*AUTO*) to run over, run down; (*agraviar*) to insult; **atropellarse** *vr* to act hastily ❏ **atropello** *nm* (*AUTO*) accident; (*empujón*) push; (*agravio*) wrong; (*atrocidad*) outrage

atroz *adj* atrocious, awful

ATS *nmf abr* (= *Ayudante Técnico Sanitario*) nurse

atto, -a *abr* = **atento**

atuendo *nm* attire

atún *nm* tuna

aturdir *vt* to stun; (*de ruido*) to deafen; (*fig*) to dumbfound, bewilder

atusar *vt* to smooth (down)

audacia *nf* boldness, audacity ❏ **audaz** *adj* bold, audacious

audible *adj* audible

audición *nf* hearing; (*TEATRO*) audition

audiencia *nf* audience; (*JUR: tribunal*) court

audífono *nm* (*para sordos*) hearing aid

auditor *nm* (*JUR*) judge advocate; (*COM*) auditor
auditorio *nm* audience; (*sala*) auditorium
auge *nm* boom; (*clímax*) climax
augurar *vt* to predict; (*presagiar*) to portend
augurio *nm* omen
aula *nf* classroom; (*en universidad etc*) lecture room
aullar *vi* to howl, yell
aullido *nm* howl, yell
aumentar *vt* to increase; (*precios*) to put up; (*producción*) to step up; (*con microscopio, anteojos*) to magnify ♦ *vi* to increase, be on the increase; **aumentarse** *vr* to increase, be on the increase ❑ **aumento** *nm* increase; rise
aun *adv* even; **~ así** even so; **~ más** even *o* yet more
aún *adv*: **~ está aquí** he's still here; **~ no lo sabemos** we don't know yet; **¿no ha venido ~?** hasn't she come yet?
aunque *conj* though, although, even though
aúpa *excl* (*para animar*) come on!
aureola *nf* halo
auricular *nm* (*TEL*) receiver; **~es** *nmpl* (*cascos*) headphones
aurora *nf* dawn
auscultar *vt* (*MED*: *pecho*) to listen to, sound
ausencia *nf* absence
ausentarse *vr* to go away; (*por poco tiempo*) to go out
ausente *adj* absent
auspicios *nmpl* auspices
austero, -a *adj* austere
austral *adj* southern ♦ *nm a former monetary unit of Argentina*
Australia *nf* Australia ❑ **australiano, -a** *adj, nm/f* Australian
Austria *nf* Austria ❑ **austríaco, -a** *adj, nm/f* Austrian
auténtico, -a *adj* authentic
autitos chocadores (*RPl*) *nmpl* bumper cars (*US*)
auto *nm* (*JUR*) edict, decree; (: *orden*) writ; (*AUTO*) car; **~s** *nmpl* (*JUR*) proceedings; (: *acta*) court record *sg*
autoadhesivo *adj* self-adhesive; (*sobre*) self-sealing
autobiografía *nf* autobiography
autobomba (*RPl*) *nm* firetruck (*US*), fire engine (*BRIT*)
autobronceador *adj* self-tanning
autobús *nm* bus
autocar (*ESP*) *nm* (passenger) bus (*US*), coach (*BRIT*)
autóctono, -a *adj* native, indigenous
autodefensa *nf* self-defense (*US*), self-defence (*BRIT*)
autodeterminación *nf* self-determination
autodidacta *adj* self-taught
autógrafo *nm* autograph
autómata *nm* automaton
automático, -a *adj* automatic ♦ *nm* snap (fastener) (*US*), press stud (*BRIT*)
automotor, -triz *adj* self-propelled ♦ *nm* diesel train
automóvil *nm* automobile (*US*), (motor) car (*BRIT*) ❑ **automovilismo** *nm* (*actividad*) motoring; (*DEPORTE*) motor racing ❑ **automovilista** *nmf* motorist, driver ❑ **automovilístico, -a** *adj* (*industria*) motor *cpd*
autonomía *nf* autonomy ❑ **autónomo, -a** (*ESP*) *adj* (*POL*) autonomous
autopista *nf* freeway (*US*), motorway (*BRIT*) ▸ **autopista de cuota** (*MÉX*) turnpike (*US*) *o* toll (*BRIT*) road ▸ **autopista de peaje** turnpike (*US*) *o* toll (*BRIT*) road
autopsia *nf* autopsy, postmortem
autor, a *nm/f* author
autoridad *nf* authority ❑ **autoritario, -a** *adj* authoritarian
autorización *nf* authorization ❑ **autorizado, -a** *adj* authorized; (*aprobado*) approved
autorizar *vt* to authorize; (*aprobar*) to approve
autorretrato *nm* self-portrait
autoservicio *nm* (*tienda*) self-service store (*US*) *o* shop (*BRIT*); (*restaurante*) self-service restaurant
autostop *nm* hitch-hiking; **hacer ~** to hitch-hike ❑ **autostopista** *nmf* hitch-hiker
autosuficiencia *nf* self-sufficiency
autovía *nf* ≈ state highway (*US*), ≈ A-road (*BRIT*), dual carriageway (*BRIT*)
auxiliar *vt* to help ♦ *nmf* assistant ❑ **auxilio** *nm* assistance, help; **primeros auxilios** first aid *sg*
Av *abr* (= *Avenida*) Av(e)
aval *nm* guarantee; (*persona*) guarantor
avalancha *nf* avalanche
avance *nm* advance; (*pago*) advance payment; (*CINE*) preview, trailer (*BRIT*)
avanzar *vt, vi* to advance

avaricia *nf* avarice, greed ❑ **avaricioso, -a** *adj* avaricious, greedy
avaro, -a *adj* miserly, stingy ♦ *nm/f* miser
avasallar *vt* to subdue, subjugate
Avda *abr* (= *Avenida*) Av(e)
AVE *nm abr* (= *Alta Velocidad Española*) ≈ bullet train
ave *nf* bird ▸ **ave de rapiña** bird of prey
avecinarse *vr* (*tormenta*: *fig*) to be on the way
avellana *nf* hazelnut ❑ **avellano** *nm* hazel tree
avemaría *nm* Hail Mary, Ave Maria
avena *nf* oats *pl*
avenida *nf* (*calle*) avenue
avenir *vt* to reconcile; **avenirse** *vr* to come to an agreement, reach a compromise
aventajado, -a *adj* outstanding
aventajar *vt* (*sobrepasar*) to surpass, outstrip
aventón (*MÉX*: *fam*) *nm* ride; **dar ~ a algn** to give sb a ride
aventura *nf* adventure ❑ **aventurado, -a** *adj* risky ❑ **aventurero, -a** *adj* adventurous
avergonzar *vt* to shame; (*desconcertar*) to embarrass; **avergonzarse** *vr* to be ashamed; to be embarrassed
avería *nf* (*TEC*) breakdown, fault
averiado, -a *adj* broken down; **"~"** "out of order"
averiguación *nf* investigation; (*descubrimiento*) ascertainment
averiguar *vt* to investigate; (*descubrir*) to find out, ascertain ♦ *vr*: **averiguárselas** (*MÉX*) to manage, get by
aversión *nf* aversion, dislike
avestruz *nm* ostrich
aviación *nf* aviation; (*fuerzas aéreas*) air force
aviador, a *nm/f* aviator, airman(-woman); (*MÉX*: *fam*) phantom employee
avicultura *nf* poultry farming
avidez *nf* avidity, eagerness ❑ **ávido, -a** *adj* avid, eager
avinagrado, -a *adj* sour, acid
avión *nm* airplane (*US*), aeroplane (*BRIT*); (*ave*) martin ▸ **avión de reacción** jet (plane)
avioneta *nf* light aircraft
avisar *vt* (*advertir*) to warn, notify; (*informar*) to tell; (*aconsejar*) to advise, counsel ❑ **aviso** *nm* warning; (*noticia*) notice
avispa *nf* wasp
avispado, -a *adj* sharp, clever
avispero *nm* wasp's nest
avispón *nm* hornet
avistar *vt* to sight, spot
avituallar *vt* to supply with food
avivar *vt* to strengthen, intensify; **avivarse** *vr* to revive, acquire new life
axila *nf* armpit
axioma *nm* axiom
ay *excl* (*dolor*) ow!, ouch!; (*aflicción*) oh!, oh dear!; **¡ay de mí!** poor me!
aya *nf* governess; (*niñera*) nursemaid (*US*), nanny (*BRIT*)
ayer *adv, nm* yesterday; **antes de ~** the day before yesterday
ayote (*CAm*) *nm* pumpkin
ayuda *nf* help, assistance ♦ *nm* page ❑ **ayudante, -a** *nm/f* assistant, helper; (*ESCOL*) assistant; (*MIL*) adjutant
ayudar *vt* to help, assist
ayunar *vi* to fast ❑ **ayunas** *nfpl*: **estar en ayunas** to be fasting ❑ **ayuno** *nm* fast; fasting
ayuntamiento *nm* (*consejo*) town (*o* city) council; (*edificio*) town (*o* city) hall
azabache *nm* jet
azada *nf* hoe
azafata (*ESP*) *nf* air stewardess
azafrán *nm* saffron
azahar *nm* orange/lemon blossom
azar *nm* (*casualidad*) chance, fate; (*desgracia*) misfortune, accident; **por ~** by chance; **al ~** at random
azoramiento *nm* alarm; (*confusión*) confusion
azorar *vt* to alarm; **azorarse** *vr* to get alarmed
Azores *nfpl*: **las ~** the Azores
azotar *vt* to whip, beat; (*pegar*) to spank ❑ **azote** *nm* (*látigo*) whip; (*latigazo*) lash, stroke; (*en las nalgas*) spank; (*calamidad*) calamity
azotea *nf* (flat) roof
azteca *adj, nmf* Aztec
azúcar *nm* sugar ❑ **azucarado, -a** *adj* sugary, sweet
azucarero, -a *adj* sugar *cpd* ♦ *nm* sugar bowl
azucena *nf* white lily
azufre *nm* sulfur (*US*), sulphur (*BRIT*)
azul *adj, nm* blue ▸ **azul marino** navy blue
azulejo *nm* tile
azuzar *vt* to incite, egg on

Bb

B.A. *abr* (= *Buenos Aires*) B.A.
baba *nf* spittle, saliva ❑ **babear** *vi* to drool, slaver
babero *nm* bib
babor *nm* port (side)
babosada (*MÉX, CAm*: *fam*) *nf* drivel ❑ **baboso, -a** (*LAm*: *fam*) *adj* silly
baca *nf* (*AUTO*) luggage *o* roof rack
bacalao *nm* cod(fish)
bache *nm* pothole, rut; (*fig*) bad patch
bachillerato *nm a two-year secondary school course leading to university*
bacinica (*LAm*) *nf* potty
bacteria *nf* bacterium, germ
báculo *nm* stick, staff
bagaje *nm* baggage, luggage
Bahamas *nfpl*: **las (Islas) ~** the Bahamas
bahía *nf* bay
bailar *vt, vi* to dance ❑ **bailarín, -ina** *nm/f* (ballet) dancer ❑ **baile** *nm* dance; (*formal*) ball
baja *nf* drop, fall; (*MIL*) casualty; **dar de ~** (*soldado*) to discharge; (*empleado*) to dismiss
bajada *nf* descent; (*camino*) slope; (*de aguas*) ebb
bajar *vi* to go down, come down; (*temperatura, precios*) to drop, fall ♦ *vt* (*cabeza*) to bow; (*escalera*) to go down, come down; (*precio, voz*) to lower; (*llevar abajo*) to take down; **bajarse** *vr* (*de carro*) to get out; (*de autobús, tren*) to get off; **~ de** (*carro*) to get out of; (*autobús, tren*) to get off
bajeza *nf* baseness *no pl*; (*una bajeza*) vile deed
bajío (*LAm*) *nm* lowlands *pl*
bajo, -a *adj* (*mueble, número, precio*) low; (*piso*) ground; (*de estatura*) small, short; (*color*) pale; (*sonido*) faint, soft, low; (*voz*: *en tono*) deep; (*metal*) base; (*humilde*) low, humble ♦ *adv* (*hablar*) softly, quietly; (*volar*) low ♦ *prep* under, below, underneath ♦ *nm* (*MÚS*) bass; **~ la lluvia** in the rain
bajón *nm* fall, drop
bala *nf* bullet
balacear (*MÉX, CAm*) *vt* to shoot
balance *nm* (*COM*) balance; (: *libro*) balance sheet; (: *cuenta general*) inventory (*US*), stocktaking (*BRIT*)
balancear *vt* to balance ♦ *vi* to swing (to and fro); (*vacilar*) to hesitate; **balancearse** *vr* to swing (to and fro), hesitate ❑ **balanceo** *nm* swinging
balanza *nf* scales *pl*, balance ▸ **balanza comercial** balance of trade ▸ **balanza de pagos** balance of payments
balar *vi* to bleat
balaustrada *nf* balustrade; (*pasamanos*) banisters *pl*
balazo *nm* (*golpe*) shot; (*herida*) bullet wound
balbucear *vi, vt* to stammer, stutter ❑ **balbuceo** *nm* stammering, stuttering
balbucir *vi, vt* to stammer, stutter
balcón *nm* balcony
balde *nm* (*LAm*) bucket, pail; **de ~** (for) free, for nothing; **en ~** in vain
baldío, -a *adj* uncultivated; (*terreno*) waste ♦ *nm* waste land
baldosa *nf* (*azulejo*) floor tile; (*grande*) flagstone ❑ **baldosín** *nm* (small) tile
Baleares *nfpl*: **las (Islas) ~** the Balearic Islands
balero *nm* (*LAm*: *juguete*) cup-and-ball toy
balido *nm* bleat, bleating
baliza *nf* (*AVIAT*) beacon; (*NÁUT*) buoy
ballena *nf* whale
ballesta *nf* crossbow; (*AUTO*) spring
ballet (*pl* **~s**) *nm* ballet
balneario *nm* spa; (*CS*: *en la costa*) seaside resort
balón *nm* ball
baloncesto *nm* basketball
balonmano *nm* handball
balonvolea *nm* volleyball
balsa *nf* raft; (*BOT*) balsa wood
bálsamo *nm* balsam, balm
baluarte *nm* bastion, bulwark
bambolear *vi* to swing, sway; (*silla*) to wobble; **bambolearse** *vr* to swing, sway; to wobble ❑ **bamboleo** *nm* swinging, swaying; wobbling
bambú *nm* bamboo
banana (*LAm*) *nf* banana ❑ **banano** *nm* (*LAm*: *árbol*) banana tree; (*CAm*: *fruta*) banana
banca *nf* (*COM*) banking; (*LAm*: *asiento*) bench; (*CS*: *escaño*) seat
bancario, -a *adj* banking *cpd*, bank *cpd*
bancarrota *nf* bankruptcy; **hacer ~** to go bankrupt
banco *nm* bench; (*ESCOL*) desk; (*COM*) bank; (*GEO*) stratum ▸ **banco de arena** sandbank ▸ **banco de crédito/ahorros** credit/savings bank ▸ **banco de datos** databank

banda *nf* band; (*pandilla*) gang; (*NÁUT*) side, edge ▸ **banda sonora** soundtrack ▸ **la Banda Oriental** Uruguay
bandada *nf* (*de pájaros*) flock; (*de peces*) shoal
bandazo *nm*: **dar ~s** to sway from side to side
bandeja *nf* tray
bandera *nf* flag
banderilla *nf* banderilla
banderín *nm* pennant, small flag
bandido *nm* bandit
bando *nm* (*edicto*) edict, proclamation; (*facción*) faction; **los ~s** (*REL*) the banns
bandolera *nf*: **llevar en ~** to wear across one's chest
bandolero *nm* bandit, brigand
banquero *nm* banker
banqueta *nf* stool; (*MÉX*: *en calle*) sidewalk (*US*), pavement (*BRIT*)
banquete *nm* banquet; (*para convidados*) formal dinner
banquillo *nm* (*JUR*) dock, prisoner's bench; (*banco*) bench; (*para los pies*) footstool
banquina (*RPl*) *nf* shoulder (*US*), berm (*US*), hard shoulder (*BRIT*)
bañadera (*RPl*) *nf* bathtub
bañador (*ESP*) *nm* bathing suit (*US*), swimming costume (*BRIT*)
bañar *vt* to bath, bathe; (*objeto*) to dip; (*de barniz*) to coat; **bañarse** *vr* (*en el mar*) to bathe, swim; (*en la bañera*) to take a bath
bañera (*ESP*) *nf* bath(tub)
bañero, -a (*CS*) *nm/f* lifeguard
bañista *nmf* bather
baño *nm* (*en bañera*) bath; (*en río*) dip, swim; (*cuarto*) bathroom; (*bañera*) bath(tub); (*capa*) coating
baqueta *nf* (*MÚS*) drumstick
bar *nm* bar
barahúnda *nf* uproar, hubbub
baraja *nf* pack (of cards) ❑ **barajar** *vt* (*naipes*) to shuffle; (*fig*) to jumble up
baranda *nf* = **barandilla**
barandilla *nf* rail, railing
barata (*MÉX*) *nf* (bargain) sale
baratija *nf* trinket
baratillo *nm* (*tienda*) junk shop; (*subasta*) bargain sale; (*conjunto de cosas*) secondhand goods *pl*
barato, -a *adj* cheap ♦ *adv* cheap, cheaply
baraúnda *nf* = **barahúnda**
barba *nf* (*mentón*) chin; (*pelo*) beard
barbacoa *nf* (*parrilla*) barbecue; (*carne*) barbecued meat
barbaridad *nf* barbarity; (*acto*) barbarism; (*atrocidad*) outrage; **una ~** (*fam*) loads; **¡qué ~!** (*fam*) how awful!
barbarie *nf* barbarism, savagery; (*crueldad*) barbarity
barbarismo *nm* = **barbarie**
bárbaro, -a *adj* barbarous, cruel; (*grosero*) rough, uncouth ♦ *nm/f* barbarian ♦ *adv*: **lo pasamos ~** (*fam*) we had a great time; **¡qué ~!** (*fam*) how marvelous (*US*) *o* marvellous (*BRIT*)!; **un éxito ~** (*fam*) a terrific success; **es un tipo ~** (*fam*) he's a great guy
barbecho *nm* fallow land
barbero, -a *adj, nm/f* (*MÉX*: *fam*) flatterer ♦ *nm* barber, hairdresser
barbilla *nf* chin, tip of the chin
barbo *nm* barbel ▸ **barbo de mar** red mullet, goatfish (*US*)
barbotear *vt, vi* to mutter, mumble
barbudo, -a *adj* bearded
barca *nf* (small) boat ▸ **barca de pasaje** ferry ▸ **barca pesquera** fishing boat ❑ **barcaza** *nf* barge ▸ **barcaza de desembarco** landing craft
Barcelona *n* Barcelona
barcelonés, -esa *adj* of *o* from Barcelona
barco *nm* boat; (*grande*) ship ▸ **barco de carga** cargo boat ▸ **barco de vela** sailboat (*US*), sailing boat (*BRIT*)
barda (*MÉX*) *nf* (*de madera*) fence
baremo *nm* (*MAT*: *fig*) scale
barítono *nm* baritone
barman *nm* bartender (*US*), barman (*BRIT*)
Barna *n* = **Barcelona**
barniz *nm* varnish; (*en loza*) glaze; (*fig*) veneer ❑ **barnizar** *vt* to varnish; (*loza*) to glaze
barómetro *nm* barometer
barquero *nm* boatman
barquillo *nm* cone, cornet
barra *nf* bar, rod; (*de un bar, café*) bar; (*de pan*) French stick; (*palanca*) lever ▸ **barra de carmín** *o* **labios** lipstick ▸ **barra libre** free bar
barraca *nf* hut, cabin
barranco *nm* ravine; (*fig*) difficulty
barrena *nf* drill ❑ **barrenar** *vt* to drill (through), bore ❑ **barreno** *nm* large drill
barrer *vt* to sweep; (*quitar*) to sweep away
barrera *nf* barrier

barriada *nf* quarter, district; (*LAm*: *marginal*) slum, shanty town
barricada *nf* barricade
barrida *nf* sweep, sweeping
barrido *nm* = **barrida**
barriga *nf* belly; (*panza*) paunch ❑ **barrigón, -ona** *adj* potbellied ❑ **barrigudo, -a** *adj* potbellied
barril *nm* barrel, cask
barrio *nm* (*vecindad*) area, neighborhood; (*en afueras*) suburb ▶ **barrio espontáneo** (*CAm*) shantytown
barro *nm* (*lodo*) mud; (*objetos*) earthenware; (*MED*) pimple
barroco, -a *adj, nm* baroque
barrote *nm* (*de ventana*) bar
barruntar *vt* (*conjeturar*) to guess; (*presentir*) to suspect ❑ **barrunto** *nm* guess; suspicion
bartola: **a la ~** *adv*: **tirarse a la ~** to take it easy, be lazy
bártulos *nmpl* things, belongings
barullo *nm* row, uproar
basar *vt* to base; **basarse** *vr*: **~se en** to be based on
báscula *nf* (platform) scales
base *nf* base; **a ~ de** on the basis of; (*mediante*) by means of ▶ **base de datos** (*INFORM*) database
básico, -a *adj* basic
basílica *nf* basilica
basquetbol (*MÉX*) (*LAm* **básquetbol**) *nm* basketball

bastante
PALABRA CLAVE
adj
1 (*suficiente*) enough; **bastante dinero** enough *o* sufficient money; **bastantes libros** enough books
2 (*valor intensivo*): **bastante gente** quite a lot of people; **tener bastante calor** to be rather hot
♦ *adv*: **bastante bueno/malo** quite good/ rather bad; **bastante rico** pretty rich; **(lo) bastante inteligente (como) para hacer algo** clever enough *o* sufficiently clever to do sth

bastar *vi* to be enough *o* sufficient; **bastarse** *vr* to be self-sufficient; **~ para** to be enough to; **¡basta!** (that's) enough!
bastardilla *nf* italics
bastardo, -a *adj, nm/f* bastard
bastidor *nm* frame; (*de carro*) chassis; (*TEATRO*) wing; **entre ~es** (*fig*) behind the scenes
basto, -a *adj* coarse, rough
bastón *nm* stick, staff; (*para pasear*) walking stick
bastoncillo *nm* Q-tip® (*US*), cotton bud (*BRIT*)
bastos *nmpl* (*NAIPES*) ≈ clubs
basura *nf* garbage (*US*), rubbish (*BRIT*)
basurero *nm* (*hombre*) garbage man (*US*), dustman (*BRIT*); (*lugar*) dump; (*MÉX*: *cubo*) trash can (*US*), (rubbish) bin (*BRIT*)
bata *nf* (*gen*) dressing gown; (*cubretodo*) smock; (*MED, TEC etc*) lab(oratory) coat
batalla *nf* battle; **de ~** (*fig*) for everyday use
batallar *vi* to fight
batallón *nm* battalion
batata *nf* sweet potato
batería *nf* battery; (*MÚS*) drums ▶ **batería de cocina** kitchen utensils
batido, -a *adj* (*camino*) beaten, well-trodden ♦ *nm* (*LAm*: *rebozo*) batter; (*ESP CULIN*: *de leche*) milk shake
batidora *nf* beater, mixer ▶ **batidora eléctrica** food mixer, blender
batir *vt* to beat, strike; (*vencer*) to beat, defeat; (*revolver*) to beat, mix; **batirse** *vr* to fight; **~ palmas** to applaud
batuta *nf* baton; **llevar la ~** (*fig*) to be the boss, be in charge
baúl *nm* trunk; (*RPl AUTO*) trunk (*US*), boot (*BRIT*)
bautismo *nm* baptism, christening
bautizar *vt* to baptize, christen; (*fam*: *diluir*) to water down ❑ **bautizo** *nm* baptism, christening
baya *nf* berry
bayeta *nf* floorcloth
baza *nf* trick; **meter ~** to butt in
bazar *nm* bazaar
bazofia *nf* trash
BCE *nm abr* (= *Banco Central Europeo*) ECB
be *nf name of the letter B* ▶ **be chica/grande** (*MÉX*) V/B ▶ **be larga** (*LAm*) B
beato, -a *adj* blessed; (*piadoso*) pious
bebé (*pl* **~s**) *nm* baby
bebedero (*MÉX, CS*) *nm* drinking fountain
bebedor, a *adj* hard-drinking
beber *vt, vi* to drink
bebida *nf* drink ❑ **bebido, -a** *adj* drunk
beca *nf* grant, scholarship
becario, -a *nm/f* scholarship holder, grant holder
bedel *nm* (*ESCOL*) janitor; (*UNIV*) head custodian (*US*), head porter (*BRIT*)
beisbol (*MÉX*) (*LAm exc MÉX, ESP* **béisbol**) *nm* (*DEPORTE*) baseball
belén *nm* (*de navidad*) nativity scene, crib, crèche (*US*); **B~** Bethlehem
belga *adj, nmf* Belgian
Bélgica *nf* Belgium
bélico, -a *adj* (*actitud*) warlike ❑ **belicoso, -a** *adj* (*guerrero*) warlike; (*agresivo*) aggressive, bellicose
beligerante *adj* belligerent
belleza *nf* beauty
bello, -a *adj* beautiful, lovely; **Bellas Artes** Fine Art
bellota *nf* acorn
bemol *nm* (*MÚS*) flat; **esto tiene ~es** (*fam*) this is a tough one
bencina *nf* (*QUÍM*) benzine
bendecir *vt* to bless
bendición *nf* blessing
bendito, -a *pp de* **bendecir** ♦ *adj* holy; (*afortunado*) lucky; (*feliz*) happy; (*sencillo*) simple ♦ *nm/f* simple soul
beneficencia *nf* charity
beneficiar *vt* to benefit, be of benefit to; **beneficiarse** *vr* to benefit, profit ❑ **beneficiario, -a** *nm/f* beneficiary
beneficio *nm* (*bien*) benefit, advantage; (*ganancia*) profit, gain ❑ **beneficioso, -a** *adj* beneficial
benéfico, -a *adj* charitable
beneplácito *nm* approval, consent
benevolencia *nf* benevolence, kindness ❑ **benévolo, -a** *adj* benevolent, kind
benigno, -a *adj* kind; (*suave*) mild; (*MED*: *tumor*) benign, non-malignant
berberecho *nm* (*ZOOL, CULIN*) cockle
berenjena *nf* eggplant (*US*), aubergine (*BRIT*)
Berlín *n* Berlin ❑ **berlinés, -esa** *adj* of *o* from Berlin ♦ *nm/f* Berliner
berlinesa (*RPl*) *nf* doughnut, donut (*US*); *ver tb* **berlinés**
bermudas *nfpl* Bermuda shorts
berrear *vi* to bellow, low
berrido *nm* bellow(ing)
berrinche (*fam*) *nm* temper, tantrum
berro *nm* watercress
berza *nf* cabbage
besamel *nf* (*CULIN*) white sauce, bechamel sauce
besar *vt* to kiss; (*fig*: *tocar*) to graze; **besarse** *vr* to kiss (one another) ❑ **beso** *nm* kiss
bestia *nf* beast, animal; (*fig*) idiot ▶ **bestia de carga** beast of burden
bestial *adj* bestial; (*fam*) terrific ❑ **bestialidad** *nf* bestiality; (*fam*) stupidity
besugo *nm* sea bream; (*fam*) idiot
besuquear *vt* to cover with kisses; **besuquearse** *vr* to kiss and cuddle
betabel (*MÉX*) *nm* beet (*US*), beetroot (*BRIT*)
betún *nm* shoe polish; (*QUÍM*) bitumen
biberón *nm* feeding bottle
Biblia *nf* Bible
bibliografía *nf* bibliography
biblioteca *nf* library; (*LAm*: *mueble*) bookshelves ▶ **biblioteca de consulta** reference library ❑ **bibliotecario, -a** *nm/f* librarian
bicarbonato *nm* bicarbonate
bicho *nm* (*animal*) small animal; (*sabandija*) bug, insect; (*TAUR*) bull
bici (*fam*) *nf* bike
bicicleta *nf* bicycle, cycle; **ir en ~** to cycle
bidé (*pl* **~s**) *nm* bidet
bidón *nm* (*de aceite*) drum; (*de gasolina*) can

bien
PALABRA CLAVE
nm
1 (*bienestar*) good; **te lo digo por tu bien** I'm telling you for your own good; **el bien y el mal** good and evil
2 (*posesión*): **bienes** goods ▶ **bienes de consumo** consumer goods ▶ **bienes inmuebles** *o* **raíces/bienes muebles** real estate *sg* /personal property *sg*
♦ *adv*
1 (*de manera satisfactoria, correcta etc*) well; **trabaja/come bien** she works/eats well; **contestó bien** he answered correctly; **me siento bien** I feel fine; **no me siento bien** I don't feel very well; **se está bien aquí** it's nice here
2 (*frases*): **hiciste bien en llamarme** you were right to call me
3 (*valor intensivo*) very; **un cuarto bien caliente** a nice warm room; **bien se ve que ...** it's quite clear that ...
4: **estar bien: estoy muy bien aquí** I feel very happy here; **está bien que vengan** it's all right for them to come; **¡está bien! lo haré** O.K.! *o* all right! I'll do it
5 (*de buena gana*): **yo bien que iría pero ...** I'd gladly go but ...
♦ *excl*: **¡bien!** (*aprobación*) O.K.!; **¡muy bien!** well done!
♦ *adj inv* (*matiz despectivo*): **niño bien** rich kid; **gente bien** posh people
♦ *conj*
1: **bien ... bien: bien en** (*LAm*) **carro bien en tren** either by car or by train
2: **no bien** (*LAm*): **no bien llegue te llamaré** as soon as I arrive I'll call you
3: **si bien** even though; *ver tb* **más**

bienal *adj* biennial
bienaventurado, -a *adj* (*feliz*) happy, fortunate
bienestar *nm* well-being, welfare
bienhechor, a *adj* beneficent ♦ *nm/f* benefactor (benefactress)
bienvenida *nf* welcome; **dar la ~ a algn** to welcome sb
bienvenido *excl* welcome!
bife (*CS*) *nm* steak
bifurcación *nf* fork
bifurcarse *vr* (*camino, carretera, río*) to fork
bigamia *nf* bigamy ❑ **bígamo, -a** *adj* bigamous ♦ *nm/f* bigamist
bigote *nm* mustache (*US*), moustache (*BRIT*) ❑ **bigotudo, -a** *adj* with a big mustache (*US*) *o* moustache (*BRIT*)
bikini *nm o* (*RPl*) *f* bikini
bilbaíno, a *adj* from *o* of Bilbao
bilingüe *adj* bilingual
billar *nm* billiards *sg*; (*lugar*) billiard hall; (*mini-casino*) amusement arcade ▶ **billar americano** pool
billete *nm* (*ESP*) ticket; (*de banco*) bill (*US*), (bank)note (*BRIT*); (*carta*) note; **~ de 20 dólares** $20 bill (*US*) *o* note (*BRIT*) ▶ **billete de ida y vuelta** (*ESP*) round-trip (*US*) *o* return (*BRIT*) ticket ▶ **billete sencillo** *o* **de ida** (*ESP*) one-way (*US*) *o* single (*BRIT*) ticket
billetera *nf* wallet, billfold (*US*)
billetero *nm* = **billetera**
billón *nm* billion
bimensual *adj* twice monthly
bimotor *adj* twin-engined ♦ *nm* twin-engined plane
bingo *nm* bingo
biodegradable *adj* biodegradable
biografía *nf* biography ❑ **biógrafo, -a** *nm/f* biographer
biología *nf* biology ❑ **biológico, -a** *adj* biological; (*cultivo, producto*) organic ❑ **biólogo, -a** *nm/f* biologist
biombo *nm* (folding) screen
bioterrorismo *nm* bioterrorism
biquini *nm o* (*RPl*) *f* bikini
birlar (*fam*) *vt* to pinch
Birmania *nf* Burma
birome (*RPl*) *nf* ballpoint (pen)
birria *nf*: **ser una ~** (*película, libro*) to be trash (*US*) *o* garbage (*US*) *o* rubbish (*BRIT*)
bis *excl* encore! ♦ *adv*: **viven en el 27 ~** they live at 27a
bisabuelo, -a *nm/f* great-grandfather (-mother)
bisagra *nf* hinge
bisiesto *adj*: **año ~** leap year
bisnieto, -a *nm/f* great-grandson (-daughter)
bisonte *nm* bison
bisté *nm* = **bistec**
bistec *nm* steak
bisturí *nm* scalpel
bisutería *nf* costume jewelry (*US*) *o* jewellery (*BRIT*), imitation jewelry (*US*) *o* jewellery (*BRIT*)
bit *nm* (*INFORM*) bit
bizco, -a *adj* cross-eyed
bizcocho *nm* (*CULIN*) sponge cake
bizquear *vi* to squint
blanca *nf* (*MÚS*) minim; *ver tb* **blanco**
blanco, -a *adj* white ♦ *nm/f* white man (woman), white ♦ *nm* (*color*) white; (*en texto*) blank; (*MIL, fig*) target; **en ~** blank; **noche en ~** sleepless night
blancura *nf* whiteness
blandir *vt* to brandish
blando, -a *adj* soft; (*tierno*) tender, gentle; (*carácter*) mild; (*fam*) cowardly ❑ **blandura** *nf* softness; tenderness; mildness
blanqueador (*MÉX*) *nm* bleach
blanquear *vt* to whiten; (*fachada*) to whitewash; (*paño*) to bleach ♦ *vi* to turn white ❑ **blanquecino, -a** *adj* whitish
blanquillo (*MÉX, CAm*) *nm* egg
blasfemar *vi* to blaspheme, curse ❑ **blasfemia** *nf* blasphemy
blasón *nm* coat of arms
bledo *nm*: **me importa un ~** I couldn't care less
blindado, -a *adj* (*MIL*) armor-plated (*US*), armour-plated (*BRIT*); (*antibala*) bullet-proof; **carro** (*LAm*) *o* **coche** (*ESP*) **~** armored (*US*) *o* armoured (*BRIT*) car
blindaje *nm* armor-plating (*US*), armour-plating (*BRIT*)
bloc (*pl* **~s**) *nm* writing pad
blof (*MÉX*) *nm* bluff ❑ **blofear** (*MÉX*) (*CS* **blufear**) *vi* to bluff
bloque *nm* block; (*POL*) bloc ▶ **bloque de cilindros** cylinder block
bloquear *vt* to blockade ❑ **bloqueo** *nm* blockade; (*COM*) freezing, blocking
blusa *nf* blouse
boato *nm* show, ostentation
bobada *nf* foolish action; foolish statement; **decir ~s** to talk nonsense
bobería *nf* = **bobada**
bobina *nf* (*TEC*) bobbin; (*FOTO*) spool; (*ELEC*) coil
bobo, -a *adj* (*tonto*) stupid, silly; (*cándido*) naïve ♦ *nm/f* fool, idiot ♦ *nm* (*TEATRO*) clown, funny man
boca *nf* mouth; (*de crustáceo*) pincer; (*de cañón*) muzzle; (*entrada*) mouth, entrance; **~s** *nfpl* (*de río*) mouth *sg*; **~ abajo/arriba** face down/up; **se me hace la ~ agua** my mouth is watering
bocacalle *nf* (entrance to a) street; **la primera ~** the first turning *o* street
bocadillo *nm* (*MÉX*: *aperitivo*) snack; (*ESP*: *sandwich*) sandwich
bocado *nm* mouthful, bite; (*de caballo*) bridle ▶ **bocado de Adán** Adam's apple
bocajarro: **a ~** *adv* (*disparar, preguntar*) point-blank
bocanada *nf* (*de vino*) mouthful, swallow; (*de aire*) gust, puff
bocata (*fam*) *nm* sandwich
bocazas (*fam*) *nm inv* bigmouth
boceto *nm* sketch, outline
bochorno *nm* (*vergüenza*) embarrassment; (*calor*): **hace ~** it's very muggy ❑ **bochornoso, -a** *adj* muggy; embarrassing
bocina *nf* (*MÚS*) trumpet; (*AUTO*) horn; (*para hablar*) megaphone; (*MÉX*: *de teléfono*) mouthpiece; (: *de equipo de música*) speaker
boda *nf* (*tb*: **~s**) wedding, marriage; (*fiesta*) wedding reception ▶ **bodas de plata/de oro** silver/golden wedding *sg*
bodega *nf* (*de vino*) (wine) cellar; (*depósito*) storeroom; (*de barco*) hold; (*MÉX*: *almacén*) warehouse; (*CAm*: *de comestibles*) grocery store (*US*), grocer's (shop) (*BRIT*)
bodegón *nm* (*ARTE*) still life
bofe *nm* (*tb*: **~s**: *de res*) lights
bofetada *nf* slap (in the face)
bofetón *nm* = **bofetada**
boga *nf*: **en ~** (*fig*) in vogue
bogar *vi* (*remar*) to row; (*navegar*) to sail
bogavante *nm* lobster
Bogotá *n* Bogotá
bohemio, -a *adj, nm/f* Bohemian
bohío (*CAm*) *nm* shack, hut
boicot (*pl* **~s**) *nm* boycott ❑ **boicotear** *vt* to boycott ❑ **boicoteo** *nm* boycott
bóiler (*MÉX*) *nm* boiler
boina *nf* beret
bola *nf* ball; (*canica*) marble; (*NAIPES*) (grand) slam; (*betún*) shoe polish; (*mentira*) tale, story; **~s** *nfpl* (*LAm*: *caza*) bolas *sg* ▶ **bola de billar** billiard ball ▶ **bola de nieve** snowball
bolchevique *adj, nmf* Bolshevik
boleadoras *nfpl* bolas *sg*; *ver tb* **gaucho**
bolear (*MÉX*) *vt* (*zapatos*) to polish, shine
bolera *nf* skittle *o* bowling alley
bolero, -a (*MÉX*) *nm/f* (*limpiabotas*) shoeshine boy (girl); *ver tb* **bolera**
boleta *nf* (*LAm*: *de rifa*) ticket; (*CS*: *recibo*) receipt ▶ **boleta de calificaciones** (*MÉX*) report card
boletería (*LAm*) *nf* ticket office
boletín *nm* bulletin; (*periódico*) journal, review ▶ **boletín de noticias** news bulletin
boleto *nm* (*LAm*) ticket ▶ **boleto de ida y vuelta** (*LAm*) round trip ticket ▶ **boleto redondo** (*MÉX*) round trip ticket
boli (*fam*) *nm* Biro®
bolígrafo *nm* ball-point pen, Biro®
bolilla (*RPl*) *nf* topic
bolillo (*MÉX*) *nm* (bread) roll
bolita (*CS*) *nf* marble
bolívar *nm monetary unit of Venezuela*
Bolivia *nf* Bolivia ❑ **boliviano, -a** *adj, nm/f* Bolivian
bollería *nf* cakes *pl* and pastries *pl*
bollo *nm* (*pan*) roll; (*bulto*) bump, lump; (*abolladura*) dent
bolo *nm* skittle; (*píldora*) (large) pill; **(juego de) ~s** *nmpl* skittles *sg*; (*MÉX*: *de bautizo*: *dinero*) *coins thrown into the air by the godparents at a christening for people to catch*
bolsa *nf* (*para llevar algo*) bag; (*MÉX, CAm*: *bolsillo*) pocket; (*MÉX*: *de mujer*) handbag; (*ANAT*) cavity, sac; (*COM*) stock exchange; (*MINERÍA*)

pocket; **de ~** pocket *cpd* ▶ **bolsa de agua caliente** hot water bottle ▶ **bolsa de aire** air pocket; (*LAm: airbag*) airbag ▶ **bolsa de dormir** (*MÉX, RPl*) sleeping bag ▶ **bolsa de papel** paper bag ▶ **bolsa de plástico** plastic bag

bolsear (*MÉX, CAm*) *vt*: **~ a algn** to pick sb's pocket

bolsillo *nm* pocket; (*cartera*) purse; **de ~** pocket(-size)

bolsista *nmf* stockbroker

bolso (*ESP*) *nm* (*bolsa*) bag; (*de mujer*) purse, handbag

bomba *nf* (*MIL*) bomb; (*TEC*) pump ♦ *adj* (*fam*): **noticia ~** bombshell ♦ *adv* (*fam*): **pasarlo ~** to have a great time ▶ **bomba atómica/de humo/de efecto retardado** atomic/smoke/time bomb

bombacha (*RPl*) *nf* panties *pl*

bombardear *vt* to bombard; (*MIL*) to bomb ❑ **bombardeo** *nm* bombardment; bombing

bombardero *nm* bomber

bombazo *nm* (*MÉX: explosión*) explosion; (*notición: fam*) bombshell; (*éxito: fam*) smash hit

bombear *vt* (*agua*) to pump (out *o* up); **bombearse** *vr* to warp

bombero *nm* fireman

bombilla *nf* (light) bulb

bombín *nm* derby (*US*), bowler hat (*BRIT*)

bombita (*RPl*) *nf* (light) bulb

bombo *nm* (*MÚS*) bass drum; (*TEC*) drum

bombón *nm* chocolate; (*MÉX: de caramelo*) marshmallow

bonachón, -ona *adj* good-natured, easy-going

bonanza *nf* (*NÁUT*) fair weather; (*fig*) bonanza; (*MINERÍA*) rich pocket *o* vein

bondad *nf* goodness, kindness; **tenga la ~ de** (please) be good enough to ❑ **bondadoso, -a** *adj* good, kind

bonificación *nf* bonus

bonito, -a *adj* pretty; (*agradable*) nice ♦ *nm* (*atún*) tuna (fish)

bono *nm* voucher; (*FINANZAS*) bond

bonobús (*ESP*) *nm* bus pass

bonoloto (*ESP*) *nf state-run weekly lottery*

boquerón *nm* (*pez*) (kind of) anchovy; (*agujero*) large hole

boquete *nm* gap, hole

boquiabierto, -a *adj*: **quedar ~** to be amazed *o* flabbergasted

boquilla *nf* (*para riego*) nozzle; (*para cigarro*) cigarette holder; (*MÚS*) mouthpiece

borbotón *nm*: **salir a borbotones** to gush out

borda *nf* (*NÁUT*) (ship's) rail; **tirar algo/caerse por la ~** to throw sth/fall overboard

bordado *nm* embroidery

bordar *vt* to embroider

borde *nm* edge, border; (*de camino etc*) side; (*en la costura*) hem; **al ~ de** (*fig*) on the verge *o* brink of ❑ **bordear** *vt* to border

bordillo *nm* curb (*US*), kerb (*BRIT*)

bordo *nm* (*NÁUT*) side; **a ~** on board

borinqueño, -a *adj, nm/f* Puerto Rican

borla *nf* (*adorno*) tassel

borlote (*MÉX*) *nm* row, uproar

borrachera *nf* (*ebriedad*) drunkenness; (*orgía*) spree, binge

borracho, -a *adj* drunk ♦ *nm/f* (*habitual*) drunkard, drunk; (*temporal*) drunk, drunk man (woman)

borrador *nm* (*escritura*) first draft, rough sketch; (*goma*) eraser, rubber (*BRIT*)

borrar *vt* to erase, rub out

borrasca *nf* storm

borrego, -a *nm/f* (*ZOOL: joven*) (yearling) lamb; (*adulto*) sheep ♦ *nm* (*MÉX: fam*) false rumor (*US*) *o* rumour (*BRIT*)

borrico, -a *nm/f* donkey (she-donkey); (*fig*) stupid man (woman)

borrón *nm* (*mancha*) stain

borroso, -a *adj* vague, unclear; (*escritura*) illegible

bosque *nm* wood; (*grande*) forest

bosquejar *vt* to sketch ❑ **bosquejo** *nm* sketch

bostezar *vi* to yawn ❑ **bostezo** *nm* yawn

bota *nf* (*calzado*) boot; (*para vino*) leather wine bottle ▶ **botas de agua** *o* **goma** rubber boots (*US*), Wellingtons (*BRIT*)

botana (*MÉX*) *nf* snack, appetizer

botánica *nf* (*ciencia*) botany; *ver tb* **botánico**

botánico, -a *adj* botanical ♦ *nm/f* botanist

botar *vt* (*pelota*) to throw, hurl; (*NÁUT*) to launch; (*LAm: echar*) to throw out

bote *nm* (*salto*) bounce; (*golpe*) thrust; (*embarcación*) boat; (*MÉX, CAm: pey: cárcel*) jail; **de ~ en ~** packed, jammed full ▶ **bote de la basura** (*MÉX*) trash can (*US*), dustbin (*BRIT*) ▶ **bote salvavidas** lifeboat

botella *nf* bottle ❑ **botellín** *nm* small bottle

botica *nf* pharmacy, druggist's (*US*), chemist's (shop) (*BRIT*) ❑ **boticario, -a** *nm/f* pharmacist, druggist (*US*), chemist (*BRIT*)

botijo *nm* (*earthenware*) jug

botín *nm* (*calzado*) half boot; (*polaina*) spat; (*MIL*) booty

botiquín *nm* (*armario*) medicine cabinet; (*portátil*) first-aid kit

botón *nm* button; (*BOT*) bud ▶ **botón de oro** buttercup

botones *nm inv* bellhop (*US*), bellboy (*BRIT*)

bóveda *nf* (*ARQ*) vault

boxeador *nm* boxer

boxear *vi* to box

boxeo *nm* boxing

boya *nf* (*NÁUT*) buoy; (*de caña*) float

boyante *adj* prosperous

bozal *nm* (*para caballos*) halter; (*de perro*) muzzle

bracear *vi* (*agitar los brazos*) to wave one's arms

bracero *nm* laborer (*US*), labourer (*BRIT*); (*en el campo*) farmhand

bragas (*ESP*) *nfpl* (*de mujer*) panties, knickers (*BRIT*)

bragueta *nf* zipper (*US*), fly (*BRIT*), flies *pl* (*BRIT*)

braille *nm* braille

bramar *vi* to bellow, roar ❑ **bramido** *nm* bellow, roar

brasa *nf* live *o* hot coal

brasero *nm* brazier; (*MÉX: chimenea*) portable fireplace

brasier (*MÉX*) *nm* bra

Brasil *nm*: **(el) ~** Brazil ❑ **brasileño, -a** *adj, nm/f* Brazilian

brassier (*MÉX*) *nm ver* **brasier**

bravata *nf* boast

braveza *nf* (*valor*) bravery; (*ferocidad*) ferocity

bravío, -a *adj* wild; (*feroz*) fierce

bravo, -a *adj* (*valiente*) brave; (*feroz*) ferocious; (*salvaje*) wild; (*mar etc*) rough, stormy; (*MÉX CULIN*) hot, spicy ♦ *excl* bravo! ❑ **bravura** *nf* bravery; ferocity

braza *nf* fathom; **nadar a ~** to swim (the) breast-stroke

brazada *nf* stroke

brazado *nm* armful

brazalete *nm* (*pulsera*) bracelet; (*banda*) armband

brazo *nm* arm; (*ZOOL*) foreleg; (*BOT*) limb, branch; **luchar a ~ partido** to fight hand-to-hand; **ir cogidos del ~** to walk arm in arm

brea *nf* pitch, tar

brebaje *nm* potion

brecha *nf* (*hoyo, vacío*) gap, opening; (*MIL: fig*) breach

brega *nf* (*lucha*) struggle; (*trabajo*) hard work

breva *nf* early fig

breve *adj* short, brief ♦ *nf* (*MÚS*) breve ❑ **brevedad** *nf* brevity, shortness

brezo *nm* heather

bribón, -ona *adj* idle, lazy ♦ *nm/f* (*pícaro*) rascal, rogue

bricolaje *nm* do-it-yourself, DIY (*BRIT*)

brida *nf* bridle, rein; (*TEC*) clamp; **a toda ~** at top speed

bridge *nm* bridge

brigada *nf* (*unidad*) brigade; (*de trabajadores*) squad, gang ♦ *nm* ≈ staff-sergeant, sergeant-major

brillante *adj* brilliant ♦ *nm* diamond

brillar *vi* to shine; (*joyas*) to sparkle

brillo *nm* shine; (*brillantez*) brilliance; (*fig*) splendor (*US*), splendour (*BRIT*); **sacar ~ a** to polish

brincar *vi* to skip about, hop about, jump about; **está que brinca** he's hopping mad

brinco *nm* jump, leap

brindar *vi*: **~ a** *o* **por** to drink (a toast) to ♦ *vt* to offer, present

brindis *nm inv* toast

brío *nm* spirit, dash ❑ **brioso, -a** *adj* spirited, dashing

brisa *nf* breeze

británico, -a *adj* British ♦ *nm/f* Briton, British person

brizna *nf* (*de hierba, paja*) blade; (*de tabaco*) leaf

broca *nf* (*TEC*) drill, bit

brocal *nm* rim

brocha *nf* (large) paintbrush ▶ **brocha de afeitar** shaving brush

broche *nm* brooch

broma *nf* joke; **en ~** in fun, as a joke ▶ **broma pesada** practical joke ❑ **bromear** *vi* to joke

bromista *adj* fond of joking ♦ *nmf* joker, wag

bronca *nf* ruckus (*US*), row (*BRIT*); **echar una ~ a uno** to tick sb off

bronce *nm* bronze ❑ **bronceado, -a** *adj* bronze; (*por el sol*) tanned ♦ *nm* (sun)tan; (*TEC*) bronzing

bronceador *nm* suntan lotion

broncearse *vr* to get a suntan

bronco, -a *adj* (*manera*) rude, surly; (*voz*) harsh

bronquio *nm* (*ANAT*) bronchial tube

bronquitis *nf inv* bronchitis

brotar *vi* (*BOT*) to sprout; (*aguas*) to gush (forth); (*MED*) to break out

brote *nm* (*BOT*) shoot; (*MED, fig*) outbreak

bruces: **de ~** *adv*: **caer** *o* **dar de ~** to fall headlong, fall flat

bruja *nf* witch ❑ **brujería** *nf* witchcraft

brujo *nm* wizard, magician

brújula *nf* compass

bruma *nf* mist ❑ **brumoso, -a** *adj* misty

bruñir *vt* to polish

brusco, -a *adj* (*súbito*) sudden; (*áspero*) brusque

Bruselas *n* Brussels

brutal *adj* brutal

brutalidad *nf* brutality

bruto, -a *adj* (*idiota*) stupid; (*bestial*) brutish; (*peso*) gross; **en ~** raw, unworked

Bs.As. *abr* (= *Buenos Aires*) B.A.

bucal *adj* oral; **por vía ~** orally

bucear *vi* to dive ♦ *vt* to explore ❑ **buceo** *nm* diving

bucle *nm* curl

budismo *nm* Buddhism

buen *adj m ver* **bueno**

buenamente *adv* (*fácilmente*) easily; (*voluntariamente*) willingly

buenaventura *nf* (*suerte*) good luck; (*adivinación*) fortune

buenmozo (*MÉX*) *adj* handsome

bueno, -a

PALABRA CLAVE

adj (*antes de nmsg*: **buen**)

1 (*excelente etc*) good; **es un libro bueno, es un buen libro** it's a good book; **hace bueno, hace buen tiempo** the weather is fine, it is fine; **el bueno de Paco** good old Paco; **fue muy bueno conmigo** he was very nice *o* kind to me

2 (*apropiado*): **ser bueno para** to be good for; **creo que vamos por buen camino** I think we're on the right track

3 (*irónico*): **le di un buen rapapolvo** I gave him a good telling off; **¡buen conductor estás hecho!** some *o* a fine driver you are!; **¡estaría bueno que ...!** a fine thing it would be if ...!

4 (*atractivo, sabroso*): **está bueno este bizcocho** this sponge cake is delicious; **Carmen está muy buena** Carmen is gorgeous

5 (*saludos*): **¡buen día!, ¡buenos días!** (good) morning!; **¡buenas (tardes)!** (good) afternoon!; (*más tarde*) (good) evening!; **¡buenas noches!** good night!

6 (*otras locuciones*): **estar de buenas** to be in a good mood; **por las buenas o por las malas** by hook or by crook; **de buenas a primeras** all of a sudden

♦ *excl*: **¡bueno!** all right!; **bueno, ¿y qué?** well, so what?

Buenos Aires *nm* Buenos Aires

buey *nm* ox

búfalo *nm* buffalo

bufanda *nf* scarf

bufar *vi* to snort

bufete *nm* (*despacho de abogado*) lawyer's office

buffer *nm* (*INFORM*) buffer

bufón *nm* clown

buhardilla *nf* attic

búho *nm* owl; (*fig*) hermit, recluse

buhonero *nm* pedlar

buitre *nm* vulture

bujía *nf* (*AUTO*) spark plug; (*vela*) candle; (*CAm: bombilla*) (light) bulb

bula *nf* (papal) bull

bulbo *nm* bulb

bulevar *nm* boulevard

Bulgaria *nf* Bulgaria ❑ **búlgaro, -a** *adj, nm/f* Bulgarian

bulla *nf* (*ruido*) uproar; (*de gente*) crowd

bullicio *nm* (*ruido*) uproar; (*movimiento*) bustle

bullir *vi* (*hervir*) to boil; (*burbujear*) to bubble

bulto *nm* (*paquete*) package; (*fardo*) bundle; (*tamaño*) size, bulkiness; (*MED*) swelling, lump; (*silueta*) vague shape

buñuelo *nm* ≈ doughnut, ≈ donut (*US*); (*fruta de sartén*) fritter

buque *nm* ship, vessel

burbuja *nf* bubble ❑ **burbujear** *vi* to bubble

burdel *nm* brothel

burdo, -a *adj* coarse, rough

burgués, -esa *adj* middle-class, bourgeois ❑ **burguesía** *nf* middle class, bourgeoisie

burla *nf* (*mofa*) gibe; (*broma*) joke; (*engaño*) trick

burladero *nm* (bullfighter's) refuge

burlar *vt* (*engañar*) to deceive ♦ *vi* to joke; **burlarse** *vr* to joke; **~se de** to make fun of

burlesco, -a *adj* burlesque

burlón, -ona *adj* mocking

buró (*MÉX*) *nm* bedside table

burocracia *nf* bureaucracy ▶ **burocracia pública** (*MÉX*) civil service

burócrata *nmf* (*MÉX: funcionario*) civil servant; (*pey*) bureaucrat

burrada *nf*: **decir/soltar ~s** to talk nonsense; **hacer ~s** to act stupid

burro, -a *nm/f* donkey/she-donkey; (*fig*) ass, idiot; (*MÉX: para planchar*) ironing board; (*: escalera*) stepladder

bursátil *adj* stock-exchange *cpd*

bus *nm* bus

busca *nf* search, hunt ♦ *nm* (*TEL*) bleeper; **en ~ de** in search of

buscar *vt* to look for, search for, seek ♦ *vi* to look, search, seek; **se busca secretaria** secretary wanted

busque *etc vb ver* **buscar**

búsqueda *nf* = **busca**

busto *nm* (*ANAT, ARTE*) bust

butaca *nf* armchair; (*de cine, teatro*) stall, seat

butano *nm* butane (gas)

buzo *nm* diver

buzón *nm* mailbox (*US*), letter box (*BRIT*)

Cc

C *abr* (= *centígrado*) C

c. *abr* (= *capítulo*) ch.

C/ *abr* (= *calle*) St

c.a. *abr* (= *corriente alterna*) AC

cabal *adj* (*exacto*) exact; (*correcto*) right, proper; (*acabado*) finished, complete

cábalas *nfpl*: **hacer ~** to guess

cabales *nmpl*: **no está en sus ~** he isn't in his right mind

cabalgar *vt, vi* to ride

cabalgata *nf* procession

caballa *nf* mackerel

caballeresco, -a *adj* noble, chivalrous

caballería *nf* mount; (*MIL*) cavalry

caballeriza *nf* stable ❑ **caballerizo** *nm* groom, stableman

caballero *nm* gentleman; (*de la orden de caballería*) knight; (*trato directo*) sir

caballerosidad *nf* chivalry

caballete *nm* (*ARTE*) easel; (*TEC*) trestle

caballito *nm* (*caballo pequeño*) small horse, pony; **~s** *nmpl* (*MÉX, ESP: en feria*) carousel, merry-go-round

caballo *nm* horse; (*AJEDREZ*) knight; (*NAIPES*) queen; **ir en ~** to ride ▶ **caballo de carreras** racehorse ▶ **caballo de vapor** *o* **fuerza** horsepower

cabaña *nf* (*casita*) hut, cabin

cabaré (*pl* **~s**) *nm* cabaret

cabaret (*pl* **~s**) *nm* cabaret

cabecear *vt, vi* to nod

cabecera *nf* head; (*IMPRENTA*) headline

cabecilla *nm* ringleader

cabellera *nf* (head of) hair; (*de cometa*) tail

cabello *nm* (*tb*: **~s**) hair

caber *vi* (*entrar*) to fit, go; **caben 3 más** there's room for 3 more

cabestrillo *nm* sling

cabestro *nm* halter

cabeza *nf* head; (*POL*) chief, leader ▶ **cabeza rapada** skinhead ❑ **cabezada** *nf* (*golpe*) butt; (*ESP: sueñito*) nap; **dar cabezadas** to nod off ❑ **cabezón, -ona** *adj* (*vino*) heady; (*fam: persona*) pig-headed

cabida *nf* space

cabildo *nm* (*de iglesia*) chapter; (*POL*) town council

cabina *nf* cabin; (*de camión*) cab ▶ **cabina telefónica** telephone booth *o* box (*BRIT*)

cabizbajo, -a *adj* crestfallen, dejected

cable *nm* cable

cabo *nm* (*de objeto*) end, extremity; (*MIL*) corporal; (*NÁUT*) rope, cable; (*GEO*) cape; **al ~ de 3 días** after 3 days

cabra *nf* goat

cabré *etc vb ver* **caber**

cabrear (*fam*) *vt* to bug; **cabrearse** *vr* (*enfadarse*) to fly off the handle

cabrío, -a *adj* goatish; **macho ~** (he-)goat, billy goat

cabriola *nf* caper

cabritilla *nf* kid, kidskin

cabrito *nm* kid

cabrón *nm* cuckold; (*fam!*) bastard (*!*)

caca (*fam*) *nf* poop (*US*), pooh (*BRIT*)

cacahuate (*MÉX*) (*ESP* **cacahuete**) *nm* peanut

cacao *nm* cocoa; (*BOT*) cacao

cacarear *vi* (*persona*) to boast; (*gallina*) to crow

cacarizo, -a (*MÉX*) *adj* pockmarked

cacería *nf* hunt

cacerola *nf* pan, saucepan

cachalote *nm* (*ZOOL*) sperm whale

cacharro *nm* earthenware pot; **~s** *nmpl* pots and pans

cachear *vt* to search, frisk

cachemir *nm* cashmere

cacheo *nm* searching, frisking

cachetada (*LAm: fam*) *nf* (*bofetada*) slap

cachete *nm* (*ANAT*) cheek; (*ESP: bofetada*) slap (in the face)

cachiporra (*LAm*) *nf* (billy) club (*US*), truncheon (*BRIT*)

cachivache *nm* (*trasto*) piece of junk; **~s** *nmpl* junk *sg*

cacho *nm* (small) bit; (*LAm: cuerno*) horn

cachondo, -a *adj* (*MÉX, ESP: fam: sexualmente*) horny, randy (*BRIT*)

cachorro, -a *nm/f* (*perro*) pup, puppy; (*león*) cub

cachucha (*MÉX: fam*) *nf* cap

cacique *nm* chief, local ruler; (*POL*) local party boss ❑ **caciquismo** *nm system of control by the local boss*

caco *nm* pickpocket

cacto *nm* cactus

cactus *nm inv* cactus

cada *adj inv* each; (*antes de número*) every; **~ día** each day, every day; **~ dos días** every other day; **~ uno/a** each one, every one; **~ vez más/menos** more and more/less and less; **uno de ~ diez** one out of every ten

cadalso *nm* scaffold

cadáver *nm* (dead) body, corpse

cadena *nf* chain; (*TV*) channel; **trabajo en ~** assembly line work ▸ **cadena perpetua** (*JUR*) life imprisonment

cadencia *nf* rhythm

cadera *nf* hip

cadete *nm* cadet

caducar *vi* to expire ❑ **caduco, -a** *adj* expired; (*persona*) very old

caer *vi* to fall (down); **caerse** *vr* to fall (down); **me cae bien/mal** I get on well with him/I can't stand him; **~ en la cuenta** to realize; **su cumpleaños cae en viernes** her birthday falls on a Friday

café (*pl* **~s**) *nm* (*bebida, planta*) coffee; (*lugar*) café ♦ *adj* (*MÉX: color*) brown, tan ▸ **café con leche** coffee with cream (*US*), white coffee (*BRIT*) ▸ **café negro** (*LAm*) black coffee ▸ **café solo** (*ESP*) black coffee

cafetera *nf* coffee pot

cafetería *nf* (*gen*) café

cafetero, -a *adj* coffee *cpd*; **ser muy ~** to be a coffee addict

cafishio (*CS*) *nm* pimp

cagar (*fam!*) *vt* to bungle, mess up ♦ *vi* to have a shit (*!*)

caída *nf* fall; (*declive*) slope; (*disminución*) fall, drop

caído, -a *adj* drooping

caiga *etc vb ver* **caer**

caimán *nm* alligator

caja *nf* box; (*para reloj*) case; (*de ascensor*) shaft; (*COM*) cash box; (*donde se hacen los pagos*) cashier's desk (*US*), cash desk (*BRIT*); (*: en supermercado*) checkout ▸ **caja de ahorros** savings bank ▸ **caja de cambios** gearbox ▸ **caja fuerte** *o* **de caudales** safe, strongbox

cajero, -a *nm/f* cashier ▸ **cajero automático** cash dispenser, A.T.M. (*US*), automated teller machine (*US*)

cajetilla *nf* (*de cigarrillos*) pack (*US*), packet (*BRIT*)

cajón *nm* big box; (*de mueble*) drawer

cajuela (*MÉX*) *nf* (*AUTO*) trunk (*US*), boot (*BRIT*)

cal *nf* lime

cala *nf* (*GEO*) cove, inlet; (*de barco*) hold

calabacín *nm* (*BOT*) baby marrow; (*: más pequeño*) zucchini (*US*), courgette (*BRIT*)

calabacita (*MÉX*) *nf* zucchini (*US*), courgette (*BRIT*)

calabaza *nf* (*BOT*) pumpkin

calabozo *nm* (*cárcel*) prison; (*celda*) cell

calado, -a *adj* (*prenda*) lace *cpd* ♦ *nm* (*NÁUT*) draft (*US*), draught (*BRIT*)

calamar *nm* squid *no pl*

calambre *nm* (*ESP ELEC*) shock; (*tb:* **~s**) cramp

calamidad *nf* calamity, disaster

calar *vt* to soak, drench; (*penetrar*) to pierce, penetrate; (*comprender*) to see through; (*vela*) to lower; **calarse** *vr* (*AUTO*) to stall; **~se las gafas** to stick one's glasses on

calavera *nf* skull

calcar *vt* (*reproducir*) to trace; (*imitar*) to copy

calcetín *nm* sock

calcinar *vt* to burn, blacken

calcio *nm* calcium

calcomanía *nf* transfer, decal (*US*)

calculador, a *adj* (*persona*) calculating

calculadora *nf* calculator

calcular *vt* (*MAT*) to calculate, compute; **~ que ...** to reckon that ... ❑ **cálculo** *nm* calculation

caldear *vt* to warm (up), heat (up)

caldera *nf* boiler

calderilla *nf* (*moneda*) small change

caldero *nm* small boiler

caldo *nm* stock; (*consomé*) consommé

calefacción *nf* heating ▸ **calefacción central** central heating

calefón (*RPl*) *nm* boiler

calendario *nm* calendar

calentador *nm* heater; (*MÉX: cocina*) stove ▸ **calentador de gas** (*MÉX*) gas fire

calentamiento *nm* (*DEPORTE*) warm-up

calentar *vt* to heat (up); **calentarse** *vr* to heat up, warm up; (*fig: discusión etc*) to get heated

calentón (*RPl: fam*) *adj* (*sexualmente*) horny, randy (*BRIT*)

calentura (*ESP*) *nf* (*MED*) fever, (high) temperature

calesita (*RPl*) *nf* merry-go-round, carousel

calibrar *vt* to gauge, gage (*US*), measure ❑ **calibre** *nm* (*de cañón*) calibre, bore; (*diámetro*) diameter; (*fig*) calibre

calidad *nf* quality; **de ~** quality *cpd*; **en ~ de** in the capacity of, as

cálido, -a *adj* hot; (*fig*) warm

caliente *etc vb ver* **calentar** ♦ *adj* hot; (*fig*) fiery; (*disputa*) heated; (*fam: cachondo*) randy

calificación *nf* qualification; (*de alumno*) grade (*US*), mark (*BRIT*)

calificado, -a (*LAm*) *adj* (*competente*) qualified; (*obrero*) skilled

calificar *vt* to qualify; (*alumno*) to grade, mark; **~ de** to describe as

calima *nf* (*cerca del mar*) mist

cáliz *nm* chalice

caliza *nf* limestone

calizo, -a *adj* lime *cpd*

callado, -a *adj* quiet

callar *vt* (*asunto delicado*) to keep quiet about, say nothing about; (*persona, opinión*) to silence ♦ *vi* to keep quiet, be silent; **callarse** *vr* to keep quiet, be silent; **¡cállate!** be quiet!, shut up!

calle *nf* street; (*DEPORTE*) lane; **~ arriba/abajo** up/down the street ▸ **calle de sentido único** one-way street ▸ **calle mayor** (*ESP*) main (*US*) *o* high (*BRIT*) street ▸ **calle principal** (*LAm*) main (*US*) *o* high (*BRIT*) street

calleja *nf* alley, narrow street ❑ **callejear** *vi* to wander (about) the streets ❑ **callejero, -a** *adj* street *cpd* ♦ *nm* street map ❑ **callejón** *nm* (*ESP: calleja*) alley, passage ▸ **callejón sin salida** cul-de-sac ❑ **callejuela** *nf* side-street, alley

callista *nmf* podiatrist (*US*), chiropodist (*BRIT*)

callo *nm* callus; (*en el pie*) corn; **~s** *nmpl* (*ESP CULIN*) tripe *sg*

calma *nf* calm

calmante *nm* sedative, tranquillizer

calmar *vt* to calm, calm down ♦ *vi* (*tempestad*) to abate; (*mente etc*) to become calm

calmoso, -a *adj* calm, quiet

calor *nm* heat; (*agradable*) warmth; **hace ~** it's hot; **tener ~** to be hot

caloría *nf* calorie

calumnia *nf* calumny, slander ❑ **calumnioso, -a** *adj* slanderous

caluroso, -a *adj* hot; (*sin exceso*) warm; (*fig*) enthusiastic

calva *nf* bald patch; (*en bosque*) clearing

calvario *nm* stations *pl* of the cross

calvicie *nf* baldness

calvo, -a *adj* bald; (*terreno*) bare, barren; (*tejido*) threadbare

calza *nf* wedge, chock

calzada *nf* roadway, highway

calzado, -a *adj* shod ♦ *nm* footwear

calzador *nm* shoehorn

calzar *vt* (*zapatos etc*) to wear; (*mueble*) to put a wedge under; **calzarse** *vr*: **~se los zapatos** to put on one's shoes; **¿qué (número) calza?** what size do you take?

calzón *nm* (*ESP: pantalón corto*) shorts; (*LAm: ropa interior: de hombre*) underpants, shorts (*US*), pants (*BRIT*); (*: de mujer*) panties, knickers (*BRIT*)

calzoncillos *nmpl* underpants, shorts (*US*), pants (*BRIT*)

cama *nf* bed ▸ **cama individual/de matrimonio** single/double bed

camafeo *nm* cameo

camaleón *nm* chameleon

cámara *nf* chamber; (*habitación*) room; (*sala*) hall; (*CINE*) cine camera; (*fotográfica*) camera ♦ *nmf* (*ESP*) cameraman(-woman) ▸ **cámara de comercio** chamber of commerce ▸ **cámara digital** digital camera ▸ **cámara frigorífica** cold-storage room

camarada *nm* comrade, companion; (*MÉX: amigo*) buddy (*US*)

camarera (*ESP*) *nf* (*en restaurante*) waitress; (*en casa, hotel*) maid

camarero (*ESP*) *nm* waiter

camarilla *nf* clique

camarógrafo, -a (*LAm*) *nm/f* cameraman (-woman)

camarón (*LAm*) *nm* prawn, shrimp

camarote *nm* cabin

cambiable *adj* (*variable*) changeable, variable; (*intercambiable*) interchangeable

cambiante *adj* variable

cambiar *vt* to change; (*dinero*) to exchange ♦ *vi* to change; **cambiarse** *vr* (*mudarse*) to move; (*de ropa*) to change; **~ de idea** to change one's mind; **~ de ropa** to change (one's clothes)

cambio *nm* change; (*trueque*) exchange; (*COM*) rate of exchange; (*oficina*) bureau of change; (*dinero menudo*) small change; **en ~** on the other hand; (*en lugar de*) instead ▸ **cambio de divisas** foreign exchange ▸ **cambio de marchas** *o* **velocidades** gear shift (*US*), gear stick (*BRIT*)

camelar *vt* to sweet-talk

camello *nm* camel; (*fam: traficante*) pusher

camerino *nm* dressing room

camilla *nf* (*MED*) stretcher

caminante *nmf* traveler (*US*), traveller (*BRIT*)

caminar *vi* (*marchar*) to walk, go ♦ *vt* (*recorrer*) to cover, travel

caminata *nf* long walk; (*por el campo*) hike

camino *nm* way, road; (*sendero*) track; **a medio ~** halfway (there); **en el ~** on the way, en route; **~ de** on the way to ▸ **camino particular** private road

camión *nm* truck (*US*), lorry (*BRIT*); (*MÉX: autobús*) bus ▸ **camión cisterna** tanker ❑ **camionero, -a** *nm/f* truck (*US*) *o* lorry (*BRIT*) driver; (*MÉX: en autobús*) bus driver

camioneta *nf* van, light truck; (*LAm: carro*) station wagon (*US*), estate car (*BRIT*)

camisa *nf* shirt; (*BOT*) skin ▸ **camisa de fuerza** straitjacket ❑ **camisería** *nf* haberdasher's (*US*), outfitter's (shop) (*BRIT*)

camiseta *nf* (*prenda*) tee-shirt; (*: ropa interior*) undershirt (*US*), vest (*BRIT*); (*de deportista*) top

camisón *nm* nightgown (*US*), nightdress (*BRIT*)

camorra *nf*: **buscar ~** to look for trouble

camote *nm* (*MÉX, CS: batata*) sweet potato, yam; (*MÉX: bulbo*) tuber, bulb; (*CS: fam: enamoramiento*) crush

campamento *nm* camp

campana *nf* bell ▸ **campana de cristal** bell jar ❑ **campanada** *nf* peal ❑ **campanario** *nm* belfry

campanilla *nf* small bell

campaña *nf* (*MIL, POL*) campaign

campechano, -a *adj* (*franco*) open

campeón, -ona *nm/f* champion ❑ **campeonato** *nm* championship

cámper (*LAm*) *nm o f* trailer (*US*), caravan (*BRIT*)

campera (*RPl*) *nf* anorak

campesino, -a *adj* country *cpd*, rural; (*gente*) peasant *cpd* ♦ *nm/f* countryman (-woman); (*agricultor*) farmer

campestre *adj* country *cpd*, rural

camping (*pl* **~s**) *nm* camping; (*lugar*) campsite, campground (*US*); **ir de** *o* **hacer ~** to go camping

campo *nm* (*fuera de la ciudad*) country, countryside; (*AGR, ELEC*) field; (*cancha*) field, pitch (*BRIT*); (*de golf*) course; (*MIL*) camp ▸ **campo de batalla** battlefield ▸ **campo de deportes** sports ground, playing field

camposanto *nm* cemetery

camuflaje *nm* camouflage

cana *nf* white *o* gray (*US*) *o* grey (*BRIT*) hair; **tener ~s** to be going gray (*US*) *o* grey (*BRIT*)

Canadá *nm* Canada ❑ **canadiense** *adj, nmf* Canadian ♦ *nf* fur-lined jacket

canal *nm* canal; (*GEO*) channel, strait; (*de televisión*) channel; (*de tejado*) gutter ▸ **canal de Panamá** Panama Canal

canaleta (*LAm exc MÉX*) *nf* (*de tejado*) gutter

canalizar *vt* to channel

canalla *nf* rabble, mob ♦ *nm* swine

canalón *nm* (*conducto vertical*) drainpipe

canapé (*pl* **~s**) *nm* sofa, settee; (*CULIN*) canapé

Canarias *nfpl*: **las Islas ~** the Canary Islands, the Canaries

canario, -a *adj, nm/f* (native) of the Canary Isles ♦ *nm* (*ZOOL*) canary

canasta *nf* (round) basket ❑ **canastilla** *nf* small basket; (*de niño*) layette

canasto *nm* large basket

cancela *nf* gate

cancelación *nf* cancellation

cancelar *vt* to cancel; (*una deuda*) to write off

cáncer *nm* (*MED*) cancer; **C~** (*ASTROLOGÍA*) Cancer

cancha *nf* (*de baloncesto*) court; (*LAm: campo*) field, pitch (*BRIT*) ▸ **cancha de tenis** (*LAm*) tennis court

canciller *nm* chancellor

canción *nf* song ▸ **canción de cuna** lullaby ❑ **cancionero** *nm* song book

candado *nm* padlock

candente *adj* red-hot; (*fig: tema*) burning

candidato, -a *nm/f* candidate

candidez *nf* (*sencillez*) simplicity; (*simpleza*) naiveté ❑ **cándido, -a** *adj* simple; naive

> ⚠ No confundir **cándido** con la palabra inglesa ***candid***.

candil *nm* oil lamp ❑ **candilejas** *nfpl* (*TEATRO*) footlights

candor *nm* (*sinceridad*) frankness; (*inocencia*) innocence

canela *nf* cinnamon

canelones *nmpl* cannelloni

cangrejo *nm* crab

canguro *nm* kangaroo; **hacer de ~** (*ESP*) to babysit

caníbal *adj, nmf* cannibal

canica *nf* marble

canijo, -a *adj* frail, sickly

canilla (*RPl*) *nf* faucet (*US*), tap (*BRIT*)

canino, -a *adj* canine ♦ *nm* canine (tooth)

canjear *vt* to exchange

cano, -a *adj* white-haired, gray-haired (*US*), grey-haired (*BRIT*)

canoa *nf* canoe

canon *nm* canon; (*pensión*) rent; (*COM*) tax

canónigo *nm* canon

canonizar *vt* to canonize

canoso, -a *adj* gray-haired (*US*), grey-haired (*BRIT*)

cansado, -a *adj* tired, weary; (*tedioso*) tedious, boring

cansancio *nm* tiredness, fatigue

cansar *vt* (*fatigar*) to tire, tire out; (*aburrir*) to bore; (*fastidiar*) to bother; **cansarse** *vr* to tire, get tired; (*aburrirse*) to get bored

cantábrico, -a *adj* Cantabrian; **mar C~** Bay of Biscay

cantante *adj* singing ♦ *nmf* singer

cantar *vt* to sing ♦ *vi* to sing; (*insecto*) to chirp ♦ *nm* (*acción*) singing; (*canción*) song; (*poema*) poem

cántara *nf* large pitcher

cántaro *nm* pitcher, jug; **llover a ~s** to rain cats and dogs

cante *nm* (*MÚS*) *Andalusian folk song* ▸ **cante jondo** flamenco singing

cantera *nf* quarry

cantero (*RPl*) *nm* (*arriate*) border

cantidad *nf* quantity, amount

cantimplora *nf* (*frasco*) water bottle, canteen

cantina *nf* canteen; (*de estación*) buffet; (*LAm: bar*) bar

cantinero, -a (*MÉX*) *nm/f* bartender (*US*)

canto *nm* singing; (*canción*) song; (*borde*) edge, rim; (*de cuchillo*) back ▸ **canto rodado** boulder

cantor, a *nm/f* singer

canturrear *vi* to sing softly

canuto *nm* (*tubo*) small tube

caña *nf* (*BOT: tallo*) stem, stalk; (*carrizo*) reed; (*ESP: vaso*) tumbler; (*: de cerveza*) glass of beer; (*ANAT*) shinbone ▸ **caña de azúcar** sugar cane ▸ **caña de pescar** fishing rod

cañada *nf* (*entre dos montañas*) gully, ravine; (*camino*) cattle track

cáñamo *nm* hemp

cañería *nf* (*tubo*) pipe

caño *nm* (*tubo*) tube, pipe; (*de albañal*) sewer; (*MÚS*) pipe; (*de fuente*) jet

cañón *nm* (*MIL*) cannon; (*de fusil*) barrel; (*GEO*) canyon, gorge

caoba *nf* mahogany

caos *nm* chaos

cap. *abr* (= *capítulo*) ch.

capa *nf* cloak, cape; (*GEO*) layer, stratum; **so ~ de** under the pretext of ▸ **capa de ozono** ozone layer

capacidad *nf* (*medida*) capacity; (*aptitud*) capacity, ability

capacitar *vt*: **~ a algn para (hacer)** to enable sb to (do)

capar *vt* to castrate, geld

caparazón *nm* shell

capataz *nm* foreman

capaz *adj* able, capable; (*amplio*) capacious, roomy

capcioso, -a *adj* wily, deceitful

capellán *nm* chaplain; (*sacerdote*) priest

caperuza *nf* hood

capicúa *adj inv* (*número, fecha*) reversible

capilla *nf* chapel

capital *adj* capital ♦ *nm* (*COM*) capital ♦ *nf* (*ciudad*) capital ▸ **capital social** share *o* authorized capital

capitalismo *nm* capitalism ❑ **capitalista** *adj, nmf* capitalist

capitán *nm* captain ▸ **capitán de meseros** (*MÉX*) head waiter

capitanear *vt* to captain

capitulación *nf* (*rendición*) capitulation, surrender; (*acuerdo*) agreement, pact; **capitulaciones (matrimoniales)** *nfpl* marriage contract *sg*

capitular *vi* to make an agreement
capítulo *nm* chapter
capó (*LAm exc MÉX, ESP*) *nm* (*AUTO*) hood (*US*), bonnet (*BRIT*)
capón *nm* (*gallo*) capon
capota *nf* (*de mujer*) bonnet; (*AUTO*) top (*US*), hood (*BRIT*)
capote *nm* (*abrigo: de militar*) greatcoat; (*de torero*) cloak
capricho *nm* whim, caprice ❑ **caprichoso, -a** *adj* capricious
Capricornio *nm* Capricorn
cápsula *nf* capsule
captar *vt* (*comprender*) to understand; (*RADIO*) to pick up; (*atención, apoyo*) to attract
captura *nf* capture; (*JUR*) arrest ❑ **capturar** *vt* to capture; to arrest
capucha *nf* hood, cowl
capullo *nm* (*BOT*) bud; (*ZOOL*) cocoon
caqui *nm* khaki
cara *nf* (*ANAT: de moneda*) face; (*de disco*) side; (*LAm: de reloj, dial*) face; (*descaro*) boldness; **~ a** facing; **de ~** opposite, facing; **dar la ~** to face the consequences; **¿~ o cruz?** (*LAm exc MÉX, ESP*) heads or tails?; **¡qué ~ (más dura)!** what a nerve!
carabina *nf* carbine, rifle
Caracas *n* Caracas
caracol *nm* (*ZOOL*) snail; (*concha*) (sea) shell
carácter (*pl* **caracteres**) *nm* character; **tener buen/mal ~** to be good natured/bad tempered
característica *nf* characteristic
característico, -a *adj* characteristic
caracterizar *vt* to characterize, typify
caradura *nmf*: **es un ~** he's got a nerve
carajillo *nm coffee with a dash of brandy*
carajo (*fam!*) *nm*: **¡~!** shit! (*!*)
caramba *excl* good gracious!
carámbano *nm* icicle
caramelo *nm* (*dulce*) piece of candy (*US*), sweet (*BRIT*); (*azúcar fundida*) caramel
caravana *nf* (*ESP: remolque*) trailer (*US*), caravan (*BRIT*); (*fig*) group; (*AUTO*) line of traffic (*US*), tailback (*BRIT*)
carbón *nm* coal; **papel ~** carbon paper ❑ **carboncillo** *nm* (*ARTE*) charcoal ❑ **carbonero, -a** *nm/f* coal merchant ❑ **carbonilla** *nf* coal dust
carbonizar *vt* to carbonize; (*quemar*) to char
carbono *nm* carbon
carburador *nm* carburetor (*US*), carburettor (*BRIT*)
carburante *nm* (*para motor*) fuel
carcajada *nf* (loud) laugh, guffaw
cárcel *nf* prison, jail; (*TEC*) clamp ❑ **carcelero, -a** *adj* prison *cpd* ♦ *nm/f* jailer
carcoma *nf* woodworm
carcomer *vt* to bore into, eat into; (*fig*) to undermine; **carcomerse** *vr* to become worm-eaten; (*fig*) to decay
cardar *vt* (*pelo*) to backcomb
cardenal *nm* (*REL*) cardinal; (*ESP MED*) bruise
cardíaco, -a *adj* cardiac, heart *cpd*
cardinal *adj* cardinal
cardo *nm* thistle
carearse *vr* to come face to face
carecer *vi*: **~ de** to lack, be in need of
carencia *nf* lack; (*escasez*) shortage; (*MED*) deficiency
carente *adj*: **~ de** lacking in, devoid of
carestía *nf* (*escasez*) scarcity, shortage; (*COM*) high cost
careta *nf* mask
carga *nf* (*peso, ELEC*) load; (*de barco*) cargo, freight; (*MIL*) charge; (*responsabilidad*) duty, obligation
cargado, -a *adj* loaded; (*ELEC*) live; (*café, té*) strong; (*cielo*) overcast
cargamento *nm* (*acción*) loading; (*mercancías*) load, cargo
cargar *vt* (*barco, arma*) to load; (*ELEC*) to charge; (*COM: algo en cuenta*) to charge; (*INFORM*) to load ♦ *vi* (*MIL*) to charge; (*AUTO*) to load (up); **cargarse** *vr* (*fam: estropear*) to break; (*: matar*) to bump off; **~ con** to pick up, carry away; (*: peso: fig*) to shoulder, bear
cargo *nm* (*puesto*) post, office; (*responsabilidad*) duty, obligation; (*JUR*) charge; **hacerse ~ de** to take charge of *o* responsibility for
carguero *nm* freighter, cargo boat; (*avión*) freight plane
Caribe *nm*: **el ~** the Caribbean; **del ~** Caribbean
caribeño, -a *adj* Caribbean
caricatura *nf* caricature
caricia *nf* caress
caridad *nf* charity
caries *nf inv* tooth decay
cariño *nm* affection, love; (*caricia*) caress; (*en carta*) love ...; **tener ~ a** to be fond of ❑ **cariñoso, -a** *adj* affectionate
carisma *nm* charisma
caritativo, -a *adj* charitable
cariz *nm*: **tener** *o* **tomar buen/mal ~** to look good/bad
carmesí *adj, nm* crimson
carmín *nm* lipstick
carnal *adj* carnal; **primo ~** first cousin
carnaval *nm* carnival

> **CARNAVAL**
>
> **Carnaval** is a popular festival celebrated in many Latin American countries, especially those in the Caribbean, during the three days before Ash Wednesday and the beginning of Lent. The parades of dancers and musicians in costume are accompanied by lively music, such as Brazilian samba. The celebrations draw to a close on Mardi Gras (Shrove Tuesday, which is known as "Carnival Tuesday").

carne *nf* flesh; (*CULIN*) meat ▸ **carne de cerdo/cordero/ternera/vaca** pork/lamb/veal/beef ▸ **carne de gallina** (*fig*) gooseflesh; **se me pone la ~ de gallina sólo verlo** I get the creeps just seeing it ▸ **carne molida** (*LAm*) ground meat (*US*), mince (*BRIT*) ▸ **carne picada** (*RPl, ESP*) ground meat (*US*), mince (*BRIT*)
carné (*ESP*) (*pl* **~s**) *nm* card ▸ **carné de conducir** driver's license (*US*), driving licence (*BRIT*) ▸ **carné de identidad** identity card
carnero *nm* sheep, ram; (*carne*) mutton; (*RPl: rompehuelgas*) strikebreaker, scab
carnet (*ESP*) (*pl* **~s**) *nm* = **carné**
carnicería *nf* butcher's; (*fig: matanza*) carnage, slaughter
carnicero, -a *adj* carnivorous ♦ *nm/f* butcher; (*carnívoro*) carnivore
carnívoro, -a *adj* carnivorous
carnoso, -a *adj* beefy, fat
caro, -a *adj* dear; (*COM*) dear, expensive ♦ *adv* dear, dearly
carpa *nf* (*pez*) carp; (*de circo*) big top; (*LAm: tienda de campaña*) tent
carpeta *nf* folder, file
carpintería *nf* carpentry, joinery (*BRIT*) ❑ **carpintero** *nm* carpenter
carraspear *vi* to clear one's throat
carraspera *nf* hoarseness
carrera *nf* (*acción*) run(ning); (*espacio recorrido*) run; (*competición*) race; (*trayecto*) course; (*profesión*) career; (*ESCOL*) course
carreta *nf* wagon, cart
carrete *nm* reel, spool; (*TEC*) coil
carretera *nf* (main) road, highway ▸ **carretera de circunvalación** (*LAm exc MÉX, ESP*) beltway (*US*), ring road (*BRIT*) ▸ **carretera nacional** ≈ state highway (*US*), ≈ A road (*BRIT*)
carretilla *nf* trolley; (*AGR*) (wheel)barrow
carril *nm* furrow; (*de autopista*) lane; (*FERRO*) rail
carrillo *nm* (*ANAT*) cheek; (*TEC*) pulley
carrito *nm* (*de compras*) cart (*US*), trolley (*BRIT*)
carro *nm* (*LAm: coche*) car; (*carreta*) cart, wagon; (*MIL*) tank ▸ **carro blindado** (*LAm*) armored (*US*) *o* armoured (*BRIT*) car ▸ **carro de bomberos** (*LAm*) firetruck (*US*), fire engine (*BRIT*) ▸ **carro de carreras** (*LAm*) race car (*US*), racing car (*BRIT*) ▸ **carro patrulla** (*LAm*) patrol *o* panda (*BRIT*) car ▸ **carros chocones** (*MÉX*) bumper cars (*US*), dodgems (*BRIT*) ▸ **carros locos** (*LAm exc MÉX*) bumper cars (*US*), dodgems (*BRIT*)
carrocería *nf* bodywork, coachwork
carroña *nf* carrion *no pl*
carroza *nf* (*carruaje*) coach
carrusel (*LAm*) *nm* merry-go-round, carousel
carta *nf* letter; (*CULIN*) menu; (*naipe*) card; (*mapa*) map; (*JUR*) document ▸ **carta certificada** registered letter ▸ **carta de ajuste** (*TV*) test card ▸ **carta de crédito** credit card ▸ **carta marítima** chart ▸ **carta verde** (*AUTO*) green card
cartabón *nm* set square, triangle (*US*)
cartel *nm* (*anuncio*) poster, placard; (*ESCOL*) wall chart; (*COM*) cartel ❑ **cartelera** *nf* billboard, hoarding (*BRIT*); (*en periódico etc*) entertainments guide; **"en cartelera"** "showing"
cartera *nf* (*de bolsillo*) wallet, billfold (*US*); (*ESP: de colegial, cobrador*) satchel; (*LAm exc MÉX: de señora*) handbag, purse (*US*); (*ESP: para documentos*) briefcase; (*COM*) portfolio; **ocupa la ~ de Agricultura** she is Minister of Agriculture
carterista *nmf* pickpocket
cartero *nm* mailman (*US*), postman (*BRIT*)
cartilla *nf* primer, first reading book ▸ **cartilla de ahorros** savings book
cartón *nm* cardboard ▸ **cartón piedra** papier-mâché
cartucho *nm* (*MIL*) cartridge
cartulina *nf* card
casa *nf* house; (*hogar*) home; (*COM*) firm, company; **en ~** at home ▸ **casa consistorial** town hall ▸ **casa de huéspedes** boarding house ▸ **casa de socorro** first aid post ▸ **casa rodante** (*CS*) trailer (*US*), caravan (*BRIT*)
casado, -a *adj* married ♦ *nm/f* married man (woman)
casamiento *nm* marriage, wedding
casar *vt* to marry; (*JUR*) to quash, annul; **casarse** *vr* to marry, get married
cascabel *nm* (small) bell
cascada *nf* waterfall
cascanueces *nm inv* nutcrackers *pl*
cascar *vt* to crack, split, break (open); **cascarse** *vr* to crack, split, break (open)
cáscara *nf* (*de huevo, fruta seca*) shell; (*de fruta*) skin; (*de limón*) peel
casco *nm* (*de bombero, soldado*) helmet; (*NÁUT: de barco*) hull; (*ZOOL: de caballo*) hoof; (*botella*) empty bottle; (*de ciudad*): **el ~ antiguo** the old part; **el ~ urbano** the town center (*US*) *o* (*BRIT*) centre; **los ~s azules** the UN peace-keeping force, the blue helmets ▸ **casco de la estancia** (*RPl*) farmhouse
cascote *nm* rubble
casero, -a *adj* (*pan etc*) home-made ♦ *nm/f* (*propietario*) landlord(-lady); **ser muy ~** to be home-loving; **"comida casera"** "home cooking"
caseta *nf* hut; (*para bañista*) cubicle; (*de feria*) stall
casete *nf* (*cinta*) cassette ♦ *nm* (*ESP*) cassette player
casi *adv* almost, nearly; **~ nada** hardly anything; **~ nunca** hardly ever, almost never; **~ te caes** you almost fell
casilla *nf* (*casita*) hut, cabin; (*AJEDREZ*) square; (*para cartas*) pigeonhole ▸ **casilla de correo** (*CS*) Post Office Box ❑ **casillero** *nm* (*para cartas*) pigeonholes *pl*
casino *nm* club; (*de juego*) casino
caso *nm* case; **en ~ de ...** in case of ...; **en ~ de que ...** in case ...; **el ~ es que** the fact is that; **en ese ~** in that case; **hacer ~ a** to pay attention to; **hacer** *o* **venir al ~** to be relevant
caspa *nf* dandruff
cassette *nm o f* = **casete**
casta *nf* caste; (*raza*) breed; (*linaje*) lineage
castaña *nf* chestnut
castañetear *vi* (*dientes*) to chatter
castaño, -a *adj* brown, chestnut(-colored) (*US*), chestnut(-coloured) (*BRIT*) ♦ *nm* chestnut tree
castañuelas *nfpl* castanets
castellano, -a *adj, nm/f* Castilian ♦ *nm* (*LING*) Castilian, Spanish
castidad *nf* chastity, purity
castigar *vt* to punish; (*DEPORTE*) to penalize ❑ **castigo** *nm* punishment; (*DEPORTE*) penalty
Castilla *nf* Castile
castillo *nm* castle
castizo, -a *adj* (*LING*) pure
casto, -a *adj* chaste, pure
castor *nm* beaver
castrar *vt* to castrate
castrense *adj* (*disciplina, vida*) military
casual *adj* chance, accidental ❑ **casualidad** *nf* chance, accident; (*combinación de circunstancias*) coincidence; **¡qué casualidad!** what a coincidence!

> ⚠ No confundir **casual** con la palabra inglesa ***casual***.

cataclismo *nm* cataclysm
catador, a *nm/f* wine taster
catalán, -ana *adj, nm/f* Catalan ♦ *nm* (*LING*) Catalan
catalizador *nm* catalyst; (*AUTO*) catalytic convertor
catalogar *vt* to catalogue, catalog (*US*); **~ a algn (de)** (*fig*) to categorize sb (as)
catálogo *nm* catalogue, catalog (*US*)
Cataluña *nf* Catalonia
catar *vt* to taste, sample
catarata *nf* (*GEO*) waterfall; (*MED*) cataract
catarro *nm* catarrh; (*constipado*) cold
catástrofe *nf* catastrophe
catear (*MÉX*) *vt* (*vivienda*) to search
cátedra *nf* (*UNIV*) chair, professorship
catedral *nf* cathedral
catedrático, -a *nm/f* professor
categoría *nf* category; (*rango*) rank, standing; (*calidad*) quality; **de ~** (*hotel*) top-class
categórico, -a *adj* categorical
catolicismo *nm* Catholicism
católico, -a *adj, nm/f* Catholic
catorce *num* fourteen
cauce *nm* (*de río*) riverbed; (*fig*) channel
caución *nf* bail ❑ **caucionar** *vt* (*JUR*) to bail, go bail for
caudal *nm* (*de río*) volume, flow; (*fortuna*) wealth; (*abundancia*) abundance ❑ **caudaloso, -a** *adj* (*río*) large
caudillo *nm* leader, chief
causa *nf* cause; (*razón*) reason; (*JUR*) lawsuit, case; **a ~ de** because of
causar *vt* to cause
cautela *nf* caution, cautiousness ❑ **cauteloso, -a** *adj* cautious, wary
cautivar *vt* to capture; (*atraer*) to captivate
cautiverio *nm* captivity
cautividad *nf* = **cautiverio**
cautivo, -a *adj, nm/f* captive
cauto, -a *adj* cautious, careful
cava *nm champagne-type wine*
cavar *vt* to dig
caverna *nf* cave, cavern
cavidad *nf* cavity
cavilar *vt* to ponder
cayado *nm* (*de pastor*) crook; (*de obispo*) crozier
cayendo *etc vb ver* **caer**
caza *nf* (*acción: gen*) hunting; (*: con fusil*) shooting; (*una caza*) hunt, chase; (*de animales*) game ♦ *nm* (*AVIAT*) fighter
cazador, a *nm/f* hunter ❑ **cazadora** *nf* jacket
cazar *vt* to hunt; (*perseguir*) to chase; (*prender*) to catch
cazo *nm* saucepan
cazuela *nf* (*vasija*) pan; (*guisado*) casserole
CD *nm abr* (= *compact disc*) CD
CD-ROM *nm abr* CD-ROM
CE *nf abr* (= *Comunidad Europea*) EC
cebada *nf* barley
cebar *vt* (*animal*) to fatten (up); (*anzuelo*) to bait; (*MIL, TEC*) to prime
cebo *nm* (*para animales*) feed, food; (*para peces, fig*) bait; (*de arma*) charge
cebolla *nf* onion ❑ **cebolleta** *nf* green onion (*US*), spring onion (*BRIT*)
cebra *nf* zebra
cecear *vi* to lisp ❑ **ceceo** *nm* lisp
ceder *vt* to hand over, give up, part with ♦ *vi* (*renunciar*) to give in, yield; (*disminuir*) to diminish, decline; (*romperse*) to give way
cedro *nm* cedar
cédula *nf* certificate, document ▸ **cédula de identidad** (*LAm*) identity card ▸ **cédula electoral** (*LAm*) ballot
cegar *vt* to blind; (*tubería etc*) to block up, stop up ♦ *vi* to go blind; **cegarse** *vr*: **~se (de)** to be blinded (by)
ceguera *nf* blindness
CEI *nf abr* (= *Confederación de Estados Independientes*) CIS
ceja *nf* eyebrow
cejar *vi* (*fig*) to back down
celador, a *nm/f* (*de edificio*) watchman; (*de museo etc*) attendant
celda *nf* cell
celebración *nf* celebration
celebrar *vt* to celebrate; (*alabar*) to praise ♦ *vi* to be glad; **celebrarse** *vr* to occur, take place
célebre *adj* famous
celebridad *nf* fame; (*persona*) celebrity
celeste *adj* (*azul*) sky-blue
celestial *adj* celestial, heavenly
celibato *nm* celibacy
célibe *adj, nmf* celibate
celo[1] *nm* zeal; (*REL*) fervor (*US*), fervour (*BRIT*); (*ZOOL*): **en ~** on heat; **~s** *nmpl* jealousy *sg*; **tener ~s** to be jealous
celo[2] (*ESP*) *nm* Scotch tape® (*US*), Sellotape® (*BRIT*)
celofán *nm* cellophane
celoso, -a *adj* jealous; (*trabajador*) zealous
celta *adj* Celtic ♦ *nmf* Celt
célula *nf* cell ▸ **célula solar** solar cell
celulitis *nf* cellulite
cementerio *nm* cemetery, graveyard
cemento *nm* cement; (*hormigón*) concrete; (*LAm: cola*) glue
cena *nf* evening meal, dinner
cenagal *nm* bog, quagmire
cenar *vt* to have for dinner ♦ *vi* to have dinner
cenicero *nm* ashtray
cenit *nm* zenith
ceniza *nf* ash, ashes *pl*
censo *nm* census ▸ **censo electoral** list of registered voters (*US*), electoral roll (*BRIT*)
censura *nf* (*POL*) censorship
censurar *vt* (*idea*) to censure; (*cortar: película*) to censor
centella *nf* spark
centellear *vi* (*metal*) to gleam; (*estrella*) to twinkle; (*fig*) to sparkle
centenar *nm* hundred
centenario, -a *adj* centennial ♦ *nm* centennial (*US*), centenary (*BRIT*)
centeno *nm* (*BOT*) rye
centésimo, -a *adj* hundredth
centígrado *adj* centigrade
centímetro *nm* centimeter (*US*), centimetre (*BRIT*)
céntimo *nm* cent
centinela *nm* sentry, guard
centollo *nm* spider crab
central *adj* central ♦ *nf* head office; (*TEC*) plant; (*TEL*) exchange ▸ **central eléctrica** power

station ▶ **central nuclear** nuclear power station ▶ **central telefónica** telephone central office (*US*), telephone exchange (*BRIT*)
centralita (*ESP*) *nf* switchboard
centralizar *vt* to centralize
centrar *vt* to center (*US*), centre (*BRIT*)
céntrico, -a *adj* central
centrifugar *vt* to spin-dry
centrista *adj* center *cpd* (*US*), centre *cpd* (*BRIT*)
centro *nm* center (*US*), centre (*BRIT*) ▶ **centro comercial** shopping mall: **~ de atención al cliente** call center (*US*) *o* centre (*BRIT*) ▶ **centro juvenil** youth club
centroamericano, -a *adj, nm/f* Central American
ceñido, -a *adj* (*chaqueta, pantalón*) tight(-fitting)
ceñir *vt* (*rodear*) to encircle, surround; (*ajustar*) to fit (tightly)
ceño *nm* frown, scowl; **fruncir el ~** to frown, knit one's brow
cepillar *vt* to brush; (*madera*) to plane (down)
cepillo *nm* brush; (*para madera*) plane ▶ **cepillo de dientes** toothbrush
cera *nf* wax
cerámica *nf* pottery; (*arte*) ceramics
cerca *nf* fence ♦ *adv* near, nearby, close; **~ de** near, close to
cercanías *nfpl* (*afueras*) outskirts, suburbs
cercano, -a *adj* close, near
cercar *vt* to fence in; (*rodear*) to surround
cerciorar *vt* (*asegurar*) to assure; **cerciorarse** *vr* (*asegurarse*) to make sure
cerco *nm* (*AGR*) enclosure; (*LAm: valla*) fence; (*MIL*) siege
cerdo, -a *nm/f* pig/sow, hog (*US*)
cereal *nm* cereal; **~es** *nmpl* cereals, grain *sg*
cerebro *nm* brain; (*fig*) brains *pl*
ceremonia *nf* ceremony ❑ **ceremonial** *adj, nm* ceremonial ❑ **ceremonioso, -a** *adj* ceremonious
cereza *nf* cherry
cerilla (*ESP*) *nf* (*fósforo*) match
cerillo (*MÉX*) *nm* match
cernerse *vr* to hover
cero *nm* nothing, zero
cerquillo (*CAm, RPl*) *nm* bangs *pl* (*US*), fringe (*BRIT*)
cerrado, -a *adj* closed, shut; (*con llave*) locked; (*tiempo*) cloudy, overcast; (*curva*) sharp; (*acento*) thick, broad
cerradura *nf* (*acción*) closing; (*mecanismo*) lock
cerrajero *nm* locksmith
cerrar *vt* to close, shut; (*paso, carretera*) to close; (*grifo*) to turn off; (*cuenta, negocio*) to close ♦ *vi* to close, shut; (*noche*) to come down; **cerrarse** *vr* to close, shut; **~ con llave** to lock; **~ un trato** to strike a bargain
cerro *nm* hill
cerrojo *nm* (*herramienta*) bolt; (*de puerta*) latch
certamen *nm* competition, contest
certero, -a *adj* (*gen*) accurate
certeza *nf* certainty
certidumbre *nf* = **certeza**
certificado *nm* certificate
certificar *vt* (*asegurar, atestar*) to certify
cervatillo *nm* fawn
cervecería *nf* (*fábrica*) brewery; (*bar*) beer hall (*US*), public house (*BRIT*), pub (*BRIT*)
cerveza *nf* beer
cesante *adj* laid-off, redundant (*BRIT*)
cesar *vi* to cease, stop ♦ *vt* (*funcionario*) to remove from office
cesárea *nf* (*MED*) Caesarean operation *o* section
cese *nm* (*de trabajo*) dismissal; (*de pago*) suspension
césped (*ESP*) *nm* grass, lawn
cesta *nf* basket
cesto *nm* (large) basket, hamper
cetro *nm* scepter (*US*), sceptre (*BRIT*)
cfr *abr* (= *confróntese*) cf.
chabacano, -a *adj* vulgar, coarse ♦ *nm* (*MÉX: durazno*) apricot
chacal *nm* jackal
chacha (*fam*) *nf* maid
cháchara *nf* chatter; **estar de ~** to chatter away
chacra (*CS*) *nf* smallholding
chafa (*MÉX: fam*) *adj* useless, dud
chafar *vt* (*aplastar*) to crush; (*plan etc*) to ruin
chal *nm* shawl
chalado, -a (*fam*) *adj* crazy
chalé (*pl* **~s**) *nm* villa, ≈ detached house (*BRIT*)
chaleco *nm* vest (*US*), waistcoat (*BRIT*) ▶ **chaleco salvavidas** life preserver (*US*) *o* jacket (*BRIT*)
chalet (*pl* **~s**) *nm* = **chalé**
chamaco, -a (*MÉX*) *nm/f* (*niño*) kid
chambear (*MÉX: fam*) *vi* to earn one's living
champán *nm* champagne
champaña *nm* = **champán**
champiñón *nm* mushroom
champú (*pl* **~es, ~s**) *nm* shampoo
chamuscar *vt* to scorch, sear, singe
chance (*LAm*) *nm* chance
chancho, -a (*LAm exc MÉX*) *nm/f* pig, hog (*US*)
chanchullo (*fam*) *nm* fiddle
chándal (*ESP*) *nm* sweat suit (*US*), tracksuit (*BRIT*)
chantaje *nm* blackmail
chapa *nf* (*de metal*) plate, sheet; (*de madera*) board, panel; (*RPl AUTO*) license (*US*) *o* number (*BRIT*) plate ❑ **chapado, -a** *adj*: **chapado en oro** gold-plated
chaparrón *nm* downpour, cloudburst
chaperón (*MÉX*) *nm*: **hacer de ~** to play gooseberry ❑ **chaperona** (*LAm*) *nf*: **hacer de chaperona** to play gooseberry
chapopote (*MÉX*) *nm* tar
chapotear *vi* to splash about
chapulín (*MÉX, CAm*) *nm* grasshopper
chapurrear *vt* (*idioma*) to speak badly
chapuza *nf* botched job
chapuzón *nm*: **darse un ~** to go for a dip
chaqueta *nf* jacket
chaquetón *nm* long jacket
charca *nf* pond, pool
charco *nm* pool, puddle
charcutería *nf* (*tienda*) *store selling chiefly pork meat products*; (*productos*) cooked pork meats *pl*
charla *nf* talk, chat; (*conferencia*) lecture
charlar *vi* to talk, chat
charlatán, -ana *nm/f* (*hablador*) chatterbox; (*estafador*) trickster
charol *nm* varnish; (*cuero*) patent leather
charola (*MÉX*) *nf* tray
charro (*MÉX*) *nm* typical Mexican
chascarrillo (*fam*) *nm* funny story
chasco *nm* (*desengaño*) disappointment
chasis *nm inv* chassis
chasquear *vt* (*látigo*) to crack; (*lengua*) to click ❑ **chasquido** *nm* crack; click
chatarra *nf* scrap (metal)
chato, -a *adj* flat; (*nariz*) snub
chaucha (*RPl*) *nf* pole (*US*) *o* runner (*BRIT*) bean
chaval, a (*ESP*) *nm/f* kid, lad/lass
chavo, -a (*MÉX: fam*) *nm/f* guy (girl)
checar (*MÉX*) *vt*: **~ tarjeta** (*al entrar*) to clock in *o* on; (: *al salir*) to clock off *o* out
checo, -a *adj, nm/f* Czech ♦ *nm* (*LING*) Czech
checoslovaco, -a *adj, nm/f* (*HIST*) Czech, Czechoslovak
Checoslovaquia *nf* (*HIST*) Czechoslovakia
cheque *nm* check (*US*), cheque (*BRIT*) ▶ **cheque de viaje** traveler's check (*US*), traveller's cheque (*BRIT*)
chequeo *nm* (*MED*) check-up; (*AUTO*) service
chequera (*LAm*) *nf* checkbook (*US*), chequebook (*BRIT*)
chévere (*LAm: fam*) *adj* great
chicano, -a *adj, nm/f* chicano
chícharo (*MÉX, CAm*) *nm* pea ▶ **chícharo de olor** sweet pea
chichón *nm* bump, lump
chicle *nm* chewing gum
chico, -a *adj* small, little ♦ *nm/f* (*niño*) child; (*muchacho*) boy (girl)
chiflado, -a *adj* crazy
chiflar *vt* to hiss, boo
chilango, -a (*MÉX*) *adj* of/from Mexico City
Chile *nm* Chile
chile *nm* chilli pepper
chileno, -a *adj, nm/f* Chilean
chillar *vi* (*persona*) to yell, scream; (*animal salvaje*) to howl; (*cerdo*) to squeal
chillido *nm* (*de persona*) yell, scream; (*de animal*) howl
chillón, -ona *adj* (*niño*) noisy; (*color*) loud, gaudy
chimenea *nf* chimney; (*hogar*) fireplace
China *nf*: **(la) ~** China
chinche *nf* (*insecto*) (bed)bug; (*LAm TEC*) thumbtack (*US*), drawing pin (*BRIT*) ♦ *nmf* nuisance, pest
chincheta (*ESP*) *nf* thumbtack (*US*), drawing pin (*BRIT*)
chingada (*MÉX: fam!*) *nf*: **hijo de la ~** bastard
chino, -a *adj, nm/f* Chinese ♦ *nm* (*LING*) Chinese; (*MÉX: rizo*) curl
chipirón *nm* (*ZOOL, CULIN*) squid
Chipre *nf* Cyprus ❑ **chipriota** *adj, nmf* Cypriot
chiquillo, -a *nm/f* (*fam*) kid
chirimoya *nf* custard apple, cherimoya (*US*)
chiringuito (*ESP*) *nm* small open-air bar
chiripa *nf* fluke
chirriar *vi* to creak, squeak
chirrido *nm* creak(ing), squeak(ing)
chis *excl* sh!
chisme *nm* (*habladurías*) piece of gossip; (*fam: objeto*) thingummyjig
chismoso, -a *adj* gossiping ♦ *nm/f* gossip
chispa *nf* spark; (*fig*) sparkle; (*ingenio*) wit; (*fam*) drunkenness
chispear *vi* (*lloviznar*) to drizzle
chisporrotear *vi* (*fuego*) to throw out sparks; (*leña*) to crackle; (*aceite*) to hiss, splutter
chiste *nm* joke, funny story
chistoso, -a *adj* funny, amusing
chivo, -a *nm/f* (billy-/nanny-)goat ▶ **chivo expiatorio** scapegoat
chocante *adj* startling; (*extraño*) odd; (*ofensivo*) shocking
chocar *vi* (*vehículos etc*) to collide, crash ♦ *vt* to shock; (*sorprender*) to startle; **~ con** to collide with; (*fig*) to run into, run up against; **¡chócala!** (*fam*) put it there!
chochear *vi* to be senile
chocho, -a *adj* doddering, senile; (*fig*) soft, doting
choclo (*CS*) *nm* (*grano*) sweet corn; (*mazorca*) corn on the cob
chocolate *adj, nm* chocolate ❑ **chocolatina** *nf* chocolate
chofer (*LAm*) (*ESP* **chófer**) *nm* chauffeur; (*LAm: conductor*) driver
choque *etc vb ver* **chocar** ♦ *nm* (*impacto*) impact; (*golpe*) jolt; (*AUTO*) crash; (*fig*) conflict ▶ **choque frontal** head-on collision
chorizo *nm hard pork sausage*, (type of) salami
chorrear *vi* to gush (out), spout (out); (*gotear*) to drip, trickle
chorro *nm* jet; (*fig*) stream
choza *nf* hut, shack
chubasco *nm* squall
chubasquero *nm* cagoule
chuchería *nf* trinket
chuleta *nf* chop, cutlet
chulo, -a *adj* (*MÉX, CAm, ESP: fam*): **¡qué vestido más ~!** what a pretty dress!
chupaleta (*MÉX*) *nf* lollipop
chupar *vt* to suck; (*absorber*) to absorb; **chuparse** *vr* to grow thin
chupete (*CS, ESP*) *nm* pacifier (*US*), dummy (*BRIT*)
chupetín (*RPl*) *nf* lollipop
chupito (*fam*) *nm* shot
chupón (*LAm*) *nm* pacifier (*US*), dummy (*BRIT*)
churro *nm* (type of) fritter; (*CAm: fam: porro*) joint
chusma *nf* rabble, mob
chutar *vi* to shoot (at goal)
Cía. *abr* (= *compañía*) Co.
cianuro *nm* cyanide
cibercafé *nm* cybercafé
ciberterrorista *nmf* cyberterrorist
cicatriz *nf* scar ❑ **cicatrizarse** *vr* to heal (up), form a scar
ciclismo *nm* cycling
ciclista *adj* cycle *cpd* ♦ *nmf* cyclist
ciclo *nm* cycle
ciclón *nm* cyclone
cicloturismo *nm*: **hacer ~** to go on a cycling vacation (*US*) *or* holiday (*BRIT*)
ciego, -a *adj* blind ♦ *nm/f* blind man (woman)
cielo *nm* sky; (*REL*) heaven; **¡~s!** good heavens!
ciempiés *nm inv* centipede
cien *num ver* **ciento**
ciénaga *nf* marsh, swamp
ciencia *nf* science; **~s** *nfpl* (*ESCOL*) science *sg* ❑ **ciencia-ficción** *nf* science fiction
cieno *nm* mud, mire
científico, -a *adj* scientific ♦ *nm/f* scientist
ciento (*tb:* **cien**) *num* hundred; **pagar al 10 por ~** to pay at 10 percent
cierre *etc vb ver* **cerrar** ♦ *nm* closing, shutting; (*con llave*) locking; (*LAm: cremallera*) zipper (*US*), zip (fastener) (*BRIT*)
cierro *etc vb ver* **cerrar**
cierto, -a *adj* sure, certain; (*un tal*) a certain; (*correcto*) right, correct; **~ hombre** a certain man; **ciertas personas** certain *o* some people; **sí, es ~** yes, that's correct
ciervo *nm* deer; (*macho*) stag
cierzo *nm* north wind
cifra *nf* number; (*secreta*) code
cifrar *vt* to code, write in code
cigala *nf* Dublin Bay Shrimp
cigarra *nf* cicada
cigarrillo *nm* cigarette
cigarro *nm* cigarette; (*puro*) cigar
cigüeña *nf* stork
cilíndrico, -a *adj* cylindrical
cilindro *nm* cylinder
cima *nf* (*de montaña*) top, peak; (*de árbol*) top; (*fig*) height
cimbrearse *vr* to sway
cimentar *vt* to lay the foundations of; (*fig: fundar*) to found
cimiento *nm* foundation
cinc *nm* zinc
cincel *nm* chisel ❑ **cincelar** *vt* to chisel
cinco *num* five
cincuenta *num* fifty
cine *nm* cinema
cineasta *nmf* moviemaker (*US*), film maker (*BRIT*)
cinematográfico, -a *adj* cine-, film *cpd*
cínico, -a *adj* cynical ♦ *nm/f* cynic
cinismo *nm* cynicism
cinta *nf* band, strip; (*de tela*) ribbon; (*película*) reel; (*de máquina de escribir*) ribbon; (*MÉX: cordón*) lace ▶ **cinta adhesiva** adhesive tape ▶ **cinta de video** (*LAm*) video tape ▶ **cinta de vídeo** (*ESP*) video tape ▶ **cinta magnetofónica** tape ▶ **cinta métrica** tape measure
cintura *nf* waist
cinturón *nm* belt ▶ **cinturón de seguridad** safety belt
ciprés *nm* cypress (tree)
circo *nm* circus
circuito *nm* circuit
circulación *nf* circulation; (*AUTO*) traffic
circular *adj, nf* circular ♦ *vi, vt* to circulate ♦ *vi* (*AUTO*) to drive; **"circule por la derecha"** "keep (to the) right"
círculo *nm* circle ▶ **círculo vicioso** vicious circle
circuncidar *vt* to circumcise
circundar *vt* to surround
circunferencia *nf* circumference
circunscribir *vt* to circumscribe; **circunscribirse** *vr* to be limited
circunscripción *nf* (*POL*) constituency
circunspecto, -a *adj* circumspect, cautious
circunstancia *nf* circumstance
cirio *nm* (wax) candle
ciruela *nf* plum ▶ **ciruela pasa** prune
cirugía *nf* surgery ▶ **cirugía estética** *o* **plástica** plastic surgery
cirujano *nm* surgeon
cisne *nm* swan
cisterna *nf* tank, cistern
cita *nf* appointment, meeting; (*de novios*) date; (*referencia*) quotation
citación *nf* (*JUR*) summons *sg*
citar *vt* (*gen*) to make an appointment with; (*JUR*) to summons; (*un autor, texto*) to quote; **citarse** *vr*: **se ~on en el cine** they arranged to meet at the movies (*US*) *o* cinema (*BRIT*)
citología (*ESP*) *nf* pap smear (*US*), smear test (*BRIT*)
cítricos *nmpl* citrus fruit(s)
ciudad *nf* town; (*más grande*) city ❑ **ciudadanía** *nf* citizenship ❑ **ciudadano, -a** *nm/f* citizen
cívico, -a *adj* civic
civil *adj* civil ♦ *nm* (*guardia*) policeman
civilización *nf* civilization
civilizar *vt* to civilize
civismo *nm* public spirit
cizaña *nf* (*fig*) discord
cl. *abr* (= *centilitro*) cl.
clamar *vt* to cry out for, clamor (*US*) *o* clamour (*BRIT*) for ♦ *vi* to cry out, clamor (*US*), clamour (*BRIT*)
clamor *nm* protest, clamor (*US*), clamour (*BRIT*)
clandestino, -a *adj* clandestine; (*POL*) underground
claqué (*LAm exc MÉX*) *nm* tap dancing
clara *nf* (*de huevo*) egg white
claraboya *nf* skylight
clarear *vi* (*el día*) to dawn; (*el cielo*) to clear up, brighten up; **clarearse** *vr* to be transparent
clarete *nm* rosé (wine)
claridad *nf* (*de día*) brightness; (*de estilo*) clarity
clarificar *vt* to clarify
clarinete *nm* clarinet
clarividencia *nf* clairvoyance; (*fig*) far-sightedness
claro, -a *adj* clear; (*luminoso*) bright; (*color*) light; (*evidente*) clear, evident; (*poco espeso*) thin ♦ *nm* (*en bosque*) clearing ♦ *adv* clearly ♦ *excl*: **¡~ que sí!** of course!
clase *nf* class ▶ **clase alta/media/obrera** upper/middle/working class ▶ **clases particulares** private lessons *o* tuition *sg*
clásico, -a *adj* classical
clasificación *nf* classification; (*DEPORTE*) league (table)
clasificar *vt* to classify
claudicar *vi* to give in
claustro *nm* cloister
cláusula *nf* clause
clausura *nf* closing, closure ❑ **clausurar** *vt* (*congreso etc*) to bring to a close
clavar *vt* (*clavo*) to hammer in; (*cuchillo*) to stick, thrust
clave *nf* key; (*MÚS*) clef ▶ **clave de acceso** password ▶ **clave lada** (*MÉX*) area (*US*) *o* dialling (*BRIT*) code
clavel *nm* carnation
clavícula *nf* collar bone
clavija *nf* peg, dowel, pin; (*ELEC*) plug
clavo *nm* (*de metal*) nail; (*BOT*) clove
claxon (*pl* **~s**) *nm* horn
clemencia *nf* mercy, clemency
cleptómano, -a *nm/f* kleptomaniac

clérigo nm priest
clero nm clergy
cliché nm cliché; (FOTO) negative
cliente, -a nm/f client, customer
clientela nf clientele, customers pl
clima nm climate
climatizado, -a adj air-conditioned
clímax nm inv climax
clínica nf clinic; (particular) private hospital
clip (pl ~s) nm paper clip
clítoris nm inv (ANAT) clitoris
cloaca nf sewer; (MÉX: de tejado) gutter
cloro nm chlorine; (MÉX, CAm: lejía) (household) bleach
clóset (MÉX) nm cupboard, closet (US)
club (pl ~s o ~es) nm club ▸ **club nocturno** night club
cm abr (= centímetro, centímetros) cm
coacción nf coercion, compulsion ❑ **coaccionar** vt to coerce
coagular vt (leche, sangre) to clot; **coagularse** vr to clot ❑ **coágulo** nm clot
coalición nf coalition
coartada nf alibi
coartar vt to limit, restrict
coba (MÉX, ESP) nf: **dar ~ a algn** to soft-soap sb
cobarde adj cowardly ♦ nm coward ❑ **cobardía** nf cowardice
cobaya nf guinea pig
cobertizo nm shelter
cobertura nf cover
cobija (LAm) nf blanket
cobijar vt (cubrir) to cover; (proteger) to shelter ❑ **cobijo** nm shelter
cobra nf cobra
cobrador, a nm/f (de autobús) conductor (conductress); (de impuestos, gas) collector
cobrar vt (cheque) to cash; (sueldo) to collect, draw; (objeto) to recover; (precio) to charge; (deuda) to collect ♦ vi to be paid; **cóbrese al entregar** cash on delivery
cobre nm copper; **~s** nmpl (MÚS) brass instruments
cobro nm (de cheque) cashing; **presentar al ~** to cash
cocaína nf cocaine
cocción nf (CULIN) cooking; (en agua) boiling
cocear vi to kick
cocer vt, vi to cook; (en agua) to boil; (en horno) to bake
coche nm (ESP AUTO) automobile (US), car (BRIT); (de tren, de caballos) coach, carriage; (para niños) baby carriage (US), pram (BRIT); **ir en ~** (ESP) to drive ▸ **coche celular** (ESP) police van, patrol wagon (US) ▸ **coche de bomberos** (ESP) firetruck (US), fire engine (BRIT) ▸ **coche dormitorio** (CS) sleeping car ▸ **coche fúnebre** hearse ❑ **coche-cama** (pl **coches-cama**) nm (FERRO) sleeping car, Pullman (US), sleeper (BRIT)
cochera nf (MÉX, ESP: de carros) garage; (de autobuses, trenes) depot
coche restaurante (pl **coches restaurante**) nm (FERRO) dining car, diner
cochinillo nm (CULIN) suckling pig, sucking pig
cochino, -a adj filthy, dirty ♦ nm/f pig
cocido nm stew
cocina nf kitchen; (LAm exc MÉX, ESP: aparato) stove, cooker (BRIT); (acto) cookery ▸ **cocina eléctrica/de gas** (LAm exc MÉX, ESP) electric/gas stove o cooker (BRIT) ▸ **cocina francesa** French cuisine ❑ **cocinar** vt, vi to cook
cocinero, -a nm/f cook
coco nm coconut
cocodrilo nm crocodile
cocotero nm coconut palm
cóctel nm cocktail
codazo nm: **dar un ~ a algn** to nudge sb
codicia nf greed ❑ **codiciar** vt to covet ❑ **codicioso, -a** adj covetous
código nm code ▸ **código civil** common law ▸ **código de barras** bar code ▸ **código de (la) circulación** highway code ▸ **código de la zona** (LAm) area (US) o dialling (BRIT) code ▸ **código postal** zip code (US), postcode (BRIT)
codillo nm (ZOOL) knee; (TEC) elbow (joint)
codo nm (ANAT, de tubo) elbow; (ZOOL) knee
codorniz nf quail
coerción nf coercion
coetáneo, -a adj, nm/f contemporary
coexistir vi to coexist
cofradía nf brotherhood, fraternity
cofre nm (de joyas) case; (de dinero) chest; (MÉX AUTO) hood (US), bonnet (BRIT)
coger vt (ESP: tomar) to take (hold of); (ESP: objeto caído) to pick up; (ESP: frutas) to pick, harvest; (ESP: resfriado, ladrón, pelota) to catch; (MÉX, RPl: fam!) to fuck (!) ♦ vi (MÉX, RPl: fam!) to fuck (!); **cogerse** vr (dedo) to catch; **~ por: cogió por esta calle** he went down this street; **~se a algo/algn** to hold on to sth/sb
cogollo nm (de lechuga) heart
cogote nm back o nape of the neck
cohabitar vi to live together, cohabit
cohecho nm (acción) bribery; (soborno) bribe
coherente adj coherent
cohesión nm cohesion
cohete nm rocket
cohibido, -a adj (PSICO) inhibited; (tímido) shy
cohibir vt to restrain, restrict
coincidencia nf coincidence
coincidir vi (en idea) to coincide, agree; (en lugar) to coincide
coito nm intercourse, coitus
coja etc vb ver **coger**
cojear vi (persona) to limp, hobble; (mueble) to wobble, rock
cojera nf limp
cojín nm cushion ❑ **cojinete** nm (TEC) ball bearing
cojo, -a etc vb ver **coger** ♦ adj (que no puede andar) lame, crippled; (mueble) wobbly ♦ nm/f lame person, cripple
cojón (fam) nm: **¡cojones!** shit! (!) ❑ **cojonudo, -a** (fam) adj great, fantastic
col nf (ESP) cabbage ▸ **coles de Bruselas** Brussels sprouts
cola nf tail; (de gente) line (US), queue (BRIT); (lugar) end, last place; (para pegar) glue, gum; **hacer ~** to line (up) (US), queue (up) (BRIT)
colaborador, a nm/f collaborator
colaborar vi to collaborate
colador nm (para líquidos) strainer; (para verduras etc) colander
colapso nm collapse; **~ nervioso** nervous breakdown
colar vt (líquido) to strain off; (metal) to cast ♦ vi to ooze, seep (through); **colarse** vr to cut in line (US), jump the queue (BRIT); **~se en** to get into without paying; (fiesta) to gatecrash
colcha nf bedspread
colchón nm mattress ▸ **colchón inflable** o **neumático** air bed o mattress
colchoneta nf (en gimnasio) mat; (de playa) air bed
colección nf collection ❑ **coleccionar** vt to collect ❑ **coleccionista** nmf collector
colecta nf collection
colectivo, -a adj collective, joint
colega nmf colleague
colegial, a nm/f schoolboy(-girl)
colegio nm college; (escuela) school; (de abogados etc) association ▸ **colegio electoral** polling place (US), polling station (BRIT)
colegir vt to infer, conclude
cólera nf (ira) anger; (MED) cholera ❑ **colérico, -a** adj irascible, bad-tempered
colesterol nm cholesterol
coleta nf pigtail
colgante adj hanging ♦ nm (joya) pendant
colgar vt to hang (up); (ropa) to hang out ♦ vi to hang; (TEL) to hang up
cólico nm colic
coliflor nf cauliflower
colilla nf cigarette end, butt
colina nf hill
colisión nf collision ▸ **colisión frontal** head-on crash
collar nm necklace; (de perro) collar
colmar vt to fill to the brim; (fig) to realize, fulfill (US), fulfil (BRIT)
colmena nf beehive
colmillo nm (diente) eye tooth; (de elefante) tusk; (de perro) fang
colmo nm: **¡es el ~!** it's the limit!
colocación nf (acto) placing; (empleo) job, position
colocar vt to place, put, position; (dinero) to invest; (poner en empleo) to find a job for; **colocarse** vr to get a job
Colombia nf Colombia ❑ **colombiano, -a** adj, nm/f Colombian
colonia nf colony; (de casas) residential area; (agua de colonia) cologne ▸ **colonia proletaria** (MÉX) shantytown
colonización nf colonization ❑ **colonizador, a** adj colonizing ♦ nm/f colonist, settler
colonizar vt to colonize
coloquio nm conversation; (congreso) conference
color nm color (US), colour (BRIT)
colorado, -a adj (rojo) red; (MÉX: chiste) smutty, rude
colorante nm coloring (US), colouring (BRIT)
colorear vt to color (US), colour (BRIT)
colorete nm blusher
colorido nm coloring (US), colouring (BRIT)
columna nf column; (pilar) pillar; (apoyo) support
columpiar vt to swing; **columpiarse** vr to swing ❑ **columpio** nm swing
coma nf comma ♦ nm (MED) coma
comadre nf (madrina) godmother; (chismosa) gossip ❑ **comadrona** nf midwife
comal (MÉX, CAm) nm griddle
comandancia nf command
comandante nm commandant
comarca nf region
combar vt to bend, curve
combate nm fight ❑ **combatiente** nm combatant
combatir vt to fight, combat
combinación nf combination; (QUÍM) compound; (prenda) slip
combinar vt to combine
combustible nm fuel
combustión nf combustion
comedia nf comedy; (TEATRO) play, drama
comediante nmf (comic) actor (actress)
comedido, -a adj moderate
comedor, a nm (habitación) dining room; (cantina) canteen
comensal nmf fellow guest (o diner)
comentar vt to comment on
comentario nm comment, remark; (literario) commentary; **~s** nmpl (chismes) gossip sg
comentarista nmf commentator
comenzar vt, vi to begin, start; **~ a hacer algo** to begin o start doing sth
comer vt to eat; (DAMAS, AJEDREZ) to take, capture ♦ vi to eat; (MÉX: almorzar) to have lunch; **comerse** vr to eat up
comercial adj commercial; (relativo al negocio) business cpd ♦ nm (LAm TV, RADIO) commercial ❑ **comercializar** vt (producto) to market; (pey) to commercialize
comerciante nmf trader, merchant
comerciar vi to trade, do business
comercio nm commerce, trade; (negocio) business; (fig) dealings pl ▸ **comercio electrónico** e-commerce
comestible adj eatable, edible ❑ **comestibles** nmpl food sg, foodstuffs
cometa nm comet ♦ nf kite
cometer vt to commit
cometido nm task, assignment
comezón nf itch, itching
cómic nm (LAm: para niños) comic (BRIT); (para adultos) comic book (US), comic (BRIT)
comicios nmpl elections
cómico, -a adj comic(al) ♦ nm/f comedian
comida nf (alimento) food; (almuerzo, cena) meal; (MÉX: de mediodía) lunch ▸ **comida basura** (LAm exc MÉX, ESP) junk food ▸ **comida chatarra** (MÉX) junk food
comidilla nf: **ser la ~ de la ciudad** to be the talk of the town
comienzo etc vb ver **comenzar** ♦ nm beginning, start
comillas nfpl quotation marks, quotes (US)
comilona (fam) nf blow-out
comino nm: **(no) me importa un ~** I don't give a damn
comisaría nf (de policía) police station; (MIL) commissariat
comisario nm (MIL etc) commissary; (POL) commissar
comisión nf commission
comité (pl ~s) nm committee
comitiva nf retinue
como adv as; (tal): **~** like; (aproximadamente) about, approximately ♦ conj (ya que, puesto que) as, since; **~ no lo haga hoy** unless he does it today; **~ si** as if; **es tan alto ~ ancho** it is as high as it is wide
cómo adv how?, why? ♦ excl what?, I beg your pardon? ♦ nm: **el ~ y el porqué** the whys and wherefores; **¡~ no!** of course!
cómoda nf chest of drawers
comodidad nf comfort; **venga a su ~** come at your convenience
comodín nm joker
cómodo, -a adj comfortable; (práctico, de fácil uso) convenient
compact disc nm compact disk player
compacto, -a adj compact
compadecer vt to pity, be sorry for; **compadecerse** vr: **~se de** to pity, be o feel sorry for
compadre nm (padrino) godfather; (amigo) friend, pal
compañero, -a nm/f companion; (novio) boy/girlfriend ▸ **compañero de clase** classmate
compañía nf company
comparación nf comparison; **en ~ con** in comparison with
comparar vt to compare
comparecer vi to appear (in court)
comparsa nmf (TEATRO) extra
compartimiento nm (FERRO) compartment
compartir vt to share; (dinero, comida etc) to divide (up), share (out)
compás nm (MÚS) beat, rhythm; (MAT) compasses pl; (NÁUT etc) compass
compasión nf compassion, pity
compasivo, -a adj compassionate
compatibilidad nf compatibility
compatible adj compatible
compatriota nmf compatriot, fellow countryman(-woman)
compendiar vt to summarize ❑ **compendio** nm summary
compenetrarse vr to be in tune
compensación nf compensation
compensar vt to compensate
competencia nf (incumbencia) domain, field; (JUR, habilidad) competence; (rivalidad) competition
competente adj competent
competición nf competition
competir vi to compete
compilar vt to compile
compinche (LAm) nmf buddy (US), pal (BRIT)
complacencia nf (placer) pleasure; (tolerancia excesiva) complacency
complacer vt to please; **complacerse** vr to be pleased
complaciente adj kind, obliging, helpful
complejo, -a adj, nm complex ▸ **complejo habitacional** (LAm) housing development
complementario, -a adj complementary
completar vt to complete
completo, -a adj complete; (perfecto) perfect; (lleno) full ♦ nm full complement
complicado, -a adj complicated; **estar ~ en** to be mixed up in
cómplice nmf accomplice
complot (pl ~s) nm plot
componer vt (MÚS, LITERATURA, IMPRENTA) to compose; (algo roto) to mend, repair; (arreglar) to arrange; **componerse** vr: **~se de** to consist of; **componérselas para hacer algo** to manage to do sth
comportamiento nm conduct, behavior (US), behaviour (BRIT)
comportarse vr to behave
composición nf composition
compositor, a nm/f composer
compostura nf (actitud) composure
compra nf purchase; **ir de ~s** to go shopping ❑ **comprador, a** nm/f buyer, purchaser
comprar vt to buy, purchase
comprender vt to understand; (incluir) to comprise, include
comprensión nf understanding ❑ **comprensivo, -a** adj (actitud) understanding
compresa (ESP) nf (para mujer) sanitary napkin (US) o towel (BRIT)
comprimido, -a adj compressed ♦ nm (MED) pill, tablet
comprimir vt to compress
comprobante nm proof; (COM) voucher ▸ **comprobante de compra** proof of purchase
comprobar vt to check; (probar) to prove; (TEC) to check, test
comprometer vt to compromise; (poner en peligro) to endanger; **comprometerse** vr (involucrarse) to get involved
compromiso nm (obligación) obligation; (cometido) commitment; (convenio) agreement; (apuro) awkward situation
compuesto, -a adj: **~ de** composed of, made up of ♦ nm compound
computador (LAm) nm = **computadora**
computadora (LAm) nf computer ▸ **computadora central** mainframe (computer) ▸ **computadora personal** personal computer
cómputo nm calculation
comulgar vi to receive communion
común adj common ♦ nm: **el ~** the community
comunicación nf communication; (informe) report
comunicado nm announcement ▸ **comunicado de prensa** press release
comunicar vt, vi to communicate; **comunicarse** vr to communicate; **está comunicando** (TEL) the line's busy (US) o engaged (BRIT) ❑ **comunicativo, -a** adj communicative
comunidad nf community ▸ **comunidad autónoma** (ESP POL) autonomous region ▸ **Comunidad (Económica) Europea** European (Economic) Community
comunión nf communion
comunismo nm communism ❑ **comunista** adj, nmf communist

con

PALABRA CLAVE

prep

1 (medio, compañía) with; **comer con cuchara** to eat with a spoon; **pasear con algn** to go for a walk with sb

2 (a pesar de): **con todo, merece nuestros respetos** all the same, he deserves our respect

3 (para con): **es muy bueno para con los niños** he's very good with (the) children
4 (+ infin): **con llegar tan tarde se quedó sin comer** by arriving so late he missed out on eating
♦ conj: **con que: será suficiente con que le escribas** it will be sufficient if you write to her

conato nm attempt ▶ **conato de robo** attempted robbery
concebir vt, vi to conceive
conceder vt to concede
concejal, a nm/f councilman(-woman), councilor (US), councillor (BRIT)
concentración nf concentration
concentrar vt to concentrate; **concentrarse** vr to concentrate
concepción nf conception
concepto nm concept
concernir vi to concern; **en lo que concierne a ...** as far as ... is concerned; **en lo que a mí concierne** as far as I'm concerned
concertar vt (MÚS) to harmonize; (acordar: precio) to agree; (: tratado) to conclude; (trato) to arrange, fix up; (combinar: esfuerzos) to coordinate ♦ vi to harmonize, be in tune
concesión nf concession
concesionario nm (licensed) dealer, agent
concha nf shell
conciencia nf conscience; **tener/tomar ~ de** to be/become aware of; **tener la ~ limpia/ tranquila** to have a clear conscience
concienciar vt to make aware; **concienciarse** vr to become aware
concienzudo, -a adj conscientious
concierto etc vb ver **concertar** ♦ nm concert; (obra) concerto
conciliar vt to reconcile
concilio nm council
conciso, -a adj concise
concluir vt, vi to conclude; **concluirse** vr to conclude
conclusión nf conclusion
concluyente adj (prueba, información) conclusive
concordar vt to reconcile ♦ vi to agree, tally
concordia nf harmony
concretar vt to make concrete, make more specific; **concretarse** vr to become more definite
concreto, -a adj, nm (LAm: hormigón) concrete; **en ~** (en resumen) to sum up; (específicamente) specifically; **no hay nada en ~** there's nothing definite
concurrencia nf turnout
concurrido, -a adj (calle) busy; (local, reunión) crowded
concurrir vi (juntarse: ríos) to meet, come together; (: personas) to gather, meet
concursante nmf competitor
concurso nm (de público) crowd; (ESCOL, DEPORTE, competencia) competition; (ayuda) help, cooperation
condal adj: **la Ciudad C~** Barcelona
conde nm count
condecoración nf (MIL) medal
condecorar vt (MIL) to decorate
condena nf sentence
condenación nf condemnation; (REL) damnation
condenar vt to condemn; (JUR) to convict; **condenarse** vr (REL) to be damned
condensar vt to condense
condesa nf countess
condición nf condition ❑ **condicional** adj conditional
condicionar vt (acondicionar) to condition; **~ algo a** to make sth conditional on
condimento nm seasoning
condolerse vr to sympathize
condominio (LAm) nm condominium (US), block of flats (BRIT)
condón nm condom
conducir vt to take, convey; (ESP AUTO) to drive ♦ vi (ESP AUTO) to drive; (fig) to lead; **conducirse** vr to behave
conducta nf conduct, behavior (US), behaviour (BRIT)
conducto nm pipe, tube; (fig) channel
conductor, a adj leading, guiding ♦ nm (FÍSICA) conductor ♦ nm/f (ESP: de vehículo) driver
conduje etc vb ver **conducir**
conduzco etc vb ver **conducir**
conectado, -a adj (INFORM) on-line
conectar vt to connect (up); (enchufar) plug in
conejillo nm (ZOOL): **~ de Indias** guinea pig
conejo nm rabbit
conexión nf connection
confección nf preparation; (industria) clothing industry
confeccionar vt to make (up)
confederación nf confederation

conferencia nf conference; (lección) lecture; (ESP TEL) call
conferenciante (ESP) (LAm **conferencista**) nmf lecturer
conferir vt to award
confesar vt to confess, admit
confesión nf confession
confesionario nm confessional
confeti nm confetti
confiado, -a adj (crédulo) trusting; (seguro) confident
confianza nf trust; (seguridad) confidence; (familiaridad) intimacy, familiarity
confiar vt to entrust ♦ vi to trust
confidencia nf confidence
confidencial adj confidential
confidente nmf confidant/e; (policial) informer
configurar vt to shape, form
confín nm limit; **confines** nmpl confines, limits
confinar vi to confine; (desterrar) to banish
confirmar vt to confirm
confiscar vt to confiscate
confite nm candy (US), sweet (BRIT)
confitería (ESP) nf (tienda) confectioner's, candy store (US)
confitura nf preserve, jelly (US), jam (BRIT)
conflictivo, -a adj (asunto, propuesta) controversial; (país, situación) troubled
conflicto nm conflict; (fig) clash
confluir vi (ríos) to meet; (gente) to gather
conformar vt to shape, fashion ♦ vi to agree; **conformarse** vr to conform; (resignarse) to resign o.s.
conforme adj (correspondiente): **~ con** in line with; (de acuerdo): **estar ~s (con algo)** to be in agreement (with sth) ♦ adv as ♦ excl agreed! ♦ prep: **~ a** in accordance with; **quedarse ~ (con algo)** to be satisfied (with sth)
conformidad nf (semejanza) similarity; (acuerdo) agreement ❑ **conformista** adj, nmf conformist
confortable adj comfortable
confortar vt to comfort
confrontar vt to confront; (dos personas) to bring face to face; (cotejar) to compare
confundir vt (equivocar) to mistake, confuse; (turbar) to confuse; **confundirse** vr (turbarse) to get confused; (equivocarse) to make a mistake; (mezclarse) to mix
confusión nf confusion
confuso, -a adj confused
congelado, -a adj frozen ❑ **congelador** nm (aparato) freezer, deep freeze ❑ **congelados** nmpl frozen food(s)
congelar vt to freeze; **congelarse** vr (sangre, grasa) to congeal
congeniar vi to get along (US) o on (BRIT) well
congestión nf congestion
congestionar vt to congest
congoja nf distress, grief
congraciarse vr to ingratiate o.s.
congratular vt to congratulate
congregación nf congregation
congregar vt to gather together; **congregarse** vr to gather together
congresista nmf delegate, congressman (-woman)
congreso nm congress
congrio nm conger eel
conjetura nf guess ❑ **conjeturar** vt to guess
conjugar vt to combine, fit together; (LING) to conjugate
conjunción nf conjunction
conjunto, -a adj joint, united ♦ nm whole; (MÚS) band; **en ~** as a whole
conjurar vt (REL) to exorcise; (fig) to ward off ♦ vi to plot
conmemoración nf commemoration
conmemorar vt to commemorate
conmigo pron with me
conmoción nf shock; (fig) upheaval ▶ **conmoción cerebral** (med) concussion
conmovedor, a adj touching, moving; (emocionante) exciting
conmover vt to shake, disturb; (fig) to move
conmutador nm switch; (LAm: centralita) switchboard; (: central) telephone central office (US), telephone exchange (BRIT)
cono nm cone ▶ **Cono Sur** Southern Cone
conocedor, a adj expert, knowledgeable ♦ nm/f expert
conocer vt to know; (por primera vez) to meet, get to know; (entender) to know about; (reconocer) to recognize; **conocerse** vr (una persona) to know o.s.; (dos personas) to (get to) know each other
conocido, -a adj (well-)known ♦ nm/f acquaintance
conocimiento nm knowledge; (med) consciousness; **~s** nmpl (saber) knowledge sg
conozco etc vb ver **conocer**
conque conj and so, so then

conquista nf conquest ❑ **conquistador, a** adj conquering ♦ nm conqueror
conquistar vt to conquer
consagrar vt (rel) to consecrate; (fig) to devote
consciente adj conscious
consecución nf acquisition; (de fin) attainment
consecuencia nf consequence, outcome; (coherencia) consistency
consecuente adj consistent
consecutivo, -a adj consecutive
conseguir vt to get, obtain; (objetivo) to attain
consejero, -a nm/f adviser, consultant; (pol) councilor (US), councillor (BRIT)
consejo nm advice; (pol) council ▶ **consejo de administración** (com) board of directors ▶ **consejo de guerra** court martial ▶ **consejo de ministros** cabinet meeting
consenso nm consensus
consentimiento nm consent
consentir vt (permitir, tolerar) to consent to; (mimar) to pamper, spoil; (aguantar) to put up with ♦ vi to agree, consent; **~ que algn haga algo** to allow sb to do sth
conserje nm (de colegio) janitor; (de facultad) head custodian (US), head porter (BRIT); (de hotel) doorman, hall porter (BRIT); (de edificio oficial, museo) janitor, caretaker (Brit)
conservación nf conservation; (de alimentos, vida) preservation
conservador, a adj (pol) conservative ♦ nm/f conservative
conservante nm preservative
conservar vt to conserve, keep; (alimentos, vida) to preserve; **conservarse** vr to survive
conservas nfpl canned food(s) pl
conservatorio nm (mús) conservatoire, conservatory
considerable adj considerable
consideración nf consideration; (estimación) respect
considerado, -a adj (atento) considerate; (respetado) respected
considerar vt to consider
consigna nf (orden) order, instruction; (para equipajes) checkroom (US), left-luggage office (BRIT)
consigo etc vb ver **conseguir** ♦ pron (m) with him; (f) with her; (Vd) with you; (reflexivo) with o.s.
consiguiendo etc vb ver **conseguir**
consiguiente adj consequent; **por ~** and so, therefore, consequently
consistente adj consistent; (sólido) solid, firm; (válido) sound
consistir vi: **~ en** (componerse de) to consist of
consola nf (mueble) console table; (de videojuegos) console
consolación nf consolation
consolar vt to console
consolidar vt to consolidate
consomé (pl ~s) nm consommé, clear soup
consonante adj consonant, harmonious ♦ nf consonant
consorcio nm consortium
conspiración nf conspiracy
conspirador, a nm/f conspirator
conspirar vi to conspire
constancia nf constancy; **dejar ~ de** to put on record
constante adj, nf constant
constar vi (evidenciarse) to be clear o evident; **~ de** to consist of
constatar vt to verify
consternación nf consternation
constipado, -a adj: **estar ~** to have a cold ♦ nm cold

⚠ No confundir **constipado** con la palabra inglesa **constipated**.

constitución nf constitution ❑ **constitucional** adj constitutional
constituir vt (formar, componer) to constitute, make up; (fundar, erigir, ordenar) to constitute, establish
constituyente adj constituent
constreñir vt (restringir) to restrict
construcción nf construction, building
constructor, a nm/f builder
construir vt to build, construct
construyendo etc vb ver **construir**
consuelo nm consolation, solace
cónsul nm consul ❑ **consulado** nm consulate
consulta nf consultation; (med): **horas de ~** office hours (US), surgery hours (BRIT)
consultar vt to consult
consultorio nm (med) doctor's office (US), surgery (BRIT)
consumar vt to complete, carry out; (crimen) to commit; (sentencia) to carry out
consumición nf consumption; (bebida) drink; (comida) food ▶ **consumición mínima** cover charge

consumidor, a nm/f consumer
consumir vt to consume; **consumirse** vr to be consumed; (persona) to waste away
consumismo nm consumerism
consumo nm consumption
contabilidad nf accounting, book-keeping; (profesión) accountancy ❑ **contable** (ESP) nmf accountant
contacto nm contact; (ESP auto) ignition
contado, -a adj: **~s** (escasos) numbered, scarce, few ♦ nm: **pagar al ~** to pay (in) cash
contador, a nm (ESP: aparato) meter ♦ nm/f (LAm com) accountant
contagiar vt (enfermedad) to pass on, transmit; (persona) to infect; **contagiarse** vr to become infected
contagio nm infection ❑ **contagioso, -a** adj infectious; (fig) catching
contaminación nf contamination; (polución) pollution
contaminar vt to contaminate; (aire, agua) to pollute
contante adj: **dinero ~ (y sonante)** cash
contar vt (páginas, dinero) to count; (anécdota, chiste etc) to tell ♦ vi to count; **~ con** to rely on, count on
contemplación nf contemplation
contemplar vt to contemplate; (mirar) to look at
contemporáneo, -a adj, nm/f contemporary
contendiente nmf contestant
contenedor nm container
contener vt to contain, hold; (retener) to hold back, contain; **contenerse** vr to control o restrain o.s.
contenido, -a adj (moderado) restrained; (risa etc) suppressed ♦ nm contents pl, content
contentar vt (satisfacer) to satisfy; (complacer) to please; **contentarse** vr to be satisfied
contento, -a adj (alegre) pleased; (feliz) happy
contestación nf answer, reply
contestador nm (tb: **~ automático**) answering machine
contestar vt to answer, reply; (jur) to corroborate, confirm

⚠ No confundir **contestar** con la palabra inglesa **contest**.

contexto nm context
contienda nf contest
contigo pron with you
contiguo, -a adj adjacent, adjoining
continente adj, nm continent
contingencia nf contingency; (riesgo) risk ❑ **contingente** adj, nm contingent
continuación nf continuation; **a ~** then, next
continuar vt to continue, go on with ♦ vi to continue, go on; **~ hablando** to continue talking o to talk
continuidad nf continuity
continuo, -a adj (sin interrupción) continuous; (acción perseverante) continual
contorno nm outline; (geo) contour; **~s** nmpl neighborhood sg, surrounding area sg
contorsión nf contortion
contra prep, adv against ♦ nm inv con ♦ nf: **la C~** (de Nicaragua) the Contras pl
contraataque nm counter-attack
contrabajo nm double bass
contrabandista nmf smuggler
contrabando nm (acción) smuggling; (mercancías) contraband
contracción nf contraction
contracorriente (a) **~** adv against the current
contradecir vt to contradict
contradicción nf contradiction
contradictorio, -a adj contradictory
contraer vt to contract; (limitar) to restrict; **contraerse** vr to contract; (limitarse) to limit o.s.
contraluz nf: **a ~** against the light
contrapartida nf: **como ~ (de)** in return (for)
contrapelo **a ~** adv the wrong way
contrapesar vt to counterbalance; (fig) to offset ❑ **contrapeso** nm counterweight
contraportada nf (de revista) back cover
contraproducente adj counterproductive
contrariar vt (oponerse) to oppose; (poner obstáculo) to impede; (enfadar) to vex
contrariedad nf (obstáculo) obstacle, setback; (disgusto) vexation, annoyance
contrario, -a adj contrary; (persona) opposed; (sentido, lado) opposite ♦ nm/f enemy, adversary; (deporte) opponent; **al/por el ~** on the contrary; **de lo ~** otherwise
contrarreloj nf (tb: **prueba ~**) time trial
contrarrestar vt to counteract
contrasentido nm: **es un ~ que él ...** it doesn't make sense for him to ...
contraseña nf (inform) password
contrastar vt, vi to contrast

contraste *nm* contrast
contratar *vt* (*firmar un acuerdo para*) to contract for; (*empleados, obreros*) to hire, engage; **contratarse** *vr* to sign on
contratiempo *nm* setback
contratista *nmf* contractor
contrato *nm* contract
contravenir *vi*: ~ **a** to contravene, violate
contraventana *nf* shutter
contribución *nf* (*municipal etc*) tax; (*ayuda*) contribution
contribuir *vt, vi* to contribute; (*COM*) to pay (in taxes)
contribuyente *nmf* (*COM*) taxpayer; (*que ayuda*) contributor
contrincante *nm* opponent
control *nm* control; (*inspección*) inspection, check ❑ **controlador, a** *nm/f* controller ▸ **controlador aéreo** air-traffic controller
controlar *vt* to control; (*inspeccionar*) to inspect, check
controversia *nf* controversy
contundente *adj* (*instrumento*) blunt; (*argumento, derrota*) overwhelming
contusión *nf* bruise
convalecencia *nf* convalescence
convalecer *vi* to convalesce, get better
convaleciente *adj, nmf* convalescent
convalidar *vt* (*título*) to recognize
convencer *vt* to convince
convencimiento *nm* (*certidumbre*) conviction
convención *nf* convention
conveniencia *nf* suitability; (*conformidad*) agreement; (*utilidad, provecho*) usefulness; **~s** *nfpl* (*convenciones*) conventions; (*COM*) property *sg*
conveniente *adj* suitable; (*útil*) useful
convenio *nm* agreement, treaty
convenir *vi* (*estar de acuerdo*) to agree; (*venir bien*) to suit, be suitable

> ⚠ No confundir **convenir** con la palabra inglesa ***convene***.

convento *nm* convent
convenza *etc vb ver* **convencer**
converger *vi* to converge
convergir *vi* = **converger**
conversación *nf* conversation
conversar *vi* to talk, converse
conversión *nf* conversion
convertir *vt* to convert
convicción *nf* conviction
convicto, -a *adj* convicted
convidado, -a *nm/f* guest
convidar *vt* to invite
convincente *adj* convincing
convite *nm* invitation; (*banquete*) banquet
convivencia *nf* coexistence, living together
convivir *vi* to live together
convocar *vt* to summon, call (together)
convocatoria *nf* (*de oposiciones, elecciones*) notice; (*de huelga*) call
convulsión *nf* convulsion
conyugal *adj* conjugal ❑ **cónyuge** *nmf* spouse
coñac (*pl* **~s**) *nm* cognac, brandy
coño (*fam!*) *excl* (*enfado*) shit! (*!*); (*sorpresa*) bloody hell! (*!*)
cooperación *nf* cooperation
cooperar *vi* to cooperate
cooperativa *nf* cooperative
coordinadora *nf* (*comité*) coordinating committee
coordinar *vt* to coordinate
copa *nf* cup; (*vaso*) glass; (*bebida*): **tomar una ~** (to have a) drink; (*de árbol*) top; (*de sombrero*) crown; **~s** *nfpl* (*NAIPES*) ≈ hearts
copia *nf* copy ▸ **copia de respaldo** *o* **seguridad** (*INFORM*) back-up copy ❑ **copiar** *vt* to copy
copioso, -a *adj* copious, plentiful
copla *nf* verse; (*canción*) (popular) song
copo *nm* (*de nieve*) flake ▸ **copo de nieve** snowflake ▸ **copos de maíz** cornflakes
coqueta *adj* flirtatious, coquettish ❑ **coquetear** *vi* to flirt
coraje *nm* courage; (*ánimo*) spirit; (*ira*) anger
coral *adj* choral ♦ *nf* (*MÚS*) choir ♦ *nm* (*ZOOL*) coral
coraza *nf* (*armadura*) armor (*US*), armour (*BRIT*); (*blindaje*) armor-plating
corazón *nm* heart
corazonada *nf* impulse; (*presentimiento*) hunch
corbata *nf* tie, necktie (*US*)
corchete *nm* catch, clasp
corcho *nm* cork; (*PESCA*) float
cordel *nm* cord, line
cordero *nm* lamb
cordial *adj* cordial ❑ **cordialidad** *nf* warmth, cordiality
cordillera *nf* range (of mountains)
Córdoba *n* Cordova
cordón *nm* (*cuerda*) cord, string; (*de zapatos*) lace; (*MIL etc*) cordon ▸ **cordón de la banqueta** (*MÉX*) curb (*US*), kerb (*BRIT*) ▸ **cordón de la vereda** (*RPl*) curb (*US*), kerb (*BRIT*)
cordura *nf*: **con ~** (*obrar, hablar*) sensibly
corneta *nf* bugle
cornisa *nf* (*ARQ*) cornice
coro *nm* chorus; (*conjunto de cantores*) choir
corona *nf* crown; (*de flores*) garland ❑ **coronación** *nf* coronation ❑ **coronar** *vt* to crown
coronel *nm* colonel
coronilla *nf* (*ANAT*) crown (of the head)
corporación *nf* corporation
corporal *adj* corporal, bodily
corpulento, -a *adj* (*persona*) heavily-built
corral *nm* farmyard; (*LAm: parque*) playpen
correa *nf* strap; (*cinturón*) belt; (*de perro*) lead, leash
corrección *nf* correction; (*reprensión*) rebuke ❑ **correccional** *nf* (*LAm*) *o m* (*ESP*) reformatory
correcto, -a *adj* correct; (*persona*) well-mannered
corredizo, -a *adj* (*puerta etc*) sliding
corredor, a *nm* (*pasillo*) corridor; (*balcón corrido*) gallery; (*COM*) agent, broker ♦ *nm/f* (*DEPORTE*) runner
corregir *vt* (*error*) to correct; **corregirse** *vr* to reform
correo *nm* mail (*US*), post (*BRIT*); (*persona*) courier; (*LAm: edificio*) post office; **C~s** *nmpl* (*ESP*) post office *sg* ▸ **correo aéreo** airmail ▸ **correo basura** (*INFORM*) spam, junk email ▸ **correo electrónico** email, electronic mail
correr *vt* to run; (*cortinas*) to draw; (*cerrojo*) to shoot ♦ *vi* to run; (*líquido*) to run, flow; **correrse** *vr* to slide, move; (*colores*) to run
correspondencia *nf* correspondence; (*FERRO*) connection
corresponder *vi* to correspond; (*convenir*) to be suitable; (*pertenecer*) to belong; (*concernir*) to concern; **corresponderse** *vr* (*por escrito*) to correspond; (*amarse*) to love one another
correspondiente *adj* corresponding
corresponsal *nmf* correspondent
corrida *nf* (*de toros*) bullfight
corrido, -a *nm* (*MÉX*) ballad ♦ *adj*: **3 noches corridas** 3 nights running; **un kilo ~** a good kilo
corriente *adj* (*agua*) running; (*dinero etc*) current; (*común*) ordinary, normal ♦ *nf* current ♦ *nm* current month ▸ **corriente eléctrica** electric current
corrija *etc vb ver* **corregir**
corrillo *nm* ring, circle (of people); (*fig*) clique
corro *nm* ring, circle (of people)
corroborar *vt* to corroborate
corroer *vt* to corrode; (*GEO*) to erode
corromper *vt* (*madera*) to rot; (*fig*) to corrupt
corrosivo, -a *adj* corrosive
corrupción *nf* rot, decay; (*fig*) corruption
corsé *nm* corset
cortacésped (*ESP*) *nm* (lawn)mower
cortado, -a *adj* (*gen*) cut; (*leche*) sour; (*tímido*) shy; (*avergonzado*) embarrassed ♦ *nm* coffee (with a little milk)
cortar *vt* to cut; (*suministro*) to cut off; (*un pasaje*) to cut out ♦ *vi* to cut; **cortarse** *vr* (*avergonzarse*) to become embarrassed; (*leche*) to turn, curdle; **~se el pelo** to have one's hair cut
cortauñas *nm inv* nail clippers *pl*
corte *nm* cut, cutting; (*de tela*) piece, length ♦ *nf*: **las C~s** (*ESP*) the Spanish Parliament ▸ **corte de luz** power outage (*US*) *o* cut (*BRIT*) ▸ **corte y confección** dressmaking ▸ **Corte Suprema** (*LAm*) Supreme Court
cortejar *vt* to court
cortejo *nm* entourage ▸ **cortejo fúnebre** funeral procession
cortés *adj* courteous, polite
cortesía *nf* courtesy
corteza *nf* (*de árbol*) bark; (*de pan*) crust
cortina *nf* curtain, drape (*US*)
corto, -a *adj* (*breve*) short; (*tímido*) bashful; **~ de luces** not very bright; **~ de vista** near-sighted (*US*), shortsighted (*BRIT*); **estar ~ de fondos** to be short of funds ❑ **cortocircuito** *nm* short circuit ❑ **cortometraje** *nm* (*CINE*) short
cosa *nf* thing; **~ de** about; **eso es ~ mía** that's my business
coscorrón *nm* bump on the head
cosecha *nf* (*AGR*) harvest; (*de vino*) vintage
cosechar *vt* to harvest, gather (in)
coser *vt* to sew
cosmético, -a *adj, nm* cosmetic
cosquillas *nfpl*: **hacer ~** to tickle; **tener ~** to be ticklish
costa *nf* (*GEO*) coast; **a toda ~** at all costs ▸ **Costa Brava** Costa Brava ▸ **Costa Cantábrica** Cantabrian Coast ▸ **Costa del Sol** Costa del Sol
costado *nm* side
costanera (*CS*) *nf* promenade, sea front
costar *vt* (*valer*) to cost; **me cuesta hablarle** I find it hard to talk to him
Costa Rica *nf* Costa Rica ❑ **costarricense** *adj, nmf* Costa Rican ❑ **costarriqueño, -a** *adj, nm/f* Costa Rican
coste *nm* = **costo**
costear *vt* to pay for
costero, -a *adj* (*pueblecito, camino*) coastal
costilla *nf* rib; (*CULIN*) cutlet
costo *nm* cost, price ▸ **costo de (la) vida** cost of living ❑ **costoso, -a** *adj* costly, expensive
costra *nf* (*corteza*) crust; (*MED*) scab
costumbre *nf* custom, habit
costura *nf* sewing, needlework; (*zurcido*) seam
costurera *nf* dressmaker
costurero *nm* sewing box *o* case
cotejar *vt* to compare
cotidiano, -a *adj* daily, day to day
cotización *nf* (*COM*) quotation, price; (*de club*) dues *pl*
cotizar *vt* (*COM*) to quote, price; **cotizarse** *vr*: **~se a** to sell at, fetch; (*BOLSA*) to stand at, be quoted at
coto *nm* (*terreno cercado*) enclosure; (*de caza*) reserve
cotorra *nf* parrot
COU (*ESP*) *nm abr* (= *Curso de Orientación Universitaria*) *1 year course leading to final school-leaving certificate and university entrance examinations*
coyote *nm* coyote, prairie wolf; (*MÉX, CAm: fam: intermediario*) fixer
coyuntura *nf* juncture, occasion
coz *nf* kick
crack *nm* (*droga*) crack
cráneo *nm* skull, cranium
cráter *nm* crater
crayón (*MÉX, RPl*) *nm* crayon, chalk
creación *nf* creation
creador, a *adj* creative ♦ *nm/f* creator
crear *vt* to create, make
crecer *vi* to grow; (*precio*) to rise
creces: **con ~** *adv* amply, fully
crecido, -a *adj* (*persona, planta*) full-grown; (*cantidad*) large
creciente *adj* growing; (*cantidad*) increasing; (*luna*) crescent ♦ *nm* crescent
crecimiento *nm* growth; (*aumento*) increase
credencial *nf* (*LAm: tarjeta*) card; **~es** *nfpl* credentials ▸ **credencial de socio** (*LAm*) membership card
crédito *nm* credit
credo *nm* creed
crédulo, -a *adj* credulous
creencia *nf* belief
creer *vt, vi* to think, believe; **creerse** *vr* to believe o.s. (to be); **~ en** to believe in; **¡ya lo creo!** I should think so!
creíble *adj* credible, believable
creído, -a *adj* (*engreído*) conceited
crema *nf* cream ▸ **crema batida** (*LAm*) whipped cream ▸ **crema de rasurar** (*MÉX*) shaving cream ▸ **crema pastelera** (confectioner's) custard
cremallera (*ESP*) *nf* zipper (*US*), zip (fastener) (*BRIT*)
crematorio *nm* (*tb*: **horno ~**) crematorium
crepitar *vi* to crackle
crepúsculo *nm* twilight, dusk
cresta *nf* (*GEO, ZOOL*) crest
creyendo *etc vb ver* **creer**
creyente *nmf* believer
creyó *etc vb ver* **creer**
crezco *etc vb ver* **crecer**
cría *etc vb ver* **criar** ♦ *nf* (*de animales*) rearing, breeding; (*animal*) young; *ver tb* **crío**
criadero *nm* (*ZOOL*) breeding place
criado, -a *nm* servant ♦ *nf* servant, maid
criador *nm* breeder
crianza *nf* rearing, breeding; (*fig*) breeding
criar *vt* (*educar*) to bring up; (*producir*) to grow, produce; (*animales*) to breed
criatura *nf* creature; (*niño*) baby, (small) child
criba *nf* sieve ❑ **cribar** *vt* to sieve
crimen *nm* crime
criminal *adj, nmf* criminal
crin *nf* (*tb*: **~es**) mane
crío, -a (*fam*) *nm/f* (*niño*) kid
crisis *nf inv* crisis ▸ **crisis nerviosa** nervous breakdown
crispar *vt* (*nervios*) to set on edge
cristal *nm* crystal; (*de ventana*) glass, pane; (*lente*) lens ❑ **cristalino, -a** *adj* crystalline; (*fig*) clear ♦ *nm* lens (of the eye) ❑ **cristalizar** *vt, vi* to crystallize
cristiandad *nf* Christendom
cristianismo *nm* Christianity
cristiano, -a *adj, nm/f* Christian
Cristo *nm* Christ; (*crucifijo*) crucifix
criterio *nm* criterion; (*juicio*) judgement
crítica *nf* criticism; *ver tb* **crítico**
criticar *vt* to criticize
crítico, -a *adj* critical ♦ *nm/f* critic
Croacia *nf* Croatia
croar *vi* to croak
cromo *nm* chrome
crónica *nf* chronicle, account
crónico, -a *adj* chronic
cronómetro *nm* stopwatch
croqueta *nf* croquette
cruce *etc vb ver* **cruzar** ♦ *nm* crosswalk (*US*), crossing (*BRIT*); (*de carreteras*) crossroads
crucero *nm* (*viaje*) cruise ▸ **crucero de ferrocarril** (*MÉX*) railroad crossing (*US*), level crossing (*BRIT*)
crucificar *vt* to crucify
crucifijo *nm* crucifix
crucigrama *nm* crossword (puzzle)
cruda (*MÉX, CAm: fam*) *nf* hangover
crudo, -a *adj* raw; (*no maduro*) unripe; (*petróleo*) crude; (*rudo, cruel*) cruel ♦ *nm* crude (oil)
cruel *adj* cruel ❑ **crueldad** *nf* cruelty
crujido *nm* (*de madera etc*) creak
crujiente *adj* (*galleta etc*) crunchy
crujir *vi* (*madera etc*) to creak; (*dedos*) to crack; (*dientes*) to grind; (*nieve, arena*) to crunch
cruz *nf* cross; (*de moneda*) tails *sg* ▸ **cruz gamada** swastika
cruzada *nf* crusade
cruzado, -a *adj* crossed ♦ *nm* crusader
cruzar *vt* to cross; **cruzarse** *vr* (*líneas etc*) to cross; (*personas*) to pass each other
Cruz Roja *nf* Red Cross
cuaderno *nm* notebook; (*de escuela*) workbook (*US*), exercise book (*BRIT*); (*NÁUT*) logbook
cuadra *nf* (*caballeriza*) stable; (*LAm: entre calles*) block
cuadrado, -a *adj* square ♦ *nm* (*MAT*) square
cuadrar *vt* to square ♦ *vi*: **~ con** to square with, tally with; **cuadrarse** *vr* (*soldado*) to stand to attention
cuadrilátero *nm* (*DEPORTE*) boxing ring; (*GEOM*) quadrilateral
cuadrilla *nf* party, group
cuadro *nm* square; (*ARTE*) painting; (*TEATRO*) scene; (*diagrama*) chart; (*DEPORTE, MED*) team; **tela a ~s** checkered (*US*) *o* chequered (*BRIT*) material
cuádruple *adj* quadruple
cuajar *vt* (*leche*) to curdle; (*sangre*) to congeal; (*CULIN*) to set; **cuajarse** *vr* to curdle; to congeal; to set; (*llenarse*) to fill up
cuajo *nm*: **de ~** (*arrancar*) by the roots; (*cortar*) completely
cual *adv* like, as ♦ *pron*: **el ~ etc** which; (*persona sujeto*) who; (: *objeto*) whom ♦ *adj* such as; **cada ~** each one; **déjalo tal ~** leave it just as it is
cuál *pron interr* which (one)
cualesquier, a *pl de* **cualquier(a)**
cualidad *nf* quality
cualquier *adj ver* **cualquiera**
cualquiera (*pl* **cualesquiera**) *adj* (*delante de nm y f*: **cualquier**) any ♦ *pron* anybody; **un** (*LAm*) **carro ~ servirá** any car will do; **no es un hombre ~** he isn't just anybody; **cualquier día/libro** any day/book; **eso ~ lo sabe hacer** anybody can do that; **es un ~** he's a nobody
cuando *adv* when; (*aún si*) if, even if ♦ *conj* (*puesto que*) since ♦ *prep*: **yo, ~ niño ...** when I was a child ...; **~ no sea así** even if it is not so; **~ más** at (the) most; **~ menos** at least; **~ no** if not, otherwise; **de ~ en ~** from time to time
cuándo *adv* when; **¿desde ~?, ¿de ~ acá?** since when?
cuantía *nf* (*importe*: *de pérdidas, deuda, daños*) extent
cuantioso, -a *adj* substantial

cuanto, -a

PALABRA CLAVE

adj

1 (*todo*): **tiene todo cuanto desea** he's got everything he wants; **le daremos cuantos ejemplares necesite** we'll give him as many copies as *o* all the copies he needs; **cuantos hombres la ven** all the men who see her

2: **unos cuantos: había unos cuantos periodistas** there were a few journalists

3 (+ *más*): **cuanto más vino bebes peor te sentirás** the more wine you drink the worse you'll feel

♦ *pron*: **tiene cuanto desea** he has everything he wants; **tome cuanto/cuantos quiera** take as much/many as you want

♦ *adv*: **en cuanto: en cuanto profesor** as a teacher; **en cuanto a mí** as for me; *ver tb* **antes**

♦ *conj*

1: **cuanto más gana menos gasta** the more he earns the less he spends; **cuanto más joven más confiado** the younger you are the more trusting you are

2: **en cuanto: en cuanto llegue/llegué** as soon as I arrive/arrived

cuánto, -a *adj* (*exclamación*) what a lot of; (*interr: sg*) how much?; (: *pl*) how many? ♦ *pron, adv* how; (: *interr: sg*) how much?; (: *pl*) how many?; **¡cuánta gente!** what a lot of people!; **¿~ cuesta?** how much does it cost?; **¿a ~s estamos?** what's the date?; **Señor no sé ~s** Mr. So-and-So

cuarenta *num* forty

cuarentena *nf* quarantine

cuaresma *nf* Lent

cuarta *nf* (*MAT*) quarter, fourth; (*palmo*) span

cuartel *nm* (*MIL*) barracks *pl* ▸ **cuartel de bomberos** (*RPl*) fire station ▸ **cuartel general** headquarters *pl*

cuarteto *nm* quartet

cuarto, -a *adj* fourth ♦ *nm* (*MAT*) quarter, fourth; (*habitación*) room ▸ **cuarto de baño** bathroom ▸ **cuarto de estar** living room ▸ **cuarto de hora** quarter (of an) hour ▸ **cuarto de kilo** quarter kilo ▸ **cuarto de triques** (*MÉX*) utility room

cuatro *num* four

Cuba *nf* Cuba

cuba *nf* cask, barrel

cubano, -a *adj, nm/f* Cuban

cubata *nm* (*fam*) large drink (*of rum and coke etc*)

cubeta (*MÉX, ESP*) *nf* (*balde*) bucket, tub

cúbico, -a *adj* cubic

cubierta *nf* cover, covering; (*neumático*) tire (*US*), tyre (*BRIT*); (*NÁUT*) deck

cubierto, -a *pp de* **cubrir** ♦ *adj* covered ♦ *nm* cover; (*lugar en la mesa*) place; **~s** *nmpl* flatware *sg* (*US*), cutlery *sg* (*BRIT*); **a ~** under cover

cubil *nm* den ❏ **cubilete** *nm* (*en juegos*) cup

cubito *nm* (*tb*: **~ de hielo**) ice-cube

cubo *nm* (*MAT*) cube; (*ESP*: *balde*) bucket, tub; (*TEC*) drum

cubrecama *nm* bedspread

cubrir *vt* to cover; **cubrirse** *vr* (*cielo*) to become overcast

cucaracha *nf* cockroach

cuchara *nf* spoon; (*TEC*) scoop ❏ **cucharada** *nf* spoonful ❏ **cucharadita** *nf* teaspoonful

cucharilla *nf* teaspoon

cucharón *nm* ladle

cuchichear *vi* to whisper

cuchilla *nf* (large) knife; (*de arma blanca*) blade ▸ **cuchilla de afeitar** (*ESP*) razor blade

cuchillo *nm* knife

cuchitril *nm* hovel

cuclillas *nfpl*: **en ~** squatting

cuco, -a *adj* pretty; (*astuto*) sharp ♦ *nm* cuckoo

cucurucho *nm* cornet

cueca *nf Chilean national dance*

> **CUECA**
>
> The **cueca** is the national dance of Chile. It is a complex dance, which came into practice in Chile in the mid-nineteenth century, although its exact origin is the subject of considerable debate. The band accompanying the dance may consist of several singers, a guitar, a harp, a drum, and sometimes a piano or accordion and other instruments.

cuello *nm* (*ANAT*) neck; (*de vestido, camisa*) collar

cuenca *nf* (*ANAT*) eye socket; (*GEO*) bowl, deep valley

cuenco *nm* bowl

cuenta *etc vb ver* **contar** ♦ *nf* (*cálculo*) count, counting; (*en café, restaurante*) check (*US*), bill (*BRIT*); (*COM*) account; (*de collar*) bead; **a fin de ~s** in the end; **caer en la ~** to catch on; **darse ~ de** to realize; **tener en ~** to bear in mind; **echar ~s** to take stock ▸ **cuenta atrás** countdown ▸ **cuenta corriente/de ahorros** checking (*US*) *o* current (*BRIT*)/savings account ▸ **cuenta de correo** (*INFORM*) email account ❏ **cuentakilómetros** *nm inv* ≈ milometer, ≈ mileometer (*BRIT*); (*de velocidad*) speedometer

cuento *etc vb ver* **contar** ♦ *nm* story

cuerda *nf* rope; (*fina*) string; (*de reloj*) spring; **dar ~ a un reloj** to wind up a clock ▸ **cuerda de saltar** (*LAm*) jump (*US*) *o* skipping (*BRIT*) rope ▸ **cuerda floja** tightrope

cuerdo, -a *adj* sane; (*prudente*) wise, sensible

cuerno *nm* horn

cuero *nm* leather; **en ~s** stark naked ▸ **cuero cabelludo** scalp

cuerpo *nm* body

cuervo *nm* crow

cuesta *etc vb ver* **costar** ♦ *nf* slope; (*en camino etc*) hill; **~ arriba/abajo** uphill/downhill; **a ~s** on one's back

cueste *etc vb ver* **costar**

cuestión *nf* matter, question, issue

cuete *adj* (*MÉX*: *fam*) drunk ♦ *nm* (*LAm*: *cohete*) rocket; (*MÉX, RPl*: *fam*: *embriaguez*) drunkenness; (*MÉX CULIN*) steak

cueva *nf* cave

cuidado *nm* care, carefulness; (*preocupación*) care, worry ♦ *excl* careful!, look out!

cuidadoso, -a *adj* careful; (*preocupado*) anxious

cuidar *vt* (*MED*) to care for; (*ocuparse de*) to take care of, look after ♦ *vi*: **~ de** to take care of, look after; **cuidarse** *vr* to look after o.s.; **~se de hacer algo** to take care to do sth

culata *nf* (*de fusil*) butt

culebra *nf* snake

culebrón (*fam*) *nm* (*TV*) soap(-opera)

culinario, -a *adj* culinary, cooking *cpd*

culminación *nf* culmination

culo *nm* bottom, backside; (*de vaso, botella*) bottom

culpa *nf* fault; (*JUR*) guilt; **por ~ de** because of; **tener la ~ (de)** to be to blame (for) ❏ **culpabilidad** *nf* guilt ❏ **culpable** *adj* guilty ♦ *nmf* culprit

culpar *vt* to blame; (*acusar*) to accuse

cultivar *vt* to cultivate

cultivo *nm* (*acto*) cultivation; (*plantas*) crop

culto, -a *adj* (*que tiene cultura*) cultured, educated ♦ *nm* (*homenaje*) worship; (*religión*) cult

cultura *nf* culture

culturismo *nm* body-building

cumbia *nf popular Colombian dance*

> **CUMBIA**
>
> The **cumbia** is a Colombian dance which comes from those communities on the Atlantic coast of Colombia which are African in origin; historically, it originates from the "Cumbe" music of Guinea in Africa. It is characterised by its rhythmic energy and blend of Spanish melodies, native American harmonies and African rhythms.

cumbre *nf* summit, top

cumpleaños *nm inv* birthday

cumplido, -a *adj* (*abundante*) plentiful; (*cortés*) courteous ♦ *nm* compliment; **visita de ~** courtesy call

cumplidor, a *adj* reliable

cumplimentar *vt* to congratulate

cumplimiento *nm* (*de un deber*) fulfillment (*US*), fulfilment (*BRIT*); (*acabamiento*) completion

cumplir *vt* (*orden*) to carry out, obey; (*promesa*) to carry out, fulfill (*US*), fulfil (*BRIT*); (*condena*) to serve ♦ *vi*: **~ con** (*deber*) to carry out, fulfill (*US*), fulfil (*BRIT*); **cumplirse** *vr* (*plazo*) to expire; **hoy cumple dieciocho años** he is eighteen today

cúmulo *nm* heap

cuna *nf* cradle, crib (*US*), cot (*BRIT*)

cundir *vi* (*noticia, rumor, pánico*) to spread; (*rendir*) to go a long way

cuneta *nf* ditch

cuña *nf* wedge

cuñado, -a *nm/f* brother-/sister-in-law

cuota *nf* (*parte proporcional*) share; (*cotización*) fee, dues *pl*; (*MÉX*: *peaje*) toll

cupe *etc vb ver* **caber**

cupiera *etc vb ver* **caber**

cupo *vb ver* **caber** ♦ *nm* quota

cupón *nm* coupon

cúpula *nf* dome

cura *nf* (*curación*) cure; (*método curativo*) treatment ♦ *nm* priest

curación *nf* cure; (*acción*) curing

curandero, -a *nm/f* quack

curar *vt* (*MED*: *herida*) to treat, dress; (: *enfermo*) to cure; (*CULIN*) to cure, salt; (*cuero*) to tan; **curarse** *vr* to get well, recover

curiosear *vt* to glance at, look over ♦ *vi* to look round, wander round; (*explorar*) to poke about

curiosidad *nf* curiosity

curioso, -a *adj* curious ♦ *nm/f* bystander, onlooker

curita (*LAm*) *nf* Bandaid® (*US*), (sticking) plaster (*BRIT*)

currículo *nm* = **curriculum**

curriculum *nm* résumé (*US*), curriculum vitae (*BRIT*)

cursi (*fam*) *adj* affected

cursillo *nm* short course

cursiva *nf* italics *pl*

curso *nm* course; **en ~** (*año*) current; (*proceso*) going on, under way

cursor *nm* (*INFORM*) cursor

curtido, -a *adj* (*cara etc*) weather-beaten; (*fig*: *persona*) experienced

curtir *vt* (*cuero etc*) to tan

curul (*MÉX*) *nm* (*escaño*) seat

curva *nf* curve, bend

cúspide *nf* (*GEO*) peak; (*fig*) top

custodia *nf* safekeeping; custody ❏ **custodiar** *vt* (*conservar*) to take care of; (*vigilar*) to guard

cutis *nm inv* skin, complexion

cuyo, -a *pron* (*de quien*) whose; (*de que*) whose, of which; **en ~ caso** in which case

C.V. *abr* (= *caballos de vapor*) H.P.

Dd

D. *abr* (= *Don*) Mr, Esq. (*BRIT*)

Da. *abr* = **Doña**

dádiva *nf* (*donación*) donation; (*regalo*) gift ❏ **dadivoso, -a** *adj* generous

dado, -a *pp de* **dar** ♦ *nm* die; **~s** *nmpl* dice; **~ que** given that

daltónico, -a *adj* color-blind (*US*), colour-blind (*BRIT*)

dama *nf* (*gen*) lady; (*AJEDREZ*) queen; **~s** *nfpl* (*juego*) checkers (*US*), draughts *sg* (*BRIT*)

damasco (*RPl*) *nm* apricot

damnificar *vt* to harm; (*persona*) to injure

danés, -esa *adj* Danish ♦ *nm/f* Dane

danzar *vt, vi* to dance

dañar *vt* (*objeto*) to damage; (*persona*) to hurt; **dañarse** *vr* (*objeto*) to get damaged

dañino, -a *adj* harmful

daño *nm* (*objeto*) damage; (*persona*) harm, injury; **~s y perjuicios** (*JUR*) damages; **hacer ~ a** to damage; (*persona*) to hurt, injure; **hacerse ~** to hurt o.s.

> **dar**
>
> PALABRA CLAVE
>
> *vt*
>
> **1** (*gen*) to give; (*obra de teatro*) to put on; (*película*) to show; (*fiesta*) to hold; **dar algo a algn** to give sb sth *o* sth to sb; **dar de beber a algn** to give sb a drink
>
> **2** (*producir*: *intereses*) to yield; (*fruta*) to produce
>
> **3** (*locuciones* + *n*): **da gusto escucharla** it's a pleasure to listen to her; *ver tb* **paseo** *y otros sustantivos*
>
> **4** (+ *n*: = *perífrasis de verbo*): **me da asco** it sickens me
>
> **5** (*considerar*): **dar algo por descontado/entendido** to take sth for granted/as read; **dar algo por concluido** to consider sth finished
>
> **6** (*hora*): **el reloj dio las 6** the clock struck 6 (o'clock)
>
> **7**: **me da lo mismo** it's all the same to me; *ver tb* **igual**, **más**
>
> ♦ *vi*
>
> **1**: **dar con: dimos con él dos horas más tarde** we came across him two hours later; **al final di con la solución** I eventually came up with the answer
>
> **2**: **dar en** (*blanco, suelo*) to hit; **el sol me da en la cara** the sun is shining (right) on my face
>
> **3**: **dar de sí** (*zapatos etc*) to stretch, give;
>
> ♦ **darse** *vr*
>
> **1**: **darse por vencido** to give up
>
> **2** (*ocurrir*): **se han dado muchos casos** there have been a lot of cases
>
> **3**: **darse a: se ha dado a la bebida** he's taken to drinking
>
> **4**: **se me dan bien/mal las ciencias** I'm good/bad at science
>
> **5**: **dárselas de: se las da de experto** he makes himself out to be an expert

dardo *nm* dart

datar *vi*: **~ de** to date from

dátil *nm* date

dato *nm* fact, piece of information ▸ **datos personales** personal details

dcha. *abr* (= *derecha*) r.h.

d. de C. *abr* (= *después de Cristo*) A.D.

> **de**
>
> PALABRA CLAVE
>
> *prep* (*de* + *el* = *del*)
>
> **1** (*posesión*) of; **la casa de Isabel/mis padres** Isabel's/my parents' house; **es de ellos** it's theirs
>
> **2** (*origen, distancia, con números*) from; **soy de Oaxaca** I'm from Oaxaca; **de 8 a 20** from 8 to 20; **salir del cine** to go out of *o* leave the movie theater (*US*) *o* cinema (*BRIT*); **de 2 en 2** 2 by 2, 2 at a time
>
> **3** (*valor descriptivo*): **una copa de vino** a glass of wine; **la mesa de la cocina** the kitchen table; **un billete de 100 pesos** a 100-peso note; **un niño de tres años** a three-year-old (child); **una máquina de coser** a sewing machine; **ir vestido de gris** to be dressed in gray (*US*) *o* grey (*BRIT*); **la niña del vestido azul** the girl in the blue dress; **trabaja de profesora** she works as a teacher; **de lado** sideways; **de atrás/delante** rear/front
>
> **4** (*hora, tiempo*): **a las 8 de la mañana** at 8 o'clock in the morning; **de día/noche** by day/night; **de hoy en ocho días** a week from now; **de niño era gordo** as a child he was fat
>
> **5** (*comparaciones*): **más/menos de cien personas** more/less than a hundred people; **el más caro de la tienda** the most expensive in the store (*US*) *o* shop (*BRIT*); **menos/más de lo pensado** less/more than expected
>
> **6** (*causa*): **del calor** from the heat; **de puro tonto** out of sheer stupidity
>
> **7** (*tema*) about; **clases de inglés** English classes; **¿sabes algo de él?** do you know anything about him?; **un libro de física** a physics book
>
> **8** (*adj* + *de* + *infin*): **fácil de entender** easy to understand
>
> **9** (*oraciones pasivas*): **fue respetado de todos** he was loved by all
>
> **10** (*condicional* + *infin*) if; **de ser posible** if possible; **de no terminarlo hoy** if I *etc* don't finish it today

dé *vb ver* **dar**

deambular *vi* to wander

debajo *adv* underneath; **~ de** below, under; **por ~ de** beneath

debate *nm* debate ❏ **debatir** *vt* to debate

deber *nm* duty ♦ *vt* to owe ♦ *vi*: **debe (de)** it must, it should; **~es** *nmpl* (*ESCOL*) homework; **deberse** *vr*: **~se a** to be owing *o* due to; **debo hacerlo** I must do it; **debe de ir** he should go

debido, -a *adj* proper, just; **~ a** due to, because of

débil *adj* (*persona, carácter*) weak; (*luz*) dim ❏ **debilidad** *nf* weakness; dimness

debilitar *vt* to weaken; **debilitarse** *vr* to grow weak

débito *nm* debit ▸ **débito bancario** (*LAm*) direct billing (*US*) *o* debit (*BRIT*)

debutar *vi* to make one's debut

década *nf* decade

decadencia *nf* (*estado*) decadence; (*proceso*) decline, decay

decaer *vi* (*declinar*) to decline; (*debilitarse*) to weaken

decaído, -a *adj*: **estar ~** (*abatido*) to be down

decaimiento *nm* (*declinación*) decline; (*desaliento*) discouragement; (*MED*: *estado débil*) weakness

decano, -a *nm/f* (*de universidad etc*) dean

decapitar *vt* to behead

decena *nf*: **una ~** ten (or so)

decencia *nf* decency

decente *adj* decent

decepción *nf* disappointment

> ⚠ No confundir **decepción** con la palabra inglesa ***deception***.

decepcionar *vt* to disappoint

decidir *vt, vi* to decide; **decidirse** *vr*: **~se a** to make up one's mind to

décimo, -a *adj* tenth ♦ *nm* tenth

decir *vt* to say; (*contar*) to tell; (*hablar*) to speak ♦ *nm* saying; **decirse** *vr*: **se dice que** it is said that; **~ para** *o* **entre sí** to say to o.s.; **querer ~** to mean; **¡díga(me)!** (*ESP TEL*) hello!; (: *en tienda*) can I help you?

decisión *nf* (*resolución*) decision; (*firmeza*) decisiveness

decisivo, -a *adj* decisive

declaración *nf* (*manifestación*) statement; (*de amor*) declaration ▸ **declaración fiscal** *o* **de la renta** income-tax return

declarar *vt* to declare ♦ *vi* to declare; (*JUR*) to testify; **declararse** *vr* to propose

declinar *vt* (*gen*) to decline; (*JUR*) to reject ♦ *vi* (*el día*) to draw to a close

declive *nm* (*cuesta*) slope; (*fig*) decline

decodificador *nm* decoder

decolorarse *vr* to become discolored (*US*) *o* discoloured (*BRIT*)

decoración *nf* decoration

decorado *nm* (*CINE, TEATRO*) scenery, set

decorar *vt* to decorate ❏ **decorativo, -a** *adj* ornamental, decorative

decoro *nm* (*respeto*) respect; (*dignidad*) decency; (*recato*) propriety ❏ **decoroso, -a** *adj* (*decente*) decent; (*modesto*) modest; (*digno*) proper

decrecer vi to decrease, diminish

decrépito, -a adj decrepit

decretar vt to decree ❑ **decreto** nm decree

dedal nm thimble

dedicación nf dedication

dedicar vt (libro) to dedicate; (tiempo, dinero) to devote; (palabras: decir, consagrar) to dedicate, devote ❑ **dedicatoria** nf (de libro) dedication

dedo nm finger; **hacer ~** (CS: fam) to hitch (a ride) ▶ **dedo anular** ring finger ▶ **dedo corazón** middle finger ▶ **dedo (del pie)** toe ▶ **dedo índice** index finger ▶ **dedo meñique** little finger ▶ **dedo pulgar** thumb

deducción nf deduction

deducir vt (concluir) to deduce, infer; (COM) to deduct

defecto nm defect, flaw ❑ **defectuoso, -a** adj defective, faulty

defender vt to defend

defensa nf defense (US), defence (BRIT); (MÉX AUTO) bumper ♦ nm (DEPORTE) defender, back ❑ **defensivo, -a** adj defensive; **a la defensiva** on the defensive

defensor, a adj defending ♦ nm/f (abogado defensor) defending counsel; (protector) protector

deficiencia nf deficiency

deficiente adj (defectuoso) defective; **~ en** lacking o deficient in; **ser un ~ mental** to be mentally handicapped

déficit (pl ~s) nm deficit

definición nf definition

definir vt (determinar) to determine, establish; (decidir) to define; (aclarar) to clarify ❑ **definitivo, -a** adj definitive; **en definitiva** definitively; (en resumen) in short

deformación nf (alteración) deformation; (RADIO etc) distortion

deformar vt (gen) to deform; **deformarse** vr to become deformed ❑ **deforme** adj (informe) deformed; (feo) ugly; (malhecho) misshapen

defraudar vt (decepcionar) to disappoint; (estafar) to defraud

defunción nf death, demise

degeneración nf (de las células) degeneration; (moral) degeneracy

degenerar vi to degenerate

degollar vt to behead; (fig) to slaughter

degradar vt to debase, degrade; **degradarse** vr to demean o.s.

degustación nf sampling, tasting

deificar vt to deify

dejadez nf (negligencia) neglect; (descuido) untidiness, carelessness

dejar vt to leave; (permitir) to allow, let; (abandonar) to abandon, forsake; (beneficios) to produce, yield ♦ vi: **~ de** (parar) to stop; (no hacer) to fail to; **no dejes de comprar un** (LAm) **boleto** make sure you buy a ticket; **~ a un lado** to leave o set aside

dejo nm (LING) accent

del cont = **de + el**; ver **de**

delantal nm apron

delante adv in front; (enfrente) opposite; (adelante) ahead; **~ de** in front of, before

delantera nf (de vestido, casa etc) front part; (DEPORTE) forward line; **llevar la ~ (a algn)** to be ahead (of sb)

delantero, -a adj front ♦ nm (DEPORTE) forward, striker

delatar vt to inform on o against, betray ❑ **delator, a** nm/f informer

delegación nf (acción, delegados) delegation ▶ **delegación de policía** (MÉX) police station

delegado, -a nm/f delegate; (COM) agent

delegar vt to delegate

deletrear vt to spell (out)

deleznable adj brittle; (excusa, idea) feeble

delfín nm dolphin

delgadez nf thinness, slimness

delgado, -a adj thin; (persona) slim, thin; (tela etc) light, delicate

deliberación nf deliberation

deliberar vt to debate, discuss

delicadeza nf (gen) delicacy; (refinamiento, sutileza) refinement

delicado, -a adj (gen) delicate; (sensible) sensitive; (quisquilloso) touchy

delicia nf delight

delicioso, -a adj (gracioso) delightful; (exquisito) delicious

delimitar vt (función, responsabilidades) to define

delincuencia nf delinquency ❑ **delincuente** nmf delinquent; (criminal) criminal

delineante nmf draftsman(-woman) (US), draughtsman(-woman) (BRIT)

delinear vt (dibujo) to draw; (fig, contornos) to outline

delinquir vi to commit an offense (US) o offence (BRIT)

delirante adj delirious

delirar vi to be delirious, rave

delirio nm (MED) delirium; (palabras insensatas) ravings pl

delito nm (gen) crime; (infracción) offense (US), offence (BRIT)

delta nm delta

demacrado, -a adj: **estar ~** to look pale and drawn, be wasted away

demagogo, -a nm/f demagogue, demagog (US)

demanda nf (pedido, COM) demand; (petición) request; (JUR) action, lawsuit

demandante nmf claimant

demandar vt (gen) to demand; (JUR) to sue, file a lawsuit against

demarcación nf (de terreno) demarcation

demás adj: **los ~ niños** the other children, the remaining children ♦ pron: **los/las ~** the others, the rest (of them); **lo ~** the rest (of it)

demasía nf (exceso) excess, surplus; **comer en ~** to eat to excess

demasiado, -a adj: **~ vino** too much wine ♦ adv (antes de adj, adv) too; **~s libros** too many books; **¡esto es ~!** that's the limit!; **hace ~ calor** it's too hot; **~ despacio** too slowly; **~s** too many

demencia nf (locura) madness ❑ **demente** nmf lunatic ♦ adj mad, insane

democracia nf democracy

demócrata nmf democrat ❑ **democrático, -a** adj democratic

demoler vt to demolish ❑ **demolición** nf demolition

demonio nm devil, demon; **¡~s!** hell!, damn!; **¿cómo ~s?** how the hell?

demora nf delay ❑ **demorar** vt (retardar) to delay, hold back; (detener) to hold up ♦ vi to linger, stay on; **demorarse** vr to be delayed

demos vb ver **dar**

demostración nf (MAT) proof; (de afecto) show, display

demostrar vt (probar) to prove; (mostrar) to show; (manifestar) to demonstrate

demudado, -a adj (rostro) pale

den vb ver **dar**

denegar vt (rechazar) to refuse; (JUR) to reject

denigrar vt (desacreditar, infamar) to denigrate; (injuriar) to insult

denotar vt to denote

densidad nf density; (fig) thickness

denso, -a adj dense; (espeso, pastoso) thick; (fig) heavy

dentadura nf (set of) teeth pl ▶ **dentadura postiza** false teeth pl

dentera nf (sensación desagradable) the shivers pl

dentífrico, -a adj dental ♦ nm toothpaste

dentista nmf dentist

dentro adv inside ♦ prep: **~ de** in, inside, within; **por ~** (on the) inside; **mirar por ~** to look inside; **~ de tres meses** within three months

denuncia nf (delación) denunciation; (acusación) accusation; (de accidente) report ❑ **denunciar** vt to report; (delatar) to inform on o against

departamento nm (sección administrativa) department, section; (LAm: apartamento) apartment (US), flat (BRIT)

dependencia nf dependence; (POL) dependency; (COM) office, section

depender vi: **~ de** to depend on

dependienta nf sales clerk (US), sales assistant (BRIT)

dependiente adj dependent ♦ nm salesclerk (US), sales assistant (BRIT)

depilar vt (con cera) to wax; (cejas) to pluck ❑ **depilatorio** nm hair remover

deplorable adj deplorable

deplorar vt to deplore

deponer vt to lay down ♦ vi (JUR) to give evidence; (declarar) to make a statement

deportar vt to deport

deporte nm sport; **hacer ~** to play sports ❑ **deportista** adj sports cpd ♦ nmf sportsman(-woman) ❑ **deportivo, -a** adj (club, periódico) sports cpd ♦ nm sports car

depositar vt (dinero) to deposit; (mercancías) to put away, store; **depositarse** vr to settle ❑ **depositario, -a** nm/f trustee

depósito nm (gen) deposit; (almacén) warehouse, store; (de agua, gasolina etc) tank ▶ **depósito de cadáveres** mortuary

depreciar vt to depreciate, reduce the value of; **depreciarse** vr to depreciate, lose value

depredador, a adj predatory ♦ nm predator

depresión nf depression

deprimido, -a adj depressed

deprimir vt to depress; **deprimirse** vr (persona) to become depressed

deprisa adv quickly, hurriedly

depuración nf purification; (POL) purge

depurar vt to purify; (purgar) to purge

derecha nf right(-hand) side; (POL) right; **a la ~** (estar) on the right; (torcer etc) (to the) right

derecho, -a adj right, right-hand ♦ nm (privilegio) right; (lado) right(-hand) side; (leyes) law ♦ adv straight, directly; **~s** nmpl (de aduana) duty sg; (de autor) royalties; **tener ~ a** to have a right to

deriva nf: **ir o estar a la ~** to drift, be adrift

derivado nm (COM) by-product

derivar vt to derive; (desviar) to direct ♦ vi to derive, be derived; (NÁUT) to drift; **derivarse** vr to derive, be derived; to drift

derramamiento nm (dispersión) spilling ▶ **derramamiento de sangre** bloodshed

derramar vt to spill; (verter) to pour out; (esparcir) to scatter; **derramarse** vr to pour out; **~ lágrimas** to weep

derrame nm (de líquido) spilling; (de sangre) shedding; (de tubo etc) overflow; (pérdida) leakage; (MED) discharge

derredor adv: **al o en ~ de** around, about

derretido, -a adj melted; (metal) molten

derretir vt (gen) to melt; (nieve) to thaw; **derretirse** vr to melt

derribar vt to knock down; (construcción) to demolish; (persona, gobierno, político) to bring down

derrocar vt (gobierno) to bring down, overthrow

derrochar vt to squander ❑ **derroche** nm (despilfarro) waste, squandering

derrota nf (NÁUT) course; (MIL, DEPORTE etc) defeat, rout ❑ **derrotar** vt (gen) to defeat ❑ **derrotero** nm (rumbo) course

derruir vt (edificio) to demolish

derrumbar vt (edificio) to knock down; **derrumbarse** vr to collapse

derruyendo etc vb ver **derruir**

des etc vb ver **dar**

desabotonar vt to unbutton, undo; **desabotonarse** vr to come undone

desabrido, -a adj (comida) insipid, tasteless; (persona) rude, surly; (respuesta) sharp; (tiempo) unpleasant

desabrochar vt (botones, broches) to undo, unfasten; **desabrocharse** vr (ropa etc) to come undone

desacato nm (falta de respeto) disrespect; (JUR) contempt

desacertado, -a adj (equivocado) mistaken; (inoportuno) unwise

desacierto nm mistake, error

desaconsejado, -a adj ill-advised

desaconsejar vt to advise against

desacreditar vt (desprestigiar) to discredit, bring into disrepute; (denigrar) to run down

desacuerdo nm disagreement, discord

desafiar vt (retar) to challenge; (enfrentarse a) to defy

desafilado, -a adj blunt

desafinado, -a adj: **estar ~** to be out of tune

desafinar vi (al cantar) to be o go out of tune

desafío etc vb ver **desafiar** ♦ nm (reto) challenge; (combate) duel; (resistencia) defiance

desaforado, -a adj (grito) ear-splitting; (comportamiento) outrageous

desafortunadamente adv unfortunately

desafortunado, -a adj (desgraciado) unfortunate, unlucky

desagradable adj (fastidioso, enojoso) unpleasant; (irritante) disagreeable

desagradar vi (disgustar) to displease; (molestar) to bother

desagradecido, -a adj ungrateful

desagrado nm (disgusto) displeasure; (contrariedad) dissatisfaction

desagraviar vt to make amends to

desagüe nm (de un líquido) drainage; (cañería) drainpipe; (salida) outlet, drain

desaguisado nm outrage

desahogado, -a adj (holgado) comfortable; (espacioso) roomy, large

desahogar vt (aliviar) to ease, relieve; (ira) to vent; **desahogarse** vr (relajarse) to relax; (desfogarse) to let off steam

desahogo nm (alivio) relief; (comodidad) comfort, ease

desahuciar vt (enfermo) to give up hope for; (inquilino) to evict ❑ **desahucio** nm eviction

desairar vt (menospreciar) to slight, snub

desaire nm (menosprecio) slight; (falta de garbo) unattractiveness

desajustar vt (desarreglar) to disarrange; (desconcertar) to throw off balance; **desajustarse** vr to get out of order; (aflojarse) to loosen

desajuste nm (de máquina) disorder; (situación) imbalance

desalentador, a adj discouraging

desalentar vt (desanimar) to discourage

desaliento etc vb ver **desalentar** ♦ nm discouragement

desaliño nm slovenliness

desalmado, -a adj (cruel) cruel, heartless

desalojar vt (expulsar, echar) to eject; (abandonar) to move out of ♦ vi to move out

desamor nm (frialdad) indifference; (odio) dislike

desamparado, -a adj (persona) helpless; (lugar: expuesto) exposed; (desierto) deserted

desamparar vt (abandonar) to desert, abandon; (JUR) to leave defenseless (US) o defenceless (BRIT); (barco) to abandon

desandar vt: **~ lo andado o el camino** to retrace one's steps

desangrar vt to bleed; (fig: persona) to bleed dry; **desangrarse** vr to lose a lot of blood

desanimado, -a adj (persona) downhearted; (espectáculo, fiesta) dull

desanimar vt (desalentar) to discourage; (deprimir) to depress; **desanimarse** vr to lose heart

desapacible adj (gen) unpleasant

desaparecer vi (gen) to disappear; (el sol, el luz) to vanish ❑ **desaparecido, -a** adj missing ❑ **desaparición** nf disappearance

desapasionado, -a adj dispassionate, impartial

desapego nm (frialdad) coolness; (distancia) detachment

desapercibido, -a adj (desprevenido) unprepared; **pasar ~** to go unnoticed

desaprensivo, -a adj unscrupulous

desaprobar vt (reprobar) to disapprove of; (condenar) to condemn; (no consentir) to reject

desaprovechado, -a adj (oportunidad, tiempo) wasted; (estudiante) slack

desaprovechar vt to waste

desarmador (MÉX) nm screwdriver

desarmar vt (MIL, fig) to disarm; (TEC) to take apart, dismantle ❑ **desarme** nm disarmament

desarraigar vt to uproot ❑ **desarraigo** nm uprooting

desarreglar vt (desordenar) to disarrange; (trastocar) to upset, disturb

desarreglo nm (de casa, persona) untidiness; (desorden) disorder

desarrollar vt (gen) to develop; **desarrollarse** vr to develop; (ocurrir) to take place; (FOTO) to develop ❑ **desarrollo** nm development

desarticular vt (hueso) to dislocate; (objeto) to take apart; (fig) to break up

desasir vt to loosen

desasosegar vt (inquietar) to disturb, make uneasy; **desasosegarse** vr to become uneasy

desasosiego etc vb ver **desasosegar** ♦ nm (intranquilidad) uneasiness, restlessness; (ansiedad) anxiety

desastrado, -a adj (desaliñado) shabby; (sucio) dirty

desastre nm disaster ❑ **desastroso, -a** adj disastrous

desatado, -a adj (desligado) untied; (violento) violent, wild

desatar vt (nudo) to untie; (paquete) to undo; (separar) to detach; **desatarse** vr (zapatos) to come untied; (tormenta) to break

desatascar vt (cañería) to unblock, clear

desatender vt (no prestar atención a) to disregard; (abandonar) to neglect

desatento, -a adj (distraído) inattentive; (descortés) discourteous

desatinado, -a adj foolish, silly ❑ **desatino** nm (idiotez) foolishness, folly; (error) blunder

desatornillar vt to unscrew

desatrancar vt (puerta) to unbolt; (cañería) to clear, unblock

desautorizado, -a adj unauthorized

desautorizar vt (oficial) to deprive of authority; (informe) to deny

desavenencia nf (desacuerdo) disagreement; (discrepancia) quarrel

desayunar vi to have breakfast ♦ vt to have for breakfast ❑ **desayuno** nm breakfast

desazón nf anxiety

desazonarse vr to worry, be anxious

desbandarse vr (MIL) to disband; (fig) to flee in disorder

desbarajuste nm confusion, disorder

desbaratar vt (deshacer, destruir) to ruin

desbloquear vt (negociaciones, tráfico) to get going again; (COM: cuenta) to unfreeze

desbocado, -a adj (caballo) runaway

desbordar vt (sobrepasar) to go beyond; (exceder) to exceed; **desbordarse** vr (río) to overflow; (entusiasmo) to erupt

descabalgar vi to dismount

descabellado, -a adj (disparatado) wild, crazy

descafeinado, -a adj decaffeinated ♦ nm decaffeinated coffee

descalabro nm blow; (desgracia) misfortune

descalificar vt to disqualify; (desacreditar) to discredit

descalzar vt (zapato) to take off ❑ **descalzo, -a** adj barefoot(ed)

descambiar vt to exchange

descaminado, -a *adj* (*equivocado*) on the wrong road; (*fig*) misguided
descampado *nm* open space
descansado, -a *adj* (*gen*) rested; (*que tranquiliza*) restful
descansar *vt* (*gen*) to rest ♦ *vi* to rest, have a rest; (*echarse*) to lie down
descansillo *nm* (*de escalera*) landing
descanso *nm* (*reposo*) rest; (*alivio*) relief; (*pausa*) break; (DEPORTE) interval, half time
descapotable *nm* (*tb:* **carro ~**) convertible
descarado, -a *adj* shameless; (*insolente*) sassy (*US*), cheeky (*BRIT*)
descarga *nf* (ARQ, ELEC, MIL) discharge; (NÁUT) unloading
descargar *vt* to unload; (*golpe*) to let fly; **descargarse** *vr* to unburden o.s. ❑ **descargo** *nm* (COM) receipt; (JUR) evidence
descaro *nm* nerve
descarriar *vt* (*descaminar*) to misdirect; (*fig*) to lead astray; **descarriarse** *vr* (*perderse*) to lose one's way; (*separarse*) to stray; (*pervertirse*) to err, go astray
descarrilamiento *nm* (*de tren*) derailment
descarrilar *vi* to be derailed
descartar *vt* (*rechazar*) to reject; (*eliminar*) to rule out; **descartarse** *vr* (NAIPES) to discard; **~se de** to shirk
descascarillado, -a *adj* (*paredes*) peeling
descendencia *nf* (*origen*) origin, descent; (*hijos*) offspring
descender *vt* (*bajar: escalera*) to go down ♦ *vi* to descend; (*temperatura, nivel*) to fall, drop; **~ de** to be descended from
descendiente *nmf* descendant
descenso *nm* descent; (*de temperatura*) drop
descifrar *vt* to decipher; (*mensaje*) to decode
descolgar *vt* (*bajar*) to take down; (*teléfono*) to pick up; **descolgarse** *vr* to let o.s. down
descolorido, -a *adj* faded; (*pálido*) pale
descompasado, -a *adj* (*sin proporción*) out of all proportion; (*excesivo*) excessive
descomponer *vt* (*desordenar*) to disarrange, disturb; (TEC) to put out of order; (*dividir*) to break down (into parts); (*fig*) to provoke; **descomponerse** *vr* (*corromperse*) to rot, decompose; (LAm TEC) to break down
descomposición *nf* (*de un objeto*) breakdown; (*de fruta etc*) decomposition
descompostura *nf* (MÉX: *avería*) breakdown, fault; (LAm: *diarrea*) diarrhea (*US*), diarrhoea (*BRIT*)
descompuesto, -a *adj* (*corrompido*) decomposed; (LAm: *roto*) broken
descomunal *adj* (*enorme*) huge
desconcertado, -a *adj* disconcerted, bewildered
desconcertar *vt* (*confundir*) to baffle; (*incomodar*) to upset, put out; **desconcertarse** *vr* (*turbarse*) to be upset
desconchado, -a *adj* (*pintura*) peeling
desconcierto *etc vb ver* **desconcertar** ♦ *nm* (*gen*) disorder; (*desorientación*) uncertainty; (*inquietud*) uneasiness
desconectar *vt* to disconnect
desconfianza *nf* distrust
desconfiar *vi* to be distrustful; **~ de** to distrust, suspect
descongelar *vt* to defrost; (COM, POL) to unfreeze
descongestionar *vt* (*cabeza, tráfico*) to clear
desconocer *vt* (*ignorar*) not to know, be ignorant of
desconocido, -a *adj* unknown ♦ *nm/f* stranger
desconocimiento *nm* (*falta de conocimientos*) ignorance
desconsiderado, -a *adj* inconsiderate; (*insensible*) thoughtless
desconsolar *vt* to distress; **desconsolarse** *vr* to despair
desconsuelo *etc vb ver* **desconsolar** ♦ *nm* (*tristeza*) distress; (*desesperación*) despair
descontado, -a *adj*: **dar por ~ (que)** to take (it) for granted (that)
descontar *vt* (*deducir*) to take away, deduct; (*rebajar*) to discount
descontento, -a *adj* dissatisfied ♦ *nm* dissatisfaction, discontent
descorazonar *vt* to discourage, dishearten
descorchar *vt* to uncork
descorrer *vt* (*cortinas, cerrojo*) to draw back
descortés *adj* (*mal educado*) discourteous; (*grosero*) rude
descoser *vt* to unstitch; **descoserse** *vr* to come apart (at the seams)
descosido, -a *adj* (COSTURA) unstitched
descrédito *nm* discredit
descreído, -a *adj* (*incrédulo*) incredulous; (*falto de fe*) unbelieving
descremado, -a (LAm) *adj* low-fat
descremar (LAm) *vt* (*leche*) to skim
describir *vt* to describe ❑ **descripción** *nf* description
descrito *pp de* **describir**
descuartizar *vt* (*animal*) to cut up
descubierto, -a *pp de* **descubrir** ♦ *adj* uncovered, bare; (*persona*) bareheaded ♦ *nm* (*bancario*) overdraft; **al ~** in the open
descubrimiento *nm* (*hallazgo*) discovery; (*revelación*) revelation
descubrir *vt* to discover, find; (*inaugurar*) to unveil; (*vislumbrar*) to detect; (*revelar*) to reveal, show; (*destapar*) to uncover; **descubrirse** *vr* to reveal o.s.; (*quitarse sombrero*) to take off one's hat; (*confesar*) to confess
descuento *etc vb ver* **descontar** ♦ *nm* discount
descuidado, -a *adj* (*sin cuidado*) careless; (*desordenado*) untidy; (*olvidadizo*) forgetful; (*dejado*) neglected; (*desprevenido*) unprepared
descuidar *vt* (*dejar*) to neglect; (*olvidar*) to overlook; **descuidarse** *vr* (*distraerse*) to be careless; (*abandonarse*) to let o.s. go; (*desprevenirse*) to drop one's guard; **¡descuida!** don't worry! ❑ **descuido** *nm* (*dejadez*) carelessness; (*olvido*) negligence

desde

PALABRA CLAVE

prep

1 (*lugar*) from; **desde Cancún hasta mi casa hay 30 millas** it's 30 miles from Cancún to my house

2 (*posición*): **hablaba desde el balcón** she was speaking from the balcony

3 (*tiempo: + adv, n*): **desde ahora** from now on; **desde la boda** since the wedding; **desde niño** since I *etc* was a child; **desde 3 años atrás** since 3 years ago

4 (*tiempo: + vb, fecha*) since; for; **nos conocemos desde 1992/desde hace 20 años** we've known each other since 1992/for 20 years; **no le veo desde 1997/desde hace 5 años** I haven't seen him since 1997/for 5 years

5 (*gama*): **desde los más lujosos hasta los más económicos** from the most luxurious to the most reasonably priced

6: **desde luego (que no)** of course (not)

♦ *conj*: **desde que: desde que recuerdo** for as long as I can remember; **desde que llegó no ha salido** he hasn't been out since he arrived

desdecirse *vr* to retract; **~ de** to go back on
desdén *nm* scorn
desdeñar *vt* (*despreciar*) to scorn
desdicha *nf* (*desgracia*) misfortune; (*infelicidad*) unhappiness ❑ **desdichado, -a** *adj* (*sin suerte*) unlucky; (*infeliz*) unhappy
desdoblar *vt* (*extender*) to spread out; (*desplegar*) to unfold
desear *vt* to want, desire, wish for
desecar *vt* to dry up; **desecarse** *vr* to dry up
desechar *vt* (*basura*) to throw out o away; (*ideas*) to reject, discard ❑ **desechos** *nmpl* garbage *sg* (*US*), rubbish *sg* (*BRIT*)
desembalar *vt* to unpack
desembarazar *vt* (*desocupar*) to clear; (*desenredar*) to free; **desembarazarse** *vr*: **~se de** to free o.s. of, get rid of
desembarcar *vt* (*mercancías etc*) to unload ♦ *vi* to disembark; **desembarcarse** *vr* to disembark
desembocadura *nf* (*de río*) mouth; (*de calle*) opening
desembocar *vi* (*río*) to flow into; (*fig*) to result in
desembolso *nm* payment
desembragar *vi* to declutch
desembrollar *vt* (*madeja*) to unravel; (*asunto, malentendido*) to sort out
desemejanza *nf* dissimilarity
desempaquetar *vt* (*regalo*) to unwrap; (*mercancía*) to unpack
desempatar *vi* to replay, hold a play-off ❑ **desempate** *nm* (FÚTBOL) replay, play-off; (TENIS) tie-break(er)
desempeñar *vt* (*cargo*) to hold; (*papel*) to perform; (*lo empeñado*) to redeem; **~ un papel** (*fig*) to play (a role)
desempeño *nm* redeeming; (*de cargo*) occupation
desempleado, -a *nm/f* unemployed person ❑ **desempleo** *nm* unemployment
desempolvar *vt* (*muebles etc*) to dust; (*lo olvidado*) to revive
desencadenar *vt* to unchain; (*ira*) to unleash; **desencadenarse** *vr* to break loose; (*tormenta*) to burst; (*guerra*) to break out
desencajar *vt* (*hueso*) to dislocate; (*mecanismo, pieza*) to disconnect, disengage
desencanto *nm* disillusionment
desenchufar *vt* to unplug
desenfadado, -a *adj* (*desenvuelto*) uninhibited; (*descarado*) forward ❑ **desenfado** *nm* (*libertad*) freedom; (*comportamiento*) free and easy manner; (*descaro*) forwardness
desenfocado, -a *adj* (FOTO) out of focus
desenfrenado, -a *adj* (*descontrolado*) uncontrolled; (*inmoderado*) unbridled ❑ **desenfreno** *nm* wildness; (*de las pasiones*) lack of self-control
desenganchar *vt* (*gen*) to unhook; (FERRO) to uncouple
desengañar *vt* to disillusion; **desengañarse** *vr* to become disillusioned ❑ **desengaño** *nm* disillusionment; (*decepción*) disappointment
desenlace *nm* outcome
desenmarañar *vt* (*fig*) to unravel
desenmascarar *vt* to unmask
desenredar *vt* (*pelo*) to untangle; (*problema*) to sort out
desenroscar *vt* to unscrew
desentenderse *vr*: **~ de** to pretend not to know about; (*apartarse*) to have nothing to do with
desenterrar *vt* to exhume; (*tesoro, fig*) to unearth, dig up
desentonar *vi* (MÚS) to sing (o play) out of tune; (*color*) to clash
desentrañar *vt* (*misterio*) to unravel
desentumecer *vt* (*pierna etc*) to stretch
desenvoltura *nf* ease
desenvolver *vt* (*paquete*) to unwrap; (*fig*) to develop; **desenvolverse** *vr* (*desarrollarse*) to unfold, develop; (*arreglárselas*) to cope
deseo *nm* desire, wish ❑ **deseoso, -a** *adj*: **estar deseoso de** to be anxious to
desequilibrado, -a *adj* unbalanced
desertar *vi* to desert
desértico, -a *adj* desert *cpd*
desesperación *nf* (*impaciencia*) desperation, despair; (*irritación*) fury
desesperar *vt* to drive to despair; (*exasperar*) to drive to distraction ♦ *vi*: **~ de** to despair of; **desesperarse** *vr* to despair, lose hope
desestabilizar *vt* to destabilize
desestimar *vt* (*menospreciar*) to have a low opinion of; (*rechazar*) to reject
desfachatez *nf* (*insolencia*) impudence; (*descaro*) rudeness
desfalco *nm* embezzlement
desfallecer *vi* (*perder las fuerzas*) to become weak; (*desvanecerse*) to faint
desfasado, -a *adj* (*anticuado*) old-fashioned ❑ **desfase** *nm* (*diferencia*) gap
desfavorable *adj* unfavorable (*US*), unfavourable (*BRIT*)
desfigurar *vt* (*cara*) to disfigure; (*cuerpo*) to deform
desfiladero *nm* gorge
desfilar *vi* to parade ❑ **desfile** *nm* procession
desfogarse *vr* (*fig*) to let off steam
desgajar *vt* (*arrancar*) to tear off; (*romper*) to break off; **desgajarse** *vr* to come off
desgana *nf* (*falta de apetito*) loss of appetite; (*apatía*) unwillingness ❑ **desganado, -a** *adj*: **estar desganado** (*sin apetito*) to have no appetite; (*sin entusiasmo*) to have lost interest
desgarrador, a *adj* (*fig*) heartrending
desgarrar *vt* to tear (up); (*fig*) to shatter ❑ **desgarro** *nm* (*en tela*) tear; (*aflicción*) grief
desgastar *vt* (*deteriorar*) to wear away o down; (*estropear*) to spoil; **desgastarse** *vr* to get worn out ❑ **desgaste** *nm* wear (and tear)
desglosar *vt* (*factura*) to break down
desgracia *nf* misfortune; (*accidente*) accident; (*vergüenza*) disgrace; (*contratiempo*) setback; **por ~** unfortunately
desgraciado, -a *adj* (*sin suerte*) unlucky, unfortunate; (*miserable*) wretched; (*infeliz*) miserable
desgravación *nf* (COM: *tb:* **~ fiscal**) tax relief
desgravar *vt* (*impuestos*) to reduce the tax o duty on
desguace (ESP) *nm* junkyard
deshabitado, -a *adj* uninhabited
deshacer *vt* (*casa*) to break up; (TEC) to take apart; (*enemigo*) to defeat; (*diluir*) to melt; (*contrato*) to break; (*intriga*) to solve; **deshacerse** *vr* (*disolverse*) to melt; (*despedazarse*) to come apart o undone; **~se de** to get rid of; **~se en lágrimas** to burst into tears
desharrapado, -a *adj* (*persona*) shabby
deshecho, -a *adj* undone; (*roto*) smashed; (*persona*): **estar ~** to be pooped (*US*) o shattered (*BRIT*)
desheredar *vt* to disinherit
deshidratar *vt* to dehydrate
deshielo *nm* thaw
deshonesto, -a *adj* indecent
deshonra *nf* (*deshonor*) dishonor (*US*), dishonour (*BRIT*); (*vergüenza*) shame
deshora: **a ~** *adv* at the wrong time
deshuesadero (MÉX) *nm* junkyard
deshuesar *vt* (*carne*) to bone; (*fruta*) to stone
desierto, -a *adj* (*casa, calle, negocio*) deserted ♦ *nm* desert
designar *vt* (*nombrar*) to designate; (*indicar*) to fix
designio *nm* plan
desigual *adj* (*terreno*) uneven; (*lucha etc*) unequal
desilusión *nf* disillusionment; (*decepción*) disappointment ❑ **desilusionar** *vt* to disillusion; to disappoint; **desilusionarse** *vr* to become disillusioned
desinfectar *vt* to disinfect
desinflar *vt* to deflate
desintegración *nf* disintegration
desinterés *nm* (*desgana*) lack of interest; (*altruismo*) unselfishness
desintoxicarse *vr* (*drogadicto*) to undergo detoxification
desistir *vi* (*renunciar*) to stop, desist
desleal *adj* (*infiel*) disloyal; (COM: *competencia*) unfair ❑ **deslealtad** *nf* disloyalty
desleír *vt* (*líquido*) to dilute; (*sólido*) to dissolve
deslenguado, -a *adj* (*grosero*) foul-mouthed
desligar *vt* (*desatar*) to untie, undo; (*separar*) to separate; **desligarse** *vr* (*de un compromiso*) to extricate o.s.
desliz *nm* (*fig*) lapse ❑ **deslizar** *vt* to slip, slide
deslucido, -a *adj* dull; (*torpe*) awkward, graceless; (*deslustrado*) tarnished
deslumbrar *vt* to dazzle
desmadrarse (*fam*) *vr* (*descontrolarse*) to run wild; (*divertirse*) to let one's hair down ❑ **desmadre** (*fam*) *nm* (*desorganización*) chaos; (*jaleo*) commotion
desmán *nm* (*exceso*) outrage; (*abuso de poder*) abuse
desmandarse *vr* (*portarse mal*) to behave badly; (*excederse*) to get out of hand; (*caballo*) to bolt
desmantelar *vt* (*deshacer*) to dismantle; (*casa*) to strip
desmaquillador *nm* make-up remover
desmayar *vi* to lose heart; **desmayarse** *vr* (MED) to faint ❑ **desmayo** *nm* (MED: *acto*) faint; (*: estado*) unconsciousness
desmedido, -a *adj* excessive
desmejorar *vt* (*dañar*) to impair, spoil; (MED) to weaken
desmembrar *vt* (MED) to dismember; (*fig*) to separate
desmemoriado, -a *adj* forgetful
desmentir *vt* (*contradecir*) to contradict; (*refutar*) to deny
desmenuzar *vt* (*deshacer*) to crumble; (*carne*) to chop; (*examinar*) to examine closely
desmerecer *vt* to be unworthy of ♦ *vi* (*deteriorarse*) to deteriorate
desmesurado, -a *adj* disproportionate
desmontable *adj* (*que se quita: pieza*) detachable; (*plegable*) collapsible, folding
desmontar *vt* (*deshacer*) to dismantle; (*tierra*) to level ♦ *vi* to dismount
desmoralizar *vt* to demoralize
desmoronar *vt* to wear away, erode; **desmoronarse** *vr* (*edificio, dique*) to collapse; (*economía*) to decline
desnatado, -a (ESP) *adj* low-fat
desnivel *nm* (*de terreno*) unevenness
desnudar *vt* (*desvestir*) to undress; (*despojar*) to strip; **desnudarse** *vr* (*desvestirse*) to get undressed ❑ **desnudo, -a** *adj* naked ♦ *nm/f* nude; **desnudo de** devoid o bereft of
desnutrición *nf* malnutrition ❑ **desnutrido, -a** *adj* undernourished
desobedecer *vt, vi* to disobey ❑ **desobediencia** *nf* disobedience
desocupado, -a *adj* at leisure; (*desempleado*) unemployed; (*deshabitado*) empty, vacant
desocupar *vt* to vacate
desodorante *nm* deodorant
desolación *nf* (*de lugar*) desolation; (*fig*) grief
desolar *vt* to ruin, lay waste
desorbitado, -a *adj* (*excesivo: ambición*) boundless; (*deseos*) excessive; (*: precio*) exorbitant
desorden *nm* confusion; (*político*) disorder, unrest
desorganización *nf* (*de persona*) disorganization; (*en empresa, oficina*) disorder, chaos
desorganizar *vt* (*desordenar*) to disorganize
desorientar *vt* (*extraviar*) to mislead; (*confundir, desconcertar*) to confuse; **desorientarse** *vr* (*perderse*) to lose one's way
despabilado, -a *adj* (*despierto*) wide-awake; (*fig*) alert, sharp
despabilar *vt* (*el ingenio*) to sharpen ♦ *vi* to wake up; (*fig*) to get a move on; **despabilarse** *vr* to wake up; to get a move on
despachar *vt* (*negocio*) to do, complete; (*enviar*) to send, dispatch; (*vender*) to sell, deal in; (*billete*) to issue; (*mandar ir*) to send away
despacho *nm* (*oficina*) office; (*de paquetes*) dispatch; (*venta*) sale; (*comunicación*) message

despacio *adv* slowly

desparpajo *nm* self-confidence; (*pey*) nerve

desparramar *vt* (*esparcir*) to scatter; (*líquido*) to spill

despavorido, -a *adj* terrified

despecho *nm* spite; **a ~ de** in spite of

despectivo, -a *adj* (*despreciativo*) derogatory; (*LING*) pejorative

despedazar *vt* to tear to pieces

despedida *nf* (*adiós*) farewell; (*de obrero*) sacking

despedir *vt* (*visita*) to see off, show out; (*empleado*) to dismiss; (*inquilino*) to evict; (*objeto*) to hurl; (*olor etc*) to give out o off; **despedirse** *vr*: **~se de** to say goodbye to

despegar *vt* to unstick ♦ *vi* (*avión*) to take off; **despegarse** *vr* to come loose, come unstuck ☐ **despego** *nm* detachment

despegue *etc vb ver* **despegar** ♦ *nm* takeoff

despeinado, -a *adj* unkempt, disheveled (*US*), dishevelled (*BRIT*)

despejado, -a *adj* (*lugar*) clear, free; (*cielo*) clear; (*persona*) wide-awake, bright

despejar *vt* (*gen*) to clear; (*misterio*) to clear up ♦ *vi* (*el tiempo*) to clear; **despejarse** *vr* (*tiempo, cielo*) to clear (up); (*misterio*) to become clearer; (*cabeza*) to clear

despellejar *vt* (*animal*) to skin

despensa *nf* larder

despeñadero *nm* (*GEO*) cliff, precipice

despeñarse *vr* to hurl o.s. down; (*vehículo*) to tumble over

desperdicio *nm* (*despilfarro*) squandering; **~s** *nmpl* (*basura*) garbage *sg* (*US*), rubbish *sg* (*BRIT*); (*residuos*) waste *sg*

desperdigarse *vr* (*rebaño, familia*) to scatter, spread out; (*granos de arroz, semillas*) to scatter

desperezarse *vr* to stretch

desperfecto *nm* (*deterioro*) slight damage; (*defecto*) flaw, imperfection

despertador *nm* alarm clock

despertar *nm* awakening ♦ *vt* (*persona*) to wake up; (*recuerdos*) to revive; (*sentimiento*) to arouse ♦ *vi* to awaken, wake up; **despertarse** *vr* to awaken, wake up

despiadado, -a *adj* (*ataque*) merciless; (*persona*) heartless

despido *etc vb ver* **despedir** ♦ *nm* dismissal, sacking

despierto, -a *etc vb ver* **despertar** ♦ *adj* awake; (*fig*) sharp, alert

despilfarro *nm* (*derroche*) squandering; (*lujo desmedido*) extravagance

despistar *vt* to throw off the track o scent; (*confundir*) to mislead, confuse; **despistarse** *vr* to take the wrong road; (*confundirse*) to become confused

despiste *nm* absent-mindedness; **un ~** a mistake, a slip

desplazamiento *nm* displacement

desplazar *vt* to move; (*NÁUT*) to displace; (*INFORM*) to scroll; (*fig*) to oust; **desplazarse** *vr* (*persona*) to travel

desplegar *vt* (*tela, papel*) to unfold, open out; (*bandera*) to unfurl ☐ **despliegue** *etc vb ver* **desplegar** ♦ *nm* display

desplomarse *vr* (*edificio, gobierno, persona*) to collapse

desplumar *vt* (*ave*) to pluck; (*fam: estafar*) to fleece

despoblado, -a *adj* (*sin habitantes*) uninhabited

despojar *vt* (*algn: de sus bienes*) to divest of, deprive of; (*casa*) to strip, leave bare; (*algn: de su cargo*) to strip of

despojo *nm* (*acto*) plundering; (*objetos*) plunder, loot; **~s** *nmpl* (*de ave, res*) offal *sg*

desposado, -a *adj, nm/f* newly-wed

desposar *vt* to marry; **desposarse** *vr* to get married

desposeer *vt*: **~ a algn de** (*puesto, autoridad*) to strip sb of

déspota *nmf* despot

despreciar *vt* (*desdeñar*) to despise, scorn; (*afrentar*) to slight ☐ **desprecio** *nm* scorn, contempt; slight

desprender *vt* (*broche*) to unfasten; (*olor*) to give off; **desprenderse** *vr* (*botón: caerse*) to fall off; (*broche*) to come unfastened; (*olor, perfume*) to be given off; **~se de algo que ...** to draw from sth that ...

desprendimiento *nm* (*gen*) loosening; (*generosidad*) disinterestedness; (*de tierra, rocas*) landslide

despreocupado, -a *adj* (*sin preocupación*) unworried, nonchalant; (*negligente*) careless

despreocuparse *vr* not to worry; **~ de** to have no interest in

desprestigiar *vt* (*criticar*) to run down; (*desacreditar*) to discredit

desprevenido, -a *adj* (*no preparado*) unprepared, unready

desproporcionado, -a *adj* disproportionate, out of proportion

desprovisto, -a *adj*: **~ de** devoid of

después *adv* afterward, later; (*próximo paso*) next; **~ de comer** after lunch; **un año ~** a year later; **~ se debatió el tema** next the matter was discussed; **~ de corregido el texto** after the text had been corrected; **~ de todo** after all

desquiciado, -a *adj* deranged

desquite *nm* (*satisfacción*) satisfaction; (*venganza*) revenge

destacar *vt* to emphasize, point up; (*MIL*) to detach, detail ♦ *vi* (*resaltarse*) to stand out; (*persona*) to be outstanding o exceptional; **destacarse** *vr* to stand out; to be outstanding o exceptional

destajo *nm*: **trabajar a ~** to do piecework

destapar *vt* (*botella*) to open; (*cacerola*) to take the lid off; (*descubrir*) to uncover; **destaparse** *vr* (*revelarse*) to reveal one's true character

destartalado, -a *adj* (*desordenado*) untidy; (*ruinoso*) tumbledown

destello *nm* (*de estrella*) twinkle; (*de faro*) signal light

destemplado, -a *adj* (*MÚS*) out of tune; (*voz*) harsh; (*MED*) out of sorts; (*tiempo*) unpleasant, nasty

desteñir *vt* to fade ♦ *vi* to fade; **desteñirse** *vr* to fade; **esta tela no destiñe** this fabric will not run

desternillarse *vr*: **~ de risa** to split one's sides laughing

desterrar *vt* (*exiliar*) to exile; (*fig*) to banish, dismiss

destiempo: **a ~** *adv* out of turn

destierro *etc vb ver* **desterrar** ♦ *nm* exile

destilar *vt* to distill ☐ **destilería** *nf* distillery

destinar *vt* (*funcionario*) to appoint, assign; (*fondos*): **~ (a)** to set aside (for)

destinatario, -a *nm/f* addressee

destino *nm* (*suerte*) destiny; (*de avión, viajero*) destination

destituir *vt* to dismiss

destornillador *nm* screwdriver

destornillar *vt* (*tornillo*) to unscrew; **destornillarse** *vr* to unscrew

destreza *nf* (*habilidad*) skill; (*maña*) dexterity

destrozar *vt* (*romper*) to smash, break (up); (*estropear*) to ruin; (*nervios*) to shatter

destrozo *nm* (*acción*) destruction; (*desastre*) smashing; **~s** *nmpl* (*pedazos*) pieces; (*daños*) havoc *sg*

destrucción *nf* destruction

destruir *vt* to destroy

desuso *nm* disuse; **caer en ~** to become obsolete

desvalido, -a *adj* (*desprotegido*) destitute; (*sin fuerzas*) helpless

desvalijar *vt* (*persona*) to rob; (*casa, tienda*) to ransack; (*vehículo*) to break into

desván *nm* attic

desvanecer *vt* (*disipar*) to dispel; (*borrar*) to blur; **desvanecerse** *vr* (*humo etc*) to vanish, disappear; (*color*) to fade; (*recuerdo, sonido*) to fade away; (*MED*) to pass out; (*duda*) to be dispelled

desvanecimiento *nm* (*desaparición*) disappearance; (*de colores*) fading; (*evaporación*) evaporation; (*MED*) fainting spell (*US*), fainting fit (*BRIT*)

desvariar *vi* (*enfermo*) to be delirious ☐ **desvarío** *nm* delirium

desvelar *vt* to keep awake; **desvelarse** *vr* (*no poder dormir*) to stay awake; (*preocuparse*) to be vigilant o watchful

desvelos *nmpl* worrying *sg*

desvencijado, -a *adj* (*silla*) rickety; (*máquina*) broken-down

desventaja *nf* disadvantage

desventura *nf* misfortune

desvergonzado, -a *adj* shameless

desvergüenza *nf* (*descaro*) shamelessness; (*insolencia*) impudence; (*mala conducta*) effrontery

desvestir *vt* to undress; **desvestirse** *vr* to undress

desviación *nf* deviation; (*AUTO*) detour, diversion (*BRIT*)

desviar *vt* to turn aside; (*río*) to alter the course of; (*navío*) to divert, re-route; (*conversación*) to sidetrack; **desviarse** *vr* (*apartarse del camino*) to turn aside; (: *barco*) to go off course

desvío *etc vb ver* **desviar** ♦ *nm* (*desviación*) detour, diversion (*BRIT*); (*fig*) indifference

desvirtuar *vt* to distort

desvivirse *vr*: **~ por** (*anhelar*) to long for, crave for; (*hacer lo posible por*) to do one's utmost for

detallar *vt* to detail

detalle *nm* (*detail; gesto*) gesture, token; **al ~ in** detail; (*COM*) retail

detallista *nmf* (*COM*) retailer

detective *nmf* detective

detener *vt* (*gen*) to stop; (*JUR*) to arrest; (*objeto*) to keep; **detenerse** *vr* to stop; (*demorarse*): **~se en** to delay over, linger over

detenidamente *adv* (*minuciosamente*) carefully; (*extensamente*) at great length

detenido, -a *adj* (*arrestado*) under arrest ♦ *nm/f* person under arrest, prisoner

detenimiento *nm*: **con ~** thoroughly; (*observar, considerar*) carefully

detergente *nm* detergent

deteriorar *vt* to spoil, damage; **deteriorarse** *vr* to deteriorate ☐ **deterioro** *nm* deterioration

determinación *nf* (*empeño*) determination; (*decisión*) decision ☐ **determinado, -a** *adj* specific

determinar *vt* (*plazo*) to fix; (*precio*) to settle; **determinarse** *vr* to decide

detestar *vt* to detest

detractor, a *nm/f* slanderer, libeller

detrás *adv* behind; (*atrás*) at the back; **~ de** behind

detrimento *nm*: **en ~ de** to the detriment of

deuda *nf* debt

devaluación *nf* devaluation

devastar *vt* (*destruir*) to devastate

deveras (*MÉX*) *nf inv*: **un amigo de (a) ~** a true o real friend

devoción *nf* devotion

devolución *nf* (*reenvío*) return, sending back; (*reembolso*) repayment; (*JUR*) devolution

devolver *vt* to return; (*lo extraviado, lo prestado*) to give back; (*carta al correo*) to send back; (*COM*) to repay, refund ♦ *vi* (*vomitar*) to throw up

devorar *vt* to devour

devoto, -a *adj* devout ♦ *nm/f* admirer

devuelto *pp de* **devolver**

devuelva *etc vb ver* **devolver**

di *etc vb ver* **dar; decir**

día *nm* day; **¿qué ~ es?** what's the date?; **estar/poner al ~** to be/keep up to date; **el ~ de hoy/de mañana** today/tomorrow; **al ~ siguiente** (on) the following day; **vivir al ~** to live from hand to mouth; **de ~** by day, in daylight; **en pleno ~** in full daylight ▶ **día feriado** (*LAm*) holiday ▶ **día festivo** (*ESP*) holiday ▶ **día libre** day off

diabetes *nf* diabetes

diablo *nm* devil ☐ **diablura** *nf* prank

diadema *nf* tiara

diafragma *nm* diaphragm

diagnosis *nf inv* diagnosis

diagnóstico *nm* = **diagnosis**

diagonal *adj* diagonal

diagrama *nm* diagram ▶ **diagrama de flujo** flowchart

dial *nm* dial

dialecto *nm* dialect

dialogar *vi*: **~ con** (*POL*) to hold talks with

diálogo *nm* dialogue, dialog (*US*)

diamante *nm* diamond

diana *nf* (*MIL*) reveille; (*de blanco*) center, bull's-eye

diapositiva *nf* (*FOTO*) slide, transparency

diario, -a *adj* daily ♦ *nm* newspaper; **a ~** daily; **de ~** everyday

diarrea *nf* diarrhea (*US*), diarrhoea (*BRIT*)

dibujar *vt* to draw, sketch ☐ **dibujo** *nm* drawing ▶ **dibujos animados** cartoons

diccionario *nm* dictionary

dice *etc vb ver* **decir**

dicho, -a *pp de* **decir** ♦ *adj*: **en ~s países** in the aforementioned countries ♦ *nm* saying

dichoso, -a *adj* happy

diciembre *nm* December

dictado *nm* dictation

dictador *nm* dictator ☐ **dictadura** *nf* dictatorship

dictamen *nm* (*opinión*) opinion; (*juicio*) judgment; (*informe*) report

dictar *vt* (*carta*) to dictate; (*JUR: sentencia*) to pronounce; (*decreto*) to issue; (*LAm: clase*) to give

didáctico, -a *adj* educational

diecinueve *num* nineteen

dieciocho *num* eighteen

dieciséis *num* sixteen

diecisiete *num* seventeen

diente *nm* (*ANAT, TEC*) tooth; (*ZOOL*) fang; (: *de elefante*) tusk; (*de ajo*) clove; **hablar entre ~s** to mutter, mumble

diera *etc vb ver* **dar**

diesel *adj*: **motor ~** diesel engine

diestro, -a *adj* (*derecho*) right; (*hábil*) skillful (*US*), skilful (*BRIT*)

dieta *nf* diet ☐ **dietética** *nf* dietetics *sg* ☐ **dietético, -a** *adj* diet; (*atr*) dietary

diez *num* ten

diezmar *vt* (*población*) to decimate

difamar *vt* (*JUR: hablando*) to slander; (: *por escrito*) to libel

diferencia *nf* difference ☐ **diferenciar** *vt* to differentiate between ♦ *vi* to differ; **diferenciarse** *vr* to differ, be different; (*distinguirse*) to distinguish o.s.

diferente *adj* different

diferido *nm*: **en ~** (*TV etc*) recorded

difícil *adj* difficult

dificultad *nf* difficulty; (*problema*) trouble

dificultar *vt* (*complicar*) to complicate, make difficult; (*estorbar*) to obstruct

difteria *nf* diphtheria

difundir *vt* (*calor, luz*) to diffuse; (*RADIO, TV*) to broadcast; **difundirse** *vr* to spread (out); **~ una noticia** to spread a piece of news

difunto, -a *adj* dead, deceased ♦ *nm/f* deceased (person)

difusión *nf* (*RADIO, TV*) broadcasting

diga *etc vb ver* **decir**

digerir *vt* to digest; (*fig*) to absorb ☐ **digestión** *nf* digestion ☐ **digestivo, -a** *adj* digestive

digital *adj* digital

dignarse *vr* to deign to

dignatario, -a *nm/f* dignitary

dignidad *nf* dignity

digno, -a *adj* worthy

digo *etc vb ver* **decir**

dije *etc vb ver* **decir**

dilapidar *vt* (*dinero, herencia*) to squander, waste

dilatar *vt* (*cuerpo*) to dilate; (*prolongar*) to prolong

dilema *nm* dilemma

diligencia *nf* diligence; (*ocupación*) errand, job; **~s** *nfpl* (*JUR*) formalities ☐ **diligente** *adj* diligent

diluir *vt* to dilute

diluvio *nm* deluge, flood

dimensión *nf* dimension

diminuto, -a *adj* tiny, diminutive

dimitir *vi* to resign

dimos *vb ver* **dar**

Dinamarca *nf* Denmark

dinámico, -a *adj* dynamic

dinamita *nf* dynamite

dínamo *nm* (*LAm*) o *f* (*ESP*) dynamo

dineral *nm* large sum of money, fortune

dinero *nm* money ▶ **dinero contante** o **efectivo** (ready) cash ▶ **dinero suelto** (loose) change

dio *vb ver* **dar**

dios *nm* god; **¡D~ mío!** (oh), my God!

diosa *nf* goddess

diploma *nm* diploma

diplomacia *nf* diplomacy; (*fig*) tact

diplomado, -a *adj* qualified

diplomático, -a *adj* diplomatic ♦ *nm/f* diplomat

diputación *nf* (*tb*: **~ provincial**) ≈ county commission (*US*), ≈ county council (*BRIT*)

diputado, -a *nm/f* delegate; (*POL*) ≈ representative (*US*), ≈ member of parliament (*BRIT*)

dique *nm* dike (*US*), dyke (*BRIT*)

diré *etc vb ver* **decir**

dirección *nf* direction; (*señas*) address; (*AUTO*) steering; (*gerencia*) management; (*POL*) leadership ▶ **dirección única/prohibida** one-way street/no entry

direccional (*MÉX*) *nf* (*AUTO*) turn signal (*US*), indicator (*BRIT*)

directa *nf* (*AUTO*) top gear

directiva *nf* (*tb*: **junta ~**) board of directors

directo, -a *adj* direct; (*RADIO, TV*) live; **transmitir en ~** to broadcast live

director, a *adj* leading ♦ *nm/f* director; (*ESCOL*) principal (*US*), head(teacher) (*BRIT*); (*gerente*) manager(-ess); (*PRENSA*) editor ▶ **director de cine** movie (*US*) o film (*BRIT*) director ▶ **director general** managing director

directorio (*MÉX*) *nm* (*telefónico*) phone book

dirigente *nmf* (*POL*) leader

dirigir *vt* to direct; (*carta*) to address; (*obra de teatro, película*) to direct; (*MÚS*) to conduct; (*negocio*) to manage; **dirigirse** *vr*: **~se a** to go towards, make one's way towards; (*hablar con*) to speak to

dirija *etc vb ver* **dirigir**

discernir *vt* to discern

disciplina *nf* discipline

discípulo, -a *nm/f* disciple

disco *nm* disc; (*DEPORTE*) discus; (*TEL*) dial; (*AUTO: semáforo*) light; (*MÚS*) record ▶ **disco compacto/de larga duración** compact disc/long-playing record ▶ **disco de freno** brake disc ▶ **disco flexible/duro** o **rígido** (*INFORM*) floppy/hard disk

disconforme *adj* differing; **estar ~ (con)** to be in disagreement (with)

discordia *nf* discord

discoteca *nf* disco(theque)

discreción *nf* discretion; (*reserva*) prudence; **comer a ~** to eat as much as one wishes ☐ **discrecional** *adj* (*facultativo*) discretionary

discrepancia *nf* (*diferencia*) discrepancy; (*desacuerdo*) disagreement

discreto, -a *adj* discreet

discriminación *nf* discrimination

disculpa *nf* excuse; (*pedir perdón*) apology; **pedir ~s a/por** to apologize to/for ❑ **disculpar** *vt* to excuse, pardon; **disculparse** *vr* to excuse o.s.; to apologize

discurrir *vi* (*pensar, reflexionar*) to think, meditate; (*el tiempo*) to pass, go by

discurso *nm* speech

discusión *nf* (*diálogo*) discussion; (*riña*) argument

discutir *vt* (*debatir*) to discuss; (*pelear*) to argue about; (*contradecir*) to argue against ♦ *vi* (*debatir*) to discuss; (*pelearse*) to argue

disecar *vt* (*conservar: animal*) to stuff; (*: planta*) to dry

diseminar *vt* to disseminate, spread

diseñar *vt, vi* to design

diseño *nm* design

disfraz *nm* (*máscara*) disguise; (*excusa*) pretext ❑ **disfrazar** *vt* to disguise; **disfrazarse** *vr* to dress (o.s) up; **disfrazarse de** to disguise o.s. as

disfrutar *vt* to enjoy ♦ *vi* to enjoy o.s.; **~ de** to enjoy, possess

disgregarse *vr* (*muchedumbre*) to disperse

disgustar *vt* (*no gustar*) to displease; (*contrariar, enojar*) to annoy, upset; **disgustarse** *vr* (*enfadarse*) to get upset; (*dos personas*) to fall out

⚠ No confundir **disgustar** con la palabra inglesa ***disgust***.

disgusto *nm* (*contrariedad*) annoyance; (*tristeza*) grief; (*riña*) quarrel

disidente *nm* dissident

disimular *vt* (*ocultar*) to hide, conceal ♦ *vi* to dissemble

disipar *vt* to dispel; (*fortuna*) to squander; **disiparse** *vr* (*nubes*) to vanish; (*indisciplinarse*) to dissipate

dislocarse *vr* (*articulación*) to sprain, dislocate

disminución *nf* decrease, reduction

disminuido, -a *nm/f* handicapped person ▸ **disminuido mental/físico** mentally/ physically handicapped person

disminuir *vt* to decrease, diminish

disociarse *vr*: **~ (de)** to dissociate o.s. (from)

disolver *vt* (*gen*) to dissolve; **disolverse** *vr* to dissolve; (*COM*) to go into liquidation

dispar *adj* different

disparar *vt, vi* to shoot, fire

disparate *nm* (*tontería*) foolish remark; (*error*) blunder; **decir ~s** to talk nonsense

disparo *nm* shot

dispensar *vt* to dispense; (*disculpar*) to excuse

dispersar *vt* to disperse; **dispersarse** *vr* to scatter

disponer *vt* (*arreglar*) to arrange; (*ordenar*) to put in order; (*preparar*) to prepare, get ready ♦ *vi*: **~ de** to have, own; **disponerse** *vr*: **~se a** *o* **para hacer** to prepare to do

disponible *adj* available

disposición *nf* arrangement, disposition; (*INFORM*) layout; **a la ~ de** at the disposal of ▸ **disposición de ánimo** state of mind

dispositivo *nm* device, mechanism

dispuesto, -a *pp de* **disponer** ♦ *adj* (*arreglado*) arranged; (*preparado*) disposed

disputar *vt* (*carrera*) to compete in

disquete *nm* floppy disk, diskette

distancia *nf* distance

distanciar *vt* to space out; **distanciarse** *vr* to become estranged

distante *adj* distant

distar *vi*: **dista 5km de aquí** it is 5km from here

diste *vb ver* **dar**

disteis *vb ver* **dar**

distensión *nf* (*en las relaciones*) relaxation; (*POL*) détente; (*muscular*) strain

distinción *nf* distinction; (*elegancia*) elegance; (*honor*) honor (*US*), honour (*BRIT*)

distinguido, -a *adj* distinguished

distinguir *vt* to distinguish; (*escoger*) to single out; **distinguirse** *vr* to be distinguished

distintivo *nm* badge; (*fig*) characteristic

distinto, -a *adj* different; (*claro*) clear

distracción *nf* distraction; (*pasatiempo*) hobby, pastime; (*olvido*) absent-mindedness, distraction

distraer *vt* (*atención*) to distract; (*divertir*) to amuse; (*fondos*) to embezzle; **distraerse** *vr* (*entretenerse*) to amuse o.s.; (*perder la concentración*) to allow one's attention to wander

distraído, -a *adj* (*gen*) absent-minded; (*entretenido*) amusing

distribuidor, a *nm/f* distributor ❑ **distribuidora** *nf* (*COM*) dealer, agent; (*CINE*) distributor

distribuir *vt* to distribute

distrito *nm* (*sector, territorio*) region; (*barrio*) district ▸ **Distrito Federal** (*MÉX*) Federal District

disturbio *nm* disturbance; (*desorden*) riot

disuadir *vt* to dissuade

disuelto *pp de* **disolver**

disyuntiva *nf* dilemma

DIU *nm abr* (= *dispositivo intrauterino*) IUD

diurno, -a *adj* day *cpd*

divagar *vi* (*desviarse*) to digress

diván *nm* divan

divergencia *nf* divergence

diversidad *nf* diversity, variety

diversificar *vt* to diversify

diversión *nf* (*gen*) entertainment; (*actividad*) hobby, pastime

diverso, -a *adj* diverse; **~s libros** several books ❑ **diversos** *nmpl* sundries

divertido, -a *adj* (*chiste*) amusing; (*fiesta etc*) enjoyable

divertir *vt* (*entretener, recrear*) to amuse; **divertirse** *vr* (*pasarlo bien*) to have a good time; (*distraerse*) to amuse o.s.

dividendos *nmpl* (*COM*) dividends

dividir *vt* (*gen*) to divide; (*distribuir*) to distribute, share out

divierta *etc vb ver* **divertir**

divino, -a *adj* divine

divirtiendo *etc vb ver* **divertir**

divisa *nf* (*emblema*) emblem, badge; **~s** *nfpl* foreign exchange *sg*

divisar *vt* to make out, distinguish

división *nf* (*gen*) division; (*de partido*) split; (*de país*) partition

divorciar *vt* to divorce; **divorciarse** *vr* to get divorced ❑ **divorcio** *nm* divorce

divulgar *vt* (*ideas*) to spread; (*secreto*) to divulge

DNI (*ESP*) *nm abr* (= *Documento Nacional de Identidad*) *national identity card*

Dña. *abr* (= *doña*) Mrs

do *nm* (*MÚS*) do, C

dobladillo *nm* (*de vestido*) hem; (*de pantalón: vuelta*) cuff (*US*), turn-up (*BRIT*)

doblar *vt* to double; (*papel*) to fold; (*caño*) to bend; (*la esquina*) to turn, go round; (*película*) to dub ♦ *vi* to turn; (*campana*) to toll; **doblarse** *vr* (*plegarse*) to fold (up), crease; (*encorvarse*) to bend

doble *adj* double; (*de dos aspectos*) dual; (*fig*) two-faced ♦ *nm* double ♦ *nmf* (*TEATRO*) double, stand-in; **~s** *nmpl* (*DEPORTE*) doubles *sg*; **con ~ sentido** with a double meaning

doblegar *vt* to fold, crease; **doblegarse** *vr* to yield

doblez *nm* fold, hem ♦ *nf* insincerity, duplicity

doce *num* twelve ❑ **docena** *nf* dozen

docente *adj*: **centro/personal ~** teaching establishment/staff

dócil *adj* (*pasivo*) docile; (*obediente*) obedient

docto, -a *adj*: **~ en** instructed in

doctor, a *nm/f* doctor

doctorado *nm* doctorate

doctrina *nf* doctrine, teaching

documentación *nf* documentation, papers *pl*

documental *adj, nm* documentary

documento *nm* (*certificado*) document ▸ **documento adjunto** (*INFORM*) attachment ▸ **documento nacional de identidad** (*ESP*) identity card

dólar *nm* dollar

doler *vt, vi* to hurt; (*fig*) to grieve; **dolerse** *vr* (*de su situación*) to grieve, feel sorry; (*de las desgracias ajenas*) to sympathize; **me duele el brazo** my arm hurts

dolor *nm* pain; (*fig*) grief, sorrow ▸ **dolor de cabeza** headache ▸ **dolor de estómago** stomachache

domar *vt* to tame

domesticar *vt* = **domar**

doméstico, -a *adj* (*vida, servicio*) home; (*tareas*) household; (*animal*) tame, pet

domicilio *nm* home; **sin ~ fijo** of no fixed abode ▸ **domicilio particular** private residence ▸ **domicilio social** (*COM*) head office

dominante *adj* dominant; (*persona*) domineering

dominar *vt* (*gen*) to dominate; (*idiomas*) to be fluent in ♦ *vi* to dominate, prevail; **dominarse** *vr* to control o.s.

domingo *nm* Sunday; (*MÉX: paga*) allowance (*US*), pocket money (*BRIT*)

dominio *nm* (*tierras*) domain; (*autoridad*) power, authority; (*de las pasiones*) grip, hold; (*de idiomas*) command

don *nm* (*talento*) gift; **~ Juan Gómez** Mr Juan Gómez, Juan Gómez Esq. (*BRIT*)

dona (*MÉX*) *nf* doughnut, donut (*US*)

donaire *nm* charm

donar *vt* to donate

donativo *nm* donation

doncella *nf* (*criada*) maid

donde *adv* where ♦ *prep*: **la moto está allí ~ el farol** the motorbike is over there by the lamppost *o* where the lamppost is; **en ~** where, in which

dónde *adv interr* where?; **¿a ~ vas?** where are you going (to)?; **¿de ~ vienes?** where have you been?; **¿por ~?** where?, whereabouts?

dondequiera *adv* anywhere ♦ *conj*: **~ que** wherever; **por ~** everywhere, all over the place

donut® (*ESP*) *nm* doughnut, donut (*US*)

doña *nf*: **~ Alicia** Alicia; **~ Victoria Benito** Mrs Victoria Benito

dorado, -a *adj* (*color*) golden; (*TEC*) gilt

dormir *vt*: **~ la siesta** to have an afternoon nap ♦ *vi* to sleep; **dormirse** *vr* to fall asleep

dormitar *vi* to doze

dormitorio *nm* bedroom ▸ **dormitorio común** dormitory

dorsal *nm* (*DEPORTE*) number

dorso *nm* (*de mano*) back; (*de hoja*) other side

dos *num* two

dosis *nf inv* dose, dosage

dotado, -a *adj* gifted, exceptional (*US*); **~ de** endowed with

dotar *vt* to endow ❑ **dote** *nf* dowry; **dotes** *nfpl* (*talentos*) gifts

doy *vb ver* **dar**

dragar *vt* (*río*) to dredge; (*minas*) to sweep

drama *nm* drama

dramaturgo, -a *nm/f* dramatist, playwright

drástico, -a *adj* drastic

drenaje *nm* drainage

droga *nf* drug

drogadicto, -a *nm/f* drug addict

droguería (*ESP*) *nf* hardware store (*US*) *o* shop (*BRIT*)

ducha *nf* (*baño*) shower; (*MED*) douche; **ducharse** *vr* to take a shower

duda *nf* doubt ❑ **dudar** *vt, vi* to doubt ❑ **dudoso, -a** *adj* (*incierto*) hesitant; (*sospechoso*) doubtful

duela *etc vb ver* **doler**

duelo *vb ver* **doler** ♦ *nm* (*combate*) duel; (*luto*) mourning

duende *nm* imp, goblin

dueño, -a *nm/f* (*propietario*) owner; (*de pensión, taberna*) landlord(-lady); (*empresario*) employer

duermo *etc vb ver* **dormir**

dulce *adj* sweet ♦ *adv* gently, softly ♦ *nm* candy (*US*), sweet (*BRIT*)

dulcería (*LAm*) *nf* candy store (*US*), sweet shop (*BRIT*)

dulzura *nf* sweetness; (*ternura*) gentleness

duna *nf* (*GEO*) dune

dúo *nm* duet

duplicar *vt* (*hacer el doble de*) to duplicate; **duplicarse** *vr* to double

duque *nm* duke ❑ **duquesa** *nf* duchess

duración *nf* (*de película, disco etc*) length; (*de pila etc*) life; (*curso: de acontecimientos etc*) duration

duradero, -a *adj* (*tela etc*) hard-wearing; (*fe, paz*) lasting

durante *prep* during

durar *vi* to last; (*recuerdo*) to remain

durazno (*LAm*) *nm* (*fruta*) peach; (*árbol*) peach tree

durex® (*MÉX*) *nm* (*tira adhesiva*) Scotch tape® (*US*), Sellotape® (*BRIT*)

dureza *nf* (*calidad*) hardness

duro, -a *adj* hard; (*carácter*) tough ♦ *adv* hard ♦ *nm* (*moneda*) five-peseta coin *o* piece

DVD *nm abr* (= *disco de vídeo digital*) DVD

Ee

E *abr* (= *este*) E

e *conj* and

ebanista *nmf* cabinetmaker

ébano *nm* ebony

ebrio, -a *adj* drunk

ebullición *nf* boiling

eccema *nf* (*MED*) eczema

echar *vt* to throw; (*agua, vino*) to pour (out); (*empleado: despedir*) to fire, sack; (*hojas*) to sprout; (*cartas*) to mail (*US*), post (*BRIT*); (*humo*) to emit, give out ♦ *vi*: **~ a correr/llorar** to run off/burst into tears; **echarse** *vr* to lie down; **~ llave a** to lock (up); **~ abajo** (*gobierno*) to overthrow; (*edificio*) to demolish; **~ mano a** to lay hands on; **~ una mano a algn** (*ayudar*) to give sb a hand; **~ de menos** to miss

eclesiástico, -a *adj* ecclesiastical

eco *nm* echo; **tener ~** to catch on

ecología *nf* ecology ❑ **ecológico, -a** *adj* (*producto, método*) environmentally-friendly; (*agricultura*) organic ❑ **ecologista** *adj* ecological, environmental ♦ *nmf* environmentalist

economato *nm* cooperative store

economía *nf* (*sistema*) economy; (*carrera*) economics

económico, -a *adj* (*barato*) cheap, economical; (*ahorrativo*) thrifty; (*COM: año etc*) financial; (*: situación*) economic

economista *nmf* economist

ECU *nm* ECU

ecuador *nm* equator; **(el) E~** Ecuador

ecuánime *adj* (*carácter*) level-headed; (*estado*) calm

ecuatoriano, -a *adj, nm/f* Ecuadorian

ecuestre *adj* equestrian

eczema *nm* = **eccema**

edad *nf* age; **¿qué ~ tienes?** how old are you?; **tiene ocho años de ~** he is eight (years old); **de ~ mediana/avanzada** middle-aged/advanced in years; **la E~ Media** the Middle Ages

edición *nf* (*acto*) publication; (*ejemplar*) edition

edificar *vt, vi* to build

edificio *nm* building; (*fig*) edifice, structure

Edimburgo *nm* Edinburgh

editar *vt* (*publicar*) to publish; (*preparar textos*) to edit

editor, a *nm/f* (*que publica*) publisher; (*redactor*) editor ♦ *adj*: **casa ~a** publishing house, publisher ❑ **editorial** *adj* editorial ♦ *nm* editorial, leading article (*BRIT*); **casa editorial** publisher

edredón *nm* comforter (*US*), duvet (*BRIT*)

educación *nf* education; (*crianza*) upbringing; (*modales*) (good) manners *pl*

educado, -a *adj*: **bien/mal ~** well/badly behaved

educar *vt* to educate; (*criar*) to bring up; (*voz*) to train

EE.UU. *nmpl abr* (= *Estados Unidos*) US(A)

efectista *adj* sensationalist

efectivamente *adv* (*como respuesta*) exactly, precisely; (*verdaderamente*) really; (*de hecho*) in fact

efectivo, -a *adj* effective; (*real*) actual, real ♦ *nm*: **pagar en ~** to pay (in) cash; **hacer ~ un cheque** to cash a check (*US*) *o* cheque (*BRIT*)

efecto *nm* effect, result; **~s** *nmpl* (*efectos personales*) effects; (*bienes*) goods; (*COM*) assets; **en ~** in fact; (*respuesta*) exactly, indeed; **~ 2000** millennium bug ▸ **efecto invernadero** greenhouse effect

efectuar *vt* to carry out; (*viaje*) to make

eficacia *nf* (*de persona*) efficiency; (*de medicamento etc*) effectiveness

eficaz *adj* (*persona*) efficient; (*acción*) effective

eficiente *adj* efficient

efusivo, -a *adj* effusive; **mis más efusivas gracias** my warmest thanks

egipcio, -a *adj, nm/f* Egyptian

Egipto *nm* Egypt

egoísmo *nm* egoism

egoísta *adj* egoistical, selfish ♦ *nmf* egoist

egregio, -a *adj* eminent, distinguished

Eire *nm* Eire

ej. *abr* (= *ejemplo*) eg

eje *nm* (*GEO, MAT*) axis; (*de rueda*) axle; (*de máquina*) shaft, spindle

ejecución *nf* execution; (*cumplimiento*) fulfillment (*US*), fulfilment (*BRIT*); (*MÚS*) performance; (*JUR: embargo de deudor*) attachment

ejecutar *vt* to execute, carry out; (*matar*) to execute; (*cumplir*) to fulfill (*US*), fulfil (*BRIT*); (*MÚS*) to perform; (*JUR: embargar*) to attach, distrain (on)

ejecutivo, -a *adj* executive; **el (poder) ~** the executive (power)

ejemplar *adj* exemplary ♦ *nm* example; (*ZOOL*) specimen; (*de libro*) copy; (*de periódico*) number, issue

ejemplo *nm* example; **por ~** for example

ejercer *vt* to exercise; (*influencia*) to exert; (*un oficio*) to practice (*US*), practise (*BRIT*) ♦ *vi* (*practicar*): **~ (de)** to practice (*US*) *o* practise (*BRIT*) (as)

ejercicio *nm* exercise; (*período*) tenure ▸ **ejercicio comercial** financial year

ejército *nm* army; **entrar en el ~** to join the army, join up

ejote (*MÉX*) *nm* green bean

el

PALABRA CLAVE

(*f* **la**, *pl* **los**, **las**, *neutro* **lo**) *art def*

1 the; **el libro/la mesa/los estudiantes** the book/table/students

2 (*con n abstracto: no se traduce*): **el amor/la juventud** love/youth

3 (*posesión: se traduce a menudo por adj posesivo*): **romperse el brazo** to break one's arm; **levantó la mano** he put his hand up; **se puso el sombrero** she put her hat on

4 (*valor descriptivo*): **tener la boca grande/los ojos azules** to have a big mouth/blue eyes

5 (*con días*) on; **me iré el viernes** I'll leave on Friday; **los domingos suelo ir a nadar** on Sundays I generally go swimming
6 (*lo + adj*): **lo difícil/caro** what is difficult/expensive; (*= cuán*): **no se da cuenta de lo pesado que es** he doesn't realise how boring he is
♦ *pron demos*
1: **mi libro y el de usted** my book and yours; **las de Pepe son mejores** Pepe's are better; **no la(s) blanca(s) sino la(s) roja(s)** not the white one(s) but the red one(s)
2: **lo de: lo de ayer** what happened yesterday; **lo de las facturas** that business about the invoices
♦ *pron relativo*: **el que** *etc*
1 (*indef*): **el (los) que quiera(n) que se vaya(n)** anyone who wants to can leave; **llévese el que más le guste** take the one you like best
2 (*def*): **el que compré ayer** the one I bought yesterday; **los que se van** those who leave
3: **lo que: lo que pienso yo/más me gusta** what I think/like most
♦ *conj*: **el que: el que lo diga** the fact that he says so; **el que sea tan vago me molesta** his being so lazy bothers me
♦ *excl*: **¡el susto que me diste!** what a fright you gave me!
♦ *pron personal*
1 (*persona*: *m*) him; (: *f*) her; (: *pl*) them; **lo/las veo** I can see him/them
2 (*animal, cosa*: *sg*) it; (: *pl*) them; **lo** (*o* **la**) **veo** I can see it; **los** (*o* **las**) **veo** I can see them
3: **lo** (*como sustituto de frase*): **no lo sabía** I didn't know; **ya lo entiendo** I understand now

él *pron* (*persona*) he; (*cosa*) it; (*después de prep*: *persona*) him; (: *cosa*) it; **de él** his
elaborar *vt* (*producto*) to make, manufacture; (*preparar*) to prepare; (*madera, metal etc*) to work; (*proyecto etc*) to work on *o* out
elasticidad *nf* elasticity
elástico, -a *adj* elastic; (*flexible*) flexible ♦ *nm* elastic; (*un elástico*) rubber band, elastic band (*BRIT*)
elección *nf* election; (*selección*) choice, selection
electorado *nm* electorate, voters *pl*
electricidad *nf* electricity
electricista *nmf* electrician
eléctrico, -a *adj* electric
electro... *prefijo* electro...
❑ **electrocardiograma** *nm* electrocardiogram ❑ **electrocutar** *vt* to electrocute ❑ **electrodo** *nm* electrode ❑ **electrodomésticos** *nmpl* (electrical) household appliances
❑ **electromagnético, -a** *adj* electromagnetic
electrónica *nf* electronics *sg*
electrónico, -a *adj* electronic
elefante *nm* elephant
elegancia *nf* elegance, grace; (*estilo*) stylishness
elegante *adj* elegant, graceful; (*estiloso*) stylish, fashionable
elegir *vt* (*escoger*) to choose, select; (*optar*) to opt for; (*presidente*) to elect
elemental *adj* (*claro, obvio*) elementary; (*fundamental*) elemental, fundamental
elemento *nm* element; (*fig*) ingredient; **~s** *nmpl* elements, rudiments
elepé (*pl* **~s**) *nm* L.P.
elevación *nf* elevation; (*acto*) raising, lifting; (*de precios*) rise; (*GEO etc*) height, altitude
elevar *vt* to raise, lift (up); (*precio*) to put up; **elevarse** *vr* (*edificio*) to rise; (*precios*) to go up
eligiendo *etc vb ver* **elegir**
elija *etc vb ver* **elegir**
eliminar *vt* to eliminate, remove
eliminatoria *nf* heat, preliminary (round)
élite, elite *nf* elite
ella *pron* (*persona*) she; (*cosa*) it; (*después de prep*: *persona*) her; (: *cosa*) it; **de ~** hers
ellas *pron* (*personas y cosas*) they; (*después de prep*) them; **de ~** theirs
ello *pron* it
ellos *pron* they; (*después de prep*) them; **de ~** theirs
elocuencia *nf* eloquence
elogiar *vt* to praise ❑ **elogio** *nm* praise
elote (*MÉX*) *nm* corn on the cob
eludir *vt* to avoid
email *nm* email; (*dirección*) email address; **mandar un ~ a algn** to email sb, send sb an email
emanar *vi*: **~ de** to emanate from, come from; (*derivar de*) to originate in
emancipar *vt* to emancipate; **emanciparse** *vr* to become emancipated, free o.s.
embadurnar *vt* to smear
embajada *nf* embassy
embajador, a *nm/f* ambassador (ambassadress)
embalaje *nm* packing
embalar *vt* to parcel, wrap (up); **embalarse** *vr* to go fast
embalsamar *vt* to embalm
embalse *nm* (*presa*) dam; (*lago*) reservoir
embarazada *adj* pregnant ♦ *nf* pregnant woman

⚠ No confundir **embarazada** con la palabra inglesa ***embarrassed***.

embarazo *nm* (*de mujer*) pregnancy; (*impedimento*) obstacle, obstruction; (*timidez*) embarrassment ❑ **embarazoso, -a** *adj* awkward, embarrassing
embarcación *nf* (*barco*) boat, craft; (*acto*) embarkation, boarding
embarcadero *nm* pier, landing stage
embarcar *vt* (*cargamento*) to ship, stow; (*persona*) to embark, put on board; **embarcarse** *vr* to embark, go on board
embargar *vt* (*JUR*) to seize, impound
embargo *nm* (*JUR*) seizure; (*COM, POL*) embargo
embargue *etc vb ver* **embargar**
embarque *etc vb ver* **embarcar** ♦ *nm* shipment, loading
embaucar *vt* to trick, fool
embeber *vt* (*absorber*) to absorb, soak up; (*empapar*) to saturate ♦ *vi* to shrink; **embeberse** *vr*: **~se en un libro** to be engrossed *o* absorbed in a book
embellecer *vt* to embellish, beautify
embestida *nf* attack, onslaught; (*carga*) charge
embestir *vt* to attack, assault; to charge, attack ♦ *vi* to attack
emblema *nm* emblem
embobado, -a *adj* (*atontado*) stunned, bewildered
embolia *nf* (*MED*) clot
émbolo *nm* (*AUTO*) piston
embolsar *vt* to pocket, put in one's pocket
emborrachar *vt* to make drunk, intoxicate; **emborracharse** *vr* to get drunk
emboscada *nf* ambush
embotar *vt* to blunt, dull; **embotarse** *vr* (*adormecerse*) to go numb
embotellamiento *nm* (*AUTO*) traffic jam
embotellar *vt* to bottle
embrague *nm* (*tb*: **pedal de ~**) clutch
embriagar *vt* (*emborrachar*) to make drunk; **embriagarse** *vr* (*emborracharse*) to get drunk
embrión *nm* embryo
embrollar *vt* (*el asunto*) to confuse, complicate; (*implicar*) to involve, embroil; **embrollarse** *vr* (*confundirse*) to get into a muddle *o* mess
embrollo *nm* (*enredo*) muddle, confusion; (*aprieto*) fix, jam
embrujado, -a *adj* bewitched; **casa embrujada** haunted house
embrutecer *vt* (*atontar*) to stupefy; **embrutecerse** *vr* to be stupefied
embudo *nm* funnel
embuste *nm* (*mentira*) lie ❑ **embustero, -a** *adj* lying, deceitful ♦ *nm/f* (*mentiroso*) liar
embutido *nm* (*CULIN*) sausage; (*TEC*) inlay
emergencia *nf* emergency; (*surgimiento*) emergence
emerger *vi* to emerge, appear
emigración *nf* emigration; (*de pájaros*) migration
emigrar *vi* (*personas*) to emigrate; (*pájaros*) to migrate
eminencia *nf* eminence ❑ **eminente** *adj* eminent, distinguished; (*elevado*) high
emisario *nm* emissary
emisión *nf* (*acto*) emission; (*COM etc*) issue; (*RADIO, TV*: *acto*) broadcasting; (: *programa*) broadcast, program (*US*), programme (*BRIT*)
emisora *nf* radio *o* broadcasting station
emitir *vt* (*olor etc*) to emit, give off; (*moneda etc*) to issue; (*opinión*) to express; (*RADIO*) to broadcast
emoción *nf* emotion; (*excitación*) excitement; (*sentimiento*) feeling
emocionante *adj* (*excitante*) exciting, thrilling
emocionar *vt* (*excitar*) to excite, thrill; (*conmover*) to move, touch; (*impresionar*) to impress
emoticón, emoticono *nm* smiley
emotivo, -a *adj* emotional
empacar *vt* (*gen*) to pack; (*en caja*) to bale, crate
empacho *nm* (*MED*) indigestion; (*fig*) embarrassment
empadronarse *vr* (*POL*: *como elector*) to register
empalagoso, -a *adj* cloying; (*fig*) tiresome
empalmar *vt* to join, connect ♦ *vi* (*dos caminos*) to meet, join ❑ **empalme** *nm* joint, connection; (*de vías, carreteras*) intersection (*US*), junction (*BRIT*); (*de trenes*) connection
empanada *nf* pie, pasty
empantanarse *vr* to get swamped; (*fig*) to get bogged down
empañarse *vr* (*cristales etc*) to steam up
empapar *vt* (*mojar*) to soak, saturate; (*absorber*) to soak up, absorb; **empaparse** *vr*: **~se de** to soak up
empapelar (*LAm exc MÉX, ESP*) *vt* (*paredes*) to paper
empaquetar *vt* to pack, parcel up
empastar *vt* (*embadurnar*) to paste; (*diente*) to fill
empaste *nm* (*de diente*) filling
empatar *vi* to tie, draw (*BRIT*) ❑ **empate** *nm* tie, draw (*BRIT*)
empecé *etc vb ver* **empezar**
empedernido, -a *adj* hard, heartless; (*fumador*) inveterate
empedrado, -a *adj* paved ♦ *nm* paving
empeine *nm* (*de pie, zapato*) instep
empellón *nm* push, shove
empeñado, -a *adj* (*persona*) determined; (*objeto*) pawned
empeñar *vt* (*objeto*) to pawn, pledge; (*persona*) to compel; **empeñarse** *vr* (*endeudarse*) to get into debt; **~se en** to be set on, be determined to
empeño *nm* (*determinación, insistencia*) determination, insistence; **casa de ~s** pawnshop
empeorar *vt* to make worse, worsen ♦ *vi* to get worse, deteriorate
empequeñecer *vt* to dwarf; (*minusvalorar*) to belittle
emperador *nm* emperor ❑ **emperatriz** *nf* empress
empezar *vt, vi* to begin, start
empiece *etc vb ver* **empezar**
empiezo *etc vb ver* **empezar**
empinar *vt* to raise; **empinarse** *vr* (*persona*) to stand on tiptoe; (*animal*) to rear up; (*camino*) to climb, steeply
empírico, -a *adj* empirical
emplasto *nm* (*MED*) plaster
emplazamiento *nm* site, location; (*JUR*) summons *sg*
emplazar *vt* (*ubicar*) to site, place, locate; (*JUR*) to summons; (*convocar*) to summon
empleado, -a *nm/f* (*gen*) employee; (*de banco etc*) clerk
emplear *vt* (*usar*) to use, employ; (*dar trabajo a*) to employ; **emplearse** *vr* (*conseguir trabajo*) to be employed; (*ocuparse*) to occupy o.s.
empleo *nm* (*puesto*) job; (*puestos*: *colectivamente*) employment; (*uso*) use, employment
empobrecer *vt* to impoverish; **empobrecerse** *vr* to become poor *o* impoverished
emporio *nm* (*LAm*: *gran almacén*) department store
empotrado, -a *adj* (*armario etc*) built-in
emprender *vt* (*empezar*) to begin, embark on; (*acometer*) to tackle, take on
empresa *nf* (*de espíritu etc*) enterprise; (*COM*) company, firm ❑ **empresario, -a** *nm/f* (*COM*) businessman(-woman)
empréstito *nm* (public) loan
empujar *vt* to push, shove
empujón *nm* push, shove
empuñar *vt* (*asir*) to grasp, take (firm) hold of
emular *vt* to emulate; (*rivalizar*) to rival

en

PALABRA CLAVE

prep
1 (*posición*) in; (: *sobre*) on; **está en el cajón** it's in the drawer; **en Argentina/La Paz** in Argentina/La Paz; **en la oficina/el colegio** at the office/school; **está en el suelo/quinto piso** it's on the floor/the fifth floor
2 (*dirección*) into; **entró en el aula** she went into the classroom; **meter algo en la bolsa** to put sth into one's bag
3 (*tiempo*) in; on; **en 1605/3 semanas/invierno** in 1605/3 weeks/winter; **en (el mes de) enero** in (the month of) January; **en aquella ocasión/época** on that occasion/at that time; **en la tarde** (*LAm*) in the afternoon
4 (*precio*) for; **lo vendió en 20 dólares** he sold it for 20 dollars
5 (*diferencia*) by; **reducir/aumentar en una tercera parte/un 20 por ciento** to reduce/increase by a third/20 per cent
6 (*manera*): **en avión/autobús** by plane/bus; **escrito en inglés** written in English
7 (*después de vb que indica gastar etc*) on; **han cobrado demasiado en dietas** they've charged too much to expenses; **se le va la mitad del sueldo en comida** he spends half his salary on food
8 (*tema, ocupación*): **experto en la materia** expert on the subject; **trabaja en la construcción** he works in the building industry
9 (*adj + en + infin*): **lento en reaccionar** slow to react

enaguas *nfpl* petticoat *sg*, underskirt *sg*
enajenación *nf* (*PSICO*: *tb*: **~ mental**) mental derangement
enajenar *vt* (*volver loco*) to drive mad
enamorado, -a *adj* in love ♦ *nm/f* lover
enamorar *vt* to win the love of; **enamorarse** *vr*: **~se de algn** to fall in love with sb
enano, -a *adj* tiny ♦ *nm/f* dwarf
enardecer *vt* (*pasión*) to fire, inflame; (*persona*) to fill with enthusiasm; **enardecerse** *vr*: **~se por** to get excited about; (*entusiasmarse*) to get enthusiastic about
encabezamiento *nm* (*de carta*) heading; (*de periódico*) headline
encabezar *vt* (*movimiento, revolución*) to lead, head; (*lista*) to head, be at the top of; (*carta*) to put a heading to
encadenar *vt* to chain (together); (*poner grilletes a*) to shackle
encajar *vt* (*ajustar*): **~ (en)** to fit (into); (*fam*: *golpe*) to take ♦ *vi* to fit (well); (*fig*: *corresponder a*) to match; **encajarse** *vr*: **~se en un sillón** to squeeze into a chair
encaje *nm* (*labor*) lace
encalar *vt* (*pared*) to whitewash
encallar *vi* (*NÁUT*) to run aground
encaminar *vt* to direct, send; **encaminarse** *vr*: **~se a** to set out for
encantado, -a *adj* (*hechizado*) bewitched; (*muy contento*) delighted; **¡~!** how do you do!, pleased to meet you!
encantador, a *adj* charming, lovely ♦ *nm/f* magician, enchanter (enchantress)
encantar *vt* (*agradar*) to charm, delight; (*hechizar*) to bewitch, cast a spell on; **me encanta eso** I love that ❑ **encanto** *nm* (*hechizo*) spell, charm; (*fig*) charm, delight
encarcelar *vt* to imprison, jail
encarecer *vt* to put up the price of; **encarecerse** *vr* to get dearer
encarecimiento *nm* price increase
encargado, -a *adj* in charge ♦ *nm/f* agent, representative; (*responsable*) person in charge
encargar *vt* to entrust; (*recomendar*) to urge, recommend; **encargarse** *vr*: **~se de** to look after, take charge of
encargo *nm* (*tarea*) assignment, job; (*responsabilidad*) responsibility; (*COM*) order
encariñarse *vr*: **~ con** to grow fond of, get attached to
encarnación *nf* incarnation, embodiment
encarnizado, -a *adj* (*lucha*) bloody, fierce
encarrilar *vt* (*tren*) to put back on the rails; (*fig*) to correct, put on the right track
encasillar *vt* (*fig*) to pigeonhole; (*actor*) to typecast
encauzar *vt* to channel
encendedor *nm* lighter
encender *vt* (*con fuego*) to light; (*luz, radio*) to put on, switch on; (*avivar*: *pasión*) to inflame; **encenderse** *vr* to catch fire; (*excitarse*) to get excited; (*de cólera*) to flare up; (*el rostro*) to blush
encendido *nm* (*AUTO*) ignition
encerado *nm* (*ESCOL*) blackboard, chalkboard (*US*)
encerar *vt* (*suelo*) to wax, polish
encerrar *vt* (*confinar*) to shut in, shut up; (*comprender, incluir*) to include, contain
encharcado, -a *adj* (*terreno*) flooded
encharcarse *vr* to get flooded
enchufado, -a (*fam*) *nm/f* well-connected person
enchufar *vt* (*ELEC*) to plug in; (*TEC*) to connect, fit together ❑ **enchufe** *nm* (*ELEC*: *clavija*) plug; (: *toma*) socket, outlet (*US*); (*de dos tubos*) joint, connection; (*fam*: *influencia*) contact, connection; (: *puesto*) cushy job
encía *nf* gum
encienda *etc vb ver* **encender**
encierro *etc vb ver* **encerrar** ♦ *nm* shutting in, shutting up; (*calabozo*) prison
encima *adv* (*sobre*) above, over; (*además*) besides; **~ de** (*en*) on, on top of; (*sobre*) above, over; (*además de*) besides, on top of; **por ~ de** over; **¿llevas dinero ~?** have you (got) any money on you?; **se me vino ~** it took me by surprise
encina *nf* holm oak
encinta *adj* pregnant
enclenque *adj* weak, sickly

encoger *vt* to shrink, contract; **encogerse** *vr* to shrink, contract; (*fig*) to cringe; **~se de hombros** to shrug one's shoulders

encolar *vt* (*engomar*) to glue, paste; (*pegar*) to stick down

encolerizar *vt* to anger, provoke; **encolerizarse** *vr* to get angry

encomendar *vt* to entrust, commend; **encomendarse** *vr*: **~se a** to put one's trust in

encomiar *vt* to praise, pay tribute to

encomienda *etc vb ver* **encomendar** ♦ *nf* (*encargo*) charge, commission; (*elogio*) tribute ▸ **encomienda postal** (*LAm*) package, parcel (*BRIT*)

encontrado, -a *adj* (*contrario*) contrary, conflicting

encontrar *vt* (*hallar*) to find; (*inesperadamente*) to meet, run into; **encontrarse** *vr* to meet (each other); (*situarse*) to be (situated); **~se con** to meet; **~se bien (de salud)** to feel well

encrespar *vt* (*cabellos*) to curl; (*fig*) to anger, irritate; **encresparse** *vr* (*el mar*) to get rough; (*fig*) to get cross, get irritated

encrucijada *nf* crossroads *sg*

encuadernación *nf* binding

encuadernador, a *nm/f* bookbinder

encuadrar *vt* (*retrato*) to frame; (*ajustar*) to fit, insert; (*contener*) to contain

encubrir *vt* (*ocultar*) to hide, conceal; (*criminal*) to shelter, harbor (*US*), harbour (*BRIT*)

encuentro *etc vb ver* **encontrar** ♦ *nm* (*de personas*) meeting; (*AUTO etc*) collision, crash; (*DEPORTE*) game, match; (*MIL*) encounter

encuerado, -a (*MÉX*) *adj* nude, naked

encuesta *nf* inquiry, investigation; (*sondeo*) (public) opinion poll ▸ **encuesta judicial** post mortem

encumbrar *vt* (*persona*) to exalt

endeble *adj* (*persona*) weak; (*argumento, excusa, persona*) weak

endémico, -a *adj* (*MED*) endemic; (*fig*) rife, chronic

endemoniado, -a *adj* possessed (of the devil); (*travieso*) devilish

enderezar *vt* (*poner derecho*) to straighten (out); (*: verticalmente*) to set upright; (*situación*) to straighten *o* sort out; (*dirigir*) to direct; **enderezarse** *vr* (*persona sentada*) to straighten up

endeudarse *vr* to get into debt

endiablado, -a *adj* devilish, diabolical; (*travieso*) mischievous

endilgar (*fam*) *vt*: **~le algo a algn** to lumber sb with sth; **~le un sermón a algn** to lecture sb

endosar *vt* (*cheque etc*) to endorse

endulzar *vt* to sweeten; (*suavizar*) to soften

endurecer *vt* to harden; **endurecerse** *vr* to harden, grow hard

enema *nm* (*MED*) enema

enemigo, -a *adj* enemy, hostile ♦ *nm/f* enemy

enemistad *nf* enmity

enemistar *vt* to make enemies of, cause a rift between; **enemistarse** *vr* to become enemies; (*amigos*) to fall out

energía *nf* (*vigor*) energy, drive; (*empuje*) push; (*TEC, ELEC*) energy, power ▸ **energía eólica** wind power ▸ **energía solar** solar energy/power

enérgico, -a *adj* (*gen*) energetic; (*voz, modales*) forceful

energúmeno, -a (*fam*) *nm/f* (*fig*) madman(-woman)

enero *nm* January

enfadado, -a (*ESP*) *adj* angry, annoyed

enfadar (*ESP*) *vt* to anger, annoy; **enfadarse** *vr* to get angry *o* annoyed

enfado *nm* (*enojo*) anger, annoyance; (*disgusto*) trouble, bother

énfasis *nm* emphasis, stress

enfático, -a *adj* emphatic

enfermar *vt* to make ill ♦ *vi* to fall ill, be taken ill

enfermedad *nf* illness ▸ **enfermedad venérea** venereal disease

enfermera *nf* nurse

enfermería *nf* infirmary; (*de colegio etc*) sick bay

enfermero *nm* (male) nurse

enfermizo, -a *adj* (*persona*) sickly, unhealthy; (*fig*) unhealthy

enfermo, -a *adj* ill, sick ♦ *nm/f* invalid, sick person; (*en hospital*) patient

enflaquecer *vt* (*adelgazar*) to make thin; (*debilitar*) to weaken

enfocar *vt* (*foto etc*) to focus; (*problema etc*) to approach

enfoque *etc vb ver* **enfocar** ♦ *nm* focus

enfrascarse *vr*: **~ en algo** to bury o.s. in sth

enfrentar *vt* (*peligro*) to face (up to), confront; (*oponer*) to bring face to face; **enfrentarse** *vr* (*dos personas*) to face *o* confront each other; (*DEPORTE: dos equipos*) to meet; **~se a** *o* **con** to face up to, confront

enfrente *adv* opposite; **la casa de ~** the house opposite, the house across the street; **~ de** opposite, facing

enfriamiento *nm* chilling, refrigeration; (*MED*) cold, chill

enfriar *vt* (*alimentos*) to cool, chill; (*algo caliente*) to cool down; **enfriarse** *vr* to cool down; (*MED*) to catch a chill; (*amistad*) to cool

enfurecer *vt* to enrage, madden; **enfurecerse** *vr* to become furious, fly into a rage; (*mar*) to get rough

engalanar *vt* (*adornar*) to adorn; (*ciudad*) to decorate; **engalanarse** *vr* to get dressed up

enganchar *vt* to hook; (*dos vagones*) to hitch up; (*TEC*) to couple, connect; (*MIL*) to recruit; **engancharse** *vr* (*MIL*) to enlist, join up

enganche *nm* hook; (*acto*) hooking (up); (*MIL*) recruitment, enlistment; (*MÉX: depósito*) deposit

engañar *vt* to deceive; (*estafar*) to cheat, swindle; **engañarse** *vr* (*equivocarse*) to be wrong; (*disimular la verdad*) to deceive o.s.

engaño *nm* deceit; (*estafa*) trick, swindle; (*error*) mistake, misunderstanding; (*ilusión*) delusion ❑ **engañoso, -a** *adj* (*tramposo*) crooked; (*mentiroso*) dishonest, deceitful; (*aspecto*) deceptive; (*consejo*) misleading

engarzar *vt* (*joya*) to set, mount; (*fig*) to link, connect

engatusar (*fam*) *vt* to coax

engendrar *vt* to breed; (*procrear*) to beget; (*causar*) to cause, produce ❑ **engendro** *nm* (*BIO*) fetus (*US*), foetus (*BRIT*); (*fig*) monstrosity

englobar *vt* to include, comprise

engordar *vt* to fatten ♦ *vi* to get fat, put on weight

engorroso, -a *adj* bothersome, trying

engranaje *nm* (*AUTO*) gear

engrandecer *vt* to enlarge, magnify; (*alabar*) to praise, speak highly of; (*exagerar*) to exaggerate

engrasar *vt* (*TEC: poner grasa*) to grease; (*: lubricar*) to lubricate, oil; (*manchar*) to make greasy

engreído, -a *adj* vain, conceited

engrosar *vt* (*ensanchar*) to enlarge; (*aumentar*) to increase; (*hinchar*) to swell

enhebrar *vt* to thread

enhorabuena *excl*: **¡~!** congratulations! ♦ *nf*: **dar la ~ a** to congratulate

enigma *nm* enigma; (*problema*) puzzle; (*misterio*) mystery

enjabonar *vt* to soap; (*fam: adular*) to soft-soap

enjambre *nm* swarm

enjaular *vt* to (put in a) cage; (*fam*) to jail, lock up

enjuagar *vt* (*ropa*) to rinse (out)

enjuague *etc vb ver* **enjuagar** ♦ *nm* (*MED*) mouthwash; (*de ropa*) rinse, rinsing; (*LAm: para el pelo*) conditioner

enjugar *vt* to wipe (off); (*lágrimas*) to dry; (*déficit*) to wipe out

enjuiciar *vt* (*JUR: procesar*) to prosecute, try; (*fig*) to judge

enjuto, -a *adj* (*flaco*) lean, skinny

enlace *nm* link, connection; (*relación*) relationship; (*tb*: **~ matrimonial**) marriage; (*de carretera, trenes*) connection ▸ **enlace sindical** union representative, shop steward (*BRIT*)

enlatado, -a *adj* (*alimentos, productos*) canned, tinned (*BRIT*)

enlazar *vt* (*unir con lazos*) to bind together; (*atar*) to tie; (*conectar*) to link, connect; (*LAm: caballo*) to lasso

enlodar *vt* to cover in mud; (*fig: manchar*) to stain; (*: rabajar*) to debase

enloquecer *vt* to drive mad ♦ *vi* to go mad; **enloquecerse** *vr* to go mad

enlutado, -a *adj* (*persona*) in mourning

enmarañar *vt* (*enredar*) to tangle (up), entangle; (*complicar*) to complicate; (*confundir*) to confuse; **enmarañarse** *vr* (*enredarse*) to become entangled; (*confundirse*) to get confused

enmarcar *vt* (*cuadro*) to frame

enmascarar *vt* to mask; **enmascararse** *vr* to put on a mask

enmendar *vt* to emend, correct; (*constitución etc*) to amend; (*comportamiento*) to reform; **enmendarse** *vr* to reform, mend one's ways ❑ **enmienda** *nf* correction; amendment; reform

enmohecerse *vr* (*metal*) to rust, go rusty; (*muro, plantas*) to get moldy (*US*) *o* mouldy (*BRIT*)

enmudecer *vi* (*perder el habla*) to fall silent; (*guardar silencio*) to remain silent

ennegrecer *vt* (*poner negro*) to blacken; (*oscurecer*) to darken; **ennegrecerse** *vr* to turn black; (*oscurecerse*) to get dark, darken

ennoblecer *vt* to ennoble

enojado, -a (*LAm*) *adj* angry

enojar (*LAm*) *vt* (*encolerizar*) to anger; (*disgustar*) to annoy, upset; **enojarse** *vr* to get angry; to get annoyed

enojo *nm* (*cólera*) anger; (*irritación*) annoyance ❑ **enojoso, -a** *adj* annoying

enorgullecerse *vr* to be proud; **~ de** to pride o.s. on, be proud of

enorme *adj* enormous, huge; (*fig*) monstrous ❑ **enormidad** *nf* hugeness, immensity

enrarecido, -a *adj* (*atmósfera, aire*) rarefied

enredadera *nf* (*BOT*) creeper, climbing plant

enredar *vt* (*cables, hilos etc*) to tangle (up), entangle; (*situación*) to complicate, confuse; (*meter cizaña*) to sow discord among *o* between; (*implicar*) to embroil, implicate; **enredarse** *vr* to get entangled, get tangled (up); (*situación*) to get complicated; (*persona*) to get embroiled; (*LAm: fam*) to meddle

enredo *nm* (*maraña*) tangle; (*confusión*) mix-up, confusion; (*intriga*) intrigue

enrejado *nm* fence, railings *pl*

enrevesado, -a *adj* (*asunto*) complicated, involved

enriquecer *vt* to make rich, enrich; **enriquecerse** *vr* to get rich

enrojecer *vt* to redden ♦ *vi* (*persona*) to blush; **enrojecerse** *vr* to blush

enrolar *vt* (*MIL*) to enlist; (*reclutar*) to recruit; **enrolarse** *vr* (*MIL*) to join up; (*afiliarse*) to enroll (*US*), enrol (*BRIT*)

enrollar *vt* to roll (up), wind (up)

enroscar *vt* (*torcer, doblar*) to coil (round), wind; (*tornillo, rosca*) to screw in; **enroscarse** *vr* to coil, wind

ensalada *nf* salad ▸ **ensalada de frutas** (*LAm*) fruit salad ❑ **ensaladilla (rusa)** (*ESP*) *nf* Russian salad

ensalzar *vt* (*alabar*) to praise, extol; (*exaltar*) to exalt

ensamblaje *nm* assembly; (*TEC*) joint

ensanchar *vt* (*hacer más ancho*) to widen; (*agrandar*) to enlarge, expand; (*COSTURA*) to let out; **ensancharse** *vr* to get wider, expand ❑ **ensanche** *nm* (*de calle*) widening

ensangrentar *vt* to stain with blood

ensañar *vt* to enrage; **ensañarse** *vr*: **~se con** to treat brutally

ensartar *vt* (*cuentas, perlas etc*) to string (together)

ensayar *vt* to test, try (out); (*TEATRO*) to rehearse

ensayo *nm* test, trial; (*QUÍM*) experiment; (*TEATRO*) rehearsal; (*DEPORTE*) try; (*ESCOL, LITERATURA*) essay

enseguida *adv* at once, right away

ensenada *nf* inlet, cove

enseñanza *nf* (*educación*) education; (*acción*) teaching; (*doctrina*) teaching, doctrine

enseñar *vt* (*educar*) to teach; (*mostrar, señalar*) to show

enseres *nmpl* belongings

ensillar *vt* to saddle (up)

ensimismarse *vr* (*abstraerse*) to become lost in thought; (*LAm: envanecerse*) to become conceited

ensombrecer *vt* to darken, cast a shadow over; (*fig*) to overshadow, put in the shade

ensordecer *vt* to deafen ♦ *vi* to go deaf

ensortijado, -a *adj* (*pelo*) curly

ensuciar *vt* (*manchar*) to dirty, soil; (*fig*) to defile; **ensuciarse** *vr* to get dirty; (*bebé*) to dirty one's diaper (*US*) *o* nappy (*BRIT*)

ensueño *nm* (*sueño*) dream, fantasy; (*ilusión*) illusion; **de ~** dream-like

entablar *vt* (*recubrir*) to board (up); (*AJEDREZ, DAMAS*) to set up; (*conversación*) to strike up; (*JUR*) to file ♦ *vi* to draw

entablillar *vt* (*MED*) to (put in a) splint

entallar *vt* (*traje*) to tailor ♦ *vi*: **el traje entalla bien** the suit fits well

ente *nm* (*organización*) body, organization; (*fam: persona*) odd character

entender *vt* (*comprender*) to understand; (*darse cuenta*) to realize ♦ *vi* to understand; (*creer*) to think, believe; **entenderse** *vr* (*comprenderse*) to be understood; (*llevarse bien*) to get on with sb; (*ponerse de acuerdo*) to agree, reach an agreement; **~ de** to know all about; **~ algo de** to know a little about; **~ en** to deal with, have to do with; **llevarse mal** to get on badly

entendido, -a *adj* (*comprendido*) understood; (*hábil*) skilled; (*inteligente*) knowledgeable ♦ *nm/f* (*experto*) expert ♦ *excl* agreed! ❑ **entendimiento** *nm* (*comprensión*) understanding; (*inteligencia*) mind, intellect; (*juicio*) judgement

enterado, -a *adj* well-informed; **estar ~ de** to know about, be aware of

enteramente *adv* entirely, completely

enterar *vt* (*informar*) to inform, tell; **enterarse** *vr* to find out, get to know

entereza *nf* (*totalidad*) entirety; (*fig: de carácter*) strength of mind; (*: honradez*) integrity

enterito (*RPl*) *nm* overalls (*US*), boiler suit (*BRIT*)

enternecer *vt* (*ablandar*) to soften; (*apiadar*) to touch, move; **enternecerse** *vr* to be touched, be moved

entero, -a *adj* (*total*) whole, entire; (*fig: honesto*) honest; (*: firme*) firm, resolute ♦ *nm* (*COM: punto*) point

enterrador *nm* gravedigger

enterrar *vt* to bury

entibiar *vt* (*enfriar*) to cool; (*calentar*) to warm; **entibiarse** *vr* (*fig*) to cool

entidad *nf* (*empresa*) firm, company; (*organismo*) body; (*sociedad*) society; (*FILOSOFÍA*) entity

entiendo *etc vb ver* **entender**

entierro *nm* (*acción*) burial; (*funeral*) funeral

entonación *nf* (*LING*) intonation

entonar *vt* (*canción*) to intone; (*colores*) to tone; (*MED*) to tone up ♦ *vi* to be in tune

entonces *adv* then, at that time; **desde ~** since then; **en aquel ~** at that time; **(pues) ~** and so

entornar *vt* (*puerta, ventana*) to half-close, leave ajar; (*los ojos*) to screw up

entorpecer *vt* (*entendimiento*) to dull; (*impedir*) to obstruct, hinder; (*: tránsito*) to slow down, delay

entrada *nf* (*acción*) entry, access; (*sitio*) entrance, way in; (*INFORM*) input; (*COM*) receipts *pl*, takings *pl*; (*LAm CULIN*) appetizer, starter (*BRIT*); (*DEPORTE*) innings *sg*; (*TEATRO*) house, audience; (*billete*) ticket; **~s y salidas** (*COM*) income and expenditure; **de ~** from the outset ▸ **entrada de aire** (*TEC*) air intake *o* inlet

entrado, -a *adj*: **~ en años** elderly; **una vez ~ el verano** in the summer(time), when summer comes

entramparse *vr* to get into debt

entrante *adj* next, coming ♦ *nm* (*ESP CULIN*) appetizer, starter (*BRIT*); **mes/año ~** next month/year

entraña *nf* (*fig: centro*) heart, core; (*raíz*) root; **~s** *nfpl* (*ANAT*) entrails; (*fig*) heart *sg*; **sin ~s** (*fig*) heartless ❑ **entrañable** *adj* close, intimate ❑ **entrañar** *vt* to entail

entrar *vt* (*introducir*) to bring in; (*INFORM*) to input ♦ *vi* (*meterse*) to go in, come in, enter; (*comenzar*): **~ diciendo** to begin by saying; **hacer ~** to show in; **no me entra** I can't get the hang of it

entre *prep* (*dos*) between; (*más de dos*) among(st)

entreabrir *vt* to half-open, open halfway

entrecejo *nm*: **fruncir el ~** to frown

entrecortado, -a *adj* (*respiración*) difficult; (*habla*) faltering

entredicho *nm* (*JUR*) injunction; **poner en ~** to cast doubt on; **estar en ~** to be in doubt

entrega *nf* (*de mercancías*) delivery; (*de novela etc*) installment (*US*), instalment (*BRIT*)

entregar *vt* (*dar*) to hand (over), deliver; **entregarse** *vr* (*rendirse*) to surrender, give in, submit; (*dedicarse*) to devote o.s.

entrelazar *vt* to entwine

entremeses *nmpl* hors d'œuvres

entremeter *vt* to insert, put in; **entremeterse** *vr* to meddle, interfere ❑ **entremetido, -a** *adj* meddling, interfering

entremezclar *vt* to intermingle; **entremezclarse** *vr* to intermingle

entrenador, a *nm/f* trainer, coach

entrenarse *vr* to train

entrepierna *nf* crotch

entresacar *vt* to pick out, select

entresuelo *nm* mezzanine

entretanto *adv* meanwhile, meantime

entretecho (*CS*) *nm* attic

entretejer *vt* to interweave

entretener *vt* (*divertir*) to entertain, amuse; (*detener*) to hold up, delay; **entretenerse** *vr* (*divertirse*) to amuse o.s.; (*retrasarse*) to delay, linger ❑ **entretenido, -a** *adj* entertaining, amusing ❑ **entretenimiento** *nm* entertainment, amusement

entrever *vt* to glimpse, catch a glimpse of

entrevista *nf* interview ❑ **entrevistar** *vt* to interview; **entrevistarse** *vr* to have an interview

entristecer *vt* to sadden, grieve; **entristecerse** *vr* to grow sad

entrometerse *vr*: **~ (en)** to interfere (in *o* with)

entroncar *vi* to be connected *o* related

entumecer *vt* to numb, benumb; **entumecerse** *vr* (*por el frío*) to go *o* become numb ❑ **entumecido, -a** *adj* numb, stiff

enturbiar *vt* (*el agua*) to make cloudy; (*fig*) to confuse; **enturbiarse** *vr* (*oscurecerse*) to become cloudy; (*fig*) to get confused, become obscure

entusiasmar *vt* to excite, fill with enthusiasm; (*gustar mucho*) to delight; **entusiasmarse** *vr*: **~se con** *o* **por** to get enthusiastic *o* excited about

entusiasmo *nm* enthusiasm; (*excitación*) excitement

entusiasta *adj* enthusiastic ♦ *nmf* enthusiast

enumerar *vt* to enumerate

enunciación *nf* enunciation

enunciado *nm* enunciation

envainar *vt* to sheathe

envalentonar *vt* to give courage to; **envalentonarse** *vr* (*pey: jactarse*) to boast, brag

envanecer *vt* to make conceited; **envanecerse** *vr* to grow conceited

envasar *vt* (*empaquetar*) to pack, wrap; (*enfrascar*) to bottle; (*enlatar*) to can; (*embolsar*) to pocket

envase *nm* (*en paquete*) packing, wrapping; (*en botella*) bottling; (*en lata*) canning; (*recipiente*) container; (*paquete*) package; (*botella*) bottle; (*lata*) can, tin (*BRIT*)

envejecer *vt* to make old, age ♦ *vi* (*volverse viejo*) to grow old; (*parecer viejo*) to age; **envejecerse** *vr* to grow old; to age

envenenar *vt* to poison; (*fig*) to embitter

envergadura *nf* (*fig*) scope, compass

envés *nm* (*de tela*) back, wrong side

enviar *vt* to send

enviciarse *vr*: ~ **(con)** to get addicted (to)

envidia *nf* envy; **tener ~ a** to envy, be jealous of ❑ **envidiar** *vt* to envy

envío *nm* (*acción*) sending; (*de mercancías*) consignment; (*de dinero*) remittance

enviudar *vi* to be widowed

envoltorio *nm* package

envoltura *nf* (*cobertura*) cover; (*embalaje*) wrapper, wrapping

envolver *vt* to wrap (up); (*cubrir*) to cover; (*enemigo*) to surround; (*implicar*) to involve, implicate

envuelto *pp de* **envolver**

enyesar *vt* (*pared*) to plaster; (*MED*) to put in plaster

enzarzarse *vr*: ~ **en** (*pelea*) to get mixed up in; (*disputa*) to get involved in

épica *nf* epic

épico, -a *adj* epic

epidemia *nf* epidemic

epilepsia *nf* epilepsy

epílogo *nm* epilog

episodio *nm* episode

epístola *nf* epistle

época *nf* period, time; (*HIST*) age, epoch; **hacer ~** to be epoch-making

equilibrar *vt* to balance ❑ **equilibrio** *nm* balance, equilibrium ❑ **equilibrista** *nmf* (*funámbulo*) tightrope walker; (*acróbata*) acrobat

equipaje *nm* luggage, baggage ▸ **equipaje de mano** hand luggage

equipar *vt* (*proveer*) to equip

equipararse *vr*: ~ **con** to be on a level with

equipo *nm* (*conjunto de cosas*) equipment; (*DEPORTE*) team; (*de obreros*) shift

equis *nf inv* (the letter) X

equitación *nf* horse riding

equitativo, -a *adj* equitable, fair

equivalente *adj, nm* equivalent

equivaler *vi* to be equivalent *o* equal

equivocación *nf* mistake, error

equivocado, -a *adj* wrong, mistaken

equivocarse *vr* to be wrong, make a mistake; **~ de camino** to take the wrong road

equívoco, -a *adj* (*dudoso*) suspect; (*ambiguo*) ambiguous ♦ *nm* ambiguity; (*malentendido*) misunderstanding

era *vb ver* **ser** ♦ *nf* era, age

erais *vb ver* **ser**

éramos *vb ver* **ser**

eran *vb ver* **ser**

erario *nm* treasury, exchequer (*BRIT*)

eras *vb ver* **ser**

erección *nf* erection

eres *vb ver* **ser**

erguir *vt* to raise, lift; (*poner derecho*) to straighten; **erguirse** *vr* to straighten up

erigir *vt* to erect, build; **erigirse** *vr*: **~se en** to set o.s. up as

erizarse *vr* (*pelo: de perro*) to bristle; (*: de persona*) to stand on end

erizo *nm* (*ZOOL*) hedgehog ▸ **erizo de mar** sea-urchin

ermita *nf* hermitage

ermitaño, -a *nm/f* hermit

erosión *nf* erosion

erosionar *vt* to erode

erótico, -a *adj* erotic ❑ **erotismo** *nm* eroticism

erradicar *vt* to eradicate

errante *adj* wandering, errant

errar *vi* (*vagar*) to wander, roam; (*equivocarse*) to be mistaken ♦ *vt*: **~ el camino** to take the wrong road; **~ el tiro** to miss

erróneo, -a *adj* (*equivocado*) wrong, mistaken

error *nm* error, mistake; (*INFORM*) bug ▸ **error de imprenta** misprint

eructar *vt* to belch, burp

erudito, -a *adj* erudite, learned

erupción *nf* eruption; (*MED*) rash

es *vb ver* **ser**

esa (*pl* **~s**) *adj demos ver* **ese**

ésa (*pl* **~s**) *pron demos ver* **ése**

esbelto, -a *adj* slim, slender

esbozo *nm* sketch, outline

escabeche *nm* brine; (*de aceitunas etc*) pickle; **en ~** pickled

escabroso, -a *adj* (*accidentado*) rough, uneven; (*fig*) tough, difficult; (*: atrevido*) risqué

escabullirse *vr* to slip away, clear out

escafandra *nf* (*buzo*) diving suit; (*escafandra espacial*) space suit

escala *nf* (*proporción, MÚS*) scale; (*de mano*) ladder; (*AVIAT*) stopover; **hacer ~ en** to stop *o* call in at

escalafón *nm* (*escala de salarios*) salary scale, wage scale

escalar *vt* to climb, scale

escalera *nf* stairs *pl*, staircase; (*escala*) ladder; (*NAIPES*) run ▸ **escalera de caracol** spiral staircase ▸ **escalera mecánica** escalator

escalfar *vt* (*huevos*) to poach

escalinata *nf* staircase

escalofriante *adj* chilling

escalofrío *nm* (*MED*) chill; **~s** *nmpl* (*fig*) shivers

escalón *nm* step, stair; (*de escalera*) rung

escalope *nm* (*CULIN*) cutlet (*US*), escalope (*BRIT*)

escama *nf* (*de pez, serpiente*) scale; (*de jabón*) flake; (*fig*) resentment

escamar *vt* (*fig*) to make wary *o* suspicious

escamotear *vt* (*robar*) to lift, swipe; (*hacer desaparecer*) to make disappear

escampar *vb impers* to stop raining

escandalizar *vt* to scandalize, shock; **escandalizarse** *vr* to be shocked; (*ofenderse*) to be offended

escándalo *nm* scandal; (*alboroto, tumulto*) row, uproar ❑ **escandaloso, -a** *adj* scandalous, shocking

escandinavo, -a *adj, nm/f* Scandinavian

escaño *nm* bench; (*POL*) seat

escapar *vi* (*gen*) to escape, run away; (*DEPORTE*) to break away; **escaparse** *vr* to escape, get away; (*agua, gas*) to leak (out)

escaparate *nm* store (*US*) *o* shop (*BRIT*) window

escape *nm* (*de agua, gas*) leak; (*de motor*) exhaust

escarabajo *nm* beetle

escaramuza *nf* skirmish

escarbar *vt* (*tierra*) to scratch

escarceos *nmpl* (*fig*): **en mis ~ con la política ...** in my dealings with politics ... ▸ **escarceos amorosos** love affairs

escarcha *nf* frost

escarchado, -a *adj* (*CULIN: fruta*) crystallized

escarlata *adj inv* scarlet ❑ **escarlatina** *nf* scarlet fever

escarmentar *vt* to punish severely ♦ *vi* to learn one's lesson

escarmiento *etc vb ver* **escarmentar** ♦ *nm* (*ejemplo*) lesson; (*castigo*) punishment

escarnio *nm* mockery; (*injuria*) insult

escarola *nf* curly, escarole (*US*)

escarpado, -a *adj* (*pendiente*) sheer, steep; (*rocas*) craggy

escasear *vi* to be scarce

escasez *nf* (*falta*) shortage, scarcity; (*pobreza*) poverty

escaso, -a *adj* (*poco*) scarce; (*raro*) rare; (*ralo*) thin, sparse; (*limitado*) limited

escatimar *vt* to skimp (on), be sparing with

escayola (*ESP*) *nf* plaster

escena *nf* scene

escenario *nm* (*TEATRO*) stage; (*CINE*) set; (*fig*) scene ❑ **escenografía** *nf* set design

> ⚠ No confundir **escenario** con la palabra inglesa ***scenery***.

escepticismo *nm* skepticism (*US*), scepticism (*BRIT*) ❑ **escéptico, -a** *adj* skeptical (*US*), sceptical (*BRIT*) ♦ *nm/f* skeptic (*US*), sceptic (*BRIT*)

escisión *nf* (*de partido, secta*) split

esclarecer *vt* (*misterio, problema*) to shed light on

esclavitud *nf* slavery

esclavizar *vt* to enslave

esclavo, -a *nm/f* slave

esclusa *nf* (*de canal*) lock; (*compuerta*) floodgate

escoba *nf* broom ❑ **escobilla** *nf* brush

escocer *vi* to burn, sting; **escocerse** *vr* to chafe, get chafed

escocés, -esa *adj* Scottish ♦ *nm/f* Scotsman(-woman), Scot

Escocia *nf* Scotland

escoger *vt* to choose, pick, select ❑ **escogido, -a** *adj* chosen, selected

escolar *adj* school *cpd* ♦ *nmf* schoolboy(-girl), pupil

escollo *nm* (*obstáculo*) pitfall

escolta *nf* escort ❑ **escoltar** *vt* to escort

escombros *nmpl* (*basura*) garbage *sg* (*US*), rubbish *sg* (*BRIT*); (*restos*) debris *sg*

esconder *vt* to hide, conceal; **esconderse** *vr* to hide ❑ **escondidas** (*LAm*) *nfpl*: **a escondidas** secretly ❑ **escondite** *nm* hiding place ❑ **escondrijo** *nm* hiding place, hideout

escopeta *nf* shotgun

escoria *nf* (*de alto horno*) slag; (*fig*) scum, dregs *pl*

Escorpio *nm* Scorpio

escorpión *nm* scorpion

escotado, -a *adj* low-cut

escote *nm* (*de vestido*) low neck; **pagar a ~** to share the expenses

escotilla *nf* (*NÁUT*) hatch(way)

escozor *nm* (*dolor*) sting(ing)

escribir *vt, vi* to write; **~ a máquina** to type; **¿cómo se escribe?** how do you spell it?

escrito, -a *pp de* **escribir** ♦ *nm* (*documento*) document; (*manuscrito*) text, manuscript; **por ~** in writing

escritor, a *nm/f* writer

escritorio *nm* desk

escritura *nf* (*acción*) writing; (*caligrafía*) (hand)writing; (*JUR: documento*) deed

escrúpulo *nm* scruple; (*minuciosidad*) scrupulousness ❑ **escrupuloso, -a** *adj* scrupulous

escrutar *vt* to scrutinize, examine; (*votos*) to count

escrutinio *nm* (*examen atento*) scrutiny; (*POL: recuento de votos*) count(ing)

escuadra *nf* (*MIL etc*) squad; (*NÁUT*) squadron; (*flota: de vehículos*) fleet ❑ **escuadrilla** *nf* (*de aviones*) squadron; (*LAm: de obreros*) gang

escuadrón *nm* squadron

escuálido, -a *adj* skinny, scraggy; (*sucio*) squalid

escuchar *vt* to listen to ♦ *vi* to listen

escudilla *nf* bowl, basin

escudo *nm* shield

escudriñar *vt* (*examinar*) to investigate, scrutinize; (*mirar de lejos*) to scan

escuela *nf* school ▸ **escuela de choferes** (*LAm*) driving school ▸ **escuela de manejo** (*MÉX*) driving school ▸ **escuela normal** teacher training college

escueto, -a *adj* plain; (*estilo*) simple

escuincle, -a (*MÉX: fam*) *nm/f* kid

esculpir *vt* to sculpt; (*grabar*) to engrave; (*tallar*) to carve ❑ **escultor, a** *nm/f* sculptor(-tress) ❑ **escultura** *nf* sculpture

escupidera *nf* spittoon, cuspidor (*US*)

escupir *vt, vi* to spit (out)

escurreplatos (*ESP*) *nm inv* drainboard (*US*), draining board (*BRIT*)

escurridero (*LAm*) *nm* drainboard (*US*), draining board (*BRIT*)

escurridizo, -a *adj* slippery

escurridor *nm* colander

escurrir *vt* (*ropa*) to wring out; (*verduras, platos*) to drain ♦ *vi* (*líquidos*) to drip; **escurrirse** *vr* (*secarse*) to drain; (*resbalarse*) to slip, slide; (*escaparse*) to slip away

ese (*f* **esa**, *pl* **esos, esas**) *adj demos* (*sg*) that; (*pl*) those

ése (*f* **ésa**, *pl* **ésos, ésas**) *pron* (*sg*) that (one); (*pl*) those (ones); **~ ... éste ...** the former ... the latter ...; **no me vengas con ésas** don't give me any more of that nonsense

esencia *nf* essence ❑ **esencial** *adj* essential

esfera *nf* sphere ❑ **esférico, -a** *adj* spherical

esforzarse *vr* to exert o.s., make an effort

esfuerzo *etc vb ver* **esforzar** ♦ *nm* effort

esfumarse *vr* (*apoyo, esperanzas*) to fade away

esgrima *nf* fencing

esgrimir *vt* (*arma*) to brandish; (*argumento*) to use

esguince *nm* (*MED*) sprain

eslabón *nm* link

eslip *nm* briefs *pl*, pants *pl* (*BRIT*)

eslovaco, -a *adj, nm/f* Slovak, Slovakian ♦ *nm* (*LING*) Slovak, Slovakian

Eslovaquia *nf* Slovakia

esmaltar *vt* to enamel ❑ **esmalte** *nm* enamel ▸ **esmalte de uñas** nail polish *o* varnish (*BRIT*)

esmerado, -a *adj* careful, neat

esmeralda *nf* emerald

esmerarse *vr* (*aplicarse*) to take great pains, exercise great care; (*afanarse*) to work hard

esmero *nm* (great) care

esnob (*pl* **~s**) *adj* (*persona*) snobbish ♦ *nmf* snob ❑ **esnobismo** *nm* snobbery

eso *pron* that, that thing *o* matter; **~ de su moto** that business about his motorbike; **~ de ir al cine** all that about going to the movies (*US*) *o* cinema (*BRIT*); **a ~ de las cinco** at about five o'clock; **en ~** thereupon, at that point; **~ es** that's it; **¡~ sí que es vida!** now that is really living!; **por ~ te lo dije** that's why I told you; **y ~ que llovía** in spite of the fact it was raining

esos *adj demos ver* **ese**

ésos *pron ver* **ése**

espabilar *vt, vi* = **despabilar**

espacial *adj* (*del espacio*) space *cpd*

espaciar *vt* to space (out)

espacio *nm* space; (*MÚS*) interval; (*RADIO, TV*) program (*US*), programme (*BRIT*); **el ~** space ❑ **espacioso, -a** *adj* spacious, roomy

espada *nf* sword; **~s** *nfpl* (*NAIPES*) spades

espaguetis *nmpl* spaghetti *sg*

espalda *nf* (*gen*) back; **~s** *nfpl* (*hombros*) shoulders; **a ~s de algn** behind sb's back; **tenderse de ~s** to lie (down) on one's back; **volver la ~ a algn** to cold-shoulder sb

espantajo *nm* = **espantapájaros**

espantapájaros *nm inv* scarecrow

espantar *vt* (*asustar*) to frighten, scare; (*ahuyentar*) to frighten off; (*asombrar*) to horrify, appall (*US*), appal (*BRIT*); **espantarse** *vr* to get frightened *o* scared; to be appalled

espanto *nm* (*susto*) fright; (*terror*) terror; (*asombro*) astonishment ❑ **espantoso, -a** *adj* frightening; terrifying; astonishing

España *nf* Spain ❑ **español, a** *adj* Spanish ♦ *nm/f* Spaniard ♦ *nm* (*LING*) Spanish

esparadrapo *nm* Bandaid® (*US*), (sticking) plaster (*BRIT*)

esparcimiento *nm* (*dispersión*) spreading; (*diseminación*) scattering; (*fig*) cheerfulness

esparcir *vt* to spread; (*diseminar*) to scatter; **esparcirse** *vr* to spread (out), scatter; (*divertirse*) to enjoy o.s.

espárrago *nm* asparagus

esparto *nm* esparto (grass)

espasmo *nm* spasm

espátula *nf* spatula

especia *nf* spice

especial *adj* special ❑ **especialidad** *nf* specialty (*US*), speciality (*BRIT*)

especie *nf* (*BIO*) species; (*clase*) kind, sort; **en ~** in kind

especificar *vt* to specify ❑ **específico, -a** *adj* specific

espécimen (*pl* **especímenes**) *nm* specimen

espectáculo *nm* (*gen*) spectacle; (*TEATRO etc*) show

espectador, a *nm/f* spectator

espectro *nm* ghost; (*fig*) specter (*US*), spectre (*BRIT*)

especular *vt, vi* to speculate

espejismo *nm* mirage

espejo *nm* mirror ▸ **(espejo) retrovisor** rear-view mirror

espeluznante *adj* horrifying, hair-raising

espera *nf* (*pausa, intervalo*) wait; (*JUR: plazo*) respite; **en ~ de** waiting for; (*con expectativa*) expecting

esperanza *nf* (*confianza*) hope; (*expectativa*) expectation; **hay pocas ~s de que venga** there is little prospect of his coming

esperar *vt* (*aguardar*) to wait for; (*tener expectativa de*) to expect; (*desear*) to hope for ♦ *vi* to wait; to expect; to hope

esperma *nf* sperm

espesar *vt* to thicken; **espesarse** *vr* to thicken, get thicker

espeso, -a *adj* thick ❑ **espesor** *nm* thickness

espía *nmf* spy ❑ **espiar** *vt* (*observar*) to spy on

espiga *nf* (*BOT: de trigo etc*) ear

espigón *nm* (*BOT*) ear; (*NÁUT*) breakwater

espina *nf* thorn; (*de pez*) bone ▸ **espina dorsal** (*ANAT*) spine

espinaca *nf* spinach

espinazo *nm* spine, backbone

espinilla *nf* (*ANAT: tibia*) shin(bone); (*grano*) blackhead

espinoso, -a *adj* (*planta*) thorny, prickly; (*asunto*) difficult

espionaje *nm* spying, espionage

espiral *adj, nf* spiral

espirar *vt* to breathe out, exhale

espiritista *adj, nmf* spiritualist

espíritu *nm* spirit ❑ **espiritual** *adj* spiritual

espita *nf* spigot (*US*), tap (*BRIT*)

espléndido, -a *adj* (*magnífico*) magnificent, splendid; (*generoso*) generous

esplendor *nm* splendor (*US*), splendour (*BRIT*)

espolear *vt* to spur on

espoleta *nf* (*de bomba*) fuse, fuze (*US*)

espolón *nm* sea wall

espolvorear *vt* to dust, sprinkle

esponja *nf* sponge; (*fig*) sponger ❑ **esponjoso, -a** *adj* spongy

espontaneidad *nf* spontaneity ❑ **espontáneo, -a** *adj* spontaneous

esposar *vt* to handcuff ❑ **esposas** *nfpl* handcuffs

esposo, -a *nm/f* husband/wife

espray *nm* spray

espuela *nf* spur

espuma *nf* foam; (*de cerveza*) froth, head; (*de jabón*) lather ▸ **espuma de afeitar** shaving foam ▸ **espuma de rasurar** (*MÉX*) shaving foam

espumadera *nf* (*utensilio*) skimmer
espumoso, -a *adj* frothy, foamy; (*vino*) sparkling
esqueleto *nm* skeleton
esquema *nm* (*diagrama*) diagram; (*dibujo*) plan; (*FILOSOFÍA*) schema
esquí (*pl* **~s**) *nm* (*objeto*) ski; (*DEPORTE*) skiing ▸ **esquí acuático** water-skiing ❑ **esquiar** *vi* to ski
esquilar *vt* to shear
esquimal *adj, nmf* Eskimo
esquina *nf* corner
esquinazo *nm*: **dar ~ a algn** to give sb the slip
esquivar *vt* to avoid
esquivo, -a *adj* evasive; (*tímido*) reserved; (*huraño*) unsociable
esta *adj demos ver* **este²**
ésta *pron ver* **éste**
está *vb ver* **estar**
estabilidad *nf* stability ❑ **estable** *adj* stable
establecer *vt* to establish; **establecerse** *vr* to establish o.s.; (*echar raíces*) to settle (down) ❑ **establecimiento** *nm* establishment
establo *nm* (*AGR*) stable
estaca *nf* stake, post; (*de tienda de campaña*) peg
estacada *nf* (*cerca*) fence, fencing; (*palenque*) stockade
estación *nf* station; (*del año*) season; (*LAm RADIO*) station ▸ **estación balnearia** seaside resort ▸ **estación de autobuses** bus station ▸ **estación de servicio** service *o* (*US*) gas station
estacionamiento *nm* (*LAm AUTO*) parking lot (*US*), car park (*BRIT*); (*MIL*) stationing
estacionar *vt* (*AUTO*) to park; (*MIL*) to station ❑ **estacionario, -a** *adj* stationary; (*COM*: *mercado*) slack
estadía (*LAm exc MÉX*) *nf* stay
estadio *nm* (*fase*) stage, phase; (*DEPORTE*) stadium
estadista *nm* (*POL*) statesman; (*ESTADÍSTICA*) statistician
estadística *nf* figure, statistic; (*ciencia*) statistics *sg*
estado *nm* (*POL*: *condición*) state; **estar en ~** to be pregnant; **(los) E~s Unidos** *nmpl* the United States (of America) *sg* ▸ **estado civil** marital status ▸ **estado de ánimo** state of mind ▸ **estado de cuenta** bank statement ▸ **estado de sitio** state of siege ▸ **estado mayor** staff
estadounidense *adj* United States *cpd*, American ♦ *nmf* American
estafa *nf* swindle, trick ❑ **estafar** *vt* to swindle, defraud
estafeta *nf* (*oficina de correos*) post office ▸ **estafeta diplomática** diplomatic bag
estáis *vb ver* **estar**
estallar *vi* to burst; (*bomba*) to explode, go off; (*epidemia, guerra, rebelión*) to break out; **~ en llanto** to burst into tears ❑ **estallido** *nm* explosion; (*fig*) outbreak
estampa *nf* print, engraving
estampado, -a *adj* printed ♦ *nm* (*impresión*: *acción*) printing; (: *efecto*) print; (*marca*) stamping
estampar *vt* (*imprimir*) to print; (*marcar*) to stamp; (*metal*) to engrave; (*poner sello en*) to stamp; (*fig*) to stamp, imprint
estampida *nf* stampede
estampido *nm* bang, report
estampilla (*LAm*) *nf* (postage) stamp
están *vb ver* **estar**
estancado, -a *adj* stagnant
estancar *vt* (*aguas*) to hold up, hold back; (*COM*) to monopolize; (*fig*) to block, hold up; **estancarse** *vr* to stagnate
estancia *nf* (*MÉX, ESP*: *permanencia*) stay; (*sala*) room; (*RPl*: *de ganado*) farm, ranch ❑ **estanciero** (*RPl*) *nm* farmer, rancher
estanco, -a *adj* watertight ♦ *nm* (*ESP*) smoke shop (*US*), tobacconist's (shop) (*BRIT*)
estándar *adj, nm* standard ❑ **estandarizar** *vt* to standardize
estandarte *nm* banner, standard
estanque *nm* (*lago*) pool, pond; (*AGR*) reservoir
estanquero, -a *nm/f* tobacco dealer (*US*), tobacconist (*BRIT*)
estante *nm* (*armario*) rack, stand; (*biblioteca*) bookcase; (*anaquel*) shelf ❑ **estantería** *nf* shelving, shelves *pl*
estaño *nm* tin

estar
PALABRA CLAVE
vi
1 (*posición*) to be; **está en la plaza** it's in the square; **¿está Juan?** is Juan in?; **estamos a 30 millas de Jalapa** we're 30 miles from Jalapa
2 (+ *adj*: *estado*) to be; **estar enfermo** to be sick; **está muy elegante** he's looking very smart; **¿cómo estás?** how are you keeping?
3 (+ *gerundio*) to be; **estoy leyendo** I'm reading
4 (*uso pasivo*): **está condenado a muerte** he's been condemned to death; **está envasado en ...** it's packed in ...
5 (*con fechas*): **¿a cuántos estamos?** what's the date today?; **estamos a 5 de mayo** it's May 5th
6 (*locuciones*): **¿estamos?** (*¿de acuerdo?*) okay?; (*¿listo?*) ready?; **¡ya está bien!** that's enough!
7: **estar de: estar de vacaciones/viaje** to be on vacation (*US*) *o* on holiday (*BRIT*) *o* on a trip; **está de camarero** he's working as a waiter
8: **estar para: está para salir** he's about to leave; **no estoy para bromas** I'm not in the mood for jokes
9: **estar por** (*propuesta etc*) to be in favor (*US*) *o* favour (*BRIT*) of; (*persona etc*) to support, side with; **está por limpiar** it still has to be cleaned
10: **estar sin: estar sin dinero** to have no money; **está sin terminar** it isn't finished yet; ♦ **estarse** *vr*: **se estuvo en la cama toda la tarde** he stayed in bed all afternoon

estas *adj demos ver* **este²**
éstas *pron ver* **éste**
estatal *adj* state *cpd*
estático, -a *adj* static
estatua *nf* statue
estatura *nf* stature, height
estatuto *nm* (*JUR*) statute; (*de ciudad*) bye-law; (*de comité*) rule
este¹ *nm* east
este² (*f* **esta**, *pl* **estos, estas**) *adj demos* (*sg*) this; (*pl*) these
esté *etc vb ver* **estar**
éste (*f* **ésta**, *pl* **éstos, éstas**) *pron* (*sg*) this (one); (*pl*) these (ones); **ése ... ~ ...** the former ... the latter ...
estelar *adj* (*ASTRONOMÍA*) stellar; (*actuación, reparto*) star *atr*
estén *etc vb ver* **estar**
estepa *nf* (*GEO*) steppe
estera *nf* mat(ting)
estéreo *adj inv, nm* stereo ❑ **estereotipo** *nm* stereotype
estéril *adj* sterile, barren; (*fig*) vain, futile ❑ **esterilizar** *vt* to sterilize
esterlina *adj*: **libra ~** pound sterling
estés *etc vb ver* **estar**
estética *nf* esthetics *sg* (*US*), aesthetics *sg* (*BRIT*)
estético, -a *adj* esthetic (*US*), aesthetic (*BRIT*)
estibador *nm* stevedore, longshoreman (*US*), docker (*BRIT*)
estiércol *nm* dung, manure
estigma *nm* stigma
estilarse *vr* to be in fashion
estilo *nm* style; (*TEC*) stylus; (*NATACIÓN*) stroke; **algo por el ~** something along those lines
estima *nf* esteem, respect
estimación *nf* (*evaluación*) estimation; (*aprecio, afecto*) esteem, regard
estimar *vt* (*evaluar*) to estimate; (*valorar*) to value, appraise; (*apreciar*) to esteem, respect; (*pensar, considerar*) to think, reckon
estimulante *adj* stimulating ♦ *nm* stimulant
estimular *vt* to stimulate; (*excitar*) to excite
estímulo *nm* stimulus; (*ánimo*) encouragement
estipulación *nf* stipulation, condition
estipular *vt* to stipulate
estirado, -a *adj* (*tenso*) (stretched *o* drawn) tight; (*fig*: *persona*) stiff, pompous
estirar *vt* to stretch; (*dinero, suma etc*) to stretch out; **estirarse** *vr* to stretch
estira y afloja (*MÉX*: *fig*) *nm* tug-of-war
estirón *nm* pull, tug; (*crecimiento*) spurt, sudden growth; **dar un ~** (*niño*) to shoot up
estirpe *nf* stock, lineage
estival *adj* summer *cpd*
esto *pron* this, this thing *o* matter; **~ de la boda** this business about the wedding
Estocolmo *nm* Stockholm
estofado *nm* stew
estofar *vt* to stew
estómago *nm* stomach; **tener ~** to be thick-skinned
estorbar *vt* to hinder, obstruct; (*molestar*) to bother, disturb ♦ *vi* to be in the way ❑ **estorbo** *nm* (*molestia*) bother, nuisance; (*obstáculo*) hindrance, obstacle
estornudar *vi* to sneeze
estos *adj demos ver* **este²**
éstos *pron ver* **éste**
estoy *vb ver* **estar**
estrado *nm* platform
estrafalario, -a *adj* odd, eccentric
estrago *nm* ruin, destruction; **hacer ~s en** to wreak havoc among
estragón *nm* tarragon
estrambótico, -a *adj* (*persona*) eccentric; (*peinado, ropa*) outlandish
estrangulador, a *nm/f* strangler ♦ *nm* (*TEC*) throttle; (*AUTO*) choke
estrangular *vt* (*persona*) to strangle; (*MED*) to strangulate
estratagema *nf* (*MIL*) stratagem; (*astucia*) cunning
estrategia *nf* strategy ❑ **estratégico, -a** *adj* strategic
estrato *nm* stratum, layer
estrechamente *adv* (*íntimamente*) closely, intimately; (*pobremente*: *vivir*) poorly
estrechar *vt* (*reducir*) to narrow; (*COSTURA*) to take in; (*abrazar*) to hug, embrace; **estrecharse** *vr* (*reducirse*) to narrow, grow narrow; (*abrazarse*) to embrace; **~ la mano** to shake hands
estrechez *nf* narrowness; (*de ropa*) tightness; **estrecheces** *nfpl* (*dificultades económicas*) financial difficulties
estrecho, -a *adj* narrow; (*apretado*) tight; (*íntimo*) close, intimate; (*miserable*) mean ♦ *nm* strait; **~ de miras** narrow-minded
estrella *nf* star ▸ **estrella de mar** (*ZOOL*) starfish ▸ **estrella fugaz** shooting star ❑ **estrellado, -a** *adj* (*forma*) star-shaped; (*cielo*) starry
estrellar *vt* (*hacer añicos*) to smash (to pieces); (*huevos*) to fry; **estrellarse** *vr* to smash; (*chocarse*) to crash; (*fracasar*) to fail
estremecer *vt* to shake; **estremecerse** *vr* to shake, tremble ❑ **estremecimiento** *nm* (*temblor*) trembling, shaking
estrenar *vt* (*vestido*) to wear for the first time; (*casa*) to move into; (*película, obra de teatro*) to première; **estrenarse** *vr* (*persona*) to make one's debut ❑ **estreno** *nm* (*CINE etc*) première
estreñido, -a *adj* constipated
estreñimiento *nm* constipation
estrépito *nm* noise, racket; (*fig*) fuss ❑ **estrepitoso, -a** *adj* noisy; (*fiesta*) rowdy
estría *nf* groove
estribación *nf* (*GEO*) spur, foothill
estribar *vi*: **~ en** to lie on
estribillo *nm* (*LITERATURA*) refrain; (*MÚS*) chorus
estribo *nm* (*de jinete*) stirrup; (*de vehículo*) step; (*de puente*) support; (*GEO*) spur; **perder los ~s** to fly off the handle
estribor *nm* (*NÁUT*) starboard
estricto, -a *adj* (*riguroso*) strict; (*severo*) severe
estridente *adj* (*color*) loud; (*voz*) raucous
estropajo *nm* scourer
estropear *vt* to spoil; (*dañar*) to damage; **estropearse** *vr* (*objeto*) to get damaged; (*persona, piel*) to be ruined
estructura *nf* structure
estruendo *nm* (*ruido*) racket, din; (*fig*: *alboroto*) uproar, turmoil
estrujar *vt* (*apretar*) to squeeze; (*aplastar*) to crush; (*fig*) to drain, bleed
estuario *nm* estuary
estuche *nm* box, case
estudiante *nmf* student ❑ **estudiantil** *adj* student *cpd*
estudiar *vt* to study
estudio *nm* study; (*CINE, ARTE, RADIO*) studio; **~s** *nmpl* studies; (*erudición*) learning *sg* ❑ **estudioso, -a** *adj* studious
estufa *nf* (*LAm exc MÉX, ESP*) heater; (*MÉX*: *cocina*) stove, cooker (*BRIT*) ▸ **estufa de gas** (*MÉX*) gas stove *o* cooker (*BRIT*)
estupefaciente *nm* drug, narcotic
estupefacto, -a *adj* speechless, thunderstruck
estupendo, -a *adj* wonderful, terrific; (*fam*) great; **¡~!** that's great!, fantastic!
estupidez *nf* (*torpeza*) stupidity; (*acto*) stupid thing (to do)
estúpido, -a *adj* stupid, silly
estupor *nm* stupor; (*fig*) astonishment, amazement
estuve *etc vb ver* **estar**
esvástica *nf* swastika
ETA (*ESP*) *nf abr* (= *Euskadi ta Askatasuna*) ETA
etapa *nf* (*de viaje*) stage; (*DEPORTE*) leg; (*parada*) stopping place; (*fase*) stage, phase
etarra *nmf* member of ETA
etc. *abr* (= *etcétera*) etc
etcétera *adv* etcetera
eternidad *nf* eternity ❑ **eterno, -a** *adj* eternal, everlasting
ética *nf* ethics *pl*
ético, -a *adj* ethical
etiqueta *nf* (*modales*) etiquette; (*rótulo*) label, tag
Eucaristía *nf* Eucharist
eufemismo *nm* euphemism
euforia *nf* euphoria
euro *nm* (*moneda*) euro
eurodiputado, -a *nm/f* Euro MP, MEP
Europa *nf* Europe ❑ **europeo, -a** *adj, nm/f* European
Euskadi *nm* the Basque Country *o* Provinces *pl*
euskera *nm* (*LING*) Basque
evacuación *nf* evacuation
evacuar *vt* to evacuate
evadir *vt* to evade, avoid; **evadirse** *vr* to escape
evaluar *vt* to evaluate
evangelio *nm* gospel
evaporar *vt* to evaporate; **evaporarse** *vr* to vanish
evasión *nf* escape, flight; (*fig*) evasion ▸ **evasión de capitales** flight of capital
evasiva *nf* (*pretexto*) excuse
evasivo, -a *adj* evasive, non-committal
evento *nm* event
eventual *adj* possible, conditional (upon circumstances)

⚠ No confundir **eventual** con la palabra inglesa ***eventual***.

evidencia *nf* evidence, proof ❑ **evidenciar** *vt* (*hacer patente*) to make evident; (*probar*) to prove, show; **evidenciarse** *vr* to be evident
evidente *adj* obvious, clear, evident
evitar *vt* (*evadir*) to avoid; (*impedir*) to prevent
evocar *vt* to evoke, call forth
evolución *nf* (*desarrollo*) evolution, development; (*cambio*) change; (*MIL*) maneuver (*US*), manoeuvre (*BRIT*) ❑ **evolucionar** *vi* to evolve; to maneuver (*US*), manoeuvre (*BRIT*)
ex *adj* ex-; **el ex ministro** the former minister, the ex-minister
exacerbar *vt* to irritate, annoy
exactamente *adv* exactly
exactitud *nf* exactness; (*precisión*) accuracy; (*puntualidad*) punctuality ❑ **exacto, -a** *adj* exact; accurate; punctual; **¡exacto!** exactly!
exageración *nf* exaggeration
exagerar *vt, vi* to exaggerate
exaltado, -a *adj* (*apasionado*) over-excited, worked-up; (*POL*) extreme
exaltar *vt* to exalt, glorify; **exaltarse** *vr* (*excitarse*) to get excited *o* worked up
examen *nm* examination
examinar *vt* to examine; **examinarse** *vr* to be examined, take an examination
exasperar *vt* to exasperate; **exasperarse** *vr* to get exasperated, lose patience
Exca. *abr* = **Excelencia**
excavadora *nf* excavator
excavar *vt* to excavate
excedencia *nf*: **estar en ~** to be on leave; **pedir** *o* **solicitar la ~** to ask for leave
excedente *adj, nm* excess, surplus
exceder *vt* to exceed, surpass; **excederse** *vr* (*extralimitarse*) to go too far
excelencia *nf* excellence; **E~** Excellency ❑ **excelente** *adj* excellent
excentricidad *nf* eccentricity ❑ **excéntrico, -a** *adj, nm/f* eccentric
excepción *nf* exception ❑ **excepcional** *adj* exceptional
excepto *adv* excepting, except (for)
exceptuar *vt* to except, exclude
excesivo, -a *adj* excessive
exceso *nm* (*gen*) excess; (*COM*) surplus ▸ **exceso de equipaje/peso** excess baggage/weight
excitación *nf* (*sensación*) excitement; (*acción*) excitation
excitado, -a *adj* excited; (*emociones*) aroused
excitar *vt* to excite; (*incitar*) to urge; **excitarse** *vr* to get excited
exclamación *nf* exclamation
exclamar *vi* to exclaim
excluir *vt* to exclude; (*dejar fuera*) to shut out; (*descartar*) to reject ❑ **exclusión** *nf* exclusion
exclusiva *nf* (*PRENSA*) exclusive, scoop; (*COM*) sole right
exclusivo, -a *adj* exclusive; **derecho ~** sole *o* exclusive right
Excmo. *abr* = **excelentísimo**
excomulgar *vt* (*REL*) to excommunicate
excomunión *nf* excommunication
excursión *nf* excursion, outing ❑ **excursionista** *nmf* (*turista*) sightseer
excusa *nf* excuse; (*disculpa*) apology
excusar *vt* to excuse; **excusarse** *vr* (*disculparse*) to apologize
exhalar *vt* to exhale, breathe out; (*olor etc*) to give off; (*suspiro*) to breathe, heave
exhaustivo, -a *adj* (*análisis*) thorough; (*estudio*) exhaustive
exhausto, -a *adj* exhausted
exhibición *nf* exhibition, display, show
exhibir *vt* to exhibit, display, show
exhortar *vt*: **~ a** to exhort to
exigencia *nf* demand, requirement ❑ **exigente** *adj* demanding
exigir *vt* (*gen*) to demand, require; **~ el pago** to demand payment
exiliado, -a *adj* exiled ♦ *nm/f* exile
exilio *nm* exile
eximir *vt* to exempt

existencia *nf* existence; **~s** *nfpl* stock(s) *pl*
existir *vi* to exist, be
éxito *nm* (*triunfo*) success; (*MÚS etc*) hit; **tener ~** to be successful

> ⚠ No confundir **éxito** con la palabra inglesa ***exit***.

exonerar *vt* to exonerate; **~ de una obligación** to free from an obligation
exorbitante *adj* (*precio*) exorbitant; (*cantidad*) excessive
exorcizar *vt* to exorcize
exótico, -a *adj* exotic
expandir *vt* to expand
expansión *nf* expansion
expansivo, -a *adj*: **onda expansiva** shock wave
expatriarse *vr* to emigrate; (*POL*) to go into exile
expectativa *nf* (*espera*) expectation; (*perspectiva*) prospect
expedición *nf* (*excursión*) expedition
expediente *nm* expedient; (*JUR*: *procedimiento*) action, proceedings *pl*; (: *papeles*) dossier, file, record
expedir *vt* (*despachar*) to send, forward; (*pasaporte*) to issue
expendedor, a *nm/f* (*vendedor*) dealer
expensas *nfpl*: **a ~ de** at the expense of
experiencia *nf* experience
experimentado, -a *adj* experienced
experimentar *vt* (*en laboratorio*) to experiment with; (*probar*) to test, try out; (*notar, observar*) to experience; (*deterioro, pérdida*) to suffer ❑ **experimento** *nm* experiment
experto, -a *adj* expert, skilled ♦ *nm/f* expert
expiar *vt* to atone for
expirar *vi* to expire
explanada *nf* (*llano*) plain
explayarse *vr* (*en discurso*) to speak at length; **~ con algn** to confide in sb
explicación *nf* explanation
explicar *vt* to explain; **explicarse** *vr* to explain (o.s.)
explícito, -a *adj* explicit
explique *etc vb ver* **explicar**
explorador, a *nm/f* (*pionero*) explorer; (*MIL*) scout ♦ *nm* (*MED*) probe; (*TEC*) (radar) scanner
explorar *vt* to explore; (*MED*) to probe; (*radar*) to scan
explosión *nf* explosion ❑ **explosivo, -a** *adj* explosive
explotación *nf* exploitation; (*de planta etc*) running
explotar *vt* to exploit to run, operate ♦ *vi* to explode
exponer *vt* to expose; (*cuadro*) to display; (*vida*) to risk; (*idea*) to explain; **exponerse** *vr*: **~se a (hacer) algo** to run the risk of (doing) sth
exportación *nf* (*acción*) export; (*mercancías*) exports *pl*
exportar *vt* to export
exposición *nf* (*gen*) exposure; (*de arte*) show, exhibition; (*explicación*) explanation; (*declaración*) account, statement
expresamente *adv* (*decir*) clearly; (*a propósito*) expressly
expresar *vt* to express ❑ **expresión** *nf* expression
expresivo, -a *adj* (*persona, gesto, palabras*) expressive; (*cariñoso*) affectionate
expreso, -a *pp de* **expresar** ♦ *adj* (*explícito*) express; (*claro*) specific, clear; (*tren*) fast ♦ *adv*: **mandar ~** to send by express (delivery)
express (*LAm*) *adv*: **enviar algo ~** to send sth special delivery
exprimidor *nm* squeezer
exprimir *vt* (*fruta*) to squeeze; (*zumo*) to squeeze out
expropiar *vt* to expropriate
expuesto, -a *pp de* **exponer** ♦ *adj* exposed; (*cuadro etc*) on show, on display
expulsar *vt* (*echar*) to eject, throw out; (*alumno*) to expel; (*despedir*) to fire, sack; (*DEPORTE*) to eject (*US*), send off (*BRIT*) ❑ **expulsión** *nf* expulsion; sending-off
exquisito, -a *adj* exquisite; (*comida*) delicious
éxtasis *nm* ecstasy
extender *vt* to extend; (*los brazos*) to stretch out, hold out; (*mapa, tela*) to spread (out), open (out); (*mantequilla*) to spread; (*certificado*) to issue; (*cheque, recibo*) to make out; (*documento*) to draw up; **extenderse** *vr* (*gen*) to extend; (*persona*: *en el suelo*) to stretch out; (*epidemia*) to spread ❑ **extendido, -a** *adj* (*abierto*) spread out, open; (*brazos*) outstretched; (*costumbre*) widespread
extensión *nf* (*de terreno, mar*) expanse, stretch; (*de tiempo*) length, duration; (*TEL*) extension; **en toda la ~ de la palabra** in every sense of the word
extenso, -a *adj* extensive
extenuar *vt* (*debilitar*) to weaken
exterior *adj* (*de fuera*) external; (*afuera*) outside, exterior; (*apariencia*) outward; (*deuda, relaciones*) foreign ♦ *nm* (*gen*) exterior, outside; (*aspecto*) outward appearance; (*DEPORTE*) wing(er); (*países extranjeros*) abroad; **en el ~** abroad; **al ~** outwardly, on the surface
exterminar *vt* to exterminate ❑ **exterminio** *nm* extermination
externo, -a *adj* (*exterior*) external, outside; (*superficial*) outward ♦ *nm/f* day pupil
extinguir *vt* (*fuego*) to extinguish, put out; (*raza, población*) to wipe out; **extinguirse** *vr* (*fuego*) to go out; (*BIO*) to die out, become extinct
extinto, -a *adj* extinct
extintor *nm* (fire) extinguisher
extirpar *vt* (*MED*) to remove (surgically)
extorsión *nf* extortion
extra *adj inv* (*tiempo*) extra; (*chocolate, vino*) good-quality ♦ *nmf* extra ♦ *nm* extra; (*bono*) bonus
extracción *nf* extraction; (*en lotería*) draw
extracto *nm* extract
extradición *nf* extradition
extraer *vt* to extract, take out
extraescolar *adj*: **actividad ~** extracurricular activity
extralimitarse *vr* to go too far
extranjero, -a *adj* foreign ♦ *nm/f* foreigner ♦ *nm* foreign countries *pl*; **en el ~** abroad

> ⚠ No confundir **extranjero** con la palabra inglesa ***stranger***.

extrañar *vt* (*sorprender*) to find strange *o* odd; (*LAm*: *echar de menos*) to miss; **extrañarse** *vr* (*sorprenderse*) to be amazed, be surprised
extrañeza *nf* (*rareza*) strangeness, oddness; (*asombro*) amazement, surprise
extraño, -a *adj* (*extranjero*) foreign; (*raro, sorprendente*) strange, odd
extraordinario, -a *adj* extraordinary; (*edición, número*) special ♦ *nm* (*de periódico*) special edition; **horas extraordinarias** overtime *sg*
extrarradio *nm* suburbs
extravagancia *nf* oddness; outlandishness ❑ **extravagante** *adj* (*excéntrico*) eccentric; (*estrafalario*) outlandish
extraviado, -a *adj* lost, missing
extraviar *vt* (*persona*: *desorientar*) to mislead, misdirect; (*perder*) to lose, misplace; **extraviarse** *vr* to lose one's way, get lost ❑ **extravío** *nm* loss; (*fig*) deviation
extremar *vt* to carry to extremes; **extremarse** *vr* to do one's utmost, make every effort
extremaunción *nf* extreme unction
extremidad *nf* (*punta*) extremity; **~es** *nfpl* (*ANAT*) extremities
extremo, -a *adj* extreme; (*último*) last ♦ *nm* end; (*límite, grado sumo*) extreme; **en último ~** as a last resort
extrovertido, -a *adj, nm/f* extrovert
exuberancia *nf* exuberance ❑ **exuberante** *adj* exuberant; (*fig*) luxuriant, lush
eyacular *vt, vi* to ejaculate

Ff

f.a.b. *abr* (= *franco a bordo*) f.o.b.
fabada *nf* bean and sausage stew
fábrica *nf* factory; **marca de ~** trademark; **precio de ~** factory price

> ⚠ No confundir **fábrica** con la palabra inglesa ***fabric***.

fabricación *nf* (*manufactura*) manufacture; (*producción*) production; **de ~ casera** home-made; **~ en serie** mass production
fabricante *nmf* manufacturer
fabricar *vt* (*manufacturar*) to manufacture, make; (*construir*) to build; (*cuento*) to fabricate, devise
fábula *nf* (*cuento*) fable; (*chisme*) rumor (*US*), rumour (*BRIT*); (*mentira*) fib
fabuloso, -a *adj* (*oportunidad, tiempo*) fabulous, great
facción *nf* (*POL*) faction; **facciones** *nfpl* (*de rostro*) features
faceta *nf* facet
facha (*fam*) *nf* (*aspecto*) look; (*cara*) face
fachada *nf* (*ARQ*) façade, front
fácil *adj* (*simple*) easy; (*probable*) likely
facilidad *nf* (*capacidad*) ease; (*sencillez*) simplicity; (*de palabra*) fluency; **~es** *nfpl* facilities
facilitar *vt* (*hacer fácil*) to make easy; (*proporcionar*) to provide
fácilmente *adv* easily
facsímil *nm* facsimile, fax
factible *adj* feasible
factor *nm* factor
factura *nf* (*cuenta*) check (*US*), bill (*BRIT*) ❑ **facturación** *nf* (*de equipaje*) check-in ❑ **facturar** *vt* (*COM*) to invoice, charge for; (*ESP*: *equipaje*) to check in
facultad *nf* (*aptitud, ESCOL etc*) faculty; (*poder*) power
faena *nf* (*trabajo*) work; (*quehacer*) task, job
faisán *nm* pheasant
faja *nf* (*para la cintura*) sash; (*de mujer*) corset; (*de tierra*) strip
fajo *nm* (*de papeles*) bundle; (*de billetes*) wad
falacia *nf* fallacy
falda *nf* (*prenda de vestir*) skirt
falla *nf* (*defecto*) fault, flaw
fallar *vt* (*JUR*) to pronounce sentence on ♦ *vi* (*memoria*) to fail; (*motor*) to miss
fallecer *vi* to pass away, die ❑ **fallecimiento** *nm* decease, demise
fallido, -a *adj* (*gen*) frustrated, unsuccessful
fallo *nm* (*JUR*) verdict, ruling; (*fracaso*) failure ▸ **fallo cardíaco** heart failure
falsedad *nf* falseness; (*hipocresía*) hypocrisy; (*mentira*) falsehood
falsificar *vt* (*firma etc*) to forge; (*moneda*) to counterfeit
falso, -a *adj* false; (*documento, moneda etc*) fake; **en ~** falsely
falta *nf* (*defecto*) fault, flaw; (*privación*) lack, want; (*ausencia*) absence; (*carencia*) shortage; (*equivocación*) mistake; (*DEPORTE*) foul; **echar en ~** to miss; **hacer ~ hacer algo** to be necessary to do sth; **me hace ~ una pluma** I need a pen ▸ **falta de educación** bad manners *pl*
faltar *vi* (*escasear*) to be lacking, be wanting; (*ausentarse*) to be absent, be missing; **faltan 2 horas para llegar** there are 2 hours to go till arrival; **~ al respeto a algn** to be disrespectful to sb; **¡no faltaba más!** (*no hay de qué*) don't mention it
fama *nf* (*renombre*) fame; (*reputación*) reputation
famélico, -a *adj* starving
familia *nf* family ▸ **familia política** in-laws *pl*
familiar *adj relativo a la familia*, family *cpd*; (*conocido, informal*) familiar ♦ *nm* relative, relation ❑ **familiaridad** *nf* (*gen*) familiarity; (*informalidad*) homeliness ❑ **familiarizarse** *vr*: **familiarizarse con** to familiarize o.s. with
famoso, -a *adj* (*renombrado*) famous
fanático, -a *adj* fanatical ♦ *nm/f* fanatic; (*CINE, DEPORTE*) fan ❑ **fanatismo** *nm* fanaticism
fanfarrón, -ona *adj* boastful
fango *nm* mud ❑ **fangoso, -a** *adj* muddy
fantasía *nf* fantasy, imagination; **joyas de ~** imitation jewelry *sg* (*US*) *o* jewellery *sg* (*BRIT*)
fantasma *nm* (*espectro*) ghost, apparition; (*fanfarrón*) show-off
fantástico, -a *adj* fantastic
farmacéutico, -a *adj* pharmaceutical ♦ *nm/f* druggist (*US*), chemist (*BRIT*)
farmacia *nf* drugstore (*US*), chemist's (shop) (*BRIT*) ▸ **farmacia de guardia** all-night chemist ▸ **farmacia de turno** duty chemist
fármaco *nm* drug
faro *nm* (*NÁUT*: *torre*) lighthouse; (*AUTO*) headlamp ▸ **faros antiniebla** fog lamps ▸ **faros delanteros/traseros** headlights/ rear lights
farol *nm* lantern, lamp; (*LAm*: *farola*) street light, lamppost
farola (*ESP*) *nf* street light, lamppost
farra (*LAm*: *fam*) *nf* party; **ir de ~** to go on a binge
farsa *nf* (*gen*) farce
farsante *nmf* fraud, fake
fascículo *nm* (*de revista*) part, installment (*US*), instalment (*BRIT*)
fascinar *vt* (*gen*) to fascinate
fascismo *nm* fascism ❑ **fascista** *adj, nmf* fascist
fase *nf* phase
fastidiar *vt* (*molestar*) to annoy, bother; (*estropear*) to spoil; **fastidiarse** *vr*: **¡que se fastidie!** (*fam*) he'll just have to put up with it!
fastidio *nm* (*molestia*) annoyance ❑ **fastidioso, -a** *adj* (*molesto*) annoying
fastuoso, -a *adj* (*banquete, boda*) lavish; (*acto*) pompous
fatal *adj* (*gen*) fatal; (*desgraciado*) ill-fated; (*fam*: *malo, pésimo*) awful ❑ **fatalidad** *nf* (*destino*) fate; (*mala suerte*) misfortune
fatiga *nf* (*cansancio*) fatigue, weariness
fatigar *vt* to tire, weary; **fatigarse** *vr* to get tired
fatigoso, -a *adj* (*cansador*) tiring
fatuo, -a *adj* (*vano*) fatuous; (*presuntuoso*) conceited
favor *nm* favor (*US*), favour (*BRIT*); **estar a ~ de** to be in favor (*US*) *o* favour (*BRIT*) of; **haga el ~ de...** would you be so good as to..., kindly...; **por ~** please ❑ **favorable** *adj* favorable (*US*), favourable (*BRIT*)
favorecer *vt* to favor (*US*), favour (*BRIT*); (*vestido etc*) to become, flatter; **este peinado le favorece** this hairstyle suits him
favorito, -a *adj, nm/f* favorite (*US*), favourite (*BRIT*)
fax *nm inv* fax; **mandar por ~** to fax
faz *nf* face; **la ~ de la tierra** the face of the earth
fe *nf* (*REL*) faith; (*documento*) certificate; **prestar fe a** to believe, credit; **actuar con buena/mala fe** to act in good/bad faith; **dar fe de** to bear witness to
fealdad *nf* ugliness
febrero *nm* February
febril *adj* (*fig*: *actividad*) hectic; (*mente, mirada*) feverish
fecha *nf* date; **con ~ adelantada** postdated; **en ~ próxima** soon; **hasta la ~** to date, so far; **poner ~** to date ▸ **fecha de caducidad** (*de producto alimenticio*) sell-by date; (*de contrato etc*) expiry date ❑ **fechar** *vt* to date
fecundar *vt* (*generar*) to fertilize, make fertile ❑ **fecundo, -a** *adj* (*fértil*) fertile; (*fig*) prolific; (*productivo*) productive
federación *nf* federation
felicidad *nf* happiness; **~es** *nfpl* (*felicitaciones*) best wishes, congratulations
felicitación *nf*: **¡felicitaciones!** congratulations!
felicitar *vt* to congratulate
feligrés, -esa *nm/f* parishioner
feliz *adj* happy
felpudo *nm* doormat
femenino, -a *adj, nm* feminine
feminista *adj, nmf* feminist
fenomenal *adj* = **fenómeno**
fenómeno *nm* phenomenon; (*fig*) freak, accident ♦ *adj* great ♦ *excl* great!, fantastic!
feo, -a *adj* (*gen*) ugly; (*desagradable*) bad, nasty
féretro *nm* (*ataúd*) coffin, casket (*US*); (*sarcófago*) bier
feria *nf* (*gen*) fair; (*descanso*) holiday, rest day; (*MÉX*: *cambio*) small *o* loose (*BRIT*) change; (*CS*: *mercado*) village market
feriado (*LAm*) *nm* holiday
fermentar *vi* to ferment
ferocidad *nf* fierceness, ferocity
feroz *adj* (*cruel*) cruel; (*salvaje*) fierce
férreo, -a *adj* iron
ferretería *nf* (*tienda*) hardware store, ironmonger's (shop) (*BRIT*)
ferrocarril *nm* railroad (*US*), railway (*BRIT*)
ferroviario, -a *adj* rail *cpd*
fértil *adj* (*productivo*) fertile; (*rico*) rich ❑ **fertilidad** *nf* (*gen*) fertility; (*productividad*) fruitfulness
ferviente *adj* fervent
fervor *nm* fervor (*US*), fervour (*BRIT*) ❑ **fervoroso, -a** *adj* fervent
festejar *vt* (*celebrar*) to celebrate
festejo *nm* celebration; **~s** *nmpl* (*fiestas*) festivals
festín *nm* feast, banquet
festival *nm* festival ▸ **Festival Internacional Cervantino** (*MÉX*) International Cervantes Festival

> **FESTIVAL INTERNACIONAL CERVANTINO**
>
> The **Festival Internacional Cervantino** of Guanajuato is a cultural homage to Miguel de Cervantes, author of "Don Quijote de la Mancha", which has become one of the most important cultural festivals in Latin America since it began in 1972. Around 150,000 people visit Guanajuato during the month of October to see exhibitions, concerts, ballet, opera, plays and contemporary dance which are held all over the city.

festividad *nf* festivity
festivo, -a *adj* (*de fiesta*) festive; (*CINE, LITERATURA*) humorous; **día ~** holiday
fétido, -a *adj* foul-smelling
feto *nm* fetus (*US*), foetus (*BRIT*)
fiable *adj* (*persona*) trustworthy; (*máquina*) reliable
fiador, a *nm/f* (*JUR*) guarantor, bondsman (*US*); (*COM*) backer; **salir ~ por algn** to stand bail for sb
fiambre *nm* cold meat
fianza *nf* surety; (*JUR*): **libertad bajo ~** release on bail
fiar *vt* (*salir garante de*) to guarantee; (*vender a crédito*) to sell on credit; (*secreto*): **~ a** to confide (to) ♦ *vi* to trust; **fiarse** *vr* to trust (in), rely on; **~se de algn** to rely on sb
fibra *nf* fiber ▸ **fibra óptica** optical fiber (*US*) *o* fibre (*BRIT*)
ficción *nf* fiction
ficha *nf* (*TEL*) token; (*en juegos*) counter, marker; (*tarjeta*) (index) card ❑ **fichar** *vt* (*archivar*) to file, index; (*DEPORTE*) to sign; **estar fichado** to have a record ❑ **fichero** *nm* box file; (*INFORM*) file

ficticio, -a *adj* (*imaginario*) fictitious; (*falso*) fabricated

fidelidad *nf* (*lealtad*) fidelity, loyalty; **alta ~** high fidelity, hi-fi

fidelización *nf* (*COM*) loyalty

fideos *nmpl* noodles

fiebre *nf* (*MED*) fever; (*fig*) fever, excitement; **tener ~** to have a temperature ▶ **fiebre amarilla/del heno** yellow/hay fever ▶ **fiebre palúdica** malaria

fiel *adj* (*leal*) faithful, loyal; (*fiable*) reliable; (*exacto*) accurate, faithful ♦ *nm*: **los ~es** the faithful

fieltro *nm* felt

fiera *nf* (*animal feroz*) wild animal *o* beast; (*fig*) dragon; *ver tb* **fiero**

fiero, -a *adj* (*cruel*) cruel; (*feroz*) fierce; (*duro*) harsh

fiesta *nf* party; (*de pueblo*) festival; (*vacaciones: tb:* **~s**) holiday *sg* ▶ **fiesta de guardar** (*REL*) day of obligation

figura *nf* (*gen*) figure; (*forma, imagen*) shape, form; (*NAIPES*) face card

figurar *vt* (*representar*) to represent; (*fingir*) to figure ♦ *vi* to figure; **figurarse** *vr* (*imaginarse*) to imagine; (*suponer*) to suppose

fijador *nm* (*FOTO etc*) fixative; (*de pelo*) gel

fijar *vt* (*gen*) to fix; (*estampilla*) to affix, stick (on); **fijarse** *vr*: **~se en** to notice

fijo, -a *adj* (*gen*) fixed; (*firme*) firm; (*permanente*) permanent ♦ *adv*: **mirar ~** to stare

fila *nf* row; (*MIL*) rank; **ponerse en ~** to line up, get into line

filántropo, -a *nm/f* philanthropist

filatelia *nf* philately, stamp collecting

filete *nm* (*de carne*) fillet *o* filet (*US*) steak; (*de pescado*) fillet, filet (*US*)

filiación *nf* (*POL*) affiliation

filial *adj* filial ♦ *nf* subsidiary

Filipinas *nfpl*: **las ~** the Philippines ❑ **filipino, -a** *adj, nm/f* Philippine

filmar *vt* to film, shoot

filo *nm* (*gen*) edge; **sacar ~ a** to sharpen; **al ~ del mediodía** at about midday; **de doble ~** double-edged

filón *nm* (*MINERÍA*) vein, lode; (*fig*) goldmine

filosofía *nf* philosophy ❑ **filósofo, -a** *nm/f* philosopher

filtrar *vt, vi* to filter, strain; **filtrarse** *vr* to filter ❑ **filtro** *nm* (*TEC, utensilio*) filter

fin *nm* end; (*objetivo*) aim, purpose; **al ~ y al cabo** when all's said and done; **a ~ de** in order to; **por ~** finally; **en ~** in short ▶ **fin de semana** weekend

final *adj* final ♦ *nm* end, conclusion ♦ *nf* final ❑ **finalidad** *nf* (*propósito*) purpose, intention ❑ **finalista** *nmf* finalist ❑ **finalizar** *vt* to end, finish; (*INFORM*) to log out *o* off ♦ *vi* to end, come to an end

financiar *vt* to finance ❑ **financiero, -a** *adj* financial ♦ *nm/f* financier

finca *nf* (*casa de campo*) country house; (*ESP: bien inmueble*) property, land; (*LAm: granja*) farm

fingir *vt* (*simular*) to simulate, feign ♦ *vi* (*aparentar*) to pretend

finlandés, -esa *adj* Finnish ♦ *nm/f* Finn ♦ *nm* (*LING*) Finnish

Finlandia *nf* Finland

fino, -a *adj* fine; (*delgado*) slender; (*de buenas maneras*) polite, refined; (*jerez*) fino, dry

firma *nf* signature; (*COM*) firm, company

firmamento *nm* firmament

firmar *vt* to sign

firme *adj* firm; (*estable*) stable; (*sólido*) solid; (*constante*) steady; (*decidido*) resolute ♦ *nm* road (surface) ❑ **firmemente** *adv* firmly ❑ **firmeza** *nf* firmness; (*constancia*) steadiness; (*solidez*) solidity

fiscal *adj* fiscal ♦ *nmf* public prosecutor, district attorney (*US*); **año ~** tax *o* fiscal year

fisco *nm* (*hacienda*) treasury, exchequer (*BRIT*)

fisgar *vt* to pry into

fisgonear *vt* to poke one's nose into ♦ *vi* to pry, spy

física *nf* physics *sg*; *ver tb* **físico**

físico, -a *adj* physical ♦ *nm* physique ♦ *nm/f* physicist

fisura *nf* crack; (*MED*) fracture

flác(c)ido, -a *adj* flabby

flaco, -a *adj* (*muy delgado*) skinny, thin; (*débil*) weak, feeble

flagrante *adj* flagrant

flama (*MÉX*) *nf* flame

flamable (*MÉX*) *adj* flammable

flamante (*fam*) *adj* brilliant; (*nuevo*) brand-new

flamenco, -a *adj* (*de Flandes*) Flemish; (*baile, música*) flamenco ♦ *nm* (*baile, música*) flamenco; (*LAm exc MÉX, ESP ZOOL*) flamingo

flamingo (*MÉX*) *nm* flamingo

flan *nm* creme caramel

⚠ No confundir **flan** con la palabra inglesa ***flan***.

flaqueza *nf* (*delgadez*) thinness, leanness; (*fig*) weakness

flash (*pl* **~** *o* **~es**) *nm* (*FOTO*) flash

flauta *nf* (*MÚS*) flute

flecha *nf* arrow

flechazo *nm* love at first sight

fleco (*MÉX*) *nm* bangs *pl* (*US*), fringe (*BRIT*)

flema *nm* phlegm

flequillo *nm* (*pelo*) bangs *pl* (*US*), fringe (*BRIT*)

flexible *adj* flexible

flexión *nf* push-up (*US*), press-up (*BRIT*)

flexo *nm* adjustable table-lamp

flojera (*LAm: fam*) *nf*: **me da ~** I can't be bothered

flojo, -a *adj* (*gen*) loose; (*sin fuerzas*) limp; (*débil*) weak; (*persona*) lazy

flor *nf* flower; **a ~ de** on the surface of ❑ **florecer** *vi* (*BOT*) to flower, bloom; (*fig*) to flourish ❑ **floreciente** *adj* (*BOT*) in flower, flowering; (*fig*) thriving ❑ **florería** (*LAm*) *nf* flower store (*US*), florist's (shop) (*BRIT*) ❑ **florero** *nm* vase ❑ **floristería** *nf* flower store (*US*), florist's (shop) (*BRIT*)

flota *nf* fleet

flotador *nm* (*gen*) float; (*para nadar*) life preserver (*US*), rubber ring (*BRIT*)

flotar *vi* (*gen*) to float ❑ **flote** *nm*: **a flote** afloat; **salir a flote** (*fig*) to get back on one's feet

fluctuar *vi* (*oscilar*) to fluctuate

fluidez *nf* fluidity; (*fig*) fluency

fluido, -a *adj, nm* fluid

fluir *vi* to flow

flujo *nm* flow ▶ **flujo y reflujo** ebb and flow

flúor *nm* fluoride

fluvial *adj* (*navegación, cuenca*) fluvial, river *cpd*

foca *nf* seal

foco *nm* focus; (*ELEC*) floodlight; (*MÉX: bombilla*) (light) bulb

fofo, -a *adj* soft, spongy; (*carnes*) flabby, pudgy (*US*)

fogata *nf* bonfire

fogón *nm* (*de cocina*) ring, burner

fogoso, -a *adj* spirited

folio *nm* folio, page

follaje *nm* foliage

folletín *nm* newspaper serial

folleto *nm* (*POL*) pamphlet

fomentar *vt* (*MED*) to foment ❑ **fomento** *nm* (*promoción*) promotion

fonda *nf* inn

fondo *nm* (*de mar*) bottom; (*de vehículo, sala*) back; (*ARTE etc*) background; (*reserva*) fund; (*MÉX: combinación*) slip; **~s** *nmpl* (*COM*) funds, resources; **una investigación a ~** a thorough investigation; **en el ~** at bottom, deep down

fonobuzón *nm* voice mail

fontanería (*CAm, ESP*) *nf* plumbing ❑ **fontanero, -a** *nm/f* plumber

footing (*ESP*) *nm* jogging; **hacer ~** to jog, go jogging

forastero, -a *nm/f* stranger

forcejear *vi* (*luchar*) to struggle

forense *nmf* pathologist

forjar *vt* to forge

forma *nf* (*figura*) form, shape; (*MED*) fitness; (*método*) way, means; **las ~s** the conventions; **estar en ~** to be fit

formación *nf* (*gen*) formation; (*educación*) education ▶ **formación profesional** vocational training

formal *adj* (*gen*) formal; (*fig: serio*) serious; (*: de fiar*) reliable ❑ **formalidad** *nf* formality; seriousness ❑ **formalizar** *vt* (*JUR*) to formalize; (*situación*) to put in order, regularize; **formalizarse** *vr* (*situación*) to be put in order, be regularized

formar *vt* (*componer*) to form, shape; (*constituir*) to make up, constitute; (*ESCOL*) to train, educate; **formarse** *vr* (*ESCOL*) to be trained, educated; (*cobrar forma*) to form, take form; (*desarrollarse*) to develop

formatear *vt* to format

formativo, -a *adj* (*lecturas, años*) formative

formato *nm* format

formidable *adj* (*temible*) formidable; (*estupendo*) tremendous

fórmula *nf* formula

formular *vt* (*queja*) to make, lodge; (*petición*) to draw up; (*pregunta*) to pose

formulario *nm* form

fornido, -a *adj* well-built

foro *nm* (*POL, INFORM, HIST*) forum

forrar *vt* (*abrigo*) to line; (*libro*) to cover ❑ **forro** *nm* (*de cuaderno*) cover; (*COSTURA*) lining; (*de sillón*) upholstery

fortalecer *vt* to strengthen

fortaleza *nf* (*MIL*) fortress, stronghold; (*fuerza*) strength; (*determinación*) resolution

fortuito, -a *adj* accidental

fortuna *nf* (*suerte*) fortune, (good) luck; (*riqueza*) fortune, wealth

forzar *vt* (*puerta*) to force (open); (*compeler*) to compel

forzoso, -a *adj* necessary

fosa *nf* (*sepultura*) grave; (*en tierra*) pit ▶ **fosas nasales** nostrils

fósforo *nm* (*QUÍM*) phosphorus; (*cerilla*) match

foso *nm* ditch; (*TEATRO*) pit; (*AUTO*) inspection pit

foto *nf* photo, snap(shot); **sacar una ~** to take a photo *o* picture

fotocopia *nf* photocopy ❑ **fotocopiadora** *nf* photocopier ❑ **fotocopiar** *vt* to photocopy

fotografía *nf* (*ARTE*) photography; (*una fotografía*) photograph ❑ **fotografiar** *vt* to photograph

fotógrafo, -a *nm/f* photographer

fracasar *vi* (*gen*) to fail

fracaso *nm* failure

fracción *nf* fraction ❑ **fraccionamiento** (*MÉX*) *nm* housing development (*US*) *o* estate (*BRIT*)

fractura *nf* fracture, break

fragancia *nf* (*olor*) fragrance, perfume

frágil *adj* (*débil*) fragile; (*COM*) breakable

fragmento *nm* (*pedazo*) fragment

fragua *nf* forge ❑ **fraguar** *vt* to forge; (*fig*) to concoct ♦ *vi* to harden

fraile *nm* (*REL*) friar; (*: monje*) monk

frambuesa *nf* raspberry

francamente *adv* (*hablar, decir*) frankly; (*realmente*) really

francés, -esa *adj* French ♦ *nm/f* Frenchman(-woman) ♦ *nm* (*LING*) French

Francia *nf* France

franco, -a *adj* (*cándido*) frank, open; (*COM: exento*) free ♦ *nm* (*moneda*) franc

francotirador, a *nm/f* sniper

franela *nf* flannel

franja *nf* (*banda*) strip; (*borde*) border

franquear *vt* (*camino*) to clear; (*carta, paquete postal*) to frank, stamp; (*obstáculo*) to overcome

franqueo *nm* postage

franqueza *nf* (*candor*) frankness

frasco *nm* bottle, flask; **~ al vacío** (vacuum) flask

frase *nf* sentence ▶ **frase hecha** set phrase; (*pey*) stock phrase

fraterno, -a *adj* brotherly, fraternal

fraude *nm* (*cualidad*) dishonesty; (*acto*) fraud ❑ **fraudulento, -a** *adj* fraudulent

frazada (*LAm*) *nf* blanket

frecuencia *nf* frequency; **con ~** frequently, often

frecuentar *vt* to frequent

fregadero *nm* (kitchen) sink

fregar *vt* (*frotar*) to scrub; (*platos*) to wash, wash (up) (*BRIT*); (*LAm: fam: fastidiar*) to annoy; (*: malograr*) to screw up

fregona (*ESP*) *nf* mop

freír *vt* to fry

frenar *vt* to brake; (*fig*) to check

frenazo *nm*: **dar un ~** to brake sharply

frenesí *nm* frenzy ❑ **frenético, -a** *adj* frantic

freno *nm* (*TEC, AUTO*) brake; (*de cabalgadura*) bit; (*fig*) check

frente *nm* (*ARQ, POL*) front; (*de objeto*) front part ♦ *nf* forehead, brow; **~ a** in front of; (*en situación opuesta de*) opposite; **al ~ de** (*fig*) at the head of; **chocar de ~** to crash head-on; **hacer ~ a** to face up to

fresa *nf* strawberry

fresco, -a *adj* (*nuevo*) fresh; (*frío*) cool; (*descarado*) sassy (*US*), cheeky (*BRIT*) ♦ *nm* (*aire*) fresh air; (*ARTE*) fresco; (*LAm: jugo*) fruit drink ♦ *nm/f* (*fam*): **ser un ~** to have a nerve; **tomar el ~** to get some fresh air ❑ **frescura** *nf* freshness; (*descaro*) cheek, nerve

frialdad *nf* (*gen*) coldness; (*indiferencia*) indifference

fricción *nf* (*gen*) friction; (*acto*) rub(bing); (*MED*) massage

frigidez *nf* frigidity

frigorífico (*ESP*) *nm* refrigerator, icebox (*US*)

frijol (*LAm*) *nm* kidney bean

frío, -a *etc vb ver* **freír** ♦ *adj* cold; (*indiferente*) indifferent ♦ *nm* cold; indifference; **hace ~** it's cold; **tener ~** to be cold

frito, -a *adj* fried; **me trae ~ ese hombre** I'm sick and tired of that man ❑ **fritos** *nmpl* fried food

frívolo, -a *adj* frivolous

frontal *adj* frontal; **choque ~** head-on collision

frontera *nf* frontier ❑ **fronterizo, -a** *adj* frontier *cpd*; (*contiguo*) bordering

frontón *nm* (*DEPORTE: cancha*) pelota court; (*: juego*) pelota

frotar *vt* to rub; **frotarse** *vr*: **~se las manos** to rub one's hands

fructífero, -a *adj* fruitful

fruncir *vt* to pucker; (*COSTURA*) to pleat; **~ el ceño** to knit one's brow

frustrar *vt* to frustrate

fruta *nf* fruit ❑ **frutería** *nf* fruit store (*US*) *o* shop (*BRIT*) ❑ **frutero, -a** *adj* fruit *cpd* ♦ *nm/f* fruiterer ♦ *nm* fruit bowl

frutilla (*CS*) *nf* strawberry

fruto *nm* fruit; (*fig: resultado*) result; (*: beneficio*) benefit ▶ **frutos secos** nuts and dried fruit *pl*

fue *vb ver* **ser**; **ir**

fuego *nm* (*gen*) fire; (*LAm: calentura*) cold sore; **a ~ lento** on a low heat; **¿tienes ~?** have you (got) a light? ▶ **fuegos artificiales** fireworks

fuente *nf* fountain; (*manantial: fig*) spring; (*origen*) source; (*plato*) large dish

fuera *etc vb ver* **ser**; **ir** ♦ *adv* out(side); (*en otra parte*) away; (*excepto, salvo*) except, save ♦ *prep*: **~ de** outside; (*fig*) besides; **~ de sí** beside o.s.; **por ~** (on the) outside

fuera-borda *nm* speedboat

fuerte *adj* strong; (*golpe*) hard; (*ruido*) loud; (*comida*) rich; (*lluvia*) heavy; (*dolor*) intense ♦ *adv* strongly; hard; loud(ly)

fuerza *etc vb ver* **forzar** ♦ *nf* (*fortaleza*) strength; (*TEC, ELEC*) power; (*coacción*) force; (*MIL*): **~s** forces *pl*; **a ~ de** by dint of; **cobrar ~s** to recover one's strength; **tener ~s para** to have the strength to; **a la ~** forcibly, by force; **por ~** of necessity ▶ **fuerza de voluntad** willpower

fuga *nf* (*huida*) flight, escape; (*de gas etc*) leak

fugarse *vr* to flee, escape

fugaz *adj* fleeting

fugitivo, -a *adj, nm/f* fugitive

fui *vb ver* **ser**; **ir**

fulano, -a *nm/f* so-and-so, what's-his-name/ what's-her-name

fulminante *adj* (*fig: mirada*) fierce; (*MED: enfermedad, ataque*) sudden; (*fam: éxito, golpe*) sudden

fumador, a *nm/f* smoker

fumar *vt, vi* to smoke; **~ en pipa** to smoke a pipe

función *nf* function; (*en trabajo*) duties *pl*; (*espectáculo*) show; **entrar en funciones** to take up one's duties

funcionar *vi* (*gen*) to function; (*máquina*) to work; **"no funciona"** "out of order"

funcionario, -a *nm/f* civil servant

funda *nf* (*gen*) cover; (*de almohada*) pillowcase

fundación *nf* foundation

fundamental *adj* fundamental, basic

fundamentar *vt* (*poner base*) to lay the foundations of; (*establecer*) to found; (*fig*) to base ❑ **fundamento** *nm* (*base*) foundation

fundar *vt* to found; **fundarse** *vr*: **~se en** to be founded on

fundición *nf* fusing; (*fábrica*) foundry

fundir *vt* (*gen*) to fuse; (*metal*) to smelt, melt down; (*nieve etc*) to melt; (*COM*) to merge; (*estatua*) to cast; **fundirse** *vr* (*colores etc*) to merge, blend; (*unirse*) to fuse together; (*ELEC: fusible, lámpara etc*) to fuse, blow; (*nieve etc*) to melt

fúnebre *adj* funeral *cpd*, funereal

funeral *nm* funeral ❑ **funeraria** *nf* undertaker's

funesto, -a *adj* (*día*) ill-fated; (*decisión*) fatal

furgón *nm* wagon ❑ **furgoneta** *nf* (*AUTO, COM*) pick-up (truck) (*US*), (transit) van (*BRIT*)

furia *nf* (*ira*) fury; (*violencia*) violence ❑ **furibundo, -a** *adj* furious ❑ **furioso, -a** *adj* (*iracundo*) furious; (*violento*) violent ❑ **furor** *nm* (*cólera*) rage

furtivo, -a *adj* furtive ♦ *nm* poacher

fusible *nm* fuse, fuze (*US*)

fusil *nm* rifle ❑ **fusilar** *vt* to shoot

fusión *nf* (*gen*) melting; (*unión*) fusion; (*COM*) merger

futbol (*MÉX*) (*LAm exc MÉX, ESP* **fútbol**) *nm* soccer (*US*), football (*BRIT*) ▶ **futbol** *o* **fútbol americano** football (*US*), American football (*BRIT*) ❑ **futbolín** *nm* Foosball® (*US*), table football (*BRIT*) ❑ **futbolista** *nmf* soccer (*US*) *o* football (*BRIT*) player

futuro, -a *adj, nm* future

Gg

gabardina *nf* raincoat, gabardine

gabinete *nm* (*estudio*) study; (*de abogados etc*) office; (*POL*) cabinet

gaceta *nf* gazette

gachas *nfpl* porridge *sg*

gafas (*ESP*) *nfpl* glasses, eyeglasses (*US*) ▶ **gafas de sol** sunglasses

gaita *nf* bagpipes *pl*

gajes *nmpl*: **~ del oficio** occupational hazards

gajo *nm* (*de naranja*) segment

gala *nf* (*traje de etiqueta*) full dress; **~s** *nfpl* (*ropa*) finery *sg*; **estar de ~** to be in one's best clothes; **hacer ~ de** to display

galante adj gallant ❑ **galantería** nf (caballerosidad) gallantry; (cumplido) politeness; (comentario) compliment

galápago nm (ZOOL) turtle

galardón nm award, prize

galaxia nf galaxy

galera nf (nave) galley; (carro) wagon; (IMPRENTA) galley

galería nf (gen) gallery; (balcón) veranda(h); (pasillo) corridor

Gales nm (tb: **País de ~**) Wales ❑ **galés, -esa** adj Welsh ♦ nm/f Welshman(-woman) ♦ nm (LING) Welsh

galgo, -a nm/f greyhound

galimatías nmpl (lenguaje) gibberish sg, nonsense sg

gallardía nf (valor) bravery

gallego, -a adj, nm/f Galician

galleta nf cookie (US), biscuit (BRIT)

gallina nf hen ♦ nmf (fam: cobarde) chicken ❑ **gallinero** nm henhouse; (TEATRO) top gallery

gallo nm rooster, cock

galón nm (MIL) stripe; (COSTURA) braid; (medida) gallon

galopar vi to gallop

gama nf (fig) range

gamba (ESP) nf shrimp (US), prawn (BRIT)

gamuza nf chamois

gana nf (deseo) desire, wish; (apetito) appetite; (voluntad) will; (añoranza) longing; **de buena ~** willingly; **de mala ~** reluctantly; **me da ~s de** I feel like, I want to; **no me da la ~** I don't feel like it; **tener ~s de** to feel like

ganadería nf (ganado) livestock; (ganado vacuno) cattle pl; (cría, comercio) cattle raising

ganadero, -a (ESP) nm/f (hacendado) rancher

ganado nm livestock ▸ **ganado lanar** sheep pl ▸ **ganado mayor** cattle pl ▸ **ganado porcino** pigs pl

ganador, a adj winning ♦ nm/f winner

ganancia nf (lo ganado) gain; (aumento) increase; (beneficio) profit; **~s** nfpl (ingresos) earnings; (beneficios) profit sg, winnings

ganar vt (obtener) to get, obtain; (sacar ventaja) to gain; (salario etc) to earn; (DEPORTE, premio) to win; (derrotar a) to beat; (alcanzar) to reach ♦ vi (DEPORTE) to win; **ganarse** vr: **~se la vida** to earn one's living

ganchillo nm crochet

gancho nm (gen) hook; (LAm: colgador) hanger

gandul, a adj, nm/f good-for-nothing, layabout

ganga nf bargain

gangrena nf gangrene

ganso, -a nm/f (ZOOL) goose; (fam) idiot

ganzúa nf skeleton key

garabatear vi, vt (al escribir) to scribble, scrawl

garabato nm (escritura) scrawl, scribble

garaje nm garage

garante adj responsible ♦ nmf guarantor

garantía nf guarantee

garantizar vt to guarantee

garbanzo nm chickpea, garbanzo (US)

garbo nm grace, elegance

garfio nm grappling iron

garganta nf (ANAT) throat; (de botella) neck ❑ **gargantilla** nf necklace

gárgaras nfpl: **hacer ~** to gargle

gargarear (LAm) vi to gargle

garita nf cabin, hut; (MIL) sentry box

garra nf (de gato, TEC) claw; (de ave) talon; (fam: mano) hand, paw

garrafa nf carafe, decanter; (RPl: de gas) cylinder

garrapata nf tick

garronero, -a (RPl: fam) nm/f scrounger

garrote nm (palo) stick; (porra) cudgel; (suplicio) garrotte

garza nf heron

gas nm gas

gasa nf gauze

gaseosa nf lemonade

gaseoso, -a adj sparkling, carbonated

gasoil nm diesel (oil)

gasóleo nm = **gasoil**

gasolina nf gas(oline) (US), petrol (BRIT) ❑ **gasolinera** nf gas (US) o petrol (BRIT) station

gastado, -a adj (dinero) spent; (ropa) worn out; (usado: frase etc) trite

gastar vt (dinero, tiempo) to spend; (fuerzas) to use up; (desperdiciar) to waste; (llevar) to wear; **gastarse** vr to wear out; (estropearse) to waste; **~ en** to spend on; **~ bromas** to crack jokes; **¿qué número gastas?** what size (shoe) do you take?

gasto nm (desembolso) expenditure, spending; (consumo, uso) use; **~s** nmpl (desembolsos) expenses; (cargos) charges, costs

gastronomía nf gastronomy

gatear vi (andar a gatas) to go on all fours

gatillo nm (de arma de fuego) trigger; (de dentista) forceps

gato, -a nm/f cat ♦ nm (TEC) jack; **andar a gatas** to go on all fours

gaucho nm gaucho

> **GAUCHO**
>
> **Gauchos** are the herdsmen or riders of the Southern Cone plains. Although popularly associated with Argentine folklore, **gauchos** belong equally to the cattle-raising areas of Southern Brazil and Uruguay. **Gauchos'** traditions and clothing reflect their mixed ancestry and cultural roots. Their baggy trousers are Arabic in origin, while the horse and guitar are inherited from the Spanish conquistadors; the poncho, maté and **boleadoras** (strips of leather weighted at either end with stones) form part of the Indian tradition.

gaviota nf seagull

gay adj inv, nm gay, homosexual

gazpacho nm gazpacho

gel nm gel ▸ **gel de baño/ducha** bath/shower gel

gelatina nf Jell-O® (US), jelly (BRIT); (polvos etc) gelatine

gema nf gem

gemelo, -a adj, nm/f twin; **~s** nmpl (de camisa) cufflinks; (prismáticos) field glasses, binoculars

gemido nm (quejido) moan, groan; (aullido) howl

Géminis nm Gemini

gemir vi (quejarse) to moan, groan; (aullar) to howl

generación nf generation

general adj general ♦ nm general; **por lo ~, en ~** in general

la Generalitat nf Catalan parliament

generalizar vt to generalize; **generalizarse** vr to become generalized, spread

generalmente adv generally

generar vt to generate

género nm (clase) kind, sort; (tipo) type; (BIO) genus; (LING) gender; (COM) material ▸ **género humano** human race

generosidad nf generosity ❑ **generoso, -a** adj generous

genial adj inspired; (idea) great; (estupendo) wonderful

genio nm (carácter) nature, disposition; (humor) temper; (facultad creadora) genius; **de mal ~** bad-tempered

genital adj genital ❑ **genitales** nmpl genitals

gente nf (personas) people pl; (parientes) relatives pl

gentil adj (elegante) graceful; (encantador) charming ❑ **gentileza** nf grace; charm; (cortesía) courtesy

> ⚠ No confundir **gentil** con la palabra inglesa ***gentle***.

gentío nm crowd, throng

genuino, -a adj genuine

geografía nf geography

geología nf geology

geometría nf geometry

gerencia nf management ❑ **gerente** nmf (supervisor) manager; (jefe) director

geriatría nf (MED) geriatrics sg

germen nm germ

germinar vi to germinate

gesticulación nf gesticulation; (mueca) grimace ❑ **gesticular** vi to gesticulate; (hacer muecas) to grimace

gestión nf management; (diligencia, acción) negotiation ❑ **gestionar** vt (lograr) to try to arrange; (dirigir) to manage

gesto nm (mueca) grimace; (ademán) gesture

Gibraltar nm Gibraltar ❑ **gibraltareño, -a** adj, nm/f Gibraltarian

gigante adj, nmf giant ❑ **gigantesco, -a** adj gigantic

gilipollas (fam) adj inv stupid ♦ nmf inv dork (US), wally (BRIT)

gimnasia nf gymnastics pl ❑ **gimnasio** nm gymnasium ❑ **gimnasta** nmf gymnast

gimotear vi to whine, whimper

ginebra nf gin

ginecólogo, -a nm/f gynecologist (US), gynaecologist (BRIT)

gira nf tour, trip

girar vt (dar la vuelta) to turn (around); (: rápidamente) to spin; (COM: giro postal) to draw; (: letra de cambio) to issue ♦ vi to turn (round); (rápido) to spin

girasol nm sunflower

giratorio, -a adj revolving

giro nm (movimiento) turn, revolution; (LING) expression; (COM) draft ▸ **giro bancario/postal** bank draft/money order

gis (MÉX) nm chalk

gitano, -a adj, nm/f gypsy

glacial adj icy, freezing

glaciar nm glacier

glándula nf gland

global adj global

globalización nf globalization

globo nm (esfera) globe, sphere; (aerostato, juguete) balloon

glóbulo nm globule; (ANAT) corpuscle

gloria nf glory

glorieta nf (de jardín) bower, arbor (US), arbour (BRIT); (plazoleta) traffic circle (US), roundabout (BRIT)

glorificar vt (enaltecer) to glorify, praise

glorioso, -a adj glorious

glotón, -ona adj gluttonous, greedy ♦ nm/f glutton

glucosa nf glucose

gobernador, a adj governing ♦ nm/f governor ❑ **gobernante** adj governing

gobernar vt (dirigir) to guide, direct; (POL) to rule, govern ♦ vi to govern; (NÁUT) to steer

gobierno etc vb ver **gobernar** ♦ nm (POL) government; (dirección) guidance, direction; (NÁUT) steering

goce etc vb ver **gozar** ♦ nm enjoyment

gol nm goal

golf nm golf

golfa (fam!) nf (mujer) slut, whore

golfo, -a nm (GEO) gulf ♦ nm/f (fam: niño) urchin; (gamberro) lout

golondrina nf swallow

golosina nf (dulce) candy (US), sweet (BRIT) ❑ **goloso, -a** adj sweet-toothed

golpe nm blow; (de puño) punch; (de mano) smack; (de remo) stroke; (fig: choque) clash; **no dar ~** to be bone idle; **de un ~** with one blow; **de ~** suddenly ▸ **golpe (de estado)** coup (d'état) ❑ **golpear** vt, vi to strike, knock; (asestar) to beat; (de puño) to punch; (golpetear) to tap

goma nf (caucho) rubber; (elástico) elastic; (una goma) rubber o elastic (BRIT) band ▸ **goma de borrar** eraser, rubber (BRIT) ▸ **goma de pegar** gum, glue ▸ **goma espuma** foam rubber

gomina nf hair gel

gomita (RPl) nf rubber o elastic (BRIT) band

gordo, -a adj (gen) fat; (fam) enormous; **el (premio) ~** (en lotería) first prize ❑ **gordura** nf fat; (corpulencia) fatness, stoutness

gorila nm gorilla

gorjear vi to twitter, chirp

gorra nf cap; (de bebé) bonnet; (militar) bearskin; **entrar de ~** (fam) to gatecrash; **ir de ~** to sponge ▸ **gorra de baño** (LAm) swimming cap

gorrión nm sparrow

gorro nm (gen) cap; (de bebé, mujer) bonnet

gorrón, -ona nm/f scrounger ❑ **gorronear** (fam) vi to scrounge

gota nf (gen) drop; (de sudor) bead; (MED) gout ❑ **gotear** vi to drip; (lloviznar) to drizzle ❑ **gotera** nf leak

gozar vi to enjoy o.s.; **~ de** (disfrutar) to enjoy; (poseer) to possess

gozne nm hinge

gozo nm (alegría) joy; (placer) pleasure

gr. abr (= gramo, gramos) g

grabación nf recording

grabado nm print, engraving

grabadora nf tape-recorder

grabar vt to engrave; (discos, cintas) to record

gracia nf (encanto) grace, gracefulness; (humor) humor (US), humour (BRIT), wit; **¡(muchas) ~s!** thanks (very much)!; **~s a** thanks to; **tener ~** (chiste etc) to be funny; **no me hace ~** I am not keen ❑ **gracioso, -a** adj (divertido) funny, amusing; (cómico) comical ♦ nm/f (TEATRO) comic character

grada nf (de escalera) step; (de anfiteatro) tier, row; **~s** nfpl (DEPORTE: de estadio) terraces

gradería nf (gradas) (flight of) steps pl; (de anfiteatro) tiers pl, rows pl; (DEPORTE: de estadio) terraces pl ▸ **gradería cubierta** covered stand

grado nm degree; (de aceite, vino) grade; (grada) step; (MIL) rank; **de buen ~** willingly

graduación nf (del alcohol) proof, strength; (ESCOL) graduation; (MIL) rank

gradual adj gradual

graduar vt (gen) to graduate; (MIL) to commission; **graduarse** vr to graduate; **~se la vista** to have one's eyes tested

gráfica nf graph

gráfico, -a adj graphic ♦ nm diagram; **~s** nmpl (INFORM) graphics

grajo nm rook

Gral abr (= General) Gen

gramática nf grammar

gramo nm gram (US), gramme (BRIT)

gran adj ver **grande**

grana nf (color, tela) scarlet

granada nf pomegranate; (MIL) grenade

granate adj deep red

Gran Bretaña nf Great Britain

grande (antes de nmsg: **gran**) adj (de tamaño) big, large; (alto) tall; (distinguido) great; (impresionante) grand ♦ nm grandee ❑ **grandeza** nf greatness

grandioso, -a adj magnificent, grand

granel: **a ~** adv (COM) in bulk

granero nm granary, barn

granito nm (AGR) small grain; (roca) granite

granizado nm iced drink

granizar vi to hail ❑ **granizo** nm hail

granja nf (gen) farm ❑ **granjear** vt to win, gain ❑ **granjearse** vr to win, gain ❑ **granjero, -a** nm/f farmer

grano nm grain; (semilla) seed; (de café) bean; (MED) pimple, spot

granuja nmf rogue; (golfillo) urchin

grapa nf staple; (TEC) clamp ❑ **grapadora** nf stapler

grasa nf (gen) grease; (de cocinar) fat, lard; (sebo) suet; (mugre) filth ❑ **grasiento, -a** adj greasy; (de aceite) oily ❑ **graso, -a** adj (leche, queso, carne) fatty; (pelo, piel) greasy

gratificación nf (bono) bonus; (recompensa) reward

gratificar vt to reward

gratinar vt to cook au gratin

gratis adv free

gratitud nf gratitude

grato, -a adj (agradable) pleasant, agreeable

gratuito, -a adj (gratis) free; (sin razón) gratuitous

gravamen nm (impuesto) tax

gravar vt to tax

grave adj heavy; (serio) grave, serious ❑ **gravedad** nf gravity

gravilla nf gravel

gravitar vi to gravitate; **~ sobre** to rest on

graznar vi (cuervo) to squawk; (pato) to quack; (hablar ronco) to croak

Grecia nf Greece

gremio nm trade, industry

greña nf (cabellos) shock of hair

gresca nf uproar

griego, -a adj, nm/f Greek

grieta nf crack

grifo (ESP) nm faucet (US), tap (BRIT)

grilletes nmpl fetters

grillo nm (ZOOL) cricket

gripa (MÉX), **gripe** nf flu, influenza

gris adj (color) gray (US), grey (BRIT)

gritar vt, vi to shout, yell ❑ **grito** nm shout, yell; (de horror) scream

grosella nf (red)currant ▸ **grosella negra** blackcurrant

grosería nf (actitud) rudeness; (comentario) vulgar comment ❑ **grosero, -a** adj (poco cortés) rude, bad-mannered; (ordinario) vulgar, crude

grosor nm thickness

grotesco, -a adj grotesque

grúa nf (TEC) crane; (de petróleo) derrick

grueso, -a adj thick; (persona) stout ♦ nm bulk; **el ~ de** the bulk of

grulla nf crane

grumo nm clot, lump

gruñido nm grunt; (de persona) grumble

gruñir vi (animal) to growl; (persona) to grumble

grupa nf (ZOOL) rump

grupo nm group; (TEC) unit, set

gruta nf grotto

guacho, -a (CS) nm/f homeless child

guadaña nf scythe

guajolote (MÉX) nm turkey

guante nm glove ❑ **guantera** nf glove compartment

guapo, -a adj good-looking, attractive; (elegante) smart

guarda nmf (persona) guard, keeper ♦ nf (acto) guarding; (custodia) custody ❑ **guardabarros** (LAm exc MÉX, ESP) nm inv fender (US), mudguard (BRIT) ❑ **guardabosques** nmf inv gamekeeper ❑ **guardacostas** nm inv coastguard vessel ♦ nmf guardian, protector ❑ **guardaespaldas** nmf inv bodyguard ❑ **guardameta** nmf goalkeeper ❑ **guardar** vt (gen) to keep; (vigilar) to guard, watch over; (dinero: ahorrar) to save; **guardarse** vr (preservarse) to protect o.s.; (evitar) to avoid; **guardar cama** to stay in bed ❑ **guardarropa** nm (armario) wardrobe; (en establecimiento público) checkroom (US), cloakroom (BRIT)

guardería nf nursery, daycare center (US)

guardia nf (MIL) guard; (cuidado) care, custody ♦ nmf guard; (policía) policeman(-woman); **estar de ~** to be on guard; **montar ~** to mount guard ▸ **Guardia Civil** Civil Guard ▸ **Guardia Nacional** National Guard

guardián, -ana nm/f (gen) guardian, keeper

guarecer vt (proteger) to protect; (abrigar) to shelter; **guarecerse** vr to take refuge

guarida nf (de animal) den, lair; (refugio) refuge

guarnecer vt (equipar) to provide; (adornar) to adorn; (TEC) to reinforce ❑ **guarnición** nf (*de vestimenta*) trimming; (*de piedra*) mount; (CULIN) garnish; (*arneses*) harness; (MIL) garrison

guarro, -a *nm/f* pig, hog (*US*)

guasa *nf* joke ❑ **guasón, -ona** *adj* (*bromista*) joking ♦ *nm/f* wit; joker

Guatemala *nf* Guatemala

guay (*fam*) *adj* super, great

gubernativo, -a *adj* governmental

güero, -a (MÉX) *adj* blond(e)

guerra *nf* war; **dar ~** to annoy ▸ **guerra civil** civil war ▸ **guerra fría** cold war ❑ **guerrear** *vi* to wage war ❑ **guerrero, -a** *adj* fighting; (*carácter*) warlike ♦ *nm/f* warrior

guerrilla *nf* guerrilla warfare; (*tropas*) guerrilla band *o* group

guía *etc vb ver* **guiar** ♦ *nmf* (*persona*) guide; (*nf: libro*) guidebook ▸ **guía de ferrocarriles** railroad (*US*) *o* railway (*BRIT*) timetable ▸ **guía telefónica** (*LAm exc MÉX, ESP*) telephone directory, phone book

guiar *vt* to guide, direct; (AUTO) to steer; **guiarse** *vr*: **~se por** to be guided by

guijarro *nm* pebble

guillotina *nf* guillotine

guinda *nf* morello cherry, sour cherry (*US*)

guindilla *nf* chil(l)i pepper

guiñapo *nm* (*harapo*) rag; (*persona*) reprobate, rogue

guiñar *vt* to wink

guión *nm* (LING) hyphen, dash; (CINE) script ❑ **guionista** *nmf* scriptwriter

guirnalda *nf* garland

guisado *nm* stew

guisante *nm* pea

guisar *vt* to cook ❑ **guiso** *nm* cooked dish

guitarra *nf* guitar

gula *nf* gluttony, greed

gusano *nm* worm; (*lombriz*) earthworm

gustar *vt* to taste, sample ♦ *vi* to please, be pleasing; **~ de algo** to like *o* enjoy sth; **me gustan las uvas** I like grapes; **le gusta nadar** she likes *o* enjoys swimming

gusto *nm* (*sentido, sabor*) taste; (*placer*) pleasure; **tiene ~ a menta** it tastes of mint; **tener buen ~** to have good taste; **sentirse a ~** to feel at ease; **mucho ~ (en conocerle)** pleased to meet you; **el ~ es mío** the pleasure is mine; **con ~** willingly, gladly ❑ **gustoso, -a** *adj* (*sabroso*) tasty; (*agradable*) pleasant

Hh

ha *vb ver* **haber**

haba *nf* bean

Habana *nf*: **la ~** Havana

habano *nm* Havana cigar

habéis *vb ver* **haber**

haber

PALABRA CLAVE

vb aux

1 (*tiempos compuestos*) to have; **había comido** I had eaten; **antes/después de haberlo visto** before seeing/after seeing *o* having seen it

2: **¡haberlo dicho antes!** you should have said so before!

3: **haber de**: **he de hacerlo** I have to do it; **ha de llegar mañana** it should arrive tomorrow

♦ *vb impers*

1 (*existencia: sg*) there is; (*: pl*) there are; **hay un hermano/dos hermanos** there is one brother/there are two brothers; **¿cuánto hay de aquí a Acapulco?** how far is it from here to Acapulco?

2 (*obligación*): **hay que hacer algo** something must be done; **hay que apuntarlo para acordarse** you have to write it down to remember

3: **¡hay que ver!** well I never!

4: **¡no hay de** *o* (*LAm*) **por qué!** don't mention it!, not at all!

5: **¿qué hay?** (*¿qué pasa?*) what's up?, what's the matter?; (*¿qué tal?*) how's it going?; **¿qué hubo?** (*MÉX fam*) how are things?

♦ **haberse** *vr*: **habérselas con algn** to have it out with sb

♦ *vt*: **he aquí unas sugerencias** here are some suggestions; **no hay cintas blancas pero sí las hay rojas** there aren't any white ribbons but there are some red ones

♦ *nm* (*en cuenta*) credit side; **haberes** *nmpl* assets; **¿cuánto tengo en el haber?** how much do I have in my account?; **tiene varias novelas en su haber** he has several novels to his credit

habichuela *nf* kidney bean

hábil *adj* (*listo*) clever, smart; (*capaz*) fit, capable; (*experto*) expert; **día ~** working day ❑ **habilidad** *nf* skill, ability

habilitar *vt* (*capacitar*) to enable; (*dar instrumentos*) to equip; (*financiar*) to finance

hábilmente *adv* expertly, skillfully (*US*), skilfully (*BRIT*)

habitación *nf* (*cuarto*) room; (BIO: *morada*) habitat ▸ **habitación doble** *o* **de matrimonio** double room ▸ **habitación individual** *o* **sencilla** single room

habitante *nmf* inhabitant

habitar *vt* (*residir en*) to inhabit; (*ocupar*) to occupy ♦ *vi* to live

hábito *nm* habit

habitual *adj* usual

habituar *vt* to accustom; **habituarse** *vr*: **~se a** to get used to

habla *nf* (*capacidad de hablar*) speech; (*idioma*) language; (*dialecto*) dialect; **perder el ~** to become speechless; **de ~ francesa** French-speaking; **estar al ~** to be in contact; (TEL) to be on the line; **¡González al ~!** (TEL) González speaking!

hablador, a *adj* talkative; (*MÉX: mentiroso*) lying ♦ *nm/f* chatterbox

habladuría *nf* rumor (*US*), rumour (*BRIT*); **~s** *nfpl* gossip *sg*

hablante *adj* speaking ♦ *nmf* speaker

hablar *vt* to speak, talk; (*MÉX* TEL) to phone ♦ *vi* to speak; **hablarse** *vr* to speak to each other; **~ con** to speak to; **~ de** to speak of *o* about; **"se habla inglés"** "English spoken here"; **¡ni ~!** it's out of the question!

habré *etc vb ver* **haber**

hacendado (*LAm*) *nm* rancher, farmer

hacendoso, -a *adj* industrious

hacer

PALABRA CLAVE

vt

1 (*fabricar, producir*) to make; (*construir*) to build; **hacer una película/un ruido** to make a movie (*US*) *o* film (*BRIT*)/noise ; **el guisado lo hice yo** I made *o* cooked the stew

2 (*ejecutar trabajo etc*) to do; **hacer la colada** to do the washing; **hacer la comida** to do the cooking; **¿qué haces?** what are you doing?; **hacer el malo** *o* **el papel del malo** (TEATRO) to play the villain

3 (*estudios, algunos deportes*) to do; **hacer español/económicas** to do *o* study Spanish/economics; **hacer yoga/gimnasia** to do yoga/go to gym

4 (*transformar, incidir en*): **esto lo hará más difícil** this will make it more difficult; **salir te hará sentir mejor** going out will make you feel better

5 (*cálculo*): **2 y 2 hacen 4** 2 and 2 make 4; **éste hace 100** this one makes 100

6 (*+ subjun*): **esto hará que ganemos** this will make us win; **harás que no quiera venir** you'll stop him wanting to come

7 (*como sustituto de vb*) to do; **él bebió y yo hice lo mismo** he drank and I did likewise

8: **no hace más que criticar** all he does is criticize

♦ *vb semi-aux*: **hacer** + *infin*

1 (*directo*): **les hice venir** I made *o* had them come; **hacer trabajar a los demás** to get others to work

2 (*por intermedio de otros*): **hacer reparar algo** to get sth repaired

♦ *vi*

1: **haz como que no lo sabes** act as if you don't know

2 (*ser apropiado*): **si os hace** if it's alright with you

3: **hacer de**: **hacer de madre para algn** to be like a mother to sb; (TEATRO): **hacer de Otelo** to play Othello

♦ *vb impers*

1: **hace calor/frío** it's hot/cold; *ver tb* **bueno, sol, tiempo**

2 (*tiempo*): **hace 3 años** 3 years ago; **hace un mes que voy/no voy** I've been going/I haven't been for a month

3: **¿cómo has hecho para llegar tan rápido?** how did you manage to get here so quickly?

♦ **hacerse** *vr*

1 (*volverse*) to become; **se hicieron amigos** they became friends

2 (*acostumbrarse*): **hacerse a** to get used to

3: **se hace con huevos y leche** it's made out of eggs and milk; **eso no se hace** that's not done

4 (*obtener*): **hacerse de** *o* **con algo** to get hold of sth

5 (*fingirse*): **hacerse el sueco** to turn a deaf ear

hacha *nf* ax (*US*), axe (*BRIT*); (*antorcha*) torch

hachís *nm* hashish

hacia *prep* (*en dirección de*) towards; (*cerca de*) near; (*actitud*) towards; **~ arriba/abajo** up(wards)/down(wards); **~ mediodía** about noon

hacienda *nf* (*propiedad*) property; (*finca*) farm; (*LAm: rancho*) ranch; **(Ministerio de) H~** Treasury Department (*US*), Exchequer (*BRIT*) ▸ **hacienda pública** public finance

hada *nf* fairy

hágalo usted mismo (*MÉX*) *nm* do-it-yourself

hago *etc vb ver* **hacer**

Haití *nm* Haiti

halagar *vt* to flatter

halago *nm* flattery ❑ **halagüeño, -a** *adj* flattering

halcón *nm* falcon, hawk

hallar *vt* (*gen*) to find; (*descubrir*) to discover; (*toparse con*) to run into; **hallarse** *vr* to be (situated) ❑ **hallazgo** *nm* discovery; (*cosa*) find

halterofilia *nf* weightlifting

hamaca *nf* hammock; (*RPl: columpio*) swing

hambre *nf* hunger; (*plaga*) famine; (*deseo*) longing; **tener ~** to be hungry ❑ **hambriento, -a** *adj* hungry, starving

hamburguesa *nf* hamburger ❑ **hamburguesería** *nf* burger bar

han *vb ver* **haber**

harapiento, -a *adj* tattered, in rags

harapos *nmpl* rags

haré *vb ver* **hacer**

harina *nf* flour

hartar *vt* to satiate, glut; (*fig*) to tire, sicken; **hartarse** *vr* (*de comida*) to fill o.s., gorge o.s.; (*cansarse*): **~se (de)** to get fed up (with) ❑ **hartazgo** *nm* surfeit, glut ❑ **harto, -a** *adj* (*lleno*) full; (*cansado*) fed up ♦ *adv* (*bastante*) enough; (*muy*) very; **estar harto de** to be fed up with

has *vb ver* **haber**

hasta *adv* even ♦ *prep* (*alcanzando a*) as far as; up to; down to; (*de tiempo: a tal hora*) till, until; (*antes de*) before ♦ *conj*: **~ que** until; **~ luego/el sábado** see you soon/on Saturday

hastiar *vt* (*gen*) to weary; (*aburrir*) to bore; **hastiarse** *vr*: **~se de** to get fed up with ❑ **hastío** *nm* weariness; boredom

hatillo *nm* belongings *pl*, kit; (*montón*) bundle, heap

hay *vb ver* **haber**

Haya *nf*: **la ~** The Hague

haya *etc vb ver* **haber** ♦ *nf* beech tree

haz *vb ver* **hacer** ♦ *nm* (*de luz*) beam

hazaña *nf* feat, exploit

hazmerreír *nm inv* laughing stock

he *vb ver* **haber**

hebilla *nf* buckle, clasp

hebra *nf* thread; (BOT: *fibra*) grain, fiber (*US*), fibre (*BRIT*)

hebreo, -a *adj, nm/f* Hebrew ♦ *nm* (LING) Hebrew

hechizar *vt* to cast a spell on, bewitch

hechizo *nm* witchcraft, magic; (*acto de magia*) spell, charm

hecho, -a *pp de* **hacer** ♦ *adj* (*ESP: carne*) done; (COSTURA) ready-to-wear ♦ *nm* deed, act; (*dato*) fact; (*cuestión*) matter; (*suceso*) event ♦ *excl* agreed!, done!; **¡bien ~!** (*ESP*) well done!; **de ~** in fact, as a matter of fact

hechura *nf* (*forma*) form, shape; (*de persona*) build

hectárea *nf* hectare

heder *vi* to stink, smell

hediondo, -a *adj* stinking

hedor *nm* stench

helada *nf* frost

heladera (*LAm*) *nf* (*refrigerador*) refrigerator, icebox (*US*)

helado, -a *adj* frozen; (*glacial*) icy; (*fig*) chilly, cold ♦ *nm* ice cream ▸ **helado de agua** (*CS*) Popsicle® (*US*), ice lolly (*BRIT*)

helar *vt* to freeze, ice (up); (*dejar atónito*) to amaze; (*desalentar*) to discourage ♦ *vi* to freeze; **helarse** *vr* to freeze

helecho *nm* fern

hélice *nf* (TEC) propeller

helicóptero *nm* helicopter

hembra *nf* (BOT, ZOOL) female; (*mujer*) woman; (TEC) nut

hemorragia *nf* hemorrhage (*US*), haemorrhage (*BRIT*)

hemorroides *nfpl* piles, hemorrhoids (*US*), haemorrhoids (*BRIT*)

hemos *vb ver* **haber**

hendidura *nf* crack, split

heno *nm* hay

herbicida *nm* weedkiller

heredad *nf* landed property; (*granja*) farm

heredar *vt* to inherit ❑ **heredero, -a** *nm/f* heir(ess)

hereje *nmf* heretic

herencia *nf* inheritance

herida *nf* wound, injury; *ver tb* **herido**

herido, -a *adj* injured, wounded ♦ *nm/f* casualty

herir *vt* to wound, injure; (*fig*) to offend

hermanastro, -a *nm/f* stepbrother (-sister)

hermandad *nf* brotherhood

hermano, -a *nm/f* brother (sister) ▸ **hermano(-a) gemelo(-a)** twin brother (sister) ▸ **hermano(-a) político(-a)** brother-in-law (sister-in-law)

hermético, -a *adj* hermetic; (*fig*) watertight

hermoso, -a *adj* beautiful, lovely; (*estupendo*) splendid; (*guapo*) handsome ❑ **hermosura** *nf* beauty

hernia *nf* hernia

héroe *nm* hero

heroína *nf* (*mujer*) heroine; (*droga*) heroin

heroísmo *nm* heroism

herradura *nf* horseshoe

herramienta *nf* tool

herrero *nm* blacksmith

herrumbre *nf* rust

hervidero *nm* (*fig*) swarm; (POL *etc*) hotbed

hervir *vi* to boil; (*burbujear*) to bubble; (*fig*): **~ de** to teem with; **~ a fuego lento** to simmer ❑ **hervor** *nm* boiling; (*fig*) ardor (*US*), ardour (*BRIT*), fervor (*US*), fervour (*BRIT*)

heterosexual *adj* heterosexual

hice *etc vb ver* **hacer**

hidratante *adj*: **crema ~** moisturizing cream, moisturizer ❑ **hidratar** *vt* (*piel*) to moisturize

hidrato *nm* hydrate ▸ **hidratos de carbono** carbohydrates

hidráulica *nf* hydraulics *sg*

hidráulico, -a *adj* hydraulic

hidro... *prefijo* hydro..., water-... ❑ **hidroeléctrico, -a** *adj* hydroelectric ❑ **hidrofobia** *nf* hydrophobia, rabies ❑ **hidrógeno** *nm* hydrogen

hiedra *nf* ivy

hiel *nf* gall, bile; (*fig*) bitterness

hiela *etc vb ver* **helar**

hielo *nm* (*gen*) ice; (*escarcha*) frost; (*fig*) coldness, reserve

hiena *nf* hyena

hierba *nf* (*pasto*) grass; (CULIN, MED: *planta*) herb; (*LAm exc MÉX, ESP: fam: droga*) pot; **mala ~** (*ESP*) weed ❑ **hierbabuena** *nf* mint

hierro *nm* (*metal*) iron; (*objeto*) iron object

hígado *nm* liver

higiene *nf* hygiene ❑ **higiénico, -a** *adj* hygienic

higo *nm* fig ❑ **higuera** *nf* fig tree

hijastro, -a *nm/f* stepson(-daughter)

hijo, -a *nm/f* son (daughter), child; **~s** *nmpl* children, sons and daughters ▸ **hijo de papá/mamá** daddy's/mummy's boy ▸ **hijo de puta** (*fam!*) bastard (*!*), son of a bitch (*!*)

hilar *vt* to spin; **~ fino** to split hairs

hilera *nf* row, file

hilo *nm* thread; (BOT) fiber (*US*), fibre (*BRIT*); (*metal*) wire; (*de agua*) trickle, thin stream

hilvanar *vt* (COSTURA) to baste (*US*), tack (*BRIT*); (*fig*) to do hurriedly

himno *nm* hymn ▸ **himno nacional** national anthem

hincapié *nm*: **hacer ~ en** to emphasize

hincar *vt* to drive (in), thrust (in); **hincarse** *vr*: **~se de rodillas** to kneel down

hincha (*fam*) *nmf* fan

hinchado, -a *adj* (*gen*) swollen; (*persona*) pompous

hinchar *vt* (*gen*) to swell; (*inflar*) to blow up, inflate; (*fig*) to exaggerate; **hincharse** *vr* (*inflarse*) to swell up; (*fam: de comer*) to stuff o.s. ❑ **hinchazón** *nf* (*med*) swelling; (*altivez*) arrogance

hinojo *nm* fennel

hipermercado (*ESP*) *nm* superstore, hypermarket (*BRIT*)

hípico, -a *adj* horse *cpd*

hipnotismo *nm* hypnotism ❑ **hipnotizar** *vt* to hypnotize

hipo *nm* hiccups *pl*

hipocresía *nf* hypocrisy ❑ **hipócrita** *adj* hypocritical ♦ *nmf* hypocrite

hipódromo *nm* racecourse

hipopótamo *nm* hippopotamus

hipoteca *nf* mortgage

hipótesis *nf inv* hypothesis

hiriente *adj* offensive, wounding

hispánico, -a *adj* Hispanic

hispano, -a *adj* Hispanic, Spanish, Hispano- ♦ *nm/f* Spaniard ❑ **Hispanoamérica** *nf* Latin America ❑ **hispanoamericano, -a** *adj, nm/f* Latin American

histeria *nf* hysteria
historia *nf* history; (*cuento*) story, tale; **~s** *nfpl* (*chismes*) gossip *sg*; **dejarse de ~s** to come to the point; **pasar a la ~** to go down in history ❑ **historiador, a** *nm/f* historian ❑ **historial** *nm* (*profesional*) résumé (*US*), curriculum vitae (*BRIT*), C.V. (*BRIT*); (*MED*) case history ❑ **histórico, -a** *adj* historical; (*memorable*) historic
historieta *nf* tale, anecdote; (*dibujos*) comic strip
hito *nm* (*fig*) landmark
hizo *vb ver* **hacer**
Hnos *abr* (= *Hermanos*) Bros
hocico *nm* snout
hockey *nm* field hockey (*US*), hockey (*BRIT*) ▸ **hockey sobre hielo** hockey (*US*), ice hockey (*BRIT*)
hogar *nm* fireplace, hearth; (*casa*) home; (*vida familiar*) home life ❑ **hogareño, -a** *adj* home *cpd*; (*persona*) home-loving
hoguera *nf* (*gen*) bonfire
hoja *nf* (*gen*) leaf; (*de flor*) petal; (*de papel*) sheet; (*página*) page ▸ **hoja de afeitar** (*LAm*) razor blade ▸ **hoja de rasurar** (*MÉX*) razor blade ▸ **hoja electrónica** *o* **de cálculo** spreadsheet
hojalata *nf* tin(plate)
hojaldre *nm* (*CULIN*) puff pastry
hojear *vt* to leaf through, turn the pages of
hojuela (*MÉX*) *nf* flake ▸ **hojuelas de avena** porridge
hola *excl* hello!
holá (*RPl*) *excl* hello?
Holanda *nf* Holland ❑ **holandés, -esa** *adj* Dutch ♦ *nm/f* Dutchman(-woman) ♦ *nm* (*LING*) Dutch
holgado, -a *adj* (*ropa*) loose, baggy; (*rico*) comfortable
holgar *vi* (*descansar*) to rest; (*sobrar*) to be superfluous; **huelga decir que** it goes without saying that
holgazán, -ana *adj* idle, lazy ♦ *nm/f* loafer
holgura *nf* looseness, bagginess; (*TEC*) play, free movement; (*vida*) comfortable living
hollín *nm* soot
hombre *nm* (*gen*) man; (*raza humana*): **el ~** man(kind) ♦ *excl*: **¡sí ~!** (*claro*) of course!; (*para énfasis*) man, old boy ▸ **hombre de negocios** businessman ▸ **hombre de pro** honest man ▸ **hombre-rana** frogman
hombrera *nf* shoulder strap
hombro *nm* shoulder
hombruno, -a *adj* mannish
homenaje *nm* (*gen*) homage; (*tributo*) tribute
homicida *adj* homicidal ♦ *nmf* murderer ❑ **homicidio** *nm* murder, homicide
homologar *vt* (*COM*: *productos, tamaños*) to standardize ❑ **homólogo, -a** *nm/f*: **su** *etc* **homólogo** his *etc* counterpart *o* opposite number
homosexual *adj, nmf* homosexual
honda (*CS*) *nf* slingshot (*US*), catapult (*BRIT*); *ver tb* **hondo**
hondo, -a *adj* deep; **lo ~** the depth(s) *pl*, the bottom ❑ **hondonada** *nf* hollow, depression; (*cañón*) ravine
Honduras *nf* Honduras
hondureño, -a *adj, nm/f* Honduran
honestidad *nf* purity, chastity; (*decencia*) decency ❑ **honesto, -a** *adj* chaste; decent; honest; (*justo*) just
hongo *nm* (*BOT*: *gen*) fungus; (*LAm*: *comestible*) mushroom; (: *venenoso*) toadstool
honor *nm* (*gen*) honor (*US*), honour (*BRIT*); **en ~ a la verdad** to be fair ❑ **honorable** *adj* honorable (*US*), honourable (*BRIT*)
honorario, -a *adj* honorary ❑ **honorarios** *nmpl* fees
honra *nf* (*gen*) honor (*US*), honour (*BRIT*); (*renombre*) good name ❑ **honradez** *nf* honesty; (*de persona*) integrity ❑ **honrado, -a** *adj* honest, upright
honrar *vt* to honor (*US*), honour (*BRIT*); **honrarse** *vr*: **~se con algo/de hacer algo** to be honored (*US*) *o* honoured (*BRIT*) by sth/to do sth
honroso, -a *adj* (*honrado*) honorable (*US*), honourable (*BRIT*); (*respetado*) respectable
hora *nf* (*una hora*) hour; (*tiempo*) time; **¿qué ~ es?** what time is it?; **¿a qué ~?** at what time?; **media ~** half an hour; **a la ~ de recreo** at playtime *o* (*US*) recess; **a primera ~** first thing (in the morning); **a última ~** at the last moment; **a altas ~s** in the small hours; **¡a buena ~!** about time too!; **dar la ~** to strike the hour ▸ **horas de oficina/de trabajo** office/working hours ▸ **horas de visita** visiting times ▸ **horas extras** *o* **extraordinarias** overtime *sg* ▸ **horas pico** (*LAm*) rush *o* peak hours ▸ **horas punta** (*ESP*) rush *o* peak hours
horadar *vt* to drill, bore
horario, -a *adj* hourly, hour *cpd* ♦ *nm* timetable ▸ **horario comercial** business hours *pl*
horca *nf* gallows *sg*
horcajadas: **a ~** *adv* astride
horchata *nf cold drink made from tiger nuts and water*, tiger nut milk
horizontal *adj* horizontal
horizonte *nm* horizon
horma *nf* mold (*US*), mould (*BRIT*)
hormiga *nf* ant; **~s** *nfpl* (*MED*) pins and needles
hormigón *nm* concrete ▸ **hormigón armado/pretensado** reinforced/prestressed concrete
hormigonera *nf* cement mixer
hormigueo *nm* (*comezón*) itch
hormona *nf* hormone
hornada *nf* batch (of loaves *etc*)
hornillo *nm* (*cocina*) portable stove
horno *nm* (*CULIN*) oven; (*TEC*) furnace; **alto ~** blast furnace
horóscopo *nm* horoscope
horquilla *nf* hairpin; (*AGR*) pitchfork; (*MÉX*: *de ropa*) clothes pin (*US*) *o* peg (*BRIT*)
horrendo, -a *adj* horrendous, frightful
horrible *adj* horrible, dreadful
horripilante *adj* hair-raising, horrifying
horror *nm* horror, dread; (*atrocidad*) atrocity; **¡qué ~!** (*fam*) how awful! ❑ **horrorizar** *vt* to horrify, frighten; **horrorizarse** *vr* to be horrified ❑ **horroroso, -a** *adj* horrifying, ghastly
hortaliza *nf* vegetable
hortelano, -a *nm/f* truck farmer (*US*), (market) gardener (*BRIT*)
hortera (*ESP*: *fam*) *adj* tacky
hosco, -a *adj* sullen, gloomy
hospedar *vt* to put up; **hospedarse** *vr* to stay, lodge
hospital *nm* hospital
hospitalario, -a *adj* (*acogedor*) hospitable ❑ **hospitalidad** *nf* hospitality
hostal *nm* small hotel
hostelería *nf* hotel business *o* trade
hostia *nf* (*REL*) host, consecrated wafer; (*fam!*: *golpe*) whack, punch ♦ *excl* (*fam!*): **¡~(s)!** damn!
hostigar *vt* to whip; (*fig*) to harass, pester
hostil *adj* hostile ❑ **hostilidad** *nf* hostility
hotdog (*LAm*) *nm* hot dog
hotel *nm* hotel ❑ **hotelero, -a** *adj* hotel *cpd* ♦ *nm/f* hotelier
hoy *adv* (*este día*) today; (*la actualidad*) now(adays) ♦ *nm* present time; **~ (en) día** now(adays)
hoyo *nm* hole, pit ❑ **hoyuelo** *nm* dimple
hoz *nf* sickle
hube *etc vb ver* **haber**
hucha (*ESP*) *nf* money box
hueco, -a *adj* (*vacío*) hollow, empty; (*resonante*) booming ♦ *nm* hollow, cavity; (*LAm*: *vacío*) gap
huelga *etc vb ver* **holgar** ♦ *nf* strike; **declararse en ~** to go on strike, come out on strike ▸ **huelga de hambre** hunger strike
huelguista *nmf* striker
huella *nf* (*pisada*) tread; (*marca del paso*) footprint, footstep; (: *de animal, máquina*) track ▸ **huella digital** fingerprint
huelo *etc vb ver* **oler**
huérfano, -a *adj* orphan(ed) ♦ *nm/f* orphan
huerta *nf* truck farm (*US*), market garden (*BRIT*); (*en Murcia y Valencia*) irrigated region
huerto *nm* kitchen garden; (*de árboles frutales*) orchard
hueso *nm* (*ANAT*) bone; (*de fruta*) pit (*US*), stone (*BRIT*)
huésped, -a *nm/f* guest
huesudo, -a *adj* bony, big-boned
hueva *nf* roe
huevera *nf* eggcup
huevo *nm* egg ▸ **huevo a la copa** (*CS*) soft-boiled egg ▸ **huevo duro/escalfado** hard-boiled/poached egg ▸ **huevo estrellado** (*LAm*) fried egg ▸ **huevo frito** (*ESP*) fried egg ▸ **huevo pasado por agua** (*LAm exc MÉX, ESP*) soft-boiled egg ▸ **huevo tibio** (*MÉX*) soft-boiled egg ▸ **huevos revueltos** scrambled eggs
huida *nf* escape, flight
huidizo, -a *adj* shy
huir *vi* (*escapar*) to flee, escape; (*evitar*) to avoid; **huirse** *vr* (*MÉX*: *escaparse*) to escape
hule *nm* oilskin; (*MÉX*: *goma*) rubber
hulera (*MÉX*) *nf* slingshot (*US*), catapult (*BRIT*)
humanidad *nf* (*género humano*) man(kind); (*cualidad*) humanity
humanitario, -a *adj* humanitarian
humano, -a *adj* (*gen*) human; (*humanitario*) humane ♦ *nm* human; **ser ~** human being
humareda *nf* cloud of smoke
humedad *nf* (*de clima*) humidity; (*de pared etc*) dampness; **a prueba de ~** damp-proof ❑ **humedecer** *vt* to moisten, wet; **humedecerse** *vr* to get wet
húmedo, -a *adj* (*mojado*) damp, wet; (*tiempo etc*) humid
humildad *nf* humility, humbleness ❑ **humilde** *adj* humble, modest
humillación *nf* humiliation ❑ **humillante** *adj* humiliating
humillar *vt* to humiliate; **humillarse** *vr* to humble o.s., grovel
humo *nm* (*de fuego*) smoke; (*gas nocivo*) fumes *pl*; (*vapor*) steam, vapor (*US*), vapour (*BRIT*); **~s** *nmpl* (*fig*) conceit *sg*
humor *nm* (*disposición*) mood, temper; (*lo que divierte*) humor (*US*), humour (*BRIT*); **de buen/mal ~** in a good/bad mood ❑ **humorista** *nmf* comic ❑ **humorístico, -a** *adj* funny, humorous
hundimiento *nm* (*gen*) sinking; (*colapso*) collapse
hundir *vt* to sink; (*edificio, plan*) to ruin, destroy; **hundirse** *vr* to sink, collapse
húngaro, -a *adj, nm/f* Hungarian
Hungría *nf* Hungary
huracán *nm* hurricane
huraño, -a *adj* (*antisocial*) unsociable
hurgar *vt* to poke, jab; (*remover*) to stir (up); **hurgarse** *vr*: **~se (las narices)** to pick one's nose
hurón, -ona *nm* (*ZOOL*) ferret
hurtadillas: **a ~** *adv* stealthily, on the sly
hurtar *vt* to steal ❑ **hurto** *nm* theft, stealing
husmear *vt* (*oler*) to sniff out, scent; (*fam*) to pry into
huyo *etc vb ver* **huir**

Ii

iba *etc vb ver* **ir**
ibérico, -a *adj* Iberian
iberoamericano, -a *adj, nm/f* Latin American
Ibiza *nf* Ibiza
iceberg *nm* iceberg
icono *nm* ikon, icon
iconoclasta *adj* iconoclastic ♦ *nmf* iconoclast
ictericia *nf* jaundice
I + D *abr* (= *Investigación y Desarrollo*) R & D
ida *nf* going, departure; **~ y vuelta** round trip (*US*), return (*BRIT*)
idea *nf* idea; **no tengo la menor ~** I haven't a clue
ideal *adj, nm* ideal ❑ **idealista** *nmf* idealist ❑ **idealizar** *vt* to idealize
idear *vt* to think up; (*aparato*) to invent; (*viaje*) to plan
ídem *pron* ditto
idéntico, -a *adj* identical
identidad *nf* identity
identificación *nf* identification
identificar *vt* to identify; **identificarse** *vr*: **~se con** to identify with
ideología *nf* ideology
idilio *nm* love-affair
idioma *nm* (*gen*) language

> ⚠ No confundir **idioma** con la palabra inglesa ***idiom***.

idiota *adj* idiotic ♦ *nmf* idiot ❑ **idiotez** *nf* idiocy
ídolo *nm* (*tb*: **fig**) idol
idóneo, -a *adj* suitable
iglesia *nf* church
ignorancia *nf* ignorance ❑ **ignorante** *adj* ignorant, uninformed ♦ *nmf* ignoramus
ignorar *vt* not to know, be ignorant of; (*no hacer caso a*) to ignore
igual *adj* (*gen*) equal; (*similar*) like, similar; (*mismo*) (the) same; (*constante*) constant; (*temperatura*) even ♦ *nmf* equal; **~ que** like, the same as; **me da** *o* **es ~** I don't care; **son ~es** they're the same; **al ~ que** (*prep, conj*) like, just like
igualada *nf* equaliser
igualar *vt* (*gen*) to equalize, make equal; (*allanar, nivelar*) to level (off), even (out); **igualarse** *vr* (*platos de balanza*) to balance out
igualdad *nf* equality; (*similitud*) sameness; (*uniformidad*) uniformity
igualmente *adv* equally; (*también*) also, likewise ♦ *excl* the same to you!
ikurriña *nf* Basque flag
ilegal *adj* illegal
ilegítimo, -a *adj* illegitimate
ileso, -a *adj* unhurt
ilícito, -a *adj* illicit
ilimitado, -a *adj* unlimited
ilógico, -a *adj* illogical
iluminación *nf* illumination; (*alumbrado*) lighting
iluminar *vt* to illuminate, light (up); (*fig*) to enlighten
ilusión *nf* illusion; (*quimera*) delusion; (*esperanza*) hope; **hacerse ilusiones** to build up one's hopes ❑ **ilusionado, -a** *adj* excited ❑ **ilusionar** *vi*: **le ilusiona ir de vacaciones** he's looking forward to going on vacation (*US*) *o* holiday (*BRIT*); **ilusionarse** *vr*: **ilusionarse (con)** to get excited (about)
ilusionista *nmf* conjurer
iluso, -a *adj* easily deceived ♦ *nm/f* dreamer
ilusorio, -a *adj* (*de ilusión*) illusory, deceptive; (*esperanza*) vain
ilustración *nf* illustration; (*saber*) learning, erudition; **la I~** the Enlightenment ❑ **ilustrado, -a** *adj* illustrated; learned
ilustrar *vt* to illustrate; (*instruir*) to instruct; (*explicar*) to explain, make clear; **ilustrarse** *vr* to acquire knowledge
ilustre *adj* famous, illustrious
imagen *nf* (*gen*) image; (*dibujo*) picture
imaginación *nf* imagination
imaginar *vt* (*gen*) to imagine; (*idear*) to think up; (*suponer*) to suppose; **imaginarse** *vr* to imagine ❑ **imaginario, -a** *adj* imaginary ❑ **imaginativo, -a** *adj* imaginative
imán *nm* magnet
imbécil *nmf* imbecile, idiot
imitación *nf* imitation
imitar *vt* to imitate; (*parodiar, remedar*) to mimic, ape
impaciencia *nf* impatience ❑ **impaciente** *adj* impatient; (*nervioso*) anxious
impacto *nm* impact
impalpable (*RPl*) *adj*: **azúcar ~** confectioner's sugar (*US*)
impar *adj* odd
imparcial *adj* impartial, fair
impartir *vt* to impart, give
impasible *adj* impassive
impecable *adj* impeccable
impedimento *nm* impediment, obstacle
impedir *vt* (*obstruir*) to impede, obstruct; (*estorbar*) to prevent
impenetrable *adj* impenetrable; (*fig*) incomprehensible
imperar *vi* (*reinar*) to rule, reign; (*fig*) to prevail, reign; (*precio*) to be current
imperativo, -a *adj* (*urgente, LING*) imperative
imperceptible *adj* imperceptible
imperdible (*LAm exc MÉX, ESP*) *nm* safety pin
imperdonable *adj* unforgivable, inexcusable
imperfección *nf* imperfection
imperfecto, -a *adj* imperfect
imperial *adj* imperial ❑ **imperialismo** *nm* imperialism
imperio *nm* empire; (*autoridad*) rule, authority; (*fig*) pride, haughtiness ❑ **imperioso, -a** *adj* imperious; (*urgente*) urgent; (*imperativo*) imperative
impermeable *adj* waterproof ♦ *nm* raincoat, mac (*BRIT*)
impersonal *adj* impersonal
impertinencia *nf* impertinence ❑ **impertinente** *adj* impertinent
imperturbable *adj* imperturbable
ímpetu *nm* (*impulso*) impetus, impulse; (*impetuosidad*) impetuosity; (*violencia*) violence
impetuoso, -a *adj* impetuous; (*río*) rushing; (*acto*) hasty
impío, -a *adj* impious, ungodly
implacable *adj* implacable
implantar *vt* to introduce
implemento (*LAm*) *nm* tool, implement
implicar *vt* to involve; (*entrañar*) to imply
implícito, -a *adj* (*tácito*) implicit; (*sobreentendido*) implied
implorar *vt* to beg, implore
imponente *adj* (*impresionante*) impressive, imposing; (*solemne*) grand
imponer *vt* (*gen*) to impose; (*exigir*) to exact; **imponerse** *vr* to assert o.s.; (*prevalecer*) to prevail ❑ **imponible** *adj* (*COM*) taxable
impopular *adj* unpopular
importación *nf* (*acto*) importing; (*mercancías*) imports *pl*
importancia *nf* importance; (*valor*) value, significance; (*extensión*) size, magnitude ❑ **importante** *adj* important; valuable, significant
importar *vt* (*del extranjero*) to import; (*costar*) to amount to ♦ *vi* to be important, matter; **me importa un rábano** I couldn't care less; **no importa** it doesn't matter; **¿le importa que fume?** do you mind if I smoke?
importe *nm* (*total*) amount; (*valor*) value
importunar *vt* to bother, pester
imposibilidad *nf* impossibility ❑ **imposibilitar** *vt* to make impossible, prevent
imposible *adj* (*gen*) impossible; (*insoportable*) unbearable, intolerable
imposición *nf* imposition; (*COM*: *impuesto*) tax; (: *inversión*) deposit
impostor, a *nm/f* impostor
impotencia *nf* impotence ❑ **impotente** *adj* impotent

impracticable *adj* (*irrealizable*) impracticable; (*intransitable*) impassable
impreciso, -a *adj* imprecise, vague
impregnar *vt* to impregnate; **impregnarse** *vr* to become impregnated
imprenta *nf* (*acto*) printing; (*aparato*) press; (*casa*) printer's; (*letra*) print
imprescindible *adj* essential, vital
impresión *nf* (*gen*) impression; (IMPRENTA) printing; (*edición*) edition; (FOTO) print; (*marca*) imprint ▸ **impresión digital** fingerprint
impresionable *adj* (*sensible*) impressionable
impresionante *adj* impressive; (*tremendo*) tremendous; (*maravilloso*) great, marvelous (*US*), marvellous (*BRIT*)
impresionar *vt* (*conmover*) to move; (*afectar*) to impress, strike; (*película fotográfica*) to expose; **impresionarse** *vr* to be impressed; (*conmoverse*) to be moved
impreso, -a *pp de* **imprimir** ♦ *adj* printed ♦ *nm* (ESP: *formulario*) form ❑ **impresora** *nf* printer ❑ **impresos** *nmpl* printed matter
imprevisto, -a *adj* (*gen*) unforeseen; (*inesperado*) unexpected
imprimir *vt* to imprint, impress, stamp; (*textos*) to print; (INFORM) to output, print out
improbable *adj* improbable; (*inverosímil*) unlikely
improcedente *adj* inappropriate
improductivo, -a *adj* unproductive
improperio *nm* insult
impropio, -a *adj* improper
improvisado, -a *adj* improvised
improvisar *vt* to improvise
improviso, -a *adj*: **de ~** unexpectedly, suddenly
imprudencia *nf* imprudence; (*indiscreción*) indiscretion; (*descuido*) carelessness ❑ **imprudente** *adj* unwise, imprudent; (*indiscreto*) indiscreet
impúdico, -a *adj* shameless; (*lujurioso*) lecherous
impuesto, -a *adj* imposed ♦ *nm* tax ▸ **impuesto al valor agregado** *o* **añadido** (*LAm*) ≈ sales tax (*US*), value added tax (*BRIT*) ▸ **impuesto sobre el valor añadido** (*ESP*) ≈ sales tax (*US*), value added tax (*BRIT*)
impugnar *vt* to oppose, contest; (*refutar*) to refute, impugn
impulsar *vt* to drive; (*promover*) to promote, stimulate
impulsivo, -a *adj* impulsive ❑ **impulso** *nm* impulse; (*fuerza, empuje*) thrust, drive; (*fig: sentimiento*) urge, impulse
impune *adj* unpunished
impureza *nf* impurity ❑ **impuro, -a** *adj* impure
imputar *vt* to attribute
inacabable *adj* (*infinito*) endless; (*interminable*) interminable
inaccesible *adj* inaccessible
inacción *nf* inactivity
inaceptable *adj* unacceptable
inactividad *nf* inactivity; (COM) dullness ❑ **inactivo, -a** *adj* inactive
inadecuado, -a *adj* (*insuficiente*) inadequate; (*inapto*) unsuitable
inadmisible *adj* inadmissible
inadvertido, -a *adj* (*no visto*) unnoticed
inagotable *adj* inexhaustible
inaguantable *adj* unbearable
inalterable *adj* immutable, unchangeable
inanición *nf* starvation
inanimado, -a *adj* inanimate
inapreciable *adj* (*cantidad, diferencia*) imperceptible; (*ayuda, servicio*) invaluable
inaudito, -a *adj* unheard-of
inauguración *nf* inauguration; opening
inaugurar *vt* to inaugurate; (*exposición*) to open
inca *nmf* Inca
incalculable *adj* incalculable
incandescente *adj* incandescent
incansable *adj* tireless, untiring
incapacidad *nf* incapacity; (*incompetencia*) incompetence ▸ **incapacidad física/mental** physical/mental disability
incapacitar *vt* (*inhabilitar*) to incapacitate, render unfit; (*descalificar*) to disqualify
incapaz *adj* incapable
incautación *nf* confiscation
incautarse *vr*: **~ de** to seize, confiscate
incauto, -a *adj* (*imprudente*) incautious, unwary
incendiar *vt* to set fire to; (*fig*) to inflame; **incendiarse** *vr* to catch fire ❑ **incendiario, -a** *adj* incendiary
incendio *nm* fire
incentivo *nm* incentive
incertidumbre *nf* (*inseguridad*) uncertainty; (*duda*) doubt
incesante *adj* incessant
incesto *nm* incest
incidencia *nf* (MAT) incidence
incidente *nm* incident
incidir *vi* (*influir*) to influence; (*afectar*) to affect; **~ en un error** to fall into error
incienso *nm* incense
incierto, -a *adj* uncertain
incineración *nf* incineration; (*de cadáveres*) cremation
incinerar *vt* to burn; (*cadáveres*) to cremate
incipiente *adj* incipient
incisión *nf* incision
incisivo, -a *adj* sharp, cutting; (*fig*) incisive
incitar *vt* to incite, rouse
inclemencia *nf* (*severidad*) harshness, severity; (*del tiempo*) inclemency
inclinación *nf* (*gen*) inclination; (*de tierras*) slope, incline; (*de cabeza*) nod, bow; (*fig*) leaning, bent
inclinar *vt* to incline; (*cabeza*) to nod, bow ♦ *vi* to lean, slope; **inclinarse** *vr* to bow; (*encorvarse*) to stoop; **~se a** (*parecerse a*) to take after, resemble; **~se ante** to bow down to; **me inclino a pensar que** I'm inclined to think that
incluir *vt* to include; (*incorporar*) to incorporate; (*meter*) to enclose
inclusive *adv* inclusive ♦ *prep* including
incluso *adv* even
incógnita *nf* (MAT) unknown quantity
incógnito *nm*: **de ~** incognito
incoherente *adj* incoherent
incoloro, -a *adj* colorless (*US*), colourless (*BRIT*)
incólume *adj* unhurt, unharmed
incomodar *vt* to inconvenience; (*molestar*) to bother, trouble; (*fastidiar*) to annoy; **incomodarse** *vr* to put o.s. out; (*fastidiarse*) to get annoyed
incomodidad *nf* inconvenience; (*fastidio, enojo*) annoyance; (*de vivienda*) discomfort
incómodo, -a *adj* (*silla, situación*) uncomfortable; (*molesto*) annoying; (*inconveniente*) inconvenient
incomparable *adj* incomparable
incompatible *adj* incompatible
incompetencia *nf* incompetence ❑ **incompetente** *adj* incompetent
incompleto, -a *adj* incomplete, unfinished
incomprensible *adj* incomprehensible
incomunicado, -a *adj* (*aislado*) cut off, isolated; (*confinado*) in solitary confinement
inconcebible *adj* inconceivable
incondicional *adj* unconditional; (*apoyo*) wholehearted; (*partidario*) staunch
inconexo, -a *adj* (*gen*) unconnected; (*desunido*) disconnected
inconfundible *adj* unmistakable
incongruente *adj* incongruous
inconsciencia *nf* unconsciousness; (*fig*) thoughtlessness ❑ **inconsciente** *adj* unconscious; thoughtless
inconsecuente *adj* inconsistent
inconsiderado, -a *adj* inconsiderate
inconsistente *adj* weak; (*tela*) flimsy
inconstancia *nf* inconstancy; (*inestabilidad*) unsteadiness ❑ **inconstante** *adj* inconstant
incontable *adj* countless, innumerable
incontestable *adj* unanswerable; (*innegable*) undeniable
incontinencia *nf* incontinence
inconveniencia *nf* unsuitability, inappropriateness; (*descortesía*) impoliteness ❑ **inconveniente** *adj* unsuitable; impolite ♦ *nm* obstacle; (*desventaja*) disadvantage; **el inconveniente es que ...** the trouble is that ...
incordiar (*fam*) *vt* to bug, annoy
incorporación *nf* incorporation
incorporar *vt* to incorporate; **incorporarse** *vr* to sit up
incorrección *nf* (*gen*) incorrectness, inaccuracy; (*descortesía*) bad-mannered behavior (*US*) *o* behaviour (*BRIT*) ❑ **incorrecto, -a** *adj* (*gen*) incorrect, wrong; (*comportamiento*) bad-mannered
incorregible *adj* incorrigible
incredulidad *nf* incredulity; (*escepticismo*) skepticism (*US*), scepticism (*BRIT*) ❑ **incrédulo, -a** *adj* incredulous, unbelieving; skeptical (*US*), sceptical (*BRIT*)
increíble *adj* incredible
incremento *nm* increment; (*aumento*) rise, increase
increpar *vt* to reprimand
incruento, -a *adj* bloodless
incrustar *vt* to incrust; (*piedras: en joya*) to inlay
incubar *vt* to incubate
inculcar *vt* to inculcate
inculpar *vt* (*acusar*) to accuse; (*achacar, atribuir*) to charge, blame
inculto, -a *adj* (*persona*) uneducated; (*grosero*) uncouth ♦ *nm/f* ignoramus
incumplimiento *nm* non-fulfillment (*US*), non-fulfilment (*BRIT*); **~ de contrato** breach of contract
incurrir *vi*: **~ en** to incur; (*crimen*) to commit; **~ en un error** to make a mistake
indagación *nf* investigation; (*búsqueda*) search; (JUR) inquest
indagar *vt* to investigate; to search; (*averiguar*) to ascertain
indecente *adj* indecent, improper; (*lascivo*) obscene
indecible *adj* unspeakable; (*indescriptible*) indescribable
indeciso, -a *adj* (*por decidir*) undecided; (*vacilante*) hesitant
indefenso, -a *adj* defenseless (*US*), defenceless (*BRIT*)
indefinido, -a *adj* indefinite; (*vago*) vague, undefined
indeleble *adj* indelible
indemne *adj* (*objeto*) undamaged; (*persona*) unharmed, unhurt
indemnizar *vt* to indemnify; (*compensar*) to compensate
independencia *nf* independence ▸ **Día de la Independencia** Independence Day

DÍA DE LA INDEPENDENCIA

Every Latin American country celebrates its Independence Day according to the continent's colonial history. In Mexico, these celebrations are known as **El Grito** ("The Cry"), in commemoration of the 16th September 1810, when Father Hidalgo rang the bell of his church to summon the Mexican people to fight for their independence. The celebrations begin in the afternoon of September 15th, with food, Mariachi music, fireworks and dancing, and culminate in the main square at midnight, when the town mayor rings the bell and gives "The Cry".

independiente *adj* (*libre*) independent; (*autónomo*) self-sufficient
indeterminado, -a *adj* indefinite; (*desconocido*) indeterminate
India *nf*: **la ~** India
indicación *nf* indication; (*señal*) sign; (*sugerencia*) suggestion, hint
indicado, -a *adj* (*momento, método*) right; (*tratamiento*) appropriate; (*solución*) likely
indicador *nm* indicator; (TEC) meter, gauge, gage (*US*)
indicar *vt* (*mostrar*) to indicate, show; (*termómetro etc*) to read, register; (*señalar*) to point to
índice *nm* index; (*catálogo*) catalogue, catalog (*US*); (ANAT) index finger, forefinger
indicio *nm* indication, sign; (*en pesquisa etc*) clue
indiferencia *nf* indifference; (*apatía*) apathy ❑ **indiferente** *adj* indifferent
indígena *adj* indigenous, native ♦ *nmf* native
indigencia *nf* poverty, need
indigestión *nf* indigestion
indigesto, -a *adj* (*alimento*) indigestible; (*fig*) turgid
indignación *nf* indignation
indignar *vt* to anger, make indignant; **indignarse** *vr*: **~se por** to get indignant about
indigno, -a *adj* (*despreciable*) low, contemptible; (*inmerecido*) unworthy
indio, -a *adj, nm/f* Indian
indirecta *nf* insinuation, innuendo; (*sugerencia*) hint
indirecto, -a *adj* indirect
indiscreción *nf* (*imprudencia*) indiscretion; (*irreflexión*) tactlessness; (*acto*) gaffe, faux pas
indiscreto, -a *adj* indiscreet
indiscriminado, -a *adj* indiscriminate
indiscutible *adj* indisputable, unquestionable
indispensable *adj* indispensable, essential
indisponer *vt* to spoil, upset; (*salud*) to make ill; **indisponerse** *vr* to fall ill; **~se con algn** to fall out with sb
indisposición *nf* indisposition
indispuesto, -a *adj* (*enfermo*) unwell, indisposed
indistinto, -a *adj* indistinct; (*vago*) vague
individual *adj* individual; (*habitación*) single ♦ *nm* (DEPORTE) singles *sg*
individuo, -a *adj, nm* individual
índole *nf* (*naturaleza*) nature; (*clase*) sort, kind
indómito, -a *adj* indomitable
inducir *vt* to induce; (*inferir*) to infer; (*persuadir*) to persuade
indudable *adj* undoubted; (*incuestionable*) unquestionable
indulgencia *nf* indulgence
indultar *vt* (*perdonar*) to pardon, reprieve; (*librar de pago*) to exempt ❑ **indulto** *nm* pardon; exemption
industria *nf* industry; (*habilidad*) skill ❑ **industrial** *adj* industrial ♦ *nm* industrialist
inédito, -a *adj* (*texto*) unpublished; (*nuevo*) new
inefable *adj* ineffable, indescribable
ineficaz *adj* (*inútil*) ineffective; (*ineficiente*) inefficient
ineludible *adj* inescapable, unavoidable
ineptitud *nf* ineptitude, incompetence ❑ **inepto, -a** *adj* inept, incompetent
inequívoco, -a *adj* unequivocal; (*inconfundible*) unmistakable
inercia *nf* inertia; (*pasividad*) passivity
inerme *adj* (*sin armas*) unarmed; (*indefenso*) defenseless (*US*), defenceless (*BRIT*)
inerte *adj* inert; (*inmóvil*) motionless
inesperado, -a *adj* unexpected, unforeseen
inestable *adj* unstable
inevitable *adj* inevitable
inexactitud *nf* inaccuracy ❑ **inexacto, -a** *adj* inaccurate; (*falso*) untrue
inexperto, -a *adj* (*novato*) inexperienced
infalible *adj* infallible; (*plan*) foolproof
infame *adj* infamous; (*horrible*) dreadful ❑ **infamia** *nf* infamy; (*deshonra*) disgrace
infancia *nf* infancy, childhood
infantería *nf* infantry
infantil *adj* (*pueril, aniñado*) infantile; (*cándido*) childlike; (*literatura, ropa etc*) children's
infarto *nm* (*tb*: **~ de miocardio**) heart attack
infatigable *adj* tireless, untiring
infección *nf* infection ❑ **infeccioso, -a** *adj* infectious
infectar *vt* to infect; **infectarse** *vr* to become infected
infeliz *adj* unhappy, wretched ♦ *nmf* wretch
inferior *adj* inferior; (*situación*) lower ♦ *nmf* inferior, subordinate
inferir *vt* (*deducir*) to infer, deduce; (*causar*) to cause
infestar *vt* to infest
infidelidad *nf* (*gen*) infidelity, unfaithfulness
infiel *adj* unfaithful, disloyal; (*erróneo*) inaccurate ♦ *nmf* infidel, unbeliever
infierno *nm* hell
infiltrarse *vr*: **~ en** to infiltrate in(to); (*persona*) to work one's way in(to)
ínfimo, -a *adj* (*más bajo*) lowest; (*despreciable*) vile, mean
infinidad *nf* infinity; (*abundancia*) great quantity
infinito, -a *adj, nm* infinite
inflación *nf* (*hinchazón*) swelling; (*monetaria*) inflation; (*fig*) conceit ❑ **inflacionario, -a** *adj* inflationary
inflamable *adj* flammable
inflamar *vt* (MED: *fig*) to inflame; **inflamarse** *vr* to catch fire; to become inflamed
inflar *vt* (*hinchar*) to inflate, blow up; (*fig*) to exaggerate; **inflarse** *vr* to swell (up); (*fig*) to get conceited
inflexible *adj* inflexible; (*fig*) unbending
infligir *vt* to inflict
influencia *nf* influence ❑ **influenciar** *vt* to influence
influir *vt* to influence
influjo *nm* influence
influya *etc vb ver* **influir**
influyente *adj* influential
información *nf* information; (*noticias*) news *sg*; (JUR) inquiry; **I~** (*oficina*) Information Office; (*mostrador*) Information Desk; (TEL) directory assistance (*US*), directory enquiries (*BRIT*)
informal *adj* (*gen*) informal
informar *vt* (*gen*) to inform; (*revelar*) to reveal, make known ♦ *vi* (JUR) to plead; (*denunciar*) to inform; (*dar cuenta de*) to report on; **informarse** *vr* to find out; **~se de** to inquire into
informática *nf* computer science, information technology
informe *adj* shapeless ♦ *nm* report
infortunio *nm* misfortune
infracción *nf* infraction, infringement
infranqueable *adj* impassable; (*fig*) insurmountable
infravalorar *vt* to undervalue, underestimate
infringir *vt* to infringe, contravene
infructuoso, -a *adj* fruitless, unsuccessful
infundado, -a *adj* groundless, unfounded
infundir *vt* to infuse, instill (*US*), instil (*BRIT*)
infusión *nf* infusion ▸ **infusión de manzanilla** camomile tea
ingeniar *vt* to think up, devise; **ingeniarse** *vr*: **~se para** to manage to
ingeniería *nf* engineering ▸ **ingeniería genética** genetic engineering ❑ **ingeniero, -a** *nm/f* engineer ▸ **ingeniero civil/de sonido** civil engineer/sound engineer
ingenio *nm* (*talento*) talent; (*agudeza*) wit; (*habilidad*) ingenuity, inventiveness ▸ **ingenio azucarero** (*LAm*) sugar refinery
ingenioso, -a *adj* ingenious, clever; (*divertido*) witty
ingenuidad *nf* ingenuousness; (*sencillez*) simplicity ❑ **ingenuo, -a** *adj* ingenuous

ingerir *vt* to ingest; (*tragar*) to swallow; (*consumir*) to consume
Inglaterra *nf* England
ingle *nf* groin
inglés, -esa *adj* English ♦ *nm/f* Englishman(-woman) ♦ *nm* (LING) English
ingratitud *nf* ingratitude ❑ **ingrato, -a** *adj* (*gen*) ungrateful
ingrediente *nm* ingredient
ingresar *vt* (*dinero*) to deposit ♦ *vi* to come in; **~ en un club** to join a club; **~ en el hospital** to go to the hospital
ingreso *nm* (*entrada*) entry; (*en hospital etc*) admission; **~s** *nmpl* (*dinero*) income *sg*; (COM) takings *pl*
inhabitable *adj* uninhabitable
inhalar *vt* to inhale
inherente *adj* inherent
inhibir *vt* to inhibit
inhóspito, -a *adj* (*región, paisaje*) inhospitable
inhumano, -a *adj* inhuman
inicial *adj, nf* initial
iniciar *vt* (*persona*) to initiate; (*empezar*) to begin, commence; (*conversación*) to start up
iniciativa *nf* initiative ▸ **iniciativa privada** private enterprise
ininterrumpido, -a *adj* uninterrupted
injerencia *nf* interference
injertar *vt* to graft ❑ **injerto** *nm* graft
injuria *nf* (*agravio, ofensa*) offense (*US*), offence (*BRIT*); (*insulto*) insult ❑ **injuriar** *vt* to insult ❑ **injurioso, -a** *adj* offensive; insulting

⚠ No confundir **injuria** con la palabra inglesa ***injury***.

injusticia *nf* injustice
injusto, -a *adj* unjust, unfair
inmadurez *nf* immaturity
inmediaciones *nfpl* environs, neighborhood *sg* (*US*), neighbourhood *sg* (*BRIT*)
inmediato, -a *adj* immediate; (*contiguo*) adjoining; (*rápido*) prompt; (*próximo*) next, neighboring (*US*), neighbouring (*BRIT*); **de ~** immediately
inmejorable *adj* unsurpassable; (*precio*) unbeatable
inmenso, -a *adj* immense, huge
inmerecido, -a *adj* undeserved
inmigración *nf* immigration
inmiscuirse *vr* to interfere, meddle
inmobiliaria *nf* real estate agency (*US*), estate agency (*BRIT*)
inmobiliario, -a *adj* real-estate *cpd*, property *cpd*
inmolar *vt* to immolate, sacrifice
inmoral *adj* immoral
inmortal *adj* immortal ❑ **inmortalizar** *vt* to immortalize
inmóvil *adj* immobile
inmueble *adj*: **bienes ~s** real estate, landed property ♦ *nm* property
inmundicia *nf* filth ❑ **inmundo, -a** *adj* filthy
inmune *adj*: **~ (a)** (MED) immune (to)
inmunidad *nf* immunity
inmutarse *vr* to turn pale; **no se inmutó** he didn't turn a hair
innato, -a *adj* innate
innecesario, -a *adj* unnecessary
innoble *adj* ignoble
innovación *nf* innovation
innovar *vt* to introduce
inocencia *nf* innocence
inocentada *nf* practical joke
inocente *adj* (*ingenuo*) naive, innocent; (*inculpable*) innocent; (*sin malicia*) harmless ♦ *nmf* simpleton
inodoro *nm* toilet, lavatory (*BRIT*)
inofensivo, -a *adj* inoffensive, harmless
inolvidable *adj* unforgettable
inopinado, -a *adj* unexpected
inoportuno, -a *adj* untimely; (*molesto*) inconvenient
inoxidable *adj*: **acero ~** stainless steel
inquebrantable *adj* unbreakable
inquietar *vt* to worry, trouble; **inquietarse** *vr* to worry, get upset ❑ **inquieto, -a** *adj* anxious, worried ❑ **inquietud** *nf* anxiety, worry
inquilino, -a *nm/f* tenant
inquirir *vt* to enquire into, investigate
insaciable *adj* insatiable
insalubre *adj* unhealthy
inscribir *vt* to inscribe; **~ a algn en** (*lista*) to put sb on; (: *censo*) to register sb on
inscripción *nf* inscription; (ESCOL *etc*) enrollment (*US*), enrolment (*BRIT*); (*en censo*) registration
insecticida *nm* insecticide
insecto *nm* insect
inseguridad *nf* insecurity
inseguro, -a *adj* insecure; (*inconstante*) unsteady; (*incierto*) uncertain
insensato, -a *adj* foolish, stupid
insensibilidad *nf* (*gen*) insensitivity; (*dureza de corazón*) callousness
insensible *adj* (*gen*) insensitive; (*movimiento*) imperceptible; (*sin sentido*) numb
insertar *vt* to insert
inservible *adj* useless
insidioso, -a *adj* insidious
insignia *nf* (*señal distintiva*) badge; (*estandarte*) flag
insignificante *adj* insignificant
insinuar *vt* to insinuate, imply
insípido, -a *adj* insipid
insistencia *nf* insistence
insistir *vi* to insist; **~ en algo** to insist on sth; (*enfatizar*) to stress sth
insolación *nf* (MED) sunstroke
insolencia *nf* insolence ❑ **insolente** *adj* insolent
insólito, -a *adj* unusual
insoluble *adj* insoluble
insolvencia *nf* insolvency
insomnio *nm* insomnia
insondable *adj* bottomless; (*fig*) impenetrable
insonorizado, -a *adj* (*cuarto etc*) soundproof
insoportable *adj* unbearable
insospechado, -a *adj* (*inesperado*) unexpected
inspección *nf* inspection, check ❑ **inspeccionar** *vt* (*examinar*) to inspect, examine; (*controlar*) to check
inspector, a *nm/f* inspector
inspiración *nf* inspiration
inspirar *vt* to inspire; (MED) to inhale; **inspirarse** *vr*: **~se en** to be inspired by
instalación *nf* (*equipo*) fittings *pl*, equipment ▸ **instalación eléctrica** wiring
instalar *vt* (*establecer*) to install (*US*), instal (*BRIT*); (*erguir*) to set up, erect; **instalarse** *vr* to establish o.s.; (*en una vivienda*) to move into
instancia *nf* (JUR) petition; (*ruego*) request; **en última ~** as a last resort
instantánea *nf* snap(shot)
instantáneo, -a *adj* instantaneous; **café ~** instant coffee
instante *nm* instant, moment
instar *vt* to press, urge
instaurar *vt* (*costumbre*) to establish; (*normas, sistema*) to bring in, introduce; (*gobierno*) to install (*US*), instal (*BRIT*)
instigar *vt* to instigate
instinto *nm* instinct; **por ~** instinctively
institución *nf* institution, establishment
instituir *vt* to establish; (*fundar*) to found ❑ **instituto** *nm* (*gen*) institute; (ESP ESCOL) ≈ high (*US*) *o* comprehensive (*BRIT*) school
institutriz *nf* governess
instrucción *nf* instruction
instructivo, -a *adj* instructive
instruir *vt* (*gen*) to instruct; (*enseñar*) to teach, educate
instrumento *nm* (*gen*) instrument; (ESP: *herramienta*) tool, implement
insubordinarse *vr* to rebel
insuficiencia *nf* (*carencia*) lack; (*inadecuación*) inadequacy ❑ **insuficiente** *adj* (*gen*) insufficient; (ESCOL: *calificación*) unsatisfactory
insufrible *adj* insufferable
insular *adj* insular
insultar *vt* to insult ❑ **insulto** *nm* insult
insumiso, -a *nm/f* (POL) *person who refuses to do military service or its substitute, community service*
insuperable *adj* (*excelente*) unsurpassable; (*problema etc*) insurmountable
insurgente *adj, nmf* insurgent
insurrección *nf* insurrection, rebellion
intachable *adj* irreproachable
intacto, -a *adj* intact
integral *adj* integral; (*completo*) complete; **pan ~** wholewheat (*US*) *o* wholemeal (*BRIT*) bread
integrar *vt* to make up, compose; (MAT: *fig*) to integrate
integridad *nf* wholeness; (*carácter*) integrity ❑ **íntegro, -a** *adj* whole, entire; (*honrado*) honest
intelectual *adj, nmf* intellectual
inteligencia *nf* intelligence; (*ingenio*) ability ❑ **inteligente** *adj* intelligent
inteligible *adj* intelligible
intemperie *nf*: **a la ~** out in the open, exposed to the elements
intempestivo, -a *adj* untimely
intención *nf* (*gen*) intention, purpose; **con segundas intenciones** maliciously; **con ~** deliberately
intencionado, -a *adj* deliberate; **bien ~** well-meaning; **mal ~** ill-disposed, hostile
intensidad *nf* (*gen*) intensity; (ELEC, TEC) strength; **llover con ~** to rain hard
intenso, -a *adj* intense; (*sentimiento*) profound, deep
intentar *vt* (*tratar*) to try, attempt ❑ **intento** *nm* attempt
interactivo, -a *adj* (INFORM) interactive
intercalar *vt* to insert
intercambio *nm* exchange, swap
interceder *vi* to intercede
interceptar *vt* to intercept
intercesión *nf* intercession
interés *nm* (*gen*) interest; (*parte*) share, part; (*pey*) self-interest ▸ **intereses creados** vested interests
interesado, -a *adj* interested; (*prejuiciado*) prejudiced; (*pey*) mercenary, self-seeking
interesante *adj* interesting
interesar *vt, vi* to interest, be of interest to; **interesarse** *vr*: **~se en** *o* **por** to take an interest in
interferir *vt* to interfere with; (TEL) to jam ♦ *vi* to interfere
interfón (MÉX) *nm* entry phone
interfono *nm* intercom
interino, -a *adj* temporary ♦ *nm/f* temporary holder of a post; (MED) locum; (ESCOL) substitute teacher (*US*), supply teacher (*BRIT*)
interior *adj* inner, inside; (COM) domestic, internal ♦ *nm* interior, inside; (*fig*) soul, mind; **Ministerio del I~** ≈ Department of the Interior (*US*), ≈ Home Office (*BRIT*)
interiorista (ESP) *nmf* interior designer
interjección *nf* interjection
interlocutor, a *nm/f* speaker
intermedio, -a *adj* intermediate ♦ *nm* intermission, interval
interminable *adj* endless
intermitente *adj* intermittent ♦ *nm* (LAm exc MÉX, ESP AUTO) turn signal (*US*), indicator (*BRIT*)
internacional *adj* international
internado *nm* boarding school
internar *vt* to intern; (*en un manicomio*) to commit; **internarse** *vr* (*penetrar*) to penetrate
Internet *nm o f*: **el** *o* **la ~** the Internet
interno, -a *adj* internal, interior; (POL *etc*) domestic ♦ *nm/f* (*alumno*) boarder
interponer *vt* to interpose, put in; **interponerse** *vr* to intervene
interpretación *nf* interpretation
interpretar *vt* to interpret; (TEATRO, MÚS) to perform, play ❑ **intérprete** *nmf* (LING) interpreter; (MÚS, TEATRO) performer, artist(e)
interrogación *nf* interrogation; (LING: *tb*: **signo de ~**) question mark
interrogar *vt* to interrogate, question
interrumpir *vt* to interrupt
interrupción *nf* interruption
interruptor *nm* (ELEC) switch
intersección *nf* intersection
interurbano, -a *adj*: **llamada interurbana** long-distance call
intervalo *nm* interval; (*descanso*) break; **a ~s** at intervals, every now and then
intervenir *vt* (*controlar*) to control, supervise; (MED) to operate on ♦ *vi* (*participar*) to take part, participate; (*mediar*) to intervene
interventor, a *nm/f* inspector; (COM) auditor
intestino *nm* (MED) intestine
intimar *vi* to become friendly
intimidad *nf* intimacy; (*familiaridad*) familiarity; (*vida privada*) private life; (JUR) privacy
íntimo, -a *adj* intimate
intolerable *adj* intolerable, unbearable
intoxicación *nf* poisoning
intranet *nf* intranet
intranquilizarse *vr* to get worried *o* anxious ❑ **intranquilo, -a** *adj* worried
intransitable *adj* impassable
intrépido, -a *adj* intrepid
intriga *nf* intrigue; (*plan*) plot ❑ **intrigar** *vt, vi* to intrigue
intrincado, -a *adj* intricate
intrínseco, -a *adj* intrinsic
introducción *nf* introduction
introducir *vt* (*gen*) to introduce; (*moneda etc*) to insert; (INFORM) to input, enter
intromisión *nf* interference, meddling
introvertido, -a *adj, nm/f* introvert
intruso, -a *adj* intrusive ♦ *nm/f* intruder
intuición *nf* intuition
inundación *nf* flood(ing) ❑ **inundar** *vt* to flood; (*fig*) to swamp, inundate
inusitado, -a *adj* unusual, rare
inútil *adj* useless; (*esfuerzo*) vain, fruitless ❑ **inutilidad** *nf* uselessness
inutilizar *vt* to make *o* render useless; **inutilizarse** *vr* to become useless
invadir *vt* to invade
inválido, -a *adj* invalid ♦ *nm/f* invalid
invariable *adj* invariable
invasión *nf* invasion
invasor, a *adj* invading ♦ *nm/f* invader
invención *nf* invention
inventar *vt* to invent
inventario *nm* inventory
inventiva *nf* inventiveness
invento *nm* invention
inventor, a *nm/f* inventor
invernadero *nm* greenhouse
inverosímil *adj* implausible
inversión *nf* (COM) investment
inverso, -a *adj* inverse, opposite; **en el orden ~** in reverse order; **a la inversa** inversely, the other way round
inversor, a *nm/f* (COM) investor
invertir *vt* (COM) to invest; (*volcar*) to turn upside down; (*tiempo etc*) to spend
investigación *nf* investigation; (ESCOL) research ▸ **investigación y desarrollo** research and development
investigar *vt* to investigate; (ESCOL) to do research into
invierno *nm* winter
invisible *adj* invisible
invitado, -a *nm/f* guest
invitar *vt* to invite; (*incitar*) to entice; (*pagar*) to buy, pay for
invocar *vt* to invoke, call on
involucrar *vt*: **~ en** to involve in; **involucrarse** *vr* (*persona*): **~ en** to get mixed up in
involuntario, -a *adj* (*movimiento, gesto*) involuntary; (*error*) unintentional
inyección *nf* injection
inyectar *vt* to inject

ir

PALABRA CLAVE

vi

1 to go; (*a pie*) to walk; (*viajar*) to travel; **ir caminando** to walk; **fui en tren** I went *o* traveled (*US*) *o* travelled (*BRIT*) by train; **¡(ahora) voy!** (I'm just) coming!

2: **ir (a) por**: **ir (a) por el médico** to fetch the doctor

3 (*progresar: persona, cosa*) to go; **el trabajo va muy bien** work is going very well; **¿cómo te va?** how are things going?; **me va muy bien** I'm getting on very well; **le fue fatal** (*ESP*) it went awfully badly for him

4 (*funcionar*): **el** (*LAm*) **carro no va muy bien** the car isn't running very well

5: **esa camisa te va estupendamente** that shirt suits you fantastically well

6 (*locuciones*): **¿vino? – ¡qué va!** did he come? – of course not!; **vamos, no llores** come on, don't cry; **¡vaya** (*LAm*) **carro!** what a car!, that's some car!

7: **no vaya a ser: tienes que correr, no vaya a ser que pierdas el tren** you'll have to run so as not to miss the train

8 (+ *pp*): **iba vestido muy bien** he was very well dressed

9: **no me** *etc* **va ni me viene** I *etc* don't care ♦ *vb aux*

1: **ir a: voy/iba a hacerlo hoy** I am/was going to do it today

2 (+ *gerundio*): **iba anocheciendo** it was getting dark; **todo se me iba aclarando** everything was gradually becoming clearer to me

3 (+ *pp* = *pasivo*): **van vendidos 300 ejemplares** 300 copies have been sold so far ♦ **irse** *vr*

1: **¿por dónde se va al zoológico?** which is the way to the zoo?

2 (*marcharse*) to leave; **ya se habrán ido** they must already have left *o* gone

ira *nf* anger, rage
Irak *nm* = **Iraq**
Irán *nm* Iran ❑ **iraní** *adj, nmf* Iranian
Iraq *nm* Iraq ❑ **iraquí** *adj, nmf* Iraqi
iris *nm inv* (ANAT) iris; **arco ~** rainbow
Irlanda *nf* Ireland ❑ **irlandés, -esa** *adj* Irish ♦ *nm/f* Irishman(-woman); **los irlandeses** the Irish
ironía *nf* irony ❑ **irónico, -a** *adj* ironic(al)
IRPF *n abr* (= *Impuesto sobre la Renta de las Personas Físicas*) (personal) income tax
irreal *adj* unreal
irrecuperable *adj* irrecoverable, irretrievable
irreflexión *nf* thoughtlessness
irregular *adj* (*gen*) irregular; (*situación*) abnormal
irremediable *adj* irremediable; (*vicio*) incurable
irreparable *adj* (*daños*) irreparable; (*pérdida*) irrecoverable
irresoluto, -a *adj* irresolute, hesitant
irrespetuoso, -a *adj* disrespectful
irresponsable *adj* irresponsible

irreversible *adj* irreversible
irrigar *vt* to irrigate
irrisorio, -a *adj* derisory, ridiculous
irritar *vt* to irritate, annoy
irrupción *nf* irruption; (*invasión*) invasion
isla *nf* island
islandés, -esa *adj* Icelandic ♦ *nm/f* Icelander
Islandia *nf* Iceland
isleño, -a *adj* island *cpd* ♦ *nm/f* islander
Israel *nm* Israel ❑ **israelí** *adj, nmf* Israeli
istmo *nm* isthmus
Italia *nf* Italy ❑ **italiano, -a** *adj, nm/f* Italian
itinerario *nm* itinerary, route
ITV (*ESP*) *nf abr* (= *inspección técnica de vehículos*) roadworthiness test, ≈ MOT (*BRIT*)
IVA (*ESP*) *nm abr* (= *impuesto sobre el valor añadido*) VAT (*BRIT*)
izar *vt* to hoist
izdo, -a *abr* (= *izquierdo, a*) l
izquierda *nf* left; (*POL*) left (wing); **a la ~** (*estar*) on the left; (*torcer etc*) (to the) left
izquierdista *nmf* left-winger, leftist
izquierdo, -a *adj* left

Jj

jabalí *nm* wild boar
jabalina *nf* javelin
jabón *nm* soap ❑ **jabonar** *vt* to soap
jaca *nf* pony
jacal (*MÉX*) *nm* shack
jacinto *nm* hyacinth
jactarse *vr* to boast, brag
jadear *vi* to pant, gasp for breath ❑ **jadeo** *nm* panting, gasping
jaguar *nm* jaguar
jaiba (*LAm*) *nf* crab
jalar (*LAm*) *vt* to pull
jalea (*ESP*) *nf* Jell-O® (*US*), jelly (*BRIT*)
jaleo (*ESP*) *nm* racket, uproar; **armar un ~** to kick up a racket
jalón (*LAm*) *nm* tug
jamás *adv* never
jamón *nm* ham ▸ **jamón dulce** *o* **de York** cooked ham ▸ **jamón serrano** (*ESP*) cured ham
Japón *nm*: **el ~** Japan ❑ **japonés, -esa** *adj, nm/f* Japanese ♦ *nm* (*LING*) Japanese
jaque *nm* (*AJEDREZ*) check ▸ **jaque mate** checkmate
jaqueca *nf* (very bad) headache, migraine
jarabe *nm* syrup
jarcia *nf* (*NÁUT*) ropes *pl*, rigging
jardín *nm* garden ▸ **jardín de infantes** (*RPl*) nursery school, kindergarten ▸ **jardín de niños** (*MÉX*) nursery school, kindergarten ▸ **jardín infantil** (*LAm exc MÉX*) nursery school, kindergarten ❑ **jardinería** *nf* gardening ❑ **jardinero, -a** *nm/f* gardener
jarra *nf* jar; (*jarro*) jug, pitcher (*US*)
jarro *nm* jug, pitcher (*US*)
jarrón *nm* vase
jaula *nf* cage
jauría *nf* pack of hounds
jazmín *nm* jasmine
J.C. *abr* (= *Jesucristo*) J.C.
jeans (*LAm exc MÉX*) *nmpl* jeans, denims; **unos ~** a pair of jeans
jefa *nf ver* **jefe**
jefatura *nf*: **~ de policía** police headquarters *sg*
jefe, -a *nm/f* (*gen*) chief, head; (*patrón*) boss ▸ **jefe de cocina** chef ▸ **jefe de estación** stationmaster ▸ **jefe de estado** head of state
jengibre *nm* ginger
jeque *nm* sheik
jerarquía *nf* (*orden*) hierarchy; (*rango*) rank ❑ **jerárquico, -a** *adj* hierarchic(al)
jerez *nm* sherry
jerga *nf* jargon
jeringa *nf* syringe; (*LAm*: *molestia*) annoyance, bother ▸ **jeringa de engrase** grease gun ❑ **jeringar** (*LAm*: *fam*) *vt* to annoy, bother ❑ **jeringuilla** *nf* syringe
jeroglífico *nm* hieroglyphic
jersey (*ESP*) (*pl* **~s**) *nm* jersey, pullover
Jerusalén *n* Jerusalem
Jesucristo *nm* Jesus Christ
jesuita *adj, nm* Jesuit
Jesús *nm* Jesus; **¡~!** good heavens!; (*ESP*: *al estornudar*) bless you!
jinete *nmf* horseman(-woman), rider
jipijapa (*LAm*) *nm* straw hat
jirafa *nf* giraffe
jirón *nm* rag, shred
jitomate (*MÉX*) *nm* tomato
jocoso, -a *adj* humorous, jocular
joder (*ESP*: *fam!*) *vt, vi* to fuck (*!*)
jofaina *nf* washbowl (*US*), washbasin (*BRIT*)
jogging (*RPl*) *nm* sweat suit (*US*), tracksuit (*BRIT*)
jornada *nf* (*viaje de un día*) day's journey; (*camino o viaje entero*) journey; (*día de trabajo*) working day
jornal *nm* (day's) wage ❑ **jornalero, -a** *nm/f* (day) laborer (*US*) *o* labourer (*BRIT*)
joroba *nf* hump, hunched back ❑ **jorobado, -a** *adj* hunchbacked ♦ *nm/f* hunchback
jota *nf* (the letter) J; (*danza*) *Aragonese dance*; **no saber ni ~** to have no idea
joven (*pl* **jóvenes**) *adj* young ♦ *nm* young man, youth ♦ *nf* young woman, girl
jovial *adj* cheerful, jolly
joya *nf* jewel, gem; (*fig*: *persona*) gem ❑ **joyería** *nf* (*joyas*) jewelry (*US*), jewellery (*BRIT*); (*tienda*) jewelry store (*US*), jeweller's (shop) (*BRIT*) ❑ **joyero, -a** *nm/f* (*persona*) jeweler (*US*), jeweller (*BRIT*) ♦ *nm* (*caja*) jewel case
juanete *nm* (*del pie*) bunion
jubilación *nf* (*retiro*) retirement
jubilado, -a *adj* retired ♦ *nm/f* senior citizen, pensioner (*BRIT*)
jubilar *vt* to pension off, retire; (*fam*) to discard; **jubilarse** *vr* to retire
júbilo *nm* joy, rejoicing ❑ **jubiloso, -a** *adj* jubilant
judía (*ESP*) *nf* (*CULIN*) bean ▸ **judía verde** pole (*US*) *o* French (*BRIT*) bean; *ver tb* **judío**
judicial *adj* judicial
judío, -a *adj* Jewish ♦ *nm/f* Jew(ess)
judo *nm* judo
juego *etc vb ver* **jugar** ♦ *nm* (*gen*) play; (*pasatiempo, partido*) game; (*en casino*) gambling; (*conjunto*) set; **fuera de ~** (*DEPORTE*: *persona*) offside; (: *pelota*) out of play ▸ **juego de computadora** (*LAm*) computer game ▸ **Juegos Olímpicos** Olympic Games
jueves *nm inv* Thursday
juez *nmf* judge ▸ **juez de línea** linesman ▸ **juez de salida** starter
jugada *nf* play; **buena ~** good move/shot/stroke *etc*
jugador, a *nm/f* player; (*en casino*) gambler
jugar *vt, vi* to play; (*en casino*) to gamble; (*apostar*) to bet; **~ a algo** to play sth
juglar *nm* minstrel
jugo *nm* (*BOT*) juice; (*fig*) essence, substance ▸ **jugo de naranja** (*LAm*) orange juice ❑ **jugoso, -a** *adj* juicy; (*fig*) substantial, important
juguete *nm* toy ❑ **juguetear** *vi* to play ❑ **juguetería** *nf* toystore (*US*), toyshop (*BRIT*)
juguetón, -ona *adj* playful
juicio *nm* judgement; (*razón*) sanity, reason; (*opinión*) opinion ❑ **juicioso, -a** *adj* wise, sensible
julio *nm* July
jumper (*LAm*) *nm* jumper (*US*), pinafore dress (*BRIT*)
junco *nm* rush, reed
jungla *nf* jungle
junio *nm* June
junta *nf* (*asamblea*) meeting, assembly; (*comité, consejo*) council, committee; (*COM, FINANZAS*) board; (*TEC*) joint
juntar *vt* to join, unite; (*maquinaria*) to assemble, put together; (*dinero*) to collect; **juntarse** *vr* to join, meet; (*reunirse*: *personas*) to meet, assemble; (*arrimarse*) to approach, draw closer; **~se con algn** to join sb
junto, -a *adj* joined; (*unido*) united; (*anexo*) near, close; (*contiguo, próximo*) next, adjacent ♦ *adv*: **todo ~** all at once; **~s** together; **~ a** near (to), next to
jurado *nm* (*JUR*: *individuo*) juror; (: *grupo*) jury; (*de concurso*: *grupo*) panel (of judges); (: *individuo*) member of a panel
juramento *nm* oath; (*maldición*) oath, curse; **prestar ~** to take the oath; **tomar ~ a** to swear in, administer the oath to
jurar *vt, vi* to swear; **~ en falso** to commit perjury; **tenérsela jurada a algn** (*fam*) to have it in for sb
jurídico, -a *adj* legal
jurisdicción *nf* (*poder, autoridad*) jurisdiction; (*territorio*) district
jurisprudencia *nf* jurisprudence
jurista *nmf* jurist
justamente *adv* justly, fairly; (*precisamente*) just, exactly
justicia *nf* justice; (*equidad*) fairness, justice ❑ **justiciero, -a** *adj* just, righteous
justificación *nf* justification ❑ **justificar** *vt* to justify
justo, -a *adj* (*equitativo*) just, fair, right; (*preciso*) exact, correct; (*ajustado*) tight ♦ *adv* (*precisamente*) exactly, precisely; (*LAm*: *apenas a tiempo*) just in time
juvenil *adj* youthful
juventud *nf* (*adolescencia*) youth; (*jóvenes*) young people *pl*
juzgado *nm* tribunal; (*JUR*) court
juzgar *vt* to judge; **a ~ por ...** to judge by ..., judging by ...

Kk

karate (*LAm*) (*ESP* **kárate**) *nm* karate
kg *abr* (= *kilogramo*) kg
kilo *nm* kilo ❑ **kilogramo** *nm* kilogram (*US*), kilogramme (*BRIT*) ❑ **kilometraje** *nm* distance in kilometers (*US*) *o* kilometres (*BRIT*), ≈ mileage ❑ **kilómetro** *nm* kilometer (*US*), kilometre (*BRIT*) ❑ **kilovatio** *nm* kilowatt
kiosco *nm* = **quiosco**
kleenex® *nm* paper handkerchief, tissue
km *abr* (= *kilómetro*) km
Kosovo *nm* Kosovo
kv *abr* (= *kilovatio*) kw

Ll

l *abr* (= *litro*) l
la *art def* the ♦ *pron* her; (*Ud.*) you; (*cosa*) it ♦ *nm* (*MÚS*) la; **la del sombrero rojo** the girl in the red hat; *ver tb* **el**
laberinto *nm* labyrinth
labia *nf* fluency; (*pey*) glib tongue
labio *nm* lip
labor *nf* labor (*US*), labour (*BRIT*); (*AGR*) farm work; (*tarea*) job, task; (*COSTURA*) needlework ❑ **laborable** *adj* (*AGR*) workable; **día laborable** working day ❑ **laboral** *adj* (*accidente*) at work; (*jornada*) working
laboratorio *nm* laboratory
laborioso, -a *adj* (*persona*) hard-working; (*trabajo*) tough
laborista *adj*: **Partido L~** Labour Party (*BRIT*)
labrado, -a *adj* worked; (*madera*) carved; (*metal*) wrought
labrador, a *adj* farming *cpd* ♦ *nm/f* farmer
labranza *nf* (*AGR*) cultivation
labrar *vt* (*gen*) to work; (*madera etc*) to carve; (*fig*) to cause, bring about
labriego, -a *nm/f* peasant
laca *nf* lacquer
lacayo *nm* lackey
lacio, -a *adj* (*pelo*) straight
lacón *nm* shoulder of pork
lacónico, -a *adj* laconic
lacra *nf* (*fig*) blot ❑ **lacrar** *vt* (*cerrar*) to seal (with sealing wax) ❑ **lacre** *nm* sealing wax
lactancia *nf* lactation
lactar *vt, vi* to suckle
lácteo, -a *adj*: **productos ~s** dairy products
ladear *vt* to tip, tilt ♦ *vi* to tilt; **ladearse** *vr* to lean
ladera *nf* slope
lado *nm* (*gen*) side; (*fig*) protection; (*MIL*) flank; **al ~ de** beside; **poner de ~** to put on its side; **poner a un ~** to put aside; **por todos ~s** on all sides, all round (*BRIT*)
ladrar *vi* to bark ❑ **ladrido** *nm* bark, barking
ladrillo *nm* (*gen*) brick; (*azulejo*) tile
ladrón, -ona *nm/f* thief
lagartija *nf* (*ZOOL*) (small) lizard
lagarto *nm* (*ZOOL*) lizard
lago *nm* lake
lágrima *nf* tear
laguna *nf* (*lago*) lagoon; (*hueco*) gap
laico, -a *adj* lay
lamentable *adj* lamentable, regrettable; (*miserable*) pitiful
lamentar *vt* (*sentir*) to regret; (*deplorar*) to lament; **lamentarse** *vr* to lament; **lo lamento mucho** I'm very sorry ❑ **lamento** *nm* lament
lamer *vt* to lick
lámina *nf* (*plancha delgada*) sheet; (*para estampar, estampa*) plate
lámpara *nf* lamp ▸ **lámpara de alcohol/gas** spirit/gas lamp ▸ **lámpara de pie** standard lamp
lamparón *nm* grease spot
lana *nf* wool
lancha *nf* launch ▸ **lancha de pesca** fishing boat ▸ **lancha salvavidas/torpedera** lifeboat/torpedo boat
langosta *nf* (*crustáceo*) lobster; (: *de río*) crawfish (*US*), crayfish (*BRIT*) ❑ **langostino** *nm* king-size shrimp (*US*), king prawn (*BRIT*)
languidecer *vi* to languish ❑ **languidez** *nf* languor ❑ **lánguido, -a** *adj* (*gen*) languid; (*sin energía*) listless
lanilla *nf* nap
lanza *nf* (*arma*) lance, spear
lanzamiento *nm* (*gen*) throwing; (*NÁUT, COM*) launch, launching ▸ **lanzamiento de peso** putting the shot
lanzar *vt* (*gen*) to throw; (*DEPORTE*: *pelota*) to bowl; (*NÁUT, COM*) to launch; (*JUR*) to evict; **lanzarse** *vr* to throw o.s.
lapa *nf* limpet
lapicero (*CAm*) *nm* (*bolígrafo*) ballpoint pen, Biro® (*BRIT*)
lápida *nf* stone ▸ **lápida conmemorativa** memorial stone ▸ **lápida mortuoria** headstone ❑ **lapidario, -a** *adj, nm* lapidary
lápiz *nm* pencil ▸ **lápiz de color** colored (*US*) *o* coloured (*BRIT*) pencil ▸ **lápiz de labios** lipstick ▸ **lápiz labial** (*LAm*) lipstick
lapón, -ona *nm/f* Laplander, Lapp
lapso *nm* (*de tiempo*) interval; (*error*) error
lapsus *nm inv* error, mistake
largar *vt* (*soltar*) to release; (*aflojar*) to loosen; (*fam*) to let fly; (*velas*) to unfurl; (*LAm*: *lanzar*) to throw; **largarse** *vr* (*fam*: *irse*) to beat it; **~se a** (*CS*: *empezar*) to start to
largo, -a *adj* (*longitud*) long; (*tiempo*) lengthy; (*fig*) generous ♦ *nm* length; (*MÚS*) largo; **dos años ~s** two long years; **tiene 9 metros de ~** it is 9 meters long; **a lo ~ de** along; (*tiempo*) all through, throughout ❑ **largometraje** *nm* feature movie (*US*) *o* film (*BRIT*)

⚠ No confundir **largo** con la palabra inglesa ***large***.

laringe *nf* larynx ❑ **laringitis** *nf* laryngitis
larva *nf* larva
las *art def* the ♦ *pron* them; **~ que cantan** the ones/women/girls who sing; *ver tb* **el**
lascivo, -a *adj* lewd
láser *nm* laser
lástima *nf* (*pena*) pity; **dar ~** to be pitiful; **es una ~ que** it's a pity that; **¡qué ~!** what a pity!; **ella está hecha una ~** she looks pitiful
lastimar *vt* (*herir*) to wound; (*ofender*) to offend; **lastimarse** *vr* to hurt o.s. ❑ **lastimero, -a** *adj* pitiful, pathetic
lastre *nm* (*TEC, NÁUT*) ballast; (*fig*) dead weight
lata *nf* (*metal*) tin; (*caja*) can, tin (*BRIT*); (*fam*) nuisance; **en ~** canned, tinned (*BRIT*); **dar (la) ~** to be a nuisance
latente *adj* latent
lateral *adj* side *cpd*, lateral ♦ *nm* (*TEATRO*) wings
latido *nm* (*de corazón*) beat
latifundio *nm* large estate ❑ **latifundista** *nmf* owner of a large estate
latigazo *nm* (*golpe*) lash; (*sonido*) crack
látigo *nm* whip
latín *nm* Latin
latino, -a *adj* Latin ❑ **latinoamericano, -a** *adj, nm/f* Latin-American
latir *vi* (*corazón, pulso*) to beat
latitud *nf* (*GEO*) latitude
latón *nm* brass
latoso, -a *adj* (*molesto*) annoying; (*aburrido*) boring
laúd *nm* lute
laurel *nm* (*BOT*) laurel; (*CULIN*) bay
lava *nf* lava
lavabo *nm* (*pila*) sink, washbasin (*BRIT*); (*tb*: **~s**) bathroom (*US*), washroom (*US*), toilet (*BRIT*)
lavado *nm* washing; (*de ropa*) laundry; (*ARTE*) wash ▸ **lavado de cerebro** brainwashing ▸ **lavado en seco** dry-cleaning
lavadora *nf* washing machine
lavanda *nf* lavender
lavandería *nf* laundry; (*automática*) Laundromat® (*US*), Launderette® (*BRIT*)
lavaplatos *nm inv* dishwasher; (*MÉX*: *fregadero*) (kitchen) sink
lavar *vt* to wash; (*borrar*) to wipe away; **lavarse** *vr* to wash o.s.; **~se las manos** to wash one's hands; **~se los dientes** to brush one's teeth; **~ y marcar** (*pelo*) to shampoo and set; **~ en seco** to dry-clean; **~ los platos** to wash the dishes
lavarropas (*RPl*) *nm inv* washing machine
lavavajillas *nm inv* dishwasher
laxante *nm* laxative
lazada *nf* bow
lazarillo *nm*: **perro ~** guide dog
lazo *nm* knot; (*lazada*) bow; (*para animales*) lasso; (*trampa*) snare; (*vínculo*) tie
le *pron* (*directo*) him (*o* her); (: *usted*) you; (*indirecto*) to him (*o* her *o* it); (: *usted*) to you
leal *adj* loyal ❑ **lealtad** *nf* loyalty
lección *nf* lesson
leche *nf* milk ▸ **leche condensada** condensed milk ▸ **leche descremada** (*LAm*) skim (*US*) *o* skimmed (*BRIT*) milk ▸ **leche desnatada** (*ESP*) skim (*US*) *o* skimmed (*BRIT*) milk ▸ **leche malteada** (*LAm*) milkshake ❑ **lechera** *nf* (*vendedora*) milkmaid; (*recipiente*) (milk) churn; (*MÉX, RPL*: *vaca*) cow ❑ **lechero, -a** *adj* dairy
lecho *nm* (*cama*: *de río*) bed; (*GEO*) layer
lechón *nm* suckling (*US*) *o* sucking (*BRIT*) pig
lechoso, -a *adj* milky
lechuga *nf* lettuce
lechuza *nf* owl
lector, a *nm/f* reader ♦ *nm*: **~ de discos compactos** CD player

lectura *nf* reading
leer *vt* to read
legado *nm* (*don*) bequest; (*herencia*) legacy; (*enviado*) legate
legajo *nm* file
legal *adj* (*gen*) legal; (*persona*) trustworthy ❑ **legalidad** *nf* legality
legalizar *vt* to legalize; (*documento*) to authenticate
legaña *nf* sleep (*in eyes*)
legar *vt* to bequeath, leave
legendario, -a *adj* legendary
legión *nf* legion ❑ **legionario, -a** *adj* legionary ♦ *nm* legionnaire
legislación *nf* legislation
legislar *vi* to legislate
legislatura *nf* (*POL*) period of office
legitimar *vt* to legitimize ❑ **legítimo, -a** *adj* (*genuino*) authentic; (*legal*) legitimate
lego, -a *adj* (*REL*) secular; (*ignorante*) ignorant ♦ *nm* layman
legua *nf* league
legumbres *nfpl* pulses
leído, -a *adj* well-read
lejanía *nf* distance ❑ **lejano, -a** *adj* far-off; (*en el tiempo*) distant; (*fig*) remote
lejía (*LAm exc MÉX, ESP*) *nf* (household) bleach
lejos *adv* far, far away; **a lo ~** in the distance; **de** *o* **desde ~** from afar; **~ de** far from
lelo, -a *adj* silly ♦ *nm/f* idiot
lema *nm* motto; (*POL*) slogan
lencería *nf* linen, drapery
lengua *nf* tongue; (*LING*) language; **morderse la ~** to hold one's tongue
lenguado *nm* sole
lenguaje *nm* language
lengüeta *nf* (*ANAT*) epiglottis; (*zapatos*) tongue; (*MÚS*) reed
lente *nf* lens; (*lupa*) magnifying glass; **~s** *nfpl* lenses *nmpl* (*LAm*: *gafas*) glasses ▸ **lentes bifocales/de sol** (*LAm*) bifocals/sunglasses ▸ **lentes de contacto** contact lenses
lenteja *nf* lentil ❑ **lentejuela** *nf* sequin
lentilla (*ESP*) *nf* contact lens
lentitud *nf* slowness; **con ~** slowly
lento, -a *adj* slow
leña *nf* firewood ❑ **leñador, a** *nm/f* woodcutter
leño *nm* (*trozo de árbol*) log; (*madero*) timber; (*fig*) blockhead
Leo *nm* Leo
león *nm* lion ▸ **león marino** sea lion
leopardo *nm* leopard
leotardos *nmpl* woolen pantyhose (*US*), woollen tights (*BRIT*)
lepra *nf* leprosy ❑ **leproso, -a** *nm/f* leper
lerdo, -a *adj* (*lento*) slow; (*patoso*) clumsy
les *pron* (*directo*) them; (*: ustedes*) you; (*indirecto*) to them; (*: ustedes*) to you
lesbiana *adj, nf* lesbian
lesión *nf* wound, lesion; (*DEPORTE*) injury ❑ **lesionado, -a** *adj* injured ♦ *nm/f* injured person
letal *adj* lethal
letanía *nf* litany
letargo *nm* lethargy
letra *nf* letter; (*escritura*) handwriting; (*MÚS*) lyrics *pl* ▸ **letra de cambio** bill of exchange ▸ **letra de imprenta** print ❑ **letrado, -a** *adj* learned ♦ *nm/f* lawyer, attorney (*US*) ❑ **letrero** *nm* (*cartel*) sign; (*etiqueta*) label
letrina *nf* latrine
leucemia *nf* leukemia (*US*), leukaemia (*BRIT*)
levadizo *adj*: **puente ~** drawbridge
levadura *nf* (*para el pan*) yeast; (*de cerveza*) brewer's yeast
levantamiento *nm* raising, lifting; (*rebelión*) revolt, uprising ▸ **levantamiento de pesos** weight-lifting
levantar *vt* (*gen*) to raise; (*del suelo*) to pick up; (*hacia arriba*) to lift (up); (*plan*) to make, draw up; (*mesa*) to clear; (*campamento*) to strike; (*fig*) to cheer up, hearten; **levantarse** *vr* to get up; (*enderezarse*) to straighten up; (*rebelarse*) to rebel; **~ el ánimo** to cheer up
levante *nm* east coast; **el L~** *region of Spain extending from Castellón to Murcia*
levar *vt* to weigh
leve *adj* light; (*fig*) trivial ❑ **levedad** *nf* lightness
levita *nf* frock coat
léxico *nm* (*vocabulario*) vocabulary
ley *nf* (*gen*) law; (*metal*) standard
leyenda *nf* legend
leyó *etc vb ver* **leer**
liar *vt* to tie (up); (*unir*) to bind; (*envolver*) to wrap (up); (*enredar*) to confuse; (*cigarrillo*) to roll; **liarse** *vr* (*fam*) to get involved; **~se a palos** to get involved in a fight
Líbano *nm*: **el ~** (the) Lebanon
libelo *nm* satire, lampoon
libélula *nf* dragonfly
liberación *nf* liberation; (*de la cárcel*) release
liberal *adj, nmf* liberal ❑ **liberalidad** *nf* liberality, generosity
liberar *vt* to liberate
libertad *nf* liberty, freedom ▸ **libertad bajo fianza** bail ▸ **libertad bajo palabra** parole ▸ **libertad condicional** probation ▸ **libertad de culto/de prensa/de comercio** freedom of worship/of the press/of trade
libertar *vt* (*preso*) to set free; (*de una obligación*) to release; (*eximir*) to exempt
libertino, -a *adj* permissive ♦ *nm/f* permissive person
libra *nf* pound; **L~** (*ASTROLOGÍA*) Libra ▸ **libra esterlina** pound sterling
libramiento (*MÉX*) *nm* beltway (*US*), ring road (*BRIT*)
librar *vt* (*de peligro*) to save; (*batalla*) to wage, fight; (*de impuestos*) to exempt; (*cheque*) to make out; (*JUR*) to exempt; **librarse** *vr*: **~se de** to escape from, free o.s. from
libre *adj* free; (*lugar*) unoccupied; (*asiento*) vacant; (*de deudas*) free of debts; **~ de impuestos** free of tax; **tiro ~** free kick; **los 100 metros ~** the 100 meters free-style (race); **al aire ~** in the open air
librería *nf* (*tienda*) book store (*US*), bookshop (*BRIT*) ❑ **librero, -a** *nm/f* bookseller ♦ *nm* (*MÉX*: *mueble*) bookcase

> No confundir **librería** con la palabra inglesa ***library***.

libreta *nf* notebook ▸ **libreta de ahorros** savings book ▸ **libreta de calificaciones** (*LAm*) report card (*US*), (school) report (*BRIT*)
libro *nm* book ▸ **libro de bolsillo** paperback ▸ **libro de caja** cashbook ▸ **libro de cheques** checkbook (*US*), chequebook (*BRIT*) ▸ **libro de texto** textbook ▸ **libro electrónico** e-book
Lic. *abr* = **licenciado, a**
licencia *nf* (*gen*) license (*US*), licence (*BRIT*); (*permiso*) permission ▸ **licencia de caza** game license (*US*) *o* licence (*BRIT*) ▸ **licencia de manejo** (*LAm*) driver's license (*US*), driving licence (*BRIT*) ▸ **licencia por enfermedad** (*MÉX, RPl*) sick leave ❑ **licenciado, -a** *adj* licensed ♦ *nm/f* graduate ❑ **licenciar** *vt* (*empleado*) to dismiss; (*permitir*) to permit, allow; (*soldado*) to discharge; (*estudiante*) to confer a degree upon; **licenciarse** *vr*: **licenciarse en letras** to graduate in arts
licencioso, -a *adj* licentious
licitar *vt* to bid for; (*LAm*: *subastar*) to sell by auction
lícito, -a *adj* (*legal*) lawful; (*justo*) fair, just; (*permisible*) permissible
licor *nm* liquor (*US*), spirits *pl* (*BRIT*); (*de frutas etc*) liqueur
licuadora *nf* blender
licuar *vt* to liquidize
líder *nmf* leader ❑ **liderato** *nm* leadership ❑ **liderazgo** *nm* leadership
lidia *nf* bullfighting; (*una lidia*) bullfight; **toros de ~** fighting bulls ❑ **lidiar** *vt, vi* to fight
liebre *nf* hare
lienzo *nm* linen; (*ARTE*) canvas; (*ARQ*) wall
liga *nf* (*de medias*) garter (*US*), suspender (*BRIT*); (*LAm*: *goma*) rubber *o* elastic (*US*) band; (*confederación*) league
ligadura *nf* bond, tie; (*MED, MÚS*) ligature
ligamento *nm* ligament
ligar *vt* (*atar*) to tie; (*unir*) to join; (*MED*) to bind up; (*MÚS*) to slur ♦ *vi* to mix, blend; **ligarse** *vr* to commit o.s.; **(él) liga mucho** (*fam*) he pulls a lot of women
ligereza *nf* lightness; (*rapidez*) swiftness; (*agilidad*) agility; (*superficialidad*) flippancy
ligero, -a *adj* (*de peso*) light; (*tela*) thin; (*rápido*) swift, quick; (*ágil*) agile, nimble; (*de importancia*) slight; (*de carácter*) flippant, superficial ♦ *adv*: **a la ligera** superficially
liguero *nm* garter (*US*) *o* suspender (*BRIT*) belt
lija *nf* (*ZOOL*) dogfish; (*tb*: **papel de ~**) sandpaper
lila *nf* lilac
lima *nf* file; (*LAm exc MÉX, ESP BOT*) lime ▸ **lima de uñas** nailfile ❑ **limar** *vt* to file
limitación *nf* limitation, limit ▸ **limitación de velocidad** speed limit
limitar *vt* to limit; (*reducir*) to reduce, cut down ♦ *vi*: **~ con** to border on; **limitarse** *vr*: **~se a** to limit o.s. to
límite *nm* (*gen*) limit; (*fin*) end; (*frontera*) border ▸ **límite de velocidad** speed limit
limítrofe *adj* neighboring (*US*), neighbouring (*BRIT*)
limón *nm* lemon ♦ *adj*: **amarillo ~** lemon-yellow ▸ **limón verde** (*MÉX*) lime ❑ **limonada** *nf* lemonade
limosna *nf* alms *pl*; **vivir de ~** to live on charity
limpiador (*MÉX*) *nm* windshield (*US*) *o* windscreen (*BRIT*) wiper
limpiaparabrisas *nm inv* windshield (*US*) *o* windscreen (*BRIT*) wiper
limpiar *vt* to clean; (*con trapo*) to wipe; (*quitar*) to wipe away; (*zapatos*) to shine, polish; (*fig*) to clean up
limpieza *nf* (*estado*) cleanliness; (*acto*) cleaning; (*: de las calles*) cleansing; (*: de zapatos*) polishing; (*habilidad*) skill; (*fig*: *POLICÍA*) clean-up; (*pureza*) purity ▸ **limpieza en seco** dry cleaning ▸ **limpieza étnica** ethnic cleansing
limpio, -a *adj* clean; (*moralmente*) pure; (*COM*) clear, net; (*fam*) honest ♦ *adv*: **jugar ~** to play fair; **pasar a** (*ESP*) *o* **en** (*LAm*) **~** to make a clean copy of
linaje *nm* lineage, family
lince *nm* lynx
linchar *vt* to lynch
lindar *vi* to adjoin; **~ con** to border on ❑ **linde** *nm o f* boundary ❑ **lindero, -a** *adj* adjoining ♦ *nm* boundary
lindo, -a *adj* pretty, nice ♦ *adv*: **nos divertimos de lo ~** we had a great time; **canta muy ~** (*LAm*) he sings beautifully
línea *nf* (*gen*) line; **en ~** (*INFORM*) on line ▸ **línea aérea** airline ▸ **línea de meta** goal line; (*en carrera*) finishing line ▸ **línea recta** straight line
lingote *nm* ingot
lingüista *nmf* linguist ❑ **lingüística** *nf* linguistics *sg*
lino *nm* linen; (*BOT*) flax
linóleo *nm* linoleum, lino (*BRIT*)
linterna *nf* flashlight (*US*), torch (*BRIT*)
lío *nm* bundle; (*fam*) fuss; (*desorden*) muddle, mess; **armar un ~** to make a fuss
liquen *nm* lichen
liquidación *nf* liquidation; **venta de ~** clearance sale
liquidar *vt* (*mercancías*) to liquidate; (*deudas*) to pay off; (*empresa*) to wind up
líquido, -a *adj* liquid; (*ganancia*) net ♦ *nm* liquid ▸ **líquido imponible** net taxable income
lira *nf* (*MÚS*) lyre; (*moneda*) lira
lírico, -a *adj* lyrical
lirio *nm* (*BOT*) iris
lirón *nm* (*ZOOL*) dormouse; (*fig*) sleepyhead
Lisboa *n* Lisbon
lisiado, -a *adj* injured ♦ *nm/f* cripple
lisiar *vt* to maim; **lisiarse** *vr* to injure o.s.
liso, -a *adj* (*terreno*) flat; (*cabello*) straight; (*superficie*) even; (*tela*) plain
lisonja *nf* flattery
lista *nf* list; (*de alumnos*) register, school list (*US*); (*de libros*) catalogue, catalog (*US*); (*de platos*) menu; (*de precios*) price list; **pasar ~** to call the roll; **tela de ~s** striped material ▸ **lista de correos** general delivery (*US*), poste restante (*BRIT*) ▸ **lista de espera** waiting list ❑ **listín** (*ESP*) *nm*: **listín telefónico** *o* **de teléfonos** telephone directory
listo, -a *adj* (*perspicaz*) smart, clever; (*preparado*) ready
listón *nm* (*de madera, metal*) strip
litera *nf* (*en barco, tren*) berth; (*en dormitorio*) bunk, bunk bed
literal *adj* literal
literario, -a *adj* literary
literato, -a *adj* literary ♦ *nm/f* writer
literatura *nf* literature
litigar *vt* to fight ♦ *vi* (*JUR*) to go to law; (*fig*) to dispute, argue
litigio *nm* (*JUR*) lawsuit; (*fig*): **en ~ con** in dispute with
litografía *nf* lithography; (*una litografía*) lithograph
litoral *adj* coastal ♦ *nm* coast, seaboard
litro *nm* liter (*US*), litre (*BRIT*)
liviano, -a *adj* (*cosa, objeto*) trivial
lívido, -a *adj* livid
llaga *nf* wound
llama *nf* flame; (*ZOOL*) llama
llamada *nf* call ▸ **llamada al orden** call to order ▸ **llamada de atención** warning ▸ **llamada a cobro revertido** (*LAm exc MÉX, ESP*) collect (*US*) *o* reverse-charge (*BRIT*) call ▸ **llamada local** (*LAm*) local call ▸ **llamada por cobrar** (*MÉX*) collect (*US*) *o* reverse-charge (*BRIT*) call
llamamiento *nm* call
llamar *vt* to call; (*atención*) to attract ♦ *vi* (*por teléfono*) to telephone; (*a la puerta*) to knock (*o* ring); (*por señas*) to beckon; (*MIL*) to call up; **llamarse** *vr* to be called, be named; **¿cómo se llama usted?** what's your name?
llamarada *nf* (*llamas*) blaze; (*rubor*) flush
llamativo, -a *adj* showy; (*color*) loud
llano, -a *adj* (*superficie*) flat; (*persona*) straightforward; (*estilo*) clear ♦ *nm* plain, flat ground
llanta *nf* (*ESP*) (wheel) rim ▸ **llanta (de goma)** (*LAm*: *neumático*) tire (*US*), tyre (*BRIT*); (*: cámara*) inner (tube) ▸ **llanta de refacción** (*MÉX*) spare tire ▸ **llanta de repuesto** (*LAm*) spare tire
llanto *nm* weeping
llanura *nf* plain
llave *nf* key; (*del agua*) faucet (*US*), tap (*BRIT*); (*MECÁNICA*) wrench (*US*), spanner (*BRIT*); (*de la luz*) switch; (*MÚS*) key; **echar la ~ a** to lock up ▸ **llave de encendido** (*LAm AUTO*) ignition key ▸ **llave de paso** stopcock ▸ **llave inglesa** monkey wrench ▸ **llave maestra** master key ❑ **llavero** *nm* keyring
llegada *nf* arrival
llegar *vi* to arrive; (*alcanzar*) to reach; (*bastar*) to be enough; **llegarse** *vr*: **~se a** to approach; **~ a** to manage to, succeed in; **~ a saber** to find out; **~ a ser** to become; **~ a las manos de** to come into the hands of
llenar *vt* to fill; (*espacio*) to cover; (*formulario*) to fill out (*US*) *o* (*BRIT*) in; (*fig*) to heap
lleno, -a *adj* full, filled; (*repleto*) full up ♦ *nm* (*TEATRO*) full house; **dar de ~ contra un muro** to hit a wall head-on
llevadero, -a *adj* bearable, tolerable
llevar *vt* to take; (*ropa*) to wear; (*cargar*) to carry; (*quitar*) to take away; (*en vehículo*) to drive; (*transportar*) to transport; (*traer*: *dinero*) to carry; (*conducir*) to lead; (*MAT*) to carry ♦ *vi* (*suj*: *camino etc*): **~ a** to lead to; **llevarse** *vr* to carry off, take away; **llevamos dos días aquí** we have been here for two days; **él me lleva 2 años** he's 2 years older than me; **~ las cuentas** (*COM*) to keep the books; **~se bien** to get on well (together)
llorar *vt, vi* to cry, weep; **~ de risa** to cry with laughter
lloriquear *vi* to snivel, whimper
lloro *nm* crying, weeping ❑ **llorón, -ona** *adj* tearful ♦ *nm/f* cry-baby ❑ **lloroso, -a** *adj* (*gen*) weeping, tearful; (*triste*) sad, sorrowful
llover *vi* to rain
llovizna *nf* drizzle ❑ **lloviznar** *vi* to drizzle
llueve *etc vb ver* **llover**
lluvia *nf* rain ▸ **lluvia radioactiva** (radioactive) fallout ❑ **lluvioso, -a** *adj* rainy
lo *art def*: **lo bello** the beautiful, what is beautiful, that which is beautiful ♦ *pron* (*persona*) him; (*cosa*) it; *ver tb* **el**
loable *adj* praiseworthy ❑ **loar** *vt* to praise
lobo *nm* wolf ▸ **lobo de mar** (*fig*) sea dog ▸ **lobo marino** seal
lóbrego, -a *adj* dark; (*fig*) gloomy
lóbulo *nm* lobe
local *adj* local ♦ *nm* place, site; (*oficinas*) premises *pl* ❑ **localidad** *nf* (*barrio*) locality; (*lugar*) location; (*TEATRO*) seat, ticket ❑ **localizar** *vt* (*ubicar*) to locate, find; (*restringir*) to localize; (*situar*) to place
loción *nf* lotion ▸ **loción para después de afeitarse** (*LAm*) after-shave (lotion) ▸ **loción para después de rasurarse** (*MÉX*) after-shave (lotion)
loco, -a *adj* mad ♦ *nm/f* lunatic, mad person
locomotora *nf* engine, locomotive
locuaz *adj* loquacious
locución *nf* expression
locura *nf* madness; (*acto*) crazy act
locutor, a *nm/f* (*RADIO*) announcer; (*comentarista*) commentator; (*TV*) newscaster, newsreader (*BRIT*)
locutorio *nm* (*en telefónica*) phone booth (*US*), telephone box (*BRIT*)
lodo *nm* mud
lógica *nf* logic
lógico, -a *adj* logical
login *nm* login
logística *nf* logistics *sg*
logotipo *nm* logo
logrado, -a *adj* (*interpretación, reproducción*) polished, excellent
lograr *vt* to achieve; (*obtener*) to get, obtain; **~ hacer** to manage to do; **~ que algn venga** to manage to get sb to come
logro *nm* achievement, success
lóker (*LAm*) *nm* locker
loma *nf* small hill, hillock (*BRIT*)
lombriz *nf* worm
lomo *nm* (*de animal*) back; (*CULIN*: *de cerdo*) pork loin; (*: de vaca*) rib steak; (*de libro*) spine
lona *nf* canvas
loncha *nf* = **lonja**
lonchería (*LAm*) *nf* snack bar, diner (*US*)
Londres *n* London
longaniza *nf* pork sausage
longitud *nf* length; (*GEO*) longitude; **tener 3 metros de ~** to be 3 meters long ▸ **longitud de onda** wavelength
lonja *nf* slice
loro *nm* parrot
los *art def* the ♦ *pron* them; (*ustedes*) you; **mis libros y ~ tuyos** my books and yours; *ver tb* **el**
losa *nf* stone ▸ **losa sepulcral** gravestone
lote *nm* portion; (*COM*) lot
lotería *nf* lottery; (*juego*) lotto
loza *nf* crockery
lubina *nf* sea bass
lubricante *nm* lubricant
lubricar *vt* to lubricate

lucha *nf* fight, struggle ▶ **lucha de clases** class struggle ▶ **lucha libre** wrestling ❑ **luchar** *vi* to fight

lucidez *nf* lucidity

lúcido, -a *adj* (*persona*) lucid; (*mente*) logical; (*idea*) crystal-clear

luciérnaga *nf* glow-worm

lucir *vt* to illuminate, light (up); (*ostentar*) to show off ♦ *vi* (*brillar*) to shine; **lucirse** *vr* (*irónico*) to make a fool of o.s.

lucro *nm* profit, gain

lúdico, -a *adj* (*aspecto, actividad*) play *cpd*

luego *adv* (*después*) next; (*más tarde*) later, afterward

lugar *nm* place; (*sitio*) spot; **en ~ de** instead of; **hacer ~** to make room; **fuera de ~** out of place; **tener ~** to take place ▶ **lugar común** commonplace

lugareño, -a *adj* village *cpd* ♦ *nm/f* villager

lugarteniente *nm* deputy

lúgubre *adj* mournful

lujo *nm* luxury; (*fig*) profusion, abundance ❑ **lujoso, -a** *adj* luxurious

lujuria *nf* lust

lumbre *nf* fire; (*para cigarrillo*) light

lumbrera *nf* luminary

luminoso, -a *adj* luminous, shining

luna *nf* moon; (*de un espejo*) glass; (*de gafas*) lens; (*fig*) crescent; **estar en la ~** to have one's head in the clouds ▶ **luna de miel** honeymoon ▶ **luna llena/nueva** full/new moon

lunar *adj* lunar ♦ *nm* (*ANAT*) mole; **tela de ~es** spotted material

lunes *nm inv* Monday

lupa *nf* magnifying glass

lustrar *vt* (*mueble*) to polish; (*LAm exc MÉX: zapatos*) to shine ❑ **lustre** *nm* polish; (*fig*) luster (*US*), lustre (*BRIT*); **dar lustre a** to polish ❑ **lustroso, -a** *adj* shining

luto *nm* mourning; **llevar el** *o* **vestirse de ~** to be in mourning

Luxemburgo *nm* Luxembourg

luz (*pl* **luces**) *nf* light; **dar a ~ un niño** to give birth to a child; **sacar a la ~** to bring to light; **prender** (*LAm*) *o* **dar** *o* **encender** (*ESP*)**/apagar la ~** to switch the light on/off; **a todas luces** by any reckoning; **tener pocas luces** to be dim *o* stupid; **traje de luces** bullfighter's costume ▶ **luz roja/verde** red/green light ▶ **luz de freno** brake light ▶ **luz solar** sunlight

Mm

m *abr* (= *metro*) m; (= *minuto*) m

macana (*MÉX*) *nf* billy club (*US*), truncheon (*BRIT*)

macarrones *nmpl* macaroni *sg*

macedonia (*ESP*) *nf* (*tb*: **~ de frutas**) fruit salad

macerar *vt* to macerate

maceta *nf* (*de flores*) pot of flowers; (*para plantas*) flowerpot

machacar *vt* to crush, pound ♦ *vi* (*insistir*) to go on, keep on

machete *nm* machete, (large) knife

machetear (*MÉX*) *vt* to grind away (*US*), swot (*BRIT*)

machismo *nm* male chauvinism ❑ **machista** *adj, nm* sexist

macho *adj* male; (*fig*) virile ♦ *nm* male; (*fig*) he-man

macizo, -a *adj* (*grande*) massive; (*fuerte, sólido*) solid ♦ *nm* mass, chunk

madeja *nf* (*de lana*) skein, hank; (*de pelo*) mass, mop

madera *nf* wood; (*fig*) nature, character; **una ~** a piece of wood

madero *nm* beam

madrastra *nf* stepmother

madre *adj* mother *cpd* ♦ *nf* mother; (*de vino etc*) dregs *pl* ▶ **madre política/soltera** mother-in-law/unmarried mother

Madrid *n* Madrid

madriguera *nf* burrow

madrileño, -a *adj* of *o* from Madrid ♦ *nm/f* native of Madrid

madrina *nf* godmother; (*ARQ*) prop, shore; (*TEC*) brace; (*de boda*) bridesmaid

madrugada *nf* early morning; (*alba*) dawn, daybreak

madrugador, a *adj* early-rising

madrugar *vi* to get up early; (*fig*) to get ahead

madurar *vt, vi* (*fruta*) to ripen; (*fig*) to mature ❑ **madurez** *nf* ripeness; maturity ❑ **maduro, -a** *adj* ripe; mature

maestra *nf ver* **maestro**

maestría *nf* mastery; (*habilidad*) skill, expertise; **~ en Letras/Ciencias** (*LAm*) Master of Arts/Science

maestro, -a *adj* masterly; (*principal*) main ♦ *nm/f* master (mistress); (*profesor*) teacher ♦ *nm* (*autoridad*) authority; (*MÚS*) maestro; (*experto*) master ▶ **maestro albañil** master mason

magdalena *nf* fairy cake

magia *nf* magic ❑ **mágico, -a** *adj* magic(al) ♦ *nm/f* magician

magisterio *nm* (*enseñanza*) teaching; (*profesión*) teaching profession; (*maestros*) teachers *pl*

magistrado *nm* magistrate

magistral *adj* magisterial; (*fig*) masterly

magnánimo, -a *adj* magnanimous

magnate *nm* magnate, tycoon

magnético, -a *adj* magnetic ❑ **magnetizar** *vt* to magnetize

magnetofón *nm* tape recorder ❑ **magnetofónico, -a** *adj*: **cinta magnetofónica** recording tape

magnetófono *nm* = **magnetofón**

magnífico, -a *adj* splendid, magnificent

magnitud *nf* magnitude

mago, -a *nm/f* magician; **los Reyes M~s** the Magi, the Three Wise Men

magro, -a *adj* (*carne*) lean

maguey *nm* maguey; *ver tb* **pulque**

magullar *vt* (*amoratar*) to bruise; (*dañar*) to damage

mahometano, -a *adj* Mohammedan

mahonesa *nf* mayonnaise

maître (*LAm exc MÉX, ESP*) *nm* head waiter

maíz *nm* corn (*US*), maize (*BRIT*); sweet corn

majadero, -a *adj* silly, stupid

majestad *nf* majesty ❑ **majestuoso, -a** *adj* majestic

majo, -a *adj* nice; (*guapo*) attractive, good-looking; (*elegante*) smart

mal *adv* badly; (*equivocadamente*) wrongly ♦ *adj* = **malo** ♦ *nm* evil; (*desgracia*) misfortune; (*daño*) harm, damage; (*MED*) illness; **~ que bien** rightly or wrongly; **ir de ~ en peor** to get worse and worse

malabarismo *nm* juggling ❑ **malabarista** *nmf* juggler

malaria *nf* malaria

malcriado, -a *adj* spoiled

maldad *nf* evil, wickedness

maldecir *vt* to curse ♦ *vi*: **~ de** to speak ill of

maldición *nf* curse

maldito, -a *adj* (*condenado*) damned; (*perverso*) wicked; **¡~ sea!** damn it!

maleante *nmf* criminal, crook

malecón (*LAm*) *nm* sea front, promenade

maledicencia *nf* slander, scandal

maleducado, -a *adj* bad-mannered, rude

malentendido *nm* misunderstanding

malestar *nm* (*gen*) discomfort; (*fig: inquietud*) uneasiness; (*POL*) unrest

maleta *nf* case, suitcase; **hacer las ~s** to pack ❑ **maletero** *nm* (*LAm exc MÉX, ESP AUTO*) trunk (*US*), boot (*BRIT*); (*persona*) porter ❑ **maletín** *nm* small case, bag

malévolo, -a *adj* malicious, spiteful

maleza *nf* (*LAm: malas hierbas*) weeds *pl*; (*arbustos*) thicket

malgastar *vt* (*tiempo, dinero*) to waste; (*salud*) to ruin

malhechor, a *nm/f* delinquent

malhumorado, -a *adj* bad-tempered

malicia *nf* (*maldad*) wickedness; (*astucia*) slyness, guile; (*mala intención*) malice, spite; (*carácter travieso*) mischievousness ❑ **malicioso, -a** *adj* wicked, evil; sly, crafty; malicious, spiteful; mischievous

maligno, -a *adj* evil; (*malévolo*) malicious; (*MED*) malignant

malla *nf* mesh; (*RPl: de baño*) bathing suit (*US*); (*de ballet, gimnasia*) leotard; **~s** *nfpl* tights ▶ **malla de alambre** wire mesh

Mallorca *nf* Majorca

malo, -a *adj* bad, false ♦ *nm/f* villain; **estar ~** to be ill

malograr *vt* to spoil; (*plan*) to upset; (*ocasión*) to waste; **malograrse** *vr* (*plan etc*) to fail, come to grief; (*persona*) to die before one's time

malparado, -a *adj*: **salir ~** to come off badly

malpensado, -a *adj* nasty

malsano, -a *adj* unhealthy

malteada (*LAm*) *nf* milkshake

maltratar *vt* to ill-treat, mistreat

maltrecho, -a *adj* battered, damaged

malvado, -a *adj* evil, villainous

malversar *vt* to embezzle, misappropriate

Malvinas: **Islas ~** *nfpl* Falkland Islands

malvivir *vi* to live poorly

mama *nf* (*de animal*) teat; (*de mujer*) breast ▶ **Mama Negra** *Ecuadorean festival*

MAMA NEGRA

The festival of the **Mama Negra** ("Black Mama") is celebrated in Latacunga in Ecuador. It is a pagan celebration which dates back to the period of the Spanish empire. According to tradition, the black native servants refused to work until the Spanish governor of the town agreed to dress as a black woman on the Day of the Virgin. Nowadays, the men join in the parades and dancing dressed as women.

mamá (*pl* **~s**) *nf* (*fam*) mom(my) (*US*), mum(my) (*BRIT*)

mamar *vt, vi* to suck

mamarracho *nm* sight, mess

mameluco (*RPl*) *nm* overalls *pl* (*US*), dungarees *pl* (*BRIT*)

mamífero *nm* mammal

mampara *nf* (*entre habitaciones*) partition; (*biombo*) screen

mampostería *nf* masonry

manada *nf* (*ZOOL*) herd; (*: de leones*) pride; (*: de lobos*) pack

manantial *nm* spring

manar *vi* to run, flow

mancha *nf* stain, mark; (*ZOOL*) patch ❑ **manchar** *vt* (*gen*) to stain, mark; (*ensuciar*) to soil, dirty

manchego, -a *adj* of *o* from La Mancha

manco, -a *adj* (*de un brazo*) one-armed; (*de una mano*) one-handed; (*fig*) defective, faulty

mancomunar *vt* to unite, bring together; (*recursos*) to pool; (*JUR*) to make jointly responsible ❑ **mancomunidad** *nf* union, association; (*comunidad*) community; (*JUR*) joint responsibility

mancuernas (*MÉX*) *nfpl* cufflinks

mandado (*LAm*) *nm* errand

mandamiento *nm* (*orden*) order, command; (*REL*) commandment ▶ **mandamiento judicial** warrant

mandar *vt* (*ordenar*) to order; (*dirigir*) to lead, command; (*enviar*) to send; (*pedir*) to order, ask for ♦ *vi* to be in charge; (*pey*) to be bossy; **¿mande?** (*MÉX: ¿cómo dice?*) pardon?, excuse me?; **~ hacer un traje** to have a suit made

mandarina (*ESP*) *nf* tangerine, mandarin (orange)

mandato *nm* (*orden*) order; (*POL: período*) term of office; (*: territorio*) mandate ▶ **mandato judicial** (search) warrant

mandíbula *nf* jaw

mandil *nm* apron

mando *nm* (*MIL*) command; (*de país*) rule; (*el primer lugar*) lead; (*POL*) term of office; (*TEC*) control; **~ a la izquierda** left-hand drive

mandón, -ona *adj* bossy, domineering

manejable *adj* manageable

manejar *vt* to manage; (*máquina*) to work, operate; (*caballo etc*) to handle; (*casa*) to run, manage; (*LAm AUTO*) to drive; **manejarse** *vr* (*comportarse*) to act, behave; (*arreglárselas*) to manage ❑ **manejo** *nm* (*de bicicleta*) handling; (*de negocio*) management, running; (*LAm AUTO*) driving; (*facilidad de trato*) ease, confidence; **manejos** *nmpl* (*intrigas*) intrigues

manera *nf* way, manner, fashion; **~s** *nfpl* (*modales*) manners; **su ~ de ser** the way he is; (*aire*) his manner; **de ninguna ~** no way, by no means; **de otra ~** otherwise; **de todas ~s** at any rate; **no hay ~ de persuadirle** there's no way of convincing him

manga *nf* (*de camisa*) sleeve; (*de riego*) hose

mangar (*fam*) *vt* to pinch, nick

mango *nm* handle; (*BOT*) mango

mangonear *vi* (*meterse*) to meddle, interfere; (*ser mandón*) to boss people about

manguera *nf* hose

maní (*LAm exc MÉX*) *nm* peanut

manía *nf* (*MED*) mania; (*fig: moda*) rage, craze; (*disgusto*) dislike; (*malicia*) spite ❑ **maníaco, -a** *adj* maniac(al) ♦ *nm/f* maniac

maniatar *vt* to tie the hands of

maniático, -a *adj* maniac(al) ♦ *nm/f* maniac

manicomio *nm* insane asylum (*US*), mental hospital (*BRIT*)

manifestación *nf* (*declaración*) statement, declaration; (*de emoción*) show, display; (*POL: desfile*) demonstration; (*: concentración*) mass meeting

manifestar *vt* to show, manifest; (*declarar*) to state, declare ❑ **manifiesto, -a** *adj* clear, manifest ♦ *nm* manifesto

manillar *nm* handlebars *pl*

maniobra *nf* maneuver (*US*), manoeuvre (*BRIT*); **~s** *nfpl* (*MIL*) maneuvers (*US*), manoeuvres (*BRIT*) ❑ **maniobrar** *vt* to maneuver (*US*), manoeuvre (*BRIT*)

manipulación *nf* manipulation

manipular *vt* to manipulate; (*manejar*) to handle

maniquí *nm* dummy ♦ *nmf* model

manirroto, -a *adj* lavish, extravagant ♦ *nm/f* spendthrift

manivela *nf* crank

manjar *nm* (tasty) dish

mano *nf* hand; (*ZOOL*) foot, paw; (*de pintura*) coat; (*serie*) lot, series; **a ~** by hand; **a ~ derecha/izquierda** on the right(-hand side)/left(-hand side); **de primera ~** (at) first hand; **de segunda ~** (at) second hand; **robo a ~ armada** armed robbery; **estrechar la ~ a algn** to shake sb's hand ▶ **mano de obra** labor (*US*), labour (*BRIT*)

manojo *nm* handful, bunch; **~ de llaves** bunch of keys

manopla *nf* mitten

manoseado, -a *adj* well-worn

manosear *vt* (*tocar*) to handle, touch; (*desordenar*) to mess up, rumple; (*insistir en*) to overwork; (*LAm: acariciar*) to caress, fondle

manotazo *nm* slap, smack

mansalva: **a ~** *adv* indiscriminately

mansedumbre *nf* gentleness, meekness

mansión *nf* mansion

manso, -a *adj* gentle, mild; (*animal*) tame

manta (*ESP*) *nf* blanket

manteca *nf* fat; (*CS: mantequilla*) butter ▶ **manteca de cerdo** lard

mantel *nm* tablecloth

mantendré *etc vb ver* **mantener**

mantener *vt* to support, maintain; (*alimentar*) to sustain; (*conservar*) to keep; (*TEC*) to maintain, service; **mantenerse** *vr* (*seguir de pie*) to be still standing; (*no ceder*) to hold one's ground; (*subsistir*) to sustain o.s., keep going ❑ **mantenimiento** *nm* maintenance; sustenance; (*sustento*) support

mantequilla *nf* butter ▶ **mantequilla de cacahuate** (*MÉX*) peanut butter ▶ **mantequilla de maní** (*LAm exc MÉX*) peanut butter

mantilla *nf* mantilla; **~s** *nfpl* (*de bebé*) baby clothes

manto *nm* (*capa*) cloak; (*de ceremonia*) robe, gown

mantuve *etc vb ver* **mantener**

manual *adj* manual ♦ *nm* manual, handbook

manufactura *nf* manufacture; (*fábrica*) factory ❑ **manufacturado, -a** *adj* (*producto*) manufactured

manuscrito, -a *adj* handwritten ♦ *nm* manuscript

manutención *nf* maintenance; (*sustento*) support

manzana *nf* apple

manzanilla *nf* (*planta*) camomile; (*infusión*) camomile tea

manzano *nm* apple tree

maña *nf* (*gen*) skill, dexterity; (*pey*) guile; (*destreza*) trick, knack

mañana *adv* tomorrow ♦ *nm* future ♦ *nf* morning; **de** *o* **por la ~** in the morning; **¡hasta ~!** see you tomorrow!; **~ por la ~** tomorrow morning

mañoso, -a *adj* (*hábil*) skillful (*US*), skilful (*BRIT*); (*astuto*) smart, clever

mapa *nm* map

maple (*LAm*) *nm* maple

maqueta *nf* (scale) model

maquiladora (*MÉX*) *nf* (*COM*) bonded assembly plant

MAQUILADORA

These are assembly plants belonging to the United States, but situated in Mexico, near to the border with the United States. Multinational companies build them in Mexico because salaries and corporate taxes are much lower there. Apart from this, Mexican workers generally have fewer rights and are obliged to work longer hours than their US counterparts.

maquillaje *nm* make-up; (*acto*) making up

maquillar *vt* to make up; **maquillarse** *vr* to put on (some) make-up

máquina *nf* machine; (*de tren*) locomotive, engine; (*FOTO*) camera; (*fig*) machinery; **escrito a ~** typewritten ▶ **máquina de afeitar** (*LAm*) razor ▶ **máquina de coser** sewing machine ▶ **máquina de discos** (*RPl, ESP*) jukebox ▶ **máquina de escribir** typewriter ▶ **máquina tragamonedas** (*LAm*) slot machine

maquinación *nf* machination, plot

maquinal *adj* (*fig*) mechanical, automatic

maquinaria *nf* (*máquinas*) machinery; (*mecanismo*) mechanism, works *pl*

maquinilla (*ESP*) *nf* (*tb*: **~ de afeitar**) razor

maquinista *nmf* (*de tren*) railroad engineer (*US*), engine driver (*BRIT*); (*TEC*) operator; (*NÁUT*) engineer

mar *nm o f* sea; **~ adentro** *o* **afuera** out at sea; **en alta ~** on the high seas; **la ~ de** (*fam*) lots of; **el M~ Negro/Báltico** the Black/Baltic Sea

maraña *nf* (*maleza*) thicket; (*confusión*) tangle

maravilla *nf* marvel, wonder; (*BOT*) marigold ❑ **maravillar** *vt* to astonish, amaze;

maravillarse *vr* to be astonished, be amazed ❑ **maravilloso, -a** *adj* wonderful, marvelous (*US*), marvellous (*BRIT*)

marca *nf* (*gen*) mark; (*sello*) stamp; (*COM*) make, brand; **de ~** excellent, outstanding ▶ **marca de fábrica** trademark ▶ **marca registrada** registered trademark

marcado, -a *adj* marked, strong

marcador *nm* (*DEPORTE*) scoreboard; (*: persona*) scorer

marcapasos *nm inv* pacemaker

marcar *vt* (*gen*) to mark; (*número de teléfono*) to dial; (*gol*) to score; (*números*) to record, keep a tally of; (*pelo*) to set ♦ *vi* (*DEPORTE*) to score; (*TEL*) to dial; **~ tarjeta** (*LAm: al entrar*) to clock in *o* on; (*: al salir*) to clock off *o* out

marcha *nf* march; (*TEC*) running, working; (*AUTO*) gear; (*velocidad*) speed; (*fig*) progress; (*dirección*) course; **poner en ~** to put into gear; (*fig*) to set in motion, get going; **dar ~ atrás** (*LAm exc MÉX, ESP*) to reverse, put into reverse; **estar en ~** to be under way, be in motion

marchar *vi* (*ir*) to go; (*funcionar*) to work, go; **marcharse** *vr* to go (away), leave

marchitar *vt* to wither, dry up; **marchitarse** *vr* (*BOT*) to wither; (*fig*) to fade away ❑ **marchito, -a** *adj* withered, faded; (*fig*) in decline

marcial *adj* martial, military

marciano, -a *adj, nm/f* Martian

marco *nm* frame; (*moneda*) mark; (*fig*) framework

marea *nf* tide

marear *vt* (*fig*) to annoy, upset; (*MED*): **~ a algn** to make sb feel sick; **marearse** *vr* (*tener náuseas*) to feel sick; (*desvanecerse*) to feel faint; (*aturdirse*) to feel dizzy; (*fam: emborracharse*) to get tipsy

maremoto *nm* tidal wave

mareo *nm* (*náusea*) sick feeling; (*en viaje*) travel sickness; (*aturdimiento*) dizziness; (*fam: lata*) nuisance

marfil *nm* ivory

margarina *nf* margarine

margarita *nf* (*BOT*) daisy ▶ **(rueda) margarita** daisywheel

margen *nm* (*borde*) edge, border; (*fig*) margin, space ♦ *nf* (*de río etc*) bank; **dar ~ para** to give an opportunity for; **mantenerse al ~** to keep out (of things)

marginar *vt* (*socialmente*) to marginalize, ostracize

mariachi *nm* (*persona*) mariachi musician; (*grupo*) mariachi band

MARIACHI

Mariachi music is the musical style most characteristic of Mexico. From the state of Jalisco in the 19th century, this music spread rapidly throughout the country, until each region had its own particular style of the **Mariachi** "sound". A **Mariachi** band can be made up of several singers, up to eight violins, two trumpets, guitars, a "vihuela" (an old form of guitar), and a harp. The dance associated with this music is called the "zapateado".

marica (*fam*) *nm* sissy

maricón (*fam*) *nm* queer

marido *nm* husband

mariguana (*LAm*) (*ESP* **marihuana**) *nf* marijuana, cannabis

marina *nf* navy ▶ **marina mercante** merchant marine (*US*) *o* navy (*BRIT*)

marinero, -a *adj* sea *cpd* ♦ *nm* sailor, seaman

marino, -a *adj* sea *cpd*, marine ♦ *nm* sailor

marioneta *nf* puppet

mariposa *nf* butterfly

mariquita *nf* ladybug (*US*), ladybird (*BRIT*)

marisco (*ESP*) *nm* shellfish *inv*, seafood ❑ **mariscos** (*LAm*) *nmpl* shellfish *inv*, seafood

marítimo, -a *adj* sea *cpd*, maritime

mármol *nm* marble

marqués, -esa *nm/f* marquis (marchioness)

marrón *adj* brown

marroquí *adj, nmf* Moroccan ♦ *nm* Morocco (leather)

Marruecos *nm* Morocco

martes *nm inv* Tuesday

martillo *nm* hammer ▶ **martillo neumático** jackhammer, pneumatic drill (*BRIT*)

mártir *nmf* martyr ❑ **martirio** *nm* martyrdom; (*fig*) torture, torment

marxismo *nm* Marxism ❑ **marxista** *adj, nmf* Marxist

marzo *nm* March

más

PALABRA CLAVE

adj, adv

1: **más (que/de)** (*compar*) more (than), ... + er (than); **más grande/inteligente** bigger/more intelligent; **trabaja más (que yo)** he works more (than me); *ver tb* **cada**

2 (*superl*): **el más** the most, ... + est; **el más grande/inteligente (de)** the biggest/most intelligent (in)

3 (*negativo*): **no tengo más dinero** I haven't got any more money; **no viene más por aquí** he doesn't come round here any more

4 (*adicional*): **no le veo más solución que ...** I see no other solution than to ...; **¿quién más?** anybody else?

5 (*+ adj: valor intensivo*): **¡qué perro más sucio!** what a filthy dog!; **¡es más tonto!** he's so stupid!

6 (*locuciones*): **más o menos** more or less; **los más** most people; **es más** furthermore; **más bien** rather; **¡qué más da!** what does it matter!; *ver tb* **no**

7: **por más: por más que te esfuerces** no matter how hard you try; **por más que quisiera ...** much as I should like to ...

8: **de más: veo que aquí estoy de más** I can see I'm not needed here; **tenemos uno de más** we've got one extra

♦ *prep*: **2 más 2 son 4** 2 and *o* plus 2 are 4

♦ *nm inv*: **este trabajo tiene sus más y sus menos** this job's got its good points and its bad points

mas *conj* but

masa *nf* (*mezcla*) dough; (*volumen*) volume, mass; (*FÍSICA*) mass; **en ~** en masse; **las ~s** (*POL*) the masses

masacre *nf* massacre

masaje *nm* massage

máscara *nf* mask ❑ **mascarilla** *nf* (*de belleza, MED*) mask

masculino, -a *adj* masculine; (*BIO*) male

masía *nf* farmhouse

masificación *nf* overcrowding

masivo, -a *adj* mass *cpd*

masón *nm* (free)mason

masoquista *nmf* masochist

masticar *vt* to chew

mástil *nm* (*de navío*) mast; (*de guitarra*) neck

mastín *nm* mastiff

masturbación *nf* masturbation

masturbarse *vr* to masturbate

mata *nf* (*arbusto*) bush, shrub; (*de hierba*) tuft

matadero (*LAm exc MÉX*) *nm* slaughterhouse, abattoir (*BRIT*)

matador, a *adj* killing ♦ *nm/f* killer ♦ *nm* (*TAUR*) matador, bullfighter

matamoscas *nm inv* (*pala*) fly swat

matanza *nf* slaughter

matar *vt, vi* to kill; **matarse** *vr* (*suicidarse*) to kill o.s., commit suicide; (*morir*) to be *o* get killed; **~ el hambre** to stave off hunger

matasellos *nm inv* postage stamp, postmark

mate *adj* matt ♦ *nm* (*en ajedrez*) (check)mate; (*LAm: hierba*) maté; (*: vasija*) gourd

matemáticas *nfpl* mathematics ❑ **matemático, -a** *adj* mathematical ♦ *nm/f* mathematician, math specialist (*US*)

materia *nf* (*gen*) matter; (*TEC*) material; (*ESCOL*) subject; **en ~ de** on the subject of ▶ **materia prima** raw material ❑ **material** *adj* material ♦ *nm* material; (*TEC*) equipment ❑ **materialismo** *nm* materialism ❑ **materialista** *adj* materialist(ic) ❑ **materialmente** *adv* materially; (*fig*) absolutely

maternal *adj* motherly, maternal

maternidad *nf* motherhood, maternity ❑ **materno, -a** *adj* maternal; (*lengua*) mother *cpd*

matinal *adj* morning *cpd*

matiz *nm* shade ❑ **matizar** *vt* (*variar*) to vary; (*ARTE*) to blend; **matizar de** to tinge with

matón *nm* bully

matorral *nm* thicket

matraca *nf* rattle

matrícula *nf* (*registro*) register; (*AUTO*) license number (*US*), registration number (*BRIT*); (*placa*) license plate (*US*), number plate (*BRIT*) ❑ **matricular** *vt* to register, enroll (*US*), enrol (*BRIT*)

matrimonial *adj* matrimonial

matrimonio *nm* (*pareja*) (married) couple; (*unión*) marriage

matriz *nf* (*ANAT*) womb; (*TEC*) mold (*US*), mould (*BRIT*); **casa ~** (*COM*) head office

matrona *nf* (*persona de edad*) matron; (*comadrona*) midwife

matufia (*RPl: fam*) *nf* put-up job

maullar *vi* to mew, miaow

maxilar *nm* jaw(bone)

máxima *nf* maxim

máxime *adv* especially

máximo, -a *adj* maximum; (*más alto*) highest; (*más grande*) greatest ♦ *nm* maximum

mayo *nm* May

mayonesa *nf* mayonnaise

mayor *adj* main, chief; (*adulto*) adult; (*de edad avanzada*) elderly; (*MÚS*) major; (*compar: de tamaño*) bigger; (*: de edad*) older; (*superl: de tamaño*) biggest; (*: de edad*) oldest ♦ *nmf* (*adulto*) adult; (*LAm MIL*) major; **~es** *nmpl* (*antepasados*) ancestors; **al por ~** wholesale ▶ **mayor de edad** adult

mayoral *nm* foreman

mayordomo *nm* butler

mayoría *nf* majority, greater part

mayorista *nmf* wholesaler

mayoritario, -a *adj* majority *cpd*

mayúscula *nf* capital letter

mayúsculo, -a *adj* (*fig*) big, tremendous

mazapán *nm* marzipan

mazo *nm* (*martillo*) mallet; (*de flores*) bunch; (*DEPORTE*) bat

me *pron* (*directo*) me; (*indirecto*) (to) me; (*reflexivo*) (to) myself; **¡dámelo!** give it to me!

mear (*fam*) *vi* to pee, piss (*!*)

mecánica *nf* (*ESCOL*) mechanics *sg*; (*mecanismo*) mechanism; *ver tb* **mecánico**

mecánico, -a *adj* mechanical ♦ *nm/f* mechanic

mecanismo *nm* mechanism; (*marcha*) gear

mecanografía *nf* typewriting ❑ **mecanógrafo, -a** *nm/f* typist

mecate (*MÉX, CAm*) *nm* rope

mecedora *nf* rocking chair

mecer *vt* (*cuna*) to rock; **mecerse** *vr* to rock; (*rama*) to sway

mecha *nf* (*de vela*) wick; (*de bomba*) fuse, fuze (*US*)

mechero (*ESP*) *nm* (cigarette) lighter

mechón *nm* (*gen*) tuft; (*de pelo*) lock

medalla *nf* medal

media *nf* stocking; (*LAm*) sock; (*promedio*) average

mediado, -a *adj* half-full; (*trabajo*) half-completed; **a ~s de** in the middle of, halfway through

mediano, -a *adj* (*regular*) medium, average; (*mediocre*) mediocre

medianoche *nf* midnight

mediante *adv* by (means of), through

mediar *vi* (*interceder*) to mediate, intervene

medicación *nf* medication, treatment

medicamento *nm* medicine, drug

medicina *nf* medicine

medición *nf* measurement

médico, -a *adj* medical ♦ *nm/f* doctor

medida *nf* measure; (*medición*) measurement; (*prudencia*) moderation, prudence; **en cierta/gran ~** up to a point/to a great extent; **un traje a la ~** a made-to-measure suit; **~ de cuello** collar size; **a ~ de** in proportion to; (*de acuerdo con*) in keeping with; **a ~ que** (*conforme*) as ❑ **medidor** (*LAm*) *nm* meter ▶ **medidor de gas** gas meter

medio, -a *adj* half (a); (*punto*) mid, middle; (*promedio*) average ♦ *adv* half ♦ *nm* (*centro*) middle, center (*US*), centre (*BRIT*); (*promedio*) average; (*método*) means, way; (*ambiente*) environment; **~s** *nmpl* means, resources; **~ litro** half a liter (*US*) *o* litre (*BRIT*); **las tres y media** half past three; **a ~ terminar** half finished; **pagar a medias** to share the cost ▶ **medio ambiente** environment ▶ **Medio Oriente** Middle East ❑ **medioambiental** *adj* (*política, efectos*) environmental

mediocre *adj* mediocre

mediodía *nm* midday, noon

medir *vt, vi* (*gen*) to measure

meditar *vt* to ponder, think over, meditate on; (*planear*) to think out

mediterráneo, -a *adj* Mediterranean ♦ *nm*: **el M~** the Mediterranean (Sea)

médula *nf* (*ANAT*) marrow ▶ **médula espinal** spinal cord

medusa (*ESP*) *nf* jellyfish

megafonía *nf* public address system, PA system ❑ **megáfono** *nm* megaphone

megalómano, -a *nm/f* megalomaniac

mejicano, -a (*ESP*) *adj, nm/f* Mexican

Méjico (*ESP*) *nm* Mexico

mejilla *nf* cheek

mejillón *nm* mussel

mejor *adj, adv* (*compar*) better; (*superl*) best; **a lo ~** probably; (*quizá*) maybe; **~ dicho** rather; **tanto ~** so much the better

mejora *nf* improvement ❑ **mejorar** *vt* to improve, make better ♦ *vi* to improve, get better; **mejorarse** *vr* to improve, get better

melancólico, -a *adj* (*triste*) sad, melancholy; (*soñador*) dreamy

melena *nf* (*de persona*) long hair; (*ZOOL*) mane

mellizo, -a *adj, nm/f* twin

melocotón (*ESP*) *nm* peach

melodía *nf* melody, tune

melodrama *nm* melodrama ❑ **melodramático, -a** *adj* melodramatic

melón *nm* melon

membrete *nm* letterhead

membrillo *nm* quince; **carne de ~** quince jelly

memorable *adj* memorable

memoria *nf* (*gen*) memory; **~s** *nfpl* (*de autor*) memoirs ❑ **memorizar** *vt* to memorize

menaje *nm* (*tb*: **artículos de ~**) household items

mencionar *vt* to mention

mendigar *vt* to beg (for)

mendigo, -a *nm/f* beggar

mendrugo *nm* crust

menear *vt* to move; **menearse** *vr* to shake; (*balancearse*) to sway; (*moverse*) to move; (*fig*) to get a move on

menestra *nf* (*tb*: **~ de verduras**) vegetable stew

menguante *adj* decreasing, diminishing

menguar *vt* to lessen, diminish ♦ *vi* to diminish, decrease

menopausia *nf* menopause

menor *adj* (*más pequeño: compar*) smaller; (*: superl*) smallest; (*más joven: compar*) younger; (*: superl*) youngest; (*MÚS*) minor ♦ *nmf* (*joven*) young person, juvenile; **no tengo la ~ idea** I haven't the faintest idea; **al por ~** retail ▶ **menor de edad** person under age

Menorca *nf* Minorca

menos

PALABRA CLAVE

adj

1: **menos (que/de)** (*compar: cantidad*) less (than); (*: número*) fewer (than); **con menos entusiasmo** with less enthusiasm; **menos gente** fewer people; *ver tb* **cada**

2 (*superl*): **es el que menos culpa tiene** he is the least to blame

♦ *adv*

1 (*compar*): **menos (que/de)** less (than); **me gusta menos que el otro** I like it less than the other one

2 (*superl*): **es el menos listo (de su clase)** he's the least bright in his class; **de todas ellas es la que menos me agrada** out of all of them she's the one I like least; **(por) lo menos** at (the very) least

3 (*locuciones*): **no quiero verla y menos visitarla** I don't want to see her, let alone visit her; **tenemos 7 de menos** we're seven short ♦ *prep* except; (*cifras*) minus; **todos menos él** everyone except (for) him; **5 menos 2** 5 minus 2

♦ *conj*: **a menos que: a menos que venga mañana** unless he comes tomorrow

menospreciar *vt* to underrate, undervalue; (*despreciar*) to scorn, despise

mensaje *nm* message ▶ **mensaje de texto** text message; **enviar un ~ de texto a algn** to text sb ❑ **mensajero, -a** *nm/f* messenger

menso, -a (*MÉX: fam*) *adj* stupid

menstruación *nf* menstruation

menstruar *vi* to menstruate

mensual *adj* monthly; **5000 pesos ~es** 5000 pesos a month ❑ **mensualidad** *nf* (*salario*) monthly salary; (*COM*) monthly payment, monthly installment (*US*) *o* instalment (*BRIT*)

menta *nf* mint

mental *adj* mental ❑ **mentalidad** *nf* mentality ❑ **mentalizar** *vt* (*sensibilizar*) to make aware; (*convencer*) to convince; (*padres*) to prepare (mentally); **mentalizarse** *vr* (*concienciarse*) to become aware; **mentalizarse (de)** to get used to the idea (of); **mentalizarse de que ...** (*convencerse*) to get it into one's head that ...

mentar *vt* to mention, name

mente *nf* mind

mentir *vi* to lie

mentira *nf* (*una mentira*) lie; (*acto*) lying; (*invención*) fiction; **parece ~ que ...** it seems incredible that ..., I can't believe that ...

mentiroso, -a *adj* lying ♦ *nm/f* liar

menú (*pl* **~s**) *nm* menu ▶ **menú del día** set menu

menudencias (*LAm*) *nfpl* giblets

menudo, -a *adj* (*pequeño*) small, tiny; (*sin importancia*) petty, insignificant; **¡~ negocio!** (*fam*) some deal!; **a ~** often, frequently

meñique *nm* little finger

meollo *nm* (*fig*) core

mercado *nm* market ▶ **mercado de cháchara**s (*MÉX*) flea market ▶ **mercado de pulgas** (*LAm*) flea market

mercancía *nf* commodity; **~s** *nfpl* goods, merchandise *sg*

mercantil *adj* mercantile, commercial

mercenario, -a *adj, nm* mercenary

mercería *nf* notions *pl* (*US*), haberdashery (*BRIT*); (*tienda*) notions store (*US*), haberdasher's (*BRIT*)

mercurio *nm* mercury

merecer *vt* to deserve, merit ♦ *vi* to be deserving, be worthy; **merece la pena** it's

worthwhile ❑ **merecido, -a** *adj* (well) deserved; **llevar su merecido** to get one's deserts
merendar *vt* to have for tea ♦ *vi* to have tea; (*en el campo*) to have a picnic ❑ **merendero** *nm* open-air cafe
merengue *nm* meringue
meridiano *nm* (*GEO*) meridian
merienda *nf* (light) tea, afternoon snack; (*de campo*) picnic
mérito *nm* merit; (*valor*) worth, value
merluza *nf* hake
merma *nf* decrease; (*pérdida*) wastage ❑ **mermar** *vt* to reduce, lessen ♦ *vi* to decrease, dwindle
mermelada *nf* (*de fresa, ciruela etc*) jelly (*US*), jam (*BRIT*); (*de naranja*) marmalade
mero, -a *adj* mere; (*MÉX, CAm: fam*) very
merodear *vi*: **~ por** to prowl about
mes *nm* month
mesa *nf* table; (*de trabajo*) desk; (*GEO*) plateau; **poner/quitar la ~** to lay/clear the table ▶ **mesa de juntas** conference table ▶ **mesa redonda** (*reunión*) round table ❑ **mesero, -a** (*LAm*) *nm/f* waiter (waitress)
meseta *nf* (*GEO*) plateau, tableland
mesilla *nf* (*tb*: **~ de noche**) bedside table
mesón *nm* inn
mestizo, -a *adj* of mixed race, half-caste (*BRIT*) ♦ *nm/f* person of mixed race, half-caste (*BRIT*)
mesura *nf* moderation, restraint
meta *nf* goal; (*de carrera*) finish
metabolismo *nm* metabolism
metáfora *nf* metaphor
metal *nm* (*materia*) metal; (*MÚS*) brass ❑ **metálico, -a** *adj* metallic; (*de metal*) metal ♦ *nm* (*dinero contante*) cash
metalurgia *nf* metallurgy
meteoro *nm* meteor ❑ **meteorología** *nf* meteorology
meter *vt* (*colocar*) to put, place; (*introducir*) to put in, insert; (*involucrar*) to involve; (*causar*) to make, cause; **meterse** *vr*: **~se en** to go into, enter; (*fig*) to interfere in, meddle in; **~se a** to start; **~se a escritor** to become a writer; **~se con algn** to provoke sb, pick a quarrel with sb
meticuloso, -a *adj* meticulous, thorough
metódico, -a *adj* methodical
método *nm* method
metralleta *nf* sub-machine-gun
métrico, -a *adj* metric
metro *nm* meter (*US*), metre (*BRIT*); (*tren*) subway (*US*), underground (*BRIT*)
México (*LAm*) *nm* Mexico; **Ciudad de ~** Mexico City
mezcla *nf* mixture ❑ **mezcladora** (*MÉX*) *nf* (*tb*: **mezcladora de cemento**) cement mixer ❑ **mezclar** *vt* to mix (up); **mezclarse** *vr* to mix, mingle; **mezclarse en** to get mixed up in, get involved in
mezquino, -a *adj* stingy, mean (*BRIT*)
mezquita *nf* mosque
mg. *abr* (= *miligramo*) mg
mi *adj pos* my ♦ *nm* (*MÚS*) E
mí *pron* me; myself
mía *pron ver* **mío**
miaja *nf* crumb
michelín (*fam*) *nm* (*de grasa*) spare tire (*US*) *o* tyre (*BRIT*)
microbio *nm* microbe
micrófono *nm* microphone
microondas *nm inv* (*tb*: **horno ~**) microwave (oven)
microscopio *nm* microscope
miedo *nm* fear; (*nerviosismo*) apprehension, nervousness; **tener ~** to be afraid; **de ~** wonderful, great; **hace un frío de ~** (*fam*) it's terribly cold ❑ **miedoso, -a** *adj* fearful, timid
miel *nf* honey
miembro *nm* limb; (*socio*) member ▶ **miembro viril** penis
mientras *conj* while; (*duración*) as long as ♦ *adv* meanwhile; **~ tanto** meanwhile; **~ más tiene, más quiere** the more he has, the more he wants
miércoles *nm inv* Wednesday
mierda (*fam!*) *nf* shit (*!*)
miga *nf* crumb; (*fig*: *meollo*) essence; **hacer buenas ~s** (*fam*) to get on well
mil *num* thousand; **cinco ~ dólares** five thousand dollars
milagro *nm* miracle ❑ **milagroso, -a** *adj* miraculous
milésima *nf* (*de segundo*) thousandth
milicia *nf* militia; (*servicio militar*) military service
milímetro *nm* millimeter (*US*), millimetre (*BRIT*)
militante *adj* militant
militar *adj* military ♦ *nmf* soldier ♦ *vi* (*MIL*) to serve; (*en un partido*) to be a member
milla *nf* mile
millar *nm* thousand
millón *num* million ❑ **millonario, -a** *nm/f* millionaire
milusos (*MÉX*) *nm inv* odd-job man
mimar *vt* to spoil, pamper
mimbre *nm* wicker
mímica *nf* (*para comunicarse*) sign language; (*imitación*) mimicry
mimo *nm* (*caricia*) caress; (*de niño*) spoiling; (*TEATRO*) mime; (*: actor*) mime artist
mina *nf* mine ❑ **minar** *vt* to mine; (*fig*) to undermine
mineral *adj* mineral ♦ *nm* (*GEO*) mineral; (*mena*) ore
minero, -a *adj* mining *cpd* ♦ *nm/f* miner
miniatura *adj inv, nf* miniature
minidisco *nm* MiniDisc®
minifalda *nf* miniskirt
mínimo, -a *adj, nm* minimum
minino, -a (*fam*) *nm/f* puss, pussy
ministerio *nm* (*LAm exc MÉX, ESP*) Ministry ▶ **Ministerio de Hacienda** Treasury, Treasury Department (*US*) ▶ **Ministerio de Relaciones Exteriores** (*LAm exc MÉX*) State Department (*US*), Foreign Office (*BRIT*)
ministro, -a *nm/f* secretary (*US*), minister (*BRIT*)
minoría *nf* minority
minucioso, -a *adj* thorough, meticulous; (*prolijo*) very detailed
minúscula *nf* small letter
minúsculo, -a *adj* tiny, minute
minusválido, -a *adj* (physically) handicapped ♦ *nm/f* (physically) handicapped person
minuta *nf* (*de comida*) menu
minutero *nm* minute hand
minuto *nm* minute
mío, -a *pron*: **el ~/la mía** mine; **un amigo ~** a friend of mine; **lo ~** what is mine
miope *adj* near-sighted (*US*), shortsighted (*BRIT*)
mira *nf* (*de arma*) sight(s) (*pl*); (*fig*) aim, intention
mirada *nf* look, glance; (*expresión*) look, expression; **clavar la ~ en** to stare at; **echar una ~ a** to glance at
mirado, -a *adj* (*sensato*) sensible; (*considerado*) considerate; **bien/mal ~** well/not well thought of; **bien ~** all things considered
mirador *nm* viewpoint, vantage point
mirar *vt* to look at; (*observar*) to watch; (*considerar*) to consider, think over; (*vigilar, cuidar*) to watch, look after ♦ *vi* to look; (*ARQ*) to face; **mirarse** *vr* (*dos personas*) to look at each other; **~ bien/mal** to think highly of/have a poor opinion of; **~se al espejo** to look at o.s. in the mirror
mirilla *nf* spyhole, peephole
mirlo *nm* blackbird
misa *nf* mass
miserable *adj* (*avaro*) stingy, mean (*BRIT*); (*nimio*) miserable, paltry; (*lugar*) squalid; (*fam*) vile, despicable ♦ *nmf* (*malvado*) rogue
miseria *nf* (*pobreza*) poverty; (*tacañería*) stinginess, meanness (*BRIT*); (*condiciones*) squalor; **una ~** a pittance
misericordia *nf* (*compasión*) compassion, pity; (*piedad*) mercy
misil *nm* missile
misión *nf* mission ❑ **misionero, -a** *nm/f* missionary
mismo, -a *adj* (*semejante*) same; (*después de pron*) -self; (*para énfasis*) very ♦ *adv*: **aquí/hoy ~** right here/this very day ♦ *conj*: **lo ~ que** just like, just as; **el ~ traje** the same suit; **en ese ~ momento** at that very moment; **vino el ~ Ministro** the minister himself came; **yo ~ lo vi** I saw it myself; **ahora ~** right now; **lo ~** the same (thing); **da lo ~** it's all the same; **quedamos en las mismas** we're no further forward; **por lo ~** for the same reason
misterio *nm* mystery ❑ **misterioso, -a** *adj* mysterious
mitad *nf* (*medio*) half; (*centro*) middle; **a ~ de precio** (at) half-price; **en** *o* **a ~ del camino** halfway along the road; **cortar por la ~** to cut through the middle
mitigar *vt* to mitigate; (*dolor*) to ease; (*sed*) to quench
mitin (*pl* **mítines**) *nm* meeting
mito *nm* myth
mixto, -a *adj* mixed
ml. *abr* (= *mililitro*) ml
mm. *abr* (= *milímetro*) mm
mobiliario *nm* furniture
mochila *nf* backpack, rucksack (*BRIT*)
moción *nf* motion
moco *nm* mucus; **~s** *nmpl* (*fam*) snot; **limpiarse los ~s de la nariz** (*fam*) to wipe one's nose
moda *nf* fashion; (*estilo*) style; **a la** *o* **de ~** in fashion, fashionable; **pasado de ~** out of fashion
modales *nmpl* manners
modalidad *nf* kind, variety
modelar *vt* to model
modelo *adj inv, nmf* model
módem *nm* (*INFORM*) modem
moderado, -a *adj* moderate
moderar *vt* to moderate; (*violencia*) to restrain, control; (*velocidad*) to reduce; **moderarse** *vr* to restrain o.s., control o.s.
modernizar *vt* to modernize
moderno, -a *adj* modern; (*actual*) present-day
modestia *nf* modesty ❑ **modesto, -a** *adj* modest
módico, -a *adj* moderate, reasonable
modificar *vt* to modify
modisto, -a *nm/f* (*diseñador*) couturier, designer; (*que confecciona*) dressmaker
modo *nm* way, manner; (*MÚS*) mode; **~s** *nmpl* manners; **de ningún ~** in no way; **de todos ~s** at any rate ▶ **modo de empleo** directions *pl* (for use)
modorra *nf* drowsiness
mofa *nf*: **hacer ~ de** to mock ❑ **mofarse** *vr*: **mofarse de** to mock, scoff at
mofle (*MÉX, CAm*) *nm* muffler (*US*), silencer (*BRIT*)
moho *nm* mold (*US*), mould (*BRIT*), mildew; (*en metal*) rust ❑ **mohoso, -a** *adj* moldy (*US*), mouldy (*BRIT*); rusty
mojar *vt* to wet; (*humedecer*) to damp(en), moisten; (*calar*) to soak; **mojarse** *vr* to get wet
mojón *nm* boundary stone
molcajete (*MÉX*) *nm* mortar
molde *nm* mold (*US*), mould (*BRIT*); (*COSTURA*) pattern; (*fig*) model ❑ **moldeado** *nm* light perm ❑ **moldear** *vt* to mold (*US*), mould (*BRIT*)
mole *nf* mass, bulk; (*edificio*) pile
moler *vt* to grind, crush
molestar *vt* to bother; (*fastidiar*) to annoy; (*incomodar*) to inconvenience, put out ♦ *vi* to be a nuisance; **molestarse** *vr* to bother; (*incomodarse*) to go to trouble; (*ofenderse*) to take offense (*US*) *o* offence (*BRIT*); **¿(no) te molesta si ...?** do you mind if ...?

> ⚠ No confundir **molestar** con la palabra inglesa ***molest***.

molestia *nf* bother, trouble; (*incomodidad*) inconvenience; (*MED*) discomfort; **es una ~** it's a nuisance ❑ **molesto, -a** *adj* (*que fastidia*) annoying; (*incómodo*) inconvenient; (*inquieto*) uncomfortable, ill at ease; (*enfadado*) annoyed
molido, -a *adj*: **estar ~** (*fig*) to be exhausted *o* dead beat
molinillo *nm* hand mill ▶ **molinillo de café** coffee grinder
molino *nm* (*edificio*) mill; (*máquina*) grinder
momentáneo, -a *adj* momentary
momento *nm* moment; **de ~** at the moment, for the moment
momia *nf* mummy
monarca *nmf* monarch, ruler ❑ **monarquía** *nf* monarchy ❑ **monárquico, -a** *nm/f* royalist, monarchist
monasterio *nm* monastery
mondar *vt* to peel
mondongo (*LAm exc MÉX*) *nm* tripe
moneda *nf* (*tipo de dinero*) currency, money; (*pieza*) coin; **una ~ de 10 pesos** a 10-peso piece ❑ **monedero** *nm* coin purse (*US*), purse (*BRIT*) ❑ **monetario, -a** *adj* monetary, financial
monitor, a *nm/f* instructor, coach ♦ *nm* (*TV*) set; (*INFORM*) monitor
monja *nf* nun
monje *nm* monk
mono, -a *adj* (*bonito*) pretty, attractive; (*gracioso*) nice, charming ♦ *nm/f* monkey, ape ♦ *nm* (*ESP*: *overol*) coveralls *pl* (*US*), overalls *pl* (*BRIT*); (*: con peto*) dungarees *pl*, overalls *pl* (*US*)
monopatín *nm* skateboard; (*CS*: *moto*) scooter
monopolio *nm* monopoly ❑ **monopolizar** *vt* to monopolize
monotonía *nf* (*sonido*) monotone; (*fig*) monotony
monótono, -a *adj* monotonous
monstruo *nm* monster ♦ *adj inv* fantastic ❑ **monstruoso, -a** *adj* monstrous
montaje *nm* assembly; (*TEATRO*) décor; (*CINE*) montage
montaña *nf* (*monte*) mountain; (*sierra*) mountains *pl*, mountainous area ▶ **montaña rusa** roller coaster ❑ **montañero, -a** *nm/f* mountaineer ❑ **montañés, -esa** *nm/f* highlander ❑ **montañismo** *nm* mountaineering
montar *vt* (*subir a*) to mount, get on; (*TEC*) to assemble, put together; (*negocio*) to set up; (*arma*) to cock; (*colocar*) to lift on to; (*CULIN*) to beat ♦ *vi* to mount, get on; (*sobresalir*) to overlap; **~ en cólera** to get angry; **~ a caballo** to ride, go horseriding
monte *nm* (*montaña*) mountain; (*bosque*) woodland; (*área sin cultivar*) wild area, wild country ▶ **monte de piedad** pawnshop
montón *nm* heap, pile; (*fig*): **un ~ de** heaps of, lots of
monumento *nm* monument
monzón *nm* monsoon
moño *nm* bun
moqueta (*ESP*) *nf* fitted carpet
mora *nf* blackberry; *ver tb* **moro**
morada *nf* (*casa*) dwelling, abode
morado, -a *adj* purple, violet ♦ *nm* bruise
moral *adj* moral ♦ *nf* (*ética*) ethics *pl*; (*moralidad*) morals *pl*, morality; (*ánimo*) morale
moraleja *nf* moral
moralidad *nf* morals *pl*, morality
morboso, -a *adj* morbid
morcilla *nf* blood sausage, ≈ black pudding (*BRIT*)
mordaz *adj* (*crítica*) biting, scathing
mordaza *nf* (*para la boca*) gag; (*TEC*) clamp
morder *vt* to bite; (*fig*: *consumir*) to eat away, eat into ❑ **mordisco** *nm* bite
moreno, -a *adj* (*color*) (dark) brown; (*de tez*) dark; (*de pelo moreno*) dark-haired; (*negro*) black
morfina *nf* morphine
moribundo, -a *adj* dying
morir *vi* to die; (*fuego*) to die down; (*luz*) to go out; **morirse** *vr* to die; (*fig*) to be dying; **murió en un accidente** he was killed in an accident; **~se por algo** to be dying for sth
moro, -a *adj* Moorish ♦ *nm/f* Moor
moroso, -a *nm/f* bad debtor, defaulter
morral *nm* backpack, rucksack (*BRIT*)
morralla (*MÉX*) *nf* (*cambio*) small *o* loose (*BRIT*) change
morro *nm* (*ZOOL*) snout, nose; (*AUTO, AVIAT*) nose
morsa *nf* walrus
mortadela *nf* mortadella
mortaja *nf* shroud
mortal *adj* mortal; (*golpe*) deadly ❑ **mortalidad** *nf* mortality
mortero *nm* mortar
mortífero, -a *adj* deadly, lethal
mortificar *vt* to mortify
mosca *nf* fly
Moscú *n* Moscow
mosquearse (*fam*) *vr* (*enojarse*) to get cross; (*ofenderse*) to take offense (*US*) *o* offence (*BRIT*)
mosquitero *nm* mosquito net
mosquito *nm* mosquito
mostaza *nf* mustard
mosto *nm* (unfermented) grape juice
mostrador *nm* (*de tienda*) counter; (*de café*) bar
mostrar *vt* to show; (*exhibir*) to display, exhibit; (*explicar*) to explain; **mostrarse** *vr*: **~se amable** to be kind; to prove to be kind; **no se muestra muy inteligente** he doesn't seem (to be) very intelligent
mota *nf* speck, tiny piece; (*en diseño*) dot; (*MÉX*: *fam*) pot
mote *nm* nickname
motín *nm* (*del pueblo*) revolt, rising; (*del ejército*) mutiny
motivar *vt* (*causar*) to cause, motivate; (*explicar*) to explain, justify ❑ **motivo** *nm* motive, reason
moto (*fam*) *nf* = **motocicleta**
motocicleta *nf* motorcycle, motorbike (*BRIT*)
motoneta (*CS*) *nf* scooter
motor *nm* motor, engine ▶ **motor a chorro** *o* **de reacción/de explosión** jet engine/ internal combustion engine
motora *nf* motorboat
movedizo, -a *adj ver* **arena**
mover *vt* to move; (*cabeza*) to shake; (*accionar*) to drive; (*fig*) to cause, provoke; **moverse** *vr* to move; (*fig*) to get a move on
móvil *nm* motive ♦ *adj* mobile; (*pieza de máquina*) moving; (*mueble*) movable; **teléfono ~** (*ESP*) mobile phone ❑ **movilidad** *nf* mobility ❑ **movilizar** *vt* to mobilize
movimiento *nm* movement; (*TEC*) motion; (*actividad*) activity
mozo, -a *adj* (*joven*) young ♦ *nm/f* youth, young man (girl); (*CS*: *mesero*) waiter (waitress)
mucama (*RPl*) *nf* maid
muchacho, -a *nm/f* (*niño*) boy (girl)
muchedumbre *nf* crowd

mucho, -a

PALABRA CLAVE

adj

1 (*cantidad*) a lot of, much; (*número*) lots of, a lot of, many; **mucho dinero** a lot of money; **hace mucho calor** it's very hot; **muchas amigas** lots *o* a lot of friends

2 (*sg*: *grande*): **ésta es mucha casa para él** this house is much too big for him

♦ *pron*: **tengo mucho que hacer** I've got a lot to do; **muchos dicen que ...** a lot of people say that ...; *ver tb* **tener**

♦ *adv*

1: **me gusta mucho** I like it a lot; **lo siento mucho** I'm very sorry; **come mucho** he eats a lot; **¿te vas a quedar mucho?** are you going to be staying long?
2 (*respuesta*) very; **¿estás cansado? -- ¡mucho!** are you tired? -- very!
3 (*locuciones*): **como mucho** at (the) most; **con mucho: el mejor con mucho** by far the best; **ni mucho menos: no es rico ni mucho menos** he's far from being rich
4: **por mucho que: por mucho que le creas** no matter how *o* however much you believe her

muda *nf* change of clothes
mudanza *nf* (*de casa*) move
mudar *vt* to change; (*ZOOL*) to shed ♦ *vi* to change; **mudarse** *vr* (*ropa*) to change; **~se de casa** to move house
mudo, -a *adj* dumb; (*callado, CINE*) silent
mueble *nm* piece of furniture; **~s** *nmpl* furniture *sg*
mueca *nf* face, grimace; **hacer ~s a** to make faces at
muela *nf* back tooth
muelle *nm* spring; (*NÁUT*) wharf; (*malecón*) pier
muero *etc vb ver* **morir**
muerte *nf* death; (*homicidio*) murder; **dar ~ a** to kill
muerto, -a *pp de* **morir** ♦ *adj* dead ♦ *nm/f* dead man (woman); (*difunto*) deceased; (*cadáver*) corpse; **estar ~ de cansancio** to be dead tired ▸ **Día de los Muertos** (*MÉX*) All Soul's Day

DÍA DE LOS MUERTOS

Día de los Muertos (or "Day of the Dead") in Mexico coincides with All Saints' Day, which is celebrated in the Catholic countries of Latin America on November 1st and 2nd. **Día de los Muertos** is actually a celebration which begins in the evening of October 31st and continues until November 2nd. It is a combination of the Catholic tradition of honoring the Christian saints and martyrs, and the ancient Mexican or Aztec traditions, in which death was not something sinister. For this reason all the dead are honored by bringing offerings of food, flowers and candles to the cemetery.

muestra *nf* (*señal*) indication, sign; (*demostración*) demonstration; (*prueba*) proof; (*estadística*) sample; (*modelo*) model, pattern; (*testimonio*) token
muestreo *nm* sample, sampling
muestro *etc vb ver* **mostrar**
muevo *etc vb ver* **mover**
mugir *vi* (*vaca*) to moo
mugre *nf* dirt, filth ❑ **mugriento, -a** *adj* dirty, filthy
mujer *nf* woman; (*esposa*) wife ❑ **mujeriego** *nm* womanizer
mula *nf* mule
muleta *nf* (*para andar*) crutch; (*TAUR*) *stick with red cape attached*
mullido, -a *adj.*(*cama*) soft; (*hierba*) soft, springy
multa *nf* fine; **poner una ~ a** to fine ❑ **multar** *vt* to fine
multicines *nmpl* multiscreen movie theater *sg* (*US*) *o* cinema *sg* (*BRIT*)
multinacional *nf* multinational
múltiple *adj* multiple; (*pl*) many, numerous
multiplicar *vt* (*MAT*) to multiply; (*fig*) to increase; **multiplicarse** *vr* (*BIO*) to multiply; (*fig*) to be everywhere at once
multitud *nf* (*muchedumbre*) crowd; **~ de** lots of
mundano, -a *adj* worldly
mundial *adj* world-wide, universal; (*guerra, récord*) world *cpd*
mundo *nm* world; **todo el ~** everybody; **tener ~** to be experienced, know one's way around
munición *nf* ammunition
municipal *adj* municipal, local
municipio *nm* (*ayuntamiento*) town council, corporation; (*territorio administrativo*) town, municipality
muñeca *nf* (*ANAT*) wrist; (*juguete*) doll
muñeco *nm* (*figura*) figure; (*marioneta*) puppet; (*fig*) puppet, pawn
mural *adj* mural, wall *cpd* ♦ *nm* mural
muralismo *nm* muralism

MURALISMO

Muralismo, or mural painting, is an artistic movement which began in Mexico in the 1920s. It was a new popular culture with roots in the pre-Columbian Indian culture and traditions of Mexico. Diego Rivera, José Clemente Orozco, and David Alfaro Siqueiros are some of Mexico's most famous muralists.

muralla *nf* (city) wall(s) (*pl*)
murciélago *nm* bat
murmullo *nm* murmur(ing); (*cuchicheo*) whispering
murmuración *nf* gossip ❑ **murmurar** *vi* to murmur, whisper; (*cotillear*) to gossip
muro *nm* wall
muscular *adj* muscular
músculo *nm* muscle
museo *nm* museum ▸ **museo de arte** art gallery
musgo *nm* moss
música *nf* music; *ver tb* **músico**
músico, -a *adj* musical ♦ *nm/f* musician
muslo *nm* thigh
mustio, -a *adj* (*persona*) depressed, gloomy; (*planta*) faded, withered
musulmán, -ana *nm/f* Moslem
mutación *nf* (*BIO*) mutation; (*cambio*) (sudden) change
mutilar *vt* to mutilate; (*a una persona*) to maim
mutismo *nm* (*de persona*) uncommunicativeness; (*de autoridades*) silence
mutuamente *adv* mutually
mutuo, -a *adj* mutual
muy *adv* very; (*demasiado*) too; **M~ Señor mío** Dear Sir; **~ de noche** very late at night; **eso es ~ de él** that's just like him

Nn

N *abr* (= *norte*) N
nabo *nm* turnip
nácar *nm* mother-of-pearl
nacer *vi* to be born; (*de huevo*) to hatch; (*vegetal*) to sprout; (*río*) to rise; **nací en Monterrey** I was born in Monterrey; **nació una sospecha en su mente** a suspicion formed in her mind ❑ **nacido, -a** *adj* born; **recién nacido** newborn ❑ **naciente** *adj* new, emerging; (*sol*) rising ❑ **nacimiento** *nm* birth; (*de Navidad*) Nativity; (*de río*) source
nación *nf* nation ❑ **nacional** *adj* national ❑ **nacionalismo** *nm* nationalism ❑ **nacionalista** *nmf* nationalist ❑ **nacionalizar** *vt* to nationalize; **nacionalizarse** *vr* (*persona*) to become naturalized
nada *pron* nothing ♦ *adv* not at all, in no way; **no decir ~** to say nothing, not to say anything; **~ más** nothing else; **de ~** don't mention it
nadador, a *nm/f* swimmer
nadar *vi* to swim
nadie *pron* nobody, no-one; **~ habló** nobody spoke; **no había ~** there was nobody there, there wasn't anybody there
nado: **a ~** *adv*: **pasar a ~** to swim across
nafta (*RPl*) *nf* gas (*US*), petrol (*BRIT*)
naipe *nm* (playing) card; **~s** *nmpl* cards
nalgas *nfpl* buttocks
nalguear (*MÉX, CAm*) *vt* to spank
naranja *adj inv, nf* orange; **media ~** (*fam*) better half ❑ **naranjada** *nf* orangeade ❑ **naranjo** *nm* orange tree
narciso *nm* narcissus
narcótico, -a *adj, nm* narcotic ❑ **narcotizar** *vt* to drug ❑ **narcotráfico** *nm* drug trafficking *o* running
nardo *nm* lily
narigudo, -a *adj* big-nosed
nariz *nf* nose
narración *nf* narration ❑ **narrador, a** *nm/f* narrator
narrar *vt* to narrate, recount ❑ **narrativa** *nf* narrative
nata (*ESP*) *nf* cream ▸ **nata montada** whipped cream
natación *nf* swimming
natal *adj*: **ciudad ~** home town ❑ **natalidad** *nf* birth rate
natillas *nfpl* custard *sg*
nativo, -a *adj, nm/f* native
nato, -a *adj* born; **un músico ~** a born musician
natural *adj* natural; (*fruta etc*) fresh ♦ *nmf* native ♦ *nm* (*disposición*) nature
naturaleza *nf* nature; (*género*) nature, kind ▸ **naturaleza muerta** still life
naturalidad *nf* naturalness
naturalmente *adv* (*de modo natural*) in a natural way; **¡~!** of course!
naufragar *vi* to sink ❑ **naufragio** *nm* shipwreck ❑ **náufrago, -a** *nm/f* castaway, shipwrecked person
nauseabundo, -a *adj* nauseating, sickening
náuseas *nfpl* nausea *sg*; **me da ~** it makes me feel sick
náutico, -a *adj* nautical
navaja *nf* knife; (*de barbero, peluquero*) razor
naval *adj* naval
Navarra *n* Navarre
nave *nf* (*barco*) ship, vessel; (*ARQ*) nave ▸ **nave espacial** spaceship
navegación *nf* navigation; (*viaje*) sea journey ▸ **navegación aérea** air traffic ▸ **navegación costera** coastal shipping ❑ **navegador** *nm* (*INFORM*) browser ❑ **navegante** *nmf* navigator ❑ **navegar** *vi* (*barco*) to sail; (*avión*) to fly
Navidad *nf* Christmas; **~es** *nfpl* Christmas time; **¡Feliz ~!** Merry Christmas! ❑ **navideño, -a** *adj* Christmas *cpd*
navío *nm* ship
nazca *etc vb ver* **nacer**
nazi *adj, nmf* Nazi
NE *abr* (= *nor(d)este*) NE
neblina *nf* mist
nebulosa *nf* nebula
necesario, -a *adj* necessary
neceser *nm* travel kit (*US*), toilet bag (*BRIT*); (*bolsa grande*) carryall (*US*), holdall (*BRIT*)
necesidad *nf* need; (*lo inevitable*) necessity; (*miseria*) poverty; **en caso de ~** in case of need *o* emergency; **hacer sus ~es** to relieve o.s.
necesitado, -a *adj* needy, poor; **~ de** in need of
necesitar *vt* to need, require
necio, -a *adj* foolish
necrópolis *nf inv* cemetery
nectarina *nf* nectarine
nefasto, -a *adj* ill-fated, unlucky
negación *nf* negation; (*rechazo*) refusal, denial
negar *vt* (*renegar, rechazar*) to refuse; (*prohibir*) to refuse, deny; (*desmentir*) to deny; **negarse** *vr*: **~se a** to refuse to
negativa *nf* negative; (*rechazo*) refusal, denial
negativo, -a *adj, nm* negative
negligencia *nf* negligence ❑ **negligente** *adj* negligent
negociado *nm* department, section
negociante *nmf* businessman(-woman)
negociar *vt, vi* to negotiate; **~ en** to deal in, trade in
negocio *nm* (*COM*) business; (*asunto*) affair, business; (*operación comercial*) deal, transaction; (*lugar*) place of business; **los ~s** business *sg*; **hacer ~** to do business
negra *nf* (*MÚS*) quarter note (*US*), crotchet (*BRIT*); *ver tb* **negro**
negro, -a *adj* black; (*suerte*) awful ♦ *nm* black ♦ *nm/f* black man (woman)
nene, -a *nm/f* baby, small child
nenúfar *nm* water lily
neologismo *nm* neologism
neón *nm*: **luces/lámpara de ~** neon lights/lamp
neoyorquino, -a *adj* (of) New York
nervio *nm* nerve ❑ **nerviosismo** *nm* nervousness, nerves *pl* ❑ **nervioso, -a** *adj* nervous
neto, -a *adj* net
neumático, -a *adj* pneumatic ♦ *nm* tire (*US*), tyre (*BRIT*) ▸ **neumático de recambio** spare tire
neurasténico, a *adj* (*fig*) hysterical
neurólogo, -a *nm/f* neurologist
neurona *nf* nerve cell
neutral *adj* neutral ❑ **neutralizar** *vt* to neutralize; (*contrarrestar*) to counteract
neutro, -a *adj* (*BIO, LING*) neuter
neutrón *nm* neutron
nevada *nf* snowstorm; (*caída de nieve*) snowfall
nevar *vi* to snow
nevera (*ESP*) *nf* refrigerator, icebox (*US*)
nevería (*MÉX*) *nf* ice-cream parlor (*US*) *o* parlour (*BRIT*)
nexo *nm* link, connection
ni *conj* nor, neither; (*tb*: **ni siquiera**) not ... even; **ni aunque que** not even if; **ni blanco ni negro** neither white nor black
Nicaragua *nf* Nicaragua ❑ **nicaragüense** *adj, nmf* Nicaraguan
nicho *nm* niche
nicotina *nf* nicotine
nido *nm* nest
niebla *nf* fog; (*neblina*) mist
niego *etc vb ver* **negar**
nieto, -a *nm/f* grandson/daughter; **~s** *nmpl* grandchildren
nieve *etc vb ver* **nevar** ♦ *nf* snow; (*MÉX*: *helado*) sorbet
NIF *nm abr* (= *Número de Identificación Fiscal*) *ID number used for financial and tax purposes*
nimiedad *nf* triviality
nimio, -a *adj* trivial, insignificant
ninfa *nf* nymph
ningún *adj ver* **ninguno**
ninguno, -a (*delante de nm*: **ningún**) *adj* no ♦ *pron* (*nadie*) nobody; (*ni uno*) none, not one; (*ni uno ni otro*) neither; **de ninguna manera** by no means, not at all
niña *nf* (*ANAT*) pupil; *ver tb* **niño**
niñera *nf* nursemaid (*US*), child's nurse (*US*), nanny (*BRIT*) ❑ **niñería** *nf* childish act
niñez *nf* childhood; (*infancia*) infancy
niño, -a *adj* (*joven*) young; (*inmaduro*) immature ♦ *nm/f* child, boy (girl)
nipón, -ona *adj, nm/f* Japanese
níquel *nm* nickel ❑ **niquelar** *vt* (*TEC*) to nickel-plate
níspero *nm* medlar
nitidez *nf* (*claridad*) clarity; (: *de imagen*) sharpness ❑ **nítido, -a** *adj* clear; sharp
nitrato *nm* nitrate
nitrógeno *nm* nitrogen
nivel *nm* (*GEO*) level; (*norma*) level, standard; (*altura*) height ▸ **nivel de aceite** oil level ▸ **nivel de aire** spirit level ▸ **nivel de vida** standard of living ❑ **nivelar** *vt* to level out; (*fig*) to even up; (*COM*) to balance
NN.UU. *nfpl abr* (= *Naciones Unidas*) UN *sg*
no *adv* no; not; (*con verbo*) not ♦ *excl* no!; **no tengo nada** I don't have anything, I have nothing; **no es el mío** it's not mine; **ahora no** not now; **¿no lo sabes?** don't you know?; **no mucho** not much; **no bien termine, lo entregaré** as soon as I finish, I'll hand it over; **no más, ayer no más** just yesterday; **¡pase no más!** come in!; **¡a que no lo sabes!** I bet you don't know!; **¡cómo no!** of course!; **los países no alineados** the non-aligned countries; **la no intervención** non-intervention
noble *adj, nmf* noble ❑ **nobleza** *nf* nobility
noche *nf* night, night-time; (*la tarde*) evening; **de ~, por la ~** at night; **es de ~** it's dark
Nochebuena *nf* Christmas Eve
Nochevieja (*ESP*) *nf* New Year's Eve
noción *nf* notion
nocivo, -a *adj* harmful
noctámbulo, -a *nm/f* sleepwalker
nocturno, -a *adj* (*de la noche*) nocturnal, night *cpd*; (*de la tarde*) evening *cpd* ♦ *nm* nocturne
nodriza *nf* wet nurse; **buque** *o* **nave ~** supply ship
nogal *nm* walnut tree
nómada *adj* nomadic ♦ *nmf* nomad
nombramiento *nm* naming; (*a un empleo*) appointment
nombrar *vt* (*designar*) to name; (*mencionar*) to mention; (*dar puesto a*) to appoint
nombre *nm* name; (*sustantivo*) noun; **~ y apellidos** name in full; **poner ~ a** to call, name ▸ **nombre común/propio** common/proper noun ▸ **nombre de pila/soltera** Christian/maiden name
nómina *nf* (*lista*) payroll; (*hoja*) wage statement (*US*), pay slip (*BRIT*)
nominal *adj* nominal
nominar *vt* to nominate
nominativo, -a *adj* (*COM*): **cheque ~ a X** check (*US*) *o* cheque (*BRIT*) made out to X
nono, -a *adj* ninth
nordeste *adj* north-east, north-eastern, north-easterly ♦ *nm* north-east
nórdico, -a *adj* Nordic
noreste *adj, nm* = **nordeste**
noria *nf* (*AGR*) waterwheel; (*ESP*: *de carnaval*) Ferris (*US*) *o* big (*BRIT*) wheel
norma *nf* rule (of thumb)
normal *adj* (*corriente*) normal; (*habitual*) usual, natural ❑ **normalidad** *nf* normality, normalcy (*US*); **restablecer la normalidad** to restore order ❑ **normalizar** *vt* (*reglamentar*) to normalize; (*TEC*) to standardize ❑ **normalizarse** *vr* to return to normal ❑ **normalmente** *adv* normally
normando, -a *adj, nm/f* Norman
normativa *nf* (set of) rules *pl*, regulations *pl*
noroeste *adj* north-west, north-western, north-westerly ♦ *nm* north-west
norte *adj* north, northern, northerly ♦ *nm* north; (*fig*) guide
norteamericano, -a *adj, nm/f* (North) American
Noruega *nf* Norway
noruego, -a *adj, nm/f* Norwegian
nos *pron* (*directo*) us; (*indirecto*) us; to us; for us; from us; (*reflexivo*) (to) ourselves; (*recíproco*) (to) each other; **~ levantamos a las 7** we get up at 7
nosotros, -as *pron* (*suj*) we; (*después de prep*) us
nostalgia *nf* nostalgia
nota *nf* note; (*ESCOL*) grade (*US*), mark (*BRIT*)
notable *adj* notable; (*ESCOL*) outstanding
notar *vt* to notice, note; **notarse** *vr* to be obvious; **se nota que ...** one observes that ...
notarial *adj*: **acta ~** affidavit
notario *nm* notary
noticia *nf* (*información*) piece of news; **las ~s** the news *sg*; **tener ~s de algn** to hear from sb

⚠ No confundir **noticia** con la palabra inglesa ***notice***.

noticiero (*LAm*) *nm* news bulletin

notificación *nf* notification ❑ **notificar** *vt* to notify, inform
notoriedad *nf* fame, renown ❑ **notorio, -a** *adj* (*público*) well-known; (*evidente*) obvious
novato, -a *adj* inexperienced ♦ *nm/f* beginner, novice
novecientos, -as *num* nine hundred
novedad *nf* (*calidad de nuevo*) newness; (*noticia*) piece of news; (*cambio*) change, (new) development
novel *adj* new; (*inexperto*) inexperienced ♦ *nmf* beginner
novela *nf* novel
noveno, -a *adj* ninth
noventa *num* ninety
novia *nf ver* **novio**
noviazgo *nm* engagement
novicio, -a *nm/f* novice
noviembre *nm* November
novillada *nf* (TAUR) *bullfight with young bulls* ❑ **novillero** *nm* novice bullfighter ❑ **novillo** *nm* young bull, bullock; **hacer novillos** (*fam*) to play truant
novio, -a *nm/f* boyfriend (girlfriend); (*prometido*) fiancé (fiancée); (*recién casado*) bridegroom (bride); **los ~s** the newly-weds
nubarrón *nm* storm cloud
nube *nf* cloud
nublado, -a *adj* cloudy; **nublarse** *vr* to grow dark
nubosidad *nf* cloudiness; **había mucha ~** it was very cloudy
nuca *nf* nape of the neck
nuclear *adj* nuclear
núcleo *nm* (*centro*) core; (FÍSICA) nucleus
nudillo *nm* knuckle
nudista *adj* nudist
nudo *nm* knot ❑ **nudoso, -a** *adj* knotty
nuera *nf* daughter-in-law
nuestro, -a *adj pos* our ♦ *pron* ours; **~ padre** our father; **un amigo ~** a friend of ours; **es el ~** it's ours
nueva *nf* piece of news
nuevamente *adv* (*otra vez*) again; (*de nuevo*) anew
Nueva York *n* New York
Nueva Zelanda *nf* New Zealand
nueve *num* nine
nuevo, -a *adj* (*gen*) new; **de ~** again
nuez *nf* walnut; (ANAT) Adam's apple ▸ **nuez de la India** (MÉX) cashew (nut) ▸ **nuez moscada** nutmeg
nulidad *nf* (*incapacidad*) incompetence; (*abolición*) nullity
nulo, -a *adj* (*inepto, torpe*) useless; (*inválido*) (null and) void; (DEPORTE) drawn, tied
núm. *abr* (= *número*) no.
numeración *nf* (*cifras*) numbers *pl*; (*arábiga, romana etc*) numerals *pl*
numeral *nm* numeral
numerar *vt* to number
número *nm* (*gen*) number; (*tamaño: de zapato*) size; (*ejemplar: de diario*) number, issue; **sin ~** numberless, unnumbered ▸ **número atrasado** back number ▸ **número de matrícula/teléfono** registration/telephone number
numeroso, -a *adj* numerous
nunca *adv* (*jamás*) never; **~ lo pensé** I never thought it; **no viene ~** he never comes; **~ más** never again; **más que ~** more than ever
nupcias *nfpl* wedding *sg*, nuptials
nutria *nf* otter
nutrición *nf* nutrition
nutrido, -a *adj* (*alimentado*) nourished; (*fig: grande*) large; (*abundante*) abundant
nutrir *vt* (*alimentar*) to nourish; (*dar de comer*) to feed; (*fig*) to strengthen ❑ **nutritivo, -a** *adj* nourishing, nutritious
nylon *nm* nylon

Ññ

ñango, -a (MÉX) *adj* puny
ñapa (*LAm*) *nf* extra
ñata (*LAm: fam*) *nf* nose; *ver tb* **ñato**
ñato, -a (*LAm*) *adj* snub-nosed
ñoñería *nf* insipidness
ñoño, -a *adj* (*fam: tonto*) silly, stupid; (*soso*) insipid; (*persona*) spineless; (*ESP: película, novela*) sentimental

Oo

O *abr* (= *oeste*) W
o *conj* or
o/ *abr* (= *orden*) o

oasis *nm inv* oasis
obcecarse *vr* to get *o* become stubborn
obedecer *vt* to obey ❑ **obediencia** *nf* obedience ❑ **obediente** *adj* obedient
obertura *nf* overture
obesidad *nf* obesity ❑ **obeso, -a** *adj* obese
obispo *nm* bishop
obituario (*LAm*) *nm* obituary
objeción *nf* objection; **poner objeciones** to raise objections
objetar *vt, vi* to object
objetivo, -a *adj, nm* objective
objeto *nm* (*cosa*) object; (*fin*) aim
objetor, a *nm/f* objector
oblicuo, -a *adj* oblique; (*mirada*) sidelong
obligación *nf* obligation; (COM) bond
obligar *vt* to force; **obligarse** *vr* to bind o.s. ❑ **obligatorio, -a** *adj* compulsory, obligatory
oboe *nm* oboe
obra *nf* work; (ARQ) construction, building; (TEATRO) play; **por ~ de** thanks to (the efforts of) ▸ **obra maestra** masterpiece ▸ **obras públicas** public works ❑ **obrar** *vt* to work; (*tener efecto*) to have an effect on ♦ *vi* to act, behave; (*tener efecto*) to have an effect; **la carta obra en su poder** the letter is in his/her possession
obrero, -a *adj* (*clase*) working; (*movimiento*) labor *cpd* (US), labour *cpd* (BRIT) ♦ *nm/f* (*gen*) worker; (*sin oficio*) laborer (US), labourer (BRIT)
obscenidad *nf* obscenity ❑ **obsceno, -a** *adj* obscene
obsequiar *vt* (*ofrecer*) to present with; (*agasajar*) to make a fuss of, lavish attention on ❑ **obsequio** *nm* (*regalo*) gift; (*cortesía*) courtesy, attention
observación *nf* observation; (*reflexión*) remark
observador, a *nm/f* observer
observar *vt* to observe; (*anotar*) to notice; **observarse** *vr* to keep to, observe
obsesión *nf* obsession ❑ **obsesivo, -a** *adj* obsessive
obsoleto, -a *adj* obsolete
obstáculo *nm* obstacle; (*impedimento*) hindrance, drawback
obstante: **no ~** *adv* nevertheless
obstinado, -a *adj* obstinate, stubborn
obstinarse *vr* to be obstinate; **~ en** to persist in
obstrucción *nf* obstruction ❑ **obstruir** *vt* to obstruct
obtener *vt* (*gen*) to obtain; (*premio*) to win
obturador *nm* (FOTO) shutter
obvio, -a *adj* obvious
oca *nf* (*animal*) goose; (*juego*) ≈ snakes and ladders
ocasión *nf* (*oportunidad*) opportunity, chance; (*momento*) occasion, time; (*causa*) cause; **de ~** secondhand ❑ **ocasionar** *vt* to cause
ocaso *nm* (*fig*) decline
occidente *nm* west
OCDE *nf abr* (= *Organización de Cooperación y Desarrollo Económico*) OECD
océano *nm* ocean; **el ~ Índico** the Indian Ocean
ochenta *num* eighty
ocho *num* eight; **~ días** a week
ocio *nm* (*tiempo*) leisure; (*pey*) idleness ❑ **ocioso, -a** *adj* (*inactivo*) idle; (*inútil*) useless
octavilla *nf* leaflet, pamphlet
octavo, -a *adj* eighth
octubre *nm* October
ocular *adj* ocular, eye *cpd*; **testigo ~** eyewitness
oculista *nmf* oculist
ocultar *vt* (*esconder*) to hide; (*callar*) to conceal ❑ **oculto, -a** *adj* hidden; (*fig*) secret
ocupación *nf* occupation
ocupado, -a *adj* (*persona*) busy; (*plaza*) occupied, taken; (*teléfono*) busy, engaged (BRIT) ❑ **ocupar** *vt* (*gen*) to occupy; **ocuparse** *vr*: **ocuparse de** *o* **en** (*gen*) to concern o.s. with; (*cuidar*) to look after
ocurrencia *nf* (*idea*) bright idea
ocurrir *vi* to happen; **ocurrirse** *vr*: **se me ocurrió que ...** it occurred to me that ...
odiar *vt* to hate ❑ **odio** *nm* hate, hatred ❑ **odioso, -a** *adj* (*gen*) hateful; (*malo*) nasty
odontólogo, -a *nm/f* dentist, dental surgeon
OEA *nf abr* (= *Organización de Estados Americanos*) OAS
oeste *nm* west; **una película del ~** a western
ofender *vt* (*agraviar*) to offend; (*insultar*) to insult; **ofenderse** *vr* to take offense (US) *o* offence (BRIT) ❑ **ofensa** *nf* offense (US), offence (BRIT) ❑ **ofensiva** *nf* offensive ❑ **ofensivo, -a** *adj* offensive
oferta *nf* offer; (*propuesta*) proposal; **la ~ y la demanda** supply and demand; **artículos en ~** goods on offer
oficial *adj* official ♦ *nm* (MIL) officer
oficina *nf* office ▸ **oficina de correos** post office ▸ **oficina de turismo** tourist office ❑ **oficinista** *nmf* clerk
oficio *nm* (*profesión*) profession; (*puesto*) post; (REL) service; **ser del ~** to be an old hand; **tener mucho ~** to have a lot of experience ▸ **oficio de difuntos** funeral service
oficioso, -a *adj* (*pey*) officious; (*no oficial*) unofficial, informal
ofimática *nf* office automation
ofrecer *vt* (*dar*) to offer; (*proponer*) to propose; **ofrecerse** *vr* (*persona*) to offer o.s., volunteer; (*situación*) to present itself; **¿qué se le ofrece?, ¿se le ofrece algo?** what can I do for you?, can I get you anything?
ofrecimiento *nm* offer
oftalmólogo, -a *nm/f* ophthalmologist
ofuscar *vt* (*por pasión*) to blind; (*por luz*) to dazzle
oída *nf*: **de ~s** by hearsay
oído *nm* (ANAT) ear; (*sentido*) hearing
oigo *etc vb ver* **oír**
oír *vt* (*gen*) to hear; (*atender a*) to listen to; **¡oiga!** listen!; **~ misa** to attend mass
OIT *nf abr* (= *Organización Internacional del Trabajo*) ILO
ojal *nm* buttonhole
ojalá *excl* if only (it were so)!, some hope! ♦ *conj* if only ...!, would that ...!; **~ (que) venga hoy** I hope he comes today
ojeada *nf* glance
ojera *nf*: **tener ~s** to have bags under one's eyes
ojeriza *nf* ill-will
ojeroso, -a *adj* haggard
ojo *nm* eye; (*de puente*) span; (*de cerradura*) keyhole ♦ *excl* careful!; **tener ~ para** to have an eye for ▸ **ojo de buey** porthole
okey (*LAm*) *excl* O.K.
ola *nf* wave
olé *excl* bravo!, olé!
oleada *nf* big wave, swell; (*fig*) wave
oleaje *nm* swell
óleo *nm* oil ❑ **oleoducto** *nm* (oil) pipeline
oler *vt* (*gen*) to smell; (*inquirir*) to pry into; (*fig: sospechar*) to sniff out ♦ *vi* to smell; **~ a** to smell of
olfatear *vt* to smell; (*inquirir*) to pry into ❑ **olfato** *nm* sense of smell
oligarquía *nf* oligarchy
olimpiada *nf*: **las O~s** the Olympics ❑ **olímpico, -a** *adj* Olympic
oliva *nf* (*aceituna*) olive; **aceite de ~** olive oil ❑ **olivo** *nm* olive tree
olla *nf* pan; (*comida*) stew ▸ **olla de presión** (*LAm*) pressure cooker ▸ **olla podrida** *type of Spanish stew*
olmo *nm* elm (tree)
olor *nm* smell ❑ **oloroso, -a** *adj* scented
olvidar *vt* to forget; (*omitir*) to omit; **olvidarse** *vr* (*fig*) to forget o.s.; **se me olvidó** I forgot
olvido *nm* oblivion; (*despiste*) forgetfulness
ombligo *nm* navel
omelette (*LAm*) *nf* omelet(te)
omisión *nf* (*abstención*) omission; (*descuido*) neglect
omiso, -a *adj*: **hacer caso ~ de** to ignore, pass over
omitir *vt* to omit
omnipotente *adj* omnipotent
omóplato *nm* shoulder blade
OMS *nf abr* (= *Organización Mundial de la Salud*) WHO
once *num* eleven ❑ **onces** (CS) *nfpl* tea break *sg*
onda *nf* wave ▸ **onda corta/larga/media** short/long/medium wave ❑ **ondear** *vt, vi* to wave; (*tener ondas*) to be wavy; (*agua*) to ripple; **ondearse** *vr* to swing, sway
ondulación *nf* undulation ❑ **ondulado, -a** *adj* wavy
ondular *vt* (*el pelo*) to wave ♦ *vi* to undulate; **ondularse** *vr* to undulate
ONG *nf abr* (= *organización no gubernamental*) NGO
ONU *nf abr* (= *Organización de las Naciones Unidas*) UNO
opaco, -a *adj* opaque
opción *nf* (*gen*) option; (*derecho*) right, option
OPEP *nf abr* (= *Organización de Países Exportadores de Petróleo*) OPEC
ópera *nf* opera ▸ **ópera bufa** *o* **cómica** comic opera
operación *nf* (*gen*) operation; (COM) transaction, deal
operador, a *nm/f* operator; (CINE: *de proyección*) projectionist; (: *de rodaje*) cameraman
operar *vt* (*producir*) to produce, bring about; (MED) to operate on ♦ *vi* (COM) to operate, deal; **operarse** *vr* to occur; (MED) to have an operation
opereta *nf* operetta
opinar *vt* to think ♦ *vi* to give one's opinion ❑ **opinión** *nf* (*creencia*) belief; (*criterio*) opinion
opio *nm* opium
oponente *nmf* opponent
oponer *vt* (*resistencia*) to put up, offer; **oponerse** *vr* (*objetar*) to object; (*estar frente a frente*) to be opposed; (*dos personas*) to oppose each other; **~ A a B** to set A against B; **me opongo a pensar que ...** I refuse to believe *o* think that ...
oportunidad *nf* (*ocasión*) opportunity; (*posibilidad*) chance
oportuno, -a *adj* (*en su tiempo*) opportune, timely; (*respuesta*) suitable; **en el momento ~** at the right moment
oposición *nf* opposition; **oposiciones** *nfpl* (ESCOL) public examinations
opositor, a *nm/f* (*adversario*) opponent; (*candidato*): **~ (a)** candidate (for)
opresión *nf* oppression ❑ **opresivo, -a** *adj* oppressive ❑ **opresor, a** *nm/f* oppressor
oprimir *vt* to squeeze; (*fig*) to oppress
optar *vi* (*elegir*) to choose; **~ por** to opt for ❑ **optativo, -a** *adj* optional
óptica *nf* optician's; **desde esta ~** from this point of view
óptico, -a *adj* optic(al) ♦ *nm/f* optician
optimismo *nm* optimism ❑ **optimista** *nmf* optimist
óptimo, -a *adj* (*el mejor*) very best
opuesto, -a *adj* (*contrario*) opposite; (*antagónico*) opposing
opulencia *nf* opulence ❑ **opulento, -a** *adj* opulent
oración *nf* (REL) prayer; (LING) sentence
orador, a *nm/f* (*conferenciante*) speaker, orator
oral *adj* oral
orangután *nm* orangutan
orar *vi* to pray
oratoria *nf* oratory
órbita *nf* orbit
orden *nm* (*gen*) order ♦ *nf* (*gen*) order; (INFORM) command; **de primer ~** first-rate; **en ~ de prioridad** in order of priority ▸ **orden del día** agenda
ordenado, -a *adj* (*metódico*) methodical; (*arreglado*) orderly
ordenador (ESP) *nm* computer ▸ **ordenador central** mainframe (computer)
ordenanza *nf* ordinance
ordenar *vt* (*mandar*) to order; (*poner orden*) to put in order, arrange; **ordenarse** *vr* (REL) to be ordained
ordeñar *vt* to milk
ordinario, -a *adj* (*común*) ordinary, usual; (*vulgar*) vulgar, common
orégano *nm* oregano
oreja *nf* ear; (MECÁNICA) lug, flange
orfanato *nm* orphanage
orfandad *nf* orphanhood
orfebrería *nf* gold/silver work
orgánico, -a *adj* organic
organigrama *nm* flow chart
organismo *nm* (BIO) organism; (POL) organization
organización *nf* organization ❑ **organizar** *vt* to organize
órgano *nm* organ
orgasmo *nm* orgasm
orgía *nf* orgy
orgullo *nm* pride ❑ **orgulloso, -a** *adj* (*gen*) proud; (*altanero*) haughty
orientación *nf* (*posición*) position; (*dirección*) direction
oriental *adj* eastern; (*del Lejano Oriente*) oriental
orientar *vt* (*situar*) to orientate; (*señalar*) to point; (*dirigir*) to direct; (*guiar*) to guide; **orientarse** *vr* to get one's bearings
oriente *nm* east; **el O~ Medio** the Middle East; **el Próximo/Extremo O~** the Near/Far East
origen *nm* origin
original *adj* (*nuevo*) original; (*extraño*) odd, strange ❑ **originalidad** *nf* originality
originar *vt* to start, cause; **originarse** *vr* to originate ❑ **originario, -a** *adj* original; **originario de** native of
orilla *nf* (*borde*) border; (*de río*) bank; (*de bosque, tela*) edge; (*de mar*) shore
orina *nf* urine ❑ **orinal** *nm* (chamber) pot ❑ **orinar** *vi* to urinate; **orinarse** *vr* to wet o.s. ❑ **orines** *nmpl* urine *sg*
oriundo, -a *adj*: **~ de** native of
ornitología *nf* ornithology, bird-watching
oro *nm* gold; **~s** *nmpl* (NAIPES) hearts
oropel (*LAm*) *nm* tinsel
orquesta *nf* orchestra; **~ sinfónica/de cámara** symphony/chamber orchestra
orquídea *nf* orchid
ortiga *nf* nettle
ortodoxo, -a *adj* orthodox
ortografía *nf* spelling

ortopedia *nf* orthopedics *sg* (*US*), orthopaedics *sg* (*BRIT*) ❑ **ortopédico, -a** *adj* orthopedic (*US*), orthopaedic (*BRIT*)
oruga *nf* caterpillar
orzuelo *nm* stye
os (*ESP*) *pron* (*gen*) you; (*a vosotros*) to you
osa *nf* (she-)bear ▸ **Osa Mayor/Menor** Great/Little Bear
osadía *nf* daring
osar *vi* to dare
oscilación *nf* (*movimiento*) oscillation; (*fluctuación*) fluctuation
oscilar *vi* to oscillate; (*cambiar*) to fluctuate between
oscurecer *vt* to darken ♦ *vi* to grow dark; **oscurecerse** *vr* to grow *o* get dark
oscuridad *nf* obscurity; (*tinieblas*) darkness
oscuro, -a *adj* dark; (*fig*) obscure; **a oscuras** in the dark
óseo, -a *adj* bone *cpd*
oso *nm* bear ▸ **oso de peluche** teddy bear ▸ **oso hormiguero** anteater
ostentación *nf* (*gen*) ostentation; (*acto*) display
ostentar *vt* (*gen*) to show; (*pey*) to flaunt, show off; (*poseer*) to have, possess
ostión (*MÉX*) *nm* oyster
ostra (*LAm exc MÉX, ESP*) *nf* oyster
OTAN *nf abr* (= *Organización del Tratado del Atlántico Norte*) NATO
otear *vt* to observe; (*fig*) to look into
otitis *nf* earache
otoñal *adj* autumnal
otoño *nm* fall (*US*), autumn (*BRIT*)
otorgar *vt* (*conceder*) to concede; (*dar*) to grant
otorrino, -a, **otorrinolaringólogo, a** *nm/f* ear, nose and throat specialist

otro, -a

PALABRA CLAVE

adj

1 (*distinto: sg*) another; (*: pl*) other; **con otros amigos** with other *o* different friends

2 (*adicional*): **tráigame otro café (más), por favor** can I have another coffee, please; **otros 10 días más** another ten days

♦ *pron*

1: **el otro** the other one; **(los) otros** (the) others; **de otro** somebody else's; **que lo haga otro** let somebody else do it

2 (*recíproco*): **se odian (la) una a (la) otra** they hate one another *o* each other

3: **otro tanto**: **comer otro tanto** to eat the same *o* as much again; **recibió una decena de telegramas y otras tantas llamadas** he got about ten telegrams and as many calls

ovación *nf* ovation
oval *adj* oval ❑ **ovalado, -a** *adj* oval ❑ **óvalo** *nm* oval
ovario *nm* ovary
oveja *nf* sheep
overol (*LAm*) *nm* coveralls *pl* (*US*), overalls *pl* (*BRIT*); (*con peto*) dungarees *pl*, overalls *pl* (*US*)
ovillo *nm* (*de lana*) ball of wool; **hacerse un ~** to curl up
OVNI *nm abr* (= *objeto volante no identificado*) UFO
ovulación *nf* ovulation ❑ **óvulo** *nm* ovum
oxidación *nf* rusting
oxidar *vt* to rust; **oxidarse** *vr* to go rusty
óxido *nm* oxide
oxigenado, -a *adj* (*QUÍM*) oxygenated; (*pelo*) bleached
oxígeno *nm* oxygen
oyente *nmf* (*RADIO*) listener
oyes *etc vb ver* **oír**
ozono *nm* ozone

Pp

P *abr* (= *padre*) Fr.
pabellón *nm* bell tent; (*ARQ*) pavilion; (*de hospital etc*) block, section; (*bandera*) flag
pacer *vi* to graze
paciencia *nf* patience
paciente *adj, nmf* patient
pacificación *nf* pacification
pacificar *vt* to pacify; (*tranquilizar*) to calm
pacífico, -a *adj* (*persona*) peaceable; (*existencia*) peaceful; **el (océano) P~** the Pacific (Ocean)
pacifismo *nm* pacifism ❑ **pacifista** *nmf* pacifist
pacotilla *nf*: **de ~** (*actor, escritor*) third-rate; (*mueble etc*) cheap
pactar *vt* to agree to *o* on ♦ *vi* to come to an agreement
pacto *nm* (*tratado*) pact; (*acuerdo*) agreement
padecer *vt* (*sufrir*) to suffer; (*soportar*) to endure, put up with ❑ **padecimiento** *nm* suffering
padrastro *nm* stepfather
padre *nm* father ♦ *adj* (*fam*): **un éxito ~** a tremendous success; **~s** *nmpl* parents
padrino *nm* (*REL*) godfather; (*tb*: **~ de boda**) best man; (*fig*) sponsor, patron; **~s** *nmpl* godparents
padrón *nm* (*censo*) census, roll
padrote (*MÉX: fam*) *nm* pimp
paella *nf* paella, *dish of rice with meat, shellfish etc*
paga *nf* (*pago*) payment; (*sueldo*) pay, wages *pl*
pagano, -a *adj, nm/f* pagan, heathen
pagar *vt* to pay; (*las compras, crimen*) to pay for; (*fig: favor*) to repay ♦ *vi* to pay; **~ al contado/a plazos** to pay (in) cash/in installments
pagaré *nm* I.O.U.
página *nf* page ▸ **página de inicio** (*INFORM*) home page
pago *nm* (*dinero*) payment; **~ anticipado/a cuenta/contra reembolso/en especie** advance payment/payment on account/cash on delivery/payment in kind; **en ~ de** in return for
pág(s). *abr* (= *página(s)*) p(p).
pague *etc vb ver* **pagar**
país *nm* (*gen*) country; (*región*) land; **los P~es Bajos** the Low Countries; **el P~ Vasco** the Basque Country
paisaje *nm* landscape, scenery
paisano, -a *adj* of the same country ♦ *nm/f* (*compatriota*) fellow countryman(-woman); **vestir de ~** (*soldado*) to be in civvies; (*guardia*) to be in plain clothes
paja *nf* straw; (*fig*) trash (*US*), rubbish (*BRIT*)
pajarita *nf* (*corbata*) bow tie
pájaro *nm* bird ▸ **pájaro carpintero** woodpecker
pajita *nf* (drinking) straw
pala *nf* spade, shovel; (*raqueta etc*) bat; (*: de tenis*) racquet; (*CULIN*) slice ▸ **pala mecánica** power shovel
palabra *nf* word; (*facultad*) (power of) speech; (*derecho de hablar*) right to speak; **tomar la ~** (*en mitin*) to take the floor
palabrota *nf* swearword
palacio *nm* palace; (*mansión*) mansion, large house ▸ **palacio de justicia** courthouse ▸ **palacio municipal** town *o* city hall
paladar *nm* palate ❑ **paladear** *vt* to taste
palanca *nf* lever; (*fig*) pull, influence
palangana *nf* washbowl (*US*), washbasin (*BRIT*)
palco *nm* box
Palestina *nf* Palestine ❑ **palestino, -a** *nm/f* Palestinian
paleta *nf* (*de pintor*) palette; (*de albañil*) trowel; (*de ping-pong*) bat; (*MÉX, CAm: helado*) Popsicle® (*US*), ice lolly (*BRIT*)
paleto, -a (*fam, pey*) *nm/f* yokel, hick (*US*)
paliar *vt* (*mitigar*) to mitigate, alleviate ❑ **paliativo** *nm* palliative
palidecer *vi* to turn pale ❑ **palidez** *nf* paleness ❑ **pálido, -a** *adj* pale
palillo *nm* (*mondadientes*) toothpick; (*para comer*) chopstick
palito (*RPl*) *nm* (*helado*) Popsicle® (*US*), ice lolly (*BRIT*)
paliza *nf* beating, thrashing
palma *nf* (*ANAT*) palm; (*árbol*) palm tree; **batir** *o* **dar ~s** to clap, applaud ❑ **palmada** *nf* slap; **palmadas** *nfpl* clapping *sg*, applause *sg*
palmar (*MÉX, ESP: fam*) *vi* (*tb*: **~la**) to die, kick the bucket
palmear *vi* to clap
palmera *nf* (*BOT*) palm tree
palmo *nm* (*medida*) span; (*fig*) small amount; **~ a ~** inch by inch
palo *nm* stick; (*poste*) post; (*mango*) handle, shaft; (*golpe*) blow, hit; (*de golf*) club; (*de béisbol*) bat; (*LAm: de carpa*) tent pole; (*NÁUT*) mast; (*NAIPES*) suit
paloma *nf* dove, pigeon
palomita (*MÉX*) *nf* tick, check mark (*US*)
palomitas *nfpl* popcorn *sg*
palpar *vt* to touch, feel
palpitación *nf* palpitation
palpitante *adj* palpitating; (*fig*) burning
palpitar *vi* to palpitate; (*latir*) to beat
palta (*CS*) *nf* avocado
paludismo *nm* malaria
pamela *nf* picture hat, sun hat
pampa *nf* pampas, prairie
pan *nm* bread; (*una barra*) loaf ▸ **pan integral** wholewheat (*US*) *o* wholemeal (*BRIT*) bread ▸ **pan rallado** breadcrumbs *pl* ▸ **pan tostado** (*MÉX: tostada*) toast
pana *nf* corduroy
panadería *nf* baker's ❑ **panadero, -a** *nm/f* baker
Panamá *nm* Panama ❑ **panameño, -a** *adj* Panamanian
Panamericana *nf*: **la ~** the Pan-American highway

PANAMERICANA

The Pan-American highway is a system of highways stretching almost without interruption from Alaska to Patagonia.

pancarta *nf* placard, banner
panceta (*RPl, ESP*) *nf* bacon
pancho (*RPl*) *nm* hot dog
pancito (*LAm exc MÉX*) *nm* (bread) roll
panda *nm* (*ZOOL*) panda
pandereta *nf* tambourine
pandilla *nf* set, group; (*de criminales*) gang; (*pey: camarilla*) clique
panel *nm* panel ▸ **panel solar** solar panel
panfleto *nm* pamphlet
pánico *nm* panic
panorama *nm* panorama; (*vista*) view
panqué (*MÉX*) *nm* pancake
panqueque (*LAm*) *nm* pancake
pantalla *nf* (*de cine*) screen; (*de lámpara*) lampshade
pantalón *nm* pants (*US*), trousers (*BRIT*); **pantalones** *nmpl* pants (*US*), trousers (*BRIT*) ▸ **pantalones de mezclilla** (*MÉX*) jeans, denims
pantano *nm* (*ciénaga*) marsh, swamp; (*depósito: de agua*) reservoir; (*fig*) jam, difficulty
panteón *nm* (*monumento*) pantheon ▸ **panteón familiar** family vault
pantera *nf* panther
pantimedias (*MÉX*) *nfpl* pantyhose (*US*), tights (*BRIT*)
pantis *nmpl* pantyhose (*US*), tights (*BRIT*)
pantomima *nf* mime
pantorrilla *nf* calf (of the leg)
pants (*MÉX*) *nmpl* sweat suit (*US*), tracksuit (*BRIT*)
pantufla *nf* slipper
panty(s) *nm(pl)* pantyhose (*US*), tights (*BRIT*)
panza *nf* belly, paunch; (*MÉX CULIN*) tripe
pañal *nm* diaper (*US*), nappy (*BRIT*); **~es** *nmpl* (*fig*) early stages, infancy *sg*
paño *nm* (*tela*) cloth; (*pedazo de tela*) (piece of) cloth; (*trapo*) dustcloth, rag ▸ **paño higiénico** sanitary towel ▸ **paños menores** underclothes
pañuelo *nm* handkerchief, hanky; (*fam: para la cabeza*) (head)scarf
papa *nm*: **el P~** the Pope ♦ *nf* (*LAm: patata*) potato ▸ **papas fritas** French fries, chips (*BRIT*); (*de bolsa*) potato chips (*US*), crisps (*BRIT*)
papá (*pl* **~s** (*fam*)) *nm* pop, dad(dy), pop (*US*)
papada *nf* double chin
papagayo *nm* parrot
papalote (*MÉX, CAm*) *nm* kite
papanatas (*fam*) *nm inv* simpleton
Papanicolau (*LAm*) *nm* pap smear (*US*), smear test (*BRIT*)
paparrucha *nf* piece of nonsense
papaya *nf* papaya
papear (*fam*) *vt, vi* to scoff
papel *nm* paper; (*hoja de papel*) sheet of paper; (*TEATRO: fig*) role ▸ **papel de aluminio** aluminum (*US*) *o* aluminium (*BRIT*) foil ▸ **papel de arroz/envolver/fumar** rice/wrapping/cigarette paper ▸ **papel de estaño** *o* **plata** tinfoil ▸ **papel de lija** sandpaper ▸ **papel higiénico** toilet paper ▸ **papel moneda** paper money ▸ **papel secante** blotting paper
papeleo *nm* red tape
papelera *nf* wastepaper basket; (*en la calle*) trash can (*US*), litter bin (*BRIT*) ▸ **papelera (de reciclaje)** (*INFORM*) wastebasket
papelería *nf* stationery store (*US*), stationer's (shop) (*BRIT*)
paperas *nfpl* mumps *sg*
papilla *nf* (*de bebé*) baby food
paquete *nm* (*CORREOS etc*) package, parcel; (*de cigarrillos etc*) pack (*US*), packet (*BRIT*); **darse ~** (*MÉX: fam*) to give o.s. airs ▸ **paquete turístico** package tour
par *adj* (*igual*) like, equal; (*MAT*) even ♦ *nm* equal; (*de guantes*) pair; (*de veces*) couple; (*POL*) peer; (*GOLF, COM*) par; **abrir de ~ en ~** to open wide
para *prep* for; **no es ~ comer** it's not for eating; **decir ~ sí** to say to o.s.; **¿~ qué lo quieres?** what do you want it for?; **se casaron ~ separarse otra vez** they married only to separate again; **lo tendré ~ mañana** I'll have it (for) tomorrow; **ir ~ casa** to go home, head for home; **~ profesor es muy estúpido** he's very stupid for a teacher; **¿quién es usted ~ gritar así?** who are you to shout like that?; **tengo bastante ~ vivir** I have enough to live on; *ver tb* **con**
parabién *nm* congratulations *pl*
parábola *nf* parable; (*MAT*) parabola ❑ **parabólica** *nf* (*tb*: **antena parabólica**) satellite dish
parabrisas *nm inv* windshield (*US*), windscreen (*BRIT*)
paracaídas *nm inv* parachute ❑ **paracaidista** *nmf* parachutist; (*MIL*) paratrooper; (*MÉX: ocupante*) squatter
parachoques (*LAm exc MÉX*) *nm inv* (*AUTO*) bumper, fender (*US*); (*MECÁNICA etc*) shock absorber
parada *nf* stop; (*acto*) stopping; (*de industria*) shutdown, stoppage; (*lugar*) stopping place ▸ **parada de autobús** bus stop
paradero *nm* stopping-place; (*situación*) whereabouts
parado, -a *adj* (*persona*) motionless, standing still; (*fábrica*) closed, at a standstill; (*vehículo*) stopped; (*LAm: de pie*) standing (up)
paradoja *nf* paradox
parador *nm* (state-run) tourist hotel
paráfrasis *nf inv* paraphrase
paragolpes (*RPl*) *nm inv* (*AUTO*) bumper, fender (*US*)
paraguas *nm inv* umbrella
Paraguay *nm*: **el ~** Paraguay ❑ **paraguayo, -a** *adj, nm/f* Paraguayan
paraíso *nm* paradise, heaven
paraje *nm* place, spot
paralelo, -a *adj* parallel
parálisis *nf inv* paralysis ❑ **paralítico, -a** *adj, nm/f* paralytic
paralizar *vt* to paralyze (*US*), paralyse (*BRIT*); **paralizarse** *vr* to become paralyzed; (*fig*) to come to a standstill
paramilitar *adj* paramilitary
páramo *nm* bleak plateau
parangón *nm*: **sin ~** incomparable
paranoico, -a *nm/f* paranoiac
parapente *nm* (*deporte*) paragliding; (*aparato*) paraglider
parapléjico, -a *adj, nm/f* paraplegic
parar *vt* to stop; (*golpe*) to ward off ♦ *vi* to stop; **pararse** *vr* to stop; (*LAm: ponerse de pie*) to stand up; **ha parado de llover** it has stopped raining; **van a ir a ~ a comisaría** they're going to end up in the police station; **~se en** to pay attention to
pararrayos *nm inv* lightning rod (*US*), lightning conductor (*BRIT*)
parásito, -a *nm/f* parasite
parcela *nf* plot, piece of ground
parche *nm* (*gen*) patch
parchís *nm* ludo
parcial *adj* (*pago*) part-; (*eclipse*) partial; (*JUR*) prejudiced, biased; (*POL*) partisan ❑ **parcialidad** *nf* prejudice, bias
pardillo, -a (*pey*) *adj* yokel
parecer *nm* (*opinión*) opinion, view; (*aspecto*) looks *pl* ♦ *vi* (*tener apariencia*) to seem, look; (*asemejarse*) to look *o* seem like; (*aparecer, llegar*) to appear; **parecerse** *vr* to look alike, resemble each other; **~se a** to look like, resemble; **según parece** evidently, apparently; **me parece que** I think (that), it seems to me that
parecido, -a *adj* similar ♦ *nm* similarity, likeness, resemblance; **bien ~** good-looking, nice-looking
pared *nf* wall
pareja *nf* (*par*) pair; (*dos personas*) couple; (*otro: de un par*) other one (of a pair); (*persona*) partner
parentela *nf* relations *pl*
parentesco *nm* relationship
paréntesis *nm inv* parenthesis; (*en escrito*) bracket
parezco *etc vb ver* **parecer**
pariente, -a *nm/f* relative, relation

⚠ No confundir **pariente** con la palabra inglesa ***parent***.

parir *vt* to give birth to ♦ *vi* (*mujer*) to give birth, have a baby
París *n* Paris
parka (*LAm*) *nf* anorak
parking *nm* parking lot (*US*), car park (*BRIT*)
parlamentar *vi* to parley
parlamentario, -a *adj* parliamentary ♦ *nm/f* member of parliament
parlamento *nm* parliament
parlanchín, -ina *adj* indiscreet ♦ *nm/f* chatterbox
parlar *vi* to chatter (away)
paro *nm* (*huelga*) stoppage (of work), strike; (*ESP: desempleo*) unemployment
parodia *nf* parody ❑ **parodiar** *vt* to parody
parpadear *vi* (*ojos*) to blink; (*luz*) to flicker
párpado *nm* eyelid
parque *nm* (*lugar verde*) park; (*MÉX: munición*) ammunition ▸ **parque de atracciones** fairground ▸ **parque de bomberos** (*ESP*) fire station ▸ **parque infantil/zoológico** playground/zoo
parqué *nm* parquet (flooring)
parquímetro *nm* parking meter
parra *nf* (grape)vine
párrafo *nm* paragraph; **echar un ~** (*fam*) to have a chat

parranda (*fam*) *nf* spree, binge

parrilla *nf* (*CULIN*) broiler (*US*), grill (*BRIT*); (*AUTO*) grille; **(carne a la) ~** barbecue ❑ **parrillada** *nf* barbecue

párroco *nm* parish priest

parroquia *nf* parish; (*iglesia*) parish church; (*COM*) clientele, customers *pl* ❑ **parroquiano, -a** *nm/f* (*REL*) parishioner; (*COM*) client, customer

parsimonia *nf* calmness, level-headedness

parte *nm* message; (*informe*) report ♦ *nf* part; (*lado, cara*) side; (*de reparto*) share; (*JUR*) party; **en alguna ~ de Europa** somewhere in Europe; **en/por todas ~s** everywhere; **en gran ~** to a large extent; **la mayor ~ de los españoles** most Spaniards; **de un tiempo a esta ~** for some time past; **de ~ de algn** on sb's behalf; **¿de ~ de quién?** (*TEL*) who is speaking?; **por ~ de** on the part of; **yo por mi ~** I for my part; **por otra ~** on the other hand; **dar ~** to inform; **tomar ~** to take part

partición *nf* division, sharing-out; (*POL*) partition

participación *nf* (*acto*) participation, taking part; (*parte, COM*) share; (*de lotería*) shared prize; (*aviso*) notice, notification

participante *nmf* participant

participar *vt* to notify, inform ♦ *vi* to take part, participate

partícipe *nmf* participant

particular *adj* (*especial*) particular, special; (*individual, personal*) private, personal ♦ *nm* (*punto, asunto*) particular, point; (*individuo*) individual; **tiene** (*LAm*) **carro ~** he has a car of his own

partida *nf* (*salida*) departure; (*COM*) entry, item; (*juego*) game; (*grupo de personas*) band, group; **mala ~** dirty trick

partidario, -a *adj* partisan ♦ *nm/f* supporter, follower

partido *nm* (*POL*) party; (*DEPORTE*) game; **sacar ~ de** to profit *o* benefit from; **tomar ~** to take sides

partir *vt* (*dividir*) to split, divide; (*compartir, distribuir*) to share (out), distribute; (*romper*) to break open, split open; (*rebanada*) to cut (off) ♦ *vi* (*ponerse en camino*) to set off *o* out; (*comenzar*) to start (off *o* out); **partirse** *vr* to crack *o* split *o* break (in two *etc*); **a ~ de** (starting) from

partitura *nf* (*MÚS*) score

parto *nm* birth; (*fig*) product, creation; **estar de ~** to be in labor (*US*) *o* labour (*BRIT*)

parvulario (*ESP*) *nm* nursery school, kindergarten

pasa *nf* raisin ▶ **pasa de Corinto/Esmirna** currant/sultana

pasacintas (*LAm*) *nm* cassette player

pasada *nf* passing, passage; **de ~** in passing, incidentally; **una mala ~** a dirty trick

pasadizo *nm* (*pasillo*) passage, corridor; (*callejuela*) alley

pasado, -a *adj* past; (*malo: comida, fruta*) bad; (*muy cocido*) overdone; (*anticuado*) out of date ♦ *nm* past; **~ mañana** the day after tomorrow; **el mes ~** last month

pasador *nm* (*cerrojo*) bolt; (*de pelo*) barrette (*US*), hair slide (*BRIT*); (*horquilla*) hairpin

pasaje *nm* passage; (*pago de viaje*) fare; (*los pasajeros*) passengers *pl*; (*pasillo*) passageway

pasajero, -a *adj* passing; (*situación, estado*) temporary; (*amor, enfermedad*) brief ♦ *nm/f* passenger

pasamontañas *nm inv* balaclava helmet

pasaporte *nm* passport

pasar *vt* to pass; (*tiempo*) to spend; (*desgracias*) to suffer, endure; (*noticia*) to give, pass on; (*río*) to cross; (*barrera*) to pass through; (*falta*) to overlook, tolerate; (*contrincante*) to surpass, do better than; (*vehículo*) to pass, overtake (*BRIT*); (*CINE*) to show; (*enfermedad*) to give, infect with ♦ *vi* (*gen*) to pass; (*terminarse*) to be over; (*ocurrir*) to happen; **pasarse** *vr* (*flores*) to fade; (*comida*) to go bad *o* off; (*fig*) to overdo it, go too far; **~se un alto** (*MÉX, CAm*) *o* **una luz roja** (*LAm*) to go through a red light; **~ de** to go beyond, exceed; **~ por** (*LAm*) to fetch; **~lo bien/mal** to have a good/bad time; **¡pase!** come in!; **hacer ~** to show in; **~se al enemigo** to go over to the enemy; **se me pasó** I forgot; **no se le pasa nada** he misses nothing; **pase lo que pase** come what may; **¿qué pasa?** what's going on?, what's up?; **¿qué te pasa?** what's wrong?

pasarela *nf* footbridge; (*en barco*) gangway

pasatiempo *nm* pastime, hobby

Pascua *nf* (*en Semana Santa*) Easter; **~s** *nfpl* Christmas (time); **¡felices ~s!** Merry Christmas!

pase (*ESP*) *nm* pass; (*CINE*) performance, showing

pasear *vt* to take for a walk; (*exhibir*) to parade, show off ♦ *vi* to walk, go for a walk; **pasearse** *vr* to walk, go for a walk; **~ en** (*LAm*) **carro** to go for a drive ❑ **paseo** *nm* (*avenida*) avenue; (*distancia corta*) walk, stroll; **dar un** *o* **ir de paseo** to go for a walk ▶ **paseo marítimo** (*ESP*) promenade

pasillo *nm* passage, corridor

pasión *nf* passion

pasivo, -a *adj* passive; (*inactivo*) inactive ♦ *nm* (*COM*) liabilities *pl*, debts *pl*

pasmar *vt* (*asombrar*) to amaze, astonish ❑ **pasmo** *nm* amazement, astonishment; (*resfriado*) chill; (*fig*) wonder, marvel ❑ **pasmoso, -a** *adj* amazing, astonishing

paso, -a *adj* dried ♦ *nm* step; (*modo de andar*) walk; (*huella*) footprint; (*rapidez*) speed, pace, rate; (*camino accesible*) way through, passage; (*cruce*) crossing; (*pasaje*) passing, passage; (*GEO*) pass; (*estrecho*) strait; **a ese ~** (*fig*) at that rate; **salir al ~ de** *o* **a** to waylay; **estar de ~** to be passing through; **prohibido el ~** no entry; **ceda el ~** yield (*US*), give way (*BRIT*) ▶ **paso a nivel** (*LAm exc MÉX, ESP FERRO*) grade (*US*) *o* level (*BRIT*) crossing ▶ **paso de peatones** crosswalk (*US*), pedestrian crossing (*BRIT*) ▶ **paso elevado** overpass (*US*), flyover (*BRIT*)

pasta *nf* paste; (*CULIN: masa*) dough; (: *de bizcochos etc*) pastry; (*fam*) dough; **~s** *nfpl* (*bizcochos*) pastries, small cakes; (*fideos, espaguetis etc*) pasta ▶ **pasta dentífrica** *o* **de dientes** toothpaste

pastar *vt, vi* to graze

pastel *nm* (*dulce*) cake; (*ARTE*) pastel ▶ **pastel de carne** meat pie ❑ **pastelería** *nf* baker's, cake shop (*BRIT*)

pasteurizado, -a *adj* pasteurized

pastilla *nf* (*de jabón, chocolate*) bar; (*píldora*) tablet, pill

pasto *nm* (*LAm: hierba*) grass, lawn; (*lugar*) pasture, field

pastor, a *nm/f* shepherd(ess) ♦ *nm* (*REL*) clergyman, pastor ▶ **pastor alemán** German shepherd

pata *nf* (*pierna*) leg; (*pie*) foot; (*de muebles*) leg; **~s arriba** upside down; **metedura de ~** (*fam*) gaffe; **meter la ~** (*fam*) to put one's foot in it; **tener buena/mala ~** to be lucky/unlucky ▶ **pata de cabra** (*TEC*) crowbar ❑ **patada** *nf* kick; (*en el suelo*) stamp

patalear *vi* (*en el suelo*) to stamp one's feet

patata (*ESP*) *nf* potato ▶ **patatas fritas** French fries, chips (*BRIT*); (*de bolsa*) potato chips (*US*), crisps (*BRIT*)

paté *nm* pâté

patear *vt* (*pisar*) to stamp on, trample (on); (*pegar con el pie*) to kick ♦ *vi* to stamp (with rage), stamp one's feet

patentar *vt* to patent

patente *adj* obvious, evident; (*COM*) patent ♦ *nf* patent

paternal *adj* fatherly, paternal ❑ **paterno, -a** *adj* paternal

patético, -a *adj* pathetic, moving

patilla *nf* (*de gafas*) side(piece), temple (*US*); **~s** *nfpl* sideburns

patín *nm* skate; (*de trineo*) runner ❑ **patinaje** *nm* skating ❑ **patinar** *vi* to skate; (*resbalarse*) to skid, slip; (*fam*) to slip up, blunder

patineta *nf* (*MÉX: patinete*) scooter; (*CS: monopatín*) skateboard

patinete (*LAm exc MÉX, ESP*) *nm* scooter

patio *nm* (*de casa*) patio, courtyard ▶ **patio de recreo** playground

pato, -a *adj* (*CS: fam: sin dinero*) broke ♦ *nm* duck; **pagar el ~** (*fam*) to take the blame, carry the can

patológico, -a *adj* pathological

patoso, -a (*fam*) *adj* clumsy

patotero (*CS*) *nm* hooligan, lout

patraña *nf* story, fib

patria *nf* native land, mother country

patrimonio *nm* inheritance; (*fig*) heritage

patriota *nmf* patriot ❑ **patriotismo** *nm* patriotism

patrocinar *vt* to sponsor ❑ **patrocinio** *nm* sponsorship

patrón, -ona *nm/f* (*jefe*) boss, chief, master (mistress); (*propietario*) landlord(-lady); (*REL*) patron saint ♦ *nm* (*TEC, COSTURA*) pattern

patronal *adj*: **la clase ~** management

patronato *nm* sponsorship; (*acto*) patronage; (*fundación benéfica*) trust, foundation

patrulla *nf* patrol

pausa *nf* pause, break

pausado, -a *adj* slow, deliberate

pauta *nf* line, guide line

pava (*RPl*) *nf* tea kettle (*US*), kettle

pavimento *nm* (*de losa*) pavement, paving

pavo *nm* turkey ▶ **pavo real** peacock

pavor *nm* dread, terror

payaso, -a *nm/f* clown

payo, -a *nm/f* non-gipsy

paz *nf* peace; (*tranquilidad*) peacefulness, tranquillity; **hacer las paces** to make peace; (*fig*) to make up

pazo *nm* country house

P.D. *abr* (= *posdata*) P.S., p.s.

peaje *nm* toll

peatón *nm* pedestrian

peca *nf* freckle

pecado *nm* sin ❑ **pecador, a** *adj* sinful ♦ *nm/f* sinner

pecaminoso, -a *adj* sinful

pecar *vi* (*REL*) to sin; **peca de generoso** he is generous to a fault

pecera *nf* fish tank; (*redonda*) goldfish bowl

pecho *nm* (*ANAT*) chest; (*de mujer*) breast; **dar el ~ a** to breast-feed; **tomar algo a ~** to take sth to heart

pechuga *nf* breast

peculiar *adj* special, peculiar; (*característico*) typical, characteristic ❑ **peculiaridad** *nf* peculiarity; special feature, characteristic

pedal *nm* pedal ❑ **pedalear** *vi* to pedal

pedante *adj* pedantic ♦ *nmf* pedant ❑ **pedantería** *nf* pedantry

pedazo *nm* piece, bit; **hacerse ~s** to smash, shatter

pedernal *nm* flint

pediatra *nmf* pediatrician (*US*), paediatrician (*BRIT*)

pedido *nm* (*COM*) order; (*petición*) request

pedir *vt* to ask for, request; (*comida, COM, mandar*) to order; (*necesitar*) to need, demand, require ♦ *vi* to ask; **me pidió que cerrara la puerta** he asked me to shut the door; **¿cuánto piden por la moto?** how much are they asking for the motorbike?

pedo (*fam!*) *nm* fart

pega *nf* snag; **poner ~s (a)** to complain (about)

pegadizo, -a *adj* (*MÚS*) catchy

pegajoso, -a *adj* sticky, adhesive

pegamento *nm* gum, glue

pegar *vt* (*papel, sellos*) to stick (on); (*cartel*) to stick up; (*coser*) to sew (on); (*unir: partes*) to join, fix together; (*MED*) to give, infect with; (*dar: golpe*) to give, deal; (*INFORM*) to paste ♦ *vi* (*adherirse*) to stick, adhere; (*ir juntos: colores*) to match, go together; (*golpear*) to hit; (*quemar: el sol*) to strike hot, burn; **pegarse** *vr* (*gen*) to stick; (*dos personas*) to hit each other, fight; (*fam*): **~ un grito** to let out a yell; **~ un salto** to jump (with fright); **~ en** to touch; **~se un tiro** to shoot o.s.

pegatina (*ESP*) *nf* sticker

pegote (*fam*) *nm* eyesore, sight

peinado *nm* hairstyle

peinar *vt* to comb; (*hacer estilo*) to style; **peinarse** *vr* to comb one's hair

peine *nm* comb ❑ **peineta** *nf* ornamental comb

p.ej. *abr* (= *por ejemplo*) e.g.

Pekín *n* Pekin(g)

pelado, -a *adj* (*fruta, patata etc*) peeled; (*cabeza*) shorn; (*campo, fig*) bare; (*fam: sin dinero*) broke

pelaje *nm* (*ZOOL*) fur, coat; (*fig*) appearance

pelapapas (*LAm*) (*ESP* **pelapatatas**) *nm inv* potato peeler

pelar *vt* (*fruta, patatas etc*) to peel; (*cortar el pelo a*) to cut the hair of; (*quitar la piel: animal*) to skin; **pelarse** *vr* (*la piel*) to peel off; **voy a ~me** I'm going to get my hair cut

peldaño *nm* step

pelea *nf* (*lucha*) fight; (*discusión*) quarrel, row

peleado, -a *adj*: **estar ~ (con algn)** to have fallen out (with sb)

pelear *vi* to fight; **pelearse** *vr* to fight; (*reñirse*) to fall out, quarrel

pelela (*CS*) *nf* potty

peletería *nf* furrier's, fur store

pelícano *nm* pelican

película *nf* movie (*US*), film (*BRIT*); (*cobertura ligera*) thin covering; (*FOTO: rollo*) roll *o* reel of film

peligro *nm* danger; (*riesgo*) risk; **correr ~ de** to run the risk of ❑ **peligroso, -a** *adj* dangerous; risky

pelirrojo, -a *adj* red-haired, red-headed ♦ *nm/f* redhead

pellejo *nm* (*de animal*) skin, hide

pellizcar *vt* to pinch, nip

pelmazo (*fam*) *nm* pain (in the neck)

pelo *nm* (*cabellos*) hair; (*de barba, bigote*) whisker; (*de animal: pellejo*) hair, fur, coat; **al ~** just right; **venir al ~** to be exactly what one needs; **un hombre de ~ en pecho** a brave man; **por los ~s** by the skin of one's teeth; **no tener ~s en la lengua** to be outspoken, not mince words; **tomar el ~ a algn** to pull sb's leg

pelota *nf* ball; **en ~** stark naked ▶ **pelota vasca** pelota

pelotari *nm* pelota player

pelotón *nm* (*MIL*) squad, detachment

peluca *nf* wig

peluche *nm*: **oso/muñeco de ~** teddy bear/soft toy

peludo, -a *adj* hairy, shaggy

peluquería *nf* hairdresser's ❑ **peluquero, -a** *nm/f* hairdresser

pelusa *nf* (*BOT*) down; (*en tela*) fluff

pena *nf* (*congoja*) grief, sadness; (*remordimiento*) regret; (*dificultad*) trouble; (*dolor*) pain; (*JUR*) sentence; **merecer** *o* **valer la ~** to be worthwhile; **a duras ~s** with great difficulty; **¡qué ~!** what a shame! ▶ **pena capital** capital punishment ▶ **pena de muerte** death penalty

penal *adj* penal ♦ *nm* (*cárcel*) prison

penalidad *nf* (*problema, dificultad*) trouble, hardship; (*JUR*) penalty, punishment; **~es** *nfpl* trouble *sg*, hardship *sg*

penalti (*pl* **~s**) *nm* penalty (kick)

penalty (*pl* **~s** *o* **penalties**) *nm ver* **penalti**

pendiente *adj* pending, unsettled ♦ *nm* earring ♦ *nf* hill, slope

pene *nm* penis

penetración *nf* (*acto*) penetration; (*agudeza*) sharpness, insight

penetrante *adj* (*herida*) deep; (*persona, arma*) sharp; (*sonido*) penetrating, piercing; (*mirada*) searching; (*viento, ironía*) biting

penetrar *vt* to penetrate, pierce; (*entender*) to grasp ♦ *vi* to penetrate, go in; (*entrar*) to enter, go in; (*líquido*) to soak in; (*fig*) to pierce

penicilina *nf* penicillin

península *nf* peninsula ❑ **peninsular** *adj* peninsular

penique *nm* penny

penitencia *nf* penance

penoso, -a *adj* (*lamentable*) distressing; (*difícil*) arduous, difficult

pensador, a *nm/f* thinker

pensamiento *nm* thought; (*mente*) mind; (*idea*) idea

pensar *vt* to think; (*considerar*) to think over, think out; (*proponerse*) to intend, plan; (*imaginarse*) to think up, invent ♦ *vi* to think; **~ en** to aim at, aspire to ❑ **pensativo, -a** *adj* thoughtful, pensive

pensión *nf* (*casa*) boarding *o* guest house; (*dinero*) pension; (*cama y comida*) board and lodging; **~ completa** full board; **media ~** half-board ❑ **pensionista** *nmf* (*jubilado*) (old-age) pensioner; (*huésped*) lodger

penúltimo, -a *adj* penultimate, last but one

penumbra *nf* half-light

penuria *nf* shortage, want

peña *nf* (*roca*) rock; (*cuesta*) cliff, crag; (*grupo*) group, circle; (*LAm: club*) folk club

peñasco *nm* large rock, boulder

peñón *nm* wall of rock; **el P~** the Rock (of Gibraltar)

peón *nm* laborer (*US*), labourer (*BRIT*); (*LAm AGR*) farm laborer (*US*) *o* labourer (*BRIT*), farmhand; (*AJEDREZ*) pawn

peonza *nf* spinning top

peor *adj* (*comparativo*) worse; (*superlativo*) worst ♦ *adv* worse; worst; **de mal en ~** from bad to worse

pepinillo *nm* gherkin

pepino *nm* cucumber; **me importa un ~** (*fam*) I don't care one bit

pepita *nf* (*BOT*) pip; (*MINERÍA*) nugget

pequeñez *nf* smallness, littleness; (*trivialidad*) trifle, triviality

pequeño, -a *adj* small, little

pera *nf* pear ❑ **peral** *nm* pear tree

percance *nm* setback, misfortune

percatarse *vr*: **~ de** to notice, take note of

percebe *nm* barnacle

percepción *nf* (*vista*) perception; (*idea*) notion, idea

percha *nf* (*ESP: para ropa*) (coat)hanger; (: *ganchos*) coat hooks *pl*; (*de ave*) perch

percibir *vt* to perceive, notice; (*COM*) to earn, get

percusión *nf* percussion

perdedor, a *adj* losing ♦ *nm/f* loser

perder *vt* to lose; (*tiempo, palabras*) to waste; (*oportunidad*) to lose, miss; (*tren*) to miss ♦ *vi* to lose; **perderse** *vr* (*extraviarse*) to get lost; (*desaparecer*) to disappear, be lost to view; (*arruinarse*) to be ruined; **echar a ~** (*comida*) to spoil, ruin; (*oportunidad*) to waste

perdición *nf* perdition, ruin

pérdida *nf* loss; (*de tiempo*) waste; **~s** *nfpl* (*COM*) losses

perdido, -a *adj* lost

perdiz *nf* partridge

perdón *nm* (*disculpa*) pardon, forgiveness; (*clemencia*) mercy; **¡~!** sorry!, I beg your pardon! ❑ **perdonar** *vt* to pardon, forgive; (*la vida*) to spare; (*excusar*) to exempt, excuse; **¡perdone (usted)!** sorry!, I beg your pardon!

perdurar *vi* (*resistir*) to last, endure; (*seguir existiendo*) to stand, still exist

perecedero, -a *adj* perishable

perecer *vi* to perish, die

peregrinación *nf* (*REL*) pilgrimage

peregrino, -a *adj* (*idea*) strange, absurd ♦ *nm/f* pilgrim

perejil *nm* parsley

perenne *adj* everlasting, perennial

pereza *nf* laziness, idleness ❑ **perezoso, -a** *adj* lazy, idle

perfección nf perfection ❑ **perfeccionar** vt to perfect; (mejorar) to improve; (acabar) to complete, finish
perfectamente adv perfectly
perfecto, -a adj perfect; (total) complete
perfil nm profile; (contorno) silhouette, outline; (ARQ) (cross) section; **~es** nmpl features ❑ **perfilar** vt (trazar) to outline; (fig) to shape, give character to
perforación nf perforation; (con taladro) drilling ❑ **perforadora** nf punch
perforar vt to perforate; (agujero) to drill, bore; (papel) to punch a hole in ♦ vi to drill, bore
perfume nm perfume, scent (BRIT)
pericia nf skill, expertise
periferia nf periphery; (de ciudad) outskirts pl
periférico (LAm) nm beltway (US), ring road (BRIT)
perilla (LAm) nf (de puerta) knob of door, door handle
perímetro nm perimeter
periódico, -a adj periodic(al) ♦ nm newspaper
periodismo nm journalism ❑ **periodista** nmf journalist
periodo nm period
período nm = **periodo**
periquito nm budgerigar, budgie
perito, -a adj (experto) expert; (diestro) skilled, skillful (US), skilful (BRIT) ♦ nm/f expert; skilled worker; (técnico) technician
perjudicar vt (gen) to damage, harm ❑ **perjudicial** adj damaging, harmful; (en detrimento) detrimental ❑ **perjuicio** nm damage, harm
perjurar vi to commit perjury
perla nf pearl; **me viene de ~s** it suits me fine
permanecer vi (quedarse) to stay, remain; (seguir) to continue to be
permanencia nf permanence; (estancia) stay
permanente adj permanent, constant ♦ nf permanent (US), perm (BRIT)
permiso nm permission; (licencia) permit, license (US), licence (BRIT); **con ~** excuse me; **estar de ~** (MIL) to be on leave ▸ **permiso de conducir** driver's license (US), driving licence (BRIT) ▸ **permiso de excedencia** (LAm) leave of absence ▸ **permiso por enfermedad** (LAm) sick leave
permitir vt to permit, allow
pernera nf pant (US) o trouser (BRIT) leg
pernicioso, -a adj pernicious
pero conj but; (aún) yet ♦ nm (defecto) flaw, defect; (reparo) objection
perpendicular adj perpendicular
perpetrar vt to perpetrate
perpetuar vt to perpetuate ❑ **perpetuo, -a** adj perpetual
perplejo, -a adj perplexed, bewildered
perra nf (ZOOL) bitch
perrera nf kennel
perrito nm (CULIN: tb: **~ caliente**) hot dog
perro nm dog
persa adj, nmf Persian
persecución nf pursuit, chase; (REL, POL) persecution
perseguir vt to pursue, hunt; (cortejar) to chase after; (molestar) to pester, annoy; (REL, POL) to persecute
perseverante adj persevering, persistent
perseverar vi to persevere, persist
persiana nf (Venetian) blind
persignarse vr to cross o.s.
persistente adj persistent
persistir vi to persist
persona nf person ▸ **persona mayor** elderly person
personaje nm important person, celebrity; (TEATRO etc) character
personal adj (particular) personal; (para una persona) single, for one person ♦ nm personnel, staff ❑ **personalidad** nf personality
personarse vr to appear in person
personificar vt to personify
perspectiva nf perspective; (vista, panorama) view, panorama; (posibilidad futura) outlook, prospect
perspicacia nf discernment, perspicacity
perspicaz adj shrewd
persuadir vt (gen) to persuade; (convencer) to convince; **persuadirse** vr to become convinced ❑ **persuasión** nf persuasion ❑ **persuasivo, -a** adj persuasive; convincing
pertenecer vi to belong; (fig) to concern ❑ **perteneciente** adj: **perteneciente a** belonging to ❑ **pertenencia** nf ownership; **pertenencias** nfpl (bienes) possessions, property sg
pertenezca etc vb ver **pertenecer**
pértiga (ESP) nf: **salto con ~** pole vault
pertinente adj relevant, pertinent; (apropiado) appropriate; **~ a** concerning, relevant to
perturbación nf (POL) disturbance; (MED) upset, disturbance
perturbado, a adj mentally unbalanced
perturbar vt (el orden) to disturb; (MED) to upset, disturb; (mentalmente) to perturb
Perú nm: **el ~** Peru ❑ **peruano, -a** adj, nm/f Peruvian
perversión nf perversion ❑ **perverso, -a** adj perverse; (depravado) depraved
pervertido, -a adj perverted ♦ nm/f pervert
pervertir vt to pervert, corrupt
pesa nf weight; (DEPORTE) shot
pesadez nf (peso) heaviness; (lentitud) slowness; (aburrimiento) tediousness
pesadilla nf nightmare, bad dream
pesado, -a adj heavy; (lento) slow; (difícil, duro) tough, hard; (aburrido) boring, tedious; (tiempo) sultry
pésame nm expression of condolence, message of sympathy; **dar el ~** to express one's condolences
pesar vt to weigh ♦ vi to weigh; (ser pesado) to weigh a lot, be heavy; (fig: opinión) to carry weight ♦ nm (arrepentimiento) regret; (pena) grief, sorrow; **a ~ de** o **pese a (que)** in spite of, despite; **no pesa mucho** it is not very heavy
pesca nf (acto) fishing; (lo pescado) catch; **ir de ~** to go fishing
pescadería nf fish store/shop, fishmonger's (BRIT)
pescadilla nf whiting
pescado nm fish
pescador, a nm/f fisherman(-woman)
pescar vt (tomar) to catch; (intentar tomar) to fish for; (conseguir: trabajo) to manage to get ♦ vi to fish, go fishing
pescuezo nm neck
pesebre nm manger
peseta nf peseta
pesimista adj pessimistic ♦ nmf pessimist
pésimo, -a adj awful, dreadful; (LAm: enfermo) lousy
peso nm weight; (balanza) scales pl; (moneda) peso; **vender al ~** to sell by weight ▸ **peso bruto/neto** gross/net weight
pesquero, -a adj fishing cpd
pesquisa nf inquiry, investigation
pestaña nf (ANAT) eyelash; (borde) rim ❑ **pestañear** vi to blink
peste nf plague; (mal olor) stink, stench
pesticida nm pesticide
pestillo nm (cerrojo) bolt; (picaporte) door handle
petaca nf (de cigarros) cigarette case; (de pipa) tobacco pouch; (MÉX: maleta) suitcase
pétalo nm petal
petardo nm firework, firecracker
petición nf (pedido) request, plea; (memorial) petition; (JUR) plea
peto (ESP) nm dungarees pl, overalls pl (US)
petrificar vt to petrify
petróleo nm oil, petroleum ❑ **petrolero, -a** adj petroleum cpd ♦ nm (oil) tanker
peyorativo, -a adj pejorative
pez nm fish ▸ **pez de colores** goldfish ▸ **pez dorado** (MÉX) goldfish
pezón nm teat, nipple
pezuña nf hoof
piadoso, -a adj (devoto) pious, devout; (misericordioso) kind, merciful
pianista nmf pianist
piano nm piano
piar vi to cheep
pibe, -a (RPl) nm/f boy (girl)
picadero nm riding school
picadillo nm ground meat (US), mince (BRIT)
picado, -a adj pricked, punctured; (CULIN: ajo, cebolla etc) chopped; (carne) ground (US), minced (BRIT); (mar) choppy; (diente) bad; (tabaco) cut; (enfadado) cross
picador nm (TAUR) picador; (minero) faceworker
picadura nf (pinchazo) puncture; (de abeja) sting; (de mosquito) bite; (tabaco picado) cut tobacco
picante adj hot; (comentario) racy, spicy
picaporte nm (manija) door handle; (pestillo) latch
picar vt (agujerear, perforar) to prick, puncture; (abeja) to sting; (mosquito, serpiente) to bite; (CULIN: ajo, cebolla etc) to chop; (carne) to grind (US), mince (BRIT); (incitar) to incite, goad; (dañar, irritar) to annoy, bother; (quemar: lengua) to burn, sting ♦ vi (pez) to bite, take the bait; (sol) to burn, scorch; (abeja, MED) to sting; (mosquito) to bite; **picarse** vr (agriarse) to turn sour, go off; (ofenderse) to take offense (US) o offence (BRIT)
picardía nf villainy; (astucia) slyness, craftiness; (una picardía) dirty trick; (palabra) rude/bad word o expression
pícaro, -a adj (malicioso) villainous; (travieso) mischievous ♦ nm (astuto) crafty sort; (sinvergüenza) rascal, scoundrel
pichi (ESP) nm jumper (US), pinafore dress (BRIT)
pichón nm young pigeon
pico nm (de ave) beak; (punta) sharp point; (TEC) pick, pickax (US), pickaxe (BRIT); (GEO) peak, summit; **y ~** and a bit; **horas ~** (LAm: de electricidad, teléfono) peak hours; (: del tráfico) rush hours; **¿~ o mona?** (MÉX) heads or tails?
picor nm itch
picoso, -a (MÉX) adj (comida) hot
picotear vt to peck ♦ vi to nibble, pick
picudo, -a adj pointed, with a point
pidió etc vb ver **pedir**
pido etc vb ver **pedir**
pie (pl **~s**) nm foot; (fig: motivo) motive, basis; (: fundamento) foothold; **ir a ~** to go on foot, walk; **estar de ~** to be standing (up); **ponerse de ~** to stand up; **de ~s a cabeza** from top to bottom; **al ~ de la letra** (citar) literally, verbatim; (copiar) exactly, word for word; **en ~ de guerra** on a war footing; **dar ~ a** to give cause for; **hacer ~** (en el agua) to touch (the) bottom
piedad nf (lástima) pity, compassion; (clemencia) mercy; (devoción) piety, devotion
piedra nf stone; (roca) rock; (de mechero) flint; (METEOROLOGÍA) hailstone
piel nf (ANAT) skin; (ZOOL) skin, hide, fur; (cuero) leather; (BOT) skin, peel
pienso etc vb ver **pensar**
pierdo etc vb ver **perder**
pierna nf leg
pieza nf piece; (CS: habitación) room ▸ **pieza de recambio** o **repuesto** spare (part)
pigmeo, -a adj, nm/f pigmy
pijama (ESP) nm pajamas pl (US), pyjamas pl (BRIT)
pila nf (ELEC) battery; (montón) heap, pile; (lavabo) sink
píldora nf pill; **la ~ (anticonceptiva)** the (contraceptive) pill
pileta (RPl) nf (fregadero) (kitchen) sink; (piscina) (swimming) pool
pillaje nm pillage, plunder
pillar vt (saquear) to pillage, plunder; (fam: coger) to catch; (: agarrar) to grasp, seize; (: entender) to grasp, catch on to; **pillarse** vr: **~se un dedo con la puerta** to catch one's finger in the door
pillo, -a adj villainous; (astuto) sly, crafty ♦ nm/f rascal, rogue, scoundrel
piloto nm pilot; (de aparato) (pilot) light; (AUTO: luz) tail o rear light; (: conductor) driver
pimentón nm paprika
pimienta nf pepper
pimiento nm pepper, pimiento
pin (pl **~s**) nm badge
pinacoteca nf art gallery
pinar nm pine grove (US), pine forest (BRIT)
pincel nm paintbrush
pinchar vt (perforar) to prick, pierce; (neumático) to puncture; (fig) to prod
pinchazo nm (perforación) prick; (de neumático) blow-out, puncture (BRIT); (fig) prod
pincho (ESP) nm savory (US) o savoury (BRIT) (snack) ▸ **pincho de tortilla** small slice of omelette ▸ **pincho moruno** shish kebab
ping-pong nm table tennis
pingüino nm penguin
pino nm pine (tree)
pinta nf spot; (de líquidos) spot, drop; (ESP: aspecto) appearance, look(s) (pl); **irse de ~** (MÉX: fam) to play hooky (US) o truant (BRIT) ❑ **pintado, -a** adj spotted; (de colores) colorful (US), colourful (BRIT); **pintadas** nfpl graffiti sg
pintar vt to paint ♦ vi to paint; (fam) to count, be important; **pintarse** vr to put on make-up
pintor, a nm/f painter
pintoresco, -a adj picturesque
pintura nf painting ▸ **pintura a la acuarela** watercolor (US), watercolour (BRIT) ▸ **pintura al óleo** oil painting
pinza nf (ZOOL) claw; (para colgar ropa) clothes pin (US), clothes peg (BRIT); (TEC) pincers pl; **~s** nfpl (para depilar etc) tweezers pl
piña nf (de pino) pine cone; (fruta) pineapple; (fig) group
piñata nf container hung up at parties to be beaten with sticks until sweets or presents fall out

PIÑATA

Piñata is a very popular party game in Mexico. The **piñata** itself is a hollow figure made of papier maché, or, traditionally, from adobe, in the shape of an object, a star, a person, or an animal. It is filled with either candy and toys, or fruit and yam beans. The game consists of hanging the **piñata** from the ceiling, and beating it with a stick, blindfolded, until it breaks and the presents fall out.

piñón nm (fruto) pine nut; (TEC) pinion
pío, -a adj (devoto) pious, devout; (misericordioso) merciful
piojo nm louse
pionero, -a adj pioneering ♦ nm/f pioneer
pipa nf pipe; **~s** nfpl (BOT) (edible) sunflower seeds
pipí (fam) nm: **hacer ~** to have to go (wee-wee) (US), have a wee(-wee) (BRIT)
pique nm (resentimiento) pique, resentment; (rivalidad) rivalry, competition; **irse a ~** to sink; (esperanza, familia) to be ruined
piqueta nf pick, pickax (US), pickaxe (BRIT)
piquete nm (MIL) squad, party; (de obreros) picket; (MÉX: de insecto) bite ❑ **piquetear** (LAm) vt to picket
pirado, -a (fam) adj round the bend ♦ nm/f nutter
piragua nf canoe ❑ **piragüismo** nm canoeing
pirámide nf pyramid
pirata adj pirate ♦ nmf pirate ▸ **pirata informático/a** hacker
Pirineo(s) nm(pl) Pyrenees pl
pirómano, -a nm/f (MED, JUR) arsonist
piropo nm compliment, (piece of) flattery
pirueta nf pirouette
pis (fam) nm pee, piss; **hacer ~** to have a pee; (para niños) to wee-wee
pisada nf (paso) footstep; (huella) footprint
pisar vt (caminar sobre) to walk on, tread on; (apretar con el pie) to press; (fig) to trample on, walk all over ♦ vi to tread, step, walk
piscina (LAm exc MÉX, ESP) nf (swimming) pool
Piscis nm Pisces
piso nm (suelo, planta) floor; (ESP: apartamento) apartment (US), flat (BRIT); **primer ~** (LAm: a nivel del suelo) first floor (US), ground floor (BRIT); (ESP: un piso más arriba) second floor (US), first floor (BRIT)
pisotear vt to trample (on o underfoot)
pista nf track, trail; (indicio) clue ▸ **pista de aterrizaje** runway ▸ **pista de baile** dance floor ▸ **pista de hielo** ice rink
pistola nf pistol; (TEC) spray-gun ❑ **pistolero, -a** nm/f gunman(-woman), gangster
pistón nm (TEC) piston; (MÚS) key
pitar vt (silbato) to blow; (rechiflar) to whistle at, boo ♦ vi to whistle; (AUTO) to sound o toot one's horn; (LAm: fumar) to smoke
pitillo nm cigarette
pito nm whistle; (de vehículo) horn
pitón nm (ZOOL) python
pitonisa nf fortune-teller
pitorreo nm joke; **estar de ~** to be joking
piyama (LAm) nm pajamas pl (US), pyjamas pl (BRIT)
pizarra nf (piedra) slate; (ESP: encerado) blackboard, chalkboard (US)
pizarrón (LAm) nm blackboard, chalkboard (US)
pizca nf pinch, spot; (fig) spot, speck; **ni ~** not a bit
placa nf plate; (distintivo) badge, insignia ▸ **placa de matrícula** (LAm) license (US) o number (BRIT) plate
placard (RPl) nm cupboard, closet (US)
placentero, -a adj pleasant, agreeable
placer nm pleasure ♦ vt to please
plácido, -a adj placid
plaga nf pest; (MED) plague; (abundancia) abundance ❑ **plagar** vt to infest, plague; (llenar) to fill
plagio nm plagiarism
plan nm (esquema, proyecto) plan; (idea, intento) idea, intention; **tener ~** (fam) to have a date; **tener un ~** (fam) to have an affair; **en ~ económico** (fam) on the cheap; **vamos en ~ de turismo** we're going as tourists; **si te pones en ese ~ ...** if that's your attitude ...
plana nf sheet (of paper), page; (TEC) trowel; **en primera ~** on the front page ▸ **plana mayor** staff
plancha nf (para planchar) iron; (rótulo) plate, sheet; (NÁUT) gangway; **a la ~** (CULIN) grilled ❑ **planchado** nm ironing ❑ **planchar** vt to iron ♦ vi to do the ironing
planeador nm glider
planear vt to plan ♦ vi to glide
planeta nm planet
planicie nf plain
planificación nf planning ▸ **planificación familiar** family planning
plano, -a adj flat, level, even ♦ nm (MAT, TEC) plane; (FOTO) shot; (ARQ) plan; (GEO) map; (de ciudad) map, street plan; **primer ~** close-up; **caer de ~** to fall flat
planta nf (BOT, TEC) plant; (ANAT) sole of the foot, foot; (piso) floor; (LAm: personal) staff ▸ **planta baja** first (US) o ground (BRIT) floor
plantación nf (AGR) plantation; (acto) planting
plantar vt (BOT) to plant; (levantar) to erect, set up; **plantarse** vr to stand firm; **~ a algn en la calle** to throw sb out; **dejar plantado a algn** (fam) to stand sb up
plantear vt (problema) to pose; (dificultad) to raise

plantilla *nf* (*de zapato*) insole; (*ESP*: *personal*) personnel
plantón *nm* (*MIL*) guard, sentry; (*fam*) long wait; **dar (un) ~ a algn** to stand sb up
plasmar *vt* (*dar forma*) to shape, mold (*US*), mould (*BRIT*); (*representar*) to represent; **plasmarse** *vr*: **~se en** to take the form of
plástico, -a *adj* plastic ♦ *nm* plastic
Plastilina® *nf* Plasticine®
plata *nf* (*metal*) silver; (*cosas hechas de plata*) silverware; (*CS*: *dinero*) cash, dough; **hablar en ~** to speak bluntly *o* frankly
plataforma *nf* platform ▶ **plataforma de lanzamiento/perforación** launch(ing) pad/drilling rig
plátano *nm* (*fruta*) banana; (*árbol*) plane tree; banana tree
platea *nf* (*TEATRO*) orchestra (section) (*US*), stalls *pl* (*BRIT*)
plateado, -a *adj* silver; (*TEC*) silver-plated
plática (*MÉX, CAm*) *nf* talk, chat ❑ **platicar** (*MÉX, CAm*) *vi* to talk, chat
platillo *nm* saucer; **~s** *nmpl* (*MÚS*) cymbals ▶ **platillo volante** flying saucer
platino *nm* platinum; **~s** *nmpl* (*AUTO*) contact points
plato *nm* plate, dish; (*parte de comida*) course; (*comida*) dish; **primer ~** first course ▶ **plato combinado** set main course (*served on one plate*) ▶ **plato fuerte** main course
playa *nf* beach; (*costa*) seaside ▶ **playa de estacionamiento** (*CS*) parking lot (*US*), car park (*BRIT*)
playera *nf* (*MÉX*: *camiseta*) T-shirt; **~s** *nfpl* (*zapatos*) canvas shoes
plaza *nf* square; (*mercado*) market(place); (*sitio*) room, space; (*de vehículo*) seat, place; (*colocación*) post, job ▶ **plaza de toros** bullring
plazo *nm* (*lapso de tiempo*) time, period; (*fecha de vencimiento*) expiry date; (*pago parcial*) installment (*US*), instalment (*BRIT*); **a corto/largo ~** short-/long-term; **comprar algo a ~s** to buy sth on time (*US*) *o* on hire purchase (*BRIT*)
plazoleta *nf* small square
pleamar *nf* high tide
plebe *nf*: **la ~** the common people *pl*, the masses *pl* ❑ **plebeyo, -a** *adj* plebeian; (*pey*) coarse, common
plebiscito *nm* plebiscite
plegable *adj* collapsible; (*silla*) folding
plegar *vt* (*doblar*) to fold, bend; (*COSTURA*) to pleat; **plegarse** *vr* to yield, submit
pleito *nm* (*JUR*) lawsuit, case; (*fig*) dispute, feud
plenilunio *nm* full moon
plenitud *nf* plenitude, fullness; (*abundancia*) abundance
pleno, -a *adj* full; (*completo*) complete ♦ *nm* plenum; **en ~ día** in broad daylight; **en ~ verano** at the height of summer; **en plena cara** full in the face
pliego *etc vb ver* **plegar** ♦ *nm* (*hoja*) sheet (of paper); (*carta*) sealed letter/document ▶ **pliego de condiciones** details *pl*, specifications *pl*
pliegue *etc vb ver* **plegar** ♦ *nm* fold, crease; (*de vestido*) pleat
plomería (*LAm*) *nf* plumbing ❑ **plomero** (*LAm*) *nm* plumber
plomo *nm* (*metal*) lead; (*ELEC*) fuse, fuze (*US*); **sin ~** unleaded
pluma *nf* feather ▶ **pluma (estilográfica)** ink pen ▶ **pluma fuente** (*LAm*) fountain pen
plumero *nm* (*para el polvo*) feather duster
plumón *nm* (*de ave*) down
plural *adj* plural ❑ **pluralidad** *nf* plurality
pluriempleo *nm* having more than one job
plus *nm* bonus ❑ **plusvalía** *nf* (*COM*) appreciation
población *nf* population; (*pueblo, ciudad*) town, city
poblado, -a *adj* inhabited ♦ *nm* (*aldea*) village; (*pueblo*) (small) town; **densamente ~** densely populated
poblador, a *nm/f* settler, colonist
poblar *vt* (*colonizar*) to colonize; (*fundar*) to found; (*habitar*) to inhabit
pobre *adj* poor ♦ *nmf* poor person ❑ **pobreza** *nf* poverty
pocilga *nf* pigpen (*US*), pigsty (*BRIT*)
pócima *nf* potion

poco, -a

PALABRA CLAVE

adj

1 (*sg*) little, not much; **poco tiempo** little *o* not much time; **de poco interés** of little interest, not very interesting; **poca cosa** not much

2 (*pl*) few, not many; **unos pocos** a few, some; **pocos niños comen lo que les conviene** few children eat what they should ♦ *adv*

1 little, not much; **cuesta poco** it doesn't cost much

2 (+ *adj*: *negativo, antónimo*): **poco amable/inteligente** not very nice/intelligent

3: **por poco me caigo** I almost fell

4: **a poco: a poco de haberse casado** shortly after getting married

5: **poco a poco** little by little

♦ *nm* a little, a bit; **un poco triste/de dinero** a little sad/money

podar *vt* to prune

poder

PALABRA CLAVE

vi

1 (*tener capacidad*) can, be able to; **no puedo hacerlo** I can't do it, I'm unable to do it

2 (*tener permiso*) can, may, be allowed to; **¿se puede?** may I (*o* we)?; **puedes irte ahora** you may go now; **no se puede fumar en este hospital** smoking is not allowed in this hospital

3 (*tener posibilidad*) may, might, could; **puede llegar mañana** he may *o* might arrive tomorrow; **pudiste haberte hecho daño** you might *o* could have hurt yourself; **¡podías habérmelo dicho antes!** you might have told me before!

4: **puede ser: puede ser** perhaps; **puede ser que lo sepa Tomás** Tomás may *o* might know

5: **¡no puedo más!** I've had enough!; **no pude menos que dejarlo** I couldn't help but leave it; **es tonto a más no poder** he's as stupid as they come

6: **poder con: no puedo con este crío** this kid's too much for me

♦ *nm* power; **detentar** *o* **ocupar** *o* **estar en el poder** to be in power ▶ **poder adquisitivo** purchasing power

poderoso, -a *adj* (*político, país*) powerful
podio *nm* (*DEPORTE*) podium
podium *nm* = **podio**
podrido, -a *adj* rotten, bad; (*fig*) rotten, corrupt
podrir *vt* = **pudrir**
poema *nm* poem
poesía *nf* poetry
poeta *nmf* poet ❑ **poético, -a** *adj* poetic(al)
poetisa *nf* (woman) poet
póker *nm* poker
polaco, -a *adj* Polish ♦ *nm/f* Pole
polar *adj* polar ❑ **polaridad** *nf* polarity ❑ **polarizarse** *vr* to polarize
polea *nf* pulley
polémica *nf* polemics *sg*; (*una polémica*) controversy, polemic
polen *nm* pollen
policía *nmf* policeman(-woman) ♦ *nf* police ❑ **policíaco, -a** *adj* police *cpd*; **novela policíaca** detective story ❑ **policial** *adj* police *cpd*
polideportivo *nm* sports center (*US*) *o* centre (*BRIT*)
poligamia *nf* polygamy
polígono *nm* (*MAT*) polygon
polilla *nf* moth
polio *nf* polio
política *nf* politics *sg*; (*económica, agraria etc*) policy; *ver tb* **político**
político, -a *adj* political; (*discreto*) tactful; (*de familia*) -in-law ♦ *nm/f* politician; **padre ~** father-in-law
póliza *nf* certificate, voucher; (*impuesto*) tax stamp ▶ **póliza de seguro(s)** insurance policy
polizón *nm* stowaway
pollera (*CS*) *nf* skirt
pollería *nf* poulterer's (shop)
pollo *nm* chicken
polo *nm* (*GEO, ELEC*) pole; (*ESP*: *helado*) Popsicle® (*US*), ice lolly (*BRIT*); (*DEPORTE*) polo; (*suéter*) turtleneck ▶ **polo Norte/Sur** North/South Pole
Polonia *nf* Poland
poltrona *nf* easy chair
polución *nf* pollution
polvera *nf* powder compact
polvo *nm* dust; (*QUÍM, CULIN, MED*) powder; **~s** *nmpl* (*maquillaje*) powder *sg*; **quitar el ~** to dust; **~ de talco** talcum powder; **estar hecho ~** (*fam*) to be worn out *o* exhausted
pólvora *nf* gunpowder; (*fuegos artificiales*) fireworks *pl*
polvoriento, -a *adj* (*superficie*) dusty; (*sustancia*) powdery
pomada *nf* cream, ointment; (*RPl*: *betún*) (shoe) polish
pomelo (*CS, ESP*) *nm* grapefruit, pomelo (*US*)
pómez *nf*: **piedra ~** pumice stone
pomo *nm* doorknob
pompa *nf* (*burbuja*) bubble; (*bomba*) pump; (*esplendor*) pomp, splendor (*US*), splendour (*BRIT*) ❑ **pomposo, -a** *adj* splendid, magnificent; (*pey*) pompous
pómulo *nm* cheekbone
pon *vb ver* **poner**
ponchadura (*MÉX*) *nf* flat (*US*), puncture (*BRIT*) ❑ **ponchar** (*MÉX*) *vt* (*llanta*) to puncture
ponche *nm* punch
poncho *nm* poncho
ponderar *vt* (*considerar*) to weigh up, consider; (*elogiar*) to praise highly, speak in praise of
pondré *etc vb ver* **poner**

poner

PALABRA CLAVE

vt

1 (*colocar*) to put; (*telegrama*) to send; (*obra de teatro*) to put on; (*película*) to show; **ponlo más fuerte** turn it up; **¿qué ponen en el Excelsior?** what's on at the Excelsior?

2 (*tienda*) to open; (*instalar*: *gas etc*) to put in; (*radio, TV*) to switch *o* turn on

3 (*suponer*): **pongamos que ...** let's suppose that ...

4 (*contribuir*): **el gobierno ha puesto otro millón** the government has contributed another million

5 (*ESP TEL*): **póngame con el Sr. López** can you put me through to Mr. López?

6: **poner de: le han puesto de director general** they've appointed him general manager

7 (+ *adj*) to make; **me estás poniendo nerviosa** you're making me nervous

8 (*dar nombre*): **al hijo le pusieron Diego** they called their son Diego

♦ *vi* (*gallina*) to lay

♦ **ponerse** *vr*

1 (*colocarse*): **se puso a mi lado** he came and stood beside me; **tú ponte en esa silla** you go and sit on that chair

2 (*vestido, cosméticos*) to put on; **¿por qué no te pones el vestido nuevo?** why don't you put on *o* wear your new dress?

3 (+ *adj*) to turn; to get, become; **se puso muy serio** he got very serious; **después de lavarla la tela se puso azul** after washing it the material turned blue

4: **ponerse a: se puso a llorar** he started to cry; **tienes que ponerte a estudiar** you must get down to studying

5: **ponerse a bien con algn** to make it up with sb; **ponerse a mal con algn** to get on the wrong side of sb

pongo *etc vb ver* **poner**
poniente *nm* (*occidente*) west; (*viento*) west wind
pontífice *nm* pope, pontiff
popa *nf* stern
popote (*MÉX*) *nm* straw
popular *adj* popular; (*cultura*) of the people, folk *cpd* ❑ **popularidad** *nf* popularity ❑ **popularizarse** *vr* to become popular

por

PALABRA CLAVE

prep

1 (*objetivo*) for; **luchar por la patria** to fight for one's country

2 (+ *infin*): **por no llegar tarde** so as not to arrive late; **por citar unos ejemplos** to give a few examples

3 (*causa*) out of, because of; **por escasez de fondos** through *o* for lack of funds

4 (*ESP tiempo*): **por la mañana/noche** in the morning/at night; **se queda por una semana** she's staying (for) a week

5 (*lugar*): **pasar por Monterrey** to pass through Monterrey; **ir a Guayaquil por Quito** to go to Guayaquil via Quito; **caminar por la calle** to walk along the street; *ver tb* **todo**

6 (*cambio, precio*): **te doy uno nuevo por el que tienes** I'll give you a new one (in return) for the one you've got

7 (*valor distributivo*): **100 pesos por hora/cabeza** 100 pesos an *o* per hour/a *o* per head

8 (*modo, medio*) by; **por correo/avión** by mail (*US*) *o* post (*BRIT*)/air; **día por día** day by day; **entrar por la entrada principal** to go in through the main entrance

9: **10 por 10 son 100** 10 times 10 is 100

10 (*en lugar de*): **vino él por su jefe** he came instead of his boss

11: **por mí que revienten** as far as I'm concerned they can drop dead

12: **¿por qué?** why?; **¿por qué no?** why not?

porcelana *nf* porcelain; (*china*) china
porcentaje *nm* percentage
porción *nf* (*parte*) portion, share; (*cantidad*) quantity, amount
pordiosero, -a *nm/f* beggar
porfiar *vi* to persist, insist; (*disputar*) to argue stubbornly
pormenor *nm* detail, particular
pornografía *nf* pornography
poro *nm* pore; (*MÉX*: *puerro*) leek
pororó (*RPl*) *nm* popcorn
poroso, -a *adj* porous
poroto (*CS*) *nm* bean
porque *conj* (*a causa de*) because; (*ya que*) since; (*con el fin de*) so that, in order that
porqué *nm* reason, cause
porquería *nf* (*suciedad*) filth, dirt; (*acción*) dirty trick; (*objeto*) small thing, trifle; (*fig*) garbage (*US*), rubbish (*BRIT*)
porrazo *nm* blow, bump
porro (*LAm exc MÉX, ESP*: *fam*) *nm* (*droga*) joint (*fam*)
porrón *nm glass wine jar with a long spout*
portaaviones *nm inv* aircraft carrier
portada *nf* (*de revista*) cover
portador, a *nm/f* carrier, bearer; (*COM*) bearer, payee
portaequipajes *nm inv* (*AUTO*: *maletero*) trunk (*US*), boot (*BRIT*); (: *baca*) luggage rack
portafolio (*LAm*) *nm* briefcase
portal *nm* (*entrada*) vestibule, hall; (*portada*) porch, doorway; (*puerta de entrada*) main door; **~es** *nmpl* (*LAm*) arcade *sg*
portamaletas (*LAm exc MÉX, ESP*) *nm inv* (*AUTO*: *maletero*) trunk (*US*), boot (*BRIT*); (: *baca*) roof rack
portarse *vr* to behave, conduct o.s.
portátil *adj* portable
portavoz *nmf* spokesman(-woman)
portazo *nm*: **dar un ~** to slam the door
porte *nm* (*COM*) transport; (*precio*) transport charges *pl*
portento *nm* marvel, wonder ❑ **portentoso, -a** *adj* extraordinary, marvelous (*US*), marvellous (*BRIT*)
porteño, -a *adj* of *o* from Buenos Aires
portería *nf* (*oficina*) janitor's office, caretaker's office (*BRIT*); (*DEPORTE*) goal
portero, -a *nm/f* (*de edificio*) janitor, caretaker (*BRIT*); (*ujier*) doorman, porter (*BRIT*); (*DEPORTE*) goalkeeper ▶ **portero eléctrico** (*LAm*: *ESP*) entry phone
pórtico *nm* (*patio*) portico, porch; (*fig*) gateway; (*arcada*) arcade
portorriqueño, -a *adj* Puerto Rican
Portugal *nm* Portugal ❑ **portugués, -esa** *adj, nm/f* Portuguese ♦ *nm* (*LING*) Portuguese
porvenir *nm* future
pos *prep*: **en ~ de** after, in pursuit of
posada *nf* (*refugio*) shelter, lodging; (*mesón*) guest house; (*MÉX*: *fiesta*) Christmas celebration; **dar ~ a** to give shelter to, take in

POSADA

Posadas are celebrations which mark the beginning of the Christmas vacations in Mexico; there are nine days of processions, parades, and parties, between December 16th and 25th. Every afternoon, the children take part in Christmas plays and parade through the streets asking for **posada** (shelter and food). After the procession, there are parties, where the children can destroy **piñatas** and pick up the candy and presents.

posaderas *nfpl* backside *sg*, buttocks
posar *vt* (*en el suelo*) to lay down, put down; (*la mano*) to place, put gently ♦ *vi* (*modelo*) to sit, pose; **posarse** *vr* to settle; (*pájaro*) to perch; (*avión*) to land, come down
posavasos *nm inv* coaster; (*para cerveza*) beermat
posdata *nf* postscript
pose *nf* pose
poseedor, a *nm/f* owner, possessor; (*de récord, puesto*) holder
poseer *vt* to possess, own; (*ventaja*) to enjoy; (*récord, puesto*) to hold
posesión *nf* possession ❑ **posesionarse** *vr*: **posesionarse de** to take possession of, take over
posesivo, -a *adj* possessive
posgrado *nm*: **curso de ~** postgraduate course
posibilidad *nf* possibility; (*oportunidad*) chance ❑ **posibilitar** *vt* to make possible; (*hacer realizable*) to make feasible

posible *adj* possible; (*realizable*) feasible; **de ser ~** if possible; **en lo ~** as far as possible

posición *nf* position; (*rango social*) status

positivo, -a *adj* positive

poso *nm* sediment; (*heces*) dregs *pl*

posponer *vt* (*relegar*) to put behind/below; (*aplazar*) to postpone

posta *nf*: **a ~** deliberately, on purpose

postal *adj* postal ♦ *nf* postcard

poste *nm* (*de telégrafos etc*) post, pole; (*columna*) pillar

póster (*pl* **~es, ~s**) *nm* poster

postergar *vt* to postpone, delay

posteridad *nf* posterity

posterior *adj* back, rear; (*siguiente*) following, subsequent; (*más tarde*) later ❑ **posterioridad** *nf*: **con posterioridad** later, subsequently

postgrado *nm* = **posgrado**

postizo, -a *adj* false, artificial ♦ *nm* hairpiece

postor, a *nm/f* bidder

postre *nm* dessert

postrero, -a (*delante de nmsg* **postrer**) *adj* (*último*) last; (*que viene detrás*) rear

postulado *nm* postulate

póstumo, -a *adj* posthumous

postura *nf* (*del cuerpo*) posture, position; (*fig*) attitude, position

potable *adj* drinkable; **agua ~** drinking water

potaje *nm* thick vegetable soup

pote *nm* pot, jar

potencia *nf* power ❑ **potencial** *adj, nm* potential ❑ **potenciar** *vt* to boost

potente *adj* powerful

potro, -a *nm/f* (*zool*) colt/filly ♦ *nm* (*de gimnasia*) vaulting horse

pozo *nm* well; (*de río*) deep pool; (*de mina*) shaft

P.P. *abr* (= *porte pagado*) CP

práctica *nf* practice; (*método*) method; (*arte, capacidad*) skill; **en la ~** in practice

practicable *adj* practicable; (*camino*) passable

practicante *nmf* (*med: ayudante de doctor*) medical assistant; (*: enfermero*) nurse; (*quien practica algo*) practitioner ♦ *adj* practicing (*US*), practising (*BRIT*)

practicar *vt* to practice (*US*), practise (*BRIT*); (*deporte*) to play; (*realizar*) to carry out, perform

práctico, -a *adj* practical; (*instruído: persona*) skilled, expert

practique *etc vb ver* **practicar**

pradera *nf* meadow; (*de EE.UU., Canadá*) prairie

prado *nm* (*campo*) meadow, field; (*pastizal*) pasture

Praga *n* Prague

pragmático, -a *adj* pragmatic

preámbulo *nm* preamble, introduction

precario, -a *adj* precarious

precaución *nf* (*medida preventiva*) preventive measure, precaution; (*prudencia*) caution, wariness

precaver *vt* to guard against; (*impedir*) to forestall; **precaverse** *vr*: **~se de** *o* **contra algo** to (be on one's) guard against sth ❑ **precavido, -a** *adj* cautious, wary

precedente *adj* preceding; (*anterior*) former ♦ *nm* precedent

preceder *vt, vi* to precede, go before, come before

precepto *nm* precept

preciado, -a *adj* (*estimado*) esteemed, valuable

preciarse *vr* to boast; **~ de** to pride o.s. on, boast of being

precinto *nm* (*tb*: **~ de garantía**) seal

precio *nm* price; (*costo*) cost; (*valor*) value, worth; (*de viaje*) fare ▸ **precio al contado/de costo/de compra** cash/cost/purchase price ▸ **precio al por menor** retail price ▸ **precio tope** top price

preciosidad *nf* (*valor*) (high) value, (great) worth; (*encanto*) charm; (*cosa bonita*) beautiful thing; **es una ~** it's really beautiful, it's lovely

precioso, -a *adj* precious; (*de mucho valor*) valuable; (*fam*) beautiful, lovely

precipicio *nm* cliff, precipice; (*fig*) abyss

precipitación *nf* haste; (*lluvia*) rainfall

precipitado, -a *adj* (*conducta*) hasty, rash; (*salida*) hasty, sudden

precipitar *vt* (*arrojar*) to hurl down, throw; (*apresurar*) to hasten; (*acelerar*) to speed up, accelerate; **precipitarse** *vr* to throw o.s.; (*apresurarse*) to rush; (*actuar sin pensar*) to act rashly

precisamente *adv* precisely; (*exactamente*) precisely, exactly

precisar *vt* (*necesitar*) to need, require; (*fijar*) to determine exactly, fix; (*especificar*) to specify

precisión *nf* (*exactitud*) precision

preciso, -a *adj* (*exacto*) precise; (*necesario*) necessary, essential

preconcebido, -a *adj* preconceived

precoz *adj* (*persona*) precocious; (*calvicie etc*) premature

precursor, a *nm/f* predecessor, forerunner

predecir *vt* to predict, forecast

predestinado, -a *adj* predestined

predicar *vt, vi* to preach

predicción *nf* prediction

predilecto, -a *adj* favorite (*US*), favourite (*BRIT*)

predisponer *vt* to predispose; (*pey*) to prejudice ❑ **predisposición** *nf* inclination; prejudice, bias

predominante *adj* predominant

predominar *vt* to dominate ♦ *vi* to predominate; (*prevalecer*) to prevail ❑ **predominio** *nm* predominance; prevalence

preescolar *adj* preschool

prefabricado, -a *adj* prefabricated

prefacio *nm* preface

preferencia *nf* preference; **de ~** preferably, for preference

preferible *adj* preferable

preferir *vt* to prefer

prefiero *etc vb ver* **preferir**

prefijo (*ESP*) *nm* (*TEL*) area code (*US*), dialling code (*BRIT*)

pregonar *vt* to proclaim, announce

pregunta *nf* question; **hacer una ~** to ask a question ▸ **preguntas frecuentes** FAQs, frequently asked questions

preguntar *vt* to ask; (*cuestionar*) to question ♦ *vi* to ask; **preguntarse** *vr* to wonder; **~ por algn** to ask for sb

preguntón, -ona *adj* inquisitive

prehistórico, -a *adj* prehistoric

prejuicio *nm* (*acto*) prejudgement; (*idea preconcebida*) preconception; (*parcialidad*) prejudice, bias

preliminar *adj* preliminary

preludio *nm* prelude

prematuro, -a *adj* premature

premeditación *nf* premeditation

premeditar *vt* to premeditate

premiar *vt* to reward; (*en un concurso*) to give a prize to

premio *nm* reward; prize; (*COM*) premium

premonición *nf* premonition

prenatal *adj* antenatal, prenatal

prenda *nf* (*ropa*) garment, article of clothing; (*garantía*) pledge; **~s** *nfpl* (*talentos*) talents, gifts

prendedor *nm* brooch

prender *vt* (*captar*) to catch, capture; (*detener*) to arrest; (*COSTURA*) to pin, attach; (*sujetar*) to fasten; (*LAm: luz etc*) to turn *o* switch on ♦ *vi* to catch; (*arraigar*) to take root; **prenderse** *vr* (*encenderse*) to catch fire

prendido, -a (*LAm*) *adj* (*luz etc*) on

prensa *nf* press; **la ~** the press ❑ **prensar** *vt* to press

preñado, -a *adj* pregnant; **~ de** pregnant with, full of

preocupación *nf* worry, concern; (*ansiedad*) anxiety

preocupado, -a *adj* worried, concerned; (*ansioso*) anxious

preocupar *vt* to worry; **preocuparse** *vr* to worry; **~se de algo** (*hacerse cargo*) to take care of sth

preparación *nf* (*acto*) preparation; (*estado*) readiness; (*entrenamiento*) training

preparado, -a *adj* (*dispuesto*) prepared; (*CULIN*) ready (to serve) ♦ *nm* preparation

preparar *vt* (*disponer*) to prepare, get ready; (*TEC: tratar*) to prepare, process; (*entrenar*) to teach, train; **prepararse** *vr*: **~se a** *o* **para** to prepare to *o* for, get ready to *o* for ❑ **preparativo, -a** *adj* preparatory, preliminary ❑ **preparativos** *nmpl* preparations ❑ **preparatoria** (*MÉX*) *nf* senior high school (*US*), sixth-form college (*BRIT*)

prerrogativa *nf* prerogative, privilege

presa *nf* (*cosa apresada*) catch; (*víctima*) victim; (*de animal*) prey; (*de agua*) dam

presagiar *vt* to presage, forebode ❑ **presagio** *nm* omen

prescindir *vi*: **~ de** (*privarse de*) to do without, go without; (*descartar*) to dispense with

prescribir *vt* to prescribe ❑ **prescripción** *nf* prescription

presencia *nf* presence ❑ **presencial** *adj*: **testigo presencial** eyewitness ❑ **presenciar** *vt* to be present at; (*asistir a*) to attend; (*ver*) to see, witness

presentación *nf* presentation; (*introducción*) introduction

presentador, a *nm/f* host(ess), compere (*BRIT*)

presentar *vt* to present; (*ofrecer*) to offer; (*mostrar*) to show, display; (*a una persona*) to introduce; **presentarse** *vr* (*llegar inesperadamente*) to appear, turn up; (*ofrecerse: como candidato*) to run, stand; (*aparecer*) to show, appear; (*solicitar empleo*) to apply

presente *adj* present ♦ *nm* present; **hacer ~** to state, declare; **tener ~** to remember, bear in mind

presentimiento *nm* premonition, presentiment

presentir *vt* to have a premonition of

preservación *nf* protection, preservation

preservar *vt* to protect, preserve ❑ **preservativo** *nm* sheath, condom

presidencia *nf* presidency; (*de comité*) chairmanship

presidente *nmf* president; (*de comité*) chairman(-woman)

presidiario *nm* convict

presidio *nm* prison, penitentiary

presidir *vt* (*dirigir*) to preside at, preside over; (*: comité*) to take the chair at; (*dominar*) to dominate, rule ♦ *vi* to preside; to take the chair

presión *nf* pressure ❑ **presionar** *vt* to press; (*fig*) to press, put pressure on ♦ *vi*: **presionar para** to press for

preso, -a *nm/f* prisoner; **tomar** *o* **llevar ~ a algn** to arrest sb, take sb prisoner

prestación *nf* service; (*subsidio*) benefit ❑ **prestaciones** *nfpl* (*TEC, AUTO*) performance features

prestado, -a *adj* on loan; **pedir ~** to borrow

prestamista *nmf* moneylender

préstamo *nm* loan ▸ **préstamo hipotecario** mortgage

prestar *vt* to lend, loan; (*atención*) to pay; (*ayuda*) to give

presteza *nf* speed, promptness

prestigio *nm* prestige ❑ **prestigioso, -a** *adj* (*honorable*) prestigious; (*famoso, renombrado*) renowned, famous

presumido, -a *adj* (*persona*) vain

presumir *vt* to presume ♦ *vi* (*tener aires*) to be conceited; **según cabe ~** as may be presumed, presumably ❑ **presunción** *nf* presumption ❑ **presunto, -a** *adj* (*supuesto*) supposed, presumed; (*así llamado*) so-called ❑ **presuntuoso, -a** *adj* conceited, presumptuous

presuponer *vt* to presuppose

presupuesto *pp de* **presuponer** ♦ *nm* (*FINANZAS*) budget; (*estimación: de costo*) estimate

pretencioso, -a *adj* pretentious

pretender *vt* (*intentar*) to try to, seek to; (*reivindicar*) to claim; (*buscar*) to seek, try for; (*cortejar*) to woo, court; **~ que** to expect that ❑ **pretendiente** *nmf* (*amante*) suitor; (*al trono*) pretender ❑ **pretensión** *nf* (*aspiración*) aspiration; (*reivindicación*) claim; (*orgullo*) pretension

> ⚠ No confundir **pretender** con la palabra inglesa ***pretend***.

pretexto *nm* pretext; (*excusa*) excuse

prevalecer *vi* to prevail

prevención *nf* prevention; (*precaución*) precaution

prevenido, -a *adj* prepared, ready; (*cauteloso*) cautious

prevenir *vt* (*impedir*) to prevent; (*predisponer*) to prejudice, bias; (*avisar*) to warn; (*preparar*) to prepare, get ready; **prevenirse** *vr* to get ready, prepare; **~se contra** to take precautions against ❑ **preventivo, -a** *adj* preventive, precautionary

prever *vt* to foresee

previo, -a *adj* (*anterior*) previous; (*preliminar*) preliminary ♦ *prep*: **~ acuerdo de los otros** subject to the agreement of the others

previsión *nf* (*perspicacia*) foresight; (*predicción*) forecast ❑ **previsto, -a** *adj* anticipated, forecast

PRI (*MÉX*) *nm abr* = **Partido Revolucionario Institucional**

prima *nf* (*COM*) bonus; (*de seguro*) premium; *ver tb* **primo**

primacía *nf* primacy

primario, -a *adj* primary

primavera *nf* spring(-time)

primera *nf* (*AUTO*) first gear; (*FERRO: tb*: **~ clase**) first class; **de ~** (*fam*) first-class, first-rate

primero, -a (*delante de nmsg*: **primer**) *adj* first; (*principal*) prime ♦ *adv* first; (*más bien*) sooner, rather; **primera plana** front page

primicia *nf* (*tb*: **~ informativa**) scoop

primitivo, -a *adj* primitive; (*original*) original

primo, -a *adj* prime ♦ *nm/f* cousin; **materias primas** raw materials ▸ **primo hermano** first cousin

primogénito, -a *adj* first-born

primordial *adj* basic, fundamental

primoroso, -a *adj* exquisite, delicate

princesa *nf* princess

principal *adj* principal, main ♦ *nm* (*jefe*) chief, principal

príncipe *nm* prince

principiante *nmf* beginner

principio *nm* (*comienzo*) beginning, start; (*origen*) origin; (*primera etapa*) rudiment, basic idea; (*moral*) principle; **a ~s de** at the beginning of

pringoso, -a *adj* (*grasiento*) greasy; (*pegajoso*) sticky

pringue *nm* (*grasa*) grease, fat, dripping

prioridad *nf* priority

prisa *nf* (*apresuramiento*) hurry, haste; (*rapidez*) speed; (*urgencia*) (sense of) urgency; **a** *o* **de ~** quickly; **correr ~** to be urgent; **darse ~** to hurry up; **estar de** *o* **tener ~** to be in a hurry

prisión *nf* (*cárcel*) prison; (*período de cárcel*) imprisonment ❑ **prisionero, -a** *nm/f* prisoner

prismáticos *nmpl* binoculars

privación *nf* deprivation; (*falta*) want, privation

privado, -a *adj* private

privar *vt* to deprive ❑ **privativo, -a** *adj* exclusive

privilegiado, -a *adj* privileged; (*memoria*) very good

privilegiar *vt* to grant a privilege to; (*favorecer*) to favor (*US*), favour (*BRIT*)

privilegio *nm* privilege; (*concesión*) concession

pro *nm o f* profit, advantage ♦ *prep*: **asociación ~ ciegos** association for the blind ♦ *prefijo*: **~ soviético/americano** pro-Soviet/American; **en ~ de** on behalf of, for; **los ~s y los contras** the pros and cons

proa *nf* bow, prow; **de ~** bow *cpd*, fore

probabilidad *nf* probability, likelihood; (*oportunidad, posibilidad*) chance, prospect ❑ **probable** *adj* probable, likely

probador *nm* (*en tienda*) fitting room

probar *vt* (*demostrar*) to prove; (*someter a prueba*) to test, try out; (*ropa*) to try on; (*comida*) to taste ♦ *vi* to try; **~se un traje** to try on a suit

probeta *nf* test tube

problema *nm* problem

procedente *adj* (*razonable*) reasonable; (*conforme a derecho*) proper, fitting; **~ de** coming from, originating in

proceder *vi* (*avanzar*) to proceed; (*actuar*) to act; (*ser correcto*) to be right (and proper), be fitting ♦ *nm* (*comportamiento*) conduct, behavior (*US*), behaviour (*BRIT*); **~ de** to come from, originate in ❑ **procedimiento** *nm* procedure; (*proceso*) process; (*método*) means *pl*, method

procesado, -a *nm/f* accused

procesador *nm* processor ▸ **procesador de textos** word processor

procesar *vt* to try, put on trial

procesión *nf* procession

proceso *nm* process; (*JUR*) trial

proclamar *vt* to proclaim

procreación *nf* procreation

procrear *vt, vi* to procreate

procurador, a *nm/f* attorney

procurar *vt* (*intentar*) to try, endeavor (*US*), endeavour (*BRIT*); (*conseguir*) to get, obtain; (*asegurar*) to secure; (*producir*) to produce

prodigio *nm* prodigy; (*milagro*) wonder, marvel ❑ **prodigioso, -a** *adj* prodigious, marvelous (*US*), marvellous (*BRIT*)

pródigo, -a *adj*: **hijo ~** prodigal son

producción *nf* (*gen*) production; (*producto*) output ▸ **producción en serie** mass production

producir *vt* to produce; (*causar*) to cause, bring about; **producirse** *vr* (*cambio*) to come about; (*accidente*) to take place; (*problema etc*) to arise; (*hacerse*) to be produced, be made; (*estallar*) to break out

productividad *nf* productivity ❑ **productivo, -a** *adj* productive; (*provechoso*) profitable

producto *nm* product

productor, a *adj* productive, producing ♦ *nm/f* producer

proeza *nf* exploit, feat

profanar *vt* to desecrate, profane ❑ **profano, -a** *adj* profane ♦ *nm/f* layman(-woman)

profecía *nf* prophecy

proferir *vt* (*palabra, sonido*) to utter; (*injuria*) to hurl, let fly

profesión *nf* profession ❑ **profesional** *adj* professional

profesor, a *nm/f* teacher ❑ **profesorado** *nm* teaching staff, faculty (*US*)

profeta *nmf* prophet ❑ **profetizar** *vt, vi* to prophesy

prófugo, -a *nm/f* fugitive; (*MIL: desertor*) deserter

profundidad *nf* depth ❑ **profundizar** *vi*: **profundizar en** to go deeply into ❑ **profundo, -a** *adj* deep; (*misterio, pensador*) profound

progenitor *nm* ancestor; **~es** *nmpl* (*padres*) parents

programa *nm* program (*US*), programme (*BRIT*) ❑ **programación** *nf* programing (*US*), programming (*BRIT*) ❑ **programador, a** *nm/f* programer (*US*), programmer (*BRIT*) ❑ **programar** *vt* to program

progresar *vi* to progress, make progress ❑ **progresista** *adj, nmf* progressive ❑ **progresivo, -a** *adj* progressive; (*gradual*) gradual; (*continuo*) continuous ❑ **progreso** *nm* progress

prohibición *nf* prohibition, ban

prohibir *vt* to prohibit, ban, forbid; **se prohibe fumar, prohibido fumar** no smoking; **"prohibido el paso"** "no entry"

prójimo, -a *nm/f* fellow man; (*vecino*) neighbor (*US*), neighbour (*BRIT*)

proletariado *nm* proletariat

proletario, -a *adj, nm/f* proletarian

proliferación *nf* proliferation

proliferar *vi* to proliferate ❑ **prolífico, -a** *adj* prolific

prólogo *nm* prologue, prolog (*US*)

prolongación *nf* extension ❑ **prolongado, -a** *adj* (*largo*) long; (*alargado*) lengthy

prolongar *vt* to extend; (*reunión etc*) to prolong; (*calle, tubo*) to extend

promedio *nm* average; (*de distancia*) middle, mid-point

promesa *nf* promise

prometer *vt* to promise ♦ *vi* to show promise; **prometerse** *vr* (*novios*) to get engaged ❑ **prometido, -a** *adj* promised; engaged ♦ *nm/f* fiancé (fiancée)

prominente *adj* prominent

promiscuo, -a *adj* promiscuous

promoción *nf* promotion

promotor *nm* promoter; (*instigador*) instigator

promover *vt* to promote; (*causar*) to cause; (*instigar*) to instigate, stir up

promulgar *vt* to promulgate; (*anunciar*) to proclaim

pronombre *nm* pronoun

pronosticar *vt* to predict, foretell, forecast ❑ **pronóstico** *nm* prediction, forecast ▸ **pronóstico del tiempo** weather forecast

pronto, -a *adj* (*rápido*) prompt, quick; (*preparado*) ready ♦ *adv* quickly, promptly; (*en seguida*) at once, right away; (*dentro de poco*) soon; (*temprano*) early ♦ *nm*: **tener ~s de enojo** to be quick-tempered; **de ~** suddenly; **por lo ~** meanwhile, for the present

pronunciación *nf* pronunciation

pronunciar *vt* to pronounce; (*discurso*) to make, deliver; **pronunciarse** *vr* to revolt, rebel; (*declararse*) to declare o.s.

propagación *nf* propagation

propaganda *nf* (*POL*) propaganda; (*COM*) advertising

propagar *vt* to propagate

propensión *nf* inclination, propensity ❑ **propenso, -a** *adj* inclined to; **ser propenso a** to be inclined to, have a tendency to

propicio, -a *adj* favorable (*US*), favourable (*BRIT*)

propiedad *nf* property; (*posesión*) possession, ownership ▸ **propiedad particular** private property

propietario, -a *nm/f* owner, proprietor

propina *nf* tip

propio, -a *adj* own, of one's own; (*característico*) characteristic, typical; (*debido*) proper; (*mismo*) selfsame, very; **el ~ ministro** the minister himself; **¿tienes casa propia?** have you a house of your own?

proponer *vt* to propose, put forward; (*problema*) to pose; **proponerse** *vr* to propose, intend

proporción *nf* proportion; (*MAT*) ratio; **proporciones** *nfpl* (*dimensiones*) dimensions; (*fig*) size *sg* ❑ **proporcionado, -a** *adj* proportionate; (*regular*) medium, middling; (*justo*) just right ❑ **proporcionar** *vt* (*dar*) to give, supply, provide

proposición *nf* proposition; (*propuesta*) proposal

propósito *nm* purpose; (*intento*) aim, intention ♦ *adv*: **a ~** by the way, incidentally; (*a posta*) on purpose, deliberately; **a ~ de** about, with regard to

propuesta *vb ver* **proponer** ♦ *nf* proposal

propulsar *vt* to drive, propel; (*fig*) to promote, encourage ❑ **propulsión** *nf* propulsion ▸ **propulsión a chorro** *o* **por reacción** jet propulsion

prórroga *nf* extension; (*JUR*) stay; (*COM*) deferment; (*DEPORTE*) overtime (*US*), extra time (*BRIT*) ❑ **prorrogar** *vt* (*período*) to extend; (*decisión*) to defer, postpone

prorrumpir *vi* to burst forth, break out

prosa *nf* prose

proscrito, -a *adj* banned

proseguir *vt* to continue, carry on ♦ *vi* to continue, go on

prospección *nf* exploration; (*del oro*) prospecting

prospecto *nm* prospectus

prosperar *vi* to prosper, thrive, flourish ❑ **prosperidad** *nf* prosperity; (*éxito*) success ❑ **próspero, -a** *adj* prosperous, flourishing; (*que tiene éxito*) successful

prostíbulo *nm* brothel, house of prostitution (*US*)

prostitución *nf* prostitution

prostituir *vt* to prostitute; **prostituirse** *vr* to prostitute o.s., become a prostitute

prostituta *nf* prostitute

protagonista *nmf* protagonist

protagonizar *vt* to take the chief role in

protección *nf* protection

protector, a *adj* protective, protecting ♦ *nm/f* protector

proteger *vt* to protect ❑ **protegido, -a** *nm/f* protégé/protégée

proteína *nf* protein

protesta *nf* protest; (*declaración*) protestation

protestante *adj* Protestant

protestar *vt* to protest, declare ♦ *vi* to protest

protocolo *nm* protocol

prototipo *nm* prototype

prov. *abr* (= *provincia*) prov

provecho *nm* advantage, benefit; (*FINANZAS*) profit; **¡buen ~!** bon appétit!; **en ~ de** to the benefit of; **sacar ~ de** to benefit from, profit by

proveer *vt* to provide, supply ♦ *vi*: **~ a** to provide for

provenir *vi*: **~ de** to come from, stem from

proverbio *nm* proverb

providencia *nf* providence

provincia *nf* province ❑ **provinciano, -a** *adj* provincial; (*del campo*) country *cpd*

provisión *nf* provision; (*abastecimiento*) provision, supply; (*medida*) measure, step

provisional *adj* provisional

provocación *nf* provocation

provocar *vt* to provoke; (*alentar*) to tempt, invite; (*causar*) to bring about, lead to; (*promover*) to promote; (*estimular*) to rouse, stimulate; **¿te provoca un café?** (*CAm*) would you like a coffee? ❑ **provocativo, -a** *adj* provocative

proxeneta *nm* pimp

próximamente *adv* shortly, soon

proximidad *nf* closeness, proximity ❑ **próximo, -a** *adj* near, close; (*vecino*) neighboring (*US*), neighbouring (*BRIT*); (*siguiente*) next

proyectar *vt* (*objeto*) to hurl, throw; (*luz*) to cast, shed; (*CINE*) to screen, show; (*planear*) to plan

proyectil *nm* projectile, missile

proyecto *nm* plan; (*estimación de costo*) detailed estimate

proyector *nm* (*CINE*) projector

prudencia *nf* (*sabiduría*) wisdom; (*cuidado*) care ❑ **prudente** *adj* sensible, wise; (*conductor*) careful

prueba *etc vb ver* **probar** ♦ *nf* proof; (*ensayo*) test, trial; (*degustación*) tasting, sampling; (*de ropa*) fitting; **a ~** on trial; **a ~ de** proof against; **a ~ de agua/fuego** waterproof/fireproof; **someter a ~** to put to the test

prurito *nm* itch; (*de bebé*) diaper (*US*) *o* nappy (*BRIT*) rash

psico... *prefijo* psycho... ❑ **psicoanálisis** *nm inv* psychoanalysis ❑ **psicología** *nf* psychology ❑ **psicológico, -a** *adj* psychological ❑ **psicólogo, -a** *nm/f* psychologist ❑ **psicópata** *nmf* psychopath ❑ **psicosis** *nf inv* psychosis

psiquiatra *nmf* psychiatrist ❑ **psiquiátrico, -a** *adj* psychiatric

psíquico, -a *adj* psychic(al)

pta(s) *abr* = **peseta(s)**

pts *abr* = **pesetas**

púa *nf* (*BOT, ZOOL*) prickle, spine; (*para guitarra*) pick (*US*), plectrum (*BRIT*); **alambre de ~** barbed wire

pubertad *nf* puberty

publicación *nf* publication

publicar *vt* (*editar*) to publish; (*hacer público*) to publicize; (*divulgar*) to make public, divulge

publicidad *nf* publicity; (*COM: propaganda*) advertising ❑ **publicitario, -a** *adj* publicity *cpd*; advertising *cpd*

público, -a *adj* public ♦ *nm* public; (*TEATRO etc*) audience

puchero *nm* (*CULIN: guiso*) stew; (*: olla*) cooking pot; **hacer ~s** to pout

pucho (*CS: fam*) *nm* cigarette, fag (*BRIT*)

pude *etc vb ver* **poder**

púdico, -a *adj* modest

pudiente *adj* (*rico*) wealthy, well-to-do

pudiera *etc vb ver* **poder**

pudor *nm* modesty

pudrir *vt* to rot; **pudrirse** *vr* to rot, decay

pueblo *nm* people; (*nación*) nation; (*aldea*) village

puedo *etc vb ver* **poder**

puente *nm* bridge; **hacer ~** (*fam*) *to take extra days off work between 2 public holidays*; to take a long weekend ▸ **puente aéreo** shuttle service ▸ **puente colgante** suspension bridge

puerco, -a *nm/f* pig/sow ♦ *adj* (*sucio*) dirty, filthy; (*obsceno*) disgusting ▸ **puerco espín** porcupine

pueril *adj* childish

puerro *nm* leek

puerta *nf* door; (*de jardín*) gate; (*portal*) doorway; (*fig*) gateway; (*portería*) goal; **a la ~** at the door; **a ~ cerrada** behind closed doors ▸ **puerta giratoria** revolving door

puerto *nm* port; (*paso*) pass; (*fig*) haven, refuge ▸ **puerto deportivo** marina

Puerto Rico *nm* Puerto Rico ❑ **puertorriqueño, -a** *adj, nm/f* Puerto Rican

pues *adv* (*entonces*) then; (*bueno*) well, well then; (*así que*) so ♦ *conj* (*ya que*) since; **¡~ sí!** yes!, certainly!

puesta *nf* (*apuesta*) bet, stake ▸ **puesta en marcha** starting ▸ **puesta de sol** sunset

puesto, -a *pp de* **poner** ♦ *adj*: **tener algo ~** to have sth on, be wearing sth ♦ *nm* (*lugar, posición*) place; (*trabajo*) post, job; (*COM*) stall ♦ *conj*: **~ que** since, as

púgil *nm* boxer

pugna *nf* battle, conflict ❑ **pugnar** *vi* (*luchar*) to struggle, fight; (*pelear*) to fight

pujar *vi* (*en subasta*) to bid; (*esforzarse*) to struggle, strain

pulcro, -a *adj* neat, tidy

pulga *nf* flea; **mercado de ~s** (*LAm*) flea market

pulgada *nf* inch

pulgar *nm* thumb

pulir *vt* to polish; (*alisar*) to smooth; (*fig*) to polish up, touch up

pulla *nf* cutting remark

pulmón *nm* lung ❑ **pulmonía** *nf* pneumonia

pulpa *nf* pulp; (*de fruta*) flesh, soft part

pulpería (*LAm*) *nf* (*tienda*) small grocery store

púlpito *nm* pulpit

pulpo *nm* octopus

pulque *nm* pulque

> **PULQUE**
>
> **Pulque** is a thick, white, alcoholic drink which is very popular in Mexico. In ancient times it was considered sacred by the Aztecs. It is produced by fermenting the juice of the **maguey**, a Mexican cactus similar to the agave. It can be drunk by itself or mixed with fruit or vegetable juice.

pulsación *nf* beat; **pulsaciones** pulse rate

pulsar *vt* (*tecla*) to touch, tap; (*MÚS*) to play; (*botón*) to press, push

pulsera *nf* bracelet

pulso *nm* (*ANAT*) pulse; (*fuerza*) strength; (*firmeza*) steadiness, steady hand

pulverizador *nm* spray, spray gun

pulverizar *vt* to pulverize; (*líquido*) to spray

puna (*CAm*) *nf* mountain sickness

punitivo, -a *adj* punitive

punta *nf* point, tip; (*extremo*) end; (*fig*) touch, trace; **horas ~s** (*ESP: de electricidad, teléfono*) peak hours; (*: del tráfico*) rush hours; **sacar ~ a** to sharpen

puntada *nf* (*COSTURA*) stitch

puntal *nm* prop, support

puntapié *nm* kick

puntear *vt* to tick, mark

puntería *nf* (*de arma*) aim, aiming; (*destreza*) marksmanship

puntero, -a *adj* leading ♦ *nm* (*palo*) pointer

puntiagudo, -a *adj* sharp, pointed

puntilla *nf* (*encaje*) lace edging *o* trim; **(andar) de ~s** (to walk) on tiptoe

punto *nm* (*gen*) point; (*señal diminuta*) spot, dot; (*MED*) stitch; (*lugar*) spot, place; (*momento*) point, moment; **a ~** ready; **estar a ~ de** to be on the point of *o* about to; **en ~** on the dot ▸ **punto de interrogación** question mark ▸ **punto de vista** point of view, viewpoint ▸ **punto final** period (*US*), full stop (*BRIT*) ▸ **punto muerto** dead center; (*AUTO*) neutral (gear) ▸ **punto y coma** semicolon

puntocom, punto.com *adj inv, nf inv* dotcom, dot.com

puntuación *nf* punctuation; (*puntos: en examen*) grade (*US*), mark(s) (*pl*) (*BRIT*); (*DEPORTE*) score

puntual *adj* (*a tiempo*) punctual; (*exacto*) exact, accurate ❑ **puntualidad** *nf* punctuality; exactness, accuracy ❑ **puntualizar** *vt* to fix, specify

puntuar *vi* (*DEPORTE*) to score, count

punzada *nf* (*dolor*) twinge

punzante *adj* (*dolor*) shooting, sharp; (*herramienta*) sharp ❑ **punzar** *vt* to prick, pierce ♦ *vi* to shoot, stab

puñado *nm* handful

puñal *nm* dagger ❑ **puñalada** *nf* stab

puñetazo *nm* punch

puño *nm* (*ANAT*) fist; (*cantidad*) fistful, handful; (*COSTURA*) cuff; (*de herramienta*) handle

pupila *nf* pupil

pupitre *nm* desk

puré *nm* purée; (*sopa*) (thick) soup ▸ **puré de papas** (*LAm*) mashed potatoes ▸ **puré de patatas** (*ESP*) mashed potatoes

pureza *nf* purity

purga *nf* purge ❑ **purgante** *adj, nm* purgative ❑ **purgar** *vt* to purge

purgatorio *nm* purgatory

purificar *vt* to purify; (*refinar*) to refine

puritano, -a *adj* (*actitud*) puritanical; (*iglesia, tradición*) puritan ♦ *nm/f* puritan

puro, -a *adj* pure; (*verdad*) simple, plain ♦ *adv*: **de ~ cansado** out of sheer tiredness ♦ *nm* cigar

púrpura *nf* purple ❑ **purpúreo, -a** *adj* purple

pus *nm* pus

puse *etc vb ver* **poner**

pusiera *etc vb ver* **poder**

pústula *nf* pimple, sore

puta (*fam!*) *nf* whore, prostitute

putrefacción *nf* rotting, putrefaction

PVP (*ESP*) *nm abr* (= *precio venta al público*) RRP

pyme, PYME *nf abr* (= *Pequeña y Mediana Empresa*) SME

Qq

que

PALABRA CLAVE

conj

1 (*con oración subordinada: muchas veces no se traduce*) that; **dijo que vendría** he said (that) he would come; **espero que lo encuentres** I hope (that) you find it; *ver tb* **el**

2 (*en oración independiente*): **¡que entre!** send him in!; **¡que se mejore tu padre!** I hope your father gets better

3 (*enfático*): **¿me quieres? -- ¡que sí!** do you love me? -- of course!

4 (*consecutivo: muchas veces no se traduce*) that; **es tan grande que no lo puedo levantar** it's so big (that) I can't lift it

5 (*comparaciones*) than; **yo que tú/él** if I were you/him; *ver tb* **más; menos; mismo**

6 (*valor disyuntivo*): **que le guste o no** whether he likes it or not; **que venga o que no venga** whether he comes or not

7 (*porque*): **no puedo, que tengo que quedarme en casa** I can't, I've got to stay in

♦ *pron*

1 (*cosa*) that, which; (+ *prep*) which; **el sombrero que te compraste** the hat (that *o* which) you bought; **la cama en que dormí** the bed (that *o* which) I slept in

2 (*persona: suj*) that, who; (*: objeto*) that, whom; **el amigo que me acompañó al museo** the friend that *o* who went to the museum with me; **la chica que invité** the girl (that *o* whom) I invited

qué *adj* what?, which? ♦ *pron* what?; **¡~ divertido!** how funny!; **¿~ edad tienes?** how old are you?; **¿de ~ me hablas?** what are you saying to me?; **¿~ tal?** how are you?, how are things?; **¿~ hay (de nuevo)?** what's new?

quebradizo, -a *adj* fragile; (*persona*) frail

quebrado, -a *adj* (*roto*) broken ♦ *nm/f* bankrupt ♦ *nm* (*MAT*) fraction

quebrantar *vt* (*infringir*) to violate, transgress; **quebrantarse** *vr* (*persona*) to fail in health

quebranto *nm* damage, harm; (*dolor*) grief, pain

quebrar *vt* to break, smash ♦ *vi* to go bankrupt; **quebrarse** *vr* (*LAm: romperse*) to break, get broken; (*MED*) to be ruptured

quedar *vi* to stay, remain; (*encontrarse: sitio*) to be; (*haber aún*) to remain, be left; **quedarse** *vr* to remain, stay (behind); **~se (con) algo** to keep sth; **~ en** (*acordar*) to agree on/to; **~ en nada** to come to nothing; **~ por hacer** to be still to be done; **~se ciego/mudo** to be left blind/dumb; **no te queda bien ese vestido** that dress doesn't suit you; **eso queda muy lejos** that's a long way (away); **quedamos a las seis** we agreed to meet at six

quedo, -a *adj* still ♦ *adv* softly, gently

quehacer *nm* task, job; **~es (domésticos)** *nmpl* household chores

queja *nf* complaint ❑ **quejarse** *vr* (*enfermo*) to moan, groan; (*protestar*) to complain; **quejarse de que** to complain (about the fact) that ❑ **quejido** *nm* moan

quemado, -a *adj* burnt
quemadura *nf* burn, scald
quemar *vt* to burn; (*fig: malgastar*) to burn up, squander ♦ *vi* to be burning hot; **quemarse** *vr* (*consumirse*) to burn (up); (*del sol*) to get sunburnt
quemarropa: **a ~** *adv* point-blank
quepo *etc vb ver* **caber**
querella *nf* (*JUR*) charge; (*disputa*) dispute ❑ **querellarse** *vr* (*JUR*) to file a complaint

querer

PALABRA CLAVE

vt

1 (*desear*) to want; **quiero más dinero** I want more money; **quisiera** *o* **querría un té** I'd like a tea; **sin querer** unintentionally; **quiero ayudar/que vayas** I want to help/you to go

2 (*preguntas: para pedir algo*): **¿quiere abrir la ventana?** could you open the window?; **¿quieres echarme una mano?** can you give me a hand?

3 (*amar*) to love; (*tener cariño a*) to be fond of; **quiere mucho a sus hijos** he's very fond of his children

4 (*requerir*): **esta planta quiere más luz** this plant needs more light

5: **le pedí que me dejara ir pero no quiso** I asked him to let me go but he refused

querido, -a *adj* dear ♦ *nm/f* darling; (*amante*) lover
queso *nm* cheese ▶ **queso crema** (*LAm*) cream cheese
quicio *nm* hinge; **sacar a algn de ~** to get on sb's nerves
quiebra *nf* break, split; (*COM*) bankruptcy; (*ECON*) slump
quiebro *nm* (*del cuerpo*) swerve
quien *pron* who; **hay ~ piensa que** there are those who think that; **no hay ~ lo haga** no-one will do it
quién *pron* who, whom; **¿~ es?** who's there?
quienquiera (*pl* **quienesquiera**) *pron* whoever
quiero *etc vb ver* **querer**
quieto, -a *adj* still; (*carácter*) placid ❑ **quietud** *nf* stillness

⚠ No confundir **quieto** con la palabra inglesa ***quiet***.

quilate *nm* carat
quilla *nf* keel
quimera *nf* chimera ❑ **quimérico, -a** *adj* fantastic
químico, -a *adj* chemical ♦ *nm/f* chemist ♦ *nf* chemistry
quincalla *nf* hardware, ironmongery (*BRIT*)
quince *num* fifteen; **~ días** two weeks, a fortnight (*BRIT*) ❑ **quinceañero, -a** *nm/f* teenager ❑ **quincena** *nf* two weeks, fortnight (*BRIT*); (*pago*) bimonthly pay (*US*), fortnightly pay (*BRIT*) ❑ **quincenal** *adj* bimonthly (*US*), fortnightly (*BRIT*)
quiniela (*ESP*) *nf* sports lottery (*US*), football pools *pl* (*BRIT*); **~s** *nfpl* (*impreso*) sports lottery ticket *sg* (*US*), pools coupon *sg* (*BRIT*)
quinientos, -as *adj, num* five hundred
quinina *nf* quinine
quinto, -a *adj* fifth ♦ *nf* country house ♦ *nm* (*MÉX: moneda*) nickel; **estar sin un ~** (*MÉX: fam*) to be broke
quiosco *nm* (*de música*) bandstand; (*de periódicos*) news stand
quirófano *nm* operating room (*US*) *o* theatre (*BRIT*)
quirúrgico, -a *adj* surgical
quise *etc vb ver* **querer**
quisiera *etc vb ver* **querer**
quisquilloso, -a *adj* (*susceptible*) touchy; (*meticuloso*) persnickety (*US*), pernickety (*BRIT*)
quiste *nm* cyst
quitaesmalte *nm* nail-polish remover
quitamanchas *nm inv* stain remover
quitanieves *nm inv* snowplow (*US*), snowplough (*BRIT*)
quitar *vt* to remove, take away; (*ropa*) to take off; (*dolor*) to relieve; **quitarse** *vr* to withdraw; (*ropa*) to take off; **se quitó el sombrero** he took off his hat
quite *nm* (*esgrima*) parry; (*evasión*) dodge
Quito *n* Quito
quizá(s) *adv* perhaps, maybe

Rr

rábano *nm* radish; **me importa un ~** I don't give a damn
rabia *nf* (*MED*) rabies *sg*; (*ira*) fury, rage ❑ **rabiar** *vi* to have rabies; to rage, be furious; **rabiar por algo** to long for sth
rabieta *nf* tantrum, fit of temper
rabino *nm* rabbi
rabioso, -a *adj* rabid; (*fig*) furious
rabo *nm* tail
racha *nf* gust of wind; **buena/mala ~** spell of good/bad luck
racial *adj* racial, race *cpd*
racimo *nm* bunch
raciocinio *nm* reason
ración (*ESP*) *nf* portion; **raciones** *nfpl* rations
racional *adj* (*razonable*) reasonable; (*lógico*) rational ❑ **racionalizar** *vt* to rationalize
racionar *vt* to ration (out)
racismo *nm* racism ❑ **racista** *adj, nm* racist
radar *nm* radar
radiactivo, -a *adj* = **radioactivo**
radiador *nm* radiator
radiante *adj* radiant
radical *adj, nmf* radical
radicar *vi*: **~ en** (*dificultad, problema*) to lie in; (*solución*) to consist in; **radicarse** *vr* to establish o.s., put down (one's) roots
radio *nm* (*LAm*) *o f* (*CS, ESP*) radio; (*aparato*) radio (set) ♦ *nm* (*MAT*) radius; (*QUÍM*) radium ❑ **radioactividad** *nf* radioactivity ❑ **radioactivo, -a** *adj* radioactive ❑ **radiodifusión** *nf* broadcasting ❑ **radioemisora** *nf* transmitter, radio station ❑ **radioescucha** *nmf* listener ❑ **radiografía** *nf* X-ray ❑ **radiografiar** *vt* to X-ray ❑ **radioterapia** *nf* radiotherapy ❑ **radioyente** *nmf* listener
ráfaga *nf* gust; (*de luz*) flash; (*de tiros*) burst
raído, -a *adj* (*ropa*) threadbare
raigambre *nf* (*BOT*) roots *pl*; (*fig*) tradition
raíz *nf* root; **a ~ de** as a result of ▶ **raíz cuadrada** square root
raja *nf* (*de melón etc*) slice; (*grieta*) crack ❑ **rajar** *vt* to split; (*fam*) to slash; **rajarse** *vr* to split, crack; **rajarse de** to back out of
rajatabla: **a ~** *adv* (*estrictamente*) strictly, to the letter
rallador *nm* grater
rallar *vt* to grate
rama *nf* branch ❑ **ramaje** *nm* branches *pl*, foliage ❑ **ramal** *nm* (*de cuerda*) strand; (*FERRO*) branch line; (*AUTO*) branch (road)
rambla *nf* (*avenida*) avenue
ramificación *nf* ramification
ramificarse *vr* to branch out
ramillete *nm* bouquet
ramo *nm* branch; (*sección*) department, section
rampa *nf* ramp
ramplón, -ona *adj* uncouth, coarse
rana *nf* frog; **salto de ~** leapfrog
ranchero (*MÉX*) *nm* (*hacendado*) rancher; smallholder
rancho *nm* (*MÉX: grande*) ranch; (*pequeño*) small farm; (*LAm: choza*) shack
rancio, -a *adj* (*comestibles*) rancid; (*vino*) aged, mellow; (*fig*) ancient
rango *nm* rank, standing
ranura *nf* groove; (*de teléfono etc*) slot
rapar *vt* to shave; (*pelo*) to crop
rapaz (*nf* **~a**) *nm/f* young boy (girl) ♦ *adj* (*ZOOL*) predatory
rape *nm* (*pez*) monkfish; **al ~** cropped
rapé *nm* snuff
rapidez *nf* speed, rapidity ❑ **rápido, -a** *adj* fast, quick ♦ *adv* quickly ♦ *nm* (*FERRO*) express ❑ **rápidos** *nmpl* rapids
rapiña *nm* robbery; **ave de ~** bird of prey
raptar *vt* to kidnap ❑ **rapto** *nm* kidnapping, kidnaping (*US*); (*impulso*) sudden impulse; (*éxtasis*) ecstasy, rapture
raqueta *nf* racquet
raquítico, -a *adj* stunted; (*fig*) poor, inadequate ❑ **raquitismo** *nm* rickets *sg*
rareza *nf* rarity; (*fig*) eccentricity
raro, -a *adj* (*poco común*) rare; (*extraño*) odd, strange; (*excepcional*) remarkable
ras *nm*: **a ~ de** level with; **a ~ de tierra** at ground level
rasar *vt* (*igualar*) to level
rascacielos *nm inv* skyscraper
rascar *vt* (*con las uñas etc*) to scratch; (*raspar*) to scrape; **rascarse** *vr* to scratch (o.s.)
rasgar *vt* to tear, rip (up)
rasgo *nm* (*con pluma*) stroke; **~s** *nmpl* (*facciones*) features, characteristics; **a grandes ~s** in outline, broadly
rasguñar *vt* to scratch ❑ **rasguño** *nm* scratch
raso, -a *adj* (*liso*) flat, level; (*a baja altura*) very low ♦ *nm* satin; **cielo ~** clear sky
raspadura *nf* (*acto*) scrape, scraping; (*marca*) scratch; **~s** *nfpl* (*de papel etc*) scrapings
raspar *vt* to scrape; (*arañar*) to scratch; (*limar*) to file
rastra *nf* (*AGR*) rake; **a ~s** by dragging; (*fig*) unwillingly
rastreador *nm* tracker ▶ **rastreador de minas** minesweeper
rastrear *vt* (*seguir*) to track
rastrero, -a *adj* (*BOT, ZOOL*) creeping; (*fig*) despicable, mean
rastrillo *nm* rake
rastro *nm* (*AGR*) rake; (*pista*) track, trail; (*vestigio*) trace; (*MÉX: matadero*) slaughterhouse, abattoir (*BRIT*)
rastrojo *nm* stubble
rasurado (*MÉX*) *nm* shaving ❑ **rasuradora** (*MÉX*) *nf* electric shaver ❑ **rasurar** (*MÉX*) *vt* to shave; **rasurarse** *vr* to shave
rata *nf* rat
ratear *vt* (*robar*) to steal
ratero, -a *adj* light-fingered ♦ *nm/f* (*carterista*) pickpocket; (*ladrón*) petty thief
ratificar *vt* to ratify
rato *nm* while, short time; **a ~s** from time to time; **hay para ~** there's still a long way to go; **al poco ~** soon afterward; **pasar el ~** to kill time; **pasar un buen/mal ~** to have a good/rough time; **en mis ~s libres** in my spare time
ratón *nm* mouse ❑ **ratonera** *nf* mousetrap
raudal *nm* torrent; **a ~es** in abundance
raya *nf* line; (*marca*) scratch; (*en tela*) stripe; (*de pelo*) part (*US*), parting (*BRIT*); (*límite*) boundary; (*pez*) ray; (*puntuación*) dash; **a ~s** striped; **pasarse de la ~** to go too far; **tener a ~** to keep in check ❑ **rayar** *vt* to line; to scratch; (*subrayar*) to underline ♦ *vi*: **rayar en** *o* **con** to border on
rayo *nm* (*del sol*) ray, beam; (*de luz*) shaft; (*en una tormenta*) (flash of) lightning ▶ **rayos X** X-rays
raza *nf* race ▶ **raza humana** human race
razón *nf* reason; (*justicia*) right, justice; (*razonamiento*) reasoning; (*motivo*) reason, motive; (*MAT*) ratio; **a ~ de 10 cada día** at the rate of 10 a day; **"~: ..."** "inquiries to ..."; **en ~ de** with regard to; **dar la ~ a algn** to agree that sb is right; **tener ~** to be right ▶ **razón de ser** raison d'être ▶ **razón directa/inversa** direct/inverse proportion ❑ **razonable** *adj* reasonable; (*justo, moderado*) fair ❑ **razonamiento** *nm* (*juicio*) judg(e)ment; (*argumento*) reasoning ❑ **razonar** *vt, vi* to reason, argue
reacción *nf* reaction; **avión a ~** jet plane ▶ **reacción en cadena** chain reaction ❑ **reaccionar** *vi* to react ❑ **reaccionario, -a** *adj* reactionary
reacio, -a *adj* stubborn
reactivar *vt* to revitalize
reactor *nm* reactor
readaptación *nf* readjustment ▶ **readaptación profesional** industrial retraining
reajuste *nm* readjustment
real *adj* real; (*del rey, fig*) royal
realce *nm* (*lustre, fig*) splendor (*US*), splendour (*BRIT*); **poner de ~** to emphasize
realidad *nf* reality, fact; (*verdad*) truth
realista *nmf* realist
realización *nf* fulfillment (*US*), fulfilment (*BRIT*)
realizador, a *nm/f* (*CINE, TV*) producer
realizar *vt* (*objetivo*) to achieve; (*plan*) to carry out; (*viaje*) to make, undertake; **realizarse** *vr* to come about, come true
realmente *adv* really, actually
realquilar *vt* to sublet
realzar *vt* to enhance; (*acentuar*) to highlight
reanimar *vt* to revive; (*alentar*) to encourage; **reanimarse** *vr* to revive
reanudar *vt* (*renovar*) to renew; (*historia, viaje*) to resume
reaparición *nf* reappearance
rearme *nm* rearmament
rebaja *nf* (*COM*) reduction; (*: descuento*) discount; **~s** *nfpl* (*COM*) sale ❑ **rebajar** *vt* (*bajar*) to lower; (*reducir*) to reduce; (*disminuir*) to lessen; (*humillar*) to humble
rebanada *nf* slice
rebañar *vt* (*comida*) to scrape up; (*plato*) to scrape clean
rebaño *nm* herd; (*de ovejas*) flock
rebasar *vt* (*tb*: **~ de**) to exceed; (*MÉX: adelantar*) to overtake, pass
rebatir *vt* to refute
rebeca (*ESP*) *nf* cardigan
rebelarse *vr* to rebel, revolt
rebelde *adj* rebellious; (*niño*) unruly ♦ *nmf* rebel ❑ **rebeldía** *nf* rebelliousness; (*desobediencia*) disobedience
rebelión *nf* rebellion
reblandecer *vt* to soften
rebobinar *vt* (*cinta, película de video*) to rewind
rebosante *adj* overflowing
rebosar *vi* (*líquido, recipiente*) to overflow; (*abundar*) to abound, be plentiful
rebotar *vt* to bounce; (*rechazar*) to repel ♦ *vi* (*pelota*) to bounce; (*bala*) to ricochet ❑ **rebote** *nm* rebound; **de rebote** on the rebound
rebozado, -a *adj* fried in batter *o* breadcrumbs
rebozar *vt* to wrap up; (*CULIN*) to fry in batter *o* breadcrumbs
rebuscado, -a *adj* (*amanerado*) affected; (*palabra*) recherché; (*idea*) far-fetched
rebuscar *vi*: **~ (en/por)** to search carefully (in/for)
rebuznar *vi* to bray
recado *nm* (*mensaje*) message; (*ESP: encargo*) errand; **tomar un ~** (*TEL*) to take a message
recaer *vi* to relapse; **~ en** to fall to *o* on; (*criminal etc*) to fall back into, relapse into ❑ **recaída** *nf* relapse
recalcar *vt* (*fig*) to stress, emphasize
recalcitrante *adj* recalcitrant
recalentar *vt* (*volver a calentar*) to reheat; (*calentar demasiado*) to overheat
recámara (*MÉX*) *nf* bedroom
recambio *nm* spare; (*de pluma*) refill
recapacitar *vi* to reflect
recargado, -a *adj* overloaded
recargar *vt* to overload; (*batería*) to recharge ❑ **recargo** *nm* surcharge; (*aumento*) increase
recatado, -a *adj* (*modesto*) modest, demure; (*prudente*) cautious
recato *nm* (*modestia*) modesty, demureness; (*cautela*) caution
recaudación *nf* (*acción*) collection; (*cantidad*) takings *pl*; (*en deporte*) gate ❑ **recaudador, a** *nm/f* tax collector
recelar *vt*: **~ que** (*sospechar*) to suspect that; (*temer*) to fear that ♦ *vi*: **~ de** to distrust ❑ **recelo** *nm* distrust, suspicion ❑ **receloso, -a** *adj* distrustful, suspicious
recepción *nf* reception ❑ **recepcionista** *nmf* receptionist
receptáculo *nm* receptacle
receptivo, -a *adj* receptive
receptor, a *nm/f* recipient ♦ *nm* (*TEL*) receiver
recesión *nf* (*COM*) recession
receta *nf* (*CULIN*) recipe; (*MED*) prescription

⚠ No confundir **receta** con la palabra inglesa ***receipt***.

rechazar *vt* to reject; (*oferta*) to turn down; (*ataque*) to repel
rechazo *nm* rejection
rechifla *nf* hissing, booing; (*fig*) derision
rechinar *vi* to creak; (*dientes*) to grind
rechistar *vi*: **sin ~** without a murmur
rechoncho, -a (*fam*) *adj* heavy-set, thickset
rechupete: **de ~** *adj* (*comida*) delicious, scrumptious
recibidor *nm* entrance hall
recibimiento *nm* reception, welcome
recibir *vt* to receive; (*dar la bienvenida*) to welcome ♦ *vi* to entertain; **recibirse** *vr* (*LAm UNIV*) to graduate; **~se de** (*LAm*) to qualify as ❑ **recibo** *nm* receipt
reciclar *vt* to recycle
recién *adv* recently, newly; **los ~ casados** the newly-weds; **el ~ llegado** the newcomer; **el ~ nacido** the newborn child
reciente *adj* recent; (*fresco*) fresh ❑ **recientemente** *adv* recently
recinto *nm* enclosure; (*área*) area, place
recio, -a *adj* strong, tough; (*voz*) loud ♦ *adv* hard, loud(ly)
recipiente *nm* receptacle
reciprocidad *nf* reciprocity ❑ **recíproco, -a** *adj* reciprocal
recital *nm* (*MÚS*) recital; (*LITERATURA*) reading
recitar *vt* to recite
reclamación *nf* claim, demand; (*queja*) complaint
reclamar *vt* to claim, demand ♦ *vi*: **~ contra** to complain about; **~ a algn en justicia** to take sb to court ❑ **reclamo** *nm* (*anuncio*) advertisement; (*tentación*) attraction
reclinar *vt* to recline, lean; **reclinarse** *vr* to lean back
recluir *vt* to intern, confine
reclusión *nf* (*prisión*) prison; (*refugio*) seclusion ▶ **reclusión perpetua** life imprisonment
recluta *nmf* recruit ♦ *nf* recruitment ❑ **reclutamiento** *nm* recruitment ❑ **reclutar** *vt* (*datos*) to collect; (*dinero*) to collect up
recobrar *vt* (*salud*) to recover; (*rescatar*) to get back; **recobrarse** *vr* to recover
recodo *nm* (*de río, camino*) bend
recogedor *nm* dustpan
recoger *vt* to collect; (*AGR*) to harvest; (*levantar*) to pick up; (*juntar*) to gather; (*pasar a buscar*) to come for, get; (*dar asilo*) to give shelter to; (*faldas*) to gather up; (*pelo*) to put up; **recogerse** *vr* (*retirarse*) to retire ❑ **recogido, -a** *adj* (*lugar*) quiet, secluded; (*pequeño*) small ♦ *nf* (*CORREOS*) collection; (*AGR*) harvest
recolección *nf* (*AGR*) harvesting; (*colecta*) collection

recomendación *nf* (*sugerencia*) suggestion, recommendation; (*referencia*) reference

recomendar *vt* to suggest, recommend; (*confiar*) to entrust

recompensa *nf* reward, recompense ❑ **recompensar** *vt* to reward, recompense

recomponer *vt* to mend

reconciliación *nf* reconciliation

reconciliar *vt* to reconcile; **reconciliarse** *vr* to become reconciled

recóndito, -a *adj* (*lugar*) hidden, secret

reconfortar *vt* to comfort

reconocer *vt* to recognize; (*registrar*) to search; (*MED*) to examine ❑ **reconocido, -a** *adj* recognized; (*agradecido*) grateful ❑ **reconocimiento** *nm* recognition; search; examination; gratitude; (*confesión*) admission

reconquista *nf* reconquest; **la R~** the Reconquest (of Spain)

reconstituyente *nm* tonic

reconstruir *vt* to reconstruct

reconversión *nf* (*reestructuración*) restructuring ▸ **reconversión industrial** industrial rationalization

recopilación *nf* (*resumen*) summary; (*compilación*) compilation ❑ **recopilar** *vt* to compile

récord (*pl* **~s**) *adj inv, nm* record

recordar *vt* (*acordarse de*) to remember; (*acordar a otro*) to remind ♦ *vi* to remember

> ⚠ No confundir **recordar** con la palabra inglesa ***record***.

recorrer *vt* (*país*) to cross, travel through; (*distancia*) to cover; (*registrar*) to search; (*repasar*) to look over ❑ **recorrido** *nm* run, journey; **tren de largo recorrido** main-line train

recortado, -a *adj* uneven, irregular

recortar *vt* to cut out ❑ **recorte** *nm* (*acción, de prensa*) clipping, cutting (*BRIT*); (*de telas, chapas*) trimming ▸ **recorte presupuestario** budget cut

recostado, -a *adj* leaning; **estar ~** to be lying down

recostar *vt* to lean; **recostarse** *vr* to lie down

recoveco *nm* (*de camino, río etc*) bend; (*en casa*) cubby hole

recreación *nf* recreation

recrear *vt* (*entretener*) to entertain; (*volver a crear*) to recreate ❑ **recreativo, -a** *adj* recreational ❑ **recreo** *nm* recreation; (*ESCOL*) recess (*US*), break (*BRIT*)

recriminar *vt* to reproach ♦ *vi* to recriminate; **recriminarse** *vr* to reproach each other

recrudecer *vt, vi* to worsen; **recrudecerse** *vr* to worsen

recrudecimiento *nm* upsurge

recta *nf* straight line

rectángulo, -a *adj* rectangular ♦ *nm* rectangle

rectificar *vt* to rectify; (*volverse recto*) to straighten ♦ *vi* to correct o.s.

rectitud *nf* straightness

recto, -a *adj* straight; (*persona*) honest, upright ♦ *nm* rectum

rector, a *adj* governing

recuadro *nm* box; (*TIP*) inset

recubrir *vt*: **~ (con)** (*pintura, crema*) to cover (with)

recuento *nm* inventory; **hacer el ~ de** to count *o* reckon up

recuerdo *nm* souvenir; **~s** *nmpl* (*memorias*) memories; **¡~s a tu madre!** give my regards to your mother!

recular *vi* to back down

recuperable *adj* recoverable

recuperación *nf* recovery

recuperar *vt* to recover; (*tiempo*) to make up; **recuperarse** *vr* to recuperate

recurrir *vi* (*JUR*) to appeal; **~ a** to resort to; (*persona*) to turn to ❑ **recurso** *nm* resort; (*medios*) means *pl*, resources *pl*; (*JUR*) appeal

recusar *vt* to reject, refuse

red *nf* net, mesh; (*FERRO etc*) network; (*trampa*) trap; **la R~** (*Internet*) the Net

redacción *nf* (*acción*) editing; (*personal*) editorial staff; (*ESCOL*) essay, composition

redactar *vt* to draw up, draft; (*periódico*) to edit

redactor, a *nm/f* editor

redada *nf* (*de la policía*) raid, round-up

redención *nf* redemption

redicho, -a *adj* affected

redil *nm* sheepfold

redimir *vt* to redeem

rédito *nm* interest, yield

redoblar *vt* to redouble ♦ *vi* (*tambor*) to roll

redomado, -a *adj* (*astuto*) sly, crafty; (*perfecto*) utter

redonda *nf*: **a la ~** around, round about

redondear *vt* to round, round off

redondel *nm* (*círculo*) circle; (*TAUR*) bullring, arena

redondo, -a *adj* (*circular*) round; (*completo*) complete

reducción *nf* reduction

reducido, -a *adj* reduced; (*limitado*) limited; (*pequeño*) small

reducir *vt* to reduce; to limit; **reducirse** *vr* to diminish

redundancia *nf* redundancy

reembolsar *vt* (*persona*) to reimburse; (*dinero*) to repay, pay back; (*depósito*) to refund ❑ **reembolso** *nm* reimbursement; refund

reemplazar *vt* to replace ❑ **reemplazo** *nm* replacement; **de reemplazo** (*MIL*) reserve

reencuentro *nm* reunion

refacción (*MÉX*) *nf* spare (part)

referencia *nf* reference; **con ~ a** with reference to

referéndum (*pl* **~s**) *nm* referendum

referente *adj*: **~ a** concerning, relating to

réferi (*LAm*) *nmf* referee

referir *vt* (*contar*) to tell, recount; (*relacionar*) to refer, relate; **referirse** *vr*: **~se a** to refer to

refilón: **de ~** *adv* obliquely

refinado, -a *adj* refined

refinamiento *nm* refinement

refinar *vt* to refine ❑ **refinería** *nf* refinery

reflejar *vt* to reflect ❑ **reflejo, -a** *adj* reflected; (*movimiento*) reflex ♦ *nm* reflection; (*ANAT*) reflex

reflexión *nf* reflection ❑ **reflexionar** *vt* to reflect on ♦ *vi* to reflect; (*detenerse*) to pause (to think)

reflexivo, -a *adj* thoughtful; (*LING*) reflexive

reflujo *nm* ebb

reforma *nf* reform; (*ARQ etc*) repair ▸ **reforma agraria** agrarian reform

reformar *vt* to reform; (*modificar*) to change, alter; (*ARQ*) to repair; **reformarse** *vr* to mend one's ways

reformatorio *nm* reformatory

reforzar *vt* to strengthen; (*ARQ*) to reinforce; (*fig*) to encourage

refractario, -a *adj* (*TEC*) heat-resistant

refrán *nm* proverb, saying

refregar *vt* to scrub

refrenar *vt* to check, restrain

refrendar *vt* (*firma*) to endorse, countersign; (*ley*) to approve

refrescante *adj* refreshing, cooling

refrescar *vt* to refresh ♦ *vi* to cool down; **refrescarse** *vr* to get cooler; (*tomar aire fresco*) to go out for a breath of fresh air; (*beber*) to have a drink

refresco *nm* soft drink, cool drink; **"~s"** "refreshments"

refriega *nf* scuffle, brawl

refrigeración *nf* refrigeration; (*de sala*) air-conditioning

refrigerador (*LAm*) *nm* refrigerator, icebox (*US*)

refrigerar *vt* to refrigerate; (*sala*) to air-condition

refuerzo *nm* reinforcement; (*TEC*) support

refugiado, -a *nm/f* refugee

refugiarse *vr* to take refuge, shelter

refugio *nm* refuge; (*protección*) shelter

refunfuñar *vi* to grunt, growl; (*quejarse*) to grumble

refutar *vt* to refute

regadera *nf* watering can; (*MÉX*: *ducha*) shower

regadío *nm* irrigated land

regalado, -a *adj* comfortable, luxurious; (*gratis*) free, for nothing

regalar *vt* (*dar*) to give (as a present); (*entregar*) to give away; (*mimar*) to pamper, make a fuss of

regaliz *nm* licorice (*US*), liquorice (*BRIT*)

regalo *nm* (*obsequio*) gift, present; (*gusto*) pleasure

regañadientes: **a ~** *adv* reluctantly

regañar *vt* to scold ♦ *vi* to grumble ❑ **regañón, -ona** *adj* nagging

regar *vt* to water, irrigate; (*fig*) to scatter, sprinkle

regatear *vt* (*COM*) to bargain over; (*escatimar*) to be sparing with ♦ *vi* to bargain, haggle; (*DEPORTE*) to dribble ❑ **regateo** *nm* bargaining; dribbling; (*del cuerpo*) swerve, dodge

regazo *nm* lap

regeneración *nf* regeneration

regenerar *vt* to regenerate

regentar *vt* to direct, manage ❑ **regente** *nm* (*COM*) manager; (*POL*) regent

régimen (*pl* **regímenes**) *nm* regime; (*MED*) diet

regimiento *nm* regiment

regio, -a *adj* royal, regal; (*fig*: *suntuoso*) splendid; (*CS*: *fam*) great, terrific

región *nf* region

regir *vt* to govern, rule; (*dirigir*) to manage, run ♦ *vi* to apply, be in force

registrar *vt* (*buscar*) to search; (*: en cajón*) to look through; (*inspeccionar*) to inspect; (*anotar*) to register, record; (*INFORM*) to log; **registrarse** *vr* to register; (*ocurrir*) to happen

registro *nm* (*acto*) registration; (*MÚS, libro*) register; (*inspección*) inspection, search ▸ **registro civil** county clerk's office (*US*), registry office (*BRIT*)

regla *nf* (*ley*) rule, regulation; (*de medir*) ruler, rule; (*MED*: *período*) period

reglamentación *nf* (*acto*) regulation; (*lista*) rules *pl*

reglamentar *vt* to regulate ❑ **reglamentario, -a** *adj* statutory ❑ **reglamento** *nm* rules *pl*, regulations *pl*

regocijarse *vr*: **~ de** to rejoice at, be happy about ❑ **regocijo** *nm* joy, happiness

regodearse *vr* to be glad, be delighted ❑ **regodeo** *nm* delight

regresar *vi* to come back, go back, return ❑ **regresivo, -a** *adj* backward; (*fig*) regressive ❑ **regreso** *nm* return

reguero *nm* (*de sangre etc*) trickle; (*de humo*) trail

regulador *nm* regulator; (*de radio etc*) knob, control

regular *adj* regular; (*normal*) normal, usual; (*común*) ordinary; (*organizado*) regular, orderly; (*mediano*) average; (*fam*) not bad, so-so ♦ *adv* so-so, alright ♦ *vt* (*controlar*) to control, regulate; (*TEC*) to adjust; **por lo ~** as a rule ❑ **regularidad** *nf* regularity ❑ **regularizar** *vt* to regularize

regusto *nm* aftertaste

rehabilitación *nf* rehabilitation; (*ARQ*) restoration

rehabilitar *vt* to rehabilitate; (*ARQ*) to restore; (*reintegrar*) to reinstate

rehacer *vt* (*reparar*) to mend, repair; (*volver a hacer*) to redo, repeat; **rehacerse** *vr* (*MED*) to recover

rehén *nm* hostage

rehuir *vt* to avoid, shun

rehusar *vt, vi* to refuse

reina *nf* queen ❑ **reinado** *nm* reign

reinante *adj* (*fig*) prevailing

reinar *vi* to reign

reincidir *vi* to relapse

reincorporarse *vr*: **~ a** to rejoin

reino *nm* kingdom; **el R~ Unido** the United Kingdom

reintegrar *vt* (*reconstituir*) to reconstruct; (*persona*) to reinstate; (*dinero*) to refund, pay back; **reintegrarse** *vr*: **~se a** to return to

reír *vi* to laugh; **reírse** *vr* to laugh; **~se de** to laugh at

reiterar *vt* to reiterate

reivindicación *nf* (*demanda*) claim, demand; (*justificación*) vindication

reivindicar *vt* to claim

reja *nf* (*de ventana*) grille, bars *pl*; (*en la calle*) grating

rejilla *nf* grating, grille; (*muebles*) wickerwork; (*de ventilación*) vent; (*de vehículo*) luggage rack

rejoneador *nm* mounted bullfighter

rejuvenecer *vt, vi* to rejuvenate

relación *nf* relation, relationship; (*MAT*) ratio; (*narración*) report; **con ~ a, en ~ con** in relation to ▸ **relaciones públicas** public relations ❑ **relacionar** *vt* to relate, connect; **relacionarse** *vr* to be connected, be linked

relajación *nf* relaxation

relajado, -a *adj* (*disoluto*) loose; (*cómodo*) relaxed; (*MED*) ruptured

relajar *vt* to relax; **relajarse** *vr* to relax

relamerse *vr* to lick one's lips

relamido, -a *adj* (*pulcro*) overdressed; (*afectado*) affected

relámpago *nm* flash of lightning; **visita/huelga ~** lightning visit/strike ❑ **relampaguear** *vi* to flash

relatar *vt* to tell, relate

relativo, -a *adj* relative; **en lo ~ a** concerning

relato *nm* (*narración*) story, tale

relegar *vt* to relegate

relevante *adj* eminent, outstanding

relevar *vt* (*sustituir*) to relieve; **relevarse** *vr* to relay; **~ a algn de un cargo** to relieve sb of his post

relevo *nm* relief; **carrera de ~s** relay race

relieve *nm* (*ARTE, TEC*) relief; (*fig*) prominence, importance; **bajo ~** bas-relief

religión *nf* religion ❑ **religioso, -a** *adj* religious ♦ *nm/f* monk/nun

relinchar *vi* to neigh ❑ **relincho** *nm* neigh; (*acto*) neighing

reliquia *nf* relic ▸ **reliquia de familia** heirloom

rellano *nm* (*ARQ*) landing

rellenar *vt* (*llenar*) to fill up; (*CULIN*) to stuff; (*COSTURA*) to pad ❑ **relleno, -a** *adj* full up; stuffed ♦ *nm* stuffing; (*de tapicería*) padding

reloj *nm* clock; **poner el ~** to set one's watch (*o* the clock) ▸ **reloj (de pulsera)** wristwatch ▸ **reloj despertador** alarm (clock) ❑ **relojero, -a** *nm/f* clockmaker; watchmaker

reluciente *adj* brilliant, shining

relucir *vi* to shine; (*fig*) to excel

relumbrar *vi* to dazzle, shine brilliantly

remachar *vt* to rivet; (*fig*) to hammer home, drive home ❑ **remache** *nm* rivet

remanente *nm* remainder; (*COM*) balance; (*de producto*) surplus

remangar *vt* to roll up

remanso *nm* pool

remar *vi* to row

rematado, -a *adj* complete, utter

rematar *vt* to finish off; (*COM*) to sell off cheap ♦ *vi* to end, finish off; (*DEPORTE*) to shoot

remate *nm* end, finish; (*punta*) tip; (*DEPORTE*) shot; (*ARQ*) top; (*LAm*: *subasta*) auction; **para ~** to top *o* crown (*BRIT*) it all

remedar *vt* to imitate

remediar *vt* to remedy; (*subsanar*) to make good, repair; (*evitar*) to avoid

remedio *nm* remedy; (*alivio*) relief, help; (*JUR*) recourse, remedy; (*LAm*: *medicamento*) medicine; **poner ~ a** to correct, stop; **no tener más ~** to have no alternative; **¡qué ~!** there's no choice!; **sin ~** hopeless

remedo *nm* imitation; (*pey*) parody

remendar *vt* to repair; (*con parche*) to patch

remesa *nf* remittance; (*COM*) shipment

remiendo *nm* mend; (*con parche*) patch; (*cosido*) darn

remilgado, -a *adj* prim; (*afectado*) affected

remilgo *nm* primness; (*afectación*) affectation

reminiscencia *nf* reminiscence

remiso, -a *adj* slack, slow

remite *nm* (*en sobre*) name and address of sender

remitente *nmf* sender

remitir *vt* to remit, send ♦ *vi* to slacken; (*en carta*): **remite: X** sender: X

remo *nm* (*de barco*) oar; (*DEPORTE*) rowing

remojar *vt* to steep, soak; (*galleta etc*) to dip, dunk

remojo *nm*: **dejar la ropa en ~** to leave clothes to soak

remolacha (*LAm exc MÉX, ESP*) *nf* beet (*US*), beetroot (*BRIT*)

remolcador *nm* (*NÁUT*) tug; (*AUTO*) tow truck (*US*), breakdown van (*BRIT*)

remolcar *vt* to tow

remolino *nm* eddy; (*de agua*) whirlpool; (*de viento*) whirlwind; (*de gente*) crowd

remolque *nm* tow, towing; (*cuerda*) towrope; **llevar a ~** to tow

remontar *vt* to mend; **remontarse** *vr* to soar; **~se a** (*COM*) to amount to; **~ el vuelo** to soar

remorder *vt* to distress, disturb; **no me remuerde la conciencia** I don't have any qualms about it ❑ **remordimiento** *nm* remorse

remoto, -a *adj* remote

remover *vt* to stir; (*tierra*) to turn over; (*objetos*) to move round

remozar *vt* (*ARQ*) to refurbish

remuneración *nf* remuneration

remunerar *vt* to remunerate; (*premiar*) to reward

renacer *vi* to be reborn; (*fig*) to revive ❑ **renacimiento** *nm* rebirth; **el Renacimiento** the Renaissance

renacuajo *nm* (*ZOOL*) tadpole

renal *adj* renal, kidney *cpd*

rencilla *nf* quarrel

rencor *nm* rancor (*US*), rancour (*BRIT*), bitterness ❑ **rencoroso, -a** *adj* spiteful

rendición *nf* surrender

rendido, -a *adj* (*sumiso*) submissive; (*cansado*) worn-out, exhausted

rendija *nf* (*hendedura*) crack, cleft

rendimiento *nm* (*producción*) output; (*TEC, COM*) efficiency

rendir *vt* (*vencer*) to defeat; (*producir*) to produce; (*dar beneficio*) to yield; (*agotar*) to exhaust ♦ *vi* to pay; **rendirse** *vr* (*someterse*) to surrender; (*cansarse*) to wear o.s. out; **~ homenaje** *o* **culto a** to pay homage to

renegar *vi* (*renunciar*) to renounce; (*blasfemar*) to blaspheme; (*quejarse*) to complain

renglón *nm* (*línea*) line; (*COM*) item, article; **a ~ seguido** immediately after

renombrado, -a *adj* renowned

renombre *nm* renown

renovación *nf* (*de contrato*) renewal; (*ARQ*) renovation

renovar *vt* to renew; (*ARQ*) to renovate

renta *nf* (*ingresos*) income; (*beneficio*) profit; (*MÉX*: *alquiler*) rent ▸ **renta vitalicia** annuity ❑ **rentable** *adj* profitable ❑ **rentar** *vt* to produce, yield; (*MÉX*: *alquilar*) to rent

renuncia *nf* resignation

renunciar *vt* to renounce; (*tabaco, alcohol etc*): **~ a** to give up; (*oferta, oportunidad*) to turn down; (*puesto*) to resign ♦ *vi* to resign

reñido, -a *adj* (*batalla*) bitter, hard-fought; **estar ~ con algn** to be on bad terms with sb

reñir *vt (regañar)* to scold ♦ *vi (estar peleado)* to quarrel, fall out; *(combatir)* to fight
reo *nmf* culprit, offender; *(acusado)* accused, defendant
reojo: **de ~** *adv* out of the corner of one's eye
reparación *nf (acto)* mending, repairing; *(TEC)* repair; *(fig)* amends *pl*, reparation
reparar *vt* to repair; *(fig)* to make amends for; *(observar)* to observe ♦ *vi*: **~ en** *(darse cuenta de)* to notice; *(prestar atención a)* to pay attention to
reparo *nm (advertencia)* observation; *(duda)* doubt; *(dificultad)* difficulty; **poner ~s (a)** to raise objections (to)
repartición *nf* distribution; *(división)* division ❑ **repartidor, a** *nm/f* distributor
repartir *vt* to distribute, share out; *(CORREOS)* to deliver ❑ **reparto** *nm* distribution; delivery; *(TEATRO, CINE)* cast; *(CAm: urbanización)* real estate development *(US)*, housing estate *(BRIT)*
repasador *(RPl) nm* dishtowel *(US)*
repasar *vt (ESCOL)* to review *(US)*, revise *(BRIT)*; *(MECÁNICA)* to check, overhaul; *(COSTURA)* to mend ❑ **repaso** *nm (ESCOL)* reviewing *(US)*, revision *(BRIT)*; *(inspección)* overhaul, checkup; *(COSTURA)* mending
repatriar *vt* to repatriate
repecho *nm* steep incline
repelente *adj* repellent, repulsive
repeler *vt* to repel
repensar *vt* to reconsider
repente *nm*: **de ~** suddenly ▶ **repente de ira** fit of anger
repentino, -a *adj* sudden
repercusión *nf* repercussion
repercutir *vi (objeto)* to rebound; *(sonido)* to echo; **~ en** *(fig)* to have repercussions on
repertorio *nm* list; *(TEATRO)* repertoire
repetición *nf* repetition
repetir *vt* to repeat; *(plato)* to have a second helping of ♦ *vi* to repeat; *(sabor)* to come back; **repetirse** *vr (volver sobre un tema)* to repeat o.s.
repetitivo, -a *adj* repetitive, repetitious
repicar *vt (campanas)* to ring
repique *nm* pealing, ringing ❑ **repiqueteo** *nm* pealing; *(de tambor)* drumming
repisa *nf* ledge, shelf; *(de ventana)* windowsill; **la ~ de la chimenea** the mantelpiece
repito *etc vb ver* **repetir**
replantearse *vr*: **~ un problema** to reconsider a problem
replegarse *vr* to fall back, retreat
repleto, -a *adj* replete, full up
réplica *nf* answer; *(ARTE)* replica
replicar *vi* to answer; *(objetar)* to argue, answer back
repliegue *nm (MIL)* withdrawal
repoblación *nf* repopulation; *(de río)* restocking ▶ **repoblación forestal** reafforestation
repoblar *vt* to repopulate; *(con árboles)* to reafforest
repollito *(CS) nm*: **~s de Bruselas** (Brussels) sprouts
repollo *nm* cabbage
reponer *vt* to replace, put back; *(TEATRO)* to revive; **reponerse** *vr* to recover; **~ que** to reply that
reportaje *nm* report, article
reportero, -a *nm/f* reporter
reposacabezas *nm inv* headrest
reposado, -a *adj (descansado)* restful; *(tranquilo)* calm
reposar *vi* to rest, repose
reposera *(RPl) nf* deck chair
reposición *nf* replacement; *(CINE)* remake
reposo *nm* rest
repostar *vt* to replenish; *(AUTO)* to fill up (with gas *(US)* *o* petrol *(BRIT)*)
repostería *nf* cakes and pastries *pl* ❑ **repostero, -a** *nm/f* confectioner
reprender *vt* to reprimand
represa *nf* dam; *(lago artificial)* lake, pool
represalia *nf* reprisal
representación *nf* representation; *(TEATRO)* performance ❑ **representante** *nmf* representative; performer
representar *vt* to represent; *(TEATRO)* to perform; *(edad)* to look; **representarse** *vr* to imagine ❑ **representativo, -a** *adj* representative
represión *nf* repression
reprimenda *nf* reprimand, rebuke
reprimir *vt* to repress
reprobar *vt* to censure, reprove; *(LAm: alumno)* to fail
reprochar *vt* to reproach ❑ **reproche** *nm* reproach
reproducción *nf* reproduction
reproducir *vt* to reproduce; **reproducirse** *vr* to breed; *(situación)* to recur
reproductor, a *adj* reproductive
reptil *nm* reptile
república *nf* republic ▶ **República Dominicana** Dominican Republic ❑ **republicano, -a** *adj, nm* republican
repudiar *vt* to repudiate; *(fe)* to renounce
repuesto *nm (pieza de recambio)* spare (part); *(abastecimiento)* supply; **rueda de ~** spare tire *(US)*, spare wheel *(BRIT)*
repugnancia *nf* repugnance ❑ **repugnante** *adj* repugnant, repulsive
repugnar *vt* to disgust
repulsa *nf* rebuff
repulsión *nf* repulsion, aversion ❑ **repulsivo, -a** *adj* repulsive
reputación *nf* reputation
requemado, -a *adj (quemado)* scorched; *(bronceado)* tanned
requerimiento *nm* request; *(JUR)* summons
requerir *vt (pedir)* to ask, request; *(exigir)* to require; *(llamar)* to send for, summon
requesón *nm* cottage cheese
requete... *prefijo* extremely
réquiem *(pl* **~s***) nm* requiem
requisito *nm* requirement, requisite
res *nf* beast, animal
resaca *nf (de mar)* undertow, undercurrent; *(fam)* hangover
resaltar *vi* to project, stick out; *(fig)* to stand out
resarcir *vt* to compensate; **resarcirse** *vr* to make up for
resbaladero *(MÉX) nm* slide
resbaladizo, -a *adj* slippery
resbalar *vi* to slip, slide; *(fig)* to slip (up); **resbalarse** *vr* to slip, slide; to slip (up) ❑ **resbalón** *nm (acción)* slip
rescatar *vt (salvar)* to save, rescue; *(objeto)* to get back, recover; *(cautivos)* to ransom
rescate *nm* rescue; *(de objeto)* recovery; **pagar un ~** to pay a ransom
rescindir *vt* to rescind
rescisión *nf* cancellation
rescoldo *nm* embers *pl*
resecar *vt* to dry thoroughly; *(MED)* to cut out, remove; **resecarse** *vr* to dry up
reseco, -a *adj* very dry; *(fig)* skinny
resentido, -a *adj* resentful
resentimiento *nm* resentment, bitterness
resentirse *vr (debilitarse: persona)* to suffer; **~ de** *(consecuencias)* to feel the effects of; **~ de (o por) algo** to resent sth, be bitter about sth
reseña *nf (cuenta)* account; *(informe)* report; *(LITERATURA)* review
reseñar *vt* to describe; *(LITERATURA)* to review
reserva *nf* reserve; *(reservación)* reservation; **a ~ de que ...** unless ...; **con toda ~** in strictest confidence
reservado, -a *adj* reserved; *(retraído)* cold, distant ♦ *nm* private room
reservar *vt (guardar)* to keep; *(habitación, entrada)* to reserve; **reservarse** *vr* to save o.s.; *(callar)* to keep to o.s.
resfriado *nm* cold ❑ **resfriarse** *vr* to cool; *(MED)* to catch a cold
resguardar *vt* to protect, shield; **resguardarse** *vr*: **~se de** to guard against ❑ **resguardo** *nm* defense *(US)*, defence *(BRIT)*; *(vale)* voucher; *(recibo)* receipt, slip
residencia *nf* residence ❑ **residencial** *adj* residential
residente *adj, nmf* resident
residir *vi* to reside, live; **~ en** to reside in, lie in
residuo *nm* residue
resignación *nf* resignation ❑ **resignarse** *vr*: **resignarse a** *o* **con** to resign o.s. to, be resigned to
resina *nf* resin
resistencia *nf (dureza)* endurance, strength; *(oposición, ELEC)* resistance ❑ **resistente** *adj* strong, hardy; resistant
resistir *vt (soportar)* to bear; *(oponerse a)* to resist, oppose; *(aguantar)* to put up with ♦ *vi* to resist; *(aguantar)* to last, endure; **resistirse** *vr*: **~se a** to refuse to, resist
resolución *nf* resolution; *(decisión)* decision ❑ **resoluto, -a** *adj* resolute
resolver *vt* to resolve; *(solucionar)* to solve, resolve; *(decidir)* to decide, settle; **resolverse** *vr* to make up one's mind
resonancia *nf (del sonido)* resonance; *(repercusión)* repercussion
resonar *vi* to ring, echo
resoplar *vi* to snort ❑ **resoplido** *nm* heavy breathing
resorte *nm* spring; *(fig)* lever
resortera *(MÉX) nf* slingshot *(US)*, catapult *(BRIT)*
respaldar *vt* to back (up), support; **respaldarse** *vr* to lean back; **~se con** *o* **en** *(fig)* to take one's stand on ❑ **respaldo** *nm (de sillón)* back; *(fig)* support, backing
respectivo, -a *adj* respective; **en lo ~ a** with regard to
respecto *nm*: **al ~** on this matter; **con ~ a, ~ de** with regard to, in relation to
respetable *adj* respectable
respetar *vt* to respect ❑ **respeto** *nm* respect; *(acatamiento)* deference; **respetos** *nmpl* respects ❑ **respetuoso, -a** *adj* respectful
respingo *nm* start, jump
respiración *nf* breathing; *(MED)* respiration; *(ventilación)* ventilation
respirar *vi* to breathe ❑ **respiratorio, -a** *adj* respiratory ❑ **respiro** *nm* breathing; *(fig: descanso)* respite
resplandecer *vi* to shine ❑ **resplandeciente** *adj* resplendent, shining ❑ **resplandor** *nm* brilliance, brightness; *(de luz, fuego)* blaze
responder *vt* to answer ♦ *vi* to answer; *(fig)* to respond; *(pey)* to answer back; **~ de** *o* **por** to answer for ❑ **respondón, -ona** *adj* cheeky
responsabilidad *nf* responsibility
responsabilizarse *vr* to make o.s. responsible, take charge
responsable *adj* responsible
respuesta *nf* answer, reply
resquebrajar *vt* to crack, split; **resquebrajarse** *vr* to crack, split
resquemor *nm* resentment
resquicio *nm* chink; *(hendedura)* crack
resta *nf (MAT)* remainder
restablecer *vt* to re-establish, restore; **restablecerse** *vr* to recover
restallar *vi* to crack
restante *adj* remaining; **lo ~** the remainder
restar *vt (MAT)* to subtract; *(fig)* to take away ♦ *vi* to remain, be left
restauración *nf* restoration
restaurante *nm* restaurant
restaurar *vt* to restore
restitución *nf* return, restitution
restituir *vt (devolver)* to return, give back; *(rehabilitar)* to restore
resto *nm (residuo)* rest, remainder; *(apuesta)* stake; **~s** *nmpl* remains
restregar *vt* to scrub, rub
restricción *nf* restriction
restrictivo, -a *adj* restrictive
restringir *vt* to restrict, limit
resucitar *vt, vi* to resuscitate, revive
resuello *nm (aliento)* breath; **estar sin ~** to be breathless
resuelto, -a *pp de* **resolver** ♦ *adj* resolute, determined
resultado *nm* result; *(conclusión)* outcome ❑ **resultante** *adj* resulting, resultant
resultar *vi (ser)* to be; *(llegar a ser)* to turn out to be; *(salir bien)* to turn out well; *(COM)* to amount to; **~ de** to stem from; **me resulta difícil hacerlo** it's difficult for me to do it
resumen *(pl* **resúmenes***) nm* summary, résumé; **en ~** in short
resumir *vt* to sum up; *(cortar)* to abridge, cut down; *(condensar)* to summarize

⚠ No confundir **resumir** con la palabra inglesa ***resume***.

resurgir *vi (reaparecer)* to reappear
resurrección *nf* resurrection
retablo *nm* altarpiece
retaguardia *nf* rearguard
retahíla *nf* series, string
retal *nm* remnant
retar *vt* to challenge; *(desafiar)* to defy, dare
retardar *vt (demorar)* to delay; *(hacer más lento)* to slow down; *(retener)* to hold back
retazo *nm* fragment, snippet *(BRIT)*
retener *vt (intereses)* to withhold
reticente *adj (tono)* insinuating; *(postura)* reluctant; **ser ~ a hacer algo** to be reluctant *o* unwilling to do sth
retina *nf* retina
retintín *nm* jangle, jingle
retirada *nf (MIL, refugio)* retreat; *(de dinero)* withdrawal; *(de embajador)* recall ❑ **retirado, -a** *adj (lugar)* remote; *(vida)* quiet; *(jubilado)* retired
retirar *vt* to withdraw; *(quitar)* to remove; *(jubilar)* to retire, pension off; **retirarse** *vr* to retreat, withdraw; to retire; *(acostarse)* to retire, go to bed ❑ **retiro** *nm* retreat; retirement; *(pago)* pension
reto *nm* dare, challenge
retocar *vt (fotografía)* to touch up, retouch
retoño *nm* sprout, shoot; *(fig)* offspring, child
retoque *nm* retouching
retorcer *vt* to twist; *(manos, lavado)* to wring; **retorcerse** *vr* to become twisted; *(mover el cuerpo)* to writhe
retorcido, -a *adj (persona)* devious
retorcijón *(LAm) nm (tb:* **~ de tripas***)* stomach cramp
retórica *nf* rhetoric; *(pey)* affectedness ❑ **retórico, -a** *adj* rhetorical
retornar *vt* to return, give back ♦ *vi* to return, go/come back ❑ **retorno** *nm* return
retozar *vi (juguetear)* to frolic, romp; *(saltar)* to gambol ❑ **retozón, -ona** *adj* playful
retracción *nf* retraction
retractarse *vr* to retract; **me retracto** I take that back
retraerse *vr* to retreat, withdraw ❑ **retraído, -a** *adj* shy, retiring ❑ **retraimiento** *nm* retirement; *(timidez)* shyness
retransmisión *nf* repeat (broadcast)
retransmitir *vt (mensaje)* to relay; *(TV etc)* to repeat, retransmit; (: *en vivo)* to broadcast live
retrasado, -a *adj* late; *(MED)* mentally retarded; *(país etc)* backward, underdeveloped
retrasar *vt (demorar)* to postpone, put off; *(retardar)* to slow down ♦ *vi (atrasarse)* to be late; *(reloj)* to be slow; *(producción)* to fall (off); *(quedarse atrás)* to lag behind; **retrasarse** *vr* to be late; to be slow; to fall (off); to lag behind
retraso *nm (demora)* delay; *(lentitud)* slowness; *(tardanza)* lateness; *(atraso)* backwardness; **~s** *nmpl (FINANZAS)* arrears; **llegar con ~** to arrive late; **~ mental** mental deficiency
retratar *vt (ARTE)* to paint the portrait of; *(fotografiar)* to photograph; *(fig)* to depict, describe; **retratarse** *vr* to have one's portrait painted; to have one's photograph taken ❑ **retrato** *nm* portrait; *(fig)* likeness ▶ **retrato hablado** *(LAm)* Identikit®
retreta *nf* retreat
retrete *nm* toilet
retribución *nf (recompensa)* reward; *(pago)* pay, payment
retribuir *vt (recompensar)* to reward; *(pagar)* to pay
retro... *prefijo* retro...
retroactivo, -a *adj* retroactive, retrospective
retroceder *vi (echarse atrás)* to move back(wards); *(fig)* to back down
retroceso *nm* backward movement; *(MED)* relapse; *(fig)* backing down
retrógrado, -a *adj* retrograde, retrogressive; *(POL)* reactionary
retrospectivo, -a *adj* retrospective
retrovisor *nm (tb:* **espejo ~***)* rear-view mirror
retumbar *vi* to echo, resound
reúma, reuma *nm* rheumatism
reumatismo *nm* = **reúma**
reunificar *vt* to reunify
reunión *nf (asamblea)* meeting; *(fiesta)* party
reunir *vt (juntar)* to reunite, join (together); *(recoger)* to gather (together); *(personas)* to get together; *(cualidades)* to combine; **reunirse** *vr (personas: en asamblea)* to meet, gather
revalidar *vt (ratificar)* to confirm, ratify
revalorizar *vt* to revalue, reassess
revancha *nf* revenge
revelación *nf* revelation
revelado *nm* developing
revelar *vt* to reveal; *(FOTO)* to develop
reventa *nf* resale; *(de entradas: para concierto)* scalping *(US)*, touting *(BRIT)*
reventar *vt* to burst, explode
reventón *(LAm exc MÉX, ESP) nm (AUTO)* flat, blow-out
reverencia *nf* reverence ❑ **reverenciar** *vt* to revere
reverendo, -a *adj* reverend
reverente *adj* reverent
reversa *(MÉX, CAm) nf* (reverse) gear
reversible *adj (prenda)* reversible
reverso *nm* back, other side; *(de moneda)* reverse
revertir *vi* to revert
revés *nm* back, wrong side; *(fig)* reverse, setback; *(DEPORTE)* backhand; **al ~** the wrong way round; *(de arriba abajo)* upside down; *(ropa)* inside out; **volver algo del ~** to turn sth round; *(ropa)* to turn sth inside out
revestir *vt (cubrir)* to cover, coat
revisar *vt (examinar)* to check; *(texto etc)* to revise; *(ESP AUTO)* to service ❑ **revisión** *nf* revision
revisor, a *(ESP) nm/f (FERRO)* ticket collector
revista *nf* magazine, review; *(TEATRO)* revue; *(inspección)* inspection; **pasar ~ a** to review, inspect
revivir *vi* to revive
revocación *nf* repeal
revocar *vt* to revoke
revolcarse *vr* to roll about
revolotear *vi* to flutter
revoltijo *nm* mess, jumble
revoltoso, -a *adj (travieso)* naughty, unruly
revolución *nf* revolution ❑ **revolucionar** *vt* to revolutionize ❑ **revolucionario, -a** *adj, nm/f* revolutionary
revolver *vt (desordenar)* to disturb, mess up; *(mover)* to move about ♦ *vi*: **~ en** to go through, rummage (about) in; **revolverse** *vr (volver contra)* to turn on *o* against
revólver *nm* revolver
revuelo *nm* fluttering; *(fig)* commotion
revuelta *nf (motín)* revolt; *(agitación)* commotion

revuelto, -a *pp de* **revolver** ♦ *adj* (*mezclado*) mixed-up, in disorder

rey *nm* king ▶ **Día de (los) Reyes (Magos)** Epiphany

> **DÍA DE LOS REYES MAGOS**
>
> The **Día de los Reyes Magos** is celebrated in many Catholic countries on January 6th. Celebrations include parties, food and gifts for the children. In Mexico it is also traditional to eat **Rosca de Reyes**, a ring-shaped cake with small baby shapes inside. According to tradition, anybody who gets a piece of cake with a baby inside has to throw a party before February 2nd, when the Christmas vacations finally come to an end in Mexico.

reyerta *nf* quarrel, brawl

rezagado, -a *nm/f* straggler

rezagar *vt* (*dejar atrás*) to leave behind; (*retrasar*) to delay, postpone

rezar *vi* to pray; **~ con** (*fam*) to concern, have to do with ❑ **rezo** *nm* prayer

rezongar *vi* to grumble

rezumar *vt* to ooze

ría *nf* estuary

riada *nf* flood

ribera *nf* (*de río*) bank; (*: área*) riverside

ribete *nm* (*de vestido*) border; (*fig*) addition ❑ **ribetear** *vt* to edge, border

ricino *nm*: **aceite de ~** castor oil

rico, -a *adj* rich; (*adinerado*) wealthy, rich; (*lujoso*) luxurious; (*comida*) delicious; (*niño*) cute, lovely ♦ *nm/f* rich person

rictus *nm* (*mueca*) sneer, grin

ridiculez *nf* absurdity

ridiculizar *vt* to ridicule

ridículo, -a *adj* ridiculous; **hacer el ~** to make a fool of o.s.; **poner a algn en ~** to make a fool of sb

riego *nm* (*aspersión*) watering; (*irrigación*) irrigation

riel *nm* rail

rienda *nf* rein; **dar ~ suelta a** to give free rein to

riesgo *nm* risk; **correr el ~ de** to run the risk of

rifa *nf* (*lotería*) raffle ❑ **rifar** *vt* to raffle

rifle *nm* rifle

rigidez *nf* rigidity, stiffness; (*fig*) strictness ❑ **rígido, -a** *adj* rigid, stiff; strict, inflexible

rigor *nm* strictness, rigor (*US*), rigour (*BRIT*); (*inclemencia*) harshness; **de ~** de rigueur, essential ❑ **riguroso, -a** *adj* rigorous; harsh; (*severo*) severe

rimar *vi* to rhyme

rimbombante *adj* pompous

rímel *nm* mascara

rímmel *nm* = **rímel**

rin (*MÉX*) *nm* (wheel) rim

rincón *nm* corner (*inside*)

rinoceronte *nm* rhinoceros

riña *nf* (*disputa*) argument; (*pelea*) brawl

riñón *nm* kidney

río *etc vb ver* **reír** ♦ *nm* river; (*fig*) torrent, stream; **~ abajo/arriba** downstream/upstream ▶ **Río de la Plata** River Plate, Plata River (*US*)

rioja *nm* (*vino*) rioja (wine)

rioplatense *adj* of *o* from the River Plate region

riqueza *nf* wealth, riches *pl*; (*cualidad*) richness

risa *nf* laughter; (*una risa*) laugh; **¡qué ~!** what a laugh!

risco *nm* crag, cliff

risible *adj* ludicrous, laughable

risotada *nf* guffaw, loud laugh

ristra *nf* string

risueño, -a *adj* (*sonriente*) smiling; (*contento*) cheerful

ritmo *nm* rhythm; **a ~ lento** slowly; **trabajar a ~ lento** to go slow

rito *nm* rite

ritual *adj, nm* ritual

rival *adj, nmf* rival ❑ **rivalidad** *nf* rivalry ❑ **rivalizar** *vi*: **rivalizar con** to rival, vie with

rizado, -a *adj* curly ♦ *nm* curls *pl*

rizar *vt* to curl; **rizarse** *vr* (*pelo*) to curl; (*agua*) to ripple ❑ **rizo** *nm* curl; ripple

RNE *nf abr* = **Radio Nacional de España**

robar *vt* to rob; (*objeto*) to steal; (*casa etc*) to break into; (*NAIPES*) to draw

roble *nm* oak ❑ **robledal** *nm* oakwood

robo *nm* robbery, theft

robot *nm* robot

robustecer *vt* to strengthen

robusto, -a *adj* robust, strong

roca *nf* rock

roce *nm* (*caricia*) brush; (*TEC*) friction; (*en la piel*) graze; **tener ~ con** to be in close contact with

rociar *vt* to spray

rocín *nm* nag, hack

rocío *nm* dew

rocola (*LAm*) *nf* jukebox

rocoso, -a *adj* rocky

rodaballo *nm* turbot

rodado, -a *adj* (*con ruedas*) wheeled

rodaja *nf* slice

rodaje *nm* (*CINE*) shooting, filming; (*AUTO*): **en ~** breaking in (*US*), running in (*BRIT*)

rodar *vt* (*vehículo*) to wheel (along); (*escalera*) to roll down; (*viajar por*) to travel (over) ♦ *vi* to roll; (*vehículo*) to go, run; (*CINE*) to shoot, film

rodear *vt* to surround ♦ *vi* to go round; **rodearse** *vr*: **~se de amigos** to surround o.s. with friends

rodeo *nm* (*ruta indirecta*) detour; (*evasión*) evasion; (*DEPORTE*) rodeo; **hablar sin ~s** to come to the point, speak plainly

rodilla *nf* knee; **de ~s** kneeling; **ponerse de ~s** to kneel (down)

rodillo *nm* roller; (*CULIN*) rolling-pin

roedor, a *adj* gnawing ♦ *nm* rodent

roer *vt* (*masticar*) to gnaw; (*corroer, fig*) to corrode

rogar *vt, vi* (*pedir*) to ask for; (*suplicar*) to beg, plead; **se ruega no fumar** please do not smoke

rojizo, -a *adj* reddish

rojo, -a *adj, nm* red; **al ~ vivo** red-hot

rol *nm* list, roll; (*papel*) role

rollito *nm* (*tb*: **~ de primavera**) spring roll

rollizo, -a *adj* (*objeto*) cylindrical; (*persona*) plump

rollo *nm* roll; (*de cuerda*) coil; (*madera*) log

Roma *n* Rome

romance *nm* (*amoroso*) romance; (*LITERATURA*) ballad

romano, -a *adj, nm/f* Roman; **a la romana** in batter

romanticismo *nm* romanticism

romántico, -a *adj* romantic

rombo *nm* (*GEOM*) rhombus

romería *nf* (*REL*) pilgrimage; (*excursión*) trip, outing

romero, -a *nm/f* pilgrim ♦ *nm* rosemary

romo, -a *adj* blunt; (*fig*) dull

rompecabezas *nm inv* riddle, puzzle; (*juego*) jigsaw (puzzle)

rompehuelgas (*LAm*) *nm inv* strikebreaker, scab

rompeolas *nm inv* breakwater

romper *vt* to break; (*hacer pedazos*) to smash; (*papel, tela etc*) to tear, rip ♦ *vi* (*olas*) to break; (*sol, diente*) to break through; **~ un contrato** to break a contract; **~ a** (*empezar a*) to start (suddenly) to; **~ a llorar** to burst into tears; **~ con algn** to fall out with sb

ron *nm* rum

roncar *vi* to snore

ronco, -a *adj* (*afónico*) hoarse; (*áspero*) raucous

ronda *nf* (*gen*) round; (*patrulla*) patrol ❑ **rondar** *vt* to patrol ♦ *vi* to patrol; (*fig*) to prowl round

ronquido *nm* snore, snoring

ronronear *vi* to purr ❑ **ronroneo** *nm* purr

roña *nf* (*VETERINARIA*) mange; (*mugre*) dirt, grime; (*óxido*) rust

roñoso, -a *adj* (*mugriento*) filthy; (*tacaño*) stingy, mean (*BRIT*)

ropa *nf* clothes *pl*, clothing ▶ **ropa blanca** linen ▶ **ropa de cama** bed linen ▶ **ropa interior** underwear ▶ **ropa sucia** dirty washing ❑ **ropaje** *nm* gown, robes *pl*

ropero *nm* linen closet (*US*), linen cupboard (*BRIT*); (*guardarropa*) wardrobe

rosa *adj* pink ♦ *nf* rose; **~ de los vientos** the compass

rosado, -a *adj* pink ♦ *nm* rosé

rosal *nm* rosebush

rosario *nm* (*REL*) rosary; **rezar el ~** to say the rosary

rosca *nf* (*de tornillo*) thread; (*de humo*) coil, spiral; (*pan, postre*) ring-shaped roll/pastry

rosetón *nm* rosette; (*ARQ*) rose window

rosquilla *nf* donut-shaped fritter

rostro *nm* (*cara*) face

rotación *nf* rotation; **~ de cultivos** crop rotation

rotativo, -a *adj* rotary

roto, -a *pp de* **romper** ♦ *adj* broken

rotonda *nf* traffic circle (*US*), roundabout (*BRIT*)

rótula *nf* kneecap; (*TEC*) ball-and-socket joint

rotulador *nm* felt-tip pen

rotular *vt* (*carta, documento*) to head, entitle; (*objeto*) to label ❑ **rótulo** *nm* heading, title; label; (*letrero*) sign

rotundamente *adv* (*negar*) flatly; (*responder, afirmar*) emphatically ❑ **rotundo, -a** *adj* round; (*enfático*) emphatic

rotura *nf* (*acto*) breaking; (*MED*) fracture

roturar *vt* to plow (*US*), plough (*BRIT*)

rozadura *nf* abrasion, graze

rozar *vt* (*frotar*) to rub; (*arañar*) to scratch; (*tocar ligeramente*) to shave, touch lightly; **rozarse** *vr* to rub (together); **~se con** (*fam*) to rub shoulders with

rte. *abr* (= *remite, remitente*) sender

RTVE (*ESP*) *nf abr* = **Radiotelevisión Española**

rubí *nm* ruby; (*de reloj*) jewel

rubio, -a *adj* fair-haired, blond(e) ♦ *nm/f* blond/blonde; **tabaco ~** Virginia tobacco

rubor *nm* (*sonrojo*) blush; (*timidez*) bashfulness ❑ **ruborizarse** *vr* to blush

rúbrica *nf* (*de la firma*) flourish ❑ **rubricar** *vt* (*firmar*) to sign with a flourish; (*concluir*) to sign and seal

rudimentario, -a *adj* rudimentary ❑ **rudimento** *nm* rudiment

rudo, -a *adj* (*sin pulir*) unpolished; (*grosero*) coarse; (*violento*) violent; (*sencillo*) simple

rueda *nf* wheel; (*círculo*) ring, circle; (*rodaja*) slice, round ▶ **rueda de auxilio** (*RPl*) spare tire (*US*) *o* tyre (*BRIT*) ▶ **rueda de la fortuna** (*MÉX*) Ferris (*US*) *o* big (*BRIT*) wheel ▶ **rueda delantera/trasera** front/back wheel ▶ **rueda de prensa** press conference ▶ **rueda de repuesto** spare tire (*US*) *o* tyre (*BRIT*) ▶ **rueda gigante** (*LAm*) Ferris (*US*) *o* big (*BRIT*) wheel

ruedo *nm* (*círculo*) circle; (*TAUR*) arena, bullring

ruego *etc vb ver* **rogar** ♦ *nm* request

rufián *nm* scoundrel

rugby *nm* rugby

rugido *nm* roar

rugir *vi* to roar

rugoso, -a *adj* (*arrugado*) wrinkled; (*áspero*) rough; (*desigual*) ridged

ruido *nm* noise; (*sonido*) sound; (*alboroto*) racket, row; (*escándalo*) commotion, rumpus ❑ **ruidoso, -a** *adj* noisy, loud; (*fig*) sensational

ruin *adj* contemptible, mean

ruina *nf* ruin; (*colapso*) collapse; (*de persona*) ruin, downfall

ruindad *nf* lowness, meanness; (*acto*) low *o* mean act

ruinoso, -a *adj* ruinous; (*destartalado*) dilapidated, tumbledown; (*COM*) disastrous

ruiseñor *nm* nightingale

rulero (*RPl*) *nm* roller

ruleta *nf* roulette

rulo *nm* (*para el pelo*) curler

Rumania *nf* Rumania

rumba *nf* rumba

rumbo *nm* (*ruta*) route, direction; (*ángulo de dirección*) course, bearing; (*fig*) course of events; **ir con ~ a** to be heading for

rumboso, -a *adj* generous

rumiante *nm* ruminant

rumiar *vt* to chew; (*fig*) to chew over ♦ *vi* to chew the cud

rumor *nm* (*ruido sordo*) low sound; (*murmuración*) murmur, buzz

rumorearse *vr*: **se rumorea que** it is rumored (*US*) *o* rumoured (*BRIT*) that

runrún *nm* (*de voces*) murmur, sound of voices; (*fig*) rumor (*US*), rumour (*BRIT*)

rupestre *adj* rock *cpd*

ruptura *nf* rupture

rural *adj* rural ♦ *nf* (*RPl*: *camioneta*) station wagon (*US*), estate car (*BRIT*)

Rusia *nf* Russia ❑ **ruso, -a** *adj, nm/f* Russian

rústica *nf*: **libro en ~** paperback (book); *ver tb* **rústico**

rústico, -a *adj* rustic; (*ordinario*) coarse, uncouth ♦ *nm/f* yokel, hillbilly (*US*)

ruta *nf* route ▶ **Ruta Maya** Maya Road

> **RUTA MAYA**
>
> The **Ruta Maya** is the informal name given to a geographical, tourist and archeological area which extends from the state of Yucatán in Mexico to Honduras. The archeological sites in this area are among the most spectacular and majestic in the world, with their breathtaking Mayan ruins, temples, and pyramids.

rutina *nf* routine ❑ **rutinario, -a** *adj* routine

Ss

S *abr* (= *santo, a*) St; (= *sur*) S

s. *abr* (= *siglo*) C.; (= *siguiente*) foll

S.A. *abr* (= *Sociedad Anónima*) Inc. (*US*), Ltd. (*BRIT*)

sábado *nm* Saturday

sábana *nf* sheet

sabandija *nf* bug, insect

sabañón *nm* chilblain

saber *vt* to know; (*llegar a conocer*) to find out, learn; (*tener capacidad de*) to know how to ♦ *vi*: **~ a** to taste of, taste like ♦ *nm* knowledge, learning; **a ~** namely; **¿sabes conducir/nadar?** can you drive/swim?; **¿sabes francés?** do you speak French?; **~ de memoria** to know by heart; **hacer ~ algo a algn** to inform sb of sth, let sb know sth

sabiduría *nf* (*conocimientos*) wisdom; (*instrucción*) learning

sabiendas: **a ~** *adv* knowingly

sabio, -a *adj* (*docto*) learned; (*prudente*) wise, sensible

sabor *nm* taste, flavor (*US*), flavour (*BRIT*) ❑ **saborear** *vt* to taste, savor (*US*), savour (*BRIT*); (*fig*) to relish

sabotaje *nm* sabotage

saboteador, a *nm/f* saboteur

sabotear *vt* to sabotage

sabré *etc vb ver* **saber**

sabroso, -a *adj* tasty; (*fig*: *fam*) racy, salty

sacacorchos *nm inv* corkscrew

sacapuntas *nm inv* pencil sharpener

sacar *vt* to take out; (*fig*: *extraer*) to get (out); (*quitar*) to remove, get out; (*hacer salir*) to bring out; (*conclusión*) to draw; (*novela etc*) to publish, bring out; (*ropa*) to take off; (*obra*) to make; (*premio*) to receive; (*entradas*) to get; (*TENIS*) to serve; **~ adelante** (*niño*) to bring up; (*negocio*) to carry on, go on with; **~ a algn a bailar** to get sb up to dance; **~ una foto** to take a photo; **~ la lengua** to stick out one's tongue; **~ buenas/malas notas** to get good/bad marks

sacarina *nf* saccharin(e)

sacerdote *nm* priest

saciar *vt* (*hambre, sed*) to satisfy; **saciarse** *vr* (*de comida*) to get full up; **comer hasta ~se** to eat one's fill

saco *nm* bag; (*grande*) sack; (*su contenido*) bagful; (*LAm*: *chaqueta*) jacket ▶ **saco de dormir** (*LAm exc MÉX, ESP*) sleeping bag

sacramento *nm* sacrament

sacrificar *vt* to sacrifice ❑ **sacrificio** *nm* sacrifice

sacrilegio *nm* sacrilege ❑ **sacrílego, -a** *adj* sacrilegious

sacristía *nf* sacristy

sacro, -a *adj* sacred

sacudida *nf* (*agitación*) shake, shaking; (*sacudimiento*) jolt, bump ▶ **sacudida eléctrica** electric shock

sacudir *vt* to shake; (*golpear*) to hit; (*MÉX*: *desempolvar*) to dust

sádico, -a *adj* sadistic ♦ *nm/f* sadist ❑ **sadismo** *nm* sadism

saeta *nf* (*flecha*) arrow

sagacidad *nf* shrewdness, cleverness ❑ **sagaz** *adj* shrewd, clever

sagitario *nm* Sagittarius

sagrado, -a *adj* sacred, holy

Sáhara *nm*: **el ~** the Sahara (desert)

sal *vb ver* **salir** ♦ *nf* salt

sala *nf* room; (*tb*: **~ de estar**) living room; (*TEATRO*) house, auditorium; (*de hospital*) ward ▶ **sala de apelación** court ▶ **sala de espera** waiting room ▶ **sala de estar** living room ▶ **sala de fiestas** dance hall

salado, -a *adj* salty; (*fig*) witty, amusing; **agua salada** salt water

salar *vt* to salt, add salt to

salarial *adj* (*aumento, revisión*) wage *cpd*, salary *cpd*

salario *nm* wage, pay

salchicha *nf* (pork) sausage ❑ **salchichón** *nm* (salami-type) sausage

saldar *vt* to pay; (*vender*) to sell off; (*fig*) to settle, resolve ❑ **saldo** *nm* (*pago*) settlement; (*de una cuenta*) balance; (*lo restante*) remnant(s) (*pl*), remainder; **saldos** *nmpl* (*en tienda*) sale

saldré *etc vb ver* **salir**

salero *nm* salt shaker (*US*), salt cellar (*BRIT*)

salgo *etc vb ver* **salir**

salida *nf* (*puerta etc*) exit, way out; (*acto*) leaving, going out; (*de tren, AVIAT*) departure; (*TEC*) output, production; (*fig*) way out; (*COM*) opening; (*GEO, válvula*) outlet; (*de gas*) leak; **calle sin ~** cul-de-sac ▶ **salida de baño** (*RPl*) bathrobe ▶ **salida de incendios** fire escape

saliente *adj* (*ARQ*) projecting; (*sol*) rising; (*fig*) outstanding

> **salir**
>
> PALABRA CLAVE
>
> *vi*
>
> **1** (*partir*: *tb*: **salir de**) to leave; **Juan ha salido** Juan is out; **salió de la cocina** he came out of the kitchen
>
> **2** (*aparecer*) to appear; (*disco, libro*) to come out; **anoche salió en la tele** she appeared *o* was on TV last night; **salió en todos los periódicos** it was in all the papers
>
> **3** (*resultar*): **la muchacha nos salió muy trabajadora** the girl turned out to be a very hard worker; **la comida te ha salido exquisita** the food was delicious; **sale muy caro** it's very expensive

4: **salirle a algn algo: la entrevista que hice me salió bien/mal** the interview I did went o turned out well/badly

5: **salir adelante: no sé como haré para salir adelante** I don't know how I'll get by
♦ **salirse** vr (líquido) to spill; (animal) to escape

saliva nf saliva
salmo nm psalm
salmón nm salmon
salmonete nm red mullet
salmuera nf pickle, brine
salón nm (de casa) living room, lounge; (muebles) lounge suite ▶ **salón de baile** dance hall ▶ **salón de belleza** beauty parlor (US) o parlour (BRIT)
salpicadera (MÉX) nf fender (US), mudguard (BRIT)
salpicadero (ESP) nm (AUTO) dashboard
salpicar vt (rociar) to sprinkle, spatter; (esparcir) to scatter
salpicón nm (tb: **~ de marisco**) seafood salad
salsa nf sauce; (con carne asada) gravy; (fig) spice
saltamontes nm inv grasshopper
saltar vt to jump (over), leap (over); (dejar de lado) to skip, miss out ♦ vi to jump, leap; (pelota) to bounce; (al aire) to fly up; (quebrarse) to break; (al agua) to dive; (fig) to explode, blow up
salto nm jump, leap; (al agua) dive ▶ **salto de agua** waterfall ▶ **salto de altura** high jump
saltón, -ona adj (ojos) bulging, popping; (dientes) protruding
salud nf health; **¡(a su) ~!** cheers!, good health!; **¡~!** (LAm: al estornudar) bless you! □ **saludable** adj (de buena salud) healthy; (provechoso) good, beneficial
saludar vt to greet; (MIL) to salute □ **saludo** nm greeting; **"saludos"** (en carta) "best wishes", "regards"
salva nf (de aplausos) storm
salvación nf salvation; (rescate) rescue
salvado nm bran
salvaguardar vt to safeguard
salvajada nf atrocity
salvaje adj wild; (tribu) savage □ **salvajismo** nm savagery
salvamento nm rescue
salvapantallas nm inv screen saver
salvar vt (rescatar) to save, rescue; (resolver) to overcome, resolve; (cubrir distancias) to cover, travel; (hacer excepción) to except, exclude; (barco) to salvage
salvavidas adj inv: **bote ~** lifeboat; **chaleco ~** life jacket; **cinturón ~** life preserver (US), lifebelt (BRIT)
salvo, -a adj safe ♦ adv except (for), save; **a ~** out of danger; **~ que** unless □ **salvoconducto** nm safe-conduct
san adj saint; **S~ Juan** St John
sanar vt (herida) to heal; (persona) to cure ♦ vi (persona) to get well, recover; (herida) to heal
sanatorio nm sanitarium (US), sanatorium (BRIT)
sanción nf sanction □ **sancionar** vt to sanction
sancochado, -a (MÉX) adj (CULIN) underdone, rear
sandalia nf sandal
sandez nf foolishness
sandía nf watermelon
sandwich (pl **~s**, **~es**) nm sandwich
saneamiento nm sanitation
sanear vt to clean up; (terreno) to drain
sangrar vt, vi to bleed □ **sangre** nf blood
sangría nf sangria, sweetened drink of red wine with fruit
sangriento, -a adj bloody
sanguijuela nf (ZOOL, fig) leech
sanguinario, -a adj bloodthirsty
sanguíneo, -a adj blood cpd
sanidad nf (tb: **~ pública**) public health
sanitario, -a adj health cpd □ **sanitarios** (LAm) nmpl washroom (US), toilets (BRIT)
sano, -a adj healthy; (sin daños) sound; (comida) wholesome; (entero) whole, intact; **~ y salvo** safe and sound

⚠ No confundir **sano** con la palabra inglesa **sane**.

Santiago nm: **~ (de Chile)** Santiago
santiamén nm: **en un ~** in no time at all
santidad nf holiness, sanctity
santiguarse vr to make the sign of the cross
santo, -a adj holy; (fig) wonderful, miraculous ♦ nm/f saint ♦ nm saint's day; **~ y seña** password
santuario nm sanctuary, shrine
saña nf rage, fury
sapo nm toad
saque nm (TENIS) service, serve; (FÚTBOL) throw-in ▶ **saque de esquina** corner (kick)

saquear vt (MIL) to sack; (robar) to loot, plunder; (fig) to ransack □ **saqueo** nm sacking; looting, plundering; ransacking
sarampión nm measles sg
sarcasmo nm sarcasm □ **sarcástico, -a** adj sarcastic
sardina nf sardine
sargento nm sergeant
sarmiento nm (BOT) vine shoot
sarna nf itch; (MED) scabies
sarpullido nm (MED) rash
sarro nm (en dientes) tartar, plaque
sartén nf frying pan
sastre nm tailor □ **sastrería** nf (arte) tailoring; (tienda) tailor's (shop)
Satanás nm Satan
satélite nm satellite
sátira nf satire
satisfacción nf satisfaction
satisfacer vt to satisfy; (gastos) to meet; (pérdida) to make good; **satisfacerse** vr to satisfy o.s., be satisfied; (vengarse) to take revenge □ **satisfecho, -a** adj satisfied; (contento) content(ed), happy; (tb: **satisfecho de sí mismo**) self-satisfied, smug
saturar vt to saturate; **saturarse** vr (mercado, aeropuerto) to reach saturation point
sauce nm willow ▶ **sauce llorón** weeping willow
sauna nf sauna
savia nf sap
saxofón nm saxophone
sazonar vt to ripen; (CULIN) to season, flavor (US), flavour (BRIT)
scone (MÉX, CS) nm biscuit (US)
scooter (ESP) nf scooter
Scotch® (LAm) nm Scotch tape® (US), Sellotape® (BRIT)
SE abr (= sudeste) SE

se

PALABRA CLAVE

pron

1 (reflexivo: sg: m) himself; (: f) herself; (: pl) themselves; (: cosa) itself; (: de Vd) yourself; (: de Vds) yourselves; **se está preparando** she's preparing herself; para usos léxicos del pron ver el vb en cuestión, p.ej. **arrepentirse**

2 (con complemento indirecto) to him; to her; to them; to it; to you; **a usted se lo dije ayer** I told you yesterday; **se compró un sombrero** he bought himself a hat; **se rompió la pierna** he broke his leg

3 (uso recíproco) each other, one another; **se miraron (el uno al otro)** they looked at each other o one another

4 (en oraciones pasivas): **se han vendido muchos libros** a lot of books have been sold

5 (impers): **se dice que** people say that, it is said that; **allí se come muy bien** the food there is very good, you can eat very well there

sé etc vb ver **saber; ser**
sea etc vb ver **ser**
sebo nm fat, grease
secador nm dryer ▶ **secador de pelo** hair dryer □ **secadora** nf dryer, tumble dryer (BRIT) ▶ **secadora de pelo** (MÉX) hair dryer
secar vt to dry; **secarse** vr to dry (off); (río, planta) to dry up
sección nf section
seco, -a adj dry; (carácter) cold; (respuesta) sharp, curt; **habrá pan a secas** there will be just bread; **decir algo a secas** to say sth curtly; **parar en ~** to stop dead
secretaría nf secretariat; (MÉX: ministerio) department, ministry (BRIT) ▶ **Secretaría de Estado** (MÉX) State Department (US), Foreign Office (BRIT) ▶ **Secretaría de Gobernación** (MÉX) Ministry of the Interior
secretario, -a nm/f secretary ▶ **Secretario de Relaciones Exteriores** (MÉX) Secretary of State (US), Foreign Secretary (BRIT)
secreto, -a adj secret; (persona) secretive ♦ nm secret; (calidad) secrecy
secta nf sect □ **sectario, -a** adj sectarian
sector nm sector
secuela nf consequence
secuencia nf sequence
secuestrar vt to kidnap; (bienes) to seize, confiscate □ **secuestro** nm kidnapping, kidnaping (US); seizure, confiscation
secular adj secular
secundar vt to second, support
secundario, -a adj secondary
sed nf thirst; **tener ~** to be thirsty
seda nf silk
sedal nm fishing line
sedán (LAm) nm sedan (US), saloon (BRIT)
sedante nm sedative

sede nf (de gobierno) seat; (de compañía) headquarters pl; **Santa S~** Holy See
sedentario, -a adj sedentary
sediento, -a adj thirsty
sedimento nm sediment
sedoso, a adj silky, silken
seducción nf seduction
seducir vt to seduce; (cautivar) to charm, fascinate; (atraer) to attract □ **seductor, a** adj seductive; charming, fascinating; attractive ♦ nm/f seducer
segar vt (mies) to reap, cut; (hierba) to mow, cut
seglar adj secular, lay
segregación nf segregation ▶ **segregación racial** racial segregation
segregar vt to segregate, separate
seguida nf: **en ~** at once, right away
seguido, -a adj (continuo) continuous, unbroken; (recto) straight ♦ adv (directo) straight (on); (después) after; (LAm: a menudo) often; **~s** consecutive, successive; **5 días ~s** 5 days running, 5 days in a row
seguimiento nm chase, pursuit; (continuación) continuation
seguir vt to follow; (venir después) to follow on, come after; (proseguir) to continue; (perseguir) to chase, pursue ♦ vi (gen) to follow; (continuar) to continue, carry o go on; **seguirse** vr to follow; **sigo sin comprender** I still don't understand; **sigue lloviendo** it's still raining
según prep according to ♦ adv: **¿irás? -- ~** are you going? -- it all depends ♦ conj as; **~ caminamos** while we walk
segundo, -a adj second ♦ nm second ♦ nf second meaning; **de segunda mano** second-hand; **segunda (clase)** second class; **segunda (marcha)** (AUTO) second (gear)
seguramente adv surely; (con certeza) for sure, with certainty
seguridad nf safety; (del estado, de casa etc) security; (certidumbre) certainty; (confianza) confidence; (estabilidad) stability ▶ **seguridad social** welfare (US), social security (BRIT)
seguro, -a adj (cierto) sure, certain; (fiel) trustworthy; (libre de peligro) safe; (bien defendido, firme) secure ♦ adv for sure, certainly ♦ nm (COM) insurance; (MÉX: imperdible) safety pin ▶ **seguro contra terceros/a todo riesgo** third party/comprehensive insurance ▶ **seguros sociales** welfare sg (US), social security sg (BRIT)
seis num six
seísmo nm tremor, earthquake
selección nf selection □ **seleccionar** vt to pick, choose, select
selecto, -a adj select, choice; (escogido) selected
sellar vt (documento oficial) to seal; (pasaporte, visado) to stamp
sello nm (ESP CORREOS) stamp; (precinto) seal
selva nf (bosque) forest, woods pl; (jungla) jungle
semáforo nm (AUTO) traffic lights pl; (FERRO) signal
semana nf week; **entre ~** during the week ▶ **Semana Santa** Holy Week □ **semanal** adj weekly □ **semanario** nm weekly magazine
semblante nm face; (fig) look
sembrar vt to sow; (objetos) to sprinkle, scatter about; (noticias etc) to spread
semejante adj (parecido) similar ♦ nm fellow man, fellow creature; **~s** alike, similar; **nunca hizo cosa ~** he never did any such thing □ **semejanza** nf similarity, resemblance
semejar vi to seem like, resemble; **semejarse** vr to look alike, be similar
semen nm semen
semestral adj six-monthly, semi-annual (US), half-yearly (BRIT)
semicalificado, -a (LAm) adj semiskilled
semicírculo nm semicircle
semidescremado, -a (LAm) adj semi-skimmed
semidesnatado, -a (ESP) adj semi-skimmed
semifinal nf semifinal
semilla nf seed
seminario nm (REL) seminary; (ESCOL) seminar
sémola nf semolina
Sena nm: **el ~** the (river) Seine
senado nm senate □ **senador, a** nm/f senator
sencillez nf simplicity; (de persona) naturalness □ **sencillo, -a** adj simple; natural, unaffected ♦ nm (LAm: vuelto) small o loose (BRIT) change
senda nf path, track
senderismo nm hiking
sendero nm path, track
sendos, -as adj pl: **les dio ~ golpes** he hit both of them
senil adj senile
seno nm (ANAT) bosom, bust; (fig) bosom; **~s** breasts

sensación nf sensation; (sentido) sense; (sentimiento) feeling □ **sensacional** adj sensational
sensato, -a adj sensible
sensible adj sensitive; (apreciable) perceptible, appreciable; (pérdida) considerable □ **sensiblero, -a** adj sentimental

⚠ No confundir **sensible** con la palabra inglesa **sensible**.

sensitivo, -a adj sense cpd
sensorial adj sensory
sensual adj sensual
sentada nf sitting; (protesta) sit-in
sentado, -a adj: **estar ~** to sit, be sitting (down); **dar por ~** to take for granted, assume
sentar vt to sit, seat; (fig) to establish ♦ vi (vestido) to suit; (alimento): **~ bien/mal a** to agree/disagree with; **sentarse** vr (persona) to sit, sit down; (los depósitos) to settle
sentencia nf (máxima) maxim, saying; (JUR) sentence □ **sentenciar** vt to sentence
sentido, -a adj (pérdida) regrettable; (carácter) sensitive ♦ nm sense; (sentimiento) feeling; (significado) sense, meaning; (dirección) direction; **mi más ~ pésame** my deepest sympathy; **tener ~** to make sense ▶ **sentido del humor** sense of humor (US) o humour (BRIT) ▶ **sentido único** one-way (street)
sentimental adj sentimental; **vida ~** love life
sentimiento nm feeling
sentir vt to feel; (LAm: percibir) to perceive, sense; (lamentar) to regret, be sorry for ♦ vi (tener la sensación) to feel; (lamentarse) to feel sorry ♦ nm opinion, judgement; **~se bien/mal** to feel well/ill; **lo siento** I'm sorry
seña nf sign; (MIL) password; **~s** nfpl (dirección) address sg ▶ **señas personales** personal description sg
señal nf sign; (síntoma) symptom; (FERRO, TEL) signal; (marca) mark; **en ~ de** as a token o sign of □ **señalar** vt to mark; (indicar) to point out, indicate
señor nm (hombre) man; (caballero) gentleman; (dueño) owner, master; (trato: antes de nombre propio) Mr; (: hablando directamente) sir; **muy ~ mío** Dear Sir; **el ~ alcalde/presidente** the mayor/president
señora nf (dama) lady; (trato: antes de nombre propio) Mrs; (: hablando directamente) madam; (esposa) wife; **Nuestra S~** Our Lady
señorita nf (con nombre y/o apellido) Miss; (mujer joven) young lady
señorito nm young gentleman; (pey) rich kid
señuelo nm decoy
sepa etc vb ver **saber**
separación nf separation; (división) division; (hueco) gap
separar vt to separate; (dividir) to divide; **separarse** vr (parte) to come away; (partes) to come apart; (persona) to leave, go away; (matrimonio) to separate □ **separatismo** nm separatism
sepia nf cuttlefish
septentrional adj northern
septiembre nm September
séptimo, -a adj, nm seventh
sepulcral adj (fig: silencio, atmósfera) deadly □ **sepulcro** nm tomb, grave
sepultar vt to bury □ **sepultura** nf (acto) burial; (tumba) grave, tomb
sequedad nf dryness; (fig) brusqueness, curtness
sequía nf drought
séquito nm (de rey etc) retinue; (seguidores) followers pl

ser

PALABRA CLAVE

vi

1 (descripción) to be; **es médica/muy alta** she's a doctor/very tall; **la familia es de Cuzco** his (o her etc) family is from Cuzco; **soy Ana** (ESP TEL) Ana speaking o here

2 (propiedad): **es de Joaquín** it's Joaquín's, it belongs to Joaquín

3 (horas, fechas, números): **es la una** it's one o'clock; **son las seis y media** it's half-past six; **es el 1 de junio** it's June first (US), it's the first of June (BRIT); **somos/son seis** there are six of us/them

4 (en oraciones pasivas): **ha sido descubierto ya** it's already been discovered

5: **es de esperar que ...** it is to be hoped o I etc hope that ...

6 (locuciones con subj): **o sea** that is to say; **sea él sea su hermana** either him or his sister

7: **a no ser por él ... ** but for him ...

8: **a no ser que: a no ser que tenga uno ya** unless he's got one already
♦ *nm* being; **ser humano** human being

serenarse *vr* to calm down

sereno, -a *adj* (*persona*) calm, unruffled; (*el tiempo*) fine, settled; (*ambiente*) calm, peaceful ♦ *nm* night watchman

serial (*LAm*) *nm* serial

serie *nf* series; (*cadena*) sequence, succession; (*ESP TV*) serial; **fuera de ~** out of order; (*fig*) special, out of the ordinary; **fabricación en ~** mass production

seriedad *nf* seriousness; (*formalidad*) reliability

serigrafía *nf* silk-screen printing

serio, -a *adj* serious; (*fiable*) reliable, dependable; (*severo*) grave, serious; **en ~** *adv* seriously

sermón *nm* (*REL*) sermon

seropositivo, -a *adj* HIV positive

serpentear *vi* to wriggle; (*camino, río*) to wind, snake

serpentina *nf* streamer

serpiente *nf* snake ▶ **serpiente de cascabel** rattlesnake, rattler (*US*)

serranía *nf* mountainous area

serrar *vt* = **aserrar**

serrín *nm* = **aserrín**

serrucho *nm* saw

service (*RPl*) *nm* (*AUTO*) service

servicio *nm* service; (*LAm AUTO*) service; **~s** *nmpl* (*ESP*) rest room *sg* (*US*), toilet(s) (*BRIT*); **~ incluido** service charge included ▶ **servicio militar** military service

---

SERVICIO MILITAR

In many Latin American countries military service is a civic obligation for every male citizen over the age of 18. This generally lasts for one year and consists of military training. Recently, community service has been introduced in some countries for conscientious objectors.

---

servidumbre *nf* (*sujeción*) servitude; (*criados*) servants *pl*, staff

servil *adj* servile

servilleta *nf* napkin, serviette (*BRIT*)

servir *vt* to serve ♦ *vi* to serve; (*tener utilidad*) to be of use, be useful; **servirse** *vr* to serve o help o.s.; **~se de algo** to make use of sth, use sth; **sírvase pasar** please come in

sesenta *num* sixty

sesgo *nm* slant; (*fig*) slant, twist

sesión *nf* (*POL*) session, sitting; (*CINE*) showing

seso *nm* brain ❑ **sesudo, -a** *adj* sensible, wise

seta *nf* mushroom

setecientos, -as *adj, num* seven hundred

setenta *num* seventy

seto *nm* hedge

seudónimo *nm* pseudonym

severidad *nf* severity ❑ **severo, -a** *adj* severe

Sevilla *n* Seville ❑ **sevillano, -a** *adj* of o from Seville ♦ *nm/f* native o inhabitant of Seville

sexo *nm* sex

sexto, -a *adj, nm* sixth

sexual *adj* sexual; **vida ~** sex life

si *conj* if; **me pregunto si ...** I wonder if o whether ...

sí *adv* yes ♦ *nm* consent ♦ *pron* (*uso impersonal*) oneself; (*sg: m*) himself; (*: f*) herself; (*: de cosa*) itself; (*de usted*) yourself; (*pl*) themselves; (*de ustedes*) yourselves; (*recíproco*) each other; **él no quiere pero yo sí** he doesn't want to but I do; **ella sí vendrá** she will certainly come, she is sure to come; **claro que sí** of course; **creo que sí** I think so

siamés, -esa *adj, nm/f* Siamese

SIDA *nm abr* (= *Síndrome de Inmunodeficiencia Adquirida*) AIDS

siderúrgico, -a *adj* iron and steel *cpd*

sidra *nf* cider, hard cider (*US*)

siembra *nf* sowing

siempre *adv* always; (*todo el tiempo*) all the time; **~ que** (*cada vez*) whenever; (*dado que*) provided that; **como ~** as usual; **para ~** for ever

sien *nf* temple

siento *etc vb ver* **sentar; sentir**

sierra *nf* (*TEC*) saw; (*cadena de montañas*) mountain range

siervo, -a *nm/f* slave

siesta *nf* siesta, nap; **echar la ~** to have an afternoon nap o a siesta

siete *num* seven

sífilis *nf* syphilis

sifón *nm* syphon; **whisky con ~** whiskey and soda

sigla *nf* abbreviation; acronym

siglo *nm* century; (*fig*) age

significación *nf* significance

significado *nm* (*de palabra etc*) meaning

---

significar *vt* to mean, signify; (*notificar*) to make known, express ❑ **significativo, -a** *adj* significant

signo *nm* sign ▶ **signo de admiración** o **exclamación** exclamation point (*US*) o mark (*BRIT*) ▶ **signo de interrogación** question mark

sigo *etc vb ver* **seguir**

siguiente *adj* next, following

siguió *etc vb ver* **seguir**

sílaba *nf* syllable

silbar *vt, vi* to whistle ❑ **silbato** *nm* whistle ❑ **silbido** *nm* whistle, whistling

silenciador *nm* (*AUTO*) muffler (*US*), silencer (*BRIT*)

silenciar *vt* (*persona*) to silence; (*escándalo*) to hush up ❑ **silencio** *nm* silence, quiet ❑ **silencioso, -a** *adj* silent, quiet

silla *nf* (*asiento*) chair; (*tb: ~ de montar*) saddle ▶ **silla de playa** (*LAm*) deck chair ▶ **silla de ruedas** wheelchair

sillón *nm* armchair, easy chair

silueta *nf* silhouette; (*de edificio*) outline; (*figura*) figure

silvestre *adj* wild

simbólico, -a *adj* symbolic(al)

simbolizar *vt* to symbolize

símbolo *nm* symbol

simetría *nf* symmetry

simiente *nf* seed

similar *adj* similar

simio *nm* ape

simpatía *nf* liking; (*afecto*) affection; (*amabilidad*) kindness ❑ **simpático, -a** *adj* nice, pleasant; kind

---

⚠ No confundir **simpático** con la palabra inglesa *sympathetic*.

---

simpatizante *nmf* sympathizer

simpatizar *vi*: **~ con** to get on well with

simple *adj* simple; (*elemental*) simple, easy; (*mero*) mere; (*puro*) pure, sheer ♦ *nmf* simpleton ❑ **simpleza** *nf* simpleness; (*necedad*) silly thing ❑ **simplificar** *vt* to simplify

simposio *nm* symposium

simular *vt* to simulate

simultáneo, -a *adj* simultaneous

sin *prep* without; **la ropa está ~ lavar** the clothes are unwashed; **~ que** without; **~ embargo** however, still

sinagoga *nf* synagogue

sinceridad *nf* sincerity ❑ **sincero, -a** *adj* sincere

sincronizar *vt* to synchronize

sindical *adj* labor union *cpd* (*US*), trade union *cpd* (*BRIT*) ❑ **sindicalista** *adj, nmf* union member, trade unionist (*BRIT*)

sindicato *nm* (*de trabajadores*) labor union (*US*), trade union (*BRIT*); (*de negociantes*) syndicate

síndrome *nm* (*MED*) syndrome ▶ **síndrome de abstinencia** (*MED*) withdrawal symptoms

sinfín *nm*: **un ~ de** a great many, no end of

sinfonía *nf* symphony

singular *adj* singular; (*fig*) outstanding, exceptional; (*raro*) peculiar, odd ❑ **singularidad** *nf* singularity, peculiarity ❑ **singularizarse** *vr* to distinguish o.s., stand out

siniestro, -a *adj* sinister ♦ *nm* (*accidente*) accident

sinnúmero *nm* = **sinfín**

sino *nm* fate, destiny ♦ *conj* (*pero*) but; (*salvo*) except, save

sinónimo, -a *adj* synonymous ♦ *nm* synonym

síntesis *nf* synthesis ❑ **sintético, -a** *adj* synthetic

sintetizar *vt* to synthesize

sintió *vb ver* **sentir**

síntoma *nm* symptom

sintonía *nf* (*RADIO, MÚS: de programa*) tuning ❑ **sintonizar** *vt* (*RADIO: emisora*) to tune (in)

sinvergüenza *nmf* rogue, scoundrel; **¡es un ~!** he's got a nerve!

siquiera *conj* even if, even though ♦ *adv* at least; **ni ~** not even

Siria *nf* Syria

sirviente, -a *nm/f* servant

sirvo *etc vb ver* **servir**

sisear *vt, vi* to hiss

sistema *nm* system; (*método*) method ❑ **sistemático, -a** *adj* systematic

sitiar *vt* to besiege, lay siege to

sitio *nm* (*lugar*) place; (*espacio*) room, space; (*MIL*) siege ▶ **sitio de taxis** (*MÉX: parada*) taxi stand (*US*) o rank (*BRIT*) ▶ **sitio Web** (*INFORM*) website

situación *nf* situation, position; (*estatus*) position, standing

situado, -a *adj* situated, placed

situar *vt* to place, put; (*edificio*) to locate, situate

---

slip *nm* underpants *pl*, shorts *pl* (*US*), pants *pl* (*BRIT*)

smoking (*pl* **~s**) *nm* tuxedo (*US*), dinner jacket (*BRIT*)

⚠ No confundir **smoking** con la palabra inglesa *smoking*.

---

snob *adj, nmf* = **esnob**

SO *abr* (= *suroeste*) SW

sobaco *nm* armpit

sobar *vt* (*ropa*) to rumple; (*comida*) to play around with

soberanía *nf* sovereignty ❑ **soberano, -a** *adj* sovereign; (*fig*) supreme ♦ *nm/f* sovereign

soberbia *nf* pride; haughtiness, arrogance; magnificence

soberbio, -a *adj* (*orgulloso*) proud; (*altivo*) arrogant; (*estupendo*) magnificent, superb

sobornar *vt* to bribe ❑ **soborno** *nm* bribe

sobra *nf* excess, surplus; **~s** *nfpl* left-overs, scraps; **de ~** surplus, extra; **tengo de ~** I've more than enough ❑ **sobrado, -a** *adj* (*más que suficiente*) more than enough; (*superfluo*) excessive ❑ **sobrante** *adj* remaining, extra ♦ *nm* surplus, remainder

sobrar *vt* to exceed, surpass ♦ *vi* (*tener de más*) to be more than enough; (*quedar*) to remain, be left (over)

sobrasada *nf* pork sausage spread

sobre *prep* (*gen*) on; (*encima*) on (top of); (*por encima de, arriba de*) over, above; (*más que*) more than; (*además*) in addition to, besides; (*alrededor de*) about ♦ *nm* envelope; **~ todo** above all

sobrecama *nf* bedspread

sobrecargar *vt* (*camión*) to overload; (*COM*) to surcharge

sobredosis *nf inv* overdose

sobreentender *vt* to deduce, infer; **sobreentenderse** *vr*: **se sobreentiende que ...** it is implied that ...

sobrehumano, -a *adj* superhuman

sobrellevar *vt* to bear, endure

sobremesa *nf*: **programa de ~** (*TV*) afternoon program (*US*) o programme (*BRIT*)

sobrenatural *adj* supernatural

sobrenombre *nm* nickname

sobrepasar *vt* to exceed, surpass

sobreponerse *vr*: **~ a** to overcome

sobresaliente *adj* outstanding, excellent

sobresalir *vi* to project, jut out; (*fig*) to stand out, excel

sobresaltar *vt* (*asustar*) to scare, frighten; (*sobrecoger*) to startle ❑ **sobresalto** *nm* (*movimiento*) start; (*susto*) scare; (*turbación*) sudden shock

sobretodo *nm* overcoat

sobrevenir *vi* (*ocurrir*) to happen (*unexpectedly*); (*resultar*) to follow, ensue

sobreviviente *adj* surviving ♦ *nmf* survivor

sobrevivir *vi* to survive

sobrevolar *vt* to fly over

sobriedad *nf* sobriety, soberness; (*moderación*) moderation, restraint

sobrino, -a *nm/f* nephew/niece

sobrio, -a *adj* sober; (*moderado*) moderate, restrained

socarrón, -ona *adj* (*sarcástico*) sarcastic, ironic(al)

socavar *vt* to undermine

socavón *nm* (*hoyo*) hole

sociable *adj* (*persona*) sociable, friendly; (*animal*) social

social *adj* social; (*COM*) company *cpd*

socialdemócrata *nmf* social democrat

socialista *adj, nm* socialist

socializar *vt* to socialize

sociedad *nf* society; (*COM*) company ▶ **sociedad anónima** corporation (*US*), limited liability company (*BRIT*) ▶ **sociedad de consumo** consumer society

socio, -a *nm/f* (*miembro*) member; (*COM*) partner

sociología *nf* sociology ❑ **sociólogo, -a** *nm/f* sociologist

socorrer *vt* to help ❑ **socorrista** *nmf* first aider; (*en piscina, playa*) lifeguard ❑ **socorro** *nm* (*ayuda*) help, aid; (*MIL*) relief; **¡socorro!** help!

soda *nf* (*sosa*) soda; (*bebida*) soda (water)

sofá (*pl* **~s**) *nm* sofa, settee ❑ **sofá-cama** *nm* studio couch; sofa bed

sofisticación *nf* sophistication

sofocar *vt* to suffocate; (*apagar*) to smother, put out; **sofocarse** *vr* to suffocate; (*fig*) to blush, feel embarrassed ❑ **sofoco** *nm* suffocation; embarrassment

sofreír *vt* (*CULIN*) to fry lightly

soga *nf* rope

sois *etc* (*ESP*) *vb ver* **ser**

soja (*ESP*) *nf* soy (*US*), soya (*BRIT*)

sol *nm* sun; (*luz*) sunshine, sunlight; **hace ~** it is sunny

solamente *adv* only, just

solapa *nf* (*de chaqueta*) lapel; (*de libro*) jacket

---

solapado, -a *adj* (*intenciones*) underhand; (*gestos, movimiento*) sly

solar *adj* solar, sun *cpd*

solaz *nm* recreation, relaxation ❑ **solazar** *vt* (*divertir*) to amuse

soldado *nm* soldier ▶ **soldado raso** private

soldador *nm* soldering iron; (*persona*) welder

soldar *vt* to solder, weld

soleado, -a *adj* sunny

soledad *nf* solitude; (*estado infeliz*) loneliness

solemne *adj* solemn ❑ **solemnidad** *nf* solemnity

soler *vi* to be in the habit of, be accustomed to; **suele salir a las ocho** she usually goes out at 8 o'clock

solfeo *nm* (*MÚS*) sol-fa

solicitar *vt* (*permiso*) to ask for, seek; (*puesto*) to apply for; (*votos*) to canvass for; (*atención*) to attract

solícito, -a *adj* (*diligente*) diligent; (*cuidadoso*) careful ❑ **solicitud** *nf* (*calidad*) great care; (*petición*) request; (*a un puesto*) application

solidaridad *nf* solidarity ❑ **solidario, -a** *adj* (*participación*) joint, common; (*compromiso*) mutually binding

solidez *nf* solidity ❑ **sólido, -a** *adj* solid

soliloquio *nm* soliloquy

solista *nmf* soloist

solitario, -a *adj* (*persona*) lonely, solitary; (*lugar*) lonely, desolate ♦ *nm/f* (*recluso*) recluse; (*en la sociedad*) loner ♦ *nm* solitaire

sollozar *vi* to sob ❑ **sollozo** *nm* sob

solo, -a *adj* (*único*) single, sole; (*sin compañía*) alone; (*solitario*) lonely; **hay una sola dificultad** there is just one difficulty; **a solas** alone, by oneself

sólo *adv* only, just

solomillo *nm* sirloin

soltar *vt* (*dejar ir*) to let go of; (*desprender*) to unfasten, loosen; (*librar*) to release, set free; (*risa etc*) to let out

soltero, -a *adj* single, unmarried ♦ *nm/f* bachelor (single woman) ❑ **solterón, -ona** *nm/f* old bachelor (spinster)

soltura *nf* looseness, slackness; (*de los miembros*) agility, ease of movement; (*en el hablar*) fluency, ease

soluble *adj* (*QUÍM*) soluble; (*problema*) solvable; **~ en agua** soluble in water

solución *nf* solution ❑ **solucionar** *vt* (*problema*) to solve; (*asunto*) to settle, resolve

solventar *vt* (*pagar*) to settle, pay; (*resolver*) to resolve ❑ **solvente** *adj* (*ECON: empresa, persona*) solvent

sombra *nf* shadow; (*como protección*) shade; **~s** *nfpl* (*oscuridad*) darkness *sg*, shadows; **tener buena/mala ~** to be lucky/unlucky

sombrero *nm* hat

sombrilla *nf* parasol, sunshade

sombrío, -a *adj* (*oscuro*) dark; (*triste*) sad, somber (*US*), sombre (*BRIT*); (*persona*) gloomy

somero, -a *adj* superficial

someter *vt* (*país*) to conquer; (*persona*) to subject to one's will; (*informe*) to present, submit; **someterse** *vr* to give in, yield, submit; **~ a** to subject to

somier (*pl* **~s**) *n* spring mattress

somnífero *nm* sleeping pill

somnolencia *nf* sleepiness, drowsiness

somos *vb ver* **ser**

son *vb ver* **ser** ♦ *nm* sound; **en ~ de broma** as a joke

sonaja (*MÉX*) *nf* (baby's) rattle

sonajero *nm* (baby's) rattle

sonambulismo *nm* sleepwalking ❑ **sonámbulo, -a** *nm/f* sleepwalker

sonar *vt* to ring ♦ *vi* to sound; (*hacer ruido*) to make a noise; (*pronunciarse*) to be sounded, be pronounced; (*ser conocido*) to sound familiar; (*campana*) to ring; (*reloj*) to strike, chime; **sonarse** *vr*: **~se (las narices)** to blow one's nose; **me suena ese nombre** that name rings a bell

sonda *nf* (*NÁUT*) sounding; (*TEC*) bore, drill; (*MED*) probe

sondear *vt* to sound; to bore (into), drill; to probe, sound; (*fig*) to sound out ❑ **sondeo** *nm* sounding; boring, drilling; (*fig*) poll, enquiry

sonido *nm* sound

sonoro, -a *adj* sonorous; (*resonante*) loud, resonant

sonreír *vi* to smile; **sonreírse** *vr* to smile ❑ **sonriente** *adj* smiling ❑ **sonrisa** *nf* smile

sonrojarse *vr* to blush, go red ❑ **sonrojo** *nm* blush

soñador, a *nm/f* dreamer

soñar *vt, vi* to dream; **~ con** to dream about o of

soñoliento, -a *adj* sleepy, drowsy

sopa *nf* soup

sopesar *vt* to consider, weigh up

soplar *vt* (*polvo*) to blow away, blow off; (*inflar*) to blow up; (*vela*) to blow out ♦ *vi* to blow ❑ **soplo** *nm* blow, puff; (*de viento*) puff, gust

soplón, -ona *(fam) nm/f (niño)* telltale; *(de policía)* fink *(US)*, grass *(BRIT)*
sopor *nm* drowsiness
soporífero *nm* sleeping pill
soportable *adj* bearable
soportar *vt* to bear, carry; *(fig)* to bear, put up with

> ⚠ No confundir **soportar** con la palabra inglesa ***support***.

soporte *nm* support; *(fig)* pillar, support
soprano *nf* soprano
sorber *vt (chupar)* to sip; *(absorber)* to soak up, absorb
sorbete *nm* sherbert *(US)*, sorbet *(BRIT)*
sorbo *nm (trago: grande)* gulp, swallow; *(: pequeño)* sip
sordera *nf* deafness
sórdido, -a *adj* dirty, squalid
sordo, -a *adj (persona)* deaf ♦ *nm/f* deaf person ❑ **sordomudo, -a** *adj* deaf and dumb
sorna *nf* sarcastic tone
soroche *(CAm) nm* mountain sickness
sorprendente *adj* surprising
sorprender *vt* to surprise ❑ **sorpresa** *nf* surprise
sortear *vt* to draw lots for; *(rifar)* to raffle; *(dificultad)* to avoid ❑ **sorteo** *nm (en lotería)* draw; *(rifa)* raffle
sortija *nf* ring; *(rizo)* ringlet, curl
sosegado, -a *adj* quiet, calm
sosegar *vt* to quieten, calm; *(el ánimo)* to reassure ♦ *vi* to rest ❑ **sosiego** *nm* quiet(ness), calm(ness)
soslayo: **de ~** *adv* obliquely, sideways
soso, -a *adj (CULIN)* tasteless; *(aburrido)* dull, uninteresting
sospecha *nf* suspicion ❑ **sospechar** *vt* to suspect ❑ **sospechoso, -a** *adj* suspicious; *(testimonio, opinión)* suspect ♦ *nm/f* suspect
sostén *nm (apoyo)* support; *(LAm exc MÉX, ESP: sujetador)* bra; *(alimentación)* sustenance, food
sostener *vt* to support; *(mantener)* to keep up, maintain; *(alimentar)* to sustain, keep going; **sostenerse** *vr* to support o.s.; *(seguir)* to continue, remain ❑ **sostenido, -a** *adj* continuous, sustained; *(prolongado)* prolonged
sotana *nf (REL)* cassock
sótano *nm* basement
soviético, -a *adj (HIST)* Soviet; **los ~s** the Soviets
soy *vb ver* **ser**
soya *(LAm) nf* soy *(US)*, soya *(BRIT)*
Sr. *abr (= Señor)* Mr.
Sra. *abr (= Señora)* Mrs.
S.R.C. *abr (= se ruega contestación)* R.S.V.P.
Sres. *abr (= Señores)* Messrs
Srta. *abr (= Señorita)* Miss
Sta. *abr (= Santa)* St.
status *nm inv* status
Sto. *abr (= Santo)* St.
su *pron (de él)* his; *(de ella)* her; *(de una cosa)* its; *(de ellos, ellas)* their; *(de usted, ustedes)* your
suave *adj* gentle; *(superficie)* smooth; *(trabajo)* easy; *(música, voz)* soft, sweet ❑ **suavidad** *nf* gentleness; smoothness; softness, sweetness ❑ **suavizante** *nm (de ropa)* softener; *(ESP: del pelo)* conditioner ❑ **suavizar** *vt* to soften; *(quitar la aspereza)* to smooth (out)
subalimentado, -a *adj* undernourished
subasta *nf* auction ❑ **subastar** *vt* to auction (off)
subcampeón, -ona *nm/f* runner-up
subconsciente *adj, nm* subconscious
subdesarrollado, -a *adj* underdeveloped
subdesarrollo *nm* underdevelopment
subdirector, a *nm/f* assistant director
súbdito, -a *nm/f* subject
subestimar *vt* to underestimate, underrate
subida *nf (de montaña etc)* ascent, climb; *(de precio)* rise, increase; *(pendiente)* slope, hill
subir *vt (objeto)* to raise, lift up; *(cuesta, calle)* to go up; *(colina, montaña)* to climb; *(precio)* to raise, put up ♦ *vi* to go up, come up; *(a un carro)* to get in; *(a un autobús, tren o avión)* to get on, board; *(precio)* to rise, go up; *(río, marea)* to rise; **subirse** *vr* to get up, climb
súbito, -a *adj (repentino)* sudden; *(imprevisto)* unexpected
subjetivo, -a *adj* subjective
sublevación *nf* revolt, rising
sublevar *vt* to rouse to revolt; **sublevarse** *vr* to revolt, rise
sublime *adj* sublime
submarinismo *nm* scuba diving
submarino, -a *adj* underwater ♦ *nm* submarine
subnormal *adj* subnormal ♦ *nmf* subnormal person
subordinado, -a *adj, nm/f* subordinate
subrayar *vt* to underline
subsanar *vt* to rectify
subscribir *vt* = **suscribir**
subsidio *nm (ayuda)* aid, financial help; *(subvención)* subsidy, grant; *(de enfermedad, paro etc)* benefit, allowance
subsistencia *nf* subsistence
subsistir *vi* to subsist; *(sobrevivir)* to survive, endure
subte *(RPl) nm* subway *(US)*, underground *(BRIT)*
subterráneo, -a *adj* underground, subterranean ♦ *nm (túnel)* underground passage; *(metro)* subway *(US)*, underground *(BRIT)*
subtítulo *nm (CINE)* subtitle
suburbano, -a *adj* suburban
suburbio *nm (barrio)* slum quarter
subvención *nf (ECON)* subsidy, grant ❑ **subvencionar** *vt* to subsidize
subversión *nf* subversion ❑ **subversivo, -a** *adj* subversive
subyugar *vt (país)* to subjugate, subdue; *(enemigo)* to overpower; *(voluntad)* to dominate
sucedáneo, -a *adj* substitute ♦ *nm* substitute (food)
suceder *vt, vi* to happen; *(seguir)* to succeed, follow; **lo que sucede es que ...** the fact is that ... ❑ **sucesión** *nf* succession; *(serie)* sequence, series
sucesivamente *adv*: **y así ~** and so on
sucesivo, -a *adj* successive, following; **en lo ~** in future, from now on
suceso *nm (hecho)* event, happening; *(incidente)* incident

> ⚠ No confundir **suceso** con la palabra inglesa ***success***.

suciedad *nf (estado)* dirtiness; *(mugre)* dirt, filth
sucinto, -a *adj (conciso)* succinct, concise
sucio, -a *adj* dirty
suculento, -a *adj* succulent
sucumbir *vi* to succumb
sucursal *nf* branch (office)
sudadera *nf* sweatshirt
Sudáfrica *nf* South Africa
Sudamérica *nf* South America ❑ **sudamericano, -a** *adj, nm/f* South American
sudar *vt, vi* to sweat
sudeste *nm* south-east
sudoeste *nm* south-west
sudor *nm* sweat ❑ **sudoroso, -a** *adj* sweaty, sweating
Suecia *nf* Sweden ❑ **sueco, -a** *adj* Swedish ♦ *nm/f* Swede
suegro, -a *nm/f* father-/mother-in-law
suela *nf* sole
sueldo *nm* pay, wage(s) *(pl)*
suele *etc vb ver* **soler**
suelo *nm (tierra)* ground; *(de casa)* floor
suelto, -a *adj* loose; *(libre)* free; *(separado)* detached; *(ágil)* quick, agile
sueñito *(LAm) nm* nap
sueño *etc vb ver* **soñar** ♦ *nm* sleep; *(somnolencia)* sleepiness, drowsiness; *(lo soñado, fig)* dream; **tener ~** to be sleepy
suero *nm (MED)* serum; *(de leche)* whey
suerte *nf (fortuna)* luck; *(azar)* chance; *(destino)* fate, destiny; *(especie)* sort, kind; **tener ~** to be lucky; **de otra ~** otherwise, if not; **de ~ que** so that, in such a way that
suéter *(LAm) nm* sweater
suficiente *adj* enough, sufficient ♦ *nm (ESCOL)* passing grade *(US)*, pass mark *(BRIT)*
sufragio *nm (voto)* vote; *(derecho de voto)* suffrage
sufrido, -a *adj (persona)* tough; *(paciente)* long-suffering, patient
sufrimiento *nm (dolor)* suffering
sufrir *vt (padecer)* to suffer; *(soportar)* to bear, put up with; *(apoyar)* to hold up, support ♦ *vi* to suffer
sugerencia *nf* suggestion
sugerir *vt* to suggest; *(sutilmente)* to hint
sugestión *nf* suggestion; *(sutil)* hint ❑ **sugestionar** *vt* to influence
sugestivo, -a *adj* stimulating; *(fascinante)* fascinating
suicida *adj* suicidal ♦ *nmf* suicidal person; *(muerto)* suicide, person who has committed suicide ❑ **suicidarse** *vr* to commit suicide, kill o.s. ❑ **suicidio** *nm* suicide
Suiza *nf* Switzerland ❑ **suizo, -a** *adj, nm/f* Swiss
sujeción *nf* subjection
sujetador *(ESP) nm (sostén)* bra
sujetar *vt (fijar)* to fasten; *(detener)* to hold down; **sujetarse** *vr* to subject o.s. ❑ **sujeto, -a** *adj* fastened, secure ♦ *nm* subject; *(individuo)* individual; **sujeto a** subject to
suma *nf (cantidad)* total, sum; *(de dinero)* sum; *(acto)* adding (up), addition; **en ~** in short
sumamente *adv* extremely, exceedingly
sumar *vt* to add (up) ♦ *vi* to add up
sumario, -a *adj* brief, concise ♦ *nm* summary
sumergir *vt* to submerge; *(hundir)* to sink
suministrar *vt* to supply, provide ❑ **suministro** *nm* supply; *(acto)* supplying, providing
sumir *vt* to sink, submerge; *(fig)* to plunge
sumisión *nf (acto)* submission; *(calidad)* submissiveness, docility ❑ **sumiso, -a** *adj* submissive, docile
sumo, -a *adj* great, extreme; *(autoridad)* highest, supreme
suntuoso, -a *adj* sumptuous, magnificent
supe *etc vb ver* **saber**
supeditar *vt*: **~ algo a algo** to subordinate sth to sth
super... *prefijo* super..., over...
súper *nm* supermarket
superar *vt (sobreponerse a)* to overcome; *(rebasar)* to surpass, do better than; *(pasar)* to go beyond; **superarse** *vr* to excel o.s.
superávit *nm inv* surplus
superbueno *adj* great, fantastic
superficial *adj* superficial; *(medida)* surface *cpd*, of the surface
superficie *nf* surface; *(área)* area
superfluo, -a *adj* superfluous
superior *adj (piso, clase)* upper; *(temperatura, número, nivel)* higher; *(mejor: calidad, producto)* superior, better ♦ *nmf* superior ❑ **superioridad** *nf* superiority
supermercado *nm* supermarket
superponer *vt* to superimpose
supersónico, -a *adj* supersonic
superstición *nf* superstition ❑ **supersticioso, -a** *adj* superstitious
supervisar *vt* to supervise
supervivencia *nf* survival
superviviente *adj* surviving
supiera *etc vb ver* **saber**
suplantar *vt* to supplant
suplemento *nm* supplement
suplente *adj, nm* substitute
supletorio, -a *adj* supplementary ♦ *nm* supplement; **teléfono ~** extension
súplica *nf* request; *(JUR)* petition
suplicar *vt (cosa)* to beg (for), plead for; *(persona)* to beg, plead with
suplicio *nm* torture
suplir *vt (compensar)* to make good, make up for; *(reemplazar)* to replace, substitute ♦ *vi*: **~ a** to take the place of, substitute for
supo *etc vb ver* **saber**
suponer *vt* to suppose ❑ **suposición** *nf* supposition
supremacía *nf* supremacy
supremo, -a *adj* supreme
supresión *nf* suppression; *(de derecho)* abolition; *(de palabra etc)* deletion; *(de restricción)* cancellation, lifting
suprimir *vt* to suppress; *(derecho, costumbre)* to abolish; *(palabra etc)* to delete; *(restricción)* to cancel, lift
supuesto, -a *pp de* **suponer** ♦ *adj (hipotético)* supposed ♦ *nm* assumption, hypothesis; **~ que** since; **por ~** of course
sur *nm* south
surcar *vt* to plow *(US)*, plough *(BRIT)* ❑ **surco** *nm (en metal, disco)* groove; *(AGR)* furrow
surgir *vi* to arise, emerge; *(dificultad)* to come up, crop up
suroeste *nm* south-west
surtido, -a *adj* mixed, assorted ♦ *nm (selección)* selection, assortment; *(abastecimiento)* supply, stock ❑ **surtidor** *nm (tb:* **surtidor de gasolina***)* gas pump *(US)*, petrol pump *(BRIT)*
surtir *vt* to supply, provide ♦ *vi* to spout, spurt
susceptible *adj* susceptible; *(sensible)* sensitive; **~ de** capable of
suscitar *vt* to cause, provoke; *(interés, sospechas)* to arouse
suscribir *vt (firmar)* to sign; *(respaldar)* to subscribe to, endorse; **suscribirse** *vr* to subscribe ❑ **suscripción** *nf* subscription
susodicho, -a *adj* above-mentioned
suspender *vt (objeto)* to hang (up), suspend; *(trabajo)* to stop, suspend; *(ESCOL)* to fail; *(interrumpir)* to adjourn; *(atrasar)* to postpone
suspense *(ESP) nm* suspense; **película/novela de ~** thriller
suspensión *nf* suspension; *(fig)* stoppage, suspension
suspenso, -a *adj* hanging, suspended; *(ESP ESCOL)* failed ♦ *nm (ESP ESCOL)* fail; *(LAm: misterio)* suspense; **quedar** *o* **estar en ~** to be pending; **película/novela de ~** *(LAm)* thriller
suspicacia *nf* suspicion, mistrust ❑ **suspicaz** *adj* suspicious, distrustful
suspirar *vi* to sigh ❑ **suspiro** *nm* sigh
sustancia *nf* substance
sustentar *vt (alimentar)* to sustain, nourish; *(objeto)* to hold up, support; *(idea, teoría)* to maintain, uphold; *(fig)* to sustain, keep going ❑ **sustento** *nm* support; *(alimento)* sustenance, food
sustituir *vt* to substitute, replace ❑ **sustituto, -a** *nm/f* substitute, replacement
susto *nm* fright, scare
sustraer *vt* to remove, take away; *(MAT)* to subtract
susurrar *vi* to whisper ❑ **susurro** *nm* whisper
sutil *adj (aroma, diferencia)* subtle; *(tenue)* thin; *(inteligencia, persona)* sharp ❑ **sutileza** *nf* subtlety; thinness
suyo, -a *(con artículo o después del verbo* **ser***)* *adj (de él)* his; *(de ella)* hers; *(de ellos, ellas)* theirs; *(de Ud, Uds)* yours; **un amigo ~** a friend of his *(o* hers *o* theirs *o* yours)

Tt

tabacalera *nf*: **T~** *Spanish state tobacco monopoly*
tabaco *nm* tobacco; *(ESP: fam)* cigarettes *pl*
tabaquería *(LAm) nf* smoke shop *(US)*, tobacconist's (shop) *(BRIT)* ❑ **tabaquero, -a** *(LAm) nm/f* tobacconist
taberna *nf* bar, pub *(BRIT)*
tabique *nm* partition (wall)
tabla *nf (de madera)* plank; *(estante)* shelf; *(de vestido)* pleat; *(ARTE)* panel; **~s** *nfpl*: **estar** *o* **quedar en ~s** to draw ❑ **tablado** *nm (plataforma)* platform; *(TEATRO)* stage
tablao *nm (tb:* **~ flamenco***)* flamenco show
tablero *nm (de madera)* plank, board; *(de ajedrez, damas)* board ▸ **tablero de mandos** *(LAm AUTO)* dashboard
tableta *nf (MED)* tablet; *(de chocolate)* bar
tablón *nm (de suelo)* plank; *(de techo)* beam ▸ **tablón de anuncios** *(ESP)* bulletin *(US) o* notice *(BRIT)* board
tabú *nm* taboo
tabular *vt* to tabulate
taburete *nm* stool
tacaño, -a *adj* stingy, mean *(BRIT)*
tacha *nf* flaw; *(TEC)* stud ❑ **tachar** *vt (borrar)* to cross out; **tachar de** to accuse of
tacho *(CS) nm (balde)* bucket ▸ **tacho de la basura** trash can *(US)*, rubbish bin *(BRIT)*
tácito, -a *adj* tacit
taciturno, -a *adj* silent
taco *nm (BILLAR)* cue; *(CS: de zapato)* heel; *(tarugo)* peg
tacón *nm* heel; **de ~ alto** high-heeled ❑ **taconeo** *nm* (heel) stamping
táctica *nf* tactics *pl*
táctico, -a *adj* tactical
tacto *nm* touch; *(fig)* tact
taimado, -a *adj (astuto)* sly
tajada *nf* slice
tajante *adj* sharp
tajo *nm (corte)* cut; *(GEO)* cleft
tal *adj* such ♦ *pron (persona)* someone, such a one; *(cosa)* something, such a thing ♦ *adv*: **~ como** *(igual)* just as ♦ *conj*: **con ~ de que** provided that; **~ vez** perhaps; **~ como** such as; **~ para cual** *(dos iguales)* two of a kind; **~ cual** *(como es)* just as it is; **¿qué ~?** how are things?; **¿qué ~ te gusta?** how do you like it?
taladrar *vt* to drill ❑ **taladro** *nm* drill
talante *nm (humor)* mood; *(voluntad)* will, willingness
talar *vt* to fell, cut down; *(devastar)* to devastate
talco *nm (polvos)* talcum powder
talego *nm* sack
talento *nm* talent; *(capacidad)* ability
talismán *nm* talisman
talla *nf (estatura, fig, MED)* height, stature; *(palo)* measuring rod; *(ARTE)* carving; *(medida)* size
tallado, -a *adj* carved ♦ *nm* carving
tallar *vt (madera)* to carve; *(metal etc)* to engrave; *(medir)* to measure
tallarines *nmpl* noodles
talle *nm (ANAT)* waist; *(fig)* appearance; *(RPl: talla)* size
taller *nm (TEC)* workshop; *(de artista)* studio
tallo *nm (de planta)* stem; *(de hierba)* blade; *(brote)* shoot
talón *nm (ANAT)* heel; *(COM)* counterfoil; *(ESP: cheque)* check *(US)*, cheque *(BRIT)*
talonario *nm (de cheques)* checkbook *(US)*, chequebook *(BRIT)*; *(de recibos)* receipt book
tamaño, -a *adj (tan grande)* such a big; *(tan pequeño)* such a small ♦ *nm* size; **de ~ natural** full-size
tamarindo *nm* tamarind
tambalearse *vr (persona)* to stagger; *(vehículo)* to sway
también *adv (igualmente)* also, too, as well; *(además)* besides
tambor *nm* drum; *(ANAT)* eardrum ▸ **tambor del freno** brake drum
tamiz *nm* sieve ❑ **tamizar** *vt* to sieve
tampoco *adv* nor, neither; **yo ~ lo compré** I didn't buy it either

tampón *nm* tampon
tan *adv* so; **~ es así que ...** so much so that ...
tanda *nf* (*gen*) series; (*turno*) shift
tangente *nf* tangent
Tánger *n* Tangier(s)
tangerina (*LAm*) *nf* tangerine
tangible *adj* tangible
tanque *nm* (*cisterna*, *MIL*) tank; (*AUTO*) tanker; (*LAm*: *bombona*) cylinder
tantear *vt* (*calcular*) to reckon (up); (*medir*) to take the measure of; (*probar*) to test, try out; (*tomar la medida*: *persona*) to take the measurements of; (*situación*) to weigh up; (*persona*: *opinión*) to sound out ♦ *vi* (*DEPORTE*) to score ❑ **tanteo** *nm* (*cálculo*) (rough) calculation; (*prueba*) test, trial; (*DEPORTE*) scoring
tanto, -a *adj* (*cantidad*) so much, as much ♦ *adv* (*cantidad*) so much, as much; (*tiempo*) so long, as long ♦ *nm* (*suma*) certain amount; (*proporción*) so much; (*punto*) point; (*gol*) goal ♦ *conj*: **en ~ que** while ♦ *pron*: **cado uno paga ~** each one pays so much; **~ tú como yo** both you and I; **20 y ~s** 20-odd; **hasta ~ (que)** until such time as; **un ~ perezoso** somewhat lazy; **~s** so many, as many; **~ como eso** as much as that; **~ más ... cuanto que** all the more ... because; **~ mejor/peor** so much the better/the worse; **~ si viene como si va** whether he comes or whether he goes; **~ es así que** so much so that; **por** *o* **por lo ~** therefore; **me he vuelto ronco de** *o* **con ~ hablar** I have become hoarse with so much talking; **a ~s de agosto** on such and such a day in August
tap (*MÉX*) *nm* tap dancing
tapa *nf* (*de caja*, *olla*) lid; (*CS*: *de botella*) top; (*de libro*) cover; (*ESP*: *comida*) snack
tapadera *nf* lid, cover
tapar *vt* (*cubrir*) to cover; (*envolver*) to wrap *o* cover up; (*vista*) to obstruct; (*persona*, *falta*) to conceal; (*MÉX*, *CAm*: *diente*) to fill; **taparse** *vr* to wrap o.s. up
taparrabo *nm* loincloth
tapete *nm* table cover; (*MÉX*: *alfombra*) rug
tapia *nf* (garden) wall ❑ **tapiar** *vt* to wall in
tapicería *nf* tapestry; (*para muebles*) upholstery; (*tienda*) upholsterer's (shop)
tapiz *nm* (*alfombra*) carpet; (*tela tejida*) tapestry ❑ **tapizar** *vt* (*muebles*) to upholster; (*MÉX*: *empapelar*) to paper
tapón *nm* (*de botella*) top; (*de lavabo*) plug ▸ **tapón de rosca** screw-top
taquigrafía *nf* shorthand, stenography (*US*) ❑ **taquígrafo, -a** *nm/f* shorthand writer, stenographer (*US*)
taquilla *nf* (*ESP*: *donde se compra*) ticket *o* booking (*BRIT*) office; (*suma recogida*) take (*US*), takings *pl* (*BRIT*) ❑ **taquillero, -a** *adj*: **función taquillera** box office success ♦ *nm/f* ticket clerk
tara *nf* (*defecto*) defect; (*COM*) tare
tarántula *nf* tarantula
tararear *vi* to hum
tardar *vi* (*tomar tiempo*) to take a long time; (*llegar tarde*) to be late; (*demorar*) to delay; **¿tarda mucho el tren?** does the train take (very) long?; **a más ~** at the latest; **no tardes en venir** come soon
tarde *adv* late ♦ *nf* (*de día*) afternoon; (*al anochecer*) evening; **de ~ en ~** from time to time; **¡buenas ~s!** good afternoon!; **a** *o* **por la ~** in the afternoon; in the evening
tardío, -a *adj* (*retrasado*) late; (*lento*) slow (to arrive)
tarea *nf* task; (*faena*) chore; (*ESCOL*) homework
tarifa *nf* (*lista de precios*) price list; (*precio*) tariff
tarima *nf* (*plataforma*) platform
tarjeta *nf* card ▸ **tarjeta postal/de crédito/de Navidad** postcard/credit card/Christmas card
tarro *nm* jar, pot; (*MÉX*: *taza*) mug
tarta *nf* (*ESP*: *pastel*) cake; (*de base dura*) tart
tartamudear *vi* to stammer ❑ **tartamudo, -a** *adj* stammering ♦ *nm/f* stammerer
tártaro, -a *adj*: **salsa tártara** tartar(e) sauce
tasa *nf* (*precio*) (fixed) price, rate; (*valoración*) valuation, appraisal; (*medida*, *norma*) measure, standard ▸ **tasa de cambio/interés** exchange/interest rate ▸ **tasas de aeropuerto** airport tax ▸ **tasas universitarias** university fees ❑ **tasación** *nf* valuation, appraisal (*US*) ❑ **tasador, a** *nm/f* appraiser (*US*), valuer (*BRIT*)
tasar *vt* (*arreglar el precio*) to fix a price for; (*valorar*) to value, assess
tasca (*fam*) *nf* bar, pub (*BRIT*)
tatarabuelo, -a *nm/f* great-great-grandfather(-mother)
tatuaje *nm* (*dibujo*) tattoo; (*acto*) tattooing
tatuar *vt* to tattoo
taurino, -a *adj* bullfighting *cpd*
Tauro *nm* Taurus
tauromaquia *nf* tauromachy, (art of) bullfighting
taxi *nm* taxi
taxista *nmf* taxi *o* cab (*US*) driver
taza *nf* cup; (*de retrete*) bowl; **~ para café** coffee cup ▸ **taza de café** cup of coffee ❑ **tazón** *nm* (*taza grande*) mug, large cup; (*de fuente*) basin
te *pron* (*complemento de objeto*) you; (*complemento indirecto*) (to) you; (*reflexivo*) (to) yourself; **¿te duele mucho el brazo?** does your arm hurt a lot?; **te equivocas** you're wrong; **¡cálmate!** calm down!
té *nm* tea
tea *nf* torch
teatral *adj* theater *cpd* (*US*), theatre *cpd* (*BRIT*); (*fig*) theatrical
teatro *nm* theater (*US*), theatre (*BRIT*); (*LITERATURA*) plays *pl*, drama
tebeo (*ESP*) *nm* comic book (*US*), (children's) comic (*BRIT*)
techo *nm* (*externo*) roof; (*interno*) ceiling ▸ **techo corredizo** sunroof
tecla *nf* key ❑ **teclado** *nm* keyboard ❑ **teclear** *vi* (*MÚS*) to strum; (*con los dedos*) to tap ♦ *vt* (*INFORM*) to key in
técnica *nf* technique; (*tecnología*) technology; *ver tb* **técnico**
técnico, -a *adj* technical ♦ *nm/f* technician; (*experto*) expert
tecnología *nf* technology ▸ **tecnología inalámbrica** wireless technology ❑ **tecnológico, -a** *adj* technological
tecolote (*MÉX*) *nm* owl
tedio *nm* boredom, tedium ❑ **tedioso, -a** *adj* boring, tedious
teja *nf* tile; (*BOT*) lime (tree) ❑ **tejado** *nm* (tiled) roof
tejemaneje *nm* (*lío*) fuss; (*intriga*) intrigue
tejer *vt* to weave; (*hacer punto*) to knit; (*fig*) to fabricate ❑ **tejido** *nm* (*tela*) material, fabric; (*telaraña*) web; (*ANAT*) tissue
tel *abr* (= *teléfono*) tel
tela *nf* (*tejido*) material; (*telaraña*) web; (*en líquido*) skin ❑ **telar** *nm* (*máquina*) loom
telaraña *nf* cobweb
tele (*fam*) *nf* tube (*US*), telly (*BRIT*)
tele... *prefijo* tele... ❑ **telecomunicación** *nf* telecommunication ❑ **telecontrol** *nm* remote control ❑ **telediario** *nm* television news ❑ **teledifusión** *nf* (television) broadcast ❑ **teledirigido, -a** *adj* remote-controlled
teléf *abr* (= *teléfono*) tel
teleférico *nm* (*de esquí*) ski-lift
telefonear *vi* to telephone
telefónico, -a *adj* telephone *cpd*
telefonillo *nm* (*de puerta*) intercom
telefonista *nmf* telephonist
teléfono *nm* (tele)phone; **estar hablando al ~** to be on the phone; **llamar a algn por ~** to phone *o* ring (*BRIT*) sb (up) ▸ **teléfono celular** (*LAm*) mobile phone ▸ **teléfono inalámbrico** cordless phone ▸ **teléfono móvil** (*ESP*) mobile phone
telegrafía *nf* telegraphy
telégrafo *nm* telegraph
telegrama *nm* telegram
tele: ❑ **teleimpresor** *nm* teletypewriter (*US*), teleprinter (*BRIT*) ❑ **telenovela** *nf* soap (opera) ❑ **teleobjetivo** *nm* telephoto lens ❑ **telepatía** *nf* telepathy ❑ **telepático, -a** *adj* telepathic ❑ **telescópico, -a** *adj* telescopic ❑ **telescopio** *nm* telescope ❑ **telesilla** *nm* chairlift ❑ **telespectador, a** *nm/f* viewer ❑ **telesquí** *nm* ski-lift ❑ **teletarjeta** *nf* phonecard ❑ **teletipo** *nm* teletype ❑ **teletrabajador, a** *nm/f* teleworker ❑ **teletrabajo** *nm* teleworking ❑ **televentas** *nfpl* telesales
televidente *nmf* viewer
televisar *vt* to televise
televisión *nf* television ▸ **televisión digital** digital television
televisor *nm* television set
télex *nm inv* telex
telón *nm* curtain ▸ **telón de acero** (*POL*) iron curtain ▸ **telón de fondo** backcloth, background
tema *nm* (*asunto*) subject, topic; (*MÚS*) theme ❑ **temática** *nf* (*social*, *histórica*, *artística*) range of topics ❑ **temático, -a** *adj* thematic
temblar *vi* to shake, tremble; (*por frío*) to shiver ❑ **temblón, -ona** *adj* shaking ❑ **temblor** *nm* trembling; (*de tierra*) earthquake ❑ **tembloroso, -a** *adj* trembling
temer *vt* to fear ♦ *vi* to be afraid; **temo que llegue tarde** I am afraid he may be late
temerario, -a *adj* (*descuidado*) reckless; (*irreflexivo*) hasty ❑ **temeridad** *nf* (*imprudencia*) rashness; (*audacia*) boldness
temeroso, -a *adj* (*miedoso*) fearful; (*que inspira temor*) frightful
temible *adj* fearsome
temor *nm* (*miedo*) fear; (*duda*) suspicion
témpano *nm* (*tb*: **~ de hielo**) ice-floe
temperamento *nm* temperament
temperatura *nf* temperature
tempestad *nf* storm ❑ **tempestuoso, -a** *adj* stormy
templado, -a *adj* (*moderado*) moderate; (*frugal*) frugal; (*agua*) lukewarm; (*clima*) mild; (*MÚS*) well-tuned ❑ **templanza** *nf* moderation; mildness
templar *vt* (*moderar*) to moderate; (*furia*) to restrain; (*calor*) to reduce; (*afinar*) to tune (up); (*acero*) to temper; (*tuerca*) to tighten up ❑ **temple** *nm* (*ajuste*) tempering; (*afinación*) tuning; (*pintura*) tempera
templo *nm* (*iglesia*) church; (*pagano etc*) temple
temporada *nf* time, period; (*estación*) season
temporal *adj* (*no permanente*) temporary ♦ *nm* storm
tempranero, -a *adj* (*BOT*) early; (*persona*) early-rising
temprano, -a *adj* early; (*demasiado pronto*) too soon, too early
ten *vb ver* **tener**
tenaces *adj pl ver* **tenaz**
tenacidad *nf* tenacity; (*dureza*) toughness; (*terquedad*) stubbornness
tenacillas *nfpl* tongs; (*para el pelo*) curling irons (*US*), curling tongs (*BRIT*); (*MED*) forceps
tenaz *adj* (*material*) tough; (*persona*) tenacious; (*creencia*, *resistencia*) stubborn
tenaza(s) *nf(pl)* (*MED*) forceps; (*TEC*) pliers; (*ZOOL*) pincers
tendedero *nm* (*para ropa*) drying place; (*cuerda*) clothes line
tendencia *nf* tendency; **tener ~ a** to tend to, have a tendency to ❑ **tendencioso, -a** *adj* tendentious
tender *vt* (*extender*) to spread out; (*colgar*) to hang out; (*vía férrea*, *cable*) to lay; (*estirar*) to stretch ♦ *vi*: **~ a** to tend to, have a tendency towards; **tenderse** *vr* to lie down; **~ la cama/mesa** (*LAm*) to make the bed/set (*US*) *o* lay (*BRIT*) the table
tenderete *nm* (*puesto*) stall; (*exposición*) display of goods
tendero, -a *nm/f* storekeeper (*US*), shopkeeper (*BRIT*)
tendido, -a *adj* (*acostado*) lying down, flat; (*colgado*) hanging ♦ *nm* (*TAUR*) front rows of seats; **a galope ~** flat out
tendón *nm* tendon
tendré *etc vb ver* **tener**
tenebroso, -a *adj* (*oscuro*) dark; (*fig*) gloomy
tenedor *nm* (*CULIN*) fork ▸ **tenedor de libros** book-keeper
tenencia *nf* (*de casa*) tenancy; (*de oficio*) tenure; (*de propiedad*) possession

tener

PALABRA CLAVE

vt

1 (*poseer*, *gen*) to have; (*en la mano*) to hold; **¿tienes un boli?** have you got a pen?; **va a tener un niño** she's going to have a baby; **¡ten** (*o* **tenga**)**!**, **¡aquí tienes** (*o* **tiene**)**!** here you are!

2 (*edad*, *medidas*) to be; **tiene 7 años** she's 7 (years old); **tiene 15 cm de largo** it's 15 cm long; *ver* **calor**, **hambre** *etc*

3 (*considerar*): **lo tengo por inteligente** I consider him to be intelligent; **tener en mucho a algn** to think very highly of sb

4 (+ *pp*: = *pretérito*): **tengo terminada ya la mitad del trabajo** I've done half the work already

5: **tener que hacer algo** to have to do sth; **tengo que acabar este trabajo hoy** I have to finish this job today

6: **¿qué tienes, estás enfermo?** what's the matter with you, are you sick?

♦ **tenerse** *vr*

1: **tenerse en pie** to stand up

2: **tenerse por** to think o.s.; **se tiene por muy listo** he thinks himself very clever

tengo *etc vb ver* **tener**
tenia *nf* tapeworm
teniente *nm* (*rango*) lieutenant; (*ayudante*) deputy
tenis *nm* tennis ▸ **tenis de mesa** table tennis ❑ **tenista** *nmf* tennis player
tenor *nm* (*sentido*) meaning; (*MÚS*) tenor; **a ~ de** on the lines of
tensar *vt* to tighten; (*arco*) to draw
tensión *nf* tension; (*TEC*) stress; **tener la ~ alta** to have high blood pressure ▸ **tensión arterial** blood pressure
tenso, -a *adj* tense
tentación *nf* temptation
tentáculo *nm* tentacle
tentador, a *adj* tempting
tentar *vt* (*seducir*) to tempt; (*atraer*) to attract ❑ **tentativa** *nf* attempt ▸ **tentativa de asesinato** attempted murder
tentempié *nm* snack
tenue *adj* (*delgado*) thin, slender; (*neblina*) light; (*lazo*, *vínculo*) slight
teñir *vt* to dye; (*fig*) to tinge; **teñirse** *vr* to dye; **~se el pelo** to dye one's hair
teología *nf* theology
teoría *nf* theory; **en ~** in theory ❑ **teóricamente** *adv* theoretically ❑ **teórico, -a** *adj* theoretic(al) ♦ *nm/f* theoretician, theorist ❑ **teorizar** *vi* to theorize
Teotihuacán *nm* Teotihuacán

TEOTIHUACÁN

The city of **Teotihuacán**, located towards the northeast of Mexico City, was the largest city in all the Americas in pre-Columbian times. It is not known when the city was built, but it is thought to be over 2,000 years old.

terapéutico, -a *adj* therapeutic
terapia *nf* therapy
tercer *adj ver* **tercero**
tercermundista *adj* Third World *cpd*
tercero, -a *adj* (*tercer*: *delante de nmsg*) third ♦ *nm* (*JUR*) third party
terceto *nm* trio
terciar *vi* (*participar*) to take part; (*hacer de árbitro*) to mediate; **terciarse** *vr* to come up ❑ **terciario, -a** *adj* tertiary
tercio *nm* third
terciopelo *nm* velvet
terco, -a *adj* obstinate
tergal® *nm type of polyester*
tergiversar *vt* to distort
termal *adj* thermal
termas *nfpl* hot springs
térmico, -a *adj* thermal
terminación *nf* (*final*) end; (*conclusión*) conclusion, ending
terminal *adj*, *nf* (*MÉX*) *o m* (*LAm exc MÉX*, *ESP*) terminal
terminante *adj* (*final*) final, definitive; (*tajante*) categorical ❑ **terminantemente** *adv*: **terminantemente prohibido** strictly forbidden
terminar *vt* (*completar*) to complete, finish; (*concluir*) to end ♦ *vi* (*llegar a su fin*) to end; (*parar*) to stop; (*acabar*) to finish; **terminarse** *vr* to come to an end; **~ por hacer algo** to end up (by) doing sth
término *nm* end, conclusion; (*parada*) terminus; (*límite*) boundary; **en último ~** (*a fin de cuentas*) in the last analysis; (*como último recurso*) as a last resort ▸ **término medio** average; (*fig*) middle way
terminología *nf* terminology
termodinámico, -a *adj* thermodynamic
termómetro *nm* thermometer
termonuclear *adj* thermonuclear
termo(s)® *nm* Thermos®
termostato *nm* thermostat
ternero, -a *nm/f* (*animal*) calf ♦ *nf* (*carne*) veal
ternura *nf* (*trato*) tenderness; (*palabra*) endearment; (*cariño*) fondness
terquedad *nf* obstinacy
terrado *nm* terrace
terraplén *nm* embankment
terrateniente *nmf* landowner
terraza *nf* (*balcón*) balcony; (*tejado*) (flat) roof; (*AGR*) terrace
terremoto *nm* earthquake
terrenal *adj* earthly
terreno *nm* (*tierra*) land; (*parcela*) plot; (*suelo*) soil; (*fig*) field; **un ~** a piece of land
terrestre *adj* terrestrial; (*ruta*) land *cpd*
terrible *adj* terrible, awful
territorio *nm* territory
terrón *nm* (*de azúcar*) lump; (*de tierra*) clod, lump
terror *nm* terror ❑ **terrorífico, -a** *adj* terrifying ❑ **terrorista** *adj*, *nmf* terrorist
terso, -a *adj* (*liso*) smooth; (*pulido*) polished ❑ **tersura** *nf* smoothness
tertulia *nf* (*reunión informal*) social gathering; (*grupo*) group, circle
tesis *nf inv* thesis
tesón *nm* (*firmeza*) firmness; (*tenacidad*) tenacity
tesorero, -a *nm/f* treasurer
tesoro *nm* treasure; (*COM*, *POL*) treasury
testaferro *nm* figurehead
testamentario, -a *adj* testamentary ♦ *nm/f* executor/executrix
testamento *nm* will
testar *vi* to make a will
testarudo, -a *adj* stubborn
testículo *nm* testicle
testificar *vt* to testify; (*fig*) to attest ♦ *vi* to give evidence
testigo *nmf* witness ▸ **testigo de cargo/descargo** witness for the prosecution/defense (*US*) *o* defence (*BRIT*) ▸ **testigo ocular** eye witness
testimoniar *vt* to testify to; (*fig*) to show ❑ **testimonio** *nm* testimony
teta *nf* (*de biberón*) nipple (*US*), teat (*BRIT*); (*ANAT*: *fam*) breast

tétanos *nm* tetanus
tetera *nf* teapot
tétrico, -a *adj* gloomy, dismal
textil *adj* textile
texto *nm* text ❑ **textual** *adj* textual
textura *nf* (*de tejido*) texture
tez *nf* (*cutis*) complexion
ti *pron* you; (*reflexivo*) yourself
tía *nf* (*pariente*) aunt
tibieza *nf* (*temperatura*) tepidness; (*actitud*) coolness ❑ **tibio, -a** *adj* lukewarm
tiburón *nm* shark
tic *nm* (*ruido*) click; (*de reloj*) tick ▶ **tic nervioso** nervous tic
tictac *nm* (*de reloj*) ticktock
tiempo *nm* time; (*época, período*) age, period; (METEOROLOGÍA) weather; (LING) tense; (DEPORTE) half; **a ~** in time; **a un** *o* **al mismo ~** at the same time; **al poco ~** very soon (after); **se quedó poco ~** he didn't stay very long; **hace poco ~** not long ago; **mucho ~** a long time; **de ~ en ~** from time to time; **hace buen/mal ~** the weather is fine/bad; **estar a ~** to be in time; **hace ~** some time ago; **hacer ~** to while away the time; **motor de 2 ~s** two-stroke engine; **primer ~** first half
tienda *nf* store (US), shop (BRIT) ▶ **tienda de abarrotes** (MÉX, CAm) grocery store (US), grocer's (BRIT) ▶ **tienda de alimentación** *o* **comestibles** grocery store (US), grocer's (BRIT) ▶ **tienda de campaña** (ESP) tent
tienes *etc vb ver* **tener**
tienta *etc vb ver* **tentar** ♦ *nf*: **andar a ~s** to grope one's way along
tiento *etc vb ver* **tentar** ♦ *nm* (*tacto*) touch; (*precaución*) wariness
tierno, -a *adj* (*blando*) tender; (*fresco*) fresh; (*amable*) sweet
tierra *nf* earth; (*suelo*) soil; (*mundo*) earth, world; (*país*) country, land; **~ adentro** inland
tieso, -a *adj* (*rígido*) rigid; (*duro*) stiff; (*fam: orgulloso*) conceited
tiesto *nm* flowerpot
tifoidea *nf* typhoid
tifón *nm* typhoon
tifus *nm* typhus
tigre *nm* tiger
tijera *nf* scissors *pl*; (ZOOL) claw; **~s** *nfpl* scissors; (*para plantas*) shears
tijeretear *vt* to snip
tila *nf* lime blossom tea
tildar *vt*: **~ de** to brand as
tilde *nf* (TIP) tilde
tilín *nm* tinkle
tilo *nm* lime tree
timar *vt* (*estafar*) to swindle
timbal *nm* small drum
timbrar *vt* to stamp
timbre *nm* (MÉX: *sello*) stamp; (*campanilla*) bell; (*tono*) timbre; (COM) revenue stamp (US), stamp duty (BRIT)
timidez *nf* shyness ❑ **tímido, -a** *adj* shy
timo *nm* swindle
timón *nm* helm, rudder ❑ **timonel** *nm* helmsman
tímpano *nm* (ANAT) eardrum; (MÚS) small drum
tina *nf* tub; (LAm: *baño*) bath(tub) ❑ **tinaja** *nf* large jar
tinglado *nm* (*cobertizo*) shed; (*fig: truco*) trick; (*intriga*) intrigue
tinieblas *nfpl* darkness *sg*; (*sombras*) shadows
tino *nm* (*habilidad*) skill; (*juicio*) insight
tinta *nf* ink; (TEC) dye; (ARTE) color (US), colour (BRIT)
tinte *nm* dye
tintero *nm* inkwell, ink bottle (US)
tintinear *vt* to tinkle
tinto *nm* red wine
tintorería *nf* dry cleaner's
tintura *nf* (QUÍM) dye; (*farmacéutico*) tincture
tío *nm* (*pariente*) uncle
tiovivo (ESP) *nm* carousel, merry-go-round
típico, -a *adj* typical
tipo *nm* (*clase*) type, kind; (*hombre*) guy, bloke (BRIT); (ANAT: *de hombre*) build; (: *de mujer*) figure; (IMPRENTA) type ▶ **tipo bancario/de descuento/de interés/de cambio** bank/discount/interest/exchange rate
tipografía *nf* printing *cpd* ❑ **tipográfico, -a** *adj* printing *cpd*
tíquet (*pl* **~s**) *nm* ticket; (*en tienda*) receipt, cash slip
tiquismiquis *nm inv* fussy person ♦ *nmpl* (*querellas*) squabbling *sg*; (*escrúpulos*) silly scruples
tira *nf* strip; (*fig*) abundance ♦ *nmf* (MÉX: *fam*) cop; **~ y afloja** (LAm exc MÉX, ESP) give and take
tirabuzón *nm* (*rizo*) curl
tirachinas (LAm exc MÉX, ESP) *nm inv* slingshot (US), catapult (BRIT)
tirada *nf* (*acto*) cast, throw; (*serie*) series; (TIP) printing, edition; **de una ~** at one go
tirado, -a *adj* (*barato*) dirt-cheap; (*fam: fácil*) very easy
tirador *nm* (*mango*) handle; **~es** *nmpl* (RPl: *tirantes*) suspenders (US), braces (BRIT)
tiranía *nf* tyranny ❑ **tirano, -a** *adj* tyrannical ♦ *nm/f* tyrant
tirante *adj* (*cuerda etc*) tight, taut; (*relaciones*) strained ♦ *nm* (ARQ) brace; (TEC) stay; **~s** *nmpl* (*de pantalón*) suspenders (US), braces (BRIT) ❑ **tirantez** *nf* tightness; (*fig*) tension
tirar *vt* to throw; (*dejar caer*) to drop; (*volcar*) to upset; (*derribar*) to knock down *o* over; (*desechar*) to throw out *o* away; (*dinero*) to squander; (*imprimir*) to print ♦ *vi* (*disparar*) to shoot; (CS, ESP: *de la puerta etc*) to pull; (*fam: andar*) to go; (*tender a, buscar realizar*) to tend to; (DEPORTE) to shoot; **tirarse** *vr* to throw o.s.; **~ abajo** to bring down, destroy; **tira más a su padre** he takes more after his father; **ir tirando** to manage; **a todo ~** at the most
tirita (ESP) *nf* Bandaid® (US), (sticking) plaster (BRIT)
tiritar *vi* to shiver
tiro *nm* (*lanzamiento*) throw; (*disparo*) shot; (DEPORTE) shot; (GOLF, TENIS) drive; (*alcance*) range; **~ al blanco** target practice; **caballo de ~** cart-horse; **andar de ~s largos** to be all dressed up
tirón *nm* (CS, ESP: *sacudida*) pull, tug; **de un ~** in one go, all at once
tiroteo *nm* exchange of shots, shooting
tísico, -a *adj* consumptive
tisis *nf inv* consumption, tuberculosis
títere *nm* puppet
titiritero, -a *nm/f* puppeteer
titubeante *adj* (*al andar*) shaky, tottering; (*al hablar*) stammering; (*dudoso*) hesitant
titubear *vi* to stagger; to stammer; (*fig*) to hesitate ❑ **titubeo** *nm* staggering; stammering; hesitation
titulado, -a *adj* (*libro*) entitled; (*persona*) titled
titular *adj* titular ♦ *nmf* holder ♦ *nm* headline ♦ *vt* to title; **titularse** *vr* to be entitled ❑ **título** *nm* title; (*de diario*) headline; (*certificado*) professional qualification; (*universitario*) (university) degree; **a título de** in the capacity of
tiza *nf* chalk
tiznar *vt* to blacken
tizón *nm* brand
toalla *nf* towel ▶ **toalla higiénica** (LAm) sanitary napkin (US) *o* towel (BRIT)
tobillo *nm* ankle
tobogán *nm* (*en parque*) slide; (*en piscina*) chute, slide
tocadiscos *nm inv* record player
tocado, -a *adj* (*fam*) touched ♦ *nm* headdress
tocador *nm* (*mueble*) dressing table; (*cuarto*) boudoir; (*fam*) ladies' room *o* toilet (BRIT)
tocante: **~ a** *prep* with regard to
tocar *vt* to touch; (MÚS) to play; (*referirse a*) to allude to; (*timbre*) to ring ♦ *vi* (*a la puerta*) to knock (on *o* at the door); (*ser de turno*) to fall to, be the turn of; (*ser hora*) to be due; **tocarse** *vr* (*cubrirse la cabeza*) to cover one's head; (*tener contacto*) to touch (each other); **por lo que a mí me toca** as far as I am concerned; **te toca a ti** it's your turn
tocayo, -a *nm/f* namesake
tocino (LAm) *nm* bacon
todavía *adv* (*aun*) even; (*aún*) still, yet; **~ más** yet more; **~ no** not yet

todo, -a

PALABRA CLAVE

adj

1 (*con artículo sg*) all; **toda la carne** all the meat; **toda la noche** all night, the whole night; **todo el libro** the whole book; **toda una botella** a whole bottle; **todo lo contrario** quite the opposite; **está toda sucia** she's all dirty; **por todo el país** throughout the whole country

2 (*con artículo pl*) all; every; **todos los libros** all the books; **todas las noches** every night; **todos los que quieran salir** all those who want to leave

♦ *pron*

1 everything, all; **todos** everyone, everybody; **lo sabemos todo** we know everything; **todos querían más tiempo** everybody *o* everyone wanted more time; **nos marchamos todos** all of us left

2: **con todo: con todo él me sigue gustando** even so I still like him

♦ *adv* all; **vaya todo seguido** keep straight on *o* ahead

♦ *nm*: **como un todo** as a whole; **del todo: no me agrada del todo** I don't entirely like it

todopoderoso, -a *adj* all powerful; (REL) almighty
Todos Santos Cuchumatán *nm* Todos Santos Cuchumatán

TODOS SANTOS CUCHUMATÁN

The people of **Todos Santos Cuchumatán**, situated in the mountains of Guatemala, celebrate All Saints' Day with a famous horse race. On November 1st, the men of the town, who prepare for the race by drinking huge quantities of beer and brandy the previous night, pay to run in the race which begins at eight o'clock in the morning and finishes without any winners at dusk.

toga *nf* toga; (ESCOL) gown
Tokio *n* Tokyo
toldo *nm* (*en tienda, balcón*) awning; (*para el sol*) parasol, sunshade; (*para fiesta*) garden tent (US), marquee (BRIT)
tolerancia *nf* tolerance ❑ **tolerante** *adj* (*sociedad*) liberal; (*persona*) open-minded
tolerar *vt* to tolerate; (*resistir*) to endure
toma *nf* (*acto*) taking; (MED) dose ▶ **toma de corriente** socket ❑ **tomacorriente** (LAm) *nm* socket
tomar *vt* to take; (*aspecto*) to take on; (*beber*) to drink ♦ *vi* to take; (LAm: *beber*) to drink; **tomarse** *vr* to take; **~se por** to consider o.s. to be; **~ a bien/a mal** to take well/badly; **~ en serio** to take seriously; **~ el pelo a algn** to pull sb's leg; **~la con algn** to pick a quarrel with sb; **¡tome!** here you are!; **~ el sol** to sunbathe
tomate *nm* tomato
tomillo *nm* thyme
tomo *nm* (*libro*) volume
ton *abr* = **tonelada** ♦ *nm*: **sin ~ ni son** without rhyme or reason
tonada *nf* tune
tonalidad *nf* tone
tonel *nm* barrel
tonelada *nf* ton ❑ **tonelaje** *nm* tonnage
tónica *nf* (MÚS) tonic; (*fig*) keynote
tónico, -a *adj* tonic ♦ *nm* (MED) tonic
tonificar *vt* to tone up
tono *nm* tone; **fuera de ~** inappropriate; **darse ~** to put on airs
tontería *nf* (*estupidez*) foolishness; (*cosa*) stupid thing; (*acto*) foolish act; **~s** *nfpl* (*disparates*) nonsense *sg*, garbage *sg* (US), rubbish *sg* (BRIT)
tonto, -a *adj* stupid, silly ♦ *nm/f* fool
topar *vi*: **~ contra** *o* **en** to run into; **~ con** to run up against
tope *adj* maximum ♦ *nm* (*fin*) end; (*límite*) limit; (FERRO) buffer; (AUTO) fender (US), bumper (BRIT); **al ~** end to end
tópico, -a *adj* topical ♦ *nm* platitude
topo *nm* (ZOOL) mole; (*fig*) blunderer
topografía *nf* topography ❑ **topógrafo, -a** *nm/f* topographer
toque *etc vb ver* **tocar** ♦ *nm* touch; (MÚS) beat; (*de campana*) peal; (MÉX ELEC) shock; (: *fam: porro*) joint; **dar un ~ a** to warn ▶ **toque de queda** curfew
toqué *etc vb ver* **tocar**
toquetear *vt* to finger
toquilla *nf* (*pañuelo*) headscarf; (*chal*) shawl
tórax *nm* thorax
torbellino *nm* whirlwind; (*fig*) whirl
torcedura *nf* twist; (MED) sprain
torcer *vt* to twist; (*la esquina*) to turn; (MED) to sprain ♦ *vi* (*desviar*) to turn off; **torcerse** *vr* (*ladearse*) to bend; (*desviarse*) to go astray; (*fracasar*) to go wrong ❑ **torcido, -a** *adj* twisted; (*fig*) crooked ♦ *nm* curl
tordo, -a *adj* dappled ♦ *nm* thrush
torear *vt* (*fig: evadir*) to avoid; (*jugar con*) to tease ♦ *vi* to fight bulls ❑ **toreo** *nm* bullfighting ❑ **torero, -a** *nm/f* bullfighter
tormenta *nf* storm; (*fig: confusión*) turmoil
tormento *nm* torture; (*fig*) anguish
tornar *vt* (*devolver*) to return, give back; (*transformar*) to transform ♦ *vi* to go back; **tornarse** *vr* (*ponerse*) to become
tornasolado, -a *adj* (*brillante*) iridescent; (*reluciente*) shimmering
torneo *nm* tournament
tornillo *nm* screw
torniquete *nm* (MED) tourniquet
torno *nm* (TEC) winch; (*tambor*) drum; **en ~ (a)** round, about
toro *nm* bull; (*fam*) he-man; **los ~s** bullfighting
toronja (LAm) *nf* grapefruit, pomelo (US)
torpe *adj* (*poco hábil*) clumsy, awkward; (*necio*) dim; (*lento*) slow
torpedo *nm* torpedo
torpeza *nf* (*falta de agilidad*) clumsiness; (*lentitud*) slowness; (*error*) mistake
torre *nf* tower; (*de petróleo*) derrick
torrefacto, -a *adj* roasted
torrente *nm* torrent
tórrido, -a *adj* torrid
torrija *nf* French toast
torsión *nf* twisting
torso *nm* torso
torta *nf* (LAm: *pastel*) pie; (MÉX: *de pan*) filled roll
tortícolis *nm inv* stiff neck
tortilla *nf* omelette; (LAm: *de maíz*) maize pancake ▶ **tortilla de papas** (LAm) potato omelette ▶ **tortilla de patatas** (ESP) potato omelette ▶ **tortilla francesa** (ESP) plain omelette
tórtola *nf* turtledove
tortuga *nf* tortoise
tortuoso, -a *adj* winding
tortura *nf* torture ❑ **torturar** *vt* to torture
tos *nf* cough ▶ **tos ferina** whooping cough
tosco, -a *adj* coarse
toser *vi* to cough
tostada (LAm exc MÉX, ESP) *nf* piece of toast ❑ **tostado, -a** *adj* toasted; (*por el sol*) dark brown; (*piel*) tanned
tostador (ESP) *nm* toaster ❑ **tostadora** (LAm) *nf* toaster
tostar *vt* to toast; (*café*) to roast; (*persona*) to tan; **tostarse** *vr* to get brown
total *adj* total ♦ *adv* in short; (*al fin y al cabo*) when all is said and done ♦ *nm* total; **~ que** to make (US) *o* cut (BRIT) a long story short
totalidad *nf* whole
totalitario, -a *adj* totalitarian
tóxico, -a *adj* toxic ♦ *nm* poison ❑ **toxicómano, -a** *nm/f* drug addict
toxina *nf* toxin
tozudo, -a *adj* obstinate
traba *nf* bond, tie; (*cadena*) shackle
trabajador, a *adj* hard-working ♦ *nm/f* worker
trabajar *vt* to work; (AGR) to till; (*empeñarse en*) to work at; (*convencer*) to persuade ♦ *vi* to work; (*esforzarse*) to strive ❑ **trabajo** *nm* work; (*tarea*) task; (POL) labor (US), labour (BRIT); (*fig*) effort; **tomarse el trabajo de** to take the trouble to; **trabajo por turno/a destajo** shift work/piecework ❑ **trabajoso, -a** *adj* hard
trabalenguas *nm inv* tongue twister
trabar *vt* (*juntar*) to join, unite; (*atar*) to tie down, fetter; (*agarrar*) to seize; (*amistad*) to strike up; **trabarse** *vr* to become entangled; **se le traba la lengua** he gets tongue-tied
tracción *nf* traction ▶ **tracción delantera/trasera** front-wheel/rear-wheel drive
tractor *nm* tractor
tradición *nf* tradition ❑ **tradicional** *adj* traditional
traducción *nf* translation
traducir *vt* to translate ❑ **traductor, a** *nm/f* translator
traer *vt* to bring; (*llevar*) to carry; (*llevar puesto*) to wear; (*incluir*) to carry; (*causar*) to cause; **traerse** *vr*: **~se algo** to be up to sth
traficar *vi* to trade
tráfico *nm* (COM) trade; (AUTO) traffic
tragaluz *nm* skylight
tragamonedas (LAm) *nf inv* slot machine
tragar *vt* to swallow; (*devorar*) to devour, bolt down; (RPl: *fam: estudiar*) to grind away (US), swot (BRIT); **tragarse** *vr* to swallow
tragedia *nf* tragedy ❑ **trágico, -a** *adj* tragic
trago *nm* (*líquido*) drink; (*bocado*) gulp; (*fam: de bebida*) swig; (*desgracia*) blow
traición *nf* treachery; (JUR) treason; (*una traición*) act of treachery ❑ **traicionar** *vt* to betray
traicionero, -a *adj* treacherous
traidor, a *adj* treacherous ♦ *nm/f* traitor
traigo *etc vb ver* **traer**
trailero, -a (MÉX) *nm/f* truck (US) *o* lorry (BRIT) driver
traje *vb ver* **traer** ♦ *nm* (*de hombre*) suit; (*de mujer*) dress; (*vestido típico*) costume ▶ **traje de baño** swimsuit ▶ **traje de luces** bullfighter's costume
trajera *etc vb ver* **traer**
trajín *nm* (*fam: movimiento*) bustle ❑ **trajinar** *vi* (*moverse*) to bustle about
trama *nf* (*intriga*) plot; (*de tejido*) weft ❑ **tramar** *vt* to plot; (TEC) to weave
tramitar *vt* (*asunto*) to transact; (*negociar*) to negotiate
trámite *nm* (*paso*) step; (JUR) transaction; **~s** *nmpl* (*burocracia*) procedure *sg*; (JUR) proceedings
tramo *nm* (*de tierra*) plot; (*de escalera*) flight; (*de vía*) section
tramoya *nf* (TEATRO) piece of stage machinery ❑ **tramoyista** *nmf* scene shifter; (*fig*) trickster
trampa *nf* trap; (*en el suelo*) trapdoor; (*truco*) trick; (*engaño*) fiddle ❑ **trampear** *vt, vi* to cheat
trampolín *nm* (*de piscina etc*) diving board
tramposo, -a *adj* crooked, cheating ♦ *nm/f* crook, shyster (US)
tranca *nf* (*palo*) stick; (*de puerta, ventana*) bar ❑ **trancar** *vt* to bar
trance *nm* (*momento difícil*) difficult moment *o* juncture; (*estado hipnotizado*) trance

tranquilidad *nf* (*calma*) calmness, stillness; (*paz*) peacefulness
tranquilizar *vt* (*calmar*) to calm (down); (*asegurar*) to reassure; **tranquilizarse** *vr* to calm down ❑ **tranquilo, -a** *adj* (*calmado*) calm; (*apacible*) peaceful; (*mar*) calm; (*mente*) untroubled
transacción *nf* transaction
transbordador *nm* ferry
transbordar *vt* to transfer ❑ **transbordo** *nm* transfer; **hacer transbordo** to change (trains *etc*)
transcurrir *vi* (*tiempo*) to pass; (*hecho*) to take place
transcurso *nm*: **~ del tiempo** lapse (of time)
transeúnte *nmf* passer-by
transferencia *nf* transference; (*COM*) transfer
transferir *vt* to transfer
transformador *nm* (*ELEC*) transformer
transformar *vt* to transform; (*convertir*) to convert
tránsfuga *nmf* (*MIL*) deserter; (*POL*) turncoat
transfusión *nf* transfusion
transgénico, -a *adj* genetically modified, GM
transición *nf* transition
transigir *vi* to compromise, make concessions
transitar *vi* to go (from place to place) ❑ **tránsito** *nm* transit; (*AUTO*) traffic ❑ **transitorio, -a** *adj* transitory
transmisión *nf* (*TEC*) transmission; (*transferencia*) transfer ▸ **transmisión exterior/en directo** outside/live broadcast
transmitir *vt* to transmit; (*RADIO, TV*) to broadcast
transparencia *nf* transparency; (*claridad*) clearness, clarity; (*foto*) slide
transparentar *vt* to reveal ♦ *vi* to be transparent ❑ **transparente** *adj* transparent; (*claro*) clear
transpirar *vi* to perspire
transportar *vt* to transport; (*llevar*) to carry ❑ **transporte** *nm* transportation (*US*), transport (*BRIT*); (*COM*) haulage
transversal *adj* transverse, cross
tranvía *nm* streetcar (*US*), tram (*BRIT*)
trapeador (*LAm*) *nm* mop ❑ **trapear** (*LAm*) *vt* to mop
trapecio *nm* trapeze ❑ **trapecista** *nmf* trapeze artist
trapero, -a *nm/f* ragman
trapicheo (*fam*) *nm* scheme, fiddle
trapo *nm* (*tela*) rag; (*de cocina*) cloth
tráquea *nf* windpipe
traqueteo *nm* rattling
tras *prep* (*detrás*) behind; (*después*) after
trasatlántico *nm* (*barco*) (cabin) cruiser
trascendencia *nf* (*importancia*) importance; (*FILOSOFÍA*) transcendence
trascendental *adj* important; (*FILOSOFÍA*) transcendental
trascender *vi* (*noticias*) to come out; (*suceso*) to have a wide effect
trasero, -a *adj* back, rear ♦ *nm* (*ANAT*) bottom
trasfondo *nm* background
trasgredir *vt* to contravene
trashumante *adj* (*animales*) migrating
trasladar *vt* to move; (*persona*) to transfer; (*postergar*) to postpone; (*copiar*) to copy; **trasladarse** *vr* (*mudarse*) to move ❑ **traslado** *nm* move; (*mudanza*) move, removal
traslucir *vt* to show; **traslucirse** *vr* to be translucent; (*fig*) to be revealed
trasluz *nm* reflected light; **al ~** against *o* up to the light
trasnochador, a *nm/f* night owl
trasnochar *vi* (*acostarse tarde*) to stay up late
traspapelar *vt* (*documento, carta*) to mislay, misplace
traspasar *vt* (*suj: bala etc*) to pierce, go through; (*propiedad*) to sell, transfer; (*calle*) to cross over; (*límites*) to go beyond; (*ley*) to break ❑ **traspaso** *nm* (*venta*) transfer, sale
traspatio (*LAm*) *nm* backyard
traspié *nm* (*tropezón*) trip; (*error*) blunder
trasplantar *vt* to transplant
traste *nm* (*MÚS*) fret; **~s** *nmpl* (*MÉX, CAm: de cocina*) pots and pans; **dar al ~ con algo** to ruin sth
trastero *nm* storage room
trastienda *nf* back of store (*US*) *o* shop (*BRIT*)
trasto (*pey*) *nm* (*cosa*) piece of junk; (*persona*) dead loss
trastornado, -a *adj* (*loco*) mad, crazy
trastornar *vt* (*fig: planes*) to disrupt; (*: nervios*) to shatter; (*: persona*) to drive crazy; **trastornarse** *vr* (*volverse loco*) to go mad *o* crazy ❑ **trastorno** *nm* (*acto*) overturning; (*confusión*) confusion
tratable *adj* friendly
tratado *nm* (*POL*) treaty; (*COM*) agreement
tratamiento *nm* treatment ▸ **tratamiento de textos** (*INFORM*) word processing *cpd*
tratar *vt* (*ocuparse de*) to treat; (*manejar, TEC*) to handle; (*MED*) to treat; (*dirigirse a: persona*) to address ♦ *vi*: **~ de** (*hablar sobre*) to deal with, be about; (*intentar*) to try to; **tratarse** *vr* to treat each other; **~ con** (*COM*) to trade in; (*negociar*) to negotiate with; (*tener contactos*) to have dealings with; **¿de qué se trata?** what's it about? ❑ **trato** *nm* dealings *pl*; (*relaciones*) relationship; (*comportamiento*) manner; (*COM*) agreement
trauma *nm* trauma
través *nm* (*fig*) reverse; **al ~** across, crossways; **a ~ de** across; (*sobre*) over; (*por*) through
travesaño *nm* (*ARQ*) crossbeam; (*DEPORTE*) crossbar
travesía *nf* (*calle*) cross-street; (*NÁUT*) crossing
travesura *nf* (*broma*) prank; (*ingenio*) wit
traviesa *nf* (*ARQ*) crossbeam
travieso, -a *adj* (*niño*) naughty
trayecto *nm* (*ruta*) road, way; (*viaje*) journey; (*tramo*) stretch ❑ **trayectoria** *nf* trajectory; (*fig*) path
traza *nf* (*aspecto*) looks *pl*; (*señal*) sign ❑ **trazado, -a** *adj*: **bien trazado** shapely, well-formed ♦ *nm* (*ARQ*) plan, design; (*fig*) outline
trazar *vt* (*ARQ*) to plan; (*ARTE*) to sketch; (*fig*) to trace; (*plan*) to draw up ❑ **trazo** *nm* (*línea*) line; (*bosquejo*) sketch
trébol *nm* (*BOT*) clover
trece *num* thirteen
trecho *nm* (*distancia*) distance; (*tiempo*) while; **de ~ en ~** at intervals
tregua *nf* (*MIL*) truce; (*fig*) respite
treinta *num* thirty
tremendo, -a *adj* (*terrible*) terrible; (*imponente: cosa*) imposing; (*fam: fabuloso*) tremendous
trémulo, -a *adj* quivering
tren *nm* train ▸ **tren de aterrizaje** undercarriage
trenca *nf* duffel coat
trenza *nf* (*de pelo*) braid (*US*), plait (*BRIT*) ❑ **trenzar** *vt* (*pelo*) to braid; **trenzarse** *vr* (*LAm: enzarzarse*) to become involved
trepadora *nf* (*BOT*) climber
trepar *vt, vi* to climb
trepidante *adj* (*acción*) fast; (*ritmo*) hectic
tres *num* three
tresillo *nm* (*ESP*) three-piece set (*US*) *o* suite (*BRIT*); (*MÚS*) triplet
treta *nf* trick
triángulo *nm* triangle
tribu *nf* tribe
tribuna *nf* (*plataforma*) platform; (*DEPORTE*) (grand)stand
tribunal *nm* (*JUR*) court; (*comisión, fig*) tribunal
tributar *vt* (*gen*) to pay ❑ **tributo** *nm* (*COM*) tax
tricotar *vi* to knit
trigal *nm* wheat field
trigo *nm* wheat
trigueño, -a *adj* (*pelo*) corn-colored (*US*), corn-coloured (*BRIT*)
trillado, -a *adj* threshed; (*asunto*) trite, hackneyed ❑ **trilladora** *nf* threshing machine
trillar *vt* (*AGR*) to thresh
trimestral *adj* quarterly; (*ESCOL*) termly
trimestre *nm* (*ESCOL*) term
trinar *vi* (*pájaros*) to sing; (*rabiar*) to fume, be angry
trinchar *vt* to carve
trinchera *nf* (*fosa*) trench
trineo *nm* sled
trinidad *nf* trio; (*REL*): **la T~** the Trinity
trino *nm* trill
tripa *nf* (*ANAT*) intestine; (*fam: tb:* **~s**) insides *pl*
triple *adj* triple
triplicado, -a *adj*: **por ~** in triplicate
tripulación *nf* crew
tripulante *nmf* crewman(-woman)
tripular *vt* (*barco*) to man; (*AUTO*) to drive
triquiñuela *nf* trick
tris *nm inv* crack; **en un ~** in an instant
triste *adj* sad; (*lamentable*) sorry, miserable ❑ **tristeza** *nf* (*aflicción*) sadness; (*melancolía*) melancholy
triturar *vt* (*moler*) to grind; (*mascar*) to chew
triunfar *vi* (*tener éxito*) to triumph; (*ganar*) to win ❑ **triunfo** *nm* triumph
trivial *adj* trivial ❑ **trivializar** *vt* to minimize, play down
triza *nf*: **hacer ~s** to smash to bits; (*papel*) to tear to shreds
trocar *vt* to exchange
trocear *vt* (*carne, manzana*) to cut up, cut into pieces
trocha *nf* short cut
troche: **a ~ y moche** *adv* helter-skelter, pell-mell
trofeo *nm* (*premio*) trophy; (*éxito*) success
tromba *nf* downpour
trombón *nm* trombone
trombosis *nf inv* thrombosis
trompa *nf* horn; (*trompo*) humming top; (*hocico*) snout; (*fam*): **cogerse una ~** to get tight
trompazo *nm* bump, bang
trompeta *nf* trumpet; (*clarín*) bugle
trompicón *nm* trip, stumble; **a trompicones** in fits and starts
trompo *nm* spinning top
trompón *nm* bump
tronar *vt* (*MÉX, CAm: fusilar*) to shoot; (*MÉX: examen*) to flunk ♦ *vi* to thunder; (*fig*) to rage
tronchar *vt* (*árbol*) to chop down; (*fig: vida*) to cut short; (*: esperanza*) to shatter; (*persona*) to tire out; **troncharse** *vr* to fall down
tronco *nm* (*de árbol, ANAT*) trunk
trono *nm* throne
tropa *nf* (*MIL*) troop; (*soldados*) soldiers *pl*
tropel *nm* (*muchedumbre*) crowd
tropezar *vi* to trip, stumble; (*errar*) to slip up; **~ con** to run into; (*topar con*) to bump into ❑ **tropezón** *nm* trip; (*fig*) blunder
tropical *adj* tropical
trópico *nm* tropic
tropiezo *vb ver* **tropezar** ♦ *nm* (*error*) slip, blunder; (*desgracia*) misfortune; (*obstáculo*) snag
trotamundos *nm inv* globetrotter
trotar *vi* to trot ❑ **trote** *nm* trot; (*fam*) traveling (*US*), travelling (*BRIT*); **de mucho trote** tough, hard-wearing (*BRIT*)
trozar (*LAm*) *vt* to cut up, cut into pieces
trozo *nm* bit, piece
trucha *nf* trout
truco *nm* (*habilidad*) knack; (*engaño*) trick
trueno *nm* thunder; (*estampido*) bang
trueque *etc vb ver* **trocar** ♦ *nm* exchange; (*COM*) barter
trufa *nf* (*BOT*) truffle
truhán, -ana *nm/f* rogue, shyster (*US*)
truncar *vt* (*cortar*) to truncate; (*fig: la vida etc*) to cut short; (*: el desarrollo*) to stunt
tu *adj* your
tú *pron* you
tubérculo *nm* (*BOT*) tuber
tuberculosis *nf inv* tuberculosis
tubería *nf* pipes *pl*; (*conducto*) pipeline
tubo *nm* tube, pipe; (*MÉX: para el pelo*) roller ▸ **tubo de ensayo** test tube ▸ **tubo de escape** exhaust (pipe)
tuerca *nf* nut
tuerto, -a *adj* blind in one eye ♦ *nm/f* one-eyed person
tuerza *etc vb ver* **torcer**
tuétano *nm* squash (*US*), marrow (*BRIT*); (*BOT*) pith
tufo *nm* (*hedor*) stench
tul *nm* tulle
tulipán *nm* tulip
tullido, -a *adj* crippled
tumba *nf* (*sepultura*) tomb
tumbar *vt* to knock down; **tumbarse** *vr* (*echarse*) to lie down; (*extenderse*) to stretch out
tumbo *nm*: **dar ~s** to stagger
tumbona *nf* (*butaca*) easy chair; (*ESP: de playa*) beach *o* deck chair
tumor *nm* tumor (*US*), tumour (*BRIT*)
tumulto *nm* turmoil
tuna *nf* (*MÚS*) *student music group*; *ver tb* **tuno**
tunante *nmf* rascal
tunda *nf* (*golpeo*) beating
túnel *nm* tunnel
Túnez *nm* Tunisia; (*ciudad*) Tunis
tuno, -a *nm/f* (*fam*) rogue ♦ *nm member of student music group*
tupido, -a *adj* (*denso*) dense; (*tela*) close-woven
turba *nf* crowd
turbante *nm* turban
turbar *vt* (*molestar*) to disturb; (*incomodar*) to upset; **turbarse** *vr* to be disturbed
turbina *nf* turbine
turbio, -a *adj* cloudy; (*tema etc*) confused
turbulencia *nf* turbulence; (*fig*) restlessness ❑ **turbulento, -a** *adj* turbulent; (*fig: intranquilo*) restless; (*: ruidoso*) noisy
turco, -a *adj* Turkish ♦ *nm/f* Turk
turismo *nm* tourism; (*ESP AUTO*) sedan (*US*), saloon (*BRIT*) ❑ **turista** *nmf* tourist ❑ **turístico, -a** *adj* tourist *cpd*
turnar *vi* to take (it in) turns; **turnarse** *vr* to take (it in) turns ❑ **turno** *nm* (*de trabajo*) shift; (*en juegos etc*) turn
turquesa *nf* turquoise
Turquía *nf* Turkey
turrón *nm* (*dulce*) nougat
tutear *vt* to address as familiar "tú"; **tutearse** *vr* to be on familiar terms
tutela *nf* (*legal*) guardianship ❑ **tutelar** *adj* tutelary ♦ *vt* to protect
tutor, a *nm/f* (*legal*) guardian; (*ESCOL*) tutor
tuve *etc vb ver* **tener**
tuviera *etc vb ver* **tener**
tuyo, -a *adj* yours, of yours ♦ *pron* yours; **un amigo ~** a friend of yours; **los ~s** (*fam*) your relations, your family
TV *nf abr* (= *televisión*) TV
TVE *nf abr* = **Televisión Española**

Uu

u *conj* or
ubicar *vt* to place, situate; (*LAm: encontrar*) to find; **ubicarse** *vr* (*LAm: encontrarse*) to lie, be located
ubre *nf* udder
UCI *nf abr* (= *Unidad de Cuidados Intensivos*) ICU
Ud(s) *abr* = **usted(es)**
UE *nf abr* (= *Unión Europea*) EU
ufanarse *vr* to boast; **~ de** to pride o.s. on ❑ **ufano, -a** *adj* (*arrogante*) arrogant; (*presumido*) conceited
ujier *nm* usher; (*portero*) doorman
úlcera *nf* ulcer
ulcerar *vt* to make sore; **ulcerarse** *vr* to ulcerate
ulterior *adj* (*más allá*) farther, further; (*subsecuente, siguiente*) subsequent
últimamente *adv* (*recientemente*) lately, recently
ultimar *vt* to finish; (*finalizar*) to finalize; (*LAm: matar*) to kill
ultimátum (*pl* **~s**) *nm* ultimatum
último, -a *adj* last; (*más reciente*) latest, most recent; (*más bajo*) bottom; (*más alto*) top; **en las últimas** on one's last legs; **por ~** finally
ultra *adj* ultra ♦ *nmf* extreme right-winger
ultrajar *vt* (*ofender*) to outrage; (*insultar*) to insult, abuse ❑ **ultraje** *nm* outrage; insult
ultramar *nm*: **de** *o* **en ~** abroad, overseas
ultramarinos *nmpl* groceries; **tienda de ~** grocery store (*US*), grocer's (shop) (*BRIT*)
ultranza: **a ~** *adv* (*a todo trance*) at all costs; (*completo*) outright
ultratumba *nf*: **la vida de ~** the next life
umbral *nm* (*gen*) threshold
umbrío, -a *adj* shady

un, una
PALABRA CLAVE
art indef
a; (*antes de vocal*) an; **una mujer/naranja** a woman/an orange
♦ *adj*: **unos** (*o* **unas**): **hay unos regalos para ti** there are some presents for you; **hay unas cervezas en la nevera** there are some beers in the icebox

unánime *adj* unanimous ❑ **unanimidad** *nf* unanimity
undécimo, -a *adj* eleventh
ungir *vt* to anoint
ungüento *nm* ointment
únicamente *adv* solely, only
único, -a *adj* only, sole; (*sin par*) unique
unidad *nf* unity; (*COM, TEC etc*) unit
unido, -a *adj* joined, linked; (*fig*) united
unificar *vt* to unite, unify
uniformar *vt* to make uniform, level up; (*persona*) to put into uniform
uniforme *adj* uniform, equal; (*superficie*) even ♦ *nm* uniform ❑ **uniformidad** *nf* uniformity; (*de terreno*) levelness, evenness
unilateral *adj* unilateral
unión *nf* union; (*acto*) uniting, joining; (*unidad*) unity; (*TEC*) joint ▸ **Unión Europea** European Union
unir *vt* (*juntar*) to join, unite; (*atar*) to tie, fasten; (*combinar*) to combine; **unirse** *vr* to join together, unite; (*empresas*) to merge
unísono *nm*: **al ~** in unison
universal *adj* universal; (*mundial*) world *cpd*
universidad *nf* university
universitario, -a *adj* university *cpd* ♦ *nm/f* (*profesor*) lecturer; (*estudiante*) (university) student; (*graduado*) graduate
universo *nm* universe

uno, -a
PALABRA CLAVE
adj
one; **es todo uno** it's all one and the same; **unos pocos** a few; **unos cien** about a hundred
♦ *pron*
1 one; **quiero sólo uno** I only want one; **uno de ellos** one of them

2 (*alguien*) somebody, someone; **conozco a uno que se te parece** I know somebody *o* someone who looks like you; **uno mismo** oneself; **unos querían quedarse** some (people) wanted to stay
3: **(los) unos ... (los) otros ...** some ... others; **una y otra son muy agradables** they're both very nice
♦ *nf* one; **es la una** it's one o'clock
♦ *nm* (number) one

untar *vt* (*mantequilla*) to spread; (*engrasar*) to grease, oil
uña *nf* (*ANAT*) nail; (*garra*) claw; (*casco*) hoof; (*arrancaclavos*) claw
uranio *nm* uranium
urbanidad *nf* courtesy, politeness
urbanismo *nm* town planning
urbanización (*ESP*) *nf* (*barrio*) housing development (*US*) *o* estate (*BRIT*)
urbanizar *vt* (*zona*) to develop, urbanize
urbano, -a *adj* (*de ciudad*) urban; (*cortés*) courteous, polite
urbe *nf* large city
urdimbre *nf* (*de tejido*) warp; (*intriga*) intrigue
urdir *vt* to warp; (*complot*) to plot, contrive
urgencia *nf* urgency; (*prisa*) haste, rush; (*emergencia*) emergency; **servicios de ~** emergency services; **"U~s"** "emergency room" (*US*), "accident & emergency" (*BRIT*) ❑ **urgente** *adj* urgent
urgir *vi* to be urgent; **me urge** I'm in a hurry for it
urinario, -a *adj* urinary ♦ *nm* urinal
urna *nf* urn; (*POL*) ballot box
urraca *nf* magpie
URSS *nf* (*HIST*): **la ~** the USSR
Uruguay *nm*: **el ~** Uruguay ❑ **uruguayo, -a** *adj, nm/f* Uruguayan
usado, -a *adj* used; (*de segunda mano*) secondhand
usar *vt* to use; (*ropa*) to wear; (*tener costumbre*) to be in the habit of; **usarse** *vr* to be used ❑ **uso** *nm* use; wear; (*costumbre*) usage, custom; (*moda*) fashion; **al uso** in keeping with custom; **al uso de** in the style of
usted *pron* (*sg*) you *sg*; (*pl*): **~es** you *pl*
usual *adj* usual
usuario, -a *nm/f* user
usura *nf* usury ❑ **usurero, -a** *nm/f* usurer
usurpar *vt* to usurp
utensilio *nm* tool; (*CULIN*) utensil
útero *nm* uterus, womb
útil *adj* useful ♦ *nm* tool ❑ **utilidad** *nf* usefulness; (*COM*) profit ❑ **utilizar** *vt* to use, utilize
utopía *nf* Utopia ❑ **utópico, -a** *adj* Utopian
uva *nf* grape

Vv

v *abr* (= *voltio*) v
va *vb ver* **ir**
vaca *nf* (*animal*) cow; **carne de ~** beef
vacaciones *nfpl* vacation *sg* (*US*), holidays (*BRIT*)
vacante *adj* vacant, empty ♦ *nf* vacancy
vaciar *vt* to empty out; (*ahuecar*) to hollow out; (*moldear*) to cast; **vaciarse** *vr* to empty
vacilante *adj* unsteady; (*habla*) faltering; (*dudoso*) hesitant
vacilar *vi* to be unsteady; (*al hablar*) to falter; (*dudar*) to hesitate, waver; (*memoria*) to fail
vacío, -a *adj* empty; (*puesto*) vacant; (*desocupado*) idle; (*vano*) vain ♦ *nm* emptiness; (*FÍSICA*) vacuum; (*un vacío*) (empty) space
vacuna *nf* vaccine ❑ **vacunar** *vt* to vaccinate
vacuno, -a *adj* cow *cpd*; **ganado ~** cattle
vacuo, -a *adj* empty
vadear *vt* (*río*) to ford ❑ **vado** *nm* ford
vagabundo, -a *adj* wandering ♦ *nm* tramp, bum (*US*)
vagamente *adv* vaguely
vagancia *nf* (*pereza*) idleness, laziness
vagar *vi* to wander; (*no hacer nada*) to idle
vagina *nf* vagina
vago, -a *adj* vague; (*perezoso*) lazy ♦ *nm/f* (*vagabundo*) tramp; (*flojo*) lazybones *sg*, idler
vagón *nm* (*FERRO*: *de pasajeros*) passenger car (*US*), carriage (*BRIT*); (: *de mercancías*) wagon
vaguedad *nf* vagueness
vaho *nm* (*vapor*) steam, vapor (*US*), vapour (*BRIT*); (*respiración*) breath
vaina *nf* sheath
vainilla *nf* vanilla
vais *vb ver* **ir**
vaivén *nm* to-and-fro movement; (*de tránsito*) coming and going; **vaivenes** *nmpl* (*fig*) ups and downs
vajilla *nf* dishes *pl*, crockery (*BRIT*); (*juego*) service, set
valdré *etc vb ver* **valer**
vale *nm* voucher; (*recibo*) receipt; (*pagaré*) IOU
valedero, -a *adj* valid
valentía *nf* courage, bravery
valer *vt* to be worth; (*MAT*) to equal; (*costar*) to cost ♦ *vi* (*ESP*: *ser útil*) to be useful; (*ser válido*) to be valid; **valerse** *vr* to take care of oneself; **~se de** to make use of, take advantage of; **~ la pena** to be worthwhile; **¿vale?** (*ESP*) OK?; **¡eso a mí no me vale!** (*MÉX*: *fam*: *no importar*) I couldn't care less about that!
valeroso, -a *adj* brave, valiant
valgo *etc vb ver* **valer**
valía *nf* worth, value
validar *vt* to validate ❑ **validez** *nf* validity ❑ **válido, -a** *adj* valid
valiente *adj* brave, valiant ♦ *nm* hero
valija (*CS*) *nf* (suit)case
valioso, -a *adj* valuable
valla *nf* fence; (*DEPORTE*) hurdle ▶ **valla publicitaria** billboard (*US*), hoarding (*BRIT*) ❑ **vallar** *vt* to fence in
valle *nm* valley
valor *nm* value, worth; (*precio*) price; (*valentía*) valor (*US*), valour (*BRIT*), courage; (*importancia*) importance; **~es** *nmpl* (*COM*) securities ❑ **valorar** *vt* to value
vals *nm inv* waltz
válvula *nf* valve
vamos *vb ver* **ir**
vampiro, -resa *nm/f* vampire
van *vb ver* **ir**
vanagloriarse *vr* to boast
vandalismo *nm* vandalism ❑ **vándalo, -a** *nm/f* vandal
vanguardia *nf* vanguard; (*ARTE etc*) avant-garde
vanidad *nf* vanity ❑ **vanidoso, -a** *adj* vain, conceited
vano, -a *adj* vain
vapor *nm* vapor (*US*), vapour (*BRIT*); (*vaho*) steam; **al ~** (*CULIN*) steamed ❑ **vaporizador** *nm* atomizer ❑ **vaporizar** *vt* to vaporize ❑ **vaporoso, -a** *adj* vaporous
vapulear *vt* to beat, thrash
vaquero, -a *adj* cattle *cpd* ♦ *nm* cowboy; **~s** *nmpl* (*ESP*: *pantalones*) jeans
vaquilla *nf* (*ZOOL*) heifer
vara *nf* stick; (*TEC*) rod
variable *adj, nf* variable
variación *nf* variation
variar *vt* to vary; (*modificar*) to modify; (*cambiar de posición*) to switch around ♦ *vi* to vary
varicela *nf* chickenpox
varices (*LAm* **várices**) *nfpl* varicose veins
variedad *nf* variety
varilla *nf* stick; (*BOT*) twig; (*TEC*) rod; (*de rueda*) spoke
vario, -a *adj* varied; **~s** various, several
varita *nf* (*tb*: **~ mágica**) magic wand
varón *nm* male, man ❑ **varonil** *adj* manly, virile
Varsovia *n* Warsaw
vas *vb ver* **ir**
vasco, -a *adj, nm/f* Basque
vaselina (*ESP*) *nf* Vaseline®
vasija *nf* container, vessel
vaso *nm* glass, tumbler; (*ANAT*) vessel

> ⚠ No confundir **vaso** con la palabra inglesa ***vase***.

vástago *nm* (*BOT*) shoot; (*TEC*) rod; (*fig*) offspring
vasto, -a *adj* vast, huge
Vaticano *nm*: **el ~** the Vatican
vatio *nm* (*ELEC*) watt
vaya *etc vb ver* **ir**
Vd(s) *abr* = **usted(es)**
ve *vb ver* **ir**; **ver**
vecindad *nf* neighborhood (*US*), neighbourhood (*BRIT*); (*habitantes*) residents *pl*
vecindario *nm* neighborhood (*US*), neighbourhood (*BRIT*); (*habitantes*) residents *pl*
vecino, -a *adj* neighboring (*US*), neighbouring (*BRIT*) ♦ *nm/f* neighbor (*US*), neighbour (*BRIT*); (*residente*) resident
veda *nf* prohibition
vedar *vt* (*prohibir*) to ban, prohibit; (*impedir*) to stop, prevent
vegetación *nf* vegetation
vegetal *adj, nm* vegetable
vegetariano, -a *adj, nm/f* vegetarian
vehemencia *nf* vehemence ❑ **vehemente** *adj* vehement
vehículo *nm* vehicle; (*MED*) carrier
veía *etc vb ver* **ver**
veinte *num* twenty
vejación *nf* vexation; (*humillación*) humiliation
vejar *vt* (*irritar*) to annoy, vex; (*humillar*) to humiliate
vejez *nf* old age
vejiga *nf* (*ANAT*) bladder
vela *nf* (*de cera*) candle; (*NÁUT*) sail; (*insomnio*) sleeplessness; (*vigilia*) vigil; (*MIL*) sentry duty; **estar a dos ~s** (*fam*: *sin dinero*) to be broke
velado, -a *adj* veiled; (*sonido*) muffled; (*FOTO*) blurred ♦ *nf* soiree
velar *vt* (*vigilar*) to keep watch over ♦ *vi* to stay awake; **~ por** to watch over, look after
velatorio *nm* (funeral) wake
veleidad *nf* (*ligereza*) fickleness; (*capricho*) whim
velero *nm* (*NÁUT*) sailing ship; (*AVIAT*) glider
veleta *nf* weather vane
veliz (*MÉX*) *nm* (suit)case
vello *nm* down, fuzz
velo *nm* veil
velocidad *nf* speed; (*TEC, AUTO*) gear
velocímetro *nm* speedometer
velorio (*LAm*) *nm* (funeral) wake
veloz *adj* fast
ven *vb ver* **venir**
vena *nf* vein
venado *nm* deer
vencedor, a *adj* victorious ♦ *nm/f* victor, winner
vencer *vt* (*dominar*) to defeat, beat; (*derrotar*) to vanquish; (*superar, controlar*) to overcome, master ♦ *vi* (*triunfar*) to win (through), triumph; (*plazo*) to expire ❑ **vencido, -a** *adj* (*derrotado*) defeated, beaten; (*COM*) due ♦ *adv*: **pagar vencido** to pay in arrears ❑ **vencimiento** *nm* (*COM*) maturity
venda *nf* bandage ❑ **vendaje** *nm* bandage, dressing ❑ **vendar** *vt* to bandage; **vendar los ojos** to blindfold
vendaval *nm* (*viento*) gale
vendedor, a *nm/f* seller
vender *vt* to sell; **~ al contado/al por mayor/al por menor** to sell for cash/wholesale/retail
vendimia *nf* grape harvest
vendré *etc vb ver* **venir**
veneno *nm* poison; (*de serpiente*) venom ❑ **venenoso, -a** *adj* poisonous; venomous
venerable *adj* venerable ❑ **venerar** *vt* (*respetar*) to revere; (*adorar*) to worship
venéreo, -a *adj*: **enfermedad venérea** venereal disease
venezolano, -a *adj* Venezuelan
Venezuela *nf* Venezuela
venganza *nf* vengeance, revenge ❑ **vengar** *vt* to avenge; **vengarse** *vr* to take revenge ❑ **vengativo, -a** *adj* (*persona*) vindictive
vengo *etc vb ver* **venir**
venia *nf* (*perdón*) pardon; (*permiso*) consent
venial *adj* venial
venida *nf* (*llegada*) arrival; (*regreso*) return
venidero, -a *adj* coming, future
venir *vi* to come; (*llegar*) to arrive; (*ocurrir*) to happen; (*fig*): **~ de** to stem from; **~ bien/mal** to be suitable/unsuitable; **el año que viene** next year; **~se abajo** to collapse
venta *nf* (*COM*) sale; **"en ~"** "for sale" ▶ **venta a domicilio** door-to-door selling ▶ **venta a plazos** installment plan (*US*), hire purchase (*BRIT*) ▶ **venta al contado/al por mayor/al por menor** *o* **al detalle** cash sale/wholesale/retail
ventaja *nf* advantage ❑ **ventajoso, -a** *adj* advantageous
ventana *nf* window ❑ **ventanilla** *nf* (*de taquilla*) window (*of ticket office etc*)
ventilación *nf* ventilation; (*corriente*) draft (*US*), draught (*BRIT*)
ventilador *nm* fan
ventilar *vt* to ventilate; (*para secar*) to put out to dry; (*asunto*) to air, discuss
ventisca *nf* blizzard
ventrílocuo, -a *nm/f* ventriloquist
ventura *nf* (*felicidad*) happiness; (*buena suerte*) luck; (*destino*) fortune; **a la (buena) ~** at random ❑ **venturoso, -a** *adj* happy; (*afortunado*) lucky, fortunate
veo *etc vb ver* **ver**
ver *vt* to see; (*mirar*) to look at, watch; (*entender*) to understand; (*investigar*) to look into ♦ *vi* to see; to understand; **verse** *vr* (*encontrarse*) to meet; (*dejarse ver*) to be seen; (*hallarse*: *en un apuro*) to find o.s., be; **a ~** let's see; **no tener nada que ~ con** to have nothing to do with; **a mi modo de ~** as I see it
vera *nf* edge, verge; (*de río*) bank
veracidad *nf* truthfulness
veranear *vi* to spend the summer ❑ **veraneo** *nm* summer vacation (*US*), summer holiday (*BRIT*) ❑ **veraniego, -a** *adj* summer *cpd*
verano *nm* summer
veras *nfpl* truth *sg*; **de ~** really, truly
veraz *adj* truthful
verbal *adj* verbal
verbena *nf* (*baile*) open-air dance
verbo *nm* verb ❑ **verboso, -a** *adj* verbose
verdad *nf* truth; (*fiabilidad*) reliability; **de ~** real, proper; **a decir ~** to tell the truth ❑ **verdadero, -a** *adj* (*veraz*) true, truthful; (*fiable*) reliable; (*fig*) real
verde *adj* green; (*LAm exc MÉX, ESP*: *chiste*) dirty, blue ♦ *nm* green; **viejo ~** dirty old man ❑ **verdear** *vi* to turn green ❑ **verdor** *nm* greenness
verdugo *nm* executioner
verdulero, -a *nm/f* vegetable merchant (*US*), greengrocer (*BRIT*)
verduras *nfpl* (*CULIN*) greens
vereda *nf* path; (*CS*: *acera*) sidewalk (*US*), pavement (*BRIT*)
veredicto *nm* verdict
vergonzoso, -a *adj* shameful; (*tímido*) timid, bashful
vergüenza *nf* shame, sense of shame; (*timidez*) bashfulness; (*pudor*) modesty; **me da ~** I'm ashamed
verídico, -a *adj* true, truthful
verificar *vt* to check; (*corroborar*) to verify; (*llevar a cabo*) to carry out; **verificarse** *vr* (*predicción*) to prove to be true
verja *nf* (*cancela*) iron gate; (*valla*) iron railings *pl*; (*de ventana*) grille
vermut (*pl* **~s**) *nm* vermouth
verosímil *adj* likely, probable; (*relato*) credible
verruga *nf* wart
versado, -a *adj*: **~ en** versed in
versátil *adj* versatile
versión *nf* version
verso *nm* verse; **un ~** a line of poetry
vértebra *nf* vertebra
verter *vt* (*líquido*: *adrede*) to empty, pour (out); (: *sin querer*) to spill; (*basura*) to dump ♦ *vi* to flow
vertical *adj* vertical
vértice *nm* vertex, apex
vertidos *nmpl* waste *sg*
vertiente *nf* slope; (*fig*) aspect
vertiginoso, -a *adj* giddy, dizzy
vértigo *nm* vertigo; (*mareo*) dizziness
vesícula *nf* blister
vespino® *nm* moped
vestíbulo *nm* hall; (*de teatro*) foyer
vestido *nm* (*ropa*) clothes *pl*, clothing; (*de mujer*) dress, frock ♦ *pp de* **vestir**; **~ de azul/marinero** dressed in blue/as a sailor
vestidor (*MÉX*) *nm* (*DEPORTE*) locker (*US*) *o* changing (*BRIT*) room
vestigio *nm* (*huella*) trace; **~s** *nmpl* (*restos*) remains
vestimenta *nf* clothing
vestir *vt* (*poner*: *ropa*) to put on; (*llevar*: *ropa*) to wear; (*proveer de ropa a*) to clothe; (*sastre*) to make clothes for ♦ *vi* to dress; (*verse bien*) to look good; **vestirse** *vr* to get dressed, dress o.s.
vestuario *nm* clothes *pl*, wardrobe; (*TEATRO*: *cuarto*) dressing room; (*DEPORTE*) changing room
veta *nf* (*vena*) vein, seam; (*en carne*) streak; (*de madera*) grain
vetar *vt* to veto
veterano, -a *adj, nm* veteran
veterinaria *nf* veterinary science; *ver tb* **veterinario**
veterinario, -a *nm/f* veterinarian (*US*), veterinary surgeon (*BRIT*)
veto *nm* veto
vez *nf* time; (*turno*) turn; **a la ~ que** at the same time as; **a su ~** in its turn; **otra ~** again; **una ~** once; **de una ~** in one shot (*US*) *o* go (*BRIT*); **de una ~ para siempre** once and for all; **en ~ de** instead of; **a** *o* **algunas veces** sometimes; **una y otra ~** repeatedly; **de ~ en cuando** from time to time; **7 veces 9** 7 times 9; **hacer las veces de** to stand in for; **tal ~** perhaps
vía *nf* track, route; (*FERRO*) line; (*fig*) way; (*ANAT*) passage, tube ♦ *prep* via, by way of; **por ~ judicial** by legal means; **por ~ oficial** through official channels; **en ~s de** in the process of ▶ **vía aérea** airway ▶ **Vía Láctea** Milky Way ▶ **vía pública** public road *o* thoroughfare
viable *adj* (*solución, plan, alternativa*) feasible
viaducto *nm* viaduct
viajante *nm* traveling salesman (*US*), commercial traveller (*BRIT*)
viajar *vi* to travel ❑ **viaje** *nm* journey; (*gira*) tour; (*NÁUT*) voyage; **estar de viaje** to be on a trip ▶ **viaje de ida y vuelta** round trip ▶ **viaje de novios** honeymoon ❑ **viajero, -a** *adj* traveling (*US*), travelling (*BRIT*); (*ZOOL*) migratory ♦ *nm/f* (*quien viaja*) traveler (*US*), traveller (*BRIT*); (*pasajero*) passenger
vial *adj* road *cpd*, traffic *cpd*
víbora *nf* (*ZOOL*) viper; (*MÉX*: *venenoso*) poisonous snake
vibración *nf* vibration
vibrar *vt, vi* to vibrate
vicario *nm* curate
vicepresidente *nmf* vice-president
viceversa *adv* vice versa

viciado, -a *adj* (*corrompido*) corrupt; (*contaminado*) foul, contaminated ❑ **viciar** *vt* (*pervertir*) to pervert; (*JUR*) to nullify; (*estropear*) to spoil; **viciarse** *vr* to become corrupted
vicio *nm* vice; (*mala costumbre*) bad habit ❑ **vicioso, -a** *adj* (*muy malo*) vicious; (*corrompido*) depraved ♦ *nm/f* depraved person
vicisitud *nf* vicissitude
víctima *nf* victim
victoria *nf* victory ❑ **victorioso, -a** *adj* victorious
vid *nf* vine
vida *nf* (*gen*) life; (*duración*) lifetime; **de por ~** for life; **en la/mi ~** never; **estar con ~** to be still alive; **ganarse la ~** to earn one's living
video (*LAm*) (*ESP* **vídeo**) *nm* video ♦ *adj inv*: **película de** (*LAm*) **~** video movie (*US*) *o* film (*BRIT*) ❑ **videocámara** *nf* camcorder ❑ **videocasete** *nm* video cassette, videotape ❑ **videoclub** *nm* video store ❑ **videojuego** *nm* video game
vidriero, -a *nm/f* glazier ♦ *nf* (*ventana*) stained-glass window; (*LAm: de tienda*) store (*US*) *o* shop (*BRIT*) window; (*puerta*) glass door
vidrio *nm* glass
vieira *nf* scallop
viejo, -a *adj* old ♦ *nm/f* old man (woman); **hacerse ~** to get old
Viena *n* Vienna
vienes *etc vb ver* **venir**
vienés, -esa *adj* Viennese
viento *nm* wind; **hacer ~** to be windy
vientre *nm* belly; (*matriz*) womb
viernes *nm inv* Friday ▸ **Viernes Santo** Good Friday
Vietnam *nm*: **el ~** Vietnam ❑ **vietnamita** *adj* Vietnamese
viga *nf* beam, rafter; (*de metal*) girder
vigencia *nf* validity; **estar en ~** to be in force ❑ **vigente** *adj* valid, in force; (*imperante*) prevailing
vigésimo, -a *adj* twentieth
vigía *nm* look-out
vigilancia *nf*: **tener a algn bajo ~** to keep watch on sb
vigilar *vt* to watch over ♦ *vi* (*gen*) to be vigilant; (*hacer guardia*) to keep watch; **~ por** to take care of
vigilia *nf* wakefulness, being awake; (*REL*) fast
vigor *nm* vigor (*US*), vigour (*BRIT*), vitality; **en ~** in force; **entrar/poner en ~** to come/put into effect ❑ **vigoroso, -a** *adj* vigorous
VIH *nm abr* (= *virus de la inmunodeficiencia humana*) HIV ▸ **VIH positivo/negativo** HIV-positive/-negative
vil *adj* vile, low ❑ **vileza** *nf* vileness; (*acto*) base deed
vilipendiar *vt* to vilify, revile
villa *nf* (*casa*) villa; (*pueblo*) small town; (*municipalidad*) municipality
villancico *nm* (Christmas) carol
villorrio *nm* shantytown
vilo: **en ~** *adv* in the air, suspended; (*fig*) on tenterhooks, in suspense
vinagre *nm* vinegar
vinagreta *nf* vinaigrette, French dressing
vinculación *nf* (*lazo*) link, bond; (*acción*) linking
vincular *vt* to link, bind ❑ **vínculo** *nm* link, bond
vine *etc vb ver* **venir**
vinicultura *nf* wine growing
viniera *etc vb ver* **venir**
vino *vb ver* **venir** ♦ *nm* wine ▸ **vino blanco/tinto** white/red wine
viña *nf* vineyard ❑ **viñedo** *nm* vineyard
viola *nf* viola
violación *nf* violation; (*sexual*) rape
violar *vt* to violate; (*sexualmente*) to rape
violencia *nf* violence, force; (*incomodidad*) embarrassment; (*acto injusto*) unjust act ❑ **violentar** *vt* to force; (*casa*) to break into; (*agredir*) to assault; (*violar*) to violate ❑ **violento, -a** *adj* violent; (*furioso*) furious; (*situación*) embarrassing; (*acto*) forced, unnatural
violeta *nf* violet
violín *nm* violin
violón *nm* double bass
viraje *nm* turn; (*de vehículo*) swerve; (*fig*) change of direction ❑ **virar** *vi* to change direction
virgen *adj, nf* virgin
Virgo *nm* Virgo
viril *adj* virile ❑ **virilidad** *nf* virility
virtud *nf* virtue; **en ~ de** by virtue of ❑ **virtuoso, -a** *adj* virtuous ♦ *nm/f* virtuoso
viruela *nf* smallpox
virulento, -a *adj* virulent
virus *nm inv* virus
visa (*LAm*) *nf* visa
visado (*ESP*) *nm* visa
víscera *nf* (*ANAT, ZOOL*) gut, bowel; **~s** *nfpl* entrails
visceral *adj* (*odio*) intense; **reacción ~** gut reaction
viscoso, -a *adj* viscous
visera *nf* visor
visibilidad *nf* visibility ❑ **visible** *adj* visible; (*fig*) obvious
visillos *nmpl* net curtains
visión *nf* (*ANAT*) vision, (eye)sight; (*fantasía*) vision, fantasy
visita *nf* call, visit; (*persona*) visitor; **hacer una ~** to pay a visit
visitar *vt* to visit, call on
vislumbrar *vt* to glimpse, catch a glimpse of
viso *nm* (*del metal*) glint, gleam; (*de tela*) sheen; (*aspecto*) appearance; (*RPl: combinación*) slip
visón *nm* mink
visor *nm* (*FOTO*) viewfinder
víspera *nf*: **la ~ de ...** the day before ...
vista *nf* sight, vision; (*capacidad de ver*) (eye)sight; (*mirada*) look(s) (*pl*); **a primera ~** at first glance; **hacer la ~ gorda** to turn a blind eye; **volver la ~** to look back; **está a la ~ que** it's obvious that; **en ~ de** in view of; **en ~ de que** in view of the fact that; **¡hasta la ~!** so long!, see you!; **con ~s a** with a view to ❑ **vistazo** *nm* glance; **dar** *o* **echar un vistazo a** to glance at
visto, -a *pp de* **ver** ♦ *vb ver tb* **vestir** ♦ *adj* seen; (*considerado*) considered ♦ *nm*: **~ bueno** approval; **"~ bueno"** "approved"; **por lo ~** apparently; **está ~ que** it's clear that; **está bien/mal ~** it's acceptable/unacceptable; **~ que** since, considering that
vistoso, -a *adj* colorful (*US*), colourful (*BRIT*)
visual *adj* visual
vital *adj* life *cpd*, living *cpd*; (*fig*) vital; (*persona*) lively, vivacious ❑ **vitalicio, -a** *adj* for life ❑ **vitalidad** *nf* (*de persona, negocio*) energy; (*de ciudad*) liveliness
vitamina *nf* vitamin
viticultor, a *nm/f* wine grower ❑ **viticultura** *nf* wine growing
vitorear *vt* to cheer, acclaim
vitrina *nf* show case; (*LAm: escaparate*) store (*US*) *o* shop (*BRIT*) window
viudez *nf* widowhood
viudo, -a *nm/f* widower/widow
viva *excl* hurrah!; **¡~ el rey!** long live the king!
vivacidad *nf* (*vigor*) vigor (*US*), vigour (*BRIT*); (*vida*) liveliness
vivaracho, -a *adj* jaunty, lively; (*ojos*) bright, twinkling
vivaz *adj* lively
víveres *nmpl* provisions
vivero *nm* (*para plantas*) nursery; (*para peces*) fish farm; (*fig*) hotbed
viveza *nf* liveliness; (*agudeza: mental*) sharpness
vivienda *nf* housing; (*una vivienda*) house; (*piso*) apartment (*US*), flat (*BRIT*)
viviente *adj* living
vivir *vt, vi* to live ♦ *nm* life, living
vivo, -a *adj* living, alive; (*fig: descripción*) vivid; (*persona: astuto*) smart, clever; **en ~** (*transmisión etc*) live
vocablo *nm* (*palabra*) word; (*término*) term
vocabulario *nm* vocabulary
vocación *nf* vocation ❑ **vocacional** (*LAm*) *nf* ≈ technical college
vocal *adj* vocal ♦ *nf* vowel ❑ **vocalizar** *vt* to vocalize
vocear *vt* (*para vender*) to cry; (*aclamar*) to acclaim; (*fig*) to proclaim ♦ *vi* to yell ❑ **vocerío** *nm* shouting
vocero *nmf* spokesman/woman
voces *pl de* **voz**
vociferar *vt* to shout ♦ *vi* to yell
vodka *nm* vodka
vol *abr* = **volumen**
volado, -a (*MÉX*) *adv* in a rush, hastily
volador, a *adj* flying ♦ *nm* (*pez*) flying fish ▸ **Voladores de Papantla** *popular Mexican dance*
volandas: **en ~** *adv* in the air
volante *adj* flying ♦ *nm* (*de vehículo*) steering wheel; (*de reloj*) balance
volar *vt* (*edificio*) to blow up ♦ *vi* to fly
volátil *adj* volatile
volcán *nm* volcano ❑ **volcánico, -a** *adj* volcanic
volcar *vt* to upset, overturn; (*tumbar, derribar*) to knock over; (*vaciar*) to empty out ♦ *vi* to overturn; **volcarse** *vr* to tip over
voleibol *nm* volleyball
volqué *etc vb ver* **volcar**
voltaje *nm* voltage
voltear *vt* to turn over; (*volcar*) to turn upside down
voltereta *nf* somersault
voltio *nm* volt
voluble *adj* fickle
volumen (*pl* **volúmenes**) *nm* volume ❑ **voluminoso, -a** *adj* voluminous; (*enorme*) massive
voluntad *nf* will; (*resolución*) willpower; (*deseo*) desire, wish
voluntario, -a *adj* voluntary ♦ *nm/f* volunteer
voluntarioso, -a *adj* headstrong
voluptuoso, -a *adj* voluptuous
volver *vt* (*gen*) to turn; (*dar vuelta a*) to turn (over); (*voltear*) to turn round, turn upside down; (*poner al revés*) to turn inside out; (*devolver*) to return ♦ *vi* to return, go back, come back; **volverse** *vr* to turn round; **~ la espalda** to turn one's back; **~ triste** *etc* **a algn** to make sb sad *etc*; **~ a hacer** to do again; **~ en sí** to come to; **~se insoportable/muy caro** to get *o* become unbearable/very expensive; **~se loco** to go mad
vomitar *vt, vi* to vomit ❑ **vómito** *nm* vomit
voraz *adj* voracious
vos (*LAm*) *pron* you
vosotros, -as (*ESP*) *pron* you; (*reflexivo*): **entre/para ~** among/for yourselves
votación *nf* (*acto*) voting; (*voto*) vote
votar *vi* to vote ❑ **voto** *nm* vote; (*promesa*) vow; **votos** (good) wishes
voy *vb ver* **ir**
voz *nf* voice; (*grito*) shout; (*rumor*) rumor (*US*), rumour (*BRIT*); (*LING*) word; **dar voces** to shout, yell; **a media ~** in a low voice; **a ~ en cuello** *o* **grito** at the top of one's voice; **de viva ~** verbally; **en ~ alta** aloud; **~ de mando** command
vuelco *vb ver* **volcar** ♦ *nm* spill, overturning
vuelo *vb ver* **volar** ♦ *nm* flight; (*encaje*) lace, frill; **coger al ~** to catch in flight ▸ **vuelo chárter/regular** charter/scheduled flight ▸ **vuelo libre** (*DEPORTE*) hang-gliding
vuelque *etc vb ver* **volcar**
vuelta *nf* (*gen*) turn; (*curva*) bend, curve; (*regreso*) return; (*revolución*) revolution; (*de circuito*) lap; (*de papel, tela*) reverse; (*cambio*) change; **a la ~** on one's return; **a ~ de correo** by return of mail (*US*) *o* post (*BRIT*); **dar ~s** (*cabeza*) to spin; **dar ~s a una idea** to turn over an idea (in one's head); **estar de ~** to be back; **dar una ~** to go for a walk; (*en vehículo*) to go for a drive ▸ **vuelta ciclista** (*DEPORTE*) (cycle) tour
vuelto *pp de* **volver** ♦ *nm* (*LAm: sencillo*) small *o* loose (*BRIT*) change
vuelvo *etc vb ver* **volver**
vuestro, -a (*ESP*) *adj* your ♦ *pron*: **el ~/la vuestra, los ~s/las vuestras** yours; **un amigo ~** a friend of yours
vulgar *adj* (*ordinario*) vulgar; (*común*) common ❑ **vulgaridad** *nf* commonness; (*acto*) vulgarity; (*expresión*) coarse expression ❑ **vulgarizar** *vt* to popularize
vulgo *nm* common people
vulnerable *adj* vulnerable
vulnerar *vt* (*ley, acuerdo*) to violate, breach; (*derechos, intimidad*) to violate; (*reputación*) to damage

Ww

walkie-talkie (*pl* **~s**) *nm* walkie-talkie
Walkman® *nm* Walkman®
wáter *nm* (*taza*) toilet; (*LAm: lugar*) rest room (*US*), toilet (*BRIT*)
web *nm o f* (*página*) website; (*red*) (World Wide) Web ▸ **web site** website
webcam *nf* webcam
webmaster *nmf* webmaster
western (*pl* **~s**) *nm* western
whisky *nm* whiskey (*US, IRELAND*), whisky (*BRIT*)
windsurf *nm* windsurfing; **hacer ~** to go windsurfing

Xx Yy Zz

xenofobia *nf* xenophobia
xilófono *nm* xylophone
xocoyote, -a (*MÉX*) *nm/f* baby of the family, youngest child
y *conj* and
ya *adv* (*gen*) already; (*ahora*) now; (*en seguida*) at once; (*pronto*) soon ♦ *excl* all right! ♦ *conj* (*ahora que*) now that; **ya lo sé** I know; **ya que** since
yacaré (*CS*) *nm* cayman
yacer *vi* to lie
yacimiento *nm* (*de mineral*) deposit; (*arqueológico*) site
yanqui (*fam*) *adj, nmf* Yankee
yate *nm* yacht
yazco *etc vb ver* **yacer**
yedra *nf* ivy
yegua *nf* mare
yema *nf* (*del huevo*) yolk; (*BOT*) leaf bud; (*fig*) best part ▸ **yema del dedo** fingertip
yergo *etc vb ver* **erguir**
yermo, -a *adj* (*estéril, fig*) barren ♦ *nm* wasteland
yerno *nm* son-in-law
yerro *etc vb ver* **errar**
yeso *nm* plaster
yo *pron* I; **soy yo** it's me, it is I
yodo *nm* iodine
yoga *nm* yoga
yogur(t) *nm* yoghurt
yuca *nf* (*alimento*) cassava, manioc root
yugo *nm* yoke
Yugoslavia *nf* (*HIST*) Yugoslavia
yugular *adj* jugular
yunque *nm* anvil
yunta *nf* yoke
yuxtaponer *vt* to juxtapose ❑ **yuxtaposición** *nf* juxtaposition
yuyo (*RPl*) *nm* (*mala hierba*) weed
zafar *vt* (*soltar*) to untie; (*superficie*) to clear; **zafarse** *vr* (*escaparse*) to escape; (*TEC*) to slip off
zafio, -a *adj* coarse
zafiro *nm* sapphire
zaga *nf*: **a la ~** behind, in the rear
zaguán *nm* hallway
zaherir *vt* (*criticar*) to criticize
zaino, -a *adj* (*caballo*) chestnut
zalamería *nf* flattery ❑ **zalamero, -a** *adj* flattering; (*cobista*) suave
zamarra *nf* (*chaqueta*) sheepskin jacket
zambullirse *vr* to dive
zampar *vt* to gobble down
zanahoria *nf* carrot
zancada *nf* stride
zancadilla *nf* trip
zanco *nm* stilt
zancudo, -a *adj* long-legged ♦ *nm* (*LAm ZOOL*) mosquito
zángano *nm* drone
zanja *nf* ditch ❑ **zanjar** *vt* (*resolver*) to resolve
zapata *nf* (*MECÁNICA*) shoe
zapatear *vi* to tap with one's feet
zapatería *nf* (*oficio*) shoemaking; (*tienda*) shoe store (*US*), shoe shop (*BRIT*); (*fábrica*) shoe factory ❑ **zapatero, -a** *nm/f* shoemaker
zapatilla *nf* slipper ▸ **zapatilla de deporte** sneaker, training shoe
zapatista *adj, nmf* Zapatista

> **ZAPATISTAS**
>
> The Indian movement called the **Zapatistas** (officially, the National Liberation Zapatista Army) is a revolutionary group founded in Chiapas in 1994 with the aim of securing some basic rights for Mexican Indians. Unlike other revolutionary groups, it does not aspire to power.

zapato *nm* shoe ▸ **zapatos de piso** (*MÉX*) flat shoes
zapping *nm* channel-surfing; **hacer ~** to flick through the channels
zar *nm* czar, tsar
zarandear (*fam*) *vt* to shake vigorously
zarpa *nf* (*garra*) claw
zarpar *vi* to weigh anchor
zarza *nf* (*BOT*) bramble ❑ **zarzal** *nm* (*matorral*) bramble patch
zarzamora *nf* blackberry
zarzuela *nf Spanish light opera*
zigzag *nm* zigzag ❑ **zigzaguear** *vi* to zigzag
zinc *nm* zinc
zíper (*MÉX, CAm*) *nm* zipper (*US*), zip (fastener) (*BRIT*)
zócalo *nm* (*ARQ*) plinth, base; (*LAm exc MÉX, ESP: de pared*) baseboard (*US*), skirting board (*BRIT*); (*MÉX: plaza*) main *o* public square
zoclo (*MÉX*) *nm* baseboard (*US*), skirting board (*BRIT*)
zodíaco *nm* (*ASTROLOGÍA*) zodiac
zona *nf* zone ▸ **zona fronteriza** border area ▸ **zona industrial** (*LAm*) industrial park (*US*) ▸ **zona roja** (*LAm*) red-light district
zonzo, -a (*LAm: fam*) *adj* silly ♦ *nm/f* fool
zoo *nm* zoo
zoología *nf* zoology ❑ **zoológico, -a** *adj* zoological ♦ *nm* (*tb:* **parque zoológico**) zoo ❑ **zoólogo, -a** *nm/f* zoologist
zoom *nm* zoom lens
zopilote (*MÉX, CAm*) *nm* buzzard
zoquete *nm* (*fam*) blockhead
zorro, -a *adj* crafty ♦ *nm/f* fox/vixen
zozobra *nf* (*fig*) anxiety ❑ **zozobrar** *vi* (*hundirse*) to capsize; (*fig*) to fail
zueco *nm* clog
zumbar *vt* (*golpear*) to hit ♦ *vi* to buzz ❑ **zumbido** *nm* buzzing
zumo (*ESP*) *nm* juice ▸ **zumo de naranja** orange juice
zurcir *vt* (*coser*) to darn
zurdo, -a *adj* (*persona*) left-handed
zurrar (*fam*) *vt* to wallop

Aa

A [eɪ] *n* (*MUS*) la *m*

a

KEYWORD

[eɪ, ə] *indef art* (*before vowel or silent h: an*)

1 un(a); **a book** un libro; **an apple** una manzana; **she's a doctor** (ella) es médica

2 (*instead of the number "one"*) un(a); **a year ago** hace un año; **a hundred/thousand** *etc* **dollars** cien/mil *etc* dólares

3 (*in expressing ratios, prices etc*): **3 a day/week** 3 al día/a la semana; **10 miles an hour** 10 millas por hora; **$20 a person** $20 por persona; **50 cents a pound** 50 centavos la libra

A.A. *n abbr* (= *Alcoholics Anonymous*) Alcohólicos Anónimos; (*BRIT*: = *Automobile Association*) *asociación automovilística británica*

A.A.A. (*US*) *n abbr* (= *American Automobile Association*) *asociación automovilística estadounidense*

aback [ə'bæk] *adv*: **to be taken ~** quedar desconcertado

abandon [ə'bændən] *vt* abandonar; (*give up*) renunciar a

abate [ə'beɪt] *vi* (*storm*) amainar; (*anger*) aplacarse; (*terror*) disminuir

abattoir ['æbətwɑːr] (*BRIT*) *n* rastro (*MEX*), matadero (*LAm exc MEX*)

abbey ['æbi] *n* abadía

abbot ['æbət] *n* abad *m*

abbreviation [əbriːvi'eɪʃən] *n* (*short form*) abreviatura

ABC (*US*) *n abbr* = **American Broadcasting Company**

abdicate ['æbdɪkeɪt] *vt* renunciar a ♦ *vi* abdicar

abdomen ['æbdəmən] *n* abdomen *m*

abduct [æb'dʌkt] *vt* raptar, secuestrar

abeyance [ə'beɪəns] *n*: **in ~** (*law*) en desuso; (*matter*) en suspenso

abide [ə'baɪd] *vt*: **I can't ~ it/him** no lo/le puedo ver ▶ **abide by** *vt fus* atenerse a

ability [ə'bɪləti] *n* habilidad *f*, capacidad *f*; (*talent*) talento

abject ['æbdʒɛkt] *adj* (*poverty*) miserable; (*apology*) rastrero

ablaze [ə'bleɪz] *adj* en llamas, ardiendo

able ['eɪbəl] *adj* capaz; (*skilled*) hábil; **to be ~ to do sth** poder hacer algo ❑ **able-bodied** *adj* sano ❑ **ably** *adv* hábilmente

abnormal [æb'nɔːrməl] *adj* anormal

aboard [ə'bɔːrd] *adv* a bordo ♦ *prep* a bordo de

abode [ə'boud] *n*: **of no fixed ~** sin domicilio fijo

abolish [ə'bɑːlɪʃ] *vt* suprimir, abolir

aborigine [æbə'rɪdʒəni] *n* aborigen *mf*

abort [ə'bɔːrt] *vt, vi* abortar ❑ **abortion** *n* aborto; **to have an abortion** abortar, hacerse abortar ❑ **abortive** *adj* malogrado

about

KEYWORD

[ə'baut] *adv*

1 (*approximately*) más o menos, aproximadamente; **about a hundred/thousand** *etc* unos (unas) cien/mil *etc*; **it takes about 10 hours** se tarda unas *or* más o menos 10 horas; **at about 2 o'clock** sobre las dos; **I've just about finished** casi he terminado

2 (*referring to place*) por todas partes; **to leave things lying about** dejar las cosas (tiradas) por ahí; **to run about** correr por todas partes; **to walk about** pasearse, ir y venir

3: **to be about to do sth** estar a punto de hacer algo

♦ *prep*

1 (*relating to*) de, sobre, acerca de; **a book about Boston** un libro sobre *or* acerca de Boston; **what is it about?** ¿de qué se trata?; **we talked about it** hablamos de eso *or* ello; **what** *or* **how about doing this?** ¿qué tal si hacemos esto?

2 (*referring to place*) por; **to walk about the town** caminar por la ciudad

above [ə'bʌv] *adv* encima, por encima, arriba ♦ *prep* encima de; (*greater than*: *in number*) más de; (: *in rank*) superior a; **mentioned ~** susodicho; **~ all** sobre todo ❑ **above board** *adj* legítimo

abrasive [ə'breɪsɪv] *adj* abrasivo; (*manner*) brusco

abreast [ə'brɛst] *adv* de frente; **to keep ~ of** (*fig*) mantenerse al corriente de

abroad [ə'brɔːd] *adv* (*to be*) en el extranjero; (*to go*) al extranjero

abrupt [ə'brʌpt] *adj* (*sudden*) brusco; (*curt*) áspero

abruptly [ə'brʌptli] *adv* (*leave*) repentinamente; (*speak*) bruscamente

abscess ['æbsɛs] *n* absceso

abscond [əb'skɑːnd] *vi* (*thief*): **to ~ with** fugarse con; (*prisoner*): **to ~ (from)** escaparse (de)

absence ['æbsəns] *n* ausencia

absent ['æbsənt] *adj* ausente ❑ **absentee** [æbsən'tiː] *n* ausente *mf* ❑ **absent-minded** *adj* distraído

absolute ['æbsəluːt] *adj* absoluto ❑ **absolutely** [æbsə'luːtli] *adv* (*totally*) totalmente; (*certainly!*) ¡por supuesto (que sí)!

absolve [əb'zɑːlv] *vt*: **to ~ sb (from)** absolver a algn (de)

absorb [əb'zɔːrb] *vt* absorber; **to be ~ed in a book** estar absorto en un libro ❑ **absorbent** *adj* absorbente ❑ **absorbent cotton** (*US*) *n* algodón *m* (hidrófilo) ❑ **absorbing** *adj* absorbente

absorption [əb'zɔːrpʃən] *n* absorción *f*

abstain [əb'steɪn] *vi*: **to ~ (from)** abstenerse (de)

abstinence ['æbstɪnəns] *n* abstinencia

abstract ['æbstrækt] *adj* abstracto

absurd [əb'sɜːrd] *adj* absurdo

abundance [ə'bʌndəns] *n* abundancia

abuse [*n* ə'bjuːs, *vb* ə'bjuːz] *n* (*insults*) insultos *mpl*, injurias *fpl*; (*mistreatment*) malos tratos *mpl*; (*misuse*) abuso ♦ *vt* insultar; maltratar; abusar de ❑ **abusive** *adj* ofensivo

abysmal [ə'bɪzməl] *adj* pésimo; (*failure*) garrafal; (*ignorance*) supino

abyss [ə'bɪs] *n* abismo

AC *abbr* (= *alternating current*) corriente *f* alterna; (*US*: *air conditioning*) aire *m* acondicionado

academic [ækə'dɛmɪk] *adj* académico, universitario; (*pej*: *issue*) puramente teórico ♦ *n* estudioso(-a), profesor(a) *m/f* universitario(-a)

academy [ə'kædəmi] *n* (*learned body*) academia; (*school*) instituto, colegio; **~ of music** conservatorio

accelerate [æk'sɛləreɪt] *vt, vi* acelerar ❑ **accelerator** *n* acelerador *m*

accent ['æksɛnt] *n* acento; (*fig*) énfasis *m*

accept [æk'sɛpt] *vt* aceptar; (*responsibility, blame*) admitir ❑ **acceptable** *adj* aceptable ❑ **acceptance** *n* aceptación *f*

access ['æksɛs] *n* acceso; **to have ~ to** tener libre acceso a ❑ **accessible** [æk'sɛsəbəl] *adj* (*place, person*) accesible; (*knowledge etc*) asequible

accessory [æk'sɛsəri] *n* accesorio; (*LAW*): **~ to** cómplice de

accident ['æksɪdənt] *n* accidente *m*; (*chance event*) casualidad *f*; **by ~** (*unintentionally*) sin querer; (*by chance*) por casualidad ❑ **accidental** [æksɪ'dɛntl] *adj* accidental, fortuito ❑ **accidentally** [æksɪ'dɛntli] *adv* sin querer; por casualidad ❑ **accident insurance** *n* seguro contra accidentes ❑ **accident-prone** *adj* propenso a los accidentes

acclaim [ə'kleɪm] *vt* aclamar, aplaudir ♦ *n* aclamación *f*, aplausos *mpl*

acclimate ['ækləmeɪt] (*US*), **acclimatize** *vt*: **to become ~d** aclimatarse

accommodate [ə'kɑːmədeɪt] *vt* (*person*) alojar, hospedar; (*car, hotel etc*) tener cabida para; (*oblige, help*) complacer ❑ **accommodating** *adj* servicial, complaciente

accommodation [əkɑːmə'deɪʃən] (*BRIT*) *n* = **accommodations**

accommodations [əkɑːmə'deɪʃənz] (*US*) *npl* alojamiento

accompany [ə'kʌmpəni] *vt* acompañar

accomplice [ə'kɑːmplɪs] *n* cómplice *mf*

accomplish [ə'kɑːmplɪʃ] *vt* (*finish*) concluir; (*achieve*) lograr ❑ **accomplished** *adj* experto, hábil ❑ **accomplishment** *n* (*skill*: *gen pl*) talento; (*completion*) realización *f*

accord [ə'kɔːrd] *n* acuerdo ♦ *vt* conceder; **of his own ~** espontáneamente ❑ **accordance** *n*: **in accordance with** de acuerdo con ❑ **according**: **according to** *prep* según; (*in accordance with*) conforme a ❑ **accordingly** *adv* (*appropriately*) de acuerdo con esto; (*as a result*) en consecuencia

accordion [ə'kɔːrdiən] *n* acordeón *m*

accost [ə'kɔːst] *vt* abordar, dirigirse a

account [ə'kaunt] *n* (*COMM*) cuenta; (*report*) informe *m*; **~s** *npl* (*COMM*) cuentas *fpl*; **of no ~** de ninguna importancia; **on ~** a cuenta; **on no ~** bajo ningún concepto; **on ~ of** a causa de, por motivo de; **to take into ~, take ~ of** tener en cuenta ▶ **account for** *vt fus* (*explain*) explicar; (*represent*) representar ❑ **accountable** *adj*: **accountable (to)** responsable (ante) ❑ **accountancy** *n* contabilidad *f* ❑ **accountant** *n* contador(a) *m/f* (*LAm*), contable *mf* (*SP*) ❑ **account number** *n* (*at bank etc*) número de cuenta

accredited [ə'krɛdɪtɪd] *adj* autorizado

accrued interest [ə'kruːd'ɪntrɪst] *n* interés *m* acumulado

accumulate [ə'kjuːmjəleɪt] *vt* acumular ♦ *vi* acumularse

accuracy ['ækjurəsi] *n* (*of total*) exactitud *f*; (*of description etc*) precisión *f*

accurate ['ækjurɪt] *adj* (*total*) exacto; (*description*) preciso; (*person*) cuidadoso; (*device*) de precisión ❑ **accurately** *adv* con precisión

accusation [ækju'zeɪʃən] *n* acusación *f*

accuse [ə'kjuːz] *vt*: **to ~ sb (of sth)** acusar a algn (de algo) ❑ **accused** *n* (*LAW*) acusado(-a)

accustom [ə'kʌstəm] *vt* acostumbrar ❑ **accustomed** *adj*: **accustomed to** acostumbrado a

ace [eɪs] *n* as *m*

ache [eɪk] *n* dolor *m* ♦ *vi* doler; **my head ~s** me duele la cabeza

achieve [ə'tʃiːv] *vt* (*aim, result*) alcanzar; (*success*) lograr, conseguir ❑ **achievement** *n* (*completion*) realización *f*; (*success*) éxito

acid ['æsɪd] *adj* ácido; (*taste*) agrio ♦ *n* ácido ❑ **acid rain** *n* lluvia ácida

acknowledge [æk'nɑːlɪdʒ] *vt* (*letter*: *also*: **~ receipt of**) acusar recibo de; (*fact, situation, person*) reconocer ❑ **acknowledgement** *n* acuse *m* de recibo

acne ['ækni] *n* acné *m*

acorn ['eɪkɔːrn] *n* bellota

acoustic [ə'kuːstɪk] *adj* acústico ❑ **acoustics** *n(pl)* acústica *sg*

acquaint [ə'kweɪnt] *vt*: **to ~ sb with sth** (*inform*) poner a algn al corriente de algo; **to be ~ed with** conocer ❑ **acquaintance** *n* (*person*) conocido(-a); (*with person, subject*) conocimiento

acquire [ə'kwaɪər] *vt* adquirir ❑ **acquisition** [ækwɪ'zɪʃən] *n* adquisición *f*

acquit [ə'kwɪt] *vt* absolver, exculpar; **to ~ o.s. well** salir con éxito

acre ['eɪkər] *n* acre *m*

acrid ['ækrɪd] *adj* acre

acrobat ['ækrəbæt] *n* acróbata *mf*

across [ə'krɔːs] *prep* (*on the other side*) al *or* del otro lado de; (*crosswise*) a través de ♦ *adv* de un lado a otro, de una parte a otra; a través, al través; (*measurement*): **the road is 10m ~** la carretera tiene 10m de ancho; **to run/swim ~** atravesar corriendo/nadando; **~ from** enfrente de

acrylic [ə'krɪlɪk] *adj, n* acrílico

ACT *n abbr* (= *American College Test*) *prueba de aptitud estándar que por lo general hacen los estudiantes que quieren entrar a la universidad por primera vez*

act [ækt] *n* acto, acción *f*; (*of play*) acto; (*in theater etc*) número; (*LAW*) decreto, ley *f* ♦ *vi* (*behave*) comportarse; (*have effect*: *drug, chemical*) hacer efecto; (*THEATER*) actuar; (*pretend*) fingir; (*take action*) obrar ♦ *vt* (*part*) hacer el papel de; **in the ~ of**: **to catch sb in the ~ of ...** atrapar a algn en el momento en que ...; **to ~ as** actuar *or* hacer de ❑ **acting** *adj* suplente ♦ *n* (*activity*) actuación *f*; (*profession*) profesión *f* de actor

action ['ækʃən] *n* acción *f*, acto; (*MIL*) acción *f*, batalla; (*LAW*) proceso, demanda; **out of ~** (*person*) fuera de combate; (*thing*) descompuesto (*LAm*), estropeado (*SP*); **to take ~** tomar medidas ❑ **action replay** (*BRIT*) *n* (*TV*) repetición *f*

activate ['æktɪveɪt] *vt* activar

active ['æktɪv] *adj* activo, enérgico; (*volcano*) en actividad ❑ **actively** *adv* (*participate*) activamente; (*discourage, dislike*) enérgicamente ❑ **activity** [æk'tɪvəti] *n* actividad *f* ❑ **activity holiday** *n* vacaciones *fpl* con actividades organizadas

actor ['æktər] *n* actor *m*

actress ['æktrɪs] *n* actriz *f*

actual ['æktʃuəl] *adj* verdadero, real; (*emphatic use*) propiamente dicho ❑ **actually** *adv* realmente, en realidad; (*even*) incluso

⚠ Be careful not to translate **actual** by the Spanish word ***actual***.

⚠ Be careful not to translate **actually** by the Spanish word ***actualmente***.

acumen ['ækjumən] *n* perspicacia

acupuncture ['ækjupʌŋktʃər] *n* acupuntura

acute [ə'kjuːt] *adj* agudo

ad ['æd] *n abbr* = **advertisement**

A.D. *adv abbr* (= *anno Domini*) d. de C.

adamant ['ædəmənt] *adj* firme, inflexible

adapt [ə'dæpt] *vt* adaptar ♦ *vi*: **to ~ (to)** adaptarse (a), ajustarse (a) ❑ **adaptable** *adj* adaptable ❑ **adapter, adaptor** *n* (*ELEC*) adaptador *m*

add [æd] *vt* añadir, agregar; (*figures*: *also*: **~ up**) sumar ♦ *vi*: **to ~ to** (*increase*) aumentar, acrecentar; **it doesn't ~ up** (*fig*) no tiene sentido

adder ['ædər] *n* víbora

addict ['ædɪkt] *n* adicto(-a); (*enthusiast*) entusiasta *mf* ❑ **addicted** [ə'dɪktɪd] *adj*: **to be addicted to** ser adicto a, ser fanático de ❑ **addiction** [ə'dɪkʃən] *n* (*to drugs etc*) adicción *f* ❑ **addictive** [ə'dɪktɪv] *adj* que causa adicción

addition [ə'dɪʃən] *n* (*adding up*) adición *f*; (*thing added*) añadidura, añadido; **in ~** además, por añadidura; **in ~ to** además de ❑ **additional** *adj* adicional

additive ['ædɪtɪv] *n* aditivo

address [ə'drɛs] *n* dirección *f*, señas *fpl*; (*speech*) discurso ♦ *vt* (*letter*) dirigir; (*speak to*) dirigirse a, dirigir la palabra a; (*problem*) tratar

adept [ə'dɛpt] *adj*: **~ at** experto *or* hábil en

adequate ['ædɪkwɪt] *adj* (*satisfactory*) adecuado; (*enough*) suficiente

adhere [æd'hɪər] *vi*: **to ~ to** (*stick to*) pegarse a; (*fig*: *abide by*) observar; (: *belief etc*) ser partidario de

adhesive [æd'hiːsɪv] *n* adhesivo ❑ **adhesive tape** *n* cinta adhesiva

ad hoc [æd'hɑːk] *adj* ad hoc

adjacent [ə'dʒeɪsənt] *adj*: **~ to** contiguo *or* inmediato a

adjective ['ædʒɪktɪv] *n* adjetivo

adjoining [ə'dʒɔɪnɪŋ] *adj* contiguo, vecino

adjourn [ə'dʒɜːrn] *vt* aplazar ♦ *vi* aplazarse

adjudicate [ə'dʒuːdɪkeɪt] *vi* sentenciar

adjust [ə'dʒʌst] *vt* (*change*) modificar; (*clothing*) arreglar; (*machine*) ajustar ♦ *vi*: **to ~ (to)** adaptarse (a) ❑ **adjustable** *adj* ajustable ❑ **adjustment** *n* adaptación *f*; (*to machine, prices*) ajuste *m*

ad-lib [æd'lɪb] *vt, vi* improvisar ❑ **ad lib** *adv* de forma improvisada

administer [æd'mɪnɪstər] *vt* administrar ❑ **administration** [ædmɪnɪ'streɪʃən] *n* (*management*) administración *f*; (*government*) gobierno ❑ **administrative** [æd'mɪnɪstreɪtɪv] *adj* administrativo

admiral ['ædmərəl] *n* almirante *m* ❑ **Admiralty** (*BRIT*) *n* Secretaría de Marina, Almirantazgo

admiration [ædmə'reɪʃən] *n* admiración *f*

admire [æd'maɪər] *vt* admirar ❑ **admirer** *n* (*fan*) admirador(a) *m/f*

admission [æd'mɪʃən] *n* (*to college, club*) ingreso; (*entry fee*) entrada; (*confession*) confesión *f*

admit [æd'mɪt] *vt* (*confess*) confesar; (*permit to enter*) dejar entrar, dar entrada a; (*to club, organization*) admitir; (*accept*: *defeat*) reconocer; **to be ~ted to hospital** ingresar en el hospital ▶ **admit to** *vt fus* confesarse culpable de ❑ **admittance** *n* entrada ❑ **admittedly** *adv* es cierto *or* verdad que

admonish [æd'mɑːnɪʃ] *vt* amonestar

ad nauseam [æd'nɔːziəm] *adv* hasta el cansancio

ado [ə'duː] *n*: **without (any) more ~** sin más (ni más)

adolescent [ædl'ɛsənt] *adj, n* adolescente *mf*

adopt [ə'dɑːpt] *vt* adoptar ❑ **adopted** *adj* adoptado (*MEX, SP*), adoptivo (*LAm exc MEX*) ❑ **adoption** *n* adopción *f*

adore [ə'dɔːr] *vt* adorar

Adriatic [eɪdri'ætɪk] *n*: **the ~ (Sea)** el (Mar) Adriático

adrift [ə'drɪft] *adv* a la deriva

adult [ə'dʌlt] *n* adulto(-a) ♦ *adj* (*grown-up*) adulto; (*for adults*) para adultos

adultery [ə'dʌltəri] *n* adulterio

advance [əd'væns] *n* (*progress*) adelanto, progreso; (*money*) anticipo, préstamo; (*MIL*) avance *m* ♦ *vt* (*money*) anticipar; (*theory, idea*) proponer (para la discusión) ♦ *vi* avanzar, adelantarse ♦ *adj*: **~ booking** venta anticipada; **~ notice, ~ warning** previo aviso; **to make ~s (to sb)** hacer proposiciones (a algn); **in ~** por adelantado ❑ **advanced** *adj* avanzado; (*SCOL*: *studies*) adelantado

advantage [əd'væntɪdʒ] *n* (*also TENNIS*) ventaja; **to take ~ of** (*person*) aprovecharse de; (*opportunity*) aprovechar

Advent ['ædvɛnt] *n* (*REL*) Adviento

adventure [əd'vɛntʃər] *n* aventura ❑ **adventurous** *adj* atrevido; aventurero

adverb ['ædvɜːrb] *n* adverbio

adverse [æd'vɜːrs] *adj* adverso, contrario

adversity [æd'vɜːrsɪti] *n* infortunio

advert ['ædvɜːrt] (*BRIT*) *n abbr* = **advertisement**

advertise ['ædvərtaɪz] *vi* (*in newspaper etc*) anunciar, hacer publicidad ♦ *vt* anunciar; **to ~ for** (*staff, accommodations etc*) buscar por medio de anuncios ❑ **advertisement** [ædvər'taɪzmənt] *n* (*COMM*) anuncio

❑ **advertiser** *n* anunciante *mf*
❑ **advertising** *n* publicidad *f*, anuncios *mpl*; (*industry*) industria publicitaria

advice [æd'vaɪs] *n* consejo, consejos *mpl*; (*notification*) aviso; **a piece of ~** un consejo; **to get legal ~** consultar con un abogado

advisable [əd'vaɪzəbəl] *adj* aconsejable, conveniente

advise [əd'vaɪz] *vt* aconsejar; (*inform*): **to ~ sb of sth** informar a algn de algo; **to ~ sb against sth/doing sth** desaconsejar algo a algn/ aconsejar a algn que no haga algo ❑ **advisedly** [əd'vaɪzɪdli] *adv* (*deliberately*) deliberadamente ❑ **adviser** *n* = **advisor** ❑ **advisor** *n* consejero(-a); (*consultant*) asesor(a) *m/f* ❑ **advisory** *adj* consultivo

advocate [*vb* 'ædvəkɪt, *n* 'ædvəkeɪt] *vt* abogar por ♦ *n* (*lawyer*) abogado(-a); (*supporter*): **~ of** defensor(a) *m/f* de

Aegean [ɪ'dʒiːən] *n*: **the ~ (Sea)** el (Mar) Egeo

aerial ['ɛəriəl] *n* antena ♦ *adj* aéreo

aerobics [ɛə'roubɪks] *n* aerobics *mpl* (*MEX*), aerobic *m* (*LAm exc MEX, SP*)

aeroplane ['ɛərəpleɪn] (*BRIT*) *n* avión *m*

aerosol ['ɛərəsɑːl] *n* aerosol *m*

aesthetic [ɛs'θɛtɪk] (*BRIT*) *adj* = **esthetic**

afar [ə'fɑːr] *adv*: **from ~** desde lejos

affair [ə'fɛər] *n* asunto; (*also*: **love ~**) aventura (amorosa)

affect [ə'fɛkt] *vt* (*influence*) afectar, influir en; (*afflict, concern*) afectar; (*move*) conmover ❑ **affected** *adj* afectado

affection [ə'fɛkʃən] *n* afecto, cariño ❑ **affectionate** *adj* afectuoso, cariñoso

affidavit [æfɪ'deɪvɪt] *n* declaración *f* jurada

affinity [ə'fɪnɪti] *n* (*bond, rapport*): **to feel an ~ with** sentirse identificado con; (*resemblance*) afinidad *f*

affirm [ə'fɜːrm] *vt* afirmar

afflict [ə'flɪkt] *vt* afligir

affluence ['æfluəns] *n* opulencia, riqueza

affluent ['aefluənt] *adj* (*wealthy*) acomodado; **the ~ society** la sociedad opulenta

afford [ə'fɔːrd] *vt* (*provide*) proporcionar; **can we ~ (to buy) it?** ¿tenemos bastante dinero para comprarlo?

Afghanistan [æf'gænɪstæn] *n* Afganistán *m*

afield [ə'fiːld] *adv*: **far ~** muy lejos

afloat [ə'flout] *adv* (*floating*) a flote

afoot [ə'fut] *adv*: **there is something ~** algo se está tramando

afraid [ə'freɪd] *adj*: **to be ~ of** (*person*) tener miedo a; (*thing*) tener miedo de; **to be ~ to** tener miedo de, temer; **I am ~ that** me temo que; **I am ~ not/so** me temo que no/sí

afresh [ə'frɛʃ] *adv* de nuevo, otra vez

Africa ['æfrɪkə] *n* África ❑ **African** *adj, n* africano(-a) ❑ **African-American** *adj, n* afroamericano(-a)

after ['æftər] *prep* (*time*) después de; (*place, order*) detrás de, tras ♦ *adv* después ♦ *conj* después (de) que; **what/who are you ~?** ¿qué/a quién busca usted?; **~ having done/he left** después de haber hecho/de que se marchó; **to name sb ~ sb** llamar a algn por algn; **it's twenty ~ eight** (*US*) son las ocho y veinte; **to ask ~ sb** preguntar por algn; **~ all** después de todo, al fin y al cabo; **~ you!** ¡pase usted! ❑ **aftercare** *n* asistencia postoperatoria ❑ **after-effects** *npl* consecuencias *fpl*, efectos *mpl* ❑ **aftermath** *n* consecuencias *fpl*, resultados *mpl* ❑ **afternoon** *n* tarde *f* ❑ **afters** (*BRIT*: *inf*) *npl* (*dessert*) postre *m* ❑ **after-sales service** (*BRIT*) *n* servicio post-venta ❑ **after-shave (lotion)** *n* loción *f* para después de rasurarse (*MEX*) *or* afeitarse (*LAm*), aftershave *m* (*SP*) ❑ **after-sun (lotion/cream)** *n* loción *f*/crema para después del sol, aftersun *m* ❑ **aftertaste** *n* (*lit, fig*) regusto ❑ **afterthought** *n* ocurrencia (tardía) ❑ **afterward** (*US*) (*BRIT* **afterwards**) *adv* después, más tarde

again [ə'gɛn] *adv* otra vez, de nuevo; **to do sth ~** volver a hacer algo; **~ and ~** una y otra vez

against [ə'gɛnst] *prep* (*in opposition to*) en contra de; (*leaning on, touching*) contra, junto a

age [eɪdʒ] *n* edad *f*; (*period*) época ♦ *vi* envejecer(se) ♦ *vt* envejecer; **to come of ~** llegar a la mayoría de edad; **it's been ~s since I saw you** hace siglos que no te veo ❑ **aged** [*adj* eɪdʒd, *npl* 'eɪdʒɪd] *adj*: **aged 10** de 10 años de edad ♦ *npl*: **the aged** los ancianos ❑ **age group** *n*: **to be in the same age group** tener la misma edad ❑ **age limit** *n* edad *f* mínima (*or* máxima)

agency ['eɪdʒənsi] *n* agencia

agenda [ə'dʒɛndə] *n* orden *m* del día

> ⚠ Be careful not to translate **agenda** by the Spanish word ***agenda***.

agent ['eɪdʒənt] *n* agente *mf*; (*COMM*: *holding concession*) representante *mf*, delegado(-a); (*CHEM, fig*) agente *m*

aggravate ['ægrəveɪt] *vt* (*situation*) agravar; (*person*) irritar

aggregate ['ægrɪgɪt] *n* conjunto

aggressive [ə'grɛsɪv] *adj* (*belligerent*) agresivo; (*assertive*) enérgico

aggrieved [ə'griːvd] *adj* ofendido, agraviado

aghast [ə'gæst] *adj* horrorizado

agile ['ædʒəl] *adj* ágil

agitate ['ædʒɪteɪt] *vt* (*trouble*) inquietar ♦ *vi*: **to ~ for/against** hacer campaña pro *or* en favor de/en contra de

AGM (*BRIT*) *n abbr* (= *annual general meeting*) asamblea anual

ago [ə'gou] *adv*: **2 days ~** hace 2 días; **not long ~** hace poco; **how long ~?** ¿hace cuánto tiempo?

agog [ə'gɑːg] *adj* (*eager*) ansioso; (*excited*) emocionado

agonizing ['ægənaɪzɪŋ] *adj* (*pain*) atroz; (*decision, wait*) angustioso

agony ['ægəni] *n* (*pain*) dolor *m* agudo; (*distress*) angustia; **to be in ~** retorcerse de dolor

agree [ə'griː] *vt* (*price, date*) acordar, quedar en ♦ *vi* (*have same opinion*): **to ~ (with/that)** estar de acuerdo (con/que); (*correspond*) coincidir, concordar; (*consent*) acceder; **to ~ with** (*person*) estar *or* ponerse de acuerdo con; (*food*) sentar bien a; (*LING*) concordar con; **to ~ to sth/to do sth** consentir en algo/aceptar hacer algo; **to ~ that** (*admit*) estar de acuerdo en que ❑ **agreeable** *adj* (*sensation*) agradable; (*person*) simpático; (*willing*) de acuerdo, conforme ❑ **agreed** *adj* (*time, place*) convenido ❑ **agreement** *n* acuerdo; (*contract*) contrato; **in agreement** de acuerdo, conforme

agricultural [ægrɪ'kʌltʃərəl] *adj* agrícola

agriculture ['ægrɪkʌltʃər] *n* agricultura

aground [ə'graund] *adv*: **to run ~** (*NAUT*) encallar, embarrancar

ahead [ə'hɛd] *adv* (*in front*) delante; (*into the future*): **she had no time to think ~** no tenía tiempo de hacer planes para el futuro; **~ of** delante de; (*in advance of*) antes de; **~ of time** antes de la hora; **go right** *or* **straight ~** (*direction*) siga adelante; (*permission*) hazlo (*or* hágalo)

aid [eɪd] *n* ayuda, auxilio; (*device*) aparato ♦ *vt* ayudar, auxiliar; **in ~ of** a beneficio de

aide [eɪd] *n* (*person, also MIL*) ayudante *mf*

AIDS [eɪdz] *n abbr* (= *acquired immune deficiency syndrome*) SIDA *m*

ailment ['eɪlmənt] *n* enfermedad *f*, achaque *m*

aim [eɪm] *vt* (*gun, camera*) apuntar; (*missile, remark*) dirigir; (*blow*) asestar ♦ *vi* (*also*: **take ~**) apuntar ♦ *n* (*in shooting*: *skill*) puntería; (*objective*) propósito, meta; **to ~ at** (*with weapon*) apuntar a; (*objective*) aspirar a, pretender; **to ~ to do** tener la intención de hacer ❑ **aimless** *adj* sin propósito *or* objeto

ain't [eɪnt] (*inf*) *cont* = **am not**; **aren't**; **isn't**

air [ɛər] *n* aire *m*; (*appearance*) aspecto ♦ *vt* (*room*) ventilar; (*clothes, ideas*) airear ♦ *cpd* aéreo; **to throw sth into the ~** (*ball etc*) lanzar algo al aire; **by ~** (*travel*) en avión; **to be on the ~** (*RADIO, TV*) estar en el aire, estar al aire (*MEX*) ❑ **air bag** *n* airbag *m*, bolsa de aire (*LAm*) ❑ **air bed** (*BRIT*) *n* colchón *m* inflable ❑ **air-conditioned** *adj* climatizado ❑ **air conditioning** *n* aire *m* acondicionado ❑ **aircraft** *n inv* avión *m* ❑ **aircraft carrier** *n* porta(a)viones *m inv* ❑ **airfield** *n* campo de aviación ❑ **Air Force** *n* fuerzas *fpl* aéreas, aviación *f* ❑ **air freshener** *n* aromatizante *m* (ambiental) (*MEX*), ambientador *m* (*LAm exc MEX, SP*), desodorante *m* ambiental (*SC*) ❑ **air gun** *n* escopeta de aire comprimido ❑ **air hostess** (*BRIT*) *n* aeromoza (*LAm*), azafata (*SP*) ❑ **air letter** (*BRIT*) *n* carta aérea ❑ **airlift** *n* puente *m* aéreo ❑ **airline** *n* línea aérea ❑ **airliner** *n* avión *m* de pasajeros ❑ **airmail** *n*: **by airmail** por avión ❑ **air mattress** *n* colchón *m* neumático ❑ **airplane** (*US*) *n* avión *m* ❑ **airport** *n* aeropuerto ❑ **air raid** *n* ataque *m* aéreo ❑ **airsick** *adj*: **to be airsick** marearse (en avión) ❑ **airspace** *n* espacio aéreo ❑ **airtight** *adj* hermético ❑ **air-traffic controller** *n* controlador(a) *m/f* aéreo(-a) ❑ **airy** *adj* (*room*) bien ventilado; (*fig*: *manner*) desenfadado

aisle [aɪl] *n* (*of church*) nave *f*; (*of theater, supermarket*) pasillo ❑ **aisle seat** *n* (*on plane*) asiento de pasillo

ajar [ə'dʒɑːr] *adj* entreabierto

alarm [ə'lɑːrm] *n* (*anxiety*) inquietud *f*; (*in store, bank*) alarma ♦ *vt* asustar, inquietar ❑ **alarm clock** *n* despertador *m*

alas [ə'læs] *adv* desgraciadamente

albeit [ɔːl'biːɪt] *conj* aunque

album ['ælbəm] *n* álbum *m*; (*L.P.*) elepé *m*

alcohol ['ælkəhɑːl] *n* alcohol *m* ❑ **alcoholic** [ælkə'hɑːlɪk] *adj, n* alcohólico(-a)

ale [eɪl] *n* cerveza

alert [ə'lɜːrt] *adj* (*attentive*) atento; (*to danger, opportunity*) alerta ♦ *n* alerta, alarma ♦ *vt* poner sobre aviso; **to be on the ~** (*also MIL*) estar alerta *or* sobre aviso

algebra ['ældʒɪbrə] *n* álgebra

Algeria [æl'dʒɪriə] *n* Argelia

alias ['eɪliəs] *adv* alias, conocido por ♦ *n* (*of criminal*) apodo; (*of writer*) seudónimo

alibi ['ælɪbaɪ] *n* coartada

alien ['eɪliən] *n* (*foreigner*) extranjero(-a); (*extraterrestrial*) extraterrestre *mf* ♦ *adj*: **~ to** ajeno a ❑ **alienate** *vt* enajenar, alejar

alight [ə'laɪt] *adj* ardiendo; (*eyes*) brillante ♦ *vi* (*person*) apearse, bajarse; (*bird*) posarse

align [ə'laɪn] *vt* alinear

alike [ə'laɪk] *adj* semejantes, iguales ♦ *adv* igualmente, del mismo modo; **to look ~** parecerse

alimony ['ælɪmouni] *n* manutención *f*

alive [ə'laɪv] *adj* vivo; (*lively*) alegre

all

KEYWORD

[ɔːl] *adj* (*sg*) todo(-a); (*pl*) todos(-as); **all day** todo el día; **all night** toda la noche; **all men** todos los hombres; **all five came** vinieron los cinco; **all the books** todos los libros; **all his life** toda su vida

♦ *pron*

1 todo; **I ate it all, I ate all of it** me lo comí todo; **all of us went** fuimos todos; **all the boys went** fueron todos los chicos; **is that all?** ¿eso es todo?, ¿algo más?; (*in store*) ¿algo más?, ¿alguna cosa más?

2 (*in phrases*): **above all** sobre todo; por encima de todo; **after all** después de todo; **at all: not at all** (*in answer to question*) en absoluto; (*in answer to thanks*) ¡de nada!, ¡no hay de qué!; **I'm not at all tired** no estoy nada cansado(-a); **anything at all will do** cualquier cosa viene bien; **all in all** a fin de cuentas

♦ *adv*: **all alone** completamente solo(-a); **it's not as hard as all that** no es tan difícil como lo pintas; **all the more/the better** tanto más/mejor; **all but** casi; **the score is 2 all** están empatados a 2

all clear *n* (*after attack etc*) fin *m* de la alerta; (*fig*) luz *f* verde

allege [ə'lɛdʒ] *vt* pretender ❑ **allegedly** [ə'lɛdʒɪdli] *adv* supuestamente, según se afirma

allegiance [ə'liːdʒəns] *n* lealtad *f*

allergy ['ælərdʒi] *n* alergia

alleviate [ə'liːvieɪt] *vt* aliviar

alley ['æli] *n* calle estrecha (*LAm*), callejón *m* (*SP*)

alliance [ə'laɪəns] *n* alianza

allied ['ælaɪd] *adj* aliado

alligator ['ælɪgeɪtər] *n* (*ZOOL*) caimán *m*

all-in (*BRIT*) *adj, adv* (*charge*) todo incluido

all-inclusive [ɔːlɪn'kluːsiv] *adj* (*price*) con todo incluido

all-night *adj* (*café, store*) abierto toda la noche; (*party*) que dura toda la noche

allocate ['æləkeɪt] *vt* (*money etc*) asignar

allot [ə'lɑːt] *vt* asignar ❑ **allotment** *n* ración *f*; (*garden*) parcela

all-out *adj* (*effort etc*) supremo ❑ **all out** *adv* con todas las fuerzas

allow [ə'lau] *vt* permitir, dejar; (*a claim*) admitir; (*sum, time etc*) dar, conceder; (*concede*): **to ~ that** reconocer que; **to ~ sb to do** permitir a algn hacer; **he is ~ed to ...** se le permite ... ▶ **allow for** *vt fus* tener en cuenta ❑ **allowance** *n* subvención *f*; (*welfare payment*) subsidio, prestación *f*; (*US*: *spending money*) domingo (*MEX*), dinero de bolsillo (*LAm exc MEX, SP*); (*tax allowance*) desgravación *f*; **to make allowances for** (*person*) disculpar a; (*thing*) tener en cuenta

alloy ['ælɔɪ] *n* mezcla

all: ❑ **all right** *adv* bien; (*as answer*) ¡conforme!, ¡está bien! ❑ **all-rounder** (*BRIT*) *n*: **he's a good all-rounder** se le da bien todo ❑ **all-time** *adj* (*record*) de todos los tiempos

alluring [ə'lurɪŋ] *adj* atractivo, tentador(a)

ally ['ælaɪ] *n* aliado(-a) ♦ *vt*: **to ~ o.s. with** aliarse con

almighty [ɔːl'maɪti] *adj* todopoderoso; (*uproar etc*) imponente

almond ['ɑːmənd] *n* almendra

almost ['ɔːlmoust] *adv* casi

alone [ə'loun] *adj, adv* solo; **to leave sb ~** dejar a algn en paz; **to leave sth ~** no tocar algo, dejar algo sin tocar; **let ~ ...** y mucho menos ...

along [ə'lɔːŋ] *prep* a lo largo de, por ♦ *adv*: **is he coming ~ with us?** ¿viene con nosotros?; **he was limping ~** iba cojeando; **~ with** junto con; **all ~** (*all the time*) desde el principio ❑ **alongside** *prep* al lado de ♦ *adv* al lado

aloof [ə'luːf] *adj* reservado ♦ *adv*: **to stand ~** mantenerse apartado

aloud [ə'laud] *adv* en voz alta

alphabet ['ælfəbɛt] *n* alfabeto

Alps [ælps] *npl*: **the ~** los Alpes

already [ɔːl'rɛdi] *adv* ya

alright [ɔːl'raɪt] (*BRIT*) *adv* = **all right**

Alsatian [æl'seɪʃən] *n* (*dog*) pastor *m* alemán

also ['ɔːlsou] *adv* también, además

altar ['ɔːltər] *n* altar *m*

alter ['ɔːltər] *vt* cambiar, modificar ♦ *vi* cambiar ❑ **alteration** [ɔːltə'reɪʃən] *n* cambio; (*to clothes*) arreglo; (*to building*) arreglos *mpl*

alternate [*adj* 'ɔːltərnɪt, *vb* 'ɔːltərneɪt] *adj* (*actions etc*) alternativo; (*events*) alterno; (*US*) = **alternative** ♦ *vi*: **to ~ (with)** alternar (con); **on ~ days** un día sí y otro no ❑ **alternating current** *n* corriente *f* alterna

alternative [ɔːl'tɜːrnətɪv] *adj* alternativo ♦ *n* alternativa; **~ medicine** medicina alternativa ❑ **alternatively** *adv*: **alternatively one could ...** por otra parte se podría ...

although [ɔːl'ðou] *conj* aunque

altitude ['æltɪtuːd] *n* altitud *f*

alto ['æltou] *n* (*female*) contralto *f*; (*male*) alto

altogether [ɔːltə'gɛðər] *adv* completamente, del todo; (*on the whole*) en total, en conjunto

aluminum (*US*) [ə'luːmɪnəm] (*BRIT* **aluminium** [ælju'mɪniəm]) *n* aluminio

alumnus [ə'lʌmnəs] (*pl* **alumni**) *n* graduado(-a)

always ['ɔːlweɪz] *adv* siempre

Alzheimer's (disease) ['ɑːltshaɪmərz (dɪ'ziːz)] *n* enfermedad *f* de Alzheimer

AM *n abbr* (= *Assembly Member*) diputado(-a)

am [æm] *vb see* **be**

a.m. *adv abbr* (= *ante meridiem*) de la mañana

amalgamate [ə'mælgəmeɪt] *vi* amalgamarse ♦ *vt* amalgamar, unir

amateur ['æmətər] *n* aficionado(-a), amateur *mf* ❑ **amateurish** *adj* inexperto

amaze [ə'meɪz] *vt* asombrar, pasmar; **to be ~d (at)** quedar pasmado (de) ❑ **amazement** *n* asombro, sorpresa ❑ **amazing** *adj* extraordinario; (*fantastic*) increíble

Amazon ['æməzɑːn] *n*: **the ~s** el Amazonas

ambassador [æm'bæsədər] *n* embajador(a) *m/f*

amber ['æmbər] *n* ámbar *m*; **at ~** (*BRIT AUT*) en ámbar

ambience ['æmbiəns] *n* ambiente *m*

ambiguous [æm'bɪgjuəs] *adj* ambiguo

ambition [æm'bɪʃən] *n* ambición *f* ❑ **ambitious** *adj* ambicioso

ambulance ['æmbjuləns] *n* ambulancia

ambush ['æmbuʃ] *n* emboscada ♦ *vt* tender una emboscada a

amenable [ə'miːnəbəl] *adj*: **to be ~ to** dejarse influir por

amend [ə'mɛnd] *vt* enmendar; **to make ~s** dar cumplida satisfacción

amenities [ə'mɛnətiz] *npl* comodidades *fpl*

America [ə'mɛrɪkə] *n* (*USA*) Estados *mpl* Unidos ❑ **American** *adj, n* norteamericano(-a); estadounidense *mf*

amiable ['eɪmiəbəl] *adj* amable, simpático

amicable ['æmɪkəbəl] *adj* amistoso, amigable

amid(st) [ə'mɪd(st)] *prep* entre, en medio de

amiss [ə'mɪs] *adv*: **to take sth ~** tomar algo a mal; **there's something ~** pasa algo

ammonia [ə'mounjə] *n* amoníaco

ammunition [æmju'nɪʃən] *n* munición *f*, parque *m* (*MEX*)

amnesty ['æmnɪsti] *n* amnistía

amok [ə'mʌk] *adv*: **to run ~** enloquecerse, desbocarse

among(st) [ə'mʌŋ(st)] *prep* entre, en medio de

amorous ['æmərəs] *adj* amoroso

amount [ə'maunt] *n* (*gen*) cantidad *f*; (*of bill etc*) suma, importe *m* ♦ *vi*: **to ~ to** sumar; (*be same as*) equivaler a, significar

amp(ère) ['æmp(ɪər)] *n* amperio

ample ['æmpəl] *adj* (*large*) grande; (*abundant*) abundante; (*enough*) bastante, suficiente

amplifier ['æmplɪfaɪər] *n* amplificador *m*

amuse [ə'mjuːz] *vt* divertir; (*distract*) distraer, entretener ❑ **amusement** *n* diversión *f*; (*pastime*) pasatiempo; (*laughter*) risa ❑ **amusement arcade** *n* sala de juegos ❑ **amusement park** *n* parque *m* de atracciones

an [æn] *indef art see* **a**

anaemic [ə'niːmɪk] (*BRIT*) *adj* = **anemic**

anaesthetic [ænɪs'θɛtɪk] (*BRIT*) *n* = **anesthetic**

analogue ['ænəlɑːg] (*US*: *also*: **analog**) *adj* (*computer, watch*) analógico

analyse ['ænəlaɪz] (*BRIT*) *vt* = **analyze** ❑ **analysis** [ə'næləsɪs] (*pl* **analyses**) *n* análisis *m inv* ❑ **analyst** ['ænəlɪst] *n* (*political analyst, psychoanalyst*) analista *mf*

analyze (*US*) ['ænəlaɪz] (*BRIT* **analyse**) *vt* analizar

anarchist ['ænərkɪst] *n* anarquista *mf*

anatomy [ə'nætəmi] *n* anatomía

ancestor ['ænsɛstər] *n* antepasado

anchor ['æŋkər] *n* ancla, áncora; (*TV, RADIO*) presentador(a) *m/f* ♦ *vi* (*also*: **to drop ~**) anclar ♦ *vt* anclar; **to weigh ~** levar anclas

anchovy [ˈæntʃouvi] *n* anchoa
ancient [ˈeɪnʃənt] *adj* antiguo
ancillary [ˈænsəlɛri] *adj* auxiliar
and [ænd] *conj* y; (*before i-, hi- + consonant*) e; **men ~ women** hombres y mujeres; **father ~ son** padre e hijo; **trees ~ grass** árboles y hierba; **~ so on** etcétera, y así sucesivamente; **try ~ come** procura venir; **he talked ~ talked** habló sin parar; **better ~ better** cada vez mejor
Andes [ˈændi:z] *npl*: **the ~** los Andes
anemic (*US*) [əˈni:mɪk] (*BRIT* **anaemic**) *adj* anémico; (*fig*) soso, insípido
anesthetic (*US*) [ænɪsˈθɛtɪk] (*BRIT* **anaesthetic**) *n* anestesia
anew [əˈnu:] *adv* de nuevo, otra vez
angel [ˈeɪndʒəl] *n* ángel *m*
anger [ˈæŋgər] *n* cólera
angina [ænˈdʒaɪnə] *n* angina (del pecho)
angle [ˈæŋgəl] *n* ángulo; **from their ~** desde su punto de vista
angler [ˈæŋglər] *n* pescador(a) *m/f* (de caña)
Anglican [ˈæŋglɪkən] *adj, n* anglicano(-a)
angling [ˈæŋglɪŋ] *n* pesca con caña
Anglo... [æŋglou] *prefix* anglo...
angrily [ˈæŋgrəli] *adv* con ira, airadamente
angry [ˈæŋgri] *adj* enojado (*LAm*), enfadado (*SP*); (*wound*) inflamado; **to be ~ with sb/at sth** estar enojado (*LAm*) *or* enfadado (*SP*) con algn/ por algo; **to get ~** enojarse (*LAm*), enfadarse (*SP*)
anguish [ˈæŋgwɪʃ] *n* (*physical*) tormentos *mpl*; (*mental*) angustia
animal [ˈænɪməl] *n* animal *m*; (*pej*: *person*) bestia ♦ *adj* animal
animate [ˈænɪmɪt] *adj* vivo ❑ **animated** [ˈænɪmeɪtɪd] *adj* animado
aniseed [ˈænɪsi:d] *n* anís *m*
ankle [ˈæŋkəl] *n* tobillo *m* ❑ **anklet** *n* calcetín *m* corto
annex (*US*) [*n* ˈænɛks, *vb* æˈnɛks] *n* (*BRIT*: *also*: **~e**: *building*) edificio anexo ♦ *vt* (*territory*) anexionar
annihilate [əˈnaɪəleɪt] *vt* aniquilar
anniversary [ænɪˈvɜ:rsəri] *n* aniversario
announce [əˈnauns] *vt* anunciar ❑ **announcement** *n* anuncio; (*official*) declaración *f* ❑ **announcer** *n* (*RADIO*) locutor(a) *m/f*; (*TV*) presentador(a) *m/f*
annoy [əˈnɔɪ] *vt* molestar, fastidiar; **don't get ~ed!** ¡no te enojes! ❑ **annoyance** *n* enojo ❑ **annoying** *adj* molesto, fastidioso; (*person*) pesado
annual [ˈænjuəl] *adj* anual ♦ *n* (*BOT*) anual *m*; (*book*) anuario ❑ **annually** *adv* anualmente, cada año
annul [əˈnʌl] *vt* anular
annum [ˈænəm] *n see* **per**
anonymous [əˈnɑ:nɪməs] *adj* anónimo
anorak [ˈænəræk] *n* anorak *m*, chamarra (rompevientos) (*MEX*), parka (*LAm*), campera (*RPl*)
anorexia [ænəˈrɛksiə] *n* (*MED*: *also*: **~ nervosa**) anorexia
another [əˈnʌðər] *adj* (*one more, a different one*) otro ♦ *pron* otro; *see* **one**
answer [ˈænsər] *n* contestación *f*, respuesta; (*to problem*) solución *f* ♦ *vi* contestar, responder ♦ *vt* (*reply to*) contestar a, responder a; (*problem*) resolver; (*prayer*) escuchar; **in ~ to your letter** contestando *or* en contestación a su carta; **to ~ the phone** contestar el teléfono; **to ~ the door** acudir a la puerta ▶ **answer back** *vi* replicar, ser respondón(-ona) *m/f* ▶ **answer for** *vt fus* responder de *or* por ▶ **answer to** *vt fus* (*description*) corresponder a ❑ **answerable** *adj*: **answerable to sb for sth** responsable ante algn de algo ❑ **answering machine** *n* contestador *m* automático
ant [ænt] *n* hormiga
antagonism [ænˈtægənɪzəm] *n* antagonismo, hostilidad *f*
antagonize [ænˈtægənaɪz] *vt* provocar la enemistad de
Antarctic [æntˈɑ:rktɪk] *n*: **the ~** el Antártico
antelope [ˈæntəloup] *n* antílope *m*
antenatal [ˈæntɪˈneɪtl] *adj* antenatal, prenatal ❑ **antenatal clinic** *n* clínica prenatal
antenna [ænˈtɛnə] *n* (*TV, RADIO*) antena
anthem [ˈænθəm] *n*: **national ~** himno nacional
anthropology [ænθrəˈpɑ:lədʒi] *n* antropología
anti... [ænti] *prefix* anti... ❑ **anti-aircraft** *adj* antiaéreo ❑ **antibiotic** [æntibaɪˈɑ:tɪk] *n* antibiótico ❑ **antibody** *n* anticuerpo
anticipate [ænˈtɪsɪpeɪt] *vt* prever; (*expect*) esperar, contar con; (*look forward to*) esperar con ilusión; (*do first*) anticiparse a, adelantarse a ❑ **anticipation** [æntɪsɪˈpeɪʃən] *n* (*expectation*) previsión *f*; (*eagerness*) ilusión *f*, expectación *f*
anticlimax [æntiˈklaɪmæks] *n* decepción *f*
anticlockwise [æntiˈklɑ:kwaɪz] (*BRIT*) *adv* en dirección contraria a la de las agujas del reloj
antics [ˈæntɪks] *npl* gracias *fpl*
anticyclone [æntiˈsaɪkloun] *n* anticiclón *m*
antidepressant [ˌæntidɪˈprɛsənt] *n* antidepresivo
antidote [ˈæntɪdout] *n* antídoto
antifreeze [ˈæntifri:z] *n* anticongelante *m*
anti-globalization [ˈæntɪgləubəlɪˈzeɪʃən] *n* antiglobalización *f*; **~ protestors** manifestantes *mfpl* antiglobalización
antihistamine [æntiˈhɪstəmɪn] *n* antihistamínico
antiperspirant [ˌæntiˈpɜ:rspərənt] *n* antitranspirante *m*
antiquated [ˈæntɪkweɪtɪd] *adj* anticuado
antique [ænˈti:k] *n* antigüedad *f* ♦ *adj* antiguo ❑ **antique dealer** *n* anticuario(-a) ❑ **antique store** (*US*) (*BRIT* **antique shop**) *n* tienda de antigüedades
antiquity [ænˈtɪkwɪti] *n* antigüedad *f*
antiseptic [æntɪˈsɛptɪk] *adj, n* antiséptico
antlers [ˈæntlərz] *npl* cuernos *fpl*, cornamenta *sg*
anus [ˈeɪnəs] *n* ano
anvil [ˈænvɪl] *n* yunque *m*
anxiety [æŋˈzaɪəti] *n* inquietud *f*; (*MED*) ansiedad *f*; **~ to do** deseo de hacer
anxious [ˈæŋkʃəs] *adj* inquieto, preocupado; (*worrying*) preocupante; (*keen*): **to be ~ to do** tener muchas ganas de hacer

any
KEYWORD
[ˈɛni] *adj*
1 (*in questions etc*) algún (alguna); **do you have any butter/children?** ¿tienes mantequilla/ hijos?; **if there are any tickets left** si quedan boletos, si queda algún boleto
2 (*with negative*): **I don't have any money/ books** no tengo dinero/libros
3 (*no matter which*) cualquier; **any excuse will do** valdrá *or* servirá cualquier excusa; **choose any book you like** escoge el libro que quieras; **any teacher you ask will tell you** cualquier profesor al que preguntes te lo dirá
4 (*in phrases*): **in any case** de todas formas, en cualquier caso; **any day now** cualquier día (de estos); **at any moment** en cualquier momento, de un momento a otro; **at any rate** en todo caso; **any time: come (at) any time** ven cuando quieras; **he might come (at) any time** podría llegar de un momento a otro
♦ *pron*
1 (*in questions etc*): **have you got any?** ¿tienes alguno(s)/a(s)?; **can any of you sing?** ¿sabe cantar alguno de vosotros/ustedes?
2 (*with negative*): **I don't have any (of them)** no tengo ninguno
3 (*no matter which one(s)*): **take any of those books (you like)** toma el libro que quieras de ésos
♦ *adv*
1 (*in questions etc*): **do you want any more soup/sandwiches?** ¿quieres más sopa/ sándwiches?; **are you feeling any better?** ¿te sientes algo mejor?
2 (*with negative*): **I can't hear him any more** ya no lo oigo; **don't wait any longer** no esperes más

anybody [ˈɛnibɑ:di] *pron* cualquiera; (*in interrogative sentences*) alguien; (*in negative sentences*): **I don't see ~** no veo a nadie; **if ~ should call ...** si llama alguien ...
anyhow [ˈɛnihau] *adv* (*at any rate*) de todos modos, de todas formas; (*haphazard*): **she leaves things just ~** deja las cosas como quiera *or* de cualquier modo; **I shall go ~** de todos modos iré
anyone [ˈɛniˌwʌn] *pron* = **anybody**
anyplace [ˈɛniˌpleɪs] (*US*) *adv* = **anywhere**
anything [ˈɛniˌθɪŋ] *pron* (*in questions etc*) algo, alguna cosa; (*with negative*) nada; **can you see ~?** ¿ves algo?; **if ~ happens to me ...** si algo me ocurre ...; **you can say ~ you like** puedes decir lo que quieras; **~ will do** vale todo *or* cualquier cosa; **he'll eat ~** come de todo *or* lo que sea
anyway [ˈɛniˌweɪ] *adv* (*at any rate*) de todos modos, de todas formas; **I shall go ~** iré de todos modos; **~, I couldn't come even if I wanted to** además, no podría venir aunque quisiera; **why are you calling, ~?** ¿entonces, por qué llamas?, ¿por qué llamas, pues?
anyways [ˈɛniˌweɪz] (*US*: *inf*) *adv* = **anyway**

anywhere
KEYWORD
[ˈɛniˌwɛər] *adv*
1 (*in questions etc*): **can you see him anywhere?** ¿le ves por algún lado?; **are you going anywhere?** ¿vas a algún sitio?
2 (*with negative*): **I can't see him anywhere** no le veo por ninguna parte
3 (*no matter where*): **anywhere in the world** en cualquier parte (del mundo); **put the books down anywhere** deja los libros donde quieras

apart [əˈpɑ:rt] *adv* (*aside*) aparte; (*situation*): **~ (from)** separado (de); (*movement*): **to pull ~** separar; **10 miles ~** separados por 10 millas; **to take ~** desmontar; **~ from** *prep* aparte de
apartheid [əˈpɑ:rteɪt] *n* apartheid *m*
apartment [əˈpɑ:rtmənt] *n* (*US*) departamento (*LAm*), piso (*SP*); (*room*) cuarto ❑ **apartment building** (*US*) *n* edificio de departamentos
apathetic [æpəˈθɛtɪk] *adj* apático, indiferente
ape [eɪp] *n* simio ♦ *vt* imitar, remedar
aperitif [əpɛrɪˈti:f] *n* aperitivo
aperture [ˈæpərtʃuər] *n* rendija, resquicio; (*PHOT*) abertura
APEX [ˈeɪpɛks] *n abbr* (= *Advanced Purchase Excursion*) tarifa APEX
apex *n* ápice *m*; (*fig*) cumbre *f*
apiece [əˈpi:s] *adv* cada uno
aplomb [əˈplɑ:m] *n* aplomo
apologetic [əpɑ:ləˈdʒɛtɪk] *adj* de disculpa; (*person*) arrepentido
apologize [əˈpɑ:lədʒaɪz] *vi*: **to ~ (for sth to sb)** disculparse (con algn de algo)
apology [əˈpɑ:lədʒi] *n* disculpa, excusa

⚠ Be careful not to translate **apology** by the Spanish word ***apología***.

apostrophe [əˈpɑ:strəfi] *n* apóstrofo
appall (*US*) [əˈpɔ:l] (*BRIT* **appal**) *vt* horrorizar, espantar ❑ **appalling** *adj* espantoso; (*awful*) pésimo
apparatus [æpəˈrætəs] *n* (*equipment*) equipo; (*organization*) aparato; (*in gymnasium*) aparatos *mpl*
apparel [əˈpærəl] (*US*) *n* ropa
apparent [əˈpærənt] *adj* aparente; (*obvious*) evidente ❑ **apparently** *adv* por lo visto, al parecer
appeal [əˈpi:l] *vi* (*LAW*) apelar ♦ *n* (*LAW*) apelación *f*; (*request*) llamamiento; (*plea*) petición *f*; (*charm*) atractivo; **to ~ for** reclamar; **to ~ to** (*be attractive to*) atraer; **it doesn't ~ to me** no me atrae, no me llama la atención ❑ **appealing** *adj* (*attractive*) atractivo
appear [əˈpɪər] *vi* aparecer, presentarse; (*LAW*) comparecer; (*publication*) salir (a la luz), publicarse; (*seem*) parecer; **to ~ on TV/in "Hamlet"** salir por la tele/hacer un papel en "Hamlet"; **it would ~ that** parecería que ❑ **appearance** *n* aparición *f*; (*look*) apariencia, aspecto
appease [əˈpi:z] *vt* (*pacify*) apaciguar; (*satisfy*) satisfacer
appendices [əˈpɛndɪsi:z] *npl of* **appendix**
appendicitis [əpɛndɪˈsaɪtɪs] *n* apendicitis *f*
appendix [əˈpɛndɪks] (*pl* **appendices**) *n* apéndice *m*
appetite [ˈæpɪtaɪt] *n* apetito; (*fig*) deseo, anhelo
appetizer [ˈæpɪtaɪzər] *n* (*drink*) aperitivo; (*food*) aperitivo, botana (*MEX*)
applaud [əˈplɔ:d] *vt, vi* aplaudir
applause [əˈplɔ:z] *n* aplausos *mpl*
apple [ˈæpəl] *n* manzana ❑ **apple tree** *n* manzano
appliance [əˈplaɪəns] *n* aparato
applicable [ˈæplɪkəbəl] *adj* (*relevant*): **to be ~ (to)** referirse (a)
applicant [ˈæplɪkənt] *n* candidato(-a); solicitante *mf*
application [æplɪˈkeɪʃən] *n* aplicación *f*; (*for a job etc*) solicitud *f*, petición *f* ❑ **application form** *n* solicitud *f*
applied [əˈplaɪd] *adj* aplicado
apply [əˈplaɪ] *vt* (*paint etc*) poner; (*law etc*: *put into practice*) poner en vigor ♦ *vi*: **to ~ to** (*ask*) dirigirse a; (*be applicable*) ser aplicable a; **to ~ for** (*permit, grant, job*) solicitar; **to ~ o.s. to** aplicarse a, dedicarse a
appoint [əˈpɔɪnt] *vt* (*to post*) nombrar ❑ **appointed** *adj*: **at the appointed time** a la hora señalada ❑ **appointment** *n* (*with client*) cita; (*act*) nombramiento; (*post*) puesto; (*at hairdresser etc*): **to have an appointment** tener una cita, tener hora; **to make an appointment (with sb)** concertar una cita (con algn)

⚠ Be careful not to translate **appoint** by the Spanish word ***apuntar***.

appraisal [əˈpreɪzəl] *n* valoración *f*
appraise [əˈpreɪz] *vt* valorar, tasar
appreciate [əˈpri:ʃieɪt] *vt* apreciar, tener en mucho; (*be grateful for*) agradecer; (*be aware*) comprender ♦ *vi* (*COMM*) aumentar(se) en valor ❑ **appreciation** [əpri:ʃiˈeɪʃən] *n* apreciación *f*; (*gratitude*) reconocimiento, agradecimiento; (*COMM*) aumento en valor
appreciative [əˈpri:ʃətɪv] *adj* apreciativo; (*comment*) agradecido
apprehensive [æprɪˈhɛnsɪv] *adj* aprensivo
apprentice [əˈprɛntɪs] *n* aprendiz(a) *m/f* ❑ **apprenticeship** *n* aprendizaje *m*
approach [əˈproutʃ] *vi* acercarse ♦ *vt* acercarse a; (*ask, apply to*) dirigirse a; (*situation, problem*) abordar ♦ *n* acercamiento; (*access*) acceso; (*to problem, situation*): **~ (to)** actitud *f* (ante) ❑ **approachable** *adj* (*person, place*) accesible
appropriate [*adj* əˈprouprɪɪt, *vb* əˈprouprieɪt] *adj* apropiado, conveniente ♦ *vt* (*take*) apropiarse de
approval [əˈpru:vəl] *n* aprobación *f*, visto bueno; (*permission*) consentimiento; **on ~** (*COMM*) a prueba
approve [əˈpru:v] *vt* aprobar ▶ **approve of** *vt fus* (*thing*) aprobar; (*person*): **they don't approve of her** (ella) no les parece bien
approximate [əˈprɑ:ksɪmɪt] *adj* aproximado ❑ **approximately** *adv* aproximadamente, más o menos
apricot [ˈæprɪkɑ:t] *n* albaricoque *m*, chabacano (*MEX*), damasco (*RPl*)
April [ˈeɪprəl] *n* abril *m* ❑ **April Fools' Day** *n* el primero de abril, ≈ día *m* de los Inocentes (*28 December*)
apron [ˈeɪprən] *n* delantal *m*; mandil *m*
apt [æpt] *adj* acertado, apropiado; (*likely*): **~ to do** propenso a hacer
aquarium [əˈkwɛəriəm] *n* acuario
Aquarius [əˈkwɛəriəs] *n* Acuario
Arab [ˈærəb] *adj, n* árabe *mf*
Arabian [əˈreɪbiən] *adj* árabe
Arabic [ˈærəbɪk] *adj* árabe; (*numerals*) arábigo ♦ *n* árabe *m*
arable [ˈærəbəl] *adj* cultivable
Aragon [ˈærəgɑ:n] *n* Aragón *m*
arbitrary [ˈɑ:rbɪtrɛri] *adj* arbitrario
arbitration [ɑ:rbɪˈtreɪʃən] *n* arbitraje *m*
arbor (*US*) [ˈɑ:rbər] (*BRIT* **arbour**) *n* cenador *m*
arcade [ɑ:rˈkeɪd] *n* (*around a square*) arcos *mpl* (*MEX*), portales *mpl* (*LAm*); (*shopping mall*) galería comercial
arch [ɑ:rtʃ] *n* arco; (*of foot*) puente *m* ♦ *vt* arquear
archaeology *etc* [ɑ:rkiˈɑ:lədʒi] (*BRIT*) = **archeology** *etc*
archbishop [ɑ:rtʃˈbɪʃəp] *n* arzobispo
archeologist (*US*) [ɑ:rkiˈɑ:lədʒɪst] (*BRIT* **archaeologist**) *n* arqueólogo(-a)
archeology (*US*) [ɑ:rkiˈɑ:lədʒi] (*BRIT* **archaeology**) *n* arqueología
archery [ˈɑ:rtʃəri] *n* tiro al arco
architect [ˈɑ:rkɪtɛkt] *n* arquitecto(-a) ❑ **architecture** *n* arquitectura
archives [ˈɑ:rkaɪvz] *npl* archivo
Arctic [ˈɑ:rktɪk] *adj* ártico ♦ *n*: **the ~** el Ártico
ardent [ˈɑ:rdnt] *adj* ardiente, apasionado
ardor (*US*) [ˈɑ:rdər] (*BRIT* **ardour**) *n* ardor *m*, pasión *f*
arduous [ˈɑ:rdʒuəs] *adj* (*task*) arduo; (*journey*) agotador(a)
are [ɑ:r] *vb see* **be**
area [ˈɛəriə] *n* área, región *f*; (*part of place*) zona; (*MATH etc*) área, superficie *f*; (*in room*: *e.g. dining area*) parte *f*; (*of knowledge, experience*) campo ❑ **area code** (*US*) *n* clave *f* lada (*MEX*), código de la zona (*LAm*), prefijo (*SP*)
arena [əˈri:nə] *n* estadio; (*of circus*) pista
aren't [ɑ:rənt] *cont* = **are not**
Argentina [ɑ:rdʒənˈti:nə] *n* Argentina ❑ **Argentinian** [ɑ:rdʒənˈtɪniən] *adj, n* argentino(-a)
arguably [ˈɑ:rgjuəbli] *adv* posiblemente
argue [ˈɑ:rgju:] *vi* (*quarrel*) discutir, pelearse; (*reason*) razonar, argumentar; **to ~ that** sostener que
argument [ˈɑ:rgjəmənt] *n* discusión *f*, pelea; (*reasons*) argumento ❑ **argumentative** [ɑ:rgjuˈmɛntətɪv] *adj* discutidor(a)
Aries [ˈɛəriz] *n* Aries *m*
arise [əˈraɪz] (*pt* **arose**, *pp* **arisen**) *vi* surgir, presentarse
arisen [əˈrɪzən] *pp of* **arise**
aristocrat [əˈrɪstəkræt] *n* aristócrata *mf*
arithmetic [əˈrɪθmətɪk] *n* aritmética
ark [ɑ:rk] *n*: **Noah's A~** el Arca de Noé
arm [ɑ:rm] *n* brazo ♦ *vt* armar; **~s** *npl* armas *fpl*; **~ in ~** cogidos del brazo
armaments [ˈɑ:rməmənts] *npl* armamento
armchair [ˈɑ:rmˌtʃɛər] *n* sillón *m*, butaca
armed [ɑ:rmd] *adj* armado; **the ~ forces** las fuerzas armadas ❑ **armed robbery** *n* robo a mano armada
armor (*US*) [ˈɑ:rmər] (*BRIT* **armour**) *n* armadura; (*MIL*: *tanks*) blindaje *m* ❑ **armored car** (*US*)

(*BRIT* **armoured car**) *n* carro (*LAm*) *or* coche *m* (*SP*) blindado

armour ['ɑːrmər] (*BRIT*) *n* = **armor**

armpit ['ɑːrmpɪt] *n* sobaco, axila

armrest ['ɑːrmˌrɛst] *n* apoyabrazos *m inv*

army ['ɑːrmi] *n* ejército; (*fig*) multitud *f*

aroma [ə'roumə] *n* aroma *m*, fragancia ❑ **aromatherapy** *n* aromaterapia

arose [ə'rouz] *pt of* **arise**

around [ə'raund] *adv* alrededor; (*in the area*): **there is no one else ~** no hay nadie más por aquí ♦ *prep* alrededor de; (*surrounding*): **~ his neck/the table** en su cuello/alrededor de la mesa; (*in a circular movement*): **to move ~ the room/sail ~ the world** dar una vuelta a la habitación/navigar por el mundo; (*in various directions*): **to move ~ a room/house** moverse por toda la habitación/casa; (*approximately*) alrededor de ♦ *adv*: **all ~** por todos lados; **the long way ~** por el camino menos directo; **all the year ~** durante todo el año; **it's just ~ the corner** (*fig*) está a la vuelta de la esquina; **to go ~ to sb's (house)** ir a casa de algn; **to go ~ the back** pasar por atrás; **enough to go ~** bastante (para todos)

arouse [ə'rauz] *vt* despertar; (*anger*) provocar

arrange [ə'reɪndʒ] *vt* arreglar, ordenar; (*organize*) organizar; **to ~ to do sth** quedar en hacer algo ❑ **arrangement** *n* arreglo; (*agreement*) acuerdo; **arrangements** *npl* (*preparations*) preparativos *mpl*

array [ə'reɪ] *n*: **~ of** (*things*) serie *f* de; (*people*) conjunto de

arrears [ə'rɪərz] *npl* atrasos *mpl*; **to be in ~ with one's rent** estar atrasado en el pago de la renta

arrest [ə'rɛst] *vt* detener; (*sb's attention*) llamar ♦ *n* detención *f*; **under ~** detenido

arrival [ə'raɪvəl] *n* llegada; **new ~** recién llegado(-a); (*baby*) recién nacido(-a)

arrive [ə'raɪv] *vi* llegar; (*baby*) nacer

arrogant ['ærəgənt] *adj* arrogante

arrow ['ærou] *n* flecha

arse [ɑːrs] (*BRIT*: *inf!*) *n* culo, trasero

arson ['ɑːrsən] *n* incendio premeditado

art [ɑːrt] *n* arte *m*; (*skill*) destreza; **A~s** *npl* (*SCOL*) Letras *fpl*

artery ['ɑːrtəri] *n* arteria

art gallery *n* pinacoteca; (*saleroom*) galería de arte

arthritis [ɑːr'θraɪtɪs] *n* artritis *f*

artichoke ['ɑːrtɪtʃouk] *n* alcachofa, alcaucil *m* (*RPl*); **Jerusalem ~** aguaturma, pataca

article ['ɑːrtɪkəl] *n* artículo; **~s** *npl* (*BRIT LAW training*) contrato de aprendizaje; **~ of clothing** prenda de vestir

articulate [*adj* ɑːr'tɪkjulɪt, *vb* ɑːr'tɪkjuleɪt] *adj* claro, bien expresado ♦ *vt* expresar ❑ **articulated lorry** (*BRIT*) *n* trailer *m*

artificial [ɑːrtɪ'fɪʃəl] *adj* artificial; (*affected*) afectado

artillery [ɑːr'tɪləri] *n* artillería

artisan ['ɑːrtɪzən] *n* artesano

artist ['ɑːrtɪst] *n* artista *mf*; (*MUS*) intérprete *mf* ❑ **artistic** [ɑːr'tɪstɪk] *adj* artístico ❑ **artistry** *n* arte *m*, habilidad *f* (artística)

art school *n* escuela de bellas artes

as

KEYWORD

[æz] *conj*

1 (*referring to time*) cuando, mientras; a medida que; **as the years went by** con el paso de los años; **he came in as I was leaving** entró cuando me iba; **as from tomorrow** desde *or* a partir de mañana

2 (*in comparisons*): **as big as** tan grande como; **twice as big as** el doble de grande que; **as much money/many books as** tanto dinero/tantos libros como; **as soon as** en cuanto

3 (*since, because*) como, ya que; **he left early as he had to be home by 10** se fue temprano ya que tenía que estar en casa a las 10

4 (*referring to manner, way*): **do as you wish** haz lo que quieras; **as she said** como dijo; **he gave it to me as a present** me lo dio de regalo

5 (*in the capacity of*): **he works as a bricklayer** trabaja de albañil; **as chairman of the company, he ...** como presidente de la compañía ...

6 (*concerning*): **as for** *or* **to that** por *or* en lo que respecta a eso

7: **as if** *or* **though** como si; **he looked as if he was sick** parecía como si estuviera enfermo, tenía aspecto de enfermo; *see also* **long**; **such**; **well**

a.s.a.p. *abbr* (= *as soon as possible*) cuanto antes

asbestos [æs'bɛstəs] *n* asbesto, amianto

ascend [ə'sɛnd] *vt* subir; (*throne*) ascender *or* subir a

ascent [ə'sɛnt] *n* subida; (*slope*) cuesta, pendiente *f*

ascertain [æsər'teɪn] *vt* averiguar

ash [æʃ] *n* ceniza; (*tree*) fresno

ashamed [ə'ʃeɪmd] *adj* avergonzado, apenado (*LAm*); **to be ~ of** avergonzarse *or* estar avergonzado de

ashore [ə'ʃɔːr] *adv* en tierra; (*swim etc*) a tierra

ashtray ['æʃˌtreɪ] *n* cenicero

Ash Wednesday *n* miércoles *m* de Ceniza

Asia ['eɪʒə] *n* Asia ❑ **Asian** *adj*, *n* asiático(-a)

aside [ə'saɪd] *adv* a un lado ♦ *n* aparte *m*

ask [æsk] *vt* (*question*) preguntar; (*invite*) invitar; **to ~ sb sth/to do sth** preguntar algo a algn/pedir a algn que haga algo; **to ~ sb about sth** preguntar algo a algn; **to ~ (sb) a question** hacer una pregunta (a algn); **to ~ sb out to dinner** invitar a cenar a algn ▶ **ask after** *vt fus* preguntar por ▶ **ask for** *vt fus* pedir; (*trouble*) buscar

asking price *n* precio inicial

asleep [ə'sliːp] *adj* dormido; **to fall ~** dormirse, quedarse dormido

asparagus [ə'spærəgəs] *n* (*plant*) espárrago; (*food*) espárragos *mpl*

aspect ['æspɛkt] *n* aspecto, apariencia; (*direction in which a building etc faces*) orientación *f*

aspersions [ə'spɜːrʒənz] *npl*: **to cast ~ on** difamar *or* calumniar a

asphyxiation [æsfɪksi'eɪʃən] *n* asfixia

aspire [ə'spaɪər] *vi*: **to ~ to** aspirar a, ambicionar

aspirin ['æsprɪn] *n* aspirina

ass [æs] *n* asno, burro; (*inf*: *idiot*) imbécil *mf*; (*US*: *inf!*) culo, trasero

assailant [ə'seɪlənt] *n* asaltante *mf*, agresor(a) *m/f*

assassinate [ə'sæsɪneɪt] *vt* asesinar

assassination [əsæsɪ'neɪʃən] *n* asesinato

assault [ə'sɔːlt] *n* asalto; (*LAW*) agresión *f* ♦ *vt* asaltar, atacar; (*sexually*) violar

assemble [ə'sɛmbəl] *vt* reunir, juntar; (*TECH*) montar ♦ *vi* reunirse, juntarse

assembly [ə'sɛmbli] *n* reunión *f*, asamblea; (*parliament*) parlamento; (*construction*) montaje *m* ❑ **assembly line** *n* cadena de montaje

assent [ə'sɛnt] *n* asentimiento, aprobación *f*

assert [ə'sɜːrt] *vt* afirmar; (*authority*) hacer valer ❑ **assertion** *n* afirmación *f*

assess [ə'sɛs] *vt* valorar, calcular; (*tax, damages*) fijar; (*for tax*) gravar ❑ **assessment** *n* valoración *f*; (*for tax*) gravamen *m* ❑ **assessor** *n* asesor(a) *m/f*

asset ['æsɛt] *n* ventaja; **~s** *npl* (*COMM*) activo; (*property, funds*) fondos *mpl*

assign [ə'saɪn] *vt*: **to ~ (to)** (*date*) fijar (para); (*task*) asignar (a); (*resources*) destinar (a) ❑ **assignment** *n* tarea

assist [ə'sɪst] *vt* ayudar ❑ **assistance** *n* ayuda, auxilio ❑ **assistant** *n* ayudante *mf*; (*BRIT*: *also*: **shop assistant**) dependiente(-a) *m/f*

associate [*adj, n* ə'sousiɪt, *vb* ə'sousieɪt] *adj* asociado ♦ *n* (*at work*) colega *mf* ♦ *vt* asociar; (*ideas*) relacionar ♦ *vi*: **to ~ with sb** tratar con algn

association [əsousi'eɪʃən] *n* asociación *f*

assorted [ə'sɔːrtɪd] *adj* surtido, variado

assortment [ə'sɔːrtmənt] *n* (*of shapes, colors*) surtido; (*of books*) colección *f*; (*of people*) mezcla

assume [ə'suːm] *vt* suponer; (*responsibilities*) asumir; (*attitude*) adoptar, tomar

assumption [ə'sʌmpʃən] *n* suposición *f*, presunción *f*; (*of power etc*) toma

assurance [ə'ʃurəns] *n* garantía, promesa; (*confidence*) confianza, aplomo; (*BRIT*: *insurance*) seguro

assure [ə'ʃuər] *vt* asegurar

asthma ['æzmə] *n* asma

astonish [ə'stɑːnɪʃ] *vt* asombrar, pasmar ❑ **astonishment** *n* asombro, sorpresa

astound [ə'staund] *vt* asombrar, pasmar

astray [ə'streɪ] *adv*: **to go ~** extraviarse; **to lead ~** (*morally*) llevar por mal camino

astride [ə'straɪd] *prep* a caballo *or* horcajadas sobre

astrology [ə'strɑːlədʒi] *n* astrología

astronaut ['æstrənɔːt] *n* astronauta *mf*

astronomy [ə'strɑːnəmi] *n* astronomía

asylum [ə'saɪləm] *n* (*refuge*) asilo; (*mental hospital*) manicomio

at

KEYWORD

[æt] *prep*

1 (*referring to position*) en; (*direction*) a; **at the top** en lo alto; **at home/school** en casa/la escuela; **to look at sth/sb** mirar algo/a algn

2 (*referring to time*): **at 4 o'clock** a las 4; **at night** por la noche; **at Christmas** en Navidad; **at times** a veces

3 (*referring to rates, speed etc*): **at $2 a pound** a dos dólares la libra; **two at a time** de dos en dos; **at 50 miles an hour** a 50 millas por hora

4 (*referring to manner*): **at a stroke** de un golpe; **at peace** en paz

5 (*referring to activity*): **to be at work** estar trabajando; (*in the office etc*) estar en el trabajo; **to play cowboys** jugar a los vaqueros; **to be good at sth** ser bueno en algo

6 (*referring to cause*): **shocked/surprised/annoyed at sth** asombrado/sorprendido/fastidiado por algo; **I went at his suggestion** fui a instancias suyas

ate [eɪt] *pt of* **eat**

atheist ['eɪθiɪst] *n* ateo(-a)

Athens ['æθɪnz] *n* Atenas

athlete ['æθliːt] *n* atleta *mf*

athletic [æθ'lɛtɪk] *adj* atlético ❑ **athletics** *n* (*US*) deportes *mpl*; (*BRIT*) atletismo

Atlantic [ət'læntɪk] *adj* atlántico ♦ *n*: **the ~ (Ocean)** el (Océano) Atlántico

atlas ['ætləs] *n* atlas *m inv*

A.T.M. *n abbr* (= *automated telling machine*) cajero automático

atmosphere ['ætməsfɪər] *n* atmósfera; (*of place*) ambiente *m*

atom ['ætəm] *n* átomo ❑ **atomic** [ə'tɑːmɪk] *adj* atómico ❑ **atom(ic) bomb** *n* bomba atómica ❑ **atomizer** *n* atomizador *m*

atone [ə'toun] *vi*: **to ~ for** expiar

atrocious [ə'trouʃəs] *adj* atroz

attach [ə'tætʃ] *vt* (*fasten*) atar; (*join*) unir, sujetar; (*document, letter*) adjuntar; (*importance etc*) dar, conceder; **to be ~ed to sb/sth** (*to like*) tener cariño a algn/algo

attaché [ætə'ʃeɪ] *n* agregado(-a) ❑ **attaché case** *n* maletín *m*

attachment [ə'tætʃmənt] *n* (*tool*) accesorio; (*love*): **~ (to)** apego (a); (*COMPUT*) anexo (*MEX*), archivo adjunto (*LAm exc MEX, SP*)

attack [ə'tæk] *vt* (*MIL*) atacar; (*criminal*) agredir, asaltar; (*criticize*) criticar; (*task*) emprender ♦ *n* ataque *m*, asalto; (*on sb's life*) atentado; (*fig*: *criticism*) crítica; (*of illness*) ataque *m*; **heart ~** infarto (de miocardio) ❑ **attacker** *n* asaltante *mf*, agresor(a) *m/f*

attain [ə'teɪn] *vt* (*also*: **~ to**) alcanzar; (*achieve*) lograr, conseguir

attempt [ə'tɛmpt] *n* tentativa, intento; (*attack*) atentado ♦ *vt* intentar ❑ **attempted** *adj*: **attempted burglary/murder/suicide** tentativa *or* intento de robo/asesinato/suicidio

attend [ə'tɛnd] *vt* asistir a; (*patient*) atender ▶ **attend to** *vt fus* ocuparse de; (*customer, patient*) atender a ❑ **attendance** *n* asistencia, presencia; (*people present*) concurrencia ❑ **attendant** *n* ayudante *mf*; (*in garage etc*) encargado(-a) ♦ *adj* (*dangers*) concomitante

attention [ə'tɛnʃən] *n* atención *f*; (*care*) atenciones *fpl* ♦ *excl* (*MIL*) ¡firme(s)!; **for the ~ of ...** (*ADMIN*) atención ...

attentive [ə'tɛntɪv] *adj* atento

attic ['ætɪk] *n* desván *m*, altillo, entretecho (*SC*)

attitude ['ætɪtuːd] *n* actitud *f*; (*disposition*) disposición *f*

attorney [ə'tɜːrni] (*US*) *n* (*lawyer*) abogado(-a) ❑ **Attorney General** *n* (*US*) ≈ Procurador(a) *m/f* General de Justicia; (*BRIT*) ≈ Fiscal *mf* General del Estado

attract [ə'trækt] *vt* atraer; (*sb's attention*) llamar ❑ **attraction** *n* encanto; (*gen pl*: *amusements*) diversiones *fpl*; (*PHYSICS*) atracción *f*; (*fig*: *towards sb, sth*) atractivo ❑ **attractive** *adj* guapo; (*interesting*) atrayente

attribute [*n* 'ætrɪbjuːt, *vb* ə'trɪbjuːt] *n* atributo ♦ *vt*: **to ~ sth to** atribuir algo a

attrition [ə'trɪʃən] *n*: **war of ~** guerra de agotamiento

aubergine ['oubərʒiːn] (*BRIT*) *n* berenjena; (*color*) morado

auburn ['ɔːbərn] *adj* color castaño rojizo

auction ['ɔːkʃən] *n* (*also*: **sale by ~**) subasta ♦ *vt* subastar ❑ **auctioneer** [ɔːkʃə'nɪər] *n* subastador(a) *m/f*

audible ['ɔːdɪbəl] *adj* audible, que se puede oír

audience ['ɔːdiəns] *n* público; (*RADIO*) radioescuchas *mpl*; (*TV*) telespectadores *mpl*; (*interview*) audiencia

audio-visual [ɔːdiou'vɪʒuəl] *adj* audiovisual ❑ **audio-visual aid** *n* ayuda audiovisual

audit ['ɔːdɪt] *vt* revisar, intervenir

audition [ɔː'dɪʃən] *n* audición *f*

auditor ['ɔːdɪtər] *n* auditor(a) *m/f* (de cuentas)

augment [ɔːg'mɛnt] *vt* aumentar

augur ['ɔːgər] *vi*: **it ~s well** es un buen augurio

August ['ɔːgəst] *n* agosto

aunt [ænt] *n* tía ❑ **auntie** *n diminutive of* **aunt** ❑ **aunty** *n diminutive of* **aunt**

au pair ['ou'pɛər] *n* (*also*: **~ girl**) (chica) au pair *f*

auspicious [ɔː'spɪʃəs] *adj* propicio, de buen augurio

Australia [ɔː'streɪljə] *n* Australia ❑ **Australian** *adj*, *n* australiano(-a)

Austria ['ɔːstriə] *n* Austria ❑ **Austrian** *adj*, *n* austríaco(-a)

authentic [ɔː'θɛntɪk] *adj* auténtico

author ['ɔːθər] *n* autor(a) *m/f*

authoritarian [əθɔːrɪ'tɛəriən] *adj* autoritario

authoritative [ə'θɔːrɪteɪtɪv] *adj* autorizado; (*manner*) autoritario

authority [ə'θɔːrɪti] *n* autoridad *f*; (*official permission*) autorización *f*; **the authorities** *npl* las autoridades

authorize ['ɔːθəraɪz] *vt* autorizar

auto ['ɔːtou] (*US*) *n* carro (*LAm*), coche *m* (*SP*)

auto: ❑ **autobiography** [ˌɔːtəbaɪ'ɑːgrəfi] *n* autobiografía ❑ **autograph** ['ɔːtəgræf] *n* autógrafo ♦ *vt* (*photo etc*) dedicar; (*program*) firmar ❑ **automated** ['ɔːtəmeɪtɪd] *adj* automatizado ❑ **automatic** [ɔːtə'mætɪk] *adj* automático ♦ *n* (*gun*) pistola automática; (*car*) carro (*LAm*) *or* coche *m* (*SP*) automático ❑ **automatically** *adv* automáticamente ❑ **automation** [ˌɔːtə'meɪʃən] *n* reconversión *f* ❑ **automobile** [ˌɔːtəmə'biːl] (*US*) *n* carro (*LAm*), coche *m* (*SP*) ❑ **autonomy** [ɔː'tɑːnəmi] *n* autonomía

autumn ['ɔːtəm] (*BRIT*) *n* otoño

auxiliary [ɔːg'zɪljəri] *adj*, *n* auxiliar *mf*

avail [ə'veɪl] *vt*: **to ~ o.s. of** aprovechar(se) de ♦ *n*: **to no ~** en vano, sin resultado

available [ə'veɪləbəl] *adj* disponible; (*unoccupied*) libre; (*person*: *unattached*) soltero y sin compromiso

avalanche ['ævəlæntʃ] *n* alud *m*, avalancha

avant-garde ['ævɑ̃ŋ'gɑːrd] *adj* de vanguardia

Ave. *abbr* = **avenue**

avenge [ə'vɛndʒ] *vt* vengar

avenue ['ævənjuː] *n* avenida; (*fig*) camino

average ['ævərɪdʒ] *n* promedio, término medio ♦ *adj* medio, de término medio; (*ordinary*) regular, corriente ♦ *vt* sacar un promedio de; **on ~** por regla general ▶ **average out** *vi*: **to average out at** salir en un promedio de

averse [ə'vɜːrs] *adj*: **to be ~ to sth/doing** sentir aversión *or* antipatía por algo/por hacer

avert [ə'vɜːrt] *vt* prevenir; (*blow*) desviar; (*one's eyes*) apartar

aviary ['eɪviɛri] *n* pajarera, avería

avocado [ævə'kɑːdou] *n* (*also*: *BRIT*: *also*: **~ pear**) aguacate *m*, palta (*SC*)

avoid [ə'vɔɪd] *vt* evitar, eludir

await [ə'weɪt] *vt* esperar, aguardar

awake [ə'weɪk] (*pt* **awoke**, *pp* **awoken** *or* **~d**) *adj* despierto ♦ *vt* despertar ♦ *vi* despertarse; **to be ~** estar despierto ❑ **awakening** *n* el despertar

award [ə'wɔːrd] *n* premio; (*LAW*: *damages*) indemnización *f* ♦ *vt* otorgar, conceder; (*LAW*: *damages*) adjudicar

aware [ə'wɛər] *adj*: **~ (of)** consciente (de); **to become ~ of/that** (*realize*) darse cuenta de/de que; (*learn*) enterarse de/de que ❑ **awareness** *n* conciencia; (*knowledge*) conocimiento

away [ə'weɪ] *adv* fuera; (*movement*): **she went ~** se marchó; **far ~** lejos; **two miles ~** a dos millas de distancia; **two hours ~ by bus** a dos horas en autobús; **the vacation was two weeks ~** faltaban dos semanas para las vacaciones; **he's ~ for a week** estará ausente una semana; **to take ~ (from)** quitar (a); (*subtract*) substraer (de); **to work/pedal ~** seguir trabajando/pedaleando; **to fade ~** (*color*) desvanecerse; (*sound*) apagarse ❑ **away game** *n* (*SPORT*) partido como visitante

awe [ɔː] *n* admiración *f* respetuosa ❑ **awe-inspiring** *adj* imponente

awesome ['ɔːsəm] (*US*) *adj* (*excellent*) formidable

awful ['ɔːfəl] *adj* horroroso; (*quantity*): **an ~ lot (of)** cantidad (de) ❑ **awfully** *adv* (*very*) terriblemente

awkward ['ɔːkwərd] *adj* desmañado, torpe; (*shape*) incómodo; (*embarrassing*) delicado, difícil

awning ['ɔːnɪŋ] *n* (*of tent, store*) toldo

awoke [ə'wouk] *pt of* **awake**

awoken [ə'woukən] *pp of* **awake**

awry [ə'raɪ] *adv*: **to be ~** estar descolocado *or* mal puesto

ax (*US*) [æks] (*BRIT* **axe**) *n* hacha ♦ *vt* (*project*) cortar; (*jobs*) reducir

axes ['æksiːz] *npl of* **axis**

axis ['æksɪs] (*pl* **axes**) *n* eje *m*

axle ['æksəl] *n* eje *m*, árbol *m*

ay(e) [aɪ] *excl* sí

Bb

B [biː] *n* (*MUS*) si *m*
B.A. *abbr* = **Bachelor of Arts**
baby ['beɪbɪ] *n* bebé *mf*; (*US*: *inf*: *darling*) mi amor ❑ **baby carriage** (*US*) *n* cochecito ❑ **baby-sit** *vi* cuidar niños ❑ **baby-sitter** *n* baby sitter *mf* (*LAm*), canguro *mf* (*SP*) ❑ **baby wipe** *n* toallita húmeda (*para bebés*)
baccalaureate [bækə'lɔːrɪɪt] (*US*) *n* licenciatura
bachelor ['bætʃələr] *n* soltero; **B~ of Arts/Science** licenciado(-a) en Filosofía y Letras/Ciencias
back [bæk] *n* (*of person*) espalda; (*of animal*) lomo; (*of hand*) dorso; (*as opposed to front*) parte *f* de atrás; (*of chair*) respaldo; (*of page*) reverso; (*of book*) final *m*; (*SPORT*) defensa *m*; (*of crowd*): **the ones at the ~** los del fondo ♦ *vt* (*candidate*: *also*: **~ up**) respaldar, apoyar; (*horse*: *at races*) apostar a; (*car*) dar marcha atrás a *or* con ♦ *vi* (*car etc*) ir (*or* salir *or* entrar) marcha atrás ♦ *adj* (*payment, rent*) atrasado; (*seats, wheels*) de atrás ♦ *adv* (*not forward*) (hacia) atrás; **he's ~** (*returned*) está de vuelta, ha vuelto; **he ran ~** volvió corriendo; **throw the ball ~** devuelve la pelota; **can I have it ~?** ¿me lo devuelve?; **to call sb ~** (*TEL*: *call again*) volver a llamar a algn; (*: return call*) devolver la llamada a ▶ **back down** *vi* echarse atrás ▶ **back out** *vi* (*of promise*) volverse atrás ▶ **back up** *vt* (*person*) apoyar, respaldar; (*theory*) defender; (*COMPUT*) hacer una copia de seguridad de ❑ **backbencher** (*BRIT*) *n* *miembro del parlamento sin cargo relevante* ❑ **backbone** *n* columna vertebral ❑ **backdate** *vt* (*pay rise*) dar efecto retroactivo a; (*letter*) poner fecha atrasada a ❑ **backdrop** *n* telón *m* de fondo ❑ **backfire** *vi* (*AUT*) petardear, producir explosiones; (*plans*) fallar, salir mal ❑ **background** *n* fondo; (*of events*) antecedentes *mpl*; (*basic knowledge*) bases *fpl*; (*experience*) conocimientos *mpl*, educación *f*; **family background** origen *m*, antecedentes *mpl* ❑ **backhand** *n* (*TENNIS*: *also*: **backhand stroke**) revés *m* ❑ **backhander** (*BRIT*) *n* (*bribe*) soborno ❑ **backing** *n* (*fig*) apoyo, respaldo ❑ **backlash** *n* reacción *f* ❑ **backlog** *n*: **backlog of work** trabajo atrasado ❑ **back number** *n* (*of magazine etc*) número atrasado ❑ **backpack** *n* mochila ❑ **backpacker** *n* mochilero(-a) ❑ **back pay** *n* pago atrasado ❑ **backside** (*inf*) *n* trasero, culo ❑ **backstage** *adv* entre bastidores ❑ **backstroke** *n* espalda ❑ **backup** *adj* suplementario; (*COMPUT*) de reserva ♦ *n* (*support*) apoyo; (*also*: **back-up file**) copia preventiva *or* de reserva ❑ **backward** *adj* (*person, country*) atrasado ❑ **backwards** *adv* hacia atrás; (*read a list*) al revés; (*fall*) de espaldas ❑ **backyard** *n* patio trasero, traspatio (*LAm*)
bacon ['beɪkən] *n* tocino (*LAm*), panceta (*RPl, SP*)
bacteria [bæk'tɪərɪə] *npl* bacterias *fpl*
bad [bæd] *adj* malo; (*mistake, accident*) grave; (*food*) podrido, pasado; **his ~ leg** su pierna lisiada; **to go ~** (*food*) pasarse
bad(e) [bæd] *pt of* **bid**
badge [bædʒ] *n* insignia; (*policeman's*) placa, insignia
badger ['bædʒər] *n* tejón *m*
badly ['bædlɪ] *adv* mal; **to reflect ~ on sb** influir negativamente en la reputación de algn; **~ wounded** gravemente herido; **he needs it ~** le hace gran falta
badminton ['bædmɪntən] *n* bádminton *m*
bad-tempered *adj* de mal genio *or* carácter; (*temporarily*) de mal humor
bag [bæg] *n* (*paper, plastic*) bolsa; (*handbag*) bolsa (*MEX*), bolso (*LAm exc MEX, SP*); (*satchel*) mochila; (*case*) petaca (*MEX*), maleta (*LAm exc MEX, SP*), valija (*SC*); **~s of** (*BRIT*: *inf*) un montón de ❑ **baggage** *n* equipaje *m* ❑ **baggage allowance** *n* límite *m* de equipaje ❑ **baggage (re)claim** *n* recogida de equipajes ❑ **baggy** *adj* amplio ❑ **bag lunch** (*US*) *n* almuerzo frío ❑ **bagpipes** *npl* gaita
Bahamas [bə'hɑːməz] *npl*: **the ~** las (Islas) Bahamas
bail [beɪl] *n* fianza ♦ *vt* (*prisoner*: *gen*: *grant bail to*) poner en libertad bajo fianza; (*boat*: *also*: **~ out**) achicar; **on ~** (*prisoner*) bajo fianza; **to ~ sb out** obtener la libertad de algn bajo fianza; *see also* **bale**
bailiff ['beɪlɪf] *n* alguacil *m*
bait [beɪt] *n* cebo ♦ *vt* poner cebo en; (*tease*) tomar el pelo a
bake [beɪk] *vt* cocer (al horno) ♦ *vi* cocerse ❑ **baked beans** *npl* frijoles *mpl* (*LAm*) *or* porotos *mpl* (*SC*) *or* judías *fpl* (*SP*) en salsa de tomate con tocino ❑ **baked potato** *n* papa (*LAm*) *or* patata (*SP*) al horno ❑ **baker** *n* panadero ❑ **bakery** *n* panadería; (*for cakes*) pastelería ❑ **baking** *n* (*act*) amasar *m*; (*batch*) hornada ❑ **baking powder** *n* levadura (en polvo)
balance ['bæləns] *n* equilibrio; (*COMM*: *sum*) balance *m*; (*remainder*) resto; (*scales*) balanza ♦ *vt* equilibrar; (*budget*) nivelar; (*account*) saldar; (*make equal*) equilibrar; **~ of trade/payments** balanza de comercio/pagos ❑ **balanced** *adj* (*personality, diet*) equilibrado; (*report*) objetivo ❑ **balance sheet** *n* balance *m*
balcony ['bælkənɪ] *n* (*open*) balcón *m*; (*closed*) galería; (*in theater*) anfiteatro
bald [bɔːld] *adj* calvo; (*tire*) liso
bale [beɪl] *n* (*AGR*) paca, fardo; (*of papers etc*) fajo ▶ **bale out** *vi* lanzarse en paracaídas
Balearics [bælɪ'ærɪks] *npl*: **the ~** las Baleares
ball [bɔːl] *n* pelota; (*football*) balón *m*; (*of wool, string*) ovillo; (*dance*) baile *m*; **to play ~** (*fig*) cooperar
ballast ['bæləst] *n* lastre *m*
ball bearings *npl* cojinetes *mpl* de bolas
ballerina [bælə'riːnə] *n* bailarina
ballet [bæ'leɪ] *n* ballet *m* ❑ **ballet dancer** *n* bailarín(-ina) *m/f*
balloon [bə'luːn] *n* globo
ballot ['bælət] *n* (*voting*) votación *f*; (*paper*) cédula (*LAm*) *or* papeleta (*SP*) (electoral)
ballpoint (pen) ['bɔːlpɔɪnt('pɛn)] *n* bolígrafo, birome *f* (*RPl*)
ballroom ['bɔːlruːm] *n* salón *m* de baile
baloney [bə'lounɪ] (*US*: *inf*) *n* tonterías *fpl*
Baltic ['bɔːltɪk] *n*: **the ~ (Sea)** el (Mar) Báltico
ban [bæn] *n* prohibición *f*, proscripción *f* ♦ *vt* prohibir, proscribir
banal [bə'næl] *adj* banal, vulgar
banana [bə'nænə] *n* plátano, banana (*LAm*), banano (*CAm*)
band [bænd] *n* grupo; (*strip*) faja, tira; (*stripe*) lista; (*MUS*: *jazz*) orquesta; (*: rock*) grupo; (*MIL*) banda ▶ **band together** *vi* juntarse, asociarse
bandage ['bændɪdʒ] *n* venda, vendaje *m* ♦ *vt* vendar
Bandaid® ['bændeɪd] (*US*) *n* curita (*LAm*), tirita (*SP*)
bandit ['bændɪt] *n* bandido
bandy-legged ['bændɪ'lɛgd] *adj* patizambo, estevado
bang [bæŋ] *n* (*of gun, exhaust*) estallido, detonación *f*; (*of door*) portazo; (*blow*) golpe *m* ♦ *vt* (*door*) cerrar de golpe; (*one's head*) golpear ♦ *vi* estallar; (*door*) cerrar de golpe
Bangladesh [bæŋglə'dɛʃ] *n* Bangladesh *m*
bangs [bæŋz] (*US*) *npl* flequillo, fleco (*MEX*), cerquillo (*CAm, RPl*)
banish ['bænɪʃ] *vt* desterrar
banister(s) ['bænɪstər(z)] *n(pl)* barandilla, pasamanos *m inv*
bank [bæŋk] *n* (*COMM*) banco; (*of river, lake*) ribera, orilla; (*of earth*) terraplén *m* ♦ *vi* (*AVIAT*) ladearse ▶ **bank on** *vt fus* contar con ❑ **bank account** *n* cuenta bancaria ❑ **bank card** *n* tarjeta bancaria ❑ **banker** *n* banquero ❑ **banker's card** (*BRIT*) *n* = **bank card** ❑ **Bank holiday** (*BRIT*) *n* día *m* festivo ❑ **banking** *n* banca ❑ **bank note** *n* billete *m* de banco ❑ **bank rate** *n* tipo de interés bancario
bankrupt ['bæŋkrʌpt] *adj* quebrado, insolvente; **to go ~** quebrar, ir a la quiebra *or* bancarrota; **to be ~** estar en quiebra *or* bancarrota ❑ **bankruptcy** *n* quiebra, bancarrota
bank statement *n* balance *m* *or* detalle *m* de cuenta
banned substance [bænd-] *n* (*SPORT*) substancia prohibida
banner ['bænər] *n* pancarta
bannister(s) ['bænɪstər(z)] *n(pl)* = **banister(s)**
baptism ['bæptɪzəm] *n* bautismo; (*act*) bautizo
bar [bɑːr] *n* (*pub*) bar *m*; (*counter*) mostrador *m*; (*rod*) barra; (*of window, cage*) reja; (*of soap*) pastilla; (*of chocolate*) tableta; (*fig*: *hindrance*) obstáculo; (*prohibition*) proscripción *f*; (*MUS*) barra ♦ *vt* (*road*) obstruir; (*person*) excluir; (*activity*) prohibir; **the B~** (*LAW*) la abogacía; **behind ~s** tras las rejas (*MEX*), entre rejas (*LAm exc MEX, SP*); **~ none** sin excepción
barbaric [bɑːr'bærɪk] *adj* bárbaro
barbecue ['bɑːrbɪkjuː] *n* barbacoa
barbed wire ['bɑːrbd'waɪər] *n* alambre *m* de púas
barber ['bɑːrbər] *n* peluquero, barbero ❑ **barber shop** (*US*) *n* (*BRIT*: *also*: **barber's (shop)**) peluquería *f*
bar code *n* código de barras
bare [bɛər] *adj* desnudo; (*trees*) sin hojas; (*necessities etc*) básico ♦ *vt* desnudar; (*teeth*) enseñar ❑ **bareback** *adv* a pelo, sin silla ❑ **barefaced** *adj* descarado ❑ **barefoot** *adj, adv* descalzo ❑ **barely** *adv* apenas
barf [bɑːrf] (*US*: *inf*) *vi* arrojar (*inf*)
bargain ['bɑːrgɪn] *n* pacto, negocio; (*good buy*) ganga ♦ *vi* negociar; (*haggle*) regatear; **into the ~** además, por añadidura ▶ **bargain for** *vt fus*: **he got more than he bargained for** le resultó peor de lo que esperaba
barge [bɑːrdʒ] *n* barcaza ▶ **barge in** *vi* irrumpir; (*interrupt*: *conversation*) interrumpir
bark [bɑːrk] *n* (*of tree*) corteza; (*of dog*) ladrido ♦ *vi* ladrar
barley ['bɑːrlɪ] *n* cebada
barmaid ['bɑːrmeɪd] (*BRIT*) *n* barman *f*, cantinera (*MEX*)
barman ['bɑːrmən] (*BRIT*) *n* barman *m*, cantinero (*MEX*)
barn [bɑːrn] *n* granero
barometer [bə'rɑːmɪtər] *n* barómetro
baron ['bærən] *n* barón *m*; (*press baron etc*) magnate *m* ❑ **baroness** *n* baronesa
barracks ['bærəks] *npl* cuartel *m*
barrage [bə'rɑːʒ] *n* (*MIL*) descarga, bombardeo; (*dam*) presa; (*of criticism*) lluvia, aluvión *m*
barrel ['bærəl] *n* barril *m*; (*of gun*) cañón *m*
barren ['bærən] *adj* estéril
barrette [bə'rɛt] (*US*) *n* pasador *m*, broche *m* (*MEX*)
barricade ['bærɪkeɪd] *n* barricada
barrier ['bærɪər] *n* barrera
barring ['bɑːrɪŋ] *prep* excepto, salvo
barrister ['bærɪstər] (*BRIT*) *n* abogado(-a)
barrow ['bærou] *n* (*cart*) carretilla (de mano)
bartender ['bɑːrtɛndər] (*US*) *n* barman *mf*, cantinero(-a) (*MEX*)
barter ['bɑːrtər] *vt*: **to ~ sth for sth** trocar algo por algo
base [beɪs] *n* base *f* ♦ *vt*: **to ~ sth on** basar *or* fundar algo en ♦ *adj* bajo, infame
baseball ['beɪsˌbɔːl] *n* beisbol *m* (*MEX*), béisbol *m* (*LAm exc MEX, SP*)

BASEBALL

Al beisbol se le conoce en Estados Unidos como el "pasatiempo nacional" y goza de una enorme popularidad. De ahí que muchas expresiones hayan pasado al lenguaje coloquial de los americanos. Por ejemplo **to hit a home run** (literalmente hacer un jonrón) significa tener éxito, **to go to bat** (lit. ir a batear) significa salir en apoyo de alguien.

baseboard ['beɪsˌbɔːrd] (*US*) *n* zoclo (*MEX*), zócalo (*LAm exc MEX, SP*)
basement ['beɪsmənt] *n* sótano
bases¹ ['beɪsɪz] *npl of* **basis**
bases² ['beɪsɪz] *npl of* **base**
bash [bæʃ] (*inf*) *vt* golpear
bashful ['bæʃfəl] *adj* tímido, vergonzoso
basic ['beɪsɪk] *adj* básico ❑ **basically** *adv* fundamentalmente, en el fondo; (*simply*) sencillamente ❑ **basics** *npl*: **the basics** los fundamentos
basil ['beɪzəl] *n* albahaca
basin ['beɪsɪn] *n* cuenco, tazón *m*; (*GEO*) cuenca; (*also*: **wash~**) lavabo
basis ['beɪsɪs] (*pl* **bases**) *n* base *f*; **on a part-time/trial ~** a tiempo parcial/a prueba
bask [bæsk] *vi*: **to ~ in the sun** tomar el sol
basket ['bæskɪt] *n* cesta, cesto; canasta ❑ **basketball** *n* baloncesto
Basque [bæsk] *adj, n* vasco(-a) ❑ **Basque Country** *n* Euskadi *m*, País *m* Vasco
bass [beɪs] *n* (*MUS*: *instrument*) bajo; (*: double bass*) contrabajo; (*: singer*) bajo
bassoon [bə'suːn] *n* fagot *m*
bastard ['bæstərd] *n* (*illegitimate child*) bastardo(-a); (*inf!*) hijo(-a) de puta (*!*) *or* (*MEX!*) de la chingada
baste [beɪst] (*US*) *vt* (*stitch*) hilvanar
bat [bæt] *n* (*ZOOL*) murciélago; (*for ball games*) palo; (*BRIT*: *for table tennis*) pala ♦ *vt*: **he didn't ~ an eye** ni pestañeó
batch [bætʃ] *n* (*of bread*) hornada; (*of letters etc*) lote *m*
bated ['beɪtɪd] *adj*: **with ~ breath** sin respirar
bath [bæθ, *pl* bæðz] *n* (*action*) baño; (*bathtub*) tina (*LAm*), bañadera (*RPl*), bañera (*SP*) ♦ *vt* bañar; **to take a ~** bañarse, tomar un baño; *see also* **baths**
bathe [beɪð] *vi* bañarse ♦ *vt* (*wound*) lavar ❑ **bather** (*BRIT*) *n* bañista *mf*
bathing ['beɪðɪŋ] *n* el bañarse ❑ **bathing cap** *n* gorro de baño ❑ **bathing suit** (*US*) (*BRIT* **bathing costume**) *n* traje *m* de baño
bath: ❑ **bathrobe** *n* bata de baño, albornoz *m*, salida de baño (*RPl*) ❑ **bathroom** *n* cuarto de baño ❑ **baths** *npl* (*also*: **swimming baths**) alberca (*MEX*), piscina (*LAm exc MEX, SP*), pileta (*RPl*) ❑ **bath towel** *n* toalla de baño
bathtub ['bæθˌtʌb] (*US*) *n* tina (*LAm*), bañadera (*RPl*), bañera (*SP*)
baton [bə'tɑːn] *n* (*MUS*) batuta; (*ATHLETICS*) testigo; (*weapon*) macana (*MEX*), cachiporra (*LAm*), porra (*SP*)
batter ['bætər] *vt* maltratar; (*rain etc*) azotar ♦ *n* masa (para rebozar) ❑ **battered** *adj* (*hat, pan*) estropeado
battery ['bætərɪ] *n* (*AUT*) batería; (*of torch*) pila
battle ['bætl] *n* batalla; (*fig*) lucha ♦ *vi* luchar ❑ **battleship** *n* acorazado
bawl [bɔːl] *vi* chillar, gritar; (*child*) berrear
bay [beɪ] *n* (*GEO*) bahía; **B~ of Biscay** ≈ mar Cantábrico; **to hold sb at ~** mantener a algn a raya ❑ **bay leaf** *n* hoja de laurel ❑ **bay window** *n* ventana saledíza
bazaar [bə'zɑːr] *n* bazar *m*; (*fete*) *venta con fines benéficos*
B. & B. *n abbr* (= *bed and breakfast*) (*place*) pensión *f*; (*terms*) cama y desayuno
BBC (*BRIT*) *n abbr* (= *British Broadcasting Corporation*) *cadena de radio y televisión estatal británica*
B.C. *adv abbr* (= *before Christ*) a. de C.

be
KEYWORD

[biː] (*pt* **was, were**, *pp* **been**) *aux vb*
1 (*with present participle*: *forming continuous tenses*): **what are you doing?** ¿qué estás haciendo?, ¿qué haces?; **they're coming tomorrow** vienen mañana; **I've been waiting for you for hours** llevo horas esperándote
2 (*with pp*: *forming passives*) ser (*but often replaced by active or reflective constructions*); **to be murdered** ser asesinado; **the box had been opened** habían abierto la caja; **the thief was nowhere to be seen** no se veía al ladrón por ninguna parte
3 (*in tag questions*): **it was fun, wasn't it?** fue divertido, ¿no? *or* ¿verdad?; **he's good-looking, isn't he?** es guapo, ¿no te parece?; **she's back again, is she?** entonces, ¿ha vuelto?
4 (+ *to* + *infin*): **the house is to be sold** (*necessity*) hay que vender la casa; (*future*) van a vender la casa; **he's not to open it** no tiene que abrirlo
♦ *vb* + *complement*
1 (*with n or num complement, but see also* **3, 4, 5** *and impers vb*) ser; **he's a doctor** es médico; **2 and 2 are 4** 2 y 2 son 4
2 (*with adj complement*: *expressing permanent or inherent quality*) ser; (*: expressing state seen as temporary or reversible*) estar; **I'm American** soy americano(-a); **she's tall/pretty** es alta/bonita; **he's young** es joven; **be careful/good/quiet** ten cuidado/pórtate bien/cállate; **I'm tired** estoy cansado(-a); **it's dirty** está sucio(-a)
3 (*of health*) estar; **how are you?** ¿cómo estás?; **he's very sick** está muy enfermo; **I'm better now** ya estoy mejor
4 (*of age*) tener; **how old are you?** ¿cuántos años tienes?; **I'm sixteen (years old)** tengo dieciséis años
5 (*cost*) costar; ser; **how much was the meal?** ¿cuánto fue *or* costó la comida?; **that'll be $5.75, please** son $5.75, por favor; **this shirt is $35** esta camisa cuesta $35
♦ *vi*
1 (*exist, occur etc*) existir, haber; **the best singer that ever was** el mejor cantante que existió jamás; **is there a God?** ¿hay un Dios?, ¿existe Dios?; **be that as it may** sea como sea; **so be it** así sea
2 (*referring to place*) estar; **I won't be here tomorrow** no estaré aquí mañana
3 (*referring to movement*): **where have you been?** ¿dónde has estado?
♦ *impers vb*
1 (*referring to time*): **it's 5 o'clock** son las 5; **it's April 28th** estamos a 28 de abril
2 (*referring to distance*): **it's 10 miles to the village** el pueblo está a 10 millas
3 (*referring to the weather*): **it's too hot/cold** hace demasiado calor/frío; **it's windy today** hace viento hoy
4 (*emphatic*): **it's me** soy yo; **it was Maria who paid the check** fue María la que pagó la cuenta

beach [biːtʃ] *n* playa ♦ *vt* varar
beacon ['biːkən] *n* (*lighthouse*) faro; (*marker*) guía
bead [biːd] *n* cuenta; (*of sweat etc*) gota
beak [biːk] *n* pico
beaker ['biːkər] *n* (*US*: *glass*) vaso; (*BRIT*: *plastic*) vaso (de plástico duro); (*CHEM*) vaso de precipitación
beam [biːm] *n* (*ARCH*) viga, travesaño; (*of light*) rayo, haz *m* de luz ♦ *vi* brillar; (*smile*) sonreír
bean [biːn] *n* frijol *m* (*LAm*), poroto (*SC*), judía (*SP*); **kidney/lima ~** frijol *m* (*LAm*) *or* poroto (*SC*) *or* judía (*SP*)/frijol *m* (*LAm*) *or* poroto (*SC*) blanco *or* judía blanca (*SP*); **coffee ~** grano de café ❑ **bean sprouts** *npl* brotes *mpl* de soja
bear [bɛər] (*pt* **bore**, *pp* **borne**) *n* oso ♦ *vt* (*weight etc*) llevar; (*cost*) pagar; (*responsibility*) tener; (*endure*) soportar, aguantar; (*children*)

parir, tener; (*fruit*) dar ♦ *vi*: **to ~ right/left** torcer a la derecha/izquierda ▶ **bear out** *vt* (*suspicions*) corroborar, confirmar; (*person*) dar la razón a ▶ **bear up** *vi* (*remain cheerful*) mantenerse animado

beard [bɪərd] *n* barba ❑ **bearded** *adj* con barba, barbudo

bearer ['bɛərər] *n* portador(a) *m/f*

bearing ['bɛərɪŋ] *n* porte *m*, comportamiento; (*connection*) relación *f*; **~s** *npl* (*also*: **ball ~s**) cojinetes *mpl* a bolas; **to take a ~** tomar marcaciones; **to find one's ~s** orientarse

beast [bi:st] *n* bestia; (*inf*) bruto, salvaje *m* ❑ **beastly** (*inf*) *adj* horrible

beat [bi:t] (*pt* **~**, *pp* **~en**) *n* (*of heart*) latido; (*MUS*) ritmo, compás *m*; (*of policeman*) ronda ♦ *vt* pegar, golpear; (*eggs*) batir; (*defeat*: *opponent*) vencer, derrotar; (: *record*) sobrepasar ♦ *vi* (*heart*) latir; (*drum*) redoblar; (*rain, wind*) azotar; **off the ~en track** aislado; **to ~ it** (*inf*) largarse ▶ **beat off** *vt* rechazar ▶ **beat up** *vt* (*attack*) dar una paliza a ❑ **beating** *n* paliza

beautiful ['bju:tɪful] *adj* precioso, hermoso, bello ❑ **beautifully** *adv* maravillosamente

beauty ['bju:ti] *n* belleza ❑ **beauty salon** *n* salón *m* de belleza ❑ **beauty spot** *n* (*TOURISM*) lugar *m* pintoresco

beaver ['bi:vər] *n* castor *m*

became [bɪ'keɪm] *pt of* **become**

because [bɪ'kɑ:z] *conj* porque; **~ of** debido a, a causa de

beckon ['bɛkən] *vt* (*also*: **~ to**) llamar con señas

become [bɪ'kʌm] *irreg vt* (*suit*) favorecer, sentar bien a ♦ *vi* (+ *n*) hacerse, llegar a ser; (+ *adj*) ponerse, volverse; **to ~ fat** engordar

becoming [bɪ'kʌmɪŋ] *adj* (*behavior*) decoroso; (*clothes*) favorecedor(a)

bed [bɛd] *n* cama; (*of flowers*) macizo; (*of coal, clay*) capa; (*of river*) lecho; (*of sea*) fondo; **to go to ~** acostarse ❑ **bed and breakfast** *n* (*place*) pensión *f*; (*terms*) cama y desayuno ❑ **bedclothes** *npl* ropa de cama ❑ **bedding** *n* ropa de cama

bedraggled [bɪ'drægəld] *adj* (*untidy*: *person*) desastrado; (*clothes, hair*) desordenado

bed: ❑ **bedridden** *adj* postrado (en cama) ❑ **bedroom** *n* dormitorio, recámara (*MEX*), pieza (*SC*) ❑ **bedside** *n*: **at the bedside of** a la cabecera de ❑ **bedsit(ter)** (*BRIT*) *n* cuarto de alquiler ❑ **bedspread** *n* cubrecama *m*, colcha ❑ **bedtime** *n* hora de acostarse

bee [bi:] *n* abeja

beech [bi:tʃ] *n* haya

beef [bi:f] *n* carne *f* de vaca; **roast ~** rosbif *m* ❑ **beefburger** *n* hamburguesa ❑ **Beefeater** (*BRIT*) *n alabardero de la Torre de Londres*

beehive ['bi:haɪv] *n* colmena

beeline ['bi:laɪn] *n*: **to make a ~ for** ir derecho a

been [bɪn] *pp of* **be**

beep ['bi:p] *n* pitido; (*on answering machine*) señal *f* ♦ *vi* sonar

beeper ['bi:pər] *n* bíper *m* (*LAm*), busca *m* (*SP*)

beer [bɪər] *n* cerveza

beet [bi:t] (*US*) *n* (*also*: **red ~**) betabel *m* (*MEX*), remolacha (*LAm exc MEX, SP*)

beetle ['bi:tl] *n* escarabajo

beetroot ['bi:tru:t] (*BRIT*) *n* betabel *m* (*MEX*), remolacha (*LAm exc MEX, SP*)

before [bɪ'fɔ:r] *prep* (*of time*) antes de; (*of space*) delante de ♦ *conj* antes (de) que ♦ *adv* antes, anteriormente; delante, adelante; **~ going** antes de marcharse; **~ she goes** antes de que se vaya; **the week ~** la semana anterior; **I've never seen it ~** no lo he visto nunca ❑ **beforehand** *adv* de antemano, con anticipación

beg [bɛg] *vi* pedir limosna ♦ *vt* pedir, rogar; (*entreat*) suplicar; **to ~ sb to do sth** rogar a algn que haga algo; *see also* **pardon**

began [bɪ'gæn] *pt of* **begin**

beggar ['bɛgər] *n* mendigo(-a)

begin [bɪ'gɪn] (*pt* **began**, *pp* **begun**) *vt, vi* empezar, comenzar; **to ~ doing** *or* **to do sth** empezar a hacer algo ❑ **beginner** *n* principiante *mf* ❑ **beginning** *n* principio, comienzo

begun [bɪ'gʌn] *pp of* **begin**

behalf [bɪ'hæf] *n*: **on ~ of** en nombre de, por; (*for benefit of*) en beneficio de; **on my/his ~** por mí/él

behave [bɪ'heɪv] *vi* (*person*) portarse, comportarse; (*well*: *also*: **~ o.s.**) portarse bien ❑ **behavior** (*US*) (*BRIT* **behaviour**) *n* comportamiento, conducta

behind [bɪ'haɪnd] *prep* detrás de; (*supporting*): **to be ~ sb** apoyar a algn ♦ *adv* detrás, por detrás, atrás ♦ *n* trasero; **to be ~ (schedule)** ir retrasado; **~ the scenes** (*fig*) entre bastidores

behold [bɪ'hould] *irreg vt* contemplar

beige [beɪʒ] *adj* color beige

Beijing ['beɪ'dʒɪŋ] *n* Pekín *m*

being ['bi:ɪŋ] *n* ser *m*; (*existence*): **in ~** existente; **to come into ~** aparecer

Beirut [beɪ'ru:t] *n* Beirut *m*

Belarus [bɛlə'ru:s] *n* Bielorrusia

belated [bɪ'leɪtɪd] *adj* atrasado, tardío

belch [bɛltʃ] *vi* eructar ♦ *vt* (*gen*: *belch out*: *smoke etc*) arrojar

Belgian ['bɛldʒən] *adj, n* belga *mf*

Belgium ['bɛldʒəm] *n* Bélgica

belief [bɪ'li:f] *n* opinión *f*; (*faith*) fe *f*

believe [bɪ'li:v] *vt, vi* creer; **to ~ in** creer en ❑ **believer** *n* partidario(-a); (*REL*) creyente *mf*, fiel *mf*

belittle [bɪ'lɪtl] *vt* quitar importancia a

bell [bɛl] *n* campana; (*small*) campanilla; (*on door*) timbre *m*

bellhop ['bɛl,hɑ:p] (*US*) *n* botones *m inv*

belligerent [bɪ'lɪdʒərənt] *adj* agresivo

bellow ['bɛlou] *vi* bramar; (*person*) rugir

belly ['bɛli] *n* barriga, panza

belong [bɪ'lɔ:ŋ] *vi*: **to ~ to** pertenecer a; (*club etc*) ser socio de; **this book ~s here** este libro va aquí ❑ **belongings** *npl* pertenencias *fpl*

beloved [bɪ'lʌvɪd] *adj* querido

below [bɪ'lou] *prep* bajo, debajo de; (*less than*) inferior a ♦ *adv* abajo, (por) debajo; **see ~** véase más abajo

belt [bɛlt] *n* cinturón *m*; (*TECH*) correa, cinta ♦ *vt* (*thrash*) pegar con correa ❑ **beltway** (*US*) *n* (*AUT*) libramiento (*MEX*), carretera de circunvalación (*LAm exc MEX, SP*)

bench [bɛntʃ] *n* banco; **the B~** (*LAW*: *judges*) magistratura; **the Government/Opposition ~es** (*BRIT POL*) (los asientos de) los miembros del Gobierno/de la Oposición

bend [bɛnd] (*pt, pp* **bent**) *vt* doblar ♦ *vi* inclinarse ♦ *n* (*in road, river*) curva; (*in pipe*) codo ▶ **bend down** *vi* inclinarse, doblarse ▶ **bend over** *vi* inclinarse

beneath [bɪ'ni:θ] *prep* bajo, debajo de; (*unworthy*) indigno de ♦ *adv* abajo, (por) debajo

benefactor ['bɛnɪfæktər] *n* bienhechor *m*

beneficial [bɛnɪ'fɪʃəl] *adj* beneficioso

benefit ['bɛnɪfɪt] *n* beneficio; (*allowance of money*) subsidio ♦ *vt* beneficiar ♦ *vi*: **he'll ~ from it** le sacará provecho

benevolent [bɪ'nɛvələnt] *adj* (*person*) benévolo

benign [bɪ'naɪn] *adj* benigno; (*smile*) afable

bent [bɛnt] *pt, pp of* **bend** ♦ *n* inclinación *f* ♦ *adj*: **to be ~ on** estar empeñado en

bequest [bɪ'kwɛst] *n* legado

bereaved [bɪ'ri:vd] *npl*: **the ~** *los íntimos de una persona afligidos por su muerte*

beret [bə'reɪ] *n* boina

Berlin [bər'lɪn] *n* Berlín

berm [bɜ:rm] (*US*) *n* (*AUT*) arcén *m*, acotamiento (*MEX*), banquina (*RPl*)

Bermuda [bər'mju:də] *n* las Bermudas

berry ['bɛri] *n* baya

berserk [bər'sɜ:rk] *adj*: **to go ~** perder los estribos

berth [bɜ:rθ] *n* (*bed*) litera; (*cabin*) camarote *m*; (*for ship*) amarradero ♦ *vi* atracar, amarrar

beseech [bɪ'si:tʃ] (*pt, pp* **besought**) *vt* suplicar

beset [bɪ'sɛt] (*pt, pp* **~**) *vt* (*person*) acosar

beside [bɪ'saɪd] *prep* junto a, al lado de; **to be ~ o.s. with anger** estar fuera de sí ❑ **besides** *adv* además ♦ *prep* además de; **that's besides the point** eso no tiene nada que ver

besiege [bɪ'si:dʒ] *vt* sitiar; (*fig*) asediar

besought [bɪ'sɔ:t] *pp, pt of* **beseech**

best [bɛst] *adj* (el/la) mejor ♦ *adv* (lo) mejor; **the ~ part of** (*quantity*) la mayor parte de; **at ~** en el mejor de los casos; **to make the ~ of sth** sacar el mejor partido de algo; **to do one's ~** hacer todo lo posible; **to the ~ of my knowledge** que yo sepa; **to the ~ of my ability** como mejor puedo ❑ **best-before date** *n* fecha de consumo preferente ❑ **best man** *n* padrino de boda

bestow [bɪ'stou] *vt* (*title*) otorgar

bestseller ['bɛst'sɛlər] *n* éxito de librería, bestseller *m*

bet [bɛt] (*pt, pp* **~** *or* **~ted**) *n* apuesta ♦ *vi* apostar ♦ *vt*: **to ~ money on** apostar dinero por; **to ~ sb sth** apostar algo a algn

betray [bɪ'treɪ] *vt* traicionar; (*trust*) faltar a ❑ **betrayal** *n* traición *f*

better ['bɛtər] *adj, adv* mejor ♦ *vt* superar ♦ *n*: **to get the ~ of sb** quedar por encima de algn; **you had ~ do it** más vale que lo hagas; **he thought ~ of it** cambió de parecer; **to get ~** (*MED*) mejorar(se) ❑ **better off** *adj* mejor; (*wealthier*) más acomodado

betting ['bɛtɪŋ] *n* juego, el apostar ❑ **betting shop** (*BRIT*) *n* agencia de apuestas

between [bɪ'twi:n] *prep* entre ♦ *adv* (*time*) mientras tanto; (*place*) en medio

beverage ['bɛvərɪdʒ] *n* bebida

beware [bɪ'wɛər] *vi*: **to ~ (of)** tener cuidado (con); **"~ of the dog"** "cuidado con el perro"

bewildered [bɪ'wɪldərd] *adj* aturdido, perplejo

beyond [bi'ɑ:nd] *prep* más allá de; (*past*: *understanding*) fuera de; (*after*: *date*) después de, más allá de; (*above*) superior a ♦ *adv* (*in space*) más allá; (*in time*) posteriormente; **~ doubt** fuera de toda duda; **~ repair** irreparable

bias ['baɪəs] *n* (*prejudice*) prejuicio, pasión *f*; (*preference*) predisposición *f* ❑ **bias(s)ed** *adj* parcial

bib [bɪb] *n* babero

Bible ['baɪbəl] *n* Biblia

Bible Belt (*US*) *n*: **the ~** *los estados ultraprotestantes de EE.UU.*

> **BIBLE BELT**
>
> El cinturón bíblico o **Bible Belt** corresponde a una división geográfica y cultural de EE.UU. y es un término creado en el siglo XX por el conocido polemista antirreligioso H. L. Mencken para referirse a los fundamentalistas religiosos del mediooeste rural y que incluía también a casi todas las ciudades del sur del país. Cuando se acuñó, el término pareció ofensivo a los habitantes del sur de Estados Unidos, pero más tarde lo adoptaron como seña de identidad de su propio sentimiento religioso.

bicarbonate of soda [baɪ'kɑ:rbənɪtəv-'soudə] (*BRIT*) *n* bicarbonato sódico

bicker ['bɪkər] *vi* pelearse

bicycle ['baɪsɪkəl] *n* bicicleta ❑ **bicycle lane** *n* carril-bici *m* ❑ **bicycle path** *n* carril-bici *m*

bid [bɪd] (*pt* **bade** *or* **bid**, *pp* **bidden** *or* **bid**) *n* oferta, postura; (*in tender*) licitación *f*; (*attempt*) tentativa, conato ♦ *vi* hacer una oferta ♦ *vt* (*offer*) ofrecer; **to ~ sb good day** dar a algn los buenos días ❑ **bidder** *n*: **the highest bidder** el mejor postor ❑ **bidding** *n* (*at auction*) ofertas *fpl*

bide [baɪd] *vt*: **to ~ one's time** esperar el momento adecuado

bifocals ['baɪ,foukəlz] *npl* lentes *mpl* (*LAm*) *or* anteojos *mpl* (*LAm*) *or* gafas *fpl* (*SP*) bifocales

big [bɪg] *adj* grande; (*brother, sister*) mayor

bigheaded ['bɪg'hedɪd] *adj* engreído

bigot ['bɪgət] *n* fanático(-a), intolerante *mf* ❑ **bigoted** *adj* fanático, intolerante ❑ **bigotry** *n* fanatismo, intolerancia

big top *n* (*at circus*) carpa

bike [baɪk] *n* bici *f* ❑ **bike lane** *n* carril *m* de bicicleta, carril *m* bici ❑ **bikeway** (*US*) *n* ruta para ciclistas

bikini [bɪ'ki:ni] *n* bikini *m*

bilingual [baɪ'lɪŋgwəl] *adj* bilingüe

bill [bɪl] *n* (*invoice*) factura; (*POL*) proyecto de ley; (*US*: *banknote*) billete *m*; (*of bird*) pico; (*of show*) programa *m*; (*BRIT*: *restaurant*) cuenta; **"post no ~s"** "prohibido fijar carteles"; **to fit** *or* **fill the ~** (*fig*) cumplir con los requisitos ❑ **billboard** (*US*) *n* cartelera

billet ['bɪlɪt] *n* alojamiento

billfold ['bɪl,fould] (*US*) *n* cartera

billiards ['bɪljərdz] *n* billar *m*

billion ['bɪljən] *n* (*US*) mil millones *mpl*; (*BRIT*) billón *m* (*millón de millones*)

Bill of Rights *n conjunto de las diez enmiendas originales a la Constitución de EE.UU.*

> **BILL OF RIGHTS**
>
> El **Bill of Rights** es un apéndice añadido en 1791 a la Constitución de EE.UU. que incluye una serie de enmiendas para garantizar algunos de los derechos individuales de todos los ciudadanos estadounidenses. La primera enmienda se refiere a la libre elección de la religión, a la libertad de palabra, de prensa, y al derecho de reunión, y la segunda enmienda protege el derecho de los ciudadanos a llevar armas.

billy ['bɪli] (*US*) *n* (*also*: **~ club**) porra

bimbo ['bɪmbou] (*inf*) *n muchacha guapa pero tonta*

bimonthly ['baɪ'mʌnθli] (*US*) *adj* de cada quince días, quincenal ♦ *adv* cada quince días, quincenalmente

bin [bɪn] *n* (*container*) recipiente *m*; (*BRIT*: *for garbage*) cubo *or* bote *m* (*MEX*) *or* tacho (*SC*) de la basura

bind [baɪnd] (*pt, pp* **bound**) *vt* atar; (*book*) encuadernar; (*oblige*) obligar ♦ *n* (*inf*: *nuisance*) lata ❑ **binding** *adj* (*contract*) obligatorio

binge [bɪndʒ] (*inf*) *n*: **to go on a ~** ir de farra (*LAm*) *or* juerga (*SP*)

bingo ['bɪŋgou] *n* bingo *m*

binoculars [bə'nɑ:kjələrz] *npl* binoculares *mpl*, prismáticos *mpl*

bio... [baɪou] *prefix*: ❑ **biochemistry** *n* bioquímica ❑ **biodegradable** [,baɪoudɪ'greɪdəbəl] *adj* biodegradable ❑ **biography** [baɪ'ɑ:grəfi] *n* biografía ❑ **biological** *adj* biológico ❑ **biology** [baɪ'ɑ:lədʒi] *n* biología ❑ **bioterrorism** *n* bioterrorismo

birch [bɜ:rtʃ] *n* (*tree*) abedul *m*

bird [bɜ:rd] *n* ave *f*, pájaro; (*BRIT*: *inf*: *girl*) chica ❑ **bird's eye view** *n* (*aerial view*) vista aérea *or* a vuelo de pájaro; (*overview*) visión *f* de conjunto ❑ **bird watcher** *n* ornitólogo(-a)

Biro® ['baɪrou] (*BRIT*) *n* bolígrafo, birome *f* (*RPl*)

birth [bɜ:rθ] *n* nacimiento; **to give ~ to** parir, dar a luz ❑ **birth certificate** *n* acta (*MEX*) *or* certificado (*LAm exc MEX*) de nacimiento ❑ **birth control** *n* (*policy*) control *m* de natalidad; (*methods*) métodos *mpl* anticonceptivos ❑ **birthday** *n* cumpleaños *m inv* ♦ *cpd* (*cake, card etc*) de cumpleaños ❑ **birthplace** *n* lugar *m* de nacimiento ❑ **birth rate** *n* (tasa de) natalidad *f*

biscuit ['bɪskɪt] *n* (*US*: *cake*) bollo, scone *m* (*MEX, SC*); (*BRIT*: *cookie*) galleta

bisect [baɪ'sɛkt] *vt* bisecar

bishop ['bɪʃəp] *n* obispo; (*CHESS*) alfil *m*

bit [bɪt] *pt of* **bite** ♦ *n* trozo, pedazo, pedacito; (*COMPUT*) bit *m*, bitio; (*for horse*) freno, bocado; **a ~ of** un poco de; **a ~ mad** un poco loco; **~ by ~** poco a poco

bitch [bɪtʃ] *n* perra; (*inf!*: *woman*) puta (*!*)

bite [baɪt] (*pt* **bit**, *pp* **bitten**) *vt, vi* morder; (*insect etc*) picar ♦ *n* (*insect bite*) picadura, piquete *m* (*MEX*); (*mouthful*) bocado; **to ~ one's nails** comerse las uñas; **let's have a ~ (to eat)** (*inf*) vamos a comer algo

bitter ['bɪtər] *adj* amargo; (*wind*) cortante, penetrante; (*battle*) encarnizado ♦ *n* (*BRIT*: *beer*) *cerveza típica británica a base de lúpulos* ❑ **bitterness** *n* lo amargo, amargura; (*anger*) rencor *m*

bizarre [bɪ'zɑ:r] *adj* raro, extraño

black [blæk] *adj* negro; (*tea, coffee*) solo ♦ *n* color *m* negro; (*person*): **B~** negro(-a) ♦ *vt* (*BRIT INDUSTRY*) boicotear; **to give sb a ~ eye** ponerle a algn el ojo morado; **~ and blue** (*bruised*) amoratado; **to be in the ~** (*bank account*) estar en números negros ❑ **blackberry** *n* zarzamora ❑ **blackbird** *n* mirlo ❑ **blackboard** *n* pizarrón *m* (*LAm*), pizarra (*SP*) ❑ **black coffee** *n* café *m* negro (*LAm*) *or* solo (*SP*) ❑ **blackcurrant** *n* grosella negra ❑ **blacken** *vt* (*fig*) desacreditar ❑ **black ice** *n* hielo invisible en la carretera ❑ **blackleg** (*BRIT*) *n* rompehuelgas *m inv* (*LAm*), carnero (*RPl*) ❑ **blacklist** *n* lista negra ❑ **blackmail** *n* chantaje *m* ♦ *vt* chantajear ❑ **black market** *n* mercado negro ❑ **blackout** *n* (*MIL*) oscurecimiento; (*power cut*) apagón *m*; (*TV, RADIO*) interrupción *f* de programas; (*fainting*) desvanecimiento ❑ **Black Sea** *n*: **the Black Sea** el Mar Negro ❑ **black sheep** *n* (*fig*) oveja negra ❑ **blacksmith** *n* herrero ❑ **black spot** *n* (*BRIT AUT*) lugar *m* peligroso; (*for unemployment etc*) punto negro

blacktop ['blæk,tɑ:p] (*US*) *n* asfalto *m*

bladder ['blædər] *n* vejiga

blade [bleɪd] *n* hoja; (*of propeller*) paleta; **a ~ of grass** una brizna de hierba

blame [bleɪm] *n* culpa ♦ *vt*: **to ~ sb for sth** echar a algn la culpa de algo; **to be to ~ (for)** tener la culpa (de)

bland [blænd] *adj* (*music, taste*) soso

blank [blæŋk] *adj* en blanco; (*look*) sin expresión ♦ *n* (*of memory*): **my mind is a ~** no puedo recordar nada; (*on form*) blanco, espacio en blanco; (*cartridge*) cartucho sin bala *or* de fogueo ❑ **blank check** *n* cheque *m* en blanco

blanket ['blæŋkɪt] *n* cobija (*LAm*), manta (*SP*); (*of snow*) capa; (*of fog*) manto

blare [blɛər] *vi* sonar estrepitosamente

blasé [blɑ:'zeɪ] *adj* hastiado

blast [blæst] *n* (*of wind*) ráfaga, soplo; (*of explosive*) explosión *f* ♦ *vt* (*blow up*) volar ❑ **blast-off** *n* (*SPACE*) lanzamiento

blatant ['bleɪtnt] *adj* descarado

blaze [bleɪz] *n* (*fire*) fuego; (*fig*: *of color*) despliegue *m*; (: *of glory*) esplendor *m* ♦ *vi* arder en llamas; (*fig*) brillar ♦ *vt*: **to ~ a trail** (*fig*) abrir (un) camino; **in a ~ of publicity** con gran publicidad

blazer ['bleɪzər] *n chaqueta de uniforme de colegial o de socio de club*

bleach [bli:tʃ] *n* (*also*: **household ~**) cloro (*MEX, CAm*), lejía (*LAm exc MEX, SP*) ♦ *vt* blanquear ❑ **bleached** *adj* (*hair*) teñido (de rubio) ❑ **bleachers** (*US*) *npl* (*SPORT*) gradas *fpl* al sol

bleak [bli:k] *adj* (*countryside*) desierto; (*prospect*) poco prometedor(a); (*weather*) crudo; (*smile*) triste

bleat [bli:t] *vi* balar

bleed [bli:d] (*pt, pp* **bled**) *vt, vi* sangrar; **my nose is ~ing** me está sangrando la nariz

bleeper ['bli:pər] *n* bíper *m* (*LAm*), busca *m* (*SP*)

blemish ['blɛmɪʃ] *n* marca, mancha; (*on reputation*) tacha

blend [blɛnd] *n* mezcla ♦ *vt* mezclar; (*colors etc*) combinar, mezclar ♦ *vi* (*colors etc*: *also*: **~ in**) combinarse, mezclarse

blender ['blɛndər] *n* (*CULIN*) licuadora

bless [blɛs] (*pt, pp* **~ed** *or* **blest**) *vt* bendecir; **~ you!** (*after sneeze*) ¡salud! (*LAm*), ¡Jesús! (*SP*) ❑ **blessing** *n* (*approval*) aprobación *f*; (*godsend*) don *m* del cielo, bendición *f*; (*advantage*) beneficio, ventaja

blew [blu:] *pt of* **blow**

blind [blaɪnd] *adj* ciego; (*fig*): **~ (to)** ciego (a) ♦ *n* (*for window*) persiana ♦ *vt* cegar; (*dazzle*) deslumbrar; (*deceive*): **to ~ sb to ...** cegar a algn a ... ♦ *npl*: **the ~** los ciegos ❑ **blind alley** *n* callejón *m* sin salida ❑ **blind corner** (*BRIT*) *n* esquina escondida ❑ **blindfold** *n* venda ♦ *adv* con los ojos vendados ♦ *vt* vendar los ojos a ❑ **blindly** *adv* a ciegas, ciegamente ❑ **blindness** *n* ceguera ❑ **blind spot** *n* (*AUT*) ángulo ciego

blink [blɪŋk] *vi* parpadear, pestañear; (*light*) oscilar ❑ **blinkers** (*US*) *npl* direccional *f* (*MEX*), intermitente *m* (*LAm exc MEX, SP*)

bliss [blɪs] *n* felicidad *f*

blister [ˈblɪstər] *n* ampolla ♦ *vi* (*paint*) ampollarse

blizzard [ˈblɪzərd] *n* ventisca

bloated [ˈbloutɪd] *adj* hinchado; (*person: full*) ahíto

blob [blɑːb] *n* (*drop*) gota; (*indistinct object*) bulto

bloc [blɑːk] *n* (*POL*) bloque *m*

block [blɑːk] *n* bloque *m*; (*in pipes*) obstáculo; (*of buildings*) cuadra (*LAm*), manzana (*SP*) ♦ *vt* obstruir, cerrar; (*progress*) estorbar; **~ of flats** (*BRIT*) bloque *m* de departamentos (*LAm*) *or* pisos (*SP*); **mental ~** bloqueo mental ❑ **blockade** [blɑːˈkeɪd] *n* bloqueo ♦ *vt* bloquear ❑ **blockage** *n* estorbo, obstrucción *f* ❑ **blockbuster** *n* (*book*) bestseller *m*; (*movie*) éxito de público ❑ **block letters** *npl* letras *fpl* de molde ❑ **block party** (*US*) *n fiesta de barrio*

BLOCK PARTY

Un **block** designa, en EE.UU., el área comprendida entre varias calles de una ciudad o de una zona residencial. De ahí que un **block party** sea una especie de fiesta de barrio realizada colectivamente por todos los habitantes de una zona. Este tipo de fiestas callejeras se suelen celebrar durante el día en los meses de verano y suelen incluir la degustación de diversos platos sencillos colocados a lo largo de una mesa grande.

bloke [blouk] (*BRIT: inf*) *n* tipo

blond(e) [blɑːnd] *adj, n* rubio(-a)

blood [blʌd] *n* sangre *f* ❑ **blood donor** *n* donante *mf* de sangre ❑ **blood group** *n* grupo sanguíneo ❑ **bloodhound** *n* sabueso ❑ **blood poisoning** *n* septicemia, envenenamiento de la sangre ❑ **blood pressure** *n* presión *f* sanguínea ❑ **bloodshed** *n* derramamiento de sangre ❑ **bloodshot** *adj* inyectado en sangre ❑ **bloodstream** *n* corriente *f* sanguínea ❑ **blood test** *n* análisis *m inv* de sangre ❑ **bloodthirsty** *adj* sanguinario ❑ **blood vessel** *n* vaso sanguíneo ❑ **bloody** *adj* sangriento; (*nose etc*) lleno de sangre; (*BRIT: inf!*): **this bloody...** este condenado *o* puñetero ... (*!*) ♦ *adv*: **bloody strong/good** (*BRIT: inf!*) terriblemente fuerte/bueno ❑ **bloody-minded** (*BRIT: inf*) *adj* (*stubborn*) terco, empecinado; (*awkward*) atravesado, difícil

bloom [bluːm] *n* flor *f* ♦ *vi* florecer

blossom [ˈblɑːsəm] *n* flor *f* ♦ *vi* florecer

blot [blɑːt] *n* borrón *m*; (*fig*) mancha ♦ *vt* (*stain*) manchar ▶ **blot out** *vt* (*view*) tapar

blotchy [ˈblɑːtʃi] *adj* (*complexion*) lleno de manchas

blotting paper [ˈblɑːtɪŋˌpeɪpər] *n* papel *m* secante

blouse [blaus] *n* blusa

blow [blou] (*pt* **blew**, *pp* **blown**) *n* golpe *m*; (*with sword*) espadazo ♦ *vi* soplar; (*dust, sand etc*) volar; (*fuse*) fundirse ♦ *vt* (*wind*) llevarse; (*fuse*) quemar; (*instrument*) tocar; **to ~ one's nose** sonarse ▶ **blow away** *vt* llevarse, arrancar ▶ **blow down** *vt* derribar ▶ **blow off** *vt* arrebatar ▶ **blow out** *vi* apagarse ▶ **blow over** *vi* amainar ▶ **blow up** *vi* estallar ♦ *vt* volar; (*tire*) inflar; (*PHOT*) ampliar ❑ **blow-dry** *n* moldeado (con secador) ❑ **blowlamp** (*BRIT*) *n* = **blowtorch** ❑ **blow-out** *n* (*of tire*) ponchadura (*MEX*), reventón *m* (*LAm exc MEX, SP*); (*inf*) comilona (*inf*); fiestón *m* (*inf*) ❑ **blowtorch** *n* soplete *m*, lámpara de soldar

blue [bluː] *adj* azul; (*depressed*) deprimido; **~ movie/joke** película/chiste *m* verde; **out of the ~** (*fig*) de repente ❑ **bluebell** *n* campanilla, campánula azul ❑ **bluebottle** *n* moscarda, mosca azul ❑ **blueprint** *n* (*fig*) anteproyecto

bluff [blʌf] *vi* blofear (*MEX*), hacer un bluff (*LAm exc MEX*), farolear (*SC*) ♦ *n* blof *m* (*MEX*), bluff *m* (*LAm exc MEX*); **to call sb's ~** quitar (*LAm*) *or* coger (*SP*) a algn la palabra

blunder [ˈblʌndər] *n* patinazo, metedura de pata ♦ *vi* cometer un error, meter la pata

blunt [blʌnt] *adj* (*pencil*) despuntado; (*knife*) desafilado, romo; (*person*) franco, directo

blur [blɜːr] *n* (*shape*): **to become a ~** hacerse borroso ♦ *vt* (*vision*) enturbiar; (*distinction*) borrar

blush [blʌʃ] *vi* ruborizarse, ponerse colorado ♦ *n* rubor *m*

blustery [ˈblʌstəri] *adj* (*weather*) tempestuoso, tormentoso

boar [bɔːr] *n* cerdo (macho)

board [bɔːrd] *n* (*cardboard*) cartón *m*; (*wooden*) tabla, tablero; (*on wall*) tablón *m*; (*for chess etc*) tablero; (*committee*) junta, consejo; (*in firm*) mesa *or* junta directiva; (*NAUT, AVIAT*): **on ~** a bordo ♦ *vt* (*ship*) embarcarse en; (*train*) subir a; **full ~** pensión completa; **half ~** media pensión; **to go by the ~** (*fig*) ser abandonado *or* olvidado ▶ **board up** *vt* (*door*) tapiar ❑ **board and lodging** *n* casa y comida ❑ **boarder** (*BRIT*) *n* (*SCOL*) interno(-a) ❑ **boarding card** (*BRIT*) *n* = **boarding pass** ❑ **boarding house** *n* casa de huéspedes ❑ **boarding pass** (*US*) *n* tarjeta de embarque ❑ **boarding school** *n* internado ❑ **boardroom** *n* sala de juntas ❑ **boardwalk** (*US*) *n* paseo marítimo entablado

boast [boust] *vi*: **to ~ (about** *or* **of)** alardear (de)

boat [bout] *n* barco, buque *m*; (*small*) barca, bote *m*

boatswain [ˈbousən] *n* contramaestre *m*

bob [bɑːb] *vi* (*also*: **~ up and down**) menearse, balancearse ▶ **bob up** *vi* (re)aparecer de repente

bobby [ˈbɑːbi] (*BRIT: inf*) *n* poli *m*

bobby pin (*US*) *n* horquilla

bobsled (*US*) [ˈbɑːbsled] (*BRIT* **bobsleigh**) *n* bob *m*

bode [boud] *vi*: **to ~ well/ill (for)** ser prometedor/poco prometedor (para)

bodily [ˈbɑːdli] *adj* corporal ♦ *adv* (*move: person*) en peso

body [ˈbɑːdi] *n* cuerpo; (*corpse*) cadáver *m*; (*of car*) caja, carrocería; (*fig: group*) grupo; (: *organization*) organismo ❑ **body-building** *n* culturismo ❑ **bodyguard** *n* guardaespaldas *m inv* ❑ **bodywork** *n* carrocería

bog [bɑːg] *n* pantano, ciénaga ♦ *vt*: **to get ~ged down** (*fig*) empantanarse, atascarse

bogus [ˈbougəs] *adj* falso, fraudulento

boil [bɔɪl] *vt* (*water*) hervir; (*eggs*) pasar por agua, cocer ♦ *vi* hervir; (*fig: with anger*) estar furioso; (: *with heat*) asfixiarse ♦ *n* (*MED*) furúnculo, divieso; **to come to a** (*US*) *or* **the** (*BRIT*) **~** comenzar a hervir; **to ~ down to** (*fig*) reducirse a ▶ **boil over** *vi* salirse, rebosar; (*anger etc*) llegar al colmo ❑ **boiled egg** *n* (*soft*) huevo tibio (*MEX*) *or* pasado por agua (*LAm exc MEX, SP*) *or* a la copa (*SC*); (*hard*) huevo duro ❑ **boiled potatoes** *npl* papas *fpl* (*LAm*) *or* patatas *fpl* (*SP*) cocidas *or* hervidas ❑ **boiler** *n* caldera, bóiler *m* (*MEX*), calefón *m* (*RPl*) ❑ **boiler suit** (*BRIT*) *n* overol *m* (*LAm*) *or* mono (*SP*) (de trabajo) ❑ **boiling point** *n* punto de ebullición

boisterous [ˈbɔɪstərəs] *adj* (*noisy*) bullicioso; (*excitable*) exuberante; (*crowd*) tumultuoso

bold [bould] *adj* valiente, audaz; (*pej*) descarado; (*color*) llamativo

Bolivia [bəˈlɪviə] *n* Bolivia ❑ **Bolivian** *adj, n* boliviano(-a)

bollard [ˈbɑːlərd] (*BRIT*) *n* (*AUT*) poste *m*

bolt [boult] *n* (*lock*) cerrojo; (*with nut*) perno, tornillo ♦ *adv*: **~ upright** rígido, erguido ♦ *vt* (*door*) echar el cerrojo a; (*also*: **~ together**) sujetar con tornillos; (*food*) engullir ♦ *vi* fugarse; (*horse*) desbocarse

bomb [bɑːm] *n* bomba ♦ *vt* bombardear ❑ **bomb disposal** *n* desmontaje *m* de explosivos ❑ **bomber** *n* (*AVIAT*) bombardero ❑ **bombshell** *n* (*fig*) bomba

bond [bɑːnd] *n* (*promise*) fianza; (*FINANCE*) bono; (*link*) vínculo, lazo; (*COMM*): **in ~** en depósito bajo fianza

bondage [ˈbɑːndɪdʒ] *n* esclavitud *f*

bone [boun] *n* hueso; (*of fish*) espina ♦ *vt* deshuesar; quitar las espinas a ❑ **bone idle** *adj* gandul ❑ **bone marrow** *n* médula

bonfire [ˈbɑːnˌfaɪər] *n* hoguera, fogata

bonnet [ˈbɑːnɪt] *n* gorra; (*BRIT: of car*) capó *m*

bonus [ˈbounəs] *n* (*payment*) paga extraordinaria, plus *m*; (*fig*) bendición *f*

bony [ˈbouni] *adj* (*arm, face*) huesudo; (*MED: tissue*) óseo; (*meat*) lleno de huesos; (*fish*) lleno de espinas

boo [buː] *excl* ¡uh! ♦ *vt* abuchear, rechiflar

booby trap [ˈbuːbiˌtræp] *n* trampa explosiva

book [buk] *n* libro; (*of tickets*) talonario; (*of stamps etc*) librito ♦ *vt* (*ticket*) sacar; (*seat, room*) reservar; **~s** *npl* (*COMM*) cuentas *fpl*, contabilidad *f* ❑ **bookcase** *n* librero (*MEX*), biblioteca (*LAm*), librería (*SP*) ❑ **bookie** *n* = **bookmaker** ❑ **booking office** *n* (*BRIT RAIL*) mostrador *m* de boletos (*LAm*) *or* billetes (*SP*); (*THEATER*) boletería (*LAm*), taquilla (*SP*) ❑ **book-keeping** *n* contabilidad *f* ❑ **booklet** *n* folleto ❑ **bookmaker** *n* corredor *m* de apuestas ❑ **bookseller** *n* librero ❑ **bookshelf** *n* estante *m* para libros ❑ **book store** (*US*) (*BRIT* **bookshop**) *n* librería

boom [buːm] *n* (*noise*) trueno, estampido; (*in prices etc*) alza rápida; (*ECON, in population*) boom *m* ♦ *vi* (*cannon*) hacer gran estruendo, retumbar; (*ECON*) estar en alza ❑ **boom box** (*US*) *n* radiocasete *m* portátil

boon [buːn] *n* favor *m*, beneficio

boost [buːst] *n* estímulo, empuje *m* ♦ *vt* estimular, empujar ❑ **booster** *n* (*MED*) reinyección *f*

boot [buːt] *n* bota; (*BRIT: of car*) cajuela (*MEX*), maletero (*LAm exc MEX, SP*), baúl (*RPl*) ♦ *vt* (*COMPUT*) arrancar, iniciar; **to ~** (*in addition*) además, por añadidura

booth [buːθ] *n* (*telephone booth, voting booth*) cabina

booze [buːz] (*inf*) *n* bebida

border [ˈbɔːrdər] *n* borde *m*, margen *m*; (*of a country*) frontera; (*for flowers*) arriate *m*, cantero (*RPl*) ♦ *vt* (*road*) bordear; (*another country: also*: **~ on**) lindar con ▶ **border on** *vt fus* (*insanity etc*) rayar en ❑ **borderline** *n*: **on the borderline** en el límite ❑ **borderline case** *n* caso dudoso

bore [bɔːr] *pt of* **bear** ♦ *vt* (*hole*) hacer un agujero en; (*well*) perforar; (*person*) aburrir ♦ *n* (*person*) aburrido(-a); (*of gun*) calibre *m*; **to be ~d** estar aburrido ❑ **boredom** *n* aburrimiento

boring [ˈbɔːrɪŋ] *adj* aburrido

born [bɔːrn] *adj*: **to be ~** nacer; **I was ~ in 1960** nací en 1960

borne [bɔːrn] *pp of* **bear**

borough [ˈbʌrou] *n* municipio

borrow [ˈbɔːrou] *vt*: **to ~ sth (from sb)** tomar algo prestado (a algn)

Bosnia(-Herzegovina) [ˈbɑːzniə(-hɜːrtsəgouˈviːnə)] *n* Bosnia(-Herzegovina)

bosom [ˈbuzəm] *n* pecho

boss [bɔːs] *n* jefe *m* ♦ *vt* (*also*: **~ around**) mangonear ❑ **bossy** *adj* mandón(-ona)

bosun [ˈbousən] *n* = **boatswain**

botany [ˈbɑːtni] *n* botánica

botch [bɑːtʃ] *vt* (*also*: **~ up**) arruinar, estropear

both [bouθ] *adj, pron* ambos(-as), los (las) dos ♦ *adv*: **~ A and B** tanto A como B; **~ of us went, we ~ went** fuimos los dos, ambos fuimos

bother [ˈbɑːðər] *vt* (*worry*) preocupar; (*disturb*) molestar, fastidiar ♦ *vi* (*also*: **~ o.s.**) molestarse ♦ *n* (*trouble*) dificultad *f*; (*nuisance*) molestia, lata; **to ~ doing** tomarse la molestia de hacer

bottle [ˈbɑːtl] *n* botella; (*small*) frasco; (*baby's*) biberón *m* ♦ *vt* embotellar ▶ **bottle up** *vt* suprimir ❑ **bottle bank** *n* contenedor *m* de vidrio ❑ **bottleneck** *n* (*AUT*) embotellamiento; (*in supply*) obstáculo ❑ **bottle-opener** *n* abridor *m* (*MEX*), destapador *m* (*LAm*), abrebotellas *m inv* (*SP*)

bottom [ˈbɑːtəm] *n* (*of box, sea*) fondo; (*buttocks*) trasero, culo; (*of page*) pie *m*; (*of list*) final *m*; (*of class*) último(-a) ♦ *adj* (*lowest*) más bajo; (*last*) último

bough [bau] *n* rama

bought [bɔːt] *pt, pp of* **buy**

bouillon cube [bulˈjɑːnˌkjuːb] (*US*) *n* cubito de caldo

boulder [ˈbouldər] *n* canto rodado

boulevard [ˈbuləvɑːrd] *n* bulevar *m*, zócalo (*MEX*)

bounce [bauns] *vi* (*ball*) (re)botar; (*check*) ser rechazado ♦ *vt* hacer (re)botar ♦ *n* (*rebound*) (re)bote *m* ❑ **bouncer** (*inf*) *n* gorila *m*

bound [baund] *pt, pp of* **bind** ♦ *n* (*leap*) salto; (*gen pl: limit*) límite *m* ♦ *vi* (*leap*) saltar ♦ *vt* (*border*) rodear ♦ *adj*: **~ by** rodeado de; **to be ~ to do sth** (*obliged*) tener el deber de hacer algo; **he's ~ to come** es seguro que vendrá; **out of ~s** prohibido el paso; **~ for** con destino a

boundary [ˈbaundri] *n* límite *m*

bouquet [bouˈkeɪ] *n* (*of flowers*) ramo

bourgeois [ˈburʒwɑː] *adj* burgués(-esa)

bout [baut] *n* (*of malaria etc*) ataque *m*; (*of activity*) período; (*BOXING etc*) combate *m*, encuentro

boutique [buːˈtiːk] *n* boutique *f*

bow[1] [bou] *n* (*knot*) lazo; (*weapon, MUS*) arco

bow[2] [bau] *n* (*of the head*) reverencia; (*NAUT: also*: **~s**) proa ♦ *vi* inclinarse, hacer una reverencia; (*yield*): **to ~ to** *or* **before** ceder ante, someterse a

bowels [ˈbauəlz] *npl* intestinos *mpl*, vientre *m*; (*fig*) entrañas *fpl*

bowl [boul] *n* tazón *m*, cuenco; (*ball*) bola ♦ *vi* (*CRICKET*) arrojar la pelota; *see also* **bowls**

bow-legged [ˈbouˈlegɪd] *adj* patizambo, estevado

bowler [ˈboulər] *n* (*US SPORT*) jugador(a) *m/f* de bolos; (*BRIT CRICKET*) lanzador *m* (de la pelota); (*BRIT: also*: **~ hat**) hongo, bombín *m*

bowling [ˈboulɪŋ] *n* (*game*) bochas *fpl*; boliche *m* (*MEX*), (juego de) bolos *mpl* (*LAm exc MEX, SP*) ❑ **bowling alley** *n* boliche *m* (*MEX*), bolera (*LAm exc MEX, SP*) ❑ **bowling green** *n* pista para bochas

bowls [boulz] *n* (*tenpin bowling*) bolos *mpl*; (*BRIT: on green*) bochas *fpl*, bolos *mpl*

bow tie [ˈbouˌtaɪ] *n* corbata de lazo, pajarita

box [bɑːks] *n* (*also*: **cardboard ~**) caja, cajón *m*; (*THEATER*) palco ♦ *vt* encajonar ♦ *vi* (*SPORT*) boxear ❑ **box car** (*US*) *n* (*RAIL*) vagón *m or* furgón *m* (de mercancías) ❑ **boxer** *n* (*person*) boxeador *m* ❑ **boxing** *n* (*SPORT*) boxeo ❑ **Boxing Day** (*BRIT*) *n día en que se dan los aguinaldos, 26 de diciembre* ❑ **boxing gloves** *npl* guantes *mpl* de boxeo ❑ **boxing ring** *n* ring *m*, cuadrilátero ❑ **box office** *n* boletería (*LAm*), taquilla (*SP*) ❑ **boxroom** (*BRIT*) *n* trastero

boy [bɔɪ] *n* (*young*) niño; (*older*) muchacho, chico; (*son*) hijo

boycott [ˈbɔɪkɑt] *n* boicot *m* ♦ *vt* boicotear

boyfriend [ˈbɔɪˌfrend] *n* novio

boyish [ˈbɔɪɪʃ] *adj* juvenil; (*girl*) con aspecto de muchacho

bra [brɑː] *n* brasier *m* (*MEX*), sostén *m* (*LAm exc MEX, SP*)

brace [breɪs] *n* (*also*: **~s**: *on teeth*) frenos *mpl* (*LAm*), aparato(s) *m(pl)* (*SP*); (*tool*) berbiquí *m* ♦ *vt* (*knees, shoulders*) tensionar; **~s** *npl* (*BRIT*) tirantes *mpl*, tiradores *mpl* (*RPl*); **to ~ o.s.** (*fig*) prepararse

bracelet [ˈbreɪslɪt] *n* pulsera, brazalete *m*

bracing [ˈbreɪsɪŋ] *adj* vigorizante, tónico

bracket [ˈbrækɪt] *n* (*TECH*) soporte *m*, puntal *m*; (*group*) clase *f*, categoría; (*BRIT: also*: **round ~**) paréntesis *m inv*; (*BRIT: also*: **square ~**) corchete *m* ♦ *vt* (*word etc*) poner entre paréntesis

brag [bræg] *vi* jactarse

braid [breɪd] *n* (*trimming*) galón *m*; (*US: of hair*) trenza

brain [breɪn] *n* cerebro; **~s** *npl* sesos *mpl*; **she's got ~s** es muy lista ❑ **brainstorm** (*US*) *n* (*good idea*) idea luminosa ❑ **brainwash** *vt* lavar el cerebro a ❑ **brainwave** (*BRIT*) *n* = **brainstorm** ❑ **brainy** *adj* muy inteligente

braise [breɪz] *vt* cocer a fuego lento

brake [breɪk] *n* (*on vehicle*) freno ♦ *vi* frenar ❑ **brake light** *n* luz *f* de frenado

bran [bræn] *n* salvado

branch [bræntʃ] *n* rama; (*COMM*) sucursal *f* ▶ **branch out** *vi* (*fig*) extenderse

brand [brænd] *n* marca; (*fig: type*) tipo ♦ *vt* (*cattle*) marcar con hierro candente ❑ **brand-new** *adj* flamante, completamente nuevo

brandy [ˈbrændi] *n* coñac *m*

brash [bræʃ] *adj* (*forward*) descarado

brass [bræs] *n* latón *m*; **the ~** (*MUS*) los metales *or* bronces ❑ **brass band** *n* banda de metal

brat [bræt] (*pej*) *n* mocoso(-a)

brave [breɪv] *adj* valiente, valeroso ♦ *vt* (*face up to*) desafiar ❑ **bravery** [ˈbreɪvəri] *n* valor *m*, valentía

brawl [brɔːl] *n* pelea, reyerta

brazen [ˈbreɪzən] *adj* descarado ♦ *vt*: **to ~ it out** echarle cara

Brazil [brəˈzɪl] *n* Brasil *m* ❑ **Brazilian** *adj, n* brasileño(-a)

breach [briːtʃ] *vt* abrir brecha en ♦ *n* (*gap*) brecha; (*breaking*): **~ of contract** infracción *f* de contrato; **~ of the peace** perturbación *f* del orden público

bread [bred] *n* pan *m* ❑ **bread and butter** *n* pan con mantequilla; (*fig*) pan (de cada día) ❑ **breadbox** *n* panera ❑ **breadcrumbs** *npl* migajas *fpl*; (*CULIN*) pan rallado ❑ **breadline** *n*: **on the breadline** en la miseria

breadth [bredθ] *n* anchura; (*fig*) amplitud *f*

breadwinner [ˈbredˌwɪnər] *n* sustento *m* de la familia

break [breɪk] (*pt* **broke**, *pp* **broken**) *vt* romper; (*promise*) faltar a; (*law*) violar, infringir; (*record*) batir ♦ *vi* romperse, quebrarse; (*storm*) estallar; (*weather*) cambiar; (*dawn*) despuntar; (*news etc*) darse a conocer ♦ *n* (*gap*) abertura; (*fracture*) fractura; (*time*) intervalo; (*at school*) (período de) recreo; (*chance*) oportunidad *f*; **to ~ the news to sb** comunicar la noticia a algn ▶ **break down** *vt* (*figures, data*) analizar, descomponer ♦ *vi* (*machine*) estropearse; (*AUT*) descomponerse (*LAm*), averiarse (*SP*); (*person*) romper a llorar; (*talks*) fracasar ▶ **break even** *vi* cubrir los gastos ▶ **break free** *or* **loose** *vi* escaparse ▶ **break in** *vt* (*horse etc*) domar ♦ *vi* (*burglar*) forzar una entrada; (*interrupt*) interrumpir ▶ **break into** *vt fus* (*house*) forzar ▶ **break off** *vi* (*speaker*) pararse, detenerse; (*branch*) partir ▶ **break open** *vt* (*door etc*) abrir por la fuerza, forzar ▶ **break out** *vi* estallar; (*prisoner*) escaparse; **he broke out in a rash** le salió un sarpullido ▶ **break up** *vi* (*ship*) hacerse pedazos; (*crowd, meeting*) disolverse; (*marriage*) deshacerse; (*couple*) separarse; (*SCOL*) terminar (el curso) ♦ *vt* (*rocks etc*) partir; (*journey*) partir; (*fight etc*) acabar con ❑ **breakage** *n* rotura ❑ **breakdown** *n* (*AUT*) descompostura (*MEX*), avería (*LAm exc MEX, SP*); (*in communications*) interrupción *f*; (*MED: also*: **nervous breakdown**) colapso, crisis *f* nerviosa; (*of marriage, talks*) fracaso; (*of statistics*) análisis *m inv* ❑ **breakdown van** (*BRIT*) *n* (camión *m*) grúa ❑ **breaker** *n* (ola) rompiente *f*

breakfast [ˈbrekfəst] *n* desayuno

break: ❑ **break-in** *n* robo con allanamiento de morada ❑ **breaking and entering** *n* (*LAW*) violación *f* de domicilio, allanamiento de morada ❑ **breakthrough** *n* (*also fig*) avance *m* ❑ **breakwater** *n* rompeolas *m inv*

breast [brɛst] *n* (*of woman*) pecho, seno; (*chest*) pecho; (*of bird*) pechuga ❑ **breast-feed** *irreg vt* amamantar ♦ *vi* dar el pecho, dar de mamar ❑ **breast-stroke** *n* braza (de pecho)

breath [brɛθ] *n* aliento, respiración *f*; **to take a deep ~** respirar hondo; **out of ~** sin aliento, sofocado

Breathalyzer® (*US*) ['brɛθəˌlaɪzər] (*BRIT* **Breathalyser®**) *n* alcoholímetro *m*

breathe [bri:ð] *vt, vi* respirar ▸ **breathe in** *vt, vi* aspirar ▸ **breathe out** *vt, vi* espirar ❑ **breather** *n* respiro ❑ **breathing** *n* respiración *f*

breath: ❑ **breathless** *adj* sin aliento, jadeante ❑ **breathtaking** *adj* imponente, pasmoso

breed [bri:d] (*pt, pp* **bred**) *vt* criar ♦ *vi* reproducirse, procrear ♦ *n* (*ZOOL*) raza, casta; (*type*) tipo ❑ **breeding** *n* (*of person*) educación *f*

breeze [bri:z] *n* brisa

breezy ['bri:zi] *adj* de mucho viento, ventoso; (*person*) despreocupado

brevity ['brɛvɪti] *n* brevedad *f*

brew [bru:] *vt* (*tea*) hacer; (*beer*) elaborar ♦ *vi* (*fig*: *trouble*) prepararse; (*storm*) amenazar ❑ **brewery** *n* fábrica de cerveza, cervecería

bribe [braɪb] *n* soborno ♦ *vt* sobornar, cohechar ❑ **bribery** *n* soborno, cohecho

bric-a-brac ['brɪkəbræk] *n inv* baratijas *fpl*

brick [brɪk] *n* ladrillo ❑ **bricklayer** *n* albañil *m*

bridal ['braɪdl] *adj* nupcial

bride [braɪd] *n* novia ❑ **bridegroom** *n* novio ❑ **bridesmaid** *n* dama de honor

bridge [brɪdʒ] *n* puente *m*; (*NAUT*) puente *m* de mando; (*of nose*) caballete *m*; (*CARDS*) bridge *m* ♦ *vt* (*fig*): **to ~ a gap** llenar un vacío

bridle ['braɪdl] *n* brida, freno ❑ **bridle path** *n* camino de herradura

brief [bri:f] *adj* breve, corto ♦ *n* (*LAW*) escrito; (*task*) cometido, encargo ♦ *vt* informar; **~s** *npl* (*for men*) calzoncillos *mpl*; (*for women*) calzones *mpl* (*LAm*), bombachas *fpl* (*RPl*), bragas *fpl* (*SP*) ❑ **briefcase** *n* portafolio (*LAm*), cartera (*SP*) ❑ **briefing** *n* (*PRESS*) informe *m* ❑ **briefly** *adv* (*glance*) fugazmente; (*say*) en pocas palabras

brigadier [brɪgə'dɪər] *n* general *m* de brigada

bright [braɪt] *adj* brillante; (*room*) luminoso; (*day*) de sol; (*person*: *clever*) listo, inteligente; (: *lively*) alegre; (*color*) vivo; (*future*) prometedor(a) ❑ **brighten** (*also*: **brighten up**) *vt* (*room*) hacer más alegre; (*event*) alegrar ♦ *vi* (*weather*) despejarse; (*person*) animarse, alegrarse; (*prospects*) mejorar

brilliance ['brɪljəns] *n* brillo, brillantez *f*; (*of talent etc*) brillantez

brilliant ['brɪljənt] *adj* brillante; (*BRIT*: *inf*) fenomenal

brim [brɪm] *n* borde *m*; (*of hat*) ala

brine [braɪn] *n* (*CULIN*) salmuera

bring [brɪŋ] (*pt, pp* **brought**) *vt* (*thing, person*: *with you*) traer; (: *to sb*) llevar, conducir; (*trouble, satisfaction*) causar ▸ **bring about** *vt* ocasionar, producir ▸ **bring around** *vt* (*BRIT*: *also*: **bring round**: *unconscious person*) hacer volver en sí; (*persuade*) convencer ▸ **bring back** *vt* volver a traer; (*return*) devolver ▸ **bring down** *vt* (*government, plane*) derribar; (*price*) rebajar ▸ **bring forward** *vt* adelantar ▸ **bring off** *vt* (*task, plan*) lograr, conseguir ▸ **bring out** *vt* sacar; (*book etc*) publicar; (*meaning*) subrayar ▸ **bring up** *vt* subir; (*person*) educar, criar; (*question*) sacar a colación; (*food*: *vomit*) devolver, vomitar

brink [brɪŋk] *n* borde *m*

brisk [brɪsk] *adj* (*abrupt*: *tone*) brusco; (*person*) enérgico, vigoroso; (*pace*) rápido; (*trade*) activo

bristle ['brɪsəl] *n* cerda ♦ *vi*: **to ~ in anger** temblar de rabia

Britain ['brɪtn] *n* (*also*: **Great ~**) Gran Bretaña

British ['brɪtɪʃ] *adj* británico ♦ *npl*: **the ~** los británicos ❑ **British Isles** *npl*: **the British Isles** las Islas Británicas

Briton ['brɪtn] *n* británico(-a)

brittle ['brɪtl] *adj* quebradizo, frágil

broach [broutʃ] *vt* (*subject*) abordar

broad [brɔ:d] *adj* ancho; (*range*) amplio; (*smile*) abierto; (*general*: *outlines etc*) general; (*accent*) cerrado; **in ~ daylight** en pleno día ❑ **broadband** *n* banda ancha ❑ **broadcast** *irreg n* emisión *f* ♦ *vt* (*RADIO*) emitir; (*TV*) transmitir ♦ *vi* emitir; transmitir ❑ **broadcaster** *n* (*TV*) presentador(a) *m/f*; (*RADIO*) locutor(a) *m/f* ❑ **broaden** *vt* ampliar ♦ *vi* ensancharse; **to broaden sb's horizon** ampliar los horizontes de algn ❑ **broadly** *adv* en general ❑ **broad-minded** *adj* tolerante, liberal

Broadway ['brɔ:dweɪ] *n* Broadway *m*

> **BROADWAY**
>
> **Broadway** es una amplia avenida diagonal que recorre la isla de Manhattan y que atraviesa el centro del famoso distrito teatral de Nueva York. Además, el término **Broadway** ya ha pasado a designar algo más que la propia calle, y se refiere a toda la zona teatral de Nueva York. También es frecuente su uso como parte de la descripción de un tipo determinado de espectáculos.

broccoli ['brɑ:kəli] *n* brócoli *m*

brochure [brou'ʃuər] *n* folleto

broil [brɔɪl] (*US*) *vt* (*CULIN*) asar a la parrilla ❑ **broiler** (*US*) *n* parrilla

broke [brouk] *pt of* **break** ♦ *adj* (*inf*: *without money*) pelado, sin un centavo (*MEX*), pato (*SC*)

broken ['broukən] *pp of* **break** ♦ *adj* roto; (*machine*: *also*: **~ down**) descompuesto (*LAm*), averiado (*SP*); **~ leg** pierna rota; **in ~ English** en un inglés imperfecto ❑ **broken-hearted** *adj* con el corazón partido

broker ['broukər] *n* agente *mf*, bolsista *mf*; (*insurance broker*) agente de seguros

brolly ['brɑ:li] (*BRIT*: *inf*) *n* paraguas *m inv*

bronchitis [brɑ:ŋ'kaɪtɪs] *n* bronquitis *f*

bronze [brɑ:nz] *n* bronce *m*

brooch [broutʃ] *n* prendedor *m*, broche *m*

brood [bru:d] *n* camada, cría ♦ *vi* (*person*) dejarse obsesionar

broom [bru:m] *n* escoba; (*BOT*) retama

Bros. *abbr* (= *Brothers*) Hnos

broth [brɔ:θ] *n* caldo

brothel ['brɑ:θəl] *n* burdel *m*

brother ['brʌðər] *n* hermano ❑ **brother-in-law** *n* cuñado

brought [brɔ:t] *pt, pp of* **bring**

brow [brau] *n* (*forehead*) frente *m*; (*eyebrow*) ceja; (*of hill*) cumbre *f*

brown [braun] *adj* (*color*) café (*MEX*), marrón (*LAm exc MEX, SP*); (*hair*) castaño; (*tanned*) bronceado, moreno ♦ *n* (*color*) color *m* marrón *or* pardo ♦ *vt* (*CULIN*) dorar ❑ **brown bread** *n* pan *m* integral

Brownie ['brauni] (*US*) *n* niña exploradora ❑ **brownie** *n* (*US*: *cookie*) *pastel de chocolate con nueces*

brown paper *n* papel *m* de estraza

brown sugar *n* azúcar *m* moreno *or* morena

browse [brauz] *vi* (*through book*) hojear; (*in store*) mirar; (*Internet*) navegar por Internet ❑ **browser** *n* (*COMPUT*) navegador *m*

bruise [bru:z] *n* moretón *m* ♦ *vt* magullar

brunch [brʌntʃ] *n* desayuno-almuerzo

brunette [bru:'nɛt] *n* morena

brunt [brʌnt] *n*: **to bear the ~ of** llevar el peso de

brush [brʌʃ] *n* cepillo; (*for painting, shaving etc*) brocha; (*artist's*) pincel *m*; (*with police etc*) roce *m* ♦ *vt* (*sweep*) barrer; (*groom*) cepillar; (*also*: **~ against**) rozar al pasar ▸ **brush aside** *vt* rechazar, no hacer caso a ▸ **brush up** *vt* (*knowledge*) repasar, refrescar ❑ **brushwood** *n* (*sticks*) leña

Brussels ['brʌsəlz] *n* Bruselas ❑ **Brussels sprout** *n* col *f* de Bruselas

brute [bru:t] *n* bruto; (*person*) bestia ♦ *adj*: **by ~ force** a fuerza bruta

B.Sc. *abbr* (= *Bachelor of Science*) *licenciado en Ciencias*

BSE *n abbr* (= *bovine spongiform encephalopathy*) encefalopatía espongiforme bovina

BTW *abbr* (= *by the way*) por cierto

bubble ['bʌbəl] *n* burbuja ♦ *vi* burbujear, borbotar ❑ **bubble bath** *n* espuma para el baño ❑ **bubble gum** *n* chicle *m* de globo

buck [bʌk] *n* (*rabbit*) conejo macho; (*deer*) ciervo macho; (*US*: *inf*) dólar *m* ♦ *vi* corcovear; **to pass the ~ (to sb)** echar (a algn) el muerto ▸ **buck up** *vi* (*cheer up*) animarse, cobrar ánimo

bucket ['bʌkɪt] *n* cubeta (*MEX, SP*), balde *m* (*LAm*)

buckle ['bʌkəl] *n* hebilla ♦ *vt* abrochar con hebilla ♦ *vi* combarse

bud [bʌd] *n* (*of plant*) brote *m*, yema; (*of flower*) capullo ♦ *vi* brotar, echar brotes

Buddhism ['bu:dɪzəm] *n* Budismo

budding ['bʌdɪŋ] *adj* en ciernes

buddy ['bʌdi] (*US*) *n* camarada *mf* (*MEX*), compinche *mf* (*LAm*), colega *mf* (*SP*)

budge [bʌdʒ] *vt* mover; (*fig*) hacer ceder ♦ *vi* moverse, ceder

budgerigar ['bʌdʒərɪgɑ:r] *n* periquito

budget ['bʌdʒɪt] *n* presupuesto ♦ *vi*: **to ~ for sth** presupuestar algo

budgie ['bʌdʒi] *n* = **budgerigar**

buff [bʌf] *adj* (*color*) color de ante ♦ *n* (*inf*: *enthusiast*) entusiasta *mf*

buffalo ['bʌfəlou] (*pl* **~** *or* **~es**) *n* búfalo; (*US*: *bison*) bisonte *m*

buffer ['bʌfər] *n* (*COMPUT*) memoria intermedia; (*BRIT RAIL*) tope *m*

buffet[1] ['bʌfɪt] *vt* golpear

buffet[2] [bə'feɪ] *n* cafetería; (*food*) buffet *m*; (*BRIT*: *in station*) bar *m* ❑ **buffet car** *n* (*RAIL*) coche-comedor *m*

bug [bʌg] *n* (*US*: *insect*) bicho, sabandija; (*COMPUT*) error *m*; (*germ*) microbio, bacilo; (*spy device*) micrófono oculto ♦ *vt* (*inf*: *annoy*) fastidiar; (*room*) poner micrófono oculto en

buggy ['bʌgi] *n* cochecito de niño

bugle ['bju:gəl] *n* corneta, clarín *m*

build [bɪld] (*pt, pp* **built**) *n* (*of person*) tipo ♦ *vt* construir, edificar ▸ **build up** *vt* (*morale, forces, production*) acrecentar; (*stocks*) acumular ❑ **builder** *n* (*contractor*) contratista *mf* ❑ **building** *n* construcción *f*; (*structure*) edificio ❑ **building society** (*BRIT*) *n* sociedad *f* inmobiliaria

built [bɪlt] *pt, pp of* **build** ♦ *adj*: **~-in** (*wardrobe etc*) empotrado ❑ **built-up area** *n* zona urbanizada

bulb [bʌlb] *n* (*BOT*) bulbo; (*ELEC*) foco (*MEX*), bombilla (*LAm exc MEX, SP*), bujía (*CAm*), bombita (*RPl*)

Bulgaria [bʌl'gɛəriə] *n* Bulgaria ❑ **Bulgarian** *adj, n* búlgaro(-a)

bulge [bʌldʒ] *n* bulto, protuberancia ♦ *vi* bombearse, pandearse; (*pocket etc*): **to ~ (with)** rebosar (de)

bulk [bʌlk] *n* masa, mole *f*; **in ~** (*COMM*) a granel; **the ~ of** la mayor parte de ❑ **bulky** *adj* voluminoso, abultado

bull [bul] *n* toro; (*male elephant, whale*) macho ❑ **bulldog** *n* bul(l)dog *m*

bulldoze ['bul,douz] *vt* (*site*) nivelar (con motoniveladora); (*building*) arrasar (con motoniveladora); (*fig*: *opposition*) arrollar ❑ **bulldozer** *n* bulldozer *m*

bullet ['bulɪt] *n* bala

bulletin ['bulətn] *n* (*US*) anuncio, parte *m*; (*journal*) boletín *m* ❑ **bulletin board** *n* (*US*) tablón *m* de anuncios; (*COMPUT*) tablero de noticias

bulletproof ['bulɪt,pru:f] *adj* a prueba de balas

bullfight ['bul,faɪt] *n* corrida de toros ❑ **bullfighter** *n* torero ❑ **bullfighting** *n* los toros, el toreo

bullhorn (*US*) ['bul,hɔ:rn] *n* megáfono

bullion ['buljən] *n* oro (*or* plata) en barras

bullock ['bulək] *n* novillo

bullring ['bul,rɪŋ] *n* plaza de toros

bull's-eye *n* centro del blanco

bully ['buli] *n* valentón *m*, matón *m* ♦ *vt* intimidar, tiranizar

bum [bʌm] *n* (*US*: *tramp*) vagabundo(-a); (*BRIT*: *inf*: *backside*) culo

bumblebee ['bʌmbəlbi:] *n* abejorro

bump [bʌmp] *n* (*blow*) tope *m*, choque *m*; (*jolt*) sacudida; (*on road etc*) bache *m*; (*on head etc*) chichón *m* ♦ *vt* (*strike*) chocar contra ▸ **bump into** *vt fus* chocar contra, tropezar con; (*person*) topar con ❑ **bumper** *n* (*AUT*) defensa (*MEX*), parachoques *m inv* (*LAm exc MEX, SP*), paragolpes *m inv* (*RPl*) ♦ *adj*: **bumper crop** *or* **harvest** cosecha abundante ❑ **bumper cars** (*US*) *npl* carros *mpl* chocones (*MEX*) *or* locos (*LAm exc MEX*), autitos *mpl* chocadores (*RPl*) ❑ **bumpy** *adj* (*road*) lleno de baches

bun [bʌn] *n* (*US*: *bread*) bollo; (*BRIT*: *cake*) pastel *m*; (*of hair*) moño

bunch [bʌntʃ] *n* (*of flowers*) ramo; (*of keys*) manojo; (*of bananas*) piña; (*of people*) grupo; (*pej*) pandilla; **~es** *npl* (*in hair*) coletas *fpl*

bundle ['bʌndl] *n* bulto, fardo; (*of sticks*) haz *m*; (*of papers*) legajo ♦ *vt* (*also*: **~ up**) atar, envolver; **to ~ sth/sb into** meter algo/a algn precipitadamente en

bungalow ['bʌŋgəlou] *n* bungalow *m*, chalé *m*

bungle ['bʌŋgəl] *vt* hacer mal

bunion ['bʌnjən] *n* juanete *m*

bunk [bʌŋk] *n* litera ❑ **bunk beds** *npl* literas *fpl*

bunker ['bʌŋkər] *n* (*MIL*) refugio; (*coal store*) carbonera; (*GOLF*) búnker *m*

bunny ['bʌni] *n* (*inf*: *also*: **~ rabbit**) conejito

buoy ['bu:i:] *n* boya ❑ **buoyant** *adj* (*ship*) capaz de flotar; (*economy*) boyante; (*person*) optimista

burden ['bɜ:rdn] *n* carga ♦ *vt* cargar

bureau ['bjuərou] (*pl* **~x**) *n* (*agency*) oficina, agencia; (*US*: *government department*) departamento *m*; (*US*: *chest of drawers*) cómoda; (*BRIT*: *writing desk*) escritorio, buró *m*

bureaucracy [bju'rɑ:krəsi] *n* burocracia

burger ['bɜ:rgər] *n* hamburguesa

burglar ['bɜ:rglər] *n* ladrón(-ona) *m/f* ❑ **burglar alarm** *n* alarma *f* antirrobo ❑ **burglarize** ['bɜ:rgləraɪz] (*US*) *vt* robar en, desvalijar ❑ **burglary** *n* robo con allanamiento, robo de una casa

burial ['bɛriəl] *n* entierro

burly ['bɜ:rli] *adj* fornido, membrudo

Burma ['bɜ:rmə] *n* Birmania

burn [bɜ:rn] (*pt, pp* **~ed**, (*BRIT*) *pt, pp* **~ed** *or* **~t**) *vt* quemar; (*house*) incendiar ♦ *vi* quemarse, arder; incendiarse; (*sting*) escocer ♦ *n* quemadura ▸ **burn down** *vt* incendiar ❑ **burner** *n* (*on stove etc*) quemador *m* ❑ **burning** *adj* (*building etc*) en llamas; (*hot*: *sand etc*) abrasador(a); (*ambition*) ardiente

burp [bə:p] (*inf*) *n* eructo ♦ *vi* eructar

burqa ['bɜ:ka] *n* burka *m*, burqa *m*

burrow ['bʌrou] *n* madriguera ♦ *vi* hacer una madriguera; (*rummage*) hurgar

bursar ['bɜ:rsər] *n* (*UNIV*) tesorero(-a)

bursary ['bɜ:rsəri] (*BRIT*) *n* beca

burst [bɜ:rst] (*pt, pp* **~**) *vt* reventar; (*river*: *banks etc*) romper ♦ *vi* reventarse ♦ *n* (*of gunfire*) ráfaga; (*also*: **~ pipe**) reventón *m*; **a ~ of energy/speed/enthusiasm** una explosión de energía/un ímpetu de velocidad/un arranque de entusiasmo; **to ~ into flames** estallar en llamas; **to ~ into tears** deshacerse en lágrimas; **to ~ out laughing** soltar la carcajada; **to ~ open** abrirse de golpe; **to be ~ing with** (*container*) estar lleno a rebosar de; (*person*) reventar por *or* de ▸ **burst into** *vt fus* (*room etc*) irrumpir en

bury ['bɛri] *vt* enterrar; (*body*) enterrar, sepultar

bus [bʌs] (*pl* **~es**) *n* autobús *m* ❑ **bus boy** (*US*) *n* ayudante *m* de mesero (*MEX*) *or* camarero (*LAm exc MEX, SP*) *or* mozo (*SC*)

bush [buʃ] *n* arbusto; (*scrub land*) monte *m*; **to beat about the ~** andar(se) con rodeos

bushy [buʃi] *adj* (*thick*) espeso, poblado

busily ['bɪzɪli] *adv* afanosamente

business ['bɪznɪs] *n* (*matter*) asunto; (*trading*) comercio, negocios *mpl*; (*firm*) empresa, casa; (*occupation*) oficio; **to be away on ~** estar en viaje de negocios; **it's my ~ to ...** me toca *or* corresponde ...; **it's none of my ~** yo no tengo nada que ver; **he means ~** habla en serio ❑ **business college** *n* escuela *or* colegio de ciencias empresariales ❑ **businesslike** *adj* eficiente ❑ **businessman** *n* hombre *m* de negocios ❑ **business trip** *n* viaje *m* de negocios ❑ **businesswoman** *n* mujer *f* de negocios

busing ['bʌsɪŋ] (*US*) *n* transporte *m* escolar

busker ['bʌskər] (*BRIT*) *n* músico(-a) ambulante

bus: ❑ **bus shelter** *n* parada cubierta ❑ **bus station** *n* estación *f* de autobuses ❑ **bus-stop** *n* parada de autobús

bust [bʌst] *n* (*ANAT*) pecho; (*sculpture*) busto ♦ *adj* (*inf*: *broken*) roto, estropeado; **to go ~** quebrar

bustle ['bʌsəl] *n* bullicio, movimiento ♦ *vi* menearse, apresurarse ❑ **bustling** *adj* (*town*) animado, bullicioso

busy ['bɪzi] *adj* ocupado, atareado; (*store, street*) concurrido, animado; (*TEL*: *line*) comunicando ♦ *vt*: **to ~ o.s. with** ocuparse en ❑ **busybody** *n* entrometido(-a) ❑ **busy signal** (*US*) *n* (*TEL*) señal *f* de comunicando

> **but**
>
> KEYWORD
>
> [bʌt] *conj*
>
> **1** pero; **he's not very bright, but he's hard-working** no es muy inteligente, pero es trabajador
>
> **2** (*in direct contradiction*) sino; **he's not American but Canadian** no es americano sino canadiense; **he didn't sing but he shouted** no cantó sino que gritó
>
> **3** (*showing disagreement, surprise etc*): **but that's far too expensive!** ¡pero eso es carísimo!; **but it does work!** ¡(pero) sí que funciona!
>
> ♦ *prep* (*apart from, except*) menos, salvo; **we've had nothing but trouble** no hemos tenido más que problemas; **no-one but him can do it** nadie más que él puede hacerlo; **who but a lunatic would do such a thing?** ¡sólo un loco haría una cosa así!; **but for you/your help** si no fuera por ti/tu ayuda; **anything but that** cualquier cosa menos eso
>
> ♦ *adv* (*just, only*): **she's but a child** no es más que una niña; **had I but known** si lo hubiera sabido; **I can but try** al menos lo puedo intentar; **it's all but finished** está casi acabado

butcher ['butʃər] *n* carnicero ♦ *vt* hacer una carnicería con; (*cattle etc*) matar ❑ **butcher's (store)** (*US*) (*BRIT* **butcher's (shop)**) *n* carnicería

butler ['bʌtlər] *n* mayordomo

butt [bʌt] *n* (*barrel*) tonel *m*; (*of gun*) culata; (*US*: *of cigarette*) colilla; (*US*: *inf*: *bottom*) trasero; (*BRIT*: *fig*: *target*) blanco ♦ *vt* dar cabezadas contra, top(et)ar ▸ **butt in** *vi* (*interrupt*) interrumpir

butter ['bʌtər] *n* mantequilla, manteca (*RPl*) ♦ *vt* untar con mantequilla *or* (*RPl*) manteca ❑ **buttercup** *n* botón *m* de oro

butterfly [ˈbʌtərˌflaɪ] *n* mariposa; (*SWIMMING: also:* **~ stroke**) braza de mariposa

buttocks [ˈbʌtəks] *npl* nalgas *fpl*

button [ˈbʌtn] *n* botón *m*; (*US*) placa, chapa ♦ *vt* (*also:* **~ up**) abotonar, abrochar ♦ *vi* abrocharse

buttress [ˈbʌtrɪs] *n* contrafuerte *m*

buy [baɪ] (*pt, pp* **bought**) *vt* comprar ♦ *n* compra; **to ~ sb sth/sth from sb** comprarle algo a algn; **to ~ sb a drink** invitar a algn a tomar algo ❑ **buyer** *n* comprador(a) *m/f*

buzz [bʌz] *n* zumbido; (*inf: phone call*) llamada (por teléfono) ♦ *vi* zumbar ❑ **buzzer** *n* timbre *m* ❑ **buzz word** *n* palabra que está de moda

by

KEYWORD

[baɪ] *prep*

1 (*referring to cause, agent*) por; de; **killed by lightning** muerto por un relámpago; **a painting by Picasso** un cuadro de Picasso

2 (*referring to method, manner, means*): **by bus/car/train** en autobús/carro/tren; **to pay by check** pagar con un cheque; **by moonlight/candlelight** a la luz de la luna/una vela; **by saving hard he ...** ahorrando ...

3 (*via, through*) por; **we came by Cleveland** vinimos por Cleveland

4 (*close to, past*): **the house by the river** la casa junto al río; **she rushed by me** pasó a mi lado como una exhalación; **I go by the post office every day** paso por delante de Correos todos los días

5 (*time: not later than*) para; (*: during*): **by daylight** de día; **by 4 o'clock** para las cuatro; **by this time tomorrow** mañana a estas horas; **by the time I got here it was too late** cuando llegué ya era demasiado tarde

6 (*amount*): **by the meter/pound** por metro/libra; **paid by the hour** pagado por hora

7 (*MATH, measure*): **to divide/multiply by 3** dividir/multiplicar por 3; **a room 10 feet by 15** una habitación de 10 pies por 15; **it's broader by a foot** es un pie más ancho

8 (*according to*) según, de acuerdo con; **it's 3 o'clock by my watch** según mi reloj, son las tres; **it's all right by me** por mí, está bien

9: **(all) by oneself** *etc* todo solo; **he did it (all) by himself** lo hizo él solo; **he was standing (all) by himself in a corner** estaba de pie solo en un rincón

10: **by the way** a propósito, por cierto; **this wasn't my idea, by the way** pues, no fue idea mía

♦ *adv*

1 *see* **go**; **pass** *etc*

2: **by and by** finalmente; **they'll come back by and by** acabarán volviendo; **by and large** en líneas generales, en general

bye(-bye) [ˈbaɪ(ˈbaɪ)] *excl* adiós, hasta luego

by(e)-law *n* ordenanza municipal

by: ❑ **by-election** (*BRIT*) *n* elección *f* parcial ❑ **bygone** *adj* pasado, del pasado ♦ *n*: **let bygones be bygones** lo pasado, pasado está ❑ **bypass** *n* libramiento (*MEX*), carretera de circunvalación (*LAm exc MEX, SP*); (*MED*) (operación *f* de) by-pass *m* ♦ *vt* evitar ❑ **by-product** *n* subproducto, derivado; (*of situation*) consecuencia ❑ **bystander** *n* espectador(a) *m/f*

byte [baɪt] *n* (*COMPUT*) byte *m*, octeto

byword [ˈbaɪˌwɜːrd] *n*: **to be a ~ for** ser sinónimo de

Cc

C [siː] *n* (*MUS*) do *m*

C. *abbr* (= *centigrade*) C.

C.A. (*BRIT*) *abbr* = **chartered accountant**

cab [kæb] *n* taxi *m*; (*of truck*) cabina

cabbage [ˈkæbɪdʒ] *n* repollo

cab driver *n* taxista *mf*

cabin [ˈkæbɪn] *n* cabaña; (*on ship*) camarote *m*; (*on plane*) cabina ❑ **cabin crew** *n* tripulación *f* de cabina ❑ **cabin cruiser** *n* yate *m* de motor

cabinet [ˈkæbɪnɪt] *n* (*POL*) gabinete *m* (ministerial), consejo de ministros; (*furniture*) armario; (*also:* **display ~**) vitrina

cable [ˈkeɪbəl] *n* cable *m* ♦ *vt* cablegrafiar ❑ **cable-car** *n* teleférico ❑ **cable television** *n* televisión *f* por cable

cache [kæʃ] *n* (*of arms, drugs etc*) alijo

cackle [ˈkækəl] *vi* lanzar risotadas; (*hen*) cacarear

cactus [ˈkæktəs] (*pl* **cacti**) *n* cacto

cadet [kəˈdet] *n* cadete *m*

cadge [kædʒ] (*BRIT: inf*) *vt* gorronear

Caesarean [sɪˈzeəriən] *adj*: **~ (section)** cesárea

café [kæˈfeɪ] *n* café *m*

cafeteria [kæfɪˈtɪəriə] *n* cafetería

caffeine [ˈkæfiːn] *n* cafeína

cage [keɪdʒ] *n* jaula

cagey [ˈkeɪdʒi] (*inf*) *adj* cauteloso, reservado

cagoule [kəˈguːl] *n* chubasquero

cajole [kəˈdʒoul] *vt* engatusar

Cajun [ˈkeɪdʒən] *adj* cajún ♦ *n* (*person*) cajún *mf*; (*LING*) cajún *m*; *see also* **Creole**

CAJUN/CREOLE

El pueblo cajún está formado por los nativos de Louisiana, descendientes de los francocanadienses mientras que los criollos son los descendientes de los primeros colonizadores franceses de Louisiana. El término criollo también se usa como referencia a la gente de ascendencia mixta africano europea y a la lengua del mismo origen. Algunos platos típicos de su cocina, como el gumbo y la jambalaya, son muy populares entre los americanos, sobre todo en el sur.

cake [keɪk] *n* (*CULIN: large*) pastel *m* (*LAm*), tarta (*SP*); (*: small*) pastel *m*; (*of soap*) pastilla ❑ **caked** *adj*: **caked with** cubierto de

calculate [ˈkælkjuleɪt] *vt* calcular ❑ **calculation** [kælkjuˈleɪʃən] *n* cálculo, cómputo ❑ **calculator** *n* calculadora

calendar [ˈkæləndər] *n* calendario ❑ **calendar month/year** *n* mes *m*/año natural

calf [kæf] (*pl* **calves**) *n* (*of cow*) ternero, becerro; (*of other animals*) cría; (*also:* **~skin**) piel *f* de becerro; (*ANAT*) pantorrilla

caliber (*US*) [ˈkælɪbər] (*BRIT* **calibre**) *n* calibre *m*

call [kɔːl] *vt* llamar; (*meeting*) convocar ♦ *vi* (*shout*) llamar; (*TEL*) llamar (por teléfono); (*visit: also:* **~ in, ~ around**) hacer una visita ♦ *n* llamada; (*of bird*) canto; **to be ~ed** llamarse; **on ~** (*on duty*) de guardia ▸ **call back** *vi* (*return*) volver; (*TEL*) volver a llamar ▸ **call for** *vt fus* (*demand*) requerir, exigir; (*fetch*) pasar a recoger ▸ **call off** *vt* (*cancel: meeting, race*) suspender; (*: deal*) anular; (*: strike*) desconvocar ▸ **call on** *vt fus* (*visit*) visitar; (*turn to*) acudir a ▸ **call out** *vi* gritar ▸ **call up** *vt* (*MIL*) llamar a filas; (*TEL*) llamar ❑ **call box** (*BRIT*) *n* cabina telefónica ❑ **call center** *n* centro de atención al cliente ❑ **caller** *n* visita; (*TEL*) usuario(-a) ❑ **call girl** *n* prostituta (*que concierta citas por teléfono*) ❑ **call-in** (*US*) *n* programa *m* coloquio (*por teléfono*) ❑ **calling** *n* vocación *f*; (*occupation*) profesión *f* ❑ **calling card** (*US*) *n* tarjeta de visita

callous [ˈkæləs] *adj* insensible, cruel

calm [kɑːm] *adj* tranquilo; (*sea*) liso, en calma ♦ *n* calma, tranquilidad *f* ♦ *vt* calmar, tranquilizar ▸ **calm down** *vi* calmarse, tranquilizarse ♦ *vt* calmar, tranquilizar

Calor gas® [ˈkælərˌgæs] (*BRIT*) *n* butano

calorie [ˈkæləri] *n* caloría

calves [kævz] *npl of* **calf**

Cambodia [kæmˈboudiə] *n* Camboya

camcorder [ˈkæmˌkɔːrdər] *n* videocámara

came [keɪm] *pt of* **come**

camel [ˈkæməl] *n* camello

camera [ˈkæmərə] *n* cámara (fotográfica); (*CINEMA, TV*) cámara; **in ~** (*LAW*) a puerta cerrada ❑ **cameraman** *n* camarógrafo(-a) (*LAm*), cámara *mf* (*SP*)

camouflage [ˈkæməflɑːʒ] *n* camuflaje *m* ♦ *vt* camuflar

camp [kæmp] *n* campamento; (*MIL*) campamento; (*for prisoners*) campo; (*fig: faction*) bando ♦ *vi* acampar ♦ *adj* afectado, afeminado

campaign [kæmˈpeɪn] *n* (*MIL, POL etc*) campaña ♦ *vi* hacer campaña

camp: ❑ **camp bed** (*BRIT*) *n* cama de campaña ❑ **camper** *n* campista *mf*; (*vehicle*) cámper *m or f* (*LAm*), casa rodante (*SC*), caravana (*SP*) ❑ **campground** (*US*) *n* camping *m*, campamento ❑ **camping** *n* camping *m*, campamento; **to go camping** ir de camping *or* campamento ❑ **campsite** *n* camping *m*, campamento

campus [ˈkæmpəs] *n* campus *m* (universitario)

can¹ [kæn] *n* (*of oil, water*) bidón *m*; (*of food, drink*) lata ♦ *vt* enlatar

can²

KEYWORD

[kæn] (*negative* **cannot, can't**; *conditional and pt* **could**) *aux vb*

1 (*be able to*) poder; **you can do it if you try** puedes hacerlo si lo intentas; **I can't see you** no te veo

2 (*know how to*) saber; **I can swim/play tennis/drive** sé nadar/jugar al tenis/conducir; **can you speak French?** ¿hablas *or* sabes hablar francés?

3 (*may*) poder; **can I use your phone?** ¿me dejas *or* puedo usar tu teléfono?

4 (*expressing disbelief, puzzlement etc*): **it can't be true!** ¡no puede ser (verdad)!; **what CAN he want?** ¿qué querrá?

5 (*expressing possibility, suggestion etc*): **he could be in the library** podría estar en la biblioteca; **she could have been delayed** pudo haberse retrasado

Canada [ˈkænədə] *n* (el) Canadá ❑ **Canadian** [kəˈneɪdiən] *adj, n* canadiense *mf*

canal [kəˈnæl] *n* canal *m*

canary [kəˈneəri] *n* canario ❑ **the Canary Islands** *npl* las (Islas) Canarias

cancel [ˈkænsəl] *vt* cancelar; (*train*) suprimir; (*cross out*) tachar, borrar ❑ **cancellation** [kænsəˈleɪʃən] *n* cancelación *f*; supresión *f*

cancer [ˈkænsər] *n* cáncer *m*; **C~** (*ASTROLOGY*) Cáncer *m*

candid [ˈkændɪd] *adj* franco, abierto

⚠ Be careful not to translate **candid** by the Spanish word ***cándido***.

candidate [ˈkændɪdeɪt] *n* candidato(-a)

candle [ˈkændl] *n* vela; (*in church*) cirio ❑ **candle holder** *n* candelero ❑ **candlelight** *n*: **by candlelight** a la luz de una vela ❑ **candlestick** *n* (*single*) candelero; (*low*) palmatoria; (*bigger, ornate*) candelabro

candor (*US*) [ˈkændər] (*BRIT* **candour**) *n* franqueza

candy [ˈkændi] (*US*) *n* dulce *m* ❑ **candy bar** (*US*) *n* barrita (*dulce*) ❑ **candy floss** (*BRIT*) *n* algodón *m* (azucarado) ❑ **candy store** (*US*) *n* dulcería (*LAm*), confitería (*SP*)

cane [keɪn] *n* (*BOT*) caña; (*stick*) vara, palmeta; (*for furniture*) mimbre *f* ♦ *vt* (*BRIT SCOL*) castigar (con vara)

canister [ˈkænɪstər] *n* lata, bote *m*; (*of gas*) bombona

canker sore [ˈkæŋkərˌsɔːr] (*US*) *n* llaga en la boca

cannabis [ˈkænəbɪs] *n* cannabis *m*, hachís *m*

canned [kænd] *adj* en *or* de lata, enlatado

cannon [ˈkænən] (*pl* **~** *or* **~s**) *n* cañón *m*

cannot [ˈkænɑːt] *cont* = **can not**

canoe [kəˈnuː] *n* canoa; (*SPORT*) piragua ❑ **canoeing** *n* piragüismo

canon [ˈkænən] *n* (*clergyman*) canónigo; (*standard*) canon *m*

can-opener *n* abrelatas *m inv*

canopy [ˈkænəpi] *n* dosel *m*, toldo

can't [kænt] *cont* = **can not**

canteen [kænˈtiːn] *n* (*eating place*) cantina, comedor *m*; (*bottle*) cantimplora; (*BRIT: of cutlery*) juego

canter [ˈkæntər] *vi* ir a medio galope

canvas [ˈkænvəs] *n* (*material*) lona; (*painting*) lienzo; (*NAUT*) velas *fpl*

canvass [ˈkænvəs] *vi* (*POL*): **to ~ for** solicitar votos por ♦ *vt* (*COMM*) sondear

canyon [ˈkænjən] *n* cañón *m*

cap [kæp] *n* (*hat*) gorra; (*of pen*) tapa (*LAm*), capuchón *m* (*SP*); (*of bottle*) tapón *m*, tapa (*SC*); (*contraceptive*) diafragma *m*; (*for toy gun*) cápsula ♦ *vt* (*outdo*) superar; (*limit*) recortar

capability [keɪpəˈbɪlɪti] *n* capacidad *f*

capable [ˈkeɪpəbəl] *adj* capaz

capacity [kəˈpæsɪti] *n* capacidad *f*; (*position*) calidad *f*

cape [keɪp] *n* capa; (*GEO*) cabo

caper [ˈkeɪpər] *n* (*CULIN: gen pl:* **capers**) alcaparra; (*prank*) broma

capital [ˈkæpɪtl] *n* (*also:* **~ city**) capital *f*; (*money*) capital *m*; (*also:* **~ letter**) mayúscula ❑ **capital gains tax** *n* impuesto sobre la(s) plusvalía(s) ❑ **capitalism** *n* capitalismo ❑ **capitalist** *adj, n* capitalista *mf* ▸ **capitalize on** *vt fus* aprovechar ❑ **capital punishment** *n* pena de muerte

Capitol [ˈkæpɪtl] (*US*) *n* Capitolio

CAPITOL

El Capitolio es el edificio del Congreso (**Congress**) de los Estados Unidos, situado en la ciudad de Washington. Por extensión, también se suele llamar así al edificio en el que tienen lugar las sesiones parlamentarias de la cámara de representantes de muchos de los estados.

Capricorn [ˈkæprɪkɔːrn] *n* Capricornio

capsize [ˈkæpsaɪz] *vt* volcar, hacer zozobrar ♦ *vi* volcarse, zozobrar

capsule [ˈkæpsəl] *n* cápsula

captain [ˈkæptɪn] *n* capitán *m*

caption [ˈkæpʃən] *n* (*heading*) título; (*to picture*) pie *m* de foto

captive [ˈkæptɪv] *adj, n* cautivo(-a)

capture [ˈkæptʃər] *vt* prender, apresar; (*animal, COMPUT*) capturar; (*place*) tomar; (*attention*) captar, llamar ♦ *n* apresamiento; captura; toma; (*data capture*) formulación *f* de datos

car [kɑːr] *n* carro (*LAm*), coche *m* (*SP*); (*US RAIL*) vagón *m*

carafe [kəˈræf] *n* jarra

carat [ˈkærət] *n* quilate *m*

caravan [ˈkærəvæn] *n* caravana; (*BRIT*) cámper *m or f* (*LAm*), casa rodante (*SC*), caravana (*SP*) ❑ **caravanning** (*BRIT*) *n*: **to go caravanning** viajar en cámper (*LAm*) *or* caravana (*SP*) ❑ **caravan site** (*BRIT*) *n* camping *m* para cámpers (*LAm*) *or* caravanas (*SP*)

carbohydrate [kɑːrbouˈhaɪdreɪt] *n* hidrato de carbono; (*food*) fécula

carbon [ˈkɑːrbən] *n* carbono ❑ **carbonated** *adj* (*water*) con gas ❑ **carbon paper** *n* papel *m* carbón

car boot sale (*BRIT*) *n* venta de objetos usados (*en un mercadillo*)

carburetor (*US*) [kɑːrbəˈreɪtər] (*BRIT* **carburettor**) *n* carburador *m*

card [kɑːrd] *n* (*material*) cartulina; (*index card etc*) ficha; (*playing card*) carta, naipe *m*; (*visiting card, greetings card etc*) tarjeta ❑ **cardboard** *n* cartón *m*

cardiac [ˈkɑːrdiæk] *adj* cardíaco

cardigan [ˈkɑːrdɪgən] *n* chaqueta de punto (*LAm*), rebeca (*SP*)

cardinal [ˈkɑːrdɪnl] *adj* cardinal; (*importance, principal*) esencial ♦ *n* cardenal *m*

card index *n* fichero

care [keər] *n* cuidado; (*worry*) inquietud *f*; (*charge*) cargo, custodia ♦ *vi*: **to ~ about** (*person, animal*) tener cariño a; (*thing, idea*) preocuparse por; **~ of** en casa de, al cuidado de; **in sb's ~** a cargo de algn; **to take ~ to** cuidarse de, tener cuidado de; **to take ~ of** cuidar; (*problem etc*) ocuparse de; **I don't ~** no me importa; **I couldn't ~ less** eso me trae sin cuidado ▸ **care for** *vt fus* cuidar a; (*like*) querer

careen [kəˈriːn] *vi* carenar

career [kəˈrɪər] *n* profesión *f*; (*in work, school*) carrera ♦ *vi* (*also:* **~ along**) correr a toda velocidad ❑ **career woman** *n* mujer *f* de carrera

care: ❑ **carefree** *adj* despreocupado ❑ **careful** *adj* cuidadoso; (*cautious*) cauteloso; **(be) careful!** ¡tenga cuidado! ❑ **carefully** *adv* con cuidado, cuidadosamente; con cautela ❑ **caregiver** (*US*) *n* cuidador(a) *m/f* (*de atención domiciliaria*) ❑ **careless** *adj* descuidado; (*heedless*) poco atento ❑ **carelessness** *n* descuido, falta de atención ❑ **carer** (*BRIT*) *n* (*professional*) enfermero(-a); (*unpaid*) *persona que cuida a un pariente o vecino*

caress [kəˈres] *n* caricia ♦ *vt* acariciar

caretaker [ˈkeərˌteɪkər] *n* (*US: caregiver*) cuidador(a) *m/f* (*de atención domiciliaria*); (*BRIT: of school, residence*) conserje *mf*

cargo [ˈkɑːrgou] (*pl* **~es**) *n* cargamento, carga

car hire *n* alquiler *m* de carros (*LAm*) *or* coches (*SP*)

Caribbean [kærəˈbiːən] *n*: **the ~ (Sea)** el (Mar) Caribe

caring [ˈkeərɪŋ] *adj* humanitario; (*behavior*) afectuoso

carnation [kɑːrˈneɪʃən] *n* clavel *m*

carnival [ˈkɑːrnɪvəl] *n* carnaval *m*; (*US: funfair*) parque *m* de atracciones

carol [ˈkærəl] *n*: **(Christmas) ~** villancico

carp [kɑːrp] *n* (*fish*) carpa

car park (*BRIT*) *n* estacionamiento (*LAm*), aparcamiento (*SP*)

carpenter [ˈkɑːrpɪntər] *n* carpintero(-a)

carpet [ˈkɑːrpɪt] *n* alfombra, tapete *m* (*MEX*); (*fitted*) alfombra (*LAm*), moqueta (*SP*) ♦ *vt* alfombrar

car phone *n* teléfono celular (*LAm*) *or* móvil (*SP*) (de automóvil)

car rental (*US*) *n* alquiler *m* de carros (*LAm*) *or* coches (*SP*)

carriage [ˈkærɪdʒ] *n* (*horse-drawn*) carruaje *m*; (*of goods*) transporte *m*; (*: cost*) porte *m*, flete *m*; (*BRIT RAIL*) vagón *m* ❑ **carriageway** (*BRIT*) *n* (*part of road*) calzada

carrier [ˈkæriər] *n* (*transport company*) transportista, empresa de transportes; (*MED*) portador(a) *m/f* ❑ **carrier bag** (*BRIT*) *n* bolsa (de papel *or* plástico)

carrot [ˈkærət] *n* zanahoria

carry [ˈkæri] *vt* (*person*) llevar; (*transport*) transportar; (*involve: responsibilities etc*) entrañar, implicar; (*MED*) ser portador de ♦ *vi* (*sound*) oírse; **to get carried away** (*fig*) entusiasmarse ▸ **carry on** *vi* (*continue*) seguir (adelante), continuar ♦ *vt* proseguir, continuar ▸ **carry out** *vt* (*orders*) cumplir; (*investigation*) llevar a cabo, realizar ❑ **carryall** (*US*) *n* bolsa de viaje ❑ **carry cot** (*BRIT*) *n* capazo, cuna portátil ❑ **carry-on** (*inf*) *n* (*fuss*) lío

cart [kɑːrt] *n* carro, carreta; (*US: for shopping*) carrito; (*US: motorized*) cochecito ♦ *vt* (*inf: transport*) acarrear

carton [ˈkɑːrtn] *n* (*box*) caja (de cartón); (*of milk etc*) cartón *m*; (*of yogurt*) tarrina

cartoon [kɑːrˈtuːn] *n* (*PRESS*) caricatura; (*comic strip*) tira cómica; (*movie*) dibujos *mpl* animados

cartridge [ˈkɑːrtrɪdʒ] *n* cartucho; (*of pen*) recambio; (*of tape player*) cápsula

carve [kɑːrv] *vt* (*meat*) trinchar; (*wood, stone*) cincelar, esculpir; (*initials etc*) grabar ► **carve up** *vt* dividir, repartir ❑ **carving** *n* (*object*) escultura; (*design*) talla; (*art*) tallado ❑ **carving knife** *n* trinchante *m*

car wash *n* lavado de coches

case [keɪs] *n* (*container*) caja; (*MED*) caso; (*for jewels etc*) estuche *m*; (*LAW*) causa, proceso; (*also:* **suit~**) maleta, valija (*RPl*); **in ~ of** en caso de; **in any ~** en todo caso; **just in ~** por si acaso

cash [kæʃ] *n* dinero en efectivo, dinero contante ♦ *vt* cobrar, hacer efectivo; **to pay (in) ~** pagar al contado; **~ on delivery** cóbrese al entregar ❑ **cashbook** *n* libro de caja ❑ **cash card** *n* tarjeta (*del cajero automático*) ❑ **cash desk** (*BRIT*) *n* caja ❑ **cash dispenser** *n* cajero automático ❑ **cash point** *n* cajero automático

cashew [ˈkæʃuː] *n* (*also:* **~ nut**) nuez *f* de la India (*MEX*), anacardo (*LAm exc MEX, SP*)

cash flow *n* flujo de caja, cash-flow *m*

cashier [kæˈʃɪər] *n* cajero(-a) ❑ **cashier's check** (*US*) *n* cheque *m* bancario ❑ **cashier's desk** (*US*) *n* caja

cashmere [ˈkæʒmɪr] *n* cachemira

cash register *n* caja

casing [ˈkeɪsɪŋ] *n* revestimiento

casino [kəˈsiːnou] *n* casino

casket [ˈkæskɪt] *n* cofre *m*, estuche *m*; (*US: coffin*) ataúd *m*

casserole [ˈkæsəroul] *n* (*food, pot*) cazuela

cassette [kəˈset] *n* casete *f*, cinta ❑ **cassette player** *n* pasacintas *m inv* (*LAm*), casete *m* (*SP*) ❑ **cassette recorder** *n* grabadora (de casetes) (*LAm*), casete *m* (*SP*)

cast [kæst] (*pt, pp* **~**) *vt* (*throw*) echar, arrojar, lanzar; (*glance, eyes*) dirigir; (*THEATER*): **to ~ sb as Othello** dar a algn el papel de Otelo ♦ *vi* (*FISHING*) lanzar ♦ *n* (*THEATER*) reparto; (*also:* **plaster ~**) vaciado; **to ~ one's vote** votar; **to ~ doubt on** suscitar dudas acerca de ► **cast off** *vi* (*NAUT*) desamarrar; (*KNITTING*) cerrar (los puntos) ► **cast on** *vi* (*KNITTING*) poner los puntos

castanets [kæstəˈnets] *npl* castañuelas *fpl*

castaway [ˈkæstəˌwaɪ] *n* náufrago(-a)

caster sugar [ˈkæstərˌʃugər] (*BRIT*) *n* azúcar *m* extrafino

Castile [kæˈstiːl] *n* Castilla ❑ **Castilian** *adj, n* castellano(-a)

casting vote [ˈkæstɪŋˌvout] *n* voto decisivo

cast iron *n* hierro fundido

castle [ˈkæsəl] *n* castillo; (*CHESS*) torre *f*

castor oil [ˈkæstərˌɔɪl] *n* aceite *m* de ricino

casual [ˈkæʒuəl] *adj* fortuito; (*irregular: work etc*) eventual, temporero; (*unconcerned*) despreocupado; (*clothes*) informal ❑ **casually** *adv* de manera despreocupada; (*dress*) de informal

> ⚠ Be careful not to translate **casual** by the Spanish word ***casual***.

casualty [ˈkæʒuəlti] *n* víctima, herido; (*dead*) muerto; (*BRIT MED department*) urgencias *fpl*

cat [kæt] *n* gato; (*big cat*) felino

Catalan [ˈkætəlæn] *adj, n* catalán(-ana) *m/f*

catalogue [ˈkætəlɑːg] (*US* **catalog**) *n* catálogo ♦ *vt* catalogar

Catalonia [kætəˈlouniə] *n* Cataluña

catalyst [ˈkætəlɪst] *n* catalizador *m*

catalytic convertor [kætəˈlɪtɪkkənˈvɜːrtər] *n* catalizador *m*

catamaran [ˌkætəməˈræn] *n* catamarán *m*

catapult [ˈkætəpʌlt] *n* (*AER, MIL*) catapulta; (*BRIT: slingshot*) hulera (*MEX*), resortera (*MEX*), tirachinas *m inv* (*LAm exc MEX, SP*), honda (*SC*)

catarrh [kəˈtɑːr] *n* catarro

catastrophe [kəˈtæstrəfi] *n* catástrofe *f*

catch [kætʃ] (*pt, pp* **caught**) *vt* agarrar (*LAm*), coger (*SP*); (*arrest*) detener; (*grasp*) asir; (*breath*) contener; (*surprise: person*) sorprender; (*attract: attention*) captar; (*hear*) oír; (*MED*) contagiarse de, coger; (*also:* **~ up**) alcanzar ♦ *vi* (*fire*) encenderse; (*in branches etc*) enredarse ♦ *n* (*fish etc*) pesca; (*act of catching*) cogida; (*hidden problem*) dificultad *f*; (*game*) pilla-pilla; (*of lock*) pestillo, cerradura; **to ~ fire** encenderse; **to ~ sight of** divisar ► **catch on** *vi* (*understand*) caer en la cuenta; (*grow popular*) hacerse popular ► **catch up** *vi* (*fig*) ponerse al día ❑ **catching** *adj* (*MED*) contagioso ❑ **catchment area** *n* zona de captación ❑ **catch phrase** *n* latiguillo; eslogan *m* ❑ **catchy** *adj* (*tune*) pegadizo

category [ˈkætɪgɔːri] *n* categoría, clase *f*

cater [ˈkeɪtər] *vi* (*needs*) atender a; (*COMM: parties etc*) proveer comida a; **to ~ to** (*US*) *or* **for** (*BRIT*) atender a ❑ **caterer** *n* proveedor(a) *m/f* (de hostelería) ❑ **catering** *n* (*trade*) hostelería

caterpillar [ˈkætərpɪlər] *n* oruga, gusano

cathedral [kəˈθiːdrəl] *n* catedral *f*

catholic [ˈkæθəlɪk] *adj* (*tastes etc*) amplio ❑ **Catholic** *adj, n* (*REL*) católico(-a)

CAT scan [ˈkætˌskæn] *n* TAC *f*, tomografía

Catseye® [ˈkætsˈaɪ] (*BRIT*) *n* (*AUT*) catafaro

catsup [ˈkætsəp] (*US*) *n* salsa de tomate, catsup *m*

cattle [ˈkætl] *npl* ganado

catty [ˈkæti] *adj* malicioso, rencoroso

caucus [ˈkɔːkəs] *n* (*POL*) camarilla política; (: *US: to elect candidates*) comité *m* electoral

caught [kɔːt] *pt, pp of* **catch**

cauliflower [ˈkɑːlɪflauər] *n* coliflor *f*

cause [kɔːz] *n* causa, motivo, razón *f*; (*principle, also POL*) causa ♦ *vt* causar

causeway [ˈkɔːzweɪ] *n* calzada *or* carretera elevada

caution [ˈkɔːʃən] *n* cautela, prudencia; (*warning*) advertencia, amonestación *f* ♦ *vt* amonestar ❑ **cautious** *adj* cauteloso, prudente, precavido

cavalry [ˈkævəlri] *n* caballería

cave [keɪv] *n* cueva, caverna ► **cave in** *vi* (*roof etc*) derrumbarse, hundirse

caviar(e) [ˈkæviɑːr] *n* caviar *m*

cayenne [kaɪˈen] *n* (*also:* **~ pepper**) pimentón *m*

CB *n abbr* (= *Citizens' Band (Radio)*) banda ciudadana

CBI *n abbr* (= *Confederation of British Industry*) *organización empresarial británica*

CBS (*US*) *n abbr* = **Columbia Broadcasting System**

cc *abbr* = **carbon copy**; **cubic centimeters**

CCTV *n abbr* (= *closed-circuit television*) circuito cerrado de televisión

CD *n abbr* (= *compact disc*) CD *m*; (*player*) (reproductor *m* de) CD *m* ❑ **CD player** *n* reproductor *m* de CD ❑ **CD-ROM** [ˌsiːdiːˈrɑːm] *n abbr* CD-ROM *m*

cease [siːs] *vt, vi* cesar ❑ **ceasefire** *n* alto *m* el fuego ❑ **ceaseless** *adj* incesante

cedar [ˈsiːdər] *n* cedro

ceiling [ˈsiːlɪŋ] *n* techo; (*fig*) límite *m*

celebrate [ˈseləbreɪt] *vt* celebrar ♦ *vi* divertirse ❑ **celebrated** *adj* célebre ❑ **celebration** [selɪˈbreɪʃən] *n* fiesta, celebración *f*

celebrity [səˈlebrɪti] *n* (*fame, person*) celebridad *f*

celery [ˈseləri] *n* apio

cell [sel] *n* celda; (*BIOL*) célula; (*ELEC*) elemento

cellar [ˈselər] *n* sótano; (*for wine*) bodega

cello [ˈtʃelou] *n* violoncelo

Cellophane® [ˈseləfeɪn] *n* celofán *m*

cellphone [ˈselˌfoun] *n* teléfono celular

Celt [kelt, selt] *adj, n* celta *mf* ❑ **Celtic** *adj* celta

cement [səˈment] *n* cemento ❑ **cement mixer** *n* hormigonera, mezcladora de cemento (*MEX*)

cemetery [ˈsemɪteri] *n* cementerio

censor [ˈsensər] *n* censor *m* ♦ *vt* (*cut*) censurar ❑ **censorship** *n* censura

censure [ˈsenʃər] *vt* censurar

census [ˈsensəs] *n* censo

cent [sent] *n* (*unit of dollar*) centavo; (*unit of euro*) céntimo; *see also* **per**

centenary [senˈtenəri] (*BRIT*) *n* centenario

centennial [senˈteniəl] (*US*) *n* centenario

center (*US*) [ˈsentər] (*BRIT* **centre**) *n* centro; (*fig*) núcleo ♦ *vt* centrar ❑ **center-forward** *n* (*SPORT*) delantero centro ❑ **center-half** *n* (*SPORT*) medio centro

centi... [ˈsenti] *prefix*: ❑ **centigrade** *adj* centígrado ❑ **centiliter** (*US*) (*BRIT* **centilitre**) *n* centilitro ❑ **centimeter** (*US*) (*BRIT* **centimetre**) *n* centímetro

centipede [ˈsentɪpiːd] *n* ciempiés *m inv*

central [ˈsentrəl] *adj* central; (*of house etc*) céntrico ❑ **Central America** *n* Centroamérica ❑ **central heating** *n* calefacción *f* central ❑ **centralize** *vt* centralizar

centre [ˈsentər] (*BRIT*) *n, vt* = **center**

century [ˈsentʃəri] *n* siglo; **20th ~** siglo veinte

CEO (*US*) *n abbr* = **Chief Executive Officer**

ceramic [səˈræmɪk] *adj* cerámico ❑ **ceramics** *n* cerámica

cereal [ˈsɪriəl] *n* cereal *m*

ceremony [ˈserɪmouni] *n* ceremonia; **to stand on ~** hacer ceremonias, estar de cumplido

certain [ˈsɜːrtn] *adj* seguro; (*person*): **a ~ Mr Smith** un tal Sr Smith; (*particular, some*) cierto; **for ~** a ciencia cierta ❑ **certainly** *adv* (*undoubtedly*) ciertamente; (*of course*) desde luego, por supuesto ❑ **certainty** *n* certeza, certidumbre *f*, seguridad *f*; (*inevitability*) certeza

certificate [sərˈtɪfɪkɪt] *n* certificado

certified [ˈsɜːrtɪfaɪd] *adj* (*check*) certificado ❑ **certified mail** (*US*) *n* correo certificado ❑ **certified public accountant** (*US*) *n* contador(a) *m/f* público(-a) (*LAm*)

certify [ˈsɜːrtɪfaɪ] *vt* certificar; (*award diploma to*) conceder un diploma a; (*declare insane*) declarar loco

cervical [ˈsɜːrvɪkəl] *adj* cervical

cervix [ˈsɜːrvɪks] *n* cuello del útero

cf. *abbr* (= *compare*) cfr

CFC *n abbr* (= *chlorofluorocarbon*) CFC *m*

ch. *abbr* (= *chapter*) cap

chain [tʃeɪn] *n* cadena; (*of mountains*) cordillera; (*of events*) sucesión *f* ♦ *vt* (*also:* **~ up**) encadenar ❑ **chain reaction** *n* reacción *f* en cadena ❑ **chain-smoke** *vi* fumar un cigarrillo tras otro ❑ **chain store** *n* tienda (de una cadena)

chair [tʃeər] *n* silla; (*armchair*) sillón *m*, butaca; (*of university*) cátedra; (*of meeting etc*) presidencia ♦ *vt* (*meeting*) presidir ❑ **chairlift** *n* telesilla ❑ **chairman** *n* presidente *m* ❑ **chairwoman** *n* presidenta

chalk [tʃɔːk] *n* (*GEO*) creta; (*for writing*) tiza, gis *m* (*MEX*) ❑ **chalkboard** (*US*) *n* pizarrón (*LAm*), pizarra (*SP*)

challenge [ˈtʃælɪndʒ] *n* desafío, reto ♦ *vt* desafiar, retar; (*statement, right*) poner en duda; **to ~ sb to do sth** retar a algn a que haga algo ❑ **challenging** *adj* exigente; (*tone*) de desafío

chamber [ˈtʃeɪmbər] *n* cámara, sala; (*POL*) cámara; (*BRIT LAW gen pl*) despacho; **~s** *npl* despacho; **~ of commerce** cámara de comercio ❑ **chambermaid** *n* camarera

chamois [ˈʃæmi] *n* gamuza

champagne [ʃæmˈpeɪn] *n* champán *m*

champion [ˈtʃæmpiən] *n* campeón(-ona) *m/f*; (*of cause*) defensor(a) *m/f* ❑ **championship** *n* campeonato

chance [tʃæns] *n* (*opportunity*) ocasión *f*, oportunidad *f*; (*likelihood*) posibilidad *f*; (*risk*) riesgo ♦ *vt* arriesgar, probar ♦ *adj* fortuito, casual; **to ~ it** arriesgarse, intentarlo; **to take a ~** arriesgarse; **by ~** por casualidad

chancellor [ˈtʃænsələr] (*BRIT*) *n* canciller *m* ❑ **Chancellor of the Exchequer** (*BRIT*) *n* ≈ Ministro de Hacienda

chandelier [ʃændəˈlɪər] *n* araña (de luces)

change [tʃeɪndʒ] *vt* cambiar; (*replace*) cambiar, reemplazar; (*clothes, job*) cambiar de; (*transform*) transformar ♦ *vi* cambiar(se); (*change trains*) hacer transbordo; (*traffic lights*) cambiar de color; (*be transformed*): **to ~ into** transformarse en ♦ *n* cambio; (*alteration*) modificación *f*; (*transformation*) transformación *f*; (*of clothes*) muda; (*coins*) feria (*MEX*), morralla (*MEX*), sencillo (*LAm exc MEX*), suelto (*SP*); (*money returned*) cambio; **to ~ one's mind** cambiar de opinión *or* idea; **for a ~** para variar; **to ~ gear** (*BRIT AUT*) cambiar de marcha ❑ **changeable** *adj* (*weather*) cambiable ❑ **change machine** *n* máquina de cambio ❑ **changeover** *n* (*to new system*) cambio ❑ **changing** *adj* cambiante ❑ **changing room** (*BRIT*) *n* vestuario

channel [ˈtʃænəl] *n* (*TV*) canal *m*; (*of river*) cauce *m*; (*groove*) conducto; (*fig: medium*) medio ♦ *vt* (*river etc*) encauzar; **the (English) C~** el Canal (de la Mancha); **the C~ Islands** las Islas Normandas; **the C~ Tunnel** el túnel del Canal de la Mancha, el Eurotúnel ❑ **channel-hopping, channel-surfing** *n* (*TV*) zapping *m*

chant [tʃænt] *n* (*of crowd*) gritos *mpl*; (*REL*) canto ♦ *vt* (*slogan, word*) repetir a gritos

chaos [ˈkeɪɑːs] *n* caos *m*

chap [tʃæp] (*BRIT: inf*) *n* (*man*) tipo

chapel [ˈtʃæpəl] *n* capilla

chaperone [ˈʃæpəroun] *n* carabina

chaplain [ˈtʃæplɪn] *n* capellán *m*

chapped [tʃæpt] *adj* agrietado

chapter [ˈtʃæptər] *n* capítulo

char [tʃɑːr] *vt* (*burn*) carbonizar, chamuscar

character [ˈkærɪktər] *n* carácter *m*, naturaleza, índole *f*; (*moral strength, personality*) carácter; (*in novel, movie*) personaje *m* ❑ **characteristic** [kærɪktəˈrɪstɪk] *adj* característico ♦ *n* característica

charcoal [ˈtʃɑːrkoul] *n* carbón *m* vegetal; (*ART*) carboncillo

charge [tʃɑːrdʒ] *n* (*LAW*) cargo, acusación *f*; (*cost*) precio, coste *m*; (*responsibility*) cargo ♦ *vt* (*LAW*): **to ~ (with)** acusar (de); (*battery*) cargar; (*price*) pedir; (*customer*) cobrar ♦ *vi* precipitarse; (*MIL*) cargar, atacar; **~s** *npl* tarifa *f*; **to reverse the ~s** (*TEL*) revertir el cobro; **to take ~ of** hacerse cargo de, encargarse de; **to be in ~ of** estar encargado de; (*business*) mandar; **how much do you ~?** ¿cuánto cobra usted?; **to ~ an expense (up) to sb's account** cargar algo a cuenta de algn ❑ **charge card** *n* tarjeta de crédito

charity [ˈtʃærɪti] *n* caridad *f*; (*organization*) sociedad *f* benéfica; (*money, gifts*) limosnas *fpl*

charm [tʃɑːrm] *n* encanto, atractivo; (*talisman*) hechizo; (*on bracelet*) dije *m* ♦ *vt* encantar ❑ **charming** *adj* encantador(a)

chart [tʃɑːrt] *n* (*diagram*) cuadro; (*graph*) gráfico; (*map*) carta de navegación ♦ *vt* (*course*) trazar; (*progress*) seguir; **the ~s** *npl* (*Top 40*) ≈ la lista de éxitos

charter [ˈtʃɑːrtər] *vt* (*plane*) alquilar; (*ship*) fletar ♦ *n* (*document*) carta; (*of university, company*) estatutos *mpl* ❑ **chartered accountant** (*BRIT*) *n* contador(a) *m/f* público(-a) (*LAm*) ❑ **chartered public accountant** (*US*) *n* contador(a) *m/f* público(-a) (*LAm*) ❑ **charter flight** *n* vuelo chárter

chase [tʃeɪs] *vt* (*pursue*) perseguir; (*also:* **~ away**) ahuyentar ♦ *n* persecución *f*

chasm [ˈkæzəm] *n* sima

chassis [ˈʃæsi] *n* chasis *m*

chat [tʃæt] *vi* (*also:* **have a ~**) charlar, platicar (*MEX, CAm*) ♦ *n* charla, plática (*MEX, CAm*) ❑ **chat room** *n* (*INTERNET*) chat *m*, canal *m* de charla ❑ **chat show** (*BRIT*) *n* programa *m* de entrevistas

chatter [ˈtʃætər] *vi* (*person*) charlar; (*teeth*) castañetear ♦ *n* (*of birds*) parloteo; (*of people*) cháchara ❑ **chatterbox** (*inf*) *n* parlanchín(-ina) *m/f*

chatty [ˈtʃæti] *adj* (*style*) informal; (*person*) hablador(a)

chauffeur [ˈʃoufər] *n* chofer *m* (*LAm*), chófer *m* (*SP*)

chauvinist [ˈʃouvɪnɪst] *n* (*male chauvinist*) machista *m*; (*nationalist*) chovinista *mf*, patriotista *mf*

cheap [tʃiːp] *adj* barato; (*joke*) de mal gusto; (*poor quality*) de mala calidad ♦ *adv* barato ❑ **cheap day return** (*BRIT*) *n* boleto (*LAm*) *or* billete *m* (*SP*) de ida y vuelta (en un día) ❑ **cheaper** *adj* más barato ❑ **cheaply** *adv* barato, a bajo precio

cheat [tʃiːt] *vi* hacer trampa ♦ *vt*: **to ~ sb (out of sth)** estafar (algo) a algn ♦ *n* (*person*) tramposo(-a)

check [tʃek] *vt* (*examine*) controlar; (*facts*) comprobar; (*halt*) parar, detener; (*restrain*) refrenar, restringir; (*US: mark*) marcar ♦ *n* (*inspection*) control *m*, inspección *f*; (*curb*) freno; (*US*) cheque *m*; (*US: in restaurant etc*) nota, cuenta; (*pattern: gen pl*) cuadro ♦ *adj* (*also:* **~ed**: *pattern, cloth*) a cuadros ► **check in** *vi* (*at hotel*) firmar el registro; (*at airport*) facturar *or* (*MEX*) registrar el equipaje ♦ *vt* (*luggage*) facturar ► **check out** *vi* (*of hotel*) (pagar e) irse ► **check up** *vi*: **to check up on sth** comprobar algo; **to check up on sb** investigar a algn ❑ **checkbook** (*US*) (*BRIT* **chequebook**) *n* chequera (*LAm*), talonario de cheques (*SP*) ❑ **check card** (*US*) *n* tarjeta de cheque ❑ **checkered** (*US*) (*BRIT* **chequered**) *adj* (*pattern, cloth*) a cuadros; (*fig*) accidentado ❑ **checkers** (*US*) *n* juego de damas ❑ **check-in (desk)** *n* mostrador *m* de facturación *or* (*MEX*) registro ❑ **checking account** (*US*) *n* cuenta corriente ❑ **check mark** (*US*) *n* visto (bueno), palomita (*MEX*) ❑ **checkmate** *n* jaque *m* mate ❑ **checkout** *n* (*also:* **checkout counter**) caja ❑ **checkpoint** *n* control *m* ❑ **checkroom** (*US*) *n* consigna ❑ **checkup** *n* (*MED*) reconocimiento general

cheek [tʃiːk] *n* mejilla; (*impudence*) descaro; **what a ~!** (*BRIT*) ¡qué cara! ❑ **cheekbone** *n* pómulo ❑ **cheeky** (*BRIT*) *adj* fresco, descarado

cheep [tʃiːp] *vi* piar

cheer [tʃɪər] *vt* vitorear, aplaudir; (*gladden*) alegrar, animar ♦ *vi* dar vivas ♦ *n* viva *m*; **~s** *npl* aplausos *mpl*; **~s!** ¡salud! ► **cheer up** *vi* animarse ♦ *vt* alegrar, animar ❑ **cheerful** *adj* alegre

cheerio [tʃɪriˈou] (*BRIT*) *excl* ¡hasta luego!

cheerleader [ˈtʃɪrˌliːdər] (*US*) *n* animador(a) *m/f*

cheese [tʃiːz] *n* queso ❑ **cheeseboard** *n* tabla de quesos

cheetah [ˈtʃiːtə] *n* guepardo

chef [ʃef] *n* chef *mf*

chemical [ˈkemɪkəl] *adj* químico ♦ *n* producto químico

chemist [ˈkemɪst] *n* (*scientist*) químico(-a); (*BRIT: pharmacist*) farmacéutico(-a) ❑ **chemistry** *n* química ❑ **chemist's (shop)** (*BRIT*) *n* farmacia

cheque [tʃek] (*BRIT*) *n* cheque *m* ❑ **chequebook** (*BRIT*) *n* = **checkbook**

chequered [ˈtʃekərd] (*BRIT*) *adj* = **checkered**

cherish [ˈtʃerɪʃ] *vt* (*love*) querer, apreciar; (*protect*) cuidar; (*hope etc*) abrigar

cherry [ˈtʃeri] *n* cereza; (*also:* **~ tree**) cerezo

chess [tʃes] *n* ajedrez *m* ❑ **chessboard** *n* tablero (de ajedrez)

chest [tʃest] *n* (*ANAT*) pecho; (*box*) cofre *m*, cajón *m* ❑ **chest of drawers** *n* cómoda

chestnut [ˈtʃesˌnʌt] *n* castaña; (*also:* **~ tree**) castaño

chew [tʃuː] *vt* mascar, masticar ❑ **chewing gum** *n* chicle *m*

chic [ʃiːk] *adj* elegante

chick [tʃɪk] *n* pollito, polluelo; (*inf: girl*) chica

chicken [ˈtʃɪkɪn] *n* gallina, pollo; (*food*) pollo; (*inf: coward*) gallina *mf* ► **chicken out** (*inf*) *vi* rajarse ❑ **chickenpox** *n* varicela

chickpea ['tʃɪkpiː] *n* garbanzo

chicory ['tʃɪkəri] *n (for coffee)* achicoria; *(salad)* escarola

chief [tʃiːf] *n* jefe(-a) *m/f* ♦ *adj* principal ❑ **chief executive** *n* director(a) *m/f* general ❑ **chiefly** *adv* principalmente

chilblain ['tʃɪlbleɪn] *n* sabañón *m*

child [tʃaɪld] *(pl* **~ren***) n* niño(-a); *(offspring)* hijo(-a) ❑ **childbirth** *n* parto ❑ **child-care** *n* cuidado de los niños ❑ **childhood** *n* niñez *f*, infancia ❑ **childish** *adj* pueril, aniñado ❑ **childlike** *adj* de niño ❑ **child minder** *(BRIT) n* baby sitter *mf (LAm)*, canguro *mf (SP)* ❑ **children** ['tʃɪldrən] *npl of* **child**

Chile ['tʃɪli] *n* Chile *m* ❑ **Chilean** *adj, n* chileno(-a)

chill [tʃɪl] *n* frío; *(MED)* resfriado ♦ *vt* enfriar; *(CULIN)* congelar ▸ **chill out** *(inf) vi* relajarse; **chill out, man!** *(inf)* ¡relax!, ¡tranqui tronco!

chil(l)i ['tʃɪli] *n* chile *m*, ají *m (SC)*

chilly ['tʃɪli] *adj* frío

chime [tʃaɪm] *n* repique *m*; *(of clock)* campanada ♦ *vi* repicar; sonar

chimney ['tʃɪmni] *n* chimenea ❑ **chimney sweep** *n* deshollinador *m*

chimpanzee [tʃɪmpæn'ziː] *n* chimpancé *m*

chin [tʃɪn] *n* mentón *m*, barbilla

china ['tʃaɪnə] *n* porcelana; *(crockery)* loza

China ['tʃaɪnə] *n* China ❑ **Chinese** [tʃaɪ'niːz] *adj* chino ♦ *n inv* chino(-a); *(LING)* chino

chink [tʃɪŋk] *n (opening)* grieta, hendedura; *(noise)* tintineo

chip [tʃɪp] *n (US: also:* **potato ~***)* papa *(LAm) or* patata *(SP)* frita; *(gen pl: BRIT: CULIN)* papas *fpl or* patatas *fpl* fritas; *(of wood)* astilla; *(of glass, stone)* lasca; *(at poker)* ficha; *(COMPUT)* chip *m* ♦ *vt (cup, plate)* desconchar

chiropodist [kɪ'rɑːpədɪst] *(BRIT) n* pedicuro(-a), podólogo(-a)

chiropractor ['kaɪrə,præktər] *n* quiropráctico(-a)

chirp [tʃɜːrp] *vi (bird)* gorjear, piar

chisel ['tʃɪzəl] *n (for wood)* escoplo; *(for stone)* cincel *m*

chit [tʃɪt] *n* nota

chitchat ['tʃɪt,tʃæt] *n* chismes *mpl*, habladurías *fpl*

chivalry ['ʃɪvəlri] *n* caballerosidad *f*

chives [tʃaɪvz] *npl* cebollinos *mpl*, cebolletas *fpl*

chlorine ['klɔːriːn] *n* cloro

chock-a-block ['tʃɑːkə,blɑːk] *adj* atestado

chock-full ['tʃɑːk'ful] *adj* atestado

chocolate ['tʃɔːklɪt] *n* chocolate *m*; *(candy)* bombón *m*

choice [tʃɔɪs] *n* elección *f*, selección *f*; *(option)* opción *f*; *(preference)* preferencia ♦ *adj* escogido

choir ['kwaɪər] *n* coro ❑ **choirboy** *n* niño de coro

choke [tʃouk] *vi* ahogarse; *(on food)* atragantarse ♦ *vt* estrangular, ahogar; *(block)*: **to be ~d with** estar atascado de ♦ *n (AUT)* estárter *m*

cholesterol [kə'lestərɑːl] *n* colesterol *m*

choose [tʃuːz] *(pt* **chose**, *pp* **chosen***) vt* escoger, elegir; *(team)* seleccionar; **to ~ to do sth** optar por hacer algo

choosy ['tʃuːzi] *adj* delicado

chop [tʃɑːp] *vt (wood)* cortar, tajar; *(CULIN: also:* **~ up***)* picar ♦ *n (CULIN)* chuleta; **~s** *npl (mouth)* boca, labios *mpl*

chopper ['tʃɑːpər] *n (helicopter)* helicóptero

choppy ['tʃɑːpi] *adj (sea)* picado, agitado

chopsticks ['tʃɑːp,stɪks] *npl* palillos *mpl* (chinos)

chord [kɔːrd] *n (MUS)* acorde *m*

chore [tʃɔːr] *n* faena, tarea; *(routine task)* trabajo rutinario

chorus ['kɔːrəs] *n* coro; *(repeated part of song)* estribillo

chose [tʃouz] *pt of* **choose**

chosen ['tʃouzən] *pp of* **choose**

chowder ['tʃaudər] *n (US)* sopa de pescado

Christ [kraɪst] *n* Cristo

christen ['krɪsən] *vt* bautizar

Christian ['krɪstʃən] *adj, n* cristiano(-a) ❑ **Christianity** [krɪstʃi'ænɪti] *n* cristianismo ❑ **Christian name** *n* nombre *m* de pila

Christmas ['krɪsməs] *n* Navidad *f*; **Merry ~!** ¡Feliz Navidad! ❑ **Christmas card** *n* tarjeta de Navidad ❑ **Christmas Day** *n* día *m* de Navidad ❑ **Christmas Eve** *n* Nochebuena ❑ **Christmas tree** *n* árbol *m* de Navidad

chrome [kroum] *n* cromo

chronic ['krɑːnɪk] *adj* crónico

chronological [krɑːnə'lɑːdʒɪkəl] *adj* cronológico

chubby ['tʃʌbi] *adj* regordete

chuck [tʃʌk] *(inf) vt* lanzar, arrojar; *(BRIT: also:* **~ up***)* abandonar ▸ **chuck out** *vt (person)* echar (fuera); *(garbage etc)* tirar

chuckle ['tʃʌkəl] *vi* reírse entre dientes

chug [tʃʌg] *vi* resoplar; *(car, boat: also:* **~ along***)* avanzar traqueteando

chum [tʃʌm] *n* amigo(-a), compañero(-a)

chunk [tʃʌŋk] *n* pedazo, trozo

church [tʃɜːrtʃ] *n* iglesia ❑ **churchyard** *n* cementerio

churn [tʃɜːrn] *n (for butter)* mantequera; *(for milk)* lechera ▸ **churn out** *vt* producir en serie

chute [ʃuːt] *n (also:* **garbage ~***)* vertedero; *(for coal etc)* rampa de caída

chutney ['tʃʌtni] *n salsa picante de frutas y especias*

CIA *(US) n abbr (= Central Intelligence Agency)* CIA *f*

CID *(BRIT) n abbr (= Criminal Investigation Department) policía judicial británica*

cider ['saɪdər] *n* sidra

cigar [sɪ'gɑːr] *n* puro

cigarette [sɪgə'ret] *n* cigarrillo ❑ **cigarette butt** *n* colilla ❑ **cigarette case** *n* cigarrera, pitillera

Cinderella [sɪndə'relə] *n* Cenicienta

cinders ['sɪndərz] *npl* cenizas *fpl*

cine camera ['sɪni,kæmərə] *(BRIT) n* cámara cinematográfica

cinema ['sɪnəmə] *(BRIT) n* cine *m*

cinnamon ['sɪnəmən] *n* canela

circle ['sɜːrkəl] *n* círculo; *(in theater)* anfiteatro ♦ *vi* dar vueltas ♦ *vt (surround)* rodear, cercar; *(move around)* dar la vuelta a

circuit ['sɜːrkɪt] *n* circuito; *(tour)* gira; *(track)* pista; *(lap)* vuelta ❑ **circuitous** [sər'kjuːɪtəs] *adj* indirecto

circular ['sɜːrkjələr] *adj* circular ♦ *n* circular *f*

circulate ['sɜːrkjuleɪt] *vi* circular; *(person: at party etc)* hablar con los invitados ♦ *vt* poner en circulación ❑ **circulation** *n* circulación *f*; *(of newspaper)* tirada

circumstances ['sɜːrkəmstænsɪz] *npl* circunstancias *fpl*; *(financial condition)* situación *f* económica

circus ['sɜːrkəs] *n* circo

CIS *n abbr (= Commonwealth of Independent States)* CEI *f*

cistern ['sɪstərn] *n* cisterna, tanque *m*; *(toilet cistern)* cisterna

citizen ['sɪtɪzən] *n (POL)* ciudadano(-a); *(of city)* habitante *mf* ❑ **citizenship** *n* ciudadanía

citrus fruits ['sɪtrəs,fruːts] *npl* cítricos *mpl*

city ['sɪti] *n* ciudad *f*; **the C~** *(BRIT) centro financiero de Londres*

civic ['sɪvɪk] *adj* cívico; *(authorities)* municipal ❑ **civic centre** *(BRIT) n* centro público

civil ['sɪvɪl] *adj* civil; *(polite)* atento, cortés ❑ **civil engineer** *n* ingeniero(-a) civil ❑ **civilian** [sɪ'vɪliən] *adj* civil ♦ *n* civil *mf*, paisano(-a)

civilization [sɪvɪlɪ'zeɪʃən] *n* civilización *f*

civilized ['sɪvɪlaɪzd] *adj* civilizado

civil: ❑ **civil law** *n* derecho civil ❑ **civil liberties** *n* libertades *fpl* civiles ❑ **civil rights** *n* derechos *mpl* civiles ❑ **civil servant** *n* funcionario(-a) (del Estado), burócrata *mf (MEX)* ❑ **civil service** *n* administración *f or (MEX)* burocracia pública ❑ **civil war** *n* guerra civil

> **CIVIL RIGHTS**
>
> En Estados Unidos, el término **civil rights** hace referencia a los derechos garantizados a todos los ciudadanos por las enmiendas 13, 14, 15 y 19 de la Constitución. Entre estos derechos están el derecho al voto y a un tratamiento de igualdad por parte de la ley. El movimiento moderno de derechos civiles (**Modern Civil Rights Movement**) logró la aprobación de la ley de derechos civiles en 1964, que prohibía la segregación y la discriminación pública por motivos racistas.

claim [kleɪm] *vt* exigir, reclamar; *(rights etc)* reivindicar; *(assert)* pretender ♦ *vi (for insurance)* reclamar ♦ *n* reclamación *f*; pretensión *f* ❑ **claimant** *n (in court)* demandante *mf*

clairvoyant [kleər'vɔɪənt] *n* clarividente *mf*

clam [klæm] *n* almeja

clamber ['klæmbər] *vi* trepar

clammy ['klæmi] *adj* (frío y) húmedo

clamor *(US)* ['klæmər] *(BRIT* **clamour***) vi*: **to ~ for** clamar por, pedir a voces

clamp [klæmp] *n* abrazadera, grapa ♦ *vt (2 things together)* cerrar fuertemente; *(one thing on another)* afianzar (con abrazadera); *(AUT: wheel)* poner un cepo a ▸ **clamp down on** *vt fus (government, police)* tomar medidas drásticas contra

clang [klæŋ] *vi* sonar, hacer estruendo

clap [klæp] *vi* aplaudir ❑ **clapping** *n* aplausos *mpl*

claret ['klærət] *n* burdeos *m inv*

clarify ['klærɪfaɪ] *vt* aclarar

clarinet [,klerɪ'net] *n* clarinete *m*

clash [klæʃ] *n* enfrentamiento; choque *m*; desacuerdo; estruendo ♦ *vi (fight)* enfrentarse; *(beliefs)* chocar; *(disagree)* estar en desacuerdo; *(colors)* desentonar; *(two events)* coincidir

clasp [klæsp] *n (hold)* apretón *m*; *(of necklace, bag)* cierre *m* ♦ *vt* apretar; abrazar

class [klæs] *n* clase *f* ♦ *vt* clasificar

classic ['klæsɪk] *adj, n* clásico ❑ **classical** *adj* clásico

classified ['klæsɪfaɪd] *adj (information)* confidencial, secreto ❑ **classified advertisement** *n* anuncio clasificado *(LAm)*

classmate ['klæs,meɪt] *n* compañero(-a) de clase

classroom ['klæs,ruːm] *n* clase *f*, aula

clatter ['klætər] *n* estrépito ♦ *vi* hacer ruido *or* estrépito

clause [klɔːz] *n* cláusula; *(LING)* oración *f*

claw [klɔː] *n (of cat)* uña; *(of bird of prey)* garra; *(of lobster)* pinza

clay [kleɪ] *n* arcilla

clean [kliːn] *adj* limpio; *(record, reputation)* bueno, intachable; *(joke)* decente ♦ *vt* limpiar; *(hands etc)* lavar ▸ **clean out** *vt* limpiar ▸ **clean up** *vt* limpiar, asear ❑ **clean-cut** *adj (person)* bien parecido ❑ **cleaner** *n (person)* limpiador(a) *m/f*; *(substance)* producto de limpieza ❑ **cleaner's** *n* tintorería ❑ **cleaning** *n* limpieza ❑ **cleanliness** ['klenlinɪs] *n* limpieza

cleanse [klenz] *vt* limpiar ❑ **cleanser** *n* producto de limpieza; *(for face)* crema *or* loción *f* limpiadora

clean-shaven *adj* (bien) afeitado *or (MEX)* rasurado

cleansing department *(BRIT) n* servicio de limpieza

clear [klɪər] *adj* claro; *(road, way)* libre; *(conscience)* limpio, tranquilo; *(skin)* terso; *(sky)* despejado ♦ *vt (space)* despejar, limpiar; *(LAW: suspect)* absolver; *(obstacle)* salvar, saltar por encima de; *(check)* aceptar ♦ *vi (fog etc)* despejarse ♦ *adv*: **~ of** a distancia de; **to ~ the table** recoger la mesa ▸ **clear up** *vt* limpiar; *(mystery)* aclarar, resolver ❑ **clearance** *n (removal)* despeje *m*; *(permission)* acreditación *f* ❑ **clear-cut** *adj* bien definido, nítido ❑ **clearing** *n (in wood)* claro ❑ **clearing bank** *(BRIT) n* banco central *or* de compensación ❑ **clearing house** *n (FINANCE)* cámara de compensación ❑ **clearly** *adv* claramente; *(evidently)* sin duda ❑ **clearway** *(BRIT) n tramo de carretera donde no se puede parar*

cleat [kliːt] *(US) n (on sport shoe)* taco

clef [klef] *n (MUS)* clave *f*

cleft [kleft] *n (in rock)* grieta, hendidura

clench [klentʃ] *vt* apretar, cerrar

clergy ['klɜːrdʒi] *n* clero ❑ **clergyman** *n* clérigo

clerical ['klerɪkəl] *adj* de oficina; *(REL)* clerical

clerk [klɜːrk] *n (in office)* oficinista *mf*; *(in bank)* empleado(-a); *(in hotel)* recepcionista *mf*; *(US: in store)* dependiente(-a) *m/f*

clever ['klevər] *adj (intelligent)* inteligente, listo; *(skillful)* hábil; *(device, arrangement)* ingenioso

cliché [kliː'ʃeɪ] *n* cliché *m*

click [klɪk] *vt (tongue)* chasquear; *(heels)* taconear ♦ *vi (COMPUT)* hacer clic; **to ~ on an icon** hacer clic en un icono

client ['klaɪənt] *n* cliente(-a) *m/f*

cliff [klɪf] *n* acantilado

climate ['klaɪmɪt] *n* clima *m*

climax ['klaɪmæks] *n (of battle, career)* apogeo; *(of movie, book)* punto culminante; *(sexual)* orgasmo

climb [klaɪm] *vi* subir; *(plant)* trepar; *(move with effort)*: **to ~ over a wall/into a car** trepar a una tapia/subir a un coche ♦ *vt (stairs)* subir; *(tree)* trepar a; *(mountain)* escalar ♦ *n* subida ❑ **climb-down** *(BRIT) n* vuelta atrás ❑ **climber** *n (rock climber)* escalador(a) *m/f*; *(mountaineer)* alpinista *mf (MEX, SP)*, andinista *mf (LAm)* ❑ **climbing** *n* alpinismo *(MEX, SP)*, andinismo *(LAm)*

clinch [klɪntʃ] *vt (deal)* cerrar; *(argument)* remachar

cling [klɪŋ] *(pt, pp* **clung***) vi*: **to ~ to** agarrarse a; *(clothes)* pegarse a

clinic ['klɪnɪk] *n* clínica ❑ **clinical** *adj* clínico; *(fig)* frío

clink [klɪŋk] *vi* tintinar

clip [klɪp] *n (for hair)* pasador *m*, broche *m (MEX)*; *(also:* **paper ~***)* clip *m*, sujetapapeles *m inv*; *(TV, CINEMA)* fragmento ♦ *vt (cut)* cortar; *(also:* **~ together***)* unir ❑ **clippers** *npl (for nails)* cortaúñas *m inv*; *(for gardening)* tijeras *fpl* ❑ **clipping** *n (newspaper)* recorte *m*

cloak [klouk] *n* capa, manto ♦ *vt (fig)* encubrir, disimular ❑ **cloakroom** *n* guardarropa; *(BRIT: WC)* baño *(LAm)*, lavabo *(SP)*

clock [klɑːk] *n* reloj *m* ▸ **clock in** *or* **on** *vi* checar *(MEX) or* marcar *(LAm)* tarjeta *(al entrar)* ▸ **clock off** *or* **out** *vi* checar *(MEX) or* marcar *(LAm)* tarjeta *(al salir)* ❑ **clockwise** *adv* en el sentido de las agujas del reloj ❑ **clockwork** *n* mecanismo de relojería ♦ *adj (toy)* de cuerda

clod [klɑːd] *n (of earth)* terrón *m*; *(idiot)* imbécil *mf*

clog [klɑːg] *n* zueco, chanclo ♦ *vt* atascar ♦ *vi (also:* **~ up***)* atascarse

cloister ['klɔɪstər] *n* claustro

clone [kloun] *n* clon *m* ♦ *vt* clonar

close[1] [klous] *adj (near)*: **~ (to)** cerca (de); *(friend)* íntimo; *(connection)* estrecho; *(examination)* detallado, minucioso; *(weather)* bochornoso ♦ *adv* cerca; **~ by, ~ at hand** muy cerca; **to have a ~ shave** *(fig)* escaparse por los pelos ▸ **close to** *prep* cerca de

close[2] [klouz] *vt (shut)* cerrar; *(end)* concluir, terminar ♦ *vi (store etc)* cerrarse; *(end)* concluirse, terminarse ♦ *n (end)* fin *m*, final *m*, conclusión *f* ▸ **close down** *vi* cerrarse definitivamente ❑ **closed** *adj (store etc)* cerrado ❑ **closed shop** *n empresa con todo el personal afiliado a un solo sindicato*

close-knit ['klous'nɪt] *adj (fig)* muy unido

closely ['klousli] *adv (study)* con detalle; *(watch)* de cerca; *(resemble)* estrechamente

closet ['klɑːzɪt] *n (US)* armario, clóset *m (MEX)*, placard *m (RPl)*

close-up ['klousʌp] *n* primer plano

closure ['klouʒər] *n* cierre *m*

clot [klɑːt] *n (gen)* coágulo ♦ *vi (blood)* coagularse

cloth [klɑːθ] *n (material)* tela, paño; *(rag)* trapo

clothe [klouð] *vt* vestir ❑ **clothes** *npl* ropa ❑ **clothes brush** *n* cepillo (para la ropa) ❑ **clothes line** *n* cuerda de tender ❑ **clothes pin** *(US) (BRIT* **clothes peg***) n* pinza *or (MEX)* horquilla (de la ropa)

clothing ['klouðɪŋ] *n* = **clothes**

cloud [klaud] *n* nube *f* ❑ **cloudburst** *n* aguacero ❑ **cloudy** *adj* nublado, nubloso; *(liquid)* turbio

clout [klaut] *vt* dar un tortazo a

clove [klouv] *n* clavo; **~ of garlic** diente *m* de ajo

clover ['klouvər] *n* trébol *m*

clown [klaun] *n* payaso ♦ *vi (also:* **~ around***)* hacer el payaso

cloying ['klɔɪɪŋ] *adj* empalagoso

club [klʌb] *n (society)* club *m*; *(weapon)* macana *(MEX)*, cachiporra *(LAm)*, porra *(SP)*; *(also:* **golf ~***)* palo ♦ *vt* aporrear ♦ *vi*: **to ~ together** *(BRIT: for gift)* comprar entre todos; **~s** *npl (CARDS)* tréboles *mpl* ❑ **clubbing** *n*: **to go clubbing** ir a la discoteca ❑ **club class** *n (AVIAT)* clase *f* preferente ❑ **clubhouse** *n* sede *f* (de un club)

cluck [klʌk] *vi* cacarear

clue [kluː] *n* pista; *(in crosswords)* indicación *f*; **I haven't a ~** no tengo ni idea

clump [klʌmp] *n (of trees)* grupo

clumsy ['klʌmzi] *adj (person)* torpe, desmañado; *(tool)* difícil de manejar; *(movement)* desgarbado

clung [klʌŋ] *pt, pp of* **cling**

cluster ['klʌstər] *n* grupo ♦ *vi* agruparse, apiñarse

clutch [klʌtʃ] *n (AUT)* embrague *m*; *(grasp)*: **~es** garras *fpl* ♦ *vt* asir; agarrar

clutter ['klʌtər] *vt* atestar

cm *abbr (= centimeter)* cm

CND *n abbr (= Campaign for Nuclear Disarmament) plataforma pro desarme nuclear*

Co. *abbr* = **county**; **company**

c/o *abbr (= care of)* c/a, a/c

coach [koutʃ] *n* autobús *m*; *(horse-drawn)* coche *m*, carruaje *m*; *(of train)* vagón *m*, coche *m*; *(SPORT)* entrenador(a) *m/f*, instructor(a) *m/f*; *(tutor)* profesor(a) *m/f* particular ♦ *vt (SPORT)* entrenar; *(student)* preparar, enseñar ❑ **coach trip** *n* excursión *f* en autobús

coal [koul] *n* carbón *m* ❑ **coalface** *n* frente *m* de carbón ❑ **coalfield** *n* yacimiento de carbón

coalition [kouə'lɪʃən] *n* coalición *f*

coal mine *n* mina de carbón

coal miner *n* minero(-a) (del carbón)

coarse [kɔːrs] *adj* basto, burdo; *(vulgar)* grosero, ordinario

coast [koust] *n* costa, litoral *m* ♦ *vi (AUT)* ir en punto muerto ❑ **coastal** *adj* costero, costanero ❑ **Coast Guard** *n* servicio de guardacostas ❑ **coastline** *n* litoral *m*

coat [kout] *n* abrigo; *(of animal)* pelaje *m*; *(of paint)* mano *f*, capa ♦ *vt* cubrir, revestir ❑ **coat hanger** *n* gancho *(LAm)*, percha *(SP)* ❑ **coating** *n* capa, baño ❑ **coat of arms** *n* escudo de armas

coax [kouks] *vt* engatusar

cobbler ['kɑːblər] *n* zapatero (remendón)

cobbles ['kɑːbəlz], **cobblestones** *npl* adoquines *mpl*

cobweb ['kɑːbweb] *n* telaraña

cocaine [kou'keɪn] *n* cocaína

cock [kɑːk] *n (male bird)* macho; *(rooster)* gallo ♦ *vt (gun)* amartillar ❑ **cockerel** *n* gallito

cockle ['kɑːkəl] *n* berberecho

cockney ['kɑːkni] *(BRIT) n persona nacida en el este de Londres y especialmente de clase obrera*

cockpit ['kɑːk,pɪt] *n* cabina

cockroach ['kɑːk,routʃ] *n* cucaracha

cocktail ['kɑːk,teɪl] *n* cóctel *m*, combinado ❑ **cocktail cabinet** *n* mueble-bar *m* ❑ **cocktail party** *n* cóctel *m*

cocoa ['koukou] *n* cacao; (*drink*) chocolate *m*

coconut ['koukənʌt] *n* coco

cod [kɑːd] *n* bacalao

C.O.D. *abbr* (= *cash on delivery*) pago contra reembolso

code [koud] *n* código; (*cipher*) clave *f*; (*area code*) clave *f* lada (*MEX*), código de la zona (*LAm*), prefijo (*SP*); (*zip code*) código postal

cod-liver oil ['kɑːd'lɪvər,ɔɪl] *n* aceite *m* de hígado de bacalao

co-ed ['kou,ed] *adj* mixto ♦ *n* (*US: female student*) alumna de un colegio mixto

coercion [kou'ɜːrʃən] *n* coacción *f*

coffee ['kɔːfi] *n* café *m* ❑ **coffee bar** (*BRIT*) *n* cafetería ❑ **coffee bean** *n* grano de café ❑ **coffee break** *n* descanso (para el café) ❑ **coffee house** *n* café *m* ❑ **coffeepot** *n* cafetera ❑ **coffee shop** *n* café *m* ❑ **coffee table** *n* mesa de centro

coffin ['kɔːfɪn] *n* ataúd *m*

cog [kɑːg] *n* (*wheel*) rueda dentada; (*tooth*) diente *m*

cogent ['koudʒənt] *adj* convincente

cognac ['kounjæk] *n* coñac *m*

coil [kɔɪl] *n* rollo; (*ELEC*) bobina, carrete *m*; (*contraceptive*) DIU *m*, dispositivo intrauterino ♦ *vt* enrollar

coin [kɔɪn] *n* moneda ♦ *vt* (*word*) inventar, idear ❑ **coinage** *n* moneda ❑ **coin-box** (*BRIT*) *n* cabina telefónica

coincide [kouɪn'saɪd] *vi* coincidir; (*agree*) estar de acuerdo ❑ **coincidence** [kou'ɪnsɪdəns] *n* casualidad *f*

Coke® [kouk] *n* Coca-Cola®

coke [kouk] *n* (*coal*) coque *m*

colander ['kɑːləndər] *n* colador *m*, escurridor *m*

cold [kould] *adj* frío ♦ *n* frío; (*MED*) resfriado; **it's ~** hace frío; **to be ~** (*person*) tener frío; **to catch ~** enfriarse; **to catch a ~** resfriarse, acatarrarse; **in ~ blood** a sangre fría ❑ **cold-shoulder** *vt* dar *or* volver la espalda a ❑ **cold sore** *n* fuego (*LAm*), calentura (*SP*)

coleslaw ['koulslɔː] *n ensalada de repollo, zanahoria, cebolla y mayonesa*

colic ['kɑːlɪk] *n* cólico

collapse [kə'læps] *vi* hundirse, derrumbarse; (*MED*) sufrir un colapso ♦ *n* hundimiento, derrumbamiento; (*MED*) colapso ❑ **collapsible** *adj* plegable

collar ['kɑːlər] *n* (*of coat, shirt*) cuello; (*of dog etc*) collar ❑ **collarbone** *n* clavícula

collateral [kə'lætərəl] *n* garantía colateral

colleague ['kɑːliːg] *n* colega *mf*; (*at work*) compañero(-a)

collect [kə'lekt] *vt* (*litter, mail etc*) recoger; (*as a hobby*) coleccionar, recoger; (*debts, subscriptions etc*) recaudar; (*BRIT: call and pick up*) recoger ♦ *vi* reunirse; (*dust*) acumularse; **to call ~** (*US TEL*) llamar por cobrar (*MEX*) *or* a cobro revertido (*LAm exc MEX, SP*) ❑ **collect call** (*US*) *n* llamada por cobrar (*MEX*) *or* a cobro revertido (*LAm exc MEX, SP*) ❑ **collection** *n* colección *f*; (*of mail, for charity*) recogida ❑ **collector** *n* coleccionista *mf*

college ['kɑːlɪdʒ] *n* (*part of university*) colegio universitario; (*of agriculture, technology*) escuela universitaria; (*US: of Law, Arts etc*) ≈ facultad *m*

collide [kə'laɪd] *vi* chocar

colliery ['kɑːljəri] (*BRIT*) *n* mina de carbón

collision [kə'lɪʒən] *n* choque *m*

colloquial [kə'loukwiəl] *adj* familiar, coloquial

cologne [kə'loun] *n* (*also:* **eau de ~**) agua de colonia, colonia

Colombia [kə'lʌmbiə] *n* Colombia ❑ **Colombian** *adj, n* colombiano(-a)

colon ['koulən] *n* (*sign*) dos puntos; (*MED*) colon *m*

colonel ['kɜːrnl] *n* coronel *m*

colonial [kə'louniəl] *adj* colonial

colony ['kɑːləni] *n* colonia

color (*US*) ['kʌlər] (*BRIT* **colour**) *n* color *m* ♦ *vt* color(e)ar; (*dye*) teñir; (*fig: account*) adornar; (*: judgement*) distorsionar ♦ *vi* (*blush*) sonrojarse; **~s** *npl* (*of party, club*) colores *mpl*; **in ~** en color ▸ **color in** *vt* colorear ❑ **color bar** *n* segregación *f* racial ❑ **color-blind** (*US*) (*BRIT* **colour-blind**) *adj* daltónico ❑ **colored** (*US*) (*BRIT* **coloured**) *adj* de color; (*photo*) en color ❑ **color film** *n* película en color ❑ **colorful** (*US*) (*BRIT* **colourful**) *adj* lleno de color; (*story*) fantástico; (*person*) excéntrico ❑ **coloring** (*US*) (*BRIT* **colouring**) *n* (*complexion*) tez *f*; (*in food*) colorante *m* ❑ **color scheme** *n* combinación *f* de colores ❑ **color television** *n* televisión *f* en color

colt [koult] *n* potro

column ['kɑːləm] *n* columna ❑ **columnist** ['kɑːləmnɪst] *n* columnista *mf*

coma ['koumə] *n* coma *m*

comb [koum] *n* peine *m*; (*ornamental*) peineta ♦ *vt* (*hair*) peinar; (*area*) registrar a fondo

combat ['kɑːmbæt] *n* combate *m* ♦ *vt* combatir

combination [kɑːmbɪ'neɪʃən] *n* combinación *f*

combine [*vb* kəm'baɪn, *n* 'kɑːmbaɪn] *vt* combinar; (*qualities*) reunir ♦ *vi* combinarse ♦ *n* (*ECON*) grupo empresarial ❑ **combine (harvester)** *n* cosechadora

come

KEYWORD

[kʌm] (*pt* **came**, *pp* **come**) *vi*

1 (*movement towards*) venir; **to come running** venir corriendo

2 (*arrive*) llegar; **he's come here to work** ha venido aquí para trabajar; **to come home** volver a casa

3 (*reach*): **to come to** llegar a; **the check came to $90** la cuenta ascendía a noventa dólares

4 (*occur*): **an idea came to me** se me ocurrió una idea

5 (*be, become*): **to come loose/undone** *etc* aflojarse/desabrocharse/desatarse *etc*; **I've come to like him** por fin ha llegado a caerme bien *or* gustarme

▸ **come about** *vi* suceder, ocurrir

▸ **come across** *vt fus* (*person*) topar con; (*thing*) dar con

▸ **come around** (*US*) (*BRIT* **come round**) *vi* (*after faint, operation*) volver en sí

▸ **come away** *vi* (*leave*) marcharse; (*become detached*) desprenderse

▸ **come back** *vi* (*return*) volver

▸ **come by** *vt fus* (*acquire*) conseguir

▸ **come down** *vi* (*price*) bajar; (*tree, building*) ser derribado

▸ **come forward** *vi* presentarse

▸ **come from** *vt fus* (*place, source*) ser de

▸ **come in** *vi* (*visitor*) entrar; (*train, report*) llegar; (*fashion*) ponerse de moda; (*on deal etc*) entrar

▸ **come in for** *vt fus* (*criticism etc*) recibir

▸ **come into** *vt fus* (*money*) heredar; (*be involved*) tener que ver con; **to come into fashion** ponerse de moda

▸ **come off** *vi* (*button*) soltarse, desprenderse; (*attempt*) salir bien

▸ **come on** *vi* (*pupil*) progresar; (*work, project*) desarrollarse; (*lights*) encenderse; (*electricity*) volver; **come on!** ¡vamos!

▸ **come out** *vi* (*fact*) salir a la luz; (*book, sun*) salir; (*stain*) quitarse

▸ **come to** *vi* (*wake*) volver en sí

▸ **come up** *vi* (*sun*) salir; (*problem*) surgir; (*event*) aproximarse; (*in conversation*) mencionarse

▸ **come up against** *vt fus* (*resistance etc*) tropezar con

▸ **come up with** *vt fus* (*idea*) sugerir; (*money*) conseguir

▸ **come upon** *vt fus* (*find*) dar con

comeback ['kʌm,bæk] *n* (*US: response*) réplica; (*: witty*) respuesta aguda; **to make a ~** (*on stage*) volver a las tablas

comedian [kə'miːdiən] *n* humorista *mf*, cómico(-a) ❑ **comedienne** [kəmiːdi'en] *n* cómica

comedy ['kɑːmɪdi] *n* comedia; (*humor*) comicidad *f*

comet ['kɑːmɪt] *n* cometa *m*

comeuppance [kʌm'ʌpəns] *n*: **to get one's ~** llevarse su merecido

comfort ['kʌmfərt] *n* bienestar *m*; (*relief*) alivio ♦ *vt* consolar; **~s** *npl* (*of home etc*) comodidades *fpl* ❑ **comfortable** *adj* cómodo; (*financially*) acomodado; (*easy*) fácil ❑ **comfortably** *adv* (*sit*) cómodamente; (*live*) holgadamente ❑ **comforter** (*US*) *n* edredón *m* ❑ **comfort station** (*US*) *n* baño (*LAm*), servicios *mpl* (*SP*)

comic ['kɑːmɪk] *adj* (*also:* **~al**) cómico ♦ *n* (*comedian*) cómico; (*BRIT: for children*) cómic *m* (*LAm*), tebeo (*SP*); (*BRIT: for adults*) cómic *m* ❑ **comic book** (*US*) *n* cómic *m* ❑ **comic strip** *n* tira cómica

coming ['kʌmɪŋ] *n* venida, llegada ♦ *adj* que viene; **~s and goings** *npl* idas *fpl* y venidas, ajetreo

comma ['kɑːmə] *n* coma

command [kə'mænd] *n* orden *f*, mandato; (*MIL: authority*) mando; (*mastery*) dominio ♦ *vt* (*troops*) mandar; (*give orders to*): **to ~ sb to do** mandar *or* ordenar a algn hacer ❑ **commandeer** [kɑːmən'dɪər] *vt* requisar ❑ **commander** *n* (*MIL*) comandante *mf*, jefe(-a) *m/f*

commemorate [kə'meməreɪt] *vt* conmemorar

commence [kə'mens] *vt, vi* comenzar, empezar

commencement [kə'mensmənt] (*US*) *n* (*UNIV*) (ceremonia de) graduación *f*

commend [kə'mend] *vt* elogiar, alabar; (*recommend*) recomendar

commensurate [kə'mensərɪt] *adj*: **~ with** en proporción a, que corresponde a

comment ['kɑːment] *n* comentario ♦ *vi*: **to ~ on** hacer comentarios sobre; **"no ~"** (*written*) "sin comentarios"; (*spoken*) "no tengo nada que decir" ❑ **commentary** *n* comentario ❑ **commentator** *n* comentarista *mf*

commerce ['kɑːmərs] *n* comercio

commercial [kə'mɜːrʃəl] *adj* comercial ♦ *n* (*TV, RADIO*) comercial *m* (*LAm*), anuncio (publicitario) (*SP*)

commiserate [kə'mɪzəreɪt] *vi*: **to ~ with** compadecerse de, condolerse de

commission [kə'mɪʃən] *n* (*committee, fee*) comisión *f* ♦ *vt* (*work of art*) encargar; **out of ~** fuera de servicio ❑ **commissionaire** [kəmɪʃə'neər] (*BRIT*) *n* portero ❑ **commissioner** *n* (*POLICE*) comisario de policía

commit [kə'mɪt] *vt* (*act*) cometer; (*resources*) dedicar; (*to sb's care*) entregar; **to ~ o.s. (to do)** comprometerse (a hacer); **to ~ suicide** suicidarse ❑ **commitment** *n* compromiso; (*to ideology etc*) entrega

committee [kə'mɪti] *n* comité *m*

commodity [kə'mɑːdɪti] *n* mercancía

common ['kɑːmən] *adj* común; (*pej*) ordinario ♦ *n* campo común; **the C~s** *npl* (*BRIT*) (la Cámara de) los Comunes *mpl*; **in ~** en común ❑ **commoner** (*BRIT*) *n* plebeyo ❑ **common law** *n* derecho consuetudinario ❑ **commonly** *adv* comúnmente ❑ **commonplace** *adj* de lo más común ❑ **commonroom** (*BRIT*) *n* sala común ❑ **common sense** *n* sentido común ❑ **the Commonwealth** (*BRIT*) *n* (*HIST*) la Commonwealth

commotion [kə'mouʃən] *n* tumulto, confusión *f*

commune [*n* 'kɑːmjuːn, *vb* kə'mjuːn] *n* (*group*) comuna ♦ *vi*: **to ~ with** comulgar *or* conversar con

communicate [kə'mjuːnɪkeɪt] *vt* comunicar ♦ *vi*: **to ~ (with)** comunicarse (con); (*in writing*) estar en contacto (con)

communication [kəmjuːnɪ'keɪʃən] *n* comunicación *f* ❑ **communication cord** (*BRIT*) *n* alarma (*en tren*)

communion [kə'mjuːnjən] *n* (*also:* **Holy C~**) comunión *f*

communiqué [kəmjuːnɪ'keɪ] *n* comunicado, parte *f*

communism ['kɑːmjənɪzəm] *n* comunismo ❑ **communist** *adj, n* comunista *mf*

community [kə'mjuːnɪti] *n* comunidad *f*; (*large group*) colectividad *f* ❑ **community center** *n* centro social ❑ **community chest** (*US*) *n* arca comunitaria, fondo común ❑ **community college** (*US*) *n establecimiento docente de educación terciaria*

COMMUNITY COLLEGE

En los Estados Unidos, el **community college** es un establecimiento docente de educación terciaria donde se realizan cursos de dos años.

commutation ticket [kɑːmju'teɪʃən,tɪkɪt] (*US*) *n* abono

commute [kə'mjuːt] *vi viajar a diario (de la casa al trabajo)* ♦ *vt* conmutar ❑ **commuter** *n* persona (que viaja ...); *see vi*

compact [*adj* kəm'pækt, *n* 'kɑːmpækt] *adj* compacto ♦ *n* (*also:* **powder ~**) polvera ❑ **compact disc** *n* compact *m* (disc) ❑ **compact disc player** *n* (reproductor *m* de) compact *m* (disc)

companion [kəm'pænjən] *n* compañero(-a) ❑ **companionship** *n* compañerismo

company ['kʌmpəni] *n* compañía; (*COMM*) sociedad *f*, compañía; **to keep sb ~** acompañar a algn ❑ **company secretary** (*BRIT*) *n* jefe(-a) *m/f* de administración

comparative [kəm'perətɪv] *adj* relativo; (*study*) comparativo ❑ **comparatively** *adv* (*relatively*) relativamente

compare [kəm'peər] *vt*: **to ~ sth/sb with/to** comparar algo/a algn con ♦ *vi*: **to ~ (with)** compararse (con) ❑ **comparison** [kəm'perɪsən] *n* comparación *f*

compartment [kəm'pɑːrtmənt] *n* (*also: RAIL*) compartimento

compass ['kʌmpəs] *n* brújula; **~es** *npl* (*MATH*) compás *m*

compassion [kəm'pæʃən] *n* compasión *f* ❑ **compassionate** *adj* compasivo

compatible [kəm'pætɪbəl] *adj* compatible

compel [kəm'pel] *vt* obligar

compensate ['kɑːmpənseɪt] *vt* compensar ♦ *vi*: **to ~ for** compensar ❑ **compensation** [kɑːmpən'seɪʃən] *n* (*for loss*) indemnización *f*

compere ['kɑːmper] (*BRIT*) *n* presentador(a) *m/f*

compete [kəm'piːt] *vi* (*take part*) tomar parte, concurrir; (*vie with*): **to ~ with** competir con, hacer competencia a

competent ['kɑːmpɪtənt] *adj* competente, capaz

competition [kɑːmpɪ'tɪʃən] *n* (*contest*) concurso; (*rivalry*) competencia

competitive [kəm'petɪtɪv] *adj* (*ECON, SPORT*) competitivo

competitor [kəm'petɪtər] *n* (*rival*) competidor(a) *m/f*; (*participant*) concursante *mf*

complacency [kəm'pleɪsənsi] *n* autosatisfacción *f*

complacent [kəm'pleɪsənt] *adj* autocomplaciente

complain [kəm'pleɪn] *vi* quejarse; (*COMM*) reclamar ❑ **complaint** *n* queja; reclamación *f*; (*MED*) enfermedad *f*

complement [*n* 'kɑːmplɪmənt, *vb* 'kɑːmplɪment] *n* complemento; (*esp of ship's crew*) dotación *f* ♦ *vt* (*enhance*) complementar ❑ **complementary** [kɑːmplɪ'mentəri] *adj* complementario

complete [kəm'pliːt] *adj* (*full*) completo; (*finished*) acabado ♦ *vt* (*fulfill*) completar; (*finish*) acabar; (*a form*) llenar ❑ **completely** *adv* completamente ❑ **completion** *n* terminación *f*; (*of contract*) realización *f*

complex ['kɑːmpleks] *adj, n* complejo

complexion [kəm'plekʃən] *n* (*of face*) cutis *m*, tez *f*

compliance [kəm'plaɪəns] *n* (*submission*) sumisión *f*; (*agreement*) conformidad *f*; **in ~ with** de acuerdo con

complicate ['kɑːmplɪkeɪt] *vt* complicar ❑ **complicated** *adj* complicado ❑ **complication** [kɑːmplɪ'keɪʃən] *n* complicación *f*

compliment [*n* 'kɑːmplɪmənt, *vb* 'kɑːmplɪment] *n* (*formal*) cumplido ♦ *vt* felicitar; **~s** *npl* (*regards*) saludos *mpl*; **to pay sb a ~** hacer cumplidos a algn ❑ **complimentary** [kɑːmplɪ'mentəri] *adj* elogioso; (*free*) de regalo

comply [kəm'plaɪ] *vi*: **to ~ with** cumplir con

component [kəm'pounənt] *adj* componente ♦ *n* (*TECH*) pieza

compose [kəm'pouz] *vt*: **to be ~d of** componerse de; (*music etc*) componer; **to ~ o.s.** tranquilizarse ❑ **composed** *adj* sosegado ❑ **composer** *n* (*MUS*) compositor(a) *m/f* ❑ **composition** [,kɑːmpə'zɪʃən] *n* composición *f*

compost ['kɑːmpoust] *n* abono (vegetal)

composure [kəm'pouʒər] *n* serenidad *f*, calma

compound ['kɑːmpaund] *n* (*CHEM*) compuesto; (*LING*) palabra compuesta; (*enclosure*) recinto ♦ *adj* compuesto; (*fracture*) complicado

comprehend [kɑːmprɪ'hend] *vt* comprender ❑ **comprehension** *n* comprensión *f*

comprehensive [,kɑːmprɪ'hensɪv] *adj* exhaustivo; (*INSURANCE*) contra todo riesgo ❑ **comprehensive (school)** (*BRIT*) *n centro estatal de enseñanza secundaria*

compress [*vb* kəm'pres, *n* 'kɑːmpres] *vt* comprimir; (*information*) condensar ♦ *n* (*MED*) compresa

comprise [kəm'praɪz] *vt* (*also:* **be ~d of**) comprender, constar de; (*constitute*) constituir

compromise ['kɑːmprəmaɪz] *n* (*agreement*) arreglo ♦ *vt* comprometer ♦ *vi* transigir

compulsion [kəm'pʌlʃən] *n* compulsión *f*; (*force*) obligación *f*

compulsive [kəm'pʌlsɪv] *adj* compulsivo; (*viewing, reading*) obligado

compulsory [kəm'pʌlsəri] *adj* obligatorio

computer [kəm'pjuːtər] *n* computadora (*LAm*), ordenador *m* (*SP*) ❑ **computer game** *n* juego de computadora (*LAm*) *or* ordenador (*SP*) ❑ **computer-generated** *adj* realizado por computadora (*LAm*) *or* ordenador (*SP*) ❑ **computerize** *vt* (*data*) computarizar, computerizar; (*system*) informatizar ❑ **computer programmer** *n* programador(a) *m/f* ❑ **computer programming** *n* programación *f* ❑ **computer science** *n* informática ❑ **computing** *n* (*activity, science*) informática

comrade ['kɑːmræd] *n* (*POL, MIL*) camarada; (*friend*) compañero(-a) ❑ **comradeship** *n* camaradería, compañerismo

con [kɑːn] *vt* (*deceive*) engañar; (*cheat*) estafar ♦ *n* estafa

conceal [kən'siːl] *vt* ocultar

conceit [kən'siːt] *n* presunción *f* ❑ **conceited** *adj* presumido

conceive [kən'siːv] *vt, vi* concebir

concentrate ['kɑːnsəntreɪt] *vi* concentrarse ♦ *vt* concentrar

concentration [,kɑːnsən'treɪʃən] *n* concentración *f*

concept ['kɑːnsept] *n* concepto

concern [kən'sɜːrn] *n* (*matter*) asunto; (*COMM*) empresa; (*anxiety*) preocupación *f* ♦ *vt* (*worry*) preocupar; (*involve*) afectar; (*relate to*) tener que ver con; **to be ~ed (about)** interesarse (por), preocuparse (por) ❑ **concerning** *prep* sobre, acerca de

concert ['kɑːnsərt] *n* concierto ❑ **concerted** [kən'sɜːrtɪd] *adj* (*efforts etc*) concertado ❑ **concert hall** *n* sala de conciertos

concerto [kən'tʃɛartou] *n* concierto

concession [kən'sɛʃən] *n* concesión *f*; **tax ~** exención fiscal *or* tributaria

concierge [kɔ̃'sjɛrʒ] *n* conserje *m*

conclude [kən'kluːd] *vt* concluir; (*treaty etc*) firmar; (*agreement*) llegar a; (*decide*) llegar a la conclusión de ❑ **conclusion** *n* conclusión *f*; firma ❑ **conclusive** *adj* decisivo, concluyente

concoct [kən'kɑːkt] *vt* confeccionar; (*plot*) tramar ❑ **concoction** *n* mezcla

concourse ['kɑːnkɔːrs] *n* vestíbulo

concrete ['kɑːŋkriːt] *n* hormigón *m*, concreto (*LAm*) ♦ *adj* de concreto *or* hormigón; (*fig*) concreto

concur [kən'kɜːr] *vi* estar de acuerdo, asentir

concurrently [kən'kɜːrəntli] *adv* al mismo tiempo

concussion [kən'kʌʃən] *n* conmoción *f* cerebral

condemn [kən'dɛm] *vt* condenar; (*building*) declarar en ruina

condense [kən'dɛns] *vi* condensarse ♦ *vt* condensar, abreviar ❑ **condensed milk** *n* leche *f* condensada

condiment ['kɑːndɪmənt] *n* condimento

condition [kən'dɪʃən] *n* condición *f*, estado; (*requirement*) condición *f* ♦ *vt* condicionar; **on ~ that** a condición (de) que ❑ **conditioner** *n* enjuague *m* (*LAm*), suavizante *m* (*SP*)

condo ['kɑːndou] (*US*) *n* = **condominium**

condolences [kən'doulənsɪz] *npl* pésame *m*

condom ['kɑːndəm] *n* condón *m*

condominium [ˌkɑːndə'mɪniəm] (*US*) *n* condominio (*LAm*), bloque *m* de pisos (*SP*)

condone [kən'doun] *vt* condonar

conducive [kən'duːsɪv] *adj*: **~ to** conducente a

conduct [*n* 'kɑːndʌkt, *vb* kən'dʌkt] *n* conducta, comportamiento ♦ *vt* (*lead*) conducir; (*manage*) llevar a cabo, dirigir; (*MUS*) dirigir; **to ~ o.s.** comportarse ❑ **conducted tour** (*BRIT*) *n* visita guiada ❑ **conductor** *n* (*of orchestra*) director(a) *m/f*; (*US: on train*) revisor(a) *m/f*; (*on bus*) cobrador(a) *m/f*; (*ELEC*) conductor *m* ❑ **conductress** (*BRIT*) *n* (*on bus*) cobradora

cone [koun] *n* cono; (*pine cone*) piña; (*on road*) cono, pivote *m*; (*for ice-cream*) cucurucho

confectioner [kən'fɛkʃənər] *n* repostero(-a) ❑ **confectioner's (shop)** (*BRIT*) *n* confitería ❑ **confectioner's sugar** (*US*) *n* azúcar *f* glas *or* (*RPl*) impalpable ❑ **confectionery** *n* dulces *mpl*

confer [kən'fɜːr] *vt*: **to ~ sth on** otorgar algo a ♦ *vi* conferenciar

conference ['kɑːnfərəns] *n* (*meeting*) reunión *f*; (*convention*) congreso

confess [kən'fɛs] *vt* confesar ♦ *vi* admitir ❑ **confession** *n* confesión *f*

confetti [kən'fɛti] *n* confeti *m*

confide [kən'faɪd] *vi*: **to ~ in** confiar en

confidence ['kɑːnfɪdəns] *n* (*also:* **self-~**) confianza; (*secret*) confidencia; **in ~** (*speak, write*) en confianza ❑ **confidence game** *n* timo ❑ **confident** *adj* seguro de sí mismo; (*certain*) seguro ❑ **confidential** [kɑːnfɪ'dɛnʃəl] *adj* confidencial

confine [kən'faɪn] *vt* (*limit*) limitar; (*shut up*) encerrar ❑ **confined** *adj* (*space*) reducido ❑ **confinement** *n* (*prison*) prisión *f* ❑ **confines** ['kɑːnfaɪnz] *npl* confines *mpl*

confirm [kən'fɜːrm] *vt* confirmar ❑ **confirmation** [kɑːnfər'meɪʃən] *n* confirmación *f* ❑ **confirmed** *adj* empedernido

confiscate ['kɑːnfɪskeɪt] *vt* confiscar

conflict [*n* 'kɑːnflɪkt, *vb* kən'flɪkt] *n* conflicto ♦ *vi* (*opinions*) chocar ❑ **conflicting** *adj* contradictorio

conform [kən'fɔːrm] *vi* conformarse; **to ~ to** ajustarse a

confound [kən'faund] *vt* confundir

confront [kən'frʌnt] *vt* (*problems*) hacer frente a; (*enemy, danger*) enfrentarse con ❑ **confrontation** [kɑːnfrən'teɪʃən] *n* enfrentamiento

confuse [kən'fjuːz] *vt* (*perplex*) aturdir, desconcertar; (*mix up*) confundir; (*complicate*) complicar ❑ **confused** *adj* confuso; (*person*) perplejo ❑ **confusing** *adj* confuso ❑ **confusion** *n* confusión *f*

congeal [kən'dʒiːl] *vi* (*blood*) coagularse; (*sauce etc*) cuajarse

congested [kən'dʒɛstɪd] *adj* congestionado ❑ **congestion** *n* congestión *f*

congratulate [kən'grætʃəleɪt] *vt*: **to ~ sb (on)** felicitar a algn (por) ❑ **congratulations** [kəŋgrætʃə'leɪʃənz] *npl* felicitaciones *fpl*; **congratulations!** ¡enhorabuena!

congregate ['kɑːŋgrɪgeɪt] *vi* congregarse ❑ **congregation** [kɑːŋgrɪ'geɪʃən] *n* (*of a church*) feligreses *mpl*

congress ['kɑːŋgrɪs] *n* congreso; **C~** (*US*) Congreso ❑ **congressional** [kəŋ'grɛʃənəl] *adj* del congreso ❑ **Congressman** (*US*) *n* miembro del Congreso

conifer ['kɑːnɪfər] *n* conífera

conjunctivitis [kəndʒʌŋktɪ'vaɪtɪs] *n* conjuntivitis *f*

conjure ['kɑːndʒər] *vi* hacer juegos de manos ▸ **conjure up** *vt* (*ghost, spirit*) hacer aparecer; (*memories*) evocar ❑ **conjurer** *n* prestidigitador(a) *m/f*, ilusionista *mf*

con man ['kɑːnˌmæn] *n* estafador *m*

connect [kə'nɛkt] *vt* juntar, unir; (*ELEC*) conectar; (*TEL: subscriber*) poner; (*: caller*) poner al habla; (*fig*) relacionar, asociar ♦ *vi*: **to ~ with** (*train*) enlazar con; **to be ~ed with** (*associated*) estar relacionado con ❑ **connection** *n* juntura, unión *f*; (*ELEC*) conexión *f*; (*RAIL*) enlace *m*; (*TEL*) comunicación *f*; (*fig*) relación *f*

connive [kə'naɪv] *vi*: **to ~ at** hacer la vista gorda a

connoisseur [kɑːnɪ'sɜːr] *n* experto(-a), entendido(-a)

conquer ['kɑːŋkər] *vt* (*territory*) conquistar; (*enemy, feelings*) vencer ❑ **conqueror** *n* conquistador *m*

conquest ['kɑːŋkwest] *n* conquista

cons [kɑːnz] *npl see* **convenience**; **pro**

conscience ['kɑːnʃəns] *n* conciencia

conscientious [ˌkɑːnʃɪ'ɛnʃəs] *adj* concienzudo; (*objection*) de conciencia

conscious ['kɑːnʃəs] *adj* (*deliberate*) deliberado; (*awake, aware*) consciente ❑ **consciousness** *n* conciencia; (*MED*) conocimiento

conscript ['kɑːnskrɪpt] *n* recluta *m* ❑ **conscription** [kən'skrɪpʃən] *n* servicio militar obligatorio

consensus [kən'sɛnsəs] *n* consenso

consent [kən'sɛnt] *n* consentimiento ♦ *vi*: **to ~ (to)** consentir (en)

consequence ['kɑːnsɪkwəns] *n* consecuencia; (*significance*) importancia

consequently ['kɑːnsɪkwentli] *adv* por consiguiente

conservation [ˌkɑːnsər'veɪʃən] *n* conservación *f*

conservative [kən'sɜːrvətɪv] *adj* conservador(a); (*estimate etc*) cauteloso ❑ **Conservative** (*BRIT*) *adj, n* (*POL*) conservador(a) *m/f*

conservatory [kən'sɜːrvətɔːri] *n* invernadero; (*MUS*) conservatorio

conserve [kən'sɜːrv] *vt* conservar ♦ *n* conserva

consider [kən'sɪdər] *vt* considerar; (*take into account*) tener en cuenta; (*study*) estudiar, examinar; **to ~ doing sth** pensar en (la posibilidad de) hacer algo ❑ **considerable** *adj* considerable ❑ **considerably** *adv* notablemente ❑ **considerate** *adj* considerado ❑ **consideration** [kənsɪdə'reɪʃən] *n* consideración *f*; (*factor*) factor *m*; **to give sth further consideration** estudiar algo más a fondo ❑ **considering** *prep* teniendo en cuenta

consign [kən'saɪn] *vt*: **to ~ to** (*sth unwanted*) relegar a; (*person*) destinar a ❑ **consignment** *n* envío

consist [kən'sɪst] *vi*: **to ~ of** consistir en

consistency [kən'sɪstənsi] *n* (*of argument etc*) coherencia; consecuencia; (*thickness*) consistencia

consistent [kən'sɪstənt] *adj* (*person*) consecuente; (*argument etc*) coherente

consolation [ˌkɑːnsə'leɪʃən] *n* consuelo

console[1] [kən'soul] *vt* consolar

console[2] ['kɑːnsoul] *n* consola

consonant ['kɑːnsənənt] *n* consonante *f*

consortium [kən'sɔːrtiəm] *n* consorcio

conspicuous [kən'spɪkjuəs] *adj* (*visible*) visible

conspiracy [kən'spɪrəsi] *n* conjura, complot *m*

constable ['kɑːnstəbəl] (*BRIT*) *n* policía *mf*; **chief ~** ≈ jefe(-a) *m/f* de policía

constabulary [kən'stæbjulɛri] (*BRIT*) *n* ≈ policía

constant ['kɑːnstənt] *adj* constante ❑ **constantly** *adv* constantemente

constipated ['kɑːnstɪpeɪtɪd] *adj* estreñido ❑ **constipation** *n* estreñimiento

> ⚠ Be careful not to translate **constipated** by the Spanish word ***constipado***.

constituency [kən'stɪtʃuənsi] *n* (*POL: area*) distrito electoral; (*: electors*) electorado ❑ **constituent** *n* (*POL*) elector(a) *m/f*; (*part*) componente *m*

constitution [ˌkɑːnstɪ'tuːʃən] *n* constitución *f* ❑ **constitutional** *adj* constitucional

> **CONSTITUTION**
>
> Una constitución es un documento en el que se establecen las leyes fundamentales y los principios de un estado. La primera constitución norteamericana, conocida como **the Articles of Confederation**, se adoptó en 1781 y fue reemplazada en 1789 por la constitución vigente en la actualidad y que constituye la base del estado norteamericano. El **Bill of Rights**, que atañe a los derechos individuales, se añadió a la constitución como una primera serie de enmiendas en 1791.

constraint [kən'streɪnt] *n* obligación *f*; (*limit*) restricción *f*

construct [kən'strʌkt] *vt* construir ❑ **construction** *n* construcción *f* ❑ **construction worker** *n* (*builder*) obrero(-a) de la construcción; (*contractor*) contratista *mf* ❑ **constructive** *adj* constructivo

consul ['kɑːnsəl] *n* cónsul *mf* ❑ **consulate** *n* consulado

consult [kən'sʌlt] *vt* consultar ❑ **consultant** *n* (*MED*) especialista *mf*; (*other specialist*) asesor(a) *m/f* ❑ **consultation** [ˌkɑːnsəl'teɪʃən] *n* consulta ❑ **consulting room** (*BRIT*) *n* consultorio

consume [kən'suːm] *vt* (*eat*) comerse; (*drink*) beberse; (*fire etc, COMM*) consumir ❑ **consumer** *n* consumidor(a) *m/f* ❑ **consumer goods** *npl* bienes *mpl* de consumo

consummate ['kɑːnsəmeɪt] *vt* consumar

consumption [kən'sʌmpʃən] *n* consumo

cont. *abbr* (= *continued*) sigue

contact ['kɑːntækt] *n* contacto; (*person*) contacto; (*: pej*) enchufe *m* ♦ *vt* ponerse en contacto con ❑ **contact lenses** *npl* lentes *mpl* (*LAm*) *or fpl* (*SP*) de contacto

contagious [kən'teɪdʒəs] *adj* contagioso

contain [kən'teɪn] *vt* contener; **to ~ o.s.** contenerse ❑ **container** *n* recipiente *m*; (*for shipping etc*) contenedor *m*

contaminate [kən'tæmɪneɪt] *vt* contaminar

cont'd *abbr* (= *continued*) sigue

contemplate ['kɑːntəmpleɪt] *vt* contemplar; (*reflect upon*) considerar

contemporary [kən'tempərɛri] *adj, n* contemporáneo(-a)

contempt [kən'tɛmpt] *n* desprecio; **~ of court** (*LAW*) desacato (al tribunal) ❑ **contemptible** *adj* despreciable ❑ **contemptuous** *adj* desdeñoso

contend [kən'tɛnd] *vt* (*argue*) afirmar ♦ *vi*: **to ~ with/for** luchar contra/por ❑ **contender** *n* (*SPORT*) contendiente *mf*

content [*adj, vb* kən'tɛnt, *n* 'kɑːntɛnt] *adj* (*happy*) contento; (*satisfied*) satisfecho ♦ *vt* contentar; satisfacer ♦ *n* contenido; **~s** *npl* contenido; **(table of) ~s** índice *m* de materias ❑ **contented** *adj* contento; satisfecho

contention [kən'tɛnʃən] *n* (*assertion*) aseveración *f*; (*disagreement*) discusión *f*

contest [*n* 'kɑːntɛst, *vb* kən'tɛst] *n* lucha; (*competition*) concurso ♦ *vt* (*dispute*) impugnar; (*BRIT POL*) presentarse como candidato(-a) en ❑ **contestant** [kən'tɛstənt] *n* concursante *mf*; (*in fight*) contendiente *mf*

> ⚠ Be careful not to translate **contest** by the Spanish word ***contestar***.

context ['kɑːntɛkst] *n* contexto

continent ['kɑːntɪnənt] *n* continente *m*; **the C~** (*BRIT*) el continente europeo ❑ **continental** [kɑːntɪ'nɛntl] *adj* continental ❑ **continental breakfast** *n* desayuno continental ❑ **continental quilt** (*BRIT*) *n* edredón *m*

contingency [kən'tɪndʒənsi] *n* contingencia

continual [kən'tɪnjuəl] *adj* continuo ❑ **continually** *adv* constantemente

continuation [kəntɪnju'eɪʃən] *n* prolongación *f*; (*after interruption*) reanudación *f*

continue [kən'tɪnju] *vi, vt* seguir, continuar

continuing education *n cursos de enseñanza para adultos*

continuous [kən'tɪnjuəs] *adj* continuo

contort [kən'tɔːrt] *vt* retorcer

contour ['kɑːntuər] *n* contorno; (*also:* **~ line**) curva de nivel

contraband ['kɑːntrəbænd] *n* contrabando

contraceptive [ˌkɑːntrə'sɛptɪv] *adj, n* anticonceptivo

contract [*n* 'kɑːntrækt, *vb* kən'trækt] *n* contrato ♦ *vi* (*COMM*): **to ~ to do sth** firmar un contrato para hacer algo; (*become smaller*) contraerse, encogerse ♦ *vt* contraer ❑ **contraction** [kən'trækʃən] *n* contracción *f* ❑ **contractor** *n* contratista *mf*

contradict [ˌkɑːntrə'dɪkt] *vt* contradecir ❑ **contradiction** *n* contradicción *f*

contraption [kən'træpʃən] (*pej*) *n* artilugio *m*

contrary[1] ['kɑːntrɛri] *adj* contrario ♦ *n* lo contrario; **on the ~** al contrario; **unless you hear to the ~** a no ser que le digan lo contrario

contrary[2] [kən'trɛri] *adj* (*perverse*) terco

contrast [*n* 'kɑːntræst, *vt* kən'træst] *n* contraste *m* ♦ *vt* comparar; **in ~ to** en contraste con

contravene [ˌkɑːntrə'viːn] *vt* infringir

contribute [kən'trɪbjuːt] *vi* contribuir ♦ *vt*: **to ~ $20/an article to** contribuir con 20 dólares/un artículo a; **to ~ to** (*charity*) donar a; (*newspaper*) escribir para; (*discussion*) intervenir en ❑ **contribution** [kɑːntrɪ'bjuːʃən] *n* (*donation*) donativo; (*to debate*) intervención *f*; (*to journal*) colaboración *f*; (*BRIT: for social security*) cotización *f* ❑ **contributor** *n* contribuyente *mf*; (*to newspaper*) colaborador(a) *m/f*

contrive [kən'traɪv] *vt* (*invent*) idear ♦ *vi*: **to ~ to do** lograr hacer

control [kən'troul] *vt* controlar; (*process etc*) dirigir; (*machinery*) manejar; (*temper*) dominar; (*disease*) contener ♦ *n* control *m*; **~s** *npl* (*of vehicle*) mandos *mpl*; (*of radio*) botones *mpl* (de control); (*governmental*) medidas *fpl* de control; **under ~** bajo control; **to be in ~ of** tener el mando de; **to be out of ~** estar fuera de control ❑ **controlled substance** *n* sustancia controlada ❑ **control panel** *n* tablero de mandos ❑ **control room** *n* sala de mando ❑ **control tower** *n* (*AVIAT*) torre *f* de control

controversial [ˌkɑːntrə'vɜːrʃəl] *adj* polémico

controversy ['kɑːntrəvɜːrsi] *n* polémica

convalesce [ˌkɑːnvə'lɛs] *vi* convalecer

convector [kən'vɛktər] *n* calentador *m* de aire

convene [kən'viːn] *vt* convocar ♦ *vi* reunirse

> ⚠ Be careful not to translate **convene** by the Spanish word ***convenir***.

convenience [kən'viːnjəns] *n* (*easiness*) comodidad *f*; (*suitability*) idoneidad *f*; (*advantage*) ventaja; **at your ~** cuando le sea conveniente; **all modern ~s, all mod cons** (*BRIT*) todo confort ❑ **convenience store** *n* ≈ (tienda) 24 *m* horas

> **CONVENIENCE STORE**
>
> En EE.UU., un **convenience store** es un establecimiento que permanece abierto desde primeras horas de la mañana hasta última hora de la noche, y en algunos casos, incluso durante las 24 horas del día. En este tipo de tiendas se pueden adquirir normalmente cosas para el aperitivo, periódicos, revistas, tabaco, productos básicos para la casa, y a veces combustible. Suelen estar ubicados en las carreteras de mayor tráfico o en los cruces.

convenient [kən'viːnjənt] *adj* (*useful*) útil; (*place, time*) conveniente

convent ['kɑːnvənt] *n* convento

convention [kən'vɛnʃən] *n* convención *f*; (*meeting*) asamblea; (*agreement*) convenio ❑ **conventional** *adj* convencional

converge [kən'vɜːrdʒ] *vi* convergir; (*people*): **to ~ on** dirigirse todos a

conversant [kən'vɜːrsənt] *adj*: **to be ~ with** estar al tanto de

conversation [kɑːnvər'seɪʃən] *n* conversación *f* ❑ **conversational** *adj* familiar; **conversational skill** facilidad *f* de palabra

converse [*n* 'kɑːnvərs, *vb* kən'vɜːrs] *n* inversa ♦ *vi* conversar ❑ **conversely** [kən'vɜːrsli] *adv* a la inversa

conversion [kən'vɜːrʒən] *n* conversión *f*

convert [*vb* kən'vɜːrt, *n* 'kɑːnvərt] *vt* (*REL, COMM*) convertir; (*alter*): **to ~ sth into/to** transformar algo en/convertir algo a ♦ *n* converso(-a) ❑ **convertible** *adj* convertible ♦ *n* descapotable *m*

convey [kən'veɪ] *vt* llevar; (*thanks*) comunicar; (*idea*) expresar ❑ **conveyor belt** *n* cinta transportadora

convict [*vb* kən'vɪkt, *n* 'kɑːnvɪkt] *vt* (*find guilty*) declarar culpable a ♦ *n* presidiario(-a) ❑ **conviction** [kən'vɪkʃən] *n* condena; (*belief, certainty*) convicción *f*

convince [kən'vɪns] *vt* convencer ❑ **convinced** *adj*: **convinced of/that** convencido de/de que ❑ **convincing** *adj* convincente

convoluted ['kɑːnvəluːtɪd] *adj* (*argument etc*) enrevesado

convoy ['kɑːnvɔɪ] *n* convoy *m*

convulse [kən'vʌls] *vt*: **to be ~d with laughter** desternillarse de risa ❑ **convulsion** *n* convulsión *f*

cook [kuk] *vt* (*stew etc*) guisar; (*meal*) preparar ♦ *vi* cocer; (*person*) cocinar ♦ *n* cocinero(-a) ❑ **cookbook** *n* libro de cocina ❑ **cooker** (*BRIT*) *n* cocina ❑ **cookery** *n* cocina ❑ **cookery book** (*BRIT*) *n* = **cookbook** ❑ **cookie** (*US*) *n* galleta ❑ **cooking** *n* cocina

cool [kuːl] *adj* fresco; (*not afraid*) tranquilo; (*unfriendly*) frío; (*calm*) sereno ♦ *vt* enfriar ♦ *vi* enfriarse ❑ **coolness** n frescura; tranquilidad f; (indifference) falta de entusiasmo

coop [ku:p] n gallinero ♦ vt: **to ~ up** (fig) encerrar

cooperate [kou'ɑ:pəreɪt] vi cooperar, colaborar ❑ **cooperation** [kou,ɑ:pə'reɪʃən] n cooperación f, colaboración f ❑ **cooperative** adj (business) cooperativo; (person) servicial ♦ n cooperativa

coordinate [vb kou'ɔ:rdneɪt, n kou'ɔ:rdnɪt] vt coordinar ♦ n (MATH) coordenada; **~s** npl (clothes) prendas fpl para combinar ❑ **coordination** [kou,ɔ:rd'neɪʃən] n coordinación f

co-ownership [kou'ounərʃɪp] n copropiedad f

cop [kɑ:p] (inf) n poli mf, tira mf (MEX)

cope [koup] vi: **to ~ with** (problem) hacer frente a

copper ['kɑ:pər] n (metal) cobre m; (BRIT: inf) poli mf, tira mf (MEX); **~s** npl (BRIT: money) feria (MEX), morralla (MEX), sencillo (LAm exc MEX), suelto (SP)

copulate ['kɑ:pjuleɪt] vi copularse

copy ['kɑ:pi] n copia; (of book etc) ejemplar m ♦ vt copiar ❑ **copyright** n derechos mpl de autor

coral ['kɔ:rəl] n coral m

cord [kɔ:rd] n cuerda; (ELEC) cable m; (fabric) pana

cordial ['kɔ:rdʒəl] adj cordial ♦ n cordial m

cordon ['kɔ:rdn] n cordón m ▶ **cordon off** vt acordonar

corduroy ['kɔ:rdərɔɪ] n pana

core [kɔ:r] n centro, núcleo; (of fruit) corazón m; (of problem) meollo ♦ vt quitar el corazón de

coriander [kɔ:ri'ændər] n cilantro, culantro

cork [kɔ:rk] n corcho; (tree) alcornoque m ❑ **corkscrew** n sacacorchos m inv

corn [kɔ:rn] n (US: maize) maíz m, elote m (MEX); (BRIT: cereal crop) trigo; (on foot) callo; **~ on the cob** (CULIN) mazorca, elote m (MEX), choclo (SC)

corned beef ['kɔ:rnd,bi:f] n carne f acecinada (en lata)

corner ['kɔ:rnər] n (outside) esquina; (inside) rincón m; (in road) curva; (FOOTBALL) saque m de esquina, córner m; (BOXING) esquina ♦ vt (trap) arrinconar; (COMM) acaparar ♦ vi (in car) girar ❑ **cornerstone** n (also fig) piedra angular

cornet [kɔ:r'nɛt] n (MUS) corneta; (BRIT: of ice-cream) cucurucho

cornflakes ['kɔ:rn,fleɪks] npl copos mpl de maíz, cornflakes mpl

cornflour ['kɔ:rn,flauər] (BRIT) n = **cornstarch**

cornmeal ['kɔ:rn,mi:l] (US) n harina de maíz

cornstarch ['kɔ:rn,stɑ:rtʃ] (US) n harina de maíz, maizena®

Cornwall ['kɔ:rnwɑ:l] n Cornualles m

corny ['kɔ:rni] (inf) adj cursi

coronary ['kɔ:rənɛri] n (also: **~ thrombosis**) infarto

coronation [,kɔ:rə'neɪʃən] n coronación f

coroner ['kɔ:rənər] n ≈ juez mf de instrucción

corporal ['kɔ:rpərəl] n cabo ♦ adj: **~ punishment** castigo corporal

corporate ['kɔ:rpərɪt] adj (action, ownership) colectivo; (finance, image) corporativo

corporation [,kɔ:rpə'reɪʃən] n (of city) ayuntamiento; (US: limited company) sociedad f anónima; (BRIT COMM) corporación f

corps [kɔ:r, pl kɔ:rz] n inv cuerpo; **diplomatic ~** cuerpo diplomático; **press ~** gabinete m de prensa

corpse [kɔ:rps] n cadáver m

correct [kə'rɛkt] adj justo, exacto; (proper) correcto ♦ vt corregir; (exam) corregir, calificar ❑ **correction** n (act) corrección f; (instance) rectificación f

correspond [,kɔ:rɪ'spɑ:nd] vi (write): **to ~ (with)** escribirse (con); (be equivalent to): **to ~ (to)** corresponder (a); (be in accordance): **to ~ (with)** corresponder (con) ❑ **correspondence** n correspondencia ❑ **correspondence course** n curso por correspondencia ❑ **correspondent** n corresponsal mf

corridor ['kɔ:rɪdər] n pasillo

corrode [kə'roud] vt corroer ♦ vi corroerse

corrugated ['kɔ:rəgeɪtɪd] adj ondulado ❑ **corrugated iron** n chapa ondulada

corrupt [kə'rʌpt] adj (person) corrupto; (COMPUT) corrompido ♦ vt corromper; (COMPUT) degradar

corruption [kə'rʌpʃən] n corrupción f

Corsica ['kɔ:rsɪkə] n Córcega

cosmetic [kɑ:z'mɛtɪk] adj, n cosmético; **~s** npl cosméticos mpl

cosmopolitan [kɑ:zmə'pɑ:lɪtn] adj cosmopolita

cost [kɔ:st] (pt, pp ~) n (price) precio; (LAW) costas fpl ♦ vi costar, valer ♦ vt preparar el presupuesto de; **~s** npl (COMM) costos mpl (LAm), costes mpl (SP); **how much does it ~?** ¿cuánto cuesta?; **at the ~ of his life/health** a costa de su vida/salud; **it ~ him his life** le costó la vida; **at all ~s** cueste lo que cueste

co-star ['kou,stɑ:r] n coprotagonista mf

Costa Rica ['kɔ:stə'ri:kə] n Costa Rica ❑ **Costa Rican** adj, n costarricense mf

cost-effective ['kɔ:stɪ,fɛktɪv] adj rentable

costly ['kɔ:stli] adj costoso

cost-of-living [,kɔ:stəv'lɪvɪŋ] adj: **~ allowance** plus m de carestía de vida; **~ index** índice m del costo de vida

cost price (BRIT) n precio de coste

costume ['kɑ:stu:m] n traje m; (BRIT: also: **swimming ~**) traje de baño ❑ **costume jewelry** n bisutería

cosy ['kouzi] (BRIT) adj = **cozy**

cot [kɑ:t] n (US: camp bed) cama de campaña; (BRIT: child's) cuna

cottage ['kɑtɪdʒ] n casita de campo, chalet m ❑ **cottage cheese** n requesón m

cotton ['kɑtn] n algodón m; (thread) hilo ▶ **cotton on to** (inf) vt fus caer en la cuenta de ❑ **cotton candy** (US) n algodón m (de azúcar) ❑ **cotton wool** (BRIT) n algodón m (hidrófilo)

couch [kautʃ] n sofá m; (doctor's etc) diván m

couchette [ku:'ʃɛt] (BRIT) n litera

cough [kɔ:f] vi toser ♦ n tos f ❑ **cough drop** n pastilla para la tos

could [kud] pt of **can²** ❑ **couldn't** cont = **could not**

council ['kaunsəl] n consejo; **city** or **town ~** ayuntamiento ❑ **council estate** (BRIT) n urbanización de viviendas municipales de alquiler ❑ **council house** (BRIT) n vivienda municipal de alquiler ❑ **councilor** (US) (BRIT **councillor**) n concejal(a) m/f

counsel ['kaunsəl] n (advice) consejo; (lawyer) abogado(-a) ♦ vt aconsejar ❑ **counsellor** (BRIT) n abogado(-a) ❑ **counselor** (US) n (PSYCH) consejero(-a); (adviser) asesor(a) m/f; (lawyer) abogado(-a)

count [kaunt] vt contar; (include) incluir ♦ vi contar ♦ n cuenta; (of votes) escrutinio; (level) nivel m; (nobleman) conde m ▶ **count on** vt fus contar con ❑ **countdown** n cuenta atrás

countenance ['kauntɪnəns] n semblante m, rostro ♦ vt (tolerate) aprobar, tolerar

counter ['kauntər] n (in store) mostrador m; (in bank) ventanilla; (in games) ficha ♦ vt contrarrestar ♦ adv: **to run ~ to** ser contrario a, ir en contra de ❑ **counteract** vt contrarrestar

counterclockwise ['kauntər'klɑ:kwaɪz] (US) adv en sentido contrario al de las agujas del reloj

counterfeit ['kauntərfɪt] n falsificación f, simulación f ♦ vt falsificar ♦ adj falso, falsificado

counterfoil ['kauntər,fɔɪl] n talón m

counterpart ['kauntər,pɑ:rt] n homólogo(-a)

counter-productive ['kauntərprə'dʌktɪv] adj contraproducente

countersign ['kauntər,saɪn] vt refrendar

countess ['kauntɪs] n condesa

countless ['kauntlɪs] adj innumerable

country ['kʌntri] n país m; (native land) patria; (as opposed to town) campo; (region) región f, tierra ❑ **country and western (music)** n (música) country m ❑ **country dancing** (BRIT) n baile m regional ❑ **country house** (BRIT) n casa de campo ❑ **countryman** n (compatriot) compatriota m; (rural) campesino, paisano ❑ **countryside** n campo

county ['kaunti] n condado

coup [ku:] (pl ~s) n (also: **~ d'état**) golpe m (de estado); (achievement) éxito

couple ['kʌpəl] n (of things) par m; (of people) pareja; (married couple) matrimonio; **a ~ of** un par de

coupon ['ku:pɑ:n] n cupón m; (voucher) vale m

courage ['kʌrɪdʒ] n valor m, valentía ❑ **courageous** [kə'reɪdʒəs] adj valiente

courgette [kuər'ʒɛt] (BRIT) n calabacín m, calabacita (MEX)

courier ['kuriər] n mensajero(-a); (for tourists) guía mf

course [kɔ:rs] n (direction) dirección f; (of river, SCOL) curso; (process) transcurso; (MED): **~ of treatment** tratamiento; (of ship) rumbo; (part of meal) plato; (GOLF) campo; **of ~** desde luego, naturalmente; **of ~!** ¡claro!

court [kɔ:rt] n (LAW) tribunal m, juzgado; (TENNIS) cancha (LAm), pista (SP); (royal) corte f ♦ vt (woman) cortejar a; **to take to ~** demandar

courteous ['kɜ:rtiəs] adj cortés

courtesy ['kɜ:rtəsi] n cortesía; **(by) ~ of** por cortesía de ❑ **courtesy bus, courtesy coach** n autobús m gratuito

courthouse ['kɔ:rt,haus] (US) n palacio de justicia

courtier ['kɔ:rtiər] n cortesano

court-martial (pl **courts-martial**) n consejo de guerra

courtroom ['kɔ:rt,ru:m] n sala de justicia

courtyard ['kɔ:rt,jɑ:rd] n patio

cousin ['kʌzən] n primo(-a); **first ~** primo(-a) hermano(-a) or carnal

cove [kouv] n cala, ensenada

covenant ['kʌvənənt] n pacto

cover ['kʌvər] vt cubrir; (feelings, mistake) ocultar; (with lid) tapar; (book etc) forrar; (distance) recorrer; (include) abarcar; (protect: also: INSURANCE) cubrir; (PRESS) investigar; (discuss) tratar ♦ n cubierta; (lid) tapa; (for chair etc) funda; (envelope) sobre m; (for book) forro; (of magazine) portada; (shelter) abrigo; (INSURANCE) cobertura; (of spy) cobertura; **~s** npl (on bed) sábanas; mantas; **to take ~** (shelter) protegerse, resguardarse; **under ~** (indoors) bajo techo; **under ~ of darkness** al amparo de la oscuridad; **under separate ~** (COMM) por separado ▶ **cover up** vi: **to cover up for sb** encubrir a algn ❑ **coverage** n (TV, PRESS) cobertura ❑ **coveralls** (US) npl overol m (LAm) or mono (SP) (de trabajo) ❑ **cover charge** n (precio del) cubierto ❑ **covering** n capa ❑ **cover letter** (US) (BRIT **covering letter**) n carta adjunta ❑ **cover note** n (INSURANCE) póliza provisional

covert ['kʌvərt] adj secreto, encubierto

cover-up n encubrimiento

cow [kau] n vaca; (BRIT: inf!: woman) bruja ♦ vt intimidar

coward ['kauərd] n cobarde mf ❑ **cowardice** n cobardía ❑ **cowardly** adj cobarde

cowboy ['kau,bɔɪ] n vaquero

cower ['kauər] vi encogerse (de miedo)

coy [kɔɪ] adj tímido

cozy (US) ['kouzi] (BRIT **cosy**) adj (person) cómodo; (room) acogedor(a)

C.P.A. (US) n abbr = **certified public accountant**

crab [kræb] n cangrejo ❑ **crab apple** n manzana silvestre

crack [kræk] n grieta; (noise) crujido; (drug) crack m ♦ vt agrietar, romper; (nut) cascar; (solve: problem) resolver; (: code) descifrar; (whip etc) chasquear; (knuckles) crujir; (joke) contar ♦ adj (expert) de primera ▶ **crack down on** vt fus adoptar fuertes medidas contra ▶ **crack up** vi (MED) sufrir una crisis nerviosa ❑ **cracker** n (biscuit) galleta salada, cráker f; (BRIT: Christmas cracker) petardo (sorpresa)

crackle ['krækəl] vi crepitar

cradle ['kreɪdl] n cuna

craft [kræft] n (skill) arte m; (trade) oficio; (cunning) astucia; (boat: pl inv) barco; (plane: pl inv) avión m

craftsman ['kræftsmən] n artesano ❑ **craftsmanship** n (quality) destreza

crafty ['kræfti] adj astuto

crag [kræg] n peñasco

cram [kræm] vt (fill): **to ~ sth with** llenar algo (a reventar) de; (put): **to ~ sth into** meter algo a la fuerza en ♦ vi (for exams) matarse (estudiando), machetear (MEX), tragar (RPl)

cramp [kræmp] n (MED) calambre m ❑ **cramped** adj apretado, estrecho

cranberry ['krænbɛri] n arándano agrio

crane [kreɪn] n (TECH) grúa; (bird) grulla

crank [kræŋk] n manivela; (person) chiflado(-a)

cranny ['kræni] n see **nook**

crash [kræʃ] n (noise) estrépito; (of cars etc) accidente m; (COMM) quiebra ♦ vt (car, plane) estrellar ♦ vi (car, plane) estrellarse; (two cars) chocar; (COMM) quebrar ❑ **crash course** n curso acelerado ❑ **crash helmet** n casco (protector) ❑ **crash landing** n aterrizaje m forzado

crass [kræs] adj grosero, maleducado

crate [kreɪt] n cajón m de embalaje; (for bottles) caja

cravat(e) [krə'væt] n pañuelo

crave [kreɪv] vt, vi: **to ~ (for)** ansiar, anhelar

crawfish ['krɔ:,fɪʃ] (US) n inv (freshwater) cangrejo de río; (saltwater) cigala

crawl [krɔ:l] vi (drag o.s.) arrastrarse; (child) andar a gatas, gatear; (vehicle) avanzar (lentamente) ♦ n (SWIMMING) crol m

crayfish ['kreɪfɪʃ] (BRIT) n = **crawfish**

crayon ['kreɪɑ:n] n lápiz m de color

craze [kreɪz] n (fashion) moda

crazy ['kreɪzi] adj (person) loco; (idea) disparatado; (inf: keen): **~ about sb/sth** loco por algn/algo

creak [kri:k] vi (floorboard) crujir; (hinge etc) chirriar, rechinar

cream [kri:m] n (of milk) crema (de leche); (lotion) crema; (fig) flor f y nata ♦ adj (color) crema ❑ **cream cake** (BRIT) n pastel m con crema or (SP) nata ❑ **cream cheese** n queso crema (LAm) or (blanco) para untar (SP) ❑ **creamy** adj cremoso; (color) color crema

crease [kri:s] n (fold) pliegue m; (in pants) raya; (wrinkle) arruga ♦ vt (wrinkle) arrugar ♦ vi (wrinkle up) arrugarse

create [kri:'eɪt] vt crear ❑ **creation** n creación f ❑ **creative** adj creativo ❑ **creator** n creador(a) m/f

creature ['kri:tʃər] n (animal) animal m, bicho; (person) criatura

crèche [krɛʃ] n nacimiento; (BRIT) guardería (infantil)

credence ['kri:dns] n: **to lend** or **give ~ to** creer en, dar crédito a

credentials [krɪ'dɛnʃlz] npl (references) referencias fpl; (identity papers) documentos mpl de identidad

credible ['krɛdɪbəl] adj creíble; (trustworthy) digno de confianza

credit ['krɛdɪt] n crédito; (merit) honor m, mérito ♦ vt (COMM) abonar; (believe: also: **give ~ to**) creer, prestar fe a ♦ adj crediticio; **~s** npl (FILM) fichas fpl técnicas; **to be in ~** (person) tener saldo a favor; **to ~ sb with** (fig) reconocer a algn el mérito de ❑ **credit card** n tarjeta de crédito ❑ **creditor** n acreedor(a) m/f

creed [kri:d] n credo

creek [kri:k] n (US) riachuelo; (BRIT) cala, ensenada

creep [kri:p] (pt, pp **crept**) vi arrastrarse ❑ **creeper** n enredadera ❑ **creepy** adj (frightening) horripilante

cremate ['kri:meɪt] vt incinerar

crematorium [kri:mə'tɔ:riəm] (pl **crematoria**) n crematorio

Creole adj criollo ♦ n (person) criollo(-a); (LING) lengua criolla; see also **Cajun**

crêpe [kreɪp] n (fabric) crespón m; (also: **~ rubber**) crepé m ❑ **crêpe bandage** (BRIT) n venda de crepé

crept [krɛpt] pt, pp of **creep**

crescent ['krɛsənt] n media luna; (BRIT: street) calle f (en forma de media luna)

cress [krɛs] n berro

crest [krɛst] n (of bird) cresta; (of hill) cima, cumbre f; (of coat of arms) blasón m ❑ **crestfallen** adj alicaído

crevice ['krɛvɪs] n grieta

crew [kru:] n (of ship etc) tripulación f; (TV, CINEMA) equipo ❑ **crew cut** n pelado al rape ❑ **crew neck** n cuello a la caja

crib [krɪb] n (US: for toddler) cuna; (BRIT: for infant) pesebre m ♦ vt (inf) plagiar

crick [krɪk] n (in neck) tortícolis f

cricket ['krɪkɪt] n (insect) grillo; (BRIT: game) críquet m

crime [kraɪm] n (no pl: illegal activities) crimen m; (illegal action) delito ❑ **criminal** ['krɪmɪnəl] n criminal mf, delincuente mf ♦ adj criminal; (illegal) delictivo; (law) penal

crimson ['krɪmzən] adj carmesí

cringe [krɪndʒ] vi agacharse, encogerse

crinkle ['krɪŋkəl] vt arrugar

cripple ['krɪpəl] n lisiado(-a), cojo(-a) ♦ vt lisiar, mutilar

crisis ['kraɪsɪs] (pl **crises**) n crisis f inv

crisp [krɪsp] adj fresco; (vegetables etc) crujiente; (manner) seco ❑ **crisps** (BRIT) npl papas fpl (LAm) or patatas fpl (SP) fritas

crisscross ['krɪskrɔ:s] adj entrelazado

criterion [kraɪ'tɪriən] (pl **criteria**) n criterio

critic ['krɪtɪk] n crítico(-a) ❑ **critical** adj crítico; (illness) grave ❑ **critically** adv (speak etc) en tono crítico; (ill) gravemente ❑ **criticism** ['krɪtɪsɪzəm] n crítica ❑ **criticize** ['krɪtɪsaɪz] vt criticar

croak [krouk] vi (frog) croar; (raven) graznar; (person) gruñir

Croatia [krou'eɪʃə] n Croacia

crochet [krou'ʃeɪ] n ganchillo

crockery ['krɑ:kəri] (BRIT) n vajilla, loza

crocodile ['krɑ:kədaɪl] n cocodrilo

crocus ['kroukəs] n azafrán m

croft [krɔ:ft] (BRIT) n granja pequeña

crony ['krouni] (inf: pej) n compinche mf

crook [kruk] n ladrón(-ona) m/f; (of shepherd) cayado ❑ **crooked** ['krukɪd] adj torcido; (dishonest) nada honrado

crop [krɑ:p] n (produce) cultivo; (amount produced) cosecha; (riding crop) fusta ♦ vt cortar, recortar ▶ **crop up** vi surgir, presentarse

cross [krɔ:s] n cruz f; (hybrid) cruce m ♦ vt (street etc) cruzar, atravesar ♦ adj de mal humor, enojado ▶ **cross out** vt tachar ▶ **cross over** vi cruzar ❑ **crossbar** n travesaño ❑ **cross-country (race)** n cross m ❑ **cross-examine** vt interrogar ❑ **cross-eyed** adj bizco ❑ **crossfire** n fuego cruzado ❑ **crossing** n (sea passage) travesía; (BRIT: also: **pedestrian crossing**) paso de peatones ❑ **crossing guard** (US) n persona encargada de ayudar a los niños a cruzar la calle ❑ **cross purposes** npl: **we were talking at cross purposes** hablábamos de cosas distintas ❑ **cross-reference** n referencia, llamada ❑ **crossroads** n cruce m, encrucijada ❑ **cross section** n corte m transversal; (of population) muestra (representativa) ❑ **crosswalk** (US) n paso de peatones ❑ **crosswind** n viento de costado ❑ **crossword** n crucigrama m

crotch [krɑ:tʃ] n (ANAT, of garment) entrepierna

crotchet [krɑ:tʃɪt] (BRIT) n (MUS) negra

crouch [krautʃ] vi agacharse, acurrucarse

crow [krou] n (bird) cuervo; (of cock) canto, cacareo ♦ vi (cock) cantar

crowbar ['krouba:r] n palanca

crowd [kraud] n muchedumbre f, multitud f ♦ vt (fill) llenar ♦ vi (gather): **to ~ around** reunirse en torno a; (cram): **to ~ in** entrar en tropel ❑ **crowded** adj (full) abarrotado, atestado; (densely populated) superpoblado

crown [kraun] n corona; (of head) coronilla; (for tooth) funda; (of hill) cumbre f ♦ vt coronar; (fig) completar, rematar ❑ **crown jewels** npl joyas fpl reales ❑ **crown prince** n príncipe m heredero

crow's feet npl patas fpl de gallo

crucial ['kru:ʃəl] adj decisivo

crucifix ['kru:sɪfɪks] n crucifijo ❑ **crucifixion** [kru:sɪ'fɪkʃən] n crucifixión f

crude [kru:d] adj (materials) bruto; (fig: basic) tosco; (: vulgar) ordinario, vulgar ❑ **crude (oil)** n (petróleo) crudo

cruel ['kru:əl] adj cruel ❑ **cruelty** n crueldad f

cruise [kru:z] n crucero ♦ vi (ship) hacer un crucero; (car) ir a velocidad de crucero ❑ **cruiser** n (motorboat) yate m de motor; (warship) crucero

crumb [krʌm] n miga, migaja

crumble ['krʌmbəl] vt desmenuzar ♦ vi (building, also fig) desmoronarse ❑ **crumbly** adj que se desmigaja fácilmente

crumpet ['krʌmpɪt] (BRIT) n ≈ bollo para tostar

crumple ['krʌmpəl] vt (paper) estrujar; (material) arrugar

crunch [krʌntʃ] vt (with teeth) mascar; (underfoot) hacer crujir ♦ n (fig) hora or momento de la verdad ❑ **crunchy** adj crujiente

crusade [kru:'seɪd] n cruzada

crush [krʌʃ] n (crowd) aglomeración f; (infatuation): **to have a ~ on sb** estar loco por algn; (BRIT: drink): **lemon ~** limonada ♦ vt aplastar; (paper) estrujar; (cloth) arrugar; (fruit) exprimir; (opposition) aplastar; (hopes) destruir

crust [krʌst] n corteza; (of snow, ice) costra

crutch [krʌtʃ] n muleta

crux [krʌks] n: **the ~ of** lo esencial de, el quid de

cry [kraɪ] vi llorar; (shout: also: **~ out**) gritar ♦ n (shriek) chillido; (shout) grito ▸ **cry off** vi echarse atrás

cryptic ['krɪptɪk] adj enigmático, secreto

crystal ['krɪstl] n cristal m ❑ **crystal-clear** adj claro como el agua

cub [kʌb] n cachorro; (also: **~ scout**) niño explorador

Cuba ['kju:bə] n Cuba ❑ **Cuban** adj, n cubano(-a)

cube [kju:b] n cubo; (of sugar) terrón m; (of cheese) dado ♦ vt (MATH) cubicar ❑ **cubic** adj cúbico

cubicle ['kju:bɪkəl] n (at pool) caseta; (for bed) cubículo

cuckoo ['ku:ku:] n cuco ❑ **cuckoo clock** n reloj m de cuco

cucumber ['kju:kʌmbər] n pepino

cuddle ['kʌdl] vt abrazar ♦ vi abrazarse

cue [kju:] n (snooker cue) taco; (THEATER etc) señal f

cuff [kʌf] n (of sleeve) puño; (US: of pants) vuelta; (blow) bofetada; **off the ~** adv de improviso ❑ **cufflinks** npl gemelos mpl, mancuernas fpl (MEX)

cuisine [kwɪ'zi:n] n cocina

cul-de-sac ['kʌldəsæk] n callejón m sin salida

cull [kʌl] vt (idea) sacar ♦ n (of animals) matanza selectiva

culminate ['kʌlmɪneɪt] vi: **to ~ in** terminar en ❑ **culmination** [kʌlmɪ'neɪʃən] n culminación f, colmo

culottes ['ku:lɑ:ts] npl falda pantalón

culprit ['kʌlprɪt] n culpable mf

cult [kʌlt] n culto

cultivate ['kʌltɪveɪt] vt cultivar ❑ **cultivated** adj culto ❑ **cultivation** [kʌltɪ'veɪʃən] n cultivo

cultural ['kʌltʃərəl] adj cultural

culture ['kʌltʃər] n (also fig) cultura; (BIOL) cultivo ❑ **cultured** adj culto

cumbersome ['kʌmbərsəm] adj de mucho bulto, voluminoso; (process) enrevesado

cunning ['kʌnɪŋ] n astucia ♦ adj astuto

cup [kʌp] n taza; (as prize) copa

cupboard ['kʌbərd] n armario, clóset m (MEX), placard m (RPl); (in kitchen) alacena

cup tie n (SPORT) eliminatoria de copa

curate ['kjuərɪt] n cura m

curator [kjuə'reɪtər] n director(a) m/f

curb [kɜ:rb] vt refrenar; (person) reprimir ♦ n freno; (US: at edge of road) bordillo, cordón m de la banqueta (MEX) or vereda (RPl)

curdle ['kɜ:rdl] vi cuajarse

cure [kjuər] vt curar ♦ n cura, curación f; (fig: solution) remedio

curfew ['kɜ:rfju:] n toque m de queda

curiosity [kjuri'ɑ:sɪti] n curiosidad f

curious ['kjuriəs] adj curioso; (person: interested): **to be ~** sentir curiosidad

curl [kɜ:rl] n rizo, chino (MEX) ♦ vt (hair) rizar ♦ vi rizarse ▸ **curl up** vi (person) hacerse un ovillo ❑ **curler** n rulo ❑ **curly** adj rizado

currant ['kɜ:rənt] n pasa (de Corinto); (blackcurrant) grosella

currency ['kɜ:rənsi] n moneda; **to gain ~** (fig) difundirse

current ['kɜ:rənt] n corriente f ♦ adj (accepted) corriente; (present) actual ❑ **current account** (BRIT) n cuenta corriente ❑ **current affairs** npl (temas fpl de) actualidad f ❑ **currently** adv actualmente

curriculum [kə'rɪkjuləm] (pl **~s** or **curricula**) n plan m de estudios ❑ **curriculum vitae** (BRIT) n currículum m

curry ['kɜ:ri] n curry m ♦ vt: **to ~ favour with** buscar favores con ❑ **curry powder** n curry m en polvo

curse [kɜ:rs] vi insultar ♦ vt maldecir ♦ n maldición f; (swearword) palabrota, taco

cursor ['kɜ:rsər] n (COMPUT) cursor m

cursory ['kɜ:rsəri] adj rápido, superficial

curt [kɜ:rt] adj corto, seco

curtail [kər'teɪl] vt (visit etc) acortar; (freedom) restringir; (expenses etc) reducir

curtain ['kɜ:rtn] n cortina; (THEATER) telón m

curts(e)y ['kɜ:rtsi] vi hacer una reverencia

curve [kɜ:rv] n curva ♦ vi (road) hacer una curva; (line etc) curvarse

cushion ['kuʃən] n cojín m; (of air) colchón m ♦ vt (shock) amortiguar

custard ['kʌstərd] n natillas fpl

custody ['kʌstədi] n custodia; **to take into ~** detener

custom ['kʌstəm] n costumbre f; (BRIT COMM) clientela ❑ **customary** adj acostumbrado

customer ['kʌstəmər] n cliente(-a) m/f

customized ['kʌstəmaɪzd] adj (car etc) hecho a encargo

custom-made adj hecho a la medida

customs ['kʌstəmz] npl aduana ❑ **customs officer** n oficial mf de aduanas

cut [kʌt] (pt, pp **~**) vt cortar; (price) rebajar; (text, program) acortar; (reduce) reducir ♦ vi cortar ♦ n (of garment) corte m; (in skin) cortadura; (in salary etc) rebaja; (in spending) reducción f, recorte m; (slice of meat) tajada; **to ~ a tooth** echar un diente; **to ~ and paste** (COMPUT) cortar y pegar; **to ~ to the chase** (US) ir al grano ▸ **cut down** vt (tree) derribar; (reduce) reducir ▸ **cut off** vt cortar; (person, place) aislar; (TEL) desconectar ▸ **cut out** vt (shape) recortar; (stop: activity etc) dejar; (remove) quitar ▸ **cut up** vt cortar (en pedazos) ❑ **cutback** n reducción f

cute [kju:t] adj mono

cuticle ['kju:tɪkəl] n cutícula

cutlery ['kʌtləri] n cubiertos mpl

cutlet ['kʌtlɪt] n chuleta; (nut etc cutlet) plato vegetariano hecho con nueces y verdura en forma de chuleta

cut: ❑ **cutout** n (switch) cortacircuitos m inv, disyuntor m; (cardboard cutout) recortable m ❑ **cut-price** (BRIT) adj = **cut-rate** ❑ **cut-rate** (US) adj a precio reducido ❑ **cutthroat** n asesino(-a) ♦ adj feroz

cutting ['kʌtɪŋ] adj (remark) mordaz ♦ n (BRIT: from newspaper) recorte m; (from plant) esqueje m

CV (BRIT) n abbr = **curriculum vitae**

cwt abbr = **hundredweight(s)**

cyanide ['saɪənaɪd] n cianuro

cybercafé ['saɪbərkæ,feɪ] n cibercafé m

cycle ['saɪkəl] (BRIT) n ciclo; (bicycle) bicicleta ♦ vi ir en bicicleta ❑ **cycle path** (BRIT) n carril-bici m ❑ **cycling** n ciclismo ❑ **cyclist** n ciclista mf

cyclone ['saɪkloun] n ciclón m

cygnet ['sɪgnɪt] n pollo de cisne

cylinder ['sɪlɪndər] n cilindro; (of gas) tanque m (LAm), garrafa (RPl), bombona (SP) ❑ **cylinder-head gasket** n junta de culata

cymbals ['sɪmbəlz] npl platillos mpl

cynic ['sɪnɪk] n cínico(-a) ❑ **cynical** adj cínico ❑ **cynicism** ['sɪnɪsɪzəm] n cinismo

Cyprus ['saɪprəs] n Chipre f

cyst [sɪst] n quiste m ❑ **cystitis** [sɪs'taɪtɪs] n cistitis f

czar [zɑ:r] n zar m

Czech [tʃɛk] adj, n checo(-a) ❑ **Czech Republic** n: **the Czech Republic** la República Checa

Dd

D [di:] n (MUS) re m

dab [dæb] vt (eyes, wound) tocar (ligeramente); (paint, cream) poner un poco de

dabble ['dæbəl] vi: **to ~ in** ser algo aficionado a

dad [dæd] n = **daddy**

daddy ['dædi] n papá m

daffodil ['dæfədɪl] n narciso

daft [dæft] (BRIT) adj tonto

dagger ['dægər] n puñal m, daga

daily ['deɪli] adj diario, cotidiano ♦ adv todos los días, cada día

dainty ['deɪnti] adj delicado

dairy ['dɛəri] n (store) lechería; (on farm) vaquería ❑ **dairy farm** n granja ❑ **dairy products** npl productos mpl lácteos ❑ **dairy store** (US) n lechería

daisy ['deɪzi] n margarita

dale [deɪl] n valle m

dam [dæm] n presa ♦ vt construir una presa sobre, represar

damage ['dæmɪdʒ] n lesión f; daño; (dents etc) desperfectos mpl; (fig) perjuicio ♦ vt dañar, perjudicar; (spoil, break) estropear; **~s** npl (LAW) daños mpl y perjuicios

damn [dæm] vt condenar; (curse) maldecir ♦ n (inf): **I don't give a ~** me importa un pito ♦ adj (inf: also: **~ed**) maldito; **~ (it)!** ¡maldito sea! ❑ **damning** adj (evidence) irrecusable

damp [dæmp] adj húmedo, mojado ♦ n humedad f ♦ vt (also: **~en**: cloth, rag) mojar; (: enthusiasm) enfriar

damson ['dæmzən] n ciruela damascena

dance [dæns] n baile m ♦ vi bailar ❑ **dance hall** n salón m de baile ❑ **dancer** n bailador(a) m/f; (professional) bailarín(-ina) m/f ❑ **dancing** n baile m

dandelion ['dændɪlaɪən] n diente m de león

dandruff ['dændrəf] n caspa

Dane [deɪn] n danés(-esa) m/f

danger ['deɪndʒər] n peligro; (risk) riesgo; **~!** (on sign) ¡peligro de muerte!; **to be in ~ of** correr riesgo de ❑ **dangerous** adj peligroso ❑ **dangerously** adv peligrosamente

dangle ['dæŋgəl] vt colgar ♦ vi pender, colgar

Danish ['deɪnɪʃ] adj danés(-esa) ♦ n (LING) danés m

dare [dɛər] vt: **to ~ sb to do** desafiar a algn a hacer ♦ vi: **to ~ (to) do sth** atreverse a hacer algo; **I ~ say** (I suppose) puede ser (que) ❑ **daring** adj atrevido, osado ♦ n atrevimiento, osadía

dark [dɑ:rk] adj oscuro; (hair, complexion) moreno ♦ n: **in the ~** a oscuras; **to be in the ~ about** (fig) no saber nada de; **after ~** después del anochecer ❑ **darken** vt (color) hacer más oscuro ♦ vi oscurecerse ❑ **dark glasses** (BRIT) npl anteojos mpl oscuros (LAm), gafas fpl oscuras (SP) ❑ **darkness** n oscuridad f ❑ **darkroom** n cuarto oscuro

darling ['dɑ:rlɪŋ] adj, n querido(-a)

darn [dɑ:n] vt zurcir

dart [dɑ:rt] n dardo; (in sewing) sisa ♦ vi precipitarse ▸ **dart away/along** vi salir/marchar disparado ❑ **dartboard** n diana ❑ **darts** n dardos mpl

dash [dæʃ] n (small quantity: of liquid) gota, chorrito; (: of solid) pizca; (sign) raya ♦ vt (throw) tirar; (hopes) defraudar ♦ vi precipitarse, ir de prisa ▸ **dash away** or **off** vi marcharse apresuradamente

dashboard ['dæʃ,bɔ:rd] n (AUT) tablero de mandos (LAm), salpicadero (SP)

dashing ['dæʃɪŋ] adj gallardo

data ['deɪtə] npl datos mpl ❑ **database** n base f de datos ❑ **data processing** n proceso de datos

date [deɪt] n (day) fecha; (with friend) cita; (fruit) dátil m ♦ vt fechar; (person) salir con; **~ of birth** fecha de nacimiento; **to ~** adv hasta la fecha ❑ **dated** adj anticuado ❑ **date rape** n violación ocurrida durante una cita con un conocido

daub [dɔ:b] vt embadurnar

daughter ['dɔ:tər] n hija ❑ **daughter-in-law** n nuera, hija política

daunting ['dɔ:ntɪŋ] adj desalentador(a)

dawdle ['dɔ:dl] vi (go slowly) andar muy despacio

dawn [dɔ:n] n alba, amanecer m; (fig) nacimiento ♦ vi (day) amanecer; (fig): **it ~ed on him that ...** cayó en la cuenta de que ...

day [deɪ] n día m; (working day) jornada; (heyday) tiempos mpl, días mpl; **the ~ before/after** el día anterior/siguiente; **the ~ after tomorrow** pasado mañana; **the ~ before yesterday** anteayer; **the following ~** el día siguiente; **by ~** de día ❑ **daybreak** n amanecer m ❑ **daycare center** (US) n guardería ❑ **daydream** vi soñar despierto ❑ **daylight** n luz f (del día) ❑ **day return** (BRIT) n boleto (LAm) or billete m (SP) de ida y vuelta (en un día) ❑ **daytime** n día m ❑ **day-to-day** adj cotidiano

daze [deɪz] vt (stun) aturdir ♦ n: **in a ~** aturdido

dazzle ['dæzəl] vt deslumbrar

DC abbr (= direct current) corriente f continua

D.C. (US) abbr = **District of Columbia**

dead [dɛd] adj muerto; (limb) dormido; (telephone) cortado; (battery) agotado ♦ adv (completely) totalmente; (exactly) exactamente ♦ npl: **the ~** los muertos; **to shoot sb ~** matar a algn a tiros; **~ tired** muerto (de cansancio); **to stop ~** parar en seco; **to be a ~ loss** (inf: person) ser un inútil ❑ **deaden** vt (blow, sound) amortiguar; (pain etc) aliviar ❑ **dead end** n callejón m sin salida ❑ **dead heat** n (SPORT) empate m ❑ **deadline** n fecha (or hora) tope ❑ **deadlock** n: **to reach deadlock** llegar a un punto muerto ❑ **deadly** adj mortal, fatal ❑ **deadpan** adj sin expresión ❑ **the Dead Sea** n el Mar Muerto

deaf [dɛf] adj sordo ❑ **deafen** vt ensordecer ❑ **deafness** n sordera

deal [di:l] (pt, pp **~t**) n (agreement) pacto, convenio; (business deal) trato ♦ vt dar; (card) repartir; **a great ~ (of)** bastante, mucho ▸ **deal in** vt fus tratar en, comerciar en ▸ **deal with** vt fus (people) tratar con; (problem) ocuparse de; (subject) tratar de ❑ **dealings** npl (COMM) transacciones fpl; (relations) relaciones fpl

dealt [dɛlt] pt, pp of **deal**

dean [di:n] n (REL) deán m; (US) decano, rector m; (BRIT SCOL) decano

dear [dɪər] adj querido; (BRIT: expensive) caro ♦ n: **my ~** mi querido(-a) ♦ excl: **~ me!** ¡Dios mío!; **D~ Sir/Madam** (in letter) Muy Señor Mío, Estimado Señor/Estimada Señora; **D~ Mr./Mrs. X** Estimado(-a) Señor(a) X ❑ **dearly** adv (love) mucho; (pay) caro

death [dɛθ] n muerte f ❑ **death certificate** n partida de defunción ❑ **deathly** adj (white) como un muerto; (silence) sepulcral ❑ **death penalty** n pena de muerte ❑ **death rate** n mortalidad f ❑ **death toll** n número de víctimas

debacle [dɪ'bɑ:kəl] n desastre m

debase [dɪ'beɪs] vt degradar

debatable [dɪ'beɪtəbəl] adj discutible

debate [dɪ'beɪt] n debate m ♦ vt discutir

debit ['dɛbɪt] n debe m ♦ vt: **to ~ a sum to sb** or **to sb's account** cargar una suma en la cuenta de algn

debris [də'bri:] n escombros mpl

debt [dɛt] n deuda; **to be in ~** tener deudas ❑ **debtor** n deudor(a) m/f

debut [deɪ'bju:] n presentación f

decade ['dɛkeɪd] n decenio, década

decadence ['dɛkədəns] n decadencia

decaf ['di:kæf] (inf) n descafeinado

decaffeinated [dɪ'kæfɪneɪtɪd] adj descafeinado

decal ['di:kæl] (US) n calcomanía

decanter [dɪ'kæntər] n licorera

decay [dɪ'keɪ] n (of building) desmoronamiento; (of tooth) caries f inv ♦ vi (rot) pudrirse

deceased [dɪ'si:st] n: **the ~** el (la) difunto(-a)

deceit [dɪ'si:t] n engaño ❑ **deceitful** adj engañoso ❑ **deceive** vt engañar

December [dɪ'sɛmbər] n diciembre m

decent ['di:sənt] adj (proper) decente; (person: kind) amable, bueno

deception [dɪ'sɛpʃən] n engaño

> ⚠ Be careful not to translate **deception** by the Spanish word ***decepción***.

deceptive [dɪ'sɛptɪv] adj engañoso

decibel ['dɛsɪbəl] n decibel(io) m

decide [dɪ'saɪd] vt (person) decidir; (question, argument) resolver ♦ vi decidir; **to ~ to do/that** decidir hacer/que; **to ~ on sth** decidirse por algo ❑ **decided** adj (resolute) decidido; (clear, definite) indudable ❑ **decidedly** [dɪ'saɪdɪdli] adv decididamente; (emphatically) con resolución

deciduous [dɪ'sɪdʒuəs] adj de hoja caduca

decimal ['dɛsəməl] adj decimal ♦ n decimal m ❑ **decimal point** n coma or punto decimal

decipher [dɪ'saɪfər] vt descifrar

decision [dɪ'sɪʒən] n decisión f

decisive [dɪ'saɪsɪv] adj decisivo; (person) decidido

deck [dɛk] n (NAUT) cubierta; (of vehicle) piso; (record deck) platina; (of cards) baraja ❑ **deck chair** n silla de playa (LAm), reposera (RPl), tumbona (SP)

declaration [dɛklə'reɪʃən] n declaración f ❑ **the Declaration of Independence** (US) n la Declaración de Independencia (de EE.UU.); see also **Independence Day**

> **DECLARATION OF INDEPENDENCE**
>
> Thomas Jefferson redactó la Declaración de Independencia en 1776 con el fin de acabar formalmente con los lazos que mantenían las colonias americanas con el Reino Unido y favorecer la formación de un nuevo estado norteamericano independiente. El nuevo Congreso de los EE.UU. adoptó el documento de Jefferson el 4 de julio de 1776, que se convertiría en la fecha del nacimiento oficial de la nación norteamericana.

declare [dɪ'klɛər] vt declarar

decline [dɪ'klaɪn] n disminución f, descenso ♦ vt rehusar ♦ vi (person, business) decaer; (strength) disminuir

decoder [di:'koudər] n (TV) decodificador m

décor [deɪ'kɔ:r] n decoración f; (THEATER) decorado

decorate ['dɛkəreɪt] vt (adorn): **to ~ (with)** adornar (de), decorar (de); (paint) pintar; (paper) empapelar ❑ **decoration** [dɛkə'reɪʃən] n adorno; (act) decoración f; (medal) condecoración f ❑ **decorator** n decorador(a) m/f

decorum [dɪ'kɔ:rəm] n decoro

decoy ['di:kɔɪ] n señuelo

decrease [n 'di:kri:s, vb dɪ'kri:s] n: **~ (in)** disminución f (de) ♦ vt disminuir, reducir ♦ vi reducirse

decree [dɪ'kri:] n decreto ❑ **decree nisi** n sentencia provisional de divorcio

dedicate ['dɛdɪkeɪt] vt dedicar ❑ **dedication** [dɛdɪ'keɪʃən] n (devotion) dedicación f; (in book) dedicatoria

deduce [dɪ'du:s] vt deducir

deduct [dɪ'dʌkt] vt restar; descontar ❑ **deduction** n (amount deducted) descuento; (conclusion) deducción f, conclusión f

deed [di:d] n hecho, acto; (feat) hazaña; (LAW) escritura

deep [di:p] adj profundo; (expressing measurements) de profundidad; (voice) bajo; (breath) profundo; (color) intenso ♦ adv: **the spectators stood 20 ~** los espectadores se formaron de 20 en fondo; **to be 4 feet ~** tener 4 pies de profundidad ❑ **deepen** vt ahondar, profundizar ♦ vi aumentar, crecer ❑ **deep-freeze** n congelador m ❑ **deep-fry** vt freír en aceite abundante ❑ **deeply** adv (breathe) a pleno pulmón; (interested, moved, grateful) profundamente, hondamente ❑ **deep-sea diving** n buceo de altura ❑ **deep-seated** adj (beliefs) (profundamente) arraigado

deer [dɪər] n inv ciervo

deface [dɪ'feɪs] vt (wall, surface) estropear, pintarrajear

default [dɪ'fɔ:lt] n: **by ~** (win) por incomparecencia ♦ adj (COMPUT) por defecto

defeat [dɪ'fi:t] n derrota ♦ vt derrotar, vencer ❑ **defeatist** adj, n derrotista mf

defect [n 'di:fɛkt, vb dɪ'fɛkt] n defecto ♦ vi: **to ~ to the enemy** pasarse al enemigo ❑ **defective** [dɪ'fɛktɪv] adj defectuoso

defence [dɪ'fɛns] (BRIT) n = **defense**

defend [dɪ'fɛnd] vt defender ❑ **defendant** n acusado(-a); (in civil case) demandado(-a) ❑ **defender** n defensor(a) m/f; (SPORT) defensa mf

defense (US) [dɪ'fɛns] (BRIT **defence**) n defensa ❑ **defenseless** (US) (BRIT **defenceless**) adj indefenso

defensive [dɪ'fɛnsɪv] adj defensivo ♦ n: **on the ~** a la defensiva

defer [dɪ'fɜ:r] vt aplazar

defiance [dɪ'faɪəns] n desafío; **in ~ of** en contra de ❑ **defiant** adj (challenging) desafiante, retador(a)

deficiency [dɪ'fɪʃənsi] n (lack) falta; (defect) defecto ❑ **deficient** adj deficiente

deficit ['dɛfɪsɪt] n déficit m

define [dɪ'faɪn] vt (word etc) definir; (limits etc) determinar

definite ['dɛfənɪt] adj (fixed) determinado; (obvious) claro; (certain) indudable; **he was ~ about it** no dejó lugar a dudas (sobre ello) ❑ **definitely** adv desde luego, por supuesto

definition [dɛfə'nɪʃən] n definición f; (clearness) nitidez f

deflate [di:'fleɪt] vt desinflar

deflect [dɪ'flɛkt] vt desviar

defogger [di:'fɑ:gər] (US) n (AUT) luneta térmica, dispositivo antivaho

defraud [dɪ'frɔ:d] vt: **to ~ sb of sth** estafar algo a algn

defrost [di:'frɑ:st] vt descongelar ❑ **defroster** (US) n (defogger) luneta térmica, dispositivo antivaho; (BRIT: of refrigerator) descongelación f

deft [dɛft] adj diestro, hábil

defunct [dɪ'fʌŋkt] adj difunto; (organization etc) ya que no existe

defuse [di:'fju:z] vt desactivar; (situation) calmar

defy [dɪ'faɪ] vt (resist) oponerse a; (challenge) desafiar; (fig): **it defies description** resulta imposible describirlo

degenerate [vb dɪ'dʒɛnəreɪt, adj dɪ'dʒɛnərɪt] vi degenerar ♦ adj degenerado

degree [dɪ'gri:] n grado; (SCOL) título; **to have a ~ in English** tener una licenciatura en filología inglesa; **by ~s** (gradually) poco a poco, por etapas; **to some ~** hasta cierto punto

dehydrated [di:haɪ'dreɪtɪd] adj deshidratado; (milk) en polvo

de-ice [di:'aɪs] vt descongelar

deign [deɪn] vi: **to ~ to do** dignarse hacer

dejected [dɪ'dʒɛktɪd] adj abatido, desanimado

delay [dɪ'leɪ] vt demorar, aplazar; (person) entretener; (train) retrasar ♦ vi tardar ♦ n demora, retraso; **to be ~ed** retrasarse; **without ~** en seguida, sin tardar

delectable [dɪ'lɛktəbəl] adj (person) encantador(a); (food) delicioso

delegate [n 'dɛlɪgɪt, vb 'dɛlɪgeɪt] n delegado(-a) ♦ vt (person) delegar en; (task) delegar

delete [dɪ'li:t] vt suprimir, tachar

deli ['dɛli] n = **delicatessen**

deliberate [adj dɪ'lɪbərɪt, vb dɪ'lɪbəreɪt] adj (intentional) intencionado; (slow) pausado, lento ♦ vi deliberar ❑ **deliberately** adv (on purpose) a propósito

delicacy ['dɛlɪkəsi] n delicadeza; (choice food) manjar m

delicate ['dɛlɪkɪt] adj delicado; (fragile) frágil

delicatessen [dɛlɪkə'tɛsən] n ultramarinos mpl finos

delicious [dɪ'lɪʃəs] adj delicioso

delight [dɪ'laɪt] n (feeling) placer m, deleite m; (person, experience etc) encanto, delicia ♦ vt encantar, deleitar; **to take ~ in** deleitarse en ❑ **delighted** adj: **delighted (at** or **with/to do)** encantado (con/de hacer) ❑ **delightful** adj encantador(a), delicioso

delinquent [dɪ'lɪŋkwənt] adj, n delincuente mf

delirious [dɪ'lɪriəs] adj: **to be ~** delirar, desvariar; **to be ~ with** estar loco de

deliver [dɪ'lɪvər] vt (distribute) repartir; (hand over) entregar; (message) comunicar; (speech) pronunciar; (MED) asistir al parto de ❑ **delivery** n reparto; entrega; (of speaker) modo de expresarse; (MED) parto, alumbramiento; **to take delivery of** recibir ❑ **delivery man** n repartidor m

delude [dɪ'lu:d] vt engañar

deluge ['dɛlju:dʒ] n diluvio

delusion [dɪ'lu:ʒən] n ilusión f, engaño

de luxe [də'lʌks] adj de lujo

demand [dɪ'mænd] vt (gen) exigir; (rights) reclamar ♦ n exigencia; (claim) reclamación f; (ECON) demanda; **to be in ~** ser muy solicitado; **on ~** a solicitud ❑ **demanding** adj (boss) exigente; (work) absorbente

demean [dɪ'mi:n] vt: **to ~ o.s.** rebajarse

demeanor (US) [dɪ'mi:nər] (BRIT **demeanour**) n porte m, conducta

demented [dɪ'mɛntɪd] adj demente

demise [dɪ'maɪz] n (death) fallecimiento

demister [di:'mɪstər] (BRIT) n (AUT) = **defogger**

demo ['dɛmou] (BRIT: inf) n abbr (= demonstration) manifestación f

democracy [dɪ'mɑ:krəsi] n democracia ❑ **democrat** ['dɛməkræt] n demócrata mf; (US): **Democrat** demócrata mf ❑ **democratic** [dɛmə'krætɪk] adj democrático; **Democratic** (US) demócrata; **the Democratic Party** (US) el Partido Demócrata

demolish [dɪ'mɑ:lɪʃ] vt derribar, demoler; (fig: argument) destruir

demon ['di:mən] n (evil spirit) demonio

demonstrate ['dɛmənstreɪt] vt demostrar; (skill, appliance) mostrar ♦ vi manifestarse ❑ **demonstration** [dɛmən'streɪʃən] n (POL) manifestación f; (proof, exhibition) demostración f ❑ **demonstrator** n (POL) manifestante mf; (COMM) demostrador(a) m/f; vendedor(a) m/f

demote [dɪ'mout] vt degradar

demure [dɪ'mjuər] adj recatado

den [dɛn] n (of animal) guarida; (room) habitación f

denial [dɪ'naɪəl] n (refusal) negativa; (of report etc) negación f

denim ['dɛnɪm] n tela de mezclilla (MEX), tela de jeans (LAm exc MEX), tela vaquera (SP); **~s** npl pantalones mpl de mezclilla (MEX), jeans mpl (LAm exc MEX), vaqueros mpl (SP)

Denmark ['dɛnmɑ:rk] n Dinamarca

denomination [dɪnɑ:mɪ'neɪʃən] n valor m; (REL) confesión f

denounce [dɪ'nauns] vt denunciar

dense [dɛns] adj (crowd) denso; (thick) espeso; (: foliage etc) tupido; (inf: stupid) torpe ❑ **densely** adv: **densely populated** con una alta densidad de población

density ['dɛnsɪti] n densidad f; **single/double-~ disk** n (COMPUT) disco de densidad sencilla/de doble densidad

dent [dɛnt] n abolladura ♦ vt (also: **make a ~ in**) abollar

dental ['dɛntl] adj dental ❑ **dental floss** n hilo or seda dental ❑ **dental surgeon** n odontólogo(-a)

dentist ['dɛntɪst] n dentista mf

dentures ['dɛntʃərz] npl dentadura (postiza)

deny [dɪ'naɪ] vt negar; (charge) rechazar

deodorant [di:'oudərənt] n desodorante m

depart [dɪ'pɑ:rt] vi irse, marcharse; (train) salir; **to ~ from** (fig: differ from) apartarse de

department [dɪ'pɑ:rtmənt] n (COMM) sección f; (SCOL) departamento; (POL) ministerio ❑ **department store** n gran almacén m

departure [dɪ'pɑ:rtʃər] n partida, ida; (of train) salida; (of employee) marcha; **a new ~** un nuevo rumbo ❑ **departure lounge** n (at airport) sala de embarque

depend [dɪ'pɛnd] vi: **to ~ on** depender de; (rely on) contar con; **it ~s** depende, según; **~ing on the result** según el resultado ❑ **dependable** adj (person) formal, serio; (watch) exacto; (car) seguro ❑ **dependant** n dependiente mf ❑ **dependent** adj: **to be dependent on** depender de ♦ n = **dependant**

depict [dɪ'pɪkt] vt (in picture) pintar; (describe) representar

depleted [dɪ'pli:tɪd] adj reducido

deploy [dɪ'plɔɪ] vt desplegar

deport [dɪ'pɔ:rt] vt deportar

deposit [dɪ'pɑ:zɪt] n depósito; (CHEM) sedimento; (of ore, oil) yacimiento ♦ vt (gen) depositar ❑ **deposit account** (BRIT) n cuenta de ahorros

depot ['di:pou] n (storehouse) depósito; (for vehicles) parque m; (US: of buses, trains) estación f

depreciate [dɪ'pri:ʃieɪt] vi depreciarse, perder valor

depress [dɪ'prɛs] vt deprimir; (wages etc) hacer bajar; (press down) apretar ❑ **depressed** adj deprimido ❑ **depressing** adj deprimente ❑ **depression** n depresión f

deprivation [dɛprɪ'veɪʃən] n privación f

deprive [dɪ'praɪv] vt: **to ~ sb of** privar a algn de ❑ **deprived** adj necesitado

depth [dɛpθ] n profundidad f; (of cupboard) fondo; **to be in the ~s of despair** sentir la mayor desesperación; **to be out of one's ~** (in water) no hacer pie; (fig) sentirse totalmente perdido

deputize ['dɛpjətaɪz] vi: **to ~ for sb** suplir a algn

deputy ['dɛpjəti] n sustituto(-a), suplente mf; (US POL) diputado(-a); (US: also: **~ sheriff**) ayudante mf del sheriff ♦ adj (BRIT: also: **~ head**) subdirector(a) m/f

derail [dɪ'reɪl] vt: **to be ~ed** descarrilarse

deranged [dɪ'reɪndʒd] adj trastornado

derby ['dɜ:rbi] (US) n (SPORT): **local ~** derbi m; (hat) hongo

derelict ['dɛrɪlɪkt] adj abandonado

derisory [dɪ'raɪzəri] adj (sum) irrisorio

derive [dɪ'raɪv] vt (benefit etc) obtener ♦ vi: **to ~ from** derivarse de

derogatory [dɪ'rɑ:gətɔ:ri] adj despectivo

descend [dɪ'sɛnd] vt, vi descender, bajar; **to ~ from** descender de; **to ~ to** rebajarse a ❑ **descendant** n descendiente mf

descent [dɪ'sɛnt] n descenso; (origin) descendencia

describe [dɪ'skraɪb] vt describir ❑ **description** [dɪ'skrɪpʃən] n descripción f; (sort) clase f, género

desecrate ['dɛsɪkreɪt] vt profanar

desert [n 'dɛzərt, vb dɪ'zɜ:rt] n desierto ♦ vt abandonar ♦ vi (MIL) desertar ❑ **deserter** [dɪ'zɜ:rtər] n desertor(a) m/f ❑ **desertion** [dɪ'zɜ:rʃən] n deserción f; (LAW) abandono ❑ **desert island** n isla desierta ❑ **deserts** [dɪ'zɜ:rts] npl: **to get one's just deserts** llevar su merecido

deserve [dɪ'zɜ:rv] vt merecer, ser digno de ❑ **deserving** adj (person) digno; (action, cause) meritorio

design [dɪ'zaɪn] n (sketch) bosquejo; (layout, shape) diseño; (pattern) dibujo; (intention) intención f ♦ vt diseñar

designate [vb 'dɛzɪgneɪt, adj 'dɛzɪgnɪt] vt (appoint) nombrar; (destine) designar ♦ adj designado

designer [dɪ'zaɪnər] n diseñador(a) m/f; (fashion designer) modisto(-a), diseñador(a) m/f de moda

desirable [dɪ'zaɪərəbəl] adj (proper) deseable; (attractive) atractivo

desire [dɪ'zaɪər] n deseo ♦ vt desear

desk [dɛsk] n (in office) escritorio; (for pupil) pupitre m; (in hotel, at airport) recepción f; (BRIT: in shop, restaurant) caja

desk-top publishing n autoedición f

desolate ['dɛsəlɪt] adj (place) desierto; (person) afligido

despair [dɪ'spɛər] n desesperación f ♦ vi: **to ~ of** perder la esperanza de

despatch [dɪ'spætʃ] n, vt = **dispatch**

desperate ['dɛspərɪt] adj desesperado; (fugitive) peligroso; **to be ~ for sth/to do** necesitar urgentemente algo/hacer ❑ **desperately** adv desesperadamente; (very) terriblemente, gravemente

desperation [dɛspə'reɪʃən] n desesperación f; **in (sheer) ~** (absolutamente) desesperado

despicable [dɪ'spɪkəbəl] adj vil, despreciable

despise [dɪ'spaɪz] vt despreciar

despite [dɪ'spaɪt] prep a pesar de, pese a

despondent [dɪs'pɑ:ndənt] adj deprimido, abatido

dessert [dɪ'zɜ:rt] n postre m ❑ **dessertspoon** n cuchara (de postre)

destination [dɛstɪ'neɪʃən] n destino

destiny ['dɛstɪni] n destino

destitute ['dɛstɪtu:t] adj desamparado, indigente

destroy [dɪ'strɔɪ] vt destruir; (animal) sacrificar ❑ **destroyer** n (NAUT) destructor m

destruction [dɪ'strʌkʃən] n destrucción f

detach [dɪ'tætʃ] vt separar; (unstick) despegar ❑ **detached** adj (attitude) objetivo, imparcial ❑ **detached house** (BRIT) n ≈ chalé m, ≈ chalet m ❑ **detachment** n (aloofness) frialdad f; (MIL) destacamento

detail ['di:teɪl] n detalle m; (no pl: in picture etc) detalles mpl; (trifle) pequeñez f ♦ vt detallar; (MIL) destacar; **in ~** detalladamente ❑ **detailed** adj detallado

detain [dɪ'teɪn] vt retener; (in captivity) detener

detect [dɪ'tɛkt] vt descubrir; (MED, POLICE) identificar; (MIL, RADAR, TECH) detectar ❑ **detection** n descubrimiento; identificación f ❑ **detective** n detective mf ❑ **detective story** n novela policíaca ❑ **detector** n detector m

detention [dɪ'tɛnʃən] n detención f, arresto; (SCOL) castigo

deter [dɪ'tɜ:r] vt (dissuade) disuadir

detergent [dɪ'tɜ:rdʒənt] n detergente m

deteriorate [dɪ'tɪəriəreɪt] vi deteriorarse ❑ **deterioration** [dɪtɪəriə'reɪʃən] n deterioro

determination [dɪtɜ:rmɪ'neɪʃən] n resolución f

determine [dɪ'tɜ:rmɪn] vt determinar ❑ **determined** adj (person) resuelto, decidido; **determined to do** resuelto a hacer

deterrent [dɪ'tɜ:rənt] n (MIL) fuerza de disuasión

detest [dɪ'tɛst] vt aborrecer

detonate ['dɛtneɪt] vi estallar ♦ vt hacer detonar

detour ['di:tur] n (gen, AUT) desviación f ♦ vt (US) desviar

detract [dɪ'trækt] vt: **to ~ from** quitar mérito a, desvirtuar

detriment ['dɛtrɪmənt] n: **to the ~ of** en perjuicio de ❑ **detrimental** [dɛtrɪ'mɛntl] adj: **detrimental (to)** perjudicial (a)

devaluation [dɪvælju'eɪʃən] n devaluación f

devalue [di:'vælju:] vt (currency) devaluar; (fig) quitar mérito a

devastate ['dɛvəsteɪt] vt devastar; (fig): **to be ~d by** quedar destrozado por ❑ **devastating** adj devastador(a); (fig) arrollador(a)

develop [dɪ'vɛləp] vt desarrollar; (PHOT) revelar; (disease) coger; (habit) adquirir; (fault) empezar a tener ♦ vi desarrollarse; (advance) progresar; (facts, symptoms) aparecer ❑ **developer** n promotor m ❑ **developing country** n país m en (vías de) desarrollo ❑ **development** n desarrollo; (advance) progreso; (of affair, case) desenvolvimiento; (of land) urbanización f

deviation [di:vi'eɪʃən] n desviación f

device [dɪ'vaɪs] n (apparatus) aparato, mecanismo

devil ['dɛvəl] n diablo, demonio

devious ['di:viəs] adj taimado

devise [dɪ'vaɪz] vt idear, inventar

devoid [dɪ'vɔɪd] adj: **~ of** desprovisto de

devolution [di:və'lu:ʃən] n (POL) descentralización f

devote [dɪ'vout] vt: **to ~ sth to** dedicar algo a ❑ **devoted** adj (loyal) leal, fiel; **to be devoted to sb** querer con devoción a algn; **the book is devoted to politics** el libro trata de política ❑ **devotee** [dɛvə'ti:] n entusiasta mf; (REL) devoto(-a) ❑ **devotion** n dedicación f; (REL) devoción f

devour [dɪ'vauər] vt devorar

devout [dɪ'vaut] adj devoto

dew [du:] n rocío

diabetes [daɪə'bi:tɪs] n diabetes f ❑ **diabetic** [daɪə'bɛtɪk] adj, n diabético(-a)

diabolic [daɪə'bɑ:lɪk] adj (weather, behavior) pésimo ❑ **diabolical** (inf) adj = **diabolic**

diagnosis [daɪəg'nousɪs] (pl **-ses**) n diagnóstico

diagonal [daɪ'ægənəl] adj, n diagonal f

diagram ['daɪəgræm] n diagrama m, esquema m

dial ['daɪəl] n cara (LAm), esfera (SP); (on radio etc) dial m; (of phone) disco ♦ vt (number) marcar

dialect ['daɪəlɛkt] n dialecto

dial tone (US) n señal f or tono de marcar

dialling code (BRIT) n clave f lada (MEX), código de la zona (LAm), prefijo (SP)

dialogue ['daɪəlɑ:g] (US **dialog**) n diálogo

dialysis [daɪ'ælɪsɪs] n diálisis f inv

diameter [daɪ'æmɪtər] n diámetro

diamond ['daɪmənd] n diamante m; (shape) rombo; **~s** npl (CARDS) diamantes mpl

diaper ['daɪpər] (US) n pañal m; **~ rash** prurito

diaphragm ['daɪəfræm] *n* diafragma *m*
diarrhea (*US*) [daɪə'riːə] (*BRIT* **diarrhoea**) *n* diarrea
diary ['daɪəri] *n* (*daily account*) diario; (*book*) agenda
dice [daɪs] *n inv* dados *mpl* ♦ *vt* (*CULIN*) cortar en cuadritos
Dictaphone® ['dɪktəfoun] *n* dictáfono®
dictate ['dɪkteɪt] *vt* dictar; (*conditions*) imponer ❑ **dictation** [dɪk'teɪʃən] *n* dictado; (*giving of orders*) órdenes *fpl*
dictator ['dɪkteɪtər] *n* dictador *m* ❑ **dictatorship** *n* dictadura
dictionary ['dɪkʃəneri] *n* diccionario
did [dɪd] *pt of* **do**
didn't ['dɪdnt] *cont* = **did not**
die [daɪ] *vi* morir; (*fig: fade*) desvanecerse, desaparecer; **to be dying for sth/to do sth** morirse por algo/de ganas de hacer algo ▶ **die away** *vi* (*sound, light*) perderse ▶ **die down** *vi* apagarse; (*wind*) amainar ▶ **die out** *vi* desaparecer
diesel ['diːzəl] *n* vehículo con motor Diesel ❑ **diesel engine** *n* motor *m* Diesel ❑ **diesel (oil)** *n* gasoil *m*
diet ['daɪət] *n* dieta; (*restricted food*) régimen *m* ♦ *vi* (*also:* **be on a ~**) estar a dieta, hacer régimen
differ ['dɪfər] *vi*: **to ~ (from)** (*be different*) ser distinto (a), diferenciarse (de); (*disagree*) discrepar (de) ❑ **difference** *n* diferencia; (*disagreement*) desacuerdo ❑ **different** *adj* diferente, distinto ❑ **differentiate** [dɪfə'renʃieɪt] *vi*: **to differentiate (between)** distinguir (entre) ❑ **differently** *adv* de otro modo, en forma distinta
difficult ['dɪfɪkʌlt] *adj* difícil ❑ **difficulty** *n* dificultad *f*
diffident ['dɪfɪdənt] *adj* tímido
dig [dɪg] (*pt, pp* **dug**) *vt* (*hole, ground*) cavar ♦ *n* (*prod*) empujón *m*; (*archeological*) excavación *f*; (*remark*) indirecta; **to ~ one's nails into** clavar las uñas en ▶ **dig into** *vt fus* (*savings*) consumir ▶ **dig up** *vt* (*information*) desenterrar; (*plant*) desarraigar
digest [*vb* daɪ'dʒest, *n* 'daɪdʒest] *vt* (*food*) digerir; (*facts*) asimilar ♦ *n* resumen *m* ❑ **digestion** *n* digestión *f*
digit ['dɪdʒɪt] *n* (*number*) dígito; (*finger*) dedo ❑ **digital** *adj* digital ❑ **digital camera** *n* cámara digital ❑ **digital TV** *n* televisión *f* digital
dignified ['dɪgnɪfaɪd] *adj* grave, solemne
dignity ['dɪgnɪti] *n* dignidad *f*
digress [daɪ'gres] *vi*: **to ~ from** apartarse de
digs [dɪgz] (*BRIT: inf*) *npl* pensión *f*, alojamiento
dike [daɪk] (*US*) *n* dique *m*
dilapidated [dɪ'læpɪdeɪtɪd] *adj* desmoronado, ruinoso
dilemma [dɪ'lemə] *n* dilema *m*
diligent ['dɪlɪdʒənt] *adj* diligente
dilute [daɪ'luːt] *vt* diluir
dim [dɪm] *adj* (*light*) débil; (*outline*) indistinto; (*room*) oscuro; (*inf: stupid*) menso (*MEX*), lerdo (*LAm exc MEX, SP*) ♦ *vt* (*light*) bajar; (*US AUT*): **to ~ one's lights** poner luces de cruce
dime [daɪm] (*US*) *n moneda de diez centavos*
dimension [dɪ'menʃən] *n* dimensión *f*
diminish [dɪ'mɪnɪʃ] *vt, vi* disminuir
diminutive [dɪ'mɪnjutɪv] *adj* diminuto ♦ *n* (*LING*) diminutivo
dimmers ['dɪmərz] (*US*) *npl* (*AUT: dipped headlights*) luces *fpl* cortas; (*: parking lights*) luces *fpl* de posición
dimple ['dɪmpəl] *n* hoyuelo
din [dɪn] *n* estruendo, estrépito
dine [daɪn] *vi* cenar ❑ **diner** *n* (*person*) comensal *mf*; (*US: place*) restaurante; (*RAIL*) coche comedor
dinghy ['dɪŋi] *n* bote *m*; (*also:* **rubber ~**) lancha (neumática)
dingy ['dɪndʒi] *adj* (*room*) sombrío; (*color*) sucio
dining car ['daɪnɪŋ,kɑːr] *n* (*RAIL*) coche-comedor *m*
dining room *n* comedor *m*
dinner ['dɪnər] *n* (*evening meal*) cena; (*lunch*) comida; (*public*) cena, banquete *m* ❑ **dinner jacket** (*BRIT*) *n* smoking *m* ❑ **dinner party** *n* cena ❑ **dinner time** *n* (*evening*) hora de cenar; (*midday*) hora de comer
dinosaur ['daɪnəsɔːr] *n* dinosaurio
dip [dɪp] *n* (*slope*) pendiente *m*; (*in sea*) baño; (*CULIN*) salsa ♦ *vt* (*in water*) mojar; (*ladle etc*) meter; (*BRIT AUT*): **to ~ one's lights** poner luces de cruce ♦ *vi* (*road etc*) descender, bajar
diploma [dɪ'ploumə] *n* diploma *m*
diplomacy [dɪ'plouməsi] *n* diplomacia
diplomat ['dɪpləmæt] *n* diplomático(-a) ❑ **diplomatic** [dɪplə'mætɪk] *adj* diplomático
dipstick ['dɪp,stɪk] *n* (*AUT*) varilla de nivel (del aceite)
dip switch ['dɪp,swɪtʃ] *n* (*AUT*) interruptor *m*
dire [daɪər] *adj* calamitoso
direct [dɪ'rekt] *adj* directo; (*challenge*) claro; (*person*) franco ♦ *vt* dirigir; (*order*): **to ~ sb to do sth** mandar a algn hacer algo ♦ *adv* derecho; **can you ~ me to ...?** ¿puede indicarme dónde está ...? ❑ **direct debit** (*BRIT*) *n* débito bancario (*LAm*)
direction [dɪ'rekʃən] *n* dirección *f*; **~s** *npl* (*instructions*) instrucciones *fpl*; **sense of ~** sentido de la dirección; **~s for use** modo de empleo
directly [dɪ'rektli] *adv* (*in straight line*) directamente; (*at once*) en seguida
director [dɪ'rektər] *n* director(a) *m/f*
directory [dɪ'rektəri] *n* (*TEL*) guía (telefónica); (*COMPUT*) directorio ❑ **directory assistance** (*US*) *n* (servicio de) información *f* ❑ **directory enquiries** (*BRIT*) *n* = **directory assistance**
dirt [dɜːrt] *n* suciedad *f*; (*earth*) tierra ❑ **dirt-cheap** *adj* baratísimo ❑ **dirty** *adj* sucio; (*joke*) colorado (*MEX*), verde (*LAm exc MEX, SP*) ♦ *vt* ensuciar; (*stain*) manchar ❑ **dirty trick** *n* juego sucio
disability [dɪsə'bɪlɪti] *n* incapacidad *f*
disabled [dɪs'eɪbəld] *adj*: **to be physically ~** ser minusválido(-a); **to be mentally ~** ser deficiente mental
disadvantage [dɪsəd'væntɪdʒ] *n* desventaja, inconveniente *m*
disagree [dɪsə'griː] *vi* (*differ*) discrepar; **to ~ (with)** no estar de acuerdo (con) ❑ **disagreeable** *adj* desagradable; (*person*) antipático ❑ **disagreement** *n* desacuerdo
disallow [dɪsə'lau] *vt* (*goal*) anular; (*claim*) rechazar
disappear [dɪsə'pɪər] *vi* desaparecer ❑ **disappearance** *n* desaparición *f*
disappoint [dɪsə'pɔɪnt] *vt* decepcionar, defraudar ❑ **disappointed** *adj* decepcionado ❑ **disappointing** *adj* decepcionante ❑ **disappointment** *n* decepción *f*
disapproval [dɪsə'pruːvəl] *n* desaprobación *f*
disapprove [dɪsə'pruːv] *vi*: **to ~ of** ver mal
disarmament [dɪs'ɑːrməmənt] *n* desarme *m*
disarray [dɪsə'reɪ] *n*: **in ~** (*army, organization*) desorganizado; (*hair, clothes*) desarreglado
disaster [dɪ'zæstər] *n* desastre *m*
disband [dɪs'bænd] *vt* disolver ♦ *vi* desbandarse
disbelief [dɪsbə'liːf] *n* incredulidad *f*
disc [dɪsk] *n* disco; (*COMPUT*) = **disk**
discard [dɪ'skɑːrd] *vt* (*old things*) tirar; (*fig*) descartar
discern [dɪ'sɜːrn] *vt* percibir, discernir; (*understand*) comprender ❑ **discerning** *adj* perspicaz
discharge [*vb* dɪs'tʃɑːrdʒ, *n* 'dɪstʃɑːrdʒ] *vt* (*task, duty*) cumplir; (*waste*) verter; (*patient*) dar de alta; (*employee*) despedir; (*soldier*) licenciar; (*defendant*) poner en libertad ♦ *n* (*ELEC*) descarga; (*MED*) supuración *f*; (*dismissal*) despedida; (*of duty*) desempeño; (*of debt*) pago, descargo
discipline ['dɪsɪplɪn] *n* disciplina ♦ *vt* disciplinar; (*punish*) castigar
disc jockey *n* disc(-)jockey *mf*
disclaim [dɪs'kleɪm] *vt* negar
disclose [dɪs'klouz] *vt* revelar ❑ **disclosure** [dɪs'klouʒər] *n* revelación *f*
disco ['dɪskou] *n abbr* = **discotheque**
discomfort [dɪs'kʌmfərt] *n* incomodidad *f*; (*unease*) inquietud *f*; (*physical*) malestar *m*
disconcert [dɪskən'sɜːrt] *vt* desconcertar
disconnect [dɪskə'nekt] *vt* separar; (*ELEC etc*) desconectar
discontent [dɪskən'tent] *n* descontento ❑ **discontented** *adj* descontento
discontinue [dɪskən'tɪnjuː] *vt* interrumpir; (*payments*) suspender; **"~d"** (*COMM*) "ya no se fabrica"
discord ['dɪskɔːrd] *n* discordia; (*MUS*) disonancia
discotheque ['dɪskətek] *n* discoteca
discount [*n* 'dɪskaunt, *vb* dɪs'kaunt] *n* descuento ♦ *vt* descontar
discourage [dɪ'skɜːrɪdʒ] *vt* desalentar; (*advise against*): **to ~ sb from doing** disuadir a algn de hacer
discover [dɪ'skʌvər] *vt* descubrir; (*error*) darse cuenta de ❑ **discovery** *n* descubrimiento
discredit [dɪs'kredɪt] *vt* desacreditar
discreet [dɪ'skriːt] *adj* (*tactful*) discreto; (*careful*) circunspecto, prudente
discrepancy [dɪ'skrepənsi] *n* diferencia
discretion [dɪ'skreʃən] *n* (*tact*) discreción *f*; **at the ~ of** a criterio de
discriminate [dɪ'skrɪmɪneɪt] *vi*: **to ~ between** distinguir entre; **to ~ against** discriminar contra ❑ **discriminating** *adj* entendido ❑ **discrimination** [dɪskrɪmɪ'neɪʃən] *n* (*discernment*) perspicacia; (*prejudice*) discriminación *f*
discuss [dɪ'skʌs] *vt* discutir; (*a theme*) tratar ❑ **discussion** *n* discusión *f*
disdain [dɪs'deɪn] *n* desdén *m*
disease [dɪ'ziːz] *n* enfermedad *f*
disembark [dɪsɪm'bɑːrk] *vt, vi* desembarcar
disentangle [dɪsɪn'tæŋgəl] *vt* soltar; (*wire, thread*) desenredar
disfigure [dɪs'fɪgjər] *vt* (*person*) desfigurar; (*object*) afear
disgrace [dɪs'greɪs] *n* ignominia; (*shame*) vergüenza, escándalo ♦ *vt* deshonrar ❑ **disgraceful** *adj* vergonzoso
disgruntled [dɪs'grʌntld] *adj* disgustado, descontento
disguise [dɪs'gaɪz] *n* disfraz *m* ♦ *vt* disfrazar; **in ~** disfrazado
disgust [dɪs'gʌst] *n* repugnancia ♦ *vt* repugnar, dar asco a ❑ **disgusting** *adj* repugnante, asqueroso; (*behavior etc*) vergonzoso

> Be careful not to translate **disgust** by the Spanish word ***disgustar***.

dish [dɪʃ] *n* (*gen*) plato; **to do** *or* **wash the ~es** fregar los platos ▶ **dish out** *vt* repartir ▶ **dish up** (*BRIT*) *vt* servir ❑ **dishcloth** (*BRIT*) *n* = **dishrag**
dishearten [dɪs'hɑːrtn] *vt* desalentar
disheveled (*US*) [dɪ'ʃevəld] (*BRIT* **dishevelled**) *adj* (*hair*) despeinado; (*appearance*) desarreglado
dishonest [dɪs'ɑːnɪst] *adj* (*person*) poco honrado, tramposo; (*means*) fraudulento ❑ **dishonesty** *n* falta de honradez
dishonor (*US*) [dɪs'ɑːnər] (*BRIT* **dishonour**) *n* deshonra ❑ **dishonorable** (*US*) (*BRIT* **dishonourable**) *adj* deshonroso
dishrag ['dɪʃ,ræg] (*US*) *n* estropajo
dishtowel ['dɪʃ,tauəl] (*US*) *n* paño de cocina, repasador *m* (*RPl*)
dishwasher ['dɪʃ,wɑːʃər] *n* lavaplatos *m inv* ❑ **dishwashing liquid** (*US*) *n* líquido *m* lavavajillas
disillusion [dɪsɪ'luːʒən] *vt* desilusionar
disinfect [dɪsɪn'fekt] *vt* desinfectar ❑ **disinfectant** *n* desinfectante *m*
disintegrate [dɪs'ɪntɪgreɪt] *vi* disgregarse, desintegrarse
disinterested [dɪs'ɪntrəstɪd] *adj* desinteresado
disjointed [dɪs'dʒɔɪntɪd] *adj* inconexo
disk [dɪsk] *n* (*US: gen, also ANAT*) disco; (*COMPUT*) disco, disquete *m*; **single-/double-sided ~** disco de una cara/dos caras ❑ **disk drive** *n* disc drive *m* ❑ **disk jockey** *n* = **disc jockey** ❑ **diskette** *n* = **disk**
dislike [dɪs'laɪk] *n* antipatía, aversión *f* ♦ *vt* tener antipatía a
dislocate ['dɪsloukeɪt] *vt* dislocar
dislodge [dɪs'lɑːdʒ] *vt* sacar
disloyal [dɪs'lɔɪəl] *adj* desleal
dismal ['dɪzməl] *adj* (*gloomy*) deprimente, triste; (*very bad*) malísimo, fatal
dismantle [dɪs'mæntl] *vt* desmontar, desarmar
dismay [dɪs'meɪ] *n* consternación *f* ♦ *vt* consternar
dismiss [dɪs'mɪs] *vt* (*worker*) despedir; (*pupils*) dejar marchar; (*soldiers*) dar permiso para irse; (*idea, LAW*) rechazar; (*possibility*) descartar ❑ **dismissal** *n* despido
dismount [dɪs'maunt] *vi* apearse
disobedient [dɪsə'biːdiənt] *adj* desobediente
disobey [dɪsə'beɪ] *vt* desobedecer
disorder [dɪs'ɔːrdər] *n* desorden *m*; (*rioting*) disturbios *mpl*; (*MED*) trastorno ❑ **disorderly** *adj* desordenado; (*meeting*) alborotado; (*conduct*) escandaloso
disorganize [dɪs'ɔːrgənaɪz] *vt* desorganizar
disorient [dɪs'ɔːriənt] *vt* desorientar
disorientated [dɪs'ɔːrienteɪtəd] *adj* desorientado
disown [dɪs'oun] *vt* (*action*) renegar de; (*person*) negar cualquier tipo de relación con
disparaging [dɪs'pærɪdʒɪŋ] *adj* despreciativo
dispassionate [dɪs'pæʃənɪt] *adj* (*unbiased*) imparcial
dispatch [dɪ'spætʃ] *vt* enviar ♦ *n* (*sending*) envío; (*PRESS*) informe *m*; (*MIL*) parte *m*
dispel [dɪ'spel] *vt* disipar
dispense [dɪ'spens] *vt* (*medicines*) preparar ▶ **dispense with** *vt fus* prescindir de ❑ **dispenser** *n* (*container*) distribuidor *m* automático ❑ **dispensing chemist** (*BRIT*) *n* farmacia
disperse [dɪ'spɜːrs] *vt* dispersar ♦ *vi* dispersarse
dispirited [dɪ'spɪrɪtɪd] *adj* desanimado, desalentado
displace [dɪs'pleɪs] *vt* desplazar, reemplazar ❑ **displaced person** *n* (*POL*) desplazado(-a)
display [dɪ'spleɪ] *n* (*in store window*) vidriera (*LAm*), escaparate *m* (*SP*); (*exhibition*) exposición *f*; (*COMPUT*) visualización *f*; (*of feeling*) manifestación *f* ♦ *vt* exponer; manifestar; (*ostentatiously*) lucir
displease [dɪs'pliːz] *vt* (*offend*) ofender; (*annoy*) fastidiar ❑ **displeased** *adj*: **displeased with** disgustado con ❑ **displeasure** [dɪs'pleʒər] *n* disgusto
disposable [dɪ'spouzəbəl] *adj* desechable; (*income*) disponible ❑ **disposable diaper** (*US*) (*BRIT* **disposable nappy**) *n* pañal *m* desechable
disposal [dɪ'spouzəl] *n* (*of garbage*) destrucción *f*; **at one's ~** a su disposición
dispose [dɪ'spouz] *vi*: **to ~ of** (*unwanted goods*) deshacerse de; (*problem etc*) resolver ❑ **disposed** *adj*: **disposed to do** dispuesto a hacer; **to be well-disposed towards sb** estar bien dispuesto hacia algn ❑ **disposition** [dɪspə'zɪʃən] *n* (*nature*) temperamento; (*inclination*) propensión *f*
disprove [dɪs'pruːv] *vt* refutar
dispute [dɪs'pjuːt] *n* disputa; (*also:* **industrial** *or* **labor ~**) conflicto (laboral) ♦ *vt* (*argue*) disputar, discutir; (*question*) cuestionar
disqualify [dɪs'kwɑːlɪfaɪ] *vt* (*SPORT*) desclasificar; **to ~ sb for sth/from doing sth** incapacitar a algn para algo/hacer algo
disquiet [dɪs'kwaɪət] *n* preocupación *f*, inquietud *f*
disregard [dɪsrɪ'gɑːrd] *vt* (*ignore*) no hacer caso de
disrepair [dɪsrɪ'peər] *n*: **to fall into ~** (*building*) desmoronarse
disreputable [dɪs'repjutəbəl] *adj* (*person*) de mala fama; (*behavior*) vergonzoso
disrespect [dɪsrɪ'spekt] *n* falta de respeto ❑ **disrespectful** *adj* irrespetuoso
disrupt [dɪs'rʌpt] *vt* (*plans*) desbaratar, trastornar; (*conversation*) interrumpir
dissatisfaction [dɪssætɪs'fækʃən] *n* disgusto, descontento
dissatisfied [dɪs'sætɪsfaɪd] *adj* descontento
dissect [dɪ'sekt] *vt* disecar
dissent [dɪ'sent] *n* disensión *f*
dissertation [dɪsər'teɪʃən] *n* tesina
disservice [dɪs'sɜːrvɪs] *n*: **to do sb a ~** perjudicar a algn
dissimilar [dɪs'sɪmɪlər] *adj* distinto
dissipate ['dɪsɪpeɪt] *vt* disipar; (*waste*) desperdiciar
dissolve [dɪ'zɑːlv] *vt* disolver ♦ *vi* disolverse; **to ~ in(to) tears** deshacerse en lágrimas
dissuade [dɪ'sweɪd] *vt*: **to ~ sb (from)** disuadir a algn (de)
distance ['dɪstəns] *n* distancia; **in the ~** a lo lejos
distant ['dɪstənt] *adj* lejano; (*manner*) reservado, frío
distaste [dɪs'teɪst] *n* repugnancia ❑ **distasteful** *adj* repugnante, desagradable
distended [dɪ'stendɪd] *adj* (*stomach*) hinchado
distill (*US*) [dɪ'stɪl] (*BRIT* **distil**) *vt* destilar ❑ **distillery** *n* destilería
distinct [dɪs'tɪŋkt] *adj* (*different*) distinto; (*clear*) claro; (*unmistakeable*) inequívoco; **as ~ from** a diferencia de ❑ **distinction** *n* distinción *f*; (*honor*) honor *m*; (*in exam*) sobresaliente *m* ❑ **distinctive** *adj* distintivo
distinguish [dɪs'tɪŋgwɪʃ] *vt* distinguir; **to ~ o.s.** destacarse ❑ **distinguished** *adj* (*eminent*) distinguido ❑ **distinguishing** *adj* (*feature*) distintivo
distort [dɪs'tɔːrt] *vt* distorsionar; (*shape, image*) deformar ❑ **distortion** *n* distorsión *f*, deformación *f*
distract [dɪ'strækt] *vt* distraer ❑ **distracted** *adj* distraído ❑ **distraction** *n* distracción *f*; (*confusion*) aturdimiento
distraught [dɪ'strɑːt] *adj* loco de inquietud
distress [dɪ'stres] *n* (*anguish*) angustia, aflicción *f* ♦ *vt* afligir ❑ **distressing** *adj* angustioso; doloroso ❑ **distress signal** *n* señal *f* de socorro
distribute [dɪ'strɪbjuːt] *vt* distribuir; (*share out*) repartir ❑ **distribution** [dɪstrɪ'bjuːʃən] *n* distribución *f*, reparto ❑ **distributor** *n* (*aut*) distribuidor *m*; (*comm*) distribuidora
district ['dɪstrɪkt] *n* (*of country*) zona, región *f*; (*of town*) barrio; (*admin*) distrito ❑ **district attorney** (*US*) *n* fiscal *mf* ❑ **district nurse** (*BRIT*) *n enfermera que atiende a pacientes a domicilio*
distrust [dɪs'trʌst] *n* desconfianza ♦ *vt* desconfiar de
disturb [dɪ'stɜːrb] *vt* (*person: bother, interrupt*) molestar; (*: upset*) perturbar, inquietar; (*disorganize*) alterar ❑ **disturbance** *n* (*upheaval*) perturbación *f*; (*political etc: gen pl*) disturbio; (*of mind*) trastorno ❑ **disturbed** *adj* (*worried, upset*) preocupado, angustiado; **emotionally disturbed** trastornado; (*childhood*) inseguro ❑ **disturbing** *adj* inquietante, perturbador(a)
disuse [dɪs'juːs] *n*: **to fall into ~** caer en desuso
disused [dɪs'juːzd] *adj* abandonado
ditch [dɪtʃ] *n* zanja; (*irrigation ditch*) acequia ♦ *vt* (*inf: partner*) deshacerse de; (*: plan, car etc*) abandonar
dither ['dɪðər] (*pej*) *vi* vacilar
ditto ['dɪtou] *adv* ídem, lo mismo
divan [dɪ'væn] *n* diván; (*BRIT: also:* **~ bed**) cama turca

dive [daɪv] (*pt, pp* **~d** *or* **dove**) *n* (*from board*) salto; (*underwater*) buceo; (*of submarine*) sumersión *f* ♦ *vi* (*swimmer: into water*) saltar; (*: under water*) zambullirse, bucear; (*fish, submarine*) sumergirse; (*bird*) lanzarse en picado; **to ~ into** (*bag etc*) meter la mano en; (*place*) meterse de prisa en ❑ **diver** *n* (*underwater*) buzo

diverse [dɪ'vɜːrs] *adj* diversos(-as), varios(-as)

diversion [dɪ'vɜːrʃən] *n* (*distraction, MIL*) diversión *f*; (*of funds*) distracción *f*; (*BRIT AUT*) desviación *f*

divert [dɪ'vɜːrt] *vt* (*turn aside*) desviar

divide [dɪ'vaɪd] *vt* dividir; (*separate*) separar ♦ *vi* dividirse; (*road*) bifurcarse ❑ **divided highway** (*US*) *n* carretera de doble calzada

dividend ['dɪvɪdɛnd] *n* dividendo; (*fig*): **to pay ~s** proporcionar beneficios

divine [dɪ'vaɪn] *adj* (*also fig*) divino

diving ['daɪvɪŋ] *n* (*SPORT*) salto; (*underwater*) buceo ❑ **diving board** *n* trampolín *m*

divinity [dɪ'vɪnɪti] *n* divinidad *f*; (*SCOL*) teología

division [dɪ'vɪʒən] *n* división *f*; (*sharing out*) reparto; (*disagreement*) diferencias *fpl*; (*COMM*) sección *f*

divorce [dɪ'vɔːrs] *n* divorcio ♦ *vt* divorciarse de ❑ **divorced** *adj* divorciado ❑ **divorcee** [dɪvɔːr'seɪ] *n* divorciado(-a)

divulge [daɪ'vʌldʒ] *vt* divulgar, revelar

D.I.Y. (*BRIT*) *adj, n abbr* = **do-it-yourself**

dizzy ['dɪzi] *adj* (*spell*) de mareo; **to feel ~** marearse

DJ *n abbr* = **disc** *or* **disk jockey**

do

KEYWORD

[duː] (*pt* **did**, *pp* **done**)

n (*inf: party etc*): **we're having a little do on Saturday** damos una fiestecita el sábado; **it was a grand do** fue un acontecimiento a lo grande

♦ *aux vb*

1 (*in negative constructions: not translated*) **I don't understand** no entiendo

2 (*to form questions: not translated*) **didn't you know?** ¿no lo sabías?; **what do you think?** ¿qué opinas?

3 (*for emphasis, in polite expressions*): **people do make mistakes sometimes** sí que se cometen errores a veces; **she does seem late** a mí también me parece que se ha retrasado; **do sit down/help yourself** siéntate/sírvete por favor; **do take care!** ¡ten cuidado(, te pido)!

4 (*used to avoid repeating vb*): **she sings better than I do** canta mejor que yo; **do you agree? -- yes, I do/no, I don't** ¿estás de acuerdo? -- sí (lo estoy)/no (lo estoy); **she lives in Chicago -- so do I** vive en Chicago -- yo también; **he didn't like it and neither did we** no le gustó y a nosotros tampoco; **who made this mess? -- I did** ¿quién hizo este desorden? -- yo; **he asked me to help him and I did** me pidió que le ayudara y lo hice

5 (*in question tags*): **you like him, don't you?** te gusta, ¿verdad? *or* ¿no?; **I don't know him, do I?** creo que no lo conozco

♦ *vt*

1 (*gen, carry out, perform etc*): **what are you doing tonight?** ¿qué haces esta noche?; **what can I do for you?** ¿en qué puedo servirle?; **to do the dishes/cooking** fregar los platos/cocinar; **to do one's teeth/hair/nails** lavarse los dientes/arreglarse el pelo/arreglarse las uñas

2 (*AUT etc*): **the car was doing 90** el carro iba a 90; **we've done 200 miles already** ya hemos hecho 200 millas; **he can do 100 in that car** puede ir a 100 en ese carro

♦ *vi*

1 (*act, behave*) hacer; **do as I do** haz como yo

2 (*get on, fare*): **he's doing well/badly at school** va bien/mal en la escuela; **the firm is doing well** la empresa anda *or* va bien; **how do you do?** mucho gusto; (*less formal*) ¿qué tal?

3 (*suit*): **will it do?** ¿sirve?, ¿está *or* va bien?

4 (*be sufficient*) bastar; **will $20 do?** ¿será bastante con $20?; **that'll do** así está bien; **that'll do!** (*in annoyance*) ¡ya está bien!, ¡basta ya!; **to make do (with)** arreglárselas (con)

▸ **do away with** *vt fus* (*kill, disease*) eliminar; (*abolish law etc*) abolir; (*withdraw*) retirar

▸ **do up** *vt* (*laces*) atar; (*zip, dress, shirt*) abrochar; (*BRIT: renovate room, house*) renovar

▸ **do with** *vt fus* (*need*): **I could do with a drink/some help** no me vendría mal un trago/un poco de ayuda; (*be connected*) tener que ver con; **what has it got to do with you?** ¿qué tiene que ver contigo?

▸ **do without** *vi* pasar sin; **if you're late for dinner then you'll do without** si llegas tarde tendrás que quedarte sin cenar

♦ *vt fus* arreglárselas sin; **I can do without a car** puedo arreglármelas sin carro (*LAm*) *or* coche (*SP*)

dock [dɑːk] *n* (*NAUT*) muelle *m*; (*LAW*) banquillo (de los acusados) ♦ *vi* (*enter dock*) atracar; (*SPACE*) acoplarse; **~s** *npl* (*NAUT*) muelles *mpl*, puerto *sg* ❑ **docker** (*BRIT*) *n* trabajador *m* portuario, estibador *m* ❑ **dockyard** *n* astillero

doctor ['dɑːktər] *n* médico(-a); (*Ph.D. etc*) doctor(a) *m/f* ♦ *vt* (*drink etc*) adulterar ❑ **Doctor of Philosophy** *n* Doctor en Filosofía y Letras ❑ **doctor's office** (*US*) *n* consultorio

document ['dɑːkjəmənt] *n* documento ❑ **documentary** [dɑːkjə'mentəri] *adj* documental ♦ *n* documental *m*

dodge [dɑːdʒ] *n* (*fig*) truco ♦ *vt* evadir; (*blow*) esquivar

Dodgem® ['dɑːdʒəm] (*BRIT*) *n* coche *mpl* de choque

doe [dou] *n* (*deer*) cierva, gama; (*rabbit*) coneja

does [dʌz] *vb see* **do**; **doesn't** = **does not**

dog [dɑːg] *n* perro ♦ *vt* seguir los pasos de; (*bad luck*) perseguir ❑ **dog collar** *n* collar *m* de perro; (*of clergyman*) alzacuellos *m inv* ❑ **dog-eared** *adj* sobado

dogged ['dɑːgɪd] *adj* tenaz, obstinado

doghouse ['dɑːghaus] (*US*) *n* caseta del perro

dogsbody ['dɑːgzbɑdi] (*BRIT: inf*) *n* burro de carga

doings ['duɪŋz] *npl* (*activities*) actividades *fpl*

do-it-yourself *n* hágalo usted mismo (*MEX*), bricolaje *m* (*LAm exc MEX, SP*)

doldrums ['douldrəmz] *npl*: **to be in the ~** (*person*) estar abatido; (*business*) estar estancado

dole [doul] (*BRIT*) *n* (*payment*) subsidio de desempleo; **on the ~** desempleado ▸ **dole out** *vt* repartir

doll [dɑːl] *n* muñeca; (*US: inf: woman*) muñeca, gachí *f*

dollar ['dɑːlər] *n* dólar *m*

dolled up (*inf*) *adj* arreglado

dolphin ['dɑːlfɪn] *n* delfín *m*

domain [dou'meɪn] *n* (*fig*) campo, competencia; (*land*) dominios *mpl* ❑ **domain name** *n* (*INTERNET*) nombre *m* de dominio

dome [doum] *n* (*ARCH*) cúpula

domestic [də'mestɪk] *adj* (*animal, duty*) doméstico; (*flight, policy*) nacional ❑ **domesticated** *adj* domesticado; (*home-loving*) casero, hogareño

dominate ['dɑːmɪneɪt] *vt* dominar

domineering [dɑːmɪ'nɪərɪŋ] *adj* dominante

dominion [də'mɪnjən] *n* dominio

domino ['dɑːmɪnou] (*pl* **~es**) *n* ficha de dominó ❑ **dominoes** *n* (*game*) dominó

don [dɑːn] (*BRIT*) *n* profesor(a) *m/f* universitario(-a)

donate ['douneɪt] *vt* donar ❑ **donation** [dou'neɪʃən] *n* donativo

done [dʌn] *pp of* **do**

donkey ['dɑːŋki] *n* burro

donor ['dounər] *n* donante *mf* ❑ **donor card** *n* tarjeta de donante

don't [dount] *cont* = **do not**

donut ['dounʌt] (*US*) *n* = **doughnut**

doodle ['duːdl] *vi* hacer dibujitos *or* garabatos

doom [duːm] *n* (*fate*) suerte *f* ♦ *vt*: **to be ~ed to failure** estar condenado al fracaso

door [dɔːr] *n* puerta ❑ **doorbell** *n* timbre *m* ❑ **door handle** *n* perilla (*LAm*), tirador *m* (*SP*); (*of car*) manija ❑ **doorman** *n* (*in hotel*) portero ❑ **doormat** *n* tapete *m* (*MEX*), felpudo (*LAm exc MEX, SP*) ❑ **doorstep** *n* peldaño ❑ **door-to-door** *adj* de puerta en puerta ❑ **doorway** *n* entrada, puerta

dope [doup] *n* (*inf: illegal drug*) droga; (*: person*) imbécil *mf* ♦ *vt* (*horse etc*) drogar

dork [dɔːrk] (*US: inf*) *n* pazguato(-a) (*inf*)

dorm [dɔːrm] *n* (*US: building*) residencia de estudiantes; (*BRIT: room*) dormitorio (*colectivo*)

dormant ['dɔːrmənt] *adj* inactivo

dormitory ['dɔːrmɪtɔːri] *n* (*building*) residencia de estudiantes; (*BRIT: room*) dormitorio (*colectivo*)

dormouse ['dɔːr,maus] (*pl* **-mice**) *n* lirón *m*

DOS *n abbr* (= *disk operating system*) DOS *m*

dosage ['dousɪdʒ] *n* dosis *f inv*

dose [dous] *n* dosis *f inv*

doss house ['dɑːs,haus] (*BRIT: inf*) *n* pensión *f* de mala muerte

dossier ['dɑːsieɪ] *n* expediente *m*, dosier *m*

dot [dɑːt] *n* punto ♦ *vi*: **~ted with** salpicado de; **on the ~** en punto

dotcom, dot.com ['dɑːt,kɑːm] *n* puntocom *f*, punto.com *f*

double ['dʌbəl] *adj* doble ♦ *adv* (*twice*): **to cost ~** costar el doble ♦ *n* doble *m* ♦ *vt* doblar ♦ *vi* doblarse; **on the ~, at the ~** (*BRIT*) corriendo ❑ **double bass** *n* contrabajo ❑ **double bed** *n* cama de matrimonio ❑ **double bend** (*BRIT*) *n* (*AUT*) = **double curve** ❑ **double-breasted** *adj* cruzado ❑ **double-click** *vi* (*COMPUT*) hacer doble clic ❑ **double-cross** *vt* (*trick*) engañar; (*betray*) traicionar ❑ **double curve** (*US*) *n* (*AUT*) curva en S ❑ **double-decker** (*BRIT*) *n* autobús *m* de dos pisos ❑ **double glazing** (*BRIT*) *n* doble acristalamiento ❑ **double room** *n* habitación *f* doble ❑ **doubles** *n* (*TENNIS*) juego de dobles ❑ **doubly** *adv* doblemente

doubt [daut] *n* duda ♦ *vt* dudar; (*suspect*) dudar de; **to ~ that** dudar que ❑ **doubtful** *adj* dudoso; (*person*): **to be doubtful about sth** tener dudas sobre algo ❑ **doubtless** *adv* sin duda

dough [dou] *n* masa, pasta ❑ **doughnut** (*US* **donut**) *n* dona (*MEX*), buñuelo (*LAm exc MEX, SP*), berlinesa (*RPl*)

dove[1] [dʌv] *n* paloma

dove[2] [douv] *pt of* **dive**

dovetail ['dʌvteɪl] *vi* (*fig*) encajar

dowdy ['daudi] *adj* (*person*) mal vestido; (*clothes*) pasado de moda

down [daun] *n* (*feathers*) plumón *m*, flojel *m* ♦ *adv* (*downwards*) abajo, hacia abajo; (*on the ground*) por *or* en tierra ♦ *prep* abajo ♦ *vt* (*inf: drink*) beberse; **~ with X!** ¡abajo X! ❑ **down-and-out** *n* vagabundo(-a) ❑ **down-at-heel** *adj* venido a menos; (*appearance*) desaliñado ❑ **downcast** *adj* abatido ❑ **downfall** *n* caída, ruina ❑ **downhearted** *adj* desanimado ❑ **downhill** *adv*: **to go downhill** (*also fig*) ir cuesta abajo ❑ **download** *vt* (*COMPUT*) bajar ❑ **down payment** *n* entrada, pago al contado ❑ **downpour** *n* aguacero ❑ **downright** *adj* (*nonsense, lie*) manifiesto; (*refusal*) terminante ❑ **downsize** *vi* (*ECON: company*) reducir la plantilla ❑ **downspout** (*US*) *n* tubo de desagüe

Down's syndrome ['daunz,sɪndroum] *n* síndrome *m* de Down

down: ❑ **downstairs** *adv* (*below*) (en el piso de) abajo; (*downwards*) escaleras abajo ❑ **downstream** *adv* aguas *or* río abajo ❑ **down-to-earth** *adj* práctico ❑ **downtown** *adv* en el centro de la ciudad ❑ **down under** (*BRIT*) *adv* en Australia (*or* Nueva Zelanda) ❑ **downward** ['daunwərd] *adj, adv* hacia abajo ❑ **downwards** ['daunwərdz] *adv* hacia abajo

dowry ['dauri] *n* dote *f*

doz. *abbr* = **dozen**

doze [douz] *vi* dormitar ▸ **doze off** *vi* quedarse medio dormido

dozen ['dʌzən] *n* docena; **a ~ books** una docena de libros; **~s of** cantidad de

Dr. *abbr* = **doctor**; **drive**

drab [dræb] *adj* gris, monótono

draft [dræft] *n* (*first copy*) borrador *m*; (*POL: of bill*) anteproyecto; (*US: call-up*) quinta; (*US: of air*) corriente *f* de aire; (*US NAUT*) calado ♦ *vt* (*plan*) preparar; (*write roughly*) hacer un borrador de; (*US MIL conscript*) reclutar, llamar al servicio militar; **~ beer** cerveza de barril ❑ **draft dodger** (*US*) *n* prófugo *m*

draftsman (*US*) ['dræftsmən] (*BRIT* **draughtsman**) *n* delineante *mf*

drag [dræg] *vt* arrastrar; (*river*) dragar, rastrear ♦ *vi* (*time*) pasar despacio; (*play, movie etc*) hacerse pesado ♦ *n* (*inf*) lata; (*women's clothing*): **in ~** vestido de travesti; **~ and drop** *vt* (*COMPUT*) arrastrar y soltar ▸ **drag on** *vi* ser interminable

dragonfly ['drægən,flaɪ] *n* libélula

drain [dreɪn] *n* desaguadero; (*in street*) sumidero; (*source of loss*): **to be a ~ on** consumir, agotar ♦ *vt* (*land, marshes*) desaguar; (*reservoir*) desecar; (*vegetables*) escurrir ♦ *vi* escurrirse ❑ **drainage** *n* (*act*) desagüe *m*; (*MED, AGR*) drenaje *m*; (*sewage*) alcantarillado ❑ **drainboard** (*US*) (*BRIT* **draining board**) *n* escurridero (*LAm*), escurreplatos *m inv* (*SP*) ❑ **drainpipe** *n* tubo de desagüe

drama ['drɑːmə] *n* (*art*) teatro; (*play*) obra dramática; (*excitement*) emoción *f* ❑ **dramatic** [drə'mætɪk] *adj* dramático; (*sudden, marked*) espectacular ❑ **dramatist** *n* dramaturgo(-a) ❑ **dramatize** *vt* (*events*) dramatizar

drank [dræŋk] *pt of* **drink**

drape [dreɪp] *vt* (*cloth*) colocar; (*flag*) colgar; **~s** *npl* (*US*) cortinas *fpl*

drastic ['dræstɪk] *adj* (*measure*) severo; (*change*) radical, drástico

draught [dræft] (*BRIT*) *n* = **draft** ❑ **draughtboard** (*BRIT*) *n* tablero de damas ❑ **draughts** (*BRIT*) *n* (*game*) juego de damas

draughtsman ['dræftsmən] (*BRIT: irreg*) *n* = **draftsman**

draw [drɔː] (*pt* **drew**, *pp* **~n**) *vt* (*picture*) dibujar; (*cart*) tirar de; (*curtain*) correr; (*take out*) sacar; (*attract*) atraer; (*money*) retirar; (*wages*) cobrar ♦ *vi* (*SPORT*) empatar ♦ *n* (*SPORT*) empate *m*; (*lottery*) sorteo ▸ **draw near** *vi* acercarse ▸ **draw out** *vi* (*lengthen*) alargarse ♦ *vt* sacar ▸ **draw up** *vi* (*stop*) pararse ♦ *vt* (*chair*) acercar; (*document*) redactar ❑ **drawback** *n* inconveniente *m*, desventaja ❑ **drawbridge** *n* puente *m* levadizo

drawer [drɔːr] *n* cajón *m*

drawing ['drɔːɪŋ] *n* dibujo ❑ **drawing board** *n* tablero (de dibujante) ❑ **drawing pin** (*BRIT*) *n* chinche *f* (*LAm*), chincheta (*SP*) ❑ **drawing room** *n* salón *m*

drawl [drɔːl] *n* habla lenta y cansina

drawn [drɔːn] *pp of* **draw**

dread [dred] *n* pavor *m*, terror *m* ♦ *vt* temer, tener miedo *or* pavor a ❑ **dreadful** *adj* horroroso

dream [driːm] (*pt, pp* **~ed** *or* **dreamt** [dremt]) *n* sueño ♦ *vt, vi* soñar ❑ **dreamy** *adj* (*distracted*) soñador(a), distraído; (*music*) suave

dreary ['drɪəri] *adj* monótono

dredge [dredʒ] *vt* dragar

dregs [dregz] *npl* posos *mpl*; (*of humanity*) hez *f*

drench [drentʃ] *vt* empapar

dress [dres] *n* vestido; (*clothing*) ropa ♦ *vt* vestir; (*wound*) vendar ♦ *vi* vestirse; **to get ~ed** vestirse ▸ **dress up** *vi* vestirse de etiqueta; (*in costumes*) disfrazarse ❑ **dress circle** (*BRIT*) *n* principal *m* ❑ **dresser** *n* (*furniture*) aparador *m*; (*: US*) cómoda (con espejo) ❑ **dressing** *n* (*MED*) vendaje *m*; (*CULIN*) aliño ❑ **dressing gown** (*BRIT*) *n* bata ❑ **dressing room** *n* (*THEATER*) camarín *m*; (*US SPORT, in store*) vestuario ❑ **dressing table** *n* tocador *m* ❑ **dressmaker** *n* modista, costurera ❑ **dress rehearsal** *n* ensayo general

drew [druː] *pt of* **draw**

dribble ['drɪbəl] *vi* (*baby*) babear ♦ *vt* (*ball*) regatear

dried [draɪd] *adj* (*fruit*) seco; (*milk*) en polvo

drier ['draɪər] *n* = **dryer**

drift [drɪft] *n* (*of current etc*) flujo; (*of snow*) ventisquero; (*meaning*) significado ♦ *vi* (*boat*) ir a la deriva; (*sand, snow*) amontonarse ❑ **driftwood** *n* madera de deriva

drill [drɪl] *n* (*drill bit*) broca; (*for wood, metal*) taladro; (*of dentist*) fresa; (*for mining etc*) perforadora, barrena; (*MIL*) instrucción *f* ♦ *vt* perforar, taladrar; (*troops*) enseñar la instrucción a ♦ *vi* (*for oil*) perforar

drink [drɪŋk] (*pt* **drank**, *pp* **drunk**) *n* bebida; (*sip*) trago ♦ *vt, vi* beber; **to have a ~** tomar algo; tomar una copa *or* un trago; **a ~ of water** un trago de agua ❑ **drinker** *n* bebedor(a) *m/f* ❑ **drinking water** *n* agua potable

drip [drɪp] *n* (*act*) goteo; (*one drip*) gota; (*MED*) gota a gota *m* ♦ *vi* gotear ❑ **drip-dry** *adj* (*shirt*) inarrugable ❑ **dripping** *n* (*animal fat*) pringue *m*

drive [draɪv] (*pt* **drove**, *pp* **~n**) *n* (*journey*) viaje *m* (*en automóvil*); (*also:* **~way**) entrada; (*energy*) energía, vigor *m*; (*COMPUT: also:* **disk ~**) drive *m* ♦ *vt* (*car*) manejar (*LAm*), conducir (*SP*); (*nail*) clavar; (*push*) empujar; (*TECH: motor*) impulsar ♦ *vi* (*AUT: at controls*) manejar (*LAm*), conducir (*SP*); (*: travel*) pasearse en carro (*LAm*) *or* coche (*SP*); **left-/right-hand ~** conducción *f* a la izquierda/derecha; **to ~ sb mad** volver loco a algn

drivel ['drɪvəl] (*inf*) *n* tonterías *fpl*

driven ['drɪvən] *pp of* **drive**

driver ['draɪvər] *n* chofer *mf* (*LAm*), conductor(a) *m/f* (*SP*); (*of taxi, bus*) chofer *mf* (*LAm*), chófer *mf* (*SP*) ❑ **driver's license** (*US*) *n* licencia de manejo (*LAm*), carnet *m* de conducir (*SP*)

driveway ['draɪvweɪ] *n* entrada

driving ['draɪvɪŋ] *n* el manejar (*LAm*), el conducir (*SP*) ❑ **driving instructor** *n* instructor(a) *m/f* de manejo (*LAm*), profesor(a) *m/f* de autoescuela (*SP*) ❑ **driving lesson** *n* clase *f* de manejar (*LAm*) *or* conducir (*SP*) ❑ **driving licence** (*BRIT*) *n* licencia de manejo (*LAm*), carnet *m* de conducir (*SP*) ❑ **driving school** *n* escuela de manejo (*MEX*) *or* choferes (*LAm*), autoescuela (*SP*) ❑ **driving test** *n* examen *m* de manejar (*LAm*) *or* conducir (*SP*)

drizzle ['drɪzəl] *n* llovizna

drool [druːl] *vi* babear

droop [druːp] *vi* (*flower*) marchitarse; (*shoulders*) encorvarse; (*head*) inclinarse

drop [drɑːp] *n* (*of water*) gota; (*lessening*) baja; (*fall*) caída ♦ *vt* dejar caer; (*voice, eyes, price*) bajar; (*passenger*) dejar; (*omit*) omitir ♦ *vi* (*object*) caer; (*wind*) amainar; **~s** *npl* (*MED*) gotas *fpl* ▸ **drop off** *vi* (*sleep*) dormirse ♦ *vt* (*passenger*) dejar ▸ **drop out** *vi* (*withdraw*) retirarse ❑ **drop-out** *n* marginado(-a); (*SCOL*) estudiante que abandona los estudios ❑ **dropper**

n cuentagotas *m inv* ❑ **droppings** *npl* excremento
drought [draut] *n* sequía
drove [drouv] *pt of* **drive**
drown [draun] *vt* ahogar ♦ *vi* ahogarse
drowsy ['drauzi] *adj* soñoliento; **to be ~** tener sueño
drug [drʌg] *n* medicamento; (*narcotic*) droga ♦ *vt* drogar; **to be on ~s** drogarse ❑ **drug addict** *n* drogadicto(-a) ❑ **druggist** (*US*) *n* farmacéutico(-a) ❑ **drugstore** (*US*) *n* farmacia
drum [drʌm] *n* tambor *m*; (*for oil, petrol*) bidón *m*; **~s** *npl* batería ❑ **drummer** *n* baterista *mf* (*LAm*), batería *mf* (*SP*)
drunk [drʌŋk] *pp of* **drink** ♦ *adj* borracho ♦ *n* (*also:* **~ard**) borracho(-a) ❑ **drunken** *adj* borracho; (*laughter, party*) de borrachos
dry [draɪ] *adj* seco; (*day*) sin lluvia; (*climate*) árido, seco ♦ *vt* secar; (*tears*) enjugarse ♦ *vi* secarse ▸ **dry up** *vi* (*river*) secarse ❑ **dry-cleaner's** *n* tintorería ❑ **dry-cleaning** *n* lavado en seco ❑ **dryer** *n* (*for hair*) secador *m*; (*US: for clothes*) secadora ❑ **dry goods** (*US*) *npl* artículos *mpl* de confección ❑ **dry rot** (*BRIT*) *n* putrefacción *f* de la madera (*por un hongo*)
DSS (*BRIT*) *n abbr* = **Department of Social Security**
DTP *n abbr* (= *desk-top publishing*) autoedición *f*
dual ['duəl] *adj* doble ❑ **dual carriageway** (*BRIT*) *n* carretera de doble calzada ❑ **dual-purpose** *adj* de doble uso
dubbed [dʌbd] *adj* (*FILM*) doblado
dubious ['du:biəs] *adj* indeciso; (*reputation, company*) sospechoso
duchess ['dʌtʃɪs] *n* duquesa
duck [dʌk] *n* pato ♦ *vi* agacharse ❑ **duckling** *n* patito
duct [dʌkt] *n* conducto, canal *m*
dud [dʌd] *n* (*object, tool*) engaño, engañifa ♦ *adj* (*check*) sin fondos; (*merchandise*) de mala calidad, chafa (*MEX*); (*shell, bomb*) que no estalla
dude [du:d] (*US: inf*) *n* tipo (*inf*)
due [du:] *adj* (*owed*): **he is ~ $50** se le deben 50 dólares; (*expected: event*): **the meeting is ~ on Wednesday** la reunión tendrá lugar el miércoles; (*: arrival*): **the train is ~ at 8am** el tren tiene su llegada para las 8; (*proper*) debido ♦ *n*: **to give sb his** (*or* **her**) **~** ser justo con algn ♦ *adv*: **~ north** derecho al norte; **~s** *npl* (*for club, union*) cuota; (*in harbor*) derechos *mpl*; **in ~ course** a su debido tiempo; **~ to** debido a; **to be ~ to** deberse a
duet [du:'ɛt] *n* dúo
duffel bag ['dʌfəl-] *n* bolsa de lona
duffel coat ['dʌfəl-] *n* trenca, abrigo de tres cuartos
dug [dʌg] *pt, pp of* **dig**
duke [du:k] *n* duque *m*
dull [dʌl] *adj* (*light*) débil; (*stupid*) torpe; (*boring*) pesado; (*sound, pain*) sordo; (*weather, day*) gris ♦ *vt* (*pain, grief*) aliviar; (*mind, senses*) entorpecer
duly ['du:li] *adv* debidamente; (*on time*) a su debido tiempo
dumb [dʌm] *adj* mudo; (*US: pej: stupid*) estúpido ❑ **dumbfounded** [dʌm'faundɪd] *adj* pasmado
dummy ['dʌmi] *n* (*tailor's dummy*) maniquí *m*; (*mock-up*) maqueta; (*BRIT: for baby*) chupón *m* (*LAm*), chupete *m* (*SC, SP*) ♦ *adj* falso, postizo
dump [dʌmp] *n* (*US: also:* **garbage ~**; *BRIT: also:* **rubbish ~**) basurero, vertedero; (*inf: place*) cuchitril *m* ♦ *vt* (*put down*) dejar; (*get rid of*) deshacerse de; (*COMPUT: data*) transferir
dumpling ['dʌmplɪŋ] *n bola de masa hervida*
dumpster ['dʌmpstər] (*US*) *n* contenedor *m* de basura
dumpy ['dʌmpi] *adj* regordete(-a)
dunce [dʌns] *n* zopenco
dung [dʌŋ] *n* estiércol *m*
dungarees [dʌŋgə'ri:z] *npl* (*for work*) overol *m* (*LAm*), mameluco (*SC*), peto (*SP*); (*casual wear*) pantalón *m* de peto; (*US: jeans*) bluejeans *m* (*LAm*), vaqueros *mpl* (*SP*)
dungeon ['dʌndʒən] *n* calabozo
duplex ['du:plɛks] (*US*) *n* dúplex *m*
duplicate [*n* 'du:plɪkət, *vb* 'du:plɪkeɪt] *n* duplicado ♦ *vt* duplicar; (*photocopy*) fotocopiar; (*repeat*) repetir; **in ~** por duplicado
durable ['duərəbəl] *adj* duradero
duration [du'reɪʃən] *n* duración *f*
during ['durɪŋ] *prep* durante
dusk [dʌsk] *n* crepúsculo, anochecer *m*
dust [dʌst] *n* polvo ♦ *vt* sacudir (*MEX*), quitar el polvo a (*LAm exc MEX, SP*); (*cake etc*): **to ~ with** espolvorear de ❑ **dustbin** (*BRIT*) *n* cubo *or* bote *m* (*MEX*) *or* tacho (*SC*) de la basura ❑ **duster** *n* paño, trapo ❑ **dustman** (*BRIT*) *n* basurero ❑ **dusty** *adj* polvoriento
Dutch [dʌtʃ] *adj* holandés(-esa) ♦ *n* (*LING*) holandés *m*; **the ~** *npl* los holandeses; **to go ~** (*inf*) pagar a escote, pagar cada uno lo suyo ❑ **Dutchman/woman** *n* holandés(-esa) *m/f*
duty ['du:ti] *n* deber *m*; (*tax*) derechos *mpl* de aduana; **on ~** de servicio; (*at night etc*) de guardia; **off ~** libre (de servicio) ❑ **duty-free** *adj* libre de impuestos
duvet [du:'veɪ] (*BRIT*) *n* edredón *m*
DVD *n abbr* (= *digital versatile or video disc*) DVD *m*
dwarf [dwɔ:rf] (*pl* **dwarves**) *n* enano(-a) ♦ *vt* empequeñecer
dwell [dwɛl] (*pt, pp* **dwelt**) *vi* morar ▸ **dwell on** *vt fus* explayarse en
dwindle ['dwɪndl] *vi* disminuir
dye [daɪ] *n* tinte *m* ♦ *vt* teñir
dying ['daɪɪŋ] *adj* moribundo
dyke [daɪk] (*BRIT*) *n* = **dike**
dynamic [daɪ'næmɪk] *adj* dinámico
dynamite ['daɪnəmaɪt] *n* dinamita
dynamo ['daɪnəmou] *n* dínamo (*LAm*), dínamo *f* (*SP*)
dynasty ['daɪnəsti] *n* dinastía

Ee

E [i:] *n* (*MUS*) mi *m*
each [i:tʃ] *adj* cada *inv* ♦ *pron* cada uno; **~ other** el uno al otro; **they hate ~ other** se odian (entre ellos *or* mutuamente); **they have 2 books ~** tienen 2 libros por persona
eager ['i:gər] *adj* (*enthusiastic*) entusiasmado; **to be ~ to do sth** tener muchas ganas de hacer algo, impacientarse por hacer algo; **to be ~ for** tener muchas ganas de
eagle ['i:gəl] *n* águila
ear [ɪər] *n* oreja; oído; (*of corn*) espiga ❑ **earache** *n* dolor *m* de oídos ❑ **eardrum** *n* tímpano
earl [ɜ:rl] *n* conde *m*
earlier ['ɜ:rliər] *adj* anterior ♦ *adv* antes
early ['ɜ:rli] *adv* temprano; (*before time*) con tiempo, con anticipación ♦ *adj* temprano; (*settlers etc*) primitivo; (*death, departure*) prematuro; (*reply*) pronto; **to have an ~ night** acostarse temprano; **in the ~** *or* **~ in the spring/19th century** a principios de primavera/del siglo diecinueve ❑ **early retirement** *n* jubilación *f* anticipada
earmark ['ɪər,mɑ:rk] *vt*: **to ~ (for)** reservar (para), destinar (a)
earn [ɜ:rn] *vt* (*salary*) percibir; (*interest*) devengar; (*praise*) merecerse
earnest ['ɜ:rnɪst] *adj* (*wish*) fervoroso; (*person*) serio, formal; **in ~** en serio
earnings ['ɜ:rnɪŋz] *npl* (*personal*) sueldo, ingresos *mpl*; (*company*) ganancias *fpl*
ear: ❑ **earphones** *npl* auriculares *mpl* ❑ **earring** *n* pendiente *m*, arete *m* (*MEX*), aro (*SC*) ❑ **earshot** *n*: **within earshot** al alcance del oído
earth [ɜ:rθ] *n* tierra; (*BRIT ELEC*) cable *m* de toma de tierra ♦ *vt* (*BRIT ELEC*) conectar a tierra ❑ **earthenware** *n* loza (de barro) ❑ **earthquake** *n* terremoto ❑ **earthworm** *n* lombriz *f* ❑ **earthy** *adj* (*fig: vulgar*) grosero
ease [i:z] *n* facilidad *f*; (*comfort*) comodidad *f* ♦ *vt* (*lessen: problem*) mitigar; (*: pain*) aliviar; (*: tension*) reducir; **to ~ sth in/out** meter/sacar algo con cuidado; **at ~!** (*MIL*) ¡descansen! ▸ **ease off** *or* **up** *vi* (*wind, rain*) amainar; (*slow down*) aflojar la marcha
easel ['i:zəl] *n* caballete *m*
easily ['i:zɪli] *adv* fácilmente
east [i:st] *n* este *m* ♦ *adj* del este, oriental; (*wind*) este ♦ *adv* al este, hacia el este; **the E~** el Oriente; (*POL*) los países del Este
Easter ['i:stər] *n* Pascua (de Resurrección) ❑ **Easter egg** *n* huevo de Pascua
east: ❑ **easterly** *adj* (*to the east*) al este; (*from the east*) del este ❑ **eastern** *adj* del este, oriental; (*oriental*) oriental ❑ **eastward(s)** ['i:stwərd(z)] *adv* hacia el este
easy ['i:zi] *adj* fácil; (*simple*) sencillo; (*comfortable*) holgado, cómodo; (*relaxed*) tranquilo ♦ *adv*: **to take it** *or* **things ~** (*not worry*) tomarlo con calma; (*rest*) descansar ❑ **easy chair** *n* sillón *m* ❑ **easy-going** *adj* acomodadizo
eat [i:t] (*pt* **ate**, *pp* **~en**) *vt* comer ▸ **eat away at** *vt fus* corroer; mermar ▸ **eat into** *vt fus* corroer; (*savings*) mermar ❑ **eatery** (*US: inf*) *n* restaurante *m*
eaves [i:vz] *npl* alero
eavesdrop ['i:vz,drɑ:p] *vi*: **to ~ (on)** escuchar a escondidas
ebb [ɛb] *n* reflujo ♦ *vi* bajar; (*fig: also:* **~ away**) decaer
ebony ['ɛbəni] *n* ébano
e-book ['i:buk] *n* libro electrónico
e-business ['i:,bɪznɪs] *n* (*company*) negocio electrónico; (*commerce*) comercio electrónico
EC *n abbr* (= *European Community*) CE *f*
ECB *n abbr* (= *European Central Bank*) BCE *m*
eccentric [ɪk'sɛntrɪk] *adj, n* excéntrico(-a)
echo ['ɛkou] (*pl* **~es**) *n* eco *m* ♦ *vt* (*sound*) repetir ♦ *vi* resonar, hacer eco
éclair [eɪ'klɛər] *n pastelillo relleno de crema y con chocolate por encima*
eclipse [ɪ'klɪps] *n* eclipse *m*
ecology [ɪ'kɑ:lədʒi] *n* ecología
e-commerce ['i:'kɑ:mərs] *n* comercio electrónico, comercio E
economic [,i:kə'nɑ:mɪk] *adj* económico; (*business etc*) rentable ❑ **economical** *adj* económico ❑ **economics** *n* (*SCOL*) economía ♦ *npl* (*of project etc*) rentabilidad *f*
economize [ɪ'kɑ:nəmaɪz] *vi* economizar, ahorrar
economy [ɪ'kɑ:nəmi] *n* economía ❑ **economy class** *n* (*AVIAT*) clase *f* económica ❑ **economy size** *n* tamaño económico
ecstasy ['ɛkstəsi] *n* éxtasis *m inv*; (*drug*) éxtasis *m inv* ❑ **ecstatic** [ɛks'tætɪk] *adj* extático
ECU [eɪ'ku:] *n abbr* (= *European Currency Unit*) ECU *m*
Ecuador ['ɛkwədɔ:r] *n* Ecuador *m* ❑ **Ecuadorian** *adj, n* ecuatoriano(-a)
eczema ['ɛksi:mə] *n* eczema *m*
edge [ɛdʒ] *n* (*of knife*) filo; (*of object*) borde *m*; (*of lake*) orilla ♦ *vt* (*SEWING*) ribetear; **on ~** (*fig*) = **edgy**; **to ~ away from** alejarse poco a poco de ❑ **edgeways** *adv*: **he couldn't get a word in edgeways** no pudo meter baza
edgy ['ɛdʒi] *adj* nervioso, inquieto
edible ['ɛdɪbəl] *adj* comestible
Edinburgh ['ɛdnbərə] *n* Edimburgo
edit ['ɛdɪt] *vt* (*be editor of*) dirigir; (*text, report*) corregir, preparar ❑ **edition** [ɪ'dɪʃən] *n* edición *f* ❑ **editor** *n* (*of newspaper*) director(a) *m/f*; (*of column*): **foreign/political editor** encargado de la sección de extranjero/política; (*of book*) redactor(a) *m/f* ❑ **editorial** [ɛdɪ'tɔ:riəl] *adj* editorial ♦ *n* editorial *m*
educate ['ɛdʒəkeɪt] *vt* (*gen*) educar; (*instruct*) instruir
education [ɛdʒə'keɪʃən] *n* educación *f*; (*schooling*) enseñanza; (*SCOL*) pedagogía ❑ **educational** *adj* (*policy etc*) educacional; (*experience*) docente; (*toy*) educativo
EEC *n abbr* (= *European Economic Community*) CEE *f*
eel [i:l] *n* anguila
eerie ['ɪəri] *adj* misterioso
effect [ɪ'fɛkt] *n* efecto ♦ *vt* efectuar, llevar a cabo; **to take ~** (*law*) entrar en vigor *or* vigencia; (*drug*) surtir efecto; **in ~** en realidad ❑ **effective** *adj* eficaz; (*actual*) verdadero ❑ **effectively** *adv* eficazmente; (*in reality*) efectivamente ❑ **effectiveness** *n* eficacia
effeminate [ɪ'fɛmɪnɪt] *adj* afeminado
efficiency [ɪ'fɪʃənsi] *n* eficiencia; rendimiento
efficient [ɪ'fɪʃənt] *adj* eficiente; (*machine*) de buen rendimiento
effort ['ɛfərt] *n* esfuerzo ❑ **effortless** *adj* sin ningún esfuerzo; (*style*) natural
effusive [ɪ'fju:sɪv] *adj* efusivo
e.g. *adv abbr* (= *exempli gratia*) p. ej.
egg [ɛg] *n* huevo; **hard-boiled/soft-boiled ~** huevo duro/tibio (*MEX*) *or* pasado por agua (*LAm exc MEX, SP*) *or* a la copa (*SC*) ▸ **egg on** *vt* incitar ❑ **eggcup** *n* huevera ❑ **eggplant** (*US*) *n* berenjena ❑ **eggshell** *n* cáscara de huevo
ego ['i:gou] *n* ego ❑ **egotism** *n* egoísmo ❑ **egotist** *n* egoísta *mf*
Egypt ['i:dʒɪpt] *n* Egipto ❑ **Egyptian** [ɪ'dʒɪpʃən] *adj, n* egipcio(-a)
eiderdown ['aɪdər,daun] *n* edredón *m*
eight [eɪt] *num* ocho ❑ **eighteen** *num* dieciocho ❑ **eighth** [eɪθ] *num* octavo ❑ **eighty** *num* ochenta
Eire ['ɛərə] *n* Eire *m*
either ['i:ðər] *adj* cualquiera de los dos; (*both, each*) cada ♦ *pron*: **~ (of them)** cualquiera (de los dos) ♦ *adv* tampoco ♦ *conj*: **~ yes or no** o sí o no; **on ~ side** en ambos lados; **I don't like ~** no me gusta ninguno(-a) de los (las) dos; **no, I don't ~** no, yo tampoco
eject [ɪ'dʒɛkt] *vt* echar, expulsar; (*tenant*) desahuciar ❑ **ejector seat** *n* asiento proyectable
elaborate [*adj* ɪ'læbərɪt, *vb* ɪ'læbəreɪt] *adj* (*complex*) complejo ♦ *vt* (*expand*) ampliar; (*refine*) refinar ♦ *vi* explicar con más detalles
elastic [ɪ'læstɪk] *n* elástico ♦ *adj* elástico; (*fig*) flexible ❑ **elastic band** (*BRIT*) *n* gomita
elated [ɪ'leɪtɪd] *adj*: **to be ~** regocijarse
elbow ['ɛlbou] *n* codo
elder ['ɛldər] *adj* mayor ♦ *n* (*tree*) saúco, sabuco; (*person*) mayor ❑ **elderly** *adj* de edad, mayor ♦ *npl*: **the elderly** los mayores
eldest ['ɛldɪst] *adj, n* el (la) mayor
elect [ɪ'lɛkt] *vt* elegir ♦ *adj*: **the president ~** el presidente electo; **to ~ to do** optar por hacer ❑ **election** *n* elección *f* ❑ **electioneering** [ɪlɛkʃə'nɪərɪŋ] *n* campaña electoral ❑ **elective** *adj* (*course*) optativo; (*assembly*) electivo ♦ *n* (*US SCOL*) (asignatura) optativa ❑ **elector** *n* elector(a) *m/f* ❑ **electoral** *adj* electoral ❑ **electoral college** *n* colegio electoral ❑ **electorate** *n* electorado
electric [ɪ'lɛktrɪk] *adj* eléctrico ❑ **electrical** *adj* eléctrico ❑ **electric blanket** *n* manta eléctrica ❑ **electric fire** *n* estufa eléctrica ❑ **electrician** [ɪlɛk'trɪʃən] *n* electricista *mf* ❑ **electricity** [ɪlɛk'trɪsəti] *n* electricidad *f*
electrify [ɪ'lɛktrɪfaɪ] *vt* (*with electricity*) electrificar; (*fig: audience*) electrizar
electronic [ɪlɛk'trɑ:nɪk] *adj* electrónico ❑ **electronic mail** *n* correo electrónico ❑ **electronics** *n* electrónica
elegant ['ɛlɪgənt] *adj* elegante
element ['ɛlɪmənt] *n* elemento; (*ELEC*) resistencia ❑ **elementary** [ɛlɪ'mɛntəri] *adj* elemental; (*primitive*) rudimentario ❑ **elementary school** (*US*) *n* centro de (enseñanza) primaria
elephant ['ɛlɪfənt] *n* elefante *m*
elevation [ɛlɪ'veɪʃən] *n* elevación *f*; (*height*) altura
elevator ['ɛlɪveɪtər] *n* (*US*) ascensor *m*, elevador *m* (*MEX*); (*in warehouse etc*) montacargas *m inv*
eleven [ɪ'lɛvən] *num* once ❑ **elevenses** (*BRIT*) *npl* café *m* de las once ❑ **eleventh** *num* undécimo
elicit [ɪ'lɪsɪt] *vt*: **to ~ (from)** sacar (de)
eligible ['ɛlɪdʒəbəl] *adj*: **an ~ young man/woman** un buen partido; **to be ~ for sth** llenar los requisitos para algo
elm [ɛlm] *n* olmo
elongated ['i:lɑ:ŋgeɪtɪd] *adj* alargado
elope [ɪ'loup] *vi* fugarse (para casarse)
eloquent ['ɛləkwənt] *adj* elocuente
else [ɛls] *adv*: **something ~** otra cosa; **somewhere ~** en otra parte; **everywhere ~** en todas partes menos aquí; **where ~?** ¿dónde más?, ¿en qué otra parte?; **there was little ~ to do** apenas quedaba otra cosa que hacer; **nobody ~ spoke** no habló nadie más ❑ **elsewhere** *adv* (*be*) en otra parte; (*go*) a otra parte
elude [ɪ'lu:d] *vt* (*idea etc*) escaparse a; (*capture*) esquivar
elusive [ɪ'lu:sɪv] *adj* esquivo; (*quality*) difícil de encontrar
emaciated [ɪ'meɪʃieɪtɪd] *adj* demacrado
email, e-mail ['i:meɪl] *n abbr* (= *electronic mail*) correo electrónico, e-mail *m* ❑ **email address** *n* dirección *f* electrónica, email *m*
emancipate [ɪ'mænsɪpeɪt] *vt* emancipar
embankment [ɪm'bæŋkmənt] *n* terraplén *m*
embark [ɛm'bɑ:rk] *vi* embarcarse ♦ *vt* embarcar; **to ~ on** (*journey*) emprender; (*course of action*) lanzarse a ❑ **embarkation** [ɛmbɑ:r'keɪʃən] *n* (*of people*) embarco; (*of goods*) embarque *m*
embarrass [ɛm'bærəs] *vt* avergonzar; (*government etc*) dejar en mal lugar ❑ **embarrassed** *adj* (*laugh, silence*) embarazoso ❑ **embarrassing** *adj* (*situation*) violento; (*question*) embarazoso ❑ **embarrassment** *n* (*shame*) vergüenza; (*problem*): **to be an embarrassment for sb** poner en un aprieto a algn

> ⚠ Be careful not to translate **embarrassed** by the Spanish word ***embarazada***.

embassy ['ɛmbəsi] *n* embajada
embedded [ɛm'bɛdɪd] *adj* (*object*) empotrado; (*thorn etc*) clavado
embellish [ɛm'bɛlɪʃ] *vt* embellecer; (*story*) adornar
embers ['ɛmbərz] *npl* brasa, ascua
embezzle [ɛm'bɛzəl] *vt* desfalcar, malversar
embitter [ɛm'bɪtər] *vt* (*fig: sour*) amargar
embody [ɛm'bɑ:di] *vt* (*spirit*) encarnar; (*include*) incorporar
embossed [ɛm'bɑ:st] *adj* realzado
embrace [ɛm'breɪs] *vt* abrazar, dar un abrazo a; (*include*) abarcar ♦ *vi* abrazarse ♦ *n* abrazo
embroider [ɛm'brɔɪdər] *vt* bordar ❑ **embroidery** *n* bordado
embryo ['ɛmbriou] *n* embrión *m*
emcee ['ɛm'si:] (*US*) *n* presentador(a) *m/f*
emerald ['ɛmərəld] *n* esmeralda
emerge [ɪ'mɜ:rdʒ] *vi* salir; (*arise*) surgir
emergency [ɪ'mɜ:rdʒənsi] *n* crisis *f inv*; **in an ~** en caso de urgencia; **state of ~** estado de emergencia ❑ **emergency brake** (*US*) *n* freno de mano ❑ **emergency cord** (*US*) *n* alarma (*en tren*) ❑ **emergency exit** *n* salida de emergencia ❑ **emergency landing** *n* aterrizaje *m* forzoso ❑ **emergency room** (*US*) *n* sala de urgencias ❑ **emergency services** *npl* (*fire, police, ambulance*) servicios *mpl* de urgencia *or* emergencia
emery board ['ɛməri,bɔ:rd] *n* lima de uñas
emigrate ['ɛmɪgreɪt] *vi* emigrar
emissions [ɪ'mɪʃənz] *npl* emisión *f*
emit [ɪ'mɪt] *vt* emitir; (*smoke*) arrojar; (*smell*) despedir; (*sound*) producir

emotion [ɪ'moʊʃən] *n* emoción *f* ❑ **emotional** *adj* (*needs*) emocional; (*person*) sentimental; (*scene*) conmovedor(a), emocionante; (*speech*) emocionado
emperor ['ɛmpərər] *n* emperador *m*
emphasis ['ɛmfəsɪs] (*pl* **-ses**) *n* énfasis *m inv*
emphasize ['ɛmfəsaɪz] *vt* (*word, point*) subrayar, recalcar; (*feature*) hacer resaltar
emphatic [ɛm'fætɪk] *adj* (*reply*) categórico; (*person*) insistente
empire ['ɛmpaɪər] *n* imperio
employ [ɪm'plɔɪ] *vt* emplear ❑ **employee** *n* empleado(-a) ❑ **employer** *n* patrón(-ona) *m/f*; empresario(-a) ❑ **employment** *n* (*work*) trabajo ❑ **employment agency** *n* agencia de colocaciones
empower [ɛm'paʊər] *vt*: **to ~ sb to do sth** autorizar a algn para hacer algo
empress ['ɛmprɪs] *n* emperatriz *f*
emptiness ['ɛmptinɪs] *n* vacío; (*of life etc*) vaciedad *f*
empty ['ɛmpti] *adj* vacío; (*place*) desierto; (*house*) desocupado; (*threat*) vano ♦ *vt* vaciar; (*place*) dejar vacío ♦ *vi* vaciarse; (*house etc*) quedar desocupado ❑ **empty-handed** *adj* con las manos vacías
EMU *n abbr* (= *European Monetary Union*) UME *f*
emulate ['ɛmjuleɪt] *vt* emular
emulsion [ɪ'mʌlʃən] *n* emulsión *f*; (*also:* **~ paint**) pintura emulsión
enable [ɛ'neɪbəl] *vt*: **to ~ sb to do sth** permitir a algn hacer algo
enamel [ɪ'næməl] *n* esmalte *m*; (*also:* **~ paint**) pintura esmaltada
enchant [ɛn'tʃænt] *vt* encantar ❑ **enchanting** *adj* encantador(a)
encl. *abbr* (= *enclosed*) adj.
enclose [ɛn'kloʊz] *vt* (*land*) cercar; (*letter etc*) adjuntar; **please find ~d** le mandamos adjunto
enclosure [ɛn'kloʊʒər] *n* cercado, recinto
encompass [ɛn'kʌmpəs] *vt* abarcar
encore [ɑːn'kɔːr] *excl* ¡otra!, ¡bis! ♦ *n* bis *m*
encounter [ɛn'kaʊntər] *n* encuentro ♦ *vt* encontrar, encontrarse con; (*difficulty*) tropezar con
encourage [ɪn'kɜːrɪdʒ] *vt* alentar, animar; (*activity*) fomentar; (*growth*) estimular ❑ **encouragement** *n* estímulo; (*of industry*) fomento
encroach [ɛn'kroʊtʃ] *vi*: **to ~ (up)on** invadir; (*rights*) usurpar; (*time*) adueñarse de
encyclop(a)edia [ɛnsaɪklə'piːdiə] *n* enciclopedia
end [ɛnd] *n* fin *m*; (*of table*) extremo; (*of street*) final *m*; (*SPORT*) lado ♦ *vt* terminar, acabar; (*also:* **bring to an ~, put an ~ to**) acabar con ♦ *vi* terminar, acabar; **in the ~** al fin; **on ~** (*object*) de punta, de cabeza; **to stand on ~** (*hair*) erizarse; **for hours on ~** hora tras hora ▶ **end up** *vi*: **to end up in** terminar en; (*place*) ir a parar en
endanger [ɛn'deɪndʒər] *vt* poner en peligro; **an ~ed species** una especie en peligro de extinción
endearing [ɛn'dɪərɪŋ] *adj* simpático, atractivo
endeavor (*US*) [ɛn'dɛvər] (*BRIT* **endeavour**) *n* esfuerzo; (*attempt*) tentativa ♦ *vi*: **to ~ to do** esforzarse por hacer; (*try*) procurar hacer
ending ['ɛndɪŋ] *n* (*of book*) desenlace *m*; (*LING*) terminación *f*
endive ['ɛndaɪv] *n* (*curly*) escarola; (*US: compact*) endibia
endless ['ɛndlɪs] *adj* interminable, inacabable
endorse [ɛn'dɔːrs] *vt* (*check*) endosar; (*approve*) aprobar ❑ **endorsement** *n* (*BRIT: on driver's license*) nota de inhabilitación
endure [ɛn'dʊər] *vt* (*bear*) aguantar, soportar ♦ *vi* (*last*) durar
enemy ['ɛnəmi] *adj, n* enemigo(-a)
energetic [ɛnər'dʒɛtɪk] *adj* enérgico
energy ['ɛnərdʒi] *n* energía
enforce [ɛn'fɔːrs] *vt* (*LAW*) hacer cumplir
engage [ɛn'geɪdʒ] *vt* (*attention*) llamar; (*interest*) ocupar; (*in conversation*) abordar; (*worker*) contratar; (*AUT*): **to ~ the clutch** embragar ♦ *vi* (*TECH*) engranar; **to ~ in** dedicarse a, ocuparse en ❑ **engaged** *adj* (*betrothed*) prometido; (*BRIT: busy, in use*) ocupado; **to get engaged** prometerse ❑ **engaged tone** (*BRIT*) *n* (*TEL*) señal *f* de ocupado *or* comunicando ❑ **engagement** *n* (*appointment*) compromiso, cita; (*booking*) contratación *f*; (*to marry*) compromiso; (*period*) noviazgo ❑ **engagement ring** *n* anillo de compromiso
engaging [ɛn'geɪdʒɪŋ] *adj* atractivo
engine ['ɛndʒɪn] *n* (*AUT*) motor *m*; (*RAIL*) locomotora ❑ **engine driver** (*BRIT*) *n* maquinista *mf*
engineer [ɛndʒə'nɪər] *n* ingeniero; (*BRIT: for repairs*) mecánico; (*on ship, US RAIL*) maquinista *m* ❑ **engineering** *n* ingeniería
England ['ɪŋglənd] *n* Inglaterra
English ['ɪŋglɪʃ] *adj* inglés(-esa) ♦ *n* (*LING*) inglés *m*; **the ~** *npl* los ingleses *mpl* ❑ **the English Channel** *n* (el Canal de) la Mancha ❑ **Englishman/woman** *n* inglés(-esa) *m/f*
engraving [ɛn'greɪvɪŋ] *n* grabado
engrossed [ɛn'groʊst] *adj*: **~ in** absorto en
engulf [ɛn'gʌlf] *vt* (*water*) sumergir, hundir; (*fire*) prender; (*fear*) apoderarse de
enhance [ɛn'hæns] *vt* (*gen*) aumentar; (*beauty*) realzar
enjoy [ɪn'dʒɔɪ] *vt* (*health, fortune*) disfrutar *or* gozar de; **I ~ reading** me gusta leer; **to ~ o.s.** divertirse ❑ **enjoyable** *adj* agradable; (*amusing*) divertido ❑ **enjoyment** *n* (*joy*) placer *m*; (*activity*) diversión *f*
enlarge [ɛn'lɑːrdʒ] *vt* aumentar; (*broaden*) extender; (*PHOT*) ampliar ♦ *vi*: **to ~ on** (*subject*) tratar con más detalles ❑ **enlargement** *n* (*PHOT*) ampliación *f*
enlighten [ɛn'laɪtn] *vt* (*inform*) informar ❑ **enlightened** *adj* comprensivo ❑ **the Enlightenment** *n* (*HIST*) ≈ la Ilustración, ≈ el Siglo de las Luces
enlist [ɛn'lɪst] *vt* alistar; (*support*) conseguir ♦ *vi* alistarse
enmity ['ɛnmɪti] *n* enemistad *f*
enormous [ɪ'nɔːrməs] *adj* enorme
enough [ɪ'nʌf] *adj*: **~ time/books** bastante tiempo/bastantes libros ♦ *pron* bastante(s) ♦ *adv*: **big ~** bastante grande; **he has not worked ~** no ha trabajado bastante; **have you got ~?** ¿tiene usted bastante(s)?; **~ to eat** (lo) suficiente *or* bastante para comer; **~!** ¡basta ya!; **that's ~, thanks** con eso basta, gracias; **I've had ~ of him** estoy harto de él; **... which, strangely ~ ...** ... lo que, por extraño que parezca ...
enquire [ɛn'kwaɪər] *vt, vi* = **inquire**
enquiry [ɛn'kwaɪəri] *n* pregunta; (*investigation*) investigación *f*, pesquisa; **"Enquiries"** "Información"
enrage [ɛn'reɪdʒ] *vt* enfurecer
enroll (*US*) [ɛn'roʊl] (*BRIT* **enrol**) *vt* (*members*) inscribir; (*SCOL*) matricular ♦ *vi* inscribirse; matricularse ❑ **enrollment** (*US*) (*BRIT* **enrolment**) *n* inscripción *f*; matriculación *f*
en route [ɑːn'ruːt] *adv* durante el viaje
ensemble [ɑːn'sɑːmbəl] *n* (*whole*) conjunto; (*MUS*) conjunto (musical)
en suite [ɑːn'swiːt] (*BRIT*) *adj*: **with ~ bathroom** con baño
ensure [ɛn'ʃʊər] *vt* asegurar
entail [ɛn'teɪl] *vt* suponer
entangled [ɛn'tæŋgld] *adj*: **to become ~ (in)** quedarse enredado (en) *or* enmarañado (en)
enter ['ɛntər] *vt* (*room*) entrar en; (*club*) hacerse socio de; (*army*) alistarse en; (*sb for a competition*) inscribir; (*write down*) anotar, apuntar; (*COMPUT*) meter ♦ *vi* entrar ▶ **enter for** (*BRIT*) *vt fus* presentarse para ▶ **enter into** *vt fus* (*discussion etc*) entablar; (*agreement*) llegar a, firmar
enterprise ['ɛntərpraɪz] *n* empresa; (*spirit*) iniciativa; **free ~** la libre empresa; **private ~** la iniciativa privada ❑ **enterprising** *adj* emprendedor(a)
entertain [ɛntər'teɪn] *vt* (*amuse*) divertir; (*invite: guest*) invitar (a casa); (*idea*) abrigar ❑ **entertainer** *n* artista *mf* ❑ **entertaining** *adj* divertido, entretenido ❑ **entertainment** *n* (*amusement*) diversión *f*; (*show*) espectáculo
enthralled [ɛn'θrɑːld] *adj* encantado
enthusiasm [ɛn'θuːziæzəm] *n* entusiasmo
enthusiast [ɛn'θuːziæst] *n* entusiasta *mf* ❑ **enthusiastic** [ɛnθuːzi'æstɪk] *adj* entusiasta; **to be enthusiastic about** entusiasmarse por
entire [ɛn'taɪər] *adj* entero ❑ **entirely** *adv* totalmente ❑ **entirety** [ɛn'taɪrəti] *n*: **in its entirety** en su totalidad
entitle [ɛn'taɪtl] *vt*: **to ~ sb to sth** dar a algn derecho a algo ❑ **entitled** *adj* (*book*) titulado; **to be entitled to do** tener derecho a hacer
entrance [*n* 'ɛntrəns, *vb* ɛn'træns] *n* entrada ♦ *vt* encantar, hechizar; **to gain ~ to** (*university etc*) ingresar en ❑ **entrance examination** *n* examen *m* de ingreso ❑ **entrance fee** *n* cuota ❑ **entrance ramp** (*US*) *n* (*AUT*) rampa de acceso
entrant ['ɛntrənt] *n* (*in race, competition*) participante *mf*; (*in examination*) candidato(-a)
entrenched [ɛn'trɛntʃd] *adj* inamovible
entrepreneur [ɑːntrəprə'nɜːr] *n* empresario(-a)
entrust [ɛn'trʌst] *vt*: **to ~ sth to sb** confiar algo a algn
entry ['ɛntri] *n* entrada; (*in competition*) participación *f*; (*in register*) apunte *m*; (*in account*) partida; (*in reference book*) artículo; **"no ~"** "prohibido el paso"; (*AUT*) "dirección prohibida" ❑ **entry form** *n* hoja de inscripción ❑ **entry phone** *n* interfón *m* (*MEX*), portero eléctrico (*LAm*) *or* automático (*SP*)
envelop [ɛn'vɛləp] *vt* envolver
envelope ['ɛnvəloʊp] *n* sobre *m*
envious ['ɛnviəs] *adj* envidioso; (*look*) de envidia
environment [ɛn'vaɪərənmənt] *n* (*surroundings*) entorno; (*natural world*): **the ~** el medio ambiente ❑ **environmental** [ɛn,vaɪərən'mɛntl] *adj* ambiental; medioambiental ❑ **environment-friendly** *adj* no perjudicial para el medio ambiente
envisage [ɛn'vɪzɪdʒ] *vt* prever
envoy ['ɛnvɔɪ] *n* enviado(-a)
envy ['ɛnvi] *n* envidia ♦ *vt* tener envidia a; **to ~ sb sth** envidiar algo a algn
epic ['ɛpɪk] *n* épica ♦ *adj* épico
epidemic [ɛpɪ'dɛmɪk] *n* epidemia
epilepsy ['ɛpɪlɛpsi] *n* epilepsia
episode ['ɛpɪsoʊd] *n* episodio
epitomize [ɪ'pɪtəmaɪz] *vt* epitomar, resumir
equal ['iːkwəl] *adj* igual; (*treatment*) equitativo ♦ *n* igual *mf* ♦ *vt* ser igual a; (*fig*) igualar; **to be ~ to** (*task*) estar a la altura de ❑ **equality** [iː'kwɑːlɪti] *n* igualdad *f* ❑ **equalize** *vi* (*SPORT*) empatar ❑ **equally** *adv* igualmente; (*share etc*) a partes iguales
equate [ɪ'kweɪt] *vt*: **to ~ sth with** equiparar algo con ❑ **equation** [ɪ'kweɪʒən] *n* (*MATH*) ecuación *f*
equator [ɪ'kweɪtər] *n* ecuador *m*
equilibrium [iːkwɪ'lɪbriəm] *n* equilibrio
equip [ɪ'kwɪp] *vt* equipar; (*person*) proveer; **to be well ~ped** estar bien equipado ❑ **equipment** *n* equipo; (*tools*) avíos *mpl*
equity ['ɛkwɪti] *n* (*fairness*) equidad *f*; **equities** *npl* acciones *fpl* ordinarias
equivalent [ɪ'kwɪvələnt] *adj*: **~ (to)** equivalente (a) ♦ *n* equivalente *m*
ER (*US*) *n abbr* (= *emergency room*) sala de urgencias
era ['ɪərə] *n* era, época
eradicate [ɪ'rædɪkeɪt] *vt* erradicar
erase [ɪ'reɪs] *vt* borrar ❑ **eraser** *n* goma de borrar
erect [ɪ'rɛkt] *adj* erguido ♦ *vt* erigir, levantar; (*assemble*) montar ❑ **erection** *n* construcción *f*; (*assembly*) montaje *m*; (*PHYSIOLOGY*) erección *f*
ERM *n abbr* (= *Exchange Rate Mechanism*) *tipo de cambio europeo*
erode [ɪ'roʊd] *vt* (*GEO*) erosionar; (*metal*) corroer, desgastar; (*fig*) desgastar
erotic [ɪ'rɑːtɪk] *adj* erótico
errand ['ɛrənd] *n* mandado (*LAm*), recado (*SP*)
erratic [ɪ'rætɪk] *adj* desigual, poco uniforme
error ['ɛrər] *n* error *m*, equivocación *f*
erupt [ɪ'rʌpt] *vi* entrar en erupción; (*fig*) estallar ❑ **eruption** [ɪ'rʌpʃən] *n* erupción *f*; (*of war*) estallido
escalate ['ɛskəleɪt] *vi* extenderse, intensificarse
escalator ['ɛskəleɪtər] *n* escalera móvil
escapade [ɛskə'peɪd] *n* travesura
escape [ɪ'skeɪp] *n* fuga ♦ *vi* escaparse; (*flee*) huir, evadirse; (*leak*) fugarse ♦ *vt* (*responsibility etc*) evitar, eludir; (*consequences*) escapar a; (*elude*): **his name ~s me** no me sale su nombre; **to ~ from** (*place*) escaparse de; (*person*) escaparse a
escort [*n* 'ɛskɔːrt, *vb* ɪ'skɔːrt] *n* acompañante *mf*; (*MIL*) escolta ♦ *vt* acompañar
Eskimo ['ɛskɪmoʊ] *n* esquimal *mf*
especially [ɪ'spɛʃəli] *adv* (*above all*) sobre todo; (*particularly*) en particular, especialmente
espionage ['ɛspiənɑːʒ] *n* espionaje *m*
esplanade [ɛsplə,nɑːd] *n* (*by sea*) malecón *m* (*LAm*), costanera (*SC*), paseo marítimo (*SP*)
Esquire ['ɛskwaɪər] (*abbr* **Esq.**) *n*: **J. Brown, ~** Sr. D. J. Brown
essay ['ɛseɪ] *n* (*LITERATURE*) ensayo; (*SCOL: short*) redacción *f*; (: *long*) trabajo
essence ['ɛsəns] *n* esencia
essential [ɪ'sɛnʃəl] *adj* (*necessary*) imprescindible; (*basic*) esencial ❑ **essentially** *adv* esencialmente ❑ **essentials** *npl* lo imprescindible, lo esencial
establish [ɪ'stæblɪʃ] *vt* establecer; (*prove*) demostrar; (*relations*) entablar; (*reputation*) ganarse ❑ **established** *adj* (*business*) conocido; (*practice*) arraigado ❑ **establishment** *n* establecimiento; **the Establishment** la clase dirigente
estate [ɪ'steɪt] *n* (*land*) finca, hacienda; (*inheritance*) herencia; (*BRIT: also:* **housing ~**) urbanización *f* ❑ **estate agent** (*BRIT*) *n* agente *mf* inmobiliario(-a) ❑ **estate car** (*BRIT*) *n* camioneta (*LAm*), rural *f* (*RPl*), ranchera (*SP*)
esteem [ɛ'stiːm] *n*: **to hold sb in high ~** estimar en mucho a algn
esthetic [ɛs'θɛtɪk] (*US*) *adj* estético
estimate [*n* 'ɛstɪmɪt, *vb* 'ɛstɪmeɪt] *n* estimación *f*, apreciación *f*; (*assessment*) tasa, cálculo; (*COMM*) presupuesto ♦ *vt* estimar, tasar; calcular ❑ **estimation** [ɛstɪ'meɪʃən] *n* opinión *f*, juicio; cálculo
estranged [ɪ'streɪndʒd] *adj* separado
estuary ['ɛstjuɛri] *n* estuario, ría
e-tailing ['iːteɪlɪŋ] *n* venta en línea, venta vía *o* por Internet
etc. *abbr* (= *et cetera*) etc
eternal [ɪ'tɜːrnl] *adj* eterno
eternity [ɪ'tɜːrnɪti] *n* eternidad *f*
ethical ['ɛθɪkəl] *adj* ético ❑ **ethics** *n* ética ♦ *npl* moralidad *f*
Ethiopia [iːθi'oʊpiə] *n* Etiopía
ethnic ['ɛθnɪk] *adj* étnico ❑ **ethnic minority** *n* minoría étnica
ethos ['iːθɑːs] *n* genio, carácter *m*
etiquette ['ɛtɪkɪt] *n* protocolo
EU *n abbr* (= *European Union*) UE *f*
eulogy ['juːlədʒi] *n* elogio
euro ['jʊəroʊ] *n* euro
Euroland ['jʊəroʊlænd] *n* zona (del) euro
Europe ['jʊərəp] *n* Europa ❑ **European** [jʊərə'piːən] *adj, n* europeo(-a) ❑ **European Community** *n* Comunidad *f* Europea ❑ **European Union** *n* Unión *f* Europea
Eurozone ['jʊəroʊzoʊn] *n* eurozona, zona euro
evacuate [ɪ'vækjueɪt] *vt* (*people*) evacuar; (*place*) desocupar
evade [ɪ'veɪd] *vt* evadir, eludir
evaporate [ɪ'væpəreɪt] *vi* evaporarse; (*fig*) desvanecerse ❑ **evaporated milk** *n* leche *f* evaporada
evasion [ɪ'veɪʒən] *n* evasión *f*
eve [iːv] *n*: **on the ~ of** en vísperas de
even ['iːvən] *adj* (*level*) llano; (*smooth*) liso; (*speed, temperature*) uniforme; (*number*) par ♦ *adv* hasta, incluso; (*introducing a comparison*) aún, todavía; **~ if, ~ though** aunque +*subjun*; **~ more** aun más; **~ so** aun así; **not ~** ni siquiera; **~ he was there** hasta él estuvo allí; **~ on Sundays** incluso los domingos; **to get ~ with sb** ajustar cuentas con algn
evening ['iːvnɪŋ] *n* tarde *f*; (*late*) noche *f*; **in the ~** por la tarde ❑ **evening class** *n* clase *f* nocturna ❑ **evening dress** *n* (*no pl: formal clothes*) traje *m* de etiqueta; (*woman's*) traje *m* de noche
event [ɪ'vɛnt] *n* suceso, acontecimiento; (*SPORT*) prueba; **in the ~ of** en caso de ❑ **eventful** *adj* (*life*) activo; (*day*) ajetreado
eventual [ɪ'vɛntʃuəl] *adj* final ❑ **eventuality** [ɪvɛntʃu'ælɪti] *n* eventualidad *f* ❑ **eventually** *adv* (*finally*) finalmente; (*in time*) con el tiempo

⚠ Be careful not to translate **eventual** by the Spanish word ***eventual***.

ever ['ɛvər] *adv* (*at any time*) nunca, jamás; (*at all times*) siempre; (*BRIT: in question*): **why ~ not?** ¿y por qué no?; **the best ~** lo nunca visto; **have you ~ seen it?** ¿lo ha visto usted alguna vez?; **better than ~** mejor que nunca; **~ since** (*adv*) desde entonces; (*conj*) después de que ❑ **evergreen** *n* árbol *m* de hoja perenne ❑ **everlasting** *adj* eterno, perpetuo

every
KEYWORD
['ɛvri] *adj*
1 (*each*) cada; **every one of them** (*persons*) todos ellos(-as); (*objects*) cada uno de ellos (-as); **every store in the town was closed** todas las tiendas de la ciudad estaban cerradas
2 (*all possible*) todo(-a); **I gave you every assistance** te di toda la ayuda posible; **I have every confidence in him** tiene toda mi confianza; **we wish you every success** te deseamos toda suerte de éxitos
3 (*showing recurrence*) todo(-a); **every day/week** todos los días/todas las semanas; **every other car had been broken into** habían forzado uno de cada dos coches; **she visits me every other/third day** me visita cada dos/tres días; **every now and then** de vez en cuando

every: ❑ **everybody** *pron* = **everyone** ❑ **everyday** *adj* (*daily*) cotidiano, de todos los días; (*usual*) acostumbrado ❑ **everyone** *pron* todos(-as), todo el mundo ❑ **everything** *pron* todo; **this store sells everything** esta tienda vende de todo ❑ **everywhere** *adv*: **I've been looking for you everywhere** te he estado buscando por todas partes; **everywhere you go you meet ...** en todas partes encuentras ...
evict [ɪ'vɪkt] *vt* desahuciar ❑ **eviction** *n* desahucio
evidence ['ɛvɪdəns] *n* (*proof*) prueba; (*of witness*) testimonio; (*sign*) indicios *mpl*; **to give ~** prestar declaración, dar testimonio
evident ['ɛvɪdənt] *adj* evidente, manifiesto ❑ **evidently** *adv* por lo visto
evil ['iːvəl] *adj* malo; (*influence*) funesto ♦ *n* mal *m*
evoke [ɪ'voʊk] *vt* evocar
evolution [ɛvə'luːʃən] *n* evolución *f*
evolve [ɪ'vɑːlv] *vt* desarrollar ♦ *vi* evolucionar, desarrollarse
ewe [juː] *n* oveja
ex- [ɛks] *prefix* ex
exact [ɪg'zækt] *adj* exacto; (*person*) meticuloso ♦ *vt*: **to ~ sth (from)** exigir algo (de) ❑ **exacting** *adj* exigente; (*conditions*) arduo

❑ **exactly** adv exactamente; (indicating agreement) exacto

exaggerate [ɪgˈzædʒəreɪt] vt, vi exagerar ❑ **exaggeration** [ɪg,zædʒəˈreɪʃən] n exageración f

exalted [ɪgˈzɔːltɪd] adj eminente

exam [ɪgˈzæm] n abbr (SCOL) = **examination**

examination [ɪgzæməˈneɪʃən] n examen m; (MED) reconocimiento

examine [ɪgˈzæmɪn] vt examinar; (inspect) inspeccionar, escudriñar; (MED) reconocer ❑ **examiner** n examinador(a) m/f

example [ɪgˈzæmpəl] n ejemplo; **for ~** por ejemplo

exasperate [ɪgˈzæspəreɪt] vt exasperar, irritar ❑ **exasperation** [ɪgzæspəˈreɪʃən] n exasperación f, irritación f

excavate [ˈɛkskəveɪt] vt excavar

exceed [ɪkˈsiːd] vt (amount) exceder; (number) pasar de; (speed limit) sobrepasar; (powers) excederse en; (hopes) superar ❑ **exceedingly** adv sumamente, sobremanera

excellent [ˈɛksələnt] adj excelente

except [ɪkˈsɛpt] prep (also: **~ for, ~ing**) excepto, salvo ♦ vt exceptuar, excluir; **~ if/when** excepto si/cuando; **~ that** salvo que ❑ **exception** n excepción f; **to take exception to** ofenderse por ❑ **exceptional** adj excepcional

excerpt [ˈɛksəːrpt] n extracto

excess [ɪkˈsɛs] n exceso; **~es** npl (of cruelty etc) atrocidades fpl ❑ **excess baggage** n exceso de equipaje ❑ **excess fare** n suplemento ❑ **excessive** adj excesivo

exchange [ɪksˈtʃeɪndʒ] n intercambio; (conversation) diálogo; (also: **telephone ~**) central f (telefónica) ♦ vt: **to ~ (for)** cambiar (por) ❑ **exchange rate** n tipo de cambio

exchequer [eksˈtʃɛkər] (BRIT) n: **the E~** ≈ Hacienda, ≈ la Dirección General Impositiva (RPl)

excise [ˈɛksaɪz] n impuestos mpl indirectos or sobre el alcohol y el tabaco

excite [ɪkˈsaɪt] vt (stimulate) estimular; (arouse) excitar ❑ **excited** adj: **to get excited** emocionarse ❑ **excitement** n (agitation) excitación f; (exhilaration) emoción f ❑ **exciting** adj emocionante

exclaim [ɪkˈskleɪm] vi exclamar ❑ **exclamation** [,ɛkskləˈmeɪʃən] n exclamación f ❑ **exclamation point** (US) (BRIT **exclamation mark**) n punto de admiración

exclude [ɪkˈskluːd] vt excluir; exceptuar

exclusive [ɪkˈskluːsɪv] adj exclusivo; (club, district) selecto; **~ of tax** excluyendo impuestos ❑ **exclusively** adv únicamente

excruciating [ɪkˈskruːʃieɪtɪŋ] adj (pain) agudísimo, atroz; (noise, embarrassment) horrible

excursion [ɪkˈskɜːrʒən] n (tourist excursion) excursión f

excuse [n ɪksˈkjuːs, vb ɪkˈskjuːz] n disculpa, excusa; (pretext) pretexto ♦ vt (justify) justificar; (forgive) disculpar, perdonar; **to ~ sb from doing sth** dispensar a algn de hacer algo; **~ me!** (attracting attention) ¡por favor!; (apologizing) ¡perdón!; **~ me?** (US: what?) ¿perdone?, ¿mande? (MEX); **if you will ~ me** con su permiso

ex-directory [ˈɛksdɪˈrɛktəri] (BRIT) adj que no consta en la guía

execute [ˈɛksɪkjuːt] vt (plan) realizar; (order) cumplir; (person) ajusticiar, ejecutar ❑ **execution** [ɛksɪˈkjuːʃən] n realización f; cumplimiento; ejecución f

executive [ɪgˈzɛkjətɪv] n (person, committee) ejecutivo; (POL: committee) poder m ejecutivo ♦ adj ejecutivo

exemplify [ɪgˈzɛmplɪfaɪ] vt ejemplificar; (illustrate) ilustrar

exempt [ɪgˈzɛmpt] adj: **~ from** exento de ♦ vt: **to ~ sb from** eximir a algn de ❑ **exemption** n exención f

exercise [ˈɛksərsaɪz] n ejercicio ♦ vt (patience) usar de; (right) valerse de; (dog) llevar de paseo; (mind) preocupar ♦ vi (also: **to take ~**) hacer ejercicio(s) ❑ **exercise bike** n bicicleta estática ❑ **exercise book** (BRIT) n cuaderno

exert [ɪgˈzɜːrt] vt ejercer; **to ~ o.s.** esforzarse ❑ **exertion** n esfuerzo

exhale [eksˈheɪl] vt despedir ♦ vi exhalar

exhaust [ɪgˈzɔːst] n (AUT: also: **~ pipe**) escape m; (: fumes) gases mpl de escape ♦ vt agotar ❑ **exhausted** adj agotado ❑ **exhaustion** n agotamiento; **nervous exhaustion** postración f nerviosa ❑ **exhaustive** adj exhaustivo

exhibit [ɪgˈzɪbɪt] n (ART) obra expuesta; (LAW) objeto expuesto ♦ vt (show: emotions) manifestar; (: courage, skill) demostrar; (paintings) exponer ❑ **exhibition** [ɛksɪˈbɪʃən] n exposición f; (of talent etc) demostración f

exhilarating [ɪgˈzɪləreɪtɪŋ] adj estimulante, tónico

exile [ˈɛgzaɪl] n exilio; (person) exiliado(-a) ♦ vt desterrar, exiliar

exist [ɪgˈzɪst] vi existir; (live) vivir ❑ **existence** n existencia ❑ **existing** adj existente, actual

exit [ˈɛgzɪt] n salida ♦ vi (THEATER) hacer mutis; (COMPUT) salir (del sistema) ❑ **exit poll** n encuesta a la salida de los colegios electorales ❑ **exit ramp** (US) n (AUT) vía de acceso

> ⚠ Be careful not to translate **exit** by the Spanish word **éxito**.

exodus [ˈɛksədəs] n éxodo

exonerate [ɪgˈzɑːnəreɪt] vt: **to ~ from** exculpar de

exotic [ɪgˈzɑːtɪk] adj exótico

expand [ɪkˈspænd] vt ampliar; (number) aumentar ♦ vi (population) aumentar; (trade etc) expandirse; (gas, metal) dilatarse

expanse [ɪkˈspæns] n extensión f

expansion [ɪkˈspænʃən] n (of population) aumento; (of trade) expansión f

expect [ɪkˈspɛkt] vt esperar; (require) contar con; (suppose) suponer ♦ vi: **to be ~ing** (pregnant woman) estar embarazada ❑ **expectancy** n (anticipation) esperanza; **life expectancy** esperanza de vida ❑ **expectant mother** n futura madre f ❑ **expectation** [,ɛkspɛkˈteɪʃən] n (hope) esperanza; (belief) expectativa

expedient [ɪkˈspiːdiənt] adj conveniente, oportuno ♦ n recurso, expediente m

expedition [ɛkspəˈdɪʃən] n expedición f

expel [ɪkˈspɛl] vt arrojar; (from place) expulsar

expend [ɪkˈspɛnd] vt (money) gastar; (time, energy) consumir ❑ **expenditure** n gastos mpl, desembolso; consumo

expense [ɪkˈspɛns] n gasto, gastos mpl; (high cost) costa; **~s** npl (COMM) gastos mpl; **at the ~ of** a costa de ❑ **expense account** n cuenta de gastos

expensive [ɪkˈspɛnsɪv] adj caro, costoso

experience [ɪkˈspɪriəns] n experiencia ♦ vt experimentar; (suffer) sufrir ❑ **experienced** adj experimentado

experiment [ɪkˈspɛrɪmənt] n experimento ♦ vi hacer experimentos

expert [ˈɛkspərt] adj experto, perito ♦ n experto(-a), perito(-a); (specialist) especialista mf ❑ **expertise** [ɛkspərˈtiːz] n pericia

expiration [,ɛkspəˈreɪʃən] n = **expiry**

expire [ɪkˈspaɪər] vi caducar, vencer ❑ **expiry** n vencimiento ❑ **expiry date** n (of medicine, food item) fecha de caducidad

explain [ɪkˈspleɪn] vt explicar ❑ **explanation** [ɛkspləˈneɪʃən] n explicación f ❑ **explanatory** [ɪkˈsplænətɔːri] adj explicativo; aclaratorio

explicit [ɪkˈsplɪsɪt] adj explícito

explode [ɪksˈploud] vi estallar, explotar; (population) crecer rápidamente; (with anger) reventar

exploit [n ˈɛksplɔɪt, vb ɪkˈsplɔɪt] n hazaña ♦ vt explotar ❑ **exploitation** [,ɛksplɔɪˈteɪʃən] n explotación f

exploratory [ɪkˈsplɔːrətɔːri] adj de exploración; (fig: talks) exploratorio, preliminar

explore [ɪkˈsplɔːr] vt explorar; (fig) examinar; investigar ❑ **explorer** n explorador(a) m/f

explosion [ɪkˈsplouʒən] n explosión f ❑ **explosive** adj, n explosivo

exponent [ɪkˈspounənt] n (of theory etc) partidario(-a); (of skill etc) exponente mf

export [vb ɪkˈspɔːrt, n ˈɛkspɔːrt] vt exportar ♦ n (process) exportación f; (product) producto de exportación ♦ cpd de exportación ❑ **exporter** n exportador m

expose [ɪkˈspouz] vt exponer; (unmask) desenmascarar ❑ **exposed** adj expuesto

exposure [ɪkˈspouʒər] n exposición f; (publicity) publicidad f; (PHOT: speed) velocidad f de obturación; (: shot) fotografía; **to die from ~** (MED) morir de frío ❑ **exposure meter** n fotómetro

express [ɪkˈsprɛs] adj (definite) expreso, explícito; (letter etc) urgente ♦ n (train) rápido ♦ vt expresar ❑ **expression** n expresión f; (of actor etc) sentimiento ❑ **expressly** adv expresamente ❑ **expressway** (US) n autopista

exquisite [ɛkˈskwɪzɪt] adj exquisito

extend [ɪkˈstɛnd] vt (visit, street) prolongar; (building) ampliar; (invitation) ofrecer ♦ vi (land) extenderse; (period of time) prolongarse

extension [ɪkˈstɛnʃən] n extensión f; (building) ampliación f; (of time) prolongación f; (TEL: in private house) línea derivada; (: in office) extensión f

extensive [ɪkˈstɛnsɪv] adj extenso; (damage) importante; (knowledge) amplio ❑ **extensively** adv: **he's traveled extensively** ha viajado por muchos países

extent [ɪkˈstɛnt] n (breadth) extensión f; (scope) alcance m; **to some ~** hasta cierto punto; **to the ~ of ...** hasta el punto de ...; **to such an ~ that ...** hasta tal punto que ...; **to what ~?** ¿hasta qué punto?

extenuating [ɪkˈstɛnjueɪtɪŋ] adj: **~ circumstances** circunstancias fpl atenuantes

exterior [ɛksˈtɪriər] adj exterior, externo ♦ n exterior m

external [ɛkˈstɜːrnl] adj externo

extinct [ɪkˈstɪŋkt] adj (volcano) extinguido; (race) extinto

extinguish [ɪkˈstɪŋgwɪʃ] vt extinguir, apagar ❑ **extinguisher** n extintor m

extort [ɪkˈstɔːrt] vt obtener por fuerza ❑ **extortionate** adj excesivo, exorbitante

extra [ˈɛkstrə] adj adicional ♦ adv (in addition) de más ♦ n (luxury, addition) extra m; (MOVIE, THEATER) extra mf, comparsa mf

extra... [ˈɛkstrə] prefix extra...

extract [vb ɪkˈstrækt, n ˈɛkstrækt] vt sacar; (tooth) extraer; (money, promise) obtener ♦ n extracto

extracurricular [,ɛkstrəkəˈrɪkjulər] adj extraescolar, extracurricular

extradite [ˈɛkstrədaɪt] vt extraditar

extra: ❑ **extramarital** adj extramatrimonial ❑ **extramural** [,ɛkstrəˈmjuərəl] adj extraescolar ❑ **extraordinary** [ɪkˈstrɔːrdn,ɛri] adj extraordinario; (odd) raro

extravagance [ɪkˈstrævəgəns] n derroche m, despilfarro; (thing bought) extravagancia

extravagant [ɪkˈstrævəgənt] adj (lavish: person) pródigo; (: gift) (demasiado) caro; (wasteful) despilfarrador(a)

extreme [ɪkˈstriːm] adj extremo, extremado ♦ n extremo ❑ **extremely** adv sumamente, extremadamente

extricate [ˈɛkstrɪkeɪt] vt: **to ~ sth/sb from** librar algo/a algn de

extrovert [ˈɛkstrəvərt] n extrovertido(-a)

eye [aɪ] n ojo ♦ vt mirar de soslayo, ojear; **to keep an ~ on** vigilar ❑ **eyebath** n ojera ❑ **eyebrow** n ceja ❑ **eye drops** npl gotas fpl para los ojos, colirio ❑ **eyeglasses** (US) npl lentes mpl (LAm), gafas fpl (SP) ❑ **eyelash** n pestaña ❑ **eyelid** n párpado ❑ **eye-liner** n delineador m (de ojos) ❑ **eye-opener** n revelación f, gran sorpresa ❑ **eye shadow** n sombreador m de ojos ❑ **eyesight** n vista ❑ **eyesore** n monstruosidad f ❑ **eye witness** n testigo mf presencial

e-zine [ˈiːziːn] n (COMPUT) revista digital

Ff

F [ɛf] n (MUS) fa m

F abbr = **Fahrenheit**

fable [ˈfeɪbəl] n fábula

fabric [ˈfæbrɪk] n tejido, tela

> ⚠ Be careful not to translate **fabric** by the Spanish word **fábrica**.

fabulous [ˈfæbjələs] adj fabuloso

façade [fəˈsɑːd] n fachada

face [feɪs] n (ANAT) cara, rostro; (of clock) cara (LAm), esfera (SP); (of mountain) cara, ladera; (of building) fachada ♦ vt (direction) estar de cara a; (situation) hacer frente a; (facts) aceptar; **~ down** (person, card) boca abajo; **to lose ~** desprestigiarse; **to make** or **pull a ~** hacer muecas; **in the ~ of** (difficulties etc) ante; **on the ~ of it** a primera vista; **~ to ~** cara a cara ▸ **face up to** vt fus hacer frente a, arrostrar ❑ **face cloth** (BRIT) n manopla ❑ **face cream** n crema (de belleza) ❑ **face lift** n estirado facial; (of building) renovación f ❑ **face powder** n polvos mpl ❑ **face-saving** adj para salvar las apariencias ❑ **face value** n (of stamp) valor m nominal; **to take sth at face value** (fig) tomar algo en sentido literal

facility [fəˈsɪlɪti] n (talent, ease) facilidad f; (ability) habilidad f, facultad f; **facilities** npl (buildings) instalaciones fpl; (equipment) servicios mpl; **credit facilities** facilidades fpl de crédito

facing [ˈfeɪsɪŋ] prep frente a

facsimile [fækˈsɪmɪli] n (replica) facsímil(e) m; (machine) telefax m; (fax) fax m

fact [fækt] n hecho; **in ~** en realidad

factor [ˈfæktər] n factor m

factory [ˈfæktəri] n fábrica

factual [ˈfæktʃuəl] adj basado en los hechos

faculty [ˈfækəlti] n facultad f; (US: teaching staff) personal m docente

fad [fæd] n novedad f, moda

fade [feɪd] vi desteñirse; (sound, smile) desvanecerse; (light) apagarse; (flower) marchitarse; (hope, memory) perderse

fag [fæg] (BRIT: inf) n (cigarette) cigarrillo, pitillo, pucho (SC)

fail [feɪl] vt (candidate, test) reprobar (LAm), suspender (SP); (memory etc) fallar a ♦ vi reprobar (LAm), suspender (SP); (be unsuccessful) fracasar; (strength, brakes) fallar; (light) acabarse; **to ~ to do sth** (neglect) dejar de hacer algo; (be unable) no poder hacer algo; **without ~** sin falta ❑ **failing** n falta, defecto ♦ prep a falta de ❑ **failure** [ˈfeɪljər] n fracaso; (person) fracasado(-a); (mechanical etc) fallo

faint [feɪnt] adj débil; (recollection) vago; (mark) apenas visible ♦ n desmayo ♦ vi desmayarse; **to feel ~** estar mareado, marearse

fair [fɛər] adj justo; (hair, person) rubio; (weather) bueno; (good enough) regular; (considerable) considerable ♦ adv (play) limpio ♦ n feria; (BRIT: funfair) parque m de atracciones ❑ **fairly** adv (justly) con justicia; (quite) bastante ❑ **fairness** n justicia, imparcialidad f ❑ **fair play** n juego limpio

fairy [ˈfɛri] n hada ❑ **fairy tale** n cuento de hadas

faith [feɪθ] n fe f; (trust) confianza; (sect) religión f ❑ **faithful** adj (loyal: troops etc) leal; (spouse) fiel; (account) exacto ❑ **faithfully** adv fielmente; **yours faithfully** (BRIT: in letters) le saluda atentamente

fake [feɪk] n (painting etc) falsificación f; (person) impostor(a) m/f ♦ adj falso ♦ vt fingir; (painting etc) falsificar

falcon [ˈfælkən] n halcón m

fall [fɔːl] (pt **fell**, pp **~en**) n caída; (in price etc) descenso; (US) otoño ♦ vi caer(se); (price) bajar, descender; **~s** npl (waterfall) cascada, salto de agua; **to ~ flat** (on one's face) caerse (boca abajo); (plan) fracasar; (joke, story) no hacer gracia ▸ **fall back** vi retroceder ▸ **fall back on** vt fus (remedy etc) recurrir a ▸ **fall behind** vi quedarse atrás ▸ **fall down** vi (person) caerse; (building, hopes) derrumbarse ▸ **fall for** vt fus (trick) dejarse engañar por; (person) enamorarse de ▸ **fall in** vi (roof) hundirse; (MIL) alinearse ▸ **fall off** vi caerse; (diminish) disminuir ▸ **fall out** vi (friends etc) reñir; (hair, teeth) caerse ▸ **fall through** vi (plan, project) fracasar

fallacy [ˈfæləsi] n error m

fallen [ˈfɔːlən] pp of **fall**

fallout [ˈfɔːl,aut] n lluvia radioactiva

fallow [ˈfælou] adj en barbecho

false [fɔːls] adj falso; **under ~ pretenses** con engaños ❑ **false alarm** n falsa alarma ❑ **false teeth** npl dentadura postiza

falter [ˈfɔːltər] vi vacilar; (engine) fallar

fame [feɪm] n fama

familiar [fəˈmɪljər] adj conocido, familiar; (tone) de confianza; **to be ~ with** (subject) conocer (bien)

family [ˈfæməli] n familia ❑ **family business** n negocio familiar ❑ **family doctor** (BRIT) n médico(-a) de cabecera ❑ **family room** (US) n (in hotel) habitación f familiar

famine [ˈfæmɪn] n hambre f, hambruna

famished [ˈfæmɪʃt] adj hambriento

famous [ˈfeɪməs] adj famoso, célebre ❑ **famously** adv (get on) estupendamente

fan [fæn] n abanico; (ELEC) ventilador m; (of rock star) fan mf; (SPORT) hincha mf ♦ vt abanicar; (fire, quarrel) atizar

fanatic [fəˈnætɪk] n fanático(-a)

fan belt n correa del ventilador

fanciful [ˈfænsɪful] adj (design, name) fantástico

fancy [ˈfænsi] n (whim) capricho, antojo; (imagination) imaginación f ♦ adj (luxury) lujoso, de lujo ♦ vt (imagine) imaginarse; (think) creer; (BRIT: feel like, want) tener ganas de; **what do you ~?** ¿qué quieres tomar?, ¿qué te apetece?; **he fancies her** (BRIT: inf) le gusta (ella) mucho; **to take a ~ to** (person: amorously) quedarse prendado de, prendarse de ❑ **fancy dress** (BRIT) n disfraz m ❑ **fancy-dress ball** (BRIT) n baile m de disfraces

fanfare [ˈfænfɛr] n fanfarria (de trompeta)

fang [fæŋ] n colmillo

fanny pack [ˈfæni,pæk] (US) n riñonera

fantastic [fænˈtæstɪk] adj (enormous) enorme; (strange, wonderful) fantástico

fantasy [ˈfæntəsi] n (dream) sueño; (unreality) fantasía

FAQs npl abbr (= frequently asked questions) preguntas fpl frecuentes

far [fɑːr] adj (distant) lejano ♦ adv lejos; (much, greatly) mucho; **~ away, ~ off** (a lo) lejos; **~ better** mucho mejor; **~ from** lejos de; **by ~** con mucho; **go as ~ as the farm** vaya hasta la granja; **as ~ as I know** que yo sepa; **how ~?** ¿hasta dónde?; (fig) ¿hasta qué punto? ❑ **faraway** adj remoto; (look) distraído

farce [fɑːrs] n farsa

fare [fɛər] n (on trains, buses) precio (del boleto (LAm) or billete (SP)); (in taxi: cost) tarifa; (food) comida; **half ~** medio pasaje m; **full ~** pasaje completo

Far East n: **the ~** el Extremo Oriente

farewell [,fɛrˈwɛl] excl, n adiós m

farm [fɑːrm] n rancho (MEX), hacienda (LAm), estancia (RPl), cortijo (SP) ♦ vt cultivar ❑ **farmer** n granjero, ranchero (MEX), hacendado (LAm), estanciero (RPl) ❑ **farmhand** n peón m ❑ **farmhouse** n granja, rancho (MEX), casa del hacendado (LAm), casco de la estancia (RPl) ❑ **farming** n agricultura; (*of crops*) cultivo; (*of animals*) cría ❑ **farmland** *n* tierra de cultivo ❑ **farm worker** *n* = **farmhand** ❑ **farmyard** *n* corral *m*

far-reaching [fɑːr'riːtʃɪŋ] *adj* (*reform, effect*) de gran alcance

far-sighted ['fɑːr,saɪtɪd] *adj* (*US MED*) hipermétrope; (*fig*) con visión de futuro

fart [fɑːrt] (*inf!*) *vi* tirarse un pedo (*!*)

farther ['fɑːrðər] *adv* más lejos, más allá ♦ *adj* más lejano

farthest ['fɑːrðɪst] *superlative of* **far**

fascinate ['fæsɪneɪt] *vt* fascinar ❑ **fascination** [fæsɪ'neɪʃən] *n* fascinación *f*

fascism ['fæʃɪzəm] *n* fascismo

fashion ['fæʃən] *n* moda; (*fashion industry*) industria de la moda; (*manner*) manera ♦ *vt* formar; **in ~** a la moda; **out of ~** pasado de moda; **after a ~** así así, más o menos ❑ **fashionable** *adj* de moda ❑ **fashion show** *n* desfile *m* de modelos

fast [fæst] *adj* rápido; (*dye, color*) resistente; (*clock*): **to be ~** estar adelantado ♦ *adv* rápidamente, de prisa; (*stuck, held*) firmemente ♦ *n* ayuno ♦ *vi* ayunar; **~ asleep** profundamente dormido

fasten ['fæsən] *vt* atar, sujetar; (*coat, belt*) abrochar ♦ *vi* atarse; abrocharse ❑ **fastener, fastening** *n* cierre *m*; (*of door etc*) cerrojo

fast food *n* comida rápida, platos *mpl* preparados

fastidious [fæ'stɪdiəs] *adj* (*fussy*) quisquilloso

fat [fæt] *adj* gordo; (*book*) grueso; (*profit*) grande, pingüe ♦ *n* grasa; (*on person*) carnes *fpl*; (*for cooking*) manteca

fatal ['feɪtl] *adj* (*mistake*) fatal; (*injury*) mortal ❑ **fatality** [fə'tælɪti] *n* (*casualty*) víctima ❑ **fatally** *adv* fatalmente; mortalmente

fate [feɪt] *n* destino; (*of person*) suerte *f* ❑ **fateful** *adj* fatídico

father ['fɑːðər] *n* padre *m* ❑ **father-in-law** *n* suegro ❑ **fatherly** *adj* paternal

fathom ['fæðəm] *n* braza ♦ *vt* (*mystery*) desentrañar; (*understand*) lograr comprender

fatigue [fə'tiːg] *n* fatiga, cansancio

fatten ['fætn] *vt, vi* engordar

fatty ['fæti] *adj* (*food*) graso ♦ *n* (*inf*) gordito(-a), gordinflón(-ona) *m/f*

fatuous ['fætʃuəs] *adj* fatuo, necio

faucet ['fɔːsɪt] (*US*) *n* llave *f*, canilla (*RPl*)

fault [fɔːlt] *n* (*blame*) culpa; (*defect: in person, machine*) defecto; (*GEO*) falla ♦ *vt* criticar; **it's my ~** es culpa mía; **to find ~ with** criticar, poner peros a; **at ~** culpable ❑ **faulty** *adj* defectuoso

fauna ['fɔːnə] *n* fauna

favor (*US*) ['feɪvər] (*BRIT* **favour**) *n* favor *m*; (*approval*) aprobación *f* ♦ *vt* (*proposition*) estar a favor de, aprobar; (*assist*) ser propicio a; **to do sb a ~** hacer un favor a algn; **to find ~ with sb** caer en gracia a algn; **in ~ of** a favor de ❑ **favorable** *adj* favorable ❑ **favorite** *adj, n* favorito, preferido

fawn [fɔːn] *n* cervato ♦ *adj* (*also:* **~-colored**) color de cervato, leonado ♦ *vi*: **to ~ (up)on** adular

fax [fæks] *n* (*document*) fax *m*; (*machine*) telefax *m* ♦ *vt* mandar por telefax

FBI (*US*) *n abbr* (= *Federal Bureau of Investigation*) FBI *m*

fear [fɪər] *n* miedo, temor *m* ♦ *vt* tener miedo de, temer; **for ~ of** por si ❑ **fearful** *adj* temeroso, miedoso; (*awful*) terrible ❑ **fearless** *adj* audaz

feasible ['fiːzəbəl] *adj* factible

feast [fiːst] *n* banquete *m*; (*BRIT REL*: also: **~ day**) fiesta ♦ *vi* festejar

feat [fiːt] *n* hazaña

feather ['feðər] *n* pluma

feature ['fiːtʃər] *n* característica; (*article*) artículo de fondo ♦ *vt* (*movie*) presentar ♦ *vi*: **to ~ in** tener un papel destacado en; **~s** *npl* (*of face*) facciones *fpl* ❑ **feature movie** (*US*) (*BRIT* **feature film**) *n* largometraje *m*

February ['februeri] *n* febrero

fed [fed] *pt, pp of* **feed**

federal ['fedərəl] *adj* federal

federation [fedə'reɪʃən] *n* federación *f*

fed up [fed'ʌp] *adj*: **to be ~ (with)** estar harto (de)

fee [fiː] *n* pago; (*professional*) derechos *mpl*, honorarios *mpl*; (*of club*) cuota; **school ~s** (*BRIT*) matrícula

feeble ['fiːbəl] *adj* débil; (*joke*) flojo

feed [fiːd] (*pt, pp* **fed**) *n* comida; (*of animal*) pienso; (*on printer*) dispositivo de alimentación ♦ *vt* alimentar; (*animal*) dar de comer a; (*data, information*): **to ~ into** meter en; (*baby: breastfeed*) dar el pecho a ▶ **feed on** *vt fus* alimentarse de ❑ **feedback** *n* reacción *f*, feedback *m*

feel [fiːl] (*pt, pp* **felt**) *n* (*sensation*) sensación *f*; (*sense of touch*) tacto; (*impression*): **to have the ~ of** parecerse a ♦ *vt* tocar; (*pain etc*) sentir; (*think, believe*) creer; **to ~ hungry/cold** tener hambre/frío; **to ~ lonely/better** sentirse solo/mejor; **I don't ~ well** no me siento bien; **it ~s soft** es suave al tacto; **to ~ like** (*want*) tener ganas de ▶ **feel around** *or* (*BRIT*) **about** *vi* tantear ❑ **feeler** *n* (*of insect*) antena ❑ **feeling** *n* (*physical*) sensación *f*; (*foreboding*) presentimiento; (*emotion*) sentimiento

feet [fiːt] *npl of* **foot**

feign [feɪn] *vt* fingir

fell [fel] *pt of* **fall** ♦ *vt* (*tree*) talar

fellow ['felou] *n* tipo; (*comrade*) compañero; (*of organization*) socio(-a) ♦ *cpd*: **~ citizen** *n* conciudadano(-a); **~ countryman** *n* compatriota *m*; **~ men** *npl* semejantes *mpl* ❑ **fellowship** *n* compañerismo; (*grant*) beca

felony ['feləni] *n* crimen *m*

felt [felt] *pt, pp of* **feel** ♦ *n* fieltro ❑ **felt-tip pen** (*BRIT*) *n* rotulador *m*

female ['fiːmeɪl] *n* (*pej: woman*) mujer *f*, tía; (*ZOOL*) hembra ♦ *adj* femenino; hembra

feminine ['femɪnɪn] *adj* femenino

feminist ['femɪnɪst] *n* feminista

fence [fens] *n* valla, cerca ♦ *vt* (*also:* **~ in**) cercar ♦ *vi* (*SPORT*) hacer esgrima ❑ **fencing** *n* esgrima

fend [fend] *vi*: **to ~ for o.s.** valerse por sí mismo ▶ **fend off** *vt* (*attack*) rechazar; (*questions*) evadir

fender ['fendər] *n* guardafuego; (*US AUT*) salpicadera (*MEX*), guardabarros *m inv* (*LAm exc MEX, SP*)

ferment [*vb* fər'ment, *n* 'fɜːrːment] *vi* fermentar ♦ *n* (*fig*) agitación *f*

fern [fɜːrn] *n* helecho

ferocious [fə'rouʃəs] *adj* feroz

ferret ['ferɪt] *n* hurón *m*

Ferris wheel ['ferɪs,wiːl] (*US*) *n* rueda de la fortuna (*MEX*), rueda gigante (*LAm*), noria (*SP*)

ferry ['feri] *n* (*small*) barca (de pasaje), balsa; (*large: also:* **~boat**) transbordador *m*, ferry *m* ♦ *vt* transportar

fertile ['fɜːrtl] *adj* fértil; (*BIOL*) fecundo ❑ **fertilize** ['fɜːrtlaɪz] *vt* (*BIOL*) fecundar; (*AGR*) abonar ❑ **fertilizer** *n* abono

fervor (*US*) ['fɜːrvər] (*BRIT* **fervour**) *n* fervor *m*

fester ['festər] *vi* ulcerarse

festival ['festɪvəl] *n* (*REL*) fiesta; (*ART, MUS*) festival *m*

festive ['festɪv] *adj* festivo; **the ~ season** (*BRIT: Christmas*) las Navidades

festivities [fes'tɪvɪtiz] *npl* fiestas *fpl*

festoon [fes'tuːn] *vt*: **to ~ with** engalanar de

fetch [fetʃ] *vt* ir a buscar; (*sell for*) venderse por

fête [feɪt] *n* fiesta

fetus (*US*) ['fiːtəs] (*BRIT* **foetus**) *n* feto

feud [fjuːd] *n* (*hostility*) enemistad *f*; (*quarrel*) disputa

fever ['fiːvər] *n* fiebre *f* ❑ **fever blister** (*US*) *n* herpes *m inv* labial ❑ **feverish** *adj* febril

few [fjuː] *adj* (*not many*) pocos ♦ *pron* pocos; algunos; **a ~** *adj* unos pocos, algunos ❑ **fewer** *adj* menos ❑ **fewest** *adj* los (las) menos

fiancé [,fiːɑːn'seɪ] *n* novio, prometido ❑ **fiancée** *n* novia, prometida

fiasco [fi'æskou] *n* fiasco, desastre *m*

fib [fɪb] *n* mentirilla

fiber (*US*) ['faɪbər] (*BRIT* **fibre**) *n* fibra ❑ **Fiberglass®** (*US*) (*BRIT* **fibreglass**) *n* fibra de vidrio

fickle ['fɪkəl] *adj* inconstante

fiction ['fɪkʃən] *n* ficción *f* ❑ **fictional** *adj* novelesco ❑ **fictitious** [fɪk'tɪʃəs] *adj* ficticio

fiddle ['fɪdl] *n* (*MUS*) violín *m*; (*BRIT: cheating*) trampa ♦ *vt* (*BRIT: accounts*) falsificar ▶ **fiddle with** *vt fus* juguetear con

fidget ['fɪdʒɪt] *vi* enredar; **stop ~ing!** ¡estáte quieto!

field [fiːld] *n* campo; (*fig*) campo, esfera; (*SPORT*) cancha (*LAm*), campo (*SP*) ❑ **field hockey** (*US*) *n* hockey *m* (sobre hierba) ❑ **field marshal** (*BRIT*) *n* mariscal *m* ❑ **fieldwork** *n* trabajo de campo

fiend [fiːnd] *n* demonio

fierce [fɪərs] *adj* feroz; (*wind, heat*) fuerte; (*fighting, enemy*) encarnizado

fiery ['faɪəri] *adj* (*burning*) ardiente; (*temperament*) apasionado

fifteen ['fɪftiːn] *num* quince

fifth [fɪfθ] *num* quinto

fifty ['fɪfti] *num* cincuenta ❑ **fifty-fifty** *adj* (*deal, split*) a medias ♦ *adv* a medias, mitad por mitad

fig [fɪg] *n* higo

fight [faɪt] (*pt, pp* **fought**) *n* (*gen*) pelea; (*MIL*) combate *m*; (*struggle*) lucha ♦ *vt* luchar contra; (*cancer, alcoholism*) combatir; (*election*) intentar ganar; (*emotion*) resistir ♦ *vi* pelear, luchar ❑ **fighter** *n* combatiente *mf*; (*plane*) caza *m* ❑ **fighting** *n* combate *m*, pelea

figment ['fɪgmənt] *n*: **a ~ of the imagination** una quimera

figurative ['fɪgjurətɪv] *adj* (*meaning*) figurado; (*style*) figurativo

figure ['fɪgjər] *n* (*DRAWING, GEOM*) figura, dibujo; (*number, cipher*) cifra; (*body, outline*) tipo; (*personality*) figura ♦ *vt* (*US*) imaginar ♦ *vi* (*appear*) figurar ▶ **figure out** *vt* (*work out*) resolver ❑ **figurehead** *n* (*NAUT*) mascarón *m* de proa; (*pej: leader*) figura decorativa ❑ **figure of speech** *n* figura retórica

file [faɪl] *n* (*tool*) lima; (*dossier*) expediente *m*; (*folder*) carpeta; (*COMPUT*) fichero; (*row*) fila ♦ *vt* limar; (*LAW: claim*) presentar; (*store*) archivar ▶ **file in/out** *vi* entrar/salir en fila ❑ **filing cabinet** *n* fichero, archivador *m*

fill [fɪl] *vt* (*space*): **to ~ (with)** llenar (de); (*vacancy, need*) cubrir ♦ *n*: **to eat one's ~** llenarse ▶ **fill in** (*BRIT*) *vt* = **fill out** ▶ **fill out** (*US*) *vt* (*form, application*) rellenar ▶ **fill up** *vt* llenar (hasta el borde) ♦ *vi* (*AUT*) poner gasolina

fillet [fɪ'leɪ] (*US* **filet**) *n* filete *m* ❑ **fillet steak** *n* filete *m* de ternera

filling ['fɪlɪŋ] *n* (*CULIN*) relleno; (*for tooth*) empaste *m* ❑ **filling station** (*BRIT*) *n* estación *f* de servicio

film [fɪlm] *n* (*BRIT*) película ♦ *vt* (*scene*) filmar ♦ *vi* rodar (una película) ❑ **film star** (*BRIT*) *n* astro, estrella de cine

filter ['fɪltər] *n* filtro ♦ *vt* filtrar ❑ **filter lane** (*BRIT*) *n* carril *m* de selección ❑ **filter-tipped** *adj* con filtro

filth [fɪlθ] *n* suciedad *f* ❑ **filthy** *adj* sucio; (*language*) obsceno

fin [fɪn] *n* (*gen*) aleta

final ['faɪnl] *adj* (*last*) final, último; (*definitive*) definitivo, terminante ♦ *n* (*BRIT SPORT*) final *f*; **~s** *npl* (*SCOL*) examen *m* final; (*US SPORT*) final *f*

finale [fɪ'nɑːli] *n* final *m*

final: ❑ **finalist** *n* (*SPORT*) finalista *mf* ❑ **finalize** *vt* concluir, completar ❑ **finally** *adv* (*lastly*) por último, finalmente; (*eventually*) por fin

finance [fə'næns] *n* (*money*) fondos *mpl*; (*personal finances*) situación *f* económica ♦ *vt* financiar; **~s** *npl* finanzas *fpl* ❑ **financial** *adj* financiero

find [faɪnd] (*pt, pp* **found**) *vt* encontrar, hallar; (*come upon*) descubrir ♦ *n* hallazgo; descubrimiento; **to ~ sb guilty** (*LAW*) declarar culpable a algn ▶ **find out** *vt* averiguar; (*truth, secret*) descubrir; **to find out about** (*subject*) informarse sobre; (*by chance*) enterarse de ❑ **findings** *npl* (*LAW*) veredicto, fallo; (*of report*) recomendaciones *fpl*

fine [faɪn] *adj* excelente; (*thin*) fino ♦ *adv* (*well*) bien ♦ *n* (*LAW*) multa ♦ *vt* (*LAW*) multar; **to be ~** (*person*) estar bien; (*weather*) hacer buen tiempo ❑ **fine arts** *npl* bellas artes *fpl*

finery ['faɪnəri] *n* adornos *mpl*

finger ['fɪŋgər] *n* dedo ♦ *vt* (*touch*) manosear; **little/index ~** (dedo) meñique *m*/índice *m* ❑ **fingernail** *n* uña ❑ **fingerprint** *n* huella dactilar ❑ **fingertip** *n* yema del dedo

finish ['fɪnɪʃ] *n* (*end*) fin *m*; (*SPORT*) meta; (*polish etc*) acabado ♦ *vt, vi* terminar; **to ~ doing sth** acabar de hacer algo; **to ~ third** llegar el tercero ▶ **finish off** *vt* acabar, terminar; (*kill*) acabar con ▶ **finish up** (*BRIT*) *vt* acabar, terminar ♦ *vi* ir a parar, terminar ❑ **finish line** (*US*) (*BRIT* **finishing line**) *n* línea de llegada *or* meta

finite ['faɪnaɪt] *adj* finito; (*verb*) conjugado

fink [fɪŋk] (*US: inf*) *n* (*person*) soplón(-ona) *m/f*

Finland ['fɪnlənd] *n* Finlandia

Finn [fɪn] *n* finlandés(-esa) *m/f* ❑ **Finnish** *adj* finlandés(-esa) ♦ *n* (*LING*) finlandés *m*

fir [fɜːr] *n* abeto

fire ['faɪər] *n* fuego; (*in hearth*) lumbre *f*; (*accidental*) incendio; (*heater*) estufa ♦ *vt* (*gun*) disparar; (*interest*) despertar; (*inf: dismiss*) despedir ♦ *vi* (*shoot*) disparar; **on ~** ardiendo, en llamas ❑ **fire alarm** *n* alarma de incendios ❑ **firearm** *n* arma de fuego ❑ **fire brigade** (*BRIT*) *n* = **fire department** ❑ **fire department** (*US*) *n* (cuerpo de) bomberos *mpl* ❑ **fire engine** (*BRIT*) *n* = **firetruck** ❑ **fire escape** *n* escalera de incendios ❑ **fire extinguisher** *n* extintor *m* (de incendios) ❑ **fireguard** *n* rejilla de protección ❑ **fireman** *n* bombero ❑ **fireplace** *n* chimenea ❑ **fireside** *n*: **by the fireside** al lado de la chimenea ❑ **fire station** *n* estación *f* (*LAm*) *or* cuartel *m* (*RPl*) *or* parque *m* (*SP*) de bomberos ❑ **firetruck** (*US*) *n* carro (*LAm*) *or* coche *m* (*SP*) de bomberos, autobomba *m* (*RPl*) ❑ **firewall** *n* (*INTERNET*) firewall *m* ❑ **firewood** *n* leña ❑ **fireworks** *npl* fuegos *mpl* artificiales

firing squad *n* pelotón *m* de ejecución

firm [fɜːrm] *adj* firme; (*look, voice*) resuelto ♦ *n* firma, empresa ❑ **firmly** *adv* firmemente; resueltamente

first [fɜːrst] *adj* primero ♦ *adv* (*before others*) primero; (*when listing reasons etc*) en primer lugar, primeramente ♦ *n* (*person: in race*) primero(-a); (*AUT*) primera; (*BRIT SCOL*) *título de licenciado con calificación de sobresaliente*; **at ~** al principio; **~ of all** ante todo ❑ **first aid** *n* primera ayuda, primeros auxilios *mpl* ❑ **first-aid kit** *n* botiquín *m* ❑ **first-class** *adj* (*excellent*) de primera (categoría); (*ticket*) de primera clase ❑ **First Family** (*US*) *n la familia del presidente de EE.UU.* ❑ **firsthand** *adj* de primera mano ❑ **First Lady** (*US*) *n* primera dama ❑ **first lieutenant** (*US*) *n* (*AER*) teniente *mf*, teniente primero (*SC*) ❑ **firstly** *adv* en primer lugar ❑ **first name** *n* nombre *m* (de pila) ❑ **first-rate** *adj* estupendo

fish [fɪʃ] *n inv* pez *m*; (*food*) pescado ♦ *vt, vi* pescar; **to go ~ing** ir de pesca ❑ **fisherman** *n* pescador *m* ❑ **fish farm** *n* criadero de peces ❑ **fish fingers** (*BRIT*) *npl* = **fish sticks** ❑ **fish hook** *n* anzuelo ❑ **fishing boat** *n* barca de pesca ❑ **fishing line** *n* sedal *m* ❑ **fishing rod** *n* caña (de pescar) ❑ **fishmonger's (shop)** (*BRIT*) *n* pescadería ❑ **fish sticks** (*US*) *npl* croquetas *fpl* de pescado ❑ **fishy** (*inf*) *adj* sospechoso

fist [fɪst] *n* puño

fit [fɪt] *adj* (*suitable*) adecuado, apropiado; (*healthy*) en (buena) forma ♦ *vt* (*clothes*) estar *or* sentar bien a; (*install*) poner; (*equip*) proveer, dotar; (*facts*) cuadrar *or* corresponder con ♦ *vi* (*clothes*) sentar bien; (*in space, gap*) caber; (*facts*) coincidir ♦ *n* (*MED*) ataque *m*; **~ to** (*ready*) a punto de; **~ for** apropiado para; **a ~ of anger/pride** un arranque de cólera/orgullo; **this dress is a good ~** este vestido me sienta bien; **by ~s and starts** a rachas ▶ **fit in** *vi* (*fig: person*) llevarse bien (con todos) ❑ **fitful** *adj* espasmódico, intermitente ❑ **fitment** (*BRIT*) *n* accesorio de montaje ❑ **fitness** *n* (*MED*) salud *f* ❑ **fitted carpet** (*BRIT*) *n* moqueta ❑ **fitted kitchen** *n* cocina amueblada ❑ **fitter** *n* ajustador *m* ❑ **fitting** *adj* apropiado ♦ *n* (*of dress*) prueba; (*of piece of equipment*) instalación *f* ❑ **fitting room** *n* probador *m* ❑ **fittings** *npl* instalaciones *fpl*

five [faɪv] *num* cinco ❑ **fiver** (*inf*) *n* (*US*) billete *m* de cinco dólares; (*BRIT*) billete *m* de cinco libras

fix [fɪks] *vt* (*secure*) fijar, asegurar; (*mend*) arreglar; (*prepare*) preparar ♦ *n*: **to be in a ~** estar en un aprieto ▶ **fix up** *vt* (*meeting*) arreglar; **to fix sb up with sth** proveer a algn de algo ❑ **fixation** [fɪk'seɪʃən] *n* obsesión *f* ❑ **fixed** *adj* (*prices etc*) fijo ❑ **fixture** *n* (*SPORT*) encuentro; **fixtures** *npl* (*closets etc*) instalaciones *fpl* fijas

fizzy ['fɪzi] (*BRIT*) *adj* (*drink*) gaseoso

fjord [fjɔːrd] *n* fiordo

flabbergasted ['flæbərgæstɪd] *adj* pasmado, alucinado

flabby ['flæbi] *adj* gordo

flag [flæg] *n* bandera; (*stone*) losa ♦ *vi* decaer ♦ *vt*: **to ~ sb down** hacer señas a algn para que se pare ❑ **flagpole** *n* asta de bandera ❑ **flagship** *n* buque *m* insignia; (*fig*) bandera

flair [fleər] *n* aptitud *f* especial

flak [flæk] (*US* **flack**) *n* (*MIL*) fuego antiaéreo; (*inf: criticism*) lluvia de críticas

flake [fleɪk] *n* (*of rust, paint*) escama; (*of snow, soap*) copo ♦ *vi* (*also:* **~ off**) desconcharse

flamboyant [flæm'bɔɪənt] *adj* (*dress*) vistoso; (*person*) extravagante

flame [fleɪm] *n* llama, flama (*MEX*); **old ~** (*lover*) antiguo amor

flamingo [flə'mɪŋgou] *n* flamingo (*MEX*), flamenco (*LAm exc MEX, SP*)

flammable ['flæməbəl] *adj* inflamable, flamable (*MEX*)

flan [flæn] (*BRIT*) *n* tarta

> ⚠ Be careful not to translate **flan** by the Spanish word ***flan***.

flank [flæŋk] *n* (*of animal*) ijar *m*; (*of army*) flanco ♦ *vt* flanquear

flannel ['flænl] *n* (*fabric*) franela; (*BRIT: also:* **face ~**) manopla

flap [flæp] *n* (*of pocket, envelope*) solapa ♦ *vt* (*wings, arms*) agitar ♦ *vi* (*sail, flag*) ondear

flare [fleər] *n* llamarada; (*MIL*) bengala; (*in skirt etc*) vuelo ▶ **flare up** *vi* encenderse; (*fig: person*) encolerizarse; (: *revolt*) estallar

flash [flæʃ] *n* relámpago; (*also:* **news ~**) noticias *fpl* de última hora; (*PHOT*) flash *m* ♦ *vt* (*light, headlights*) lanzar un destello con; (*news, message*) transmitir; (*smile*) lanzar ♦ *vi* brillar; (*warning light etc*) lanzar destellos; **in a ~** en un instante; **he ~ed by** *or* **past** pasó como un rayo ❑ **flashback** *n* (*MOVIE*) flashback *m* ❑ **flashbulb** *n* lámpara *or* bombilla de flash ❑ **flash cube** *n* cubo de flash ❑ **flashlight** (*US*) *n* linterna

flashy ['flæʃi] (*pej*) *adj* ostentoso

flask [flæsk] *n* frasco; (*also:* **vacuum ~**) termo

flat [flæt] *adj* llano; (*smooth*) liso; (*tire*) desinflado; (*beer*) muerto; (*refusal etc*) rotundo; (*MUS*) desafinado; (*rate*) fijo; (*BRIT: battery*) descargado ♦ *n* (*AUT*) pinchazo; (*MUS*) bemol *m*; (*BRIT: apartment*) apartamento, departamento (*LAm*); **to work ~ out** trabajar a toda mecha ❑ **flatly** *adv* terminantemente, de plano ❑ **flatten** *vt* (*also:* **flatten out**) allanar; (*smooth out*) alisar; (*building, plants*) arrasar

flatter ['flætər] *vt* adular, halagar ❑ **flattering** *adj* halagüeño; (*dress*) que favorece ❑ **flattery** *n* adulación *f*

flatware ['flætweər] (*US*) *n* cubertería

flaunt [flɔːnt] *vt* ostentar, lucir

flavor (*US*) ['fleɪvər] (*BRIT* **flavour**) *n* sabor *m*, gusto ♦ *vt* sazonar, condimentar; **strawberry-~ed** con sabor a fresa ❑ **flavoring** (*US*) (*BRIT* **flavouring**) *n* (*in product*) aromatizante *m*

flavorsome ['fleɪvərsəm] (*US*) *adj* (*food, dish*) sabroso; (*wine*) con mucho sabor, sabroso

flavour ['fleɪvər] (*BRIT*) *n, vt* = **flavor**

flaw [flɔː] *n* defecto ❑ **flawless** *adj* impecable

flax [flæks] *n* lino

flea [fliː] *n* pulga ❑ **flea market** *n* la pulga (*MEX*), mercado de chácharas (*MEX*) *or* pulgas (*LAm*), mercadillo (*SP*)

fleck [flɛk] *n* (*mark*) mota

flee [fliː] (*pt, pp* **fled** [flɛd]) *vt* huir de ♦ *vi* huir, fugarse

fleece [fliːs] *n* vellón *m*; (*wool*) lana ♦ *vt* (*inf*) desplumar

fleet [fliːt] *n* flota; (*of cars, trucks etc*) escuadra

fleeting ['fliːtɪŋ] *adj* fugaz

Flemish ['flɛmɪʃ] *adj* flamenco

flesh [flɛʃ] *n* carne *f*; (*skin*) piel *f*; (*of fruit*) pulpa ❑ **flesh wound** *n* herida superficial

flew [fluː] *pt of* **fly**

flex [flɛks] *n* (*BRIT*) cordón *m* ♦ *vt* (*muscles*) tensar ❑ **flexible** *adj* flexible

flick [flɪk] *n* capirotazo; chasquido ♦ *vt* (*with hand*) dar un capirotazo a; (*whip etc*) chasquear; (*switch*) accionar ► **flick through** *vt fus* hojear

flicker ['flɪkər] *vi* (*light*) parpadear; (*flame*) vacilar

flier ['flaɪər] *n* aviador(a) *m/f*

flight [flaɪt] *n* vuelo; (*escape*) huida, fuga; (*also:* **~ of steps**) tramo (de escaleras) ❑ **flight attendant** (*US*) *n* auxiliar *mf* de vuelo ❑ **flight deck** *n* (*AVIAT: on plane*) cabina de mandos; (*: on aircraft carrier*) cubierta de aterrizaje ❑ **flighty** *adj* (*idea, remark*) frívolo, poco serio; (*person*) caprichoso, voluble

flimsy ['flɪmzi] *adj* (*thin*) muy ligero; (*building*) endeble; (*excuse*) flojo

flinch [flɪntʃ] *vi* encogerse; **to ~ from** retroceder ante

fling [flɪŋ] (*pt, pp* **flung**) *vt* arrojar

flint [flɪnt] *n* pedernal *m*; (*in lighter*) piedra

flip [flɪp] *vt* dar la vuelta a; (*switch: turn on*) encender; (*turn*) apagar; (*coin*) echar a pico o mona (*MEX*), echar a cara o cruz (*LAm exc MEX, SP*)

flippant ['flɪpənt] *adj* poco serio

flipper ['flɪpər] *n* aleta

flirt [flɜːrt] *vi* coquetear, flirtear ♦ *n* coqueta

float [flout] *n* flotador *m*; (*in procession*) carroza; (*BRIT: money*) reserva ♦ *vi* flotar; (*swimmer*) hacer la plancha

flock [flɑːk] *n* (*of sheep*) rebaño; (*of birds*) bandada ♦ *vi*: **to ~ to** acudir en tropel a

flog [flɑːg] *vt* azotar

flood [flʌd] *n* inundación *f*; (*of letters, imports etc*) avalancha ♦ *vt* inundar ♦ *vi* (*place*) inundarse; (*people*): **to ~ into** inundar ❑ **flooding** *n* inundaciones *fpl* ❑ **floodlight** *n* foco

floor [flɔːr] *n* suelo; (*story*) piso; (*of sea*) fondo ♦ *vt* (*question*) dejar sin respuesta; (*blow*) derribar; **first** (*US*) *or* **ground** (*BRIT*) **~** planta baja; **second** (*US*) *or* **first** (*BRIT*) **~** primer piso ❑ **floorboard** *n* tabla ❑ **floor lamp** (*US*) *n* lámpara de pie ❑ **floor show** *n* cabaret *m*

flop [flɑːp] *n* fracaso ♦ *vi* (*fail*) fracasar; (*fall*) derrumbarse ❑ **floppy** *adj* flojo ♦ *n* (*COMPUT: also:* **floppy disk**) disquete *m*, floppy *m*

flora ['flɔːrə] *n* flora

floral ['flɔːrəl] *adj* (*pattern*) floreado

florid ['flɔːrɪd] *adj* florido; (*complexion*) rubicundo

florist ['flɔːrɪst] *n* florista *mf* ❑ **florist's (shop)** (*BRIT*) *n* = **flower store**

flounder ['flaundər] *vi* (*swimmer*) patalear; (*fig: economy*) estar en dificultades ♦ *n* (*ZOOL*) platija

flour ['flauər] *n* harina

flourish ['flɜːrɪʃ] *vi* florecer ♦ *n* ademán *m*, movimiento (ostentoso)

flout [flaut] *vt* burlarse de

flow [flou] *n* (*movement*) flujo; (*of traffic*) circulación *f*; (*tide*) corriente *f* ♦ *vi* (*river, blood*) fluir; (*traffic*) circular ❑ **flow chart** *n* organigrama *m*

flower ['flauər] *n* flor *f* ♦ *vi* florecer ❑ **flower bed** *n* macizo ❑ **flowerpot** *n* tiesto ❑ **flower seller** *n* florista *mf* ❑ **flower store** (*US*) *n* florería (*LAm*), floristería (*SP*) ❑ **flowery** *adj* (*fragrance*) floral; (*pattern*) floreado; (*speech*) florido

flown [floun] *pp of* **fly**

flu [fluː] *n*: **to have ~** tener gripe *or* (*MEX*) gripa

fluctuate ['flʌktʃueɪt] *vi* fluctuar

fluent ['fluːənt] *adj* (*linguist*) que habla perfectamente; (*speech*) elocuente; **he speaks ~ French, he's ~ in French** domina el francés ❑ **fluently** *adv* con fluidez

fluff [flʌf] *n* pelusa ❑ **fluffy** *adj* de pelo suave

fluid ['fluːɪd] *adj* (*movement*) fluido, líquido; (*situation*) inestable ♦ *n* fluido, líquido

fluke [fluːk] (*inf*) *n* chiripa

flung [flʌŋ] *pt, pp of* **fling**

flunk [flʌŋk] (*US*) *vt* reprobar (*LAm*), suspender (*SP*)

fluoride ['fluəraɪd] *n* fluoruro

flurry ['flʌri] *n* (*of snow*) temporal *m*; **~ of activity** frenesí *m* de actividad

flush [flʌʃ] *n* rubor *m*; (*fig: of youth etc*) resplandor *m* ♦ *vt* limpiar con agua ♦ *vi* ruborizarse ♦ *adj*: **~ with** a ras de; **to ~ the toilet** tirar de la cadena ❑ **flushed** *adj* ruborizado

flustered ['flʌstərd] *adj* aturdido

flute [fluːt] *n* flauta

flutter ['flʌtər] *n* (*of wings*) revoloteo, aleteo ♦ *vi* revolotear; **a ~ of panic/excitement** una oleada de pánico/excitación

flux [flʌks] *n*: **to be in a state of ~** estar continuamente cambiando

fly [flaɪ] (*pt* **flew**, *pp* **flown**) *n* mosca; (*BRIT: on pants: also:* **flies**) bragueta ♦ *vt* (*plane*) pilot(e)ar; (*cargo*) transportar (en avión); (*distances*) recorrer (en avión) ♦ *vi* volar; (*passengers*) ir en avión; (*escape*) evadirse; (*flag*) ondear ► **fly away** *or* **off** *vi* emprender el vuelo ❑ **fly-drive** *n*: **fly-drive vacation** (*US*) *or* **holiday** (*BRIT*) *vacaciones que incluyen vuelo y alquiler de coche* ❑ **flying** *n* (*activity*) (el) volar; (*action*) vuelo ♦ *adj*: **flying visit** visita relámpago; **with flying colors** con lucimiento ❑ **flying saucer** *n* platillo volante ❑ **flying start** *n*: **to get off to a flying start** empezar con buen pie ❑ **flyover** (*BRIT*) *n* paso a nivel ❑ **fly sheet** (*BRIT*) *n* (*for tent*) doble techo

foal [foul] *n* potro

foam [foum] *n* espuma ♦ *vi* hacer espuma ❑ **foam rubber** *n* goma espuma

fob [fɑːb] *vt*: **to ~ sb off with sth** despachar a algn con algo

focal point ['foukəl,pɔɪnt] *n* (*fig*) centro de atención

focus ['foukəs] (*pl* **~es**) *n* foco; (*center*) centro ♦ *vt* (*field glasses etc*) enfocar ♦ *vi*: **to ~ (on)** enfocar (a); (*issue etc*) centrarse en; **in/out of ~** enfocado/desenfocado

fodder ['fɑːdər] *n* pienso

foetus ['fiːtəs] (*BRIT*) *n* = **fetus**

fog [fɑːg] *n* niebla ♦ *vi* (*also:* **to ~ up**: *mirror, glasses*) empañarse ❑ **foggy** *adj*: **it's foggy** hay niebla, está brumoso ❑ **fog lamp** (*BRIT*) *n* = **fog light** ❑ **fog light** (*US*) *n* (*AUT*) faro antiniebla *or* de niebla

foil [fɔɪl] *vt* frustrar ♦ *n* hoja; (*tinfoil*) papel *m* (de) aluminio; (*complement*) complemento; (*FENCING*) florete *m*

fold [fould] *n* (*bend, crease*) pliegue *m*; (*AGR*) redil *m* ♦ *vt* doblar; (*arms*) cruzar ► **fold up** *vi* plegarse, doblarse; (*business*) quebrar ♦ *vt* (*map etc*) plegar ❑ **folder** *n* (*for papers*) carpeta; (*COMPUT*) directorio ❑ **folding** *adj* (*chair, bed*) plegable

foliage ['foulɪɪdʒ] *n* follaje *m*

folk [fouk] *npl* gente *f* ♦ *adj* popular, folklórico; **~s** *npl* (*family*) familia *sg*, parientes *mpl* ❑ **folklore** *n* folklore *m* ❑ **folk song** *n* canción *f* popular

follow ['fɑːlou] *vt* seguir ♦ *vi* seguir; (*result*) resultar; **to ~ suit** hacer lo mismo ► **follow up** *vt* (*letter, offer*) responder a; (*case*) investigar ❑ **follower** *n* (*of person, belief*) partidario(-a) ❑ **following** *adj* siguiente ♦ *n* afición *f*, partidarios *mpl*

folly ['fɑːli] *n* locura

fond [fɑːnd] *adj* (*memory, smile etc*) cariñoso; (*hopes*) ilusorio; **to be ~ of** tener cariño a; (*pastime, food*) ser aficionado a

fondle ['fɑːndl] *vt* acariciar

font [fɑːnt] *n* pila bautismal; (*TYP*) fundición *f*

food [fuːd] *n* comida ❑ **food mixer** (*BRIT*) *n* batidora ❑ **food poisoning** *n* intoxicación *f* alimenticia ❑ **food processor** *n* procesador *m* de alimentos ❑ **food stamp** (*US*) *n cupón para canjear por comida que reciben las personas de pocos recursos* ❑ **foodstuffs** *npl* comestibles *mpl*

fool [fuːl] *n* tonto(-a), zonzo(-a) (*LAm*); (*BRIT CULIN*) *puré de frutas y crema* ♦ *vt* engañar ♦ *vi* (*gen:* **fool around**) bromear ❑ **foolhardy** *adj* temerario ❑ **foolish** *adj* tonto; (*careless*) imprudente ❑ **foolproof** *adj* (*plan etc*) infalible

foot [fut] (*pl* **feet**) *n* pie *m*; (*measure*) pie *m* (= *304 mm*); (*of animal*) pata ♦ *vt* (*bill*) pagar; **on ~** a pie ❑ **footage** *n* (*FILM*) imágenes *fpl* ❑ **football** *n* balón *m*; (*US: game*) futbol *m* (*MEX*) *or* fútbol *m* (*LAm exc MEX, SP*) americano; (*BRIT: soccer*) futbol *m* (*MEX*), fútbol *m* (*LAm exc MEX, SP*) ❑ **football player** *n* (*US*) jugador(a) *m/f* de futbol (*MEX*) *or* fútbol (*LAm exc MEX, SP*) americano; (*BRIT: also:* **footballer**) futbolista *mf* ❑ **foot brake** *n* freno de pie ❑ **footbridge** *n* puente *m* para peatones ❑ **foothills** *npl* estribaciones *fpl* ❑ **foothold** *n* pie *m* firme ❑ **footing** *n* (*fig*) posición *f*; **to lose one's footing** perder el pie ❑ **footlights** *npl* candilejas *fpl* ❑ **footnote** *n* nota a pie de página ❑ **footpath** *n* sendero ❑ **footprint** *n* huella, pisada ❑ **footstep** *n* paso ❑ **footwear** *n* calzado

for

KEYWORD

[fɔːr] *prep*

1 (*indicating destination, intention*) para; **the train for Seattle** el tren con destino a *or* de Seattle; **he left for Rome** marchó para Roma; **he went for the paper** fue por el periódico; **is this for me?** ¿es esto para mí?; **it's time for lunch** es la hora de comer

2 (*indicating purpose*) para; **what('s it) for?** ¿para qué (es)?; **to pray for peace** rezar por la paz

3 (*on behalf of, representing*): **the representative for Harlem** el diputado por Harlem; **he works for the government/a local firm** trabaja para el gobierno/en una empresa local; **I'll ask him for you** se lo pediré por ti; **G for George** G de Gerona

4 (*because of*) por esta razón; **for fear of being criticized** por temor a ser criticado

5 (*with regard to*) para; **it's cold for July** hace frío para julio; **he has a gift for languages** tiene don de lenguas

6 (*in exchange for*) por; **I sold it for $20** lo vendí por $20; **to pay 80 cents for a ticket** pagar 80 centavos por un billete

7 (*in favor of*): **are you for or against us?** ¿estás con nosotros o contra nosotros?; **I'm all for it** estoy totalmente a favor; **vote for X** vote (a) X

8 (*referring to distance*): **there are roadworks for 5 miles** hay obras en 5 millas; **we walked for miles** caminamos kilómetros y kilómetros

9 (*referring to time*): **he was away for 2 years** estuvo fuera (durante) dos años; **it hasn't rained for 3 weeks** no ha llovido durante *or* en 3 semanas; **I have known her for years** la conozco desde hace años; **can you do it for tomorrow?** ¿lo podrás hacer para mañana?

10 (*with infinitive clauses*): **it is not for me to decide** la decisión no es cosa mía; **it would be best for you to leave** sería mejor que te fueras; **there is still time for you to do it** todavía te queda tiempo para hacerlo; **for this to be possible ...** para que esto sea posible ...

11 (*in spite of*) a pesar de; **for all his complaints** a pesar de sus quejas

♦ *conj* (*since, as: rather formal*) puesto que

forage ['fɔːrɪdʒ] *vi* (*animal*) forrajear; (*person*): **to ~ for** hurgar en busca de

foray ['fɔːreɪ] *n* incursión *f*

forbid [fər'bɪd] (*pt* **forbad(e)** [fər'bæd], *pp* **~den**) *vt* prohibir; **to ~ sb to do sth** prohibir a algn hacer algo ❑ **forbidding** *adj* amenazador(a)

force [fɔːrs] *n* fuerza ♦ *vt* forzar; (*push*) meter a la fuerza; **the F~s** *npl* (*BRIT*) las Fuerzas Armadas; **to ~ o.s. to do** hacer un esfuerzo por hacer; **in ~** en vigor ❑ **forced** *adj* forzado ❑ **force-feed** *vt* alimentar a la fuerza ❑ **forceful** *adj* enérgico

forcibly ['fɔːrsɪbli] *adv* a la fuerza; (*speak*) enérgicamente

ford [fɔːrd] *n* vado

fore [fɔːr] *n*: **to come to the ~** empezar a destacar

fore: ❑ **forearm** *n* antebrazo ❑ **foreboding** *n* presentimiento ❑ **forecast** *n* pronóstico ♦ *vt* pronosticar ❑ **forecourt** (*BRIT*) *n* patio ❑ **forefather** *n* antepasado ❑ **forefinger** *n* (dedo) índice *m* ❑ **forefront** *n*: **in the forefront of** en la vanguardia de

forego [fɔːr'gou] *vt* = **forgo**

foregone ['fɔːrgɔːn] *pp of* **forego** ♦ *adj*: **it's a ~ conclusion** es una conclusión evidente

foreground ['fɔːr,graund] *n* primer plano

forehead ['fɔːrəd] *n* frente *f*

foreign ['fɔːrɪn] *adj* extranjero; (*trade*) exterior; (*object*) extraño ❑ **foreigner** *n* extranjero(-a) ❑ **foreign exchange** *n* divisas *fpl* ❑ **Foreign Office** (*BRIT*) *n* Secretaría (*MEX*) *or* Ministerio (*LAm exc MEX*) de Relaciones Exteriores, Ministerio de Asuntos Exteriores (*SP*) ❑ **Foreign Secretary** (*BRIT*) *n* Secretario (*MEX*) *or* Ministro (*LAm exc MEX*) de Relaciones Exteriores, Ministro de Asuntos Exteriores (*SP*)

fore: ❑ **foreleg** *n* pata delantera ❑ **foreman** *n* capataz *m*; (*in construction*) maestro de obras ❑ **foremost** *adj* principal ♦ *adv*: **first and foremost** ante todo

forensic [fə'rɛnsɪk] *adj* forense

fore: ❑ **forerunner** *n* precursor(a) *m/f* ❑ **foresee** (*pt* **foresaw**, *pp* **foreseen**) *vt* prever ❑ **foreseeable** *adj* previsible ❑ **foreshadow** *vt* prefigurar, anunciar ❑ **foresight** *n* previsión *f*

forest ['fɔːrɪst] *n* bosque *m*

forestry ['fɔːrɪstri] *n* silvicultura

foretaste ['fɔːr,teɪst] *n* muestra

foretell [fɔːr'tɛl] (*pt, pp* **foretold**) *vt* predecir, pronosticar

forever [fər'ɛvər] *adv* para siempre; (*endlessly*) constantemente

foreword ['fɔːrwərd] *n* prefacio

forfeit ['fɔːrfɪt] *vt* perder

forgave [fər'geɪv] *pt of* **forgive**

forge [fɔːrdʒ] *n* herrería ♦ *vt* (*signature, money*) falsificar; (*metal*) forjar ► **forge ahead** *vi* avanzar mucho ❑ **forgery** *n* falsificación *f*

forget [fər'gɛt] (*pt* **forgot**, *pp* **forgotten**) *vt* olvidar ♦ *vi* olvidarse ❑ **forgetful** *adj* despistado ❑ **forget-me-not** *n* nomeolvides *f inv*

forgive [fər'gɪv] (*pt* **forgave**, *pp* **~n**) *vt* perdonar; **to ~ sb for sth** perdonar algo a algn ❑ **forgiveness** *n* perdón *m*

forgo [fɔːr'gou] (*pt* **forwent**, *pp* **foregone**) *vt* (*give up*) renunciar a; (*go without*) privarse de

forgot [fər'gɑːt] *pt of* **forget**

forgotten [fər'gɑːtn] *pp of* **forget**

fork [fɔːrk] *n* (*for eating*) tenedor *m*; (*for gardening*) horca, horqueta; (*of roads*) bifurcación *f* ♦ *vi* (*road*) bifurcarse ► **fork out** (*inf*) *vt* (*pay*) desembolsar ❑ **forklift truck** *n* máquina elevadora

forlorn [fər'lɔːrn] *adj* (*person*) triste, melancólico; (*place*) abandonado; (*attempt, hope*) desesperado

form [fɔːrm] *n* forma; (*document*) formulario; (*BRIT SCOL*) clase *f* ♦ *vt* formar; (*idea*) concebir; (*habit*) adquirir; **to ~ a line** (*US*) *or* **queue** (*BRIT*) hacer cola; **in top ~** (*BRIT*) en plena forma

formal ['fɔːrməl] *adj* (*offer, receipt*) por escrito; (*person etc*) correcto; (*occasion, dinner*) de etiqueta; (*dress*) correcto; (*garden*) (de estilo) clásico ❑ **formality** [fɔːr'mælɪti] *n* (*procedure*) trámite *m*; corrección *f*; etiqueta ❑ **formally** *adv* oficialmente

format ['fɔːrmæt] *n* formato ♦ *vt* (*COMPUT*) formatear

formative ['fɔːrmətɪv] *adj* (*years*) de formación; (*influence*) formativo

former ['fɔːrmər] *adj* anterior; (*earlier*) antiguo; (*ex*) ex; **the ~ ... the latter ...** aquél ... éste ... ❑ **formerly** *adv* antes

formula ['fɔːrmjulə] *n* fórmula

forsake [fər'seɪk] (*pt* **forsook**, *pp* **~n**) *vt* (*gen*) abandonar; (*plan*) renunciar a

fort [fɔːrt] *n* fuerte *m*

forte [fɔːrt] *n* fuerte *m*

forth [fɔːrθ] *adv*: **back and ~** de acá para allá; **and so ~** y así sucesivamente ❑ **forthcoming** *adj* próximo, venidero; (*help, information*) disponible; (*character*) comunicativo ❑ **forthright** *adj* franco ❑ **forthwith** *adv* en el acto

fortify ['fɔːrtɪfaɪ] *vt* (*city*) fortificar; (*person*) fortalecer

fortitude ['fɔːrtɪtuːd] *n* fortaleza

fortnight ['fɔːrt,naɪt] (*BRIT*) *n* quince días *mpl*; quincena ❑ **fortnightly** (*BRIT*) *adj* de cada quince días, quincenal ♦ *adv* cada quince días, quincenalmente

fortress ['fɔːrtrɪs] *n* fortaleza

fortunate ['fɔːrtʃənɪt] *adj* afortunado; **it is ~ that ...** (es una) suerte que ... ❑ **fortunately** *adv* afortunadamente

fortune ['fɔːrtʃən] *n* suerte *f*; (*wealth*) fortuna ❑ **fortune-teller** *n* adivino(-a)

forty ['fɔːrti] *num* cuarenta

forum ['fɔːrəm] *n* foro

forward ['fɔːrwərd] *adj* (*movement, position*) avanzado; (*front*) delantero; (*in time*) adelantado; (*not shy*) atrevido ♦ *n* (*SPORT*) delantero ♦ *vt* (*letter*) remitir; (*career*) promocionar; **to move ~** avanzar ❑ **forward(s)** *adv* (hacia) adelante ❑ **forward slash** *n* (*TYP*) barra diagonal

fossil ['fɑːsəl] *n* fósil *m*

foster ['fɑːstər] *vt* (*child*) acoger en una familia; fomentar ❑ **foster child** *n* hijo(-a) adoptivo(-a)

fought [fɔːt] *pt, pp of* **fight**

foul [faul] *adj* sucio, puerco; (*weather, smell etc*) asqueroso; (*language*) grosero; (*temper*) malísimo ♦ *n* (*SPORT*) falta ♦ *vt* (*dirty*) ensuciar ❑ **foul play** *n* (*LAW*) muerte *f* violenta

found [faund] *pt, pp of* **find** ♦ *vt* fundar ❑ **foundation** [faun'deɪʃən] *n* (*act*) fundación *f*; (*basis*) base *f*; (*also:* **foundation cream**) crema base; **foundations** *npl* (*of building*) cimientos *mpl*

founder ['faundər] *n* fundador(a) *m/f* ♦ *vi* hundirse

foundry ['faundri] *n* fundición *f*

fountain ['fauntən] *n* fuente *f* ❑ **fountain pen** *n* pluma-fuente *f* (*LAm*), (pluma) estilográfica (*SP*)
four [fɔːr] *num* cuatro; **on all ~s** a gatas ❑ **four-poster (bed)** *n* cama de dosel ❑ **fourteen** *num* catorce ❑ **fourth** *num* cuarto
fowl [faul] *n* ave *f* (de corral)
fox [fɑːks] *n* zorro ♦ *vt* confundir
foyer ['fɔɪər] *n* vestíbulo
fraction ['frækʃən] *n* fracción *f*
fracture ['fræktʃər] *n* fractura
fragile ['frædʒəl] *adj* frágil
fragment ['frægmənt] *n* fragmento
fragrant ['freɪgrənt] *adj* fragante, oloroso
frail [freɪl] *adj* frágil; (*person*) débil
frame [freɪm] *n* (*TECH*) armazón *m*; (*of person*) cuerpo; (*of picture, door etc*) marco; (*of glasses: also:* **~s**) montura ♦ *vt* enmarcar ❑ **frame of mind** *n* estado de ánimo ❑ **framework** *n* marco
France [fræns] *n* Francia
franchise ['fræntʃaɪz] *n* (*COMM*) licencia, concesión *f*; (*POL*) derecho de votar, sufragio
frank [fræŋk] *adj* franco ♦ *vt* (*letter*) franquear
frankfurter ['fræŋk,fɜːrtər] *n* salchicha de Frankfurt
frankly *adv* francamente
frantic ['fræntɪk] *adj* (*distraught*) desesperado; (*hectic*) frenético
fraternity [frə'tɜːrnɪti] *n* (*feeling*) fraternidad *f*; (*group of people*) círculos *mpl*; (*US UNIV*) círculo estudiantil
fraud [frɔːd] *n* fraude *m*; (*person*) impostor(a) *m/f*
fraught [frɔːt] *adj*: **~ with** lleno de
fray [freɪ] *vi* deshilacharse
freak [friːk] *n* (*person*) fenómeno; (*event*) suceso anormal
freckle ['frɛkəl] *n* peca
free [friː] *adj* libre; (*gratis*) gratuito ♦ *vt* (*prisoner etc*) poner en libertad; (*jammed object*) soltar; **~ (of charge)**, **for ~** gratis ❑ **freedom** *n* libertad *f* ❑ **Freefone®** ['friː,foun] (*BRIT*) *n* teléfono gratuito ❑ **free-for-all** *n* riña general ❑ **free gift** *n* prima ❑ **freehold** *n* propiedad *f* vitalicia ❑ **free kick** *n* tiro libre ❑ **freelance** *adj* independiente ♦ *adv* por cuenta propia ❑ **freeloader** (*inf*) *n* gorrón(-ona) *m/f* (*MEX, SP*), gorrero(-a) (*LAm*) ❑ **freely** *adv* libremente; (*liberally*) generosamente ❑ **Freemason** *n* francmasón *m* ❑ **Freepost®** (*BRIT*) *n* franqueo pagado ❑ **free-range** *adj* (*hen, eggs*) de granja ❑ **free trade** *n* libre comercio ❑ **freeway** (*US*) *n* autopista ❑ **free will** *n* libre albedrío; **of one's own free will** por su propia voluntad
freeze [friːz] (*pt* **froze**, *pp* **frozen**) *vi* (*weather*) helar; (*liquid, pipe, person*) helarse, congelarse ♦ *vt* helar; (*food, prices, salaries*) congelar ♦ *n* helada; (*on arms, wages*) congelación *f* ❑ **freeze-dried** *adj* liofilizado ❑ **freezer** *n* congelador *m*, freezer *m* (*SC*)
freezing ['friːzɪŋ] *adj* helado; **3 degrees below** ~ tres grados bajo cero ❑ **freezing point** *n* punto de congelación
freight [freɪt] *n* (*goods*) carga; (*money charged*) flete *m* ❑ **freight car** (*US*) *n* vagón *m* de mercancías ❑ **freight train** (*US*) *n* tren *m* de mercancías
French [frɛntʃ] *adj* francés(-esa) ♦ *n* (*LING*) francés *m*; **the ~** *npl* los franceses ❑ **French bean** (*BRIT*) *n* ejote *m* (*MEX*), frijol *m* (*LAm*), chaucha (*RPl*), judía verde (*SP*) ❑ **French fried potatoes** *npl* = **French fries** ❑ **French fries** *npl* papas *fpl* (*LAm*) *or* patatas *fpl* (*SP*) fritas ❑ **Frenchman/woman** *n* francés(-esa) *m/f* ❑ **French window** *n* puerta de cristal
frenzy ['frɛnzi] *n* frenesí *m*
frequent ['friːkwənt] *adj* frecuente ♦ *vt* frecuentar ❑ **frequently** *adv* frecuentemente, a menudo
fresh [frɛʃ] *adj* fresco; (*bread*) tierno; (*new*) nuevo ❑ **freshen** *vi* (*wind, air*) soplar más recio ▶ **freshen up** *vi* (*person*) arreglarse, lavarse ❑ **fresher** (*BRIT: inf*) *n* = **freshman** ❑ **freshly** *adv* (*made, painted etc*) recién ❑ **freshman** (*US: irreg*) *n* (*UNIV*) estudiante *mf* de primer año ❑ **freshness** *n* frescura ❑ **freshwater** *adj* (*fish*) de agua dulce
fret [frɛt] *vi* inquietarse
friar ['fraɪər] *n* fraile *m*; (*before name*) fray *m*
friction ['frɪkʃən] *n* fricción *f*
Friday ['fraɪdi] *n* viernes *m inv*
fridge [frɪdʒ] *n* refrigerador *m* (*LAm*), heladera (*RPl*), frigorífico (*SP*)
fried [fraɪd] *adj* frito
friend [frɛnd] *n* amigo(-a) ❑ **friendly** *adj* simpático; (*government*) amigo; (*place*) acogedor(a); (*game*) amistoso ❑ **friendly fire** *n* fuego amigo, disparos *mpl* del propio bando ❑ **friendship** *n* amistad *f*
frieze [friːz] *n* friso
fright [fraɪt] *n* (*terror*) terror *m*; (*scare*) susto; **to take ~** asustarse ❑ **frighten** *vt* asustar ❑ **frightened** *adj* asustado ❑ **frightening** *adj* espantoso ❑ **frightful** *adj* espantoso, horrible
frill [frɪl] *n* volante *m*
fringe [frɪndʒ] *n* (*on lampshade etc*) flecos *mpl*; (*of forest etc*) borde *m*, margen *m*; (*BRIT: of hair*) flequillo, fleco (*MEX*), cerquillo (*CAm, RPl*) ❑ **fringe benefits** *npl* ventajas *fpl* adicionales
frisk [frɪsk] *vt* cachear, registrar
frisky ['frɪski] *adj* juguetón(-ona)
fritter ['frɪtər] *n* buñuelo ▶ **fritter away** *vt* desperdiciar
frivolous ['frɪvələs] *adj* frívolo
frizzy ['frɪzi] *adj* rizado; (*US: hair*) muy rizado
fro [frou] *adv see* **to**
frock [frɑːk] *n* vestido
frog [frɑːg] *n* rana ❑ **frogman** *n* hombre-rana *m*
frolic ['frɑːlɪk] *vi* juguetear

from

KEYWORD

[frʌm] *prep*

1 (*indicating starting place*) de, desde; **where do you come from?** ¿de dónde eres?; **from New York to Washington** de Nueva York a Washington; **to escape from sth/sb** escaparse de algo/algn

2 (*indicating origin etc*) de; **a letter/telephone call from my sister** una carta/llamada de mi hermana; **tell him from me that ...** dígale de mi parte que ...

3 (*indicating time*): **from one o'clock to** *or* **until** *or* **till two** de(sde) la una a *or* hasta las dos; **from January (on)** a partir de enero

4 (*indicating distance*) de; **the hotel is 1 mile from the beach** el hotel está a 1 milla de la playa

5 (*indicating price, number etc*) de; **prices range from $50 to $100** los precios van desde $50 a *or* hasta $100; **the interest rate was increased from 9% to 10%** el tipo de interés fue incrementado de un 9% a un 10%

6 (*indicating difference*) de; **he can't tell red from green** no sabe distinguir el rojo del verde; **to be different from sb/sth** ser diferente a algn/algo

7 (*because of, on the basis of*): **from what he says** por lo que dice; **weak from hunger** debilitado por el hambre

front [frʌnt] *n* (*foremost part*) parte *f* delantera; (*of house*) fachada; (*of dress*) delantero; (*BRIT: promenade: also:* **sea ~**) malecón *m* (*LAm*), costanera (*SC*), paseo marítimo (*SP*); (*MIL, POL, METEOROLOGY*) frente *m*; (*fig: appearances*) apariencias *fpl* ♦ *adj* (*wheel, leg*) delantero; (*row, line*) primero; **in ~ (of)** delante (de) ❑ **front door** *n* puerta principal ❑ **frontier** [frʌn'tɪər] *n* frontera ❑ **front page** *n* primera plana ❑ **front room** (*BRIT*) *n* salón *m*, sala ❑ **front-wheel drive** *n* tracción *f* delantera
frost [frɑːst] *n* helada; (*also:* **hoar~**) escarcha ❑ **frostbite** *n* congelación *f* ❑ **frosted** *adj* (*cake*) escarchado; (*glass*) deslustrado ❑ **frosting** (*US*) *n* escarcha ❑ **frosty** *adj* (*weather*) de helada; (*welcome etc*) glacial
froth [frɑːθ] *n* espuma
frown [fraun] *vi* fruncir el ceño
froze [frouz] *pt of* **freeze**
frozen ['frouzən] *pp of* **freeze**
fruit [fruːt] *n inv* fruta; fruto; (*fig*) fruto; resultados *mpl* ❑ **fruiterer** *n* frutero(-a) ❑ **fruiterer's** *n* frutería ❑ **fruitful** *adj* provechoso ❑ **fruition** [fruː'ɪʃən] *n*: **to come to fruition** realizarse ❑ **fruit juice** *n* jugo (*LAm*) *or* zumo (*SP*) de fruta ❑ **fruit machine** (*BRIT*) *n* (máquina) tragamonedas *f inv* (*LAm*) *or* tragaperras *f inv* (*SP*) ❑ **fruit salad** *n* ensalada (*LAm*) *or* macedonia (*SP*) de frutas ❑ **fruit seller** (*US*) *n* frutero(-a) ❑ **fruit store** (*US*) *n* frutería
frustrate ['frʌstreɪt] *vt* frustrar
fry [fraɪ] (*pt, pp* **fried**) *vt* freír ❑ **frying pan** *n* sartén *f*
ft. *abbr* = **foot**; **feet**
fudge [fʌdʒ] *n* (*CULIN*) caramelo blando
fuel ['fjuəl] *n* (*for heating*) combustible *m*; (*coal*) carbón *m*; (*wood*) leña; (*for engine*) carburante *m* ❑ **fuel oil** *n* fuel-oil *m*, mazut *m* ❑ **fuel tank** *n* depósito (de combustible)
fugitive ['fjuːdʒɪtɪv] *n* fugitivo(-a)
fulfill (*US*) [ful'fɪl] (*BRIT* **fulfil**) *vt* (*function*) cumplir con; (*condition*) satisfacer; (*wish, desire*) realizar ❑ **fulfillment** (*US*) (*BRIT* **fulfilment**) *n* satisfacción *f*; (*of promise, desire*) realización *f*
full [ful] *adj* lleno; (*fig*) pleno; (*complete*) completo; (*maximum*) máximo; (*information*) detallado; (*price*) íntegro; (*skirt*) amplio ♦ *adv*: **to know ~ well that** saber perfectamente que; **I'm ~ (up)** no puedo más; **~ employment** pleno empleo; **a ~ two hours** dos horas completas; **at ~ speed** a máxima velocidad; **in ~** (*reproduce, quote*) íntegramente ❑ **full-length** *adj* (*novel etc*) entero; (*coat*) largo; (*portrait*) de cuerpo entero ❑ **full moon** *n* luna llena ❑ **full-scale** *adj* (*attack, war*) en gran escala; (*model*) de tamaño natural ❑ **full stop** (*BRIT*) *n* punto ❑ **full-time** *adj* (*work*) de tiempo completo ♦ *adv*: **to work full-time** trabajar a tiempo completo ❑ **fully** *adv* completamente; (*at least*) por lo menos ❑ **fully-fledged** *adj* (*teacher, lawyer*) diplomado
fumble ['fʌmbəl] *vi*: **to ~ with** manejar torpemente
fume [fjuːm] *vi* (*rage*) estar furioso ❑ **fumes** *npl* humo, gases *mpl*
fun [fʌn] *n* (*amusement*) diversión *f*; **to have ~** divertirse; **for ~** en broma; **to make ~ of** burlarse de
function ['fʌŋkʃən] *n* función *f* ♦ *vi* funcionar ❑ **functional** *adj* (*operational*) en buen estado; (*practical*) funcional
fund [fʌnd] *n* fondo; (*reserve*) reserva; **~s** *npl* (*money*) fondos *mpl*
fundamental [fʌndə'mɛntl] *adj* fundamental
funeral ['fjuːnərəl] *n* (*burial*) entierro; (*ceremony*) funerales *mpl* ❑ **funeral home** (*US*) (*BRIT* **funeral parlour**) *n* funeraria ❑ **funeral service** *n* misa de difuntos, funeral *m*
funfair ['fʌnfer] (*BRIT*) *n* parque *m* de atracciones
fungus ['fʌŋgəs] (*pl* **fungi** ['fʌŋgiː]) *n* hongo; (*mold*) moho
funnel ['fʌnl] *n* embudo; (*of ship*) chimenea
funny ['fʌni] *adj* gracioso, divertido; (*strange*) curioso, raro
fur [fɜːr] *n* piel *f*; (*BRIT: in kettle etc*) sarro ❑ **fur coat** *n* abrigo de pieles
furious ['fjuriəs] *adj* furioso; (*effort*) violento
furlong ['fɜːrlɑːŋ] *n octava parte de una milla*, = *201.17 m*
furnace ['fɜːrnɪs] *n* horno
furnish ['fɜːrnɪʃ] *vt* amueblar; (*supply*) suministrar; (*information*) facilitar ❑ **furnishings** *npl* muebles *mpl*
furniture ['fɜːrnɪtʃər] *n* muebles *mpl*; **piece of ~** mueble *m*
furrow ['fɜːrou] *n* surco
furry ['fɜːri] *adj* peludo
further ['fɜːrðər] *adj* (*new*) nuevo, adicional ♦ *adv* más lejos; (*more*) más; (*moreover*) además ♦ *vt* promover, adelantar ❑ **further education** (*BRIT*) *n* educación *f* superior ❑ **furthermore** *adv* además
furthest ['fɜːrðɪst] *superlative of* **far**
fury ['fjuəri] *n* furia
fuse [fjuːz] *n* (*US* **fuze**) fusible *m*; (*for bomb etc*) mecha ♦ *vt* (*metal*) fundir; (*fig*) fusionar ♦ *vi* fundirse; fusionarse; (*BRIT ELEC*): **to ~ the lights** fundir los fusibles ❑ **fuse box** *n* caja de fusibles
fuss [fʌs] *n* (*excitement*) conmoción *f*; (*trouble*) alboroto; **to make a ~** armar un lío; **to make a ~ over** (*US*) *or* **of** (*BRIT*) **sb** mimar a algn ❑ **fussy** *adj* (*person*) exigente; (*too ornate*) recargado
futile ['fjuːtl] *adj* vano
future ['fjuːtʃər] *adj* futuro; (*coming*) venidero ♦ *n* futuro; (*prospects*) porvenir *m*; **in ~** de ahora en adelante
fuze [fjuːz] (*US*) *n* = **fuse**
fuzz [fʌz] *n* (*on chin*) vello; (*fluff*) pelusa ❑ **fuzzy** *adj* (*PHOT*) borroso; (*BRIT: hair*) muy rizado

Gg

G [dʒiː] *n* (*MUS*) sol *m*
g *abbr* (= *gram(s)*) gr.
G7 *abbr* (= *Group of Seven*) el G7, el Grupo de los Siete
gabble ['gæbəl] *vi* hablar atropelladamente
gable ['geɪbəl] *n* aguilón *m*
gadget ['gædʒɪt] *n* aparato
Gaelic ['geɪlɪk] *adj, n* (*LING*) gaélico
gag [gæg] *n* (*on mouth*) mordaza; (*joke*) chiste *m* ♦ *vt* amordazar
gage [geɪdʒ] (*US*) *n* = **gauge**
gaiety ['geɪɪti] *n* alegría
gaily ['geɪli] *adv* alegremente
gain [geɪn] *n* (*profit*) ganancia; (*increase*): **~ (in)** aumento (de) ♦ *vt* ganar ♦ *vi* (*watch*) adelantarse; **to ~ from/by sth** sacar provecho de algo; **to ~ on sb** ganar terreno a algn; **to ~ 3 lbs (in weight)** engordar 3 libras
gal. *abbr* = **gallon**
gala ['geɪlə] *n* fiesta
gale [geɪl] *n* (*wind*) vendaval *m*
gallant ['gælənt] *adj* valiente; (*towards ladies*) atento
gall bladder ['gɔːl,blædər] *n* vesícula biliar
gallery ['gæləri] *n* (*for spectators*) tribuna; (*also:* **art ~**: *public*) pinacoteca; (: *private*) galería de arte
gallon ['gælən] *n* galón *m* (*US* = *3,785 litros, BRIT* = *4,546 litros*)
gallop ['gæləp] *n* galope *m* ♦ *vi* galopar
gallows ['gælouz] *n* horca
gallstone ['gɔːlstoun] *n* cálculo biliar
galore [gə'lɔːr] *adv* en cantidad, en abundancia
gambit ['gæmbɪt] *n* (*fig*): **(opening) ~** estrategia (inicial)
gamble ['gæmbəl] *n* (*risk*) riesgo ♦ *vt* jugar, apostar ♦ *vi* (*take a risk*) jugársela; (*bet*) apostar; **to ~ on** apostar a; (*success etc*) contar con ❑ **gambler** *n* jugador(a) *m/f* ❑ **gambling** *n* juego
game [geɪm] *n* juego; (*match*) partido; (*of cards*) partida; (*HUNTING*) caza ♦ *adj* (*willing*): **to be ~ for anything** atreverse a todo; **big ~** caza mayor ❑ **gamekeeper** *n* guardabosques *m inv*
gammon ['gæmən] (*BRIT*) *n* (*bacon*) tocino ahumado; (*ham*) jamón *m* ahumado
gamut ['gæmət] *n* gama
gang [gæŋ] *n* (*of criminals*) pandilla; (*of friends etc*) grupo; (*of workmen*) brigada ▶ **gang up** *vi*: **to gang up on sb** aliarse contra algn
gangster ['gæŋstər] *n* gángster *m*
gangway ['gæŋweɪ] *n* (*on ship*) pasarela; (*BRIT: in theater, bus etc*) pasillo
gaol [dʒeɪl] (*BRIT*) *n, vt* = **jail**
gap [gæp] *n* hueco (*LAm*), vacío (*SP*); (*in trees, traffic*) claro; (*in time*) intervalo; (*difference*): **~ (between)** diferencia (entre)
gape [geɪp] *vi* mirar boquiabierto; (*shirt etc*) abrirse (completamente) ❑ **gaping** *adj* (completamente) abierto
gap year *n* año sabático
garage [gə'rɑːʒ] *n* garaje *m*; (*for repairs*) taller *m* ❑ **garage sale** (*US*) *n* venta de objetos usados (*en el garaje de una casa particular*)

GARAGE SALE

En Estados Unidos, se suelen hacer **garage sales** en los garajes de las casas, en los que la gente vende las cosas de su casa que ya no necesita. En estas operaciones de compraventa, el vendedor coloca los objetos a la venta en su garaje e invita a la gente del barrio a que pase a verlos y los compre. Un **yard sale** es una actividad parecida, pero que se hace en el jardín o el patio de la casa, en lugar del garaje.

garbage ['gɑːrbɪdʒ] (*US*) *n* basura; (*inf: nonsense*) tonterías *fpl* ❑ **garbage can** (*US*) *n* cubo *or* bote *m* (*MEX*) *or* tacho (*SC*) de la basura ❑ **garbage disposal unit** (*US*) *n* triturador *m* de basura ❑ **garbage man** (*US*) *n* basurero *m* ❑ **garbage truck** (*US*) *n* camión *m* de la basura
garbled ['gɑːrbəld] *adj* (*distorted*) falsificado, amañado
garden ['gɑːrdn] *n* jardín *m*; **~s** *npl* (*park*) parque *m* ❑ **gardener** *n* jardinero(-a) ❑ **gardening** *n* jardinería
gargle ['gɑːrgəl] *vi* hacer gárgaras, gargarear (*LAm*)
garish ['gerɪʃ] *adj* chillón(-ona)
garland ['gɑːrlənd] *n* guirnalda
garlic ['gɑːrlɪk] *n* ajo
garment ['gɑːrmənt] *n* prenda (de vestir)
garnish ['gɑːrnɪʃ] *vt* (*CULIN*) aderezar
garrison ['gærɪsən] *n* guarnición *f*
garter ['gɑːrtər] *n* (*US*) liguero; (*for sock*) liga
gas [gæs] *n* gas *m*; (*US: gasoline*) gasolina; (*fuel*) combustible *m* ♦ *vt* asfixiar con gas ❑ **gas cooker** (*BRIT*) *n* estufa (*MEX*) *or* cocina (*LAm exc MEX, SP*) de gas ❑ **gas cylinder** *n* tanque *m* (*MEX*) *or* bombona (*LAm exc MEX, SP*) de gas ❑ **gas fire** *n* calentador *m* (*MEX*) *or* estufa (*LAm exc MEX, SP*) de gas
gash [gæʃ] *n* rajada (*MEX*), tajo (*LAm*), raja (*SP*); (*wound*) cuchillada ♦ *vt* rajar; acuchillar
gasket ['gæskɪt] *n* (*AUT*) junta de culata
gas mask *n* máscara antigás
gas meter *n* medidor *m* (*LAm*) *or* contador *m* (*SP*) de gas
gasoline ['gæsəliːn] (*US*) *n* gasolina
gasp [gæsp] *n* boqueada; (*of shock etc*) grito sofocado ♦ *vi* (*pant*) jadear
gas pedal (*US*) *n* acelerador *m*
gas pump (*US*) *n* (*in car*) bomba de gasolina; (*in gas station*) surtidor *m* de gasolina
gas station (*US*) *n* gasolinera
gas tank (*US*) *n* (*AUT*) tanque *m or* depósito (de gasolina)
gastric ['gæstrɪk] *adj* gástrico
gate [geɪt] *n* puerta; (*iron gate*) verja ❑ **gatecrash** *vt* (*party*) colarse en ❑ **gateway** *n* puerta
gather ['gæðər] *vt* (*flowers, fruit*) recoger; (*assemble*) reunir; (*pick up*) recoger; (*SEWING*) fruncir; (*understand*) entender ♦ *vi* (*assemble*) reunirse; **to ~ speed** ganar velocidad ❑ **gathering** *n* reunión *f*, asamblea
gaudy ['gɔːdi] *adj* chillón(-ona)

gauge [geɪdʒ] (*US* **gage**) *n* (*instrument*) indicador *m* ♦ *vt* medir; (*fig*) juzgar
gaunt [gɔːnt] *adj* (*haggard*) demacrado; (*stark*) desolado
gauntlet [ˈgɔːntlɪt] *n* (*fig*): **to run the ~ of** exponerse a; **to throw down the ~** arrojar el guante
gauze [gɔːz] *n* gasa
gave [geɪv] *pt of* **give**
gay [geɪ] *adj* (*homosexual*) gay; (*joyful*) alegre; (*color*) vivo
gaze [geɪz] *n* mirada fija ♦ *vi*: **to ~ at sth** mirar algo fijamente
gazelle [gəˈzɛl] *n* gacela
gazumping [gəˈzʌmpɪŋ] (*BRIT*) *n subida del precio de una casa tras haber sido apalabrado*
GB *abbr* = **Great Britain**
GCSE (*BRIT*) *n abbr* (= *General Certificate of Secondary Education*) *examen final que se hace a los 16 años*
gear [gɪər] *n* equipo, herramientas *fpl*; (*TECH*) engranaje *m*; (*AUT*) velocidad *f*, marcha ♦ *vt* (*fig: adapt*): **to ~ sth to** adaptar *or* ajustar algo a; **top** *or* (*US*) **high/low ~** cuarta/primera velocidad; **in ~** en marcha ▶ **gear up** *vi* (*fig*): **to gear o.s. up to do sth** prepararse (psicológicamente) para hacer algo ❑ **gear box** *n* caja de cambios ❑ **gear lever** (*BRIT*) *n* = **gear shift** ❑ **gear shift** (*US*) *n* palanca de cambios
geese [giːs] *npl of* **goose**
gel [dʒɛl] *n* gel *m*
gem [dʒɛm] *n* piedra preciosa
Gemini [ˈdʒɛmɪnaɪ] *n* Géminis *m*
gender [ˈdʒɛndər] *n* género
gene [dʒiːn] *n* gen(e) *m*
general [ˈdʒɛnərəl] *n* general *m* ♦ *adj* general; **in ~** en general ❑ **general delivery** (*US*) *n* lista de correos ❑ **general election** *n* elecciones *fpl* generales ❑ **generally** *adv* generalmente, en general ❑ **general practitioner** *n* médico general ❑ **general store** *n* tienda (*que vende de todo*), almacén *m* (*SC, SP*)
generate [ˈdʒɛnəreɪt] *vt* (*ELEC*) generar; (*jobs, profits*) producir
generation [dʒɛnəˈreɪʃən] *n* generación *f*
generator [ˈdʒɛnəreɪtər] *n* generador *m*
generic [dʒɪˈnɛrɪk] *adj* genérico
generosity [dʒɛnəˈrɑːsɪti] *n* generosidad *f*
generous [ˈdʒɛnərəs] *adj* generoso
genetic [dʒɪˈnɛtɪk] *adj*: **~ engineering** ingeniería genética; **~ fingerprinting** identificación *f* genética
Geneva [dʒɪˈniːvə] *n* Ginebra
genial [ˈdʒiːniəl] *adj* afable, simpático
genitals [ˈdʒɛnɪtlz] *npl* (órganos *mpl*) genitales *mpl*
genius [ˈdʒiːnjəs] *n* genio
genteel [dʒɛnˈtiːl] *adj* fino, elegante
gentle [ˈdʒɛntl] *adj* apacible, dulce; (*animal*) manso; (*breeze, curve etc*) suave

⚠ Be careful not to translate **gentle** by the Spanish word ***gentil***.

gentleman [ˈdʒɛntlmən] *n* señor *m*; (*well-bred man*) caballero
gently [ˈdʒɛntli] *adv* dulcemente; suavemente
gentry [ˈdʒɛntri] (*BRIT*) *n* alta burguesía
gents [dʒɛnts] (*BRIT*) *n* aseos *mpl* (de caballeros)
genuine [ˈdʒɛnjuɪn] *adj* auténtico; (*person*) sincero
geography [dʒiˈɑːgrəfi] *n* geografía
geology [dʒiˈɑːlədʒi] *n* geología
geometric(al) [dʒiəˈmɛtrɪk(əl)] *adj* geométrico
geranium [dʒɪˈreɪniəm] *n* geranio
geriatric [dʒɛriˈætrɪk] *adj, n* geriátrico(-a)
germ [dʒɜːrm] *n* (*microbe*) microbio, bacteria; (*seed, fig*) germen *m*
German [ˈdʒɜːrmən] *adj* alemán(-ana) ♦ *n* alemán(-ana) *m/f*; (*LING*) alemán *m* ❑ **German measles** *n* rubeola
Germany [ˈdʒɜːrməni] *n* Alemania
gesture [ˈdʒɛstʃər] *n* gesto; (*symbol*) muestra

get

KEYWORD

[gɛt] (*pt, pp* **got**, *pp* **gotten** (*US*)) *vi*

1 (*become, be*) ponerse, volverse; **to get old/tired** envejecer/cansarse; **to get drunk** emborracharse; **to get dirty** ensuciarse; **to get married** casarse; **when do I get paid?** ¿cuándo me pagan *or* se me paga?; **it's getting late** se está haciendo tarde

2 (*go*): **to get to/from** llegar a/de; **to get home** llegar a casa

3 (*begin*) empezar a; **to get to know sb** (llegar a) conocer a algn; **I'm getting to like him** me está empezando a gustar; **let's get going** *or* **started** ¡vamos (a empezar)!

4 (*modal aux vb*): **you've got to do it** tienes que hacerlo

♦ *vt*

1: **to get sth done** (*finish*) terminar algo; (*have done*) mandar hacer algo; **to get one's hair cut** cortarse el pelo; **to get the car going** *or* **to go** arrancar el carro (*LAm*) *or* coche (*SP*); **to get sb to do sth** conseguir *or* hacer que algn haga algo; **to get sth/sb ready** preparar algo/a algn

2 (*obtain: money, permission, results*) conseguir; (*find: job, apartment*) encontrar; (*fetch: person, doctor*) buscar; (*object*) ir a buscar, traer; **to get sth for sb** conseguir algo para algn; **get me Mr. Jones, please** (*TEL*) comuníqueme (*LAm*) *or* póngame (*SP*) con el Sr. Jones, por favor; **can I get you a drink?** ¿quieres algo de beber?

3 (*receive: present, letter*) recibir; (*acquire: reputation*) alcanzar; (*: prize*) ganar; **what did you get for your birthday?** ¿qué te regalaron por tu cumpleaños?; **how much did you get for the painting?** ¿cuánto sacaste por el cuadro?

4 (*catch*) agarrar (*LAm*), coger (*SP*); (*hit: target etc*) dar en; **to get sb by the arm/throat** agarrar (*LAm*) *or* coger (*SP*) a algn por el brazo/cuello; **get him!** ¡atrápalo! (*LAm*), ¡cógelo! (*SP*); **the bullet got him in the leg** la bala le dio en la pierna

5 (*take, move*) llevar; **to get sth to sb** hacer llegar algo a algn; **do you think we'll get it through the door?** ¿crees que lo podremos meter por la puerta?

6 (*catch, take: plane, bus etc*) tomar (*LAm*), coger (*SP*); **where do I get the train for New Orleans?** ¿dónde se toma (*LAm*) *or* se coge (*SP*) el tren para Nueva Orleáns?

7 (*understand*) entender; (*hear*) oír; **I've got it!** ¡ya lo tengo!, ¡eureka!; **I don't get your meaning** no te entiendo; **I'm sorry, I didn't get your name** lo siento, no entendí (*LAm*) *or* cogí (*SP*) tu nombre

8 (*have, possess*): **to have got** tener

▶ **get about** *vi* salir mucho; (*BRIT: news*) divulgarse
▶ **get along** *vi* (*agree*) llevarse bien; (*depart*) marcharse; (*manage*) = **get by**
▶ **get around** *vt fus* rodear; (*fig: person*) engatusar a
▶ **get at** *vt fus* (*reach*) alcanzar; (*attack*) atacar
▶ **get away** *vi* marcharse; (*escape*) escaparse
▶ **get away with** *vt fus* hacer impunemente
▶ **get back** *vi* (*return*) volver
♦ *vt* recobrar
▶ **get by** *vi* (*pass*) (lograr) pasar; (*manage*) arreglárselas
▶ **get down** *vi* bajarse
♦ *vt fus* bajar
♦ *vt* bajar; (*depress*) deprimir
▶ **get down to** *vt fus* (*work*) ponerse a
▶ **get in** *vi* entrar; (*train*) llegar; (*arrive home*) volver a casa, regresar
▶ **get into** *vt fus* entrar en; (*vehicle*) subir a; **to get into a rage** enfadarse
▶ **get off** *vi* (*from train etc*) bajar; (*depart person, car*) marcharse
♦ *vt* (*remove*) quitar
♦ *vt fus* (*train, bus*) bajar de
▶ **get on** *vi* (*at exam etc*): **how are you getting on?** ¿cómo te va?; (*agree*): **to get on (with)** llevarse bien (con)
♦ *vt fus* subir a
▶ **get out** *vi* salir; (*of vehicle*) bajar
♦ *vt* sacar
▶ **get out of** *vt fus* salir de; (*duty etc*) escaparse de
▶ **get over** *vt fus* (*illness*) recobrarse de
▶ **get through** *vi* (*TEL*) (lograr) comunicarse
▶ **get through to** *vt fus* (*TEL*) comunicar con
▶ **get together** *vi* reunirse
♦ *vt* reunir, juntar
▶ **get up** *vi* (*rise*) levantarse
♦ *vt fus* subir
▶ **get up to** *vt fus* (*reach*) llegar a; (*prank*) hacer

getaway [ˈgɛtəweɪ] *n*: **to make one's ~** escaparse ❑ **getaway car** *n*: **the thieves' getaway car** el coche en el que huyeron los ladrones
get-together [ˈgɛttəˌgɛðər] *n* (*meeting*) reunión *f*; (*party*) fiesta
geyser [ˈgaɪzər] *n* (*water heater*) calentador *m* de agua; (*GEO*) géiser *m*
ghastly [ˈgæstli] *adj* horrible
gherkin [ˈgɜːrkɪn] *n* pepinillo
ghetto [ˈgɛtou] *n* gueto
ghetto blaster [ˈgɛtouˌblæstər] *n* grabadora (*LAm*) *or* casete *m* (*SP*) portátil (*de gran tamaño*)
ghost [goust] *n* fantasma *m*
giant [ˈdʒaɪənt] *n* gigante *mf* ♦ *adj* gigantesco, gigante
gibberish [ˈdʒɪbərɪʃ] *n* galimatías *m*
giblets [ˈdʒɪblɪts] *npl* menudillos *mpl*
Gibraltar [dʒɪˈbrɔːltər] *n* Gibraltar *m*
giddy [ˈgɪdi] *adj* mareado
gift [gɪft] *n* regalo; (*ability*) talento ❑ **gift certificate** (*US*) *n* vale-obsequio *m* ❑ **gifted** *adj* dotado ❑ **gift voucher** (*BRIT*) *n* = **gift certificate**
gigantic [dʒaɪˈgæntɪk] *adj* gigantesco
giggle [ˈgɪgəl] *vi* reírse tontamente
gill [dʒɪl] *n* (*measure*) cuarto de pinta (*US = 0,118 litros, BRIT = 0,148 litros*)
gills [gɪlz] *npl* (*of fish*) branquias *fpl*, agallas *fpl*
gilt [gɪlt] *adj, n* dorado ❑ **gilt-edged** (*BRIT*) *adj* (*COMM*) de máxima garantía
gimmick [ˈgɪmɪk] *n* truco
gin [dʒɪn] *n* ginebra
ginger [ˈdʒɪndʒər] *n* jengibre *m* ❑ **ginger ale** (*US*) *n gaseosa de jengibre* ❑ **ginger beer** (*BRIT*) *n* = **ginger ale** ❑ **gingerbread** *n* pan *m* or galleta de jengibre
gingerly [ˈdʒɪndʒərli] *adv* con cautela
gipsy [ˈdʒɪpsi] *n* = **gypsy**
giraffe [dʒəˈræf] *n* jirafa
girder [ˈgɜːrdər] *n* viga
girl [gɜːrl] *n* (*small*) niña; (*young woman*) chica, joven *f*, muchacha; (*daughter*) hija; **an American ~** una (chica) americana ❑ **girlfriend** *n* (*of girl*) amiga; (*of boy*) novia ❑ **girlish** *adj* de niña
giro [ˈdʒaɪrou] (*BRIT*) *n* (*bank giro*) giro bancario; (*post office giro*) giro postal; (*state benefit*) *cheque quincenal del subsidio de desempleo*
gist [dʒɪst] *n* lo esencial
give [gɪv] (*pt* **gave**, *pp* **~n**) *vt* dar; (*deliver*) entregar; (*as gift*) regalar ♦ *vi* (*break*) romperse; (*stretch: fabric*) dar de sí; **to ~ sb sth, ~ sth to sb** dar algo a algn ▶ **give away** *vt* (*give free*) regalar; (*betray*) traicionar; (*disclose*) revelar ▶ **give back** *vt* devolver ▶ **give in** *vi* ceder ♦ *vt* entregar ▶ **give off** *vt* despedir ▶ **give out** *vt* distribuir ▶ **give up** *vi* rendirse, darse por vencido ♦ *vt* renunciar a; **to give up smoking** dejar de fumar; **to give o.s. up** entregarse ▶ **give way** *vi* ceder; (*BRIT AUT*) ceder el paso
giveaway [ˈgɪvəˌweɪ] *n* (*revelation*) revelación *f*; (*gift*) regalo
given name [ˈgɪvənˈneɪm] (*US*) *n* nombre *m* de pila
glacier [ˈglæʃər] *n* glaciar *m*
glad [glæd] *adj* contento
gladly [ˈglædli] *adv* con mucho gusto
glamor (*US*) [ˈglæmər] (*BRIT* **glamour**) *n* encanto, atractivo ❑ **glamorous** *adj* encantador(a), atractivo
glance [glæns] *n* ojeada, mirada ♦ *vi*: **to ~ at** echar una ojeada a ❑ **glancing** *adj* (*blow*) oblicuo
gland [glænd] *n* glándula
glare [glɛər] *n* (*of anger*) mirada feroz; (*of light*) deslumbramiento, brillo ♦ *vi* deslumbrar; **to be in the ~ of publicity** ser el foco de la atención pública; **to ~ at** mirar con odio a ❑ **glaring** *adj* (*mistake*) manifiesto
glass [glæs] *n* vidrio, cristal *m*; (*for drinking*) vaso; (*: with stem*) copa; **~es** *npl* (*spectacles*) lentes *mpl* (*LAm*), gafas *fpl* (*SP*) ❑ **glasshouse** (*BRIT*) *n* invernadero ❑ **glassware** *n* cristalería
glaze [gleɪz] *vt* (*window*) poner cristales a; (*pottery*) vidriar ♦ *n* vidriado ❑ **glazier** [ˈgleɪʒər] (*BRIT*) *n* vidriero(-a)
gleam [gliːm] *vi* brillar
glean [gliːn] *vt* (*information*) recoger
glee [gliː] *n* alegría, regocijo
glen [glɛn] *n* cañada
glib [glɪb] *adj* de mucha labia; (*promise, response*) poco sincero
glide [glaɪd] *vi* deslizarse; (*AVIAT, birds*) planear ❑ **glider** *n* (*AVIAT*) planeador *m* ❑ **gliding** *n* (*AVIAT*) vuelo sin motor
glimmer [ˈglɪmər] *n* luz *f* tenue; (*of interest*) muestra; (*of hope*) rayo
glimpse [glɪmps] *n* vislumbre *m* ♦ *vt* vislumbrar, entrever
glint [glɪnt] *vi* centellear
glisten [ˈglɪsən] *vi* relucir, brillar
glitter [ˈglɪtər] *vi* relucir, brillar
gloat [glout] *vi*: **to ~ over** recrearse en
global [ˈgloubəl] *adj* mundial; **~ warming** (re)calentamiento global
globe [gloub] *n* globo; (*model*) globo terráqueo
gloom [gluːm] *n* oscuridad *f*; (*sadness*) tristeza ❑ **gloomy** *adj* (*dark*) oscuro; (*sad*) triste; (*pessimistic*) pesimista
glorious [ˈglɔːriəs] *adj* glorioso; (*weather etc*) magnífico
glory [ˈglɔːri] *n* gloria
gloss [glɑːs] *n* (*shine*) brillo; (*paint*) pintura de aceite ▶ **gloss over** *vt fus* disimular
glossary [ˈglɑːsəri] *n* glosario
glossy [ˈglɑːsi] *adj* lustroso; (*magazine*) de lujo
glove [glʌv] *n* guante *m* ❑ **glove compartment** *n* (*AUT*) guantera
glow [glou] *vi* brillar
glower [ˈglauər] *vi*: **to ~ at** mirar con ceño
glue [gluː] *n* goma (de pegar), cemento ♦ *vt* pegar
glum [glʌm] *adj* (*person, tone*) melancólico
glut [glʌt] *n* superabundancia
glutton [ˈglʌtn] *n* glotón(-ona) *m/f*; **a ~ for work** un(a) trabajador(a) *m/f* incansable
GM *adj abbr* (= *genetically modified*) transgénico
GMO (*BRIT*) *n abbr* (= *genetically-modified organism*) organismo transgénico
gnat [næt] *n* mosquito
gnaw [nɔː] *vt* roer
gnome [noum] *n* gnomo
go [gou] (*pt* **went**, *pp* **gone**, *pl* **goes**) *vi* ir; (*travel*) viajar; (*depart*) irse, marcharse; (*work*) funcionar, marchar; (*be sold*) venderse; (*time*) pasar; (*fit, suit*): **to go with** hacer juego con; (*become*) ponerse; (*break etc*) estropearse, romperse ♦ *n*: **to have a go (at)** probar suerte (con); **to be on the go** no parar; **whose go is it?** ¿a quién le toca?; **he's going to do it** va a hacerlo; **to go for a walk** ir de paseo; **to go dancing** ir a bailar; **how did it go?** ¿qué tal salió *or* resultó?, ¿cómo ha ido?; **to go around the back** pasar por detrás ▶ **go about** *vi* (*rumor*) propagarse ♦ *vt fus*: **how do I go about this?** ¿cómo me las arreglo para hacer esto? ▶ **go ahead** *vi* seguir adelante ▶ **go along** *vi* ir ♦ *vt fus* bordear; **to go along with** (*agree*) estar de acuerdo con ▶ **go away** *vi* irse, marcharse ▶ **go back** *vi* volver ▶ **go back on** *vt fus* (*promise*) faltar a ▶ **go by** *vi* (*time*) pasar ♦ *vt fus* guiarse por ▶ **go down** *vi* bajar; (*ship*) hundirse; (*sun*) ponerse ♦ *vt fus* bajar ▶ **go for** *vt fus* (*fetch*) ir por; (*like*) gustar; (*attack*) atacar ▶ **go in** *vi* entrar ▶ **go in for** *vt fus* (*competition*) presentarse a ▶ **go into** *vt fus* entrar en; (*investigate*) investigar; (*embark on*) dedicarse a ▶ **go off** *vi* irse, marcharse; (*explode*) estallar; (*event*) realizarse; (*BRIT: food*) pasarse ♦ *vt fus* dejar de gustar; **I'm going off him/the idea** ya no me gusta tanto él/la idea ▶ **go on** *vi* (*continue*) seguir, continuar; (*happen*) pasar, ocurrir; **to go on doing sth** seguir haciendo algo ▶ **go out** *vi* salir; (*fire, light*) apagarse ▶ **go over** *vi* (*ship*) zozobrar ♦ *vt fus* (*check*) revisar ▶ **go through** *vt fus* (*town etc*) atravesar ❑ **go up** *vi, vt fus* subir ▶ **go without** *vt fus* pasarse sin
goad [goud] *vt* aguijonear
go-ahead *adj* (*person*) dinámico; (*firm*) innovador(a) ♦ *n* luz *f* verde
goal [goul] *n* meta; (*score*) gol *m* ❑ **goalkeeper** *n* portero ❑ **goal line** *n* línea (de la portería) ❑ **goalpost** *n* poste *m* (de la portería)
goat [gout] *n* cabra
gobble [ˈgɑːbəl] *vt* (*also:* **~ down, ~ up**) tragarse, engullir
go-between *n* intermediario(-a)
god [gɑːd] *n* dios *m* ❑ **God** *n* Dios *m* ❑ **godchild** *n* ahijado(-a) ❑ **goddaughter** *n* ahijada ❑ **goddess** *n* diosa ❑ **godfather** *n* padrino ❑ **god-forsaken** *adj* dejado de la mano de Dios ❑ **godmother** *n* madrina ❑ **godsend** *n* don *m* del cielo ❑ **godson** *n* ahijado
goggles [ˈgɑːgəlz] *npl* anteojos *mpl* protectores (*LAm*), gafas *fpl* protectoras (*SP*)
going [ˈgouɪŋ] *n* (*conditions*) estado del terreno ♦ *adj*: **the ~ rate** la tarifa corriente *or* en vigor
gold [gould] *n* oro ♦ *adj* de oro ❑ **golden** *adj* (*made of gold*) de oro; (*gold in color*) dorado ❑ **goldfish** *n* pez *m* de colores, pez dorado (*MEX*) ❑ **gold mine** *n* (*also fig*) mina de oro ❑ **gold-plated** *adj* chapado en oro ❑ **goldsmith** *n* orfebre *mf*
golf [gɑːlf] *n* golf *m* ❑ **golf ball** *n* (*for game*) pelota de golf ❑ **golf club** *n* club *m* de golf; (*stick*) palo (de golf) ❑ **golf course** *n* campo de golf ❑ **golfer** *n* golfista *mf*
gone [gɑːn] *pp of* **go**
good [gud] *adj* bueno; (*pleasant*) agradable; (*kind*) bueno, amable; (*well-behaved*) educado ♦ *n* bien *m*, provecho; **~s** *npl* (*COMM*) mercancías *fpl*; **~!** ¡qué bien!; **to be ~ at** tener aptitud para; **to be ~ for** servir para; **it's ~ for you** te hace bien; **would you be ~ enough to ...?** ¿podría hacerme el favor de ...?, ¿sería tan amable de ...?; **a ~ deal (of)** mucho; **a ~ many** muchos; **to make ~** reparar; **it's no ~ complaining** no vale la pena (de) quejarse; **for ~** para siempre, definitivamente; **~ morning/afternoon!** ¡buenos días/buenas tardes!; **~ evening!** ¡buenas noches!; **~ night!** ¡buenas noches!; **~bye!** ¡adiós!; **to say ~bye** despedirse ❑ **Good Friday** *n* Viernes *m* Santo ❑ **good-looking** *adj* guapo ❑ **good-natured** *adj* amable, simpático

❑ **goodness** *n* (*of person*) bondad *f*; **for goodness sake!** ¡por Dios!; **goodness gracious!** ¡Dios mío! ❑ **goods train** (*BRIT*) *n* tren *m* de mercancías ❑ **goodwill** *n* buena voluntad *f*

goose [gu:s] (*pl* **geese**) *n* ganso, oca

gooseberry ['gu:s,beri] *n* grosella espinosa; **to play ~** hacer de chaperón (*MEX*) *or* chaperona (*LAm*) *or* carabina (*SP*)

gooseflesh ['gu:s,fleʃ] *n* = **goose pimples**

goose pimples *npl* carne *f* de gallina

gore [gɔ:r] *vt* cornear ♦ *n* sangre *f*

gorge [gɔ:rdʒ] *n* barranco ♦ *vr*: **to ~ o.s. (on)** atracarse (de)

gorgeous ['gɔ:rdʒəs] *adj* (*thing*) precioso; (*weather*) espléndido; (*person*) guapísimo

gorilla [gə'rɪlə] *n* gorila *m*

gorse [gɔ:rs] *n* tojo

gory ['gɔ:ri] *adj* sangriento

go-slow (*BRIT*) *n* huelga de brazos caídos

gospel ['gɑ:spəl] *n* evangelio

gossip ['gɑ:sɪp] *n* (*scandal*) chismorreo; (*chat*) charla; (*scandalmonger*) chismoso(-a) ♦ *vi* chismorrear

got [gɑ:t] *pt, pp of* **get** ❑ **gotten** (*US*) *pp of* **get**

gout [gaut] *n* gota

govern ['gʌvərn] *vt* gobernar; (*influence*) dominar ❑ **governess** *n* institutriz *f* ❑ **government** *n* gobierno ❑ **governor** *n* (*of colony, state*) gobernador(a) *m/f*; (*BRIT*: *of school etc*) miembro del consejo; (*BRIT*: *of jail*) director(a) *m/f*

gown [gaun] *n* (*dress*) vestido largo; (*JUR, UNIV*) toga

G.P. *n abbr* = **general practitioner**

grab [græb] *vt* agarrar (*LAm*), coger (*SP*) ♦ *vi*: **to ~ at** intentar agarrar (*LAm*) *or* coger (*SP*)

grace [greɪs] *n* gracia ♦ *vt* honrar; (*adorn*) adornar; **5 days' ~** un plazo de 5 días ❑ **graceful** *adj* grácil, sutil; (*style, shape*) elegante, gracioso ❑ **gracious** ['greɪʃəs] *adj* amable

grade [greɪd] *n* (*quality*) clase *f*, calidad *f*; (*in hierarchy*) grado; (*SCOL*: *mark*) nota; (*US*: *school class*) curso; (*US*: *slope*) pendiente *f* ♦ *vt* clasificar ❑ **grade crossing** (*US*) *n* paso a nivel ❑ **grade school** (*US*) *n* escuela primaria

gradient ['greɪdiənt] (*BRIT*) *n* pendiente *f*

gradual ['grædʒuəl] *adj* paulatino ❑ **gradually** *adv* paulatinamente

graduate [*n* 'grædʒuɪt, *vb* 'grædʒueɪt] *n* (*US*: *of high school*) bachiller *mf*; (*of university*) licenciado(-a), egresado(-a) (*LAm*) ♦ *vi* (*from high school*) terminar el bachillerato, recibirse de bachiller (*LAm*); (*from university*) licenciarse, recibirse (*LAm*) ❑ **graduate school** (*US*) *n* curso de posgrado ❑ **graduation** [,grædʒu'eɪʃən] *n* graduación *f*; (*ceremony*) entrega del título; (*US*) entrega del título de bachillerato

graffiti [grə'fi:ti] *n* graffiti *mpl*, pintadas *fpl*

graft [græft] *n* (*AGR, MED*) injerto; (*bribery*) corrupción *f*; (*BRIT*: *inf*) trabajo duro ♦ *vt* injertar

grain [greɪn] *n* (*single particle*) grano; (*corn*) granos *mpl*, cereales *mpl*; (*of wood*) fibra

gram [græm] *n* gramo

grammar ['græmər] *n* gramática ❑ **grammar school** *n* (*US*) centro de (enseñanza) primaria; (*BRIT*) centro de (enseñanza) secundaria (*al que se accede a través de un examen de ingreso*)

grammatical [grə'mætɪkəl] *adj* gramatical

gramme [græm] (*BRIT*) *n* = **gram**

grand [grænd] *adj* magnífico, imponente; (*wonderful*) estupendo; (*gesture etc*) grandioso ❑ **grandchildren** *npl* nietos *mpl* ❑ **granddad** (*inf*) *n* abuelito, yayo ❑ **granddaughter** *n* nieta ❑ **grandeur** ['grændʒər] *n* magnificencia, lo grandioso ❑ **grandfather** *n* abuelo ❑ **grandma** (*inf*) *n* abuelita, yaya ❑ **grandmother** *n* abuela ❑ **grandpa** (*inf*) *n* = **granddad** ❑ **grandparents** *npl* abuelos *mpl* ❑ **grand piano** *n* piano de cola ❑ **grandson** *n* nieto ❑ **grandstand** *n* (*SPORT*) tribuna

granite ['grænɪt] *n* granito

granny ['græni] (*inf*) *n* abuelita, yaya

grant [grænt] *vt* (*concede*) conceder; (*admit*) reconocer ♦ *n* (*SCOL*) beca; (*ADMIN*) subvención *f*; **to take sth/sb for ~ed** dar algo por sentado/no hacer ningún caso a algn

granulated sugar ['grænju:leɪtɪd'ʃugər] (*BRIT*) *n* azúcar *m* blanquilla

grape [greɪp] *n* uva

grapefruit ['greɪpfru:t] *n* toronja (*LAm*), pomelo (*SC, SP*)

graph [græf] *n* gráfica ❑ **graphic** *adj* gráfico ❑ **graphics** *n* artes *fpl* gráficas ♦ *npl* (*drawings*) dibujos *mpl*

grapple ['græpəl] *vi*: **to ~ with sth/sb** agarrar a algo/algn

grasp [græsp] *vt* agarrar, asir; (*understand*) comprender ♦ *n* (*grip*) asimiento; (*understanding*) comprensión *f* ❑ **grasping** *adj* (*mean*) avaro

grass [græs] *n* hierba; (*lawn*) césped *m* ❑ **grasshopper** *n* saltamontes *m inv*, chapulín *m* (*MEX, CAm*) ❑ **grass-roots** *adj* (*fig*) popular

grate [greɪt] *n* parrilla de chimenea ♦ *vi*: **to ~ (on)** chirriar (sobre) ♦ *vt* (*CULIN*) rallar

grateful ['greɪtfəl] *adj* agradecido

grater ['greɪtər] *n* rallador *m*

gratifying ['grætɪfaɪɪŋ] *adj* grato

grating ['greɪtɪŋ] *n* (*iron bars*) reja ♦ *adj* (*noise*) áspero

gratitude ['grætɪtu:d] *n* agradecimiento

gratuity [grə'tu:ɪti] *n* (*tip*) propina

grave [greɪv] *n* tumba ♦ *adj* serio, grave

gravel ['grævəl] *n* grava

gravestone ['greɪv,stoun] *n* lápida

graveyard ['greɪv,jɑ:rd] *n* cementerio

gravity ['grævɪti] *n* gravedad *f*

gravy ['greɪvi] *n* salsa de carne

gray (*US*) [greɪ] (*BRIT* **grey**) *adj* gris; (*weather*) sombrío ❑ **gray-haired** (*US*) (*BRIT* **grey-haired**) *adj* canoso

graze [greɪz] *vi* pacer ♦ *vt* (*touch lightly*) rozar; (*scrape*) raspar ♦ *n* (*MED*) abrasión *f*

grease [gri:s] *n* (*fat*) grasa; (*lubricant*) lubricante *m* ♦ *vt* engrasar; lubrificar ❑ **greaseproof paper** (*BRIT*) *n* papel *m* encerado ❑ **greasy** *adj* grasiento

great [greɪt] *adj* grande; (*inf*) estupendo, chévere (*CAm*) ❑ **Great Britain** *n* Gran Bretaña ❑ **great-grandfather** *n* bisabuelo ❑ **great-grandmother** *n* bisabuela ❑ **greatly** *adv* muy; (*with verb*) mucho ❑ **greatness** *n* grandeza

Greece [gri:s] *n* Grecia

greed [gri:d] *n* (*also*: **~iness**) codicia, avaricia; (*for food*) gula; (*for power etc*) avidez *f* ❑ **greedy** *adj* avaro; (*for food*) glotón(-ona)

Greek [gri:k] *adj* griego ♦ *n* griego(-a); (*LING*) griego

green [gri:n] *adj* (*also POL*) verde; (*inexperienced*) novato ♦ *n* verde *m*; (*stretch of grass*) césped *m*; (*GOLF*) green *m*; **~s** *npl* (*vegetables*) verduras *fpl* ❑ **greenbelt** *n* zona verde ❑ **green card** *n* (*AUT*) carta verde; (*US*: *work permit*) *permiso de residencia y trabajo en EE.UU.* ❑ **greenery** *n* verdura ❑ **greengrocer** (*BRIT*) *n* verdulero(-a) ❑ **greenhouse** *n* invernadero ❑ **greenhouse effect** *n* efecto invernadero ❑ **greenhouse gas** *n* gases *mpl* de invernadero ❑ **greenish** *adj* verdoso

Greenland ['gri:nlənd] *n* Groenlandia

greet [gri:t] *vt* (*welcome*) dar la bienvenida a; (*receive*: *news*) recibir ❑ **greeting** *n* (*welcome*) bienvenida ❑ **greeting(s) card** *n* tarjeta de felicitación

grenade [grə'neɪd] *n* granada

grew [gru:] *pt of* **grow**

grey [greɪ] (*BRIT*) *adj* = **gray** ❑ **greyhound** *n* galgo

grid [grɪd] *n* reja; (*ELEC*) red *f* ❑ **gridlock** *n* (*traffic jam*) embotellamiento, retención *f*

grief [gri:f] *n* dolor *m*, pena

grievance ['gri:vəns] *n* motivo de queja, agravio

grieve [gri:v] *vi* afligirse, acongojarse ♦ *vt* dar pena a; **to ~ for** llorar por

grievous ['gri:vəs] *adj*: **~ bodily harm** (*LAW*) daños *mpl* corporales graves

grill [grɪl] *n* (*on stove*) parrilla; (*also*: **mixed ~**) parrillada ♦ *vt* (*inf*: *question*) interrogar; (*BRIT*) asar a la parrilla

grille [grɪl] *n* reja; (*AUT*) rejilla

grim [grɪm] *adj* (*place*) sombrío; (*situation*) triste; (*person*) ceñudo

grimace ['grɪmɪs] *n* mueca ♦ *vi* hacer muecas

grime [graɪm] *n* mugre *f*, suciedad *f* ❑ **grimy** *adj* mugriento, sucio

grin [grɪn] *n* sonrisa abierta *or* amplia ♦ *vi* sonreír abiertamente *or* ampliamente

grind [graɪnd] (*pt, pp* **ground**) *vt* (*US*: *meat*) picar; (*coffee, pepper etc*) moler; (*make sharp*) afilar ♦ *n* (*work*) rutina ▶ **grind away** (*US*) *vt, vi* matarse (estudiando), machetear (*MEX*), tragar (*RPl*), empollar (*SP*)

grip [grɪp] *n* (*hold*) asimiento; (*control*) control *m*, dominio; (*of tire etc*): **to have a good/bad ~** agarrarse bien/mal; (*handle*) asidero; (*BRIT*: *holdall*) maletín *m* ♦ *vt* agarrar; (*viewer, reader*) fascinar; **to get to ~s with** enfrentarse con ❑ **gripping** *adj* absorbente

grisly ['grɪzli] *adj* horripilante, horrible

gristle ['grɪsəl] *n* cartílago

grit [grɪt] *n* gravilla; (*courage*) valor *m* ♦ *vt* (*road*) poner gravilla en; **~s** *npl* (*US CULIN*) sémola; **to ~ one's teeth** apretar los dientes

groan [groun] *n* gemido; quejido ♦ *vi* gemir; quejarse

grocer ['grousər] *n* tendero(-a), abarrotero(-a) (*MEX*), almacenero(-a) (*SC*) ❑ **groceries** *npl* comestibles *mpl*, abarrotes *mpl* (*MEX*) ❑ **grocer's (shop)** (*BRIT*) *n* = **grocery** ❑ **grocery** *n* (*US*: *also*: **grocery store**) tienda de comestibles *or* (*MEX, CAm*) abarrotes, almacén (*SC*)

groin [grɔɪn] *n* ingle *f*

groom [gru:m] *n* mozo de cuadra; (*also*: **bride~**) novio ♦ *vt* (*horse*) almohazar; (*fig*): **to ~ sb for** preparar a algn para; **well-~ed** de buena presencia

groove [gru:v] *n* ranura, surco

grope [group]: **to ~ for** *vt fus* buscar a tientas

gross [grous] *adj* (*neglect, injustice*) grave; (*vulgar*: *behavior*) grosero; (: *appearance*) de mal gusto; (*COMM*) bruto ❑ **grossly** *adv* (*greatly*) enormemente

grotto ['grɑ:tou] *n* gruta

grotty ['grɑ:ti] (*BRIT*: *inf*) *adj* horrible

ground [graund] *pt, pp of* **grind** ♦ *n* suelo, tierra; (*SPORT*) campo, terreno; (*reason*: *gen pl*) causa, razón *f*; (*US*: *also*: **~ wire**) tierra ♦ *vt* (*US ELEC*) conectar con tierra; (*plane*) mantener en tierra; **~s** *npl* (*of coffee etc*) poso; (*gardens etc*) jardines *mpl*, parque *m*; **on the ~** en el suelo; **to the ~** al suelo; **to gain/lose ~** ganar/perder terreno ❑ **ground cloth** (*US*) *n* tela impermeable; suelo ❑ **grounding** *n* (*in education*) conocimientos *mpl* básicos ❑ **groundless** *adj* infundado ❑ **groundsheet** (*BRIT*) *n* = **ground cloth** ❑ **ground staff** *n* personal *m* de tierra ❑ **groundwork** *n* preparación *f* ❑ **Ground Zero** *n* zona cero

group [gru:p] *n* grupo; (*musical*) conjunto ♦ *vt* (*also*: **~ together**) agrupar ♦ *vi* (*also*: **~ together**) agruparse

grouse [graus] *n inv* (*bird*) pavo, urogallo ♦ *vi* (*complain*) quejarse

grove [grouv] *n* arboleda

grovel ['grɑ:vəl] *vi* (*fig*): **to ~ before** humillarse ante

grow [grou] (*pt* **grew**, *pp* **~n**) *vi* crecer; (*increase*) aumentar; (*expand*) desarrollarse; (*become*) volverse ♦ *vt* cultivar; (*hair, beard*) dejar crecer; **to ~ rich/weak** enriquecerse/ debilitarse ▶ **grow up** *vi* crecer, hacerse hombre/mujer ❑ **grower** *n* cultivador(a) *m/f*, productor(a) *m/f* ❑ **growing** *adj* creciente

growl [graul] *vi* gruñir

grown [groun] *pp of* **grow** ❑ **grown-up** *n* adulto(-a), (persona) mayor *mf*

growth [grouθ] *n* crecimiento, desarrollo; (*what has grown*) brote *m*; (*MED*) tumor *m*

grub [grʌb] *n* larva, gusano; (*inf*: *food*) comida

grubby ['grʌbi] *adj* sucio, mugriento

grudge [grʌdʒ] *n* (motivo de) rencor *m* ♦ *vt*: **to ~ sb sth** dar algo a algn de mala gana; **to bear sb a ~** guardar rencor a algn

grueling (*US*) ['gruəlɪŋ] (*BRIT* **gruelling**) *adj* penoso, duro

gruesome ['gru:səm] *adj* horrible

gruff [grʌf] *adj* (*voice*) ronco; (*manner*) brusco

grumble ['grʌmbəl] *vi* refunfuñar, quejarse

grumpy ['grʌmpi] *adj* gruñón(-ona)

grunt [grʌnt] *vi* gruñir

G-string ['dʒi:,strɪŋ] *n* tanga

guarantee [gærən'ti:] *n* garantía ♦ *vt* garantizar

guarantor [gærən'tɔ:r] *n* garante *mf*, fiador(a) *m/f*

guard [gɑ:rd] *n* (*squad*) guardia; (*soldier*) guardia *mf*; (*US*: *prison guard*) carcelero(-a); (*BRIT RAIL*) jefe *m* de tren; (*on machine*) dispositivo de seguridad; (*also*: **fire~**) rejilla de protección ♦ *vt* guardar; (*prisoner*) vigilar; **to be on one's ~** estar alerta ▶ **guard against** *vt fus* (*prevent*) protegerse de ❑ **guarded** *adj* (*fig*) cauteloso ❑ **guardian** *n* guardián(-ana) *m/f*; (*of minor*) tutor(a) *m/f* ❑ **guard's van** *n* (*BRIT RAIL*) furgón *m*

Guatemala [gwɑ:tɪ'mɑ:lə] *n* Guatemala ❑ **Guatemalan** *adj, n* guatemalteco(-a)

guerrilla [gə'rɪlə] *n* guerrillero(-a)

guess [gɛs] *vi* (*US*: *think*) suponer; (*estimate*) adivinar ♦ *vt* adivinar; suponer ♦ *n* suposición *f*, conjetura; **to take** *or* **have a ~** tratar de adivinar ❑ **guesswork** *n* conjeturas *fpl*

guest [gɛst] *n* invitado(-a); (*in hotel*) huésped *mf* ❑ **guest house** *n* (*US*) casa de invitados; (*BRIT*) pensión *f* ❑ **guest room** *n* cuarto de huéspedes

guffaw [gə'fɔ:] *vi* reírse a carcajadas

guidance ['gaɪdns] *n* (*counseling*) consejo; (*leadership*) dirección *f*; **under the ~ of** bajo la dirección de

guide [gaɪd] *n* (*person*) guía *mf*; (*book, fig*) guía ♦ *vt* (*around museum etc*) guiar; (*lead*) conducir; (*direct*) orientar ❑ **(girl) guide** (*BRIT*) *n* exploradora ❑ **guidebook** *n* guía ❑ **guide dog** *n* perro *m* lazarillo *or* guía ❑ **guidelines** *npl* (*advice*) directrices *fpl*

guild [gɪld] *n* gremio

guilt [gɪlt] *n* culpabilidad *f* ❑ **guilty** *adj* culpable

guinea pig ['gɪni,pɪg] *n* conejillo de Indias, cobaya; (*fig*) conejillo de Indias

guise [gaɪz] *n*: **in** *or* **under the ~ of** bajo apariencia de

guitar [gɪ'tɑ:r] *n* guitarra

gulf [gʌlf] *n* golfo; (*abyss*) abismo

gull [gʌl] *n* gaviota

gullible ['gʌlɪbəl] *adj* crédulo

gully ['gʌli] *n* barranco

gulp [gʌlp] *vi* tragar saliva ♦ *vt* (*also*: **~ down**) tragarse

gum [gʌm] *n* (*ANAT*) encía; (*candy*) caramelo de goma; (*BRIT*: *glue*) goma, cemento; (*also*: **chewing-~**) chicle *m* ♦ *vt* pegar con goma ❑ **gumboots** (*BRIT*) *npl* botas *fpl* de goma

gun [gʌn] *n* (*small*) pistola, revólver *m*; (*shotgun*) escopeta; (*rifle*) fusil *m*; (*cannon*) cañón *m* ❑ **gunboat** *n* cañonero ❑ **gunfire** *n* disparos *mpl* ❑ **gunman** *n* pistolero ❑ **gunpoint** *n*: **at gunpoint** a mano armada ❑ **gunpowder** *n* pólvora ❑ **gunshot** *n* escopetazo

gurgle ['gɜ:rgəl] *vi* (*baby*) gorgotear; (*water*) borbotear

gurney ['gɜ:rni] (*US*) *n* camilla *f*

gush [gʌʃ] *vi* salir a raudales; (*person*) deshacerse en efusiones

gust [gʌst] *n* (*of wind*) ráfaga

gusto ['gʌstou] *n* entusiasmo

gut [gʌt] *n* intestino; **~s** *npl* (*ANAT*) tripas *fpl*; (*courage*) valor *m*

gutter ['gʌtər] *n* (*of roof*) cloaca (*MEX*), canaleta (*LAm exc MEX*), canalón *m* (*SP*); (*in street*) alcantarilla

guy [gaɪ] *n* (*man*) tipo, chavo (*MEX*); (*figure*) monigote *m*; (*BRIT*: *also*: **~rope**) cuerda, viento

guzzle ['gʌzəl] *vi* tragar ♦ *vt* engullir

gym [dʒɪm] *n* (*also*: **~nasium**) gimnasio; (*also*: **~nastics**) gimnasia ❑ **gymnast** *n* gimnasta *mf* ❑ **gym shoes** *npl* zapatillas *fpl* (de deporte) ❑ **gym slip** (*BRIT*) *n* túnica de colegiala

gynecologist (*US*) [gaɪnɪ'kɑ:lədʒɪst] (*BRIT* **gynaecologist**) *n* ginecólogo(-a)

gypsy ['dʒɪpsi] *n* gitano(-a)

Hh

haberdasher ['hæbər,dæʃər] *n* (*US*) camisero(-a); (*BRIT*) mercero(-a)

haberdashery ['hæbər,dæʃəri] *n* (*US*) tienda de ropa (de caballero); (*BRIT*) mercería

habit ['hæbɪt] *n* hábito, costumbre *f*; (*drug habit*) adicción *f*; (*costume*) hábito

habitual [hə'bɪtʃuəl] *adj* acostumbrado, habitual; (*drinker, liar*) empedernido

hack [hæk] *vt* (*cut*) cortar; (*slice*) tajar ♦ *n* (*pej*: *writer*) escritor(a) *m/f* a sueldo ❑ **hacker** *n* (*COMPUT*) pirata *mf* informático(-a)

hackneyed ['hæknid] *adj* trillado

had [hæd] *pt, pp of* **have**

haddock ['hædək] (*pl* **~** *or* **~s**) *n* abadejo, *especie de bacalao*

hadn't ['hædnt] *cont* = **had not**

haemorrhage ['hɛmərɪdʒ] (*BRIT*) *n* = **hemorrhage**

haemorrhoids ['hɛmərɔɪdz] (*BRIT*) *npl* = **hemorrhoids**

haggle ['hægəl] *vi* regatear

Hague [heɪg] *n*: **The ~** La Haya

hail [heɪl] *n* granizo; (*fig*) lluvia ♦ *vt* saludar; (*taxi*) llamar a; (*acclaim*) aclamar ♦ *vi* granizar ❑ **hailstone** *n* (piedra de) granizo

hair [hɛər] *n* pelo, cabellos *mpl*; (*one hair*) pelo, cabello; (*on legs etc*) vello; **to do one's ~** arreglarse el pelo; **to have gray ~** tener canas *fpl* ❑ **hairbrush** *n* cepillo (para el pelo) ❑ **haircut** *n* corte *m* (de pelo) ❑ **hairdo** *n* peinado ❑ **hairdresser** *n* peluquero(-a) ❑ **hairdresser's** *n* peluquería ❑ **hair dryer** *n* secador *m* *or* (*MEX*) secadora de pelo ❑ **hairgrip** (*BRIT*) *n* horquilla ❑ **hairnet** *n* redecilla ❑ **hairpiece** *n* postizo ❑ **hairpin** *n* horquilla ❑ **hairpin curve** (*US*) (*BRIT* **hairpin bend**) *n* curva de horquilla ❑ **hair-raising** *adj* espeluznante ❑ **hair removing cream** *n* crema depilatoria ❑ **hair spray** *n* laca ❑ **hairstyle** *n* peinado ❑ **hairy** *adj* peludo; velludo; (*BRIT*: *inf*: *frightening*) espeluznante

hake [heɪk] (*pl* **hake** *or* **~s**) *n* merluza

half [hæf] (*pl* **halves**) *n* mitad *f*; (*BRIT RAIL, BUS*) boleto (*LAm*) *or* billete *m* (*SP*) de niño; (*BRIT*: *of beer*) *media pinta*, tarro (*MEX*) ♦ *adj* medio ♦ *adv* medio, a medias; **two and a ~** dos y media; **~ a dozen** media docena; **~ a pound** media libra; **to cut sth in ~** cortar algo por la mitad ❑ **half-caste** ['hæf,kæst] (*BRIT*) *n* mestizo(-a) ❑ **half-hearted** *adj* indiferente, poco entusiasta ❑ **half-hour** *n* media hora ❑ **half-mast** *n*: **at half-mast** (*flag*) a media asta ❑ **half-price** *adj, adv* a mitad de precio ❑ **half term** (*BRIT*) *n* (*SCOL*) *vacaciones de mediados del trimestre* ❑ **half-time** *n* descanso ❑ **halfway** *adv* a medio camino; (*halfway through*) a mitad de

hall [hɔːl] *n* (*US: passage*) pasillo; (*for concerts*) sala; (*entrance way*) hall *m*; vestíbulo ❑ **hall of residence** (*BRIT*) *n* residencia
hallmark ['hɔːl,maːrk] *n* sello
hallo [hə'lou] (*BRIT*) *excl* = **hello**
Hallowe'en [hælə'wiːn], **Halloween** *n* víspera de Todos los Santos

HALLOWE'EN

La tradición anglosajona dice que en la noche del 31 de octubre, **Hallowe'en**, víspera de Todos los Santos, es posible ver a brujas y fantasmas. En este día los niños se disfrazan y van de puerta en puerta llevando un farol hecho con una calabaza en forma de cabeza humana. Cuando se les abre la puerta gritan **"trick or treat"**, amenazando con gastar una broma a quien no les dé golosinas o dinero.

hallucination [həluːsɪ'neɪʃən] *n* alucinación *f*
hallway ['hɔːlweɪ] *n* vestíbulo
halo ['heɪlou] *n* (*of saint*) halo, aureola
halt [hɔːlt] *n* (*stop*) alto, parada ♦ *vt* parar; interrumpir ♦ *vi* pararse
halve [hæv] *vt* partir por la mitad
halves [hævz] *npl of* **half**
ham [hæm] *n* jamón *m* (cocido)
hamburger ['hæm,bɜːrgər] *n* hamburguesa
hamlet ['hæmlɪt] *n* aldea
hammer ['hæmər] *n* martillo ♦ *vt* (*nail*) clavar; (*force*): **to ~ an idea into sb/a message home** meter una idea en la cabeza a algn/machacar una idea ♦ *vi* dar golpes
hammock ['hæmək] *n* hamaca
hamper ['hæmpər] *vt* estorbar ♦ *n* cesto
hand [hænd] *n* mano *f*; (*of clock*) aguja; (*writing*) letra; (*worker*) obrero ♦ *vt* dar, pasar; **to give** *or* **lend sb a ~** echar una mano a algn, ayudar a algn; **at ~** a mano; **in ~** (*time*) libre; (*job etc*) entre manos; **on ~** (*person, services*) a mano, al alcance; **to ~** (*information etc*) a mano; **on the one ~ ..., on the other ~ ...** por una parte ... por otra (parte) ... ▶ **hand in** *vt* entregar ▶ **hand out** *vt* distribuir ▶ **hand over** *vt* (*deliver*) entregar ❑ **handbag** *n* bolsa (*MEX*), cartera (*LAm exc MEX*), bolso (*SP*) ❑ **handbook** *n* manual *m* ❑ **handbrake** (*BRIT*) *n* freno de mano ❑ **handcuffs** *npl* esposas *fpl* ❑ **handful** *n* puñado
handicap ['hændi,kæp] *n* minusvalía; (*disadvantage*) desventaja; (*SPORT*) handicap *m* ♦ *vt* estorbar; **mentally/physically ~ped person** deficiente *mf* (mental)/minusválido(-a) (físico(-a))
handicraft ['hændi,kræft] *n* artesanía; (*object*) objeto de artesanía
handiwork ['hændi,wɜːrk] *n* obra
handkerchief ['hæŋkərtʃɪf] *n* pañuelo
handle ['hændl] *n* (*of door*) manija, manilla; (*of drawer*) tirador *m*, agarradera (*MEX*); (*of cup etc*) asa; (*of knife etc*) mango; (*for winding*) manivela ♦ *vt* (*touch*) tocar; (*deal with*) encargarse de; (*treat: people*) manejar; **"handle with care"** "(manéjese) con cuidado", "frágil"; **to fly off the ~** perder los estribos ❑ **handlebar(s)** *n(pl)* manillar *m*
hand: ❑ **hand luggage** *n* equipaje *m* de mano ❑ **handmade** *adj* hecho a mano ❑ **handout** *n* (*money etc*) limosna; (*leaflet*) folleto ❑ **handrail** *n* pasamanos *m inv* ❑ **hands-free** *adj* (*telephone etc*) manos libres ❑ **handshake** *n* apretón *m* de manos
handsome ['hænsəm] *adj* guapo, buenmozo (*MEX*); (*building*) bello; (*fig: profit*) considerable
handwriting ['hænd,raɪtɪŋ] *n* letra
handy ['hændi] *adj* (*close at hand*) a la mano; (*tool etc*) práctico; (*skillful*) hábil, diestro
hang [hæŋ] (*pt, pp* **hung**) *vt* colgar; (*criminal: pt, pp hanged*) ahorcar ♦ *vi* (*painting, coat etc*) colgar; (*hair, drapery*) caer; **to get the ~ of sth** (*inf*) lograr dominar algo ▶ **hang around** *or* (*BRIT*) **about** *vi* haraganear ▶ **hang on** *vi* (*wait*) esperar ▶ **hang up** *vi* (*TEL*) colgar ♦ *vt* colgar
hanger ['hæŋər] *n* gancho (*LAm*), percha (*SP*) ❑ **hanger-on** *n* parásito
hang: ❑ **hang-gliding** *n* vuelo libre ❑ **hangover** *n* (*after drinking*) cruda (*MEX, CAm*), resaca (*LAm exc MEX, SP*) ❑ **hang-up** *n* complejo
hanker ['hæŋkər] *vi*: **to ~ after** añorar
hankie ['hæŋki], **hanky** *n abbr* = **handkerchief**
haphazard [hæp'hæzərd] *adj* fortuito
happen ['hæpən] *vi* suceder, ocurrir; (*chance*): **he ~ed to hear/see** dió la casualidad de que oyó/vió; **as it ~s** da la casualidad de que ❑ **happening** *n* suceso, acontecimiento
happily ['hæpəli] *adv* (*luckily*) afortunadamente; (*cheerfully*) alegremente
happiness ['hæpinɪs] *n* felicidad *f*; (*cheerfulness*) alegría
happy ['hæpi] *adj* feliz; (*cheerful*) alegre; **to be ~ (with)** estar contento (con); **to be ~ to do** estar encantado de hacer; **~ birthday!** ¡feliz cumpleaños! ❑ **happy-go-lucky** *adj* despreocupado ❑ **happy hour** *n horas en las que la bebida es más barata*, happy hour *f*
harass ['hærəs] *vt* acosar, hostigar ❑ **harassment** *n* acoso
harbor (*US*) ['haːrbər] (*BRIT* **harbour**) *n* puerto ♦ *vt* (*fugitive*) dar abrigo a; (*hope etc*) abrigar
hard [haːrd] *adj* duro; (*difficult*) difícil; (*work*) arduo; (*person*) severo; (*fact*) innegable ♦ *adv* (*work*) mucho, duro; (*think*) profundamente; **to look ~ at** clavar los ojos en; **to try ~** esforzarse; **no ~ feelings!** ¡sin rencor(es)!; **to be ~ of hearing** ser duro de oído; **to be ~ done by** ser tratado injustamente ❑ **hardback** (*also:* **hardcover**) *n* libro de tapa dura *or* en cartoné, libro en edición de lujo (*MEX*) ❑ **hardball** (*US*) *n* (*baseball*) beisbol *m* (*MEX*), béisbol *m* (*LAm exc MEX, SP*) ❑ **hard cash** *n* dinero contante ❑ **hard disk** *n* (*COMPUT*) disco duro ❑ **harden** *vt* endurecer; (*fig*) curtir ♦ *vi* endurecerse; curtirse ❑ **hard-headed** *adj* realista ❑ **hard labor** *n* trabajos *mpl* forzados
hardly ['haːrdli] *adv* apenas; **~ ever** casi nunca
hard: ❑ **hardship** *n* privación *f* ❑ **hard shoulder** (*BRIT*) *n* (*AUT*) arcén *m*, acotamiento (*MEX*), banquina (*RPl*) ❑ **hard-up** (*inf*) *adj* pelado, sin un centavo (*MEX*), pato (*SC*) ❑ **hardware** *n* ferretería; (*COMPUT*) hardware *m*; (*MIL*) armamento ❑ **hardware store** (*US*) (*BRIT* **hardware shop**) *n* ferretería ❑ **hard-wearing** (*BRIT*) *adj* resistente, duradero ❑ **hard-working** *adj* trabajador(a)
hardy ['haːrdi] *adj* fuerte; (*plant*) resistente
hare [heər] *n* liebre *f* ❑ **hare-brained** *adj* descabellado
harm [haːrm] *n* daño, mal *m* ♦ *vt* (*person*) hacer daño a; (*health, interests*) perjudicar; (*thing*) dañar; **out of ~'s way** a salvo ❑ **harmful** *adj* dañino ❑ **harmless** *adj* (*person*) inofensivo; (*joke etc*) inocente
harmonica [haːr'maːnɪkə] *n* armónica
harmony ['haːrməni] *n* armonía
harness ['haːrnɪs] *n* arreos *mpl*; (*for child*) arnés *m*; (*safety harness*) arneses *mpl* ♦ *vt* (*horse*) enjaezar, poner los arreos a; (*resources*) aprovechar
harp [haːrp] *n* arpa ♦ *vi*: **to ~ on (about)** machacar (con)
harrowing ['hærouɪŋ] *adj* angustioso
harsh [haːrʃ] *adj* (*cruel*) duro, cruel; (*severe*) severo; (*sound*) áspero; (*light*) deslumbrador(a)
harvest ['haːrvɪst] *n* (*harvest time*) siega; (*of cereals etc*) cosecha; (*of grapes*) vendimia ♦ *vt* cosechar
has [hæz] *vb see* **have**
hash [hæʃ] *n* (*CULIN*) picadillo; (*fig: mess*) lío; (*hashish*) hachís *m*
hashish ['hæʃɪʃ] *n* hachís *m*
hasn't ['hæzənt] *cont* = **has not**
hassle ['hæsəl] (*inf*) *n* lata
haste [heɪst] *n* prisa ❑ **hasten** ['heɪsən] *vt* acelerar ♦ *vi* darse prisa ❑ **hastily** *adv* de prisa; precipitadamente ❑ **hasty** *adj* apresurado; (*rash*) precipitado
hat [hæt] *n* sombrero
hatch [hætʃ] *n* (*NAUT: also:* **~way**) escotilla; (*BRIT: also:* **service ~**) ventanilla ♦ *vi* (*bird*) salir del cascarón ♦ *vt* incubar; (*plot*) tramar; **5 eggs have ~ed** han salido 5 pollos
hatchback ['hætʃ,bæk] *n* (*AUT*) tres *or* cinco puertas *m*
hatchet ['hætʃɪt] *n* hacha; **to bury the ~** (*fig*) enterrar el hacha de guerra
hate [heɪt] *vt* odiar, aborrecer ♦ *n* odio ❑ **hateful** *adj* odioso ❑ **hatred** ['heɪtrɪd] *n* odio
haughty ['hɔːti] *adj* altanero
haul [hɔːl] *vt* tirar ♦ *n* (*of fish*) redada; (*of stolen goods etc*) botín *m* ❑ **haulage** (*BRIT*) *n* transporte *m*; (*costs*) gastos *mpl* de transporte ❑ **hauler** (*US*) (*BRIT* **haulier**) *n* transportista *mf*
haunch [hɔːntʃ] *n* anca; (*of meat*) pierna
haunt [hɔːnt] *vt* (*ghost*) aparecerse en; (*obsess*) obsesionar ♦ *n* guarida

have

KEYWORD

[hæv] (*pt, pp* **had**) *aux vb*

1 (*gen*) haber; **to have arrived/eaten** haber llegado/comido; **having finished** *or* **when he had finished, he left** cuando hubo acabado, se fue

2 (*in tag questions*): **you've done it, haven't you?** lo has hecho, ¿verdad? *or* ¿no?

3 (*in short answers and questions*): **I haven't** no; **so I have** pues, es verdad; **we haven't paid -- yes we have!** no hemos pagado -- ¡sí que hemos pagado!; **I've been there before, have you?** he estado allí antes, ¿y tú?

♦ *modal aux vb* (*be obliged*): **to have (got) to do sth** tener que hacer algo; **you don't have to tell her** no hay que *or* no debes decírselo

♦ *vt*

1 (*possess*): **he has (got) blue eyes/dark hair** tiene los ojos azules/el pelo negro

2 (*referring to meals etc*): **to have breakfast/lunch/dinner** desayunar/comer/cenar; **to have a drink/a cigarette** tomar algo/fumar un cigarrillo

3 (*receive*) recibir; (*obtain*) obtener; **may I have your address?** ¿puedes darme tu dirección?; **you can have it for $10** te lo puedes quedar por $10; **I must have it by tomorrow** lo necesito para mañana; **to have a baby** tener un niño *or* bebé

4 (*maintain, allow*): **I won't have it/this nonsense!** ¡no lo permitiré!/¡no permitiré estas tonterías!; **we can't have that** no podemos permitir eso

5: **to have sth done** hacer *or* mandar hacer algo; **to have one's hair cut** cortarse el pelo; **to have sb do sth** hacer que algn haga algo

6 (*experience, suffer*): **to have a cold/flu** tener un resfriado/la gripe *or* (*MEX*) gripa; **she had her bag stolen/her arm broken** le robaron la bolsa (*MEX*) *or* el bolso (*LAm exc MEX, SP*)/se rompió un brazo; **to have an operation** operarse

7 (+ *noun*): **to have a swim/walk/rest** nadar/dar un paseo/descansar; **let's have a look** vamos a ver; **to have a meeting/party** celebrar una reunión/una fiesta; **let me have a try** déjame intentarlo

▶ **have on** *vt* (*wear dress, hat etc*) llevar

▶ **have out** *vt*: **to have it out with sb** (*settle a problem etc*) dejar las cosas en claro con algn

haven ['heɪvən] *n* puerto; (*fig*) refugio
haven't ['hævənt] *cont* = **have not**
havoc ['hævək] *n* estragos *mpl*
hawk [hɔːk] *n* halcón *m*
hay [heɪ] *n* heno ❑ **hay fever** *n* fiebre *f* del heno ❑ **haystack** *n* almiar *m*
haywire ['heɪwaɪər] (*inf*) *adj*: **to go ~** (*plan*) embrollarse
hazard ['hæzərd] *n* peligro ♦ *vt* aventurar ❑ **hazardous** *adj* peligroso ❑ **hazard (warning) lights** *npl* (*AUT*) señales *fpl* de emergencia
haze [heɪz] *n* neblina
hazelnut ['heɪzəl,nʌt] *n* avellana
hazy ['heɪzi] *adj* brumoso; (*idea*) vago
he [hiː] *pron* él; **he who ...** él que ..., quien ...
head [hɛd] *n* cabeza; (*leader*) jefe(-a) *m/f*; (*of school, institution*) director(a) *m/f* ♦ *vt* (*list*) encabezar; (*group*) capitanear; (*company*) dirigir; **~s or tails?** ¿pico o mona? (*MEX*), ¿cara o cruz? (*LAm exc MEX, SP*); **~ first** de cabeza; **~ over heels** (*in love*) perdidamente; **to ~ the ball** cabecear (la pelota) ▶ **head for** *vt fus* dirigirse a; (*disaster*) ir camino de ❑ **headache** *n* dolor *m* de cabeza ❑ **headdress** *n* tocado ❑ **heading** *n* título ❑ **headlamp** (*BRIT*) *n* = **headlight** ❑ **headland** *n* promontorio ❑ **headlight** *n* faro ❑ **headline** *n* titular *m* ❑ **headlong** *adv* (*fall*) de cabeza; (*rush*) precipitadamente ❑ **headmaster/mistress** (*BRIT*) *n* director(a) *m/f* (de escuela) ❑ **head office** *n* oficina central, central *f* ❑ **head-on** *adj* (*collision*) de frente ❑ **headphones** *npl* auriculares *mpl* ❑ **headquarters** *npl* sede *f* central; (*MIL*) cuartel *m* general ❑ **headrest** *n* reposacabezas *m inv* ❑ **headroom** *n* (*in car*) altura interior; (*under bridge*) (límite *m* de) altura ❑ **headscarf** (*BRIT*) *n* pañuelo ❑ **headstrong** *adj* testarudo ❑ **head waiter** *n* capitán *m* de meseros (*MEX*), maître *m* (*LAm exc MEX, SP*) ❑ **headway** *n*: **to make headway** (*fig*) hacer progresos ❑ **headwind** *n* viento contrario ❑ **heady** *adj* (*experience, period*) apasionante; (*wine*) cabezón; (*atmosphere*) embriagador(a)
heal [hiːl] *vt* curar ♦ *vi* cicatrizarse
health [hɛlθ] *n* salud *f* ❑ **health care** *n* asistencia sanitaria ❑ **health food** *n* alimentos *mpl* orgánicos ❑ **the Health Service** (*BRIT*) *n* el servicio de sanidad *or* salud pública ❑ **healthy** *adj* sano, saludable
heap [hiːp] *n* montón *m* ♦ *vt*: **to ~ (up)** amontonar; **to ~ sth with** llenar algo hasta arriba de; **~s of** un montón de
hear [hɪər] (*pt, pp* **heard** [hɜːrd]) *vt* (*also LAW*) oír; (*news*) saber ♦ *vi* oír; **to ~ about** oír hablar de; **to ~ from sb** tener noticias de algn ❑ **hearing** *n* (*sense*) oído; (*LAW*) vista ❑ **hearing aid** *n* audífono ❑ **hearsay** *n* rumores *mpl*, hablillas *fpl*
hearse [hɜːrs] *n* coche *m* fúnebre
heart [haːrt] *n* corazón *m*; (*fig*) valor *m*; (*of lettuce*) cogollo; **~s** *npl* (*CARDS*) corazones *mpl*; **to lose/take ~** descorazonarse/cobrar ánimo; **at ~** en el fondo; **by ~** (*learn, know*) de memoria ❑ **heart attack** *n* infarto (de miocardio) ❑ **heartbeat** *n* latido (del corazón) ❑ **heartbreaking** *adj* desgarrador(a) ❑ **heartbroken** *adj*: **she was heartbroken about it** esto le partió el corazón ❑ **heartburn** *n* acedía ❑ **heart failure** *n* fallo cardíaco ❑ **heartfelt** *adj* (*deeply felt*) más sentido
hearth [haːrθ] *n* (*fireplace*) chimenea
hearty ['haːrti] *adj* (*person*) campechano; (*laugh*) sano; (*dislike, support*) absoluto
heat [hiːt] *n* calor *m*; (*SPORT: also:* **qualifying ~**) prueba eliminatoria ♦ *vt* calentar ▶ **heat up** *vi* calentarse ♦ *vt* calentar ❑ **heated** *adj* caliente; (*fig*) acalorado ❑ **heater** *n* estufa; (*in car*) calentador *m* (*MEX*), calefacción *f* (*LAm exc MEX, SP*)
heath [hiːθ] (*BRIT*) *n* brezal *m*
heather ['hɛðər] *n* brezo
heating ['hiːtɪŋ] *n* calefacción *f*
heatstroke ['hiːt,strouk] *n* insolación *f*
heat wave *n* ola de calor
heave [hiːv] *vt* (*pull*) jalar (*LAm*) *or* tirar (*SC, SP*) (fuerte); (*push*) empujar con esfuerzo; (*lift*) levantar (con esfuerzo) ♦ *vi* (*chest*) palpitar; (*retch*) tener náuseas ♦ *n* jalón *m* (*LAm*), tirón *m* (*SC, SP*); empujón *m*; **to ~ a sigh** suspirar
heaven ['hɛvən] *n* cielo; (*fig*) una maravilla ❑ **heavenly** *adj* celestial; (*fig*) maravilloso
heavily ['hɛvəli] *adv* pesadamente; (*drink, smoke*) con exceso; (*sleep, sigh*) profundamente; (*depend*) mucho
heavy ['hɛvi] *adj* pesado; (*work, blow*) duro; (*sea, rain, meal*) fuerte; (*drinker, smoker*) grande; (*responsibility*) grave; (*schedule*) ocupado; (*weather*) bochornoso ❑ **heavy goods vehicle** *n* vehículo pesado ❑ **heavy-set** *adj* fornido ❑ **heavyweight** *n* (*SPORT, fig*) peso pesado
Hebrew ['hiːbruː] *adj, n* (*LING*) hebreo
heckle ['hɛkəl] *vt* interrumpir
hectic ['hɛktɪk] *adj* agitado
he'd [hiːd] *cont* = **he would; he had**
hedge [hɛdʒ] *n* seto ♦ *vi* contestar con evasivas; **to ~ one's bets** (*fig*) cubrirse
hedgehog ['hɛdʒ,haːg] *n* erizo
heed [hiːd] *vt* (*also:* **take ~:** *pay attention to*) hacer caso de ❑ **heedless** *adj*: **to be heedless (of)** no hacer caso (de)
heel [hiːl] *n* talón *m*; (*of shoe*) tacón *m* ♦ *vt* (*shoe*) poner tacón a
hefty ['hɛfti] *adj* (*person*) fornido; (*package, profit*) gordo
heifer ['hɛfər] *n* novilla, ternera
height [haɪt] *n* (*of person*) estatura; (*of building*) altura; (*high ground*) cerro; (*altitude*) altitud *f*; (*fig: of season*): **at the ~ of summer** en los días más calurosos del verano; (: *of power etc*) cúspide *f*; (: *of stupidity etc*) colmo ❑ **heighten** *vt* elevar; (*fig*) aumentar
heir [ɛər] *n* heredero ❑ **heiress** *n* heredera ❑ **heirloom** *n* reliquia de familia
held [hɛld] *pt, pp of* **hold**
helicopter ['hɛlɪkaːptər] *n* helicóptero
hell [hɛl] *n* infierno; **~!** (*inf*) ¡demonios!
he'll [hiːl] *cont* = **he will; he shall**
hello [hə'lou] *excl* ¡hola!; (*to attract attention*) ¡oiga!; (*surprise*) ¡caramba!
helm [hɛlm] *n* (*NAUT*) timón *m*
helmet ['hɛlmɪt] *n* casco
help [hɛlp] *n* ayuda; (*cleaner etc*) criada, asistenta ♦ *vt* ayudar; **~!** ¡socorro!; **~ yourself** sírvete; **he can't ~ it** no es culpa suya ❑ **helper** *n* ayudante *mf* ❑ **helpful** *adj* útil; (*person*) servicial; (*advice*) útil ❑ **helping** *n* ración *f* ❑ **helpless** *adj* (*incapable*) incapaz; (*defenseless*) indefenso
hem [hɛm] *n* dobladillo ♦ *vt* poner *or* coser el dobladillo de ▶ **hem in** *vt* cercar
hemorrhage (*US*) ['hɛmərɪdʒ] (*BRIT* **haemorrhage**) *n* hemorragia
hemorrhoids (*US*) ['hɛmərɔɪdz] (*BRIT* **haemorrhoids**) *npl* hemorroides *fpl*
hen [hɛn] *n* gallina; (*female bird*) hembra
hence [hɛns] *adv* (*therefore*) por lo tanto; **2 years ~** de aquí a 2 años ❑ **henceforth** *adv* de hoy en adelante
hepatitis [hɛpə'taɪtɪs] *n* hepatitis *f*
her [hɜːr] *pron* (*direct*) la; (*indirect*) le; (*stressed, after prep*) ella ♦ *adj* su; *see also* **me; my**
herald ['hɛrəld] *n* heraldo ♦ *vt* anunciar ❑ **heraldry** *n* heráldica
herb [ɜːrb] *n* hierba
herd [hɜːrd] *n* rebaño
here [hɪər] *adv* aquí; (*at this point*) en este punto; **~!** (*present*) ¡presente!; **~ is/are** aquí está/están; **~ she is** aquí está ❑ **hereabouts** *adv* por aquí ❑ **hereafter** *adv* en el futuro ❑ **hereby** *adv* (*in letter*) por la presente
heritage ['hɛrɪtɪdʒ] *n* patrimonio
hermit ['hɜːrmɪt] *n* ermitaño(-a)
hernia ['hɜːrniə] *n* hernia
hero ['hɪrou] (*pl* **~es**) *n* héroe *m*; (*in book, movie*) protagonista *m*
heroin ['hɛrouɪn] *n* heroína

heroine ['hɛrouɪn] *n* heroína; (*in book, movie*) protagonista

heron ['hɛrən] *n* garza

herring ['hɛrɪŋ] *n* arenque *m*

hers [hɜːrz] *pron* (el) suyo ((la) suya) *etc; see also* **mine[1]**

herself [hɜːr'sɛlf] *pron* (*reflexive*) se; (*emphatic*) ella misma; (*after prep*) sí (misma); *see also* **oneself**

he's [hiːz] *cont* = **he is; he has**

hesitant ['hɛzɪtənt] *adj* vacilante

hesitate ['hɛzɪteɪt] *vi* vacilar; (*in speech*) titubear; (*be unwilling*) resistirse a ❑ **hesitation** [hɛzɪ'teɪʃən] *n* indecisión *f*; titubeo; dudas *fpl*

heterosexual [ˌhɛtərou'sɛkʃuəl] *adj* heterosexual

heyday ['heɪˌdeɪ] *n*: **the ~ of** el apogeo de

HGV *n abbr* = **heavy goods vehicle**

hi [haɪ] *excl* ¡hola!; (*to attract attention*) ¡oiga!

hiatus [haɪ'eɪtəs] *n* vacío

hibernate ['haɪbərneɪt] *vi* invernar

hiccough ['hɪkʌp] *vi* = **hiccup**

hiccup ['hɪkʌp] *vi* hipar; **~s** *npl* hipo

hick [hɪk] (*US*) *n* (*pej*) pueblerino(-a)

hickory ['hɪkəri] (*US*) *n* nogal *m* americano, nuez *f* dura

hide [haɪd] (*pt* **hid**, *pp* **hidden**) *n* (*skin*) piel *f* ♦ *vt* esconder, ocultar ♦ *vi*: **to ~ (from sb)** esconderse *or* ocultarse (de algn) ❑ **hide-and-seek** *n* escondidas *fpl* (*LAm*), escondite *m* (*SP*)

hideous ['hɪdiəs] *adj* horrible

hiding ['haɪdɪŋ] *n* (*beating*) paliza; **to be in ~** (*concealed*) estar escondido

hierarchy ['haɪərɑːrki] *n* jerarquía

hi-fi ['haɪ'faɪ] *n* estéreo, hifi *m* ♦ *adj* de alta fidelidad

high [haɪ] *adj* alto; (*speed, number*) grande; (*price*) elevado; (*wind*) fuerte; (*voice*) agudo ♦ *adv* alto, a gran altura; **it is 20 m ~** tiene 20 m de altura; **~ in the air** en las alturas ❑ **highbrow** *adj* intelectual ❑ **highchair** *n* silla alta ❑ **higher education** *n* educación *f* or enseñanza superior ❑ **high-handed** *adj* despótico ❑ **high-heeled** *adj* de tacón alto ❑ **high jump** *n* (*SPORT*) salto de altura ❑ **the Highlands** *npl las tierras altas de Escocia* ❑ **highlight** *n* (*fig: of event*) punto culminante; (*in hair*) reflejo ♦ *vt* subrayar ❑ **highly** *adv* (*paid*) muy bien; (*critical, confidential*) sumamente; (*a lot*): **to speak/think highly of** hablar muy bien de/tener en mucho a ❑ **highly strung** *adj* muy nervioso ❑ **highness** *n* altura; **Her/His Highness** Su Alteza ❑ **high-pitched** *adj* agudo ❑ **high-rise** *n* torre *f* de pisos ♦ *adj*: **high-rise block** torre *f* de pisos; **high-rise office block** edificio de oficinas (de muchas plantas) ❑ **high school** *n* escuela de secundaria, ≈ (escuela) preparatoria (*MEX*) ❑ **high season** (*BRIT*) *n* temporada alta ❑ **high street** (*BRIT*) *n* calle *f* principal (*LAm*) *or* mayor (*SP*) ❑ **highway** *n* (*US: main road*) carretera; autopista ❑ **Highway Code** (*BRIT*) *n* Código de la Circulación

hijack ['haɪdʒæk] *vt* secuestrar ❑ **hijacker** *n* secuestrador(a) *m/f*

hike [haɪk] *vi* (*go walking*) ir de excursión (a pie) ♦ *n* caminata ❑ **hiker** *n* excursionista *mf* ❑ **hiking** *n* senderismo

hilarious [hɪ'lɛriəs] *adj* divertidísimo

hill [hɪl] *n* colina; (*high*) montaña; (*slope*) cuesta ❑ **hillbilly** ['hɪl'bɪli] (*US: inf, pej*) *n* rústico(-a) montañés(-esa) ❑ **hillside** *n* ladera ❑ **hill walking** (*BRIT*) *n* senderismo (de montaña) ❑ **hilly** *adj* montañoso

hilt [hɪlt] *n* (*of sword*) empuñadura; **to the ~** (*fig: support*) incondicionalmente

him [hɪm] *pron* (*direct*) le, lo; (*indirect*) le; (*stressed, after prep*) él; *see also* **me** ❑ **himself** *pron* (*reflexive*) se; (*emphatic*) él mismo; (*after prep*) sí (mismo); *see also* **oneself**

hinder ['hɪndər] *vt* estorbar, impedir ❑ **hindrance** ['hɪndrəns] *n* estorbo

hindsight ['haɪndˌsaɪt] *n*: **with ~** en retrospectiva

Hindu ['hɪnduː] *n* hindú *mf*

hinge [hɪndʒ] *n* bisagra, gozne *m* ♦ *vi* (*fig*): **to ~ on** depender de

hint [hɪnt] *n* indirecta; (*advice*) consejo; (*sign*) dejo ♦ *vt*: **to ~ that** insinuar que ♦ *vi*: **to ~ at** hacer alusión a

hinterland ['hɪntərlænd] *n* interior *m*, hinterland *m*

hip [hɪp] *n* cadera

hippie ['hɪpi] (*inf*) *n* = **hippy**

hippopotamus [hɪpə'pɑːtəməs] (*pl* **~es** *or* **hippopotami**) *n* hipopótamo

hippy ['hɪpi] (*inf*) *n* hippy *mf*, hippie *mf*

hire ['haɪər] *vt* (*worker*) contratar; (*BRIT: car, equipment*) alquilar ♦ *n* (*BRIT*) alquiler *m*; **for ~** (*BRIT*) se alquila; (*taxi*) libre ❑ **hire(d) car** (*BRIT*) *n* carro (*LAm*) *or* coche *m* (*SP*) de alquiler ❑ **hire purchase** (*BRIT*) *n* compra a plazos

his [hɪz] *pron* (el) suyo ((la) suya) *etc* ♦ *adj* su; *see also* **mine[1]**; **my**

Hispanic [hɪ'spænɪk] *adj* hispánico

hiss [hɪs] *vi* silbar

historian [hɪ'stɔːriən] *n* historiador(a) *m/f*

historic(al) [hɪ'stɑːrɪk(əl)] *adj* histórico

history ['hɪstəri] *n* historia

hit [hɪt] (*pt, pp* **~**) *vt* (*strike*) golpear, pegar; (*reach: target*) alcanzar; (*collide with: car*) chocar contra; (*fig: affect*) afectar ♦ *n* golpe *m*; (*success*) éxito; **to ~ it off with sb** llevarse bien con algn ❑ **hit-and-run driver** *n conductor(a) que atropella y huye*

hitch [hɪtʃ] *vt* (*fasten*) atar, amarrar; (*also:* **~ up**) remangar ♦ *n* (*difficulty*) dificultad *f*; **to ~ a lift** pedir aventón (*MEX*), hacer autostop (*LAm exc MEX, SP*) *or* dedo (*SC*)

hitch-hike *vi* pedir aventón (*MEX*), hacer autostop (*LAm exc MEX, SP*) *or* dedo (*SC*) ❑ **hitch-hiking** *n* aventón *m* (*MEX*), autostop *m* (*LAm exc MEX, SP*)

hi-tech ['haɪ'tɛk] *adj* de alta tecnología

hitherto ['hɪðər'tuː] *adv* hasta ahora

HIV *n abbr* (= *human immunodeficiency virus*) VIH *m*

hive [haɪv] *n* colmena

HIV: ❑ **HIV-negative** *adj* VIH negativo ❑ **HIV-positive** *adj* VIH positivo

HMS (*BRIT*) *abbr* = **Her/His Majesty's Ship**

hoard [hɔːrd] *n* (*treasure*) tesoro; (*stockpile*) provisión *f* ♦ *vt* acumular; (*goods in short supply*) acaparar ❑ **hoarding** (*BRIT*) *n* (*for posters*) cartelera

hoarse [hɔːrs] *adj* ronco

hoax [houks] *n* trampa

hob [hɑːb] (*BRIT*) *n* quemador *m*

hobble ['hɑːbəl] *vi* cojear

hobby ['hɑːbi] *n* pasatiempo, afición *f*

hobo ['houbou] (*US*) *n* vagabundo

hockey ['hɑːki] *n* hockey *m*; (*US: ice hockey*) hockey *m* sobre hielo; (*BRIT: on grass*) hockey *m* (sobre hierba)

hodgepodge ['hɑːdʒˌpɑːdʒ] (*US*) *n* mezcolanza

hog [hɑːg] *n* (*US*) cerdo, puerco ♦ *vt* (*fig*) acaparar; **to go the whole ~** poner toda la carne en el asador

hoist [hɔɪst] *n* (*crane*) grúa ♦ *vt* levantar, alzar; (*flag, sail*) izar

hold [hould] (*pt, pp* **held**) *vt* sostener; (*contain*) contener; (*have: power, qualification*) tener; (*keep back*) retener; (*believe*) sostener; (*consider*) considerar; (*keep in position*): **to ~ one's head up** mantener la cabeza alta; (*meeting*) celebrar ♦ *vi* (*withstand pressure*) resistir; (*be valid*) valer ♦ *n* (*grasp*) asimiento; (*fig*) dominio; **~ the line!** (*TEL*) ¡no cuelgue!; **to ~ one's own** (*fig*) defenderse; **to catch** *or* **get (a) ~ of** agarrarse *or* asirse de ▶ **hold back** *vt* retener; (*secret*) ocultar ▶ **hold down** *vt* (*person*) sujetar; (*job*) mantener ▶ **hold off** *vt* (*enemy*) rechazar ▶ **hold on** *vi* agarrarse bien; (*wait*) esperar; **hold on!** (*TEL*) ¡(espere) un momento! ▶ **hold on to** *vt fus* agarrarse a; (*keep*) guardar ▶ **hold out** *vt* ofrecer ♦ *vi* (*resist*) resistir ▶ **hold up** *vt* (*raise*) levantar; (*support*) apoyar; (*delay*) retrasar; (*rob*) asaltar ❑ **holdall** (*BRIT*) *n* bolsa ❑ **holder** *n* (*container*) receptáculo; (*of ticket, record*) poseedor(a) *m/f*; (*of office, title etc*) titular *mf* ❑ **holding** *n* (*share*) interés *m*; (*farmland*) parcela ❑ **holdup** *n* (*robbery*) atraco; (*delay*) retraso; (*BRIT: in traffic*) embotellamiento

hole [houl] *n* agujero

holiday ['hɑːlɪdeɪ] *n* (*public holiday*) (día *m*) feriado (*LAm*), (día *m* de) fiesta (*SP*); (*BRIT*) vacaciones *fpl*; **on ~** de vacaciones ❑ **holiday camp** (*BRIT*) *n* (*also:* **holiday centre**) colonia *or* centro de vacaciones ❑ **holiday-maker** (*BRIT*) *n* turista *mf* ❑ **holiday resort** *n* centro turístico

holiness ['houlɪnɪs] *n* santidad *f*

Holland ['hɑːlənd] *n* Holanda

holler ['hɑːlər] (*US*) *vi, vt* gritar

hollow ['hɑːlou] *adj* hueco; (*claim*) vacío; (*eyes*) hundido; (*sound*) sordo ♦ *n* hueco; (*in ground*) hoyo ♦ *vt*: **to ~ out** excavar

holly ['hɑːli] *n* acebo

Hollywood ['hɑːliwud] *n* Hollywood *m*

> **HOLLYWOOD**
>
> **Hollywood** es una barriada de Los Ángeles, en California, muy cercana a las sedes de los más importantes estudios cinematográficos norteamericanos, y donde viven muchas de las estrellas del cine norteamericano. El término **Hollywood** se puede referir tanto a la barriada, como a la industria cinematográfica, o a las películas producidas en **Hollywood**.

holocaust ['hɑːləkɔːst] *n* holocausto

holy ['houli] *adj* santo, sagrado; (*water*) bendito

homage ['hɑːmɪdʒ] *n* homenaje *m*

home [houm] *n* casa; (*country*) patria; (*institution*) asilo ♦ *cpd* (*domestic*) casero, de casa; (*BRIT: ECON, POL*) nacional ♦ *adv* (*direction*) a casa; (*right in: nail etc*) a fondo; **at ~** en casa; (*in country*) en el país; (*fig*) como pez en el agua; **to go/come ~** ir/volver a casa; **make yourself at ~** ¡estás en tu casa! ❑ **home address** *n* domicilio ❑ **homecoming** *n* regreso al hogar ❑ **homecoming queen** (*US*) *n reina de la fiesta de antiguos alumnos* ❑ **homeland** *n* tierra natal ❑ **homeless** *adj* sin hogar *or* casa ❑ **homely** *adj* (*simple*) sencillo ❑ **homemade** *adj* casero ❑ **Home Office** (*BRIT*) *n* Secretaría de Gobernación (*MEX*), Ministerio del Interior (*LAm exc MEX, SP*)

homeopathic (*US*) [ˌhoumiə'pæθɪk] (*BRIT* **homoeopathic**) *adj* homeopático

home: ❑ **home page** *n* página de inicio ❑ **home rule** *n* autonomía ❑ **Home Secretary** (*BRIT*) *n* Secretario de Gobernación (*MEX*), Ministro del Interior (*LAm exc MEX, SP*) ❑ **homesick** *adj*: **I'm homesick** extraño mi casa (*LAm*), tengo morriña (*SP*) ❑ **home town** *n* ciudad *f* natal ❑ **homeward** ['houmwərd] *adj* (*journey*) hacia casa ❑ **homework** *n* tarea, deberes *mpl*

homicide ['hɑːmɪsaɪd] (*US*) *n* (*act*) homicidio

homoeopathic [ˌhoumiə'pæθɪk] (*BRIT*) *adj* = **homeopathic**

homosexual [houmə'sɛkʃuəl] *adj, n* homosexual *mf*

Honduran [hɑːn'durən] *adj, n* hondureño(-a)

Honduras [hɑːn'durəs] *n* Honduras *f*

honest ['ɑːnɪst] *adj* honrado; (*sincere*) franco, sincero ❑ **honestly** *adv* honradamente; francamente ❑ **honesty** *n* honradez *f*

honey ['hʌni] *n* miel *f*; (*inf: form of address*) cariño ❑ **honeycomb** *n* panal *m* ❑ **honeymoon** *n* luna de miel ❑ **honeysuckle** *n* madreselva

honk [hɑːŋk] *vi* (*AUT*) tocar el claxon *or* la bocina, pitar

honor (*US*) ['ɑːnər] (*BRIT* **honour**) *vt* honrar; (*commitment, promise*) cumplir con ♦ *n* honor *m*, honra; **to graduate with ~s** ≈ licenciarse con matrícula (de honor) ❑ **honorable** (*US*) (*BRIT* **honourable**) *adj* honorable

honorary ['ɑːnərɛri] *adj* (*member, president*) de honor; (*title*) honorífico; **~ degree** doctorado honoris causa

honour ['ɑːnər] (*BRIT*) *vt, n* = **honor**

honours degree (*BRIT*) *n* (*SCOL*) ≈ licenciatura (con calificación alta)

hood [hud] *n* capucha; (*US AUT*) cofre *m* (*MEX*), capó *m* (*LAm exc MEX, SP*); (*BRIT AUT*) capota; (*of stove*) campana

hoof [huf] (*pl* **hooves**) *n* pezuña

hook [huk] *n* gancho; (*on dress*) corchete *m*, broche *m*; (*for fishing*) anzuelo ♦ *vt* enganchar; (*fish*) pescar

hooligan ['huːlɪgən] *n* vándalo, patotero (*SC*)

hoop [huːp] *n* aro

hooray [hu'reɪ] *excl* = **hurray**

hoot [huːt] *vi* (*owl*) ulular; (*BRIT AUT*) tocar el claxon *or* la bocina, pitar; (*siren*) (hacer) sonar ❑ **hooter** (*BRIT*) *n* (*AUT*) claxon *m*, bocina; (*NAUT*) sirena

Hoover® ['huːvər] (*BRIT*) *n* aspiradora ♦ *vt*: **hoover** pasar la aspiradora por

hooves [huvz] *npl of* **hoof**

hop [hɑːp] *vi* saltar, brincar; (*on one foot*) brincar (*MEX*) *or* saltar (*LAm exc MEX*) en un pie

hope [houp] *vt, vi* esperar ♦ *n* esperanza; **I ~ so/not** espero que sí/no ❑ **hopeful** *adj* (*person*) optimista; (*situation*) prometedor(a) ❑ **hopefully** *adv* con esperanza; (*one hopes*): **hopefully he will recover** esperamos que se recupere ❑ **hopeless** *adj* desesperado; (*person*): **to be hopeless** ser un desastre

hops [hɑːps] *npl* lúpulo

horizon [hə'raɪzən] *n* horizonte *m* ❑ **horizontal** [hɔːrɪ'zɑːntl] *adj* horizontal

hormone ['hɔːrmoun] *n* hormona

horn [hɔːrn] *n* cuerno; (*MUS: also:* **French ~**) trompa; (*AUT*) claxon *m*, bocina

hornet ['hɔːrnɪt] *n* avispón *m*

horoscope ['hɔːrəskoup] *n* horóscopo

horrible ['hɔːrɪbəl] *adj* horrible

horrid ['hɔːrɪd] *adj* horrible, horroroso

horrify ['hɔːrɪfaɪ] *vt* horrorizar

horror ['hɔːrər] *n* horror *m* ❑ **horror movie** *n* película de horror

hors d'oeuvre [ɔːr'dɜːrv] *n* entremeses *mpl*

horse [hɔːrs] *n* caballo ❑ **horseback** *n*: **on horseback** a caballo ❑ **horse chestnut** *n* (*tree*) castaño de Indias; (*nut*) castaña de Indias ❑ **horseman/woman** *n* jinete *m*/amazona ❑ **horsepower** *n* caballo (de fuerza) ❑ **horse-racing** *n* carreras *fpl* de caballos ❑ **horseradish** *n* rábano picante ❑ **horseshoe** *n* herradura

hose [houz] *n* (*stockings*) medias *fpl*; (*also:* **~pipe**) manguera

hospitable [hɑː'spɪtəbəl] *adj* hospitalario

hospital ['hɑːspɪtl] *n* hospital *m*

hospitality [ˌhɑːspɪ'tælɪti] *n* hospitalidad *f*

host [houst] *n* anfitrión *m*; (*TV, RADIO*) presentador *m*; (*REL*) hostia; (*large number*): **a ~ of** multitud de

hostage ['hɑːstɪdʒ] *n* rehén *m*

hostel ['hɑːstl] *n* hostal *m*; **(youth) ~** albergue *m* juvenil

hostess ['houstɪs] *n* anfitriona; (*TV, RADIO*) presentadora; (*BRIT: air hostess*) aeromoza (*LAm*), azafata (*SP*)

hostile ['hɑːstəl] *adj* hostil

hot [hɑːt] *adj* caliente; (*weather*) caluroso, de calor; (*as opposed to warm*) muy caliente; (*spicy*) picante; **to be ~** (*person*) tener calor; (*object*) estar caliente; (*weather*) hacer calor ❑ **hotbed** *n* (*fig*) semillero

hotchpotch ['hɑːtʃpɑːtʃ] (*BRIT*) *n* mezcolanza

hot dog *n* hotdog *m* (*LAm*), perrito caliente (*LAm exc MEX, SP*), pancho (*RPl*)

hotel [hou'tɛl] *n* hotel *m*

hot: ❑ **hothouse** *n* invernadero ❑ **hot line** *n* (*POL*) teléfono rojo ❑ **hotly** *adv* con pasión, apasionadamente ❑ **hot-water bottle** *n* bolsa de agua caliente

hound [haund] *vt* acosar ♦ *n* perro (de caza)

hour ['auər] *n* hora ❑ **hourly** *adj* (de) cada hora

house [*n* haus, *pl* hauzɪz, *vb* hauz] *n* (*gen, firm*) casa; (*POL*) cámara; (*THEATER*) sala ♦ *vt* (*person*) alojar; (*collection*) albergar; **on the ~** (*fig*) la casa invita ❑ **house arrest** *n* arresto domiciliario ❑ **houseboat** *n* casa flotante ❑ **housebound** *adj* confinado en casa ❑ **housebreaking** *n* allanamiento de morada ❑ **house guest** *n* invitado(-a) ❑ **household** *n* familia; (*home*) casa ❑ **housekeeper** *n* ama de llaves ❑ **housekeeping** *n* (*work*) trabajos *mpl* domésticos ❑ **housekeeping (money)** (*BRIT*) *n* dinero para gastos domésticos ❑ **house-warming party** *n* fiesta de inauguración de una casa ❑ **housewife** *n* ama de casa ❑ **housework** *n* tareas *fpl* (domésticas)

housing ['hauzɪŋ] *n* (*act*) alojamiento; (*houses*) viviendas *fpl* ❑ **housing development** (*US*) (*BRIT* **housing estate**) *n* fraccionamiento (*MEX*), complejo residencial *or* (*LAm*) habitacional

hovel ['hʌvəl] *n* casucha

hover ['hʌvər] *vi* flotar (en el aire) ❑ **hovercraft** *n* aerodeslizador *m*

how [hau] *adv* (*in what way*) cómo; **~ are you?** ¿cómo estás?; **~ much milk/many people?** ¿cuánta leche/gente?; **~ much does it cost?** ¿cuánto cuesta?; **~ long have you been here?** ¿cuánto hace que estás aquí?; **~ old are you?** ¿cuántos años tienes?; **~ tall is he?** ¿cómo es de alto?; **~ is school?** ¿cómo (te) va (en) la escuela?; **~ was the movie?** ¿qué tal la película?; **~ lovely/awful!** ¡qué bonito/horror!

however [hau'ɛvər] *conj* sin embargo, no obstante ♦ *adv*: **~ I do it** lo haga como lo haga; **~ cold it is** por mucho frío que haga; **~ fast he runs** por muy rápido que corra; **~ did you do it?** ¿cómo lo hiciste?

howl [haul] *n* aullido ♦ *vi* aullar; (*person*) dar alaridos; (*wind*) ulular

H.P. (*BRIT*) *n abbr* = **hire purchase**

h.p. *abbr* = **horsepower**

HQ *n abbr* = **headquarters**

HTML *n abbr* HTML *m*; (= *hypertext markup language*) lenguaje *m* de hipertexto

hub [hʌb] *n* (*of wheel*) cubo; (*fig*) centro

hubcap ['hʌbˌkæp] *n* tapacubos *m inv*

huddle ['hʌdl] *vi*: **to ~ together** acurrucarse

hue [hjuː] *n* color *m*, matiz *m*

huff [hʌf] *n*: **in a ~** enojado

hug [hʌg] *vt* abrazar; (*thing*) apretar con los brazos

huge [hjuːdʒ] *adj* enorme

hull [hʌl] *n* (*of ship*) casco

hullo [hə'lou] *excl* = **hello**

hum [hʌm] *vt* tararear, canturrear ♦ *vi* tararear, canturrear; (*insect*) zumbar

human ['hjuːmən] *adj, n* humano ❑ **humane** [hjuː'meɪn] *adj* humano, humanitario ❑ **humanitarian** [hjuːˌmænɪ'tɛriən] *adj* humanitario ❑ **humanity** [hjuː'mænɪti] *n* humanidad *f*

humble ['hʌmbəl] *adj* humilde

humdrum ['hʌmdrʌm] *adj* (*boring*) monótono, aburrido

humid ['hjuːmɪd] *adj* húmedo

humiliate [hjuː'mɪlieɪt] *vt* humillar

humor (*US*) ['hjuːmər] (*BRIT* **humour**) *n* humorismo, sentido del humor; (*mood*) humor *m* ♦ *vt* (*person*) complacer

humorous ['hjuːmərəs] *adj* gracioso, divertido

hump [hʌmp] *n* (*in ground*) montículo; (*camel's*) giba

hunch [hʌntʃ] *n* (*premonition*) presentimiento ❑ **hunchback** *n* jorobado(-a) ❑ **hunched** *adj* jorobado

hundred ['hʌndrəd] *num* ciento; (*before n*) cien; **~s of** centenares de ❑ **hundredweight** *n* (*US*) = *45,3 kg, 100 libras*; (*BRIT*) = *50,8 kg, 112 libras*

hung [hʌŋ] *pt, pp of* **hang**
Hungarian [hʌŋ'gɛriən] *adj, n* húngaro(-a)
Hungary ['hʌŋgəri] *n* Hungría
hunger ['hʌŋgər] *n* hambre *f* ♦ *vi*: **to ~ for** (*fig*) tener hambre de, anhelar ❑ **hunger strike** *n* huelga de hambre
hungry ['hʌŋgri] *adj*: **~ (for)** hambriento (de); **to be ~** tener hambre
hunk [hʌŋk] *n* (*of bread etc*) trozo, pedazo; (*inf*: *man*) monumento, tío bueno
hunt [hʌnt] *vt* (*seek*) buscar; (*SPORT*) cazar ♦ *vi* (*search*): **to ~ (for)** buscar; (*SPORT*) cazar ♦ *n* búsqueda; caza, cacería ❑ **hunter** *n* cazador(a) *m/f* ❑ **hunting** *n* caza
hurdle ['hɜːrdl] *n* (*SPORT*) valla; (*fig*) obstáculo
hurl [hɜːrl] *vt* lanzar, arrojar
hurrah [huː'rɑː] *excl* = **hurray**
hurray [hu'reɪ] *excl* ¡viva!
hurricane ['hɜːrɪkeɪn] *n* huracán *m*
hurried ['hɜːrid] *adj* (*rushed*) hecho de prisa ❑ **hurriedly** *adv* con prisa, apresuradamente
hurry ['hɜːri] *n* prisa ♦ *vi* (*also*: **~ up**) apresurarse, darse prisa ♦ *vt* (*also*: **~ up**: *person*) dar prisa a; (: *work*) apresurar, hacer de prisa; **to be in a ~** tener prisa
hurt [hɜːrt] (*pt, pp* **~**) *vt* hacer daño a ♦ *vi* doler ♦ *adj* lastimado ❑ **hurtful** *adj* (*remark etc*) hiriente
hurtle ['hɜːrtl] *vi*: **to ~ past** pasar como un rayo; **to ~ down** ir a toda velocidad
husband ['hʌzbənd] *n* marido
hush [hʌʃ] *n* silencio ♦ *vt* hacer callar; **~!** ¡chitón!, ¡cállate! ▶ **hush up** *vt* encubrir
husk [hʌsk] *n* (*of wheat*) cáscara
husky ['hʌski] *adj* ronco ♦ *n* husky *mf*, perro esquimal
hustle ['hʌsəl] *vt* (*hurry*) dar prisa a ♦ *n*: **~ and bustle** ajetreo
hut [hʌt] *n* cabaña; (*shed*) cobertizo
hutch [hʌtʃ] *n* conejera
hyacinth ['haɪəsɪnθ] *n* jacinto
hydrant ['haɪdrənt] *n* (*also*: **fire ~**) boca de incendios
hydraulic [haɪ'drɔːlɪk] *adj* hidráulico
hydroelectric [haɪdrouɪ'lɛktrɪk] *adj* hidroeléctrico
hydrofoil ['haɪdrəfɔɪl] *n* hidroala *m*, hidrodeslizador *m*
hydrogen ['haɪdrədʒən] *n* hidrógeno
hygiene ['haɪdʒiːn] *n* higiene *f* ❑ **hygienic** [haɪ'dʒɛnɪk] *adj* higiénico
hymn [hɪm] *n* himno
hype [haɪp] (*inf*) *n* bombardeo publicitario
hypermarket ['haɪpər,mɑːrkɪt] (*BRIT*) *n* hipermercado
hyphen ['haɪfən] *n* guión *m*
hypnotize ['hɪpnətaɪz] *vt* hipnotizar
hypocrisy [hɪ'pɑːkrɪsi] *n* hipocresía ❑ **hypocrite** ['hɪpəkrɪt] *n* hipócrita *mf* ❑ **hypocritical** [hɪpə'krɪtɪkəl] *adj* hipócrita
hypothesis [haɪ'pɑːθɪsɪs] (*pl* **hypotheses**) *n* hipótesis *f inv*
hysteria [hɪ'stɛriə] *n* histeria ❑ **hysterical** *adj* histérico; (*funny*) para morirse de risa ❑ **hysterics** *npl* histeria; **to be in hysterics** (*fig*) morirse de risa

Ii

I [aɪ] *pron* yo
ice [aɪs] *n* hielo; (*BRIT*: *ice cream*) helado ♦ *vt* (*cake*) alcorzar ♦ *vi* (*also*: **~ over, ~ up**) helarse ❑ **iceberg** *n* iceberg *m* ❑ **icebox** *n* (*US*) refrigerador *m* (*LAm*), heladera (*RPl*), frigorífico (*SP*); (*BRIT*: *part of refrigerator*) congelador *m* ❑ **ice cream** *n* helado ❑ **ice cube** *n* cubito de hielo ❑ **iced** *adj* (*cake*) escarchado; (*drink*) helado ❑ **ice hockey** (*BRIT*) *n* hockey *m* sobre hielo
Iceland ['aɪslənd] *n* Islandia
ice: ❑ **ice lolly** (*BRIT*) *n* paleta (helada) (*MEX, CAm*), palito (helado) (*RPl*), polo (*SP*) ❑ **ice rink** *n* pista de hielo ❑ **ice skating** *n* patinaje *m* sobre hielo
icicle ['aɪsɪkəl] *n* carámbano
icing ['aɪsɪŋ] *n* (*CULIN*) glaseado ❑ **icing sugar** (*BRIT*) *n* azúcar *m* glas(eado)
icon ['aɪkɑːn] *n* icono
ICT *n abbr* (= *Information and Communications Technology*) TI *f*, tecnología de la información
icy ['aɪsi] *adj* helado
I'd [aɪd] *cont* = **I would**; **I had**
idea [aɪ'diːə] *n* idea
ideal [aɪ'diːəl] *n* ideal *m* ♦ *adj* ideal
identical [aɪ'dɛntɪkəl] *adj* idéntico
identification [aɪ,dɛntɪfɪ'keɪʃən] *n* identificación *f*; **(means of) ~** documentos *mpl* personales
identify [aɪ'dɛntɪfaɪ] *vt* identificar
Identikit® [aɪ'dɛntɪkɪt] *n*: **Identikit (picture)** retrato hablado (*LAm*)
identity [aɪ'dɛntɪti] *n* identidad *f* ❑ **identity card** *n* cédula (*LAm*) *or* carnet *m* (*SP*) (de identidad)
ideology [aɪdi'ɑːlədʒi] *n* ideología
idiom ['ɪdiəm] *n* modismo; (*style of speaking*) lenguaje *m*

> ⚠ Be careful not to translate **idiom** by the Spanish word ***idioma***.

idiosyncrasy [ɪdɪoʊ'sɪŋkrəsi] *n* idiosincrasia
idiot ['ɪdiət] *n* idiota *mf* ❑ **idiotic** [ɪdɪ'ɑːtɪk] *adj* tonto
idle ['aɪdl] *adj* (*inactive*) ocioso; (*lazy*) holgazán(-ana); (*unemployed*) parado, desocupado; (*machinery etc*) parado; (*talk etc*) frívolo ♦ *vi* (*machine*) marchar en vacío
idol ['aɪdl] *n* ídolo ❑ **idolize** *vt* idolatrar
i.e. *abbr* (= *that is*) esto es
if [ɪf] *conj* si; **if necessary** si fuera necesario, si hiciese falta; **if I were you** yo en tu lugar; **if so/not** de ser así/si no; **if only I could!** ¡ojalá pudiera!; *see also* **as**; **even**
igloo ['ɪgluː] *n* iglú *m*
ignite [ɪg'naɪt] *vt* (*set fire to*) encender ♦ *vi* encenderse
ignition [ɪg'nɪʃən] *n* (*AUT*: *process*) ignición *f*; (: *mechanism*) encendido; **to switch on/off the ~** arrancar/apagar el motor ❑ **ignition key** *n* (*AUT*) llave *f* de encendido (*LAm*) *or* contacto (*SP*)
ignorant ['ɪgnərənt] *adj* ignorante; **to be ~ of** ignorar
ignore [ɪg'nɔːr] *vt* (*person, advice*) no hacer caso de; (*fact*) pasar por alto
I'll [aɪl] *cont* = **I will**; **I shall**
ill [ɪl] *adj* enfermo, malo ♦ *n* mal *m* ♦ *adv* mal; **to be ~** ponerse enfermo ❑ **ill-advised** *adj* (*decision*) imprudente ❑ **ill-at-ease** *adj* incómodo
illegal [ɪ'liːgəl] *adj* ilegal
illegible [ɪ'lɛdʒɪbəl] *adj* ilegible
illegitimate [ɪlɪ'dʒɪtɪmət] *adj* ilegítimo
ill-fated *adj* malogrado
ill feeling *n* rencor *m*
illiterate [ɪ'lɪtərət] *adj* analfabeto
ill: ❑ **ill-mannered** *adj* mal educado ❑ **illness** *n* enfermedad *f* ❑ **ill-treat** *vt* maltratar
illuminate [ɪ'luːmɪneɪt] *vt* (*room, street*) iluminar, alumbrar ❑ **illumination** [ɪluːmɪ'neɪʃən] *n* alumbrado; **illuminations** *npl* (*BRIT*: *decorative lights*) iluminaciones *fpl*, luces *fpl*
illusion [ɪ'luːʒən] *n* ilusión *f*; (*trick*) truco
illustrate ['ɪləstreɪt] *vt* ilustrar
illustration [ɪlə'streɪʃən] *n* (*act of illustrating*) ilustración *f*; (*example*) ejemplo, ilustración *f*; (*in book*) lámina
illustrious [ɪ'lʌstriəs] *adj* ilustre
I'm [aɪm] *cont* = **I am**
image ['ɪmɪdʒ] *n* imagen *f* ❑ **imagery** *n* imágenes *fpl*
imaginary [ɪ'mædʒɪnɛri] *adj* imaginario
imagination [ɪ,mædʒɪ'neɪʃən] *n* imaginación *f*; (*inventiveness*) inventiva
imaginative [ɪ'mædʒɪnətɪv] *adj* imaginativo
imagine [ɪ'mædʒɪn] *vt* imaginarse
imbalance [ɪm'bæləns] *n* desequilibrio
imitate ['ɪmɪteɪt] *vt* imitar ❑ **imitation** [ɪmɪ'teɪʃən] *n* imitación *f*; (*copy*) copia
immaculate [ɪ'mækjulət] *adj* inmaculado
immaterial [ɪmə'tɪriəl] *adj* (*unimportant*) sin importancia
immature [ɪmə'tjuər] *adj* (*person*) inmaduro
immediate [ɪ'miːdiət] *adj* inmediato; (*pressing*) urgente, apremiante; (*nearest*: *family*) próximo; (: *neighborhood*) inmediato ❑ **immediately** *adv* (*at once*) en seguida; (*directly*) inmediatamente; **immediately next to** muy junto a
immense [ɪ'mɛns] *adj* inmenso, enorme; (*importance*) enorme
immerse [ɪ'mɜːrs] *vt* (*submerge*) sumergir; **to be ~d in** (*fig*) estar absorto en
immersion heater [ɪ'mɜːrʒən,hiːtər] (*BRIT*) *n* calentador *m* de inmersión
immigrant ['ɪmɪgrənt] *n* inmigrante *mf* ❑ **immigration** [ɪmɪ'greɪʃən] *n* inmigración *f*
imminent ['ɪmɪnənt] *adj* inminente
immobile [ɪ'moubəl] *adj* inmóvil
immoral [ɪ'mɔːrəl] *adj* inmoral
immortal [ɪ'mɔːrtl] *adj* inmortal
immune [ɪ'mjuːn] *adj*: **~ (to)** inmune (a) ❑ **immunity** *n* (*MED, of diplomat*) inmunidad *f*
immunize ['ɪmjunaɪz] *vt* inmunizar
impact ['ɪmpækt] *n* impacto
impair [ɪm'pɛər] *vt* perjudicar
impart [ɪm'pɑːrt] *vt* comunicar; (*flavor*) proporcionar
impartial [ɪm'pɑːrʃəl] *adj* imparcial
impassable [ɪm'pæsəbəl] *adj* (*barrier*) infranqueable; (*river, road*) intransitable
impasse ['ɪmpæs] *n* punto muerto
impassive [ɪm'pæsɪv] *adj* impasible
impatience [ɪm'peɪʃəns] *n* impaciencia
impatient [ɪm'peɪʃənt] *adj* impaciente; **to get** *or* **grow ~** impacientarse
impeach [ɪm'piːtʃ] (*US*) *vt* (*president*) someter a un proceso de destitución
impeccable [ɪm'pɛkəbəl] *adj* impecable
impede [ɪm'piːd] *vt* estorbar
impediment [ɪm'pɛdɪmənt] *n* obstáculo, estorbo; (*also*: **speech ~**) defecto (del habla)
impending [ɪm'pɛndɪŋ] *adj* inminente
imperative [ɪm'pɛrətɪv] *adj* (*tone*) imperioso; (*need*) imprescindible
imperfect [ɪm'pɜːrfɪkt] *adj* (*goods etc*) defectuoso ♦ *n* (*LING*: *also*: **~ tense**) imperfecto
imperial [ɪm'pɪriəl] *adj* imperial
impersonal [ɪm'pɜːrsənl] *adj* impersonal
impersonate [ɪm'pɜːrsəneɪt] *vt* hacerse pasar por; (*THEATER*) imitar
impertinent [ɪm'pɜːrtnənt] *adj* impertinente, insolente
impervious [ɪm'pɜːrviəs] *adj* impermeable; (*fig*): **~ to** insensible a
impetuous [ɪm'pɛtʃuəs] *adj* impetuoso
impetus ['ɪmpətəs] *n* ímpetu *m*; (*fig*) impulso
impinge [ɪm'pɪndʒ]: **to ~ on** *vt fus* (*affect*) afectar a
implant [*n* 'ɪmplænt, *vb* ɪm'plænt] *n* implante *m* ♦ *vt* (*organ, tissue*) injertar, implantar
implement [*n* 'ɪmplɪmənt, *vb* 'ɪmplɪmɛnt] *n* implemento (*LAm*), instrumento (*SP*); (*for cooking*) utensilio ♦ *vt* (*regulation*) hacer efectivo; (*plan*) realizar
implicit [ɪm'plɪsɪt] *adj* implícito; (*belief, trust*) absoluto
imply [ɪm'plaɪ] *vt* (*involve*) suponer; (*hint*) dar a entender que
impolite [ɪmpə'laɪt] *adj* mal educado
import [*vb* ɪm'pɔːrt, *n* 'ɪmpɔːrt] *vt* importar ♦ *n* (*COMM*) importación *f*; (: *article*) producto importado; (*meaning*) significado, sentido
importance [ɪm'pɔːrtns] *n* importancia
important [ɪm'pɔːrtnt] *adj* importante; **it's not ~** no importa, no tiene importancia
importer ['ɪmpɔːrtər] *n* importador(a) *m/f*
impose [ɪm'pouz] *vt* imponer ♦ *vi*: **to ~ on sb** abusar de algn ❑ **imposing** *adj* imponente, impresionante
imposition [ɪmpə'zɪʃn] *n* (*of tax etc*) imposición *f*; **to be an ~ on** (*person*) molestar a
impossible [ɪm'pɑːsɪbəl] *adj* imposible; (*person*) insoportable
impotent ['ɪmpətənt] *adj* impotente
impound [ɪm'paund] *vt* embargar
impoverished [ɪm'pɑːvərɪʃt] *adj* necesitado
impractical [ɪm'præktɪkəl] *adj* (*person, plan*) poco práctico
imprecise [ɪmprɪ'saɪs] *adj* impreciso
impregnable [ɪm'prɛgnəbəl] *adj* (*castle*) inexpugnable
impress [ɪm'prɛs] *vt* impresionar; (*mark*) estampar; **to ~ sth on sb** hacer entender algo a algn
impression [ɪm'prɛʃən] *n* impresión *f*; (*imitation*) imitación *f*; **to be under the ~ that** tener la impresión de que ❑ **impressionist** *n* impresionista *mf*
impressive [ɪm'prɛsɪv] *adj* impresionante
imprint ['ɪmprɪnt] *n* (*outline*) huella; (*PUBLISHING*) pie *m* de imprenta
imprison [ɪm'prɪzən] *vt* encarcelar ❑ **imprisonment** *n* encarcelamiento; (*term of imprisonment*) cárcel *f*
improbable [ɪm'prɑːbəbəl] *adj* improbable, inverosímil
improper [ɪm'prɑːpər] *adj* (*unsuitable*: *conduct etc*) incorrecto; (: *activities*) deshonesto
improve [ɪm'pruːv] *vt* mejorar; (*foreign language*) perfeccionar ♦ *vi* mejorarse ❑ **improvement** *n* mejoramiento; perfección *f*; progreso
improvise ['ɪmprəvaɪz] *vt, vi* improvisar
impulse ['ɪmpʌls] *n* impulso; **to act on ~** obrar sin reflexión ❑ **impulsive** [ɪm'pʌlsɪv] *adj* irreflexivo
impure [ɪm'pjuər] *adj* (*adulterated*) adulterado; (*morally*) impuro ❑ **impurity** *n* impureza

in

KEYWORD

[ɪn] *prep*

1 (*indicating place, position, with place names*) en; **in the house/garden** en (la) casa/el jardín; **in here/there** aquí/ahí *or* allí dentro; **in Dublin/Ireland** en Dublín/Irlanda

2 (*indicating time*) en; **in spring** en (la) primavera; **in the afternoon** en (*LAm*) *or* por (*SP*) la tarde; **at 4 o'clock in the afternoon** a las 4 de la tarde; **I did it in 3 hours/days** lo hice en 3 horas/días; **I'll see you in 2 weeks** *or* **in 2 weeks' time** te veré dentro de 2 semanas

3 (*indicating manner etc*) en; **in a loud/soft voice** en voz alta/baja; **in pencil/ink** a lápiz/bolígrafo; **the boy in the blue shirt** el chico de la camisa azul

4 (*indicating circumstances*): **in the sun/shade/rain** al sol/a la sombra/bajo la lluvia; **a change in policy** un cambio de política

5 (*indicating mood, state*): **in tears** en lágrimas, llorando; **in anger/despair** enfadado/desesperado; **to live in luxury** vivir lujosamente

6 (*with ratios, numbers*): **1 in 10 households, 1 household in 10** una de cada 10 familias; **50 cents in the dollar** 50 centavos por dólar; **they lined up in twos** se alinearon de dos en dos

7 (*referring to people, works*) en; entre; **the disease is common in children** la enfermedad es común entre los niños; **in (the works of) Miller** en (las obras de) Miller

8 (*indicating profession etc*): **to be in teaching** estar en la enseñanza

9 (*after superlative*) de; **the best pupil in the class** el/la mejor alumno(-a) de la clase

10 (*with present participle*): **in saying this** al decir esto

♦ *adv*: **to be in** (*person*: *at home*) estar en casa; (*at work*) estar; (*train, ship, plane*) haber llegado; (*in fashion*) estar de moda; **she'll be in later today** llegará más tarde hoy; **to ask sb in** hacer pasar a algn; **to run/limp** *etc* **in** entrar corriendo/cojeando *etc*

♦ *n*: **the ins and outs** (*of proposal, situation etc*) los detalles

in. *abbr* = **inch**
inability [ɪnə'bɪlɪti] *n*: **~ (to do)** incapacidad *f* (de hacer)
inaccurate [ɪn'ækjurət] *adj* inexacto, incorrecto
inadequate [ɪn'ædɪkwət] *adj* (*income, reply etc*) insuficiente; (*person*) incapaz
inadvertently [ɪnəd'vɜːrtntli] *adv* por descuido
inadvisable [ɪnəd'vaɪzəbəl] *adj* poco aconsejable
inane [ɪ'neɪn] *adj* necio, fatuo
inanimate [ɪn'ænɪmət] *adj* inanimado
inappropriate [ɪnə'proupriət] *adj* inadecuado; (*improper*) poco oportuno
inarticulate [,ɪnɑːr'tɪkjulət] *adj* (*person*) incapaz de expresarse; (*speech*) mal pronunciado
inasmuch as [ɪnəz'mʌtʃəz] *conj* puesto que, ya que
inauguration [ɪnɔːgju'reɪʃən] *n* ceremonia de apertura
inborn ['ɪnbɔːrn] *adj* (*quality*) innato
inbred ['ɪn'brɛd] *adj* innato; (*family*) engendrado por endogamia
Inc. [ɪŋk] *abbr* (*US*: *incorporated*) S.A.
incapable [ɪn'keɪpəbəl] *adj* incapaz
incapacitate [ɪnkə'pæsɪteɪt] *vt*: **to ~ sb** incapacitar a algn
incense [*n* 'ɪnsɛns, *vb* ɪn'sɛns] *n* incienso ♦ *vt* (*anger*) indignar, encolerizar
incentive [ɪn'sɛntɪv] *n* incentivo, estímulo
incessant [ɪn'sɛsənt] *adj* incesante, continuo ❑ **incessantly** *adv* constantemente
incest ['ɪnsɛst] *n* incesto
inch [ɪntʃ] *n* pulgada; **to be within an ~ of** estar a dos dedos de; **he didn't give an ~** no dio concesión alguna
incident ['ɪnsɪdənt] *n* incidente *m*
incidental [ɪnsɪ'dɛntl] *adj* accesorio; **~ to** relacionado con ❑ **incidentally** *adv* (*by the way*) a propósito
incite [ɪn'saɪt] *vt* provocar
inclination [ɪnklɪ'neɪʃən] *n* (*tendency*) tendencia, inclinación *f*; (*desire*) deseo; (*disposition*) propensión *f*
incline [*n* 'ɪnklaɪn, *vb* ɪn'klaɪn] *n* pendiente *m*, cuesta ♦ *vt* (*head*) poner de lado ♦ *vi* inclinarse; **to be ~d to** (*tend*) ser propenso a
include [ɪn'kluːd] *vt* (*incorporate*) incluir; (*in letter*) adjuntar ❑ **including** *prep* incluso, inclusive
inclusion [ɪn'kluːʒən] *n* inclusión *f*
inclusive [ɪn'kluːsɪv] *adj* inclusivo; **~ of tax** incluidos los impuestos

income [ˈɪnkʌm] *n* (*earned*) ingresos *mpl*; (*from property etc*) renta; (*from investment etc*) rédito ❑ **income tax** *n* impuesto sobre la renta

incoming [ˈɪnkʌmɪŋ] *adj* (*flight, government etc*) entrante

incomparable [ɪnˈkɑːmpərəbəl] *adj* incomparable, sin par

incompatible [ˌɪnkəmˈpætɪbəl] *adj* incompatible

incompetent [ɪnˈkɑːmpɪtnt] *adj* incompetente

incomplete [ɪnkəmˈpliːt] *adj* (*partial: achievement etc*) incompleto; (*unfinished: painting etc*) inacabado

incongruous [ɪnˈkɑːŋgruəs] *adj* (*strange*) discordante; (*inappropriate*) incongruente

inconsiderate [ˌɪnkənˈsɪdərət] *adj* desconsiderado

inconsistent [ˌɪnkənˈsɪstənt] *adj* inconsecuente; (*contradictory*) incongruente; **~ with** (que) no concuerda con

inconspicuous [ˌɪnkənˈspɪkjuəs] *adj* (*color, building etc*) discreto; (*person*) que llama poco la atención

inconvenience [ˌɪnkənˈviːnjəns] *n* inconvenientes *mpl*; (*trouble*) molestia, incomodidad *f* ♦ *vt* incomodar

inconvenient [ˌɪnkənˈviːnjənt] *adj* incómodo, poco práctico; (*time, place, visitor*) inoportuno

incorporate [ɪnˈkɔːrpəreɪt] *vt* incorporar; (*contain*) comprender; (*add*) agregar ❑ **incorporated** *adj*: **incorporated company** (*US*) ≈ sociedad *f* anónima

incorrect [ˌɪnkəˈrɛkt] *adj* incorrecto

increase [*n* ˈɪnkriːs, *vb* ɪnˈkriːs] *n* aumento ♦ *vi* aumentar; (*grow*) crecer; (*price*) subir ♦ *vt* aumentar; (*price*) subir ❑ **increasing** *adj* creciente ❑ **increasingly** *adv* cada vez más, más y más

incredible [ɪnˈkrɛdɪbəl] *adj* increíble

incubator [ˈɪŋkjubeɪtər] *n* incubadora

incumbent [ɪnˈkʌmbənt] *adj*: **it is ~ on him to ...** le incumbe ... ♦ *n* titular *mf* (*de un cargo o dignidad*)

incur [ɪnˈkɜːr] *vt* (*expenditure*) incurrir; (*loss*) sufrir; (*anger, disapproval*) provocar

indebted [ɪnˈdɛtɪd] *adj*: **to be ~ to sb** estar agradecido a algn

indecent [ɪnˈdiːsənt] *adj* indecente ❑ **indecent assault** *n* abusos *mpl* deshonestos ❑ **indecent exposure** *n* exhibicionismo

indecisive [ɪndɪˈsaɪsɪv] *adj* indeciso

indeed [ɪnˈdiːd] *adv* efectivamente, en realidad; (*in fact*) en efecto; (*furthermore*) es más; **yes ~!** ¡claro que sí!

indefinitely [ɪnˈdɛfɪnɪtli] *adv* (*wait*) indefinidamente

indemnity [ɪnˈdɛmnɪti] *n* (*insurance*) indemnidad *f*; (*compensation*) indemnización *f*

independence [ˌɪndɪˈpɛndəns] *n* independencia

Independence Day *n* Día *m* de la Independencia

> **INDEPENDENCE DAY**
>
> El cuatro de julio es **Independence Day**, la fiesta nacional de Estados Unidos, que se celebra en conmemoración de la Declaración de Independencia (**Declaration of Independence**), escrita por Thomas Jefferson y aprobada en 1776. En ella se proclamaba la independencia total de Gran Bretaña de las trece colonias americanas que serían el origen de los Estados Unidos de América.

independent [ˌɪndɪˈpɛndənt] *adj* independiente

index [ˈɪndɛks] (*pl* **~es**) *n* (*in book*) índice *m*; (*: in library etc*) catálogo; (*pl* **indices**: *ratio, sign*) exponente *m* ❑ **index card** *n* ficha ❑ **indexed** (*US*) *adj* indexado ❑ **index finger** *n* índice *m* ❑ **index-linked** (*BRIT*) *adj* = **indexed**

India [ˈɪndiə] *n* la India ❑ **Indian** *adj, n* (*from India*) indio(-a); (*Native American*) indígena *mf* ❑ **Indian Ocean** *n*: **the Indian Ocean** el Océano Índico

indicate [ˈɪndɪkeɪt] *vt* indicar ❑ **indication** [ɪndɪˈkeɪʃən] *n* indicio, señal *f* ❑ **indicative** [ɪnˈdɪkətɪv] *adj*: **to be indicative of** indicar ❑ **indicator** *n* indicador *m*; (*BRIT AUT*) direccional *f* (*MEX*), intermitente *m* (*LAm exc MEX, SP*)

indices [ˈɪndɪsiːz] *npl of* **index**

indictment [ɪnˈdaɪtmənt] *n* acusación *f*

indifferent [ɪnˈdɪfrənt] *adj* indiferente; (*mediocre*) regular

indigenous [ɪnˈdɪdʒɪnəs] *adj* indígena

indigestion [ˌɪndɪˈdʒɛstʃən] *n* indigestión *f*

indignant [ɪnˈdɪgnənt] *adj*: **to be ~ at sth/with sb** indignarse por algo/con algn

indigo [ˈɪndɪgou] *adj* de color añil ♦ *n* añil *m*

indirect [ˌɪndɪˈrɛkt] *adj* indirecto

indiscreet [ˌɪndɪˈskriːt] *adj* indiscreto, imprudente

indiscriminate [ˌɪndɪˈskrɪmɪnət] *adj* indiscriminado

indisputable [ˌɪndɪˈspjuːtəbəl] *adj* incontestable

indistinct [ˌɪndɪˈstɪŋkt] *adj* (*noise, memory etc*) confuso

individual [ˌɪndɪˈvɪdʒuəl] *n* individuo ♦ *adj* individual; (*personal*) personal; (*particular*) particular ❑ **individually** *adv* (*singly*) individualmente

indoctrinate [ɪnˈdɑːktrɪneɪt] *vt* adoctrinar

indoor [ˈɪndɔːr] *adj* (*swimming pool*) cubierto; (*plant*) de interior; (*sport*) bajo cubierta ❑ **indoors** [ɪnˈdɔːrz] *adv* dentro

induce [ɪnˈduːs] *vt* inducir, persuadir; (*bring about*) producir; (*labor*) provocar ❑ **inducement** *n* (*incentive*) incentivo; (*pej: bribe*) soborno

indulge [ɪnˈdʌldʒ] *vt* (*whim*) satisfacer; (*person*) complacer; (*child*) mimar ♦ *vi*: **to ~ in** darse el gusto de ❑ **indulgence** *n* vicio; (*leniency*) indulgencia ❑ **indulgent** *adj* indulgente

industrial [ɪnˈdʌstriəl] *adj* industrial ❑ **industrial action** (*BRIT*) *n* huelga ❑ **industrial estate** (*BRIT*) *n* = **industrial park** ❑ **industrialist** *n* industrial *mf* ❑ **industrialize** *vt* industrializar ❑ **industrial park** (*US*) *n* zona (*LAm*) *or* polígono (*SP*) industrial

industrious [ɪnˈdʌstriəs] *adj* trabajador(a); (*student*) aplicado

industry [ˈɪndəstri] *n* industria; (*diligence*) aplicación *f*

inebriated [ɪˈniːbrieɪtɪd] *adj* borracho

inedible [ɪnˈɛdɪbəl] *adj* incomible; (*poisonous*) no comestible

ineffective [ˌɪnɪˈfɛktɪv] *adj* ineficaz, inútil

ineffectual [ˌɪnɪˈfɛktʃuəl] *adj* = **ineffective**

inefficient [ˌɪnɪˈfɪʃənt] *adj* ineficaz, ineficiente

inept [ɪnˈɛpt] *adj* incompetente

inequality [ˌɪnɪˈkwɑːlɪti] *n* desigualdad *f*

inert [ɪˈnɜːrt] *adj* inerte, inactivo; (*immobile*) inmóvil

inescapable [ˌɪnɪˈskeɪpəbəl] *adj* ineludible

inevitable [ɪnˈɛvɪtəbəl] *adj* inevitable ❑ **inevitably** *adv* inevitablemente

inexcusable [ˌɪnɪkˈskjuːzəbəl] *adj* imperdonable

inexpensive [ˌɪnɪkˈspɛnsɪv] *adj* económico

inexperienced [ˌɪnɪkˈspɪriənst] *adj* inexperto

infallible [ɪnˈfælɪbəl] *adj* infalible

infamous [ˈɪnfəməs] *adj* infame

infancy [ˈɪnfənsi] *n* infancia

infant [ˈɪnfənt] *n* niño(-a); (*baby*) niño pequeño, bebé *m*; (*pej*) aniñado

infantry [ˈɪnfəntri] *n* infantería

infant school (*BRIT*) *n* parvulario

infatuated [ɪnˈfætʃueɪtɪd] *adj*: **~ with** (*in love*) loco por

infatuation [ɪnˌfætʃuˈeɪʃən] *n* enamoramiento, pasión *f*

infect [ɪnˈfɛkt] *vt* (*wound*) infectar; (*food*) contaminar; (*person, animal*) contagiar ❑ **infection** *n* infección *f*; (*fig*) contagio ❑ **infectious** *adj* (*also fig*) contagioso

infer [ɪnˈfɜːr] *vt* deducir, inferir

inferior [ɪnˈfɪrɪər] *adj, n* inferior *mf* ❑ **inferiority** [ɪnfɪrɪˈɔːrəti] *n* inferioridad *f*

infertile [ɪnˈfɜːrtl] *adj* estéril; (*person*) infecundo

infested [ɪnˈfɛstɪd] *adj*: **~ with** plagado de

in-fighting *n* (*fig*) lucha(s) *f(pl)* interna(s)

infinite [ˈɪnfɪnɪt] *adj* infinito

infinitive [ɪnˈfɪnɪtɪv] *n* infinitivo

infinity [ɪnˈfɪnɪti] *n* infinito; (*an infinity*) infinidad *f*

infirmary [ɪnˈfɜːrməri] *n* (*in school, institution*) enfermería; (*BRIT*) hospital *m*

inflamed [ɪnˈfleɪmd] *adj*: **to become ~** inflamarse

inflammable [ɪnˈflæməbəl] *adj* inflamable

inflammation [ˌɪnfləˈmeɪʃən] *n* inflamación *f*

inflatable [ɪnˈfleɪtəbəl] *adj* (*ball, boat*) inflable

inflate [ɪnˈfleɪt] *vt* (*tire, price etc*) inflar; (*fig*) hinchar ❑ **inflation** *n* (*ECON*) inflación *f*

inflexible [ɪnˈflɛksəbəl] *adj* (*rule*) rígido; (*person*) inflexible

inflict [ɪnˈflɪkt] *vt*: **to ~ sth on sb** infligir algo en algn

influence [ˈɪnfluəns] *n* influencia ♦ *vt* influir en, influenciar; **under the ~ of alcohol** en estado de embriaguez ❑ **influential** [ˌɪnfluˈɛnʃəl] *adj* influyente

influenza [ˌɪnfluˈɛnzə] *n* gripe *f*, gripa (*MEX*)

influx [ˈɪnflʌks] *n* afluencia

inform [ɪnˈfɔːrm] *vt*: **to ~ sb of sth** informar a algn sobre *or* de algo ♦ *vi*: **to ~ on sb** delatar a algn

informal [ɪnˈfɔːrməl] *adj* (*manner, tone*) familiar; (*dress, interview, occasion*) informal; (*visit, meeting*) extraoficial ❑ **informality** [ˌɪnfɔːrˈmælɪti] *n* informalidad *f*; sencillez *f*

informant [ɪnˈfɔːrmənt] *n* informante *mf*

information [ˌɪnfərˈmeɪʃən] *n* información *f*; (*knowledge*) conocimientos *mpl*; (*US TEL*) información *f* (telefónica); **a piece of ~** un dato ❑ **information desk** *n* (mostrador *m* de) información *f* ❑ **information office** *n* información *f*

informative [ɪnˈfɔːrmətɪv] *adj* informativo

informer [ɪnˈfɔːrmər] *n* (*also*: **police ~**) soplón(-ona) *m/f*

infrared [ˌɪnfrəˈrɛd] *adj* infrarrojo

infrastructure [ˈɪnfrəˌstrʌktʃər] *n* (*of system etc*) infraestructura

infrequent [ɪnˈfriːkwənt] *adj* poco frecuente, infrecuente

infringe [ɪnˈfrɪndʒ] *vt* infringir, violar ♦ *vi*: **to ~ on** abusar de ❑ **infringement** *n* infracción *f*; (*of rights*) usurpación *f*

infuriating [ɪnˈfjurieɪtɪŋ] *adj* (*habit, noise*) enloquecedor(a)

ingenious [ɪnˈdʒiːnjəs] *adj* ingenioso ❑ **ingenuity** [ɪndʒɪˈnuːɪti] *n* ingeniosidad *f*

ingenuous [ɪnˈdʒɛnjuəs] *adj* ingenuo

ingot [ˈɪŋgət] *n* lingote *m*, barra

ingrained [ɪnˈgreɪnd] *adj* arraigado

ingratiate [ɪnˈgreɪʃieɪt] *vt*: **to ~ o.s. with** congraciarse con

ingredient [ɪnˈgriːdiənt] *n* ingrediente *m*

inhabit [ɪnˈhæbɪt] *vt* vivir en ❑ **inhabitant** *n* habitante *mf*

inhale [ɪnˈheɪl] *vt* inhalar ♦ *vi* (*breathe in*) aspirar; (*in smoking*) tragar

inherent [ɪnˈhɪrənt] *adj*: **~ in** *or* **to** inherente a

inherit [ɪnˈhɛrɪt] *vt* heredar ❑ **inheritance** *n* herencia; (*fig*) patrimonio

inhibit [ɪnˈhɪbɪt] *vt* inhibir, impedir ❑ **inhibited** *adj* (*PSYCH*) cohibido ❑ **inhibition** [ˌɪnhɪˈbɪʃən] *n* cohibición *f*

inhospitable [ˌɪnhɑːsˈpɪtəbəl] *adj* (*person*) inhospitalario; (*place*) inhóspito

inhuman [ɪnˈhjuːmən] *adj* inhumano

initial [ɪˈnɪʃəl] *adj* primero ♦ *n* inicial *f* ♦ *vt* firmar con las iniciales; **~s** *npl* (*as signature*) iniciales *fpl*; (*abbreviation*) siglas *fpl* ❑ **initially** *adv* al principio

initiate [ɪˈnɪʃieɪt] *vt* iniciar; **to ~ proceedings against sb** (*LAW*) entablar proceso contra algn

initiative [ɪˈnɪʃətɪv] *n* iniciativa

inject [ɪnˈdʒɛkt] *vt* inyectar; **to ~ sb with sth** inyectar algo a algn ❑ **injection** *n* inyección *f*

injunction [ɪnˈdʒʌŋkʃən] *n* interdicto

injure [ˈɪndʒər] *vt* (*hurt*) herir, lastimar; (*fig: reputation etc*) perjudicar ❑ **injured** *adj* (*person, arm*) herido, lastimado ❑ **injury** *n* herida, lesión *f*; (*wrong*) perjuicio, daño ❑ **injury time** (*BRIT*) *n* (*SPORT*) (tiempo de) compensación *f* (*LAm*) *or* descuento (*SP*)

> ⚠ Be careful not to translate **injury** by the Spanish word ***injuria***.

injustice [ɪnˈdʒʌstɪs] *n* injusticia

ink [ɪŋk] *n* tinta

inkling [ˈɪŋklɪŋ] *n* sospecha; (*idea*) idea

inlaid [ˈɪnleɪd] *adj* (*with wood, gems etc*) incrustado

inland [*adj* ˈɪnlənd, *adv* ɪnˈlænd] *adj* (*waterway, port etc*) interior ♦ *adv* tierra adentro ❑ **Inland Revenue** (*BRIT*) *n* ≈ Hacienda, ≈ la Dirección General Impositiva (*RPl*)

in-laws *npl* suegros *mpl*

inlet [ˈɪnlɛt] *n* (*GEO*) ensenada, cala; (*TECH*) admisión *f*, entrada

inmate [ˈɪnmeɪt] *n* (*in prison*) preso(-a), presidiario(-a); (*in asylum*) internado(-a)

inn [ɪn] *n* posada, mesón *m*

innate [ɪˈneɪt] *adj* innato

inner [ˈɪnər] *adj* (*courtyard, calm*) interior; (*feelings*) íntimo ❑ **inner city** *n barrios deprimidos del centro de una ciudad* ❑ **inner tube** *n* (*of tire*) llanta (*LAm*), cámara (*SP*)

innings [ˈɪnɪŋz] *n* (*BASEBALL*) entrada, turno

innocent [ˈɪnəsənt] *adj* inocente

innocuous [ɪˈnɑːkjuəs] *adj* inocuo

innovation [ˌɪnouˈveɪʃən] *n* novedad *f*

innuendo [ˌɪnjuˈɛndou] (*pl* **~es**) *n* indirecta

inoculation [ɪˌnɑːkjuˈleɪʃən] *n* inoculación *f*

inpatient [ˈɪnpeɪʃənt] *n* paciente *mf* interno(-a)

input [ˈɪnput] *n* entrada; (*of resources*) inversión *f*; (*COMPUT*) entrada de datos

inquest [ˈɪnkwɛst] *n* (*coroner's*) encuesta judicial

inquire [ɪnˈkwaɪər] *vi* preguntar ♦ *vt*: **to ~ whether** preguntar si; **to ~ about** (*person*) preguntar por; (*fact*) informarse de ▶ **inquire into** *vt fus* investigar, indagar ❑ **inquiry** *n* pregunta; (*investigation*) investigación *f*, pesquisa; (*BRIT*): **"Inquiries"** "Información" ❑ **inquiry office** (*BRIT*) *n* oficina de información

inquisitive [ɪnˈkwɪzɪtɪv] *adj* (*curious*) curioso

ins. *abbr* = **inches**

insane [ɪnˈseɪn] *adj* loco; (*MED*) demente; **~ asylum** (*US*) *n* manicomio, psiquiátrico

insanity [ɪnˈsænɪti] *n* demencia, locura

inscription [ɪnˈskrɪpʃən] *n* inscripción *f*; (*in book*) dedicatoria

inscrutable [ɪnˈskruːtəbəl] *adj* inescrutable, insondable

insect [ˈɪnsɛkt] *n* insecto ❑ **insecticide** [ɪnˈsɛktɪsaɪd] *n* insecticida *m* ❑ **insect repellent** *n* loción *f* contra insectos

insecure [ˌɪnsɪˈkjuər] *adj* inseguro

insemination [ɪnˌsɛmɪˈneɪʃən] *n*: **artificial ~** inseminación *f* artificial

insensitive [ɪnˈsɛnsɪtɪv] *adj* insensible

insert [*vb* ɪnˈsɜːrt, *n* ˈɪnsərt] *vt* (*into sth*) introducir ♦ *n* encarte *m* ❑ **insertion** *n* inserción *f*

in-service [ˈɪnˌsɜːrvɪs] *adj* (*training, course*) a cargo de la empresa

inshore [ɪnˈʃɔːr] *adj* de bajura ♦ *adv* (*be*) cerca de la orilla; (*move*) hacia la orilla

inside [ɪnˈsaɪd] *n* interior *m* ♦ *adj* interior, interno ♦ *adv* (*be*) (por) dentro; (*go*) hacia dentro ♦ *prep* dentro de; (*of time*): **~ 10 minutes** en menos de 10 minutos; **~s** *npl* (*inf: stomach*) tripas *fpl* ❑ **inside information** *n* información *f* confidencial ❑ **inside lane** *n* (*AUT: in US, Europe*) carril *m* derecho; (*: in Britain*) carril *m* izquierdo ❑ **inside out** *adv* (*turn*) al revés; (*know*) a fondo

insider dealing, **insider trading** *n* (*STOCK EXCHANGE*) abuso de información privilegiada

insight [ˈɪnsaɪt] *n* perspicacia

insignificant [ˌɪnsɪgˈnɪfɪkənt] *adj* insignificante

insincere [ˌɪnsɪnˈsɪər] *adj* poco sincero

insinuate [ɪnˈsɪnjueɪt] *vt* insinuar

insipid [ɪnˈsɪpɪd] *adj* soso, insulso

insist [ɪnˈsɪst] *vi* insistir; **to ~ on** insistir en; **to ~ that** insistir en que; (*claim*) exigir que ❑ **insistent** *adj* insistente; (*noise, action*) persistente

insole [ˈɪnsoul] *n* plantilla

insolent [ˈɪnsələnt] *adj* insolente, descarado

insomnia [ɪnˈsɑːmniə] *n* insomnio

inspect [ɪnˈspɛkt] *vt* inspeccionar, examinar; (*troops*) pasar revista a ❑ **inspection** *n* inspección *f*, examen *m*; (*of troops*) revista ❑ **inspector** *n* inspector(a) *m/f*; (*BRIT: on buses, trains*) revisor(a) *m/f*

inspiration [ˌɪnspəˈreɪʃən] *n* inspiración *f* ❑ **inspire** [ɪnˈspaɪər] *vt* inspirar

instability [ˌɪnstəˈbɪlɪti] *n* inestabilidad *f*

install (*US*) [ɪnˈstɔːl] (*BRIT* **instal**) *vt* instalar; (*official*) nombrar ❑ **installation** [ɪnstəˈleɪʃən] *n* instalación *f*

installment (*US*) [ɪnˈstɔːlmənt] (*BRIT* **instalment**) *n* plazo; (*of story*) entrega; (*of TV serial etc*) capítulo; **in ~s** (*pay, receive*) a plazos ❑ **installment plan** (*US*) *n* plan *m* de financiación

instance [ˈɪnstəns] *n* ejemplo, caso; **for ~** por ejemplo; **in the first ~** en primer lugar

instant [ˈɪnstənt] *n* instante *m*, momento ♦ *adj* inmediato; (*coffee etc*) instantáneo ❑ **instantly** *adv* en seguida ❑ **instant replay** (*US*) *n* (*SPORT*) repetición *f* de la jugada

instead [ɪnˈstɛd] *adv* en cambio; **~ of** en lugar de, en vez de

instep [ˈɪnstɛp] *n* empeine *m*

instill (*US*) [ɪnˈstɪl] (*BRIT* **instil**) *vt*: **to ~ sth into** inculcar algo a

instinct [ˈɪnstɪŋkt] *n* instinto

institute [ˈɪnstɪtuːt] *n* instituto; (*professional body*) colegio ♦ *vt* (*begin*) iniciar, empezar; (*proceedings*) entablar; (*system, rule*) establecer

institution [ˌɪnstɪˈtuːʃən] *n* institución *f*; (*MED: home*) asilo; (*: asylum*) manicomio; (*of system etc*) establecimiento; (*of custom*) iniciación *f*

instruct [ɪnˈstrʌkt] *vt*: **to ~ sb in sth** instruir a algn en *or* sobre algo; **to ~ sb to do sth** dar instrucciones a algn de hacer algo ❑ **instruction** *n* (*teaching*) instrucción *f*; **instructions** *npl* (*orders*) órdenes *fpl*; **instructions (for use)** modo de empleo ❑ **instructor** *n* instructor(a) *m/f*

instrument [ˈɪnstrəmənt] *n* instrumento ❑ **instrumental** [ˌɪnstrəˈmɛntl] *adj* (*MUS*) instrumental; **to be instrumental in** ser (el) artífice de ❑ **instrument panel** *n* tablero (de instrumentos)

insufficient [ˌɪnsəˈfɪʃənt] *adj* insuficiente

insular [ˈɪnsələr] *adj* insular; (*person*) estrecho de miras

insulate [ˈɪnsəleɪt] *vt* aislar ❑ **insulation** [ˌɪnsəˈleɪʃən] *n* aislamiento

insulin [ˈɪnsəlɪn] *n* insulina

insult [*n* ˈɪnsʌlt, *vb* ɪnˈsʌlt] *n* insulto ♦ *vt* insultar ❑ **insulting** *adj* insultante

insurance [ɪnˈʃurəns] *n* seguro; **fire/life ~** seguro contra incendios/de vida ❑ **insurance agent** *n* agente *mf* de seguros ❑ **insurance policy** *n* póliza (de seguros)

insure [ɪnˈʃuər] *vt* asegurar

intact [ɪn'tækt] adj íntegro; (unharmed) intacto

intake ['ɪnteɪk] n (of food) ingestión f; (of air) consumo; (BRIT SCOL): **an ~ of 200 a year** 200 matriculados al año

integral ['ɪntɪgrəl] adj (whole) íntegro; (part) integrante

integrate ['ɪntɪgreɪt] vt integrar ♦ vi integrarse

integrity [ɪn'tɛgrɪti] n honradez f, rectitud f

intellect ['ɪntəlɛkt] n intelecto ❑ **intellectual** [ˌɪntə'lɛktʃuəl] adj, n intelectual mf

intelligence [ɪn'tɛlɪdʒəns] n inteligencia

intelligent [ɪn'tɛlɪdʒənt] adj inteligente

intelligible [ɪn'tɛlɪdʒɪbəl] adj inteligible, comprensible

intend [ɪn'tɛnd] vt (gift etc): **to ~ sth for** destinar algo a; **to ~ to do sth** tener intención de or pensar hacer algo

intense [ɪn'tɛns] adj intenso ❑ **intensely** adv (extremely) sumamente

intensify [ɪn'tɛnsɪfaɪ] vt intensificar; (increase) aumentar

intensive [ɪn'tɛnsɪv] adj intensivo ❑ **intensive care unit** n unidad f de cuidados intensivos

intent [ɪn'tɛnt] n propósito; (LAW) premeditación f ♦ adj (absorbed) absorto; (attentive) atento; **to all ~s and purposes** prácticamente; **to be ~ on doing sth** estar resuelto a hacer algo

intention [ɪn'tɛnʃən] n intención f, propósito ❑ **intentional** adj deliberado ❑ **intentionally** adv a propósito

intently [ɪn'tɛntli] adv atentamente, fijamente

interact [ˌɪntər'ækt] vi relacionarse, interactuar ❑ **interactive** adj (COMPUT) interactivo

interchange ['ɪntərˌtʃeɪndʒ] n intercambio; (on highway) paso a desnivel (LAm), nudo de carreteras (SP) ❑ **interchangeable** adj intercambiable

intercom ['ɪntərkɑ:m] n interfono

intercourse ['ɪntəkɔ:rs] n (sexual) relaciones fpl sexuales

interest ['ɪntrɪst] n (also COMM) interés m ♦ vt interesar; **to be ~ed in** interesarse por ❑ **interesting** adj interesante ❑ **interest rate** n tipo or tasa de interés

interface ['ɪntərˌfeɪs] n (COMPUT) interface m or f

interfere [ˌɪntər'fɪər] vi: **to ~ in** entrometerse en; **to ~ with** (hinder) estorbar; (damage) estropear

interference [ˌɪntər'fɪrəns] n intromisión f; (RADIO, TV) interferencia

interim ['ɪntərɪm] n: **in the ~** en el ínterin ♦ adj provisional

interior [ɪn'tɪəriər] n interior m ♦ adj interior ❑ **interior designer** n diseñador(a) m/f de interiores (LAm), interiorista mf (SP)

interjection [ˌɪntər'dʒɛkʃən] n interposición f; (LING) interjección f

interlock [ˌɪntər'lɑ:k] vi entrelazarse

interlude ['ɪntərlu:d] n intervalo; (THEATER) intermedio

intermediate [ˌɪntər'mi:diət] adj intermedio

intermission [ˌɪntər'mɪʃən] n intermisión f; (THEATER) descanso

intern [vb ɪn'tɜ:rn, n 'ɪntɜ:rn] vt internar ♦ n (US MED) médico(-a) interno(-a) residente

internal [ɪn'tɜ:rnl] adj (layout, pipes, security) interior; (injury, structure, memo) interno ❑ **internally** adv: **"not to be taken internally"** "para uso externo or tópico" ❑ **Internal Revenue Service** (US) n ≈ Hacienda, ≈ la Dirección General Impositiva (RPl)

international [ˌɪntər'næʃənl] adj internacional ♦ n (BRIT: match) partido internacional

Internet ['ɪntərnɛt] n: **the ~** Internet m or f ❑ **Internet café** n cibercafé m ❑ **Internet Service Provider** n proveedor m de (acceso a) Internet ❑ **Internet user** n internauta m/f

internship ['ɪntɜ:rnʃɪp] (US) n cargo o período de aprendizaje de los médicos internos residentes

interplay ['ɪntərpleɪ] n interacción f

interpret [ɪn'tɜ:rprɪt] vt interpretar; (translate) traducir; (understand) entender ♦ vi hacer de intérprete ❑ **interpreter** n intérprete mf

interrogate [ɪn'tɛrəgeɪt] vt interrogar ❑ **interrogation** [ɪnˌtɛrə'geɪʃən] n interrogatorio

interrupt [ˌɪntə'rʌpt] vt, vi interrumpir ❑ **interruption** n interrupción f

intersect [ˌɪntər'sɛkt] vi (roads) cruzarse ❑ **intersection** ['ɪntərˌsɛkʃən] n (of roads) cruce m

intersperse [ˌɪntər'spɜ:rs] vt: **to ~ with** salpicar de

interstate ['ɪntərˌsteɪt] (US) n carretera interestatal

intertwine [ˌɪntər'twaɪn] vt entrelazarse

interval ['ɪntərvəl] n intervalo; (SCOL) recreo; (THEATER, SPORT) descanso; **at ~s** a ratos, de vez en cuando

intervene [ˌɪntər'vi:n] vi intervenir; (event) interponerse; (time) transcurrir ❑ **intervention** n intervención f

interview ['ɪntərvju:] n entrevista ♦ vt entrevistarse con ❑ **interviewer** n entrevistador(a) m/f

intestine [ɪn'tɛstɪn] n intestino

intimacy ['ɪntɪməsi] n intimidad f

intimate [adj 'ɪntɪmət, vb 'ɪntɪmeɪt] adj íntimo; (friendship) estrecho; (knowledge) profundo ♦ vt dar a entender

into ['ɪntu] prep en; (towards) a; (inside) hacia el interior de; **~ 3 pieces/French** en 3 pedazos/al francés

intolerable [ɪn'tɑlərəbəl] adj intolerable, insoportable

intolerant [ɪn'tɑ:lərənt] adj: **~ (of)** intolerante (con or para)

intoxicated [ɪn'tɑ:ksɪkeɪtɪd] adj embriagado

intractable [ɪn'træktəbəl] adj (person) intratable; (problem) espinoso

intranet ['ɪntrənɛt] n intranet f

intransitive [ɪn'trænsɪtɪv] adj intransitivo

intravenous [ˌɪntrə'vi:nəs] adj intravenoso

in-tray n bandeja de entrada

intricate ['ɪntrɪkət] adj (design, pattern) intrincado

intrigue [ɪn'tri:g] n intriga ♦ vt fascinar ❑ **intriguing** adj fascinante

intrinsic [ɪn'trɪnsɪk] adj intrínseco

introduce [ˌɪntrə'du:s] vt introducir, meter; (speaker, TV show etc) presentar; **to ~ sb (to sb)** presentar a algn (a algn); **to ~ sb to** (hobby, technique) introducir a algn a ❑ **introduction** [ˌɪntrə'dʌkʃən] n introducción f; (of person) presentación f ❑ **introductory** [ˌɪntrə'dʌktəri] adj introductorio; (lesson) de introducción; (offer) de lanzamiento

introvert ['ɪntrəvərt] n introvertido(-a) ♦ adj (also: **~ed**) introvertido

intrude [ɪn'tru:d] vi (person) entrometerse; **to ~ on** estorbar ❑ **intruder** n intruso(-a) ❑ **intrusion** [ɪn'tru:ʒən] n invasión f

intuition [ˌɪntu'ɪʃən] n intuición f

inundate ['ɪnʌndeɪt] vt: **to ~ with** inundar de

invade [ɪn'veɪd] vt invadir

invalid [n 'ɪnvəlɪd, adj ɪn'vælɪd] n (MED) minusválido(-a) ♦ adj (not valid) inválido, nulo

invaluable [ɪn'væljuəbəl] adj inestimable

invariable [ɪn'vɛriəbəl] adj invariable

invent [ɪn'vɛnt] vt inventar ❑ **invention** n invento; (lie) ficción f, mentira ❑ **inventive** adj inventivo ❑ **inventor** n inventor(a) m/f

inventory ['ɪnvəntɔ:ri] n inventario

invert [ɪn'vɜ:rt] vt invertir

inverted commas (BRIT) npl comillas fpl

invest [ɪn'vɛst] vt invertir ♦ vi: **to ~ in** (company etc) invertir (dinero) en; (fig: sth useful) comprar

investigate [ɪn'vɛstɪgeɪt] vt investigar ❑ **investigation** [ɪnvɛstɪ'geɪʃən] n investigación f, pesquisa

investment [ɪn'vɛstmənt] n inversión f

investor [ɪn'vɛstər] n inversionista mf

invigilator [ɪn'vɪdʒɪleɪtər] (BRIT) n vigilante mf (en un examen)

invigorating [ɪn'vɪgəreɪtɪŋ] adj vigorizante

invisible [ɪn'vɪzɪbəl] adj invisible

invitation [ɪnvɪ'teɪʃən] n invitación f

invite [ɪn'vaɪt] vt invitar; (opinions etc) solicitar, pedir ❑ **inviting** adj atractivo; (food) apetitoso

invoice ['ɪnvɔɪs] n factura ♦ vt facturar

involuntary [ɪn'vɑ:lənteri] adj involuntario

involve [ɪn'vɑ:lv] vt suponer, implicar; tener que ver con; (concern, affect) corresponder; **to ~ sb (in sth)** comprometer a algn (con algo) ❑ **involved** adj complicado; **to be involved in** (take part) tomar parte en; (be engrossed) estar muy metido en ❑ **involvement** n participación f; dedicación f

inward ['ɪnwərd] adj (movement) interior, interno; (thought, feeling) íntimo ❑ **inward(s)** adv hacia dentro

I/O abbr (COMPUT: input/output) entrada/salida

iodine ['aɪədi:n] n yodo

ion ['aɪən] n ion m ❑ **ionizer** (US) (BRIT **ioniser**) n ionizador m

iota [aɪ'outə] n jota, ápice m

IOU n abbr (= I owe you) pagaré m

IQ n abbr (= intelligence quotient) cociente m intelectual

IRA n abbr (= Irish Republican Army) IRA m

Iran [ɪ'ræn] n Irán m ❑ **Iranian** [ɪ'reɪniən] adj, n iraní mf

Iraq [ɪ'rɑ:k] n Iraq ❑ **Iraqi** adj, n iraquí mf

irate [aɪ'reɪt] adj enojado, airado

Ireland ['aɪərlənd] n Irlanda

iris ['aɪrɪs] (pl ~es) n (ANAT) iris m; (BOT) lirio

Irish ['aɪrɪʃ] adj irlandés(-esa) ♦ npl: **the ~** los irlandeses ❑ **Irishman/woman** n irlandés(-esa) m/f ❑ **Irish Sea** n: **the Irish Sea** el mar de Irlanda

iron ['aɪərn] n hierro; (for clothes) plancha ♦ cpd de hierro ♦ vt (clothes) planchar ▶ **iron out** vt (fig) allanar

ironic(al) [aɪ'rɑ:nɪk(əl)] adj irónico

ironing ['aɪərnɪŋ] n (activity) planchado; (clothes: ironed) ropa planchada; (: to be ironed) ropa por planchar ❑ **ironing board** n burro (MEX) or tabla (LAm exc MEX, SP) de planchar

ironmonger's (shop) ['aɪərnˌmʌŋgərz(ʃɑ:p)] (BRIT) n ferretería, quincallería

irony ['aɪrəni] n ironía

irrational [ɪ'ræʃənl] adj irracional

irreconcilable [ˌɪrɛkən'saɪləbl] adj (ideas) incompatible; (enemies) irreconciliable

irregular [ɪ'rɛgjulər] adj irregular; (surface) desigual; (action, event) anómalo; (behavior) poco ortodoxo

irrelevant [ɪ'rɛləvənt] adj fuera de lugar, inoportuno

irreplaceable [ˌɪrɪ'pleɪsəbəl] adj irre(e)mplazable

irresistible [ˌɪrɪ'zɪstəbəl] adj irresistible

irresolute [ɪ'rɛzəlu:t] adj indeciso

irrespective [ˌɪrɪ'spɛktɪv]: **~ of** prep sin tener en cuenta, no importa

irresponsible [ˌɪrɪ'spɑ:nsɪbəl] adj (act) irresponsable; (person) poco serio

irrigate ['ɪrɪgeɪt] vt regar ❑ **irrigation** [ˌɪrɪ'geɪʃən] n riego

irritable ['ɪrɪtəbəl] adj (person) de mal humor

irritate ['ɪrɪteɪt] vt fastidiar; (MED) picar ❑ **irritating** adj fastidioso ❑ **irritation** [ˌɪrɪ'teɪʃən] n fastidio; enfado; picazón f

IRS (US) n abbr = **Internal Revenue Service**

is [ɪz] vb see **be**

Islam [ɪs'lɑ:m] n Islam m ❑ **Islamic** adj islámico

island ['aɪlənd] n isla ❑ **islander** n isleño(-a)

isle [aɪl] n isla

isn't ['ɪzənt] cont = **is not**

isolate ['aɪsəleɪt] vt aislar ❑ **isolated** adj aislado ❑ **isolation** [ˌaɪsə'leɪʃən] n aislamiento

ISP n abbr = **Internet Service Provider**

Israel ['ɪzriəl] n Israel m ❑ **Israeli** [ɪz'reɪli] adj, n israelí mf

issue ['ɪʃu:] n (problem, subject) cuestión f; (outcome) resultado; (of money etc) emisión f; (of newspaper etc) edición f ♦ vt (rations, equipment) distribuir, repartir; (orders) dar; (certificate, passport) expedir; (decree) promulgar; (magazine) publicar; (checks) extender; (money, stamps) emitir; **at ~** en cuestión; **to take ~ with sb (over)** estar en desacuerdo con algn (sobre); **to make an ~ of sth** hacer una cuestión de algo

Istanbul [ˌɪstæn'bu:l] n Estambul m

it

KEYWORD

[ɪt] pron

1 (specific: subject: not generally translated) él (ella); (: direct object) lo, la; (: indirect object) le; (after prep) él (ella); (abstract concept) ello; **it's on the table** está en la mesa; **I can't find it** no lo (or la) encuentro; **give it to me** dámelo (or dámela); **I spoke to him about it** le hablé del asunto; **what did you learn from it?** ¿qué aprendiste de él (or ella)?; **did you go to it?** (party, concert etc) ¿fuiste?

2 (impersonal): **it's raining** llueve, está lloviendo; **it's 6 o'clock** son las 6; **August 10th** (US), **the 10th of August** (BRIT) es el 10 de agosto; **how far is it? -- it's 10 miles/2 hours on the train** ¿a qué distancia está? -- a 10 millas/2 horas en tren; **who is it? -- it's me** ¿quién es? -- soy yo

Italian [ɪ'tæljən] adj italiano ♦ n italiano(-a); (LING) italiano

italics [ɪ'tælɪks] npl cursiva

Italy ['ɪtəli] n Italia

itch [ɪtʃ] n picazón f ♦ vi (part of body) picar; **to ~ to do sth** rabiar por hacer algo ❑ **itchy** adj: **my hand is itchy** me pica la mano

it'd ['ɪtəd] cont = **it would; it had**

item ['aɪtəm] n artículo; (on agenda) asunto (a tratar); (also: **news ~**) noticia ❑ **itemize** vt detallar

itinerary [aɪ'tɪnərɛri] n itinerario

it'll ['ɪtl] cont = **it will; it shall**

its [ɪts] adj su; sus pl

it's [ɪts] cont = **it is; it has**

itself [ɪt'sɛlf] pron (reflexive) sí mismo(-a); (emphatic) él mismo (ella misma)

ITV n abbr (BRIT: Independent Television) cadena de televisión comercial independiente del Estado

I.U.D. n abbr (= intra-uterine device) DIU m

I've [aɪv] cont = **I have**

ivory ['aɪvəri] n marfil m

ivy ['aɪvi] n (BOT) hiedra ❑ **Ivy League** (US) n grupo de ocho universidades privadas muy prestigiosas de Nueva Inglaterra

Jj

jab [dʒæb] vt: **to ~ sth into sth** clavar algo en algo ♦ n (BRIT: inf: MED) pinchazo

jack [dʒæk] n (AUT) gato; (CARDS) sota ▶ **jack up** vt (AUT) levantar con gato

jackal ['dʒækəl] n (ZOOL) chacal m

jacket ['dʒækɪt] n chaqueta, saco (LAm); (of book) sobrecubierta; (of record) funda

jack: ❑ **jackknife** vi colear ❑ **jackpot** n premio gordo

jaded ['dʒeɪdɪd] adj (tired) cansado; (fed-up) hastiado

jagged ['dʒægɪd] adj dentado

jail [dʒeɪl] n cárcel f ♦ vt encarcelar

jam [dʒæm] n mermelada; (also: **traffic ~**) embotellamiento; (inf: difficulty) apuro ♦ vt (passage etc) obstruir; (mechanism, drawer etc) atascar; (RADIO) interferir ♦ vi atascarse, trabarse; **to ~ sth into sth** meter algo a la fuerza en algo

Jamaica [dʒə'meɪkə] n Jamaica

jangle ['dʒæŋgəl] vi entrechocar (ruidosamente)

janitor ['dʒænɪtər] n portero, conserje m

January ['dʒænjuɛri] n enero

Japan [dʒə'pæn] n (el) Japón ❑ **Japanese** [ˌdʒæpə'ni:z] adj japonés(-esa) ♦ n inv japonés(-esa) m/f; (LING) japonés m

jar [dʒɑ:r] n tarro, bote m ♦ vi (sound) chirriar; (colors) desentonar

jargon ['dʒɑ:rgən] n jerga

jasmine ['dʒæzmɪn] n jazmín m

jaundice ['dʒɔ:ndɪs] n ictericia

jaunt [dʒɔ:nt] n excursión f

javelin ['dʒævlɪn] n jabalina

jaw [dʒɔ:] n mandíbula

jay [dʒeɪ] n (ZOOL) arrendajo

jaywalker ['dʒeɪˌwɔ:kər] n peatón(-ona) m/f imprudente

jazz [dʒæz] n jazz m ▶ **jazz up** vt (liven up) animar, avivar

jealous ['dʒɛləs] adj celoso; (envious) envidioso ❑ **jealousy** n celos mpl; envidia

jeans [dʒi:nz] npl pantalones mpl de mezclilla (MEX), jeans (LAm exc MEX), vaqueros mpl (SP)

Jeep® [dʒi:p] n jeep m

jeer [dʒɪər] vi: **to ~ (at)** (mock) mofarse (de)

Jell-O® ['dʒɛlou] (US) n gelatina

jelly ['dʒɛli] n (US: jam) mermelada; (BRIT: dessert etc) gelatina ❑ **jellyfish** n inv medusa, aguaviva (RPl)

jeopardy ['dʒɛpərdi] n: **to be in ~** estar en peligro

jerk [dʒɜ:rk] n (jolt) sacudida; (wrench) tirón m; (inf) imbécil mf ♦ vt tirar bruscamente de ♦ vi (vehicle) traquetear

jersey ['dʒɜ:rzi] n suéter m (LAm), jersey m (SP); (fabric) (tejido de) punto

Jesus ['dʒi:zəs] n Jesús m

jet [dʒɛt] n (of gas, liquid) chorro; (AVIAT) reactor m, jet m ❑ **jet-black** adj negro como el azabache ❑ **jet engine** n motor m a reacción ❑ **jet lag** n jet lag m, desorientación f después de un largo vuelo ❑ **jet liner** (US) n avión m de pasajeros

jettison ['dʒɛtɪsən] vt desechar

jetty ['dʒɛti] n muelle m, embarcadero

Jew [dʒu:] n judío(-a)

jewel ['dʒu:əl] n joya; (in watch) rubí m ❑ **jeweler** (US) (BRIT **jeweller**) n joyero(-a) ❑ **jewelry** (US) (BRIT **jewellery**) n joyas fpl, alhajas fpl ❑ **jewelry store** (US) (BRIT **jeweller's (shop)**) n joyería

Jewish ['dʒu:ɪʃ] adj judío

jibe [dʒaɪb] n mofa

jiffy ['dʒɪfi] (inf) n: **in a ~** en un santiamén

jigsaw ['dʒɪgˌsɔ:] n (also: **~ puzzle**) rompecabezas m inv, puzzle m

jilt [dʒɪlt] vt dejar plantado a

jingle ['dʒɪŋgəl] n musiquilla ♦ vi tintinear

jinx [dʒɪŋks] n: **there's a ~ on it** está salado (LAm), es yeta (RPl), está gafado (SP)

jitters ['dʒɪtərz] (inf) npl: **to get the ~** ponerse nervioso

job [dʒɑ:b] n (task) tarea; (post) empleo; **it's not my ~** no me incumbe a mí; **it's a good ~ that ...** menos mal que ...; **just the ~!** ¡estupendo! ❑ **job centre** (BRIT) n oficina estatal de colocaciones ❑ **jobless** adj desempleado, sin trabajo

jock [dʒɑ:k] (US) n deportista m

jockey ['dʒɑ:ki] n jockey mf ♦ vi: **to ~ for position** maniobrar para conseguir una posición

jog [dʒɑ:g] vt empujar (ligeramente) ♦ vi (run) hacer jogging; **to ~ sb's memory** refrescar la memoria a algn ▶ **jog along** vi (fig) ir tirando ❑ **jogging** n jogging m, footing m (SP)

join [dʒɔɪn] vt (things) juntar, unir; (club) hacerse socio de; (POL: party) afiliarse a; (line) ponerse en; (meet: people) reunirse con ♦ vi (*roads*) juntarse; (*rivers*) confluir ♦ *n* juntura ▶ **join in** *vi* tomar parte, participar ♦ *vt fus* tomar parte *or* participar en ▶ **join up** *vi* reunirse; (*BRIT MIL*) alistarse

joiner ['dʒɔɪnər] (*BRIT*) *n* carpintero(-a) ❑ **joinery** (*BRIT*) *n* carpintería

joint [dʒɔɪnt] *n* (*TECH*) junta, unión *f*; (*ANAT*) articulación *f*; (*inf*: *place*) tugurio; (: *of cannabis*) toque *m* (*MEX*), porro (*LAm exc MEX, SP*), churro (*CAm*); (*BRIT CULIN*) pieza de carne (para asar) ♦ *adj* (*common*) común; (*combined*) combinado; **~ account** (*with bank etc*) cuenta común

joke [dʒouk] *n* chiste *m*; (*also*: **practical ~**) broma ♦ *vi* bromear; **to play a ~ on** gastar una broma a ❑ **joker** *n* (*CARDS*) comodín *m*

jolly ['dʒɑ:li] *adj* (*merry*) alegre; (*enjoyable*) divertido ♦ *adv* (*BRIT*: *inf*) muy, terriblemente

jolt [dʒoult] *n* (*jerk*) sacudida; (*shock*) susto ♦ *vt* (*physically*) sacudir; (*emotionally*) asustar

jostle ['dʒɑ:səl] *vt* dar empellones a, codear

jot [dʒɑ:t] *n*: **not one ~** ni jota, ni pizca ▶ **jot down** *vt* apuntar ❑ **jotter** (*BRIT*) *n* bloc *m*

journal ['dʒɜ:rnl] *n* (*magazine*) revista; (*diary*) periódico, diario ❑ **journalism** *n* periodismo ❑ **journalist** *n* periodista *mf*, reportero(-a)

journey ['dʒɜ:rni] *n* viaje *m*; (*distance covered*) trayecto

jovial ['dʒouviəl] *adj* risueño, jovial

joy [dʒɔɪ] *n* alegría ❑ **joyful** *adj* alegre ❑ **joyous** *adj* alegre ❑ **joy ride** *n* (*illegal*) paseo en coche robado ❑ **joyrider** *n joven que roba un coche para dar una vuelta y luego abandonarlo* ❑ **joystick** *n* (*AVIAT*) palanca de mando; (*COMPUT*) mando

JP (*BRIT*) *n abbr* = **Justice of the Peace**

Jr *abbr* = **junior**

jubilant ['dʒu:bɪlənt] *adj* jubiloso

judge [dʒʌdʒ] *n* juez *mf*; (*fig*: *expert*) perito ♦ *vt* juzgar; (*consider*) considerar ❑ **judg(e)ment** *n* juicio

judiciary [dʒu:'dɪʃieri] *n* poder *m* judicial

judicious [dʒu:'dɪʃəs] *adj* juicioso

judo ['dʒu:dou] *n* judo

jug [dʒʌg] *n* jarra

juggernaut ['dʒʌgərnɔ:t] (*BRIT*) *n* (*huge truck*) trailer *m*

juggle ['dʒʌgəl] *vi* hacer juegos malabares ❑ **juggler** *n* malabarista *mf*

juice [dʒu:s] *n* jugo (*LAm*), zumo (*SP*) ❑ **juicy** *adj* jugoso

jukebox ['dʒu:kˌbɑ:ks] *n* rocola (*LAm*), máquina de discos (*RPl, SP*)

July [dʒu'laɪ] *n* julio

jumble ['dʒʌmbəl] *n* revoltijo ♦ *vt* (*also*: **~ up**) revolver ❑ **jumble sale** (*BRIT*) *n venta de objetos usados con fines benéficos*

jumbo ['dʒʌmbou] *n* jumbo

jump [dʒʌmp] *vi* saltar, dar saltos; (*with fear etc*) pegar un bote; (*increase*) aumentar ♦ *vt* saltar ♦ *n* salto; aumento; **to ~ the line** (*US*) *or* **queue** (*BRIT*) colarse

jumper ['dʒʌmpər] *n* (*US*: *dress*) jumper *m* (*LAm*), pichi *m* (*SP*); (*BRIT*: *pullover*) suéter *m* (*LAm*), jersey *m* (*SP*) ❑ **jumper cables** (*US*) *npl* cables *mpl* de arranque

jump leads (*BRIT*) *npl* = **jumper cables**

jump rope ['dʒʌmp,roup] (*US*) *n* cuerda de saltar (*LAm*), comba (*SP*)

jump suit (*US*) *n* overol *m* (*LAm*), enterito (*RPl*), mono (*SP*)

jumpy ['dʒʌmpi] (*inf*) *adj* nervioso

Jun. *abbr* = **junior**

junction ['dʒʌŋkʃən] *n* (*RAIL*) empalme *m*; (*BRIT*: *of roads*) cruce *m*

juncture ['dʒʌŋktʃər] *n*: **at this ~** en este momento, en esta coyuntura

June [dʒu:n] *n* junio

jungle ['dʒʌŋgəl] *n* selva, jungla

junior ['dʒu:njər] *adj* (*in age*) menor, más joven; (*brother/sister etc*): **7 years her ~** siete años menor que ella; (*position*) subalterno ♦ *n* menor *mf*, joven *mf* ❑ **junior high school** (*US*) *n* centro de (enseñanza) secundaria ❑ **junior school** (*BRIT*) *n* centro de (enseñanza) primaria

junk [dʒʌŋk] *n* (*cheap goods*) baratijas *fpl*; (*garbage*) basura ❑ **junk food** *n* comida chatarra (*MEX*) *or* basura (*LAm exc MEX, SP*)

junkie ['dʒʌŋki] (*inf*) *n* drogadicto(-a), yonqui *mf*

junk mail *n* propaganda de buzón

junk shop (*BRIT*) *n* tienda de objetos usados

junkyard *n* deshuesadero (*MEX*), depósito de chatarra (*LAm exc MEX*), desguace *m* (*SP*)

juror ['dʒurər] *n* jurado

jury ['dʒuri] *n* jurado

just [dʒʌst] *adj* justo ♦ *adv* (*exactly*) exactamente; (*only*) sólo, solamente; **he's ~ done it/left** acaba de hacerlo/irse; **~ right** perfecto; **~ two o'clock** las dos en punto; **she's ~ as clever as you** (ella) es tan lista como tú; **~ as well that ...** menos mal que ...; **~ as he was leaving** en el momento en que se marchaba; **~ before/enough** justo antes/lo suficiente; **~ here** aquí mismo; **he ~ missed** ha fallado por poco; **~ listen to this** escucha esto un momento

justice ['dʒʌstɪs] *n* justicia; (*US*: *judge*) juez *m*; **to do ~ to** (*fig*) hacer justicia a ❑ **Justice Department** (*US*) *n* Ministerio de Justicia ❑ **Justice of the Peace** (*BRIT*) *n* juez *m* de paz

justify ['dʒʌstɪfaɪ] *vt* justificar; (*text*) alinear

jut [dʒʌt] *vi* (*also*: **~ out**) sobresalir

juvenile ['dʒu:vənaɪl] *adj* (*court*) de menores; (*humor, mentality*) infantil ♦ *n* menor *m* de edad

Kk

K *abbr* (= *one thousand*) mil; (= *kilobyte*) kilobyte *m*, kiloocteto; (*inf*: *thousand*): **he earns 10K** gana 10.000 dólares

kangaroo [ˌkæŋgə'ru:] *n* canguro

karaoke [ˌkærə'ouki] *n* karaoke *m*

karate [kə'rɑ:ti] *n* karate *m*

kebab [kə'bɑ:b] *n* brocheta, alambre *m* (*MEX*)

keel [ki:l] *n* quilla; **on an even ~** (*fig*) en equilibrio

keen [ki:n] *adj* (*interest, desire*) grande, vivo; (*eye, intelligence*) agudo; (*competition*) reñido; (*edge*) afilado; (*eager*) entusiasta; **to be ~ to do** *or* **on doing sth** tener muchas ganas de hacer algo; **to be ~ on sth/sb** interesarse por algo/algn

keep [ki:p] (*pt, pp* **kept**) *vt* (*preserve, store*) guardar; (*hold back*) quedarse con; (*maintain*) mantener; (*detain*) detener; (*store*) ser propietario de; (*feed*: *family etc*) mantener; (*promise*) cumplir; (*chickens, bees etc*) criar; (*accounts*) llevar; (*diary*) escribir; (*prevent*): **to ~ sb from doing sth** impedir a algn hacer algo ♦ *vi* (*food*) conservarse; (*remain*) seguir, continuar ♦ *n* (*of castle*) torreón *m*; (*food etc*) comida, subsistencia; (*inf*): **for ~s** para siempre; **to ~ doing sth** seguir haciendo algo; **to ~ sb happy** tener a algn contento; **to ~ a place clean** mantener un lugar limpio; **to ~ sth to o.s.** guardar algo para sí mismo; **to ~ sth (back) from sb** ocultar algo a algn; **to ~ time** (*clock*) mantener la hora exacta ▶ **keep on** *vi*: **to keep on doing** seguir *or* continuar haciendo; **to keep on (about sth)** no parar de hablar (de algo) ▶ **keep out** *vi* (*stay out*) permanecer fuera; **"keep out"** "prohibida la entrada" ▶ **keep up** *vt* mantener, conservar ♦ *vi* no retrasarse; **to keep up with** (*pace*) ir al paso de; (*level*) mantenerse a la altura de ❑ **keeper** *n* guardián(-ana) *m/f* ❑ **keep-fit** (*BRIT*) *n* gimnasia (de mantenimiento) ❑ **keeping** *n* (*care*) cuidado; **in keeping with** de acuerdo con ❑ **keepsake** *n* recuerdo

kennel ['kenl] *n* perrera; **~s** *npl* residencia canina

Kenya ['kenjə] *n* Kenia

kept [kept] *pt, pp of* **keep**

kerb [kɜ:rb] (*BRIT*) *n* bordillo, cordón *m* de la banqueta (*MEX*) *or* vereda (*RPl*)

kernel ['kɜ:rnl] *n* (*nut*) almendra; (*fig*) meollo

kerosene ['kerəsi:n] *n* queroseno, keroseno

ketchup ['ketʃəp] *n* salsa de tomate, catsup *m*

kettle ['ketl] *n* hervidor *m*, pava (*RPl*) ❑ **kettle drum** *n* (*MUS*) timbal *m*

key [ki:] *n* llave *f*; (*MUS*) tono; (*of piano, typewriter*) tecla ♦ *adj* (*issue etc*) clave *inv* ♦ *vt* (*also*: **~ in**) teclear ❑ **keyboard** *n* teclado ❑ **keyed up** *adj* (*person*) nervioso ❑ **keyhole** *n* ojo (de la cerradura) ❑ **keyhole surgery** *n* cirugía endoscópica ❑ **keynote** *n* (*MUS*) tónica; (*of speech*) punto principal *or* clave ❑ **key ring** *n* llavero

khaki ['kæki] *n* caqui

kick [kɪk] *vt* dar una patada *or* un puntapié a; (*inf*: *habit*) quitarse de ♦ *vi* (*horse*) dar coces ♦ *n* patada; puntapié *m*; (*of animal*) coz *f*; (*thrill*): **he does it for ~s** lo hace por pura diversión ▶ **kick off** *vi* (*SPORT*) hacer el saque inicial

kid [kɪd] *n* (*inf*: *child*) chiquillo(-a), escuincle(-a) *m/f* (*MEX*), pibe(-a) *m/f* (*RPl*); (*animal*) cabrito; (*leather*) cabritilla ♦ *vi* (*inf*) bromear

kidnap ['kɪdnæp] *vt* secuestrar ❑ **kidnapper** (*US* **kidnaper**) *n* secuestrador(a) *m/f* ❑ **kidnapping** (*US* **kidnaping**) *n* secuestro

kidney ['kɪdni] *n* riñón *m* ❑ **kidney bean** *n* frijol *m* (*LAm*), poroto (*SC*), judía (*SP*)

kill [kɪl] *vt* matar; (*murder*) asesinar ♦ *n* matanza; **to ~ time** matar el tiempo ❑ **killer** *n* asesino(-a) ❑ **killer app** *n abbr* (*inf*: = *killer application*) aplicación *f* de excelente rendimiento ❑ **killing** *n* (*one*) asesinato; (*several*) matanza; **to make a killing** (*fig*) hacer el agosto ❑ **killjoy** *n* aguafiestas *mf inv*

kiln [kɪln] *n* horno

kilo ['ki:lou] *n* kilo ❑ **kilobyte** *n* (*COMPUT*) kilobyte *m*, kiloocteto ❑ **kilogram** (*US*) ['kɪləˌgræm] (*BRIT* **kilogramme**) *n* kilo, kilogramo ❑ **kilometer** (*US*) [kɪ'lɑ:mɪtər] (*BRIT* **kilometre**) *n* kilómetro ❑ **kilowatt** ['kɪləˌwɑ:t] *n* kilovatio

kilt [kɪlt] *n* falda escocesa

kin [kɪn] *n see* **next**

kind [kaɪnd] *adj* amable, atento ♦ *n* clase *f*, especie *f*; (*species*) género; **in ~** (*COMM*) en especie; **a ~ of** una especie de; **to be two of a ~** ser tal para cual

kindergarten ['kɪndərˌgɑ:rtn] *n* jardín *m* de niños (*MEX*), jardín infantil (*LAm exc MEX*) *or* de infantes (*RPl*), parvulario (*SP*)

kind-hearted *adj* bondadoso, de buen corazón

kindle ['kɪndl] *vt* encender; (*arouse*) despertar

kindly ['kaɪndli] *adj* bondadoso; cariñoso ♦ *adv* bondadosamente, amablemente; **will you ~ ...** sea usted tan amable de ...

kindness ['kaɪndnɪs] *n* (*quality*) bondad *f*, amabilidad *f*; (*act*) favor *m*

king [kɪŋ] *n* rey *m* ❑ **kingdom** *n* reino ❑ **kingfisher** *n* martín *m* pescador ❑ **king-size** *adj* de tamaño extra

kiosk ['ki:ɑ:sk] *n* quiosco; (*BRIT TEL*) cabina

kipper ['kɪpər] *n* arenque *m* ahumado

kiss [kɪs] *n* beso ♦ *vt* besar; **to ~ (each other)** besarse ❑ **kiss of life** (*BRIT*) *n* respiración *f* boca a boca

kit [kɪt] *n* (*equipment*) equipo; (*tools etc*) (caja de) herramientas *fpl*; (*assembly kit*) juego de armar

kitchen ['kɪtʃɪn] *n* cocina ❑ **kitchen sink** *n* fregadero, lavaplatos *m inv* (*MEX*), pileta (*RPl*)

kite [kaɪt] *n* (*toy*) cometa, papalote *m* (*MEX, CAm*), barrilete *m* (*RPl*)

kitten ['kɪtn] *n* gatito(-a)

kitty ['kɪti] *n* (*funds*) fondo común

km *abbr* (= *kilometer*) km

knack [næk] *n*: **to have the ~ of doing sth** tener el don de hacer algo

knapsack ['næpˌsæk] *n* mochila

knead [ni:d] *vt* amasar

knee [ni:] *n* rodilla ❑ **kneecap** *n* rótula

kneel [ni:l] (*pt, pp* **knelt**) *vi* (*also*: **~ down**) arrodillarse

knew [nu:] *pt of* **know**

knickers ['nɪkərz] (*BRIT*) *npl* calzones *mpl* (*LAm*), bombachas *fpl* (*RPl*), bragas *fpl* (*SP*)

knick-knack ['nɪkˌnæk] *n* baratija, chuchería

knife [naɪf] (*pl* **knives**) *n* cuchillo ♦ *vt* acuchillar

knight [naɪt] *n* caballero; (*CHESS*) caballo ❑ **knighthood** (*BRIT*) *n* (*title*): **to receive a knighthood** recibir el título de *Sir*

knit [nɪt] *vt* tejer ♦ *vi* tejer; (*bones*) soldarse; **to ~ one's brows** fruncir el ceño ❑ **knitting** *n* tejido ❑ **knitting machine** *n* máquina de tejer ❑ **knitting needle** *n* aguja de tejer ❑ **knitwear** *n* prendas *fpl* (de tejido) de punto

knives [naɪvz] *npl of* **knife**

knob [nɑ:b] *n* (*of door*) perilla (*LAm*), tirador *m* (*SP*); (*of stick*) puño; (*on radio, TV*) botón *m*

knock [nɑ:k] *vt* (*strike*) golpear; (*bump into*) chocar contra; (*inf*) criticar ♦ *vi* (*at door etc*): **to ~ at/on** llamar a ♦ *n* golpe *m*; (*on door*) llamada ▶ **knock down** *vt* atropellar ❑ **knock off** (*inf*) *vi* (*finish*) salir del trabajo ♦ *vt* (*from price*) descontar; (*inf*: *steal*) birlar ▶ **knock out** *vt* dejar sin sentido; (*BOXING*) noquear, dejar K.O.; (*in competition*) eliminar ▶ **knock over** *vt* (*object*) tirar; (*person*) atropellar ❑ **knocker** *n* (*on door*) aldabón *m* ❑ **knockout** *n* (*BOXING*) nocaut *m*, K.O. *m* ♦ *cpd* (*competition etc*) eliminatorio

knot [nɑ:t] *n* nudo ♦ *vt* anudar

know [nou] (*pt* **knew**, *pp* **~n**) *vt* (*facts*) saber; (*be acquainted with*) conocer; (*recognize*) reconocer, conocer; **to ~ how to swim** saber nadar; **to ~ about** *or* **of sb/sth** saber de algn/algo ❑ **know-how** *n* conocimientos *mpl* ❑ **knowing** *adj* (*look*) de complicidad ❑ **knowingly** *adv* (*purposely*) adrede; (*smile, look*) con complicidad ❑ **know-it-all** *n* sabelotodo *mf*

knowledge ['nɑ:lɪdʒ] *n* conocimiento; (*learning*) saber *m*, conocimientos *mpl* ❑ **knowledgeable** *adj* entendido

knuckle ['nʌkəl] *n* nudillo

Koran [kə'ræn] *n* Corán *m*

Korea [kə'ri:ə] *n* Corea

kosher ['kouʃər] *adj* kosher, autorizado por la ley judía

Kosovo ['kousəvou] *n* Kosovo *m*

Ll

L (*BRIT*) *abbr* = **learner driver**

l. *abbr* (= *liter*) l

lab [læb] *n abbr* = **laboratory**

label ['leɪbəl] *n* etiqueta ♦ *vt* etiquetar, poner una etiqueta a

labor (*US*) ['leɪbər] (*BRIT* **labour**) *n* (*hard work*) trabajo; (*labor force*) mano *f* de obra; (*MED*): **to be in ~** estar de parto ♦ *vi*: **to ~ (at sth)** trabajar (en algo) ♦ *vt*: **to ~ a point** insistir en un punto ❑ **Labor Day** *n* Día *m* del Trabajo *or* de los Trabajadores ❑ **labored** (*US*) (*BRIT* **laboured**) *adj* (*breathing*) fatigoso ❑ **laborer** (*US*) (*BRIT* **labourer**) *n* peón *m*; **farm laborer** peón *m*; (*day laborer*) jornalero ❑ **labor union** (*US*) *n* sindicato

> **LABOR DAY**
>
> **Labor Day** es una fiesta nacional en Estados Unidos y se celebra el primer lunes de septiembre. Todos los trabajadores tienen el día libre y aprovechan para disfrutar de un largo fin de semana, en honor del trabajo de todo el año. El fin de semana de **Labor Day** se considera también el final del verano.

laboratory ['læbrətɔ:ri] *n* laboratorio

laborious [lə'bɔ:riəs] *adj* penoso

labour *etc* ['leɪbər] (*BRIT*) *n*, *vb* = **labor** ❑ **Labour party** (*BRIT*) *n* el partido laborista, los laboristas *mpl*

lace [leɪs] *n* encaje *m*; (*of shoe etc*) cordón *m*, agujeta (*MEX*), cinta (*MEX*) ♦ *vt* (*shoes*: *also*: **~ up**) atarse (los zapatos)

lack [læk] *n* (*absence*) falta ♦ *vt* carecer de; **he ~s confidence** le falta confianza, carece de confianza; **through** *or* **for ~ of** por falta de; **to be ~ing** faltar, no haber; **he is ~ing in confidence** le falta confianza en sí mismo

lacquer ['lækər] *n* laca

lad [læd] *n* muchacho, chico

ladder ['lædər] *n* escalera (de mano); (*BRIT*: *in tights*) carrera

laden ['leɪdn] *adj*: **~ (with)** cargado (de)

ladle ['leɪdl] *n* cucharón *m*

lady ['leɪdi] *n* señora; (*dignified, graceful*) dama; **"ladies and gentlemen ..."** "damas y caballeros ..."; **young ~** señorita; **ladies' room** los servicios de señoras ❑ **ladybug** (*US*) (*BRIT* **ladybird**) *n* mariquita ❑ **ladylike** *adj* fino ❑ **Ladyship** *n*: **your Ladyship** su Señoría

lag [læg] *n* retraso ♦ *vi* (*also*: **~ behind**) retrasarse, quedarse atrás ♦ *vt* (*BRIT*: *pipes*) revestir

lager ['lɑ:gər] (*BRIT*) *n* cerveza (rubia)

lagoon [lə'gu:n] *n* laguna

laid [leɪd] *pt, pp of* **lay** ❑ **laid back** (*inf*) *adj* relajado ❑ **laid up** *adj*: **to be laid up (with)** tener que guardar cama (a causa de)

lain [leɪn] *pp of* **lie**

lake [leɪk] *n* lago

lamb [læm] *n* cordero; (*meat*) (carne *f* de) cordero ❑ **lamb chop** *n* chuleta de cordero ❑ **lambswool** *n* lana de cordero

lame [leɪm] *adj* cojo; (*excuse*) poco convincente

lament [lə'ment] *n* quejo ♦ *vt* lamentarse de

laminated ['læmɪneɪtɪd] *adj* (*metal*) laminado; (*wood*) contrachapado; (*surface*) plastificado

lamp [læmp] *n* lámpara ❑ **lamppost** *n* farol (*LAm*), farola (*SP*) ❑ **lampshade** *n* pantalla

lance [læns] *vt* (*MED*) abrir con lanceta

land [lænd] *n* tierra; (*country*) país *m*; (*piece of land*) terreno; (*estate*) tierras *fpl*, finca ♦ *vi* (*from ship*) desembarcar; (*AVIAT*) aterrizar; (*fig*: *fall*) caer, terminar ♦ *vt* (*passengers, goods*) desembarcar; **to ~ sb with sth** (*inf*) hacer cargar a algn con algo ▶ **land up** (*BRIT*) *vi*: **to land up in/at** ir a parar a/en ❑ **landfill site** *n* vertedero ❑ **landing** *n* aterrizaje *m*; (*of staircase*) rellano ❑ **landing gear** *n* (*AVIAT*) tren *m* de aterrizaje ❑ **landlady** *n* (*of rented apartment etc*) casera, dueña ❑ **landlord** *n* propietario; (*of rented apartment etc*) casero, dueño ❑ **landmark** *n* lugar *m* conocido; **to be a landmark** (*fig*) marcar un hito histórico ❑ **landowner** *n* terrateniente *mf* ❑ **landscape** *n* paisaje *m* ❑ **landscape gardener** *n* arquitecto de jardines ❑ **landslide** *n* (*GEO*) corrimiento de tierras; (*fig*: *POL*) victoria arrolladora

lane [leɪn] *n* (*in country*) camino; (*AUT*) carril *m*; (*in race*) calle *f*

language ['læŋgwɪdʒ] *n* lenguaje *m*; (*national tongue*) idioma *m*, lengua; **bad ~** palabrotas *fpl* ❑ **language laboratory** *n* laboratorio de idiomas

lank [læŋk] *adj* (*hair*) lacio

lanky ['læŋki] *adj* larguirucho

lantern ['læntərn] *n* linterna, farol *m*

lap [læp] *n* (*of track*) vuelta; (*of body*) regazo ♦ *vt* (*also*: **~ up**) beber a lengüetadas ♦ *vi* (*waves*) chapotear; **to sit on sb's ~** sentarse en las rodillas de algn ▶ **lap up** *vt* (*fig*) tragarse

lapel [lə'pel] *n* solapa

Lapland ['læplænd] *n* Laponia

lapse [læps] *n* fallo; (*moral*) desliz *m*; (*of time*) intervalo ♦ *vi* (*expire*) caducar; (*time*) pasar, transcurrir; **to ~ into bad habits** caer en malos hábitos

laptop (computer) ['læptɑ:p- (kəm'pju:tər)] *n* (ordenador *m*) portátil *m*

larch [lɑ:rtʃ] *n* alerce *m*

lard [lɑːrd] *n* manteca (de cerdo)
larder ['lɑːrdər] (*BRIT*) *n* despensa
large [lɑːrdʒ] *adj* grande; **at ~** (*free*) en libertad; (*generally*) en general ❑ **largely** *adv* (*mostly*) en su mayor parte; (*introducing reason*) en gran parte ❑ **large-scale** *adj* (*map*) en gran escala; (*fig*) importante

⚠ Be careful not to translate **large** by the Spanish word ***largo***.

lark [lɑːrk] *n* (*bird*) alondra; (*joke*) broma
laryngitis [ˌlærɪn'dʒaɪtɪs] *n* laringitis *f*
laser ['leɪzər] *n* láser *m* ❑ **laser printer** *n* impresora (por) láser
lash [læʃ] *n* latigazo; (*also*: **eye~**) pestaña ♦ *vt* azotar; (*tie*): **to ~ to/together** atar a/atar ▸ **lash out** *vi*: **to lash out (at sb)** (*hit*) arremeter (contra algn); **to lash out against sb** lanzar invectivas contra algn
lass [læs] (*BRIT*) *n* chica
lasso ['læsou] *n* lazo
last [læst] *adj* último; (*end*: *of series etc*) final ♦ *adv* (*most recently*) la última vez; (*finally*) por último ♦ *vi* durar; (*continue*) continuar, seguir; **~ night** anoche; **~ week** la semana pasada; **at ~** por fin; **~ but one** penúltimo ❑ **last-ditch** *adj* (*attempt*) último, desesperado ❑ **lasting** *adj* duradero ❑ **lastly** *adv* por último, finalmente ❑ **last-minute** *adj* de última hora
latch [lætʃ] *n* pestillo
late [leɪt] *adj* (*far on*: *in time, process etc*) al final de; (*not on time*) tarde, atrasado; (*dead*) fallecido ♦ *adv* tarde; (*behind time, schedule*) con retraso; **of ~** últimamente; **~ at night** a última hora de la noche; **in ~ May** hacia fines de mayo; **the ~ Mr. X** el difunto Sr X ❑ **latecomer** *n* rezagado(-a) ❑ **lately** *adv* últimamente ❑ **later** *adj* (*date etc*) posterior; (*version etc*) más reciente ♦ *adv* más tarde, después ❑ **latest** *adj* último; **at the latest** a más tardar
lathe [leɪð] *n* torno
lather ['læðər] *n* espuma (de jabón) ♦ *vt* enjabonar
Latin ['lætn] *n* latín *m* ♦ *adj* latino ❑ **Latin America** *n* América latina ❑ **Latin-American** *adj, n* latinoamericano(-a)
latitude ['lætɪtuːd] *n* latitud *f*; (*fig*) libertad *f*
latter ['lætər] *adj* último; (*of two*) segundo ♦ *n*: **the ~** el último, éste ❑ **latterly** *adv* últimamente
laudable ['lɔːdəbəl] *adj* loable
laugh [læf] *n* risa ♦ *vi* reír(se); **(to do sth) for a ~** (hacer algo) en broma ▸ **laugh at** *vt fus* reírse de ▸ **laugh off** *vt* tomar a risa ❑ **laughable** *adj* ridículo ❑ **laughing stock** *n*: **the laughing stock of** el hazmerreír de ❑ **laughter** *n* risa
launch [lɔːntʃ] *n* lanzamiento; (*boat*) lancha ♦ *vt* (*ship*) botar; (*rocket etc*) lanzar; (*fig*) comenzar ▸ **launch into** *vt fus* lanzarse a ❑ **launch(ing) pad** *n* plataforma de lanzamiento
launder ['lɔːndər] *vt* lavar
Launderette® [lɔːn'dret] (*BRIT*) *n* = **Laundromat**
Laundromat® ['lɔːndrəmæt] (*US*) *n* lavandería (automática)
laundry ['lɔːndri] *n* (*dirty*) ropa sucia; (*clean*) ropa lavada; (*room*) lavadero
lavatory ['lævətɔːri] *n* wáter *m*
lavender ['lævəndər] *n* lavanda
lavish ['lævɪʃ] *adj* (*amount*) abundante; (*person*): **~ with** pródigo en ♦ *vt*: **to ~ sth on sb** colmar a algn de algo
law [lɔː] *n* ley *f*; (*SCOL*) derecho; (*a rule*) regla; (*professions connected with law*) jurisprudencia ❑ **law-abiding** *adj* respetuoso de la ley ❑ **law and order** *n* orden *m* público ❑ **law court** *n* tribunal *m* (de justicia) ❑ **lawful** *adj* legítimo, lícito ❑ **lawless** *adj* (*action*) criminal
lawmaker ['lɔːˌmeɪkər] (*US*) *n* legislador(a) *m/f*
lawn [lɔːn] *n* pasto (*LAm*), césped *m* (*SP*) ❑ **lawnmower** *n* máquina de cortar el pasto (*LAm*), cortacésped *m* (*SP*) ❑ **lawn tennis** (*BRIT*) *n* tenis *m* sobre hierba
law school (*US*) *n* (*SCOL*) facultad *f* de derecho
lawsuit ['lɔːsuːt] *n* pleito
lawyer ['lɔːjər] *n* abogado(-a); (*for sales, wills etc*) notario(-a)
lax [læks] *adj* laxo
laxative ['læksətɪv] *n* laxante *m*
lay [leɪ] (*pt, pp* **laid**) *pt of* **lie** ♦ *adj* laico; (*not expert*) lego ♦ *vt* (*place*) colocar; (*eggs*) poner; (*cable*) tender; (*carpet*) extender ▸ **lay aside** *or* **by** *vt* dejar a un lado ▸ **lay down** *vt* (*pen etc*) dejar; (*rules etc*) establecer; **to lay down the law** (*pej*) imponer las normas ▸ **lay off** *vt* (*workers*) despedir ▸ **lay on** (*BRIT*) *vt* (*meal, facilities*) proveer ▸ **lay out** *vt* (*spread out*) disponer, exponer ❑ **layabout** (*BRIT*: *inf*) *n* vago(-a) ❑ **lay-by** *n* (*BRIT AUT*) área de aparcamiento
layer ['leɪər] *n* capa
layman ['leɪmən] *n* lego
lay-off ['leɪˌɔːf] *n* despido
layout ['leɪˌaut] *n* (*design*) plan *m*, trazado; (*PRESS*) composición *f*
layover ['leɪˌouvər] (*US*) *n* parada *f* intermedia
laze [leɪz] *vi* (*also*: **~ about**) holgazanear
lazy ['leɪzi] *adj* perezoso, vago; (*movement*) lento
lb. *abbr* libra; = **pound**
lead¹ [liːd] (*pt, pp* **led**) *n* (*front position*) delantera; (*clue*) pista; (*ELEC*) cable *m*; (*THEATER*) papel *m* principal; (*BRIT*: *for dog*) correa ♦ *vt* (*walk etc in front*) ir a la cabeza de; (*guide*): **to ~ sb somewhere** conducir a algn a algún sitio; (*be leader*) dirigir; (*start, guide*: *activity*) protagonizar ♦ *vi* (*road, pipe etc*) conducir a; (*SPORT*) ir primero; **to be in the ~** (*SPORT*) llevar la delantera; (*fig*) ir a la cabeza; **to ~ the way** llevar la delantera ▸ **lead away** *vt* llevar ▸ **lead back** *vt* (*person, route*) llevar de vuelta ▸ **lead on** *vt* (*tease*) engañar ▸ **lead to** *vt fus* producir, provocar ▸ **lead up to** *vt fus* (*events*) conducir a; (*in conversation*) preparar el terreno para
lead² [lɛd] *n* (*metal*) plomo; (*in pencil*) mina ❑ **leaded gas** (*US*) (*BRIT* **leaded petrol**) *n* gasolina con plomo
leader ['liːdər] *n* jefe(-a) *m/f*, líder *mf*; (*SPORT*) líder *mf* ❑ **leadership** *n* dirección *f*; (*position*) mando; (*quality*) iniciativa
leading ['liːdɪŋ] *adj* (*main*) principal; (*first*) primero; (*front*) delantero ❑ **leading lady** *n* (*THEATER*) primera actriz *f* ❑ **leading light** *n* (*person*) figura principal ❑ **leading man** *n* (*THEATER*) primer actor *m*
lead singer ['liːd'sɪŋər] *n* cantante *mf*
leaf [liːf] (*pl* **leaves**) *n* hoja ♦ *vi*: **to ~ through** hojear; **to turn over a new ~** reformarse
leaflet ['liːflɪt] *n* folleto
league [liːg] *n* sociedad *f*; (*SPORT*) liga; **to be in ~ with** haberse confabulado con
leak [liːk] *n* (*of liquid, gas*) escape *m*, fuga; (*in pipe*) agujero; (*in roof*) gotera; (*in security*) filtración *f* ♦ *vi* (*shoes, ship*) hacer agua; (*pipe*) tener (un) escape; (*roof*) gotear; (*liquid, gas*) escaparse, fugarse; (*fig*) divulgarse ♦ *vt* (*fig*) filtrar
lean [liːn] (*pt, pp* **~ed**, *pt, pp* **leant** [lɛnt] (*BRIT*)) *adj* (*thin*) flaco; (*meat*) magro ♦ *vt*: **to ~ sth on sth** apoyar algo en algo ♦ *vi* (*slope*) inclinarse; **to ~ against** apoyarse contra; **to ~ on** apoyarse en ▸ **lean back/forward** *vi* inclinarse hacia atrás/adelante ▸ **lean out** *vi* asomarse ▸ **lean over** *vi* inclinarse ❑ **leaning** *n*: **leaning (toward)** inclinación *f* (hacia) ❑ **leant** (*BRIT*) [lɛnt] *pt, pp of* **lean**
leap [liːp] (*pt, pp* **~ed** *or* **leapt** [lɛpt]) *n* salto ♦ *vi* saltar ❑ **leapfrog** *n* pídola ❑ **leap year** *n* año bisiesto
learn [lɜːrn] (*pt, pp* **~ed**, *pt, pp* **~t** (*BRIT*)) *vt* aprender ♦ *vi* aprender; **to ~ about sth** enterarse de algo; **to ~ to do sth** aprender a hacer algo ❑ **learned** ['lɜːrnɪd] *adj* erudito ❑ **learner** *n* (*BRIT*: *also*: **learner driver**) principiante *mf* ❑ **learning** *n* el saber, conocimientos *mpl*
lease [liːs] *n* arriendo ♦ *vt* arrendar
leash [liːʃ] *n* correa
least [liːst] *adj*: **the ~** (*slightest*) el menor, el más pequeño; (*smallest amount of*) mínimo ♦ *adv* (+ *vb*) menos; (+ *adj*): **the ~ expensive** el (la) menos costoso(-a); **the ~ possible effort** el menor esfuerzo posible; **at ~** por lo menos, al menos; **you could at ~ have written** por lo menos podías haber escrito; **not in the ~** en absoluto
leather ['lɛðər] *n* cuero
leave [liːv] (*pt, pp* **left**) *vt* dejar; (*go away from*) abandonar; (*place etc*: *permanently*) salir de ♦ *vi* irse; (*train etc*) salir ♦ *n* permiso; **to ~ sth to sb** (*money etc*) legar algo a algn; (*responsibility etc*) encargar a algn de algo; **to be left** quedar, sobrar; **there's some milk left over** sobra *or* queda algo de leche; **on ~** de permiso ▸ **leave behind** *vt* (*on purpose*) dejar; (*accidentally*) olvidar, dejarse ▸ **leave out** *vt* omitir; excluir ❑ **leave of absence** *n* permiso de licencia (*LAm*) *or* excedencia (*SP*)
leaves [liːvz] *npl of* **leaf**
Lebanon ['lɛbənɑːn] *n*: **the ~** el Líbano
lecherous ['lɛtʃərəs] (*pej*) *adj* lascivo
lecture ['lɛktʃər] *n* conferencia; (*SCOL*) clase *f* ♦ *vi* dar clase(s) ♦ *vt* (*scold*): **to ~ sb on** *or* **about sth** echar una reprimenda a algn por algo; **to give a ~ on** dar una conferencia sobre ❑ **lecturer** *n* conferencista *mf* (*LAm*), conferenciante *mf* (*SP*); (*BRIT UNIV*) profesor(a) *m/f* (universitario(-a))
led [lɛd] *pt, pp of* **lead**
ledge [lɛdʒ] *n* repisa; (*of window*) alféizar *m*; (*of mountain*) saliente *m*
ledger ['lɛdʒər] *n* libro mayor
leech [liːtʃ] *n* sanguijuela
leek [liːk] *n* puerro
leer [lɪər] *vi*: **to ~ at sb** mirar de manera lasciva a algn
leeway ['liːweɪ] *n* (*fig*): **to have some ~** tener cierta libertad de acción
left [lɛft] *pt, pp of* **leave** ♦ *adj* izquierdo; (*remaining*): **there are 2 ~** quedan dos ♦ *n* izquierda ♦ *adv* a la izquierda; **on** *or* **to the ~** a la izquierda; **the L~** (*POL*) la izquierda ❑ **left-handed** *adj* zurdo ❑ **the left-hand side** *n* la izquierda ❑ **left-luggage (office)** (*BRIT*) *n* consigna ❑ **leftovers** *npl* sobras *fpl* ❑ **left-wing** *adj* (*POL*) de izquierdas, izquierdista
leg [lɛg] *n* pierna; (*of animal, chair*) pata; (*of pants*) pernera; (*CULIN*: *of lamb*) pierna; (: *of chicken*) pata, pierna (*MEX*); (*of journey*) etapa
legacy ['lɛgəsi] *n* herencia
legal ['liːgəl] *adj* (*permitted by law*) lícito; (*of law*) legal ❑ **legal holiday** (*US*) *n* fiesta oficial ❑ **legalize** *vt* legalizar ❑ **legally** *adv* legalmente ❑ **legal tender** *n* moneda de curso legal
legend ['lɛdʒənd] *n* (*also fig*: *person*) leyenda
legislation [ˌlɛdʒɪs'leɪʃən] *n* legislación *f*
legislature ['lɛdʒɪsleɪtʃər] *n* cuerpo legislativo
legitimate [lɪ'dʒɪtɪmət] *adj* legítimo
leg-room *n* espacio para las piernas
leisure ['liːʒər] *n* ocio, tiempo libre; **at ~** con tranquilidad ❑ **leisure centre** (*BRIT*) *n* centro de recreo ❑ **leisurely** *adj* sin prisa; lento
lemon ['lɛmən] *n* limón *m* ❑ **lemonade** *n* limonada ❑ **lemon tea** *n* té *m* con limón
lend [lɛnd] (*pt, pp* **lent**) *vt*: **to ~ sth to sb** prestar algo a algn ❑ **lending library** *n* biblioteca de préstamo
length [lɛŋθ] *n* (*size*) largo, longitud *f*; (*distance*): **the ~ of** todo a lo largo de; (*of swimming pool, cloth*) largo; (*of wood, string*) trozo; (*amount of time*) duración *f*; **at ~** (*at last*) por fin, finalmente; (*lengthily*) largamente ❑ **lengthen** *vt* alargar ♦ *vi* alargarse ❑ **lengthways** *adv* a lo largo ❑ **lengthy** *adj* largo, extenso
lenient ['liːnjənt] *adj* indulgente
lens [lɛnz] *n* (*of spectacles*) cristal *m*, lente *f*; (*of camera*) objetivo
Lent [lɛnt] *n* Cuaresma
lent [lɛnt] *pt, pp of* **lend**
lentil ['lɛntɪl] *n* lenteja
Leo ['liːou] *n* Leo
leotard ['liːətɑːrd] *n* mallas *fpl*
leprosy ['lɛprəsi] *n* lepra
lesbian ['lɛzbiən] *n* lesbiana
less [lɛs] *adj* (*in size, degree etc*) menor; (*in quality*) menos ♦ *pron, adv* menos ♦ *prep*: **~ tax/10% discount** menos impuestos/el 10 por ciento de descuento; **~ than half** menos de la mitad; **~ than ever** menos que nunca; **~ and ~** cada vez menos; **the ~ he works ...** cuanto menos trabaja ... ❑ **lessen** *vi* disminuir, reducirse ♦ *vt* disminuir, reducir ❑ **lesser** *adj* menor; **to a lesser extent** en menor grado
lesson ['lɛsən] *n* clase *f*; (*warning*) lección *f*
let [lɛt] (*pt, pp* **~**) *vt* (*allow*) dejar, permitir; (*BRIT*: *lease*) alquilar; **to ~ sb do sth** dejar que algn haga algo; **to ~ sb know sth** comunicar algo a algn; **~'s go!** ¡vamos!; **~ him come** que venga; **"to ~"** "se alquila" ▸ **let down** *vt* (*disappoint*) defraudar; (*BRIT*: *tire*) desinflar ▸ **let go** *vi, vt* soltar ▸ **let in** *vt* dejar entrar; (*visitor etc*) hacer pasar ▸ **let off** *vt* (*culprit*) dejar escapar; (*BRIT*: *gun*) disparar; (*bomb*) accionar; (*firework*) hacer estallar ❑ **let on** (*inf*) *vi* divulgar ▸ **let out** *vt* dejar salir; (*sound*) soltar ▸ **let up** *vi* amainar, disminuir
lethal ['liːθəl] *adj* (*weapon*) mortífero; (*poison, wound*) mortal
letter ['lɛtər] *n* (*of alphabet*) letra; (*correspondence*) carta ❑ **letter bomb** *n* carta-bomba ❑ **letter box** (*BRIT*) *n* buzón *m* ❑ **lettering** *n* letras *fpl*
lettuce ['lɛtɪs] *n* lechuga
let-up *n* disminución *f*
leukemia (*US*) [luː'kiːmiə] (*BRIT* **leukaemia**) *n* leucemia
level ['lɛvəl] *adj* (*flat*) llano ♦ *adv* a nivel ♦ *n* nivel *m*; (*height*) altura ♦ *vt* nivelar; allanar; (*destroy*: *building*) derribar; (: *forest*) arrasar; **to be ~ with** estar a nivel de; **on the ~** (*fig*: *honest*) serio; **"A" ~s** (*BRIT*) ≈ examen *m* or calificación *f* en bachillerato ▸ **level off** *or* **out** *vi* (*prices etc*) estabilizarse ❑ **level crossing** (*BRIT*) *n* paso a nivel ❑ **level-headed** *adj* sensato
lever ['lɛvər] *n* (*also fig*) palanca ♦ *vt*: **to ~ sth up/off** levantar/quitar algo con palanca ❑ **leverage** *n* (*using bar etc*) apalancamiento; (*fig*: *influence*) influencia
levy ['lɛvi] *n* impuesto ♦ *vt* exigir, recaudar
lewd [luːd] *adj* lascivo; (*joke*) colorado (*MEX*), verde (*LAm exc MEX, SP*)
liability [ˌlaɪə'bɪlɪti] *n* (*pej*: *person, thing*) estorbo, lastre *m*; (*JUR*: *responsibility*) responsabilidad *f*; **liabilities** *npl* (*COMM*) pasivo
liable ['laɪəbəl] *adj* (*subject*): **~ to** sujeto a; (*responsible*): **~ for** responsable de; (*likely*): **~ to do** propenso a hacer
liaise [li'eɪz] *vi*: **to ~ with** enlazar con ❑ **liaison** *n* (*coordination*) enlace *m*; (*affair*) relaciones *fpl* amorosas
liar ['laɪər] *n* mentiroso(-a)
libel ['laɪbəl] *n* calumnia ♦ *vt* calumniar
liberal ['lɪbərəl] *adj* liberal; (*offer, amount etc*) generoso
liberate ['lɪbəreɪt] *vt* (*people*: *from poverty etc*) librar; (*prisoner*) libertar; (*country*) liberar
liberty ['lɪbərti] *n* libertad *f*; **to be at ~** (*criminal*) estar en libertad; **to be at ~ to do** estar libre para hacer; **to take the ~ of doing sth** tomarse la libertad de hacer algo
Libra ['liːbrə] *n* Libra
librarian [laɪ'brɛriən] *n* bibliotecario(-a)
library ['laɪbrɛri] *n* biblioteca

⚠ Be careful not to translate **library** by the Spanish word ***librería***.

libretto [lɪ'brɛtou] *n* libreto
Libya ['lɪbiə] *n* Libia ❑ **Libyan** *adj, n* libio(-a)
lice [laɪs] *npl of* **louse**
licence ['laɪsəns] (*BRIT*) *n* = **license**
license ['laɪsəns] *n* (*US*) licencia; (*permit*) permiso; (*also*: **driver's ~**) licencia de manejo (*LAm*), carnet *m* de conducir (*SP*) ♦ *vt* autorizar, dar permiso a ❑ **licensed** *adj* (*car*) matriculado; (*BRIT*: *for alcohol*) autorizado para vender bebidas alcohólicas ❑ **license plate** (*US*) *n* placa (*LAm*), chapa (*RPl*), matrícula (*SP*)
lick [lɪk] *vt* lamer; (*inf*: *defeat*) dar una paliza a; **to ~ one's lips** relamerse
licorice (*US*) ['lɪkərɪs] (*BRIT* **liquorice**) *n* regaliz *m*
lid [lɪd] *n* (*of box, case*) tapa; (*of pan*) tapadera
lido ['liːdou] *n* (*BRIT*) alberca (*MEX*), piscina (*LAm exc MEX, SP*), pileta (*RPl*)
lie [laɪ] (*pt* **lay**, *pp* **lain**) *vi* (*rest*) estar echado, estar acostado; (*of object*: *be situated*) estar, encontrarse; (*tell lies*: *pt, pp lied*) mentir ♦ *n* mentira; **to ~ low** (*fig*) mantenerse a escondidas ▸ **lie around** *or* (*BRIT*) **about** *vi* (*things*) estar tirado; (*people*) estar tumbado ❑ **lie-down** (*BRIT*) *n*: **to have a lie-down** echarse (una siesta) ❑ **lie-in** (*BRIT*) *n*: **to have a lie-in** quedarse en la cama
lieu [luː]: **in ~ of** *prep* en lugar de
lieutenant [luː'tɛnənt] *n* (*MIL*) teniente *mf*
life [laɪf] (*pl* **lives**) *n* vida; **to come to ~** animarse ❑ **life assurance** (*BRIT*) *n* = **life insurance** ❑ **life belt** (*BRIT*) *n* salvavidas *m inv* ❑ **lifeboat** *n* lancha de socorro ❑ **life coach** *n profesional encargado de mejorar la situación laboral y personal de sus clientes* ❑ **lifeguard** *n* socorrista *mf*, vigilante *mf* ❑ **life insurance** *n* seguro de vida ❑ **life jacket** *n* chaleco salvavidas ❑ **lifeless** *adj* sin vida; (*dull*) soso ❑ **lifelike** *adj* (*model etc*) que parece vivo; (*realistic*) realista ❑ **lifelong** *adj* de toda la vida ❑ **life preserver** (*US*) *n* chaleco salvavidas ❑ **life sentence** *n* cadena perpetua ❑ **life-size** *adj* de tamaño natural ❑ **life span** *n* vida ❑ **lifestyle** *n* estilo de vida ❑ **life support system** *n* (*MED*) sistema *m* de respiración asistida ❑ **lifetime** *n* (*of person*) vida; (*of thing*) período de vida
lift [lɪft] *vt* levantar; (*end*: *ban, rule*) levantar, suprimir ♦ *vi* (*fog*) disiparse ♦ *n* (*BRIT*: *machine*) ascensor *m*; **to give sb a ~** (*BRIT*) llevar a algn en el carro (*LAm*) *or* coche (*SP*) ❑ **lift-off** *n* despegue *m*
light [laɪt] (*pt, pp* **~ed** *or* **lit**) *n* luz *f*; (*lamp*) luz *f*, lámpara; (*AUT*) faro; (*for cigarette etc*): **have you got a ~?** ¿tienes fuego? ♦ *vt* (*candle, cigarette, fire*) prender (*LAm*), encender (*SP*); (*room*) alumbrar ♦ *adj* (*color*) claro; (*not heavy, also fig*) ligero; (*room*) con mucha luz; (*gentle, graceful*) ágil; **~s** *npl* (*traffic lights*) semáforo; **to come to ~** salir a luz; **in the ~ of** (*new evidence etc*) a la luz de ▸ **light up** *vi* (*smoke*) encender un cigarrillo; (*face*) iluminarse ♦ *vt* (*illuminate*) iluminar, alumbrar; (*set fire to*) encender ❑ **light bulb** *n* foco (*MEX*), bombilla (*LAm exc MEX, SP*), bujía (*CAm*), bombita (*RPl*) ❑ **lighten** *vt* (*make less heavy*) aligerar ❑ **lighter** *n* (*also*: **cigarette lighter**) encendedor *m* ❑ **light-headed** *adj* (*dizzy*) mareado; (*excited*) exaltado ❑ **light-hearted** *adj* (*person*) alegre; (*remark etc*) divertido ❑ **lighthouse** *n* faro ❑ **lighting** *n* (*system*) alumbrado ❑ **lightly** *adv* ligeramente; (*not seriously*) con poca seriedad; **to get off lightly** ser castigado con poca severidad ❑ **lightness** *n* (*in weight*) ligereza
lightning ['laɪtnɪŋ] *n* relámpago, rayo ❑ **lightning rod** (*US*) (*BRIT* **lightning conductor**) *n* pararrayos *m inv*
light: ❑ **light pen** *n* lápiz *m* óptico ❑ **lightweight** *adj* (*suit*) ligero ♦ *n* (*BOXING*) peso ligero ❑ **light year** *n* año luz
like [laɪk] *vt* (*thing*): **I ~ swimming/apples** me gusta nadar/me gustan las manzanas ♦ *prep* como ♦ *adj* parecido, semejante ♦ *n*: **and the ~** y otros por el estilo; **his ~s and dislikes** sus gustos y aversiones; **I would ~, I'd ~** me gustaría; (*for purchase*) quisiera; **would you ~ a coffee?** ¿te apetece un café?; **to be** *or* **look ~ sb/sth** parecerse a algn/algo; **what does it look/taste/sound ~?** ¿cómo es/a qué sabe/cómo suena?; **that's just ~ him** es muy de él,

es característico de él; **do it ~ this** hazlo así; **it is nothing ~ ...** no tiene parecido alguno con ... ❑ **likeable** *adj* simpático, agradable
likelihood ['laɪklihud] *n* probabilidad *f*
likely ['laɪkli] *adj* probable; **he's ~ to leave** es probable que se vaya; **not ~!** ¡ni hablar!
likeness ['laɪknɪs] *n* semejanza, parecido; **that's a good ~** se parece mucho
likewise ['laɪk,waɪz] *adv* igualmente; **to do ~** hacer lo mismo
liking ['laɪkɪŋ] *n*: **~ (for)** *(person)* cariño (a); *(thing)* afición (a); **to be to sb's ~** ser del gusto de algn
lilac ['laɪlæk] *n (tree)* lilo; *(flower)* lila
lily ['lɪli] *n* lirio, azucena; **~ of the valley** *n* lirio de los valles
limb [lɪm] *n* miembro
limber ['lɪmbər]: **to ~ up** *vi (SPORT)* hacer ejercicios de calentamiento
limbo ['lɪmbou] *n*: **to be in ~** *(fig)* quedar a la expectativa
lime [laɪm] *n (tree)* limero; *(fruit)* limón *m* verde *(MEX)*, lima *(LAm exc MEX, SP)*; *(GEO)* cal *f*
limelight ['laɪm,laɪt] *n*: **to be in the ~** *(fig)* ser el centro de atención
limerick ['lɪmərɪk] *n tipo de poema humorístico de cinco versos*
limestone ['laɪm,stoun] *n* piedra caliza
limit ['lɪmɪt] *n* límite *m* ♦ *vt* limitar ❑ **limited** *adj* limitado; **to be limited to** limitarse a ❑ **limited (liability) company** *(BRIT) n* sociedad *f* anónima
limousine ['lɪməzi:n] *n* limusina
limp [lɪmp] *n*: **to have a ~** tener cojera ♦ *vi* cojear ♦ *adj* flojo; *(material)* flácido
limpet ['lɪmpɪt] *n* lapa
line [laɪn] *n* línea; *(of people)* cola; *(rope)* cuerda; *(for fishing)* sedal *m*; *(wire)* hilo; *(row, series)* fila, hilera; *(of writing)* renglón *m*, línea; *(of song)* verso; *(on face)* arruga; *(RAIL)* vía ♦ *vt (road etc)* llenar; *(SEWING)* forrar; **to ~ the streets** llenar las aceras; **in ~ with** alineado con; *(according to)* de acuerdo con ▶ **line up** *vi* hacer cola ♦ *vt* alinear; *(prepare)* preparar; organizar
lined [laɪnd] *adj (face)* arrugado; *(paper)* rayado
linen ['lɪnɪn] *n* ropa blanca; *(cloth)* lino
liner ['laɪnər] *n* transatlántico; *(for bin)* bolsa (de basura)
linesman ['laɪnzmən] *n (SPORT)* juez *m* de línea
line-up *n (US: line)* cola; *(SPORT)* alineación *f*
linger ['lɪŋgər] *vi* retrasarse, tardar en marcharse; *(smell, tradition)* persistir
lingerie [lɑ:nʒə'reɪ] *n* lencería
linguist ['lɪŋgwɪst] *n* lingüista *mf* ❑ **linguistics** *n* lingüística
lining ['laɪnɪŋ] *n* forro; *(ANAT)* (membrana) mucosa
link [lɪŋk] *n (of a chain)* eslabón *m*; *(relationship)* relación *f*, vínculo; *(INTERNET)* enlace *m* ♦ *vt* vincular, unir; *(associate)*: **to ~ with** *or* **to** relacionar con; **~s** *npl (GOLF)* campo de golf ▶ **link up** *vt* acoplar ♦ *vi* unirse
lino ['laɪnou] *(BRIT) n* = **linoleum**
linoleum [lɪ'nouliəm] *n* linóleo
lion ['laɪən] *n* león *m* ❑ **lioness** *n* leona
lip [lɪp] *n* labio ❑ **lip balm** *n* protector *m* labial
liposuction ['lɪpou,sʌkʃən] *n* liposucción *f*
lip: ❑ **lipread** *vi* leer los labios ❑ **lip salve** *n* = **lip balm** ❑ **lip service** *n*: **to pay lip service to sth** *(pej)* prometer algo de dientes para afuera ❑ **lipstick** *n* lápiz *m* de labios, lápiz labial *(LAm)*
liqueur [lɪ'kɜ:r] *n* licor *m*
liquid ['lɪkwɪd] *adj*, *n* líquido ❑ **liquidize** *vt (CULIN)* licuar ❑ **liquidizer** *n* licuadora
liquor ['lɪkər] *n (US)* alcohol *m*, bebidas *fpl* alcohólicas; *(BRIT)* licores *mpl*
liquorice ['lɪkərɪs] *(BRIT) n* = **licorice**
liquor store *(US) n* tienda de bebidas alcohólicas
Lisbon ['lɪzbən] *n* Lisboa
lisp [lɪsp] *n* ceceo ♦ *vi* cecear
list [lɪst] *n* lista ♦ *vt (mention)* enumerar; *(put on a list)* poner en una lista ❑ **listed building** *(BRIT) n* edificio de interés histórico-artístico
listen ['lɪsən] *vi* escuchar, oír; **to ~ to sth/sb** escuchar algo/a algn ❑ **listener** *n* oyente *mf*; *(RADIO)* radioyente *mf*
listless ['lɪstlɪs] *adj* apático, indiferente
lit [lɪt] *pt, pp of* **light**
liter *(US)* ['li:tər] *(BRIT* **litre***) n* litro
literacy ['lɪtərəsi] *n* alfabetismo, capacidad *f* de leer y escribir
literal ['lɪtərəl] *adj* literal
literary ['lɪtərɛri] *adj* literario
literate ['lɪtərət] *adj* alfabetizado, que sabe leer y escribir; *(educated)* culto
literature ['lɪtərətʃər] *n* literatura; *(brochures etc)* folletos *mpl*
lithe [laɪð] *adj* ágil
litigation [,lɪtɪ'geɪʃən] *n* litigio
litre ['li:tər] *(BRIT) n* = **liter**

litter ['lɪtər] *n (garbage)* basura; *(young animals)* camada, cría ❑ **litter bin** *(BRIT) n* papelera ❑ **littered** *adj*: **littered with** *(scattered)* lleno de
little ['lɪtl] *adj (small)* pequeño; *(not much)* poco ♦ *adv* poco; **a ~** un poco (de); **~ house/bird** casita/pajarito; **a ~ bit** un poquito; **~ by ~** poco a poco ❑ **little finger** *n* dedo meñique
live¹ [laɪv] *adj (animal)* vivo; *(wire)* conectado; *(broadcast)* en directo; *(shell)* cargado
live² [lɪv] *vi* vivir ▶ **live down** *vt* hacer olvidar ▶ **live on** *vt fus (food, salary)* vivir de ▶ **live together** *vi* vivir juntos ▶ **live up to** *vt fus (fulfill)* cumplir con
livelihood ['laɪvlihud] *n* sustento
lively ['laɪvli] *adj* vivo; *(interesting: place, book etc)* animado
liven up ['laɪvən'ʌp] *vt* animar ♦ *vi* animarse
liver ['lɪvər] *n* hígado
lives [laɪvz] *npl of* **life**
livestock ['laɪv,stɑ:k] *n* ganado
livid ['lɪvɪd] *adj* lívido; *(furious)* furioso
living ['lɪvɪŋ] *adj (alive)* vivo ♦ *n*: **to earn** *or* **make a ~** ganarse la vida ❑ **living conditions** *npl* condiciones *fpl* de vida ❑ **living room** *n* sala (de estar) ❑ **living standards** *npl* nivel *m* de vida ❑ **living wage** *n* jornal *m* suficiente para vivir
lizard ['lɪzərd] *n* lagarto; *(small)* lagartija
load [loud] *n* carga; *(weight)* peso ♦ *vt (comput)* cargar; *(also:* **~ up***)*: **to ~ (with)** cargar (con *or* de); **a ~ of nonsense** *(inf)* tonterías *fpl*; **a ~ of, ~s of** *(fig)* (gran) cantidad de, montones de ❑ **loaded** *adj (vehicle)*: **to be loaded with** estar cargado de; *(question)* intencionado; *(inf: rich)* forrado (de dinero)
loaf [louf] *(pl* **loaves***) n* (barra de) pan *m*
loan [loun] *n* préstamo ♦ *vt* prestar; **on ~** prestado
loath [louθ] *adj*: **to be ~ to do sth** estar poco dispuesto a hacer algo
loathe [louð] *vt* aborrecer; *(person)* odiar, detestar ❑ **loathing** *n* aversión *f*; odio
loaves [louvz] *npl of* **loaf**
lobby ['lɑ:bi] *n* vestíbulo, sala de espera; *(pol: pressure group)* grupo de presión ♦ *vt* presionar
lobster ['lɑ:bstər] *n* langosta
local ['loukəl] *adj* local ♦ *n (BRIT: pub)* bar *m*; **the ~s** los vecinos, los del lugar ❑ **local anesthetic** *n (med)* anestesia local ❑ **local authority** *(BRIT) n* = **local government** ❑ **local call** *n (TEL)* llamada local *(LAm) or* metropolitana *(SP)* ❑ **local government** *(US) n* gobierno municipal ❑ **locality** [lou'kælɪti] *n* localidad *f* ❑ **locally** *adv* en la vecindad; por aquí
locate [lou'keɪt] *vt (find)* localizar; *(situate)*: **to be ~d in** estar situado en
location [lou'keɪʃən] *n* situación *f*; **on ~** *(film)* en exteriores
loch [lɑ:x] *n* lago
lock [lɑ:k] *n (of door, box)* cerradura; *(of canal)* esclusa; *(of hair)* mechón *m* ♦ *vt (with key)* cerrar (con llave) ♦ *vi (door etc)* cerrarse (con llave); *(wheels)* trabarse ▶ **lock in** *vt* encerrar ▶ **lock out** *vt (person)* cerrar la puerta a ▶ **lock up** *vt (criminal)* meter en la cárcel; *(mental patient)* encerrar; *(house)* cerrar (con llave) ♦ *vi* echar la llave
locker ['lɑ:kər] *n* lóker *m (LAm)*, taquilla *(SP)*
locket ['lɑ:kɪt] *n* relicario
locksmith ['lɑ:k,smɪθ] *n* cerrajero(-a)
lockup ['lɑ:k,ʌp] *n (jail, cell)* cárcel *f*
locum ['loukəm] *n (BRIT med)* interino(-a)
locust ['loukəst] *n* langosta
lodge [lɑ:dʒ] *n* casita (del guarda) ♦ *vi (person)*: **to ~ (with)** alojarse (en casa de); *(bullet, bone)* incrustarse ♦ *vt* presentar ❑ **lodger** *n* huésped *mf*
lodgings ['lɑ:dʒɪŋz] *npl* alojamiento
loft [lɑ:ft] *n* desván *m*
lofty ['lɑ:fti] *adj (noble)* sublime; *(haughty)* altanero
log [lɑ:g] *n (of wood)* leño, tronco; *(written account)* diario ♦ *vt* anotar ▶ **log in** *or* **on** *vi (comput)* entrar en el sistema ❑ **log off, log out** *vi (comput)* salir del sistema
logbook ['lɑ:g,buk] *n (naut)* diario de a bordo; *(aviat)* libro de vuelo; *(of car)* documentación *f*
loggerheads ['lɑ:gər,hedz] *npl*: **to be at ~ (with)** estar en desacuerdo (con)
logic ['lɑ:dʒɪk] *n* lógica ❑ **logical** *adj* lógico
login ['lɔgɪn] *n* login *m*
logo ['lougou] *n* logotipo
loin [lɔɪn] *n (culin)* lomo, solomillo
loiter ['lɔɪtər] *vi (linger)* entretenerse
loll [lɑ:l] *vi (also:* **~ about***)* repantigarse
lollipop ['lɑ:lipɑ:p] *n* chupaleta *(MEX)*, pirulí *m (LAm exc MEX)*, chupetín *m (RPl)*, piruleta *(SP)* ❑ **lollipop man/lady** *(BRIT) n persona encargada de ayudar a los niños a cruzar la calle*
London ['lʌndən] *n* Londres ❑ **Londoner** *n* londinense *mf*
lone [loun] *adj* solitario

loneliness ['lounlinɪs] *n* soledad *f*; aislamiento
lonely ['lounli] *adj (situation)* solitario; *(person)* solo; *(place)* aislado
loner ['lounər] *n* solitario(-a)
lonesome ['lounsəm] *(US) adj (person)* solo
long [lɑ:ŋ] *adj* largo ♦ *adv* mucho tiempo, largamente ♦ *vi*: **to ~ for sth** anhelar algo; **so** *or* **as ~ as** mientras, con tal que; **don't be ~!** ¡no tardes!, ¡vuelve pronto!; **how ~ is the street?** ¿cuánto tiene la calle de largo?; **how ~ is the lesson?** ¿cuánto dura la clase?; **6 feet ~** que mide 6 pies, de 6 pies de largo; **6 months ~** que dura 6 meses, de 6 meses de duración; **all night ~** toda la noche; **he no ~er comes** ya no viene; **~ before** mucho antes; **before ~** *(+ future)* dentro de poco; *(+ past)* poco tiempo después; **at ~ last** al fin, por fin ❑ **long-distance** *adj (race)* de larga distancia; **a long-distance call** una llamada de larga distancia *(LAm)*, una conferencia *(SP)* ❑ **long-haired** *adj* de pelo largo ❑ **longhand** *n* escritura sin abreviaturas ❑ **longing** *n* anhelo, ansia; *(nostalgia)* nostalgia ♦ *adj* anhelante
longitude ['lɑ:ndʒɪtu:d] *n* longitud *f*
long: ❑ **long jump** *n* salto de longitud ❑ **long-life** *adj (batteries)* de larga duración; *(BRIT: milk)* uperizado ❑ **long-lost** *adj* desaparecido hace mucho tiempo ❑ **long-range** *adj (plan)* de gran alcance; *(missile)* de largo alcance ❑ **longshoreman** *(US) n* trabajador *m* portuario, estibador *m* ❑ **long-sighted** *(BRIT) adj* hipermétrope ❑ **long-standing** *adj* de mucho tiempo ❑ **long-suffering** *adj* sufrido ❑ **long-term** *adj* a largo plazo ❑ **long wave** *n* onda larga ❑ **long-wearing** *(US) adj* resistente ❑ **long-winded** *adj* prolijo
loo [lu:] *(BRIT: inf) n* baño
look [luk] *vi* mirar; *(seem)* parecer; *(building etc)*: **to ~ south/on to the sea** dar al sur/al mar ♦ *n (gen)*: **to have a ~** mirar; *(glance)* mirada; *(appearance)* aire *m*, aspecto; **~s** *npl (good looks)* belleza; **~ (here)!** *(expressing annoyance etc)* ¡oye!; **~!** *(expressing surprise)* ¡mira! ▶ **look after** *vt fus (care for)* cuidar a; *(deal with)* encargarse de ▶ **look around** *or (BRIT)* **round** *vi* volver la cabeza ▶ **look at** *vt fus* mirar; *(read quickly)* echar un vistazo a ▶ **look back** *vi* mirar hacia atrás ▶ **look down on** *vt fus (fig)* despreciar, mirar con desprecio ▶ **look for** *vt fus* buscar ▶ **look forward to** *vt fus* esperar con ilusión; *(in letters)*: **we look forward to hearing from you** quedamos a la espera de sus gratas noticias ▶ **look into** *vt* investigar ▶ **look on** *vi* mirar (como espectador) ▶ **look out** *vi (beware)*: **to look out (for)** tener cuidado (de) ▶ **look out for** *vt fus (seek)* buscar; *(await)* esperar ▶ **look through** *vt fus (examine)* examinar ▶ **look to** *vt fus (rely on)* contar con ▶ **look up** *vi* mirar hacia arriba; *(improve)* mejorar ♦ *vt (word)* buscar ▶ **look up to** *vt fus* admirar ❑ **lookout** *n (tower etc)* puesto de observación; *(person)* vigía *mf*; **to be on the lookout for sth** estar al acecho de algo
loom [lu:m] *vi*: **~ (up)** *(threaten)* surgir, amenazar; *(event: approach)* aproximarse
loony ['lu:ni] *(inf) n, adj* loco(-a)
loop [lu:p] *n* lazo ♦ *vt*: **to ~ sth around sth** pasar algo alrededor de algo ❑ **loophole** *n* escapatoria
loose [lu:s] *adj* suelto; *(clothes)* ancho; *(morals, discipline)* relajado; **to be on the ~** estar en libertad; **to be at a ~ end** *or (US)* **at ~ ends** no saber qué hacer ❑ **loose change** *(BRIT) n* feria *(MEX)*, morralla *(MEX)*, sencillo *(LAm exc MEX)*, suelto *(SP)* ❑ **loose chippings** *npl (on road)* gravilla suelta ❑ **loosely** *adv* libremente, aproximadamente ❑ **loosen** *vt* aflojar
loot [lu:t] *n* botín *m* ♦ *vt* saquear
lop off [,lɑ:p'ɑ:f] *vt (branches)* podar
lop-sided *adj* torcido
lord [lɔ:rd] *n* señor *m*; **L~ Smith** Lord Smith; **the L~** el Señor; **my ~** *(to bishop)* Ilustrísima; *(to noble etc)* Señor; **good L~!** ¡Dios mío!; **the (House of) L~s** *(BRIT)* la Cámara de los Lores ❑ **lordship** *n*: **your Lordship** su Señoría
lore [lɔ:r] *n* tradiciones *fpl*
lorry ['lɔ:ri] *(BRIT) n* camión *m* ❑ **lorry driver** *(BRIT) n* trailero(-a) *(MEX)*, camionero(-a) *(LAm exc MEX, SP)*
lose [lu:z] *(pt, pp* **lost***) vt* perder ♦ *vi* perder, ser vencido; **to ~ (time)** *(clock)* atrasarse ❑ **loser** *n* perdedor(a) *m/f*
loss [lɔ:s] *n* pérdida; **heavy ~es** *(mil)* grandes pérdidas; **to be at a ~** no saber qué hacer; **to make a ~** sufrir pérdidas
lost [lɔ:st] *pt, pp of* **lose** ♦ *adj* perdido ❑ **lost and found** *(US) (BRIT* **lost property***) n* objetos *mpl* perdidos
lot [lɑ:t] *n (group: of things)* grupo; *(at auctions)* lote *m*; *(plot)* terreno *m*; **the ~** el todo, todos; **a ~** *(large number: of books etc)* muchos; *(a great deal)* mucho, bastante; **a ~ of, ~s of** mucho(s) *(pl)*; **I read a ~** leo bastante; **to draw ~s (for sth)** echar suertes (para decidir algo)
lotion ['louʃən] *n* loción *f*

lottery ['lɑ:təri] *n* lotería
loud [laud] *adj (voice, sound)* fuerte; *(laugh, shout)* estrepitoso; *(condemnation etc)* enérgico; *(gaudy)* chillón(-ona) ♦ *adv (speak etc)* fuerte; **out ~** en voz alta ❑ **loud-hailer** *(BRIT) n* megáfono ❑ **loudly** *adv (noisily)* fuerte; *(aloud)* en voz alta ❑ **loudspeaker** *n* altavoz *m*
lounge [laundʒ] *n (at airport etc)* sala; *(BRIT: in house)* salón *m*, sala (de estar); *(BRIT: also:* **~-bar***)* salón-bar *m* ♦ *vi (also:* **~ around***)* reposar, holgazanear
louse [laus] *(pl* **lice***) n* piojo
lousy ['lauzi] *(inf) adj (bad quality)* asqueroso, malísimo; *(ill)* pésimo *(LAm)*, fatal *(SP)*
lout [laut] *n* vándalo, patotero *(SC)*
lovable ['lʌvəbəl] *adj* amable, simpático
love [lʌv] *n (romantic, sexual)* amor *m*; *(kind, caring)* cariño ♦ *vt* amar, querer; *(thing, activity)*: **I ~ paella** me encanta la paella; **"~ from Anne"** *(on letter)* "un abrazo (de) Anne"; **I'd ~ to go** me encantaría ir; **to be/fall in ~ with** estar enamorado/enamorarse de; **to make ~** hacer el amor; **for the ~ of** por amor de; **"15 ~"** *(tennis)* "15 a cero" ❑ **love affair** *n* aventura (sentimental) ❑ **love letter** *n* carta de amor ❑ **love life** *n* vida sentimental
lovely ['lʌvli] *(BRIT) adj (delightful)* encantador(a); *(beautiful)* precioso
lover ['lʌvər] *n* amante *mf*; *(person in love)* enamorado; *(amateur)*: **a ~ of** un(a) aficionado(-a) *or* un(a) amante de
loving ['lʌvɪŋ] *adj* amoroso, cariñoso; *(action)* tierno
low [lou] *adj, adv* bajo ♦ *n (meteorology)* área de baja presión; **to be ~ on** *(supplies etc)* andar mal de; **to feel ~** sentirse deprimido; **to turn (down) ~** bajar ❑ **low-alcohol** *adj* de bajo contenido en alcohol ❑ **low-calorie** *adj* bajo en calorías ❑ **low-cut** *adj (dress)* escotado
lower ['louər] *adj* más bajo; *(less important)* menos importante ♦ *vt* bajar; *(reduce)* reducir ♦ *vr*: **to ~ o.s. to** *(fig)* rebajarse a
low: ❑ **low-fat** *adj (milk, yogurt)* descremado *(LAm)*, desnatado *(SP)*; *(diet)* bajo en calorías ❑ **lowlands** *npl (geo)* tierras *fpl* bajas ❑ **lowly** *adj* inferior ❑ **low season** *(BRIT) n* la temporada baja
loyal ['lɔɪəl] *adj* leal ❑ **loyalty** *n* lealtad *f* ❑ **loyalty card** *(BRIT) n* tarjeta de cliente
lozenge ['lɑ:zɪndʒ] *n (med)* pastilla
L.P. *n abbr* LP *m*; *(= long-playing record)* elepé *m*
L-plates ['ɛl,pleɪts] *(BRIT) npl Letra L que deben llevar en los vehículos los aprendices de conductor*
Ltd *(BRIT) abbr (= limited company)* S.A.
lubricate ['lu:brɪkeɪt] *vt* lubricar
luck [lʌk] *n* suerte *f*; **bad ~** mala suerte; **good ~!** ¡que tengas suerte!, ¡suerte!; **bad** *or* **hard** *or* **tough ~!** ¡qué pena! ❑ **luckily** *adv* afortunadamente ❑ **lucky** *adj* afortunado; *(at cards etc)* con suerte; *(object)* que trae suerte
ludicrous ['lu:dɪkrəs] *adj* absurdo
lug [lʌg] *vt (drag)* arrastrar
luggage ['lʌgɪdʒ] *n* equipaje *m* ❑ **luggage rack** *n (on car)* baca, portaequipajes *m inv*
lukewarm ['lu:k'wɔ:rm] *adj* tibio
lull [lʌl] *n* tregua ♦ *vt*: **to ~ sb to sleep** arrullar a algn; **to ~ sb into a false sense of security** dar a algn una falsa sensación de seguridad
lullaby ['lʌləbaɪ] *n* canción *f* de cuna
lumbago [lʌm'beɪgou] *n* lumbago
lumber ['lʌmbər] *n (junk)* trastos *mpl* viejos; *(wood)* maderos *mpl* ▶ **lumber with** *(BRIT) vt*: **to be lumbered with sth** tener que cargar con algo ❑ **lumberjack** *n* maderero
luminous ['lu:mɪnəs] *adj* luminoso
lump [lʌmp] *n* terrón *m*; *(fragment)* trozo; *(swelling)* bulto ♦ *vt (also:* **~ together***)* juntar ❑ **lump sum** *n* suma global ❑ **lumpy** *adj (sauce)* lleno de grumos; *(mattress)* lleno de bultos
lunatic ['lu:nətɪk] *adj* loco
lunch [lʌntʃ] *n* comida *(MEX)*, almuerzo *(LAm exc MEX, SP)* ♦ *vi* comer *(MEX)*, almorzar *(LAm exc MEX, SP)* ❑ **lunch meat** *(US) n* fiambre *m* en conserva
luncheon ['lʌntʃən] *n* comida *(MEX)*, almuerzo *(LAm exc MEX, SP)* ❑ **luncheon voucher** *(BRIT) n* vale *m* de comida
lunch time *n* hora de comer *(MEX) or* almorzar *(LAm exc MEX, SP)*
lung [lʌŋ] *n* pulmón *m*
lunge [lʌndʒ] *vi (also:* **~ forward***)* abalanzarse; **to ~ at** arremeter contra
lurch [lɜ:rtʃ] *vi* dar sacudidas ♦ *n* sacudida; **to leave sb in the ~** dejar a algn plantado
lure [luər] *n (attraction)* atracción *f* ♦ *vt* tentar
lurid ['lurɪd] *adj (color)* chillón(-ona); *(account)* espeluznante

lurk [lɜːrk] *vi* (*person, animal*) estar al acecho; (*fig*) acechar

luscious [ˈlʌʃəs] *adj* (*attractive*: *person, thing*) precioso; (*food*) exquisito, delicioso

lush [lʌʃ] *adj* exuberante

lust [lʌst] *n* lujuria; (*greed*) codicia

luster (*US*) [ˈlʌstər] (*BRIT* **lustre**) *n* lustre *m*, brillo

lusty [ˈlʌsti] *adj* robusto, fuerte

Luxembourg [ˈlʌksəmbərg] *n* Luxemburgo

luxuriant [lʌgˈʒuriənt] *adj* exuberante

luxurious [lʌgˈʒuriəs] *adj* lujoso

luxury [ˈlʌgʒəri] *n* lujo ♦ *cpd* de lujo

lying [ˈlaɪɪŋ] *n* mentiras *fpl* ♦ *adj* mentiroso

lyrical [ˈlɪrɪkəl] *adj* lírico

lyrics [ˈlɪrɪks] *npl* (*of song*) letra

Mm

m. *abbr* = **meter; mile; million**

M.A. *abbr* = **Master of Arts**

mac [mæk] (*BRIT*) *n* impermeable *m*

macaroni [mækəˈrouni] *n* macarrones *mpl*

machine [məˈʃiːn] *n* máquina ♦ *vt* (*dress etc*) coser a máquina; (*TECH*) hacer a máquina ❑ **machine gun** *n* ametralladora ❑ **machine language** *n* (*COMPUT*) lenguaje *m* máquina ❑ **machinery** *n* maquinaria; (*fig*) mecanismo

macho [ˈmɑːtʃou] *adj* machista

mackerel [ˈmækərəl] *n inv* caballa

mackintosh [ˈmækɪntɑːʃ] (*BRIT*) *n* impermeable *m*

mad [mæd] *adj* loco; (*idea*) disparatado; (*angry*) furioso; (*keen*): **he's ~ about tennis** el tenis le vuelve loco

madam [ˈmædəm] *n* señora

madden [ˈmædn] *vt* enloquecer

made [meɪd] *pt, pp of* **make**

Madeira [məˈdɪrə] *n* (*GEO*) Madera; (*wine*) vino de Madera

made-to-measure (*BRIT*) *adj* hecho a la medida

made-to-order (*US*) *adj* hecho a la medida

madly [ˈmædli] *adv* locamente

madman [ˈmædmən] *n* loco

madness [ˈmædnɪs] *n* locura

Madrid [məˈdrɪd] *n* Madrid

magazine [ˌmægəˈziːn] *n* revista; (*RADIO, TV*) programa *m* de entrevistas (y variedades)

maggot [ˈmægət] *n* gusano

magic [ˈmædʒɪk] *n* magia ♦ *adj* mágico ❑ **magician** [məˈdʒɪʃən] *n* mago(-a); (*conjurer*) prestidigitador(a) *m/f*

magistrate [ˈmædʒɪstreɪt] *n* juez *mf* de primera instancia

magnet [ˈmægnɪt] *n* imán *m* ❑ **magnetic** [mægˈnetɪk] *adj* magnético; (*personality*) atrayente

magnificent [mægˈnɪfɪsənt] *adj* magnífico

magnify [ˈmægnɪfaɪ] *vt* (*object*) ampliar; (*sound*) aumentar ❑ **magnifying glass** *n* lupa

magpie [ˈmægpaɪ] *n* urraca

mahogany [məˈhɑːgəni] *n* caoba

maid [meɪd] *n* sirvienta, mucama (*RPl*); **old ~** (*pej*) solterona

maiden [ˈmeɪdn] *n* doncella ♦ *adj* (*aunt etc*: *pej*) solterona; (*speech, voyage*) inaugural ❑ **maiden name** *n* apellido de soltera

mail [meɪl] *n* correo; (*letters*) correspondencia ♦ *vt* (*US*) echar al correo ❑ **mailbox** (*US*) *n* buzón *m* ❑ **mailing list** *n* lista de direcciones ❑ **mailman** (*US*) *n* cartero ❑ **mail order** *n* (*order*) pedido por correo

maim [meɪm] *vt* mutilar, lisiar

main [meɪn] *adj* principal, mayor ♦ *n* (*pipe*) cañería principal; (*US*) red *f* de suministro; **the ~s** *npl* (*BRIT*) la red de suministro; **in the ~** en general ❑ **mainframe** *n* (*COMPUT*) computadora (*LAm*) *or* ordenador *m* (*SP*) central ❑ **mainland** *n* tierra firme ❑ **mainly** *adv* principalmente ❑ **main road** *n* carretera general ❑ **mainstay** *n* (*fig*) pilar *m* ❑ **mainstream** *n* corriente *f* principal

maintain [meɪnˈteɪn] *vt* mantener ❑ **maintenance** [ˈmeɪntənəns] *n* mantenimiento; (*LAW*) pensión *f* alimenticia

maize [meɪz] (*BRIT*) *n* maíz *m*, choclo (*SC*)

majestic [məˈdʒestɪk] *adj* majestuoso

majesty [ˈmædʒɪsti] *n* majestad *f*; (*title*): **Your M~** Su Majestad

major [ˈmeɪdʒər] *n* (*MIL*) mayor *mf* (*LAm*), comandante *mf* (*SP*) ♦ *adj* principal; (*MUS*) mayor

Majorca [məˈjɔːrkə] *n* Mallorca

majority [məˈdʒɔːrɪti] *n* mayoría

make [meɪk] (*pt, pp* **made**) *vt* hacer; (*manufacture*) fabricar; (*mistake*) cometer; (*speech*) pronunciar; (*cause to be*): **to ~ sb sad** poner triste a algn; (*force*): **to ~ sb do sth** obligar a algn a hacer algo; (*earn*) ganar; (*equal*): **2 and 2 ~ 4** 2 y 2 son 4 ♦ *n* marca; **to ~ the bed** hacer la cama; **to ~ a fool of sb** poner a algn en ridículo; **to ~ a profit/loss** obtener ganancias/sufrir pérdidas; **to ~ it** (*arrive*) llegar; (*achieve sth*) tener éxito; **what time do you ~ it?** ¿qué hora tienes?; **to ~ do with** contentarse con ▶ **make for** *vt fus* (*place*) dirigirse a ▶ **make out** *vt* (*decipher*) descifrar; (*understand*) entender; (*see*) distinguir; (*check*) extender ▶ **make up** *vt* (*invent*) inventar; (*prepare*) hacer; (*constitute*) constituir ♦ *vi* reconciliarse; (*with cosmetics*) maquillarse ▶ **make up for** *vt fus* compensar ❑ **make-believe** *n* ficción *f*, invención *f* ❑ **maker** *n* fabricante *mf*; (*of movie, program*) autor(a) *m/f* ❑ **makeshift** *adj* improvisado ❑ **make-up** *n* maquillaje *m* ❑ **make-up remover** *n* desmaquillador *m*

making [ˈmeɪkɪŋ] *n* (*fig*): **in the ~** en vías de formación; **to have the ~s of** (*person*) tener madera de

Malaysia [məˈleɪʒə] *n* Malasia, Malaisia

male [meɪl] *n* (*BIOL*) macho ♦ *adj* (*sex, attitude*) masculino; (*child etc*) varón

malfunction [mælˈfʌŋkʃən] *n* mal funcionamiento

malice [ˈmælɪs] *n* malicia ❑ **malicious** [məˈlɪʃəs] *adj* malicioso; rencoroso

malignant [məˈlɪgnənt] *adj* (*MED*) maligno

mall [mɔːl] (*US*) *n* (*also*: **shopping ~**) centro comercial

mallet [ˈmælɪt] *n* mazo

malnutrition [ˌmælnuːˈtrɪʃən] *n* desnutrición *f*

malpractice [mælˈpræktɪs] *n* negligencia profesional

malt [mɔːlt] *n* malta; (*BRIT*: *whiskey*) whisky *m* de malta

Malta [ˈmɔːltə] *n* Malta ❑ **Maltese** [mɔːlˈtiːz] *adj, n inv* maltés(-esa) *m/f*

mammal [ˈmæməl] *n* mamífero

mammoth [ˈmæməθ] *n* mamut *m* ♦ *adj* gigantesco

man [mæn] (*pl* **men**) *n* hombre *m*; (*mankind*) el hombre ♦ *vt* (*NAUT*) tripular; (*MIL*) guarnecer; (*operate*: *machine*) manejar; **an old ~** un viejo; **~ and wife** marido y mujer

manage [ˈmænɪdʒ] *vi* arreglárselas, ir tirando ♦ *vt* (*be in charge of*) dirigir; (*control*: *person*) manejar; (: *ship*) gobernar ❑ **manageable** *adj* (*vehicle*) manejable; (*task*) factible ❑ **management** *n* dirección *f* ❑ **manager** *n* director(a) *m/f*; (*of pop star*) manager *mf*; (*SPORT*) entrenador(a) *m/f* ❑ **manageress** *n* directora; entrenadora ❑ **managerial** [ˌmænəˈdʒɪriəl] *adj* directivo ❑ **managing director** (*BRIT*) *n* director(a) *m/f* general

mandarin [ˈmændərɪn] *n* (*also*: **~ orange**) mandarina; (*person*) mandarín *m*

mandatory [ˈmændətɔːri] *adj* obligatorio

mane [meɪn] *n* (*of horse*) crin *f*; (*of lion*) melena

maneuver (*US*) [məˈnuːvər] (*BRIT* **manoeuvre**) *vt, vi* maniobrar ♦ *n* maniobra

manfully [ˈmænfəli] *adv* valientemente

mangle [ˈmæŋgəl] *vt* mutilar, destrozar

man: ❑ **manhandle** *vt* maltratar ❑ **manhole** *n* agujero de acceso ❑ **manhood** *n* madurez *f*; (*state*) virilidad *f* ❑ **man-hour** *n* hora-hombre *f* ❑ **manhunt** *n* (*POLICE*) búsqueda y captura

mania [ˈmeɪniə] *n* manía ❑ **maniac** *n* maníaco(-a); (*fig*) maniático

manic [ˈmænɪk] *adj* frenético ❑ **manic-depressive** *n* maníaco(-a) depresivo(-a)

manicure [ˈmænɪkjur] *n* manicura

manifest [ˈmænɪfest] *vt* manifestar, mostrar ♦ *adj* manifiesto

manifesto [ˌmænɪˈfestou] *n* manifiesto

manipulate [məˈnɪpjəleɪt] *vt* manipular

man: ❑ **mankind** *n* humanidad *f*, género humano ❑ **manly** *adj* varonil ❑ **man-made** *adj* artificial; (*fibre*) sintético

manner [ˈmænər] *n* manera, modo; (*behavior*) conducta, manera de ser; (*type*): **all ~ of things** toda clase de cosas; **~s** *npl* (*behavior*) modales *mpl*; **bad ~s** mala educación ❑ **mannerism** *n* peculiaridad *f*; (*gesture*) gesto

manoeuvre [məˈnuːvər] (*BRIT*) *n, vb* = **maneuver**

manor [ˈmænər] *n* (*modern*) finca; (*BRIT*: *also*: **~ house**) casa solariega

manpower [ˈmænˌpauər] *n* mano *f* de obra

mansion [ˈmænʃən] *n* mansión *f*

manslaughter [ˈmænˌslɔːtər] *n* homicidio sin premeditación

mantelpiece [ˈmæntlˌpiːs] *n* repisa (de la chimenea)

manual [ˈmænjuəl] *adj* manual ♦ *n* manual *m*

manufacture [ˌmænjuˈfæktʃər] *vt* fabricar ♦ *n* fabricación *f* ❑ **manufacturer** *n* fabricante *mf*

manure [məˈnuər] *n* estiércol *m*

manuscript [ˈmænjuskrɪpt] *n* manuscrito

many [ˈmeni] *adj, pron* muchos(-as); **a great ~** muchísimos, un buen número de; **~ a time** muchas veces

map [mæp] *n* mapa *m*; **to ~ out** *vt* proyectar

maple [ˈmeɪpəl] *n* arce *m*, maple *m* (*LAm*)

mar [mɑːr] *vt* estropear

marathon [ˈmærəθɑːn] *n* maratón *m*

marble [ˈmɑːrbəl] *n* mármol *m*; (*toy*) canica, bolita (*SC*)

March [mɑːrtʃ] *n* marzo

march [mɑːrtʃ] *vi* (*MIL*) marchar; (*demonstrators*) manifestarse ♦ *n* marcha; (*demonstration*) manifestación *f*

mare [meər] *n* yegua

margarine [ˈmɑːrdʒərən] *n* margarina

margin [ˈmɑːrdʒɪn] *n* margen *m*; (*COMM*: *profit margin*) margen (de beneficio) ❑ **marginal** *adj* marginal ❑ **marginal seat** (*BRIT*) *n* (*POL*) *escaño obtenido por escasa mayoría*

marigold [ˈmærɪgould] *n* caléndula

marijuana [mærɪˈwɑːnə] *n* mariguana (*LAm*), marihuana (*SP*)

marina [məˈriːnə] *n* puerto deportivo

marinate [ˈmærɪneɪt] *vt* marinar

marine [məˈriːn] *adj* marino ♦ *n* infante *m* de marina

marital [ˈmærɪtl] *adj* matrimonial; **~ status** estado civil

marjoram [ˈmɑːrdʒərəm] *n* mejorana

mark [mɑːrk] *n* marca, señal *f*; (*in snow, mud etc*) huella; (*stain*) mancha; (*currency*) marco; (*BRIT SCOL*) nota ♦ *vt* marcar; manchar; (*damage*: *furniture*) rayar; (*indicate*: *place etc*) señalar; (*BRIT SCOL*) calificar, corregir; **to ~ time** marcar el paso; (*fig*) marcar(se) un ritmo ❑ **marked** *adj* (*obvious*) marcado, acusado ❑ **marker** *n* (*sign*) marcador *m*; (*bookmark*) señal *f*

market [ˈmɑːrkɪt] *n* mercado ♦ *vt* (*COMM*) comercializar ❑ **market garden** (*BRIT*) *n* huerto ❑ **marketing** *n* marketing *m* ❑ **marketplace** *n* mercado ❑ **market research** *n* estudio de mercado

marksman [ˈmɑːrksmən] *n* tirador *m*

marmalade [ˈmɑːrməleɪd] *n* mermelada de naranja

maroon [məˈruːn] *vt*: **to be ~ed** quedar aislado; (*fig*) quedar abandonado

marquee [mɑːrˈkiː] *n* entoldado

marriage [ˈmærɪdʒ] *n* (*relationship, institution*) matrimonio; (*wedding*) boda; (*act*) casamiento ❑ **marriage certificate** *n* acta (*MEX*) *or* certificado (*LAm exc MEX, SP*) de matrimonio

married [ˈmærid] *adj* casado; (*life, love*) conyugal

marrow [ˈmærou] *n* médula; (*BRIT*: *vegetable*) calabacín *m*

marry [ˈmæri] *vt* casarse con; (*father, priest etc*) casar ♦ *vi* (*also*: **get married**) casarse

Mars [mɑːrz] *n* Marte *m*

marsh [mɑːrʃ] *n* pantano; (*salt marsh*) marisma

marshal [ˈmɑːrʃəl] *n* (*MIL*) mariscal *m*; (*at sports meeting etc*) oficial *m*; (*US*: *of police, fire department*) jefe(-a) *m/f* ♦ *vt* (*thoughts etc*) ordenar; (*soldiers*) formar

marshy [ˈmɑːrʃi] *adj* pantanoso

martial law [ˈmɑːrʃəlˈlɔː] *n* ley *f* marcial

martyr [ˈmɑːrtər] *n* mártir *mf* ❑ **martyrdom** *n* martirio

marvel [ˈmɑːrvəl] *n* maravilla, prodigio ♦ *vi*: **to ~ (at)** maravillarse (de) ❑ **marvelous** (*US*) (*BRIT* **marvellous**) *adj* maravilloso

Marxist [ˈmɑːrksɪst] *adj, n* marxista *mf*

marzipan [ˈmɑːrzɪpæn] *n* mazapán *m*

mascara [mæˈskærə] *n* rímel *m*

masculine [ˈmæskjulɪn] *adj* masculino

mash [mæʃ] *vt* machacar ❑ **mashed potatoes** *npl* puré *m* de papas (*LAm*) *or* patatas (*SP*)

mask [mæsk] *n* máscara ♦ *vt* (*cover*): **to ~ one's face** ocultarse la cara; (*hide*: *feelings*) esconder

mason [ˈmeɪsən] *n* albañil *m*; (*also*: **stone~**) mampostero; (*also*: **free~**) masón *m* ❑ **masonry** *n* (*building trade*) albañilería; (*stonework*) mampostería

masquerade [ˌmæskəˈreɪd] *vi*: **to ~ as** disfrazarse de, hacerse pasar por

mass [mæs] *n* (*people*) muchedumbre *f*; (*of air, liquid etc*) masa; (*of detail, hair etc*) gran cantidad *f*; (*REL*) misa ♦ *cpd* masivo ♦ *vi* reunirse; concentrarse; **the ~es** las masas; **~es of** (*inf*) montones de

massacre [ˈmæsəkər] *n* masacre *f*

massage [məˈsɑːʒ] *n* masaje *m* ♦ *vt* dar masaje en

masseur [mæˈsɜːr] *n* masajista *m*

masseuse [mæˈsuːz] *n* masajista *f*

massive [ˈmæsɪv] *adj* enorme; (*support, changes*) masivo

mass media *npl* medios *mpl* de comunicación

mass production *n* fabricación *f* en serie

mast [mæst] *n* (*NAUT*) mástil *m*; (*RADIO, TV*) torre *f*

master [ˈmæstər] *n* (*of servant*) amo; (*of situation, house*) dueño; (*BRIT*: *in primary school*) maestro; (*BRIT*: *in secondary school*) profesor *m*; (*title for boys*): **M~ X** Señorito X ♦ *vt* dominar ❑ **Master of Arts/Science** *n* maestría (*LAm*) *or* máster *m* (*SP*) en Letras/Ciencias ❑ **masterly** *adj* magistral ❑ **mastermind** *n* cerebro ♦ *vt* dirigir, planear ❑ **masterpiece** *n* obra maestra ❑ **mastery** *n* maestría

mat [mæt] *n* estera; (*also*: **door~**) tapete *m* (*MEX*), felpudo (*LAm exc MEX, SP*); (*also*: **table ~**) salvamanteles *m inv* ♦ *adj* = **mat(t)**

match [mætʃ] *n* fósforo, cerillo (*MEX*); (*game*) partido ♦ *vt* (*go well with*) hacer juego con; (*equal*) igualar; (*correspond to*) corresponderse con; (*colours*: *also*: **~ up**) combinar ♦ *vi* hacer juego; **to be a good ~** hacer juego ❑ **matchbox** *n* caja de fósforos *or* (*MEX*) cerillos ❑ **matching** *adj* haciendo juego

mate [meɪt] *n* (*workmate*) colega *mf*; (*animal*: *male*) macho; (: *female*) hembra; (*in navy*) segundo de a bordo; (*BRIT*: *inf*: *friend*) amigo(-a) ♦ *vi* acoplarse, aparearse ♦ *vt* aparear

material [məˈtɪriəl] *n* (*substance*) materia; (*information*) material *m*; (*cloth*) tela, tejido ♦ *adj* material; (*important*) esencial; **~s** *npl* materiales *mpl*

maternal [məˈtɜːrnl] *adj* maternal

maternity [məˈtɜːrnɪti] *n* maternidad *f* ❑ **maternity dress** *n* vestido de embarazada

math [mæθ] (*US*) *n* = **mathematics**

mathematical [ˌmæθəˈmætɪkəl] *adj* matemático

mathematician [ˌmæθəməˈtɪʃən] *n* matemático(-a)

mathematics [ˌmæθəˈmætɪks] *n* matemáticas *fpl*

maths [mæθs] (*BRIT*) *n* = **mathematics**

matinée [ˌmætˈneɪ] *n* sesión *f* de tarde

matrices [ˈmeɪtrɪsiːz] *npl of* **matrix**

matriculation [məˌtrɪkjuˈleɪʃən] *n* (formalización *f* de) matrícula

matrimony [ˈmætrɪmouni] *n* matrimonio

matrix [ˈmeɪtrɪks] (*pl* **matrices**) *n* matriz *f*

matron [ˈmeɪtrən] *n* (*married woman*) matrona; (*BRIT*) enfermera *f* jefe; (*in school*) enfermera

mat(t) [mæt] *adj* mate

matted [ˈmætɪd] *adj* enmarañado

matter [ˈmætər] *n* cuestión *f*, asunto; (*PHYSICS*) sustancia, materia; (*reading matter*) material *m*; (*MED*) pus *m* ♦ *vi* importar; **~s** *npl* (*affairs*) asuntos *mpl*, temas *mpl*; **it doesn't ~** no importa; **what's the ~?** ¿qué pasa?; **no ~ what** pase lo que pase; **as a ~ of course** por rutina; **as a ~ of fact** de hecho ❑ **matter-of-fact** *adj* pragmático, práctico

mattress [ˈmætrɪs] *n* colchón *m*

mature [məˈtjuər] *adj* maduro ♦ *vi* madurar ❑ **maturity** *n* madurez *f*

maul [mɔːl] *vt* magullar

mauve [mouv] *adj* de color guinda (*LAm*) *or* malva (*SP*)

maximum [ˈmæksɪməm] (*pl* **maxima**) *adj* máximo ♦ *n* máximo

May [meɪ] *n* mayo

may [meɪ] (*conditional* **might**) *vi* (*indicating possibility*): **he ~ come** puede que venga; (*be allowed to*): **~ I smoke?** ¿puedo fumar?; (*wishes*): **~ you have a happy life together!** ¡que seáis felices!; **you ~ as well go** bien puedes irte

maybe [ˈmeɪbiː] *adv* quizá(s)

May Day *n* el Primero de Mayo

mayhem [ˈmeɪhem] *n* caos *m* (total)

mayonnaise [ˈmeɪəneɪz] *n* mayonesa

mayor [ˈmeɪər] *n* alcalde *m* ❑ **mayoress** (*BRIT*) *n* alcaldesa

maze [meɪz] *n* laberinto

M.D. *n abbr* (= *Doctor of Medicine*) *título universitario*

me [miː] *pron* (*direct*) me; (*stressed, after pron*) mí; **can you hear me?** ¿me oyes?; **he heard ME** ¡me oyó a mí!; **it's me** soy yo; **give them to me** dámelos/las; **with/without me** conmigo/sin mí

meadow [ˈmedou] *n* prado, pradera

meager (*US*) [ˈmiːgər] (*BRIT* **meagre**) *adj* escaso, pobre

meal [miːl] *n* comida; (*flour*) harina ❑ **mealtime** *n* hora de comer

mean [miːn] (*pt, pp* **~t**) *adj* (*unkind*) mezquino, malo; (*humble*) humilde; (*average*) medio; (*BRIT*: *with money*) tacaño ♦ *vt* (*signify*) querer decir, significar; (*refer to*) referirse a; (*intend*): **to ~ to do sth** pensar *or* pretender hacer algo ♦ *n* medio, término medio; **~s** *npl* (*way*) medio, manera; (*money*) recursos *mpl*, medios *mpl*; **by ~s of** mediante, por medio de; **by all ~s!** ¡naturalmente!, ¡claro que sí!; **do you ~ it?** ¿lo dices en serio?; **what do you ~?** ¿qué quiere decir?; **to be ~t for sb/sth** ser para algn/algo

meander [miˈændər] *vi* (*river*) serpentear

meaning [ˈmiːnɪŋ] *n* significado, sentido; (*purpose*) sentido, propósito ❑ **meaningful** *adj* significativo ❑ **meaningless** *adj* sin sentido

meanness [ˈmiːnnɪs] *n* (*with money*) tacañería; (*unkindness*) maldad *f*, mezquindad *f*; (*humility*) humildad *f*

meant [mɛnt] *pt, pp of* **mean**

meantime ['mi:ntaɪm] *adv* (*also:* **in the ~**) mientras tanto

meanwhile ['mi:nwaɪl] *adv* = **meantime**

measles ['mi:zəlz] *n* sarampión *m*

measure ['mɛʒər] *vt, vi* medir ♦ *n* medida; (*ruler*) regla ❑ **measurements** *npl* medidas *fpl*

meat [mi:t] *n* carne *f*; **cold ~** fiambre *m* ❑ **meatball** *n* albóndiga ❑ **meat grinder** (*US*) *n* picadora de carne ❑ **meat pie** *n* pastel *m* de carne

Mecca ['mɛkə] *n* La Meca

mechanic [mɪ'kænɪk] *n* mecánico(-a) ❑ **mechanical** *adj* mecánico ❑ **mechanics** *n* mecánica ♦ *npl* mecanismo

mechanism ['mɛkənɪzəm] *n* mecanismo

medal ['mɛdl] *n* medalla ❑ **medalist** (*US*) (*BRIT* **medallist**) *n* (*SPORT*) medallista *mf* ❑ **medallion** [mɪ'dæljən] *n* medallón *m*

meddle ['mɛdl] *vi*: **to ~ in** entrometerse en; **to ~ with sth** manosear algo

media ['mi:dɪə] *npl* medios *mpl* de comunicación ♦ *npl of* **medium**

mediaeval [,mi:dɪ'i:vəl] (*BRIT*) *adj* = **medieval**

mediate ['mi:dɪeɪt] *vi* mediar ❑ **mediator** *n* intermediario(-a), mediador(a) *m/f*

medic ['mɛdɪk] *n* (*doctor*) médico(-a); (*student*) estudiante *mf* de medicina

Medicaid ['mɛdɪkeɪd] (*US*) *n programa de ayuda médica para los pobres*

medical ['mɛdɪkəl] *adj* médico ♦ *n* reconocimiento médico

Medicare ['mɛdɪkɛr] (*US*) *n programa de ayuda médica para los ancianos*

medication [mɛdɪ'keɪʃən] *n* medicación *f*

medicine ['mɛdɪsɪn] *n* medicina; (*drug*) medicamento, remedio (*LAm*)

medieval [,mi:dɪ'i:vəl] (*US*) *adj* medieval

mediocre [,mi:dɪ'oukər] *adj* mediocre

meditate ['mɛdɪteɪt] *vi* meditar

Mediterranean [,mɛdɪtə'reɪnɪən] *adj* mediterráneo; **the ~ (Sea)** el (Mar) Mediterráneo

medium ['mi:dɪəm] (*pl* **media**) *adj* mediano, regular ♦ *n* (*means*) medio; (*pl mediums*: *person*) médium *mf* ❑ **medium wave** (*BRIT*) *n* onda media

meek [mi:k] *adj* manso, sumiso

meet [mi:t] (*pt, pp* **met**) *vt* encontrar; (*accidentally*) encontrarse con, tropezar con; (*by arrangement*) reunirse con; (*for the first time*) conocer; (*go and fetch*) ir a buscar; (*opponent*) enfrentarse con; (*obligations*) cumplir; (*encounter*: *problem*) hacer frente a; (*need*) satisfacer ♦ *vi* encontrarse; (*in session*) reunirse; (*join*: *objects*) unirse; (*for the first time*) conocerse ▸ **meet with** *vt fus* (*difficulty*) tropezar con; **to meet with success** tener éxito ❑ **meeting** *n* encuentro; (*arranged*) cita, compromiso; (*business meeting*) reunión *f*; (*POL*) mitin *m*

megabyte ['mɛgə,baɪt] *n* (*COMPUT*) megabyte *m*, megaocteto

megaphone ['mɛgə,foun] *n* megáfono

melancholy ['mɛlənkɑ:li] *n* melancolía ♦ *adj* melancólico

mellow ['mɛlou] *adj* (*wine*) añejo; (*sound, color*) suave ♦ *vi* (*person*) ablandar

melody ['mɛlədi] *n* melodía

melon ['mɛlən] *n* melón *m*

melt [mɛlt] *vi* (*metal*) fundirse; (*snow*) derretirse ♦ *vt* fundir ❑ **meltdown** *n* (*in nuclear reactor*) fusión *f* de un reactor (nuclear) ❑ **melting pot** *n* (*fig*) crisol *m*

member ['mɛmbər] *n* (*gen, ANAT*) miembro; (*of club*) socio(-a); **M~ of Parliament** (*BRIT*) diputado(-a); **M~ of the European Parliament** (*BRIT*) eurodiputado(-a) ❑ **Member of the Scottish Parliament** (*BRIT*) *n* diputado(-a) del Parlamento escocés ❑ **membership** *n* (*members*) socios *mpl*; (*state*) afiliación *f* ❑ **membership card** *n* credencial *f* (*LAm*) *or* carnet *m* (*SP*) de socio

memento [mə'mɛntou] *n* recuerdo

memo ['mɛmou] *n* apunte *m*, nota

memoirs ['mɛmwɑ:rz] *npl* memorias *fpl*

memorandum [mɛmə'rændəm] (*pl* **memoranda**) *n* apunte *m*, nota; (*official note*) acta

memorial [mɪ'mɔ:rɪəl] *n* monumento conmemorativo ♦ *adj* conmemorativo

memorize ['mɛməraɪz] *vt* aprender de memoria

memory ['mɛməri] *n* (*also*: *COMPUT*) memoria; (*instance*) recuerdo; (*of dead person*): **in ~ of** a la memoria de

men [mɛn] *npl of* **man**

menace ['mɛnɪs] *n* amenaza ♦ *vt* amenazar ❑ **menacing** *adj* amenazador(a)

mend [mɛnd] *vt* reparar, arreglar; (*darn*) zurcir ♦ *vi* reponerse ♦ *n* arreglo, reparación *f* zurcido ♦ *n*: **to be on the ~** ir mejorando; **to ~ one's ways** enmendarse ❑ **mending** *n* reparación *f*; (*of clothes*) arreglo

meningitis [,mɛnɪn'dʒaɪtɪs] *n* meningitis *f*

menopause ['mɛnəpɔ:z] *n* menopausia

men's room (*US*) *n* baño de caballeros

menstruation [,mɛnstru'eɪʃən] *n* menstruación *f*

mental ['mɛntl] *adj* mental ❑ **mentality** [mɛn'tælɪti] *n* mentalidad *f*

mention ['mɛnʃən] *n* mención *f* ♦ *vt* mencionar; (*speak*) hablar de; **don't ~ it!** ¡de nada!

menu ['mɛnju:] *n* (*set menu*) menú *m*; (*printed*) carta; (*COMPUT*) menú *m*

MEP (*BRIT*) *n abbr* = **Member of the European Parliament**

merchandise ['mɜ:rtʃəndaɪs] *n* mercancías *fpl*

merchant ['mɜ:rtʃənt] *n* comerciante *mf* ❑ **merchant bank** (*BRIT*) *n* banco comercial ❑ **merchant marine** (*US*) (*BRIT* **merchant navy**) *n* marina mercante

merciful ['mɜ:rsɪful] *adj* compasivo; (*fortunate*) afortunado

merciless ['mɜ:rsɪlɪs] *adj* despiadado

mercury ['mɜ:rkjuri] *n* mercurio

mercy ['mɜ:rsi] *n* compasión *f*; (*REL*) misericordia; **at the ~ of** a la merced de

merely ['mɪrli] *adv* simplemente, sólo

merge [mɜ:rdʒ] *vt* (*join*) unir ♦ *vi* unirse; (*COMM*) fusionarse; (*colors etc*) fundirse ❑ **merger** *n* (*COMM*) fusión *f*

meringue [mə'ræŋ] *n* merengue *m*

merit ['mɛrɪt] *n* mérito ♦ *vt* merecer

mermaid ['mɜ:r,meɪd] *n* sirena

merry ['mɛri] *adj* alegre; **M~ Christmas!** ¡Felices Pascuas! ❑ **merry-go-round** *n* carrusel *m* (*LAm*), calesita (*RPl*), tiovivo (*SP*)

mesh [mɛʃ] *n* malla

mesmerize ['mɛzməraɪz] *vt* hipnotizar

mess [mɛs] *n* (*of situation*) confusión *f*; (*of room*) revoltijo; (*dirt*) porquería; (*MIL*) comedor *m* ▸ **mess around** *or* (*BRIT*) **about** (*inf*) *vi* perder el tiempo; (*pass the time*) entretenerse ▸ **mess around** *or* (*BRIT*) **about with** (*inf*) *vt fus* divertirse con ▸ **mess up** *vt* (*spoil*) estropear; (*dirty*) ensuciar

message ['mɛsɪdʒ] *n* recado, mensaje *m*

messenger ['mɛsɪndʒər] *n* mensajero(-a)

Messrs (*BRIT*) *abbr* (*on letters*: = *Messieurs*) Sres

messy ['mɛsi] *adj* (*dirty*) sucio; (*untidy*) desordenado

met [mɛt] *pt, pp of* **meet**

metal ['mɛtl] *n* metal *m* ❑ **metallic** [mə'tælɪk] *adj* metálico

metaphor ['mɛtəfər] *n* metáfora

meteor ['mi:tiər] *n* meteoro ❑ **meteorite** *n* meteorito

meteorology [mi:tiə'rɑ:lədʒi] *n* meteorología

meter ['mi:tər] *n* (*instrument*) medidor *m* (*LAm*), contador *m* (*SP*); (*US*: *unit*) metro

method ['mɛθəd] *n* método

meths [mɛθs], **methylated spirit(s)** ['mɛθəleɪtɪd'spɪrɪt(s)] *n* (*BRIT*) alcohol *m* metilado *or* desnaturalizado

metre ['mi:tər] (*BRIT*) *n* = **meter**

metric ['mɛtrɪk] *adj* métrico

metropolitan [mɛtrə'pɑ:lɪtn] *adj* metropolitano; **the M~ Police** (*BRIT*) la policía londinense

mettle ['mɛtl] *n*: **to be on one's ~** estar dispuesto a mostrar todo lo que uno vale

mew [mju:] *vi* (*cat*) maullar

mews [mju:z] (*BRIT*) *n*: **~ flat** *departamento or piso acondicionado en antiguos establos o cocheras*

Mexican ['mɛksɪkən] *adj, n* mexicano(-a), mejicano(-a)

Mexico ['mɛksɪkou] *n* México (*LAm*), Méjico (*SP*) ❑ **Mexico City** *n* Ciudad *f* de México *or* Méjico

mezzanine ['mɛzəni:n] *n* (*in store*) entresuelo; (*US*: *in theater*) anfiteatro

miaow [mi:'au] *vi* maullar

mice [maɪs] *npl of* **mouse**

micro... [maɪkrou] *prefix* micro... ❑ **microchip** *n* microchip *m* ❑ **micro(computer)** *n* microcomputadora (*LAm*), microordenador *m* (*SP*) ❑ **microphone** *n* micrófono ❑ **microprocessor** *n* microprocesador *m* ❑ **microscope** *n* microscopio ❑ **microwave** *n* (*also*: **microwave oven**) (horno de) microondas *m inv*

mid [mɪd] *adj*: **in ~ May** a mediados de mayo; **in ~ afternoon** a media tarde; **in ~ air** en el aire ❑ **midday** *n* mediodía *m*

middle ['mɪdl] *n* centro; (*half-way point*) medio; (*waist*) cintura ♦ *adj* de en medio; (*course, way*) intermedio; **in the ~ of the night** en plena noche ❑ **middle-aged** *adj* de mediana edad ❑ **the Middle Ages** *npl* la Edad Media ❑ **middle-class** *adj* de clase media ❑ **the middle class(es)** *n(pl)* la clase media ❑ **Middle East** *n* Oriente *m* Medio ❑ **middleman** *n* intermediario ❑ **middle name** *n* segundo nombre ❑ **middle-of-the-road** *adj* moderado ❑ **middle school** *n* (*US*) *colegio para niños de doce a catorce años*; (*BRIT*) *colegio para niños de ocho o nueve a doce o trece años* ❑ **middleweight** *n* (*BOXING*) peso medio

middling ['mɪdlɪŋ] *adj* mediano

midge [mɪdʒ] (*BRIT*) *n* mosquito

midget ['mɪdʒɪt] *n* enano(-a)

Midlands ['mɪdləndz] (*BRIT*) *npl*: **the ~** *la región central de Inglaterra*

midnight ['mɪdnaɪt] *n* medianoche *f*

midst [mɪdst] *n*: **in the ~ of** (*crowd*) en medio de; (*situation, action*) en mitad de

midsummer ['mɪd'sʌmər] *n*: **in ~** en pleno verano

midterm ['mɪd'tɜ:rm] *n* vacaciones *fpl* de mitad de trimestre; **~ elections** *npl* (*US*) elecciones *fpl* a mitad del mandato (presidencial)

midway ['mɪd,weɪ] *adj, adv*: **~ (between)** a medio camino (entre); **~ through** a la mitad (de)

midweek ['mɪd'wi:k] *adv* entre semana

Midwest ['mɪd'wɛst] (*US*) *n* mediooeste *m* (*llanura central de EE.UU.*)

MIDWEST

El **Midwest** es un área geográfica de la Norteamérica Central comprendida entre la frontera de Ohio por el este, las fronteras de Kansas y Missouri por el sur, las Montañas Rocosas por el oeste y Canadá por el norte. Culturalmente, el medioeste es visto como la zona central de Estados Unidos y abundan los cultivos de trigo, maíz y otros alimentos básicos y la gente vive todavía, en la mayoría de los casos, en estructura de grupos familiares tradicionales.

midwife ['mɪd,waɪf] (*pl* **midwives**) *n* comadrona, partera

might [maɪt] *vb see* **may** ♦ *n* fuerza, poder *m* ❑ **mighty** *adj* fuerte, poderoso

migraine ['maɪgreɪn] *n* jaqueca, migraña

migrant ['maɪgrənt] *n, adj* (*bird*) migratorio; (*worker*) emigrante

migrate ['maɪgreɪt] *vi* emigrar

mike [maɪk] *n abbr* (= *microphone*) micro

mild [maɪld] *adj* (*person*) apacible; (*climate*) templado; (*slight*) ligero; (*taste*) suave; (*illness*) leve ❑ **mildly** *adv* ligeramente; suavemente; **to put it mildly** por no decir más

mile [maɪl] *n* milla ❑ **mileage** *n* número de millas, ≈ kilometraje *m* ❑ **mileometer** [maɪ'lɑ:mɪtər] (*BRIT*) *n* = **milometer** ❑ **milestone** *n* (*on road*) mojonera, mojón *m*

militant ['mɪlɪtnt] *adj, n* militante *mf*

military ['mɪlɪteri] *adj* militar

militia [mɪ'lɪʃə] *n* milicia

milk [mɪlk] *n* leche *f* ♦ *vt* (*cow*) ordeñar; (*fig*) chupar ❑ **milk chocolate** *n* chocolate *m* con leche ❑ **milkman** *n* lechero ❑ **milkshake** *n* (leche *f*) malteada (*LAm*), batido (*SP*) ❑ **milky** *adj* lechoso ❑ **Milky Way** *n* Vía Láctea

mill [mɪl] *n* (*windmill etc*) molino; (*coffee mill*) molinillo; (*factory*) fábrica ♦ *vt* moler ♦ *vi* (*also*: **~ around**) arremolinarse

millennium [mə'lɛnɪəm] (*pl* **~s** *or* **millennia**) *n* milenio, milenario

miller ['mɪlər] *n* molinero

milli... ['mɪli] *prefix*: ❑ **milligram(me)** *n* miligramo ❑ **millimeter** (*US*) (*BRIT* **millimetre**) *n* milímetro

million ['mɪljən] *n* millón *m*; **a ~ times** un millón de veces ❑ **millionaire** [,mɪljə'nɛər] *n* millonario(-a)

milometer [maɪ'lɑ:mɪtər] *n* ≈ cuentakilómetros *m inv*

mime [maɪm] *n* mímica; (*actor*) mimo *mf* ♦ *vt* remedar ♦ *vi* actuar de mimo

mimic ['mɪmɪk] *n* imitador(a) *m/f* ♦ *adj* mímico ♦ *vt* remedar, imitar

min. *abbr* = **minimum**; **minute(s)**

mince [mɪns] *vt* picar ♦ *n* (*BRIT CULIN*) carne *f* picada ❑ **mincemeat** *n conserva de fruta picada*; (*BRIT*) carne *f* picada ❑ **mince pie** *n empanadilla rellena de fruta picada* ❑ **mincer** (*BRIT*) *n* = **meat grinder**

mind [maɪnd] *n* mente *f*; (*intellect*) intelecto; (*contrasted with matter*) espíritu *m* ♦ *vt* (*attend to, look after*) ocuparse de, cuidar; (*BRIT*: *be careful*) tener cuidado con; (*object to*): **I don't ~ the noise** no me molesta el ruido; **it is on my ~** me preocupa; **to bear sth in ~** tomar *or* tener algo en cuenta; **to make up one's ~** decidirse; **I don't ~** me es igual; **~ you ...** te advierto que ...; **never ~!** ¡es igual!, ¡no importa!; (*don't worry*) ¡no te preocupes!; **"~ the step"** (*BRIT*) "cuidado con el escalón" ❑ **minder** (*BRIT*) *n* guardaespaldas *m inv*; (*child minder*) ≈ niñera ❑ **mindful** *adj*: **mindful of** consciente de ❑ **mindless** *adj* (*work*) de autómata; (*BRIT*: *crime*) sin motivo

mine[1] [maɪn] *pron* el mío/la mía *etc* ♦ *adj*: **this book is ~** este libro es mío; **a friend of ~** un(a) amigo(-a) mío/mía

mine[2] [maɪn] *n* mina ♦ *vt* (*coal*) extraer; (*bomb*: *beach etc*) minar ❑ **minefield** *n* campo de minas ❑ **miner** *n* minero(-a)

mineral ['mɪnərəl] *adj* mineral ♦ *n* mineral *m*; **~s** *npl* (*BRIT*: *soft drinks*) refrescos *mpl* ❑ **mineral water** *n* agua mineral

mingle ['mɪŋgəl] *vi*: **to ~ with** mezclarse con

miniature ['mɪnɪətʃər] *adj* (en) miniatura ♦ *n* miniatura

minibus ['mɪni,bʌs] *n* microbús *m*

Minidisc® ['mɪni,dɪsk] *n* minidisco ❑ **Minidisc® player** *n* minidisc *m*

minimal ['mɪnɪməl] *adj* mínimo

minimize ['mɪnɪmaɪz] *vt* minimizar; (*play down*) empequeñecer

minimum ['mɪnɪməm] (*pl* **minima**) *n, adj* mínimo

mining ['maɪnɪŋ] *n* explotación *f* minera

miniskirt ['mɪni,skɜ:rt] *n* minifalda

minister ['mɪnɪstər] *n* (*REL*) pastor *m*; (*BRIT POL*) secretario(-a) (*LAm*), ministro(-a) (*SP*) ♦ *vi*: **to ~ to** atender a

ministry ['mɪnɪstri] *n* (*REL*) sacerdocio; (*BRIT POL*) secretaría (*MEX*), ministerio (*LAm exc MEX, SP*)

mink [mɪŋk] *n* visón *m*

minnow ['mɪnou] *n* pececillo (*de agua dulce*)

minor ['maɪnər] *adj* (*repairs, injuries*) leve; (*poet, planet*) menor; (*MUS*) menor ♦ *n* (*LAW*) menor *m* de edad

Minorca [mɪ'nɔ:rkə] *n* Menorca

minority [maɪ'nɔ:rɪti] *n* minoría

mint [mɪnt] *n* (*plant*) menta, hierbabuena; (*candy*) caramelo de menta ♦ *vt* (*coins*) acuñar; **the (US) M~** la Casa de la Moneda; **in ~ condition** en perfecto estado

minus ['maɪnəs] *n* (*also*: **~ sign**) signo de menos ♦ *prep* menos; **12 ~ 6 equals 6** 12 menos 6 son 6; **~ two degrees** dos grados bajo cero

minute[1] ['mɪnɪt] *n* minuto; (*fig*) momento; **~s** *npl* (*of meeting*) actas *fpl*; **at the last ~** a última hora

minute[2] [maɪ'nu:t] *adj* minúsculo, diminuto; (*search*) minucioso

miracle ['mɪrəkəl] *n* milagro

mirage [mɪ'rɑ:ʒ] *n* espejismo

mirror ['mɪrər] *n* espejo; (*in car*) retrovisor *m*

mirth [mɜ:rθ] *n* alegría

misadventure [,mɪsəd'vɛntʃər] *n* desgracia

misapprehension [,mɪsæprɪ'hɛnʃən] *n* equivocación *f*

misappropriate [,mɪsə'prouprɪeɪt] *vt* malversar

misbehave [,mɪsbɪ'heɪv] *vi* portarse mal

miscalculate [,mɪs'kælkjuleɪt] *vt* calcular mal

miscarriage ['mɪskærɪdʒ] *n* (*MED*) aborto; **~ of justice** error *m* judicial

miscellaneous [,mɪsɪ'leɪnɪəs] *adj* varios(-as), diversos(-as)

mischief ['mɪstʃɪf] *n* travesuras *fpl*, diabluras *fpl*; (*maliciousness*) malicia ❑ **mischievous** ['mɪstʃɪvəs] *adj* travieso

misconception [,mɪskən'sɛpʃən] *n* idea equivocada; equivocación *f*

misconduct [mɪs'kɑ:ndʌkt] *n* mala conducta; **professional ~** falta profesional

misdemeanor (*US*) ['mɪsdɪmi:nər] (*BRIT* **misdemeanour**) *n* delito, ofensa

miser ['maɪzər] *n* avaro(-a)

miserable ['mɪzərəbəl] *adj* (*unhappy*) triste, desgraciado; (*unpleasant, contemptible*) miserable

miserly ['maɪzərli] *adj* avariento, tacaño

misery ['mɪzəri] *n* tristeza; (*wretchedness*) miseria, desdicha

misfire [,mɪs'faɪər] *vi* fallar

misfit ['mɪsfɪt] *n* inadaptado(-a)

misfortune [mɪs'fɔ:rtʃən] *n* desgracia

misgiving [mɪs'gɪvɪŋ] *n* (*apprehension*) presentimiento; **to have ~s about sth** tener dudas acerca de algo

misguided [mɪs'gaɪdɪd] *adj* equivocado

mishandle [mɪs'hændl] *vt* (*mismanage*) manejar mal

mishap ['mɪshæp] *n* percance *m*, contratiempo

misinform [,mɪsɪn'fɔ:rm] *vt* informar mal

misinterpret [,mɪsɪn'tɜ:rprɪt] *vt* interpretar mal

misjudge [,mɪs'dʒʌdʒ] *vt* juzgar mal

mislay [mɪs'leɪ] *vt* extraviar, perder

mislead [mɪs'li:d] *vt* llevar a conclusiones erróneas ❑ **misleading** *adj* engañoso

mismanage [mɪs'mænɪdʒ] *vt* administrar mal

misplace [,mɪs'pleɪs] *vt* extraviar

misprint ['mɪsprɪnt] *n* errata, error *m* de imprenta

Miss [mɪs] *n* Señorita

miss [mɪs] *vt* (*train etc*) perder; (*fail to hit*: *target*) errar; (*regret the absence of*): **I ~ him** (yo) le echo de menos *or* a faltar; (*fail to see*): **you can't ~ it** no tiene pérdida ♦ *vi* fallar ♦ *n* (*shot*) tiro fallido *or* perdido ▸ **miss out** *vt* omitir

misshapen [mɪs'ʃeɪpən] *adj* deforme

missile ['mɪsəl] *n* (*AVIAT*) misil *m*; (*object thrown*) proyectil *m*
missing ['mɪsɪŋ] *adj* (*pupil*) ausente; (*thing*) perdido; (*MIL*): **~ in action** desaparecido en combate
mission ['mɪʃən] *n* misión *f*; (*official representation*) delegación *f* ❑ **missionary** *n* misionero(-a)
mist [mɪst] *n* (*light*) neblina; (*heavy*) niebla; (*at sea*) bruma ♦ *vi* (*eyes: also:* **~ over, ~ up**) llenarse de lágrimas; (*BRIT: windows: also:* **~ over, ~ up**) empañarse
mistake [mɪ'steɪk] *n* error *m* ♦ *vt* entender mal; **by ~** por equivocación; **to make a ~** equivocarse; **to ~ A for B** confundir A con B ❑ **mistaken** *pp of* **mistake** ♦ *adj* equivocado; **to be mistaken** equivocarse, engañarse
mister ['mɪstər] (*inf*) *n* señor *m*; *see* **Mr.**
mistletoe ['mɪsltou] *n* muérdago
mistook [mɪ'stuk] *pt of* **mistake**
mistress ['mɪstrɪs] *n* (*lover*) amante *f*; (*of house*) señora (de la casa); (*of situation*) dueña; (*BRIT: in primary school*) maestra; (*: in secondary school*) profesora
mistrust [,mɪs'trʌst] *vt* desconfiar de
misty ['mɪsti] *adj* (*day*) neblinoso; (*glasses etc*) empañado
misunderstand [,mɪsʌndər'stænd] *vt, vi* entender mal ❑ **misunderstanding** *n* malentendido
misuse [*n* ,mɪs'ju:s, *vb* ,mɪs'ju:z] *n* mal uso; (*of power*) abuso; (*of funds*) malversación *f* ♦ *vt* abusar de; malversar
mitt(en) ['mɪt(n)] *n* manopla
mix [mɪks] *vt* mezclar; (*combine*) unir ♦ *vi* mezclarse; (*people*) llevarse bien ♦ *n* mezcla ▸ **mix up** *vt* mezclar; (*confuse*) confundir ❑ **mixed** *adj* mixto; (*feelings etc*) encontrado ❑ **mixed-up** *adj* (*confused*) confuso, revuelto ❑ **mixer** *n* (*for food*) batidora; (*for drinks*) coctelera; (*person*): **he's a good mixer** tiene don de gentes ❑ **mixture** *n* mezcla; (*also:* **cough mixture**) jarabe *m* ❑ **mix-up** *n* confusión *f*
mm *abbr* (= *millimeter*) mm
moan [moun] *n* gemido ♦ *vi* gemir; (*inf: complain*): **to ~ (about)** (*BRIT*) quejarse (de)
moat [mout] *n* foso
mob [mɑ:b] *n* multitud *f* ♦ *vt* acosar
mobile ['moubəl] *adj* móvil ♦ *n* móvil *m* ❑ **mobile home** *n* cámper *m or f* (*LAm*), casa rodante (*SC*), caravana (*SP*) ❑ **mobile phone** *n* teléfono celular (*LAm*) *or* móvil (*SP*)
mock [mɑ:k] *vt* (*ridicule*) ridiculizar; (*laugh at*) burlarse de ♦ *adj* fingido; **~ exam** (*BRIT*) examen de prueba ❑ **mockery** *n* burla ❑ **mock-up** *n* maqueta
mod [mɑ:d] (*BRIT*) *adj see* **convenience**
mode [moud] *n* modo
model ['mɑ:dl] *n* modelo; (*fashion model, artist's model*) modelo *mf* ♦ *adj* modelo ♦ *vt* (*with clay etc*) modelar; (*copy*): **to ~ o.s. on** tomar como modelo a ♦ *vi* ser modelo; **to ~ clothes** pasar modelos, ser modelo ❑ **model railroad** *n* ferrocarril *m* en miniatura
modem ['moudəm] *n* módem *m*
moderate [*adj* 'mɑ:dərɪt, *vb* 'mɑ:dəreɪt] *adj* moderado(-a) ♦ *vi* moderarse, calmarse ♦ *vt* moderar
modern ['mɑ:dərn] *adj* moderno ❑ **modernize** *vt* modernizar
modest ['mɑ:dɪst] *adj* modesto; (*small*) módico ❑ **modesty** *n* modestia
modify ['mɑ:dɪfaɪ] *vt* modificar
mogul ['mougəl] *n* (*fig*) magnate *m*
mohair ['mouhɛər] *n* mohair *m*
moist [mɔɪst] *adj* húmedo ❑ **moisten** ['mɔɪsən] *vt* humedecer ❑ **moisture** *n* humedad *f* ❑ **moisturizer** *n* crema hidratante
molar ['moulər] *n* muela
molasses [mə'læsɪz] (*US*) *n* melaza
mold (*US*) [mould] (*BRIT* **mould**) *n* molde *m*; (*mildew*) moho ♦ *vt* moldear; (*fig*) formar ❑ **moldy** (*US*) (*BRIT* **mouldy**) *adj* enmohecido
mole [moul] *n* (*animal, spy*) topo; (*spot*) lunar *m*
molest [mə'lest] *vt* importunar; (*assault sexually*) abusar sexualmente de

> ⚠ Be careful not to translate **molest** by the Spanish word ***molestar***.

mollycoddle ['mɑ:likɑ:dl] *vt* mimar
molt (*US*) [moult] (*BRIT* **moult**) *vi* (*snake*) mudar la piel; (*bird*) mudar las plumas
molten ['moultən] *adj* fundido; (*lava*) líquido
mom [mɑ:m] (*US*) *n* mamá
moment ['moumənt] *n* momento; **at the ~** de momento, por ahora ❑ **momentary** *adj* momentáneo ❑ **momentous** [mou'mɛntəs] *adj* trascendental, importante
momentum [mou'mɛntəm] *n* momento; (*fig*) ímpetu *m*; **to gather ~** cobrar velocidad; (*fig*) ganar fuerza
mommy ['mɑ:mi] (*US*) *n* mamá
Monaco ['mɑ:nəkou] *n* Mónaco
monarch ['mɑ:nərk] *n* monarca *mf* ❑ **monarchy** *n* monarquía
monastery ['mɑ:nəstɛri] *n* monasterio
Monday ['mʌndi] *n* lunes *m inv*
monetary ['mʌnɪtɛri] *adj* monetario
money ['mʌni] *n* dinero; (*currency*) moneda; **to make ~** ganar dinero ❑ **money order** *n* giro ❑ **moneymaker** *n* fuente *f* de ganancias, negocio rentable ❑ **money-spinner** (*BRIT: inf*) *n*: **to be a money-spinner** dar mucho dinero
mongrel ['mʌŋgrəl] *n* (*dog*) perro mestizo
monitor ['mɑ:nɪtər] *n* (*SCOL*) monitor *m*; (*also:* **television ~**) receptor *m* de control; (*of computer*) monitor *m* ♦ *vt* controlar
monk [mʌŋk] *n* monje *m*
monkey ['mʌŋki] *n* mono ❑ **monkey nut** (*BRIT*) *n* cacahuate *m* (*MEX*), maní *m* (*LAm exc MEX*), cacahuete *m* (*SP*) ❑ **monkey wrench** *n* llave *f* inglesa
monopoly [mə'nɑ:pəli] *n* monopolio
monotone ['mɑ:nətoun] *n* voz *f* (*or* tono) monocorde
monotonous [mə'nɑ:tnəs] *adj* monótono
monsoon [mɑ:n'su:n] *n* monzón *m*
monster ['mɑ:nstər] *n* monstruo
monstrous ['mɑ:nstrəs] *adj* (*huge*) enorme; (*atrocious, ugly*) monstruoso
month [mʌnθ] *n* mes *m* ❑ **monthly** *adj* mensual ♦ *adv* mensualmente
monument ['mɑ:njəmənt] *n* monumento
moo [mu:] *vi* mugir
mood [mu:d] *n* humor *m*; (*of crowd, group*) clima *m*; **to be in a good/bad ~** estar de buen/mal humor ❑ **moody** *adj* (*changeable*) de humor variable; (*sullen*) malhumorado
moon [mu:n] *n* luna ❑ **moonlight** *n* luz *f* de la luna ❑ **moonlighting** *n* pluriempleo ❑ **moonlit** *adj*: **a moonlit night** una noche de luna
Moor [muər] *n* moro(-a)
moor [muər] *n* páramo ♦ *vt* (*ship*) amarrar ♦ *vi* echar las amarras
Moorish ['muərɪʃ] *adj* moro; (*architecture*) árabe, morisco
moorland ['muərlənd] (*BRIT*) *n* páramo, brezal *m*
moose [mu:s] *n inv* alce *m*
mop [mɑ:p] *n* trapeador *m* (*LAm*), fregona (*SP*); (*of hair*) mata, melena ♦ *vt* trapear (*LAm*), fregar (*SP*) ▸ **mop up** *vt* limpiar
mope [moup] *vi* estar *or* andar deprimido
moped ['moupɛd] *n* ciclomotor *m*
moral ['mɔ:rəl] *adj* moral ♦ *n* moraleja; **~s** *npl* moralidad *f*, moral *f*
morale [mə'ræl] *n* moral *f*
morality [mə'rælɪti] *n* moralidad *f*
morass [mə'ræs] *n* pantano

> **more**
>
> **KEYWORD**
>
> [mɔ:r] *adj*
>
> **1** (*greater in number etc*) más; **more people/work than before** más gente/trabajo que antes
>
> **2** (*additional*) más; **do you want (some) more tea?** ¿quieres más té?; **is there any more wine?** ¿queda vino?; **it'll take a few more weeks** tardará unas semanas más; **it's 2 miles more to the house** faltan 2 millas para la casa; **more time/letters than we expected** más tiempo del que/más cartas de las que esperábamos
>
> ♦ *pron* (*greater amount, additional amount*) más; **more than 10** más de 10; **it cost more than the other one/than we expected** costó más que el otro/más de lo que esperábamos; **is there any more?** ¿hay más?; **many/much more** muchos(as)/mucho(a) más
>
> ♦ *adv* más; **more dangerous/easily (than)** más peligroso/fácilmente (que); **more and more expensive** cada vez más caro; **more or less** más o menos; **more than ever** más que nunca

moreover [mɔ:r'ouvər] *adv* además, por otra parte
morning ['mɔ:rnɪŋ] *n* mañana; (*early morning*) madrugada ♦ *cpd* matutino, de la mañana; **in the ~** por la mañana; **7 o'clock in the ~** las 7 de la mañana ❑ **morning sickness** *n* náuseas *fpl* matutinas
Morocco [mə'rɑ:kou] *n* Marruecos *m*
moron ['mɔ:rɑ:n] (*inf*) *n* imbécil *mf*
morphine ['mɔ:rfi:n] *n* morfina
Morse [mɔ:rs] *n* (*also:* **~ code**) (código) morse
morsel ['mɔ:rsəl] *n* (*of food*) bocado
mortar ['mɔ:rtər] *n* argamasa
mortgage ['mɔ:rgɪdʒ] *n* hipoteca ♦ *vt* hipotecar ❑ **mortgage company** (*US*) *n* ≈ banco hipotecario
mortuary ['mɔ:rtʃuɛri] *n* depósito de cadáveres
Moscow ['mɑ:skau] *n* Moscú
Moslem ['mɑ:zləm] *adj, n* = **Muslim**
mosque [mɑ:sk] *n* mezquita
mosquito [mə'ski:tou] (*pl* **~es**) *n* zancudo (*LAm*), mosquito (*SP*)
moss [mɔ:s] *n* musgo
most [moust] *adj* la mayor parte de, la mayoría de ♦ *pron* la mayor parte, la mayoría ♦ *adv* el más; (*very*) muy; **the ~** (*also:* + *adj*) el más; **~ of them** la mayor parte de ellos; **I saw the ~** yo vi el que más; **at the (very) ~** a lo sumo, todo lo más; **to make the ~ of** aprovechar (al máximo); **a ~ interesting book** un libro interesantísimo ❑ **mostly** *adv* en su mayor parte, principalmente
MOT (*BRIT*) *n abbr* (= *Ministry of Transport*); **the ~ (test)** *revisión técnica de vehículos*
motel [mou'tɛl] *n* motel *m*
moth [mɔ:θ] *n* mariposa nocturna; (*clothes moth*) polilla
mother ['mʌðər] *n* madre *f* ♦ *adj* materno ♦ *vt* (*care for*) cuidar (como una madre) ❑ **motherhood** *n* maternidad *f* ❑ **mother-in-law** *n* suegra ❑ **motherly** *adj* maternal ❑ **mother-of-pearl** *n* nácar *m* ❑ **mother-to-be** *n* futura madre *f* ❑ **mother tongue** *n* lengua materna
motion ['mouʃən] *n* movimiento; (*gesture*) ademán *m*, señal *f*; (*at meeting*) moción *f* ♦ *vt, vi*: **to ~ (to) sb to do sth** hacer señas a algn para que haga algo ❑ **motionless** *adj* inmóvil ❑ **motion picture** *n* película
motivated ['moutɪveɪtɪd] *adj* motivado
motive ['moutɪv] *n* motivo
motley ['mɑ:tli] *adj* variado
motor ['moutər] *n* motor *m*; (*BRIT: inf: vehicle*) carro (*LAm*), coche *m* (*SP*) ♦ *adj* motor (*f*: *motora or motriz*) ❑ **motorbike** (*BRIT*) *n* = **motorcycle** ❑ **motorboat** *n* lancha motora ❑ **motorcar** (*BRIT*) *n* automóvil *m* ❑ **motorcycle** *n* motocicleta ❑ **motorcycle racing** *n* motociclismo ❑ **motorcyclist** *n* motociclista *mf* ❑ **motoring** (*BRIT*) *n* automovilismo ❑ **motorist** (*BRIT*) *n* conductor(a) *m/f*, automovilista *mf* ❑ **motor racing** (*BRIT*) *n* automovilismo ❑ **motor vehicle** *n* automóvil *m* ❑ **motorway** (*BRIT*) *n* autopista
mottled ['mɑ:tld] *adj* abigarrado
motto ['mɑ:tou] (*pl* **~es**) *n* lema *m*; (*watchword*) consigna
mould [mould] (*BRIT*) *n, vt* = **mold**
moult [moult] (*BRIT*) *vi* = **molt**
mound [maund] *n* montón *m*, montículo
mount [maunt] *n* monte *m* ♦ *vt* montar, subir a; (*jewel*) engarzar; (*picture*) enmarcar; (*exhibition etc*) organizar ♦ *vi* (*increase*) aumentar ▸ **mount up** *vi* aumentar
mountain ['mauntən] *n* montaña ♦ *cpd* de montaña ❑ **mountain bike** *n* bicicleta de montaña ❑ **mountaineer** [,mauntə'nɪər] *n* alpinista *mf* (*MEX, SP*), andinista *mf* (*LAm*) ❑ **mountaineering** [,mauntə'nɪrɪŋ] *n* alpinismo (*MEX, SP*), andinismo (*LAm*) ❑ **mountainous** *adj* montañoso ❑ **mountain rescue team** *n* equipo de rescate de montaña ❑ **mountainside** *n* ladera de la montaña
mourn [mɔ:rn] *vt* llorar, lamentar ♦ *vi*: **to ~ for** llorar la muerte de ❑ **mourner** *n* doliente *mf*; dolorido(-a) ❑ **mourning** *n* luto; **in mourning** de luto
mouse [maus] (*pl* **mice**) *n* (*ZOOL, COMPUT*) ratón *m* ❑ **mouse pad, mouse mat** *n* (*COMPUT*) alfombrilla (del ratón) ❑ **mousetrap** *n* ratonera
mousse [mu:s] *n* (*CULIN*) mousse *f*; (*for hair*) espuma (moldeadora)
moustache [mə'stɑ:ʃ] (*BRIT*) *n* = **mustache**
mousy ['mausi] *adj* (*hair*) pardusco
mouth [mauθ, *pl* mauðz] *n* boca; (*of river*) desembocadura ❑ **mouthful** *n* bocado ❑ **mouth organ** (*BRIT*) *n* armónica ❑ **mouthpiece** *n* (*of musical instrument*) boquilla; (*spokesman*) portavoz *mf* ❑ **mouthwash** *n* enjuague *m* bucal ❑ **mouth-watering** *adj* apetitoso
movable ['mu:vəbəl] *adj* movible
move [mu:v] *n* (*movement*) movimiento; (*in game*) jugada; (*: turn to play*) turno; (*change: of house*) mudanza; (*: of job*) cambio de trabajo ♦ *vt* mover; (*emotionally*) conmover; (*POL: resolution etc*) proponer ♦ *vi* moverse; (*traffic*) circular; (*also:* **~ house**) trasladarse, mudarse; **to ~ sb to do sth** mover a algn a hacer algo; **to get a ~ on** darse prisa, apurarse (*LAm*) ▸ **move around** *or* (*BRIT*) **about** *vi* moverse; (*travel*) viajar ▸ **move along** *vi* avanzar, adelantarse ▸ **move away** *vi* alejarse ▸ **move back** *vi* retroceder ▸ **move forward** *vi* avanzar ▸ **move in** *vi* (*to a house*) instalarse; (*police, soldiers*) intervenir ▸ **move on** *vi* ponerse en camino ▸ **move out** *vi* (*of house*) mudarse ▸ **move over** *vi* apartarse, hacer sitio ▸ **move up** *vi* (*employee*) ser ascendido
moveable ['mu:vəbəl] *adj* = **movable**
movement ['mu:vmənt] *n* movimiento
movie ['mu:vi] (*US*) *n* película; **to go to the ~s** ir al cine ❑ **movie theater** (*US*) *n* cine *m*
moving ['mu:vɪŋ] *adj* (*emotional*) conmovedor(a); (*that moves*) móvil ❑ **moving van** (*US*) *n* camión *m* de mudanzas
mow [mou] (*pt* **~ed**, *pp* **~ed** *or* **~n**) *vt* (*grass, corn*) cortar, segar ▸ **mow down** *vt* (*shoot*) acribillar ❑ **mower** *n* (*also:* **lawnmower**) máquina de cortar el pasto (*LAm*), cortacésped *m* (*SP*)
MP (*BRIT*) *n abbr* = **Member of Parliament**
MP3 ['empi:'θri:] *n* MP3 *m* ❑ **MP3 player** *n* reproductor *m* MP3
m.p.h. *abbr* = **miles per hour** (*60 m.p.h.* = *96 k.p.h.*)
Mr. (*US*) ['mɪstər] (*BRIT* **Mr**) *n*: **~ Smith** (el) Sr. Smith
Mrs. (*US*) ['mɪsɪz] (*BRIT* **Mrs**) *n*: **~ Smith** (la) Sra. Smith
Ms. (*US*) [mɪz] (*BRIT* **Ms**) *n* (= *Miss or Mrs*): **~ Smith** (la) Sr(t)a. Smith
M.Sc. *abbr* = **Master of Science**
MSP (*BRIT*) *n abbr* = **Member of the Scottish Parliament**
MTV *n abbr* = **music television**
much [mʌtʃ] *adj* mucho ♦ *adv* mucho; (*before pp*) muy ♦ *n or pron* mucho; **how ~ is it?** ¿cuánto es?, ¿cuánto cuesta?; **too ~** demasiado; **it's not ~** no es mucho; **as ~ as** tanto como; **however ~ he tries** por mucho que se esfuerce
muck [mʌk] *n* suciedad *f* ▸ **muck around** *or* **about** (*BRIT: inf*) *vi* perder el tiempo; (*enjoy o.s.*) entretenerse ▸ **muck up** (*inf*) *vt* arruinar, estropear
mud [mʌd] *n* barro, lodo
muddle ['mʌdl] *n* desorden *m*, confusión *f*; (*mix-up*) lío, embrollo ♦ *vt* (*also:* **~ up**) confundir, embrollar ▸ **muddle through** *vi* salir del paso
muddy ['mʌdi] *adj* fangoso, cubierto de lodo
mudguard ['mʌd,gɑ:rd] (*BRIT*) *n* salpicadera (*MEX*), guardabarros *m inv* (*LAm exc MEX, SP*)
muffin ['mʌfɪn] *n especie de pan dulce*
muffle ['mʌfəl] *vt* (*sound*) amortiguar; (*against cold*) embozar ❑ **muffled** *adj* (*noise etc*) amortiguado, apagado ❑ **muffler** (*US*) *n* (*AUT*) silenciador *m*, mofle *m* (*MEX, CAm*)
mug [mʌg] *n* taza grande (*sin platillo*); (*for beer*) tarro (*MEX*), jarra (*LAm exc MEX, SP*); (*inf: face*) jeta ♦ *vt* (*assault*) atracar ❑ **mugging** *n* atraco
muggy ['mʌgi] *adj* bochornoso
mule [mju:l] *n* mula
multi... [mʌlti] *prefix* multi...
multi-level ['mʌltɪ'lɛvəl] (*US*) *adj* de varios pisos
multiple ['mʌltɪpəl] *adj* múltiple ♦ *n* múltiplo ❑ **multiple sclerosis** *n* esclerosis *f* múltiple
multiplex theater ['mʌltɪplɛks'θɪətər] (*BRIT* **multiplex cinema**) *n* multicine(s) *m(pl)*
multiplication [,mʌltɪplɪ'keɪʃən] *n* multiplicación *f*
multiply ['mʌltɪplaɪ] *vt* multiplicar ♦ *vi* multiplicarse
multistorey [,mʌlti'stɔ:ri] (*BRIT*) *adj* = **multi-level**
multitude ['mʌltɪtu:d] *n* multitud *f*
mum [mʌm] (*BRIT: inf*) *n* mamá ♦ *adj*: **to keep ~** mantener la boca cerrada
mumble ['mʌmbəl] *vt, vi* hablar entre dientes, refunfuñar
mummy ['mʌmi] *n* (*embalmed*) momia; (*BRIT: mother*) mamá
mumps [mʌmps] *n* paperas *fpl*
munch [mʌntʃ] *vt, vi* mascar
mundane [mʌn'deɪn] *adj* trivial
municipal [mju:'nɪsɪpəl] *adj* municipal
murder ['mɜ:rdər] *n* asesinato; (*in law*) homicidio ♦ *vt* asesinar, matar ❑ **murderer/ess** *n* asesino(-a) ❑ **murderous** *adj* homicida
murky ['mɜ:rki] *adj* (*water*) turbio; (*street, night*) lóbrego
murmur ['mɜ:rmər] *n* murmullo ♦ *vt, vi* murmurar
muscle ['mʌsəl] *n* músculo; (*fig: strength*) garra, fuerza ▸ **muscle in** *vi* entrometerse ❑ **muscular** ['mʌskjələr] *adj* muscular; (*person*) musculoso
muse [mju:z] *vi* meditar ♦ *n* musa
museum [mju:'zi:əm] *n* museo
mushroom ['mʌʃru:m] *n* seta, hongo; (*CULIN*) champiñón *m* ♦ *vi* crecer de la noche a la mañana
music ['mju:zɪk] *n* música ❑ **musical** *adj* musical; (*sound*) melodioso; (*person*) con talento musical ♦ *n* (*show*) comedia musical ❑ **musical instrument** *n* instrumento musical ❑ **music hall** (*BRIT*) *n* teatro de variedades ❑ **musician** [mju:'zɪʃən] *n* músico(-a)
Muslim ['mʌzləm] *adj, n* musulmán(-ana) *m/f*

muslin ['mʌzlɪn] *n* muselina

mussel ['mʌsəl] *n* mejillón *m*

must [mʌst] *aux vb* (*obligation*): **I ~ do it** debo hacerlo, tengo que hacerlo; (*probability*): **he ~ be there by now** ya debe (de) estar allí ♦ *n*: **it's a ~** es imprescindible

mustache (*US*) ['mʌstæʃ] (*BRIT* **moustache**) *n* bigote *m*

mustard ['mʌstərd] *n* mostaza

muster ['mʌstər] *vt* juntar, reunir

mustn't ['mʌsənt] *cont* = **must not**

mute [mju:t] *adj, n* mudo(-a)

muted ['mju:tɪd] *adj* callado; (*color*) apagado

mutiny ['mju:tni] *n* motín *m* ♦ *vi* amotinarse

mutter ['mʌtər] *vt, vi* mascullar

mutton ['mʌtn] *n* carne *f* de cordero

mutual ['mju:tʃuəl] *adj* mutuo; (*interest*) común ❑ **mutual fund** (*US*) *n* fondo de inversión mobiliaria ❑ **mutually** *adv* mutuamente

muzzle ['mʌzəl] *n* hocico; (*for dog*) bozal *m*; (*of gun*) boca ♦ *vt* (*dog*) poner un bozal a

my [maɪ] *adj* mi(s); **my house/brother/sisters** mi casa/mi hermano/mis hermanas; **I've washed my hair/cut my finger** me he lavado el pelo/cortado un dedo; **is this my pencil or yours?** ¿es este lápiz mío o tuyo?

myself [maɪ'sɛlf] *pron* (*reflexive*) me; (*emphatic*) yo mismo; (*after prep*) mí (mismo); *see also* **oneself**

mysterious [mɪ'stɪriəs] *adj* misterioso

mystery ['mɪstəri] *n* misterio

mystify ['mɪstɪfaɪ] *vt* (*perplex*) dejar perplejo

myth [mɪθ] *n* mito

Nn

n/a *abbr* (= *not applicable*) no interesa

nag [næg] *vt* (*scold*) regañar ❑ **nagging** *adj* (*doubt*) persistente; (*pain*) continuo

nail [neɪl] *n* (*human*) uña; (*metal*) clavo ♦ *vt* clavar; **to ~ sth to sth** clavar algo en algo; **to ~ sb down to doing sth** comprometer a algn a que haga algo ❑ **nailbrush** *n* cepillo de uñas ❑ **nail clippers** *npl* cortaúñas *m inv* ❑ **nailfile** *n* lima de uñas ❑ **nail polish** *n* esmalte *m* de uñas ❑ **nail polish remover** *n* quitaesmalte *m* ❑ **nail scissors** *npl* tijeras *fpl* para las uñas ❑ **nail varnish** (*BRIT*) *n* = **nail polish**

naïve [naɪ'i:v] *adj* ingenuo

naked ['neɪkɪd] *adj* (*nude*) desnudo; (*flame*) expuesto al aire

name [neɪm] *n* nombre *m*; (*surname*) apellido; (*reputation*) fama, renombre *m* ♦ *vt* (*child*) poner nombre a; (*criminal*) identificar; (*price, date etc*) fijar; **what's your ~?** ¿cómo se llama?; **by ~** de nombre; **in the ~ of** en nombre de; **to give one's ~ and address** dar las señas de algn ❑ **namely** *adv* a saber ❑ **namesake** *n* tocayo(-a)

nanny ['næni] *n* niñera

nap [næp] *n* (*sleep*) sueñito (*LAm*), cabezada (*SP*); (*in the afternoon*) siesta

nape [neɪp] *n*: **~ of the neck** nuca, cogote *m*

napkin ['næpkɪn] *n* (*also:* **table ~**) servilleta

nappy ['næpi] (*BRIT*) *n* pañal *m*

narcotic [nɑ:r'kɑ:tɪk] *adj, n* narcótico

narrow ['nærou] *adj* estrecho, angosto; (*fig: majority etc*) corto; (*: ideas etc*) estrecho ♦ *vi* (*road*) estrecharse; (*diminish*) reducirse; **to have a ~ escape** escaparse por los pelos; **to ~ sth down** reducir algo ❑ **narrowly** *adv* (*miss*) por poco ❑ **narrow-minded** *adj* de miras estrechas

nasty ['næsti] *adj* (*remark*) feo; (*person*) antipático; (*revolting: taste, smell*) asqueroso; (*wound, disease etc*) peligroso, grave

nation ['neɪʃən] *n* nación *f*

national ['næʃənl] *adj* nacional ♦ *n* ciudadano(-a) ❑ **national dress** *n* traje típico nacional ❑ **National Health Service** (*BRIT*) *n* servicio nacional de salud pública ❑ **national holiday** (*US*) *n* (día *m*) feriado (*LAm*), (día *m* de) fiesta (*SP*) ❑ **National Insurance** (*BRIT*) *n* Seguridad *f* Social ❑ **nationalism** *n* nacionalismo ❑ **nationalist** *adj, n* nacionalista *mf* ❑ **nationality** [,næʃə'nælɪti] *n* nacionalidad *f* ❑ **nationalize** *vt* nacionalizar ❑ **nationally** *adv* (*nationwide*) a escala nacional; (*as a nation*) como nación ❑ **national park** *n* parque *m* nacional

nationwide ['neɪʃən,waɪd] *adj* a escala *or* nivel nacional

native ['neɪtɪv] *n* (*local inhabitant*) nativo(-a) ♦ *adj* (*indigenous*) indígena; (*country*) natal; (*innate*) natural, innato; **a ~ of Russia** un(a) natural *mf* de Rusia; **a ~ speaker of French** un hablante nativo de francés ❑ **Native American** *adj, n* americano(-a) nativo(-a) ❑ **native language** *n* lengua materna

> **NATIVE AMERICAN**
>
> El término **Native American** hace referencia a los pueblos indígenas de Norteamérica y a sus descendientes. En la actualidad, éste es el término considerado más correcto para referirse a este pueblo, ya que el término **Indian** (indio), que tenía el mismo uso, ya no se considera adecuado por venir del momento en que Cristóbal Colón, en sus primeras incursiones en la zona, llamó así a los nativos americanos, ya que pensaba equivocadamente que había llegado a Asia.

Nativity [nə'tɪvɪti] *n*: **the ~** Navidad *f*

NATO ['neɪtou] *n abbr* (= *North Atlantic Treaty Organization*) OTAN *f*

natural ['nætʃərəl] *adj* natural ❑ **naturally** *adv* (*speak etc*) naturalmente; (*of course*) desde luego, por supuesto

nature ['neɪtʃər] *n* (*also:* **N~**) naturaleza; (*group, sort*) género, clase *f*; (*character*) carácter *m*, genio; **by ~** por *or* de naturaleza

naught [nɔ:t] (*US*) *n* (*MATH*) cero

naughty ['nɔ:ti] *adj* (*child*) travieso

nausea ['nɔ:ziə] *n* náuseas *fpl*

nautical ['nɔ:tɪkəl] *adj* náutico, marítimo; (*mile*) marino

naval ['neɪvəl] *adj* naval, de marina ❑ **naval officer** *n* oficial *mf* de marina

nave [neɪv] *n* nave *f*

navel ['neɪvəl] *n* ombligo

navigate ['nævɪgeɪt] *vt* gobernar ♦ *vi* navegar; (*AUT*) ir de copiloto ❑ **navigation** [,nævɪ'geɪʃən] *n* (*action*) navegación *f*; (*science*) náutica ❑ **navigator** *n* navegador(a) *m/f*, navegante *mf*; (*AUT*) copiloto *mf*

navvy ['nævi] (*BRIT*) *n* peón *m*

navy ['neɪvi] *n* marina; (*ships*) armada, flota ❑ **navy(-blue)** *adj* azul marino

Nazi ['nɑ:tsi] *n* nazi *mf*

NB, n.b. *abbr* (= *nota bene*) nótese

NBC (*US*) *n abbr* = **National Broadcasting Company**

near [nɪər] *adj* (*place, relation*) cercano; (*time*) próximo ♦ *adv* cerca ♦ *prep* (*also:* **~ to**: *space*) cerca de, junto a; (*: time*) cerca de ♦ *vt* acercarse a, aproximarse a ❑ **nearby** *adj* cercano, próximo ♦ *adv* cerca ❑ **nearly** *adv* casi, por poco; **I nearly fell** por poco me caigo ❑ **near miss** *n* tiro cercano ❑ **nearside** (*BRIT: AUT*) *n* (*in Europe etc*) lado derecho; (*in Britain*) lado izquierdo ❑ **near-sighted** *adj* miope, corto de vista

neat [ni:t] *adj* (*place*) ordenado, bien cuidado; (*person*) pulcro; (*plan*) ingenioso; (*inf: wonderful*) estupendo ❑ **neatly** *adv* (*tidily*) con esmero; (*skillfully*) ingeniosamente

necessarily [,nɛsɪ'sɛrɪli] *adv* necesariamente

necessary ['nɛsɪsɛri] *adj* necesario, preciso

necessitate [nɪ'sɛsɪteɪt] *vt* hacer necesario

necessity [nɪ'sɛsɪti] *n* necesidad *f*; **necessities** *npl* artículos *mpl* de primera necesidad

neck [nɛk] *n* (*of person, garment, bottle*) cuello; (*of animal*) pescuezo ♦ *vi* (*inf*) besuquearse; **~ and ~** parejos ❑ **necklace** ['nɛklɪs] *n* collar *m* ❑ **neckline** *n* escote *m* ❑ **necktie** (*US*) *n* corbata

née [neɪ] *adj*: **~ Scott** de soltera Scott

need [ni:d] *n* (*lack*) escasez *f*, falta; (*necessity*) necesidad *f* ♦ *vt* (*require*) necesitar; **I ~ to do it** tengo que *or* debo hacerlo; **you don't ~ to go** no hace falta que (te) vayas

needle ['ni:dl] *n* aguja ♦ *vt* (*fig: inf*) picar, fastidiar

needless ['ni:dlɪs] *adj* innecesario; **~ to say** huelga decir que

needlework ['ni:dl,wɜ:rk] *n* (*activity*) costura, labor *f* de aguja

needn't ['ni:dnt] *cont* = **need not**

needy ['ni:di] *adj* necesitado

negative ['nɛgətɪv] *n* (*PHOT*) negativo; (*LING*) negación *f* ♦ *adj* negativo ❑ **negative equity** (*BRIT*) *n cantidad hipotecada que sobrepasa el valor de la vivienda*

neglect [nɪ'glɛkt] *vt* (*one's duty*) faltar a, no cumplir con; (*child*) descuidar, desatender ♦ *n* (*of house, garden etc*) abandono; (*of child*) desatención *f*; (*of duty*) incumplimiento

negligee ['nɛglɪʒeɪ] *n* (*nightgown*) salto de cama, negligé *m*

negotiate [nɪ'gouʃieɪt] *vt* (*treaty, loan*) negociar; (*obstacle*) franquear; (*bend in road*) tomar ♦ *vi*: **to ~ (with)** negociar (con) ❑ **negotiation** [nɪgouʃi'eɪʃən] *n* negociación *f*, gestión *f*

neigh [neɪ] *vi* relinchar

neighbor (*US*) ['neɪbər] (*BRIT* **neighbour**) *n* vecino(-a) ❑ **neighborhood** (*US*) (*BRIT* **neighbourhood**) *n* (*place*) vecindad *f*, barrio; (*people*) vecindario ❑ **neighboring** (*US*) (*BRIT* **neighbouring**) *adj* vecino ❑ **neighborly** (*US*) (*BRIT* **neighbourly**) *adj* (*person*) amable; (*attitude*) de buen vecino

neither ['ni:ðər] *adj* ni ♦ *conj*: **I didn't move and ~ did John** no me he movido, ni Juan tampoco ♦ *pron* ninguno ♦ *adv*: **~ good nor bad** ni bueno ni malo; **~ is true** ninguno(-a) de los (las) dos es cierto(-a)

neon ['ni:ɑ:n] *n* neón *m* ❑ **neon light** *n* lámpara de neón

nephew ['nɛfju:] *n* sobrino

nerve [nɜ:rv] *n* (*ANAT*) nervio; (*courage*) valor *m*; (*impudence*) descaro, frescura; **a fit of ~s** un ataque de nervios ❑ **nerve-racking** *adj* desquiciante

nervous ['nɜ:rvəs] *adj* (*anxious, ANAT*) nervioso; (*timid*) tímido, miedoso ❑ **nervous breakdown** *n* crisis *f* nerviosa

nest [nɛst] *n* (*of bird*) nido; (*wasps' nest*) avispero ♦ *vi* anidar ❑ **nest egg** *n* (*fig*) ahorros *mpl*

nestle ['nɛsəl] *vi*: **to ~ down** acurrucarse

net [nɛt] *n* (*gen*) red *f*; (*fabric*) tul *m* ♦ *adj* (*COMM*) neto, líquido ♦ *vt* agarrar (*LAm*) *or* coger (*SP*) con red; (*SPORT*) marcar ❑ **the Net** *n* (*Internet*) la Red ❑ **netball** *n* netball *m*, *variedad de baloncesto jugado especialmente por mujeres*

Netherlands ['nɛðərləndz] *npl*: **the ~** los Países Bajos

nett [nɛt] *adj* = **net**

netting ['nɛtɪŋ] *n* red *f*, redes *fpl*

nettle ['nɛtl] *n* ortiga

network ['nɛt,wɜ:rk] *n* red *f*

neurotic [nu'rɑ:tɪk] *adj* neurótico

neuter ['nu:tər] *adj* (*LING*) neutro ♦ *vt* castrar, capar

neutral ['nu:trəl] *adj* (*person*) neutral; (*color etc, ELEC*) neutro ♦ *n* (*AUT*) punto muerto ❑ **neutralize** *vt* neutralizar

never ['nɛvər] *adv* nunca, jamás; **I ~ went** no fui nunca; **~ in my life** jamás en la vida; *see also* **mind** ❑ **never-ending** *adj* interminable, sin fin ❑ **nevertheless** *adv* sin embargo, no obstante

new [nu:] *adj* nuevo; (*brand new*) a estrenar; (*recent*) reciente ❑ **New Age** *n* Nueva Era, New Age *m* ❑ **newborn** *adj* recién nacido ❑ **newcomer** *n* recién llegado(-a) ❑ **New England** *n* Nueva Inglaterra ❑ **newfangled** (*pej*) *adj* modernísimo ❑ **new-found** *adj* (*friend*) nuevo; (*enthusiasm*) recién adquirido ❑ **newly** *adv* nuevamente, recién ❑ **newlyweds** *npl* recién casados *mpl*

> **NEW ENGLAND**
>
> Los estados de Nueva Inglaterra son los seis estados del noreste de EE.UU.: Maine, Vermont, New Hampshire, Massachusetts, Rhode Island y Connecticut. La región de Nueva Inglaterra fue colonizada por primera vez por Inglaterra décadas antes de la Revolución Americana y su sobrenombre como región ha resistido al paso del tiempo.

news [nu:z] *n* noticias *fpl*; **a piece of ~** una noticia; **the ~** (*RADIO, TV*) las noticias *fpl* ❑ **news agency** *n* agencia de noticias ❑ **newsagent** (*BRIT*) *n* vendedor(a) *m/f* de periódicos ❑ **newscaster** *n* (*TV*) presentador(a) *m/f*, (*RADIO*) locutor(a) *m/f* ❑ **newsdealer** (*US*) *n* vendedor(a) *m/f* de periódicos ❑ **news flash** *n* noticia de última hora ❑ **newsletter** *n* hoja informativa, boletín *m* ❑ **newspaper** *n* periódico, diario ❑ **newsprint** *n* papel *m* de periódico ❑ **newsreader** (*BRIT*) *n* = **newscaster** ❑ **newsreel** *n* noticiario ❑ **news stand** *n* quiosco *or* puesto de periódicos

newt [nu:t] *n* tritón *m*

New Year *n* Año Nuevo ❑ **New Year's** *n* = **New Year's Day; New Year's Eve** ❑ **New Year's Day** *n* Día *m* de Año Nuevo ❑ **New Year's Eve** *n* noche de Fin de Año

New York ['nu:'jɔ:rk] *n* Nueva York

New Zealand [nu:'zi:lənd] *n* Nueva Zelanda ❑ **New Zealander** *n* neozelandés(-esa) *m/f*

next [nɛkst] *adj* (*house, room*) vecino; (*bus stop, meeting*) próximo; (*following: page etc*) siguiente ♦ *adv* después; **the ~ day** el día siguiente; **~ time** la próxima vez; **~ year** el año próximo *or* que viene; **~ to** junto a, al lado de; **~ to nothing** casi nada; **~ please!** ¡el siguiente! ❑ **next door** *adv* en la casa de al lado ♦ *adj* vecino, de al lado ❑ **next-of-kin** *n* pariente *m* más cercano

NHS (*BRIT*) *n abbr* = **National Health Service**

nib [nɪb] *n* plumilla

nibble ['nɪbəl] *vt* mordisquear, mordiscar

Nicaragua [nɪkə'rɑ:gwə] *n* Nicaragua ❑ **Nicaraguan** *adj, n* nicaragüense *mf*

nice [naɪs] *adj* (*likeable*) simpático; (*kind*) amable; (*pleasant*) agradable; (*attractive*) bonito, lindo (*LAm*) ❑ **nicely** *adv* amablemente; bien

nick [nɪk] *n* (*wound*) rasguño; (*cut, indentation*) mella, muesca ♦ *vt* (*BRIT: inf*) birlar, robar; **in the ~ of time** justo a tiempo

nickel ['nɪkəl] *n* (*metal*) níquel *m*; (*US: coin*) *moneda de 5 centavos*

nickname ['nɪkneɪm] *n* apodo, mote *m* ♦ *vt* apodar

nicotine ['nɪkəti:n] *n* nicotina

niece [ni:s] *n* sobrina

Nigeria [naɪ'dʒɪriə] *n* Nigeria ❑ **Nigerian** *adj, n* nigeriano(-a)

niggling ['nɪglɪŋ] *adj* (*trifling*) nimio, insignificante; (*annoying*) molesto

night [naɪt] *n* noche *f*; (*evening*) tarde *f*; **the ~ before last** anteanoche; **at ~, by ~** de noche, por la noche ❑ **nightcap** *n* (*drink*) *bebida que se toma antes de acostarse* ❑ **night club** *n* club *m* nocturno ❑ **nightdress** (*BRIT*) *n* = **nightgown** ❑ **nightfall** *n* anochecer *m* ❑ **nightgown** (*US*) *n* camisón *m* de noche ❑ **nightie** *n* = **nightdress**

nightingale ['naɪtɪŋgeɪl] *n* ruiseñor *m*

night: ❑ **nightlife** *n* vida nocturna ❑ **nightly** *adj* de todas las noches ♦ *adv* todas las noches, cada noche ❑ **nightmare** *n* pesadilla ❑ **night porter** (*BRIT*) *n* portero de noche ❑ **night school** *n* clase(s) *f(pl)* nocturna(s) ❑ **night shift** *n* turno nocturno *or* de noche ❑ **night-time** *n* noche *f* ❑ **night watchman** *n* vigilante *m* nocturno

nil [nɪl] (*BRIT*) *n* (*SPORT*) cero

Nile [naɪl] *n*: **the ~** el Nilo

nimble ['nɪmbəl] *adj* (*agile*) ágil, ligero; (*skillful*) diestro

nine [naɪn] *num* nueve

9-11, nine-eleven [naɪnɪ'lɛvn] *n* 11-S *m*

nineteen ['naɪnti:n] *num* diecinueve

ninety ['naɪnti] *num* noventa

ninth [naɪnθ] *adj* noveno

nip [nɪp] *vt* (*pinch*) pellizcar; (*bite*) morder

nipple ['nɪpəl] *n* (*ANAT*) pezón *m*; (*US: on baby's bottle*) tetina

nitrogen ['naɪtrədʒən] *n* nitrógeno

> **no**
>
> **KEYWORD**
>
> [nou] (*pl* **noes**)
>
> *adv* (*opposite of "yes"*) no; **are you coming? -- no (I'm not)** ¿vienes? -- no; **would you like some more? -- no thank you** ¿quieres más? -- no gracias
>
> ♦ *adj* (*not any*): **I have no money/time/books** no tengo dinero/tiempo/libros; **no other man would have done it** ningún otro lo hubiera hecho; **"no entry"** "prohibido el paso"; **"no smoking"** "prohibido fumar"
>
> ♦ *n* no *m*

nobility [nou'bɪlɪti] *n* nobleza

noble ['noubəl] *adj* noble

nobody ['noubɑ:di] *pron* nadie

nod [nɑ:d] *vi* saludar con la cabeza; (*in agreement*) asentir con la cabeza; (*doze*) dar cabezadas ♦ *vt*: **to ~ one's head** inclinar la cabeza ♦ *n* saludo con la cabeza ▶ **nod off** *vi* dar cabezadas

noise [nɔɪz] *n* ruido; (*din*) escándalo, estrépito ❑ **noisy** *adj* ruidoso; (*child*) escandaloso

nominate ['nɑ:mɪneɪt] *vt* (*propose*) proponer; (*appoint*) nombrar ❑ **nominee** [nɑ:mɪ'ni:] *n* candidato(-a)

non... [nɑ:n] *prefix* no, des..., in... ❑ **non-alcoholic** *adj* no alcohólico ❑ **nonchalant** *adj* indiferente ❑ **non-committal** *adj* evasivo ❑ **nondescript** *adj* soso

none [nʌn] *pron* ninguno(-a) ♦ *adv* de ninguna manera; **~ of you** ninguno de vosotros; **I've ~ left** no me queda ninguno(-a); **he's ~ the worse for it** no le ha hecho ningún mal

nonentity [nɑ:'nɛntɪti] *n* cero a la izquierda, nulidad *f*

nonetheless [,nʌnðə'lɛs] *adv* sin embargo, no obstante

non-existent *adj* inexistente

non-fiction *n* literatura no novelesca

nonplussed [,nɑ:n'plʌst] (*US* **nonplused**) *adj* perplejo

nonsense ['nɑ:nsɛns] *n* tonterías *fpl*, disparates *fpl*; **~!** ¡tonterías!

non: ❑ **non-smoker** *n* no fumador(a) *m/f* ❑ **non-smoking** *adj* (de) no fumador ❑ **non-stick** *adj* (*pan, surface*) antiadherente ❑ **non-stop** *adj* continuo; (*RAIL*) directo ♦ *adv* sin parar

noodles ['nu:dlz] *npl* fideos *mpl* (*chinos*)

nook [nuk] *n*: **~s and crannies** escondrijos *mpl*

noon [nu:n] *n* mediodía *m*

no one, no-one *pron* = **nobody**

noose [nu:s] *n* (*of hangman*) soga, dogal *m*

nor [nɔ:r] *conj* = **neither** ♦ *adv see* **neither**

norm [nɔ:rm] *n* norma

normal ['nɔ:rməl] *adj* normal ❑ **normally** *adv* normalmente

north [nɔ:rθ] *n* norte *m* ♦ *adj* del norte, norteño ♦ *adv* al *or* hacia el norte; **the N~** (*US*) el Norte; *see also* **the South** ❑ **North Africa** *n* África del Norte ❑ **North America** *n* América del

Norte ❑ **northeast** *n* nor(d)este *m* ❑ **northerly** ['nɔːrðərli] *adj* (*point, direction*) norteño ❑ **northern** ['nɔːrðərn] *adj* norteño, del norte ❑ **Northern Ireland** *n* Irlanda del Norte ❑ **North Pole** *n* Polo Norte ❑ **North Sea** *n* Mar *m* del Norte ❑ **northward(s)** ['nɔːrθwərd(z)] *adv* hacia el norte ❑ **northwest** *n* nor(d)oeste *m*

THE NORTH

La Guerra Civil Americana (1861-1865) dividió al país en dos facciones opuestas: el norte industrial, que luchaba por abolir el ejercicio de la esclavitud y el sur, agrícola, que luchaba por mantenerla. La línea Mason-Dixon, que discurría por la frontera entre Pensilvania y Maryland, marcaba la división geográfica entre las dos y, aunque ya ha desaparecido el enfrentamiento entre el norte y el sur, la mayoría de los norteamericanos percibe que subsisten importantes diferencias culturales entre ambas regiones.

Norway ['nɔːrweɪ] *n* Noruega ❑ **Norwegian** [nɔːr'wiːdʒən] *adj, n* noruego(-a); (*LING*) noruego

nose [nouz] *n* (*ANAT*) nariz *f*; (*ZOOL*) hocico; (*sense of smell*) olfato ♦ *vi* (*also:* **~ around**) curiosear ❑ **nosebleed** *n* hemorragia nasal ❑ **nose dive** *n* (*of plane: deliberate*) picado vertical; (*: involuntary*) caída en picado ❑ **nosey** (*inf*) *adj* curioso, fisgón(-ona)

nostalgia [nɑː'stældʒə] *n* nostalgia

nostril ['nɑːstrəl] *n* ventana de la nariz

nosy ['nouzi] (*inf*) *adj* = **nosey**

not [nɑːt] *adv* no; **~ that ...** no es que ...; **it's too late, isn't it?** es demasiado tarde, ¿verdad *or* no?; **~ yet/now** todavía/ahora no; **why ~?** ¿por qué no?; *see also* **all**; **only**

notably ['noutəbli] *adv* especialmente

notary ['noutəri] *n* notario(-a)

notch [nɑːtʃ] *n* muesca, corte *m*

note [nout] *n* (*MUS, record, letter*) nota; (*tone*) tono; (*BRIT: banknote*) billete *m* ♦ *vt* (*observe*) notar, observar; (*write down*) apuntar, anotar ❑ **notebook** *n* libreta, cuaderno ❑ **noted** *adj* célebre, conocido ❑ **notepad** *n* bloc *m* (de notas) ❑ **notepaper** *n* papel *m* de cartas

nothing ['nʌθɪŋ] *n* nada; (*zero*) cero; **he does ~** no hace nada; **~ new** nada nuevo; **~ much** no mucho; **for ~** (*free*) gratis, sin pago; (*in vain*) en balde

notice ['noutɪs] *n* (*announcement*) anuncio; (*warning*) aviso; (*dismissal*) despido; (*resignation*) dimisión *f*; (*period of time*) plazo ♦ *vt* (*observe*) notar, observar; **to bring sth to sb's ~** (*attention*) llamar la atención de algn sobre algo; **to take ~ of** tomar nota de, prestar atención a; **at short ~** con poca anticipación; **until further ~** hasta nuevo aviso; **to hand in one's ~** dimitir ❑ **noticeable** *adj* evidente, obvio ❑ **notice board** (*BRIT*) *n* tablón *m* de anuncios

⚠ Be careful not to translate **notice** by the Spanish word ***noticia***.

notify ['noutɪfaɪ] *vt*: **to ~ sb (of sth)** comunicar (algo) a algn

notion ['nouʃən] *n* idea; (*opinion*) opinión *f* ❑ **notions** *npl* (*SEWING*) artículos *mpl* de mercería

notorious [nou'tɔːriəs] *adj* notorio

nougat ['nuːgət] *n* turrón *m*

nought [nɔːt] (*BRIT*) *n* = **naught**

noun [naun] *n* nombre *m*, sustantivo

nourish ['nɜːrɪʃ] *vt* nutrir; (*fig*) alimentar ❑ **nourishing** *adj* nutritivo ❑ **nourishment** *n* alimento, sustento

novel ['nɑːvəl] *n* novela ♦ *adj* (*new*) nuevo, original; (*unexpected*) insólito ❑ **novelist** *n* novelista *mf* ❑ **novelty** *n* novedad *f*

November [nou'vembər] *n* noviembre *m*

novice ['nɑːvɪs] *n* (*REL*) novicio(-a)

now [nau] *adv* (*at the present time*) ahora; (*these days*) actualmente, hoy día ♦ *conj*: **~ (that)** ya que, ahora que; **right ~** ahora mismo; **by ~** ya; **just ~** ahora mismo; **~ and then, ~ and again** de vez en cuando; **from ~ on** de ahora en adelante ❑ **nowadays** ['nauədeɪz] *adv* hoy (en) día, actualmente

nowhere ['nouwer] *adv* (*direction*) a ninguna parte; (*location*) en ninguna parte

nozzle ['nɑːzəl] *n* boquilla

nuance ['nuːɑːns] *n* matiz *m*

nuclear ['nuːkliər] *adj* nuclear

nucleus ['nuːkliəs] (*pl* **nuclei**) *n* núcleo

nude [nuːd] *adj, n* desnudo(-a); **in the ~** desnudo

nudge [nʌdʒ] *vt* dar un codazo a

nudist ['nuːdɪst] *n* nudista *mf*

nuisance ['nuːsəns] *n* molestia, fastidio; (*person*) pesado, latoso; **what a ~!** ¡qué lata!

null [nʌl] *adj*: **~ and void** nulo y sin efecto

numb [nʌm] *adj*: **~ with cold/fear** entumecido de frío/paralizado de miedo

number ['nʌmbər] *n* número; (*quantity*) cantidad *f* ♦ *vt* (*pages etc*) numerar, poner número a; (*amount to*) sumar, ascender a; **to be ~ed among** figurar entre; **a ~ of** varios, algunos; **they were ten in ~** eran diez ❑ **number plate** (*BRIT*) *n* placa (*LAm*), chapa (*RPl*), matrícula (*SP*)

numeral ['nuːmərəl] *n* número, cifra

numerate ['nuːmərɪt] *adj* competente en aritmética

numerous ['nuːmərəs] *adj* numeroso

nun [nʌn] *n* monja, religiosa

nurse [nɜːrs] *n* enfermero(-a); (*US: also:* **~maid**) niñera ♦ *vt* (*patient*) cuidar, atender

nursery ['nɜːrsəri] *n* (*institution*) guardería infantil; (*room*) cuarto de los niños; (*for plants*) vivero ❑ **nursery rhyme** *n* canción *f* infantil ❑ **nursery school** *n* jardín *m* de niños (*MEX*), jardín infantil (*LAm exc MEX*) *or* de infantes (*RPl*), parvulario (*SP*) ❑ **nursery slope** (*BRIT*) *n* (*SKI*) pista para principiantes

nursing ['nɜːrsɪŋ] *n* (*profession*) enfermería; (*care*) asistencia, cuidado ❑ **nursing home** *n* clínica de reposo

nut [nʌt] *n* (*TECH*) tuerca; (*BOT*) nuez *f* ❑ **nutcrackers** *npl* cascanueces *m inv*

nutmeg ['nʌtmeg] *n* nuez *f* moscada

nutritious [nuː'trɪʃəs] *adj* nutritivo, alimenticio

nuts [nʌts] (*inf*) *adj* loco

nutshell ['nʌtʃel] *n*: **in a ~** en resumidas cuentas

nylon ['naɪlɑːn] *n* nylon *m* ♦ *adj* de nylon; **~s** *npl* (*US*) medias de nylon

Oo

oak [ouk] *n* roble *m* ♦ *adj* de roble

O.A.P. (*BRIT*) *n abbr* = **old-age pensioner**

oar [ɔːr] *n* remo

oasis [ou'eɪsɪs] (*pl* **oases** [ou'eɪsiːz]) *n* oasis *m inv*

oath [ouθ] *n* juramento; (*swear word*) palabrota; **under ~, on ~** (*BRIT*) bajo juramento

oatmeal ['outmiːl] *n* harina de avena

oats [outs] *n* avena

obedience [ou'biːdiəns] *n* obediencia

obedient [ou'biːdiənt] *adj* obediente

obey [ou'beɪ] *vt* obedecer; (*instructions, regulations*) cumplir

obituary [ou'bɪtʃueri] *n* obituario (*LAm*), necrología (*SP*)

object [*n* 'ɑːbdʒɪkt, *vb* əb'dʒekt] *n* objeto; (*purpose*) objeto, propósito; (*LING*) complemento ♦ *vi*: **to ~ to** estar en contra de; (*proposal*) oponerse a; **to ~ that** objetar que; **expense is no ~** no importa cuánto cuesta; **I ~!** ¡protesto! ❑ **objection** [əb'dʒekʃən] *n* protesta; **I have no objection to ...** no tengo inconveniente en que ... ❑ **objectionable** [əb'dʒekʃənəbəl] *adj* desagradable; (*conduct*) censurable ❑ **objective** [əb'dʒektɪv] *adj, n* objetivo

obligation [ɑːblɪ'geɪʃən] *n* obligación *f*; (*debt*) deber *m*; **without ~** sin compromiso

oblige [ə'blaɪdʒ] *vt* (*do a favor for*) complacer, hacer un favor a; **to ~ sb to do sth** forzar *or* obligar a algn a hacer algo; **I am ~d to you for your help** le agradezco mucho su ayuda ❑ **obliging** *adj* servicial, atento

oblique [ə'bliːk] *adj* oblicuo; (*allusion*) indirecto

obliterate [ə'blɪtəreɪt] *vt* borrar

oblivion [ə'blɪviən] *n* olvido ❑ **oblivious** *adj*: **oblivious of** inconsciente de

oblong ['ɑːblɑːŋ] *adj* rectangular ♦ *n* rectángulo

obnoxious [əb'nɑːkʃəs] *adj* odioso, detestable; (*smell*) nauseabundo

oboe ['oubou] *n* oboe *m*

obscene [əb'siːn] *adj* obsceno

obscure [əb'skjuər] *adj* oscuro ♦ *vt* oscurecer; (*hide: sun*) esconder

observant [əb'zɜːrvənt] *adj* observador(a)

observation [ˌɑːbzər'veɪʃən] *n* observación *f*; (*MED*) examen *m*

observe [əb'zɜːrv] *vt* observar; (*rule*) cumplir ❑ **observer** *n* observador(a) *m/f*

obsess [əb'ses] *vt* obsesionar ❑ **obsessive** *adj* obsesivo; obsesionante

obsolete [ˌɑːbsə'liːt] *adj*: **to be ~** estar en desuso

obstacle ['ɑːbstəkəl] *n* obstáculo; (*nuisance*) estorbo ❑ **obstacle race** *n* carrera de obstáculos

obstinate ['ɑːbstənɪt] *adj* terco, porfiado; (*determined*) obstinado

obstruct [əb'strʌkt] *vt* obstruir; (*hinder*) estorbar, obstaculizar ❑ **obstruction** *n* (*action*) obstrucción *f*; (*object*) estorbo, obstáculo

obtain [əb'teɪn] *vt* obtener; (*achieve*) conseguir

obvious ['ɑːbviəs] *adj* obvio, evidente ❑ **obviously** *adv* evidentemente, naturalmente; **obviously not** por supuesto que no

occasion [ə'keɪʒən] *n* oportunidad *f*, ocasión *f*; (*event*) acontecimiento ❑ **occasional** *adj* poco frecuente, ocasional ❑ **occasionally** *adv* de vez en cuando

occupant ['ɑːkjupənt] *n* (*of house*) inquilino(-a); (*of car*) ocupante *mf*

occupation [ˌɑːkjə'peɪʃən] *n* ocupación *f*; (*job*) trabajo; (*pastime*) ocupaciones *fpl* ❑ **occupational hazard** *n* riesgo profesional

occupier ['ɑːkjupaɪər] *n* inquilino(-a)

occupy ['ɑːkjəpaɪ] *vt* (*seat, post, time*) ocupar; (*house*) habitar; **to ~ o.s. in doing** pasar el tiempo haciendo

occur [ə'kɜːr] *vi* pasar, suceder; **it ~s to me that ...** se me ocurre que ... ❑ **occurrence** *n* acontecimiento; (*existence*) existencia

ocean ['ouʃən] *n* océano

o'clock [ə'klɑːk] *adv*: **it is 5 ~** son las 5

OCR *n abbr* = **optical character recognition/reader**

October [ɑːk'toubər] *n* octubre *m*

octopus ['ɑːktəpəs] *n* pulpo

odd [ɑːd] *adj* extraño, raro; (*number*) impar; (*sock, shoe etc*) suelto; **60-~** 60 y pico; **at ~ times** de vez en cuando; **to be the ~ one out** estar de más ❑ **oddity** *n* rareza; (*person*) excéntrico ❑ **odd-job man** *n hombre que se dedica a hacer pequeños trabajos o arreglos*, milusos *m inv* (*MEX*) ❑ **odd jobs** *npl* trabajillos *mpl* ❑ **oddly** *adv* curiosamente, extrañamente; *see also* **enough** ❑ **oddments** *npl* (*COMM*) restos *mpl*, retales *mpl* ❑ **odds** *npl* (*in betting*) apuestas *fpl*; **it makes no odds** da lo mismo; **at odds** reñidos(-as); **odds and ends** minucias *fpl*, cosillas *fpl*

odometer [ou'dɑːmɪtər] (*US*) *n* cuentakilómetros *m inv*

odor (*US*) ['oudər] (*BRIT* **odour**) *n* olor *m*; (*unpleasant*) hedor *m*

of

KEYWORD

[ʌv] *prep*

1 (*gen*) de; **a friend of ours** un amigo nuestro; **a boy of 10** un chico de 10 años; **that was kind of you** eso fue muy amable por *or* de tu parte

2 (*expressing quantity, amount, time etc*) de; **a pound of flour** una libra de harina; **there were 3 of them** había tres; **3 of us went** tres de nosotros fuimos; **it's a quarter of six** (*US*) son las seis menos cuarto

3 (*from, out of*) de; **made of wood** (hecho) de madera

off [ɔːf] *adj, adv* (*engine*) desconectado; (*light*) apagado; (*faucet*) cerrado; (*milk*) cortado; (*canceled*) cancelado; (*BRIT: food: bad*) pasado, malo ♦ *prep* de; **to be ~** (*to leave*) irse, marcharse; **to be ~ sick** estar enfermo *or* de baja; **a day ~** un día libre *or* sin trabajar; **to have an ~ day** tener un día malo; **he had his coat ~** se había quitado el abrigo; **10% ~** (*COMM*) (con el) 10% de descuento; **5 miles ~ (the road)** a 5 millas (de la carretera); **~ the coast** frente a la costa; **I'm ~ meat** (*no longer eat/like it*) paso de la carne; **on the ~ chance** por si acaso; **~ and on** de vez en cuando

offal ['ɑːfəl] (*BRIT*) *n* (*CULIN*) menudencias *fpl* (*LAm*), achuras *fpl* (*RPl*), asaduras *fpl* (*SP*)

off-color (*US*) *adj* (*joke*) de mal gusto

off-colour (*BRIT*) *adj* (*ill*) indispuesto

offence [ə'fens] (*BRIT*) *n* = **offense**

offend [ə'fend] *vt* (*person*) ofender ❑ **offender** *n* delincuente *mf*

offense (*US*) [ə'fens] (*BRIT* **offence**) *n* (*crime*) delito; **to take ~ at** ofenderse por

offensive [ə'fensɪv] *adj* ofensivo; (*smell etc*) repugnante ♦ *n* (*MIL*) ofensiva

offer ['ɔːfər] *n* oferta, ofrecimiento; (*proposal*) propuesta ♦ *vt* ofrecer; (*opportunity*) facilitar; **"on ~"** (*COMM*) "en oferta" ❑ **offering** *n* ofrenda

offhand [ɔːf'hænd] *adj* informal ♦ *adv* de improviso

office ['ɔːfɪs] *n* (*place*) oficina; (*room*) despacho; (*position*) carga, oficio; **doctor's ~** (*US*) consultorio; **to take ~** entrar en funciones ❑ **office automation** *n* ofimática, buromática ❑ **office building** (*US*) (*BRIT* **office block**) *n* bloque *m* de oficinas ❑ **office hours** *npl* horas *fpl* de oficina; (*US MED*) horas *fpl* de consulta

officer ['ɔːfɪsər] *n* (*MIL etc*) oficial *mf*; (*also:* **police ~**) agente *mf* de policía; (*of organization*) director(a) *m/f*

office worker *n* oficinista *mf*

official [ə'fɪʃəl] *adj* oficial ♦ *n* funcionario(-a), oficial *mf*

offing ['ɔːfɪŋ] *n*: **in the ~** (*fig*) en perspectiva

off: ❑ **off-licence** (*BRIT*) *n* (*shop*) tienda de bebidas alcohólicas ❑ **off-line** *adj, adv* (*COMPUT*) fuera de línea ❑ **off-peak** *adj* (*electricity*) de banda económica; (*ticket*) de precio reducido (*por viajar fuera de las horas pico*) ❑ **off-putting** (*BRIT*) *adj* (*person*) asqueroso; (*remark*) desalentador(a) ❑ **off-season** *adj, adv* fuera de temporada

offset ['ɔːfset] *vt* contrarrestar, compensar

offshoot ['ɔːfʃuːt] *n* (*fig*) ramificación *f*

offshore ['ɔːfʃɔːr] *adj* (*breeze, island*) costero; (*fishing*) de bajura

offside ['ɔːfsaɪd] *adj* (*SPORT*) fuera de juego; (*AUT: in US, Europe etc*) del lado izquierdo; (*in UK*) del lado derecho

offspring ['ɔːfˌsprɪŋ] *n inv* descendencia

off: ❑ **offstage** *adv* entre bastidores ❑ **off-the-rack** (*US*) (*BRIT* **off-the-peg**) *adv* confeccionado ❑ **off-white** *adj* crudo

often ['ɔːfən] *adv* a menudo, con frecuencia; **how ~ do you go?** ¿cada cuánto vas?

oftentimes ['ɔːfənˌtaɪmz] (*US*) *adv* muchas veces, frecuentemente

oh [ou] *excl* ¡ah!

oil [ɔɪl] *n* aceite *m*; (*petroleum*) petróleo; (*ART*) óleo ♦ *vt* engrasar ❑ **oilcan** *n* (*container*) lata de aceite ❑ **oilfield** *n* campo petrolífero ❑ **oil filter** *n* (*AUT*) filtro de aceite ❑ **oil painting** *n* pintura al óleo ❑ **oil rig** *n* plataforma petrolífera ❑ **oil tanker** *n* petrolero; (*truck*) camión *m* cisterna ❑ **oil well** *n* pozo de petróleo ❑ **oily** *adj* aceitoso; (*food*) grasiento

ointment ['ɔɪntmənt] *n* pomada, ungüento

O.K., okay ['ou'keɪ] *excl* ¡okey! (*LAm*), ¡vale! (*SP*) ♦ *adj* bien ♦ *vt* dar el visto bueno a

old [ould] *adj* viejo; (*former*) antiguo; **how ~ are you?** ¿cuántos años tienes?, ¿qué edad tienes?; **he's 10 years ~** tiene 10 años; **~er brother** hermano mayor ❑ **old age** *n* vejez *f* ❑ **old-age pensioner** (*BRIT*) *n* pensionista *mf* (de la tercera edad) ❑ **old-fashioned** *adj* anticuado, pasado de moda

olive ['ɑːlɪv] *n* (*fruit*) aceituna; (*tree*) olivo ♦ *adj* (*also:* **~-green**) verde oliva ❑ **olive oil** *n* aceite *m* de oliva

Olympic [ou'lɪmpɪk] *adj* olímpico; **the ~ Games, the ~s** las Olimpíadas

omelet(te) ['ɑːmlɪt] *n* omelette *f* (*LAm*), tortilla francesa (*SP*)

omen ['oumən] *n* presagio

ominous ['ɑːmɪnəs] *adj* de mal agüero, amenazador(a)

omit [ou'mɪt] *vt* omitir

on

KEYWORD

[ɑːn] *prep*

1 (*indicating position*) en; sobre; **on the wall** en la pared; **it's on the table** está sobre *or* en la mesa; **on the left** a la izquierda

2 (*indicating means, method, condition etc*): **on foot** a pie; **on the train/plane** (*go*) en tren/avión; (*be*) en el tren/el avión; **on the radio/television/telephone** por *or* en la radio/televisión/al teléfono; **to be on drugs** drogarse; (*MED*) estar en tratamiento; **to be on vacation/business** estar de vacaciones/en viaje de negocios

3 (*referring to time*): **on Friday** el viernes; **on Fridays** los viernes; **on June 20th** el 20 de junio; **a week on Friday** del viernes en una semana; **on arrival** al llegar; **on seeing this** al ver esto

4 (*about, concerning*) sobre, acerca de; **a book on physics** un libro de *or* sobre física

♦ *adv*

1 (*referring to dress*): **to have one's coat on** tener *or* llevar el abrigo puesto; **she put her gloves on** se puso los guantes

2 (*referring to covering*): **"screw the lid on tightly"** "cerrar bien la tapa"

3 (*further, continuously*): **to walk** *etc* **on** seguir caminando *etc*

♦ *adj*

1 (*functioning, in operation: machine, radio, TV, light*) prendido(-a) (*LAm*), encendido(-a) (*SP*); (*: faucet*) abierto(-a); (*: brakes*) echado(-a), puesto(-a); **is the meeting still on?** (*in progress*) ¿todavía continúa la reunión?; (*not canceled*) ¿va a haber reunión al fin?; **there's a good movie on at the movie theater** ponen una buena película en el cine

2: **that's not on!** (*inf: not possible*) ¡eso ni hablar!; (*: not acceptable*) ¡eso no se hace!

once [wʌns] *adv* una vez; (*formerly*) antiguamente ♦ *conj* una vez que; **~ he had left/it was done** una vez que se había marchado/se hizo; **at ~** en seguida, inmediatamente; (*simultaneously*) a la vez; **~ a week** una vez por semana; **~ more** otra vez; **~ and for all** de una vez por todas; **~ upon a time** érase una vez

oncoming ['ɑːn,kʌmɪŋ] *adj* (*traffic*) (que viene) en dirección contraria

one

KEYWORD

[wʌn] *num*
un(o)/una; **one hundred and fifty** ciento cincuenta; **one by one** uno a uno
♦ *adj*
1 (*sole*) único; **the one book which** el único libro que; **the one man who** el único que
2 (*same*) mismo(-a); **they came in the one car** vinieron en un solo coche
♦ *pron*
1: **this one** éste (ésta); **that one** ése (ésa); (*more remote*) aquél (aquella); **I've already got (a red) one** ya tengo uno(-a) rojo(-a); **one by one** uno(-a) por uno(-a)
2: **one another** se (*LAm*), os (*SP*) (+ *el uno al otro, unos a otros etc*); **do you two ever see one another?** ¿se ven ustedes dos alguna vez? (*LAm*), ¿vosotros dos os veis alguna vez? (*SP*); **the boys didn't dare look at one another** los chicos no se atrevieron a mirarse (el uno al otro); **they all kissed one another** se besaron unos a otros
3 (*impers*): **one never knows** nunca se sabe; **to cut one's finger** cortarse el dedo

one: ❑ **one-day excursion** (*US*) *n* excursión *f* de un día ❑ **one-man** *adj* (*business*) individual ❑ **one-man band** *n* hombre-orquesta *m* ❑ **one-off** (*BRIT*: *inf*) *n* (*event*) acontecimiento único

oneself [wʌn'sɛlf] *pron* (*reflexive*) se; (*after prep*) sí; (*emphatic*) uno(-a) mismo(-a); **to hurt ~** hacerse daño; **to keep sth for ~** guardarse algo; **to talk to ~** hablar solo

one: ❑ **one-sided** *adj* (*argument*) parcial ❑ **one-to-one** *adj* (*relationship*) de dos ❑ **one-way** *adj* (*street*) de sentido único

ongoing ['ɑːn,gouɪŋ] *adj* continuo

onion ['ʌnjən] *n* cebolla

online ['ɑːn'laɪn] *adj, adv* (*COMPUT*) en línea

onlooker ['ɑːn,lukər] *n* espectador(a) *m/f*

only ['ounli] *adv* solamente, sólo ♦ *adj* único, solo ♦ *conj* solamente que, pero; **an ~ child** un hijo único; **not ~ ... but also ...** no sólo ... sino también ...

onset ['ɑːnsɛt] *n* comienzo

onshore ['ɑːn'ʃɔːr] *adj* (*wind*) del mar

onslaught ['ɑːnslɔːt] *n* ataque *m*, embestida

onto ['ɑːntu] *prep* = **on to**

onward(s) ['ɑːnwərd(z)] *adv* (*move*) (hacia) adelante; **from that time onward(s)** de ahora en adelante

onyx ['ɑːnɪks] *n* ónice *m*, ónix *m*

ooze [uːz] *vi* rezumar

opaque [ou'peɪk] *adj* opaco

OPEC ['oupɛk] *n abbr* (= *Organization of Petroleum-Exporting Countries*) OPEP *f*

open ['oupən] *adj* abierto; (*car*) descubierto; (*road, view*) despejado; (*meeting*) público; (*admiration*) manifiesto ♦ *vt* abrir ♦ *vi* abrirse; (*book etc*: *commence*) comenzar; **in the ~ (air)** al aire libre ▶ **open on to** *vt fus* (*room, door*) dar a ▶ **open up** *vt* abrir; (*blocked road*) despejar ♦ *vi* abrirse, empezar ❑ **opening** *n* abertura; (*start*) comienzo; (*opportunity*) oportunidad *f* ❑ **opening hours** *npl* horario de apertura ❑ **open learning** *n enseñanza flexible a tiempo parcial* ❑ **openly** *adv* abiertamente ❑ **open-minded** *adj* imparcial ❑ **open-necked** *adj* (*shirt*) desabrochado; sin corbata ❑ **open-plan** *adj*: **open-plan office** *gran oficina sin particiones*

opera ['ɑːpərə] *n* ópera ❑ **opera house** *n* teatro de la ópera

operate ['ɑːpəreɪt] *vt* (*machine*) hacer funcionar; (*company*) dirigir ♦ *vi* funcionar; **to ~ on sb** (*MED*) operar a algn

operatic [,ɑːpə'rætɪk] *adj* de ópera

operating room ['ɑːpəreɪtɪŋ,ruːm] (*US*) *n* sala de operaciones

operating table *n* mesa de operaciones

operation [ɑpə'reɪʃən] *n* operación *f*; (*of machine*) funcionamiento; **to be in ~** estar funcionando *or* en funcionamiento; **to have an ~** (*MED*) ser operado ❑ **operational** *adj* operacional, en servicio *or* funcionamiento

operative ['ɑːpərətɪv] *adj* en vigor

operator ['ɑːpəreɪtər] *n* (*of machine*) maquinista *mf*, operario(-a); (*TEL*) operador(a) *m/f*, telefonista *mf*

opinion [ə'pɪnjən] *n* opinión *f*; **in my ~** en mi opinión, a mi juicio ❑ **opinionated** *adj* testarudo ❑ **opinion poll** *n* encuesta, sondeo

opponent [ə'pounənt] *n* adversario(-a), contrincante *mf*

opportunity [ɑːpər'tuːnɪti] *n* oportunidad *f*; **to take the ~ of doing** aprovechar la ocasión para hacer

oppose [ə'pouz] *vt* oponerse a; **to be ~d to sth** oponerse a algo; **as ~d to** a diferencia de ❑ **opposing** *adj* opuesto, contrario

opposite ['ɑːpəzɪt] *adj* opuesto, contrario a; (*house etc*) de enfrente ♦ *adv* en frente ♦ *prep* en frente de, frente a ♦ *n* lo contrario

opposition [,ɑːpə'zɪʃən] *n* oposición *f*

oppressive [ə'prɛsɪv] *adj* opresivo; (*weather*) agobiante

opt [ɑːpt] *vi*: **to ~ for** optar por; **to ~ to do** optar por hacer ▶ **opt out** *vi*: **to opt out of** optar por no hacer

optical ['ɑːptɪkəl] *adj* óptico

optician [ɑːp'tɪʃən] *n* óptico(-a)

optimist ['ɑːptəmɪst] *n* optimista *mf* ❑ **optimistic** [,ɑːptə'mɪstɪk] *adj* optimista

option ['ɑːpʃən] *n* opción *f* ❑ **optional** *adj* facultativo, discrecional

or [ɔːr] *conj* o; (*before o, ho*) u; (*with negative*): **he hasn't seen or heard anything** no ha visto ni oído nada; **or else** si no

oral ['ɔːrəl] *adj* oral ♦ *n* examen *m* oral

orange ['ɔːrɪndʒ] *n* (*fruit*) naranja ♦ *adj* naranja *inv*

orbit ['ɔːrbɪt] *n* órbita ♦ *vt, vi* orbitar

orchard ['ɔːrtʃərd] *n* huerto

orchestra ['ɔːrkɪstrə] *n* orquesta; (*US*: *seating*) platea

orchid ['ɔːrkɪd] *n* orquídea

ordain [ɔːr'deɪn] *vt* (*REL*) ordenar, decretar

ordeal [ɔːr'diːl] *n* calvario

order ['ɔːrdər] *n* orden *m*; (*command*) orden *f*; (*good order*) buen estado; (*COMM*) pedido ♦ *vt* (*also*: **put in ~**) arreglar, poner en orden; (*COMM*) pedir; (*command*) mandar, ordenar; **in ~** en orden; (*of document*) en regla; **in (working) ~** en funcionamiento; **in ~ to do/that** para hacer/que; **on ~** (*COMM*) pedido; **to be out of ~** estar desordenado; (*not working*) no funcionar; **to ~ sb to do sth** mandar a algn hacer algo ❑ **order form** *n* hoja de pedido ❑ **orderly** *n* (*MIL*) ordenanza *m*; (*MED*) camillero(-a), celador(a) *m/f* ♦ *adj* ordenado

ordinary ['ɔːrdnɛri] *adj* corriente, normal; (*pej*) común y corriente; **out of the ~** fuera de lo común

Ordnance Survey ['ɔːrdnəns,sɜːrveɪ] (*BRIT*) *n servicio oficial de cartografía*

ore [ɔːr] *n* mineral *m*

organ ['ɔːrgən] *n* órgano ❑ **organic** [ɔːr'gænɪk] *adj* orgánico ❑ **organism** *n* organismo

organization [,ɔːrgənɪ'zeɪʃən] *n* organización *f*

organize ['ɔːrgənaɪz] *vt* organizar ❑ **organizer** *n* organizador(a) *m/f*

orgasm ['ɔːrgæzəm] *n* orgasmo

orgy ['ɔːrdʒi] *n* orgía

Orient ['ɔːriənt] *n* Oriente *m* ❑ **oriental** [ɔːri'ɛntl] *adj* oriental

orientate ['ɔːriənteɪt] *vt*: **to ~ o.s.** orientarse

origin ['ɔːrɪdʒɪn] *n* origen *m*

original [ə'rɪdʒɪnl] *adj* original; (*first*) primero; (*earlier*) primitivo ♦ *n* original *m* ❑ **originally** *adv* al principio

originate [ə'rɪdʒɪneɪt] *vi*: **to ~ from, ~ in** surgir de, tener su origen en

Orkneys ['ɔːrkniz] *npl*: **the ~** (*also*: **the Orkney Islands**) las Orcadas

ornament ['ɔːrnəmənt] *n* adorno; (*trinket*) chuchería ❑ **ornamental** [,ɔːrnə'mɛntl] *adj* decorativo, de adorno

ornate [ɔːr'neɪt] *adj* muy ornado, vistoso

orphan ['ɔːrfən] *n* huérfano(-a)

orthopedic (*US*) [,ɔːrθə'piːdɪk] (*BRIT* **orthopaedic**) *adj* ortopédico

ostensibly [ɑː'stɛnsɪbli] *adv* aparentemente

ostentatious [,ɑːstɛn'teɪʃəs] *adj* ostentoso

osteopath ['ɑːstiəpæθ] *n* osteópata *mf*

ostracize ['ɑːstrəsaɪz] *vt* condenar al ostracismo a

ostrich ['ɑːstrɪtʃ] *n* avestruz *m*

other ['ʌðər] *adj* otro ♦ *pron*: **the ~ (one)** el (la) otro(-a) ♦ *adv*: **~ than** aparte de; **~s** *npl* (*other people*) otros; **the ~ day** el otro día ❑ **otherwise** *adv* de otra manera ♦ *conj* (*if not*) si no

otter ['ɑːtər] *n* nutria

ouch [autʃ] *excl* ¡ay!

ought [ɔːt] (*pt* **~**) *aux vb*: **I ~ to do it** debería hacerlo; **this ~ to have been corrected** esto debiera haberse corregido; **he ~ to win** (*probability*) debe *or* debiera ganar

ounce [auns] *n* onza (*28.35g*)

our [auər] *adj* nuestro; *see also* **my** ❑ **ours** *pron* (el) nuestro/(la) nuestra *etc*; *see also* **mine**[1] ❑ **ourselves** *pron pl* (*reflexive, after prep*) nosotros; (*emphatic*) nosotros mismos; *see also* **oneself**

oust [aust] *vt* desbancar

out [aut] *adv* afuera, fuera; (*not at home*) fuera (de casa); (*light, fire*) apagado; **~ there** allí (fuera); **he's ~** (*absent*) no está, ha salido; **to run ~** salir corriendo; **~ loud** en alta voz; **~ of** (*outside*) fuera de; (*because of*: *anger etc*) por; **~ of gas** sin gasolina; **"~ of order"** "no funciona"; **to be ~ in one's calculations** (*BRIT*) equivocarse (en sus cálculos) ❑ **outage** ['autɪdʒ] (*US*) *n* (*also*: **power outage**) corte *m* de luz, apagón *m* ❑ **out-and-out** *adj* (*liar*) empedernido; (*thief*) redomado ❑ **outback** *n* interior *m* ❑ **outboard** *adj*: **outboard motor** (motor *m*) fueraborda *m* ❑ **outbreak** *n* (*of war*) comienzo; (*of disease*) brote *m*; (*of violence etc*) ola ❑ **outburst** *n* explosión *f*, arranque *m* ❑ **outcast** *n* paria *mf* ❑ **outcome** *n* resultado ❑ **outcrop** *n* (*of rock*) afloramiento ❑ **outcry** *n* protesta ❑ **outdated** *adj* anticuado, fuera de moda ❑ **outdo** *vt* superar ❑ **outdoor** *adj* exterior, de aire libre; (*clothes*) de calle ❑ **outdoors** *adv* al aire libre

outer ['autər] *adj* exterior, externo ❑ **outer space** *n* espacio exterior

outfit ['autfɪt] *n* (*clothes*) conjunto

out: ❑ **outgoing** *adj* (*character*) extrovertido; (*retiring*: *president etc*) saliente ❑ **outgoings** (*BRIT*) *npl* gastos *mpl* ❑ **outgrow** *vt*: **he has outgrown his clothes** su ropa le queda pequeña ya ❑ **outhouse** *n* dependencia ❑ **outing** *n* excursión *f*, paseo

out: ❑ **outlaw** *n* proscrito ♦ *vt* proscribir ❑ **outlay** *n* inversión *f* ❑ **outlet** *n* salida; (*of pipe*) desagüe *m*; (*US ELEC*) tomacorriente *m* (*LAm*), toma de corriente (*SP*); (*also*: **retail outlet**) punto de venta ❑ **outline** *n* (*shape*) contorno, perfil *m*; (*sketch, plan*) esbozo ♦ *vt* (*plan etc*) esbozar; **in outline** (*fig*) a grandes rasgos ❑ **outlive** *vt* sobrevivir a ❑ **outlook** *n* (*fig*: *prospects*) perspectivas *fpl*; (: *for weather*) pronóstico ❑ **outlying** *adj* remoto, aislado ❑ **outmoded** *adj* anticuado, pasado de moda ❑ **outnumber** *vt* superar en número ❑ **out-of-date** *adj* (*passport*) caducado; (*clothes*) pasado de moda ❑ **out-of-the-way** *adj* apartado ❑ **outpatient** *n* paciente *mf* externo(-a) ❑ **outpost** *n* puesto de avanzada ❑ **output** *n* (volumen *m* de) producción *f*, rendimiento; (*COMPUT*) salida

outrage ['autreɪdʒ] *n* escándalo; (*atrocity*) atrocidad *f* ♦ *vt* ultrajar ❑ **outrageous** [aut'reɪdʒəs] *adj* monstruoso

outright [*adv* ,aut'raɪt, *adj* 'aut,raɪt] *adv* (*ask, deny*) francamente; (*refuse*) rotundamente; (*win*) de manera absoluta; (*be killed*) en el acto ♦ *adj* franco; rotundo

outset ['autsɛt] *n* principio

outside [,aut'saɪd] *n* exterior *m* ♦ *adj* exterior, externo ♦ *adv* fuera ♦ *prep* fuera de; (*beyond*) más allá de; **at the ~** (*fig*) a lo sumo ❑ **outside lane** *n* (*AUT*: *in US, Europe etc*) carril *m* de la izquierda; (*in Britain*) carril *m* de la derecha ❑ **outside line** *n* (*TEL*) línea (exterior) ❑ **outsider** *n* (*stranger*) extraño, forastero

out: ❑ **outsize** (*BRIT*) *adj* (*clothes*) de talla grande ❑ **outskirts** *npl* afueras *fpl*, alrededores *mpl* ❑ **outspoken** *adj* muy franco ❑ **outstanding** *adj* excepcional, destacado; (*remaining*) pendiente ❑ **outstay** *vt*: **to outstay one's welcome** quedarse más de la cuenta ❑ **outstretched** *adj* (*hand*) extendido ❑ **outstrip** *vt* (*competitors, demand*) dejar atrás, aventajar ❑ **out-tray** *n* bandeja de salida

outward ['autwərd] *adj* externo; (*journey*) de ida

outweigh [,aut'weɪ] *vt* pesar más que

outwit [,aut'wɪt] *vt* ser más listo que

oval ['ouvəl] *adj* ovalado ♦ *n* óvalo

ovary ['ouvəri] *n* ovario

oven ['ʌvən] *n* horno ❑ **ovenproof** *adj* resistente al horno

over ['ouvər] *adv* encima, por encima ♦ *adj or adv* (*finished*) terminado; (*surplus*) de sobra ♦ *prep* (por) encima de; (*above*) sobre; (*on the other side of*) al otro lado de; (*more than*) más de; (*during*) durante; **~ here** (por) aquí; **~ there** (por) allí *or* allá; **all ~** (*everywhere*) por todas partes; **~ and ~ (again)** una y otra vez; **~ and above** además de; **to ask sb ~** invitar a algn a casa; **to bend ~** inclinarse

overall [*adj, n* 'ouvərɔːl, *adv* ,ouvər'ɔːl] *adj* (*length etc*) total; (*study*) de conjunto ♦ *adv* en conjunto ♦ *n* (*BRIT*: *protective coat*) guardapolvo; **~s** *npl* (*US*: *dungarees*) overol *m* (*LAm*), mameluco (*SC*), peto (*SP*); (*BRIT*: *boiler suit*) overol *m* (*LAm*) *or* mono (*SP*) (de trabajo)

over: ❑ **overawe** *vt*: **to be overawed (by)** quedar impresionado (con) ❑ **overbalance** *vi* perder el equilibrio ❑ **overboard** *adv* (*NAUT*) por la borda ❑ **overbook** *vt* sobrereservar

overcast [,ouvər'kæst] *adj* cubierto

overcharge [,ouvər'tʃɑːrdʒ] *vt*: **to ~ sb** cobrar de más a algn

overcoat ['ouvərkout] *n* abrigo, sobretodo

overcome [,ouvər'kʌm] *vt* vencer; (*difficulty*) superar

over: ❑ **overcrowded** *adj* atestado de gente; (*city, country*) superpoblado ❑ **overdo** *vt* exagerar; (*overcook*) cocer demasiado; **to overdo it** (*work etc*) pasarse ❑ **overdose** *n* sobredosis *f inv* ❑ **overdraft** *n* descubierto ❑ **overdraw** *vt* girar en descubierto ❑ **overdrawn** *adj* (*account*) en descubierto ❑ **overdue** *adj* retrasado ❑ **overestimate** *vt* sobreestimar

overflow [*vb* ,ouvər'flou, *n* 'ouvərflou] *vi* desbordarse ♦ *n* (*also*: **~ pipe**) (cañería de) desagüe *m*

overgrown [,ouvər'groun] *adj* (*garden*) descuidado

overhaul [*vb* ,ouvər'hɔːl, *n* 'ouvərhɔːl] *vt* revisar, repasar ♦ *n* revisión *f*

overhead [*adv* ,ouvər'hɛd, *adj, n* 'ouvərhɛd] *adv* por arriba *or* encima ♦ *adj* (*cable*) aéreo ♦ *n* (*US*) = **overheads** ❑ **overheads** *npl* (*expenses*) gastos *mpl* generales

over: ❑ **overhear** *vt* oír por casualidad ❑ **overheat** *vi* (*engine*) recalentarse ❑ **overjoyed** *adj* encantado, lleno de alegría

overland ['ouvərlænd] *adj, adv* por tierra

overlap [,ouvər'læp] *vi* traslaparse

over: ❑ **overleaf** *adv* al dorso ❑ **overload** *vt* sobrecargar ❑ **overlook** *vt* (*have view of*) dar a, tener vistas a; (*miss*: *by mistake*) pasar por alto; (*excuse*) perdonar

overnight [,ouvər'naɪt] *adv* durante la noche; (*fig*) de la noche a la mañana ♦ *adj* de noche; **to stay ~** pasar la noche

overpass ['ouvərpæs] (*US*) *n* paso superior

overpower [,ouvər'pauər] *vt* dominar; (*fig*) embargar ❑ **overpowering** *adj* (*heat*) agobiante; (*smell*) penetrante

over: ❑ **overrate** *vt* sobreestimar ❑ **override** *vt* no hacer caso de ❑ **overriding** *adj* predominante ❑ **overrule** *vt* (*decision*) anular; (*claim*) denegar ❑ **overrun** *vt* (*country*) invadir; (*time limit*) rebasar, exceder

overseas [,ouvər'siːz] *adv* (*abroad*: *live*) en el extranjero; (: *travel*) al extranjero ♦ *adj* (*trade*) exterior; (*visitor*) extranjero

overshadow [,ouvər'ʃædou] *vt*: **to be ~ed by** estar a la sombra de

overshoot [,ouvər'ʃuːt] *vt* excederse

oversight ['ouvərsaɪt] *n* descuido

oversleep [,ouvər'sliːp] *vi* quedarse dormido

overstep [,ouvər'stɛp] *vt*: **to ~ the mark** pasarse de la raya

overt [ou'vɜːrt] *adj* abierto

overtake [,ouvər'teɪk] *vt* sobrepasar; (*BRIT AUT*) adelantar

over: ❑ **overthrow** *vt* (*government*) derrocar ❑ **overtime** *n* horas *fpl* extras; (*US SPORT*) prórroga, tiempo suplementario ❑ **overtone** *n* (*fig*) tono

overture ['ouvərtʃuər] *n* (*MUS*) obertura; (*fig*) preludio

over: ❑ **overturn** *vt* volcar; (*fig*: *plan*) desbaratar; (: *government*) derrocar ♦ *vi* volcar ❑ **overweight** *adj* demasiado gordo *or* pesado ❑ **overwhelm** [,ouvər'wɛlm] *vt* aplastar; (*emotion*) sobrecoger ❑ **overwhelming** *adj* (*victory, defeat*) arrollador(a); (*feeling*) irresistible ❑ **overwork** *vi* trabajar demasiado ❑ **overwrought** [,ouvər'rɔːt] *adj* sobreexcitado

owe [ou] *vt*: **to ~ sb sth, ~ sth to sb** deber algo a algn ❑ **owing to** *prep* debido a, por causa de

owl [aul] *n* búho, lechuza, tecolote *m* (*MEX*)

own [oun] *vt* tener, poseer ♦ *adj* propio; **a room of my ~** una habitación propia; **on one's ~** solo, a solas; **to get one's ~ back** (*BRIT*) tomar revancha ▶ **own up** *vi* confesar ❑ **owner** *n* propietario(-a), dueño(-a) ❑ **ownership** *n* posesión *f*

ox [ɑːks] (*pl* **oxen**) *n* buey *m* ❑ **oxtail** *n*: **oxtail soup** sopa de rabo de buey

oxygen ['ɑːksɪdʒən] *n* oxígeno

oyster ['ɔɪstər] *n* ostión *m* (*MEX*), ostra (*LAm exc MEX, SP*)

oz. *abbr* = **ounce(s)**

ozone ['ouzoun]: ❑ **ozone friendly** *adj* que no daña la capa de ozono ❑ **ozone hole** *n* agujero *m* de/en la capa de ozono ❑ **ozone layer** *n* capa *f* de ozono

Pp

p (*BRIT*) *abbr* = **penny**; **pence**

P.A. *n abbr* = **personal assistant**; **public address system**

p.a. *abbr* = **per annum**

pa [pɑː] (*inf*) *n* papá *m*

pace [peɪs] *n* paso ♦ *vi*: **to ~ up and down** pasearse de un lado a otro; **to keep ~ with** llevar el mismo paso que ❑ **pacemaker** *n* (*MED*) marcapasos *m inv*, regulador *m* cardíaco; (*SPORT*: *also*: **pacesetter**) liebre *f*

Pacific [pə'sɪfɪk] *n*: **the ~ (Ocean)** el (Océano) Pacífico

pacifier ['pæsɪfaɪər] (*US*) *n* (*for baby*) chupón *m* (*LAm*), chupete *m* (*SC, SP*)

pack [pæk] *n* (*packet*) paquete *m*; (*of dogs*) jauría; (*of people*) manada, bando; (*of cards*) baraja; (*bundle*) fardo; (*US: of cigarettes*) paquete *m*; (*backpack*) mochila ♦ *vt* (*fill*) llenar; (*in suitcase etc*) meter, poner; (*cram*) llenar, atestar; **to ~ (one's bags)** hacerse la maleta; **to ~ sb off** despachar a algn; **~ it in!** (*inf*) ¡déjalo ya!

package ['pækɪdʒ] *n* paquete *m*; (*bulky*) bulto; (*also:* **~ deal**) acuerdo global ❑ **package holiday** (*BRIT*) *n* vacaciones *fpl* organizadas ❑ **package tour** *n* viaje *m* organizado

packed lunch (*BRIT*) *n* almuerzo frío

packet ['pækɪt] *n* paquete *m*

packing ['pækɪŋ] *n* embalaje *m* ❑ **packing box** *n* caja de embalaje

pact [pækt] *n* pacto

pad [pæd] *n* (*of paper*) bloc *m*; (*cushion*) cojinete *m*; (*inf: home*) casa ♦ *vt* rellenar ❑ **padding** *n* (*material*) relleno

paddle ['pædl] *n* (*oar*) remo, canalete *m*; (*US: for table tennis*) pala, paleta ♦ *vt* remar en ♦ *vi* (*with feet*) chapotear ❑ **paddling pool** (*BRIT*) *n* alberca (*MEX*) *or* piscina (*LAm exc MEX, SP*) *or* pileta (*RPl*) para niños

paddock ['pædək] *n* corral *m*, potrero

padlock ['pædlɔk] *n* candado

paediatrics *etc* [,pi:dɪ'ætrɪks] (*BRIT*) *n* = **pediatrics** *etc*

pagan ['peɪgən] *adj, n* pagano(-a)

page [peɪdʒ] *n* (*of book*) página; (*of newspaper*) plana ♦ *vt* (*in hotel etc*) llamar por altavoz a

pageant ['pædʒənt] *n* (*procession*) desfile *m*; (*show*) espectáculo ❑ **pageantry** *n* pompa

pager ['peɪdʒər] *n* (*TEL*) bíper *m* (*LAm*), busca *m* (*SP*)

paging device ['peɪdʒɪŋdɪ,vaɪs] *n* = **pager**

paid [peɪd] *pt, pp of* **pay** ♦ *adj* (*work*) remunerado; (*vacation*) pagado; (*official etc*) a sueldo; **to put ~ to** (*BRIT*) acabar con

pail [peɪl] *n* cubeta (*MEX, SP*), balde *m* (*LAm*)

pain [peɪn] *n* dolor *m*; **to be in ~** sufrir; **to take ~s to do sth** tomarse muchas molestias para hacer algo ❑ **pained** *adj* (*expression*) afligido ❑ **painful** *adj* doloroso; (*difficult*) penoso; (*disagreeable*) desagradable ❑ **painfully** *adv* (*fig: very*) terriblemente ❑ **painkiller** *n* analgésico ❑ **painless** *adj* indoloro, sin dolor ❑ **painstaking** *adj* (*person*) concienzudo, esmerado

paint [peɪnt] *n* pintura ♦ *vt* pintar; **to ~ the door blue** pintar la puerta de azul ❑ **paintbrush** *n* (*of artist*) pincel *m*; (*of decorator*) brocha ❑ **painter** *n* pintor(a) *m/f* ❑ **painting** *n* pintura ❑ **paintwork** *n* pintura

pair [pɛər] *n* (*of shoes, gloves etc*) par *m*; (*of people*) pareja; **a ~ of scissors** unas tijeras; **a ~ of pants** unos pantalones, un pantalón

pajamas [pə'dʒɑ:məz] (*US*) *npl* piyama *m* (*LAm*), pijama *m* (*SP*)

Pakistan ['pækɪstæn] *n* Paquistán *m* ❑ **Pakistani** *adj, n* paquistaní *mf*

pal [pæl] (*inf*) *n* camarada *mf* (*MEX*), compinche *mf* (*LAm*), colega *mf* (*SP*)

palace ['pæləs] *n* palacio

palatable ['pælɪtəbl] *adj* sabroso

palate ['pælɪt] *n* paladar *m*

pale [peɪl] *adj* (*gen*) pálido; (*color*) claro ♦ *n*: **to be beyond the ~** pasarse de la raya

Palestine ['pælɪstaɪn] *n* Palestina ❑ **Palestinian** [pælɪ'stɪniən] *adj, n* palestino(-a)

palette ['pælɪt] *n* paleta

pall [pɔ:l] *vi* perder el interés

pallet ['pælɪt] *n* (*for goods*) palet *m*, palé *m*

pallid ['pælɪd] *adj* pálido

palm [pɑ:m] *n* (*ANAT*) palma; (*also:* **~ tree**) palmera, palma ♦ *vt*: **to ~ sth off on sb** (*inf*) encajar algo a algn ❑ **Palm Sunday** *n* Domingo de Ramos

paltry ['pɔ:ltri] *adj* irrisorio

pamper ['pæmpər] *vt* mimar

pamphlet ['pæmflɪt] *n* folleto

pan [pæn] *n* (*also:* **sauce~**) cacerola, cazuela, olla; (*also:* **frying ~**) sartén *f*; (*for baking*) molde *m* para el horno

Panama ['pænəmɑ:] *n* Panamá *m*; **the ~ Canal** el Canal de Panamá

pancake ['pænkeɪk] *n* panqué *m* (*MEX*), panqueque *m* (*LAm*), crepe *f* (*SP*)

panda ['pændə] *n* panda *m* ❑ **panda car** (*BRIT*) *n* carro (*LAm*) *or* coche *m* (*SP*) patrulla

pandemonium [pændɪ'mouniəm] *n* pandemonio, jaleo

pander ['pændər] *vi*: **to ~ to** complacer a

pane [peɪn] *n* cristal *m*

panel ['pænl] *n* (*of wood etc*) panel *m*; (*RADIO, TV*) panel *m* de invitados ❑ **paneling** (*US*) (*BRIT* **panelling**) *n* paneles *mpl*

pang [pæŋ] *n*: **a ~ of regret** (una punzada de) remordimiento; **hunger ~s** retorcijones *mpl* (*LAm*) *or* retortijones *mpl* (*SP*) de hambre

panhandler ['pænhændlər] (*US*) *n* mendigo(-a)

panic ['pænɪk] *n* pánico ♦ *vi* aterrorizarse ❑ **panicky** *adj* (*person*) asustadizo ❑ **panic-stricken** *adj* aterrorizado, preso del pánico

pansy ['pænzi] *n* (*BOT*) pensamiento; (*inf: pej*) maricón *m*

pant [pænt] *vi* jadear

panther ['pænθər] *n* pantera

panties ['pæntiz] *npl* calzones *mpl* (*LAm*), bombachas *fpl* (*RPl*), bragas *fpl* (*SP*)

pantomime ['pæntəmaɪm] (*BRIT*) *n obra musical representada en Navidad, basada en cuentos de hadas*, ≈ pastorela (*MEX*); (*mime*) pantomima

pantry ['pæntri] *n* despensa

pants [pænts] *n* (*US: clothing*) pantalones *mpl*; (*BRIT: underwear: woman's*) calzones *mpl* (*LAm*), bombachas *fpl* (*RPl*), bragas *fpl* (*SP*); (*: man's*) calzoncillos *mpl*

pantyhose ['pæntihouz] (*US*) *n* pantis *mpl*, pantimedias *fpl* (*MEX*)

paper ['peɪpər] *n* papel *m*; (*also:* **news~**) periódico, diario; (*academic essay*) ensayo; (*exam*) examen *m* ♦ *adj* de papel ♦ *vt* tapizar (*MEX*), empapelar (*LAm exc MEX, SP*); **~s** *npl* (*also:* **identity ~s**) papeles *mpl*, documentos *mpl* ❑ **paperback** *n* libro en rústica ❑ **paper bag** *n* bolsa de papel ❑ **paper clip** *n* clip *m* ❑ **paper hankie** (*BRIT*) *n* pañuelo desechable *or* de papel ❑ **paperweight** *n* pisapapeles *m inv* ❑ **paperwork** *n* papeleo

paprika [pæ'pri:kə] *n* pimentón *m*, paprika

pap smear ['pæp,smɪər] (*US*) *n* Papanicolau *m* (*LAm*), citología (*SP*)

par [pɑ:r] *n* par *f*; (*GOLF*) par *m*; **to be on a ~ with** estar a la par con

parachute ['pærəʃu:t] *n* paracaídas *m inv*

parade [pə'reɪd] *n* desfile *m* ♦ *vt* (*show*) hacer alarde de ♦ *vi* desfilar; (*MIL*) pasar revista

paradise ['pærədaɪs] *n* paraíso

paradox ['pærədɑ:ks] *n* paradoja ❑ **paradoxically** [pærə'dɑ:ksɪkli] *adv* paradójicamente

paraffin ['pærəfɪn] (*BRIT*) *n* (*also:* **~ oil**) parafina

paragon ['pærəgɑ:n] *n* modelo

paragraph ['pærəgræf] *n* párrafo

parallel ['pærəlel] *adj* en paralelo; (*fig*) semejante ♦ *n* (*line*) paralela; (*fig, GEO*) paralelo

paralyse ['pærəlaɪz] (*BRIT*) *vt* = **paralyze**

paralysis [pə'rælɪsɪs] *n* parálisis *f inv*

paralyze ['pærəlaɪz] (*US*) *vt* paralizar

paramedic [,pærə'medɪk] *n* auxiliar *mf* sanitario(-a), paramédico(-a)

paramount ['pærəmaunt] *adj*: **of ~ importance** de suma importancia

paranoid ['pærənɔɪd] *adj* (*person, feeling*) paranoico

paraphernalia [pærəfər'neɪljə] *n* parafernalia; (*gear*) avíos *mpl*

parasite ['pærəsaɪt] *n* parásito(-a)

parasol ['pærəsɑ:l] *n* parasol *m*, sombrilla

paratrooper ['pærətru:pər] *n* paracaidista *mf*

parcel ['pɑ:rsəl] *n* paquete *m* ♦ *vt* (*also:* **~ up**) empaquetar, embalar

parched [pɑ:rtʃt] *adj* (*person*) muerto de sed

parchment ['pɑ:rtʃmənt] *n* pergamino

pardon ['pɑ:rdn] *n* (*LAW*) indulto ♦ *vt* perdonar; **~ me!, I beg your ~!** (*I'm sorry!*) ¡perdone usted!; **(I beg your) ~?, ~ me?** (*BRIT: what did you say?*) ¿cómo?

parent ['perənt] *n* (*mother*) madre *f*; (*father*) padre *m*; **~s** *npl* padres *mpl* ❑ **parental** [pə'rentl] *adj* paternal/maternal

> Be careful not to translate **parent** by the Spanish word ***pariente***.

parenthesis [pə'renθɪsɪs] (*pl* **parentheses** [pə'renθɪsi:z]) *n* paréntesis *m inv*

Paris ['pærɪs] *n* París

parish ['pærɪʃ] *n* parroquia

Parisian [pə'ri:ʒən] *adj, n* parisino(-a), parisiense *mf*

park [pɑ:rk] *n* parque *m* ♦ *vt* estacionar (*LAm*), aparcar (*SP*) ♦ *vi* estacionarse (*LAm*), aparcar (*SP*)

parking ['pɑ:rkɪŋ] *n* estacionamiento (*LAm*), aparcamiento (*SP*); **"no ~"** "prohibido estacionarse (*LAm*) *or* aparcar (*SP*)" ❑ **parking lot** (*US*) *n* estacionamiento (*LAm*), aparcamiento (*SP*) ❑ **parking meter** *n* parquímetro ❑ **parking ticket** *n* multa por estacionamiento (indebido) (*LAm*) *or* de aparcamiento (*SP*)

parkway (*US*) ['pɑ:rkweɪ] *n* avenida (*ajardinada*)

parliament ['pɑ:rləmənt] *n* parlamento; (*Spanish*) Cortes *fpl* ❑ **parliamentary** [,pɑ:rlə'mentəri] *adj* parlamentario

parlor (*US*) ['pɑ:rlər] (*BRIT* **parlour**) *n* sala (de estar)

parochial [pə'roukiəl] (*pej*) *adj* de miras estrechas

parole [pə'roul] *n*: **on ~** en libertad condicional

parquet [pɑ:r'keɪ] *n*: **~ floor(ing)** parquet *m*, parqué *m*

parrot ['pærət] *n* loro, papagayo

parry ['pæri] *vt* parar

parsley ['pɑ:rsli] *n* perejil *m*

parsnip ['pɑ:rsnɪp] *n* chirivía, pastinaca

parson ['pɑ:rsən] *n* cura *m*

part [pɑ:rt] *n* (*gen, MUS*) parte *f*; (*bit*) trozo; (*of machine*) pieza; (*THEATER etc*) papel *m*; (*of serial*) entrega; (*US: in hair*) raya ♦ *adv* = **partly** ♦ *vt* separar ♦ *vi* (*people*) separarse; (*crowd*) apartarse; **to take ~ in** tomar parte *or* participar en; **to take sb's ~** defender a algn; **for my ~** por mi parte; **for the most ~** en su mayor parte; **to ~ one's hair** hacerse la raya; **to take sth in good ~** (*BRIT*) tomar algo en buena parte ▶ **part with** *vt fus* desprenderse de; (*money*) pagar ❑ **part exchange** (*BRIT*) *n*: **in part exchange** como parte del pago

partial ['pɑ:rʃəl] *adj* parcial; **to be ~ to** tener debilidad por

participant [pɑ:r'tɪsɪpənt] *n* (*in competition*) concursante *mf*; (*in campaign etc*) participante *mf*

participate [pɑ:r'tɪsɪpeɪt] *vi*: **to ~ in** participar en ❑ **participation** [pɑ:r,tɪsɪ'peɪʃən] *n* participación *f*

participle ['pɑ:rtɪsɪpəl] *n* participio

particle ['pɑ:rtɪkəl] *n* partícula; (*of dust*) grano

particular [pər'tɪkjələr] *adj* (*special*) particular; (*concrete*) concreto; (*given*) determinado; (*fussy*) quisquilloso; (*demanding*) exigente; **in ~** en particular ❑ **particularly** *adv* (*in particular*) sobre todo; (*difficult, good etc*) especialmente ❑ **particulars** *npl* (*information*) datos *mpl*; (*details*) pormenores *mpl*

parting ['pɑ:rtɪŋ] *n* (*act*) separación *f*; (*farewell*) despedida; (*BRIT: in hair*) raya ♦ *adj* de despedida

partisan ['pɑ:rtɪzən] *adj* partidista ♦ *n* partidario(-a)

partition [pɑ:r'tɪʃən] *n* (*POL*) división *f*; (*wall*) tabique *m*

partly ['pɑ:rtli] *adv* en parte

partner ['pɑ:rtnər] *n* (*COMM*) socio(-a); (*SPORT, at dance*) pareja; (*spouse*) cónyuge *mf*; (*lover*) pareja ❑ **partnership** *n* asociación *f*; (*COMM*) sociedad *f*

partridge ['pɑ:rtrɪdʒ] *n* perdiz *f*

part-time *adj, adv* a tiempo parcial

party ['pɑ:rti] *n* (*POL*) partido; (*celebration*) fiesta; (*group*) grupo; (*LAW*) parte *f* interesada ♦ *cpd* (*POL*) de partido ❑ **party dress** *n* vestido de fiesta

pass [pæs] *vt* (*time, object*) pasar; (*place*) pasar por; (*overtake*) adelantar, rebasar (*MEX*); (*exam*) aprobar; (*approve*) aprobar ♦ *vi* pasar; (*SCOL*) aprobar, ser aprobado ♦ *n* (*permit*) permiso; (*membership card*) credencial *f* (*LAm*), pase *m* (*SP*); (*in mountains*) puerto, desfiladero; (*SPORT*) pase *m*; (*BRIT SCOL: also:* **~ mark**): **to get a ~ in** aprobar en; **to ~ sth through sth** pasar algo por algo; **to make a ~ at sb** (*inf*) hacer proposiciones a algn ▶ **pass away** *vi* fallecer ▶ **pass by** *vi* pasar ♦ *vt* (*ignore*) pasar por alto ▶ **pass for** *vt fus* pasar por ▶ **pass on** *vt* transmitir ▶ **pass out** *vi* desmayarse ▶ **pass up** *vt* (*opportunity*) renunciar a ❑ **passable** *adj* (*road*) transitable; (*tolerable*) pasable

passage ['pæsɪdʒ] *n* (*also:* **~way**) pasillo; (*act of passing*) tránsito; (*fare, in book*) pasaje *m*; (*by boat*) travesía; (*ANAT*) tubo

passbook ['pæsbuk] *n* libreta *or* cartilla de ahorros

passenger ['pæsɪndʒər] *n* pasajero(-a), viajero(-a)

passer-by [,pæsər'baɪ] *n* transeúnte *mf*

passing ['pæsɪŋ] *adj* pasajero ♦ *n* (*US AUT*) adelantamiento *m*; **in ~** de paso ❑ **passing place** (*BRIT*) *n* (*AUT*) apartadero

passion ['pæʃən] *n* pasión *f* ❑ **passionate** *adj* apasionado

passive ['pæsɪv] *adj* (*gen, also LING*) pasivo ❑ **passive smoking** *n* el fumar pasivamente

Passover ['pæsouvər] *n* Pascua (judía)

passport ['pæspɔ:rt] *n* pasaporte *m* ❑ **passport control** *n* control *m* de pasaportes ❑ **passport office** *n* oficina de pasaportes

password ['pæswɜ:rd] *n* contraseña

past [pæst] *prep* (*in front of*) por delante de; (*further than*) más allá de; (*later than*) después de ♦ *adj* pasado; (*president etc*) antiguo ♦ *n* (*time*) pasado; (*of person*) antecedentes *mpl*; **he's ~ forty** tiene más de cuarenta años; **ten/quarter ~ eight** las ocho y diez/cuarto; **for the ~ few/3 days** durante los últimos días/últimos 3 días; **to run ~ sb** pasar a algn corriendo

pasta ['pɑ:stə] *n* pasta

paste [peɪst] *n* pasta; (*glue*) engrudo ♦ *vt* pegar

pasteurized ['pæstʃəraɪzd] *adj* pasteurizado

pastille [,pæ'sti:l] *n* pastilla

pastime ['pæstaɪm] *n* pasatiempo

pastry ['peɪstri] *n* (*dough*) masa; (*cake*) pastel *m*

pasture ['pæstʃər] *n* pasto

pasty[1] ['pæsti] *n* empanada

pasty[2] ['peɪsti] *adj* (*complexion*) pálido

pat [pæt] *vt* dar una palmadita a; (*dog etc*) acariciar

patch [pætʃ] *n* (*of material, eye patch*) parche *m*; (*mended part*) remiendo; (*of land*) terreno ♦ *vt* remendar; **(to go through) a bad ~** (*BRIT*) (pasar por) una mala racha ▶ **patch up** *vt* reparar; **to patch things up (with sb)** hacer las paces (con algn) ❑ **patchwork** *n* labor *f* de retazos, patchwork *m* ❑ **patchy** *adj* desigual

pâté [pɑ:'teɪ] *n* paté *m*

patent ['pætnt] *n* patente *f* ♦ *vt* patentar ♦ *adj* patente, evidente ❑ **patent leather** *n* charol *m*

paternal [pə'tɜ:rnl] *adj* paternal; (*relation*) paterno

path [pæθ] *n* camino, sendero; (*trail, track*) pista; (*of missile*) trayectoria

pathetic [pə'θetɪk] *adj* patético, penoso; (*very bad*) malísimo

pathological [pæθə'lɑ:dʒɪkəl] *adj* patológico

pathway ['pæθweɪ] *n* sendero, vereda

patience ['peɪʃəns] *n* paciencia; (*BRIT CARDS*) solitario

patient ['peɪʃənt] *n* paciente *mf* ♦ *adj* paciente

patio ['pætiou] *n* patio

patriot ['peɪtriət] *n* patriota *mf* ❑ **patriotic** [peɪtri'ɑ:tɪk] *adj* patriótico

patrol [pə'troul] *n* patrulla ♦ *vt* patrullar por ❑ **patrol car** *n* carro (*LAm*) *or* coche *m* (*SP*) patrulla ❑ **patrolman** (*US*) *n* policía *m*

patron ['peɪtrən] *n* (*in store*) cliente *mf*; (*of charity*) patrocinador(a) *m/f*; **~ of the arts** mecenas *mf inv* ❑ **patronize** *vt* (*store*) ser cliente de; (*artist etc*) proteger; (*look down on*) condescender con ❑ **patron saint** *n* santo(-a) patrón(-ona)

patter ['pætər] *n* golpeteo; (*sales talk*) labia ♦ *vi* (*rain*) tamborilear

pattern ['pætərn] *n* (*SEWING*) patrón *m*; (*design*) motivo, diseño

patty ['pæti] (*US*) *n* empanada

pauper ['pɔ:pər] *n* pobre *mf*

pause [pɔ:z] *n* pausa ♦ *vi* hacer una pausa

pave [peɪv] *vt* pavimentar; **to ~ the way for** preparar el terreno para

pavement ['peɪvmənt] *n* pavimento; (*BRIT*) banqueta (*MEX*), acera (*LAm exc MEX, SP*), andén *m* (*CAm*), vereda (*SC*)

pavilion [pə'vɪljən] *n* pabellón *m*

paving ['peɪvɪŋ] *n* pavimento, enlosado ❑ **paving stone** *n* losa

paw [pɔ:] *n* pata

pawn [pɔ:n] *n* (*CHESS*) peón *m*; (*fig*) instrumento ♦ *vt* empeñar ❑ **pawn broker** *n* prestamista *mf*, empeñero(-a) (*MEX*) ❑ **pawnshop** *n* monte *m* de piedad, casa de empeño(s)

pay [peɪ] (*pt, pp* **paid**) *n* (*salary etc*) sueldo, salario ♦ *vt* pagar ♦ *vi* (*be profitable*) rendir; **to ~ attention (to)** prestar atención (a); **to ~ sb a visit** hacer una visita a algn; **to ~ one's respects to sb** presentar sus respetos a algn ▶ **pay back** *vt* (*money*) reembolsar; (*person*) pagar ▶ **pay for** *vt fus* pagar ▶ **pay in** (*BRIT*) *vt* ingresar ▶ **pay off** *vt* saldar ♦ *vi* (*scheme, decision*) dar resultado ▶ **pay up** *vt* pagar (de mala gana) ❑ **payable** *adj*: **payable to** pagadero a ❑ **paycheck** (*US*) (*BRIT* **pay cheque**) *n* cheque *m* de sueldo ❑ **pay day** *n* día *m* de pago ❑ **payee** *n* portador(a) *m/f* ❑ **pay envelope** (*US*) *n* sobre *m* de pago ❑ **payment** *n* pago; **monthly payment** mensualidad *f* ❑ **pay packet** (*BRIT*) *n* = **pay envelope** ❑ **pay phone** *n* teléfono público ❑ **payroll** *n* nómina ❑ **pay slip** (*BRIT*) *n* recibo de sueldo ❑ **pay television** *n* televisión *f* de pago

PC *n abbr* = **personal computer**; (*BRIT*) = **police constable** ♦ *adv abbr* = **politically correct**

p.c. *abbr* = **per cent**

pea [pi:] *n* chícharo (*MEX, CAm*), arveja (*LAm*), guisante *m* (*SP*)

peace [pi:s] *n* paz *f*; (*calm*) paz *f*, tranquilidad *f* ❑ **peaceful** *adj* (*gentle*) pacífico; (*calm*) tranquilo, apacible

peach [pi:tʃ] *n* durazno (*LAm*), melocotón *m* (*SP*)

peacock ['pi:kɑ:k] *n* pavo real

peak [pi:k] *n* (*of mountain*) cumbre *f*, cima; (*of cap*) visera; (*fig*) apogeo, cumbre *f* ❑ **peak hours** *npl* horas *fpl* pico (*LAm*) *or* punta (*SP*) ❑ **peak period** *n* = **peak hours**

peal [pi:l] *n* (*of bells*) repique *m*; **~ of laughter** carcajada

peanut ['pi:nʌt] *n* cacahuate *m* (*MEX*), maní *m* (*LAm exc MEX*), cacahuete *m* (*SP*) ❑ **peanut butter** *n* mantequilla de cacahuate (*MEX*) *or* maní (*LAm exc MEX*) *or* cacahuete (*SP*)

pear [pɛər] *n* pera

pearl [pɜ:rl] *n* perla

peasant ['pezənt] *n* campesino(-a)

peat [pi:t] *n* turba

pebble ['pebəl] *n* guijarro

peck [pek] *vt* (*also:* **~ at**) picotear ♦ *n* picotazo; (*kiss*) besito ❑ **pecking order** *n* orden *m* de

jerarquía ❑ **peckish** (*BRIT: inf*) *adj*: **I feel peckish** tengo un poco de hambre
peculiar [pɪ'kjuːljər] *adj* (*odd*) extraño, raro; (*typical*) propio, característico; **~ to** propio de
pedal ['pɛdl] *n* pedal *m* ♦ *vi* pedalear
pedantic [pɪ'dæntɪk] *adj* pedante
peddler ['pɛdlər] *n*: **drug ~** traficante *mf*; camello
pedestrian [pɪ'dɛstriən] *n* peatón(-ona) *m/f* ♦ *adj* pedestre ❑ **pedestrian crossing** (*BRIT*) *n* paso de peatones ❑ **pedestrian mall** (*US*) (*BRIT* **pedestrian precinct**) *n* zona peatonal
pediatrician (*US*) [,piːdiə'trɪʃən] (*BRIT* **paediatrician**) *n* pediatra *mf*
pediatrics (*US*) [,piːdi'ætrɪks] (*BRIT* **paediatrics**) *n* pediatría
pedigree ['pɛdɪgriː] *n* (*lineage*) genealogía; (*of animal*) raza, pedigrí *m* ♦ *cpd* (*animal*) de raza
pee [piː] (*inf*) *vi* hacer pis *or* pipí
peek [piːk] *vi* (*glance*) echar una ojeada
peel [piːl] *n* piel *f*; (*of orange, lemon*) cáscara; (*: removed*) peladuras *fpl* ♦ *vt* pelar ♦ *vi* (*paint etc*) desconcharse; (*wallpaper*) despegarse; (*skin*) pelarse
peep [piːp] *n* (*look*) mirada furtiva; (*of bird*) pío ♦ *vi* (*look*) mirar furtivamente ► **peep out** *vi* salir (un poco) ❑ **peephole** *n* mirilla
peer [pɪər] *vi*: **to ~ at** escudriñar ♦ *n* (*noble*) par *m*; (*equal*) igual *m*; (*contemporary*) contemporáneo(-a) ❑ **peerage** *n* nobleza
peeved [piːvd] *adj* enojado
peg [pɛg] *n* (*for coat etc*) gancho, colgadero; (*BRIT: also:* **clothes ~**) pinza
Pekingese, **Pekinese** [,piːkɪ'niːz] *n* (*dog*) pequinés(-esa) *m/f*
pelican ['pɛlɪkən] *n* pelícano ❑ **pelican crossing** (*BRIT*) *n* (*AUT*) paso de peatones (*con semáforo*)
pellet ['pɛlɪt] *n* bolita; (*bullet*) perdigón *m*
pelt [pɛlt] *vt*: **to ~ sb with sth** arrojar algo a algn ♦ *vi* (*rain*) llover a cántaros; (*inf: run*) correr ♦ *n* pellejo
pen [pɛn] *n* (*fountain pen*) pluma-fuente *f* (*LAm*), (pluma) estilográfica (*SP*); (*ballpoint pen*) bolígrafo, birome *f* (*RPl*); (*for sheep*) redil *m*
penal ['piːnl] *adj* penal ❑ **penalize** *vt* castigar
penalty ['pɛnlti] *n* (*gen*) pena; (*fine*) multa ❑ **penalty (kick)** *n* (*FOOTBALL*) penalty *m*; (*RUGBY*) golpe *m* de castigo
penance ['pɛnəns] *n* penitencia
pence [pɛns] (*BRIT*) *npl of* **penny**
pencil ['pɛnsəl] *n* lápiz *m* ❑ **pencil case** *n* estuche *m* ❑ **pencil sharpener** *n* sacapuntas *m inv*
pendant ['pɛndənt] *n* colgante *m*
pending ['pɛndɪŋ] *prep* antes de ♦ *adj* pendiente
pendulum ['pɛndʒuləm] *n* péndulo
penetrate ['pɛnɪtreɪt] *vt* penetrar
pen friend (*BRIT*) *n* amigo(-a) por correspondencia
penguin ['pɛŋgwɪn] *n* pingüino
penicillin [,pɛnɪ'sɪlɪn] *n* penicilina
peninsula [pə'nɪnsjulə] *n* península
penis ['piːnɪs] *n* pene *m*
penitentiary [,pɛnɪ'tɛnʃəri] (*US*) *n* cárcel *f*, prisión *f*
penknife ['pɛnnaɪf] *n* navaja
pen name *n* seudónimo
penniless ['pɛnɪlɪs] *adj* sin dinero
penny ['pɛni] (*pl* **pennies**, *pl* **pence** (*BRIT*)) *n* (*US*) centavo; (*BRIT*) penique *m*
pen pal *n* amigo(-a) por correspondencia
pension ['pɛnʃən] *n* jubilación *f* ❑ **pensioner** (*BRIT*) *n* jubilado(-a) ❑ **pension fund** *n* fondo de pensiones
pentagon ['pɛntəgɑːn] *n*: **the P~** (*US POL*) el Pentágono

PENTAGON

Se conoce como **Pentagon** al edificio de planta pentagonal que acoge las dependencias del Ministerio de Defensa estadounidense (**Department of Defense**) en Arlington, Virginia. En lenguaje periodístico se aplica también a la dirección militar del país.

Pentecost ['pɛntɪkɑːst] *n* Pentecostés *m*
penthouse ['pɛnthaus] *n* penthouse *m*, ático de lujo
pent-up ['pɛntʌp] *adj* reprimido
people ['piːpəl] *npl* gente *f*; (*citizens*) pueblo, ciudadanos *mpl*; (*POL*): **the ~** el pueblo ♦ *n* (*nation, race*) pueblo, nación *f*; **several ~ came** vinieron varias personas; **~ say that ...** dice la gente que ...
pep [pɛp] (*inf*): **~ up** *vt* animar
pepper ['pɛpər] *n* (*spice*) pimienta; (*vegetable*) pimiento ♦ *vt*: **to ~ with** (*fig*) salpicar de ❑ **peppermint** *n* (*sweet*) caramelo de menta
pep talk *n*: **to give sb a ~** darle a algn unas palabras de ánimo
per [pɜːr] *prep* por; **~ person** por persona; **~ day/annum** al día/año ❑ **per capita** *adj, adv* per cápita
perceive [pər'siːv] *vt* percibir; (*realize*) darse cuenta de
per cent *n* por ciento
percentage [pər'sɛntɪdʒ] *n* porcentaje *m*
perception [pər'sɛpʃən] *n* percepción *f*; (*insight*) perspicacia; (*opinion etc*) opinión *f* ❑ **perceptive** *adj* perspicaz
perch [pɜːrtʃ] *n* (*fish*) perca; (*for bird*) percha ♦ *vi*: **to ~ (on)** (*bird*) posarse (en); (*person*) encaramarse (en)
percolator ['pɜːrkəleɪtər] *n* (*also:* **coffee ~**) cafetera de filtro
perennial [pə'rɛniəl] *adj* perenne
perfect [*adj, n* 'pɜːrfɪkt, *vb* pər'fɛkt] *adj* perfecto ♦ *n* (*also:* **~ tense**) perfecto ♦ *vt* perfeccionar ❑ **perfectly** *adv* perfectamente
perforate ['pɜːrfəreɪt] *vt* perforar
perform [pər'fɔːrm] *vt* (*carry out*) realizar, llevar a cabo; (*THEATER*) representar; (*piece of music*) interpretar ♦ *vi* (*well, badly*) funcionar ❑ **performance** *n* (*of a play*) representación *f*; (*of actor, athlete etc*) actuación *f*; (*of car, engine, company*) rendimiento; (*of economy*) resultados *mpl* ❑ **performer** *n* (*actor*) actor *m*, actriz *f*
perfume ['pɜːrfjuːm] *n* perfume *m*
perhaps [pər'hæps] *adv* quizá(s), tal vez
peril ['pɛrɪl] *n* peligro, riesgo
perimeter [pə'rɪmɪtər] *n* perímetro
period ['pɪriəd] *n* período; (*SCOL*) clase *f*; (*US: punctuation*) punto; (*MED*) regla, periodo ♦ *adj* (*costume, furniture*) de época ❑ **periodic(al)** [pɪri'ɑːdɪk(əl)] *adj* periódico ❑ **periodical** [pɪri'ɑːdɪkəl] *n* periódico ❑ **periodically** *adv* de vez en cuando, cada cierto tiempo
peripheral [pə'rɪfərəl] *adj* periférico ♦ *n* (*COMPUT*) periférico, unidad *f* periférica
perish ['pɛrɪʃ] *vi* perecer; (*decay*) echarse a perder ❑ **perishable** *adj* perecedero
perjury ['pɜːrdʒəri] *n* (*LAW*) perjurio
perk [pɜːrk] *n* extra *m* ► **perk up** *vi* (*cheer up*) animarse
perm [pɜːrm] (*BRIT*) *n* permanente *f*
permanent ['pɜːrmənənt] *adj* permanente ♦ *n* (*US*) permanente *f*
permeate ['pɜːrmieɪt] *vi* penetrar, extenderse ♦ *vt* penetrar, impregnar
permissible [pər'mɪsɪbəl] *adj* permisible, lícito
permission [pər'mɪʃən] *n* permiso
permissive [pər'mɪsɪv] *adj* permisivo
permit [*n* 'pɜːrmɪt, *vt* pər'mɪt] *n* permiso; licencia ♦ *vt* permitir
pernickety [pər'nɪkɪti] (*BRIT*) *adj* = **persnickety**
perplex [pər'plɛks] *vt* dejar perplejo
persecute ['pɜːrsɪkjuːt] *vt* perseguir
persevere [,pɜːrsɪ'vɪər] *vi* persistir
Persian ['pɜːrʒən] *adj, n* persa *mf*; **the ~ Gulf** el Golfo Pérsico
persist [pər'sɪst] *vi*: **to ~ (in doing sth)** persistir (en hacer algo) ❑ **persistence** *n* persistencia ❑ **persistent** *adj* persistente; (*determined*) porfiado
persnickety [pər'snɪkɪti] (*US: inf*) *adj* quisquilloso
person ['pɜːrsən] *n* persona; **in ~** en persona ❑ **personal** *adj* personal; individual; (*visit*) en persona ❑ **personal assistant** *n* ayudante *mf* personal ❑ **personal column** (*BRIT*) *n* (sección *f* de) anuncios *mpl* personales ❑ **personal computer** *n* computadora (*LAm*) *or* ordenador *m* (*SP*) personal ❑ **personality** [,pɜːrsə'nælɪti] *n* personalidad *f* ❑ **personally** *adv* personalmente; (*in person*) en persona; **to take sth personally** tomarse algo a mal ❑ **personal organizer** *n* agenda ❑ **personals** *n* (sección *f* de) anuncios *mpl* personales ❑ **personal stereo** *n* Walkman® *m* ❑ **personify** [pər'sɑːnɪfaɪ] *vt* encarnar
personnel [pɜːrsə'nɛl] *n* personal *m*
perspective [pər'spɛktɪv] *n* perspectiva
Perspex® ['pɜːrspɛks] (*BRIT*) *n* Plexiglás® *m*
perspiration [pɜːrspɪ'reɪʃən] *n* transpiración *f*
persuade [pər'sweɪd] *vt*: **to ~ sb to do sth** convencer *or* persuadir a algn para que haga algo
Peru [pə'ruː] *n* el Perú ❑ **Peruvian** *adj, n* peruano(-a)
perverse [pər'vɜːrs] *adj* perverso; (*wayward*) travieso
pervert [*n* 'pɜːrvərt, *vb* pər'vɜːrt] *n* pervertido(-a) ♦ *vt* pervertir; (*truth, sb's words*) tergiversar
pessimist ['pɛsɪmɪst] *n* pesimista *mf* ❑ **pessimistic** [,pɛsɪ'mɪstɪk] *adj* pesimista
pest [pɛst] *n* (*insect*) plaga; (*fig*) pesado(-a)
pester ['pɛstər] *vt* molestar, acosar
pesticide ['pɛstɪsaɪd] *n* pesticida *m*
pet [pɛt] *n* animal *m* (doméstico) ♦ *cpd* favorito ♦ *vt* acariciar; **teacher's ~** favorito(-a) (del profesor); **~ hate** manía
petal ['pɛtl] *n* pétalo
peter ['piːtər]: **to ~ out** *vi* agotarse, acabarse
petite [pə'tiːt] *adj* chiquita
petition [pə'tɪʃən] *n* petición *f*
petrified ['pɛtrəfaɪd] *adj* horrorizado
petrol ['pɛtrəl] (*BRIT*) *n* gasolina ❑ **petrol can** (*BRIT*) *n* lata *or* bidón *m* de gasolina
petroleum [pə'trouliəm] *n* petróleo
petrol: ❑ **petrol pump** (*BRIT*) *n* (*in garage*) surtidor *m* de gasolina ❑ **petrol station** (*BRIT*) *n* gasolinera ❑ **petrol tank** (*BRIT*) *n* depósito *or* tanque *m* (de gasolina)
petticoat ['pɛtikout] *n* enaguas *fpl*
petty ['pɛti] *adj* (*mean*) mezquino; (*unimportant*) insignificante ❑ **petty cash** *n* dinero para gastos menores ❑ **petty officer** *n* suboficial *mf* de marina
petulant ['pɛtʃələnt] *adj* malhumorado
pew [pjuː] *n* banco
pewter ['pjuːtər] *n* peltre *m*
phantom ['fæntəm] *n* fantasma *m*
pharmacist ['fɑːrməsɪst] *n* farmacéutico(-a)
pharmacy ['fɑːrməsi] *n* farmacia
phase [feɪz] *n* fase *f* ♦ *vt*: **to ~ sth in/out** introducir/retirar algo por etapas
Ph.D. *abbr* = **Doctor of Philosophy**
pheasant ['fɛzənt] *n* faisán *m*
phenomenon [fə'nɑːmɪnɑːn] (*pl* **phenomena**) *n* fenómeno
philanthropist [fɪ'lænθrəpɪst] *n* filántropo(-a)
Philippines ['fɪlɪpiːnz] *npl*: **the ~** las Filipinas
philosopher [fɪ'lɑːsəfər] *n* filósofo(-a)
philosophy [fɪ'lɑːsəfi] *n* filosofía
phobia ['foubiə] *n* fobia
phone [foun] *n* teléfono ♦ *vt* telefonear, llamar por teléfono; **to be on the ~** (*BRIT*) tener teléfono; (*be calling*) estar hablando por teléfono ► **phone back** *vt, vi* volver a llamar ► **phone up** *vt, vi* llamar por teléfono ❑ **phone book** *n* directorio (telefónico) (*MEX*), guía telefónica (*LAm exc MEX, SP*) ❑ **phone booth** (*US*) *n* cabina telefónica ❑ **phone box** (*BRIT*) *n* = **phone booth** ❑ **phone call** *n* llamada telefónica ❑ **phonecard** *n* tarjeta telefónica ❑ **phone-in** (*BRIT*) *n* (*RADIO, TV*) programa *m* de participación (telefónica)
phonetics [fə'nɛtɪks] *n* fonética
phoney ['founi] *adj* falso
photo ['foutou] *n* foto *f* ❑ **photocopier** *n* fotocopiadora ❑ **photocopy** *n* fotocopia ♦ *vt* fotocopiar
photograph ['foutəgræf] *n* fotografía ♦ *vt* fotografiar ❑ **photographer** [fə'tɑːgrəfər] *n* fotógrafo ❑ **photography** [fə'tɑːgrəfi] *n* fotografía
phrase [freɪz] *n* frase *f* ♦ *vt* expresar ❑ **phrase book** *n* guía *or* manual *m* de conversación
physical ['fɪzɪkəl] *adj* físico ❑ **physical education** *n* educación *f* física ❑ **physically** *adv* físicamente
physician [fɪ'zɪʃən] *n* médico(-a)
physicist ['fɪzɪsɪst] *n* físico(-a)
physics ['fɪzɪks] *n* física
physiotherapy [,fɪziou'θɛrəpi] *n* fisioterapia
physique [fɪ'ziːk] *n* físico
pianist ['piːənɪst] *n* pianista *mf*
piano [pi'ænou] *n* piano
pick [pɪk] *n* (*tool: also:* **~-ax**) pico, piqueta; (*US: plectrum*) púa ♦ *vt* (*select*) elegir, escoger; (*gather*) recoger; (*remove, take out*) sacar, quitar; (*lock*) forzar; **take your ~** escoja lo que quiera; **the ~ of** lo mejor de; **to ~ one's nose/teeth** hurgarse la nariz/limpiarse los dientes; **to ~ a quarrel with sb** meterse con algn ► **pick at** *vt fus*: **to pick at one's food** comer con poco apetito ► **pick on** *vt fus* (*person*) meterse con ► **pick out** *vt* escoger; (*distinguish*) identificar ► **pick up** *vi* (*improve: sales*) ir mejor; (*: patient*) reponerse; (*FINANCE*) recobrarse ♦ *vt* recoger; (*learn*) aprender; (*POLICE: arrest*) detener; (*person: for sex*) ligar; (*RADIO*) captar; **to pick up speed** acelerarse; **to pick o.s. up** levantarse
pickax (*US*) ['pɪkæks] (*BRIT* **pickaxe**) *n* pico, piqueta
picket ['pɪkɪt] *n* piquete *m* ♦ *vt* piquetear (*LAm*)
pickle ['pɪkəl] *n* (*also:* **~s**: *as condiment*) escabeche *m*; (*fig: mess*) apuro ♦ *vt* encurtir
pickpocket ['pɪkpɑːkɪt] *n* carterista *mf*
pickup ['pɪkʌp] *n* (*small truck*) furgoneta
picnic ['pɪknɪk] *n* picnic *m* ♦ *vi* ir de picnic
picture ['pɪktʃər] *n* cuadro; (*painting*) pintura; (*photograph*) fotografía; (*TV*) imagen *f*; (*movie*) película; (*fig: description*) descripción *f*; (*: situation*) situación *f* ♦ *vt* (*imagine*) imaginar; **the ~s** *npl* (*BRIT*) el cine ❑ **picture book** *n* libro ilustrado
picturesque [,pɪktʃə'rɛsk] *adj* pintoresco
pie [paɪ] *n* pastel *m*; (*open*) tarta; (*small: of meat*) empanada
piece [piːs] *n* pedazo, trozo; (*of cake*) trozo; (*item*): **a ~ of clothing/furniture/advice** una prenda (de vestir)/un mueble/un consejo ♦ *vt*: **to ~ together** juntar; (*TECH*) armar; **to take to ~s** desmontar ❑ **piecemeal** *adv* poco a poco ❑ **piecework** *n* trabajo a destajo
pie chart *n* gráfico de sectores *or* tarta
pier [pɪər] *n* muelle *m*, embarcadero
pierce [pɪərs] *vt* perforar
piercing ['pɪərsɪŋ] *adj* penetrante
pig [pɪg] *n* cerdo, chancho (*LAm exc MEX*); (*pej: unkind person*) asqueroso; (*: greedy person*) glotón(-ona) *m/f*
pigeon ['pɪdʒən] *n* paloma; (*as food*) pichón *m* ❑ **pigeonhole** *n* casilla
piggy bank ['pɪgibæŋk] *n* alcancía (*LAm*) *or* hucha (*SP*) (*en forma de cerdito*)
pig: ❑ **pigheaded** *adj* terco, testarudo ❑ **piglet** *n* cochinillo ❑ **pigpen** (*US*) *n* pocilga ❑ **pigskin** *n* piel *f* de cerdo ❑ **pigsty** (*BRIT*) *n* = **pigpen** ❑ **pigtail** *n* (*girl's*) trenza; (*Chinese*) coleta
pike [paɪk] *n* (*fish*) lucio
pilchard ['pɪltʃərd] *n* sardina
pile [paɪl] *n* montón *m*; (*of carpet, cloth*) pelo ♦ *vt* (*also:* **~ up**) amontonar; (*fig*) acumular ♦ *vi* (*also:* **~ up**) amontonarse; acumularse ► **pile into** *vt fus* (*car*) meterse en ❑ **piles** *npl* (*MED*) almorranas *fpl*, hemorroides *mpl* ❑ **pileup** *n* (*AUT*) accidente *m* múltiple *or* en cadena
pilfering ['pɪlfərɪŋ] *n* ratería
pilgrim ['pɪlgrɪm] *n* peregrino(-a) ❑ **pilgrimage** *n* peregrinación *f*, romería
pill [pɪl] *n* píldora; **the ~** la píldora
pillage ['pɪlɪdʒ] *vt* pillar, saquear
pillar ['pɪlər] *n* pilar *m* ❑ **pillar box** (*BRIT*) *n* buzón *m*
pillion ['pɪljən] *n* (*of motorcycle*) asiento trasero
pillow ['pɪlou] *n* almohada ❑ **pillowcase** *n* funda
pilot ['paɪlət] *n* piloto ♦ *cpd* (*scheme etc*) piloto ♦ *vt* pilotar ❑ **pilot light** *n* piloto
pimp [pɪmp] *n* proxeneta *m*, padrote *m* (*MEX*), cafishio (*SC*)
pimple ['pɪmpəl] *n* grano
PIN [pɪn] *n abbr* (= *personal identification number*) PIN *m*, número de identificación personal
pin [pɪn] *n* alfiler *m* ♦ *vt* prender (con alfiler); **~s and needles** hormigueo; **to ~ sb down** (*fig*) hacer que algn concrete; **you can't ~ the blame on me** (*fig*) no podéis hacer que cargue con la culpa
pinafore ['pɪnəfɔːr] *n* (*BRIT: also:* **~ dress**) jumper *m* (*LAm*), pichi *m* (*SP*)
pinball ['pɪnbɔːl] *n* flipper *m*, pinball *m*
pincers ['pɪnsərz] *npl* pinzas *fpl*, tenazas *fpl*
pinch [pɪntʃ] *n* (*of salt etc*) pizca ♦ *vt* pellizcar; (*inf: steal*) birlar; **at a ~** en caso de apuro
pincushion ['pɪnkuʃən] *n* alfiletero, acerico
pine [paɪn] *n* (*also:* **~ tree, ~ wood**) pino ♦ *vi*: **to ~ for** suspirar por ► **pine away** *vi* morirse de pena
pineapple ['paɪnæpəl] *n* piña, ananá *m* (*RPl*)
ping [pɪŋ] *n* (*noise*) sonido metálico ❑ **ping-pong®** *n* ping-pong® *m*
pink [pɪŋk] *adj* rosado, (color de) rosa ♦ *n* (*color*) rosa; (*BOT*) clavel *m*, clavellina
pinpoint ['pɪn,pɔɪnt] *vt* precisar
pint [paɪnt] *n* pinta (*US = 0,47 litros, BRIT = 0,57 litros*); (*BRIT: inf: of beer*) pinta
pin-up *n* póster *m* (*de chicas eróticas*)
pioneer [,paɪə'nɪər] *n* pionero(-a)
pious ['paɪəs] *adj* piadoso, devoto
pip [pɪp] *n* (*seed*) pepita; **the ~s** (*BRIT*) la señal
pipe [paɪp] *n* tubo, caño; (*for smoking*) pipa ♦ *vt* conducir en cañerías; **~s** *npl* (*gen*) cañería; (*also:* **bagpipes**) gaita ❑ **pipe cleaner** *n* limpiapipas *m inv* ❑ **pipe dream** *n* sueño imposible ❑ **pipeline** *n* (*for oil*) oleoducto; (*for gas*) gasoducto ❑ **piper** *n* gaitero(-a)
piping ['paɪpɪŋ] *adv*: **to be ~ hot** estar que quema
piquant ['piːkənt] *adj* picante; (*fig*) agudo
pique [piːk] *n* pique *m*, resentimiento
pirate ['paɪrət] *n* pirata *mf* ♦ *vt* (*cassette, book*) piratear ❑ **pirate radio** (*BRIT*) *n* emisora pirata
Pisces ['paɪsiːz] *n* Piscis *m*
piss [pɪs] (*inf!*) *vi* mear ❑ **pissed** (*inf!*) *adj* (*angry*) cabreado; (*BRIT: drunk*) borracho
pistol ['pɪstl] *n* pistola
piston ['pɪstən] *n* pistón *m*, émbolo
pit [pɪt] *n* hoyo; (*US: in fruit*) pepita; (*also:* **coal ~**) mina; (*in garage*) foso de inspección; (*BRIT: also:* **orchestra ~**) platea ♦ *vt*: **to ~ one's wits against sb** medir fuerzas con algn; **~s** *npl* (*AUT*) box *m*
pitch [pɪtʃ] *n* (*MUS*) tono; (*fig*) punto; (*tar*) brea; (*BRIT SPORT*) campo, terreno ♦ *vt* (*throw*) arrojar, lanzar ♦ *vi* (*fall*) caer(se); **to ~ a tent** montar una tienda (de campaña) ❑ **pitch-black** *adj* oscuro *or* negro como boca de lobo ❑ **pitched battle** *n* batalla campal
pitcher ['pɪtʃər] *n* (*US: jar*) jarra; (*BASEBALL*) pitcher *mf*, lanzador(a) *m/f*
pitfall ['pɪtfɔːl] *n* riesgo
pith [pɪθ] *n* (*of orange*) médula

pithy ['pɪθi] *adj* (*fig*) jugoso

pitiful ['pɪtɪfəl] *adj* (*touching*) lastimoso, conmovedor(a)

pitiless ['pɪtɪlɪs] *adj* despiadado

pittance ['pɪtns] *n* miseria

pity ['pɪti] *n* compasión *f*, piedad *f* ♦ *vt* compadecer(se de); **what a ~!** ¡qué pena!

pizza ['pi:tsə] *n* pizza

placard ['plækərd] *n* letrero; (*in march etc*) pancarta

placate ['pleɪkeɪt] *vt* apaciguar

place [pleɪs] *n* lugar *m*, sitio; (*seat*) plaza, asiento; (*position*) puesto; (*home*): **at/to his ~** en/a su casa; (*role*: *in society etc*) papel *m* ♦ *vt* (*object*) poner, colocar; (*identify*) reconocer; (*in race, exam*) colocarse; **to take ~** tener lugar; **out of ~** (*not suitable*) fuera de lugar; **in the first ~** en primer lugar; **to change ~s with sb** cambiarse de sitio con algn; **~ of birth** lugar *m* de nacimiento ❑ **place mat** *n* mantel *m* individual

placid ['plæsɪd] *adj* apacible

plague [pleɪg] *n* plaga; (*MED*) peste *f* ♦ *vt* (*fig*) acosar, atormentar

plaice [pleɪs] *n inv* platija

plaid [plæd] *n* (*material*) tartán *m*

plain [pleɪn] *adj* (*unpatterned*) liso; (*clear*) claro, evidente; (*simple*) sencillo; (*not handsome*) poco atractivo ♦ *adv* claramente ♦ *n* llano, llanura ❑ **plain chocolate** (*BRIT*) *n* chocolate *m* amargo ❑ **plain-clothes** *adj* (*police*) vestido de paisano ❑ **plainly** *adv* claramente

plaintiff ['pleɪntɪf] *n* demandante *mf*

plait [pleɪt] (*BRIT*) *n* trenza

plan [plæn] *n* (*drawing*) plano; (*scheme*) plan *m*, proyecto ♦ *vt* proyectar, planificar ♦ *vi* hacer proyectos; **to ~ to do** pensar hacer

plane [pleɪn] *n* (*AVIAT*) avión *m*; (*MATH, fig*) plano; (*also*: **~ tree**) plátano; (*tool*) cepillo

planet ['plænɪt] *n* planeta *m*

plank [plæŋk] *n* tabla

planner ['plænər] *n* planificador(a) *m/f*

planning ['plænɪŋ] *n* planificación *f*; **family ~** planificación familiar ❑ **planning permission** *n* permiso de obras

plant [plænt] *n* planta; (*machinery*) maquinaria; (*factory*) fábrica ♦ *vt* plantar; (*field*) sembrar; (*bomb*) colocar

plaster ['plæstər] *n* (*for walls*) yeso; (*also*: **~ of Paris**) yeso (mate); (*BRIT*: *also*: **sticking ~**) curita (*LAm*), tirita (*SP*) ♦ *vt* enyesar; (*cover*): **to ~ with** llenar *or* cubrir de ❑ **plastered** (*inf*) *adj* borracho ❑ **plasterer** *n* yesero

plastic ['plæstɪk] *n* plástico ♦ *adj* de plástico ❑ **plastic bag** *n* bolsa de plástico

Plasticine® ['plæstɪsi:n] (*BRIT*) *n* plastilina®

plastic surgery *n* cirugía plástica

plate [pleɪt] *n* (*dish*) plato; (*metal, in book*) lámina; (*dental plate*) dentadura postiza

plateau [plæ'tou] (*pl* **~s** *or* **~x**) *n* meseta, altiplanicie *f*

plateaux [plæ'touz] *npl of* **plateau**

plate glass *n* vidrio cilindrado

platform ['plætfɔ:rm] *n* (*RAIL*) andén *m*; (*stage*) estrado; (*BRIT*: *on bus*) plataforma; (*at meeting*) tribuna; (*POL*) programa *m* (electoral)

platinum ['plætnəm] *adj*, *n* platino

platoon [plə'tu:n] *n* pelotón *m*

platter ['plætər] *n* (*dish*) fuente *f*; (*meal, course*) plato

plausible ['plɔ:zɪbəl] *adj* verosímil; (*person*) convincente

play [pleɪ] *n* (*THEATER*) obra, comedia ♦ *vt* (*game*) jugar; (*compete against*) jugar contra; (*instrument*) tocar; (*part*: *in play etc*) hacer el papel de; (*tape, record*) poner ♦ *vi* jugar; (*band*) tocar; (*tape, record*) sonar; **to ~ safe** ir a lo seguro ▸ **play down** *vt* quitar importancia a ▸ **play up** *vi* (*cause trouble to*) dar guerra ❑ **playboy** *n* playboy *m* ❑ **player** *n* jugador(a) *m/f*; (*THEATER*) actor (actriz) *m/f*; (*MUS*) músico(-a) ❑ **playful** *adj* juguetón(-ona) ❑ **playground** *n* (*in school*) patio de recreo; (*in park*) columpios *mpl* ❑ **playgroup** *n* jardín *m* de niños (*MEX*), jardín infantil (*LAm exc MEX*) *or* de infantes (*RPl*), guardería (infantil) (*SP*) ❑ **playing card** *n* naipe *m*, carta ❑ **playing field** *n* cancha (*LAm*) *or* campo (*SP*) de deportes ❑ **playmate** *n* compañero(-a) de juegos ❑ **play-off** *n* (*SPORT*) (partido de) desempate *m* ❑ **playpen** *n* corral *m* (*LAm*), parque *m* (*SP*) ❑ **plaything** *n* juguete *m* ❑ **playtime** *n* (*SCOL*) recreo ❑ **playwright** *n* dramaturgo(-a)

plc (*BRIT*) *abbr* (= *public limited company*) ≈ S.A.

plea [pli:] *n* súplica, petición *f*; (*LAW*) alegato, defensa ❑ **plea bargaining** *n* (*LAW*) *acuerdo entre fiscal y defensor para agilizar los trámites judiciales*

plead [pli:d] *vt* (*LAW*): **to ~ sb's case** defender a algn; (*give as excuse*) poner como pretexto ♦ *vi* (*LAW*) declararse; (*beg*): **to ~ with sb** suplicar *or* rogar a algn

pleasant ['plezənt] *adj* agradable ❑ **pleasantries** *npl* cortesías *fpl*

please [pli:z] *excl* ¡por favor! ♦ *vt* (*give pleasure to*) dar gusto a, agradar ♦ *vi* (*think fit*): **do as you ~** haz lo que quieras; **~ yourself!** (*inf*) ¡haz lo que quieras!, ¡como quieras! ❑ **pleased** *adj* (*happy*) alegre, contento; **pleased (with)** satisfecho (de); **pleased to meet you** ¡encantado!, ¡tanto gusto! ❑ **pleasing** *adj* agradable, grato

pleasure ['pleʒər] *n* placer *m*, gusto; **"it's a ~"** "el gusto es mío"

pleat [pli:t] *n* pliegue *m*

plectrum ['plektrəm] *n* púa, plectro

pledge [pledʒ] *n* (*promise*) promesa, voto ♦ *vt* prometer ❑ **Pledge of Allegiance** (*US*) *n* ≈ la jura de bandera

> **PLEDGE OF ALLEGIANCE**
>
> Los niños que asisten a la mayoría de los centros públicos norteamericanos tienen que realizar cada mañana el juramento de fidelidad o **Pledge of Allegiance**. Para ello se ponen en pie y con la mano derecha puesta sobre el pecho miran a la bandera estadounidense, mientras recitan: "Juro fidelidad a la bandera de Estados Unidos de América y a la república que representa, una nación, bajo el poder de Dios, indivisible, con libertad y justicia para todos."

plentiful ['plentɪful] *adj* copioso, abundante

plenty ['plenti] *n*: **~ of** mucho(s)/a(s)

pliable ['plaɪəbəl] *adj* flexible

pliers ['plaɪərz] *npl* alicates *mpl*, tenazas *fpl*

plight [plaɪt] *n* situación *f* difícil

plimsolls ['plɪmsəlz] (*BRIT*) *npl* zapatillas *fpl* de deporte

plinth [plɪnθ] *n* plinto

plod [plɑ:d] *vi* caminar con paso pesado; (*fig*) trabajar laboriosamente

plonk [plɑ:ŋk] (*inf*) *n* (*BRIT*: *wine*) vino peleón ♦ *vt*: **to ~ sth down** dejar caer algo

plot [plɑ:t] *n* (*scheme*) complot *m*, conjura; (*of story, play*) argumento; (*of land*) terreno ♦ *vt* (*mark out*) trazar; (*conspire*) tramar, urdir ♦ *vi* conspirar

plough [plau] (*BRIT*) *n*, *vt* = **plow** ❑ **ploughman's lunch** (*BRIT*) *n comida de pub a base de pan, queso y encurtidos*

plow (*US*) [plau] (*BRIT* **plough**) *n* arado ♦ *vt* (*earth*) arar; **to ~ money into** invertir dinero en ▸ **plow through** *vt fus* (*crowd*) abrirse paso por la fuerza por

pluck [plʌk] *vt* (*fruit*) arrancar; (*musical instrument*) puntear; (*bird*) desplumar; (*eyebrows*) depilar; **to ~ up courage** hacer de tripas corazón

plug [plʌg] *n* tapón *m*; (*ELEC*) enchufe *m*, clavija; (*AUT*: *also*: **spark(ing) ~**) bujía ♦ *vt* (*hole*) tapar; (*inf*: *advertise*) dar publicidad a ▸ **plug in** *vt* (*ELEC*) enchufar

plum [plʌm] *n* (*fruit*) ciruela

plumb [plʌm] *vt*: **to ~ the depths of** sumergirse en las profundidades de

plumber ['plʌmər] *n* plomero(-a) (*LAm*), fontanero(-a) (*CAm, SP*)

plumbing ['plʌmɪŋ] *n* (*trade*) plomería (*LAm*), fontanería (*CAm, SP*); (*piping*) cañería

plummet ['plʌmɪt] *vi*: **to ~ (down)** desplomarse

plump [plʌmp] *adj* rechoncho, rollizo ♦ *vi*: **to ~ for** (*BRIT*: *inf*: *choose*) optar por ▸ **plump up** *vt* mullir

plunder ['plʌndər] *vt* pillar, saquear

plunge [plʌndʒ] *n* zambullida ♦ *vt* sumergir, hundir ♦ *vi* (*fall*) caer; (*dive*) saltar; (*person*) arrojarse; **to take the ~** lanzarse ❑ **plunging** *adj*: **plunging neckline** escote *m* pronunciado

pluperfect [,plu:'pɜ:rfɪkt] *n* pluscuamperfecto

plural ['plurəl] *adj* plural ♦ *n* plural *m*

plus [plʌs] *n* (*also*: **~ sign**) signo más ♦ *prep* más, y, además de; **ten/twenty ~** más de diez/veinte

plush [plʌʃ] *adj* lujoso

plutonium [plu:'touniəm] *n* plutonio

ply [plaɪ] *vt* (*a trade*) ejercer ♦ *vi* (*ship*) ir y venir ♦ *n* (*of wool, rope*) cabo; **to ~ sb with drink** no parar de ofrecer de beber a algn ❑ **plywood** *n* madera contrachapada

P.M. (*BRIT*) *n abbr* = **Prime Minister**

p.m. *adv abbr* (= *post meridiem*) de la tarde *or* noche

pneumatic [nu:'mætɪk] *adj* neumático ❑ **pneumatic drill** *n* martillo neumático

pneumonia [nu'mounjə] *n* pulmonía

poach [poutʃ] *vt* (*cook*) escalfar; (*steal*) cazar (*or* pescar) furtivamente ♦ *vi* (*hunt*) cazar furtivamente; (*fish*) pescar furtivamente ❑ **poached** *adj* escalfado ❑ **poacher** *n* cazador(a) *m/f* furtivo(-a)

P.O. Box *n abbr* = **Post Office Box**

pocket ['pɑ:kɪt] *n* bolsillo; (*fig*: *small area*) bolsa ♦ *vt* meter en el bolsillo; (*steal*) embolsar; **to be out of ~** (*BRIT*) salir perdiendo ❑ **pocketbook** (*US*) *n* bolsa (*MEX*), cartera (*LAm exc MEX*), bolso (*SP*) ❑ **pocket calculator** *n* calculadora de bolsillo ❑ **pocket knife** *n* navaja ❑ **pocket money** (*BRIT*) *n* dinero para gastos (personales); (*children's*) domingo (*MEX*), dinero de bolsillo (*LAm exc MEX*)

pod [pɑ:d] *n* vaina

podgy ['pɑ:dʒi] (*BRIT*) *adj* gordinflón(-ona)

podiatrist [pə'daɪətrɪst] (*US*) *n* pedicuro(-a), podólogo(-a)

poem ['pouəm] *n* poema *m*

poet ['pouɪt] *n* poeta (poetisa) *m/f* ❑ **poetic** [pou'etɪk] *adj* poético ❑ **poetry** *n* poesía

poignant ['pɔɪnjənt] *adj* conmovedor(a)

point [pɔɪnt] *n* punto; (*tip*) punta; (*purpose*) fin *m*, propósito; (*use*) utilidad *f*; (*significant part*) lo significativo; (*moment*) momento; (*also*: **decimal ~**): **2 ~ 3 (2.3)** dos coma tres (2,3); (*BRIT ELEC*) toma (de corriente) ♦ *vt* señalar; (*gun etc*): **to ~ sth at sb** apuntar algo a algn ♦ *vi*: **to ~ at** señalar; **~s** *npl* (*AUT*) contactos *mpl*; (*RAIL*) agujas *fpl*; **to be on the ~ of doing sth** estar a punto de hacer algo; **to make a ~ of** poner empeño en; **to get/miss the ~** comprender/no comprender; **to come to the ~** ir al meollo; **there's no ~ (in doing)** no tiene sentido (hacer) ▸ **point out** *vt* señalar ▸ **point to** *vt fus* (*fig*) indicar, señalar ❑ **point-blank** *adv* (*say, refuse*) sin más hablar; (*also*: **at point-blank range**) a quemarropa ❑ **pointed** *adj* (*shape*) puntiagudo, afilado; (*remark*) intencionado ❑ **pointedly** *adv* intencionadamente ❑ **pointer** *n* (*needle*) aguja, indicador *m* ❑ **pointless** *adj* sin sentido ❑ **point of view** *n* punto de vista

poise [pɔɪz] *n* aplomo, elegancia

poison ['pɔɪzən] *n* veneno ♦ *vt* envenenar ❑ **poisoning** *n* envenenamiento ❑ **poisonous** *adj* venenoso; (*fumes etc*) tóxico

poke [pouk] *vt* (*jab with finger, stick etc*) empujar; (*put*): **to ~ sth in(to)** introducir algo en; **to ~ fun at sb** reírse de algn ▸ **poke around** *or* (*BRIT*) **about** *vi* fisgonear

poker ['poukər] *n* atizador *m*; (*CARDS*) póker *m*

poky ['pouki] *adj* estrecho

Poland ['poulənd] *n* Polonia

polar ['poulər] *adj* polar ❑ **polar bear** *n* oso polar

Pole [poul] *n* polaco(-a)

pole [poul] *n* palo; (*fixed*) poste *m*; (*GEO*) polo ❑ **pole bean** (*US*) *n* ejote *m* (*MEX*), frijol *m* (*LAm*), chaucha (*RPl*), judía verde (*SP*) ❑ **pole vault** *n* salto con garrocha (*LAm*) *or* pértiga (*SP*)

police [pə'li:s] *n* policía ♦ *vt* vigilar ❑ **police car** *n* carro (*LAm*) *or* coche *m* (*SP*) de policía ❑ **police chief** (*US*) *n* jefe(-a) *m/f* de policía (del distrito) ❑ **policeman** *n* policía *m* ❑ **police state** *n* estado policial ❑ **police station** *n* comisaría ❑ **policewoman** *n* mujer *f* policía

policy ['pɑ:lɪsi] *n* política; (*also*: **insurance ~**) póliza

polio ['pouliou] *n* polio *f*

Polish ['poulɪʃ] *adj* polaco ♦ *n* (*LING*) polaco

polish ['pɑ:lɪʃ] *n* (*for shoes*) betún *m*, pomada (*RPl*); (*for floor*) cera (de lustrar); (*shine*) brillo, lustre *m*; (*fig*: *refinement*) educación *f* ♦ *vt* (*shoes*) bolear (*MEX*), lustrar (*LAm exc MEX*), limpiar (*SP*); (*make shiny*) pulir, sacar brillo a ▸ **polish off** *vt* (*food*) despachar ❑ **polished** *adj* (*fig*: *person*) elegante

polite [pə'laɪt] *adj* cortés, atento ❑ **politeness** *n* cortesía

political [pə'lɪtɪkəl] *adj* político ❑ **politically** *adv* políticamente; **politically correct** políticamente correcto

politician [,pɑ:lɪ'tɪʃən] *n* político(-a)

politics ['pɑ:lɪtɪks] *n* política

poll [poul] *n* (*election*) votación *f*; (*also*: **opinion ~**) sondeo, encuesta ♦ *vt* encuestar; (*votes*) obtener

pollen ['pɑ:lən] *n* polen *m*

polling day ['poulɪŋ,deɪ] (*BRIT*) *n* día *m* de elecciones

polling place (*US*) *n* centro electoral

polling station (*BRIT*) *n* = **polling place**

pollute [pə'lu:t] *vt* contaminar

pollution [pə'lu:ʃən] *n* polución *f*, contaminación *f* del medio ambiente

polo ['poulou] *n* (*sport*) polo ❑ **polo-necked** (*BRIT*) *adj* de cuello vuelto ❑ **polo shirt** *n* polo

polyester [,pɑ:li'estər] *n* poliéster *m*

polyethylene [,pɑ:li'eθəli:n] *n* polietileno

polystyrene [,pɑ:li'staɪri:n] *n* poliestireno

pomegranate ['pɑ:mɪgrænɪt] *n* granada

pomelo ['pɑ:məlou] (*US*) *n* toronja (*LAm*), pomelo (*SC, SP*)

pomp [pɑ:mp] *n* pompa

pompous ['pɑ:mpəs] *adj* pomposo

pond [pɑ:nd] *n* (*natural*) charca; (*artificial*) estanque *m*

ponder ['pɑ:ndər] *vt* meditar

ponderous ['pɑ:ndərəs] *adj* pesado

pong [pɑ:ŋ] (*BRIT*: *inf*) *n* hedor *m*

pony ['pouni] *n* poni *m* ❑ **ponytail** *n* coleta ❑ **pony trekking** (*BRIT*) *n* excursión *f* a caballo

poodle ['pu:dl] *n* caniche *m*

pool [pu:l] *n* (*natural*) charca; (*also*: **swimming ~**) alberca (*MEX*), piscina (*LAm exc MEX, SP*), pileta (*RPl*); (*fig*: *of blood*) charco; (: *of light*) foco; (*game*) billar *m* (americano) ♦ *vt* juntar; **~s** *npl* (*BRIT*) quinielas *fpl*; **typing ~** servicio de mecanografía

poop [pu:p] (*inf*) *n* (*excrement*) caca (*inf*); (*US*: *information*) onda (*inf*), información

poor [puər] *adj* pobre; (*bad*) de mala calidad ♦ *npl*: **the ~** los pobres ❑ **poorly** (*BRIT*) *adj* mal, enfermo ♦ *adv* mal

pop [pɑ:p] *n* (*sound*) ruido seco; (*MUS*) (música) pop *m*; (*drink*) refresco; (*US*: *inf*: *father*) papá *m* ♦ *vt* (*put quickly*) meter (de prisa) ♦ *vi* reventar; (*cork*) saltar ▸ **pop in/out** *vi* entrar/salir un momento ▸ **pop up** *vi* aparecer inesperadamente ❑ **popcorn** *n* palomitas *fpl* (de maíz), pororó (*RPl*)

pope [poup] *n* papa *m*

poplar ['pɑ:plər] *n* álamo

popper ['pɑ:pər] (*BRIT*) *n* botón *m* de presión (*LAm*)

poppy ['pɑ:pi] *n* amapola

Popsicle® ['pɑ:psɪkəl] (*US*) *n* paleta (helada) (*MEX, CAm*), palito (helado) (*RPl*), polo (*SP*)

pop star *n* estrella del pop

populace ['pɑ:pjələs] *n* pueblo, plebe *f*

popular ['pɑ:pjələr] *adj* popular

population [,pɑ:pjə'leɪʃən] *n* población *f*

pop-up menu ['pɑpʌp–] *n* (*COMPUT*) menú *m* emergente

porcelain ['pɔ:rslɪn] *n* porcelana

porch [pɔ:rtʃ] *n* (*US*: *veranda*) porche *m*, terraza; (*of house*) porche *m*, portal *m*; (*of church*) pórtico

porcupine ['pɔ:rkjupaɪn] *n* puerco *m* espín

pore [pɔ:r] *n* poro ♦ *vi*: **to ~ over** estudiar con detenimiento

pork [pɔ:rk] *n* carne *f* de cerdo *or* (*LAm exc MEX*) chancho

pornography [pɔ:r'nɑ:grəfi] *n* pornografía

porpoise ['pɔ:rpəs] *n* marsopa

porridge ['pɔ:rɪdʒ] *n* hojuelas *fpl* de avena (*MEX*), avena cocida (*LAm*), gachas *fpl* de avena (*SP*)

port [pɔ:rt] *n* puerto; (*NAUT*: *left side*) babor *m*; (*wine*) vino de Oporto; **~ of call** puerto de escala

portable ['pɔ:rtəbəl] *adj* portátil

porter ['pɔ:rtər] *n* (*for luggage*) maletero(-a), mozo(-a) de equipajes; (*doorkeeper*) portero(-a)

portfolio [,pɔ:rt'fouliou] *n* cartera

porthole ['pɔ:rthoul] *n* portilla, ventanilla

portion ['pɔ:rʃən] *n* porción *f*; (*of food*) porción (*LAm*), ración *f* (*SP*)

portrait ['pɔ:rtrɪt] *n* retrato

portray [pɔ:r'treɪ] *vt* retratar; (*actor*) representar

Portugal ['pɔ:rtʃəgəl] *n* Portugal *m*

Portuguese [,pɔ:rtʃə'gi:z] *adj* portugués(-esa) ♦ *n inv* portugués(-esa) *m/f*; (*LING*) portugués *m*

pose [pouz] *n* postura, actitud *f* ♦ *vi* (*pretend*): **to ~ as** hacerse pasar por ♦ *vt* (*question*) plantear; **to ~ for** posar para

posh [pɑ:ʃ] (*BRIT*: *inf*) *adj* elegante, de lujo

position [pə'zɪʃən] *n* posición *f*; (*job*) puesto; (*situation*) situación *f* ♦ *vt* colocar

positive ['pɑ:zɪtɪv] *adj* positivo; (*certain*) seguro; (*definite*) definitivo

possess [pə'zes] *vt* poseer ❑ **possession** *n* posesión *f*; **possessions** *npl* (*belongings*) pertenencias *fpl*

possibility [,pɑ:sɪ'bɪlɪti] *n* posibilidad *f*

possible ['pɑ:sɪbəl] *adj* posible; **as big as ~** lo más grande posible ❑ **possibly** *adv* posiblemente; **I cannot possibly come** me es imposible venir

post [poust] *n* (*job, situation*) puesto; (*pole*) poste *m*; (*BRIT*: *system, letters, delivery*) correo ♦ *vt* (*BRIT*: *send by post*) echar al correo; (*BRIT*: *appoint*): **to ~ to** enviar a ❑ **postage** *n* franqueo, porte *m* ❑ **postage stamp** *n* timbre *m* (*MEX*), estampilla (*LAm*), sello (de correos) (*SP*) ❑ **postal** *adj* postal, de correos ❑ **postal order** (*BRIT*) *n* giro postal ❑ **postbox** (*BRIT*) *n* buzón *m* ❑ **postcard** *n* postal *f* ❑ **postcode** (*BRIT*) *n* código postal

postdate [,poust'deɪt] *vt* (*check*) poner fecha posterior a

poster ['poustər] *n* cartel *m*

poste restante ['poustre'stɑ̃nt] (*BRIT*) *n* lista de correos

postgraduate ['poust'grædʒuət] *n* posgraduado(-a)

posthumous ['pɑ:stjuməs] *adj* póstumo

postman ['poustmən] *n* cartero

postmark ['poust,mɑ:rk] *n* matasellos *m inv*

post-mortem [,poust'mɔ:rtəm] *n* autopsia

post office *n* (*building*) correo (*LAm*), (oficina de) correos *m inv* (*SP*); (*organization*): **the Post Office** Dirección *f* General de Correos (*LAm*), Correos *m inv* (*SP*) ❑ **Post Office Box** *n* apartado postal (*LAm*), casilla de correo (*SC*), apartado de correos (*SP*)

postpone [pous'poun] *vt* aplazar
postscript ['poustskrɪpt] *n* posdata
posture ['pɑːstʃər] *n* postura, actitud *f*
postwar ['poust'wɔːr] *adj* de la posguerra
posy ['pouzi] *n* ramillete *m* (de flores)
pot [pɑːt] *n* (*for cooking*) olla; (*teapot*) tetera; (*coffeepot*) cafetera; (*for flowers*) maceta; (*for preserves*) tarro; (*inf: marijuana*) mota (*MEX*), hierba (*LAm exc MEX, SP*) ♦ *vt* (*plant*) poner en tiesto; **to go to ~** (*inf*) irse al traste
potato [pə'teɪtou] (*pl* **~es**) *n* papa (*LAm*), patata (*SP*) ❑ **potato chip** (*US*) *n* papa (*LAm*) *or* patata (*SP*) frita ❑ **potato peeler** *n* pelapapas *m inv* (*LAm*), pelapatatas *m inv* (*SP*)
potent ['poutnt] *adj* potente, poderoso; (*drink*) fuerte
potential [pə'tɛnʃəl] *adj* potencial, posible ♦ *n* potencial *m* ❑ **potentially** *adv* en potencia
pothole ['pɑːthoul] *n* (*in road*) bache *m*; (*BRIT: underground*) túnel *m* ❑ **potholing** (*BRIT*) *n*: **to go potholing** hacer espeleología
potluck [,pɑːt'lʌk] *n*: **to take ~** conformarse con lo que haya
potted ['pɑːtɪd] *adj* (*food*) en conserva; (*plant*) en maceta *or* tiesto; (*BRIT: shortened*) resumido
potter ['pɑːtər] *n* alfarero(-a) ♦ *vi*: **to ~ around** *or* (*BRIT*) **about** hacer trabajitos ❑ **pottery** *n* cerámica; (*factory*) alfarería
potty ['pɑːti] *n* bacinica (*LAm*), pelela (*SC*), orinal *m* (*SP*)
pouch [pautʃ] *n* (*ZOOL*) bolsa; (*for tobacco*) petaca
poultry ['poultri] *n* aves *fpl* de corral; (*meat*) carne de ave
pounce [pauns] *vi*: **to ~ on** precipitarse sobre
pound [paund] *n* (*weight*) libra (= 453,6 gramos); (*money*) libra ♦ *vt* (*beat*) golpear; (*crush*) machacar ♦ *vi* (*heart*) latir ❑ **pound sterling** (*BRIT*) *n* libra esterlina
pour [pɔːr] *vt* echar; (*tea etc*) servir ♦ *vi* correr, fluir; **to ~ sb a drink** servir una bebida a algn ► **pour away** *or* **off** *vt* vaciar, verter ► **pour in** *vi* (*people*) entrar a raudales ► **pour out** *vi* salir en tropel ♦ *vt* (*drink*) echar, servir; (*fig*): **to pour out one's feelings** desahogarse ❑ **pouring** *adj*: **pouring rain** lluvia torrencial
pout [paut] *vi* hacer pucheros
poverty ['pɑːvərti] *n* pobreza, miseria ❑ **poverty-stricken** *adj* necesitado
powder ['paudər] *n* polvo; (*also:* **face ~**) polvos *mpl* ♦ *vt* polvorear; **to ~ one's face** empolvarse la cara ❑ **powder compact** *n* polvera ❑ **powdered milk** *n* leche *f* en polvo ❑ **powder room** *n* aseos *mpl*
power ['pauər] *n* poder *m*; (*strength*) fuerza; (*nation, TECH*) potencia; (*energy*) energía; (*ELEC*) corriente *f* ♦ *vt* impulsar; **to be in ~** (*POL*) estar en el poder ❑ **power cut** (*BRIT*) *n* = **power outage** ❑ **powered** *adj*: **powered by** impulsado por ❑ **power failure** *n* corte *m* del suministro eléctrico ❑ **powerful** *adj* poderoso; (*engine*) potente; (*speech etc*) convincente ❑ **powerless** *adj*: **powerless (to do)** incapaz (de hacer) ❑ **power outage** (*US*) *n* corte *m* de luz *or* de corriente ❑ **power point** (*BRIT*) *n* tomacorriente *m* (*LAm*), toma de corriente (*SP*) ❑ **power station** *n* central *f* eléctrica
p.p. *abbr* (= *per procurationem*): **~ J. Smith** p.p. (por poder de) J. Smith; (= *pages*) págs
PR *n abbr* = **public relations**
practical ['præktɪkəl] *adj* práctico ❑ **practicality** [,præktɪ'kælɪti] *n* factibilidad *f* ❑ **practical joke** *n* broma pesada ❑ **practically** *adv* (*almost*) casi
practice ['præktɪs] *n* (*habit*) costumbre *f*; (*exercise, training*) práctica; (*SPORT*) entrenamiento; (*MED: of profession*) práctica, ejercicio; (*MED, LAW: business*) consulta ♦ *vt* (*US: carry out*) practicar; (*: profession*) ejercer; (*: train at*) practicar ♦ *vi* (*US*) ejercer; (*: train*) practicar; **in ~** (*in reality*) en la práctica; **out of ~** desentrenado ❑ **practicing** *adj* (*Christian etc*) practicante; (*lawyer*) en ejercicio
practise ['præktɪs] (*BRIT*) *vt, vi* = **practice**
practitioner [præk'tɪʃənər] *n* (*MED*) médico(-a)
prairie ['prɛri] *n* pampa
praise [preɪz] *n* alabanza(s) *f(pl)*, elogio(s) *m(pl)* ♦ *vt* elogiar, alabar ❑ **praiseworthy** *adj* loable
pram [præm] (*BRIT*) *n* cochecito
prank [præŋk] *n* travesura
prawn [prɔːn] *n* camarón *m* (*LAm*), gamba (*SP*)
pray [preɪ] *vi* rezar
prayer [prɛər] *n* oración *f*; (*entreaty*) ruego, súplica
preach [priːtʃ] *vi* predicar ❑ **preacher** *n* predicador(a) *m/f*
precaution [prɪ'kɔːʃən] *n* precaución *f*
precede [prɪ'siːd] *vt, vi* preceder
precedent ['prɛsɪdənt] *n* precedente *m*
preceding [prɪ'siːdɪŋ] *adj* anterior
precinct ['priːsɪŋkt] *n* recinto; (*US POL*) distrito electoral; (*US: of police*) distrito policial; **~s** *npl* contornos *mpl*; **pedestrian ~** (*BRIT*) zona peatonal; **shopping ~** (*BRIT*) centro comercial
precious ['prɛʃəs] *adj* precioso
precipitate [prɪ'sɪpɪteɪt] *vt* precipitar
precise [prɪ'saɪs] *adj* preciso, exacto ❑ **precisely** *adv* precisamente, exactamente
precocious [prɪ'kouʃəs] *adj* precoz
precondition [,priːkən'dɪʃən] *n* condición *f* previa
predecessor ['prɛdɪsɛsər] *n* antecesor(a) *m/f*
predicament [prɪ'dɪkəmənt] *n* apuro
predict [prɪ'dɪkt] *vt* pronosticar ❑ **predictable** *adj* previsible ❑ **prediction** [prɪ'dɪkʃən] *n* predicción *f*
predominantly [prɪ'dɑːmɪnəntli] *adv* en su mayoría
preempt (*US*) [priː'ɛmt] (*BRIT* **pre-empt**) *vt* adelantarse a
preen [priːn] *vt*: **to ~ itself** (*bird*) limpiarse (las plumas); **to ~ o.s.** pavonearse
preface ['prɛfəs] *n* prefacio
prefect ['priːfɛkt] (*BRIT*) *n* (*in school*) monitor(a) *m/f*
prefer [prɪ'fɜːr] *vt* preferir; **to ~ doing** *or* **to do** preferir hacer ❑ **preferable** ['prɛfərəbəl] *adj* preferible ❑ **preferably** ['prɛfərəbli] *adv* de preferencia ❑ **preference** ['prɛfrəns] *n* preferencia; (*priority*) prioridad *f* ❑ **preferential** [prɛfə'rɛnʃəl] *adj* preferente
prefix ['priːfɪks] *n* prefijo
pregnancy ['prɛgnənsi] *n* (*of woman*) embarazo; (*of animal*) preñez *f*
pregnant ['prɛgnənt] *adj* (*woman*) embarazada; (*animal*) preñada
prehistoric ['priːhɪs'tɔːrɪk] *adj* prehistórico
prejudice ['prɛdʒudɪs] *n* prejuicio ❑ **prejudiced** *adj* (*person*) predispuesto
premarital [,priː'mærɪtl] *adj* premarital
premature [,priːmə'tjuər] *adj* prematuro
premier [prɪ'mɪər] *adj* primero, principal ♦ *n* (*POL*) primer(a) *m/f* ministro(-a)
première [prɪ'mɪər] *n* estreno
premise ['prɛmɪs] *n* premisa; **~s** *npl* (*of business etc*) local *m*; **on the ~s** dentro del local
premium ['priːmiəm] *n* premio; (*insurance*) prima; (*US: gasoline*) súper *f*; **to be at a ~** ser muy solicitado ❑ **premium bond** (*BRIT*) *n* *bono del estado que participa en una lotería nacional*
premonition [prɛmə'nɪʃən] *n* presentimiento
preoccupied [priː'ɑːkjəpaɪd] *adj* (*absorbed*) ensimismado
prep [prɛp] *n* (*BRIT SCOL: study*) tarea, deberes *mpl*
prepaid [,priː'peɪd] *adj* franqueado
preparation [,prɛpə'reɪʃən] *n* preparación *f*; **~s** *npl* preparativos *mpl*
preparatory ['prɛpərətɔːri] *adj* preparatorio, preliminar ❑ **preparatory school** *n* (*US*) centro privado (*de enseñanza secundaria*); (*BRIT*) centro privado (*de enseñanza primaria*)
prepare [prɪ'pɛər] *vt* preparar, disponer; (*CULIN*) preparar ♦ *vi*: **to ~ for** (*action*) prepararse *or* disponerse para; (*event*) hacer preparativos para; **~d to** dispuesto a; **~d for** listo para
preposition [prɛpə'zɪʃən] *n* preposición *f*
preposterous [prɪ'pɑːstərəs] *adj* absurdo, ridículo
prep school *n* = **preparatory school**
prerequisite [priː'rɛkwɪzɪt] *n* requisito
Presbyterian [prɛzbɪ'tɪriən] *adj, n* presbiteriano(-a)
preschool ['priː,skuːl] *adj* preescolar ♦ *n* (*US*) jardín *m* de niños (*MEX*), jardín infantil (*LAm exc MEX*) *or* de infantes (*RPl*), parvulario (*SP*)
prescribe [prɪ'skraɪb] *vt* (*MED*) recetar
prescription [prɪ'skrɪpʃən] *n* (*MED*) receta
presence ['prɛzəns] *n* presencia; **in sb's ~** en presencia de algn; **~ of mind** aplomo
present [*adj, n* 'prɛzənt, *vb* prɪ'zɛnt] *adj* (*in attendance*) presente; (*current*) actual ♦ *n* (*gift*) regalo; (*actuality*): **the ~** la actualidad, el presente ♦ *vt* (*introduce, describe*) presentar; (*expound*) exponer; (*give*) presentar, dar, ofrecer; (*THEATER*) representar; **to give sb a ~** regalar algo a algn; **at ~** actualmente ❑ **presentable** [prɪ'zɛntəbəl] *adj*: **to make o.s. presentable** arreglarse ❑ **presentation** [prɛzən'teɪʃən] *n* presentación *f*; (*of report etc*) exposición *f*; (*formal ceremony*) entrega (de premios) ❑ **present-day** *adj* actual ❑ **presenter** (*BRIT*) *n* (*TV*) presentador(a) *m/f*; (*RADIO*) locutor(a) *m/f* ❑ **presently** *adv* (*soon*) dentro de poco; (*US: now*) ahora
preservative [prɪ'zɜːrvətɪv] *n* conservante *m*
preserve [prɪ'zɜːrv] *vt* (*keep safe*) preservar, proteger; (*maintain*) mantener; (*food*) conservar ♦ *n* (*for game*) coto, vedado; (*often pl: jelly*) mermelada
president ['prɛzɪdənt] *n* presidente(-a) *m/f* ❑ **presidential** [prɛzɪ'dɛnʃl] *adj* presidencial
press [prɛs] *n* (*newspapers*): **the P~** la prensa; (*printer's*) imprenta; (*of button*) pulsación *f* ♦ *vt* empujar; (*button etc*) apretar; (*clothes: iron*) planchar; (*put pressure on: person*) presionar; (*insist*): **to ~ sth on sb** insistir en que algn acepte algo ♦ *vi* (*squeeze*) apretar; (*pressurize*): **to ~ for** presionar por; **we are ~ed for time/money** andamos mal de tiempo/dinero ► **press on** *vi* avanzar; (*hurry*) apretar el paso ❑ **press agency** *n* agencia de prensa ❑ **press conference** *n* rueda de prensa ❑ **pressing** *adj* apremiante ❑ **press stud** (*BRIT*) *n* botón *m* de presión (*LAm*) ❑ **press-up** (*BRIT*) *n* plancha
pressure ['prɛʃər] *n* presión *f*; **to put ~ on sb** presionar a algn ❑ **pressure cooker** *n* olla de (*LAm*) *or* a (*SP*) presión ❑ **pressure gage** (*US*) (*BRIT* **pressure gauge**) *n* manómetro ❑ **pressure group** *n* grupo de presión ❑ **pressurized** *adj* (*container*) a presión
prestige [prɛ'stiːʒ] *n* prestigio
presumably [prɪ'zuːməbli] *adv* es de suponer que
presume [prɪ'zuːm] *vt*: **to ~ (that)** suponer (que)
pretend [prɪ'tɛnd] *vt, vi* (*feign*) fingir

⚠ Be careful not to translate **pretend** by the Spanish word ***pretender***.

pretense (*US*) ['priːtɛns] (*BRIT* **pretence**) *n* fingimiento; **under false ~s** con engaños
pretentious [prɪ'tɛnʃəs] *adj* presumido; (*ostentatious*) ostentoso, aparatoso
pretext ['priːtɛkst] *n* pretexto
pretty ['prɪti] *adj* bonito, lindo (*LAm*) ♦ *adv* bastante
prevail [prɪ'veɪl] *vi* (*gain mastery*) prevalecer; (*be current*) predominar ❑ **prevailing** *adj* (*dominant*) predominante
prevalent ['prɛvələnt] *adj* (*widespread*) extendido
prevent [prɪ'vɛnt] *vt*: **to ~ sb from doing sth** impedir a algn hacer algo; **to ~ sth from happening** evitar que ocurra algo ❑ **preventative** *adj* = **preventive** ❑ **preventive** *adj* preventivo
preview ['priːvjuː] *n* (*of movie*) preestreno
previous ['priːviəs] *adj* previo, anterior ❑ **previously** *adv* antes
prewar [,priː'wɔːr] *adj* de antes de la guerra
prey [preɪ] *n* presa ♦ *vi*: **to ~ on** (*feed on*) alimentarse de; **it was ~ing on his mind** le atormentaba *or* obsesionaba
price [praɪs] *n* precio ♦ *vt* (*goods*) fijar el precio de ❑ **priceless** *adj* inestimable ❑ **price list** *n* lista de precios
prick [prɪk] *n* (*sting*) picadura, piquete *m* (*MEX*); (*US MED inf*) pinchazo ♦ *vt* picar (*MEX*), pinchar (*LAm exc MEX, SP*); **to ~ up one's ears** aguzar el oído
prickle ['prɪkəl] *n* (*sensation*) picor *m*; (*BOT*) espina ❑ **prickly** *adj* espinoso; (*fig: person*) enojadizo ❑ **prickly heat** *n* fiebre *f* miliar, *sarpullidos por el calor*
pride [praɪd] *n* orgullo; (*pej*) soberbia ♦ *vt*: **to ~ o.s. on** enorgullecerse de
priest [priːst] *n* sacerdote *m* ❑ **priesthood** *n* sacerdocio
prim [prɪm] *adj* (*demure*) remilgado; (*prudish*) mojigato
primarily [praɪ'mɛrɪli] *adv* ante todo
primary ['praɪmɛri] *adj* (*first in importance*) principal ♦ *n* (*US POL*) elección *f* primaria ❑ **primary school** *n* escuela primaria
prime [praɪm] *adj* primero, principal; (*excellent*) selecto, de primera clase ♦ *n*: **in the ~ of life** en la flor de la vida ♦ *vt* (*wood: fig*) preparar; **~ example** ejemplo típico ❑ **Prime Minister** (*BRIT*) *n* primer(a) *m/f* ministro(-a)
primeval [praɪ'miːvəl] *adj* primitivo
primitive ['prɪmɪtɪv] *adj* primitivo; (*crude*) rudimentario
primrose ['prɪmrouz] *n* primavera, prímula
Primus (stove)® ['praɪməs(,stouv)] (*BRIT*) *n* camping-gas *m inv*
prince [prɪns] *n* príncipe *m*
princess ['prɪnsɛs] *n* princesa
principal ['prɪnsɪpəl] *adj* principal, mayor ♦ *n* director(a) *m/f* ❑ **principality** [prɪnsɪ'pælɪti] *n* principado
principle ['prɪnsɪpəl] *n* principio; **in ~** en principio; **on ~** por principio
print [prɪnt] *n* (*footprint*) huella; (*fingerprint*) huella dactilar; (*letters*) letra de molde; (*fabric*) estampado; (*ART*) grabado; (*PHOT*) copia ♦ *vt* imprimir; (*cloth*) estampar; (*write in capitals*) escribir en letras de molde; **out of ~** agotado ❑ **printed matter** *n* impresos *mpl* ❑ **printer** *n* (*person*) impresor(a) *m/f*; (*machine*) impresora ❑ **printing** *n* (*art*) imprenta; (*act*) impresión *f* ❑ **printout** *n* (*COMPUT*) impresión *f*
prior ['praɪər] *adj* anterior, previo; (*more important*) más importante; **~ to** antes de
priority [praɪ'ɔːrɪti] *n* prioridad *f*; **to have ~ (over)** tener prioridad (sobre)
prison ['prɪzən] *n* cárcel *f*, prisión *f* ♦ *cpd* carcelario ❑ **prisoner** *n* (*in prison*) preso(-a); (*captured person*) prisionero ❑ **prisoner-of-war** *n* prisionero de guerra
privacy ['praɪvəsi] *n* intimidad *f*
private ['praɪvɪt] *adj* (*personal*) particular; (*property, industry, discussion etc*) privado; (*person*) reservado; (*place*) tranquilo ♦ *n* soldado raso; **"~"** (*on envelope*) "confidencial"; (*on door*) "prohibido el paso"; **in ~** en privado ❑ **private enterprise** *n* empresa privada ❑ **private eye** *n* detective *mf* privado(-a) ❑ **private property** *n* propiedad *f* privada ❑ **private school** *n* colegio privado *or* particular
privet ['prɪvɪt] *n* alheña, ligustro
privilege ['prɪvəlɪdʒ] *n* privilegio; (*prerogative*) prerrogativa
privy ['prɪvi] *adj*: **to be ~ to** estar enterado de
prize [praɪz] *n* premio ♦ *adj* de primera clase ♦ *vt* apreciar, estimar ❑ **prize-giving** *n* distribución *f* de premios ❑ **prizewinner** *n* premiado(-a)
pro [prou] *n* (*SPORT*) profesional *mf* ♦ *prep* a favor de; **the ~s and cons** los pros y los contras
probability [,prɑːbə'bɪlɪti] *n* probabilidad *f*; **in all ~** con toda probabilidad
probable ['prɑːbəbəl] *adj* probable
probably ['prɑːbəbli] *adv* probablemente
probation [prou'beɪʃən] *n*: **on ~** (*employee*) a prueba; (*LAW*) en libertad condicional
probe [proub] *n* (*MED, SPACE*) sonda; (*enquiry*) encuesta, investigación *f* ♦ *vt* sondar; (*investigate*) investigar
problem ['prɑːbləm] *n* problema *m*
procedure [prə'siːdʒər] *n* procedimiento; (*bureaucratic*) trámites *mpl*
proceed [prə'siːd] *vi* (*do afterward*): **to ~ to do sth** proceder a hacer algo; (*continue*): **to ~ (with)** continuar *or* seguir (con) ❑ **proceedings** *npl* acto(s) (*pl*); (*LAW*) proceso ❑ **proceeds** ['prousiːdz] *npl* (*money*) recaudación *f*, ganancias *fpl*
process ['prɑːsɛs] *n* proceso ♦ *vt* tratar, elaborar ❑ **processing** *n* tratamiento, elaboración *f*; (*PHOT*) revelado
procession [prə'sɛʃən] *n* desfile *m*; **funeral ~** cortejo fúnebre
pro-choice ['prou'tʃɔɪs] *adj* en favor del derecho a elegir de la madre
proclaim [prə'kleɪm] *vt* (*announce*) anunciar
procrastinate [prə'kræstɪneɪt] *vi* demorarse
procure [prou'kjuər] *vt* conseguir
prod [prɑːd] *vt* empujar ♦ *n* empujón *m*
prodigy ['prɑːdɪdʒi] *n* prodigio
produce [*n* 'prouduːs, *vt* prə'duːs] *n* (*AGR*) productos *mpl* agrícolas ♦ *vt* producir; (*play, movie, program*) presentar ❑ **producer** *n* productor(a) *m/f*; (*of movie, program*) director(a) *m/f*; (*of record*) productor(a) *m/f*
product ['prɑːdʌkt] *n* producto
production [prə'dʌkʃən] *n* producción *f*; (*THEATER*) montaje *m* ❑ **production line** *n* línea de producción
productivity [,proudʌk'tɪvɪti] *n* productividad *f*
profession [prə'fɛʃən] *n* profesión *f* ❑ **professional** *adj* profesional ♦ *n* profesional *mf*; (*skilled person*) experto(-a)
professor [prə'fɛsər] *n* (*US, CANADA*) profesor(a) *m/f* universitario(-a); (*BRIT*) catedrático(-a)
proficient [prə'fɪʃənt] *adj* experto, hábil
profile ['proufaɪl] *n* perfil *m*
profit ['prɑːfɪt] *n* (*COMM*) beneficios *mpl* ♦ *vi*: **to ~ by** *or* **from** aprovechar *or* sacar provecho de ❑ **profitability** [,prɑːfɪtə'bɪlɪti] *n* rentabilidad *f* ❑ **profitable** *adj* (*ECON*) rentable
profound [prə'faund] *adj* profundo
profusely [prə'fjuːsli] *adv* profusamente
program (*US*) ['prougræm] (*BRIT* **programme**) *n* programa *m* ♦ *vt* programar ❑ **programer** (*US*) (*BRIT* **programmer**) *n* programador(a) *m/f* ❑ **programing** (*US*) (*BRIT* **programming**) *n* programación *f*
progress [*n* 'prɑːgrɛs, *vi* prə'grɛs] *n* progreso; (*development*) desarrollo ♦ *vi* progresar, avanzar; **in ~** en curso ❑ **progressive** [prə'grɛsɪv] *adj* progresivo; (*person*) progresista
prohibit [prou'hɪbɪt] *vt* prohibir; **to ~ sb from doing sth** prohibir a algn hacer algo ❑ **prohibition** [prouɪ'bɪʃən] *n* prohibición *f*; (*US*): **Prohibition** Ley *f* Seca
project [*n* 'prɑːdʒɛkt, *vb* prə'dʒɛkt] *n* proyecto ♦ *vt* proyectar ♦ *vi* (*stick out*) salir, sobresalir ❑ **projection** [prə'dʒɛkʃən] *n* proyección *f*; (*overhang*) saliente *m* ❑ **projector** [prə'dʒɛktər] *n* proyector *m*
pro-life ['prou'laɪf] *adj* pro-vida
prologue ['proulɑːg] (*US* **prolog**) *n* prólogo
prolong [prə'lɑːŋ] *vt* prolongar, extender
prom [prɑːm] *n abbr* = **promenade**; (*US: ball*) baile *m* de gala
promenade [,prɑːmə'neɪd] *n* malecón *m* (*LAm*), costanera (*SC*), paseo marítimo (*SP*) ❑ **promenade concert** (*BRIT*) *n* concierto (*en el que parte del público permanece de pie*)
prominence ['prɑːmɪnəns] *n* importancia
prominent ['prɑːmɪnənt] *adj* (*standing out*) saliente; (*important*) eminente, importante

promiscuous [prəˈmɪskjuəs] *adj* (*sexually*) promiscuo
promise [ˈprɑːmɪs] *n* promesa ♦ *vt, vi* prometer ❑ **promising** *adj* prometedor(a)
promote [prəˈmout] *vt* (*employee*) ascender; (*product, pop star*) hacer propaganda por; (*ideas*) fomentar ❑ **promoter** *n* (*of event*) promotor(a) *m/f*; (*of cause etc*) impulsor(a) *m/f* ❑ **promotion** *n* (*advertising campaign*) campaña *f* de promoción; (*in rank*) ascenso
prompt [prɑːmpt] *adj* rápido ♦ *adv*: **at 6 o'clock ~** a las seis en punto ♦ *n* (COMPUT) aviso ♦ *vt* (*urge*) mover, incitar; (*when talking*) instar; (THEATER) apuntar; **to ~ sb to do sth** instar a algn a hacer algo ❑ **promptly** *adv* rápidamente; (*exactly*) puntualmente
prone [proun] *adj* (*lying*) postrado; **~ to** propenso a
prong [prɑːŋ] *n* diente *m*, punta
pronoun [ˈprounaun] *n* pronombre *m*
pronounce [prəˈnauns] *vt* pronunciar ❑ **pronounced** *adj* (*marked*) marcado
pronunciation [prəˌnʌnsiˈeɪʃən] *n* pronunciación *f*
proof [pruːf] *n* prueba ♦ *adj*: **~ against** a prueba de
prop [prɑːp] *n* apoyo; (*fig*) sostén *m* ♦ *vt* (*also*: **~ up**) apoyar; (*lean*): **to ~ sth against** apoyar algo contra
propaganda [ˌprɑːpəˈgændə] *n* propaganda
propel [prəˈpel] *vt* impulsar, propulsar ❑ **propeller** *n* hélice *f*
propensity [prəˈpensɪti] *n* propensión *f*
proper [ˈprɑːpər] *adj* (*suited, right*) propio; (*exact*) justo; (*seemly*) correcto, decente; (*authentic*) verdadero; (*referring to place*): **the village ~** (BRIT) el pueblo mismo ❑ **properly** *adv* (*adequately*) correctamente; (*decently*) decentemente ❑ **proper noun** *n* nombre *m* propio
property [ˈprɑːpərti] *n* propiedad *f*; (*building*) propiedad, inmueble *m* ❑ **property owner** *n* dueño(-a) de propiedades
prophecy [ˈprɑːfɪsi] *n* profecía
prophesy [ˈprɑːfɪsaɪ] *vt* (*fig*) predecir
prophet [ˈprɑːfɪt] *n* profeta *m*
proportion [prəˈpɔːrʃən] *n* proporción *f*; (*share*) parte *f* ❑ **proportional** *adj*: **proportional (to)** en proporción (con) ❑ **proportional representation** *n* representación *f* proporcional ❑ **proportionate** *adj*: **proportionate (to)** en proporción (con)
proposal [prəˈpouzəl] *n* (*marriage*) propuesta de matrimonio; (*plan*) proyecto
propose [prəˈpouz] *vt* proponer ♦ *vi* declararse; **to ~ to do** tener intención de hacer
proposition [prɑːpəˈzɪʃən] *n* propuesta
proprietor [prəˈpraɪətər] *n* propietario(-a), dueño(-a)
propriety [prəˈpraɪəti] *n* decoro
pro rata [ˌprouˈreɪtə] *adv* a prorrata
prose [prouz] *n* prosa
prosecute [ˈprɑːsɪkjuːt] *vt* (LAW) procesar ❑ **prosecution** [ˌprɑːsɪˈkjuːʃən] *n* proceso, causa; (*accusing side*) acusación *f* ❑ **prosecutor** *n* acusador(a) *m/f*; (*also*: **public prosecutor**) fiscal *mf*
prospect [ˈprɑːspekt] *n* (*possibility*) posibilidad *f*; (*outlook*) perspectiva ♦ *vi*: **to ~ for** buscar; **~s** *npl* (*for work etc*) perspectivas *fpl* ❑ **prospecting** *n* prospección *f* ❑ **prospective** [prəˈspektɪv] *adj* futuro
prospectus [prəˈspektəs] *n* prospecto
prosper [ˈprɑːspər] *vi* prosperar ❑ **prosperity** [prɑːˈsperɪti] *n* prosperidad *f* ❑ **prosperous** *adj* próspero
prostitute [ˈprɑːstɪtuːt] *n* prostituta; (*male*) prostituto
protect [prəˈtekt] *vt* proteger ❑ **protection** *n* protección *f* ❑ **protective** *adj* protector(a)
protein [ˈproutiːn] *n* proteína
protest [*n* ˈproutest, *vb* prəˈtest] *n* protesta ♦ *vi*: **to ~ about** *or* **at/against** protestar por/contra ♦ *vt* (*insist*): **to ~ (that)** insistir en (que)
Protestant [ˈprɑːtɪstənt] *adj, n* protestante *mf*
protester [ˈproutestər] *n* manifestante *mf*
protracted [prəˈtræktɪd] *adj* prolongado
protrude [prəˈtruːd] *vi* salir, sobresalir
proud [praud] *adj* orgulloso; (*pej*) soberbio, altanero
prove [pruːv] *vt* probar; (*show*) demostrar ♦ *vi*: **to ~ (to be) correct** resultar correcto; **to ~ myself** demostrar mi valía
proverb [ˈprɑːvərb] *n* proverbio, refrán *m*
provide [prəˈvaɪd] *vt* proporcionar, dar; **to ~ sb with sth** proveer a algn de algo; **~d (that)** *conj* con tal de que, a condición de que ▶ **provide for** *vt fus* (*person*) mantener a; (*problem etc*) tener en cuenta ❑ **providing** *conj*: **providing (that)** a condición de que, con tal de que
province [ˈprɑːvɪns] *n* provincia; (*fig*) esfera ❑ **provincial** [prəˈvɪnʃəl] *adj* provincial; (*pej*) provinciano
provision [prəˈvɪʒən] *n* (*supplying*) suministro, abastecimiento; (*of contract etc*) disposición *f*; **~s** *npl* (*food*) provisiones *fpl* ❑ **provisional** *adj* provisional
proviso [prəˈvaɪzou] *n* condición *f*, estipulación *f*
provocative [prəˈvɑːkətɪv] *adj* provocativo
provoke [prəˈvouk] *vt* (*cause*) provocar, incitar; (*anger*) enojar
prowess [ˈprauɪs] *n* destreza
prowl [praul] *vi* (*also*: **~ around**) merodear ♦ *n*: **on the ~** de merodeo ❑ **prowler** *n* merodeador(a) *m/f*
proxy [ˈprɑːksi] *n*: **by ~** por poderes
prudent [ˈpruːdənt] *adj* prudente
prune [pruːn] *n* ciruela seca *or* pasa ♦ *vt* podar
pry [praɪ] *vi*: **to ~ (into)** inmiscuirse *or* entrometerse (en)
P.S., PS *n abbr* (= *postscript*) P.D.
psalm [sɑːm] *n* salmo
pseudonym [ˈsuːdnɪm] *n* seudónimo
psyche [ˈsaɪki] *n* psique *f*
psychiatric [saɪkiˈætrɪk] *adj* psiquiátrico
psychiatrist [saɪˈkaɪətrɪst] *n* psiquiatra *mf*
psychic [ˈsaɪkɪk] *adj* (*also*: **~al**) psíquico
psychoanalysis [ˌsaɪkouəˈnæləsɪs] *n* psicoanálisis *m inv*
psychoanalyze (US) [saɪkouˈænəlaɪz] (BRIT **psychoanalyse**) *vt* psicoanalizar
psychological [ˌsaɪkəˈlɑːdʒɪkəl] *adj* psicológico
psychologist [saɪˈkɑːlədʒɪst] *n* psicólogo(-a)
psychology [saɪˈkɑːlədʒi] *n* psicología
PTO *abbr* (= *please turn over*) sigue
pub [pʌb] (BRIT) *n abbr* (= *public house*) pub *m*, bar *m*
puberty [ˈpjuːbərti] *n* pubertad *f*
public [ˈpʌblɪk] *adj* público ♦ *n*: **the ~** el público; **in ~** en público; **to make ~** hacer público ❑ **public address system** *n* megafonía
publican [ˈpʌblɪkən] (BRIT) *n* dueño(-a) (de un pub *or* bar)
publication [ˌpʌblɪˈkeɪʃən] *n* publicación *f*
public: ❑ **public company** *n* sociedad *f* anónima ❑ **public convenience** (BRIT) *n* sanitarios *mpl* (LAm), aseos *mpl* públicos (SP) ❑ **public defender** (US) *n* (JUR) defensor(a) *m/f* de oficio ❑ **public holiday** *n* (día *m*) feriado (LAm), (día *m* de) fiesta (SP) ❑ **public house** (BRIT) *n* pub *m*, bar *m*
publicity [pʌbˈlɪsɪti] *n* publicidad *f*
publicize [ˈpʌblɪsaɪz] *vt* publicitar
publicly [ˈpʌblɪkli] *adv* públicamente, en público
public: ❑ **public opinion** *n* opinión *f* pública ❑ **public relations** *n* relaciones *fpl* públicas ❑ **public school** *n* (US) colegio público; (BRIT) colegio privado ❑ **public-spirited** *adj* cívico ❑ **public transportation** *n* transporte *m* público
publish [ˈpʌblɪʃ] *vt* publicar ❑ **publisher** *n* (*person*) editor(a) *m/f*; (*firm*) editorial *f* ❑ **publishing** *n* (*industry*) industria editorial
pub lunch (BRIT) *n* almuerzo *or* comida (*en un pub*); **to go for a ~** almorzar *or* comer en un pub
pucker [ˈpʌkər] *vt* (*pleat*) arrugar; (*brow etc*) fruncir
pudding [ˈpudɪŋ] *n* pudín *m*; (BRIT: *dessert*) postre *m*; **black ~** morcilla
puddle [ˈpʌdl] *n* charco
pudgy [ˈpʌdʒi] (US) *adj* gordinflón(-ona)
puff [pʌf] *n* soplo; (*of smoke, air*) bocanada; (*of breathing*) resoplido ♦ *vt*: **to ~ one's pipe** dar pitadas (LAm) *or* caladas (SP) a la pipa ♦ *vi* (*pant*) jadear ▶ **puff out** *vt* hinchar ❑ **puff pastry** *n* hojaldre *m* ❑ **puffy** *adj* hinchado
pull [pul] *n* (*tug*): **to give sth a ~** dar un tirón a algo ♦ *vt* tirar de; (*press: trigger*) apretar; (*haul*) tirar, arrastrar; (*close: curtain*) echar ♦ *vi* tirar; **to ~ to pieces** hacer pedazos; **to not ~ one's punches** no andarse con bromas; **to ~ one's weight** hacer su parte; **to ~ o.s. together** sobreponerse; **to ~ sb's leg** tomar el pelo a algn ▶ **pull apart** *vt* (*break*) romper ▶ **pull down** *vt* (*building*) derribar ▶ **pull in** *vi* (*car etc*) pararse (a un lado); (*train*) llegar (a la estación) ▶ **pull off** *vt* (*deal etc*) cerrar ▶ **pull out** *vi* (*car, train etc*) salir ♦ *vt* sacar, arrancar ▶ **pull over** *vi* (AUT) hacerse a un lado ▶ **pull through** *vi* (MED) recuperarse, reponerse ▶ **pull up** *vi* (*stop*) parar ♦ *vt* (*raise*) levantar; (*uproot*) arrancar, desarraigar
pulley [ˈpuli] *n* polea
Pullman® [ˈpulmən] (US) *n* (*also*: **Pullman car**) coche *m* cama
pullover [ˈpulˌouvər] *n* suéter *m* (LAm), jersey *m* (SP)
pulp [pʌlp] *n* (*of fruit*) pulpa
pulpit [ˈpulpɪt] *n* púlpito
pulsate [ˈpʌlseɪt] *vi* pulsar, latir
pulse [pʌls] *n* (ANAT) pulso; (*rhythm*) pulsación *f*; (BOT) legumbre *f*
pump [pʌmp] *n* (*for gas*) surtidor *m*; (*for air*) bomba; (US: *shoe*) escarpín *m*; (BRIT: *sports shoe*) zapatilla ♦ *vt* sacar con una bomba ▶ **pump up** *vt* inflar
pumpkin [ˈpʌmpkɪn] *n* calabaza
pun [pʌn] *n* juego de palabras
punch [pʌntʃ] *n* (*blow*) golpe *m*, puñetazo; (*tool*) punzón *m*; (*drink*) ponche *m* ♦ *vt* (*hit*): **to ~ sb/sth** dar un puñetazo *or* golpear a algn/algo ❑ **punch line** *n* final (del chiste) ❑ **punch-up** (BRIT: *inf*) *n* pelea
punctual [ˈpʌŋktʃuəl] *adj* puntual
punctuation [pʌŋktʃuˈeɪʃən] *n* puntuación *f*
puncture [ˈpʌŋktʃər] (BRIT) *n* ponchadura (MEX), pinchazo (LAm exc MEX, SP) ♦ *vt* ponchar (MEX), pinchar (LAm exc MEX, SP)
pungent [ˈpʌndʒənt] *adj* acre
punish [ˈpʌnɪʃ] *vt* castigar ❑ **punishment** *n* castigo
punk [pʌŋk] *n* (*also*: **~ rocker**) punki *mf*; (*also*: **~ rock**) música punk; (US: *inf*: *hoodlum*) rufián *m*, matón *m*
punt [pʌnt] *n* (*boat*) batea
punter [ˈpʌntər] (BRIT) *n* (*gambler*) jugador(a) *m/f*; (*inf*) cliente *mf*
puny [ˈpjuːni] *adj* débil
pup [pʌp] *n* cachorro
pupil [ˈpjuːpəl] *n* alumno(-a); (*of eye*) pupila
puppet [ˈpʌpɪt] *n* títere *m*
puppy [ˈpʌpi] *n* cachorro, perrito
purchase [ˈpɜːrtʃɪs] *n* compra ♦ *vt* comprar ❑ **purchaser** *n* comprador(a) *m/f*
pure [pjuər] *adj* puro
purée [pjuˈreɪ] *n* puré *m*
purely [ˈpjurli] *adv* puramente
purge [pɜːrdʒ] *n* (MED, POL) purga ♦ *vt* purgar
purify [ˈpjurɪfaɪ] *vt* purificar, depurar
purple [ˈpɜːrpəl] *adj* purpúreo; morado
purpose [ˈpɜːrpəs] *n* propósito; **on ~** a propósito, adrede ❑ **purposeful** *adj* resuelto, determinado
purr [pɜːr] *vi* ronronear
purse [pɜːrs] *n* (US: *handbag*) bolsa (MEX), cartera (LAm exc MEX), bolso (SP); (BRIT: *money*) monedero ♦ *vt* fruncir
pursue [pərˈsuː] *vt* seguir ❑ **pursuer** *n* perseguidor(a) *m/f*
pursuit [pərˈsuːt] *n* (*chase*) caza; (*occupation*) actividad *f*
push [puʃ] *n* empuje *m*, empujón *m*; (*of button*) presión *f*; (*drive*) empuje *m* ♦ *vt* empujar; (*button*) apretar; (*promote*) promover ♦ *vi* empujar; (*demand*): **to ~ for** luchar por ▶ **push aside** *vt* apartar con la mano ❑ **push off** (*inf*) *vi* largarse ▶ **push on** *vi* seguir adelante ▶ **push through** *vi* (*crowd*) abrirse paso a empujones ♦ *vt* (*measure*) despachar ▶ **push up** *vt* (*total, prices*) hacer subir ❑ **pushcart** *n* carretilla (de mano) ❑ **pushchair** (BRIT) *n* sillita de paseo ❑ **pusher** *n* (*drug pusher*) camello *mf* ❑ **pushover** (*inf*) *n*: **it's a pushover** es pan comido ❑ **push-up** (US) *n* flexión *f* ❑ **pushy** (*pej*) *adj* agresivo
puss [pus] (*inf*) *n* gatito, minino
pussy(-cat) [ˈpusi(ˌkæt)] (*inf*) *n* = **puss**
put [put] (*pt, pp* ~) *vt* (*place*) poner, colocar; (*put into*) meter; (*say*) expresar; (*a question*) hacer; (*estimate*) estimar ▶ **put across** *vt* (*ideas etc*) comunicar ▶ **put around** *vt* (*rumor*) diseminar ▶ **put away** *vt* (*store*) guardar ▶ **put back** *vt* (*replace*) poner en su sitio; (BRIT: *postpone*) aplazar ▶ **put by** *vt* (BRIT: *money*) guardar ▶ **put down** *vt* (*on ground*) soltar; (*in writing*) apuntar; (*revolt etc*) sofocar; (BRIT: *animal*) sacrificar; **to put sth down to** atribuir algo a ▶ **put forward** *vt* (*ideas*) presentar, proponer ▶ **put in** *vt* (*complaint*) presentar; (*time*) dedicar ▶ **put off** *vt* (*postpone*) aplazar; (*discourage*) desanimar ▶ **put on** *vt* ponerse; (*light etc*) encender; (*play etc*) presentar; (*brake*) echar; (*record, radio etc*) poner; (*assume*) adoptar; (*gain*): **to put on weight** engordar ▶ **put out** *vt* (*fire, light*) apagar; (*garbage etc*) sacar; (*cat etc*) echar; (*one's hand*) alargar; (*inf*: *person*): **to be put out** alterarse ▶ **put through** *vt* (TEL) comunicar (LAm), poner (SP); (*plan etc*) hacer aprobar ▶ **put up** *vt* (*raise*) levantar, alzar; (*hang*) colgar; (*build*) construir; (*increase*) aumentar; (*accommodate*) alojar ▶ **put up with** *vt fus* aguantar
putt [pʌt] *n* putt *m*, golpe *m* corto ❑ **putting green** *n* green *m*; (*miniature golf*) minigolf *m*
putty [ˈpʌti] *n* masilla
put-up [ˈputʌp] *adj*: **~ job** (BRIT) chanchullo, matufia (RPl)
puzzle [ˈpʌzəl] *n* rompecabezas *m inv*; (*also*: **crossword ~**) crucigrama *m*; (*mystery*) misterio ♦ *vt* dejar perplejo, confundir ♦ *vi*: **to ~ over sth** dar vueltas a algo ❑ **puzzling** *adj* desconcertante
pyjamas [pəˈdʒɑːməz] (BRIT) *npl* piyama *m* (LAm), pijama *m* (SP)
pylon [ˈpaɪlɑːn] *n* torre *f* de alta tensión
pyramid [ˈpɪrəmɪd] *n* pirámide *f*
Pyrenees [pɪrəˈniːz] *npl*: **the ~** los Pirineos
python [ˈpaɪθɑːn] *n* pitón *f*

Qq

Q-tip® [ˈkjuːˌtɪp] (US) *n* bastoncillo (de algodón)
quack [kwæk] *n* graznido; (*pej*: *doctor*) curandero(-a)
quad [kwɑːd] *n abbr* = **quadrangle**; **quadruplet**
quadrangle [ˈkwɑːdræŋgəl] *n* patio (*interior*)
quadruple [kwɑːˈdruːpəl] *vt, vi* cuadruplicar
quadruplets [kwɑːˈdruːplɪts] *npl* cuatrillizos(-as)
quail [kweɪl] *n* codorniz *f* ♦ *vi*: **to ~ at** *or* **before** amedrentarse ante
quaint [kweɪnt] *adj* extraño; (*picturesque*) pintoresco
quake [kweɪk] *vi* temblar ♦ *n abbr* = **earthquake**
Quaker [ˈkweɪkər] *n* cuáquero(-a)
qualification [ˌkwɑːlɪfɪˈkeɪʃən] *n* (*ability*) capacidad *f*; (*often pl*: *diploma etc*) título; (*reservation*) salvedad *f*
qualified [ˈkwɑːlɪfaɪd] *adj* capacitado; (*professionally*) titulado; (*limited*) limitado
qualify [ˈkwɑːlɪfaɪ] *vt* (*make competent*) capacitar; (*modify*) modificar ♦ *vi* (*in competition*): **to ~ (for)** calificarse (para); (*in studies*): **to ~ (as)** titularse (en), recibirse (de) (LAm); (*be eligible*): **to ~ (for)** reunir los requisitos (para)
quality [ˈkwɑːlɪti] *n* calidad *f*; (*of person*) cualidad *f* ❑ **quality time** *n tiempo dedicado a la familia y a los amigos*
qualm [kwɑːm] *n* escrúpulo
quandary [ˈkwɑːndri] *n*: **to be in a ~** estar en un dilema
quantity [ˈkwɑːntɪti] *n* cantidad *f*; **in ~** en grandes cantidades ❑ **quantity surveyor** (BRIT) *n* aparejador(a) *m/f*
quarantine [ˈkwɑːrntiːn] *n* cuarentena
quarrel [ˈkwɑːrəl] *n* pelea, riña ♦ *vi* pelearse, reñir
quarry [ˈkwɑːri] *n* cantera
quart [kwɔːrt] *n* ≈ litro
quarter [ˈkwɔːrtər] *n* cuarto, cuarta parte *f*; (US: *coin*) *moneda de 25 centavos*; (*of year*) trimestre *m*; (*district*) barrio ♦ *vt* dividir en cuartos; (MIL: *lodge*) alojar; **~s** *npl* (*barracks*) cuartel *m*; (*living quarters*) alojamiento; **a ~ of an hour** un cuarto de hora ❑ **quarterback** (US) *n* (FOOTBALL) mariscal *mf* de campo ❑ **quarterfinal** *n* cuartos *mpl* (de final) ❑ **quarterly** *adj* trimestral ♦ *adv* trimestralmente, cada tres meses ❑ **quarter note** (US) *n* (MUS) negra
quartet(te) [kwɔːrˈtet] *n* cuarteto
quartz [kwɔːrts] *n* cuarzo
quash [kwɑːʃ] *vt* (*verdict*) anular
quaver [ˈkweɪvər] (BRIT) *n* (MUS) corchea ♦ *vi* temblar
quay [kiː] *n* (*also*: **~side**) muelle *m*
queasy [ˈkwiːzi] *adj*: **to feel ~** tener náuseas
queen [kwiːn] *n* reina; (CARDS *etc*) dama ❑ **queen mother** *n* reina madre
queer [kwɪər] *adj* raro, extraño ♦ *n* (*inf*: *highly offensive*) maricón *m*
quell [kwel] *vt* (*feeling*) calmar; (*rebellion etc*) sofocar
quench [kwentʃ] *vt*: **to ~ one's thirst** apagar la sed
query [ˈkwɪri] *n* (*question*) pregunta ♦ *vt* dudar de
quest [kwest] *n* busca, búsqueda
question [ˈkwestʃən] *n* pregunta; (*doubt*) duda; (*matter*) asunto, cuestión *f* ♦ *vt* (*doubt*) dudar de; (*interrogate*) interrogar, hacer preguntas a; **beyond ~** fuera de toda duda; **out of the ~** imposible; ni hablar ❑ **questionable** *adj* dudoso ❑ **question mark** *n* signo de interrogación ❑ **questionnaire** [kwestʃəˈneər] *n* cuestionario
queue [kjuː] (BRIT) *n* cola ♦ *vi* (*also*: **~ up**) hacer cola
quibble [ˈkwɪbəl] *vi* discutir (*por tonterías*)
quick [kwɪk] *adj* rápido; (*agile*) ágil; (*mind*) listo ♦ *n*: **to cut sb to the ~** (*fig*) herir a algn en lo más profundo; **be ~!** ¡date prisa! ❑ **quicken** *vt* apresurar ♦ *vi* apresurarse, darse prisa ❑ **quickly** *adv* rápidamente, de prisa ❑ **quicksand** *n* arenas *fpl* movedizas ❑ **quick-witted** *adj* agudo
quid [kwɪd] (BRIT: *inf*) *n inv* libra
quiet [ˈkwaɪət] *adj* (*voice, music etc*) bajo; (*person, place*) tranquilo; (*ceremony*) íntimo ♦ *n* silencio; (*calm*) tranquilidad *f* ♦ *vt* (US: *calm*) calmar; hacer callar ♦ *vi* (US: *calm down*) calmarse; (: *grow silent*) callarse ❑ **quieten** (BRIT: *also*: **quieten down**) *vi, vt* = **quiet** ❑ **quietly** *adv* tranquilamente; (*silently*)

silenciosamente ❑ **quietness** *n* tranquilidad *f*; silencio

> ⚠ Be careful not to translate **quiet** by the Spanish word ***quieto***.

quilt [kwɪlt] *n* edredón *m*
quin [kwɪn] *n abbr* = **quintuplet**
quintet(te) [kwɪn'tɛt] *n* quinteto
quintuplets [kwɪn'tʌplɪts] *npl* quintillizos(-as)
quip [kwɪp] *n* pulla, broma
quirk [kwɜːrk] *n* peculiaridad *f*; (*accident*) capricho
quit [kwɪt] (*pt, pp* ~ *or* ~**ted**) *vt* dejar, abandonar; (*premises*) desocupar ♦ *vi* (*give up*) renunciar; (*resign*) dimitir
quite [kwaɪt] *adv* (*rather*) bastante; (*entirely*) completamente; **that's not ~ big enough** no acaba de ser lo bastante grande; **~ a few of them** un buen número de ellos; **~ (so)!** ¡así es!, ¡exactamente!
quits [kwɪts] *adj*: **~ (with)** en paz (con); **let's call it ~** dejémoslo en tablas
quiver ['kwɪvər] *vi* estremecerse
quiz [kwɪz] *n* concurso ♦ *vt* interrogar ❑ **quizzical** *adj* burlón(-ona)
quota ['kwoutə] *n* cupo, cuota
quotation [kwou'teɪʃən] *n* cita; (*estimate*) presupuesto ❑ **quotation marks** *npl* comillas *fpl*
quote [kwout] *n* cita; (*estimate*) presupuesto ♦ *vt* citar; (*price*) cotizar ♦ *vi*: **to ~ from** citar de; **~s** *npl* (*inverted commas*) comillas *fpl*

Rr

rabbi ['ræbaɪ] *n* rabino(-a)
rabbit ['ræbɪt] *n* conejo ❑ **rabbit hutch** *n* conejera
rabble ['ræbəl] (*pej*) *n* muchedumbre *f*, chusma
rabies ['reɪbiːz] *n* rabia
RAC (*BRIT*) *n abbr* = **Royal Automobile Club**
rac(c)oon [ræ'kuːn] *n* mapache *m*
race [reɪs] *n* carrera; (*species*) raza ♦ *vt* (*horse*) hacer correr; (*engine*) acelerar ♦ *vi* (*compete*) competir; (*run*) correr; (*pulse*) latir a ritmo acelerado ❑ **race car** (*US*) *n* carro (*LAm*) *or* coche *m* (*SP*) de carreras ❑ **race car driver** (*US*) *n* piloto *mf* de carreras ❑ **racecourse** *n* hipódromo ❑ **racehorse** *n* caballo de carreras ❑ **racetrack** *n* pista; (*for cars*) circuito; (*for horses*) hipódromo
racial ['reɪʃəl] *adj* racial
racing ['reɪsɪŋ] *n* carreras *fpl* ❑ **racing car** (*BRIT*) *n* = **race car** ❑ **racing driver** (*BRIT*) *n* = **race car driver**
racism ['reɪsɪzəm] *n* racismo ❑ **racist** *adj, n* racista *mf*
rack [ræk] *n* (*also*: **luggage ~**) rejilla; (*shelf*) estante *m*; (*also*: **roof ~**) baca, portaequipajes *m inv*; (*dish rack*) escurreplatos *m inv*; (*clothes rack*) gancho (*LAm*), percha (*SP*) ♦ *vt* atormentar; **to ~ one's brains** devanarse los sesos
racket ['rækɪt] *n* (*for tennis*) raqueta; (*noise*) jaleo, bulla; (*swindle*) estafa, timo
racquet ['rækɪt] *n* raqueta
racy ['reɪsi] *adj* picante, atrevido
radar ['reɪdɑːr] *n* radar *m*
radiant ['reɪdiənt] *adj* radiante (de felicidad)
radiate ['reɪdieɪt] *vt* (*heat*) radiar; (*emotion*) irradiar ♦ *vi* (*lines*) extenderse
radiation [,reɪdi'eɪʃən] *n* radiación *f*
radiator ['reɪdieɪtər] *n* radiador *m*
radical ['rædɪkəl] *adj* radical
radii ['reɪdiaɪ] *npl of* **radius**
radio ['reɪdiou] *n* radio *m* (*LAm*) *or f* (*SC, SP*); **on the ~** por radio
radio... ['reɪdiou] *prefix*: ❑ **radioactive** *adj* radioactivo ❑ **radiography** [,reɪdi'ɑːgrəfi] *n* radiografía ❑ **radiology** [,reɪdi'ɑːlədʒi] *n* radiología
radio station *n* emisora
radiotherapy [,reɪdiou'θɛrəpi] *n* radioterapia
radish ['rædɪʃ] *n* rábano
radius ['reɪdiəs] (*pl* **radii**) *n* radio
RAF *n abbr* = **Royal Air Force**
raffle ['ræfəl] *n* rifa, sorteo
raft [ræft] *n* balsa; (*also*: **life ~**) balsa salvavidas
rafter ['ræftər] *n* viga
rag [ræg] *n* (*piece of cloth*) trapo; (*torn cloth*) harapo; (*pej*: *newspaper*) periodicucho; (*BRIT*: *for charity*) *actividades estudiantiles benéficas*; **~s** *npl* (*torn clothes*) harapos *mpl* ❑ **rag doll** *n* muñeca de trapo
rage [reɪdʒ] *n* rabia, furor *m* ♦ *vi* (*person*) rabiar, estar furioso; (*storm*) bramar; **it's all the ~** (*very fashionable*) es el último grito, está muy de moda
ragged ['rægɪd] *adj* (*edge*) desigual, irregular; (*appearance*) andrajoso, harapiento
raid [reɪd] *n* (*MIL*) incursión *f*; (*criminal*) asalto; (*by police*) redada ♦ *vt* invadir, atacar; asaltar
rail [reɪl] *n* (*on stair, balcony*) barandilla, pasamanos *m inv*; (*on bridge*) pretil *m*; (*of ship*) barandilla; (*also*: **towel ~**) toallero; **~s** *npl* (*RAIL*) vía; **by ~** por ferrocarril, en tren ❑ **railing(s)** *n(pl)* vallado ❑ **railroad** (*US*) *n* ferrocarril *m*, vía férrea ❑ **railroad crossing** (*US*) *n* crucero de ferrocarril (*MEX*), paso a nivel (*LAm exc MEX, SP*) ❑ **railroad line** (*US*) *n* línea ferroviaria *or* de ferrocarril ❑ **railroad station** (*US*) *n* estación *f* de ferrocarril ❑ **railway** (*BRIT*) *n* = **railroad** ❑ **railwayman** (*BRIT*) *n* ferroviario
rain [reɪn] *n* lluvia ♦ *vi* llover; **in the ~** bajo la lluvia; **it's ~ing** llueve, está lloviendo ❑ **rainbow** *n* arco iris ❑ **raincoat** *n* impermeable *m* ❑ **raindrop** *n* gota de lluvia ❑ **rainfall** *n* precipitaciones *fpl* ❑ **rainforest** *n* selva tropical ❑ **rainy** *adj* lluvioso
raise [reɪz] *n* (*US*: *in salary*) aumento; (: *in taxes*) subida ♦ *vt* levantar; (*increase*) aumentar; (*improve*: *morale*) subir; (: *standards*) mejorar; (*doubts*) suscitar; (*a question*) plantear; (*cattle, family*) criar; (*crop*) cultivar; (*army*) reclutar; (*loan*) obtener; **to ~ one's voice** alzar la voz
raisin ['reɪzɪn] *n* pasa
rake [reɪk] *n* (*tool*) rastrillo; (*person*) libertino ♦ *vt* (*garden*) rastrillar
rally ['ræli] *n* (*mass meeting*) concentración *f*; (*POL*) mitin *m*; (*AUT*) rally *m*; (*TENNIS*) peloteo ♦ *vt* reunir ♦ *vi* recuperarse ▶ **rally around** *or* (*BRIT*) **round** *vt fus* (*fig*) dar apoyo a
RAM [ræm] *n abbr* (= *random access memory*) RAM *f*
ram [ræm] *n* carnero; (*also*: **battering ~**) ariete *m* ♦ *vt* (*crash into*) embestir contra, chocar con; (*push*: *fist etc*) empujar con fuerza
ramble ['ræmbəl] *n* caminata *or* excursión *f* (*por el campo*) ♦ *vi* (*pej*: *also*: **~ on**) divagar ❑ **rambler** (*BRIT*) *n* excursionista *mf*; (*BOT*) trepadora ❑ **rambling** *adj* (*speech*) inconexo; (*house*) laberíntico; (*BOT*) trepador(a)
ramp [ræmp] *n* rampa; **on/off ~** (*US AUT*) vía de acceso/salida
rampage ['ræmpeɪdʒ] *n*: **to be on the ~** desmandarse ♦ *vi*: **they went rampaging through the town** recorrieron la ciudad armando alboroto
rampant ['ræmpənt] *adj* (*disease*): **to be ~** estar muy extendido
ram raid (*BRIT*) *vt* atracar (*rompiendo la vidriera con un vehículo*)
ramshackle ['ræmʃækəl] *adj* destartalado
ran [ræn] *pt of* **run**
ranch [ræntʃ] *n* rancho (*MEX*), hacienda (*LAm*) *or* estancia (*RPl*) *or* finca (*SP*) (ganadera) ❑ **rancher** *n* ranchero (*MEX*), hacendado (*LAm*), estanciero (*RPl*), ganadero (*SP*)
rancid ['rænsɪd] *adj* rancio
rancor (*US*) ['ræŋkər] (*BRIT* **rancour**) *n* rencor *m*
random ['rændəm] *adj* hecho al azar, fortuito; (*COMPUT, MATH*) aleatorio ♦ *n*: **at ~** al azar
randy ['rændi] (*BRIT*: *inf*) *adj* caliente, cachondo (*MEX*), calentón (*RPl*)
rang [ræŋ] *pt of* **ring**
range [reɪndʒ] *n* (*of mountains*) cordillera; (*of missile*) alcance *m*; (*of voice*) registro; (*series*) variedad *f*, serie *f*; (*of products*) surtido; (*stove*) estufa (*MEX*) *or* cocina (*LAm exc MEX, SP*) (*de carbón*); (*AGR*) pradera; (*MIL*: *also*: **shooting ~**) campo de tiro ♦ *vt* (*place*) colocar; (*arrange*) arreglar ♦ *vi*: **to ~ over** (*extend*) extenderse por; **to ~ from ... to ...** oscilar entre ... y ...
ranger ['reɪndʒər] *n* guardabosques *mf inv*
rank [ræŋk] *n* (*row*) fila; (*MIL*) rango; (*status*) categoría; (*BRIT*: *also*: **taxi ~**) parada *or* (*MEX*) sitio de taxis ♦ *vi*: **to ~ among** figurar entre ♦ *adj* fétido; rancio; **the ~ and file** (*fig*) las bases
ransack ['rænsæk] *vt* (*search*) registrar; (*plunder*) saquear
ransom ['rænsəm] *n* rescate *m*; **to hold to ~** (*fig*) hacer chantaje a
rant [rænt] *vi* divagar, desvariar
rap [ræp] *vt* golpear, dar un golpecito en ♦ *n* (*music*) rap *m*
rape [reɪp] *n* violación *f*; (*BOT*) colza ♦ *vt* violar ❑ **rape (seed) oil** *n* aceite *m* de colza
rapid ['ræpɪd] *adj* rápido ❑ **rapidity** [rə'pɪdɪti] *n* rapidez *f* ❑ **rapids** *npl* (*GEO*) rápidos *mpl*
rapist ['reɪpɪst] *n* violador *m*
rapport [ræ'pɔːr] *n* simpatía
rapturous ['ræptʃərəs] *adj* extático
rare [rɛər] *adj* raro, poco común; (*CULIN*: *steak*) sancochado (*MEX*), poco cocido (*LAm exc MEX*) *or* hecho (*SP*)
rarely ['rɛərli] *adv* pocas veces
raring ['rɛərɪŋ] *adj*: **to be ~ to go** (*inf*) tener muchas ganas de empezar
rascal ['ræskəl] *n* pillo, pícaro
rash [ræʃ] *adj* imprudente, precipitado ♦ *n* (*MED*) sarpullido *f*; (*of events*) serie *f*
rasher ['ræʃər] (*BRIT*) *n* (*of bacon*) loncha
raspberry ['ræzbɛri] *n* frambuesa
rasping ['ræspɪŋ] *adj*: **a ~ noise** un ruido áspero
rat [ræt] *n* rata
rate [reɪt] *n* (*ratio*) razón *f*; (*price*) precio; (: *of hotel etc*) tarifa; (*of interest*) tipo; (*speed*) velocidad *f* ♦ *vt* (*value*) tasar; (*estimate*) estimar; **~s** *npl* (*fees*) tarifa; (*BRIT*: *property tax*) impuesto municipal; **to ~ sth/sb as** considerar algo/a algn como ❑ **rateable value** (*BRIT*) *n* valor *m* impuesto ❑ **ratepayer** (*BRIT*) *n* contribuyente *mf*
rather ['ræðər] *adv*: **it's ~ expensive** es algo caro; (*too much*) es demasiado caro; (*to some extent*) más bien; **there's ~ a lot** hay bastante; **I would** *or* **I'd ~ go** preferiría ir; **or ~** mejor dicho
rating ['reɪtɪŋ] *n* tasación *f*; (*score*) índice *m*; (*of ship*) clase *f*; **~s** *npl* (*RADIO, TV*) niveles *mpl* de audiencia
ratio ['reɪʃou] *n* razón *f*; **in the ~ of 100 to 1** a razón de 100 a 1
ration ['ræʃən] *n* ración *f* ♦ *vt* racionar; **~s** *npl* víveres *mpl*
rational ['ræʃənl] *adj* (*solution, reasoning*) lógico, razonable; (*person*) cuerdo, sensato ❑ **rationale** [ræʃə'næl] *n* razón *f* fundamental ❑ **rationalize** *vt* justificar
rat race *n* lucha por la supervivencia, competencia feroz
rattle ['rætl] *n* golpeteo; (*of train etc*) traqueteo; (*for baby*) sonajero, sonaja (*MEX*) ♦ *vi* castañetear; (*car, bus*): **to ~ along** traquetear ♦ *vt* hacer sonar (*agitando*) ❑ **rattler** (*US*) *n* = **rattlesnake** ❑ **rattlesnake** *n* serpiente *f* de cascabel
raucous ['rɔːkəs] *adj* estridente, ronco
ravage ['rævɪdʒ] *vt* hacer estragos en, destrozar ❑ **ravages** *npl* estragos *mpl*
rave [reɪv] *vi* (*in anger*) encolerizarse; (*with enthusiasm*) entusiasmarse; (*MED*) delirar, desvariar ♦ *n* (*inf*: *party*) fiesta tecno
raven ['reɪvən] *n* cuervo
ravenous ['rævənəs] *adj* hambriento
ravine [rə'viːn] *n* barranco
raving ['reɪvɪŋ] *adj*: **~ lunatic** loco(-a) de atar
ravishing ['rævɪʃɪŋ] *adj* encantador(a)
raw [rɔː] *adj* crudo; (*not processed*) bruto; (*sore*) vivo; (*inexperienced*) novato, inexperto ❑ **raw deal** (*inf*) *n* injusticia ❑ **raw material** *n* materia prima
ray [reɪ] *n* rayo; **~ of hope** (rayo de) esperanza
raze [reɪz] *vt* arrasar
razor ['reɪzər] *n* (*open*) navaja; (*safety razor*) rastrillo (*MEX*), máquina (*LAm*) *or* maquinilla (*SP*) de afeitar; (*electric razor*) rasuradora (*MEX*), máquina (*LAm*) *or* maquinilla (*SP*) (eléctrica) de afeitar ❑ **razor blade** *n* hoja de rasurar (*MEX*) *or* afeitar (*LAm*), cuchilla (de afeitar) (*SP*)
Rd. *abbr* = **road**
re [riː] *prep* con referencia a
reach [riːtʃ] *n* alcance *m*; (*of river*) cuenca ♦ *vt* alcanzar, llegar a; (*achieve*) lograr ♦ *vi* extenderse; **within ~** al alcance (de la mano); **out of ~** fuera del alcance ▶ **reach out** *vt* (*hand*) alargar ♦ *vi*: **to reach out for sth** alargar la mano para tomar algo
react [ri'ækt] *vi* reaccionar ❑ **reaction** *n* reacción *f*
reactor [ri'æktər] *n* (*also*: **nuclear ~**) reactor *m* (nuclear)
read [riːd, *pt, pp* rɛd] (*pt, pp* ~) *vi* leer ♦ *vt* leer; (*understand*) entender; (*BRIT*: *study*) estudiar ▶ **read out** *vt* leer (en alta voz) ❑ **readable** *adj* (*writing*) legible; (*book*) leíble ❑ **reader** *n* lector(a) *m/f*; (*BRIT*: *at university*) profesor(a) *m/f* adjunto(-a) ❑ **readership** *n* (*of paper etc*) (número de) lectores *mpl*
readily ['rɛdɪli] *adv* (*willingly*) de buena gana; (*easily*) fácilmente; (*quickly*) en seguida
readiness ['rɛdinɪs] *n* buena voluntad *f*; (*preparedness*) preparación *f*; **in ~** (*prepared*) listo, preparado
reading ['riːdɪŋ] *n* lectura; (*on instrument*) indicación *f*
ready ['rɛdi] *adj* listo, preparado; (*willing*) dispuesto; (*available*) disponible ♦ *adv*: **~-cooked** listo para comer; **at the ~** (*MIL*) listo para tirar; **to get ~** *vi* prepararse; *vt* preparar ❑ **ready-made** *adj* confeccionado ❑ **ready-to-wear** *adj* confeccionado
real [riːəl] *adj* verdadero, auténtico; **in ~ terms** en términos reales ❑ **real estate** (*US*) *n* bienes *mpl* raíces ❑ **real estate agent** (*US*) *n* agente *mf* inmobiliario(-a) ❑ **realistic** [,riːə'lɪstɪk] *adj* realista
reality [ri'æləti] *n* realidad *f*
realization [,riːəlɪ'zeɪʃən] *n* comprensión *f*; (*fulfillment, COMM*) realización *f*
realize ['riːəlaɪz] *vt* (*understand*) darse cuenta de
really ['riːəli] *adv* realmente; (*for emphasis*) verdaderamente; (*actually*): **what ~ happened** lo que pasó en realidad; **~?** ¿de veras?; **~!** (*annoyance*) ¡vamos!, ¡por favor!
realm [rɛlm] *n* reino; (*fig*) esfera
Realtor® ['riːəltər] (*US*) *n* agente *mf* inmobiliario(-a)
reap [riːp] *vt* segar; (*fig*) cosechar, recoger
reappear [riːə'pɪər] *vi* reaparecer
rear [rɪər] *adj* trasero ♦ *n* parte *f* trasera ♦ *vt* (*cattle, family*) criar ♦ *vi* (*also*: **~ up**: *animal*) encabritarse ❑ **rearguard** *n* retaguardia
rearmament [,riː'ɑːrməmənt] *n* rearme *m*
rearrange [,riːə'reɪndʒ] *vt* ordenar *or* arreglar de nuevo
rear-view mirror *n* (*AUT*) (espejo) retrovisor *m*
reason ['riːzən] *n* razón *f* ♦ *vi*: **to ~ with sb** tratar de que algn entre en razón; **it stands to ~ that** es lógico que ❑ **reasonable** *adj* razonable; (*sensible*) sensato ❑ **reasonably** *adv* razonablemente ❑ **reasoning** *n* razonamiento, argumentos *mpl*
reassurance [,riːə'ʃurəns] *n* consuelo
reassure [,riːə'ʃuər] *vt* tranquilizar, alentar; **to ~ sb that** asegurar a algn que
rebate ['riːbeɪt] *n* (*on tax etc*) devolución *f*, reembolso
rebel [*n* 'rɛbəl, *vi* rɪ'bɛl] *n* rebelde *mf* ♦ *vi* rebelarse, sublevarse ❑ **rebellious** [rɪ'bɛljəs] *adj* rebelde; (*child*) revoltoso
rebirth [,riː'bɜːrθ] *n* renacimiento
rebound [*vi* rɪ'baund, *n* 'riːbaund] *vi* (*ball*) rebotar ♦ *n* rebote *m*; **on the ~** de rebote
rebuff [rɪ'bʌf] *n* desaire *m*, rechazo
rebuild [riː'bɪld] *vt* reconstruir
rebuke [rɪ'bjuːk] *n* reprimenda ♦ *vt* reprender
rebut [rɪ'bʌt] *vt* rebatir
recall [*vb* rɪ'kɔːl, *n* 'riˌkɔːl] *vt* (*remember*) recordar; (*ambassador etc*) retirar ♦ *n* recuerdo; retirada
recap ['riːˌkæp], **recapitulate** [,riːkə'pɪtʃuleɪt] *vt, vi* recapitular
rec'd *abbr* (= *received*) rbdo.
recede [rɪ'siːd] *vi* (*memory*) ir borrándose; (*hair*) retroceder ❑ **receding** *adj* (*forehead, chin*) huidizo; **to have a receding hairline** tener entradas
receipt [rɪ'siːt] *n* (*document*) recibo; (*for package etc*) acuse *m* de recibo; (*act of receiving*) recepción *f*; **~s** *npl* (*COMM*) ingresos *mpl*

> ⚠ Be careful not to translate **receipt** by the Spanish word ***receta***.

receive [rɪ'siːv] *vt* recibir; (*guest*) acoger; (*wound*) sufrir ❑ **receiver** *n* (*TEL*) auricular *m*; (*RADIO*) receptor *m*; (*of stolen goods*) perista *mf*, recibidor(a) *m/f* (*SC*); (*COMM*) síndico(-a), administrador(a) *m/f* (jurídico(-a))
recent ['riːsənt] *adj* reciente ❑ **recently** *adv* recientemente; **recently arrived** recién llegado
receptacle [rɪ'sɛptɪkəl] *n* receptáculo
reception [rɪ'sɛpʃən] *n* recepción *f*; (*welcome*) acogida ❑ **reception desk** *n* recepción *f* ❑ **receptionist** *n* recepcionista *mf*
recess ['riːsɛs] *n* (*in room*) hueco; (*for bed*) nicho; (*secret place*) escondrijo; (*POL etc*: *cessation of business*) clausura; (*US JUR*: *short break*) descanso; (*US SCOL*) recreo
recession [rɪ'sɛʃən] *n* recesión *f*
recipe ['rɛsəpi] *n* receta; (*for disaster, success*) fórmula
recipient [rɪ'sɪpiənt] *n* receptor(a) *m/f*; (*of letter*) destinatario(-a)
recital [rɪ'saɪtl] *n* recital *m*
recite [rɪ'saɪt] *vt* (*poem*) recitar
reckless ['rɛkləs] *adj* temerario, imprudente; (*driving, driver*) peligroso ❑ **recklessly** *adv* imprudentemente; de modo peligroso
reckon ['rɛkən] *vt* calcular; (*consider*) considerar; (*think*): **I ~ that ...** me parece que ... ▶ **reckon on** *vt fus* contar con ❑ **reckoning** *n* cálculo
reclaim [rɪ'kleɪm] *vt* (*land, waste*) recuperar; (*land*: *from sea*) rescatar; (*demand back*) reclamar
reclamation [,rɛklə'meɪʃən] *n* (*of land*) acondicionamiento
recline [rɪ'klaɪn] *vi* reclinarse ❑ **reclining** *adj* (*seat*) reclinable
recluse ['rɛkluːs] *n* recluso(-a)
recognition [rɛkəg'nɪʃən] *n* reconocimiento; **transformed beyond ~** irreconocible
recognizable ['rɛkəgnaɪzəbəl] *adj*: **~ (by)** reconocible (por)
recognize ['rɛkəgnaɪz] *vt*: **to ~ (by/as)** reconocer (por/como)
recoil [*vi* rɪ'kɔɪl, *n* 'riːkɔɪl] *vi* (*person*): **to ~ from doing sth** retraerse de hacer algo ♦ *n* (*of gun*) retroceso
recollect [,rɛkə'lɛkt] *vt* recordar, acordarse de ❑ **recollection** *n* recuerdo
recommend [,rɛkə'mɛnd] *vt* recomendar
reconcile ['rɛkənsaɪl] *vt* (*two people*) reconciliar; (*two facts*) compaginar; **to ~ o.s. to sth** resignarse a algo
recondition [,riːkən'dɪʃən] *vt* (*machine*) reacondicionar
reconnoiter (*US*) [,riːkə'nɔɪtər] (*BRIT* **reconnoitre**) *vt, vi* (*MIL*) reconocer
reconsider [,riːkən'sɪdər] *vt* repensar
reconstruct [,riːkən'strʌkt] *vt* reconstruir

record [n ˈrɛkərd, vt rɪˈkɔːrd] n (MUS) disco; (*of meeting etc*) acta; (*register*) registro, partida; (*file*) archivo; (*also:* **criminal ~**) antecedentes *mpl*; (*written*) expediente *m*; (SPORT, COMPUT) récord *m* ♦ *vt* registrar; (MUS: *song etc*) grabar; **in ~ time** en un tiempo récord; **off the ~** (*adj*) no oficial; (*adv*) confidencialmente ❑ **record card** *n* (*in file*) ficha ❑ **recorded delivery** (BRIT) *n* entrega con acuse de recibo ❑ **recorder** *n* (MUS) flauta dulce *or* de pico ❑ **record holder** *n* (SPORT) plusmarquista *mf* ❑ **recording** *n* (MUS) grabación *f* ❑ **record player** *n* tocadiscos *m inv*

⚠ Be careful not to translate **record** by the Spanish word ***recordar***.

recount [rɪˈkaunt] *vt* contar
re-count [ˈriːˌkaunt] *n* (POL: *of votes*) segundo recuento *or* escrutinio
recoup [rɪˈkuːp] *vt*: **to ~ one's losses** recuperar las pérdidas
recourse [ˈriːkɔːrs] *n*: **to have ~ to** recurrir a
recover [rɪˈkʌvər] *vt* recuperar ♦ *vi* (*from illness, shock*) recuperarse ❑ **recovery** *n* recuperación *f*
recreation [ˌrɛkriˈeɪʃən] *n* recreo ❑ **recreational** *adj* de recreo; **recreational drug** droga recreativa
recruit [rɪˈkruːt] *n* recluta *mf* ♦ *vt* reclutar; (*staff*) contratar
rectangle [ˈrɛktæŋgəl] *n* rectángulo ❑ **rectangular** [rɛkˈtæŋgjələr] *adj* rectangular
rectify [ˈrɛktɪfaɪ] *vt* rectificar
rector [ˈrɛktər] *n* (REL) párroco ❑ **rectory** *n* rectoría, casa del párroco
recuperate [rɪˈkuːpəreɪt] *vi* reponerse, restablecerse
recur [rɪˈkɜːr] *vi* repetirse; (*pain, illness*) reaparecer, producirse de nuevo ❑ **recurrence** *n* repetición *f* ❑ **recurrent** *adj* repetido
recycle [ˌriːˈsaɪkəl] *vt* reciclar
red [rɛd] *n* rojo ♦ *adj* rojo; (*hair*) pelirrojo; (*wine*) tinto; **to be in the ~** (*account*) estar en números rojos; (*business*) tener un saldo negativo; **to give sb the ~ carpet treatment** recibir a algn con todos los honores ❑ **Red Cross** *n* Cruz *f* Roja ❑ **redcurrant** (BRIT) *n* grosella (roja) ❑ **redden** *vt* enrojecer ♦ *vi* enrojecerse
redeem [rɪˈdiːm] *vt* redimir; (*promises*) cumplir; (*sth in pawn store*) desempeñar; (*fig, also* REL) rescatar ❑ **redeeming** *adj*: **redeeming feature** rasgo *or* punto positivo
redeploy [ˌriːdɪˈplɔɪ] *vt* (*resources*) reorganizar
red: ❑ **red-haired** *adj* pelirrojo ❑ **red-handed** *adj*: **to catch sb red-handed** agarrar (*LAm*) *or* coger (*SP*) a algn con las manos en la masa ❑ **redhead** *n* pelirrojo(-a) ❑ **red herring** *n* (*fig*) pista falsa ❑ **red-hot** *adj* candente
redirect [ˌriːdɪˈrɛkt] *vt* (*mail*) reexpedir
red light *n*: **to go through a ~** (AUT) pasarse un alto (*MEX, CAm*) *or* una luz roja (*LAm*), saltarse un semáforo en rojo (*SP*) ❑ **red-light district** *n* zona roja (*LAm*), barrio chino (*SP*)
redo [ˌriːˈduː] *vt* rehacer
redress [rɪˈdrɛs] *vt* reparar
Red Sea *n*: **the ~** el mar Rojo
red tape *n* (*fig*) trámites *mpl*, papeleo
reduce [rɪˈduːs] *vt* reducir; **to ~ sb to tears** hacer llorar a algn; **to be ~d to begging** no tener más remedio que mendigar; **"~ speed now"** (AUT) "reduzca *or* disminuya la velocidad"; **at a ~d price** (*of goods*) a precio reducido ❑ **reduction** [rɪˈdʌkʃən] *n* reducción *f*; (*of price*) rebaja; (*discount*) descuento; (*smaller-scale copy*) copia reducida
redundancy [rɪˈdʌndənsi] (BRIT) *n* (*dismissal*) despido; (*unemployment*) desempleo
redundant [rɪˈdʌndənt] *adj* (*detail, object*) superfluo; (BRIT: *worker*) sin trabajo; **to be made ~** quedar(se) sin trabajo
reed [riːd] *n* (BOT) junco, caña; (MUS) lengüeta
reef [riːf] *n* (*at sea*) arrecife *m*
reek [riːk] *vi*: **to ~ (of)** apestar (a)
reel [riːl] *n* carrete *m*; (*of film*) rollo; (*dance*) *baile escocés* ♦ *vt* (*also:* **~ up**) devanar; (*also:* **~ in**) sacar ♦ *vi* (*sway*) tambalear(se)
ref [rɛf] (*inf*) *n abbr* = **referee**
refectory [rɪˈfɛktəri] *n* comedor *m*
refer [rɪˈfɜːr] *vt* (*send: patient*) mandar; (: *matter*) remitir ♦ *vi*: **to ~ to** (*allude to*) referirse a, aludir a; (*apply to*) relacionarse con; (*consult*) consultar
referee [rɛfəˈriː] *n* árbitro(-a), réferi *mf* (*LAm*); (BRIT: *for job application*): **to be a ~ for sb** proporcionar referencias a algn ♦ *vt* (*game*) arbitrar en
reference [ˈrɛfrəns] *n* referencia; (*for job application: letter*) carta de recomendación; **with ~ to** (COMM: *in letter*) con referencia *or* relación a ❑ **reference book** *n* libro de consulta ❑ **reference number** *n* número de referencia
refill [*vt* ˌriːˈfɪl, *n* ˈriːfɪl] *vt* volver a llenar ♦ *n* repuesto, recambio
refine [rɪˈfaɪn] *vt* refinar ❑ **refined** *adj* (*person*) fino ❑ **refinement** *n* cultura, educación *f*; (*of system*) refinamiento
reflect [rɪˈflɛkt] *vt* reflejar ♦ *vi* (*think*) reflexionar, pensar; **it ~s badly/well on him** le perjudica/le hace honor ❑ **reflection** *n* (*act*) reflexión *f*; (*image*) reflejo; (*criticism*) crítica; **on reflection** pensándolo bien ❑ **reflector** *n* (AUT) captafaros *m inv*, reflectante *m*; (*of light, heat*) reflector *m*
reflex [ˈriːflɛks] *adj, n* reflejo ❑ **reflexive** [rɪˈflɛksɪv] *adj* (LING) reflexivo
reform [rɪˈfɔːrm] *n* reforma ♦ *vt* reformar ❑ **reformatory** (US) *n* reformatorio
refrain [rɪˈfreɪn] *vi*: **to ~ from doing** abstenerse de hacer ♦ *n* estribillo
refresh [rɪˈfrɛʃ] *vt* refrescar ❑ **refresher course** (BRIT) *n* curso de reciclaje *or* actualización ❑ **refreshing** *adj* refrescante ❑ **refreshments** *npl* refrigerio
refrigerator [rɪˈfrɪdʒəreɪtər] *n* refrigerador *m* (*LAm*), heladera (*RPl*), frigorífico (*SP*)
refuel [ˌriːˈfjuəl] *vi* repostar (combustible)
refuge [ˈrɛfjuːdʒ] *n* refugio, asilo; **to take ~ in** refugiarse en
refugee [ˌrɛfjuˈdʒiː] *n* refugiado(-a)
refund [*n* ˈriːfʌnd, *vb* rɪˈfʌnd] *n* reembolso ♦ *vt* reembolsar, devolver
refurbish [ˌriːˈfɜːrbɪʃ] *vt* restaurar, renovar
refusal [rɪˈfjuːzəl] *n* negativa; **to have first ~ on** tener opción de compra sobre
refuse[1] [rɪˈfjuːz] *vt* rechazar; (*invitation*) declinar; (*permission*) denegar ♦ *vi* negarse; (*horse*) rehusar; **to ~ to do sth** negarse a hacer algo
refuse[2] [ˈrɛfjuːs] *n* basura ❑ **refuse collection** *n* recogida de basuras
regain [rɪˈgeɪn] *vt* recobrar, recuperar
regal [ˈriːgəl] *adj* regio, real
regard [rɪˈgɑːrd] *n* mirada; (*esteem*) respeto; (*attention*) consideración *f* ♦ *vt* (*consider*) considerar; **give my ~s to Alice** dale recuerdos a *or* saluda de mi parte a Alice; **"with kind ~s"** "un cordial saludo"; **~ing, as ~s, with ~ to** con respecto a, en cuanto a ❑ **regardless** *adv* a pesar de todo; **regardless of** sin reparar en
régime [reɪˈʒiːm] *n* régimen *m*
regiment [ˈrɛdʒəmənt] *n* regimiento ❑ **regimental** [ˌrɛdʒɪˈmɛntl] *adj* militar
region [ˈriːdʒən] *n* región *f*; **in the ~ of** (*fig*) alrededor de ❑ **regional** *adj* regional
register [ˈrɛdʒɪstər] *n* registro ♦ *vt* registrar; (*birth*) declarar; (*car*) matricular; (*letter*) certificar; (*instrument*) marcar, indicar ♦ *vi* (*at hotel*) registrarse; (*as student*) matricularse; (*make impression*) producir impresión ❑ **registered** *adj* (*letter, package*) certificado; (*student, car*) matriculado ❑ **registered mail** (US) *n* correo certificado ❑ **registered trademark** *n* marca registrada
registrar [ˈrɛdʒɪstrɑːr] *n* secretario(-a) (del registro civil)
registration [ˌrɛdʒɪˈstreɪʃən] *n* (*for course etc*) inscripción *f*; (BRIT AUT: = *registration number*) (número de) placa (*LAm*) *or* matrícula (*SP*) *or* chapa (*RPl*)
registry [ˈrɛdʒɪstri] *n* registro ❑ **registry office** (BRIT) *n* registro civil; **to get married in a registry office** casarse por lo civil
regret [rɪˈgrɛt] *n* sentimiento, pesar *m* ♦ *vt* sentir, lamentar ❑ **regretfully** *adv* con pesar ❑ **regrettable** *adj* lamentable
regular [ˈrɛgjələr] *adj* regular; (*soldier*) profesional; (*usual*) habitual; (: *doctor*) de cabecera ♦ *n* (*client etc*) cliente(-a) *m/f* habitual ❑ **regularly** *adv* con regularidad; (*often*) a menudo
regulate [ˈrɛgjuleɪt] *vt* controlar ❑ **regulation** [ˌrɛgjuˈleɪʃən] *n* (*rule*) regla, reglamento; **safety regulations** normas de seguridad
rehearsal [rɪˈhɜːrsəl] *n* ensayo
rehearse [rɪˈhɜːrs] *vt* ensayar
reign [reɪn] *n* reinado; (*fig*) predominio ♦ *vi* reinar; (*fig*) imperar
reiki [ˈreɪki] *n* reiki *m*
reimburse [ˌriːɪmˈbɜːrs] *vt* reembolsar
rein [reɪn] *n* (*for horse*) rienda
reindeer [ˈreɪndɪr] *n inv* reno
reinforce [ˌriːɪnˈfɔːrs] *vt* reforzar ❑ **reinforced concrete** *n* hormigón *m* armado ❑ **reinforcements** *npl* (MIL) refuerzos *mpl*
reinstate [ˌriːɪnˈsteɪt] *vt* reintegrar; (*tax, law*) reinstaurar
reiterate [riːˈɪtəreɪt] *vt* reiterar, repetir
reject [*n* ˈriːdʒɛkt, *vb* rɪˈdʒɛkt] *n* (*thing*) desecho ♦ *vt* rechazar; (*suggestion*) desechar, descartar; (*coin*) expulsar ❑ **rejection** [rɪˈdʒɛkʃən] *n* rechazo
rejoice [rɪˈdʒɔɪs] *vi*: **to ~ at** *or* **over** alegrarse *or* regocijarse de
rejuvenate [rɪˈdʒuːvəneɪt] *vt* rejuvenecer
relapse [ˈriːlæps] *n* recaída
relate [rɪˈleɪt] *vt* (*tell*) contar, relatar; (*connect*) relacionar ♦ *vi* relacionarse ❑ **related** *adj* afín; (*person*) emparentado; **related to** (*subject*) relacionado con ❑ **relating to** *prep* referente a
relation [rɪˈleɪʃən] *n* (*person*) familiar *mf*, pariente *mf*; (*link*) relación *f*; **~s** *npl* (*relatives*) familiares *mpl* ❑ **relationship** *n* relación *f*; (*personal*) relaciones *fpl*; (*also:* **family relationship**) parentesco
relative [ˈrɛlətɪv] *n* pariente *mf*, familiar *mf* ♦ *adj* relativo ❑ **relatively** *adv* (*comparatively*) relativamente
relax [rɪˈlæks] *vi* descansar; (*unwind*) relajarse ♦ *vt* (*one's grip*) soltar, aflojar; (*control*) relajar; (*mind, person*) descansar ❑ **relaxation** [ˌriːlækˈseɪʃən] *n* descanso; (*of rule, control*) relajamiento; (*entertainment*) diversión *f* ❑ **relaxed** *adj* relajado; (*tranquil*) tranquilo ❑ **relaxing** *adj* relajante
relay [ˈriːleɪ] *n* (*race*) carrera de relevos ♦ *vt* (RADIO, TV) retransmitir
release [rɪˈliːs] *n* (*liberation*) liberación *f*; (*from prison*) puesta en libertad; (*of gas etc*) escape *m*; (*of movie etc*) estreno; (*of record*) lanzamiento ♦ *vt* (*prisoner*) poner en libertad; (*gas*) despedir, arrojar; (*from wreckage*) soltar; (*catch, spring etc*) desenganchar; (*movie*) estrenar; (*book*) publicar; (*news*) hacer público
relegate [ˈrɛləgeɪt] *vt* relegar; (BRIT SPORT): **to be ~d to** bajar a
relent [rɪˈlɛnt] *vi* ablandarse ❑ **relentless** *adj* implacable
relevant [ˈrɛləvənt] *adj* (*fact*) pertinente; **~ to** relacionado con
reliable [rɪˈlaɪəbəl] *adj* (*person, firm*) de confianza, de fiar; (*method, machine*) seguro, fiable; (*source*) fidedigno ❑ **reliably** *adv*: **to be reliably informed that ...** saber de fuente fidedigna que ...
reliance [rɪˈlaɪəns] *n*: **~ (on)** dependencia (de)
relic [ˈrɛlɪk] *n* (REL) reliquia; (*of the past*) vestigio
relief [rɪˈliːf] *n* (*from pain, anxiety*) alivio; (*help, supplies*) socorro, ayuda; (ART, GEO) relieve *m*
relieve [rɪˈliːv] *vt* (*pain*) aliviar; (*bring help to*) ayudar, socorrer; (*take over from*) sustituir; (: *guard*) relevar; **to ~ sb of sth** quitar algo a algn; **to ~ o.s.** ir al baño
religion [rɪˈlɪdʒən] *n* religión *f* ❑ **religious** *adj* religioso
relinquish [rɪˈlɪŋkwɪʃ] *vt* abandonar; (*plan, habit*) renunciar a
relish [ˈrɛlɪʃ] *n* (CULIN) salsa; (*enjoyment*) entusiasmo ♦ *vt* (*food etc*) saborear; (*enjoy*): **to ~ sth** hacerle mucha ilusión a algn algo
relocate [ˌriːlouˈkeɪt] *vt* cambiar de lugar, mudar ♦ *vi* mudarse
reluctance [rɪˈlʌktəns] *n* reticencia
reluctant [rɪˈlʌktənt] *adj* reacio ❑ **reluctantly** *adv* de mala gana
rely on [rɪˈlaɪˌɑːn] *vt fus* depender de; (*trust*) contar con
remain [rɪˈmeɪn] *vi* (*survive*) quedar; (*be left*) sobrar; (*continue*) quedar(se), permanecer ❑ **remainder** *n* resto ❑ **remaining** *adj* que queda(n); (*surviving*) restante(s) ❑ **remains** *npl* restos *mpl*
remand [rɪˈmænd] *n*: **on ~** en prisión preventiva ♦ *vt*: **to be ~ed in custody** quedar en libertad bajo fianza ❑ **remand home** (BRIT) *n* correccional *f* (*LAm*) *or m* (*SP*) (de menores)
remark [rɪˈmɑːrk] *n* comentario ♦ *vt* comentar ❑ **remarkable** *adj* (*outstanding*) extraordinario
remarry [ˌriːˈmæri] *vi* volver a casarse
remedial [rɪˈmiːdiəl] *adj* de recuperación
remedy [ˈrɛmədi] *n* remedio ♦ *vt* remediar, curar
remember [rɪˈmɛmbər] *vt* recordar, acordarse de; (*bear in mind*) tener presente; (*send greetings to*): **~ me to him** dale recuerdos de mi parte ❑ **remembrance** *n* recuerdo ❑ **Remembrance Day** (BRIT) *n día en el que se recuerda a los caídos en las dos guerras mundiales*
remind [rɪˈmaɪnd] *vt*: **to ~ sb to do sth** recordar a algn que haga algo; **to ~ sb of sth** (*of fact*) recordar algo a algn; **she ~s me of her mother** me recuerda a su madre ❑ **reminder** *n* (*memento*) recuerdo; (BRIT: *letter etc*) notificación *f*
reminisce [ˌrɛmɪˈnɪs] *vi* rememorar, recordar ❑ **reminiscent** *adj*: **to be reminiscent of sth** recordar algo
remiss [rɪˈmɪs] *adj* descuidado; **it was ~ of him** fue un descuido de su parte
remission [rɪˈmɪʃən] *n* remisión *f*; (REL) perdón *m*; (BRIT: *reduction of prison sentence*) disminución *f* de la pena
remit [rɪˈmɪt] *vt* (*send money*) remitir, enviar ❑ **remittance** *n* remesa, envío
remnant [ˈrɛmnənt] *n* resto; (*of cloth*) retal *m*; **~s** *npl* (COMM) restos *mpl* (de serie)
remorse [rɪˈmɔːrs] *n* remordimiento ❑ **remorseful** *adj* arrepentido ❑ **remorseless** *adj* (*fig*) implacable, inexorable
remote [rɪˈmout] *adj* (*distant*) remoto; (*person*) distante ❑ **remote control** *n* mando a distancia, control *m* remoto ❑ **remotely** *adv* remotamente; (*slightly*) levemente
remould [ˈriːmould] (BRIT) *n* = **retread**
removable [rɪˈmuːvəbəl] *adj* (*detachable*) separable
removal [rɪˈmuːvəl] *n* (*taking away*) traslado; (*from office: dismissal*) destitución *f*; (MED) extirpación *f*; (BRIT: *from house*) mudanza ❑ **removal van** (BRIT) *n* camión *m* de mudanzas
remove [rɪˈmuːv] *vt* quitar; (*employee*) destituir; (*name: from list*) tachar, borrar; (*doubt*) disipar; (*abuse*) suprimir, acabar con; (MED) extirpar
Renaissance [ˈrɛnɪsɑːns] *n*: **the ~** el Renacimiento
render [ˈrɛndər] *vt* (*thanks*) dar; (*aid*) proporcionar, prestar; (*make*): **to ~ sth useless** hacer algo inútil ❑ **rendering** *n* (MUS *etc*) interpretación *f*
rendezvous [ˈrɑːndeɪvuː] *n* cita
renew [rɪˈnuː] *vt* renovar; (*resume*) reanudar; (*loan etc*) prorrogar ❑ **renewable** *adj* renovable ❑ **renewal** *n* reanudación *f*; prórroga
renounce [rɪˈnauns] *vt* renunciar a; (*right, inheritance*) renunciar
renovate [ˈrɛnəveɪt] *vt* renovar
renown [rɪˈnaun] *n* renombre *m* ❑ **renowned** *adj* renombrado
rent [rɛnt] *n* (*for house, apartment*) alquiler *m*, renta (*MEX*) ♦ *vt* alquilar, rentar (*MEX*); **"for ~"** (*US*) "se alquila *or* (*MEX*) renta" ❑ **rental** *n* (*for television, car*) alquiler *m*, renta (*MEX*)
rep [rɛp] *n abbr* = **representative**; **repertory**
repair [rɪˈpɛər] *n* reparación *f*, compostura ♦ *vt* reparar, componer; (*shoes*) remendar; **in good/bad ~** en buen/mal estado ❑ **repair kit** *n* caja de herramientas
repatriate [ˌriːˈpeɪtrieɪt] *vt* repatriar
repay [riːˈpeɪ] *vt* (*money*) devolver, reembolsar; (*person*) pagar; (*debt*) liquidar; (*sb's efforts*) devolver, corresponder a ❑ **repayment** *n* reembolso, devolución *f*; (*sum of money*) recompensa
repeal [rɪˈpiːl] *n* revocación *f* ♦ *vt* revocar
repeat [rɪˈpiːt] *n* repetición *f* ♦ *vt* repetir ♦ *vi* repetirse ❑ **repeatedly** *adv* repetidas veces
repel [rɪˈpɛl] *vt* (*drive away*) rechazar; (*disgust*) repugnar ❑ **repellent** *adj* repugnante ♦ *n*: **insect repellent** repelente *m* de insectos
repent [rɪˈpɛnt] *vi*: **to ~ (of)** arrepentirse (de) ❑ **repentance** *n* arrepentimiento
repercussions [ˌriːpərˈkʌʃənz] *npl* consecuencias *fpl*
repertory [ˈrɛpərtɔːri] *n* (*also:* **~ theater**) teatro de repertorio
repetition [ˌrɛpɪˈtɪʃən] *n* repetición *f*
repetitive [rɪˈpɛtətɪv] *adj* repetitivo
replace [rɪˈpleɪs] *vt* (*put back*) volver a poner, devolver; (*take the place*) sustituir, reemplazar ❑ **replacement** *n* (*act*) reposición *f*; (*thing*) recambio; (*person*) suplente *mf*
replay [ˈriːpleɪ] *n* (SPORT) desempate *m*; (*of tape, movie*) repetición *f*
replenish [rɪˈplɛnɪʃ] *vt* rellenar; (*stock etc*) reponer
replica [ˈrɛplɪkə] *n* réplica
reply [rɪˈplaɪ] *n* respuesta, contestación *f* ♦ *vi* responder, contestar
report [rɪˈpɔːrt] *n* informe *m*; (PRESS *etc*) reportaje *m*; (*of gun*) estallido; (BRIT: *also:* **school ~**) boleta (*MEX*) *or* libreta (*LAm*) *or* boletín *m* (*SP*) de calificaciones ♦ *vt* informar de; (PRESS *etc*) hacer un reportaje sobre; (*notify: accident, culprit*) denunciar ♦ *vi* (*make a report*) presentar un informe; (*present o.s.*): **to ~ (to sb)** presentarse (ante algn) ❑ **report card** (US, SCOTLAND) *n* boleta (*MEX*) *or* libreta (*LAm*) *or* boletín *m* (*SP*) de calificaciones ❑ **reportedly** *adv* según se dice ❑ **reporter** *n* periodista *mf*
repose [rɪˈpouz] *n*: **in ~** (*face, mouth*) en reposo
reprehensible [ˌrɛprɪˈhɛnsɪbəl] *adj* reprensible, censurable
represent [ˌrɛprɪˈzɛnt] *vt* representar; (COMM) ser agente de; (*describe*): **to ~ sth as** describir algo como ❑ **representation** [ˌrɛprɪzɛnˈteɪʃən] *n* representación *f*; **representations** *npl* (*protest*) quejas *fpl* ❑ **representative** *n* representante *mf*; (US POL) diputado(-a) ♦ *adj* representativo
repress [rɪˈprɛs] *vt* reprimir ❑ **repression** *n* represión *f*
reprieve [rɪˈpriːv] *n* (LAW) indulto; (*fig*) alivio
reprisals [rɪˈpraɪzəlz] *npl* represalias *fpl*
reproach [rɪˈproutʃ] *n* reproche *m* ♦ *vt*: **to ~ sb for sth** reprochar algo a algn ❑ **reproachful** *adj* de reproche, de acusación
reproduce [ˌriːprəˈduːs] *vt* reproducir ♦ *vi* reproducirse ❑ **reproduction** [ˌriːprəˈdʌkʃən] *n* reproducción *f*

reprove [rɪ'pru:v] *vt*: **to ~ sb for sth** reprochar algo a algn

reptile ['rɛptaɪl] *n* reptil *m*

republic [rɪ'pʌblɪk] *n* república ❑ **republican** *adj, n* republicano(-a)

repudiate [rɪ'pju:dieɪt] *vt* rechazar; (*violence etc*) repudiar

repulsive [rɪ'pʌlsɪv] *adj* repugnante

reputable ['rɛpjətəbəl] *adj* acreditado

reputation [,rɛpjə'teɪʃən] *n* reputación *f*

reputed [rɪ'pju:tɪd] *adj* supuesto ❑ **reputedly** *adv* según dicen *or* se dice

request [rɪ'kwɛst] *n* petición *f*; (*formal*) solicitud *f* ♦ *vt*: **to ~ sth of** *or* **from sb** solicitar algo a algn ❑ **request stop** (*BRIT*) *n* parada discrecional

require [rɪ'kwaɪər] *vt* (*need*: *person*) necesitar, tener necesidad de; (: *thing, situation*) requerir, exigir; (*want*) pedir; **to ~ sb to do sth** pedir a algn que haga algo ❑ **requirement** *n* requisito; (*need*) necesidad *f*

requisition [,rɛkwɪ'zɪʃən] *n*: **~ (for)** solicitud *f* (de) ♦ *vt* (*MIL*) requisar

rerun ['ri:rʌn] *n* reposición *f*, repetición *f*

rescue ['rɛskju:] *n* rescate *m* ♦ *vt* rescatar ❑ **rescue party** *n* expedición *f* de salvamento ❑ **rescuer** *n* salvador(a) *m/f*

research [rɪ'sɜ:rtʃ] *n* investigación *f* ♦ *vt* investigar ❑ **researcher** *n* investigador(a) *m/f*

resemblance [rɪ'zɛmbləns] *n* parecido

resemble [rɪ'zɛmbəl] *vt* parecerse a

resent [rɪ'zɛnt] *vt* tomar a mal ❑ **resentful** *adj* resentido ❑ **resentment** *n* resentimiento

reservation [,rɛzər'veɪʃən] *n* reserva; *see also* **Native American**

reserve [rɪ'zɜ:rv] *n* reserva; (*BRIT SPORT*) suplente *mf* ♦ *vt* (*seats etc*) reservar; **~s** *npl* (*MIL*) reserva; **in ~** de reserva ❑ **reserved** *adj* reservado

reshuffle ['ri:ʃʌfəl] (*BRIT*) *n*: **Cabinet ~** (*POL*) remodelación *f* del gabinete

residence ['rɛzɪdəns] *n* (*formal*: *home*) domicilio; (*length of stay*) permanencia ❑ **residence permit** (*BRIT*) *n* permiso de permanencia

resident ['rɛzɪdənt] *n* (*of area*) vecino(-a); (*in hotel*) huésped *mf* ♦ *adj* (*population*) permanente; (*doctor*) residente ❑ **residential** [,rɛzɪ'dɛnʃəl] *adj* residencial

residue ['rɛzɪdu:] *n* resto

resign [rɪ'zaɪn] *vt* renunciar a ♦ *vi* dimitir; **to ~ o.s. to** (*situation*) resignarse a ❑ **resignation** [,rɛzɪg'neɪʃən] *n* dimisión *f*; (*state of mind*) resignación *f* ❑ **resigned** *adj* resignado

resilient [rɪ'zɪljənt] *adj* (*material*) elástico; (*person*) resistente

resist [rɪ'zɪst] *vt* resistir, oponerse a ❑ **resistance** *n* resistencia

resolute ['rɛzəlu:t] *adj* resuelto; (*refusal*) tajante

resolution [,rɛzə'lu:ʃən] *n* resolución *f*; (*goal*) propósito

resolve [rɪ'zɑ:lv] *n* resolución *f* ♦ *vt* resolver ♦ *vi*: **to ~ to do** resolver hacer ❑ **resolved** *adj* resuelto

resort [rɪ'zɔ:rt] *n* (*town*) centro turístico; (*recourse*) recurso ♦ *vi*: **to ~ to** recurrir a; **in the last ~** como último recurso

resounding [rɪ'zaundɪŋ] *adj* sonoro; (*fig*) clamoroso

resource ['ri:sɔ:rs] *n* recurso; **~s** *npl* recursos *mpl* ❑ **resourceful** *adj* despabilado, ingenioso

respect [rɪ'spɛkt] *n* respeto ♦ *vt* respetar; **~s** *npl* recuerdos *mpl*, saludos *mpl*; **with ~ to** con respecto a; **in this ~** en cuanto a eso ❑ **respectable** *adj* respetable; (*large*: *amount*) apreciable; (*passable*) tolerable ❑ **respectful** *adj* respetuoso

respective [rɪ'spɛktɪv] *adj* respectivo ❑ **respectively** *adv* respectivamente

respite ['rɛspɪt] *n* respiro

respond [rɪ'spɑ:nd] *vi* responder; (*react*) reaccionar ❑ **response** *n* respuesta; reacción *f*

responsibility [rɪ,spɑ:nsə'bɪləti] *n* responsabilidad *f*

responsible [rɪ'spɑ:nsəbəl] *adj* (*character*) serio, formal; (*job*) de confianza; (*liable*): **~ (for)** responsable (de)

responsive [rɪ'spɑ:nsɪv] *adj* sensible

rest [rɛst] *n* descanso, reposo; (*MUS, pause*) pausa, silencio; (*support*) apoyo; (*remainder*) resto ♦ *vi* descansar; (*be supported*): **to ~ on** descansar sobre ♦ *vt* (*lean*): **to ~ sth on/against** apoyar algo en *or* sobre/contra; **the ~ of them** (*people, objects*) los demás; **it ~s with him to ...** depende de él el que ... ❑ **rest area** (*US*) *n* (*AUT*) área de servicios

restaurant ['rɛstərɑ:nt] *n* restaurante *m* ❑ **restaurant car** (*BRIT*) *n* (*RAIL*) coche-comedor *m*

restful ['rɛstfəl] *adj* descansado, tranquilo

rest home *n* residencia de ancianos

restive ['rɛstɪv] *adj* inquieto; (*horse*) rebelón(-ona)

restless ['rɛstlɪs] *adj* inquieto

rest stop (*US*) *n* = **rest area**

restoration [,rɛstə'reɪʃən] *n* restauración *f*; devolución *f*

restore [rɪ'stɔ:r] *vt* (*building, monarch*) restaurar; (*sth stolen*) devolver; (*peace, health*) restablecer

restrain [rɪ'streɪn] *vt* (*feeling*) contener, refrenar; (*person*): **to ~ (from doing)** disuadir (de hacer) ❑ **restrained** *adj* reservado ❑ **restraint** *n* (*restriction*) restricción *f*; (*moderation*) moderación *f*; (*of manner*) reserva

restrict [rɪ'strɪkt] *vt* restringir, limitar ❑ **restriction** *n* restricción *f*, limitación *f* ❑ **restrictive** *adj* restrictivo

rest room (*US*) *n* baño, servicios *mpl*

restructure [,ri:'strʌktʃər] *vt* reconvertir

result [rɪ'zʌlt] *n* resultado ♦ *vi*: **to ~ in** terminar en, tener por resultado; **as a ~ of** a consecuencia de

resume [rɪ'zu:m] *vt* reanudar ♦ *vi* comenzar de nuevo

> ⚠ Be careful not to translate **resume** by the Spanish word ***resumir***.

résumé ['reɪzəmeɪ] *n* (*US*: *of work experience*) currículum *m* (vitae); (*summary*) resumen *m*

resumption [rɪ'zʌmpʃən] *n* reanudación *f*

resurgence [rɪ'sɜ:rdʒəns] *n* resurgimiento

resurrection [,rɛzə'rɛkʃən] *n* resurrección *f*

resuscitate [rɪ'sʌsɪteɪt] *vt* (*MED*) resucitar

retail ['ri:teɪl] *adj, adv* al por menor ❑ **retailer** *n* minorista *mf* ❑ **retail price** *n* precio de venta al público

retain [rɪ'teɪn] *vt* (*keep*) retener, conservar ❑ **retainer** *n* (*fee*) anticipo; (*US*) frenos *mpl* (*LAm*), aparato(s) *m(pl)* (*SP*)

retaliate [rɪ'tælieɪt] *vi*: **to ~ (against)** tomar represalias (contra) ❑ **retaliation** [rɪ,tæli'eɪʃən] *n* represalias *fpl*

retarded [rɪ'tɑ:rdɪd] *adj* retrasado

retch [rɛtʃ] *vi* tener arcadas

retentive [rɪ'tɛntɪv] *adj* (*memory*) retentivo

retire [rɪ'taɪər] *vi* (*give up work*) jubilarse; (*withdraw*) retirarse; (*go to bed*) acostarse ❑ **retired** *adj* (*person*) jubilado ❑ **retiree** [rɪ,taɪə'ri:] (*US*) *n* jubilado(-a) ❑ **retirement** *n* (*giving up work*: *state*) retiro; (: *act*) jubilación *f* ❑ **retiring** *adj* (*leaving*) saliente; (*shy*) retraído

retort [rɪ'tɔ:rt] *vi* contestar

retrace [,ri:'treɪs] *vt*: **I ~d my steps** volví sobre mis pasos

retract [rɪ'trækt] *vt* (*statement*) retirar; (*claws*) retraer; (*undercarriage, antenna*) replegar

retrain [,ri:'treɪn] *vt* reciclar ❑ **retraining** *n* readaptación *f* profesional

retread ['ri:trɛd] *n* (*tire*) llanta (*LAm*) *or* neumático (*SP*) recauchutada(-o)

retreat [rɪ'tri:t] *n* (*place*) retiro; (*MIL*) retirada ♦ *vi* retirarse

retribution [,rɛtrɪ'bju:ʃən] *n* desquite *m*

retrieval [rɪ'tri:vəl] *n* recuperación *f*

retrieve [rɪ'tri:v] *vt* recobrar; (*situation, honor*) salvar; (*COMPUT*) recuperar; (*error*) reparar ❑ **retriever** *n* perro cobrador (de caza)

retrospect ['rɛtrəspɛkt] *n*: **in ~** retrospectivamente ❑ **retrospective** [rɛtrə'spɛktɪv] *adj* retrospectivo; (*law*) retroactivo

return [rɪ'tɜ:rn] *n* (*going or coming back*) vuelta, regreso; (*of sth stolen etc*) devolución *f*; (*FINANCE*: *from land, shares*) ganancia, ingresos *mpl* ♦ *cpd* (*journey*) de regreso; (*BRIT*: *ticket*) de ida y vuelta; (*BRIT*: *match*) de vuelta ♦ *vi* (*person etc*: *come or go back*) volver, regresar; (*symptoms etc*) reaparecer; (*regain*): **to ~ to** recuperar ♦ *vt* devolver; (*favor, love etc*) corresponder a; (*verdict*) pronunciar; (*POL*: *candidate*) elegir; **~s** *npl* (*COMM*) ingresos *mpl*; **in ~ (for)** a cambio (de); **by ~ mail** a vuelta de correo; **many happy ~s (of the day)!** ¡feliz cumpleaños!

reunion [,ri:'ju:njən] *n* (*of family*) reunión *f*; (*of two people, school*) reencuentro

reunite [,ri:ju'naɪt] *vt* reunir; (*reconcile*) reconciliar

rev [rɛv] *n abbr* (*AUT*: *revolution*) revolución *f* ♦ *vt* (*AUT*: *also*: **~ up**) acelerar

reveal [rɪ'vi:l] *vt* revelar ❑ **revealing** *adj* revelador(a)

revel ['rɛvəl] *vi*: **to ~ in sth/in doing sth** gozar de algo/con hacer algo

revenge [rɪ'vɛndʒ] *n* venganza; **to take ~ on** vengarse de

revenue ['rɛvənu:] *n* ingresos *mpl*, rentas *fpl*

reverberate [rɪ'vɜ:rbəreɪt] *vi* (*sound*) resonar, retumbar; (*fig*: *shock*) repercutir

reverence ['rɛvərəns] *n* reverencia

Reverend ['rɛvərənd] *adj* (*in titles*): **the ~ John Smith** (*Anglican*) el Reverendo John Smith; (*Catholic*) el Padre John Smith; (*Protestant*) el Pastor John Smith

reversal [rɪ'vɜ:rsəl] *n* (*of order*) inversión *f*; (*of direction, policy*) cambio; (*of decision*) revocación *f*

reverse [rɪ'vɜ:rs] *n* (*opposite*) contrario; (*back*: *of cloth*) revés *m*; (: *of coin*) reverso; (: *of paper*) dorso; (*AUT*: *also*: **~ gear**) reversa (*MEX, CAm*), marcha atrás (*LAm exc MEX, SP*) ♦ *adj* (*order*) inverso; (*direction*) contrario; (*process*) opuesto ♦ *vt* (*decision, AUT*) meter reversa a (*MEX, CAm*), dar marcha atrás a (*LAm exc MEX, SP*); (*position, function*) invertir ♦ *vi* (*AUT*) meter reversa (*MEX, CAm*), dar marcha atrás (*LAm exc MEX, SP*) ❑ **reverse-charge call** (*BRIT*) *n* llamada por cobrar (*MEX*) *or* a cobro revertido (*LAm exc MEX, SP*) ❑ **reversing lights** (*BRIT*) *npl* (*AUT*) luces *fpl* de reversa (*MEX*) *or* marcha atrás (*LAm exc MEX, SP*)

revert [rɪ'vɜ:rt] *vi*: **to ~ to** volver a

review [rɪ'vju:] *n* (*magazine, MIL*) revista; (*of book, movie*) reseña; (*US SCOL*) repaso ♦ *vt* (*assess*) examinar, analizar; (*MIL*) pasar revista a; (*book, movie*) reseñar; (*US SCOL*) repasar ❑ **reviewer** *n* crítico(-a)

revise [rɪ'vaɪz] *vt* (*manuscript*) corregir; (*opinion*) modificar; (*price, procedure*) revisar; (*BRIT*: *subject, notes*) repasar ♦ *vi* (*BRIT*: *study*) repasar ❑ **revision** [rɪ'vɪʒən] *n* (*of text*) revisión *f*; (*of estimate, figures*) corrección *f*; (*of offer*) reconsideración *f*; (*BRIT*: *for exam*) repaso

revival [rɪ'vaɪvəl] *n* (*recovery*) reanimación *f*; (*of interest*) renacimiento; (*THEATER*) reestreno; (*of faith*) despertar *m*

revive [rɪ'vaɪv] *vt* resucitar; (*custom*) restablecer; (*hope*) despertar; (*play*) reestrenar ♦ *vi* (*person*) volver en sí; (*business*) reactivarse

revolt [rɪ'voult] *n* rebelión *f* ♦ *vi* rebelarse, sublevarse ♦ *vt* dar asco a, repugnar ❑ **revolting** *adj* asqueroso, repugnante

revolution [,rɛvə'lu:ʃən] *n* revolución *f* ❑ **revolutionary** *adj, n* revolucionario(-a) ❑ **revolutionize** *vt* revolucionar

revolve [rɪ'vɑ:lv] *vi* dar vueltas, girar; (*life, discussion*): **to ~ around** *or* (*BRIT*) **round** girar en torno a

revolver [rɪ'vɑ:lvər] *n* revólver *m*

revolving [rɪ'vɑ:lvɪŋ] *adj* (*chair, door etc*) giratorio

revue [rɪ'vju:] *n* (*THEATER*) revista

revulsion [rɪ'vʌlʃən] *n* asco, repugnancia

reward [rɪ'wɔ:rd] *n* recompensa, premio ♦ *vt*: **to ~ (for)** recompensar *or* premiar (por) ❑ **rewarding** *adj* gratificante

rewind [,ri:'waɪnd] *vt* rebobinar

rewire [,ri:'waɪər] *vt* (*house*) renovar la instalación eléctrica de

rheumatism ['ru:mətɪzəm] *n* reumatismo, reúma *m*

Rhine [raɪn] *n*: **the ~** el (río) Rin

rhinoceros [raɪ'nɑ:sərəs] *n* rinoceronte *m*

rhododendron [,roudə'dɛndrən] *n* rododendro

Rhone [roun] *n*: **the ~** el (río) Ródano

rhubarb ['ru:bɑ:rb] *n* ruibarbo

rhyme [raɪm] *n* rima; (*verse*) poesía

rhythm ['rɪðəm] *n* ritmo

rib [rɪb] *n* (*ANAT*) costilla ♦ *vt* (*mock*) tomar el pelo a

ribbon ['rɪbən] *n* cinta; **in ~s** (*torn*) hecho trizas

rice [raɪs] *n* arroz *m* ❑ **rice pudding** *n* arroz *m* con leche

rich [rɪtʃ] *adj* rico; (*soil*) fértil; (*food*) pesado; (: *sweet*) empalagoso; (*abundant*): **~ in** (*minerals etc*) rico en ♦ *npl*: **the ~** los ricos ❑ **riches** *npl* riqueza ❑ **richly** *adv* ricamente; (*deserved, earned*) bien

rickets ['rɪkɪts] *n* raquitismo

rid [rɪd] (*pt, pp* **~**) *vt*: **to ~ sb of sth** librar a algn de algo; **to get ~ of** deshacerse *or* desembarazarse de

ridden ['rɪdn] *pp of* **ride**

riddle ['rɪdl] *n* (*puzzle*) acertijo; (*mystery*) enigma *m*, misterio ♦ *vt*: **to be ~d with** estar lleno *or* plagado de

ride [raɪd] (*pt* **rode**, *pp* **ridden**) *n* paseo; (*distance covered*) viaje *m*, recorrido; (*US*: *free ride*) viaje *m* gratuito ♦ *vi* (*as sport*) montar; (*go somewhere*: *on horse, bicycle*) dar un paseo, pasearse; (*travel*: *on bicycle, motorcycle, bus*) viajar ♦ *vt* (*a horse*) montar a; (*a bicycle, motorcycle*) ir en; (*distance*) recorrer; **to give sb a ~** (*US*) dar a algn un aventón (*MEX*), llevar a algn en carro (*LAm*) *or* coche (*SP*); **to take sb for a ~** (*fig*) engañar a algn ❑ **rider** *n* (*on horse*) jinete *mf*; (*on bicycle*) ciclista *mf*; (*on motorcycle*) motociclista *mf*

ridge [rɪdʒ] *n* (*of hill*) cresta; (*of roof*) caballete *m*; (*wrinkle*) arruga

ridicule ['rɪdɪkju:l] *n* burlas *fpl* ♦ *vt* poner en ridículo, burlarse de ❑ **ridiculous** [rɪ'dɪkjələs] *adj* ridículo

riding ['raɪdɪŋ] *n* equitación *f*; **I like ~** me gusta montar a caballo ❑ **riding school** *n* escuela de equitación

rife [raɪf] *adj*: **to be ~** ser muy común; **to be ~ with** abundar en

riffraff ['rɪf,ræf] *n* gentuza

rifle ['raɪfəl] *n* rifle *m*, fusil *m* ♦ *vt* saquear ▶ **rifle through** *vt* (*papers*) registrar ❑ **rifle range** *n* campo de tiro; (*at fair*) tiro al blanco

rift [rɪft] *n* (*in clouds*) claro; (*fig*: *disagreement*) desavenencia

rig [rɪg] *n* (*truck*) vehículo articulado; (*also*: **oil ~**: *at sea*) plataforma petrolera ♦ *vt* (*election etc*) amañar ▶ **rig out** (*BRIT*) *vt* disfrazar ▶ **rig up** *vt* improvisar ❑ **rigging** *n* (*NAUT*) aparejo

right [raɪt] *adj* (*correct*) correcto, exacto; (*suitable*) indicado, debido; (*proper*) apropiado; (*just*) justo; (*morally good*) bueno; (*not left*) derecho ♦ *n* bueno; (*title, claim*) derecho; (*not left*) derecha ♦ *adv* bien, correctamente; (*not left*) a la derecha; (*exactly*): **~ now** ahora mismo ♦ *vt* enderezar; (*correct*) corregir ♦ *excl* ¡bueno!, ¡está bien!; **to be ~** (*person*) tener razón; (*answer*) ser correcto; **is that the ~ time?** (*of clock*) ¿es esa la hora exacta *or* correcta?; **by ~s** en justicia; **on the ~** a la derecha; **to be in the ~** tener razón; **~ away** en seguida; **~ in the middle** justo en medio ❑ **right angle** *n* ángulo recto ❑ **righteous** ['raɪtʃəs] *adj* honrado; (*anger*) justificado ❑ **rightful** *adj* legítimo ❑ **right-handed** *adj* diestro ❑ **right-hand man** *n* brazo derecho ❑ **right-hand side** *n* derecha ❑ **rightly** *adv* correctamente, debidamente; (*with reason*) con razón ❑ **right of way** *n* (*on path etc*) derecho de paso; (*AUT*) prioridad *f* ❑ **right-wing** *adj* (*POL*) derechista

rigid ['rɪdʒɪd] *adj* rígido; (*person, ideas*) inflexible

rigmarole ['rɪgməroul] *n* galimatías *m inv*

rigor (*US*) ['rɪgər] (*BRIT* **rigour**) *n* rigor *m*

rigorous ['rɪgərəs] *adj* riguroso

rigour ['rɪgər] (*BRIT*) *n* = **rigor**

rile [raɪl] *vt* irritar

rim [rɪm] *n* borde *m*; (*of spectacles*) montura; (*of wheel*) rin *m* (*LAm*), llanta (*SP*)

rind [raɪnd] *n* (*of bacon*) corteza; (*of lemon etc*) cáscara; (*of cheese*) costra

ring [rɪŋ] (*pt* **rang**, *pp* **rung**) *n* (*of metal*) aro; (*on finger*) anillo; (*of people*) corro; (*of objects*) círculo; (*gang*) banda; (*for boxing*) cuadrilátero; (*of circus*) pista; (*bull ring*) ruedo, plaza; (*sound of bell*) timbrazo ♦ *vi* (*on telephone*) llamar (por teléfono); (*bell*) repicar; (*doorbell, phone*) sonar; (*also*: **~ out**) sonar; (*ears*) zumbar ♦ *vt* (*bell etc*) hacer sonar; (*doorbell*) tocar; (*BRIT TEL*) llamar (por teléfono); **to give sb a ~** (*BRIT TEL*) llamar a algn (por teléfono) ▶ **ring back** (*BRIT*) *vt*, *vi* (*TEL*) volver a llamar ▶ **ring off** (*BRIT*) *vi* (*TEL*) colgar, cortar la comunicación ▶ **ring up** (*BRIT*) *vt* (*TEL*) llamar (por teléfono) ❑ **ringing** *n* (*of bell*) repique *m*; (*of phone*) el sonar; (*in ears*) zumbido ❑ **ringing tone** (*BRIT*) *n* (*TEL*) tono (de llamada) ❑ **ringleader** *n* (*of gang*) cabecilla *m* ❑ **ringlets** *npl* rizos *mpl*, bucles *mpl* ❑ **ring road** (*BRIT*) *n* libramiento (*MEX*), carretera de circunvalación (*LAm exc MEX, SP*)

rink [rɪŋk] *n* (*also*: **ice ~**) pista de hielo

rinse [rɪns] *n* aclarado; (*dye*) tinte *m* ♦ *vt* aclarar; (*mouth*) enjuagar

riot ['raɪət] *n* motín *m*, disturbio ♦ *vi* amotinarse; **to run ~** desmandarse ❑ **riotous** *adj* alborotado; (*party*) bullicioso

rip [rɪp] *n* rasgón *m*, rasgadura ♦ *vt* rasgar, desgarrar ♦ *vi* rasgarse, desgarrarse ❑ **ripcord** *n* cable *m* de apertura

ripe [raɪp] *adj* maduro ❑ **ripen** *vt* madurar; (*cheese*) curar ♦ *vi* madurar

ripple ['rɪpəl] *n* onda, rizo; (*sound*) murmullo ♦ *vi* rizarse

rise [raɪz] (*pt* **rose**, *pp* **~n**) *n* (*slope*) cuesta, pendiente *f*; (*hill*) altura; (*in prices, temperature*) subida; (*fig*: *to power etc*) ascenso; (*BRIT*: *in wages*) aumento ♦ *vi* subir; (*waters*) crecer; (*sun, moon*) salir; (*person*: *from bed etc*) levantarse; (*also*: **~ up**: *rebel*) sublevarse; (*in rank*) ascender; **to give ~ to** dar lugar *or* origen a; **to ~ to the occasion** estar a la altura de las circunstancias ❑ **risen** ['rɪzən] *pp of* **rise** ❑ **rising** *adj* (*increasing*: *number*) creciente; (: *prices*) en aumento *or* alza; (*tide*) creciente; (*sun, moon*) naciente

risk [rɪsk] *n* riesgo, peligro ♦ *vt* arriesgar; (*run the risk of*) exponerse a; **to take** *or* **run the ~ of doing** correr el riesgo de hacer; **at ~** en peligro; **at one's own ~** bajo su propia responsabilidad ❑ **risky** *adj* arriesgado, peligroso

rissole ['rɪsoul] (*BRIT*) *n* croqueta

rite [raɪt] *n* rito; **last ~s** extremaunción *f*

ritual ['rɪtʃuəl] *adj* ritual ♦ *n* ritual *m*, rito

rival ['raɪvəl] *n* rival *mf*; (*in business*) competidor(a) *m/f* ♦ *adj* rival, opuesto ♦ *vt* competir con ❑ **rivalry** *n* competencia

river ['rɪvər] *n* río ♦ *cpd* (*port*) de río; (*traffic*) fluvial; **up/down ~** río arriba/abajo ❑ **riverbank** *n* orilla (del río) ❑ **riverbed** *n* lecho, cauce *m*

rivet ['rɪvɪt] *n* roblón *m*, remache *m* ♦ *vt* (*fig*) captar

Riviera [,rɪvi'ɛrə] *n*: **the (French) ~** la Riviera *or* Costa Azul (francesa)

roach [routʃ] (*US*) *n* (*cockroach*) cucaracha

road [roud] *n* camino; (*highway etc*) carretera; (*in town*) calle *f* ♦ *cpd* (*accident*) de tráfico; **major/minor ~** carretera principal/secundaria ❑ **road accident** *n* accidente *m* de tráfico ❑ **roadblock** *n* barricada ❑ **road hog** *n* loco(-a) del volante ❑ **road map** *n* mapa *m* de carreteras ❑ **road rage** *n conducta agresiva al volante* ❑ **road safety** *n* seguridad *f* vial ❑ **roadside** *n* borde *m* (del camino) ❑ **roadsign** *n* señal *f* de tráfico ❑ **road user** *n* usuario(-a) de la vía pública ❑ **roadway** *n* calzada ❑ **roadworks** *npl* obras *fpl* ❑ **roadworthy** *adj* (*car*) en buen estado para circular

roam [roum] *vi* vagar

roar [rɔːr] *n* rugido; (*of vehicle, storm*) estruendo; (*of laughter*) carcajada ♦ *vi* rugir; hacer estruendo; **to ~ with laughter** reírse a carcajadas; **to do a ~ing trade** hacer buen negocio

roast [roust] *n* carne *f* asada, asado ♦ *vt* asar; (*coffee*) tostar ❑ **roast beef** *n* rosbif *m*

rob [rɑːb] *vt* robar; **to ~ sb of sth** robar algo a algn; (*fig*: *deprive*) quitar algo a algn ❑ **robber** *n* ladrón(-ona) *m/f* ❑ **robbery** *n* robo

robe [roub] *n* (*for ceremony etc*) toga; (*bathrobe*) bata de baño, albornoz *m*, salida de baño (*RPl*)

robin ['rɑːbɪn] *n* petirrojo

robot ['roubɑːt] *n* robot *m*

robust [rou'bʌst] *adj* robusto, fuerte

rock [rɑːk] *n* roca; (*boulder*) peña, peñasco; (*US*: *small stone*) piedrecita; (*BRIT*: *sweet*) ≈ pirulí *m* ♦ *vt* (*swing gently*: *cradle*) balancear, mecer; (: *child*) arrullar; (*shake*) sacudir ♦ *vi* mecerse, balancearse; sacudirse; **on the ~s** (*drink*) con hielo; (*marriage etc*) en ruinas ❑ **rock and roll** *n* rocanrol *m* ❑ **rock-bottom** *n* (*fig*) punto más bajo ❑ **rocker** (*US*) *n* (*chair*) mecedora ❑ **rockery** *n* cuadro alpino

rocket ['rɑːkɪt] *n* cohete *m*

rocking: ❑ **rocking chair** *n* mecedora ❑ **rocking horse** *n* caballo de balancín

rocky ['rɑːki] *adj* rocoso

rod [rɑːd] *n* vara, varilla; (*also*: **fishing ~**) caña (de pescar)

rode [roud] *pt of* **ride**

rodent ['roudnt] *n* roedor *m*

roe [rou] *n* (*roe deer*) corzo; (*of fish*): **hard/soft ~** hueva/lecha

rogue [roug] *n* pícaro, pillo

role [roul] *n* papel *m*

roll [roul] *n* rollo; (*of bank notes*) fajo; (*also*: **bread ~**) bolillo (*MEX*), pancito (*LAm exc MEX*), panecillo (*SP*); (*register, list*) lista, nómina; (*sound*: *of drums etc*) redoble *m* ♦ *vt* hacer rodar; (*also*: **~ up**: *string*) enrollar; (: *sleeves*) remangar; (*cigarette*) liar, enrollar; (*also*: **~ out**: *pastry*) estirar, aplanar; (*flatten*: *road, lawn*) apisonar ♦ *vi* rodar; (*drum*) redoblar; (*ship*) balancearse ▸ **roll around** *or* (*BRIT*) **about** *vi* (*person*) revolcarse; (*object*) rodar (por) ▸ **roll by** *vi* (*time*) pasar ▸ **roll over** *vi* dar una vuelta ▸ **roll up** *vi* (*inf*: *arrive*) aparecer ♦ *vt* (*carpet*) arrollar ❑ **roll call** *n*: **to take a roll call** pasar lista ❑ **roller** *n* rodillo; (*wheel*) rueda; (*for road*) apisonadora; (*for hair*) rulo, tubo (*MEX*), rulero (*RPl*) ❑ **Rollerblade®** *n* patín *m* (en línea) ❑ **roller coaster** *n* montaña rusa ❑ **roller skates** *npl* patines *mpl* de rueda

rolling ['roulɪŋ] *adj* (*landscape*) ondulado ❑ **rolling pin** *n* rodillo (de cocina) ❑ **rolling stock** *n* (*rail*) material *m* rodante

ROM [rɑːm] *n abbr* (*comput*: = *read only memory*) ROM *f*

Roman ['roumən] *adj* romano(-a) ❑ **Roman Catholic** *adj, n* católico(-a) (romano(-a))

romance [rou'mæns] *n* (*love affair*) romance *m*; (*charm*) romanticismo; (*novel*) novela romántica

Romania [rou'meɪniə] (*US*) *n* Rumanía ❑ **Romanian** *adj* rumano ♦ *n* rumano(-a); (*ling*) rumano

Roman numeral *n* número romano

romantic [rou'mæntɪk] *adj* romántico

Rome [roum] *n* Roma

romp [rɑːmp] *n* retozo, juego ♦ *vi* (*also*: **~ about**) jugar, brincar

rompers ['rɑːmpərz] *npl* pelele *m*

roof [ruːf] (*pl* **~s**) *n* techo; (*of house*) techo, tejado ♦ *vt* techar, poner techo a; **the ~ of the mouth** el paladar ❑ **roofing** *n* techumbre *f* ❑ **roof rack** *n* (*aut*) baca, portaequipajes *m inv*

rook [ruk] *n* (*bird*) graja; (*chess*) torre *f*

room [ruːm] *n* habitación *f*, cuarto; (*also*: **bed~**) dormitorio, recámara (*MEX*), pieza (*SC*); (*in school etc*) sala; (*space, scope*) sitio, cabida; **~s** *npl* (*lodging*) alojamiento; **"~s to let", "~s for rent"** (*US*) "se alquilan *or* (*MEX*) rentan habitaciones"; **single/double ~** habitación individual/doble ❑ **rooming house** (*US*) *n* pensión *f* ❑ **roommate** *n* compañero(-a) de cuarto ❑ **room service** *n* servicio de habitaciones ❑ **roomy** *adj* espacioso; (*garment*) amplio

roost [ruːst] *vi* posarse (*para descansar or dormir*)

rooster ['ruːstər] *n* gallo

root [ruːt] *n* raíz *f* ♦ *vi* arraigarse ▸ **root around** *or* (*BRIT*) **about** *vi* (*fig*) rebuscar ▸ **root for** *vt fus* (*support*) apoyar a ▸ **root out** *vt* desarraigar

rope [roup] *n* cuerda; (*naut*) cable *m* ♦ *vt* (*tie*) atar *or* amarrar con (una) cuerda; (*climbers*: *also*: **~ together**) encordarse; (*an area*: *also*: **~ off**) acordonar; **to know the ~s** (*fig*) conocer los trucos (del oficio) ▸ **rope in** *vt* (*fig*): **to rope sb in** persuadir a algn a tomar parte

rosary ['rouzəri] *n* rosario

rose [rouz] *pt of* **rise** ♦ *n* rosa; (*shrub*) rosal *m*; (*on watering can*) roseta

rosé [rou'zeɪ] *n* vino rosado

rosebud ['rouz,bʌd] *n* capullo de rosa

rosebush ['rouz,buʃ] *n* rosal *m*

rosemary ['rouz,mɛri] *n* romero

roster ['rɑːstər] *n*: **duty ~** lista de turnos

rostrum ['rɑːstrəm] *n* tribuna

rosy ['rouzi] *adj* rosado, sonrosado; **a ~ future** un futuro prometedor

rot [rɑːt] *n* podredumbre *f*; (*fig*: *pej*) tonterías *fpl* ♦ *vt* pudrir ♦ *vi* pudrirse

rota ['routə] *n* (sistema *m* de) turnos *mpl*

rotary ['routəri] *adj* rotativo

rotate ['routeɪt] *vt* (*revolve*) hacer girar, dar vueltas a; (*jobs*) alternar ♦ *vi* girar, dar vueltas ❑ **rotating** *adj* rotativo ❑ **rotation** [rou'teɪʃən] *n* rotación *f*

rotten ['rɑːtn] *adj* podrido; (*dishonest*) corrompido; (*inf*: *bad*) asqueroso; **to feel ~** (*sick*) sentirse pésimo (*LAm*) *or* fatal (*SP*)

rotund [rou'tʌnd] *adj* regordete

rouble ['ruːbəl] (*BRIT*) *n* = **ruble**

rough [rʌf] *adj* (*skin, surface*) áspero; (*terrain*) quebrado; (*road*) desigual; (*voice*) bronco; (*person, manner*) tosco, grosero; (*weather*) borrascoso; (*treatment*) brutal; (*sea*) picado; (*town, area*) peligroso; (*cloth*) basto; (*plan*) preliminar; (*guess*) aproximado ♦ *n* (*golf*): **in the ~** en rough *or* hierba alta; **to ~ it** vivir sin comodidades; **to sleep ~** (*BRIT*) dormir a la intemperie ❑ **roughage** *n* fibra(s) *f(pl)* ❑ **rough-and-ready** *adj* improvisado ❑ **rough copy** *n* = **rough draft** ❑ **rough draft** *n* borrador *m* ❑ **roughly** *adv* (*handle*) torpemente; (*make*) toscamente; (*speak*) groseramente; (*approximately*) aproximadamente ❑ **roughness** *n* (*of surface*) aspereza; (*of person*) rudeza

roulette [ruː'lɛt] *n* ruleta

Roumania [ruː'meɪniə] (*BRIT*) *n* = **Romania**

round [raund] *adj* redondo ♦ *n* círculo; (*of policeman*) ronda; (*of milkman*) recorrido; (*of doctor*) visitas *fpl*; (*game*: *of cards, in competition*) partida; (*of ammunition*) cartucho; (*boxing*) round *m*, asalto; (*of talks, drinks*) ronda; (*BRIT*: *of toast*) rebanada ♦ *vt* (*corner*) doblar ♦ *prep* (*BRIT*) alrededor de; (*surrounding*): **~ his neck/the table** en su cuello/alrededor de la mesa; (*in a circular movement*): **to move ~ the room/sail ~ the world** dar una vuelta a la habitación/navegar por el mundo; (*in various directions*): **to move ~ a room/house** moverse por toda la habitación/casa; (*approximately*) alrededor de ♦ *adv*: **all ~** por todos lados; **the long way ~** por el camino menos directo; **all the year ~** durante todo el año; **it's just ~ the corner** (*fig*) está a la vuelta de la esquina; **~ the clock** *adv* las 24 horas; **to go ~ to sb's (house)** ir a casa de algn; **to go ~ the back** pasar por atrás; **enough to go ~** bastante (para todos); **a ~ of applause** una ovación; **a ~ of drinks/sandwiches** una ronda de bebidas/bocadillos ▸ **round off** *vt* (*speech etc*) acabar, poner término a ▸ **round up** *vt* (*cattle*) acorralar; (*people*) reunir; (*price*) redondear ❑ **roundabout** (*BRIT*) *n* (*aut*) rotonda, glorieta; (*at fair*) carrusel *m* (*LAm*), calesita (*RPl*), tiovivo (*SP*) ♦ *adj* (*route, means*) indirecto ❑ **rounders** (*BRIT*) *n* (*game*) *juego similar al beisbol* ❑ **roundly** *adv* (*fig*) rotundamente ❑ **round trip** (*US*) *n* viaje *m* de ida y vuelta, viaje redondo (*MEX*) ❑ **round trip ticket** (*US*) *n* boleto redondo (*MEX*), boleto (*LAm*) *or* billete *m* (*SP*) de ida y vuelta ❑ **roundup** *n* rodeo; (*of criminals*) redada; (*of news*) resumen *m*

rouse [rauz] *vt* (*wake up*) despertar; (*stir up*) suscitar ❑ **rousing** *adj* (*cheer, welcome*) caluroso

route [ruːt] *n* ruta, itinerario; (*of bus*) recorrido; (*of shipping*) derrota

routine [ruː'tiːn] *adj* rutinario ♦ *n* rutina; (*theater*) número

rove [rouv] *vt* vagar *or* errar por

row[1] [rou] *n* (*line*) fila, hilera; (*knitting*) pasada ♦ *vi* (*in boat*) remar ♦ *vt* conducir remando; **4 days in a ~** 4 días seguidos

row[2] [rau] (*BRIT*) *n* (*racket*) escándalo; (*dispute*) bronca, pelea; (*scolding*) regaño ♦ *vi* pelear(se)

rowboat ['rou,bout] (*US*) *n* barca de remos

rowdy ['raudi] *adj* (*person*: *noisy*) ruidoso; (*occasion*) alborotado

row house (*US*) *n* casa adosada

rowing ['rouɪŋ] *n* remo ❑ **rowing boat** (*BRIT*) *n* bote *m* de remos

royal ['rɔɪəl] *adj* real ❑ **Royal Air Force** (*BRIT*) *n* Fuerzas *fpl* Aéreas Británicas ❑ **royalty** *n* (*royal persons*) familia real; (*payment to author*) derechos *mpl* de autor

rpm *abbr* (= *revs per minute*) r.p.m.

R.S.V.P. *abbr* (= *répondez s'il vous plaît*) SRC

Rt. Hon. *abbr* (*BRIT*: *Right Honourable*) *título honorífico de diputado*

rub [rʌb] *vt* frotar; (*scrub*) restregar ♦ *n*: **to give sth a ~** frotar algo; **to ~ sb the wrong way** caer mal a algn ▸ **rub off** *vi* borrarse ▸ **rub off on** *vt fus* influir en ▸ **rub out** *vt* borrar

rubber ['rʌbər] *n* goma, hule *m* (*MEX*); (*BRIT*: *eraser*) goma de borrar ❑ **rubber band** *n* goma (elástica), gomita (*RPl*) ❑ **rubber boots** (*US*) *npl* botas *fpl* de agua ❑ **rubber plant** *n* ficus *m*

rubbing alcohol (*US*) *n* alcohol *m* de 90°

rubbish ['rʌbɪʃ] (*BRIT*) *n* basura; (*waste*) desperdicios *mpl*; (*fig*: *pej*) tonterías *fpl*; (*junk*) pacotilla ❑ **rubbish bin** (*BRIT*) *n* cubo *or* bote *m* (*MEX*) *or* tacho (*SC*) de la basura ❑ **rubbish dump** (*BRIT*) *n* vertedero, basurero

rubble ['rʌbəl] *n* escombros *mpl*

ruble (*US*) ['ruːbəl] (*BRIT* **rouble**) *n* rublo

ruby ['ruːbi] *n* rubí *m*

rucksack ['rʌk,sæk] (*BRIT*) *n* mochila

rudder ['rʌdər] *n* timón *m*

ruddy ['rʌdi] *adj* (*face*) rubicundo; (*BRIT*: *inf*: *damned*) condenado

rude [ruːd] *adj* (*impolite*: *person*) mal educado; (: *word, manners*) grosero; (*crude*) crudo; (*BRIT*: *indecent*) indecente ❑ **rudeness** *n* mala educación

ruffle ['rʌfəl] *vt* (*hair*) despeinar; (*clothes*) arrugar; **to get ~d** (*fig*: *person*) alterarse

rug [rʌg] *n* alfombra, tapete *m* (*MEX*); (*BRIT*: *blanket*) manta

rugby ['rʌgbi] *n* rugby *m*

rugged ['rʌgɪd] *adj* (*landscape*) accidentado; (*features*) robusto

ruin ['ruːɪn] *n* ruina ♦ *vt* arruinar; (*spoil*) estropear; **~s** *npl* ruinas *fpl*, restos *mpl*

rule [ruːl] *n* (*norm*) norma, costumbre *f*; (*regulation, ruler*) regla; (*government*) dominio ♦ *vt* (*country, person*) gobernar ♦ *vi* gobernar; (*law*) fallar; **as a ~** por regla general ▸ **rule out** *vt* descartar, excluir ❑ **ruled** *adj* (*paper*) rayado ❑ **ruler** *n* (*sovereign*) soberano; (*for measuring*) regla ❑ **ruling** *adj* (*party*) gobernante; (*class*) dirigente ♦ *n* (*law*) fallo, decisión *f*

rum [rʌm] *n* ron *m*

Rumania [ruː'meɪniə] (*BRIT*) *n* = **Romania**

rumble ['rʌmbəl] *n* (*noise*) ruido sordo ♦ *vi* retumbar, hacer un ruido sordo; (*stomach, pipe*) sonar

rummage ['rʌmɪdʒ] *vi* (*search*) hurgar ❑ **rummage sale** (*US*) *n* venta de objetos usados (*con fines benéficos*)

rumor (*US*) ['ruːmər] (*BRIT* **rumour**) *n* rumor *m* ♦ *vt*: **it is ~ed that ...** se rumorea que ...

rump [rʌmp] *n* (*of animal*) ancas *fpl*, grupa ❑ **rump steak** *n* filete *m* de lomo

rumpus ['rʌmpəs] *n* lío, jaleo

run [rʌn] (*pt* **ran**, *pp* **~**) *n* (*fast pace*): **at a ~** corriendo; (*sport, in pantyhose*) carrera; (*outing*) paseo, excursión *f*; (*distance traveled*) trayecto; (*series*) serie *f*; (*theater*) temporada; (*ski*) pista; (*pol*) carrera ♦ *vt* correr; (*operate*: *business*) dirigir; (: *competition, course*) organizar; (: *hotel, house*) administrar, llevar; (*comput*) ejecutar; (*pass*: *hand*) pasar; (*press*: *feature*) publicar ♦ *vi* correr; (*work*: *machine*) funcionar, marchar; (*bus, train*: *operate*) circular, ir; (: *travel*) ir; (*continue*: *play*) seguir; (*contract*) ser válido; (*flow*: *river*) fluir; (*colors, washing*) desteñirse; (*in election*) ser candidato; **there was a ~ on** (*meat, tickets*) hubo mucha demanda de; **in the long ~** a la larga; **on the ~** en fuga; **I'll ~ you to the station** te llevaré a la estación (en coche); **to ~ a risk** correr un riesgo; **to ~ a bath** llenar la bañera ▸ **run around** *vi* (*children*) correr (por todos lados) ▸ **run across** *vt fus* (*find*) dar *or* topar con ▸ **run away** *vi* huir ▸ **run down** *vt* (*car*) atropellar; (*criticize*) criticar; (*production*) reducir; (*factory*) reducir la producción en; **to be run down** (*person*: *tired*) estar debilitado ▸ **run in** (*BRIT*) *vt* (*car*) rodar ▸ **run into** *vt fus* (*meet*: *person, trouble*) tropezar con; (*collide with*) chocar con ▸ **run off** *vt* (*water*) dejar correr; (*copies*) sacar ♦ *vi* huir corriendo ▸ **run out** *vi* (*person*) salir corriendo; (*liquid*) irse; (*lease*) caducar, vencer; (*money etc*) acabarse ▸ **run out of** *vt fus* quedar sin ▸ **run over** *vt* (*aut*) atropellar ♦ *vt fus* (*revise*) repasar ▸ **run through** *vt fus* (*instructions*) repasar ▸ **run up** *vt* (*debt*) contraer; **to run up against** (*difficulties*) tropezar con ❑ **runaway** *adj* (*horse*) desbocado; (*truck*) sin frenos; (*child*) escapado de casa

rung [rʌŋ] *pp of* **ring** ♦ *n* (*of ladder*) escalón *m*, peldaño

runner ['rʌnər] *n* (*in race*: *person*) corredor(a) *m/f*; (: *horse*) caballo; (*on sled*) patín *m* ❑ **runner bean** (*BRIT*) *n* ejote *m* (*MEX*), frijol *m* (*LAm*), chaucha (*RPl*), judía verde (*SP*) ❑ **runner-up** *n* subcampeón(-ona) *m/f*

running ['rʌnɪŋ] *n* (*sport*) atletismo; (*of business*) administración *f* ♦ *adj* (*water, costs*) corriente; (*commentary*) continuo; **to be in/out of the ~ for sth** tener/no tener posibilidades de ganar algo; **6 days ~** 6 días seguidos ❑ **running commentary** *n* (*tv, radio*) comentario en directo; (*on guided tour etc*) comentario detallado ❑ **running costs** *npl* gastos *mpl* corrientes

runny ['rʌni] *adj* fluido; (*eyes*) lloroso; **I've got a ~ nose** no paro de moquear

run-of-the-mill *adj* común y corriente

runt [rʌnt] *n* (*pej*: *animal*) cría (*más pequeña de la camada*); (*person*) redrojo, enano

run-up *n*: **~ to** (*BRIT*: *election etc*) período previo a

runway ['rʌnweɪ] *n* (*aviat*) pista de aterrizaje

rural ['rurəl] *adj* rural

rush [rʌʃ] *n* ímpetu *m*; (*hurry*) prisa; (*comm*) demanda; (*current*) corriente *f* fuerte; (*of feeling*) torrente *m*; (*bot*) junco ♦ *vt* apresurar; (*work*) hacer de prisa ♦ *vi* correr, precipitarse ❑ **rush hour** *n* hora pico (*LAm*) *or* punta (*SP*)

rusk [rʌsk] (*BRIT*) *n* galleta (*para bebés*)

Russia ['rʌʃə] *n* Rusia ❑ **Russian** *adj, n* ruso(-a); (*ling*) ruso

rust [rʌst] *n* herrumbre *f*, moho ♦ *vi* oxidarse

rustic ['rʌstɪk] *adj* rústico

rustle ['rʌsəl] *vi* susurrar ♦ *vt* (*paper*) hacer crujir

rustproof ['rʌst,pruːf] *adj* inoxidable

rusty ['rʌsti] *adj* oxidado

rut [rʌt] *n* surco; (*zool*) celo; **to be in a ~** ser esclavo de la rutina

rutabaga [,ruːtə'beɪgə] (*US*) *n* nabo sueco

ruthless ['ruːθlɪs] *adj* despiadado

rye [raɪ] *n* centeno ❑ **rye bread** *n* pan *m* de centeno

Ss

Sabbath ['sæbəθ] *n* domingo; (*Jewish*) sábado

sabotage ['sæbətɑːʒ] *n* sabotaje *m* ♦ *vt* sabotear

saccharin (*US*) ['sækərɪn] (*BRIT* **saccharine**) *n* sacarina

sachet [sæ'ʃeɪ] *n* sobrecito

sack [sæk] *n* (*bag*) saco ♦ *vt* (*dismiss*) despedir; (*plunder*) saquear; **to get the ~** ser despedido ❑ **sacking** *n* despido; (*material*) arpillera

sacred ['seɪkrɪd] *adj* sagrado, santo

sacrifice ['sækrɪfaɪs] *n* sacrificio ♦ *vt* sacrificar

sad [sæd] *adj* (*unhappy*) triste; (*deplorable*) lamentable

saddle ['sædl] *n* silla (de montar); (*of cycle*) sillín *m*, asiento ♦ *vt* (*horse*) ensillar; **to be ~d with sth** (*inf*) tener que cargar con algo ❑ **saddlebag** *n* alforja

sadistic [sə'dɪstɪk] *adj* sádico

sadly ['sædli] *adv* lamentablemente; **to be ~ lacking in** ser muy deficiente en

sadness ['sædnɪs] *n* tristeza

s.a.e. *abbr* (= *stamped addressed envelope*) *sobre franqueado con las señas del remitente*

safari [sə'fɑːri] *n* safari *m*

safe [seɪf] *adj* (*out of danger*) fuera de peligro; (*not dangerous, sure*) seguro; (*unharmed*) ileso ♦ *n* caja fuerte *or* de caudales; **~ and sound** sano y salvo; **(just) to be on the ~ side** para mayor seguridad ❑ **safe-conduct** *n* salvoconducto ❑ **safe-deposit** *n* (*vault*) cámara acorazada; (*box*) caja de seguridad ❑ **safeguard** *n* protección *f*, garantía ♦ *vt* proteger, defender ❑ **safekeeping** *n* custodia ❑ **safely** *adv* seguramente, con seguridad; **to arrive safely** llegar bien ❑ **safe sex** *n* sexo seguro *or* sin riesgo

safety ['seɪfti] *n* seguridad *f* ❑ **safety belt** *n* cinturón *m* (de seguridad) ❑ **safety pin** *n* seguro (*MEX*), imperdible *m* (*LAm exc MEX, SP*), alfiler *m* de gancho (*SC*) ❑ **safety valve** *n* válvula de seguridad

saffron ['sæfrən] *n* azafrán *m*

sag [sæg] *vi* aflojarse

sage [seɪdʒ] *n* (*herb*) salvia; (*man*) sabio

Sagittarius [,sædʒɪ'tɛriəs] *n* Sagitario

Sahara [sə'hærə] *n*: **the ~ (Desert)** el (desierto del) Sáhara

said [sɛd] *pt, pp of* **say**

sail [seɪl] *n* (*on boat*) vela; (*trip*): **to go for a ~** dar un paseo en barco ♦ *vt* (*boat*) gobernar ♦ *vi* (*travel*: *ship*) navegar; (*sport*) hacer vela; (*begin voyage*) salir; **they ~ed into Copenhagen** arribaron a Copenhague ▸ **sail through** *vt fus* (*test*) aprobar sin ningún problema; (*life, situation*) pasar sin esfuerzo por ❑ **sailboat** (*US*) *n* velero, barco de vela ❑ **sailing** *n* (*sport*) vela; **to go sailing** hacer vela ❑ **sailing boat**

(*BRIT*) *n* barco de vela ❑ **sailing ship** *n* velero ❑ **sailor** *n* marinero, marino

saint [seɪnt] *n* santo ❑ **saintly** *adj* santo

sake [seɪk] *n*: **for the ~ of** por (el bien de)

salad ['sæləd] *n* ensalada ❑ **salad bowl** *n* ensaladera ❑ **salad cream** (*BRIT*) *n* (especie *f* de) mayonesa ❑ **salad dressing** *n* aliño *or* (*MEX*) aderezo (*para ensaladas*)

salary ['sæləri] *n* sueldo

sale [seɪl] *n* venta; (*at reduced prices*) rebajas *fpl*, liquidación *f*; (*auction*) subasta; **~s** *npl* (*total amount sold*) ventas *fpl*, facturación *f*; **"for ~"** "se vende"; **to be on ~** (*US*) estar rebajado; (*BRIT*) estar a la venta; **on ~ or return** (*BRIT*: *goods*) venta por reposición ❑ **sales clerk** (*US*) (*BRIT* **sales assistant**) *n* vendedor(a) *m/f* (*LAm*), dependiente(-a) *m/f* (*SP*) ❑ **salesman/woman** *n* (*in store*) vendedor(a) *m/f*; (*representative*) representante *mf* ❑ **salesroom** *n* sala de subastas ❑ **sales slip** (*US*) *n* (*for goods bought*) recibo

salmon ['sæmən] *n inv* salmón *m*

salon [sə'lɑːn] *n* (*hairdressing salon*) peluquería; (*beauty salon*) salón *m* de belleza

saloon [sə'luːn] *n* (*US*) bar *m*, taberna; (*ship's lounge*) cámara, salón *m*; (*BRIT aut*) sedán *m* (*LAm*), turismo (*SP*)

salt [sɔːlt] *n* sal *f* ♦ *vt* salar; (*put salt on*) poner sal en ❑ **salt shaker** (*US*) *n* salero ❑ **saltwater** *adj* de agua salada ❑ **salty** *adj* salado

salute [sə'luːt] *n* saludo; (*of guns*) salva ♦ *vt* saludar

salvage ['sælvɪdʒ] *n* (*saving*) salvamento, recuperación *f*; (*things saved*) objetos *mpl* salvados ♦ *vt* salvar

salvation [sæl'veɪʃən] *n* salvación *f* ❑ **Salvation Army** *n* Ejército de Salvación

same [seɪm] *adj* mismo ♦ *pron*: **the ~** el (la) mismo(-a), los (las) mismos(-as); **the ~ book as** el mismo libro que; **at the ~ time** (*at the same moment*) al mismo tiempo; (*yet*) sin embargo; **all** *or* **just the ~** sin embargo, aun así; **to do the ~ (as sb)** hacer lo mismo (que algn); **the ~ to you!** ¡igualmente!

sample ['sæmpəl] *n* muestra ♦ *vt* (*food*) probar; (*wine*) catar

sanatorium [,sænə'tɔːriəm] (*BRIT*) *n* = **sanitarium**

sanction ['sæŋkʃən] *n* aprobación *f* ♦ *vt* sancionar; aprobar; **~s** *npl* (*pol*) sanciones *fpl*

sanctity ['sæŋktɪti] *n* santidad *f*; (*inviolability*) inviolabilidad *f*

sanctuary ['sæŋktʃueri] *n* santuario; (*refuge*) asilo, refugio; (*for wildlife*) reserva

sand [sænd] *n* arena; (*beach*) playa ♦ *vt* (*also*: **~ down**) lijar

sandal ['sændl] *n* sandalia

sand: ❑ **sandbox** (*US*) *n* (*for children*) cajón *m* de arena ❑ **sand castle** *n* castillo de arena ❑ **sand dune** *n* duna ❑ **sandpaper** *n* papel *m* de lija ❑ **sandpit** (*BRIT*) *n* = **sandbox** ❑ **sandstone** *n* piedra arenisca

sandwich ['sændwɪtʃ] *n* sandwich *m* ♦ *vt* intercalar; **~ed between** apretujado entre; **cheese/ham ~** sandwich de queso/jamón ❑ **sandwich course** (*BRIT*) *n* curso teórico-práctico

sandy ['sændi] *adj* arenoso; (*color*) rojizo

sane [seɪn] *adj* cuerdo; (*sensible*) sensato

> ⚠ Be careful not to translate **sane** by the Spanish word ***sano***.

sang [sæŋ] *pt of* **sing**

sanitarium [,sænɪ'teriəm] (*US*) *n* sanatorio

sanitary ['sænɪteri] *adj* sanitario; (*clean*) higiénico ❑ **sanitary napkin** (*US*) (*BRIT* **sanitary towel**) *n* toalla higiénica (*LAm*), compresa (*SP*)

sanitation [,sænɪ'teɪʃən] *n* (*in house*) servicios *mpl* higiénicos; (*in town*) servicio de desinfección ❑ **sanitation department** (*US*) *n* departamento de limpieza y recogida de basuras

sanity ['sænɪti] *n* cordura; (*of judgment*) sensatez *f*

sank [sæŋk] *pt of* **sink**

Santa Claus ['sæntə'klɔːz] *n* Papá Noel, Santa Clos (*MEX*)

sap [sæp] *n* (*of plants*) savia ♦ *vt* (*strength*) minar, agotar

sapling ['sæplɪŋ] *n* árbol joven

sapphire ['sæfaɪər] *n* zafiro

Saran wrap® [sə'ræn,ræp] (*US*) *n* film *m* adherente (*para envolver alimentos*)

sarcasm ['sɑːrkæzəm] *n* sarcasmo

sardine [sɑːr'diːn] *n* sardina

Sardinia [sɑːr'dɪniə] *n* Cerdeña

SASE (*US*) *n abbr* (= *self-addressed stamped envelope*) *sobre franqueado con las señas del remitente*

sash [sæʃ] *n* faja

sassy ['sæsi] (*US*) *adj* descarado

SAT (*US*) *n abbr* = **scholastic aptitude test**

sat [sæt] *pt, pp of* **sit**

Satan ['seɪtn] *n* Satanás *m*

satchel ['sætʃəl] *n* (*child's*) mochila

satellite ['sætəlaɪt] *n* satélite *m* ❑ **satellite dish** *n* antena parabólica ❑ **satellite television** *n* televisión *f* vía satélite

satin ['sætn] *n* raso ♦ *adj* de raso

satire ['sætaɪər] *n* sátira

satisfaction [,sætɪs'fækʃən] *n* satisfacción *f*

satisfactory [,sætɪs'fæktəri] *adj* satisfactorio

satisfy ['sætɪsfaɪ] *vt* satisfacer; (*convince*) convencer ❑ **satisfying** *adj* satisfactorio

Saturday ['sætərdi] *n* sábado

sauce [sɔːs] *n* salsa; (*sweet*) crema; jarabe *m* ❑ **saucepan** *n* cacerola, olla

saucer ['sɔːsər] *n* platillo

Saudi ['saudi]: ❑ **Saudi Arabia** *n* Arabia Saudí *or* Saudita ❑ **Saudi (Arabian)** *adj, n* saudí *mf*, saudita *mf*

sauna ['sɔːnə] *n* sauna

saunter ['sɔːntər] *vi*: **to ~ in/out** entrar/salir sin prisa

sausage ['sɑːsɪdʒ] *n* salchicha ❑ **sausage roll** (*BRIT*) *n salchicha envuelta en hojaldre*

sauté [sɑː'teɪ] *adj* salteado

savage ['sævɪdʒ] *adj* (*cruel, fierce*) feroz, furioso; (*primitive*) salvaje ♦ *n* salvaje *mf* ♦ *vt* (*attack*) embestir

save [seɪv] *vt* (*rescue*) salvar, rescatar; (*money, time*) ahorrar; (*put away, keep: seat*) guardar; (*COMPUT*) guardar; (*avoid: trouble*) evitar; (*SPORT*) parar ♦ *vi* (*also*: **~ up**) ahorrar ♦ *n* (*SPORT*) parada ♦ *prep* salvo, excepto

saving ['seɪvɪŋ] *n* (*on price etc*) economía ♦ *adj*: **the ~ grace of** el único mérito de; **~s** *npl* ahorros *mpl* ❑ **savings account** *n* cuenta de ahorros ❑ **savings and loan association** (*US*) *n* sociedad *f* de ahorro y préstamo ❑ **savings bank** *n* caja de ahorros

savior (*US*) ['seɪvjər] (*BRIT* **saviour**) *n* salvador(a) *m/f*

savor (*US*) ['seɪvər] (*BRIT* **savour**) *vt* saborear ❑ **savory** (*US*) (*BRIT* **savoury**) *adj* sabroso; (*dish: not sweet*) salado

saw [sɔː] (*pt* **~ed**, *pp* **~ed** *or* **~n**) *pt of* **see** ♦ *n* (*tool*) sierra ♦ *vt* serrar ❑ **sawdust** *n* (a)serrín *m* ❑ **sawed-off shotgun** *n* escopeta recortada *or* de cañones recortados ❑ **sawmill** *n* aserradero

saxophone ['sæksəfoun] *n* saxófono

say [seɪ] (*pt, pp* **said**) *n*: **to have one's ~** expresar su opinión ♦ *vt* decir; **to have a** *or* **some ~ in sth** tener voz *or* tener que ver en algo; **to ~ yes/no** decir que sí/no; **could you ~ that again?** ¿podría repetir eso?; **that is to ~** es decir; **that goes without ~ing** ni que decir tiene ❑ **saying** *n* dicho, refrán *m*

scab [skæb] *n* costra; (*pej*) rompehuelgas *m inv* (*LAm*), carnero (*RPl*)

scaffold ['skæfəld] *n* cadalso ❑ **scaffolding** *n* andamio, andamiaje *m*

scald [skɔːld] *n* escaldadura ♦ *vt* escaldar

scale [skeɪl] *n* (*gen, MUS*) escala; (*of fish*) escama; (*of salaries, fees etc*) escalafón *m* ♦ *vt* (*mountain*) escalar; (*tree*) trepar; **~s** *npl* (*for weighing: small*) balanza; (*: large*) báscula; **on a large ~** en gran escala; **~ of charges** tarifa, lista de precios ▶ **scale back** *or* **down** *vt* reducir a escala

scallion ['skæljən] (*US*) *n* cebolleta

scallop ['skæləp] *n* (*ZOOL*) venera; (*SEWING*) festón *m*

scalp [skælp] *n* cabellera ♦ *vt* escalpar; (*US*: *inf*: *tickets*) revender

scampi ['skæmpi] (*BRIT*) *npl* camarones *mpl* rebozados (*LAm*), gambas *fpl* rebozadas (*SP*)

scan [skæn] *vt* (*examine*) escudriñar; (*glance at quickly*) ojear; (*TV, RADAR*) explorar, registrar ♦ *n* (*MED*): **to get** (*US*) *or* **have** (*BRIT*) **a ~** hacerse un escáner

scandal ['skændl] *n* escándalo; (*gossip*) habladurías *fpl*, chismes *mpl*

Scandinavia [,skændɪ'neɪviə] *n* Escandinavia ❑ **Scandinavian** *adj, n* escandinavo(-a)

scant [skænt] *adj* escaso ❑ **scanty** *adj* (*meal*) insuficiente; (*clothes*) ligero

scapegoat ['skeɪp,gout] *n* chivo expiatorio, cabeza de turco

scar [skɑːr] *n* cicatriz *f*; (*fig*) señal *f* ♦ *vt* dejar señales en

scarce [skeərs] *adj* escaso; **to make o.s. ~** (*inf*) esfumarse ❑ **scarcely** *adv* apenas ❑ **scarcity** *n* escasez *f*

scare [skeər] *n* susto, sobresalto; (*panic*) pánico ♦ *vt* asustar, espantar; **to ~ sb stiff** dar a algn un susto de muerte; **bomb ~** amenaza de bomba ▶ **scare away** *or* **off** *vt* ahuyentar ❑ **scarecrow** *n* espantapájaros *m inv* ❑ **scared** *adj*: **to be scared** estar asustado

scarf [skɑːrf] (*pl* **~s** *or* **scarves**) *n* (*long*) bufanda; (*square*) pañuelo

scarlet ['skɑːrlɪt] *adj* escarlata ❑ **scarlet fever** *n* escarlatina

scarves [skɑːrvz] *npl of* **scarf**

scary ['skeri] (*inf*) *adj* espeluznante, de miedo

scathing ['skeɪðɪŋ] *adj* mordaz

scatter ['skætər] *vt* (*spread*) esparcir, desparramar; (*disperse: clouds, crowd*) dispersar ♦ *vi* desparramarse; dispersarse ❑ **scatterbrained** *adj* ligero de cascos

scavenger ['skævəndʒər] *n* (*person*) basurero(-a)

scenario [sɪ'neriou] *n* (*THEATER*) argumento; (*FILM*) guión *m*; (*fig*) escenario

scene [siːn] *n* (*THEATER, fig etc*) escena; (*of crime etc*) escenario; (*view*) panorama *m*; (*fuss*) escándalo ❑ **scenery** *n* (*THEATER*) decorado; (*landscape*) paisaje *m* ❑ **scenic** *adj* pintoresco

> ⚠ Be careful not to translate **scenery** by the Spanish word ***escenario***.

scent [sent] *n* perfume *m*; olor *m*; (*fig*: *track*) rastro, pista

scepter (*US*) ['septər] (*BRIT* **sceptre**) *n* cetro

sceptic *etc* ['skeptɪk] (*BRIT*) *n* = **skeptic**

schedule ['skedʒuːl] *n* (*timetable of events*) programa *m*; (*trains, buses*) horario; (*list*) lista ♦ *vt* (*visit*) fijar la hora de; **to arrive on ~** llegar a la hora debida; **to be ahead of/behind ~** estar adelantado/en retraso ❑ **scheduled flight** *n* vuelo regular

scheme [skiːm] *n* (*plan*) plan *m*, proyecto; (*plot*) intriga; (*arrangement*) disposición *f*; (*BRIT*: *pension scheme etc*) sistema *m* ♦ *vi* (*intrigue*) intrigar ❑ **scheming** *adj* intrigante ♦ *n* intrigas *fpl*

schizophrenic [skɪtsə'frenɪk] *adj* esquizofrénico

scholar ['skɑːlər] *n* (*pupil*) alumno(-a); (*learned person*) sabio(-a), erudito(-a) ❑ **scholarship** *n* erudición *f*; (*grant*) beca

school [skuːl] *n* escuela, colegio; (*in university*) facultad *f* ♦ *cpd* escolar ❑ **school age** *n* edad *f* escolar ❑ **school board** *n* consejo escolar ❑ **schoolbook** *n* libro de texto ❑ **schoolboy** *n* colegial *m*, alumno ❑ **school children** *npl* colegiales *mpl*, alumnos *mpl* ❑ **schoolgirl** *n* colegiala, alumna ❑ **schoolhouse** (*US*) *n* escuela, colegio ❑ **schooling** *n* enseñanza ❑ **schoolmaster/mistress** *n* (*elementary*) maestro(-a); (*high school*) profesor(a) *m/f* ❑ **schoolroom** *n* aula, clase *f* ❑ **schoolteacher** *n* (*elementary*) maestro(-a); (*high school*) profesor(a) *m/f* ❑ **schoolwork** *n* trabajo de clase ❑ **schoolyard** (*US*) *n* patio de recreo

schooner ['skuːnər] *n* (*ship*) goleta

sciatica [saɪ'ætɪkə] *n* ciática

science ['saɪəns] *n* ciencia ❑ **science fiction** *n* ciencia ficción ❑ **scientific** [,saɪən'tɪfɪk] *adj* científico ❑ **scientist** *n* científico(-a)

scissors ['sɪzərz] *npl* tijeras *fpl*; **a pair of ~** unas tijeras

scoff [skɑːf] *vt* (*BRIT*: *inf*: *eat*) engullir ♦ *vi*: **to ~ (at)** (*mock*) mofarse (de)

scold [skould] *vt* regañar

scone [skoun] (*BRIT*) *n pan dulce con pasas*, ≈ bísquet *m* (*MEX*), escón *m* (*SC*)

scoop [skuːp] *n* (*for flour etc*) pala; (*PRESS*) exclusiva ▶ **scoop out** *vt* excavar ▶ **scoop up** *vt* recoger

scooter ['skuːtər] *n* Vespa®, motoneta (*SC*), scooter *m* (*SP*); (*toy*) patineta (*MEX*), patinete *m* (*LAm exc MEX, SP*), monopatín *m* (*SC*)

scope [skoup] *n* (*of plan*) ámbito; (*of person*) competencia; (*opportunity*) libertad *f* (de acción)

scorch [skɔːrtʃ] *vt* (*clothes*) chamuscar; (*earth, grass*) quemar, secar

score [skɔːr] *n* (*points etc*) puntuación *f*; (*MUS*) partitura; (*twenty*) veintena ♦ *vt* (*goal, point*) ganar; (*mark*) rayar; (*achieve: success*) conseguir ♦ *vi* marcar un tanto; (*SPORT*) marcar; (*keep score*) llevar el tanteo; **~s of** (*lots of*) decenas de; **on that ~** en lo que se refiere a eso; **to ~ 6 out of 10** obtener una puntuación de 6 sobre 10 ▶ **score out** (*BRIT*) *vt* tachar ❑ **scoreboard** *n* marcador *m*

scorn [skɔːrn] *n* desprecio ❑ **scornful** *adj* desdeñoso, despreciativo

Scorpio ['skɔːrpiou] *n* Escorpio

scorpion ['skɔːrpiən] *n* alacrán *m*, escorpión *m*

Scot [skɑːt] *n* escocés(-esa) *m/f*

Scotch [skɑːtʃ] *n* whisky *m* escocés ❑ **Scotch tape®** (*US*) *n* cinta Dúrex® (*MEX*), cinta Scotch® (*LAm*), celo (*SP*)

Scotland ['skɑːtlənd] *n* Escocia

Scots [skɑːts] *adj* escocés(-esa) ❑ **Scotsman/woman** *n* escocés(-esa) *m/f* ❑ **Scottish** *adj* escocés(-esa) ❑ **Scottish Parliament** *n* Parlamento escocés

scoundrel ['skaundrəl] *n* canalla *mf*, sinvergüenza *mf*

scout [skaut] *n* (*MIL*) explorador(a) *m/f*; (*also*: **boy ~**) boy(-)scout *m*; **girl ~** (*US*) (girl-)scout *f* ▶ **scout around** *vi* buscar

scowl [skaul] *vi* fruncir el ceño; **to ~ at sb** mirar con ceño a algn

scrabble ['skræbəl] *vi* (*claw*): **to ~ (at)** escarbar; (*also*: **to ~ around**: *search*) buscar a tientas ♦ *n*: **S~®** Scrabble® *m*

scraggly ['skrægli] (*US*) *adj* deforme

scraggy ['skrægi] (*BRIT*) *adj* descarnado

scram [skræm] (*inf*) *vi* largarse

scramble ['skræmbəl] *n* (*climb*) subida (difícil); (*struggle*) pelea ♦ *vi*: **to ~ through/out** abrirse paso/salir con dificultad; **to ~ for** pelear por ❑ **scrambled eggs** *npl* huevos *mpl* revueltos

scrap [skræp] *n* (*bit*) trocito; (*fig*) pizca; (*fight*) riña, bronca; (*also*: **~ iron**) chatarra ♦ *vt* (*discard*) desechar, descartar ♦ *vi* reñir, armar una bronca; **~s** *npl* (*waste*) sobras *fpl*, desperdicios *mpl* ❑ **scrapbook** *n* álbum *m* de recortes ❑ **scrap dealer** *n* chatarrero(-a)

scrape [skreɪp] *n*: **to get into a ~** meterse en un lío ♦ *vt* raspar; (*skin etc*) rasguñar; (*scrape against*) rozar ♦ *vi*: **to ~ through** (*test*) aprobar por los pelos ▶ **scrape together** *vt* (*money*) arañar, juntar

scrap: ❑ **scrap heap** *n* (*fig*): **to be on the scrap heap** estar acabado ❑ **scrap merchant** (*BRIT*) *n* chatarrero(-a) ❑ **scrap paper** *n* papel *m* usado *or* de borrador

scratch [skrætʃ] *n* rasguño; (*from claw*) arañazo ♦ *cpd*: **~ team** equipo improvisado ♦ *vt* (*paint, car*) rayar; (*with claw, nail*) rasguñar, arañar; (*rub: nose etc*) rascarse ♦ *vi* rascarse; **to start from ~** partir de cero; **to be up to ~** cumplir con los requisitos

scrawl [skrɔːl] *n* garabatos *mpl* ♦ *vi* hacer garabatos

scrawny ['skrɔːni] *adj* flaco

scream [skriːm] *n* grito, chillido ♦ *vi* gritar, chillar

screech [skriːtʃ] *vi* chirriar

screen [skriːn] *n* (*MOVIE, TV*) pantalla; (*movable barrier*) biombo ♦ *vt* (*conceal*) tapar; (*from the wind etc*) proteger; (*movie*) proyectar; (*candidates etc*) investigar a ❑ **screening** *n* (*MED*) investigación *f* médica ❑ **screenplay** *n* guión *m* ❑ **screen saver** *n* (*COMPUT*) protector *m* de pantalla

screw [skruː] *n* tornillo ♦ *vt* (*also*: **~ in**) atornillar ▶ **screw up** *vt* (*inf*: *ruin*) chingar (*MEX*: *inf*), fregar (*LAm*: *inf*), joder (*SP*: *inf*); (*BRIT*: *paper etc*) arrugar; **to screw up one's eyes** arrugar el entrecejo ❑ **screwdriver** *n* desarmador *m* (*MEX*), desatornillador *m* (*MEX, CAm*), destornillador *m* (*LAm exc MEX, SP*)

scribble ['skrɪbəl] *n* garabatos *mpl* ♦ *vt, vi* garabatear, hacer garabatos

script [skrɪpt] *n* (*FILM etc*) guión *m*; (*writing*) escritura, letra

Scripture(s) ['skrɪptʃər(z)] *n(pl)* Sagrada Escritura

scroll [skroul] *n* rollo ♦ *vt* (*COMPUT*) desplazar

scrounge [skraundʒ] (*inf*) *vt*: **to ~ sth off** *or* **from sb** obtener algo de algn de gorra ♦ *n*: **on the ~** de gorra ❑ **scrounger** *n* gorrón(-ona) *m/f*

scrub [skrʌb] *n* (*land*) maleza ♦ *vt* fregar, restregar; (*inf*: *reject*) cancelar, anular

scruff [skrʌf] *n*: **by the ~ of the neck** por el pescuezo

scruffy ['skrʌfi] *adj* desaliñado, piojoso

scrum(mage) ['skrʌm(ɪdʒ)] *n* (*RUGBY*) melé *f*

scruple ['skruːpəl] *n* (*gen pl*) escrúpulo

scrutinize ['skruːtnaɪz] *vt* escudriñar; (*votes*) escrutar ❑ **scrutiny** *n* examen *m*, escrutinio

scuff [skʌf] *vt* (*shoes, floor*) rayar

scuffle ['skʌfəl] *n* refriega

sculptor ['skʌlptər] *n* escultor(a) *m/f*

sculpture ['skʌlptʃər] *n* escultura

scum [skʌm] *n* (*on liquid*) espuma; (*pej*: *people*) escoria

scurry ['skɜːri] *vi* correr; **to ~ off** escabullirse

scuttle ['skʌtl] *n* carbonera ♦ *vt* (*ship*) barrenar ♦ *vi*: **to ~ away, ~ off** escabullirse

scythe [saɪð] *n* guadaña

sea [siː] *n* mar *m* ♦ *cpd* de mar, marítimo; **by ~** (*travel*) en barco; **on the ~** (*boat*) en el mar; (*town*) junto al mar; **to be all at ~** (*fig*) estar despistado; **out to ~, at ~** en alta mar ❑ **seaboard** *n* litoral *m* ❑ **seafood** *n* mariscos *mpl* (*LAm*), marisco (*SP*) ❑ **sea front** *n* malecón *m* (*LAm*), costanera (*SC*), paseo marítimo (*SP*) ❑ **sea-going** *adj* de altura ❑ **seagull** *n* gaviota

seal [siːl] *n* (*animal*) foca; (*stamp*) sello ♦ *vt* (*close*) cerrar ▶ **seal off** *vt* (*area*) acordonar

sea level *n* nivel *m* del mar

sea lion *n* león *m* marino

seam [siːm] *n* costura; (*of metal*) juntura; (*of coal*) veta, filón *m*

seaman ['siːmən] *n* marinero

seance ['seɪɑːns] *n* sesión *f* de espiritismo

seaplane ['siː,pleɪn] *n* hidroavión *m*

seaport ['siː,pɔːrt] *n* puerto de mar

search [sɜːrtʃ] *n* (*for person, thing*) busca, búsqueda; (*COMPUT*) búsqueda; (*inspection*: *of sb's home*) registro ♦ *vt* (*look in*) buscar en; (*examine*) examinar; (*person, place*) registrar ♦ *vi*: **to ~ for** buscar; **in ~ of** en busca de ▶ **search through** *vt fus* registrar ❑ **search engine** *n* (*INTERNET*) buscador *m* ❑ **searching** *adj* penetrante ❑ **searchlight** *n* reflector *m*

❑ **search party** *n* equipo de búsqueda ❑ **search warrant** *n* mandamiento (judicial)

sea: ❑ **seashore** *n* orilla del mar ❑ **seasick** *adj* mareado ❑ **seaside** *n* playa ❑ **seaside resort** *n* centro turístico costero, balneario (*SC*)

season ['si:zən] *n* (*of year*) estación *f*; (*sporting etc*) temporada; (*of movies etc*) ciclo ♦ *vt* (*food*) sazonar; **in/out of ~** en sazón/fuera de temporada ❑ **seasonal** *adj* estacional ❑ **seasoned** *adj* (*fig*) experimentado ❑ **seasoning** *n* condimento, aderezo ❑ **season ticket** *n* abono

seat [si:t] *n* (*in bus, train*) asiento; (*chair*) silla; (*buttocks*) culo, trasero; (*of cycle*) sillín *m*, asiento; (*BRIT PARLIAMENT*) escaño, curul *m* (*MEX*), banca (*SC*) ♦ *vt* sentar; (*have room for*) tener cabida para; **to be ~ed** sentarse ❑ **seat belt** *n* cinturón *m* de seguridad

sea: ❑ **sea water** *n* agua de mar ❑ **seaweed** *n* alga marina ❑ **seaworthy** *adj* en condiciones de navegar

sec. *abbr* = **second(s)**

secluded [sɪ'klu:dɪd] *adj* retirado

seclusion [sɪ'klu:ʒən] *n* reclusión *f*

second ['sɛkənd] *adj* segundo ♦ *adv* en segundo lugar ♦ *n* segundo; (*AUT*: *also*: **~ gear**) segunda; (*COMM*) artículo defectuoso; (*BRIT SCOL degree*) *título de licenciado con calificación de notable* ♦ *vt* (*motion*) apoyar ❑ **secondary** *adj* secundario ❑ **secondary school** *n* escuela secundaria ❑ **second-class** *adj* de segunda clase ♦ *adv* (*RAIL*) en segunda ❑ **second hand** *n* (*on clock*) segundero ❑ **secondhand** *adj* de segunda mano, usado ❑ **secondly** *adv* en segundo lugar ❑ **secondment** [sɪ'kɑ:ndmənt] (*BRIT*) *n* traslado temporal ❑ **second-rate** *adj* de segunda categoría ❑ **second thoughts** *npl*: **to have second thoughts** cambiar de opinión; **on second thought** (*US*) *or* **thoughts** (*BRIT*) pensándolo bien

secrecy ['si:krəsi] *n* secreto

secret ['si:krɪt] *adj*, *n* secreto; **in ~** en secreto

secretarial [sɛkrɪ'tɛriəl] *adj* de secretario; (*training, staff*) de secretariado

secretary ['sɛkrətɛri] *n* secretario(-a); **S~ of State** (*US POL*) Secretario (*MEX*) *or* Ministro (*LAm exc MEX*) de Relaciones Exteriores, Ministro de Asuntos Exteriores (*SP*); (*BRIT POL*) secretario(-a) (*MEX*), ministro(-a) (*LAm exc MEX, SP*)

secretive ['si:krətɪv] *adj* reservado, sigiloso

secretly ['si:krɪtli] *adv* en secreto

sect [sɛkt] *n* secta ❑ **sectarian** [sɛk'tɛriən] *adj* sectario

section ['sɛkʃən] *n* sección *f*; (*part*) parte *f*; (*of document*) artículo; (*of opinion*) sector *m*; (*cross-section*) corte *m* transversal

sector ['sɛktər] *n* sector *m*

secular ['sɛkjulər] *adj* secular, seglar

secure [sɪ'kjuər] *adj* seguro; (*firmly fixed*) firme, fijo ♦ *vt* (*fix*) asegurar, afianzar; (*get*) conseguir

security [sɪ'kjurɪti] *n* seguridad *f*; (*for loan*) fianza; (: *object*) prenda

sedan [sə'dæn] (*US*) *n* (*AUT*) sedán *m* (*LAm*), turismo (*SP*)

sedate [sɪ'deɪt] *adj* tranquilo ♦ *vt* tratar con sedantes

sedation [sɪ'deɪʃən] *n* (*MED*) sedación *f*

sedative ['sɛdɪtɪv] *n* sedante *m*, sedativo

seduce [sɪ'du:s] *vt* seducir ❑ **seduction** [sɪ'dʌkʃən] *n* seducción *f* ❑ **seductive** [sɪ'dʌktɪv] *adj* seductor(a)

see [si:] (*pt* **saw**, *pp* **~n**) *vt* ver; (*accompany*): **to ~ sb to the door** acompañar a algn a la puerta; (*understand*) ver, comprender ♦ *vi* ver ♦ *n* (arz)obispado; **to ~ that** (*ensure*) asegurar que; **~ you soon!** ¡hasta pronto! ► **see around** *or* (*BRIT*) **about** *vt fus* atender a, encargarse de ► **see off** *vt* despedir ► **see through** *vt fus* (*fig*) calar ♦ *vt* (*plan*) llevar a cabo ► **see to** *vt fus* atender a, encargarse de

seed [si:d] *n* semilla; (*in fruit*) pepita; (*fig*: *gen pl*) germen *m*; (*SPORT*) cabeza *mf* de serie; **to go to ~** (*plant*) granar; (*fig*) descuidarse ❑ **seedling** *n* planta de semillero ❑ **seedy** *adj* (*shabby*) desaseado, raído

seeing ['si:ɪŋ] *conj*: **~ (that)** visto que, en vista de que ❑ **seeing-eye dog** (*US*) *n* perro guía

seek [si:k] (*pt, pp* **sought**) *vt* buscar; (*post*) solicitar

seem [si:m] *vi* parecer; **there ~s to be ...** parece que hay ... ❑ **seemingly** *adv* aparentemente, según parece

seen [si:n] *pp of* **see**

seep [si:p] *vi* filtrarse

seesaw ['si:sɔ:] *n* balancín *m*

seethe [si:ð] *vi* hervir; **to ~ with anger** estar furioso

see-through *adj* transparente

segment ['sɛgmənt] *n* (*part*) sección *f*; (*of orange*) gajo

segregate ['sɛgrɪgeɪt] *vt* segregar

seize [si:z] *vt* (*grasp*) agarrar, asir; (*take possession of*) secuestrar; (: *territory*) apoderarse de; (*opportunity*) aprovecharse de ► **seize (up)on** *vt fus* aprovechar ► **seize up** *vi* (*TECH*) agarrotarse

seizure ['si:ʒər] *n* (*MED*) ataque *m*; (*LAW, of power*) incautación *f*

seldom ['sɛldəm] *adv* rara vez

select [sɪ'lɛkt] *adj* selecto, escogido ♦ *vt* escoger, elegir; (*SPORT*) seleccionar ❑ **selection** *n* selección *f*, elección *f*; (*COMM*) surtido

self [sɛlf] (*pl* **selves**) *n* uno mismo ♦ *prefix* auto...; **the ~** el yo ❑ **self-assured** *adj* seguro de sí mismo ❑ **self-catering** (*BRIT*) *adj* (*apartment etc*) con cocina ❑ **self-centered** (*US*) (*BRIT* **self-centred**) *adj* egocéntrico ❑ **self-confidence** *n* confianza en sí mismo ❑ **self-conscious** *adj* cohibido ❑ **self-contained** (*BRIT*) *adj* (*apartment*) independiente ❑ **self-control** *n* autocontrol ❑ **self-defense** (*US*) (*BRIT* **self-defence**) *n* defensa propia ❑ **self-discipline** *n* autodisciplina ❑ **self-employed** *adj* autónomo ❑ **self-evident** *adj* patente ❑ **self-governing** *adj* autónomo ❑ **self-indulgent** *adj* autocomplaciente ❑ **self-interest** *n* egoísmo ❑ **selfish** *adj* egoísta ❑ **selfishness** *n* egoísmo ❑ **selfless** *adj* desinteresado ❑ **self-made** *adj*: **self-made man** hombre *m* hecho a sí mismo ❑ **self-pity** *n* autocompasión ❑ **self-portrait** *n* autorretrato ❑ **self-possessed** *adj* sereno, dueño de sí mismo ❑ **self-preservation** *n* propia conservación *f* ❑ **self-respect** *n* amor *m* propio ❑ **self-righteous** *adj* santurrón(-ona) ❑ **self-sacrifice** *n* abnegación *f* ❑ **self-satisfied** *adj* satisfecho de sí mismo ❑ **self-service** (*US* **self-serve**) *adj* de autoservicio ❑ **self-sufficient** *adj* autosuficiente ❑ **self-taught** *adj* autodidacta

sell [sɛl] (*pt, pp* **sold**) *vt* vender ♦ *vi* venderse; **to ~ at** *or* **for $20** venderse a 20 dólares ► **sell off** *vt* liquidar ► **sell out** *vi*: **the tickets sold out in three hours** las entradas se agotaron en tres horas ❑ **sell-by date** (*BRIT*) *n* fecha de caducidad ❑ **seller** *n* vendedor(a) *m/f* ❑ **selling price** *n* precio de venta

Sellotape® ['sɛlou,teɪp] (*BRIT*) *n* cinta Dúrex® (*MEX*), cinta Scotch® (*LAm*), celo (*SP*)

selves [sɛlvz] *npl of* **self**

semblance ['sɛmbləns] *n* apariencia

semen ['si:mən] *n* semen *m*

semester [sə,mɛstər] *n* semestre *m*

semi... [sɛmi] *prefix* semi..., medio... ❑ **semi-annual** (*US*) *adj* semestral ❑ **semicircle** *n* semicírculo ❑ **semicolon** *n* punto y coma ❑ **semiconductor** *n* semiconductor *m* ❑ **semidetached (house)** (*BRIT*) *n* (casa) pareada *or* semiadosada ❑ **semi-final** *n* semifinal *f*

seminar ['sɛmɪnɑ:r] *n* seminario

seminary ['sɛmɪnɛri] *n* (*REL*) seminario

semiskilled ['sɛmɪ,skɪld] *adj* (*work, worker*) semicalificado (*LAm*), semicualificado (*SP*)

semi-skimmed (milk) (*BRIT*) *n* leche *f* semidescremada (*LAm*) *or* semidesnatada (*SP*)

senate ['sɛnɪt] *n* senado; **the S~** (*US*) el Senado ❑ **senator** *n* senador(a) *m/f*

send [sɛnd] (*pt, pp* **sent**) *vt* mandar, enviar; (*signal*) transmitir ► **send away** *vt* despachar ► **send away for** *vt fus* pedir ► **send back** *vt* devolver ► **send for** *vt fus* mandar traer ► **send off** *vt* (*goods*) despachar; (*BRIT SPORT*: *player*) expulsar ► **send out** *vt* (*invitation*) mandar; (*signal*) emitir ► **send up** *vt* (*person, price*) hacer subir; (*BRIT*: *parody*) parodiar ❑ **sender** *n* remitente *mf* ❑ **send-off** *n*: **a good send-off** una buena despedida

senior ['si:njər] *adj* (*older*) mayor, más viejo; (: *on staff*) de más antigüedad; (*of higher rank*) superior; (*SCOL*) estudiante *mf* del último año ❑ **senior citizen** *n* persona de la tercera edad ❑ **senior high school** (*US*) *n* escuela secundaria (superior), preparatoria (*MEX*) ❑ **seniority** [si:n'jɔ:rɪti] *n* antigüedad *f*

sensation [sɛn'seɪʃən] *n* sensación *f* ❑ **sensational** *adj* sensacional

sense [sɛns] *n* (*faculty, meaning*) sentido; (*feeling*) sensación *f*; (*good sense*) sentido común, juicio ♦ *vt* sentir, percibir; **it makes ~** tiene sentido ❑ **senseless** *adj* estúpido, insensato; (*unconscious*) sin conocimiento ❑ **sense of humor** *n* sentido del humor

sensible ['sɛnsɪbəl] *adj* sensato; (*reasonable*) razonable, lógico

> ⚠ Be careful not to translate **sensible** by the Spanish word ***sensible***.

sensitive ['sɛnsɪtɪv] *adj* sensible; (*touchy*) susceptible

sensual ['sɛnʃuəl] *adj* sensual

sensuous ['sɛnʃuəs] *adj* sensual

sent [sɛnt] *pt, pp of* **send**

sentence ['sɛntns] *n* (*LING*) oración *f*; (*LAW*) sentencia, fallo ♦ *vt*: **to ~ sb to death/to 5 years (in prison)** condenar a algn a muerte/a 5 años de cárcel

sentiment ['sɛntɪmənt] *n* sentimiento; (*opinion*) opinión *f* ❑ **sentimental** [sɛntɪ'mɛntl] *adj* sentimental

sentry ['sɛntri] *n* centinela *m*

separate [*adj* 'sɛprɪt, *vb* 'sɛpəreɪt] *adj* separado; (*distinct*) distinto ♦ *vt* separar; (*part*) dividir ♦ *vi* separarse ❑ **separately** *adv* por separado ❑ **separates** *npl* (*clothes*) coordinados *mpl* ❑ **separation** [sɛpə'reɪʃən] *n* separación *f*

September [sɛp'tɛmbər] *n* septiembre *m*

septic ['sɛptɪk] *adj* séptico ❑ **septic tank** *n* fosa séptica

sequel ['si:kwəl] *n* consecuencia, resultado; (*of story*) continuación *f*

sequence ['si:kwəns] *n* sucesión *f*, serie *f*; (*FILM*) secuencia

sequin ['si:kwɪn] *n* lentejuela

serene [sə'ri:n] *adj* sereno, tranquilo

sergeant ['sɑ:rdʒənt] *n* sargento

serial ['sɪriəl] *n* (*TV*) serial *m* (*LAm*), serie *f* (*SP*); (*book*) novela por entregas ❑ **serialize** *vt* televisar *or* publicar por entregas ❑ **serial killer** *n* asesino(-a) múltiple ❑ **serial number** *n* número de serie

series ['sɪri:z] *n inv* serie *f*

serious ['sɪriəs] *adj* serio; (*grave*) grave ❑ **seriously** *adv* en serio; (*ill, wounded etc*) gravemente

sermon ['sɜ:rmən] *n* sermón *m*

serrated [sə'reɪtɪd] *adj* serrado, dentellado

serum ['sɪrəm] *n* suero

servant ['sɜ:rvənt] *n* servidor(a) *m/f*; (*house servant*) criado(-a)

serve [sɜ:rv] *vt* servir; (*customer*) atender; (*subj*: *train*) pasar por; (*apprenticeship*) hacer; (*prison term*) cumplir ♦ *vi* (*at table*) servir; (*TENNIS*) sacar, servir ♦ *n* (*TENNIS*) saque *m*, servicio; **it ~s him right** se lo tiene merecido; **to ~ as/for/to do** servir de/para/para hacer ► **serve out** *vt* (*food*) servir ► **serve up** *vt* = **serve out**

service ['sɜ:rvɪs] *n* servicio; (*REL*) oficio (religioso); (*AUT*) servicio (*LAm*), service *m* (*RPl*), revisión *f* (*SP*); (*dishes etc*) juego ♦ *vt* (*car etc*) hacer un servicio (*LAm*) *or* service (*RPl*) a, revisar (*SP*); (: *repair*) reparar; **the S~s** *npl* las fuerzas armadas; **to be of ~ to sb** ser útil a algn; **~ included/not included** servicio incluido/no incluido ❑ **serviceable** *adj* servible, utilizable ❑ **service area** (*BRIT*) *n* (*on highway*) área de servicios ❑ **service charge** (*BRIT*) *n* servicio ❑ **serviceman** *n* militar *m* ❑ **service provider** *n* (*INTERNET*) proveedor *m* de servicios ❑ **service station** *n* estación *f* de servicio

serviette [sɜrvɪ'ɛt] (*BRIT*) *n* servilleta

session ['sɛʃən] *n* sesión *f*; **to be in ~** estar en sesión

set [sɛt] (*pt, pp* **~**) *n* juego; (*RADIO*) aparato; (*TV*) televisor *m*; (*of utensils*) batería; (*of cutlery*) cubierto; (*of books*) colección *f*; (*TENNIS*) set *m*; (*group of people*) grupo; (*MOVIE*) plató *m*; (*THEATER*) decorado; (*HAIRDRESSING*) marcado ♦ *adj* (*fixed*) fijo; (*ready*) listo ♦ *vt* (*place*) poner, colocar; (*fix*) fijar; (*adjust*) ajustar, arreglar; (*decide*: *rules etc*) establecer, decidir ♦ *vi* (*sun*) ponerse; (*jam, jelly*) cuajarse; (*concrete*) fraguar; (*bone*) componerse; **to be ~ on doing sth** estar empeñado en hacer algo; **to ~ to music** poner música a; **to ~ on fire** prender fuego a; **to ~ free** poner en libertad; **to ~ sth going** poner algo en marcha; **to ~ sail** zarpar, hacerse a la vela; **to ~ the table** poner la mesa ► **set about** *vt fus* ponerse a ► **set aside** *vt* poner aparte, dejar de lado; (*money, time*) reservar ► **set back** *vt* (*cost*): **to set sb back $10** costar a algn diez dólares; **to set back (by)** (*in time*) retrasar (por) ► **set down** *vt* (*record*) poner por escrito ► **set off** *vi* partir ♦ *vt* (*bomb*) hacer estallar; (*events*) poner en marcha; (*show up well*) hacer resaltar ► **set out** *vi* salir ♦ *vt* (*arrange*) disponer; (*state*) exponer; **to set out to do sth** proponerse hacer algo ► **set up** *vt* establecer ❑ **setback** *n* revés *m*, contratiempo ❑ **set menu** *n* menú *m*

settee [sɛ'ti:] *n* sofá *m*

setting ['sɛtɪŋ] *n* (*scenery*) marco; (*position*) disposición *f*; (*of sun*) puesta; (*of jewel*) engaste *m*, montadura

settle ['sɛtl] *vt* (*argument*) resolver; (*accounts*) ajustar, liquidar; (*MED*: *calm*) calmar, sosegar ♦ *vi* (*dust etc*) depositarse; (*weather*) serenarse; (*also*: **~ down**) instalarse; calmarse; **to ~ for sth** convenir en aceptar algo; **to ~ on sth** decidirse por algo ► **settle in** *vi* adaptarse ► **settle up** *vi*: **to settle up with sb** ajustar cuentas con algn ❑ **settlement** *n* (*payment*) liquidación *f*; (*agreement*) acuerdo, convenio; (*village etc*) pueblo ❑ **settler** *n* colono(-a), colonizador(a) *m/f*

setup ['sɛtʌp] *n* sistema *m*; (*situation*) situación *f*

seven ['sɛvən] *num* siete ❑ **seventeen** *num* diecisiete ❑ **seventh** *num* séptimo ❑ **seventy** *num* setenta

sever ['sɛvər] *vt* cortar; (*relations*) romper

several ['sɛvrəl] *adj, pron* varios(-as), algunos(-as); **~ of us** varios de nosotros

severance ['sɛvərəns] *n* (*of relations*) ruptura ❑ **severance pay** (*BRIT*) *n* indemnización *f* por despido

severe [sɪ'vɪər] *adj* severo; (*serious*) grave; (*hard*) duro; (*pain*) intenso ❑ **severity** [sɪ'vɛrɪti] *n* severidad *f*; gravedad *f*; intensidad *f*

sew [sou] (*pt* **~ed**, *pp* **~n**) *vt, vi* coser ► **sew up** *vt* coser, zurcir

sewage ['su:ɪdʒ] *n* aguas *fpl* residuales

sewer ['su:ər] *n* alcantarilla, cloaca

sewing ['souɪŋ] *n* costura ❑ **sewing machine** *n* máquina de coser

sewn [soun] *pp of* **sew**

sex [sɛks] *n* sexo; (*lovemaking*): **to have ~** tener relaciones sexuales ❑ **sexist** *adj*, *n* sexista *mf* ❑ **sexual** *adj* sexual ❑ **sexy** *adj* sexy

shabby ['ʃæbi] *adj* (*person*) desaliñado; (*clothes*) raído, gastado; (*behavior*) ruin

shack [ʃæk] *n* choza, jacal *m* (*MEX*), rancho (*LAm*), bohío (*CAm*)

shackles ['ʃækəlz] *npl* grilletes *mpl*

shade [ʃeɪd] *n* sombra; (*for lamp*) pantalla; (*for eyes*) visera; (*of color*) tono, tonalidad *f*; (*small quantity*): **a ~ (too big/more)** un poquitín (grande/más); (*US*: *on window*) persiana ♦ *vt* dar sombra a; (*eyes*) proteger del sol; **~s** *npl* (*US*: *sunglasses*) lentes *mpl* (*LAm*) *or* anteojos *mpl* (*LAm*) *or* gafas *fpl* (*SP*) de sol; **in the ~** en la sombra

shadow ['ʃædou] *n* sombra ♦ *vt* (*follow*) seguir y vigilar ❑ **shadow cabinet** (*BRIT*) *n* (*POL*) gabinete *m* en la sombra, *gabinete paralelo formado por el partido de oposición* ❑ **shadowy** *adj* oscuro; (*dim*) indistinto

shady ['ʃeɪdi] *adj* sombreado; (*fig*: *dishonest*) sospechoso; (: *deal*) turbio

shaft [ʃæft] *n* (*of arrow, spear*) astil *m*; (*AUT, TECH*) eje *m*; (*of mine*) pozo; (*of lift*) hueco, caja; (*of light*) rayo

shaggy ['ʃægi] *adj* peludo

shake [ʃeɪk] (*pt* **shook**, *pp* **~n**) *vt* sacudir; (*building*) hacer temblar; (*bottle, cocktail*) agitar ♦ *vi* (*tremble*) temblar; **to ~ one's head** (*in refusal*) negar con la cabeza; (*in dismay*) mover *or* menear la cabeza incrédulo; **to ~ hands with sb** dar *or* estrechar la mano a algn ► **shake off** *vt* sacudirse; (*fig*) deshacerse de ► **shake up** *vt* agitar; (*fig*) reorganizar ❑ **shaky** *adj* (*hand, voice*) trémulo; (*building*) inestable

shall [ʃæl] *aux vb*: **~ I help you?** ¿quieres que te ayude?; **I'll buy three, ~ I?** compro tres, ¿no te parece?

shallow ['ʃælou] *adj* poco profundo; (*fig*) superficial

sham [ʃæm] *n* fraude *m*, engaño ♦ *vt* fingir, simular

shambles ['ʃæmbəlz] *n* desastre *m*

shame [ʃeɪm] *n* vergüenza ♦ *vt* avergonzar; **it is a ~ that/to do** es una lástima que/hacer; **what a ~!** ¡qué lástima! ❑ **shameful** *adj* vergonzoso ❑ **shameless** *adj* desvergonzado

shampoo [ʃæm'pu:] *n* champú *m* ♦ *vt* lavar con champú ❑ **shampoo and dry** (*US*) *n* lavado y marcado ❑ **shampoo and set** (*BRIT*) *n* = **shampoo and dry**

shamrock ['ʃæmrɑ:k] *n* trébol *m* (*de Irlanda*)

shandy ['ʃændi] (*BRIT*) *n* cerveza con gaseosa

shan't [ʃænt] *cont* = **shall not**

shantytown ['ʃænti,taun] *n* colonia proletaria (*MEX*), barriada (*LAm*), barrio de chabolas (*SP*)

shape [ʃeɪp] *n* forma ♦ *vt* formar, dar forma a; (*sb's ideas*) formar; (*sb's life*) determinar; **to take ~** tomar forma ► **shape up** *vi* (*events*) desarrollarse; (*person*) formarse ❑ **-shaped** *suffix*: **heart-shaped** en forma de corazón ❑ **shapeless** *adj* informe, sin forma definida ❑ **shapely** *adj* (*body etc*) esbelto

share [ʃɛər] *n* (*part*) parte *f*, porción *f*; (*contribution*) cuota; (*COMM*) acción *f* ♦ *vt* dividir; (*have in common*) compartir; **to ~ out (among** *or* **between)** repartir (entre) ❑ **shareholder** *n* accionista *mf*

shark [ʃɑ:rk] *n* tiburón *m*

sharp [ʃɑ:rp] *adj* (*blade, nose*) afilado; (*point*) puntiagudo; (*outline*) definido; (*pain*) intenso; (*MUS*) desafinado; (*contrast*) marcado; (*voice*) agudo; (*person*: *quick-witted*) astuto, listo; (: *dishonest*) poco escrupuloso ♦ *n* (*MUS*) sostenido ♦ *adv*: **at 2 o'clock ~** a las 2 en punto ❑ **sharpen** *vt* afilar; (*pencil*) sacar punta a; (*fig*) agudizar ❑ **sharpener** *n* (*also*: **pencil sharpener**) sacapuntas *m inv* ❑ **sharp-eyed** *adj* de vista aguda ❑ **sharply** *adv* (*turn, stop*) bruscamente; (*stand out, contrast*) claramente; (*criticize, retort*) severamente

shatter ['ʃætər] *vt* hacer añicos *or* pedazos; (*fig*: *ruin*) destruir, acabar con ♦ *vi* hacerse añicos

shave [ʃeɪv] *vt* afeitar, rasurar (*MEX*) ♦ *vi* afeitarse, rasurarse (*MEX*) ♦ *n*: **to have a ~** afeitarse, rasurarse (*MEX*) ❑ **shaver** *n* (*also*: **electric shaver**) rasuradora (*MEX*), máquina (*LAm*) *or* maquinilla (*SP*) (eléctrica) de afeitar

shaving ['ʃeɪvɪŋ] *n* (*action*) afeitado, rasurado (*MEX*); **~s** *npl* (*of wood etc*) virutas *fpl* ❑ **shaving brush** *n* brocha de afeitar ❑ **shaving cream** *n* crema de afeitar *or* (*MEX*)

rasurar ❑ **shaving foam** *n* espuma de afeitar *or* (*MEX*) rasurar ❑ **shaving gel** *n* gel *m* de afeitar *or* (*MEX*) rasurar
shawl [ʃɔːl] *n* chal *m*
she [ʃiː] *pron* ella
sheaf [ʃiːf] (*pl* **sheaves**) *n* (*of corn*) gavilla; (*of papers*) fajo
shear [ʃɪər] (*pt* **~ed**, *pp* **~ed** *or* **shorn**) *vt* esquilar, trasquilar ❑ **shears** *npl* (*for hedge*) tijeras *fpl* de jardín
sheath [ʃiːθ] *n* vaina; (*contraceptive*) preservativo
sheaves [ʃiːvz] *npl of* **sheaf**
shed [ʃɛd] (*pt, pp* ~) *n* cobertizo ◆ *vt* (*skin*) mudar; (*tears, blood*) derramar; (*load*) derramar; (*workers*) despedir
she'd [ʃiːd] *cont* = **she had; she would**
sheen [ʃiːn] *n* brillo, lustre *m*
sheep [ʃiːp] *n inv* oveja ❑ **sheepdog** *n* perro pastor ❑ **sheepskin** *n* piel *f* de carnero
sheer [ʃɪər] *adj* (*utter*) puro, completo; (*steep*) escarpado; (*material*) diáfano ◆ *adv* verticalmente
sheet [ʃiːt] *n* (*on bed*) sábana; (*of paper*) hoja; (*of glass, metal*) lámina; (*of ice*) capa
sheik(h) [ʃeɪk] *n* jeque *m*
shelf [ʃɛlf] (*pl* **shelves**) *n* estante *m*
shell [ʃɛl] *n* (*on beach*) concha; (*of egg, nut etc*) cáscara; (*explosive*) proyectil *m*, obús *m*; (*of building*) armazón *f* ◆ *vt* (*peas*) desenvainar; (*MIL*) bombardear
she'll [ʃiːl] *cont* = **she will; she shall**
shellfish [ˈʃɛlfɪʃ] *n inv* crustáceo; (*as food*) mariscos *mpl* (*LAm*), marisco (*SP*)
shell suit *n* (*BRIT*) pants *mpl* y sudadera (*MEX*), equipo de deportes (*LAm*), jogging *m* (*RPl*), chándal *m* (*SP*)
shelter [ˈʃɛltər] *n* abrigo, refugio ◆ *vt* (*aid*) amparar, proteger; (*give lodging to*) abrigar ◆ *vi* abrigarse, refugiarse ❑ **sheltered** *adj* (*life*) protegido; (*spot*) abrigado ❑ **sheltered housing** (*BRIT*) *n* viviendas vigiladas para ancianos y minusválidos
shelve [ʃɛlv] *vt* (*fig*) aplazar ❑ **shelves** *npl of* **shelf**
shepherd [ˈʃɛpərd] *n* pastor *m* ◆ *vt* (*guide*) guiar, conducir ❑ **shepherd's pie** (*BRIT*) *n* *pastel de carne y puré de papas*
sherbet [ˈʃɜːrbət] *n* (*US: water ice*) sorbete *m*; (*BRIT: powder*) polvos *mpl* azucarados
sheriff [ˈʃɛrɪf] *n* (*in US*) sheriff *m*; (*in England*) gobernador *m* civil; (*in Scotland*) juez *mf*
sherry [ˈʃɛri] *n* jerez *m*
she's [ʃiːz] *cont* = **she is; she has**
Shetland [ˈʃɛtlənd] *n* (*also:* **the ~s, the ~ Isles**) las (Islas) Shetland
shield [ʃiːld] *n* escudo; (*protection*) blindaje *m* ◆ *vt*: **to ~ (from)** proteger (de)
shift [ʃɪft] *n* (*change*) cambio; (*at work*) turno; (*also:* **gear ~**) palanca de cambios ◆ *vt* trasladar; (*remove*) quitar ◆ *vi* moverse; **to ~ gear** (*AUT*) cambiar de marcha ❑ **shift work** *n* trabajo por turnos ❑ **shifty** *adj* sospechoso; (*eyes*) furtivo
shimmer [ˈʃɪmər] *n* brillo *or* reflejo trémulo
shin [ʃɪn] *n* espinilla
shine [ʃaɪn] (*pt, pp* **shone**) *n* brillo, lustre *m* ◆ *vi* brillar, relucir ◆ *vt* (*shoes*) lustrar, sacar brillo a; **to ~ a torch on sth** enfocar una linterna hacia algo
shingle [ˈʃɪŋgəl] *n* (*on beach*) guijarros *mpl*; **~s** *n* (*MED*) herpes *m inv*
shiny [ˈʃaɪni] *adj* brillante, lustroso
ship [ʃɪp] *n* barco, buque *m* ◆ *vt* (*goods*) embarcar; (*send*) transportar *or* enviar por barco ❑ **shipbuilding** *n* construcción *f* naval ❑ **shipment** *n* (*goods*) envío ❑ **shipping** *n* (*act*) transporte *m*; (*ships*) barcos *mpl* ❑ **shipwreck** *n* naufragio ◆ *vt*: **to be shipwrecked** naufragar ❑ **shipyard** *n* astillero
shire [ˈʃaɪər] (*BRIT*) *n* condado
shirt [ʃɜːrt] *n* camisa; **in (one's) ~ sleeves** en mangas de camisa
shit [ʃɪt] (*inf!*) *excl* ¡mierda! (*!*)
shiver [ˈʃɪvər] *n* escalofrío ◆ *vi* temblar, estremecerse; (*with cold*) tiritar
shoal [ʃoul] *n* (*of fish*) banco; (*fig: also:* **~s**) tropel *m*
shock [ʃɑːk] *n* (*impact*) choque *m*; (*ELEC*) descarga (eléctrica); toque *m* (*MEX*), golpe *m* de corriente (*LAm*), calambre *m* (*SP*); (*emotional*) conmoción *f*; (*start*) sobresalto, susto; (*MED*) shock *m* ◆ *vt* dar un susto a; (*offend*) escandalizar ❑ **shock absorber** *n* amortiguador *m* ❑ **shocking** *adj* (*awful*) espantoso; (*outrageous*) escandaloso
shoddy [ˈʃɑːdi] *adj* de pacotilla
shoe [ʃuː] (*pt, pp* **shod**) *n* zapato; (*for horse*) herradura ◆ *vt* (*horse*) herrar ❑ **shoe brush** *n* cepillo para zapatos ❑ **shoelace** *n* cordón *m*, agujeta (*MEX*), cinta (*MEX*) ❑ **shoe polish** *n* betún *m*, pomada (*RPl*) ❑ **shoe store** (*US*) (*BRIT* **shoe shop**) *n* zapatería ❑ **shoestring** *n* cordón *m*, agujeta (*MEX*), cinta (*MEX*); (*fig*): **on a shoestring** con muy poco dinero
shone [ʃoun] *pt, pp of* **shine**
shook [ʃuk] *pt of* **shake**
shoot [ʃuːt] (*pt, pp* **shot**) *n* (*on branch, seedling*) retoño, vástago ◆ *vt* disparar; (*kill*) matar a tiros; (*wound*) pegar un tiro; (*execute*) fusilar; (*movie*) rodar, filmar ◆ *vi* (*SOCCER*) chutar ▶ **shoot down** *vt* (*plane*) derribar ▶ **shoot in/out** *vi* entrar corriendo/salir disparado ▶ **shoot up** *vi* (*prices*) dispararse ❑ **shooting** *n* (*shots*) disparos *mpl*; (*of movie*) rodaje *m*; (*BRIT HUNTING*) caza con escopeta ❑ **shooting star** *n* estrella fugaz
shop [ʃɑːp] *n* (*BRIT*) tienda; (*workshop*) taller *m* ◆ *vi* (*also:* **go ~ping**) ir de compras ❑ **shop assistant** (*BRIT*) *n* vendedor(a) *m/f* (*LAm*), dependiente(-a) *m/f* (*SP*) ❑ **shop floor** (*BRIT*) *n* (*fig*) taller *m*, fábrica ❑ **shopkeeper** (*BRIT*) *n* comerciante *mf* ❑ **shoplifting** *n* hurto (*en tiendas*) ❑ **shopper** *n* comprador(a) *m/f* ❑ **shopping** *n* (*goods*) compras *fpl* ❑ **shopping bag** *n* bolsa de la compra ❑ **shopping cart** (*US*) *n* carrito de la compra ❑ **shopping center** (*US*) (*BRIT* **shopping centre**) *n* centro comercial ❑ **shopping channel** *n* canal *m* de televenta ❑ **shop-soiled** (*BRIT*) *adj* deteriorado ❑ **shop steward** (*BRIT*) *n* (*INDUSTRY*) representante *mf* sindical ❑ **shop window** *n* vidriera (*LAm*), escaparate *m* (*SP*)
shore [ʃɔːr] *n* orilla ◆ *vt*: **to ~ (up)** reforzar; **on ~** en tierra
shorn [ʃɔːrn] *pp of* **shear**
short [ʃɔːrt] *adj* corto; (*in time*) breve, de corta duración; (*person*) bajo; (*curt*) brusco, seco; (*insufficient*) insuficiente; **to be ~ of sth** estar falto de algo; **in ~** en pocas palabras; **~ of doing ...** fuera de hacer ...; **it is ~ for** es la forma abreviada de; **to cut ~** (*speech, visit*) interrumpir, terminar inesperadamente; **everything ~ of ...** todo menos ...; **to fall ~ of** no alcanzar; **to run ~ of sth** andar escaso de algo; **to stop ~** parar en seco; **to stop ~ of** detenerse antes de ❑ **shortage** *n*: **a shortage of** una falta de ❑ **shortbread** *n* *galleta de mantequilla* ❑ **short-change** *vt* devolver de menos a ❑ **short-circuit** *n* cortocircuito ❑ **shortcoming** *n* defecto, deficiencia ❑ **short(crust) pastry** (*BRIT*) *n* pasta quebradiza ❑ **shortcut** *n* atajo ❑ **shorten** *vt* acortar; (*visit*) interrumpir ❑ **shortfall** *n* déficit *m* ❑ **shorthand** *n* taquigrafía ❑ **short-handed** *adj* falto de personal *or* mano de obra ❑ **shorthand typist** *n* taquimecanógrafo(-a) ❑ **short list** (*BRIT*) *n* (*for job*) lista de candidatos seleccionados ❑ **short-lived** *adj* efímero ❑ **shortly** *adv* en breve, dentro de poco
shorts [ʃɔːrts] *npl* pantalones *mpl* cortos; (*US*) calzoncillos *mpl*
short: ❑ **shortsighted** (*BRIT*) *adj* miope; (*fig*) imprudente ❑ **short-staffed** (*BRIT*) *adj*: **to be short-staffed** estar falto de personal ❑ **short story** *n* cuento ❑ **short-tempered** *adj* enojadizo ❑ **short-term** *adj* (*effect*) a corto plazo ❑ **shortwave** *n* (*RADIO*) onda corta
shot [ʃɑːt] *pt, pp of* **shoot** ◆ *n* (*sound*) tiro, disparo; (*try*) tentativa; (*of alcohol*) trago; (*injection*) inyección *f*; (*PHOT*) foto; **to be a good/poor ~** (*person*) tener buena/mala puntería; **like a ~** (*without any delay*) como un rayo ❑ **shotgun** *n* escopeta
should [ʃud] *aux vb*: **I ~ go now** debo irme ahora; **he ~ be there now** debe de haber llegado (ya); **I ~ like to** me gustaría; **I ~ go if I were you** (*BRIT*) yo en tu lugar me iría
shoulder [ˈʃouldər] *n* hombro; (*US: on road*) arcén *m*, acotamiento (*MEX*), banquina (*RPl*) ◆ *vt* (*fig*) cargar con ❑ **shoulder bag** *n* bolsa (*MEX*) *or* cartera (*LAm exc MEX*) (*para colgar del hombro*), (bolso de) bandolera (*SP*) ❑ **shoulder blade** *n* omóplato
shouldn't [ˈʃudnt] *cont* = **should not**
shout [ʃaut] *n* grito ◆ *vt* gritar ◆ *vi* gritar, dar voces ▶ **shout down** *vt* acallar a gritos ❑ **shouting** *n* griterío
shove [ʃʌv] *n* empujón *m* ◆ *vt* empujar; (*inf: put*): **to ~ sth in** meter algo a empujones ▶ **shove off** (*inf*) *vi* largarse
shovel [ˈʃʌvəl] *n* pala; (*mechanical*) excavadora ◆ *vt* mover con pala
show [ʃou] (*pt* **~ed**, *pp* **~n**) *n* (*of emotion*) demostración *f*; (*semblance*) apariencia; (*exhibition*) exposición *f*; (*THEATER*) función *f*, espectáculo; (*TV*) show *m* ◆ *vt* mostrar, enseñar; (*courage etc*) mostrar, manifestar; (*exhibit*) exponer; (*movie*) proyectar ◆ *vi* mostrarse; (*appear*) aparecer; **for ~** para impresionar; **on ~** (*exhibits etc*) expuesto ▶ **show in** *vt* (*person*) hacer pasar ▶ **show off** (*pej*) *vi* presumir ◆ *vt* (*display*) lucir ▶ **show out** *vt*: **to show sb out** acompañar a algn a la puerta ▶ **show up** *vi* (*stand out*) destacar; (*inf: turn up*) aparecer ◆ *vt* (*unmask*) desenmascarar ❑ **show business** *n* mundo del espectáculo ❑ **showdown** *n* enfrentamiento (final)
shower [ˈʃauər] *n* (*rain*) chubasco, chaparrón *m*; (*of stones etc*) lluvia; (*for bathing*) ducha, regadera (*MEX*); (*party*) fiesta con regalos ◆ *vi* llover ◆ *vt* (*fig*): **to ~ sb with sth** colmar a algn de algo; **to take a ~** ducharse ❑ **shower gel** *n* gel *m* de ducha ❑ **showerproof** *adj* impermeable
showing [ˈʃouɪŋ] *n* (*of movie*) proyección *f*
show jumping *n* hípica
shown [ʃoun] *pp of* **show**
show: ❑ **show-off** (*inf*) *n* (*person*) fanfarrón(-ona) *m/f* ❑ **showpiece** *n* (*of exhibition*) joya, pieza principal ❑ **showroom** *n* sala de muestras
shrank [ʃræŋk] *pt of* **shrink**
shrapnel [ˈʃræpnəl] *n* metralla
shred [ʃrɛd] *n* (*gen pl*) triza, jirón *m* ◆ *vt* hacer trizas; (*CULIN*) desmenuzar ❑ **shredder** *n* (*vegetable shredder*) picadora; (*document shredder*) trituradora (de papel)
shrewd [ʃruːd] *adj* astuto
shriek [ʃriːk] *n* chillido ◆ *vi* chillar
shrill [ʃrɪl] *adj* agudo, estridente
shrimp [ʃrɪmp] *n* camarón *m* (*LAm*), gamba (*SP*)
shrine [ʃraɪn] *n* santuario, sepulcro
shrink [ʃrɪŋk] (*pt* **shrank**, *pp* **shrunk**) *vi* encogerse; (*be reduced*) reducirse; (*also:* **~ away**) retroceder ◆ *vt* encoger ◆ *n* (*inf: pej*) loquero(-a); **to ~ from (doing) sth** no atreverse a hacer algo ❑ **shrink-wrap** *vt* envolver en plástico
shrivel [ˈʃrɪvəl] (*also:* **~ up**) *vt* (*dry*) secar ◆ *vi* secarse
shroud [ʃraud] *n* mortaja, sudario ◆ *vt*: **~ed in mystery** envuelto en el misterio
Shrove Tuesday [ˈʃrouvˈtuːzdi] *n* martes *m* de carnaval
shrub [ʃrʌb] *n* arbusto ❑ **shrubbery** *n* arbustos *mpl*
shrug [ʃrʌg] *n* encogimiento de hombros ◆ *vt, vi*: **to ~ (one's shoulders)** encogerse de hombros ▶ **shrug off** *vt* negar importancia a
shrunk [ʃrʌŋk] *pp of* **shrink**
shudder [ˈʃʌdər] *n* estremecimiento, escalofrío ◆ *vi* estremecerse
shuffle [ˈʃʌfəl] *vt* (*cards*) barajar ◆ *vi*: **to ~ (one's feet)** arrastrar los pies
shun [ʃʌn] *vt* rehuir, esquivar
shunt [ʃʌnt] *vt* (*train*) maniobrar; (*object*) empujar
shut [ʃʌt] (*pt, pp* ~) *vt* cerrar ◆ *vi* cerrarse ▶ **shut down** *vt, vi* cerrar ▶ **shut off** *vt* (*supply etc*) cortar ▶ **shut up** *vi* (*inf: keep quiet*) callarse ◆ *vt* (*close*) cerrar; (*silence*) hacer callar ❑ **shutter** *n* contraventana; (*PHOT*) obturador *m*
shuttle [ˈʃʌtl] *n* (*for weaving, sewing*) lanzadera; (*AVIAT*) puente *m* aéreo; (*train, bus*) servicio (regular) de enlace ❑ **shuttlecock** *n* volante *m* ❑ **shuttle diplomacy** *n* viajes *mpl* diplomáticos ❑ **shuttle service** *n* servicio rápido y continuo entre dos puntos
shy [ʃaɪ] *adj* tímido ❑ **shyness** *n* timidez *f*
shyster [ˈʃaɪstər] (*US: inf*) *n* tramposo(-a) *m/f*, estafador(a) *m/f*
Sicily [ˈsɪsɪli] *n* Sicilia
sick [sɪk] *adj* (*ill*) enfermo; (*nauseated*) mareado; (*humor*) de mal gusto; (*vomiting*): **to be ~** (*BRIT*) vomitar; **to feel ~** tener náuseas; **to be ~ of** (*fig*) estar harto de ❑ **sick bay** *n* enfermería ❑ **sicken** *vt* dar asco a ❑ **sickening** *adj* (*fig*) repugnante, asqueroso
sickle [ˈsɪkəl] *n* hoz *f*
sick: ❑ **sick leave** *n* licencia (*MEX, RPl*) *or* permiso (*LAm*) *or* baja (*SP*) por enfermedad ❑ **sickly** *adj* enfermizo; (*smell*) nauseabundo ❑ **sickness** *n* enfermedad *f*; (*vomiting*) náuseas *fpl* ❑ **sick pay** *n* prestación *f* por enfermedad
side [saɪd] *n* (*gen*) lado; (*of body*) costado; (*of lake*) orilla; (*of hill*) ladera; (*BRIT: team*) equipo ◆ *adj* (*door, entrance*) lateral ◆ *vi*: **to ~ with sb** tomar el partido de algn; **by the ~ of** al lado de; **~ by ~** juntos(-as); **from ~ to ~** de un lado para otro; **from all ~s** de todos lados; **to take ~s (with)** tomar partido (con) ❑ **sideboard** *n* aparador *m* ❑ **sideboards** (*BRIT*) *npl* = **sideburns** ❑ **sideburns** *npl* patillas *fpl* ❑ **side dish** *n* acompañamiento, guarnición *f* ❑ **side drum** *n* tambor *m* ❑ **side effect** *n* efecto secundario ❑ **sidekick** (*inf*) *n* secuaz (*inf*) *mf* ❑ **sidelight** *n* (*AUT: on side of car*) luz *f* lateral ❑ **sideline** *n* (*SPORT*) línea de banda; (*fig*) segundo empleo ❑ **sidelong** *adj* de reojo ❑ **side order** *n* *plato de acompañamiento* ❑ **sideshow** *n* (*stall*) caseta ❑ **sidestep** *vt* (*fig*) esquivar ❑ **side street** *n* calle *f* lateral ❑ **sidetrack** *vt* (*fig*) desviar ❑ **sidewalk** (*US*) *n* acera, banqueta (*MEX*), andén *m* (*CAm*), vereda (*SC*) ❑ **sideways** *adv* de lado
siding [ˈsaɪdɪŋ] *n* (*RAIL*) apartadero, vía muerta
siege [siːdʒ] *n* cerco, sitio
sieve [sɪv] *n* colador *m* ◆ *vt* cribar
sift [sɪft] *vt* cribar; (*fig: information*) escudriñar
sigh [saɪ] *n* suspiro ◆ *vi* suspirar
sight [saɪt] *n* (*faculty*) vista; (*spectacle*) espectáculo; (*on gun*) mira, alza ◆ *vt* divisar; **in ~** a la vista; **out of ~** fuera de (la) vista; **on ~** (*shoot*) sin previo aviso ❑ **sightseeing** *n* turismo; **to go sightseeing** hacer turismo
sign [saɪn] *n* (*with hand*) señal *f*, seña; (*trace*) huella, rastro; (*notice*) letrero; (*written*) signo ◆ *vt* firmar; (*SPORT*) fichar; **to ~ sth over to sb** firmar el traspaso de algo a algn ▶ **sign on** *vi* (*BRIT: for course*) inscribirse; (*BRIT: as unemployed*) inscribirse como desempleado (*LAm*), apuntarse al paro (*SP*) ◆ *vt* (*employee*) contratar ▶ **sign up** *vi* (*MIL*) alistarse; (*for course*) inscribirse ◆ *vt* (*player*) fichar
signal [ˈsɪgnəl] *n* señal *f* ◆ *vi* señalizar ◆ *vt* (*person*) hacer señas a; (*message*) comunicar por señales ❑ **signalman** *n* (*RAIL*) guardavía *m*
signature [ˈsɪgnətʃər] *n* firma ❑ **signature tune** (*BRIT*) *n* sintonía (*de apertura de un programa*)
signet ring [ˈsɪgnətˌrɪŋ] *n* anillo de sello
significance [sɪgˈnɪfɪkəns] *n* (*importance*) trascendencia
significant [sɪgˈnɪfɪkənt] *adj* significativo; (*important*) trascendente
signify [ˈsɪgnɪfaɪ] *vt* significar
sign language *n* lenguaje *m* por señas
signpost [ˈsaɪnpoust] *n* señal *f*, indicador *m*
silence [ˈsaɪləns] *n* silencio ◆ *vt* acallar; (*guns*) silenciar ❑ **silencer** *n* (*on gun*) silenciador *m*; (*BRIT AUT*) silenciador *m*, mofle *m* (*MEX, CAm*)
silent [ˈsaɪlənt] *adj* silencioso; (*not speaking*) callado; (*movie*) mudo; **to remain ~** guardar silencio ❑ **silent partner** (*US*) *n* (*COMM*) socio(-a) capitalista
silhouette [sɪluːˈɛt] *n* silueta
silicon chip [ˈsɪlɪkənˈtʃɪp] *n* chip *m* de silicio
silk [sɪlk] *n* seda ◆ *adj* de seda ❑ **silky** *adj* sedoso
silly [ˈsɪli] *adj* (*person*) tonto; (*idea*) absurdo
silt [sɪlt] *n* sedimento
silver [ˈsɪlvər] *n* plata; (*money*) moneda suelta ◆ *adj* de plata; (*color*) plateado ❑ **silver paper** (*BRIT*) *n* papel *m* de plata ❑ **silver-plated** *adj* plateado ❑ **silversmith** *n* platero(-a) ❑ **silverware** *n* (vajilla de) plata ❑ **silvery** *adj* argentino
similar [ˈsɪmɪlər] *adj*: **~ (to)** parecido *or* semejante (a) ❑ **similarity** [sɪmɪˈlærɪti] *n* semejanza ❑ **similarly** *adv* del mismo modo
simmer [ˈsɪmər] *vi* cocer *or* hervir a fuego lento
simple [ˈsɪmpəl] *adj* (*easy*) sencillo; (*foolish, COMM, interest*) simple ❑ **simplicity** [sɪmˈplɪsɪti] *n* sencillez *f* ❑ **simplify** [ˈsɪmplɪfaɪ] *vt* simplificar
simply [ˈsɪmpli] *adv* (*live, talk*) sencillamente; (*just, merely*) sólo
simulate [ˈsɪmjəleɪt] *vt* fingir, simular ❑ **simulated** *adj* simulado; (*fur*) de imitación
simultaneous [ˌsaɪməlˈteɪniəs] *adj* simultáneo ❑ **simultaneously** *adv* simultáneamente
sin [sɪn] *n* pecado ◆ *vi* pecar
since [sɪns] *adv* desde entonces, después ◆ *prep* desde ◆ *conj* (*time*) desde que; (*because*) ya que, puesto que; **~ then, ever ~** desde entonces
sincere [sɪnˈsɪər] *adj* sincero ❑ **sincerely** *adv*: **Sincerely yours** (*in letters*) (le saluda) atentamente ❑ **sincerity** [sɪnˈsɛrɪti] *n* sinceridad *f*
sinew [ˈsɪnjuː] *n* tendón *m*
sing [sɪŋ] (*pt* **sang**, *pp* **sung**) *vt, vi* cantar
Singapore [ˌsɪŋəˈpɔːr] *n* Singapur *m*
singe [sɪndʒ] *vt* chamuscar
singer [ˈsɪŋər] *n* cantante *mf*
singing [ˈsɪŋɪŋ] *n* canto
single [ˈsɪŋgəl] *adj* único, solo; (*unmarried*) soltero; (*not double*) simple, sencillo ◆ *n* (*record*) sencillo, single *m*; (*BRIT: also:* **~ ticket**) boleto (*LAm*) *or* billete *m* (*SP*) sencillo; **~s** *npl* (*TENNIS*) individuales *mpl*; **~ bed** cama individual ▶ **single out** *vt* (*choose*) escoger ❑ **single-breasted** *adj* recto ❑ **single file** *n*: **in single file** en fila de uno ❑ **single-handed** *adv* sin ayuda ❑ **single-minded** *adj* resuelto, firme ❑ **single parent** *n* (*man*) padre *m* soltero; (*woman*) madre *f* soltera; **single parent family** familia monoparental ❑ **single room** *n* habitación *f* individual
singly [ˈsɪŋgli] *adv* uno por uno
singular [ˈsɪŋgjələr] *adj* (*odd*) raro, extraño; (*outstanding*) excepcional ◆ *n* (*LING*) singular *m*
sinister [ˈsɪnɪstər] *adj* siniestro
sink [sɪŋk] (*pt* **sank**, *pp* **sunk**) *n* fregadero, lavaplatos *m inv* (*MEX*), pileta (*RPl*) ◆ *vt* (*ship*) hundir; (*foundations*) excavar ◆ *vi* hundirse; **to ~ sth into** hundir algo en ▶ **sink in** *vi* (*fig*) penetrar, calar
sinner [ˈsɪnər] *n* pecador(a) *m/f*
sinus [ˈsaɪnəs] *n* (*ANAT*) seno
sip [sɪp] *n* sorbo ◆ *vt* sorber, beber a sorbos
siphon [ˈsaɪfən] *n* sifón *m* ▶ **siphon off** *vt* desviar

sir [sɜːr] *n* señor *m*; **S~ John Smith** Sir John Smith; **yes ~** sí, señor

siren ['saɪərən] *n* sirena

sirloin ['sɜːrlɔɪn] *n* (*also:* **~ steak**) solomillo

sister ['sɪstər] *n* hermana; (*BRIT: nurse*) enfermera jefe ❑ **sister-in-law** *n* cuñada

sit [sɪt] (*pt, pp* **sat**) *vi* sentarse; (*be sitting*) estar sentado; (*assembly*) reunirse; (*for painter*) posar ♦ *vt* (*BRIT: exam*) presentarse a ▶ **sit down** *vi* sentarse ▶ **sit in on** *vt fus* asistir a ▶ **sit up** *vi* incorporarse; (*BRIT: not go to bed*) velar

sitcom ['sɪtˌkɑːm] *n abbr* (= *situation comedy*) telecomedia (de situación)

site [saɪt] *n* sitio; (*also:* **building ~**) obra ♦ *vt* situar

sit-in *n* (*demonstration*) sentada

sitting ['sɪtɪŋ] *n* (*of assembly etc*) sesión *f*; (*in canteen*) turno ❑ **sitting room** (*BRIT*) *n* sala de estar

situated ['sɪtʃueɪtɪd] *adj* situado

situation [sɪtʃu'eɪʃən] *n* situación *f*; **"~s vacant"** (*BRIT*) "ofertas de empleo"

six [sɪks] *num* seis ❑ **sixteen** *num* dieciséis ❑ **sixth** *num* sexto ❑ **sixty** *num* sesenta

size [saɪz] *n* tamaño; (*extent*) extensión *f*; (*of clothing*) talla, talle *m* (*RPl*); (*of shoes*) número ▶ **size up** *vt* formarse una idea de ❑ **sizeable** *adj* importante, considerable

sizzle ['sɪzəl] *vi* crepitar

skate [skeɪt] *n* patín *m*; (*fish: pl inv*) raya ♦ *vi* patinar ❑ **skateboard** *n* monopatín *m*, patineta (*SC*) ❑ **skateboarding** *n* monopatín *m*, patineta (*SC*) ❑ **skater** *n* patinador(a) *m/f* ❑ **skating** *n* patinaje *m* ❑ **skating rink** *n* pista de patinaje

skeleton ['skelɪtn] *n* esqueleto; (*TECH*) armazón *f*; (*outline*) esquema *m* ❑ **skeleton staff** *n* personal *m* reducido

skeptic (*US*) ['skeptɪk] (*BRIT* **sceptic**) *n* escéptico(-a) ❑ **skeptical** (*US*) (*BRIT* **sceptical**) *adj* escéptico

sketch [sketʃ] *n* (*drawing*) boceto; (*outline*) esbozo, bosquejo; (*THEATER*) sketch *m* ♦ *vt* dibujar; (*plan etc: also:* **~ out**) esbozar ❑ **sketchbook** *n* cuaderno de dibujo ❑ **sketchy** *adj* incompleto

skewer ['skjuːər] *n* pincho

ski [skiː] *n* esquí *m* ♦ *vi* esquiar ❑ **ski boot** *n* bota de esquí

skid [skɪd] *n* patinazo ♦ *vi* patinar

ski: ❑ **skier** *n* esquiador(a) *m/f* ❑ **skiing** *n* esquí *m* ❑ **ski jump** *n* salto de esquí

skilful ['skɪlfəl] (*BRIT*) *adj* = **skillful**

ski lift *n* telesilla *m*, telesquí *m*

skill [skɪl] *n* destreza, pericia; técnica ❑ **skilled** *adj* hábil, diestro; (*worker*) calificado (*LAm*), cualificado (*SP*) ❑ **skillful** (*US*) (*BRIT* **skilful**) *adj* diestro, experto

skim [skɪm] *vt* (*milk*) descremar (*LAm*); (*glide over*) rozar, rasar ♦ *vi*: **to ~ through** (*book*) hojear ❑ **skim milk** (*US*) (*BRIT* **skimmed milk**) *n* leche *f* descremada (*LAm*) *or* desnatada (*SP*)

skimp [skɪmp] *vt* (*also:* **~ on**: *work*) chapucear; (*cloth etc*) escatimar ❑ **skimpy** *adj* escaso; (*skirt*) muy corto

skin [skɪn] *n* piel *f*; (*complexion*) cutis *m* ♦ *vt* (*fruit etc*) pelar; (*animal*) despellejar ❑ **skin cancer** *n* cáncer *m* de piel ❑ **skin-deep** *adj* superficial ❑ **skin diving** *n* buceo ❑ **skinny** *adj* flaco ❑ **skintight** *adj* (*dress etc*) muy ajustado

skip [skɪp] *n* brinco, salto; (*BRIT: container*) contenedor *m* de basura ♦ *vi* brincar; (*BRIT: with rope*) saltar a la cuerda (*LAm*) *or* comba (*SP*) ♦ *vt* saltarse

ski: ❑ **ski pass** *n* forfait *m* (de esquí) ❑ **ski pole** *n* bastón *m* de esquí

skipper ['skɪpər] *n* (*NAUT, SPORT*) capitán *m*

skipping rope ['skɪpɪŋˌroup] (*BRIT*) *n* cuerda de saltar (*LAm*), comba (*SP*)

skirmish ['skɜːrmɪʃ] *n* escaramuza

skirt [skɜːrt] *n* falda, pollera (*SC*) ♦ *vt* (*go around*) ladear ❑ **skirting board** (*BRIT*) *n* zoclo (*MEX*), zócalo (*LAm exc MEX, SP*)

ski slope *n* pista de esquí

ski suit *n* traje *m* de esquí

ski tow *n* remonte *m*

skittle ['skɪtl] (*BRIT*) *n* bolo; **~s** *n* (*game*) boliche *m*

skive [skaɪv] (*BRIT: inf*) *vi* haraganear, holgazanear

skull [skʌl] *n* calavera; (*ANAT*) cráneo

skunk [skʌŋk] *n* mofeta

sky [skaɪ] *n* cielo ❑ **skylight** *n* tragaluz *m*, claraboya ❑ **skyscraper** *n* rascacielos *m inv*

slab [slæb] *n* (*stone*) bloque *m*; (*flat*) losa; (*of cake*) trozo

slack [slæk] *adj* (*loose*) flojo; (*slow*) de poca actividad; (*careless*) descuidado ❑ **slacken** (*also:* **slacken off**) *vi* aflojarse ♦ *vt* aflojar; (*speed*) disminuir ❑ **slacks** *npl* pantalones *mpl*

slag heap ['slægˌhiːp] (*BRIT*) *n* escorial *m*, escombrera

slag off (*BRIT: inf*) *vt* poner como un trapo

slam [slæm] *vt* (*throw*) arrojar (violentamente); (*criticize*) criticar duramente ♦ *vi* (*door*) cerrarse de golpe; **to ~ the door** dar un portazo

slander ['slændər] *n* calumnia, difamación *f*

slang [slæŋ] *n* argot *m*; (*jargon*) jerga

slant [slænt] *n* sesgo, inclinación *f*; (*fig*) interpretación *f* ❑ **slanted** *adj* (*fig*) parcial ❑ **slanting** *adj* inclinado; (*eyes*) rasgado

slap [slæp] *n* palmada; (*in face*) bofetada ♦ *vt* dar una palmada *or* bofetada a; (*paint etc*): **to ~ sth on sth** embadurnar algo con algo ♦ *adv* (*directly*) exactamente, directamente ❑ **slapdash** *adj* descuidado ❑ **slapstick** *n* astracanada, bufonada ❑ **slap-up** *adj*: **a slap-up meal** (*BRIT*) un banquetazo, una comilona

slash [slæʃ] *vt* acuchillar; (*fig: prices*) fulminar

slat [slæt] *n* tablilla, listón *m*

slate [sleɪt] *n* pizarra ♦ *vt* (*BRIT: fig: criticize*) criticar duramente

slaughter ['slɔːtər] *n* (*of animals*) matanza; (*of people*) carnicería ♦ *vt* matar ❑ **slaughterhouse** *n* rastro (*MEX*), matadero (*LAm exc MEX*)

Slav [slɑːv] *adj* eslavo

slave [sleɪv] *n* esclavo(-a) ♦ *vi* (*also:* **~ away**) sudar tinta ❑ **slavery** *n* esclavitud *f*

slay [sleɪ] (*pt* **slew**, *pp* **slain**) *vt* matar

sleazy ['sliːzi] *adj* de mala fama

sled [sled] (*US*) *n* trineo

sledge [sledʒ] (*BRIT*) *n* = **sled**

sledgehammer *n* mazo

sleek [sliːk] *adj* (*shiny*) lustroso; (*car etc*) elegante

sleep [sliːp] (*pt, pp* **slept**) *n* sueño ♦ *vi* dormir; **to go to ~** quedarse dormido ▶ **sleep around** *vi* acostarse con cualquiera ▶ **sleep in** *vi* (*oversleep*) quedarse dormido ❑ **sleeper** *n* (*person*) durmiente *mf*; (*train*) coche-cama *m*, coche *m* dormitorio (*SC*); (*BRIT RAIL: on track*) durmiente *m* (*LAm*), traviesa (*SP*) ❑ **sleeping bag** *n* bolsa (*MEX, RPl*) *or* saco (*LAm exc MEX, SP*) de dormir ❑ **sleeping car** *n* coche-cama *m*, coche *m* dormitorio (*SC*) ❑ **sleeping partner** (*BRIT*) *n* (*COMM*) socio(-a) capitalista ❑ **sleeping pill** *n* somnífero ❑ **sleepless** *adj*: **a sleepless night** una noche en blanco ❑ **sleepover** *n*: **we're having a sleepover at Paige's** pasamos la noche en casa de Paige ❑ **sleepwalker** *n* sonámbulo(-a) ❑ **sleepy** *adj* soñoliento; (*place*) tranquilo

sleet [sliːt] *n* aguanieve *f*

sleeve [sliːv] *n* manga; (*TECH*) manguito; (*BRIT: of record*) portada ❑ **sleeveless** *adj* sin mangas

sleigh [sleɪ] *n* trineo

sleight [slaɪt] *n*: **~ of hand** escamoteo

slender ['slendər] *adj* delgado; (*means*) escaso

slept [slept] *pt, pp of* **sleep**

slew [sluː] *pt of* **slay** ♦ *n* (*US: inf: range*) montón *m* ♦ *vi* (*BRIT: veer*) torcerse

slice [slaɪs] *n* (*of meat*) tajada; (*of bread*) rebanada; (*of lemon*) rodaja; (*BRIT: utensil*) pala ♦ *vt* cortar (en tajos), rebanar

slick [slɪk] *adj* (*skillful*) hábil, diestro; (*clever*) astuto ♦ *n* (*also:* **oil ~**) marea negra

slide [slaɪd] (*pt, pp* **slid**) *n* (*movement*) descenso, desprendimiento; (*in playground*) tobogán *m*, resbaladero (*MEX*); (*PHOT*) diapositiva; (*BRIT: also:* **hair ~**) pasador *m*, broche *m* (*MEX*) ♦ *vt* correr, deslizar ♦ *vi* (*slip*) resbalarse; (*glide*) deslizarse ❑ **sliding** *adj* (*door*) corredizo ❑ **sliding scale** *n* escala móvil

slight [slaɪt] *adj* (*slim*) delgado; (*frail*) delicado; (*pain etc*) leve; (*trivial*) insignificante; (*small*) pequeño ♦ *n* desaire *m* ♦ *vt* (*insult*) ofender, desairar; **not in the ~est** en absoluto ❑ **slightly** *adv* ligeramente, un poco

slim [slɪm] *adj* delgado, esbelto; (*fig: chance*) remoto ♦ *vi* adelgazar

slime [slaɪm] *n* limo, cieno

slimming ['slɪmɪŋ] *n* adelgazamiento

slimy ['slaɪmi] *adj* cenagoso

sling [slɪŋ] (*pt, pp* **slung**) *n* (*MED*) cabestrillo; (*weapon*) honda ♦ *vt* tirar, arrojar ❑ **slingshot** (*US*) *n* hulera (*MEX*), resortera (*MEX*), tirachinas *m inv* (*LAm exc MEX, SP*), honda (*SC*)

slip [slɪp] *n* (*slide*) resbalón *m*; (*mistake*) descuido; (*undergarment*) combinación *f*, fondo (*MEX*), viso (*RPl*); (*of paper*) papelito ♦ *vt* (*slide*) deslizar ♦ *vi* deslizarse; (*stumble*) resbalar(se); (*decline*) decaer; (*move smoothly*): **to ~ into/out of** (*room etc*) introducirse en/salirse de; **to give sb the ~** eludir a algn; **a ~ of the tongue** un lapsus; **to ~ sth on/off** ponerse/quitarse algo ▶ **slip away** *vi* escabullirse ▶ **slip in** *vt* meter ♦ *vi* meterse ▶ **slip out** *vi* (*go out*) salir (un momento) ▶ **slip up** *vi* (*make mistake*) equivocarse; meter la pata ❑ **slipped disc** *n* vértebra dislocada

slipper ['slɪpər] *n* zapatilla, pantufla

slippery ['slɪpəri] *adj* resbaladizo

slip: ❑ **slip road** (*BRIT*) *n* (*to join motorway*) vía de acceso; (*to exit motorway*) vía de salida ❑ **slip-up** *n* (*error*) desliz *m* ❑ **slipway** *n* grada, gradas *fpl*

slit [slɪt] (*pt, pp* **~**) *n* rajada (*MEX*), tajo (*LAm*), raja (*SP*); (*cut*) corte *m* ♦ *vt* rajar; cortar

slither ['slɪðər] *vi* deslizarse

sliver ['slɪvər] *n* (*of glass, wood*) astilla; (*of cheese etc*) raja

slob [slɑːb] (*inf*) *n* vago(-a), dejado(-a)

slog [slɑːg] (*BRIT*) *vi* sudar tinta; **it was a ~** costó trabajo (hacerlo)

slogan ['slougən] *n* eslogan *m*, lema *m*

slope [sloup] *n* (*up*) cuesta, pendiente *f*; (*down*) declive *m*; (*side of mountain*) falda, vertiente *m* ♦ *vi*: **to ~ down** estar en declive; **to ~ up** inclinarse ❑ **sloping** *adj* en pendiente; en declive; (*writing*) inclinado

sloppy ['slɑːpi] *adj* (*work*) descuidado; (*appearance*) desaliñado

slot [slɑːt] *n* ranura ♦ *vt*: **to ~ into** encajar en

slot machine *n* (*for gambling*) (máquina) tragamonedas *f inv* (*LAm*) *or* tragaperras *f inv* (*SP*); (*BRIT: vending machine*) máquina expendedora

slouch [slautʃ] *vi* andar *etc* con los hombros caídos

Slovenia [slou'viːniə] *n* Eslovenia

slovenly ['slʌvənli] *adj* desaliñado, desaseado; (*careless*) descuidado

slow [slou] *adj* lento; (*not clever*) lento, corto; (*watch*): **to be ~** atrasar ♦ *adv* lentamente, despacio ♦ *vt, vi* (*also:* **~ down, ~ up**) retardar; **"~"** (*road sign*) "reduzca *or* disminuya la velocidad" ❑ **slowdown** (*US*) *n* huelga de manos caídas ❑ **slowly** *adv* lentamente, despacio ❑ **slow motion** *n*: **in slow motion** a cámara lenta ❑ **slowpoke** (*US*) *n* tortuga *f*

sludge [slʌdʒ] *n* lodo, fango

slug [slʌg] *n* babosa; (*bullet*) bala, posta ❑ **sluggish** *adj* lento; (*person*) perezoso

sluice [sluːs] *n* (*gate*) esclusa; (*channel*) canal *m*

slum [slʌm] *n* barrio bajo

slump [slʌmp] *n* (*economic*) depresión *f* ♦ *vi* hundirse; (*prices*) caer en picado

slung [slʌŋ] *pt, pp of* **sling**

slur [slɜːr] *n*: **to cast a ~ on** insultar ♦ *vt* (*speech*) pronunciar mal

slush [slʌʃ] *n* nieve *f* sucia *or* fangosa

slut [slʌt] *n* putona

sly [slaɪ] *adj* astuto; (*smile*) taimado

smack [smæk] *n* bofetada ♦ *vt* dar un azote a; (*child, on face*) abofetear ♦ *vi*: **to ~ of** saber a, oler a

small [smɔːl] *adj* pequeño ❑ **small ads** (*BRIT*) *npl* anuncios *mpl* por palabras ❑ **small change** *n* feria (*MEX*), morralla (*MEX*), sencillo (*LAm exc MEX*), suelto (*SP*) ❑ **smallholder** (*BRIT*) *n* granjero(-a), minifundista *mf* ❑ **small hours** *npl*: **in the small hours** a altas horas (de la noche) ❑ **smallpox** *n* viruela ❑ **small talk** *n* cháchara

smart [smɑːrt] *adj* elegante; (*clever*) listo, inteligente; (*quick*) rápido, vivo ♦ *vi* escocer, picar ▶ **smarten up** *vi* arreglarse ♦ *vt* arreglar

smash [smæʃ] *n* (*also:* **~-up**) choque *m*; (*MUS*) exitazo ♦ *vt* (*break*) hacer pedazos; (*car etc*) estrellar; (*SPORT: record*) batir ♦ *vi* hacerse pedazos; (*against wall etc*) estrellarse ❑ **smashing** (*BRIT: inf*) *adj* estupendo

smattering ['smætərɪŋ] *n*: **a ~ of** algo de

smear [smɪər] *n* mancha; (*BRIT MED*) Papanicolau *m* (*LAm*), citología (*SP*) ♦ *vt* untar ❑ **smear campaign** *n* campaña de desprestigio

smell [smel] (*pt, pp* **smelt** *or* **~ed**) *n* olor *m*; (*sense*) olfato ♦ *vt, vi* oler ❑ **smelly** *adj* maloliente

smile [smaɪl] *n* sonrisa ♦ *vi* sonreír

smirk [smɜːrk] *n* sonrisa falsa *or* afectada

smith [smɪθ] *n* herrero ❑ **smithy** ['smɪði] *n* herrería

smog [smɑːg] *n* esmog *m*

smoke [smouk] *n* humo ♦ *vi* fumar; (*chimney*) echar humo ♦ *vt* (*cigarettes*) fumar ❑ **smoked** *adj* (*bacon*) ahumado ❑ **smoke detector** *n* detector *m* de humo ❑ **smoker** *n* fumador(a) *m/f*; (*BRIT RAIL*) vagón *m* de fumadores ❑ **smoke screen** *n* cortina de humo ❑ **smoke shop** (*US*) *n* tabaquería (*LAm*), estanco (*SP*) ❑ **smoking** *n*: **"no smoking"** "prohibido fumar" ❑ **smoky** *adj* (*room*) lleno de humo; (*taste*) ahumado

> ⚠ Be careful not to translate **smoking** by the Spanish word *smoking*.

smolder (*US*) ['smouldər] (*BRIT* **smoulder**) *vi* arder sin llama

smooth [smuːð] *adj* liso; (*sea*) tranquilo; (*flavor, movement*) suave; (*sauce*) fino; (*person: pej*) meloso ♦ *vt* (*also:* **~ out**) alisar; (*creases, difficulties*) allanar

smother ['smʌðər] *vt* sofocar; (*repress*) contener

SMS *n abbr* (= *short message service*) SMS *m*

smudge [smʌdʒ] *n* mancha; borrón *m* ♦ *vt* manchar; emborronar

smug [smʌg] *adj* engreído, presumido

smuggle ['smʌgəl] *vt* pasar de contrabando ❑ **smuggler** *n* contrabandista *mf* ❑ **smuggling** *n* contrabando

smutty ['smʌti] *adj* (*fig*) colorado (*MEX*), verde (*LAm exc MEX, SP*)

snack [snæk] *n* bocado ❑ **snack bar** *n* cafetería

snag [snæg] *n* problema *m*

snail [sneɪl] *n* caracol *m*

snake [sneɪk] *n* serpiente *f*

snap [snæp] *n* (*sound*) chasquido; (*BRIT: photograph*) foto *f* ♦ *adj* (*decision*) instantáneo ♦ *vt* (*break*) quebrar; (*fingers*) castañetear ♦ *vi* quebrarse; (*fig: speak sharply*) contestar bruscamente; **to ~ shut** cerrarse de golpe ▶ **snap at** *vt fus* (*dog*) intentar morder ▶ **snap off** *vi* partirse ▶ **snap up** *vt* agarrar ❑ **snap fastener** (*US*) *n* botón *m* de presión (*LAm*) ❑ **snappy** (*inf*) *adj* (*answer*) instantáneo; (*slogan*) conciso; **make it snappy!** (*hurry up*) ¡date prisa! ❑ **snapshot** *n* foto *f* (instantánea)

snare [sneər] *n* trampa

snarl [snɑːrl] *vi* gruñir

snatch [snætʃ] *n* (*small piece*) fragmento ♦ *vt* (*snatch away*) arrebatar; (*fig*) agarrar; **to ~ some sleep** encontrar tiempo para dormir

sneak [sniːk] (*pt* **snuck**) *vi* (*US*): **to ~ in/out** entrar/salir a hurtadillas ♦ *n* (*inf*) soplón(-ona) *m/f*; **to ~ up on sb** acercarse sigilosamente a algn ❑ **sneakers** *npl* zapatillas *fpl* (de deporte) ❑ **sneaky** *adj* furtivo

sneer [snɪər] *vi* reír con sarcasmo; (*mock*): **to ~ at** burlarse de

sneeze [sniːz] *vi* estornudar

sniff [snɪf] *vi* sollozar ♦ *vt* husmear, oler; (*drugs*) esnifar

snigger ['snɪgər] *vi* reírse con disimulo

snip [snɪp] *n* tijeretazo; (*BRIT: inf: bargain*) ganga ♦ *vt* tijeretear

sniper ['snaɪpər] *n* francotirador(a) *m/f*

snippet ['snɪpɪt] *n* retazo

snob [snɑːb] *n* (e)snob *mf* ❑ **snobbery** *n* (e)snobismo ❑ **snobbish** *adj* (e)snob

snooker ['snukər] (*BRIT*) *n* snooker *m*

snoop [snuːp] *vi*: **to ~ about** fisgonear

snooze [snuːz] *n* cabezadita ♦ *vi* echar una cabezadita

snore [snɔːr] *n* ronquido ♦ *vi* roncar

snorkel ['snɔːrkəl] *n* (tubo) respirador *m*

snort [snɔːrt] *n* bufido ♦ *vi* bufar

snout [snaut] *n* hocico, morro

snow [snou] *n* nieve *f* ♦ *vi* nevar ❑ **snowball** *n* bola de nieve ♦ *vi* (*fig*) multiplicarse, aumentar ❑ **snowbound** *adj* bloqueado por la nieve ❑ **snowdrift** *n* ventisquero ❑ **snowdrop** *n* campanilla ❑ **snowfall** *n* nevada ❑ **snowflake** *n* copo de nieve ❑ **snowman** *n* muñeco de nieve ❑ **snowplow** (*US*) (*BRIT* **snowplough**) *n* quitanieves *m inv* ❑ **snowshoe** *n* raqueta *or* bota (de nieve) ❑ **snowstorm** *n* nevada, nevasca

snub [snʌb] *vt* (*person*) desairar ♦ *n* desaire *m*, repulsa ❑ **snub-nosed** *adj* chato

snuff [snʌf] *n* rapé *m*

snug [snʌg] *adj* (*cozy*) cómodo; (*fitted*) ajustado

snuggle ['snʌgəl] *vi*: **to ~ up to sb** arrimarse a algn

so

KEYWORD

[sou] *adv*

1 (*thus, likewise*) así, de este modo; **if so** de ser así; **I like swimming -- so do I** a mí me gusta nadar -- a mí también; **I've got work to do -- so has Paul** tengo trabajo que hacer -- Paul también; **it's 5 o'clock -- so it is!** son las cinco -- ¡pues es verdad!; **I hope/think so** espero/creo que sí; **so far** hasta ahora; (*in past*) hasta este momento

2 (*in comparisons etc: to such a degree*) tan; **so quickly (that)** tan rápido (que); **so big (that)** tan grande (que); **he's like his sister but not so clever** es como su hermana pero no tan listo; **we were so worried** estábamos preocupadísimos

3: **so much** *adj, adv* tanto; **so many** tantos (-as)

4 (*phrases*): **10 or so** unos 10 (más o menos); **so long!** (*inf: goodbye*) ¡hasta luego!

♦ *conj*

1 (*expressing purpose*): **so as to do** para hacer; **so (that)** para que + *subjun*

2 (*expressing result*) así que; **so you see, I could have gone** así que ya ves, (yo) podría haber ido

soak [souk] *vt* (*drench*) empapar; (*steep in water*) remojar ♦ *vi* remojarse, estar a remojo ▶ **soak in** *vi* penetrar ▶ **soak up** *vt* absorber

soap [soup] *n* jabón *m* ❑ **soap flakes** *npl* escamas *fpl* de jabón ❑ **soap opera** *n* telenovela, culebrón m ❑ **soap powder** n detergente m en polvo ❑ **soapy** adj jabonoso

soar [sɔ:r] vi (on wings) remontarse; (rocket: prices) dispararse; (building etc) elevarse

sob [sa:b] n sollozo ♦ vi sollozar

sober ['soubər] adj (serious) serio; (not drunk) sobrio; (color, style) discreto ► **sober up** vt quitar la borrachera

so-called adj (así) llamado

soccer ['sa:kər] (US) n futbol m (MEX), fútbol m (LAm exc MEX, SP) ❑ **soccer player** (US) n futbolista m

social ['soufəl] adj social ♦ n velada, fiesta ❑ **social club** n club m ❑ **socialism** n socialismo ❑ **socialist** adj, n socialista mf ❑ **socialize** vi: **to socialize (with)** alternar (con) ❑ **socially** adv socialmente ❑ **social security** n seguridad f social ❑ **social work** n asistencia social ❑ **social worker** n asistente(-a) m/f social

society [sə'saɪəti] n sociedad f; (club) asociación f; (also: **high ~**) alta sociedad

sociology [sousi'a: lədʒi] n sociología

sock [sa:k] n calcetín m

socket ['sa:kɪt] n cavidad f; (ELEC) enchufe m

sod [sa:d] n (of earth) césped m; (BRIT: inf!) cabrón(-ona) m/f (!)

soda ['soudə] n (CHEM) sosa; (also: **~ water**) soda; (US: also: **~ pop**) gaseosa

sodium bicarbonate ['soudiəm-ba'ka:rbənit] n bicarbonato sódico or de sodio

sofa ['soufə] n sofá m

soft [sa:ft] adj (lenient, not hard) blando; (gentle, not bright) suave ❑ **soft drink** n refresco ❑ **soften** ['sa:fən] vt ablandar; suavizar; (effect) amortiguar ♦ vi ablandarse; suavizarse ❑ **softly** adv suavemente; (gently) delicadamente, con delicadeza ❑ **softness** n blandura; suavidad f ❑ **software** n (COMPUT) software m

soggy ['sa:gi] adj empapado, revenido

soil [sɔɪl] n (earth) tierra, suelo ♦ vt ensuciar ❑ **soiled** adj sucio

solar ['soulər] adj: ❑ **solar energy** n energía solar ❑ **solar panel** n panel m solar

sold [sould] pt, pp of **sell** ❑ **sold out** adj (COMM) agotado

solder ['sa:dər] vt soldar ♦ n soldadura

soldier ['souldʒər] n soldado m; (army man) militar m

sole [soul] n (of foot) planta; (of shoe) suela; (fish: pl inv) lenguado ♦ adj único

solemn ['sa:ləm] adj solemne

sole trader n (COMM) comerciante m exclusivo

solicit [sə'lɪsɪt] vt (request) solicitar ♦ vi (prostitute) importunar

solicitor [sə'lɪsɪtər] n (BRIT: for wills etc) ≈ notario(-a); (in court) ≈ abogado(-a); (US: officer) representante mf

solid ['sa:lɪd] adj sólido; (gold etc) macizo ♦ n sólido; **~s** npl (food) alimentos mpl sólidos

solidarity [sa:lɪ'dærɪti] n solidaridad f

solitaire [sa:lɪ'teər] (US) n (game) solitario

solitary ['sa:lɪteri] adj solitario, solo ❑ **solitary confinement** n incomunicación f

solo ['soulou] n solo ♦ adv (fly) en solitario ❑ **soloist** n solista mf

soluble ['sa:ljəbəl] adj soluble

solution [sə'lu:ʃən] n solución f

solve [sa:lv] vt resolver, solucionar

solvent ['sa:lvənt] adj (COMM) solvente ♦ n (CHEM) (di)solvente m

somber (US) ['sa:mbər] (BRIT **sombre**) adj sombrío

[sʌm] adj

1 (a certain amount or number): **some tea/water/cookies** té/agua/(unas) galletas; **there's some milk in the icebox** hay leche en el refri (LAm) or frigo (SP); **there were some people outside** había algunas personas fuera; **I've got some money, but not much** tengo algo de dinero, pero no mucho

2 (certain: in contrasts) algunos(-as); **some people say that ...** hay quien dice que ...; **some movies were excellent, but most were mediocre** hubo películas excelentes, pero la mayoría fueron mediocres

3 (unspecified): **some woman was asking for you** una mujer estuvo preguntando por ti; **he was asking for some book (or other)** pedía un libro; **some day** algún día; **some day next week** un día de la semana que viene ♦ pron

1 (a certain number): **I've got some** (books etc) tengo algunos(-as)

2 (a certain amount) algo; **I've got some** (money, milk) tengo algo; **could I have some of that cheese?** ¿me puede dar un poco de ese queso?; **I've read some of the book** he leído parte del libro ♦ adv: **some 10 people** unas 10 personas, una decena de personas

some: ❑ **somebody** pron = **someone** ❑ **someday** adv algún día ❑ **somehow** adv de alguna manera; (for some reason) por una u otra razón ❑ **someone** pron alguien ❑ **someplace** (US) adv = **somewhere**

somersault ['sʌmərsɔ:lt] n (deliberate) salto mortal; (accidental) vuelco ♦ vi dar un salto mortal; dar vuelcos

some: ❑ **something** pron algo; **would you like something to eat/drink?** ¿te gustaría cenar/tomar algo? ❑ **sometime** adv (in future) algún día, en algún momento; (in past): **sometime last month** durante el mes pasado ❑ **sometimes** adv a veces ❑ **somewhat** adv algo ❑ **somewhere** adv (be) en alguna parte; (go) a alguna parte; **somewhere else** (be) en otra parte; (go) a otra parte

son [sʌn] n hijo

song [sa:ŋ] n canción f

son-in-law n yerno

soon [su:n] adv pronto, dentro de poco; **~ afterward** poco después; see also **as** ❑ **sooner** adv (time) antes, más temprano; (preference: rather): **I would sooner do that** preferiría hacer eso; **sooner or later** tarde o temprano

soot [sut] n hollín m

soothe [su:ð] vt tranquilizar; (pain) aliviar

sophisticated [sə'fɪstɪkeɪtɪd] adj sofisticado

sophomore ['sa:fmɔ:r] (US) n estudiante mf de segundo año

sopping ['sa:pɪŋ] adj: **~ (wet)** empapado

soppy ['sa:pi] (pej) adj tonto

soprano [sə'prænou] n soprano f

sorcerer ['sɔ:rsərər] n hechicero

sore [sɔ:r] adj (painful) doloroso, que duele ♦ n llaga ❑ **sorely** adv: **I am sorely tempted to** estoy muy tentado a

sorrow ['sa:rou] n pena, dolor m; **~s** npl pesares mpl ❑ **sorrowful** adj triste

sorry ['sa:ri] adj (regretful) arrepentido; (condition, excuse) lastimoso; **~!** ¡perdón!, ¡perdone!; **~?** ¿cómo?; **to feel ~ for sb** sentir pena por algn; **I feel ~ for him** me da lástima

sort [sɔ:rt] n clase f, género, tipo ♦ vt (also: **~ out**: papers) clasificar; (: problems) arreglar, solucionar ❑ **sorting office** (BRIT) n oficina de clasificación postal

SOS n SOS m

so-so adv regular, así así

soufflé [su:'fleɪ] n suflé m

sought [sɔ:t] pt, pp of **seek**

soul [soul] n alma ❑ **soulful** adj lleno de sentimiento

sound [saund] n (noise) sonido, ruido; (volume: on TV etc) volumen m; (GEO) estrecho ♦ adj (healthy) sano; (safe, not damaged) en buen estado; (reliable: person) digno de confianza; (sensible) sensato, razonable; (secure: investment) seguro ♦ adv: **~ asleep** profundamente dormido ♦ vt (alarm) sonar ♦ vi sonar, resonar; (fig: seem) parecer; **to ~ like** sonar a ► **sound out** vt sondear ❑ **sound barrier** n barrera del sonido ❑ **sound bite** n frase f lapidaria ❑ **sound effects** npl efectos mpl sonoros ❑ **soundly** adv (sleep) profundamente; (defeated) completamente ❑ **soundproof** adj insonorizado ❑ **soundtrack** n (of movie) banda sonora

soup [su:p] n (thick) sopa; (thin) caldo ❑ **soup plate** n plato hondo or sopero ❑ **soupspoon** n cuchara sopera

sour [sauər] adj agrio; (milk) cortado; **it's ~ grapes** (fig) es envidia

source [sɔ:rs] n fuente f

south [sauθ] n sur m ♦ adj del sur, sureño ♦ adv al sur, hacia el sur; **the S~** (US) los estados sureños, el Sur; see also **the North** ❑ **South Africa** n África del Sur ❑ **South African** adj, n sudafricano(-a) ❑ **South America** n Sudamérica, América del Sur ❑ **South American** adj, n sudamericano(-a) ❑ **south-east** n sudeste m ❑ **southerly** ['sʌðərli] adj sur; (from the south) del sur ❑ **southern** ['sʌðərn] adj del sur, meridional ❑ **South Pole**

n Polo Sur ❑ **southward(s)** ['sauθwərd(z)] adv hacia el sur ❑ **south-west** n suroeste m

souvenir [su:və'nɪər] n recuerdo

sovereign ['sa:vrɪn] adj, n soberano(-a) ❑ **sovereignty** n soberanía

soviet ['souviət] adj soviético; **the S~ Union** (HIST) la Unión Soviética

sow¹ [sou] (pt **~ed**, pp **~n**) vt sembrar

sow² [sau] n cerda, puerca

soy (US) ['sɔɪ] (BRIT **soya** ['sɔɪə]) n soya (LAm), soja (SP) ❑ **soy bean** n semilla de soya (LAm) or soja (SP) ❑ **soy sauce** n salsa de soya (LAm) or soja (SP)

spa [spa:] n balneario

space [speɪs] n espacio; (room) sitio ♦ cpd espacial ♦ vt (also: **~ out**) espaciar ❑ **spacecraft** n = **spaceship** ❑ **spaceman/woman** n astronauta mf, cosmonauta mf ❑ **spaceship** n nave f espacial ❑ **spacing** n espaciado

spacious ['speɪʃəs] adj amplio

spade [speɪd] n (tool) pala, laya; **~s** npl (CARDS) picas fpl; (: Spanish) espadas fpl

spaghetti [spə'geti] n espaguetis mpl

Spain [speɪn] n España

span [spæn] n (of bird, plane) envergadura; (of arch) luz f; (in time) lapso ♦ vt extenderse sobre, cruzar; (fig) abarcar

Spaniard ['spænjərd] n español(a) m/f

spaniel ['spænjəl] n spaniel m, perro de aguas

Spanish ['spænɪʃ] adj español(a) ♦ n (LING) español m, castellano; **the ~** los españoles

spank [spæŋk] vt zurrar, nalguear (MEX, CAm)

spanner ['spænər] (BRIT) n llave f (inglesa)

spare [speər] adj de reserva; (surplus) sobrante, de más ♦ n = **spare part** ♦ vt (do without) pasarse sin; (refrain from hurting) perdonar; **to ~** (surplus) sobrante, de sobra ❑ **spare change** n cambio ❑ **spare part** n repuesto, refacción f (MEX) ❑ **spare time** n tiempo libre ❑ **spare tire** n (AUT) rueda de repuesto, llanta de refacción (MEX) or repuesto (LAm), rueda de auxilio (RPl)

sparingly adv con moderación

spark [spa:rk] n chispa; (fig) chispazo ❑ **spark plug** n bujía

sparkle ['spa:rkəl] n centelleo, destello ♦ vi (shine) relucir, brillar ❑ **sparkling** adj (eyes, conversation) brillante; (wine) espumoso; (mineral water) con gas

sparrow ['spærou] n gorrión m

sparse [spa:rs] adj esparcido, escaso

spartan ['spa:rtn] adj (fig) espartano

spasm ['spæzəm] n (MED) espasmo

spat [spæt] pt, pp of **spit**

spate [speɪt] n (fig): **a ~ of** un torrente de

spawn [spɔ:n] vi desovar, frezar ♦ n huevas fpl

speak [spi:k] (pt **spoke**, pp **spoken**) vt (language) hablar; (truth) decir ♦ vi hablar; (make a speech) intervenir; **to ~ to sb/of or about sth** hablar con algn/de or sobre algo; **~ up!** ¡habla más alto! ❑ **speaker** n (in public) orador(a) m/f; (also: **loudspeaker**) altavoz m; (for stereo etc) bafle m; (POL): **the Speaker** (US) el Presidente del Congreso; (BRIT) el Presidente de la Cámara de los Comunes

spear [spɪər] n lanza ♦ vt alancear ❑ **spearhead** vt (attack etc) encabezar

spec [spek] (inf) n: **on ~** como especulación

special ['speʃəl] adj especial; (edition etc) extraordinario; (delivery) urgente ❑ **specialist** n especialista mf ❑ **speciality** [speʃi'æliti] (BRIT) n = **specialty** ❑ **specialize** vi: **to specialize (in)** especializarse (en) ❑ **specially** adv sobre todo, en particular ❑ **specialty** (US) (BRIT **speciality**) n especialidad f

species ['spi:ʃi:z] n inv especie f

specific [spə'sɪfɪk] adj específico ❑ **specifically** adv específicamente

specify ['spesɪfaɪ] vt, vi especificar, precisar

specimen ['spesɪmən] n ejemplar m; (MED: of urine, blood) muestra

speck [spek] n grano, mota

speckled ['spekəld] adj moteado

specs [speks] (inf) npl anteojos mpl (LAm), gafas fpl (SP)

spectacle ['spektəkəl] n espectáculo; **~s** npl (glasses) anteojos mpl (LAm), gafas fpl (SP)

❑ **spectacular** [spek'tækjələr] adj espectacular; (success) impresionante

spectator [spek'teɪtər] n espectador(a) m/f

specter (US) ['spektər] (BRIT **spectre**) n espectro

spectrum ['spektrəm] (pl **spectra**) n espectro

speculate ['spekjuleɪt] vi: **to ~ (on)** especular (en) ❑ **speculation** [spekju'leɪʃən] n especulación f

speech [spi:tʃ] n (faculty) habla; (formal talk) discurso; (spoken language) lenguaje m ❑ **speechless** adj mudo, estupefacto ❑ **speech therapist** n logopeda mf

speed [spi:d] n velocidad f; (haste) prisa; (promptness) rapidez f; **at full** or **top ~** a máxima velocidad ► **speed up** vi acelerarse ♦ vt acelerar ❑ **speedboat** n lancha motora ❑ **speedily** adv rápido, rápidamente ❑ **speeding** n (AUT) exceso de velocidad ❑ **speed limit** n límite m de velocidad, velocidad f máxima ❑ **speedometer** [spɪ'da:mɪtər] n velocímetro ❑ **speedway** n (sport) carreras fpl de motos ❑ **speedy** adj (fast) veloz, rápido; (prompt) pronto

spell [spel] (pt, pp **spelt** or **~ed**) n (also: **magic ~**) encanto, hechizo; (period of time) rato, período ♦ vt deletrear; (fig) anunciar, presagiar; **to cast a ~ on sb** hechizar a algn; **he can't ~** tiene faltas de ortografía ❑ **spellbound** adj embelesado, hechizado ❑ **spelling** n ortografía

spelunking [spi'lʌŋkɪŋ] (US) n espeleología

spend [spend] (pt, pp **spent**) vt (money) gastar; (time) pasar; (life) dedicar ❑ **spendthrift** n despilfarrador(a) m/f, derrochador(a) m/f

sperm [spɜ:rm] n esperma

sphere [sfɪər] n esfera

sphinx [sfɪŋks] n esfinge f

spice [spaɪs] n especia ♦ vt condimentar

spicy ['spaɪsi] adj picante

spider ['spaɪdər] n araña

spigot ['spɪgət] (US) n llave f, canilla (RPl)

spike [spaɪk] n (point) punta; (BOT) espiga

spill [spɪl] (pt, pp **spilt** or **~ed**) vt derramar, verter ♦ vi derramarse; **to ~ over** desbordarse

spin [spɪn] (pt, pp **spun**) n (AVIAT) barrena; (trip in car) paseo (en carro (LAm) or coche (SP)); (on ball) efecto ♦ vt (wool etc) hilar; (ball etc) hacer girar ♦ vi girar, dar vueltas

spinach ['spɪnɪtʃ] n espinaca; (as food) espinacas fpl

spinal ['spaɪnl] adj espinal ❑ **spinal cord** n columna vertebral

spin doctor n (POL) asesor(a) m/f político(-a)

spin-dryer (BRIT) n centrifugadora

spine [spaɪn] n columna vertebral; (thorn) espina ❑ **spineless** adj (fig) débil, pusilánime

spinning ['spɪnɪŋ] n hilandería; (SPORT) spinning m ❑ **spinning top** n peonza, trompo

spin-off n (producto) derivado

spinster ['spɪnstər] n solterona

spiral ['spaɪrəl] n espiral f ♦ vi (fig: prices) subir desorbitadamente ❑ **spiral staircase** n escalera de caracol

spire ['spaɪər] n aguja, chapitel m

spirit ['spɪrɪt] n (soul) alma f; (ghost) fantasma m; (attitude, sense) espíritu m; (courage) valor m, ánimo; **~s** npl (drink) licor(es) m(pl); **in good ~s** alegre, de buen ánimo ❑ **spirited** adj enérgico, vigoroso

spiritual ['spɪrɪtʃuəl] adj espiritual ♦ n espiritual m

spit [spɪt] (pt, pp **spat**) n (for roasting) asador m, espetón m; (saliva) saliva ♦ vi escupir; (sound) chisporrotear; (BRIT: rain) lloviznar

spite [spaɪt] n rencor m, ojeriza ♦ vt causar pena a, mortificar; **in ~ of** a pesar de, pese a ❑ **spiteful** adj rencoroso, malévolo

spittle ['spɪtl] n saliva, baba

splash [splæʃ] n (sound) chapoteo; (of color) mancha ♦ vt salpicar ♦ vi (US: also: **~ around**) chapotear

spleen [spli:n] n (ANAT) bazo

splendid ['splendɪd] adj espléndido

splendor (US) ['splendər] (BRIT **splendour**) n esplendor m

splint [splɪnt] n tablilla

splinter ['splɪntər] n (of wood etc) astilla; (in finger) espigón m ♦ vi astillarse, hacer astillas

split [splɪt] (pt, pp **~**) n grieta; raja; (fig) división f; (POL) escisión f ♦ vt partir, rajar; (party) dividir; (share) repartir ♦ vi dividirse, escindirse ► **split up** vi (couple) separarse; (meeting) acabarse

spoil [spɔɪl] (pt, pp **~t** or **~ed**) vt (damage) dañar; (mar) estropear; (child) mimar, consentir ♦ vi (food) estropearse, echarse a perder ❑ **spoils** npl botín m ❑ **spoilsport** n aguafiestas m inv

spoke [spouk] pt of **speak** ♦ n rayo, radio

spoken ['spoukən] pp of **speak**

spokesman ['spouksmən] n portavoz m ❑ **spokeswoman** ['spouks,wumən] n portavoz f

sponge [spʌndʒ] n esponja; (also: **~ cake**) bizcocho ♦ vt (wash) lavar con esponja ♦ vi: **to**

~ **off** *or* **on sb** vivir a costa de algn ❑ **sponge bag** (*BRIT*) *n* bolsa de aseo

sponsor ['spɑːnsər] *n* patrocinador(a) *m/f* ♦ *vt* (*applicant, proposal etc*) proponer ❑ **sponsorship** *n* patrocinio

spontaneous [spɑːn'teɪniəs] *adj* espontáneo

spooky ['spuːki] (*inf*) *adj* espeluznante, horripilante

spool [spuːl] *n* carrete *m*

spoon [spuːn] *n* cuchara ❑ **spoon-feed** *vt* dar de comer (con cuchara) a; (*fig*) dar todo hecho a ❑ **spoonful** *n* cucharada

sport [spɔːrt] *n* deporte *m*; (*person*): **to be a good ~** ser muy buena gente *or* persona ♦ *vt* (*wear*) lucir, ostentar ❑ **sport coat** (*US*) *n* chaqueta deportiva *or* de sport ❑ **sporting** *adj* deportivo; (*generous*) caballeroso; **to give sb a sporting chance** dar a algn una (buena) oportunidad ❑ **sports car** *n* carro (*LAm*) *or* coche *m* (*SP*) deportivo ❑ **sports jacket** (*BRIT*) *n* = **sport coat** ❑ **sportsman** *n* deportista *m* ❑ **sportsmanship** *n* deportividad *f* ❑ **sportswear** *n* ropa de deporte *or* sport ❑ **sportswoman** *n* deportista ❑ **sporty** *adj* deportista

spot [spɑːt] *n* sitio, lugar *m*; (*dot: on pattern*) punto, lunar *m*; (*RADIO*) cuña publicitaria; (*TV*) espacio publicitario; (*BRIT: pimple*) grano; (*BRIT: small amount*): **a ~ of** un poquito de ♦ *vt* (*notice*) notar, observar; **on the ~** allí mismo ❑ **spot check** *n* reconocimiento rápido ❑ **spotless** *adj* inmaculado ❑ **spotlight** *n* foco, reflector *m* ❑ **spotted** *adj* (*pattern*) de puntos ❑ **spotty** (*BRIT*) *adj* (*face*) con granos

spouse [spaus] *n* cónyuge *mf*

spout [spaut] *n* (*of jug*) pico; (*of pipe*) caño ♦ *vi* salir en chorro

sprain [spreɪn] *n* torcedura ♦ *vt*: **to ~ one's ankle/wrist** torcerse el tobillo/la muñeca

sprang [spræŋ] *pt of* **spring**

sprawl [sprɔːl] *vi* tumbarse

spray [spreɪ] *n* rociada; (*of sea*) espuma; (*container*) spray *m*, aerosol *m*; (*for paint etc*) pistola rociadora; (*of flowers*) ramita ♦ *vt* rociar; (*crops*) regar

spread [spred] (*pt, pp* ~) *n* extensión *f*; (*for bread etc*) pasta para untar; (*inf: food*) comilona ♦ *vt* extender; (*butter*) untar; (*wings, sails*) desplegar; (*work, wealth*) repartir; (*scatter*) esparcir ♦ *vi* (*also:* ~ **out**: *stain*) extenderse; (*news*) propagarse ▶ **spread out** *vi* (*move apart*) separarse ❑ **spread-eagled** *adj* abierto de piernas y brazos ❑ **spreadsheet** *n* hoja electrónica *or* de cálculo

spree [spriː] *n*: **to go on a ~** ir de juerga

sprightly ['spraɪtli] *adj* vivo, enérgico

spring [sprɪŋ] (*pt* **sprang**, *pp* **sprung**) *n* (*season*) primavera; (*leap*) salto, brinco; (*coiled metal*) muelle *m*, resorte *m*; (*of water*) manantial *m*, fuente *f* ♦ *vi* saltar, brincar ▶ **spring up** *vi* (*thing: appear*) aparecer; (*problem*) surgir ❑ **springboard** *n* trampolín *m* ❑ **spring-clean(ing)** *n* limpieza general ❑ **springtime** *n* primavera

sprinkle ['sprɪŋkəl] *vt* (*pour: liquid*) rociar; (: *salt, sugar*) espolvorear; **to ~ water** *etc* **on, ~ with water** *etc* rociar *or* salpicar de agua *etc* ❑ **sprinkler** *n* (*for lawn*) aspersor *m*; (*to put out fire*) rociador *m* contra incendios

sprint [sprɪnt] *n* (e)sprint *m*, carrera ♦ *vi* (e)sprintar

sprout [spraut] *vi* brotar, retoñar; **(Brussels) ~s** *npl* coles *fpl or* (*SC*) repollitos *mpl* de Bruselas

spruce [spruːs] *n inv* (*BOT*) pícea ♦ *adj* aseado, pulcro

sprung [sprʌŋ] *pp of* **spring**

spun [spʌn] *pt, pp of* **spin**

spur [spɜːr] *n* espuela; (*fig*) estímulo, aguijón *m* ♦ *vt* (*also:* ~ **on**) estimular, incitar; **on the ~ of the moment** de improviso

spurious ['spjuriəs] *adj* falso

spurn [spɜːrn] *vt* desdeñar, rechazar

spurt [spɜːrt] *n* chorro; (*of energy*) arrebato ♦ *vi* chorrear

spy [spaɪ] *n* espía *mf* ♦ *vi*: **to ~ on** espiar a ♦ *vt* (*see*) divisar, lograr ver ❑ **spying** *n* espionaje *m*

sq. *abbr* = **square**

squabble ['skwɑːbəl] *vi* reñir, pelear

squad [skwɑːd] *n* (*MIL*) pelotón *m*; (*POLICE*) brigada; (*SPORT*) equipo

squadron ['skwɑːdrən] *n* (*MIL*) escuadrón *m*; (*AVIAT, NAUT*) escuadra

squalid ['skwɑːlɪd] *adj* vil; (*fig: sordid*) sórdido

squall [skwɔːl] *n* (*storm*) chubasco; (*wind*) ráfaga

squalor ['skwɑːlər] *n* miseria

squander ['skwɑːndər] *vt* (*money*) derrochar, despilfarrar; (*chances*) desperdiciar

square [skweər] *n* cuadro; (*in town*) plaza; (*inf: person*) anticuado(-a) ♦ *adj* cuadrado; (*inf: ideas, tastes*) trasnochado ♦ *vt* (*arrange*) arreglar; (*MATH*) cuadrar; (*reconcile*) compaginar; **all ~** igual(es); **to have a ~ meal** comer caliente; **2 meters ~** 2 metros en cuadro; **2 ~ meters** 2 metros cuadrados

square dance *n* cuadrilla

> **SQUARE DANCE**
>
> Un **square dance** es un tipo de baile típico de Norteamérica en el que las parejas realizan varios pasos de baile hasta ir formando una figura, como un cuadrado o dos círculos que se entrecruzan, aunque el término **square dance** también se puede referir a la fiesta en la que se hacen. **Hoedown** es también otro término que hace referencia a otro tipo de fiesta parecida. Normalmente se asocia este tipo de baile con el ambiente rural de EE.UU. y con la música country.

squarely *adv* de lleno

squash [skwɑːʃ] *n* (*US BOT*) calabaza; (*SPORT*) squash *m*; (*BRIT: drink*): **lemon/orange ~** jugo (*LAm*) *or* zumo (*SP*) de limón/naranja ♦ *vt* aplastar

squat [skwɑːt] *adj* achaparrado ♦ *vi* (*also:* ~ **down**) agacharse, sentarse en cuclillas ❑ **squatter** *n* paracaidista *mf* (*MEX*), ocupante *mf* ilegal (*LAm*), okupa *mf* (*SP*)

squeak [skwiːk] *vi* (*hinge*) chirriar, rechinar; (*mouse*) chillar

squeal [skwiːl] *vi* chillar

squeamish ['skwiːmɪʃ] *adj* delicado, remilgado

squeeze [skwiːz] *n* presión *f*; (*of hand*) apretón *m*; (*COMM*) restricción *f* ♦ *vt* (*hand, arm*) apretar ▶ **squeeze out** *vt* exprimir

squelch [skweltʃ] *vi* chapotear

squid [skwɪd] *n inv* calamar *m*; (*CULIN*) calamares *mpl*

squiggle ['skwɪgəl] *n* garabato

squint [skwɪnt] *vi* bizquear, ser bizco ♦ *n* (*MED*) estrabismo

squirm [skwɜːrm] *vi* retorcerse, revolverse

squirrel ['skwɜːrəl] *n* ardilla

squirt [skwɜːrt] *vi* salir a chorros ♦ *vt* chiscar

Sr. (*US*) (*BRIT* **Sr**) *abbr* = **senior**

St. (*US*) (*BRIT* **St**) *abbr* = **saint**; **street**

stab [stæb] *n* (*with knife*) puñalada; (*of pain*) pinchazo; (*inf: try*): **to have a ~ at (doing) sth** intentar (hacer) algo ♦ *vt* apuñalar

stable ['steɪbəl] *adj* estable ♦ *n* cuadra, caballeriza

stack [stæk] *n* montón *m*, pila ♦ *vt* amontonar, apilar

stadium ['steɪdiəm] *n* estadio

staff [stæf] *n* (*work force*) personal *m*, plantilla; (*BRIT SCOL*) cuerpo docente, profesorado ♦ *vt* proveer de personal

stag [stæg] *n* ciervo, venado

stage [steɪdʒ] *n* escena; (*point*) etapa; (*platform*) plataforma; (*profession*): **the ~** el teatro ♦ *vt* (*play*) poner en escena, representar; (*organize*) montar, organizar; **in ~s** por etapas ❑ **stagecoach** *n* diligencia ❑ **stage manager** *n* director(a) *m/f* de escena

stagger ['stægər] *vi* tambalearse ♦ *vt* (*amaze*) asombrar; (*hours, vacation*) escalonar ❑ **staggering** *adj* asombroso

stagnant ['stægnənt] *adj* estancado

stag party *n* despedida de soltero

staid [steɪd] *adj* serio, formal

stain [steɪn] *n* mancha; (*coloring*) tintura ♦ *vt* manchar; (*wood*) teñir ❑ **stained glass window** *n* vidriera (de colores) ❑ **stainless steel** *n* acero inoxidable ❑ **stain remover** *n* quitamanchas *m inv*

stair [steər] *n* (*step*) peldaño, escalón *m*; **~s** *npl* escaleras *fpl* ❑ **staircase** *n* = **stairway** ❑ **stairway** *n* escalera

stake [steɪk] *n* estaca, poste *m*; (*COMM*) interés *m*; (*BETTING*) apuesta ♦ *vt* (*money*) apostar; (*life*) arriesgar; (*reputation*) poner en juego; (*claim*) presentar una reclamación; **to be at ~** estar en juego

stale [steɪl] *adj* (*bread*) duro; (*food*) pasado; (*smell*) rancio; (*beer*) agrio

stalemate ['steɪl,meɪt] *n* tablas *fpl*; (*fig*) estancamiento

stalk [stɔːk] *n* tallo, caña ♦ *vt* acechar ▶ **stalk off** *vi* irse airado

stall [stɔːl] *n* (*in market*) puesto; (*in stable*) casilla (de establo) ♦ *vt* (*AUT*) calar; (*fig*) dar largas a ♦ *vi* (*AUT*) calarse; (*fig*) andarse con rodeos; **~s** *npl* (*BRIT: in movie house, theater*) butacas *fpl*

stallion ['stæljən] *n* semental *m*

stamina ['stæmɪnə] *n* resistencia

stammer ['stæmər] *n* tartamudeo ♦ *vi* tartamudear

stamp [stæmp] *n* timbre *m* (*MEX*), estampilla (*LAm*), sello (*SP*); (*mark*) marca, huella; (*on document*) timbre *m* ♦ *vi* (*also:* ~ **one's foot**) patear ♦ *vt* (*mark*) marcar; (*letter*) franquear; (*with rubber stamp*) sellar ❑ **stamp album** *n* álbum *m* de timbres (*MEX*) *or* estampillas (*LAm*) *or* sellos (*SP*) ❑ **stamp collecting** *n* filatelia

stampede [stæm'piːd] *n* estampida

stance [stæns] *n* postura

stand [stænd] (*pt, pp* **stood**) *n* (*position*) posición *f*, postura; (*hall stand*) perchero; (*music stand*) atril *m*; (*SPORT*) tribuna; (*at exhibition*) stand *m*; (*BRIT: for taxis*) parada, sitio (*MEX*) ♦ *vi* (*be*) estar, encontrarse; (*be on foot*) estar de pie; (*rise*) levantarse; (*remain*) quedar en pie; (*BRIT: in election*) presentar candidatura ♦ *vt* (*place*) poner, colocar; (*withstand*) aguantar, soportar; (*invite to*) invitar; **to make a ~** (*fig*) mantener una postura firme; **to ~ for parliament** (*BRIT*) presentarse (como candidato) a las elecciones ▶ **stand by** *vi* (*be ready*) estar listo ♦ *vt fus* (*opinion*) aferrarse a; (*person*) apoyar ▶ **stand down** *vi* (*withdraw*) ceder el puesto ▶ **stand for** *vt fus* (*signify*) significar; (*tolerate*) aguantar, permitir ▶ **stand in for** *vt fus* sustituir, suplir a ▶ **stand out** *vi* destacar ▶ **stand up** *vi* levantarse, ponerse de pie ▶ **stand up for** *vt fus* defender ▶ **stand up to** *vt fus* hacer frente a

standard ['stændərd] *n* patrón *m*, norma; (*level*) nivel *m*; (*flag*) estandarte *m* ♦ *adj* (*size etc*) normal, corriente; (*text*) básico; **~s** *npl* (*morals*) valores *mpl* morales ❑ **standard lamp** (*BRIT*) *n* lámpara de pie ❑ **standard of living** *n* nivel *m* de vida

stand-by ['stændbaɪ] *n* (*reserve*) reserva; **to be on ~** estar sobre aviso ❑ **stand-by ticket** *n* (*AVIAT*) pasaje *m* (*LAm*) *or* billete *m* (*SP*) en lista de espera

stand-in ['stændɪn] *n* suplente *mf*

standing ['stændɪŋ] *adj* (*on foot*) de pie, en pie; (*permanent*) permanente ♦ *n* reputación *f*; **of many years' ~** que lleva muchos años ❑ **standing joke** *n* bromas *fpl* de siempre ❑ **standing order** (*BRIT*) *n* (*at bank*) domicialización *f* bancaria, orden *f* de pago permanente ❑ **standing room** *n* sitio (para estar) de pie

stand: ❑ **standpoint** *n* punto de vista ❑ **standstill** *n*: **at a standstill** (*industry, traffic*) paralizado; (*car*) parado; **to come to a standstill** quedar paralizado; pararse

stank [stæŋk] *pt of* **stink**

staple ['steɪpəl] *n* (*for papers*) grapa ♦ *adj* (*food etc*) básico ♦ *vt* grapar ❑ **stapler** *n* grapadora

star [stɑːr] *n* estrella; (*celebrity*) estrella, astro ♦ *vt* (*THEATER, FILM*) ser el/la protagonista de; **the ~s** *npl* (*ASTROLOGY*) el horóscopo; **the S~s and Stripes** la bandera de los Estados Unidos

starboard ['stɑːrbərd] *n* estribor *m*

starch [stɑːrtʃ] *n* almidón *m*

stardom ['stɑːrdəm] *n* estrellato

stare [steər] *n* mirada fija ♦ *vi*: **to ~ at** mirar fijo

starfish ['stɑːr,fɪʃ] *n* estrella de mar

stark [stɑːrk] *adj* (*bleak*) severo, escueto ♦ *adv*: **~ naked** en cueros, encuerado (*MEX*)

starling ['stɑːrlɪŋ] *n* estornino

starry ['stɑːri] *adj* estrellado ❑ **starry-eyed** *adj* (*innocent*) ingenuo, iluso

start [stɑːrt] *n* principio, comienzo; (*departure*) salida; (*sudden movement*) salto, sobresalto; (*advantage*) ventaja ♦ *vt* empezar, comenzar; (*cause*) causar; (*found*) fundar; (*engine*) poner en marcha ♦ *vi* comenzar, empezar; (*with fright*) asustarse, sobresaltarse; (*train etc*) salir; **to ~ doing** *or* **to do sth** empezar a hacer algo ▶ **start off** *vi* empezar, comenzar; (*leave*) salir, ponerse en camino ▶ **start up** *vi* comenzar; (*car*) ponerse en marcha ♦ *vt* comenzar; poner en marcha ❑ **starter** *n* (*AUT*) motor *m* de arranque; (*SPORT: official*) juez *mf* de salida; (*BRIT CULIN*) entrada (*LAm*), entrante *m* (*SP*) ❑ **starting point** *n* punto de partida

startle ['stɑːrtl] *vt* asustar, sobrecoger ❑ **startling** *adj* alarmante

starvation [,stɑːr'veɪʃən] *n* hambre *f*

starve [stɑːrv] *vi* tener mucha hambre; (*to death*) morir de hambre ♦ *vt* hacer pasar hambre

state [steɪt] *n* estado ♦ *vt* (*say, declare*) afirmar; **the S~s** los Estados Unidos; **to be in a ~** estar agitado ❑ **State Department** (*US*) *n* Secretaría (*MEX*) *or* Ministerio (*LAm exc MEX*) de Relaciones Exteriores, Ministerio de Asuntos Exteriores (*SP*) ❑ **stately** *adj* majestuoso, imponente ❑ **stately home** (*BRIT*) *n* casa señorial *or* solariega ❑ **statement** *n* afirmación *f* ❑ **statesman** *n* estadista *m*

static ['stætɪk] *n* (*RADIO*) estática, interferencias *fpl* ♦ *adj* estático ❑ **static electricity** *n* estática

station ['steɪʃən] *n* estación *f*; (*RADIO*) emisora, estación *f* (*LAm*); (*rank*) posición *f* social ♦ *vt* colocar, situar; (*MIL*) apostar

stationary ['steɪʃəneri] *adj* estacionario, fijo

stationer ['steɪʃənər] *n* dueño(-a) de una papelería ❑ **stationer's (shop)** (*BRIT*) *n* papelería ❑ **stationery** *n* papel *m* de escribir, artículos *mpl* de escritorio

station master *n* (*RAIL*) jefe *m* de estación

station wagon (*US*) *n* camioneta (*LAm*), rural *f* (*RPl*), ranchera (*SP*)

statistic [stə'tɪstɪk] *n* estadística ❑ **statistics** *n* (*science*) estadística

statue ['stætʃuː] *n* estatua; **S~ of Liberty** estatua *f* de la libertad

status ['steɪtəs] *n* estado; (*reputation*) estatus *m* ❑ **status symbol** *n* símbolo de prestigio

statute ['stætʃuːt] *n* estatuto, ley *f* ❑ **statutory** *adj* estatutario

staunch [stɔːntʃ] *adj* leal, incondicional

stay [steɪ] *n* estancia (*MEX, SP*), estadía (*LAm exc MEX*) ♦ *vi* quedar(se); (*as guest*) hospedarse; **to ~ put** seguir en el mismo sitio; **to ~ the night/5 days** pasar la noche/estar 5 días ▶ **stay behind** *vi* quedar atrás ▶ **stay in** *vi* quedarse en casa ▶ **stay on** *vi* quedarse ▶ **stay out** *vi* (*of house*) no volver a casa; (*BRIT: on strike*) permanecer en huelga ▶ **stay up** *vi* (*at night*) velar, quedarse levantado ❑ **staying power** *n* aguante *m*

stead [sted] *n*: **in sb's ~** en lugar de algn; **to stand sb in good ~** ser muy útil a algn

steadfast ['sted,fæst] *adj* firme, resuelto

steadily ['stedɪli] *adv* constantemente; (*firmly*) firmemente; (*work, walk*) sin parar; (*gaze*) fijamente

steady ['stedi] *adj* (*firm*) firme; (*regular*) regular; (*person, character*) sensato, juicioso; (*boyfriend*) formal; (*look, voice*) tranquilo ♦ *vt* (*stabilize*) estabilizar; (*nerves*) calmar

steak [steɪk] *n* filete *m*; (*beef*) bistec *m*

steal [stiːl] (*pt* **stole**, *pp* **stolen**) *vt* robar ♦ *vi* robar; (*move secretly*) andar a hurtadillas

stealth [stelθ] *n*: **by ~** a escondidas, sigilosamente ❑ **stealthy** *adj* cauteloso, sigiloso

steam [stiːm] *n* vapor *m*; (*mist*) vaho, humo ♦ *vt* (*CULIN*) cocer al vapor ♦ *vi* echar vapor ❑ **steam engine** *n* máquina de vapor ❑ **steamer** *n* (buque *m* de) vapor *m* ❑ **steamroller** *n* apisonadora ❑ **steamship** *n* = **steamer** ❑ **steamy** *adj* (*room*) lleno de vapor; (*window*) empañado; (*heat, atmosphere*) bochornoso

steel [stiːl] *n* acero ♦ *adj* de acero ❑ **steelworks** *n* acería

steep [stiːp] *adj* escarpado, abrupto; (*stair*) empinado; (*price*) exorbitante, excesivo ♦ *vt* empapar, remojar

steeple ['stiːpəl] *n* aguja ❑ **steeplechase** *n* carrera de obstáculos

steer [stɪər] *vt* (*car*) manejar (*LAm*), conducir (*SP*); (*person*) dirigir ♦ *vi* manejar, conducir ❑ **steering** *n* (*AUT*) dirección *f* ❑ **steering wheel** *n* volante *m*

stem [stem] *n* (*of plant*) tallo; (*of glass*) pie *m* ♦ *vt* detener; (*blood*) restañar ▶ **stem from** *vt fus* ser consecuencia de

stench [stentʃ] *n* hedor *m*

stencil ['stensəl] *n* (*pattern*) plantilla ♦ *vt* estarcir

stenographer [stə'nɑːgrəfər] (*US*) *n* taquígrafo(-a)

step [step] *n* paso; (*on stair*) peldaño, escalón *m* ♦ *vi*: **to ~ forward/back** dar un paso adelante/hacia atrás; **~s** *npl* (*BRIT*) = **stepladder**; **in/out of ~ (with)** acorde/en disonancia (con) ▶ **step down** *vi* (*fig*) retirarse ▶ **step on** *vt fus* pisar ▶ **step up** *vt* (*increase*) aumentar ❑ **stepbrother** *n* hermanastro ❑ **stepdaughter** *n* hijastra ❑ **stepfather** *n* padrastro ❑ **stepladder** *n* escalera de tijera, burro (*MEX*) ❑ **stepmother** *n* madrastra ❑ **stepping stone** *n* pasadera ❑ **stepsister** *n* hermanastra ❑ **stepson** *n* hijastro

stereo ['steriou] *n* equipo de música, estéreo ♦ *adj* (*also:* ~**phonic**) estéreo, estereofónico

sterile ['sterəl] *adj* estéril ❑ **sterilize** *vt* esterilizar

sterling ['stɜːrlɪŋ] *adj* (*silver*) de ley ♦ *n* (*ECON*) libras *fpl* esterlinas *fpl*; **one pound ~** (*BRIT*) una libra esterlina

stern [stɜːrn] *adj* severo, austero ♦ *n* (*NAUT*) popa

stew [stuː] *n* estofado, guiso ♦ *vt* estofar, guisar; (*fruit*) cocer

steward ['stuːərd] *n* (*on plane*) aeromozo (*LAm*), auxiliar *m* de vuelo (*SP*); (*on train*) camarero ❑ **stewardess** *n* (*on plane*) aeromoza (*LAm*), azafata (*SP*); (*on train*) camarera

stick [stɪk] (*pt, pp* **stuck**) *n* palo; (*of dynamite*) barreno; (*as weapon*) macana (*MEX*), cachiporra (*LAm*), porra (*SP*); (*walking stick*) bastón *m* ♦ *vt* (*glue*) pegar; (*inf: put*) meter; (: *tolerate*) aguantar, soportar; (*thrust*): **to ~ sth into** clavar *or* hincar algo en ♦ *vi* pegarse; (*be unmoveable*) quedarse parado; (*in mind*) quedarse grabado ▶ **stick out** *vi* sobresalir ▶ **stick up** *vi* sobresalir ▶ **stick up for** *vt fus* defender ❑ **sticker** *n* (*label*) etiqueta engomada; (*with slogan*) adhesivo ❑ **sticking plaster** (*BRIT*) *n* curita (*LAm*), tirita (*SP*) ❑ **stick shift** (*US*) *n* palanca de cambios

stick-up ['stɪk,ʌp] (*inf*) *n* asalto, atraco

sticky ['stɪki] *adj* pegajoso; (*label*) adhesivo; (*fig*) difícil

stiff [stɪf] *adj* rígido, tieso; (*hard*) duro; (*manner*) estirado; (*difficult*) difícil; (*person*) inflexible;

(price) exorbitante ♦ adv: **scared/bored ~** muerto de miedo/aburrido como una ostra ❑ **stiffen** vi (muscles etc) agarrotarse ❑ **stiff neck** n tortícolis m inv ❑ **stiffness** n rigidez f, tiesura

stifle ['staɪfəl] vt ahogar, sofocar ❑ **stifling** adj (heat) sofocante, bochornoso

stigma ['stɪgmə] n (fig) estigma m

stile [staɪl] n portillo, portilla

stiletto [stɪ'letou] (BRIT) n (also: **~ heel**) tacón m de aguja

still [stɪl] adj quieto, inmóvil ♦ adv todavía; (even) aún; (nonetheless) sin embargo, aun así ❑ **stillborn** adj nacido muerto ❑ **still life** n naturaleza muerta, bodegón m

stilt [stɪlt] n zanco; (pile) pilar m, soporte m

stilted ['stɪltɪd] adj afectado

stimulate ['stɪmjəleɪt] vt estimular

stimulus ['stɪmjələs] (pl **stimuli** ['stɪmjəlaɪ]) n estímulo, incentivo

sting [stɪŋ] (pt, pp **stung**) n picadura, piquete m (MEX); (pain) escozor m; (organ) aguijón m ♦ vt, vi picar

stingy ['stɪndʒi] adj tacaño

stink [stɪŋk] (pt **stank**, pp **stunk**) n hedor m, tufo ♦ vi heder, apestar ❑ **stinking** adj hediondo, fétido; (BRIT: fig: inf) horrible

stint [stɪnt] n tarea, trabajo ♦ vi: **to ~ on** escatimar

stir [stəːr] n (fig: agitation) conmoción f ♦ vt (tea etc) remover; (fig: emotions) provocar ♦ vi moverse ▶ **stir up** vt (trouble) fomentar

stirrup ['stəːrəp] n estribo

stitch [stɪtʃ] n (SEWING) puntada; (KNITTING) punto; (MED) punto (de sutura); (pain) punzada ♦ vt coser; (MED) suturar

stoat [stout] n armiño

stock [stɑːk] n (COMM: reserves) existencias fpl, stock m; (: selection) surtido; (AGR) ganado, ganadería; (CULIN) caldo; (descent) raza, estirpe f; (FINANCE) capital m ♦ adj (fig: reply etc) clásico ♦ vt (have in stock) tener (existencias de), vender; **~s and shares** acciones y valores; **in ~** en existencia or almacén; **out of ~** agotado; **to take ~ of** (fig) asesorar, examinar ▶ **stock up with** vt fus abastecerse de ❑ **stockbroker** n agente mf or corredor(a) m/f de bolsa ❑ **stock cube** n pastilla de caldo ❑ **stock exchange** n bolsa ❑ **stockholder** (US) n accionista mf

stocking ['stɑːkɪŋ] n media

stock: ❑ **stock market** n bolsa (de valores) ❑ **stockpile** n reserva ♦ vt acumular, almacenar ❑ **stocktaking** (BRIT) n (COMM) inventario

stocky ['stɑːki] adj (strong) robusto; (short) achaparrado

stodgy ['stɑːdʒi] adj indigesto, pesado

stoke [stouk] vt atizar

stole [stoul] pt of **steal** ♦ n estola

stolen ['stoulən] pp of **steal**

stomach ['stʌmək] n (ANAT) estómago; (belly) vientre m ♦ vt tragar, aguantar ❑ **stomachache** n dolor m de estómago

stone [stoun] n piedra; (BRIT: in fruit) hueso; (: weight) 6.348 kg ♦ adj de piedra ♦ vt apedrear; (BRIT: fruit) deshuesar ❑ **stone-cold** adj helado ❑ **stone-deaf** adj sordo como una tapia ❑ **stonework** n (art) cantería ❑ **stony** adj pedregoso; (fig) frío

stood [stud] pt, pp of **stand**

stool [stuːl] n taburete m

stoop [stuːp] vi (also: **~ down**) doblarse, agacharse; (also: **have a ~**) ser cargado de espaldas

stop [stɑːp] n parada; (BRIT: in punctuation) punto ♦ vt parar, detener; (break) suspender; (block: pay) suspender; (: check) invalidar; (also: **put a ~ to**) poner término a ♦ vi pararse, detenerse; (end) acabarse; **to ~ doing sth** dejar de hacer algo ▶ **stop dead** vi pararse en seco ▶ **stop off** vi interrumpir el viaje ▶ **stop up** vt (hole) tapar ❑ **stopgap** n (person) interino(-a); (thing) recurso (provisional) ❑ **stoplights** (US) npl (traffic lights) semáforo; (brake lights) luces fpl de freno ❑ **stopover** n parada; (AVIAT) escala

stoppage ['stɑːpɪdʒ] n (strike) huelga; (blockage) obstrucción f

stopper ['stɑːpər] n tapón m

stop press (BRIT) n noticias fpl de última hora

stopwatch ['stɑːp,wɑtʃ] n cronómetro

storage ['stɔːrɪdʒ] n almacenaje m ❑ **storage heater** n acumulador m

store [stɔːr] n (US) tienda; (BRIT: depot) almacén m; (stock) provisión f; (reserve) reserva, repuesto ♦ vt almacenar; **~s** npl víveres mpl; **in ~: to be in ~ for sb** (fig) esperar a algn ▶ **store up** vt acumular ❑ **storekeeper** (US) n comerciante mf ❑ **storeroom** n despensa

storey ['stɔːri] (BRIT) n piso

stork [stɔːrk] n cigüeña

storm [stɔːrm] n tormenta; (fig: of applause) salva; (: of criticism) nube f ♦ vi (fig) rabiar ♦ vt tomar por asalto ❑ **stormy** adj tempestuoso

story ['stɔːri] n historia; (lie) mentira; (US: in building) piso ❑ **storybook** n libro de cuentos

stout [staut] adj (strong) sólido; (fat) gordo, corpulento; (resolute) resuelto ♦ n cerveza negra

stove [stouv] n (for cooking) estufa (MEX), cocina (LAm exc MEX, SP); (for heating) calentador m (MEX), estufa (LAm exc MEX, SP)

stow [stou] vt (also: **~ away**) meter, poner; (NAUT) estibar ❑ **stowaway** n polizón(-ona) m/f

straggle ['strægəl] vi (houses etc) extenderse; (lag behind) rezagarse

straight [streɪt] adj recto, derecho; (frank) franco, directo; (simple) sencillo ♦ adv derecho, directamente; (drink) solo; **to put** or **get sth ~** dejar algo en claro; **~ away, ~ off** en seguida ❑ **straighten** vt (also: **straighten out**) enderezar, poner derecho ❑ **straight-faced** adj serio ❑ **straightforward** adj (simple) sencillo; (honest) honrado, franco

strain [streɪn] n tensión f; (TECH) presión f; (MED) torcedura; (breed) tipo, variedad f ♦ vt (back etc) hacerse daño en; (resources) agotar; (stretch) estirar; (food, tea) colar; **~s** npl (MUS) son m ❑ **strained** adj (laugh) forzado; (relations) tenso; **a strained muscle** un esguince ❑ **strainer** n colador m

strait [streɪt] n (GEO) estrecho; **to be in dire ~s** pasar grandes apuros ❑ **strait-jacket** n camisa de fuerza ❑ **strait-laced** adj mojigato

strand [strænd] n (of thread) hebra; (of hair) trenza; (of rope) ramal m

stranded adj (person: without money) desamparado; (: without transport) tirado, botado (LAm)

strange [streɪndʒ] adj (not known) desconocido; (odd) raro, extraño ❑ **strangely** adv de un modo raro; see also **enough** ❑ **stranger** n desconocido(-a); (from another area) forastero(-a)

> ⚠ Be careful not to translate **stranger** by the Spanish word ***extranjero***.

strangle ['stræŋgəl] vt estrangular ❑ **stranglehold** n (fig) control m absoluto

strap [stræp] n correa; (of slip, dress) tirante m

strategic [strə'tiːdʒɪk] adj estratégico

strategy ['strætɪdʒi] n estrategia

straw [strɔː] n paja; (drinking straw) pajita, popote m (MEX); **that's the last ~!** ¡es la gota que colma el vaso!, ¡esto ya es el colmo!

strawberry ['strɔːberi] n fresa, frutilla (SC)

stray [streɪ] adj (animal) extraviado; (bullet) perdido; (scattered) disperso ♦ vi extraviarse, perderse

streak [striːk] n raya; (in hair) raya ♦ vt rayar ♦ vi: **to ~ past** pasar como un rayo

stream [striːm] n riachuelo, arroyo; (of people, vehicles) riada, caravana; (of smoke, insults etc) chorro ♦ vt (BRIT SCOL) dividir en grupos por habilidad ♦ vi correr, fluir; **to ~ in/out** (people) entrar/salir en tropel

streamer ['striːmər] n serpentina

streamlined ['striːm,laɪnd] adj aerodinámico

street [striːt] n calle f ❑ **streetcar** (US) n tranvía m ❑ **street lamp** n farol m ❑ **street light** n farol m (LAm), farola (SP) ❑ **street plan** n plano de la ciudad ❑ **streetwise** (inf) adj espabilado; **to be streetwise** sabérselas todas

strength [streŋθ] n fuerza; (of girder, knot etc) resistencia; (fig: power) poder m ❑ **strengthen** vt fortalecer, reforzar

strenuous ['strenjuəs] adj (energetic, determined) enérgico

stress [stres] n presión f; (mental strain) estrés m; (accent) acento ♦ vt subrayar, recalcar; (syllable) acentuar

stretch [stretʃ] n (of sand etc) trecho ♦ vi estirarse; (extend): **to ~ to** or **as far as** extenderse hasta ♦ vt extender, estirar; (make demands) exigir el máximo esfuerzo a ▶ **stretch out** vi tenderse ♦ vt (arm etc) extender; (spread) estirar

stretcher ['stretʃər] n camilla

strewn [struːn] adj: **~ with** cubierto or sembrado de

stricken ['strɪkən] adj (person) herido; (city, industry etc) condenado; **~ with** (disease) afectado por

strict [strɪkt] adj severo; (exact) estricto ❑ **strictly** adv severamente; estrictamente

stride [straɪd] (pt **strode**, pp **stridden**) n zancada, tranco ♦ vi dar zancadas, andar a trancos

strife [straɪf] n lucha

strike [straɪk] (pt, pp **struck**) n huelga; (of oil etc) descubrimiento; (attack) ataque m ♦ vt golpear, pegar; (oil etc) descubrir; (bargain, deal) cerrar ♦ vi declarar la huelga; (attack) atacar; (clock) dar la hora; **on ~** (workers) en huelga; **to ~ a match** encender un fósforo or (MEX) cerillo ▶ **strike down** vt derribar ▶ **strike up** vt (MUS) empezar a tocar; (conversation) entablar; (friendship) trabar ❑ **strikebreaker** n rompehuelgas m inv (LAm), carnero (RPl) ❑ **striker** n huelguista mf; (SPORT) delantero ❑ **striking** adj asombroso

string [strɪŋ] (pt, pp **strung**) n cuerda; (row) hilera ♦ vt: **to ~ together** ensartar; **the ~s** npl (MUS) las cuerdas; **to ~ out** extenderse; **to pull ~s** (fig) mover palancas ❑ **string bean** n ejote m (MEX), frijol m (LAm), chaucha (RPl), judía verde (SP) ❑ **string(ed) instrument** n (MUS) instrumento de cuerda

stringent ['strɪndʒənt] adj riguroso, severo

strip [strɪp] n tira; (of land) franja; (of metal) cinta, lámina; (cartoon) tira cómica ♦ vt desnudar; (paint) quitar; (also: **~ down**: machine) desmontar ♦ vi desnudarse ❑ **strip cartoon** (BRIT) n tira cómica

stripe [straɪp] n raya; (MIL) galón m ❑ **striped** adj a rayas, rayado

strip lighting (BRIT) n alumbrado fluorescente

stripper ['strɪpər] n artista mf de striptease

strive [straɪv] (pt **strove**, pp **~n** ['strɪvn]) vi: **to ~ for sth/to do sth** luchar por conseguir/hacer algo

strode [stroud] pt of **stride**

stroke [strouk] n (blow) golpe m; (SWIMMING) brazada; (MED) derrame m cerebral, apoplejía; (of paintbrush) toque m ♦ vt acariciar; **at a ~** de un solo golpe

stroll [stroul] n paseo, vuelta ♦ vi dar un paseo or una vuelta ❑ **stroller** (US) n (for child) sillita de paseo

strong [strɑːŋ] adj fuerte; **they are 50 ~** son 50 ❑ **stronghold** n fortaleza; (fig) baluarte m ❑ **strongly** adv fuertemente, con fuerza; (believe) firmemente ❑ **strongroom** n cámara acorazada

strove [strouv] pt of **strive**

struck [strʌk] pt, pp of **strike**

structure ['strʌktʃər] n estructura; (building) construcción f

struggle ['strʌgəl] n lucha ♦ vi luchar

strum [strʌm] vt (guitar) rasguear

strung [strʌŋ] pt, pp of **string**

strut [strʌt] n puntal m ♦ vi pavonearse

stub [stʌb] n (of ticket etc) talón m; (of cigarette) colilla; **to ~ one's toe on sth** dar con el dedo (del pie) contra algo ▶ **stub out** vt apagar

stubble ['stʌbəl] n rastrojo; (on chin) barba (incipiente)

stubborn ['stʌbərn] adj terco, testarudo

stuck [stʌk] pt, pp of **stick** ♦ adj (jammed) atascado ❑ **stuck-up** adj creído, engreído

stud [stʌd] n (shirt stud) corchete m; (earring) pendiente m, arete m (MEX), aro (SC); (also: **~ farm**) caballeriza; (also: **~ horse**) caballo semental; (BRIT: of boot) taco; (inf) semental m ♦ vt (fig): **~ded with** salpicado de

student ['stuːdnt] n estudiante mf ♦ adj estudiantil ❑ **student driver** (US) n conductor(a) mf en prácticas

studio ['stuːdiou] n estudio; (artist's) taller m ❑ **studio apartment** (US) (BRIT **studio flat**) n estudio

studious ['stuːdiəs] adj estudioso; (studied) calculado ❑ **studiously** adv (carefully) con esmero

study ['stʌdi] n estudio ♦ vt estudiar; (examine) examinar, investigar ♦ vi estudiar

stuff [stʌf] n materia; (substance) material m, sustancia; (things) cosas fpl ♦ vt llenar; (CULIN) rellenar; (animals) disecar; (inf: push) meter ❑ **stuffing** n relleno ❑ **stuffy** adj (room) mal ventilado; (person) anticuado

stumble ['stʌmbəl] vi tropezar, dar un traspié; **to ~ across, ~ on** (fig) tropezar con ❑ **stumbling block** n tropiezo, obstáculo

stump [stʌmp] n (of tree) tocón m; (of limb) muñón m ♦ vt: **to be ~ed for an answer** no saber qué contestar

stun [stʌn] vt dejar sin sentido

stung [stʌŋ] pt, pp of **sting**

stunk [stʌŋk] pp of **stink**

stunning ['stʌnɪŋ] adj (fig: news) pasmoso; (: outfit etc) sensacional

stunt [stʌnt] n (in movie) escena peligrosa; (publicity stunt) truco publicitario ❑ **stuntman** n especialista m, doble m

stupid ['stuːpɪd] adj estúpido, tonto ❑ **stupidity** [stuː'pɪdɪti] n estupidez f

sturdy ['stəːrdi] adj robusto, fuerte

stutter ['stʌtər] n tartamudeo ♦ vi tartamudear

sty [staɪ] n (for pigs) pocilga

stye [staɪ] n (MED) orzuelo

style [staɪl] n estilo ❑ **stylish** adj elegante, a la moda

stylus ['staɪləs] n aguja

suave [swɑːv] adj cortés

sub... [sʌb] prefix sub... ❑ **subconscious** adj subconsciente ❑ **subcontract** vt subcontratar ❑ **subdivide** vt subdividir ❑ **subdivision** n subdivisión f

subdue [səb'duː] vt sojuzgar; (passions) dominar ❑ **subdued** adj (light) tenue; (person) sumiso, manso

subject [n 'sʌbdʒɪkt, vb səb'dʒekt] n súbdito; (SCOL) asignatura; (matter) tema m; (LING) sujeto ♦ vt: **to ~ sb to sth** someter a algn a algo; **to be ~ to** (law) estar sujeto a; (person) ser propenso a ❑ **subjective** [səb'dʒektɪv] adj subjetivo ❑ **subject matter** n (content) contenido

sublet [sʌb'let] vt subarrendar

submarine ['sʌbmə,riːn] n submarino

submerge [səb'məːrdʒ] vt sumergir ♦ vi sumergirse

submissive [səb'mɪsɪv] adj sumiso

submit [səb'mɪt] vt someter ♦ vi: **to ~ to sth** someterse a algo

subnormal [,sʌb'nɔːrməl] adj anormal

subordinate [sə'bɔːrdnɪt] adj, n subordinado(-a)

subpoena [səb'piːnə] n (LAW) citación f

subscribe [səb'skraɪb] vi suscribir; **to ~ to** (opinion, fund) suscribir, aprobar; (newspaper) suscribirse a ❑ **subscriber** n (to periodical) subscriptor(a) m/f; (to telephone) abonado(-a)

subscription [səb'skrɪpʃən] n abono; (to magazine) subscripción f

subsequent ['sʌbsɪkwənt] adj subsiguiente, posterior ❑ **subsequently** adv posteriormente, más tarde

subside [səb'saɪd] vi hundirse; (flood) bajar; (wind) amainar ❑ **subsidence** [səb'saɪdns] n hundimiento; (in road) socavón m

subsidiary [səb'sɪdieri] adj secundario ♦ n filial f

subsidize ['sʌbsɪdaɪz] vt subvencionar

subsidy ['sʌbsɪdi] n subvención f

subsistence [səb'sɪstəns] n subsistencia

substance ['sʌbstəns] n sustancia

substantial [səb'stænʃl] adj sustancial, sustancioso; (fig) importante

substantiate [səb'stænʃieɪt] vt comprobar

substitute ['sʌbstɪtuːt] n (person) suplente mf; (thing) sustituto ♦ vt: **to ~ A for B** sustituir A por B, reemplazar B por A ❑ **substitute teacher** (US) n profesor(a) m/f suplente

subtitle ['sʌb,taɪtl] n subtítulo

subtle ['sʌtl] adj sutil ❑ **subtlety** n sutileza

subtotal ['sʌb,toutl] n subtotal m, total m parcial

subtract [səb'trækt] vt restar, sustraer ❑ **subtraction** n resta, sustracción f

suburb ['sʌbərb] n barrio residencial; **the ~s** las afueras (de la ciudad) ❑ **suburban** [sə'bəːrbən] adj suburbano; (train etc) de cercanías, local ❑ **suburbia** [sə'bəːrbiə] n barrios mpl residenciales

subway ['sʌbweɪ] n (US) metro, subte m (RPl); (BRIT) paso subterráneo

succeed [sək'siːd] vi (person) tener éxito; (plan) salir bien ♦ vt suceder a; **to ~ in doing** lograr hacer ❑ **succeeding** adj (following) sucesivo

success [sək'ses] n éxito ❑ **successful** adj exitoso; (business) próspero; **to be successful (in doing)** lograr (hacer) ❑ **successfully** adv con éxito

> ⚠ Be careful not to translate **success** by the Spanish word ***suceso***.

succession [sək'seʃən] n sucesión f, serie f

successive [sək'sesɪv] adj sucesivo, consecutivo

succinct [sək'sɪŋkt] adj sucinto

such [sʌtʃ] adj tal, semejante; (of that kind): **~ a book** tal libro; (so much): **~ courage** tanto valor ♦ adv tan; **~ a long trip** un viaje tan largo; **~ a lot of** tanto(s)/a(s); **~ as** (like) tal como; **as ~** como tal ❑ **such-and-such** adj tal o cual

suck [sʌk] vt chupar; (bottle) sorber; (breast) mamar ❑ **sucker** n (ZOOL) ventosa; (inf) bobo, primo

suction ['sʌkʃən] n succión f

Sudan [su'dæn] n Sudán m

sudden ['sʌdn] adj (rapid) repentino, súbito; (unexpected) imprevisto; **all of a ~** de repente ❑ **suddenly** adv de repente

suds [sʌdz] npl espuma de jabón

sue [suː] vt demandar

suede [sweɪd] n ante m, gamuza

suet ['suːɪt] n sebo

Suez [,suː'ez] n: **the ~ Canal** el Canal de Suez

suffer ['sʌfər] vt sufrir, padecer; (tolerate) aguantar, soportar ♦ vi sufrir; **to ~ from** (illness etc) padecer ❑ **sufferer** n víctima; (MED) enfermo(-a) ❑ **suffering** n sufrimiento

sufficient [sə'fɪʃənt] adj suficiente, bastante ❑ **sufficiently** adv suficientemente, bastante

suffocate ['sʌfəkeɪt] vi ahogarse, asfixiarse ❑ **suffocation** [,sʌfə'keɪʃən] n asfixia

sugar ['ʃugər] n azúcar m ♦ vt echar azúcar a, azucarar ❑ **sugar beet** n betabel m (MEX), remolacha (azucarera) (LAm exc MEX, SP) ❑ **sugar cane** n caña de azúcar

suggest [səg'dʒɛst] *vt* sugerir ❑ **suggestion** *n* sugerencia ❑ **suggestive** (*pej*) *adj* indecente

suicide ['su:ɪsaɪd] *n* suicidio; (*person*) suicida *mf*; *see also* **commit** ❑ **suicide bombing** *n* atentado suicida

suit [su:t] *n* (*man's*) traje *m*; (*woman's*) conjunto; (*LAW*) pleito; (*CARDS*) palo ♦ *vt* convenir; (*clothes*) sentar a, ir bien a; (*adapt*): **to ~ sth to** adaptar *or* ajustar algo a; **well ~ed** (*well matched*: *couple*) hecho el uno para el otro ❑ **suitable** *adj* conveniente; (*apt*) indicado ❑ **suitably** *adv* convenientemente; (*impressed*) apropiadamente

suitcase ['su:tkeɪs] *n* maleta, valija (*RPl*)

suite [swi:t] *n* (*of rooms, MUS*) suite *f*; (*furniture*): **bedroom/dining room ~** (juego de) dormitorio/comedor

suitor ['su:tər] *n* pretendiente *m*

sulfur (*US*) ['sʌlfər] (*BRIT* **sulphur**) *n* azufre *m*

sulk [sʌlk] *vi* estar de mal humor ❑ **sulky** *adj* malhumorado

sullen ['sʌlən] *adj* hosco, huraño

sulphur ['sʌlfər] (*BRIT*) *n* = **sulfur**

sultana [sʌl'tænə] *n* (*fruit*) pasa (sultana *or* de Esmirna)

sultry ['sʌltri] *adj* (*weather*) bochornoso

sum [sʌm] *n* suma; (*total*) total *m* ▶ **sum up** *vt* resumir ♦ *vi* hacer un resumen

summarize ['sʌməraɪz] *vt* resumir

summary ['sʌməri] *n* resumen *m* ♦ *adj* (*justice*) sumario

summer ['sʌmər] *n* verano ♦ *cpd* de verano; **in ~** en verano ❑ **summerhouse** *n* (*in garden*) cenador *m*, glorieta ❑ **summertime** *n* (*season*) verano ❑ **summer vacation** *n* vacaciones *fpl* de verano

summit ['sʌmɪt] *n* cima, cumbre *f*; (*also*: **~ conference, ~ meeting**) (conferencia) cumbre *f*

summon ['sʌmən] *vt* (*person*) llamar; (*meeting*) convocar; (*LAW*) citar ▶ **summon up** *vt* (*courage*) armarse de ❑ **summons** *n* llamamiento, llamada ♦ *vt* (*LAW*) citar

sump [sʌmp] (*BRIT*) *n* (*AUT*) cárter *m*

sumptuous ['sʌmptʃuəs] *adj* suntuoso

sun [sʌn] *n* sol *m* ❑ **sunbathe** *vi* tomar el sol ❑ **sunblock** *n* crema *or* filtro solar (de protección total) ❑ **sunburn** *n* (*painful*) quemadura; (*tan*) bronceado ❑ **sunburnt** *adj* quemado por el sol

Sunday ['sʌndi] *n* domingo ❑ **Sunday school** *n* catequesis *f* (dominical)

sundial ['sʌn,daɪəl] *n* reloj *m* de sol

sundown ['sʌn,daun] *n* anochecer *m*

sundries *npl* artículos *mpl* varios

sundry ['sʌndri] *adj* varios(-as), diversos(-as); **all and ~** todos sin excepción

sunflower ['sʌn,flauər] *n* girasol *m*

sung [sʌŋ] *pp of* **sing**

sunglasses ['sʌn,glæsɪz] *npl* lentes *mpl* (*LAm*) *or* anteojos *mpl* (*LAm*) *or* gafas *fpl* (*SP*) de sol

sunk [sʌŋk] *pp of* **sink**

sun: ❑ **sunlight** *n* luz *f* del sol ❑ **sunlit** *adj* soleado ❑ **sunny** *adj* soleado; (*day*) de sol; (*fig*) alegre ❑ **sunrise** *n* salida del sol ❑ **sun roof** *n* (*AUT*) techo corredizo ❑ **sunscreen** *n* protector *m* solar ❑ **sunset** *n* puesta del sol ❑ **sunshade** *n* (*over table*) sombrilla; (*awning*) toldo ❑ **sunshine** *n* sol *m* ❑ **sunstroke** *n* insolación *f* ❑ **suntan** *n* bronceado ❑ **suntan oil** *n* aceite *m* bronceador ❑ **sun-up** (*US*) *n* amanecer *m*, salida del sol

super ['su:pər] (*inf*) *adj* genial

superannuation [su:pərænju'eɪʃən] *n* jubilación *f*, pensión *f*

superb [su:'pɜ:rb] *adj* magnífico, espléndido

Super Bowl (*US*) *n* el Super Tazón (*LAm*), el (*LAm*) *or* la (*SP*) Super Bowl

supercilious [,su:pər'sɪliəs] *adj* altanero

superficial [,su:pər'fɪʃəl] *adj* (*person, damage, cut*) superficial

superfluous [su'pɜ:rfluəs] *adj* superfluo, de sobra

superhuman [,su:pər'hju:mən] *adj* sobrehumano

superimpose [,su:pərɪm'pouz] *vt* sobreponer

superintendent [,su:pərɪn'tɛndənt] *n* (*of institution*) director(a) *m/f*; (*of building*) conserje *m*; (*POLICE*) inspector(a) *m/f* jefe

superior [su'pɪriər] *adj* superior; (*smug*) desdeñoso ♦ *n* superior *m* ❑ **superiority** [su,pɪri'ɔ:rɪti] *n* superioridad *f*

superlative [su'pɜ:rlətɪv] *n* superlativo

superman ['su:pər,mæn] *n* superhombre *m*

supermarket ['su:pər,mɑ:rkɪt] *n* supermercado

supernatural [,su:pər'nætʃərəl] *adj* sobrenatural ♦ *n*: **the ~** lo sobrenatural

superpower ['su:pər,pauər] *n* (*POL*) superpotencia

supersede [,su:pər'si:d] *vt* suplantar

superstar ['su:pər,stɑ:r] *n* superestrella, gran estrella

superstitious [su:pər'stɪʃəs] *adj* supersticioso

supertanker ['su:pər,tæŋkər] *n* superpetrolero

supervise ['su:pərvaɪz] *vt* supervisar ❑ **supervision** [,su:pər'vɪʒən] *n* supervisión *f* ❑ **supervisor** *n* supervisor(a) *m/f*

supper ['sʌpər] *n* cena

supple ['sʌpəl] *adj* flexible

supplement [*n* 'sʌplɪmənt, *vb* 'sʌplɪmɛnt] *n* suplemento ♦ *vt* suplir ❑ **supplemental** [,sʌplɪ'mɛntl], **supplementary** [,sʌplɪ'mɛntəri] *adj* suplementario ❑ **supplementary benefit** (*BRIT*) *n* subsidio suplementario de la seguridad social

supplier [sə'plaɪər] *n* (*COMM*) distribuidor(a) *m/f*

supply [sə'plaɪ] *vt* (*provide*) suministrar; (*equip*): **to ~ (with)** proveer (de) ♦ *n* provisión *f*; (*of gas, water etc*) suministro; **supplies** *npl* (*food*) víveres *mpl*; (*MIL*) pertrechos *mpl* ❑ **supply teacher** (*BRIT*) *n* profesor(a) *m/f* suplente

support [sə'pɔ:rt] *n* apoyo; (*TECH*) soporte *m* ♦ *vt* apoyar; (*financially*) mantener; (*uphold, TECH*) sostener ❑ **supporter** *n* (*POL etc*) partidario(-a); (*SPORT*) aficionado(-a)

> ⚠ Be careful not to translate **support** by the Spanish word ***soportar***.

suppose [sə'pouz] *vt* suponer; (*imagine*) imaginarse; (*duty*): **to be ~d to do sth** deber hacer algo ❑ **supposedly** [sə'pouzɪdli] *adv* según cabe suponer ❑ **supposing** *conj* en caso de que

suppress [sə'prɛs] *vt* suprimir; (*yawn*) ahogar

supreme [su'pri:m] *adj* supremo ❑ **Supreme Court** (*US*) *n* Tribunal *m* Supremo, Corte *f* Suprema (*LAm*)

surcharge ['sɜ:rtʃɑ:rdʒ] *n* recargo

sure [ʃuər] *adj* seguro; (*definite, convinced*) cierto; **to make ~ of sth/that** asegurarse de algo/asegurar que; **~!** (*of course*) ¡claro!, ¡por supuesto!; **~ enough** efectivamente ❑ **surely** *adv* (*certainly*) seguramente

surf [sɜ:rf] *n* olas *fpl* ♦ *vi* hacer surf ♦ *vt* (*INTERNET*): **to ~ the Net** navegar por Internet

surface ['sɜ:rfɪs] *n* superficie *f* ♦ *vt* (*road*) revestir ♦ *vi* salir a la superficie; **by ~ mail** por vía terrestre

surfboard ['sɜ:rf,bɔ:rd] *n* tabla de surf

surfeit ['sɜ:rfɪt] *n*: **a ~ of** un exceso de

surfing ['sɜ:rfɪŋ] *n* surf *m*

surge [sɜ:rdʒ] *n* oleada, oleaje *m* ♦ *vi* (*wave*) romper; (*people*) avanzar en tropel

surgeon ['sɜ:rdʒən] *n* cirujano(-a)

surgery ['sɜ:rdʒəri] *n* cirugía; (*BRIT*: *room*) consultorio ❑ **surgery hours** (*BRIT*) *npl* horas *fpl* de consulta

surgical ['sɜ:rdʒɪkəl] *adj* quirúrgico ❑ **surgical spirit** (*BRIT*) *n* alcohol *m* de 90°

surname ['sɜ:rneɪm] *n* apellido

surpass [sər'pæs] *vt* superar, exceder

surplus ['sɜ:rpləs] *n* excedente *m*; (*COMM*) superávit *m* ♦ *adj* excedente, sobrante

surprise [sər'praɪz] *n* sorpresa ♦ *vt* sorprender ❑ **surprising** *adj* sorprendente ❑ **surprisingly** *adv*: **it was surprisingly easy** me *etc* sorprendió lo fácil que fue

surrender [sə'rɛndər] *n* rendición *f*, entrega ♦ *vi* rendirse, entregarse

surreptitious [,sʌrəp'tɪʃəs] *adj* subrepticio

surrogate ['sʌrəgɪt] *n* sucedáneo ❑ **surrogate mother** *n* madre *f* de alquiler

surround [sə'raund] *vt* rodear, circundar; (*MIL etc*) cercar ❑ **surrounding** *adj* circundante ❑ **surroundings** *npl* alrededores *mpl*, cercanías *fpl*

surveillance [sər'veɪləns] *n* vigilancia

survey [*n* 'sɜ:rveɪ, *vb* sər'veɪ] *n* inspección *f*, reconocimiento; (*inquiry*) encuesta ♦ *vt* examinar, inspeccionar; (*look at*) mirar, contemplar ❑ **surveyor** *n* (*of land*) agrimensor(a) *m/f*

survival [sər'vaɪvəl] *n* supervivencia

survive [sər'vaɪv] *vi* sobrevivir; (*custom etc*) perdurar ♦ *vt* sobrevivir a ❑ **survivor** *n* superviviente *mf*

susceptible [sə'sɛptəbəl] *adj*: **~ (to)** (*disease*) susceptible (a); (*flattery*) sensible (a)

sushi ['su:ʃi] *n* sushi *m*

suspect [*adj, n* 'sʌspɛkt, *vb* sə'spɛkt] *adj, n* sospechoso(-a) ♦ *vt* (*person*) sospechar de; (*think*) sospechar

suspend [sə'spɛnd] *vt* suspender ❑ **suspended sentence** *n* (*LAW*) libertad *f* condicional ❑ **suspender belt** (*BRIT*) *n* liguero ❑ **suspenders** *npl* (*US*) tirantes *mpl*, tiradores *mpl* (*RPl*); (*BRIT*) ligas *fpl*

suspense [sə'spɛns] *n* incertidumbre *f*, duda; (*in movie etc*) suspenso (*LAm*), suspense *m* (*SP*); **to keep sb in ~** mantener a algn en suspenso *or* suspense

suspension [sə'spɛnʃən] *n* (*gen, AUT*) suspensión *f*; (*from team*) exclusión *f* ❑ **suspension bridge** *n* puente *m* colgante

suspicion [sə'spɪʃən] *n* sospecha; (*distrust*) recelo ❑ **suspicious** *adj* receloso; (*causing suspicion*) sospechoso

sustain [sə'steɪn] *vt* sostener, apoyar; (*suffer*) sufrir, padecer ❑ **sustainable** *adj* sostenible ❑ **sustained** *adj* (*effort*) sostenido

sustenance ['sʌstɪnəns] *n* sustento

swab [swɑ:b] *n* (*MED*) algodón *m*

swagger ['swægər] *vi* pavonearse

swallow ['swɑ:lou] *n* (*bird*) golondrina ♦ *vt* tragar; (*fig, pride*) tragarse ▶ **swallow up** *vt* (*savings etc*) consumir

swam [swæm] *pt of* **swim**

swamp [swɑ:mp] *n* pantano, ciénaga ♦ *vt* (*with water etc*) inundar; (*fig*) abrumar, agobiar ❑ **swampy** *adj* pantanoso

swan [swɑ:n] *n* cisne *m*

swap [swɑ:p] *n* canje *m*, intercambio ♦ *vt*: **to ~ (for)** cambiar (por)

swarm [swɔ:rm] *n* (*of bees*) enjambre *m*; (*fig*) multitud *f* ♦ *vi* (*bees*) formar un enjambre; (*people*) pulular; **to be ~ing with** ser un hervidero de

swastika ['swɑ:stɪkə] *n* esvástica

swat [swɑ:t] *vt* aplastar

sway [sweɪ] *vi* mecerse, balancearse ♦ *vt* (*influence*) mover, influir en

swear [swɛər] (*pt* **swore**, *pp* **sworn**) *vi* (*curse*) maldecir; (*promise*) jurar ♦ *vt* jurar ❑ **swearword** *n* palabrota

sweat [swɛt] *n* sudor *m* ♦ *vi* sudar

sweater ['swɛtər] *n* suéter *m* (*LAm*), jersey *m* (*SP*)

sweatshirt ['swɛt,ʃɜ:rt] *n* sudadera

sweat suit (*US*) *n* pants *mpl* y sudadera (*MEX*), equipo de deportes (*LAm*), jogging *m* (*RPl*), chándal *m* (*SP*)

sweaty ['swɛti] *adj* sudoroso

Swede [swi:d] *n* sueco(-a)

swede [swi:d] (*BRIT*) *n* nabo (sueco)

Sweden ['swi:dn] *n* Suecia ❑ **Swedish** *adj* sueco ♦ *n* (*LING*) sueco

sweep [swi:p] (*pt, pp* **swept**) *n* (*act*) barrido; (*also*: **chimney ~**) deshollinador(a) *m/f* ♦ *vt* barrer; (*with arm*) empujar; (*current*) arrastrar ♦ *vi* barrer; (*arm etc*) moverse rápidamente; (*wind*) soplar con violencia ▶ **sweep away** *vt* barrer ▶ **sweep past** *vi* pasar majestuosamente ▶ **sweep up** *vi* barrer ❑ **sweeping** *adj* (*gesture*) dramático; (*generalized*: *statement*) generalizado

sweet [swi:t] *n, adj* dulce; (*fig*: *kind*) dulce, amable; (: *attractive*) mono; (*BRIT*: *candy*) dulce *m*, caramelo; (*BRIT*: *pudding*) postre *m* ❑ **sweet corn** *n* maíz *m* (dulce), choclo (*SC*) ❑ **sweeten** *vt* (*add sugar to*) poner azúcar a; (*person*) endulzar ❑ **sweetheart** *n* novio(-a) ❑ **sweetness** *n* dulzura ❑ **sweet pea** *n* chícharo (*MEX, CAm*) *or* guisante *m* (*SP*) de olor, arveja (*LAm*)

swell [swɛl] (*pt* **~ed**, *pp* **swollen** *or* **~ed**) *n* (*of sea*) marejada, oleaje *m* ♦ *adj* (*US*: *inf*: *excellent*) estupendo, fenomenal ♦ *vt* hinchar, inflar ♦ *vi* (*also*: **~ up**) hincharse; (*numbers*) aumentar; (*sound, feeling*) ir aumentando ❑ **swelling** *n* (*MED*) hinchazón *f*

sweltering ['swɛltərɪŋ] *adj* sofocante, de mucho calor

swept [swɛpt] *pt, pp of* **sweep**

swerve [swɜ:rv] *vi* girar bruscamente

swift [swɪft] *n* (*bird*) vencejo ♦ *adj* rápido, veloz ❑ **swiftly** *adv* rápidamente

swig [swɪg] (*inf*) *n* (*drink*) trago

swill [swɪl] *vt* (*also*: **~ out, ~ down**) lavar, limpiar con agua

swim [swɪm] (*pt* **swam**, *pp* **swum**) *n*: **to go for a ~** ir a nadar *or* a bañarse ♦ *vi* nadar; (*head, room*) dar vueltas ♦ *vt* nadar; (*river etc*) cruzar a nado ❑ **swimmer** *n* nadador(a) *m/f* ❑ **swimming** *n* natación *f* ❑ **swimming cap** *n* gorra (*LAm*) *or* gorro (*SP*) de baño ❑ **swimming costume** (*BRIT*) *n* = **swimsuit** ❑ **swimming pool** *n* alberca (*MEX*), piscina (*LAm exc MEX, SP*), pileta (*RPl*) ❑ **swimming trunks** (*BRIT*) *n* traje *m* de baño (*de hombre*) (*LAm*), malla (*RPl*) *or* bañador *m* (*SP*) (de hombre) ❑ **swimsuit** *n* traje *m* de baño (*de mujer*) (*LAm*), malla (*RPl*) *or* bañador *m* (*SP*) (de mujer)

swindle ['swɪndl] *n* estafa ♦ *vt* estafar

swine [swaɪn] (*inf!*) *n* canalla *mf* (*!*)

swing [swɪŋ] (*pt, pp* **swung**) *n* (*in playground*) columpio; (*movement*) balanceo, vaivén *m*; (*change of direction*) viraje *m*; (*rhythm*) ritmo ♦ *vt* balancear; (*also*: **~ around**) voltear, girar ♦ *vi* balancearse, columpiarse; (*also*: **~ around**) dar media vuelta; **to be in full ~** estar en plena marcha ❑ **swing bridge** *n* puente *m* giratorio

swingeing ['swɪndʒɪŋ] (*BRIT*) *adj* (*cuts*) atroz

swinging door (*US*) (*BRIT* **swing door**) *n* puerta giratoria

swipe [swaɪp] *vt* (*hit*) golpear fuerte; (*inf*: *steal*) birlar

swirl [swɜ:rl] *vi* arremolinarse

Swiss [swɪs] *adj, n inv* suizo(-a)

switch [swɪtʃ] *n* (*for light etc*) interruptor *m*; (*change*) cambio ♦ *vt* (*change*) cambiar de ▶ **switch off** *vt* apagar; (*engine*) parar ▶ **switch on** *vt* prender (*LAm*), encender (*SP*) ❑ **switchboard** *n* (*TEL*) conmutador *m* (*LAm*), centralita (*SP*)

Switzerland ['swɪtsərlənd] *n* Suiza

swivel ['swɪvəl] *vi* (*also*: **~ around**) girar

swollen ['swoulən] *pp of* **swell**

swoon [swu:n] *vi* desmayarse

swoop [swu:p] *n* (*by police etc*) redada ♦ *vi* (*also*: **~ down**) calarse

swop [swɑ:p] *n, vt* = **swap**

sword [sɔ:rd] *n* espada ❑ **swordfish** *n* pez *m* espada

swore [swɔ:r] *pt of* **swear**

sworn [swɔ:rn] *pp of* **swear** ♦ *adj* (*statement*) bajo juramento; (*enemy*) implacable

swot [swɑ:t] (*BRIT*) *vt, vi* matarse (estudiando), machetear (*MEX*), tragar (*RPl*)

swum [swʌm] *pp of* **swim**

swung [swʌŋ] *pt, pp of* **swing**

sycamore ['sɪkəmɔ:r] *n* sicomoro

syllable ['sɪləbəl] *n* sílaba

syllabus ['sɪləbəs] *n* programa *m* de estudios

symbol ['sɪmbəl] *n* símbolo

symmetry ['sɪmɪtri] *n* simetría

sympathetic [,sɪmpə'θɛtɪk] *adj* (*understanding*) comprensivo; (*showing pity*) compasivo; **to be ~ to a cause** apoyar una causa

> ⚠ Be careful not to translate **sympathetic** by the Spanish word ***simpático***.

sympathize ['sɪmpəθaɪz] *vi*: **to ~ with** (*person*) compadecerse de; (*feelings*) comprender; (*cause*) apoyar ❑ **sympathizer** *n* (*POL*) simpatizante *mf*

sympathy ['sɪmpəθi] *n* (*pity*) compasión *f*; **sympathies** *npl* (*tendencies*) tendencias *fpl*; **with our deepest ~** nuestro más sentido pésame; **in ~** en solidaridad

symphony ['sɪmfəni] *n* sinfonía

symptom ['sɪmptəm] *n* síntoma *m*, indicio

synagogue ['sɪnəgɑ:g] *n* sinagoga

syndicate ['sɪndɪkɪt] *n* sindicato; (*of newspapers*) agencia (de noticias)

syndrome ['sɪndroum] *n* síndrome *m*

synopsis [sɪ'nɑ:psɪs] (*pl* **synopses** [sɪ'nɑ:psi:z]) *n* sinopsis *f inv*

synthesis ['sɪnθəsɪs] (*pl* **syntheses** ['sɪnθəsi:z]) *n* síntesis *f inv*

synthetic [sɪn'θɛtɪk] *adj* sintético

syphilis ['sɪfɪlɪs] *n* sífilis *f*

syphon ['saɪfən] *n* = **siphon**

Syria ['sɪriə] *n* Siria ❑ **Syrian** *adj, n* sirio(-a)

syringe [sə'rɪndʒ] *n* jeringuilla, jeringa

syrup ['sɪrəp] *n* jarabe *m*; (*also*: **golden ~**) almíbar *m*

system ['sɪstəm] *n* sistema *m*; (*ANAT*) organismo ❑ **systematic** [,sɪstə'mætɪk] *adj* sistemático, metódico ❑ **system disk** *n* (*COMPUT*) disco del sistema ❑ **systems analyst** *n* analista *mf* de sistemas

Tt

ta [tɑ:] (*BRIT*: *inf*) *excl* ¡gracias!

tab [tæb] *n* lengüeta; (*label*) etiqueta; (*check*) cuenta; **to keep ~s on** (*fig*) vigilar

tabby ['tæbi] *n* (*also*: **~ cat**) gato atigrado

table ['teɪbəl] *n* mesa; (*of statistics etc*) cuadro, tabla ♦ *vt* (*BRIT*: *motion etc*) presentar; **to set the ~** poner la mesa ❑ **tablecloth** *n* mantel *m* ❑ **table d'hôte** [,tɑ:bəl'dout] *adj* del día ❑ **table lamp** *n* lámpara de mesa ❑ **table of contents** *n* índice *m* de materias ❑ **tablespoon** *n* cuchara de servir; (*also*: **tablespoonful**: *as measurement*) cucharada

tablet ['tæblɪt] *n* (*MED*) pastilla, comprimido; (*of stone*) lápida

table tennis *n* ping-pong *m*, tenis *m* de mesa

table wine *n* vino de mesa

tabloid ['tæblɔɪd] *n* prensa amarilla *or* sensacionalista

tack [tæk] *n* (*nail*) tachuela; (*fig*) rumbo ♦ *vt* (*nail*) clavar con tachuelas; (*BRIT*: *stitch*) hilvanar ♦ *vi* virar

tackle ['tækəl] *n* (*fishing tackle*) equipo de pesca; (*for lifting*) aparejo ♦ *vt* (*difficulty*) enfrentarse con; (*challenge*: *person*) hacer frente a; (*grapple with*) agarrar; (*SOCCER*) entrar; (*FOOTBALL*) placar

tacky ['tæki] *adj* pegajoso; (*pej*) ordinario, chabacano

tact [tækt] *n* tacto, discreción *f* ❑ **tactful** *adj* discreto, diplomático

tactics ['tæktɪks] *n, npl* táctica

tactless ['tæktlɪs] *adj* indiscreto

tadpole ['tædpoul] *n* renacuajo

taffy ['tæfi] (*US*) *n* toffee *m*, caramelo masticable
tag [tæg] *n* (*label*) etiqueta ▶ **tag along** *vi* ir (*or* venir) también
tail [teɪl] *n* cola; (*of shirt, coat*) faldón *m* ♦ *vt* (*follow*) vigilar a; **~s** *npl* (*formal suit*) frac *m* ▶ **tail away** *vi* (*in size, quality etc*) ir disminuyendo ▶ **tail off** *vi* = **tail away** ❑ **tailback** (*BRIT*) *n* (*AUT*) cola ❑ **tail end** *n* cola, parte *f* final ❑ **tailgate** *n* (*AUT*) puerta trasera
tailor ['teɪlər] *n* sastre *m* ❑ **tailoring** *n* (*cut*) corte *m*; (*craft*) sastrería ❑ **tailor-made** *adj* hecho a la medida
tailpipe (*US*) *n* tubo de escape
tailwind ['teɪl,wɪnd] *n* viento de cola
tainted ['teɪntɪd] *adj* (*food*) pasado; (*water, air*) contaminado; (*fig*) manchado
take [teɪk] (*pt* **took**, *pp* **~n**) *vt* tomar; (*grab*) agarrar (*LAm*), coger (*SP*); (*gain: prize*) ganar; (*require: effort, courage*) exigir; (*tolerate: pain etc*) aguantar; (*hold: passengers etc*) tener cabida para; (*accompany, bring, carry*) llevar; (*exam*) presentarse a ♦ *n* (*US COMM*) caja, recaudación *f*; **to ~ sth from** (*drawer etc*) sacar algo de; (*person*) quitar algo a; **I ~ it that ...** supongo que ...; **to ~ a bath/shower** bañarse/ducharse ▶ **take after** *vt fus* parecerse a ▶ **take apart** *vt* desmontar ▶ **take away** *vt* (*remove*) quitar; (*carry*) llevar; (*MATH*) restar ▶ **take back** *vt* (*return*) devolver; (*one's words*) retractarse de ▶ **take down** *vt* (*building*) derribar; (*letter etc*) apuntar ▶ **take in** *vt* (*deceive*) engañar; (*understand*) entender; (*include*) abarcar; (*lodger*) acoger, recibir ▶ **take off** *vi* (*AVIAT*) despegar ♦ *vt* (*remove*) quitar ▶ **take on** *vt* (*work*) aceptar; (*employee*) contratar; (*opponent*) desafiar ▶ **take out** *vt* sacar ▶ **take over** *vt* (*business*) tomar posesión de; (*country*) tomar el poder ♦ *vi*: **to take over from sb** reemplazar a algn ▶ **take to** *vt fus* (*person*) coger cariño a, encariñarse con; (*activity*) aficionarse a ▶ **take up** *vt* (*a dress*) acortar; (*occupy: time, space*) ocupar; (*engage in: hobby etc*) dedicarse a; (*accept*): **to take sb up on sth** aceptar algo de algn ❑ **takeaway** (*BRIT*) *adj, n* = **takeout** ❑ **takeoff** *n* (*AVIAT*) despegue *m* ❑ **takeout** (*US*) *adj* (*food*) para llevar ♦ *n* establecimiento de comida para llevar ❑ **takeover** *n* (*COMM*) absorción *f*
takings ['teɪkɪŋz] (*BRIT*) *npl* (*COMM*) ingresos *mpl*
talc [tælk] *n* (*also:* **~um powder**) (polvos *mpl* de) talco
tale [teɪl] *n* (*story*) cuento; (*account*) relación *f*; **to tell ~s** (*fig*) contar chismes
talent ['tælənt] *n* talento ❑ **talented** *adj* de talento, talentoso
talk [tɔ:k] *n* charla; (*conversation*) conversación *f*; (*gossip*) habladurías *fpl*, chismes *mpl* ♦ *vi* hablar; **~s** *npl* (*POL etc*) conversaciones *fpl*; **to ~ about** hablar de; **to ~ sb into doing sth** convencer a algn para que haga algo; **to ~ sb out of doing sth** disuadir a algn de que haga algo; **to ~ shop** hablar del trabajo ▶ **talk over** *vt* discutir ❑ **talkative** *adj* hablador(a) ❑ **talk show** *n* programa *m* de entrevistas
tall [tɔ:l] *adj* alto; (*object*) grande; **to be 6 feet ~** (*person*) ≈ medir 1 metro 80
tally ['tæli] *n* cuenta ♦ *vi*: **to ~ (with)** corresponder (con)
talon ['tælən] *n* garra
tambourine [,tæmbə'ri:n] *n* pandereta
tame [teɪm] *adj* domesticado; (*fig*) mediocre
tamper ['tæmpər] *vi*: **to ~ with** tocar, andar con
tampon ['tæmpɑ:n] *n* tampón *m*
tan [tæn] *n* (*also:* **sun~**) bronceado ♦ *vi* ponerse moreno ♦ *adj* (*color*) café (*MEX*), marrón (*LAm exc MEX, SP*)
tang [tæŋ] *n* sabor *m* fuerte
tangent ['tændʒənt] *n* (*MATH*) tangente *f*; **to go off at a ~** (*fig*) salirse por la tangente
tangerine [,tændʒə'ri:n] *n* tangerina (*LAm*), mandarina (*SP*)
tangle ['tæŋgəl] *n* enredo; **to get in(to) a ~** enredarse
tank [tæŋk] *n* (*water tank*) depósito, tanque *m*; (*for fish*) acuario; (*MIL*) tanque *m*
tanker ['tæŋkər] *n* (*ship*) buque *m*, petrolero; (*truck*) camión *m* cisterna
tanned [tænd] *adj* (*skin*) moreno
tantalizing ['tæntəlaɪzɪŋ] *adj* tentador(a)
tantamount ['tæntəmaunt] *adj*: **~ to** equivalente a
tantrum ['tæntrəm] *n* rabieta
tap [tæp] *n* (*gas tap*) llave *f*; (*gentle blow*) golpecito; (*on sink etc*) llave *f*, canilla (*RPl*) ♦ *vt* (*hit gently*) dar golpecitos en; (*resources*) utilizar, explotar; (*telephone*) intervenir; **on ~** (*fig: resources*) a mano ❑ **tap dancing** *n* tap *m* (*MEX*), claqué *m* (*LAm exc MEX*)
tape [teɪp] *n* (*also:* **magnetic ~**) cinta magnética; (*cassette*) cinta; (*adhesive tape*) cinta adhesiva; (*for tying*) cinta ♦ *vt* (*record*) grabar (en cinta); (*stick with tape*) pegar con cinta adhesiva ❑ **tape deck** *n* pletina, platina ❑ **tape measure** *n* cinta métrica, metro
taper ['teɪpər] *n* cirio ♦ *vi* afilarse
tape recorder *n* grabadora
tapestry ['tæpɪstri] *n* (*object*) tapiz *m*; (*art*) tapicería
tar [tɑ:r] *n* (*for roads*) alquitrán *m*, chapopote *m* (*MEX*); (*in cigarettes*) alquitrán
target ['tɑ:rgɪt] *n* blanco
tariff ['tærɪf] *n* (*on goods*) arancel *m*; (*BRIT: in hotels etc*) tarifa
tarmac ['tɑ:rmæk] *n* (*AVIAT*) pista (de aterrizaje); (*BRIT: on road*) asfaltado
tarnish ['tɑ:rnɪʃ] *vt* deslustrar
tarp [tɑ:rp] (*US*) *n* = **tarpaulin**
tarpaulin [tɑ:r'pɔ:lɪn] *n* lona impermeable
tarragon ['tærəgən] *n* estragón *m*
tart [tɑ:rt] *n* (*CULIN*) tarta; (*BRIT: inf: prostitute*) puta ♦ *adj* agrio, ácido ▶ **tart up** (*BRIT: inf*) *vt* (*building*) remozar; **to tart o.s. up** acicalarse
tartan ['tɑ:rtn] *n* tela escocesa
tartar ['tɑ:rtər] *n* (*on teeth*) sarro ❑ **tartar(e) sauce** *n* salsa tártara
task [tæsk] *n* tarea; **to take to ~** reprender ❑ **task force** *n* (*MIL, POLICE*) grupo de operaciones
taste [teɪst] *n* (*sense*) gusto; (*flavor*) sabor *m*; (*also:* **after~**) sabor *m*, dejo; (*sample*): **have a ~!** ¡prueba un poquito!; (*fig*) muestra, idea ♦ *vt* probar ♦ *vi*: **to ~ of** *or* **like** (*fish, garlic etc*) saber a; **you can ~ the garlic (in it)** se nota el sabor a ajo; **in good/bad ~** de buen/mal gusto ❑ **tasteful** *adj* de buen gusto ❑ **tasteless** *adj* (*food*) soso; (*remark etc*) de mal gusto ❑ **tasty** *adj* sabroso, rico
tatters ['tætərz] *npl*: **in ~** hecho jirones
tattoo [tæ'tu:] *n* tatuaje *m*; (*BRIT: spectacle*) espectáculo militar ♦ *vt* tatuar
tatty ['tæti] (*BRIT: inf*) *adj* cochambroso
taught [tɔ:t] *pt, pp of* **teach**
taunt [tɔ:nt] *n* burla ♦ *vt* burlarse de
Taurus ['tɔ:rəs] *n* Tauro
taut [tɔ:t] *adj* tirante, tenso
tax [tæks] *n* impuesto ♦ *vt* gravar (con un impuesto); (*fig: memory*) poner a prueba; (*: patience*) agotar ❑ **taxable** *adj* (*income*) gravable ❑ **taxation** [tæk'seɪʃən] *n* impuestos *mpl* ❑ **tax avoidance** *n* evasión *f* de impuestos ❑ **tax disc** (*BRIT*) *n* (*AUT*) *adhesivo del impuesto de circulación* ❑ **tax evasion** *n* evasión *f* fiscal ❑ **tax-free** *adj* libre de impuestos
taxi ['tæksi] *n* taxi *m* ♦ *vi* (*AVIAT*) rodar (por la pista) ❑ **taxi driver** *n* taxista *mf* ❑ **taxi rank** (*BRIT*) *n* = **taxi stand** ❑ **taxi stand** (*US*) *n* parada *or* (*MEX*) sitio de taxis
tax: ❑ **tax payer** *n* contribuyente *mf* ❑ **tax relief** *n* desgravación *f* fiscal ❑ **tax return** *n* declaración *f* de la renta
TB *n abbr* = **tuberculosis**
tea [ti:] *n* té *m*; (*BRIT: meal*) ≈ merienda; cena ❑ **tea bag** *n* bolsita de té ❑ **tea break** (*BRIT*) *n* descanso para el té
teach [ti:tʃ] (*pt, pp* **taught**) *vt*: **to ~ sb sth, ~ sth to sb** enseñar algo a algn ♦ *vi* (*be a teacher*) ser profesor(a), enseñar ❑ **teacher** *n* (*in high school*) profesor(a) *m/f*; (*in elementary school*) maestro(-a) ❑ **teaching** *n* enseñanza
teacup ['ti:,kʌp] *n* taza de té
tea kettle ['ti:,ketl] (*US*) *n* hervidor *m*, pava (*RPl*)
teak [ti:k] *n* (madera de) teca
team [ti:m] *n* equipo; (*of horses*) tiro
teamster ['ti:mstər] (*US*) *n* camionero(-a)
teamwork *n* trabajo en *or* de equipo
teapot ['ti:pɑ:t] *n* tetera
tear[1] [tɪər] *n* lágrima; **in ~s** llorando
tear[2] [tɛər] (*pt* **tore**, *pp* **torn**) *n* rasgón *m*, desgarrón *m* ♦ *vt* romper, rasgar ♦ *vi* rasgarse ▶ **tear along** *vi* (*rush*) precipitarse ▶ **tear up** *vt* (*sheet of paper etc*) romper
tearful ['tɪərfəl] *adj* lloroso
tear gas ['tɪər,gæs] *n* gas *m* lacrimógeno
tearoom ['ti:,ru:m] *n* salón *m* de té
tease [ti:z] *vt* tomar el pelo a
tea set *n* servicio de té
teaspoon *n* cucharita; (*also:* **~ful**: *as measurement*) cucharadita
teat [ti:t] *n* (*of animal*) teta; (*BRIT: of bottle*) tetina
teatime ['ti:,taɪm] (*BRIT*) *n* hora del té
tea towel (*BRIT*) *n* paño de cocina
technical ['teknɪkəl] *adj* técnico ❑ **technical college** (*BRIT*) *n* ≈ escuela politécnica ❑ **technicality** [,teknɪ'kælɪti] *n* (*point of law*) formalismo; (*detail*) detalle *m* técnico ❑ **technically** *adv* en teoría; (*regarding technique*) técnicamente
technician [tek'nɪʃən] *n* técnico(-a)
technique [tek'ni:k] *n* técnica
technological [,teknə'lɑ:dʒɪkəl] *adj* tecnológico
technology [tek'nɑ:lədʒi] *n* tecnología
teddy (bear) ['tedi(,beər)] *n* osito de peluche
tedious ['ti:diəs] *adj* pesado, aburrido
teem [ti:m] *vi*: **to ~ with** rebosar de; **it is ~ing (with rain)** llueve a cántaros
teen [ti:n] *adj* = **teenage** ♦ *n* (*US*) = **teenager**
teenage ['ti:neɪdʒ] *adj* (*fashions etc*) juvenil; (*children*) adolescente ❑ **teenager** *n* adolescente *mf*
teens [ti:nz] *npl*: **to be in one's ~** ser adolescente
tee-shirt ['ti:ʃɜ:rt] *n* = **T-shirt**
teeter ['ti:tər] *vi* balancearse; (*fig*): **to ~ on the edge of** estar al borde de
teeth [ti:θ] *npl of* **tooth**
teethe [ti:ð] *vi*: **he's teething** le están saliendo dientes (*LAm*)
teething ['ti:ðɪŋ] *n* dentición *f* ❑ **teething ring** *n* mordedor *m* ❑ **teething troubles** (*BRIT*) *npl* (*fig*) problemas *mpl* iniciales
teetotal ['ti:'toutl] *adj* abstemio
telegram ['telɪgræm] *n* telegrama *m*
telegraph ['telɪgræf] *n* telégrafo
telepathy [tə'lepəθi] *n* telepatía
telephone ['teləfoun] *n* teléfono ♦ *vt* llamar por teléfono, telefonear; (*message*) dar por teléfono; **to be on the ~** (*talking*) hablar por teléfono; (*BRIT: possessing telephone*) tener teléfono ❑ **telephone booth** (*US*) *n* cabina telefónica ❑ **telephone box** (*BRIT*) *n* = **telephone booth** ❑ **telephone call** *n* llamada telefónica ❑ **telephone directory** *n* directorio (telefónico) (*MEX*), guía telefónica (*LAm exc MEX, SP*) ❑ **telephone number** *n* número de teléfono ❑ **telephone pole** (*US*) *n* poste *m* telegráfico ❑ **telephonist** [tə'lefounɪst] (*BRIT*) *n* telefonista *mf*
telesales ['telɪseɪlz] *npl* televentas *fpl*
telescope ['telɪskoup] *n* telescopio
television ['teləvɪʒən] *n* televisión *f*; **on ~** por televisión ❑ **television set** *n* televisor *m*
teleworking ['telɪ,wɜ:rkɪŋ] *n* teletrabajo
tell [tel] (*pt, pp* **told**) *vt* decir; (*relate: story*) contar; (*distinguish*): **to ~ sth from** distinguir algo de ♦ *vi* (*talk*): **to ~ (of)** contar; (*have effect*) tener efecto; **to ~ sb to do sth** mandar a algn hacer algo ▶ **tell off** *vt*: **to tell sb off** regañar a algn ❑ **teller** (*US*) *n* (*in bank*) cajero(-a) ❑ **telling** *adj* (*remark, detail*) revelador(a) ❑ **telltale** *adj* (*sign*) indicador(a)
telly ['teli] (*BRIT: inf*) *n abbr* (= *television*) tele *f*
temp [temp] *n abbr* (= *temporary*) trabajador(a) *m/f* temporal
temper ['tempər] *n* (*nature*) carácter *m*; (*mood*) humor *m*; (*bad temper*) (mal) genio; (*fit of anger*) acceso de ira ♦ *vt* (*moderate*) moderar; **to be in a ~** estar furioso; **to lose one's ~** enfadarse, enojarse
temperament ['temprəmənt] *n* (*nature*) temperamento
temperate ['tempərət] *adj* (*climate etc*) templado
temperature ['tempərətʃər] *n* temperatura; **to have** *or* **run a ~** tener fiebre
temple ['tempəl] *n* (*building*) templo; (*ANAT*) sien *f*
tempo ['tempou] (*pl* **~s** *or* **tempi** ['tempi:]) *n* (*MUS*) tempo, tiempo; (*fig*) ritmo
temporarily [,tempə'rerɪli] *adv* temporalmente
temporary ['tempəreri] *adj* provisional; (*passing*) transitorio; (*worker, job*) temporal
tempt [tempt] *vt* tentar; **to ~ sb into doing sth** tentar a algn a hacer algo ❑ **temptation** [temp'teɪʃən] *n* tentación *f* ❑ **tempting** *adj* tentador(a); (*food*) apetitoso
ten [ten] *num* diez
tenacity [tə'næsɪti] *n* tenacidad *f*
tenancy ['tenənsi] *n* arrendamiento, alquiler *m*
tenant ['tenənt] *n* inquilino(-a)
tend [tend] *vt* cuidar ♦ *vi*: **to ~ to do sth** tener tendencia a hacer algo
tendency ['tendənsi] *n* tendencia
tender ['tendər] *adj* (*person, care*) tierno, cariñoso; (*meat*) tierno; (*sore*) sensible ♦ *n* (*COMM: offer*) oferta; (*money*): **legal ~** moneda de curso legal ♦ *vt* ofrecer ❑ **tenderness** *n* ternura; (*of meat*) blandura
tenement ['tenəmənt] *n* bloque *m* de departamentos (*LAm*) *or* pisos (*SP*)
tennis ['tenɪs] *n* tenis *m* ❑ **tennis ball** *n* pelota de tenis ❑ **tennis court** *n* cancha (*LAm*) *or* pista (*SP*) de tenis ❑ **tennis player** *n* tenista *mf* ❑ **tennis racket** *n* raqueta de tenis
tenor ['tenər] *n* (*MUS*) tenor *m*
tenpin bowling ['tenpɪn,boulɪŋ] (*BRIT*) *n* boliche *m* (*MEX*), (juego de) bolos *mpl* (*LAm exc MEX, SP*)
tense [tens] *adj* (*person*) nervioso; (*moment, atmosphere*) tenso; (*muscle*) tenso, en tensión ♦ *n* (*LING*) tiempo
tension ['tenʃən] *n* tensión *f*
tent [tent] *n* carpa (*LAm*), tienda (de campaña) (*SP*)
tentative ['tentətɪv] *adj* (*person, smile*) indeciso; (*conclusion, plans*) provisional
tenterhooks ['tentər,huks] *npl*: **on ~** sobre ascuas
tenth [tenθ] *num* décimo
tent peg (*BRIT*) *n* estaca
tent pole *n* palo (de carpa) (*LAm*), mástil *m* (de tienda) (*SP*)
tenuous ['tenjuəs] *adj* tenue
tenure ['tenjuər] *n* (*of land etc*) tenencia; (*of office*) ejercicio
tepid ['tepɪd] *adj* tibio
term [tɜ:rm] *n* (*word*) término; (*period*) período; (*SCOL*) trimestre *m* ♦ *vt* llamar; **~s** *npl* (*conditions, COMM*) condiciones *fpl*; **in the short/long ~** a corto/largo plazo; **to be on good ~s with sb** llevarse bien con algn; **to come to ~s with** (*problem*) aceptar
terminal ['tɜ:rmɪnl] *adj* (*disease*) mortal; (*patient*) terminal ♦ *n* (*ELEC*) polo; (*COMPUT*) terminal *f* (*MEX*) *or m* (*LAm exc MEX, SP*); (*also:* **air ~**) terminal *f* (del aeropuerto); (*BRIT: also:* **coach ~**) terminal *f* (de autobuses)
terminate ['tɜ:rmɪneɪt] *vt* terminar
terminus ['tɜ:rmɪnəs] (*pl* **termini** ['tɜ:rmɪnaɪ]) *n* (*last station: of bus route*) última parada
term paper (*US*) *n* trabajo (escrito) trimestral
terrace ['terəs] *n* terraza; (*BRIT: row of houses*) hilera de casas adosadas; **the ~s** (*BRIT SPORT*) las gradas *fpl* ❑ **terraced** *adj* (*garden*) en terrazas; (*BRIT: house*) adosado
terrain [te'reɪn] *n* terreno
terrible ['terɪbəl] *adj* terrible, horrible; (*inf*) atroz ❑ **terribly** *adv* terriblemente; (*very badly*) malísimamente
terrier ['teriər] *n* terrier *m*
terrific [tə'rɪfɪk] *adj* (*very great*) tremendo; (*wonderful*) fantástico, fenomenal
terrify ['terɪfaɪ] *vt* aterrorizar
territory ['terɪtɔ:ri] *n* territorio
terror ['terər] *n* terror *m* ❑ **terrorism** *n* terrorismo ❑ **terrorist** *n* terrorista *mf*
test [test] *n* (*gen, CHEM*) prueba; (*MED*) análisis *m*; (*SCOL*) prueba, test *m*; (*also:* **driving ~**) examen *m* de manejar (*LAm*) *or* conducir (*SP*) ♦ *vt* probar, poner a prueba; (*MED, SCOL*) examinar
testament ['testəmənt] *n* testamento; **the Old/New T~** el Antiguo/Nuevo Testamento
testicle ['testɪkəl] *n* testículo
testify ['testɪfaɪ] *vi* (*LAW*) prestar declaración; **to ~ to sth** atestiguar algo
testimony ['testɪmouni] *n* (*LAW*) testimonio
test: ❑ **test match** (*BRIT*) *n* (*CRICKET, RUGBY*) partido internacional ❑ **test tube** *n* probeta
tetanus ['tetnəs] *n* tétano
tether ['teðər] *vt* atar (con una cuerda) ♦ *n*: **to be at the end of one's ~** no aguantar más
TexMex ['teks'meks] *adj típico de México al estilo norteamericano*

TEXMEX

El término **TexMex** se usa para describir un tipo de comida cuya base son algunos platos de origen mexicano que han sido adaptados a los gustos y los ingredientes de los norteamericanos. El nombre se deriva de la frontera geográfica entre Texas y México, ya que este fue el punto en que se produjo el paso de la frontera y donde surgió este tipo de comida, mezcla de la gastronomía de los dos países. Entre los platos más típicos están los burritos, los tacos, los nachos y las fajitas, servidos al estilo norteamericano, con queso y crema de leche amarga añadidos.

text [tekst] *n* texto ♦ *vt*: **to ~ sb** enviar un mensaje (de texto) a algn ❑ **textbook** *n* libro de texto
textiles ['tekstaɪlz] *npl* tejidos *mpl*; (*textile industry*) industria textil
text: ❑ **text message** *n* mensaje *m* de texto ❑ **text messaging** *n* (envío de) mensajes *mpl* de texto
texture ['tekstʃər] *n* textura
Thailand ['taɪlænd] *n* Tailandia
Thames [temz] *n*: **the ~** el (río) Támesis
than [ðæn] *conj* (*in comparisons*): **more ~ 10/once** más de 10/una vez; **I have more/less ~ you/Paul** tengo más/menos que tú/Paul; **she is older ~ you think** es mayor de lo que piensas
thank [θæŋk] *vt* dar las gracias a, agradecer; **~ you (very much)** (muchas) gracias; **~ God!** ¡gracias a Dios! ❑ **thankful** *adj*: **thankful (for)** agradecido (por) ❑ **thankless** *adj* ingrato ❑ **thanks** *npl* gracias *fpl* ♦ *excl* (*also:* **many thanks, thanks a lot**) ¡gracias!; **thanks to** *prep* gracias a ❑ **Thanksgiving (Day)** *n* día *m* de Acción de Gracias

THANKSGIVING (DAY)

En Estados Unidos el cuarto jueves de noviembre es **Thanksgiving Day**, fiesta oficial en la que se recuerda la celebración que hicieron los primeros colonos norteamericanos (**Pilgrims** o **Pilgrim Fathers**) tras la estupenda cosecha de 1621, por la que se dan gracias a Dios. En Canadá se celebra una fiesta semejante el segundo lunes de octubre, aunque no está relacionada con dicha fecha histórica.

that

KEYWORD

[ðæt] (*pl* **those**) *adj*

(*demonstrative*) ese(-a), (*pl*) esos(-as); (*more remote*) aquel (aquella), (*pl*) aquellos(-as); **leave those books on the table** deja esos libros sobre la mesa; **that one** ése (ésa); (*more remote*) aquél (aquélla); **that one over there** ése(-a) de ahí; aquél (aquélla) de allí

♦ *pron*

1 (*demonstrative*) ése(-a), (*pl*) ésos(-as); (*neuter*) eso; (*more remote*) aquél (aquélla), (*pl*) aquéllos(-as); (*neuter*) aquello; **what's that?** ¿qué es eso (*or* aquello)?; **who's that?** ¿quién es ése(-a) *or* aquél (aquella); **is that you?** ¿eres tú?; **will you eat all that?** ¿vas a comer todo eso?; **that's my house** ésa es mi casa; **that's what he said** eso es lo que dijo; **that is (to say)** es decir

2 (*relative: subject, object*) que; (*with preposition*) (el (la)) que *etc*, el (la) cual *etc*; **the book (that) I read** el libro que leí; **the books that are in the library** los libros que están en la biblioteca; **all (that) I have** todo lo que tengo; **the box (that) I put it in** la caja en la que *or* donde lo puse; **the people (that) I spoke to** la gente con la que hablé

3 (*relative: of time*) que; **the day (that) he came** el día (en) que vino

♦ *conj* que; **he thought that I was sick** creyó que yo estaba enfermo

♦ *adv* (*demonstrative*): **I can't work that much** no puedo trabajar tanto; **I didn't realize it was that bad** no creí que fuera tan malo; **that high** así de alto

thatched [θætʃt] *adj* (*roof*) de paja; (*cottage*) con techo de paja

thaw [θɔː] *n* deshielo ♦ *vi* (*ice*) derretirse; (*food*) descongelarse ♦ *vt* (*food*) descongelar

the

KEYWORD

[ðə, ðiː] *def art*

1 (*gen*) el (la), (*pl*) los (las) (*NB 'el' immediately before f n beginning with stressed (h)a; a + el = al; de + el = del*); **the boy/girl** el chico/la chica; **the books/flowers** los libros/las flores; **to the mailman/from the drawer** al cartero/del cajón; **I haven't the time/money** no tengo tiempo/dinero

2 (+ *adj to form n*) los; lo; **the rich and the poor** los ricos y los pobres; **to attempt the impossible** intentar lo imposible

3 (*in titles*): **Elizabeth the First** Isabel primera; **Peter the Great** Pedro el Grande

4 (*in comparisons*): **the more he works the more he earns** cuanto más trabaja más gana

theater (*US*) ['θɪətər] (*BRIT* **theatre**) *n* teatro; (*US: also:* **movie ~**) cine *m*; (*also:* **lecture ~**) aula; (*BRIT MED: also:* **operating theatre**) quirófano ❑ **theater-goer** (*US*) (*BRIT* **theatre-goer**) *n* aficionado(-a) al teatro

theatrical [θɪ'ætrɪkl] *adj* teatral

theft [θɛft] *n* robo

their [ðɛər] *adj* su ❑ **theirs** *pron* (el) suyo ((la) suya *etc*); *see also* **my**; **mine**[1]

them [ðɛm] *pron* (*direct*) los/las; (*indirect*) les; (*stressed, after prep*) ellos (ellas); *see also* **me**

theme [θiːm] *n* tema *m* ❑ **theme park** *n* parque *m* temático ❑ **theme song** *n* tema *m* musical

themselves [ðəm'sɛlvz] *pl pron* (*subject*) ellos mismos (ellas mismas); (*complement*) se; (*after prep*) sí (mismos (as)); *see also* **oneself**

then [ðɛn] *adv* (*at that time*) entonces; (*next*) después; (*later*) luego, después; (*and also*) además ♦ *conj* (*therefore*) en ese caso, entonces ♦ *adj*: **the ~ president** el entonces presidente; **by ~** para entonces; **from ~ on** desde entonces

theology [θɪ'ɔlədʒɪ] *n* teología

theory ['θɪərɪ] *n* teoría

therapist ['θɛrəpɪst] *n* terapeuta *mf*

therapy ['θɛrəpɪ] *n* terapia

there

KEYWORD

[ðɛər] *adv*

1: **there is, there are** hay; **there is no one here/no bread left** no hay nadie aquí/no queda pan; **there has been an accident** ha habido un accidente

2 (*referring to place*) ahí; (*distant*) allí; **it's there** está ahí; **put it in/on/up/down there** ponlo ahí dentro/encima/arriba/abajo; **I want that book there** quiero ese libro de ahí; **there he is!** ¡ahí está!

3: **there, there** (*esp to child*) vamos, ea, ea

there: ❑ **thereabouts** *adv* por ahí ❑ **thereafter** *adv* después ❑ **thereby** *adv* así, de ese modo ❑ **therefore** *adv* por lo tanto ❑ **there's** *cont* = **there is**; **there has**

thermal ['θəːrməl] *adj* termal; (*paper*) térmico

thermometer [θər'mɑːmɪtər] *n* termómetro

Thermos® ['θəːrməs] *n* (*US: also:* **Thermos bottle**; *BRIT: also:* **Thermos flask**) termo

thermostat ['θəːrməstæt] *n* termostato

thesaurus [θɪ'sɔːrəs] *n* tesauro, diccionario ideológico

these [ðiːz] *pl adj* estos(-as) ♦ *pl pron* éstos(-as)

thesis ['θiːsɪs] (*pl* **theses** ['θiːsiːz]) *n* tesis *f inv*

they [ðeɪ] *pl pron* ellos (ellas); (*stressed*) ellos (mismos) (ellas (mismas)); **~ say that ...** (*it is said that*) se dice que ... ❑ **they'd** *cont* = **they had**; **they would** ❑ **they'll** *cont* = **they shall**; **they will** ❑ **they're** *cont* = **they are** ❑ **they've** *cont* = **they have**

thick [θɪk] *adj* (*in consistency*) espeso; (*in size*) grueso; (*stupid*) torpe ♦ *n*: **in the ~ of the battle** en lo más reñido de la batalla; **it's 20 cm ~** tiene 20 cm de grosor ❑ **thicken** *vi* espesarse ♦ *vt* (*sauce etc*) espesar ❑ **thickness** *n* espesor *m*; grueso ❑ **thickset** *adj* fornido

thief [θiːf] (*pl* **thieves** [θiːvz]) *n* ladrón(-ona) *m/f*

thigh [θaɪ] *n* muslo

thimble ['θɪmbəl] *n* dedal *m*

thin [θɪn] *adj* (*person, animal*) flaco; (*in size*) delgado; (*in consistency*) poco espeso; (*hair, crowd*) escaso ♦ *vt*: **to ~ (down)** diluir

thing [θɪŋ] *n* cosa; (*object*) objeto, artículo; (*matter*) asunto; (*mania*): **to have a ~ about sb/sth** estar obsesionado con algn/algo; **~s** *npl* (*belongings*) efectos *mpl* (personales); **the best ~ would be to ...** lo mejor sería ...; **how are ~s?** ¿qué tal?

think [θɪŋk] (*pt, pp* **thought**) *vi* pensar ♦ *vt* pensar, creer; **what did you ~ of them?** ¿qué te parecieron?; **to ~ about sth/sb** pensar en algo/algn; **I'll ~ about it** lo pensaré; **to ~ of doing sth** pensar en hacer algo; **I ~ so/not** creo que sí/no; **to ~ well of sb** tener buen concepto de algn ▶ **think over** *vt* reflexionar sobre, meditar ▶ **think up** *vt* (*plan etc*) idear ❑ **think tank** *n* grupo de expertos, gabinete *m* estratégico

thinly ['θɪnlɪ] *adv* (*cut*) fino; (*spread*) ligeramente

third [θəːrd] *adj* (*before n*) tercer(a); (*following n*) tercero(-a) ♦ *n* tercero(-a); (*fraction*) tercio; (*BRIT SCOL: degree*) *título de licenciado con calificación de aprobado* ❑ **thirdly** *adv* en tercer lugar ❑ **third party insurance** (*BRIT*) *n* seguro contra terceros ❑ **third-rate** *adj* (de calidad) mediocre ❑ **Third World** *n* Tercer Mundo

thirst [θəːrst] *n* sed *f* ❑ **thirsty** *adj* (*person, animal*) sediento; (*work*) que da sed; **to be thirsty** tener sed

thirteen [θəːr'tiːn] *num* trece

thirty ['θəːrtɪ] *num* treinta

this

KEYWORD

[ðɪs] (*pl* **these**) *adj*

(*demonstrative*) este(-a); (*pl*) estos(-as); (*neuter*) esto; **this man/woman** este hombre (esta mujer); **these children/flowers** estos chicos/estas flores; **this one (here)** éste(-a), esto (de aquí)

♦ *pron* (*demonstrative*) éste(-a); (*pl*) éstos(-as); (*neuter*) esto; **who is this?** ¿quién es éste/ésta?; **what is this?** ¿qué es esto?; **this is where I live** aquí vivo; **this is what he said** esto es lo que dijo; **this is Mr. Brown** (*in introductions*) le presento al Sr. Brown; (*photo*) éste es el Sr. Brown; (*on telephone*) habla (*LAm*) *or* soy (*SP*) el Sr. Brown

♦ *adv* (*demonstrative*): **this high/long** *etc* así de alto/largo *etc*; **this far** hasta aquí

thistle ['θɪsəl] *n* cardo

thong [θɑːŋ] *n* (*strap*) correa; **~s** *npl* (*US: sandals*) chanclas *fpl*

thorn [θɔːrn] *n* espina

thorough ['θəːrou] *adj* (*search*) minucioso; (*wash*) a fondo; (*knowledge, research*) profundo; (*person*) meticuloso ❑ **thoroughbred** *adj* (*horse*) de pura sangre ❑ **thoroughfare** *n* calle *f*; **"no thoroughfare"** "prohibido el paso" ❑ **thoroughly** *adv* (*search*) minuciosamente; (*study*) profundamente; (*wash*) a fondo; (*utterly: bad, wet etc*) completamente, totalmente

those [ðouz] *pl adj* esos (esas); (*more remote*) aquellos(-as)

though [ðou] *conj* aunque ♦ *adv* sin embargo

thought [θɔːt] *pt, pp of* **think** ♦ *n* pensamiento; (*opinion*) opinión *f* ❑ **thoughtful** *adj* pensativo; (*serious*) serio; (*considerate*) atento ❑ **thoughtless** *adj* desconsiderado

thousand ['θauzənd] *num* mil; **two ~** dos mil; **~s of ...** miles de ... ❑ **thousandth** *num* milésimo

thrash [θræʃ] *vt* azotar; (*defeat*) derrotar ▶ **thrash around** *or* (*BRIT*) **about** *vi* debatirse ▶ **thrash out** *vt* discutir a fondo

thread [θrɛd] *n* hilo; (*of screw*) rosca ♦ *vt* (*needle*) enhebrar ❑ **threadbare** *adj* raído

threat [θrɛt] *n* amenaza ❑ **threaten** *vi* amenazar ♦ *vt*: **to threaten sb with/to do** amenazar a algn con/con hacer

three [θriː] *num* tres ❑ **three-dimensional** *adj* tridimensional ❑ **three-piece** *adj* de tres piezas ❑ **three-piece suite** (*BRIT*) *n* (juego de) sofá *m* y dos sillones (*LAm*), tresillo (*SP*) ❑ **three-ply** *adj* (*wool*) de tres cabos

threshold ['θrɛʃhould] *n* umbral *m*

threw [θruː] *pt of* **throw**

thrift store ['θrɪft,stɔːr] (*US*) *n tienda de artículos de segunda mano que dedica su recaudación a causas benéficas*

thrifty ['θrɪftɪ] *adj* económico

thrill [θrɪl] *n* (*excitement*) emoción *f*; (*shudder*) estremecimiento ♦ *vt* emocionar; **to be ~ed** (*with gift etc*) estar encantado ❑ **thriller** *n* novela (*or* obra *or* película) de suspenso (*LAm*) *or* suspense (*SP*) ❑ **thrilling** *adj* emocionante

thrive [θraɪv] (*pt, pp* **~d**) *vi* (*grow*) crecer; (*do well*): **she seems to ~ on adversity** parece que se crece ante la adversidad ❑ **thriving** *adj* próspero

throat [θrout] *n* garganta; **to have a sore ~** tener dolor de garganta

throb [θrɑːb] *vi* (*heart*) latir; (*wound*) dar punzadas; (*engine*) vibrar

throes [θrouz] *npl*: **in the ~ of** en medio de

throne [θroun] *n* trono

throng [θrɑːŋ] *n* multitud *f*, muchedumbre *f* ♦ *vt* agolparse en

throttle ['θrɑːtl] *n* (*AUT*) acelerador *m* ♦ *vt* estrangular

through [θruː] *prep* por, a través de; (*time*) durante; (*by means of*) por medio de, mediante; (*owing to*) gracias a ♦ *adj* (*ticket, train*) directo ♦ *adv* completamente, de parte a parte; de principio a fin; **(from) Monday ~ Friday** (*US*) de lunes a viernes; **to put sb ~ to sb** (*TEL*) poner *or* pasar a algn con algn; **to be ~** (*TEL*) tener comunicación; (*have finished*) haber terminado; **"no ~ road"** (*BRIT*) "calle sin salida" ❑ **throughout** *prep* (*place*) por todas partes de, por todo; (*time*) durante todo ♦ *adv* por *or* en todas partes

throw [θrou] (*pt* **threw**, *pp* **~n**) *n* tiro; (*SPORT*) lanzamiento; (*cover: for sofa*) cubresofá ♦ *vt* tirar, echar; (*SPORT*) lanzar; (*rider*) derribar; (*fig*) desconcertar; **to ~ a party** dar una fiesta ▶ **throw away** *vt* tirar; (*money*) derrochar ▶ **throw off** *vt* deshacerse de ▶ **throw out** *vt* tirar; (*person*) echar; expulsar ▶ **throw up** *vi* devolver, vomitar ❑ **throwaway** *adj* desechable, de usar y tirar; (*remark*) hecho de paso ❑ **throw-in** *n* (*SPORT*) saque *m*

thru [θruː] (*US*) *prep, adj, adv* = **through**

thrush [θrʌʃ] *n* tordo, zorzal *m*

thrust [θrʌst] (*pt, pp* **~**) *vt* empujar con fuerza

thud [θʌd] *n* golpe *m* sordo

thug [θʌg] *n* matón *m*

thumb [θʌm] *n* (*ANAT*) pulgar *m* ♦ *vt*: **to ~ a ride** (*US*) *or* **lift** (*BRIT*) pedir aventón (*MEX*), hacer autostop (*LAm exc MEX, SP*) *or* dedo (*SC*) ▶ **thumb through** *vt fus* (*book*) hojear ❑ **thumbtack** (*US*) *n* chinche *f* (*LAm*), chincheta (*SP*)

thump [θʌmp] *n* golpe *m*; (*sound*) ruido seco *or* sordo ♦ *vt* golpear ♦ *vi* (*heart etc*) palpitar

thunder ['θʌndər] *n* trueno ♦ *vi* tronar; (*train etc*): **to ~ past** pasar con gran estruendo ❑ **thunderbolt** *n* rayo ❑ **thunderclap** *n* trueno ❑ **thunderstorm** *n* tormenta ❑ **thundery** *adj* tormentoso

Thursday ['θəːrzdɪ] *n* jueves *m inv*

thus [ðʌs] *adv* así, de este modo

thyme [taɪm] *n* tomillo

thyroid ['θaɪrɔɪd] *n* (*also:* **~ gland**) tiroides *m inv*

tic [tɪk] *n* tic *m*

tick [tɪk] *n* (*sound: of clock*) tictac *m*; (*ZOOL*) garrapata; (*mark*) visto (bueno), palomita (*MEX*) ♦ *vi* hacer tictac ♦ *vt* (*BRIT*) marcar; **in a ~** (*BRIT: inf*) en un instante ▶ **tick off** *vt* (*US: inf*) fastidiar, dar la lata a (*inf*); (*BRIT*) marcar; (: *person*) reñir ▶ **tick over** (*BRIT*) *vi* (*engine*) girar en marcha lenta; (*fig*) ir tirando

ticket ['tɪkɪt] *n* boleto (*LAm*), billete *m* (*SP*); (*for movies etc*) entrada; (*in store: on goods*) etiqueta; (*for raffle*) papeleta; (*for library*) tarjeta; (*parking ticket*) multa por estacionamiento (indebido) (*LAm*) *or* de aparcamiento (*SP*) ❑ **ticket collector** *n* revisor(a) *m/f* ❑ **ticket office** *n* (*THEATER*) boletería (*LAm*), taquilla (*SP*); (*RAIL*) mostrador *m* de boletos (*LAm*) *or* billetes (*SP*)

tickle ['tɪkəl] *vt* hacer cosquillas a ♦ *vi* hacer cosquillas ❑ **ticklish** *adj* (*person*) cosquilloso; (*problem*) delicado

tidal ['taɪdl] *adj* de marea ❑ **tidal wave** *n* maremoto

tidbit ['tɪdbɪt] (*US*) *n* (*food*) bocado, aperitivo; (*news*) noticia jugosa

tiddlywinks ['tɪdlɪ,wɪŋks] *n* (juego de) la pulga

tide [taɪd] *n* marea; (*fig: of events etc*) curso, marcha ▶ **tide over** *vt* (*help out*) ayudar a salir del apuro

tidy ['taɪdɪ] *adj* (*room etc*) ordenado; (*dress, work*) limpio; (*person*) (bien) arreglado ♦ *vt* (*also:* **~ up**) recoger, ordenar

tie [taɪ] *n* (*string etc*) atadura; (*US: also:* **neck~**) corbata; (*fig: link*) vínculo, lazo; (*SPORT etc: draw*) empate *m* ♦ *vt* atar ♦ *vi* (*SPORT etc*) empatar; **to ~ in a bow** atar con un lazo; **to ~ a knot in sth** hacer un nudo en algo ▶ **tie down** *vt* (*fig: person: restrict*) atar; (: *to price, date etc*) obligar a ▶ **tie up** *vt* (*package*) envolver; (*dog, person*) atar; (*arrangements*) concluir; **to be tied up** (*busy*) estar ocupado

tier [tɪər] *n* grada; (*of cake*) piso

tiger ['taɪgər] *n* tigre *m*

tight [taɪt] *adj* (*rope*) tirante; (*money*) escaso; (*clothes*) ajustado; (*bend*) cerrado; (*shoes, schedule*) apretado; (*budget*) ajustado; (*security*) estricto; (*inf: drunk*) borracho ♦ *adv* (*squeeze*) muy fuerte; (*shut*) bien ❑ **tighten** *vt* (*rope*) estirar; (*screw, grip*) apretar; (*security*) reforzar ♦ *vi* estirarse; apretarse ❑ **tight-fisted** *adj* tacaño ❑ **tightly** *adv* (*grasp*) muy fuerte ❑ **tightrope** *n* cuerda floja ❑ **tights** *npl* (*for sport, ballet*) leotardos *mpl*; (*BRIT: everyday clothes*) pantis *mpl*, pantimedias *fpl* (*MEX*)

tile [taɪl] *n* (*on roof*) teja; (*on floor*) baldosa; (*on wall*) azulejo ❑ **tiled** *adj* de tejas; de baldosas; (*wall*) revestido de azulejos

till [tɪl] *n* (*US: drawer*) cajón *m*; (*BRIT: machine*) caja (registradora) ♦ *vt* (*land*) cultivar ♦ *prep, conj* = **until**

tilt [tɪlt] *vt* inclinar ♦ *vi* inclinarse

timber [tɪmbər] *n* (*material*) madera

time [taɪm] *n* tiempo; (*epoch: often pl*) época; (*by clock*) hora; (*moment*) momento; (*occasion*) vez *f*; (*MUS*) compás *m* ♦ *vt* calcular *or* medir el tiempo de; (*race*) cronometrar; (*remark, visit etc*) elegir el momento para; **a long ~** mucho tiempo; **4 at a ~** de 4 en 4; 4 a la vez; **for the ~ being** de momento, por ahora; **from ~ to ~** de vez en cuando; **at ~s** a veces; **in ~** (*soon enough*) a tiempo; (*after some time*) con el tiempo; (*MUS*) al compás; **in a week's ~** dentro de una semana; **in no ~** en un abrir y cerrar de ojos; **any ~** cuando sea; **on ~** a la hora; **5 ~s 5** 5 por 5; **what ~ is it?** ¿qué hora es?; **to have a good ~** pasarlo bien, divertirse ❑ **time bomb** *n* bomba de tiempo *or* relojería ❑ **timeless** *adj* eterno ❑ **time limit** *n* plazo ❑ **timely** *adj* oportuno ❑ **time off** *n* tiempo libre ❑ **timer** *n* (*in kitchen etc*) reloj *m* automático ❑ **time scale** (*BRIT*) *n* escala de tiempo ❑ **time-share** *n* multipropiedad *f* ❑ **time switch** (*BRIT*) *n* temporizador *m* ❑ **timetable** *n* (*program of events*) programa *m*; (*BRIT: for trains, buses; at school*) horario ❑ **time zone** *n* huso horario

timid ['tɪmɪd] *adj* tímido

timing ['taɪmɪŋ] *n* (*SPORT*) cronometraje *m*; **the ~ of his resignation** el momento que eligió para dimitir

tin [tɪn] *n* estaño; (*also:* **~ plate**) hojalata; (*BRIT: can*) lata ❑ **tinfoil** *n* papel *m* de aluminio

tinge [tɪndʒ] *n* matiz *m* ♦ *vt*: **~d with** teñido de

tingle ['tɪŋgəl] *vi* (*person*): **to ~ (with)** estremecerse (de); (*hands etc*) hormiguear

tinker ['tɪŋkər]: **~ with** *vt fus* jugar con, tocar

tinned [tɪnd] (*BRIT*) *adj* (*food*) en lata, en conserva

tin opener ['tɪn,oupənər] (*BRIT*) *n* abrelatas *m inv*

tinsel ['tɪnsəl] *n* oropel *m* (*LAm*), espumillón *m* (*SP*)

tint [tɪnt] *n* matiz *m*; (*for hair*) tinte *m* ❑ **tinted** *adj* (*hair*) teñido; (*glass, glasses*) ahumado

tiny ['taɪnɪ] *adj* minúsculo, pequeñito

tip [tɪp] *n* (*end*) punta; (*gratuity*) propina; (*advice*) consejo; (*BRIT: for rubbish*) vertedero ♦ *vt* (*waiter*) dar una propina a; (*tilt*) inclinar; (*empty: also:* **~ out**) vaciar, echar; (*overturn: also:* **~ over**) volcar ❑ **tip-off** *n* (*hint*) advertencia ❑ **tipped** (*BRIT*) *adj* (*cigarette*) con filtro

Tipp-Ex® ['tɪp,ɛks] *n* Tipp-Ex® *m*

tipsy ['tɪpsi] *(inf) adj* alegre, mareado

tiptoe ['tɪptou] *n*: **on ~** de puntillas

tire *(US)* ['taɪər] *n (BRIT* **tyre***)* neumático, llanta *(LAm)* ♦ *vt* cansar ♦ *vi* cansarse; *(become bored)* aburrirse ❑ **tire pressure** *n* presión *f* de los neumáticos ❑ **tired** *adj* cansado; **to be tired of sth** estar harto de algo ❑ **tireless** *adj* incansable ❑ **tiresome** *adj* aburrido ❑ **tiring** *adj* cansado

tissue ['tɪʃuː] *n* tejido; *(paper handkerchief)* kleenex® *m*, pañuelo de papel ❑ **tissue paper** *n* papel *m* de seda

tit [tɪt] *n (bird)* herrerillo (común); **~ for tat** ojo por ojo

titbit ['tɪtbɪt] *(BRIT) n* = **tidbit**

title ['taɪtl] *n* título ❑ **title deed** *n (LAW)* título de propiedad, escritura ❑ **title role** *n* papel *m* principal

TM *abbr* = **trademark**

to

KEYWORD

[tuː] *prep*

1 *(direction)* a; **to go to France/Chicago/school/the station** ir a Francia/Chicago/al colegio/a la estación; **to go to Claude's/the doctor's** ir a casa de Claude/al médico; **the road to San Francisco** la carretera de San Francisco

2 *(as far as)* hasta, a; **from here to Seattle** de aquí a *or* hasta Seattle; **to count to 10** contar hasta 10; **from 40 to 50 people** entre 40 y 50 personas

3 *(with expressions of time)*: **ten to nine** diez para las nueve *(LAm)*, las nueve menos diez *(RPl, SP)*

4 *(for, of)*: **the key to the front door** la llave de la puerta principal; **she is secretary to the director** es la secretaria del director; **a letter to his wife** una carta a *or* para su esposa

5 *(expressing indirect object)* a; **to give sth to sb** dar algo a algn; **to talk to sb** hablar con algn; **to be a danger to sb** ser un peligro para algn; **to carry out repairs to sth** hacer reparaciones en algo

6 *(in relation to)*: **3 goals to 2** 3 goles a 2; **30 miles to the gallon** ≈ 94 litros a los cien (kms)

7 *(purpose, result)*: **to come to sb's aid** venir en auxilio *or* ayuda de algn; **to sentence sb to death** condenar a algn a muerte; **to my great surprise** con gran sorpresa mía

♦ *with vb*

1 *(simple infin)*: **to go/eat** ir/comer

2 *(following another vb)*: **to want/try/start to do** querer/intentar/empezar a hacer

3 *(with vb omitted)*: **I don't want to** no quiero

4 *(purpose, result)* para; **I did it to help you** lo hice para ayudarte; **he came to see you** vino a verte

5 *(equivalent to relative clause)*: **I have things to do** tengo cosas que hacer; **the main thing is to try** lo principal es intentarlo

6 *(after adj etc)*: **ready to go** listo para irse; **too old to ...** demasiado viejo (como) para ... ♦ *adv*: **pull/push the door to** tirar de/empujar la puerta

toad [toud] *n* sapo ❑ **toadstool** *n* hongo venenoso *(LAm)*, seta venenosa *(SP)*

toast [toust] *n (CULIN)* pan *m* tostado *(MEX)*, tostada *(LAm exc MEX, SP)*; *(drink, speech)* brindis *m* ♦ *vt (CULIN)* tostar; *(drink to)* brindar por ❑ **toaster** *n* tostadora *(LAm)*, tostador *m (SP)*

tobacco [tə'bækou] *n* tabaco ❑ **tobacconist** *n* tabaquero(-a) *(LAm)*, estanquero(-a) *(SP)* ❑ **tobacconist's (shop)** *(BRIT) n* tabaquería *(LAm)*, estanco *(SP)*

toboggan [tə'bɑːgən] *n* trineo

today [tə'deɪ] *adv, n (also fig)* hoy *m*

toddler ['tɑːdlər] *n* niño(-a) pequeño(-a) *(que empieza a caminar)*

toe [tou] *n* dedo (del pie); *(of shoe)* punta; **to ~ the line** *(fig)* conformarse ❑ **toenail** *n* uña del pie

toffee ['tɔːfi] *(BRIT) n* toffee *m*, caramelo masticable ❑ **toffee apple** *n* manzana acaramelada

together [tə'geðər] *adv* juntos; *(at same time)* al mismo tiempo, a la vez; **~ with** junto con

toil [tɔɪl] *n* trabajo duro, labor *f* ♦ *vi* trabajar duramente

toilet ['tɔɪlət] *n* inodoro; *(BRIT: room)* (cuarto de) baño, servicio ♦ *cpd (soap etc)* de aseo ❑ **toilet paper** *n* papel *m* higiénico ❑ **toiletries** *npl* artículos *mpl* de perfumería *or* tocador ❑ **toilet roll** *(BRIT) n* rollo de papel higiénico

token ['toukən] *n (sign)* señal *f*, muestra; *(souvenir)* recuerdo; *(disk)* ficha ♦ *adj (strike, payment etc)* simbólico; **book/record ~** *(BRIT)* vale *m* para comprar libros/discos; **gift ~** *(BRIT)* vale-regalo

Tokyo ['toukiou] *n* Tokio

told [tould] *pt, pp of* **tell**

tolerable ['tɑːlərəbəl] *adj (bearable)* soportable; *(fairly good)* pasable

tolerant ['tɑːlərənt] *adj*: **~ of** tolerante con

tolerate ['tɑːləreɪt] *vt* tolerar

toll [toul] *n (of casualties)* número de víctimas; *(tax, charge)* peaje *m*, cuota *(MEX)* ♦ *vi (bell)* doblar ❑ **toll-free** *(US) adv*: **to call toll-free** llamar gratuitamente

tomato [tə'meɪtou] *(pl* **~es***) n* tomate *m*

tomb [tuːm] *n* tumba

tomboy ['tɑːm,bɔɪ] *n* marimacho *m or f*

tombstone ['tuːm,stoun] *n* lápida

tomcat ['tɑːmkæt] *n* gato (macho)

tomorrow [tə'mɔːrou] *adv, n (also: fig)* mañana; **the day after ~** pasado mañana; **~ morning** mañana por la mañana

ton [tʌn] *n* tonelada *(US = 907 kg, BRIT = 1016 kg)*; *(metric ton)* tonelada métrica; **~s of ...** *(inf)* montones de ...

tone [toun] *n* tono ♦ *vi (also:* **~ in***)* armonizar ▶ **tone down** *vt (criticism)* suavizar; *(color)* atenuar ▶ **tone up** *vt (muscles)* tonificar ❑ **tone-deaf** *adj* con mal oído

tongs [tɑːŋz] *npl (for coal)* tenazas *fpl*; *(curling tongs)* tenacillas *fpl*

tongue [tʌŋ] *n* lengua; **~ in cheek** irónico ❑ **tongue-tied** *adj (fig)* mudo ❑ **tongue-twister** *n* trabalenguas *m inv*

tonic ['tɑːnɪk] *n (MED)* tónico; *(also:* **~ water***)* (agua) tónica

tonight [tə'naɪt] *adv, n* esta noche

tonsil ['tɑːnsəl] *n* amígdala ❑ **tonsillitis** [,tɑːnsɪ'laɪtɪs] *n* amigdalitis *f*

too [tuː] *adv (excessively)* demasiado; *(also)* también; **~ much** demasiado; **~ many** demasiados(-as)

took [tuk] *pt of* **take**

tool [tuːl] *n* herramienta ❑ **toolbar** *n* barra de herramientas ❑ **tool box** *n* caja de herramientas

toot [tuːt] *n* pitido ♦ *vi* tocar el claxon *or* la bocina, pitar

tooth [tuːθ] *(pl* **teeth***) n (ANAT, TECH)* diente *m*; *(molar)* muela ❑ **toothache** *n* dolor *m* de muelas ❑ **toothbrush** *n* cepillo de dientes ❑ **toothpaste** *n* dentífrico, pasta de dientes ❑ **toothpick** *n* palillo (de dientes), mondadientes *m inv*

top [tɑːp] *n (of mountain)* cumbre *f*, cima; *(of tree)* copa; *(of head)* coronilla; *(of ladder, page)* lo alto; *(of table)* superficie *f*; *(of cupboard)* parte *f* de arriba; *(lid: of box)* tapa; *(: of bottle, jar)* tapón *m*; *(of list etc)* cabeza; *(toy)* peonza; *(garment)* blusa; camiseta; *(US AUT)* capota ♦ *adj* de arriba; *(in rank)* principal, primero; *(best)* top, de primera ♦ *vt (exceed)* exceder; *(be first in)* encabezar; **on ~ of** *(above)* sobre, encima de; *(in addition to)* además de; **from ~ to bottom** de arriba abajo ▶ **top off** *(US) vt* llenar ▶ **top up** *(BRIT) vt* = **top off** ❑ **top floor** *n* último piso ❑ **top hat** *n* sombrero de copa ❑ **top-heavy** *adj (object)* mal equilibrado

topic ['tɑːpɪk] *n* tema *m* ❑ **topical** *adj* actual

top: ❑ **topless** *adj (bather, bikini)* topless *inv* ❑ **top-level** *adj (talks)* al más alto nivel ❑ **topmost** *adj* más alto

topple ['tɑːpəl] *vt* derribar ♦ *vi* caerse

top-secret *adj* de alto secreto

topsy-turvy [,tɑːpsi'tɜːrvi] *adj* al revés ♦ *adv* patas arriba

torch [tɔːrtʃ] *n* antorcha; *(BRIT: electric)* linterna

tore [tɔːr] *pt of* **tear²**

torment [*n* 'tɔːrmɛnt, *vt* tɔːr'mɛnt] *n* tormento ♦ *vt* atormentar; *(fig: annoy)* fastidiar

torn [tɔːrn] *pp of* **tear²**

torrent ['tɔːrənt] *n* torrente *m*

tortoise ['tɔːrtəs] *n* tortuga ❑ **tortoiseshell** *adj* de carey

torture ['tɔːrtʃər] *n* tortura ♦ *vt* torturar; *(fig)* atormentar

Tory ['tɔːri] *(BRIT) adj, n (POL)* conservador(a) *m/f*

toss [tɑːs] *vt* tirar, echar; *(one's head)* sacudir; **to ~ a coin** echar a pico o mona *(MEX)*, echar a cara o cruz *(LAm exc MEX, SP)*; **to ~ up for sth** jugar a pico o mona *or* a cara o cruz algo; **to ~ and turn** *(in bed)* dar vueltas

tot [tɑːt] *n (child)* nene(-a) *m/f*; *(BRIT: drink)* copita

total ['toutl] *adj* total, entero; *(emphatic: failure etc)* completo, total ♦ *n* total *m*, suma ♦ *vt (add up)* sumar; *(amount to)* ascender a ❑ **totally** *adv* totalmente

touch [tʌtʃ] *n* tacto; *(contact)* contacto ♦ *vt* tocar; *(emotionally)* conmover; **a ~ of** *(fig)* un poquito de; **to get in ~ with sb** ponerse en contacto con algn; **to lose ~** *(friends)* perder contacto ▶ **touch on** *vt fus (topic)* aludir (brevemente) a ▶ **touch up** *vt (paint)* retocar ❑ **touch-and-go** *adj* arriesgado ❑ **touchdown** *n* aterrizaje *m*; *(on sea)* amerizaje *m*; *(US FOOTBALL)* touchdown *m*, anotación *f* ❑ **touched** *adj (moved)* emocionado ❑ **touching** *adj (moving)* conmovedor(a) ❑ **touchline** *n (SPORT)* línea de banda ❑ **touchy** *adj (person)* susceptible

tough [tʌf] *adj (material)* resistente; *(meat)* duro; *(problem etc)* difícil; *(policy, stance)* inflexible; *(person)* fuerte ❑ **toughen** *vt* endurecer

toupee [tuː'peɪ] *n* peluca

tour ['tuər] *n* viaje *m*, vuelta; *(also:* **package ~***)* viaje *m* organizado; *(of town, museum)* visita; *(by band etc)* gira ♦ *vt* recorrer, visitar ❑ **tour guide** *n* guía *mf* turístico(-a)

tourism ['tʊrɪzəm] *n* turismo

tourist ['tʊrɪst] *n* turista *mf* ♦ *cpd* turístico ❑ **tourist office** *n* oficina de turismo

tousled ['tauzəld] *adj (hair)* despeinado

tout [taut] *vt (wares)* ofrecer, pregonar; *(BRIT: tickets)* revender ♦ *vi (BRIT)*: **to ~ for business** tratar de captar clientes ♦ *n (BRIT: also:* **ticket ~***)* revendedor(a) *m/f*

tow [tou] *vt* remolcar; **"in ~"** *(US AUT)* "a remolque"

toward(s) [tɔːrd(z)] *prep* hacia; *(attitude)* respecto a, con; *(purpose)* para

towel ['tauəl] *n* toalla ❑ **toweling** *(US) (BRIT* **towelling***) n (fabric)* felpa ❑ **towel rack** *(US) (BRIT* **towel rail***) n* toallero

tower ['tauər] *n* torre *f* ❑ **tower block** *(BRIT) n* bloque *m* (de apartamentos) ❑ **towering** *adj* muy alto, imponente

town [taun] *n* ciudad *f*; **to go to ~** ir a la ciudad; *(fig)* echar la casa por la ventana ❑ **town center** *(US) (BRIT* **town centre***) n* centro de la ciudad ❑ **town council** *(BRIT) n* ayuntamiento, municipio ❑ **town hall** *n* ayuntamiento ❑ **town plan** *n* plano de la ciudad ❑ **town planning** *(BRIT) n* urbanismo

towrope ['tou,roup] *n* cable *m* de remolque

tow truck *(US) n* grúa

toy [tɔɪ] *n* juguete *m* ▶ **toy with** *vt fus* jugar con; *(idea)* acariciar ❑ **toystore** *(US) (BRIT* **toyshop***) n* juguetería

trace [treɪs] *n* rastro ♦ *vt (draw)* trazar, delinear; *(locate)* encontrar; *(follow)* seguir la pista de ❑ **tracing paper** *n* papel *m* de calco

track [træk] *n (mark)* huella, pista; *(path: gen)* camino, senda; *(: of bullet etc)* trayectoria; *(: of suspect, animal)* pista, rastro; *(RAIL)* vía; *(SPORT)* pista; *(on tape, record)* canción *f*; *(US SCOL) agrupamiento de alumnos según su capacidad* ♦ *vt* seguir la pista de; **to keep ~ of** mantenerse al tanto de, seguir ▶ **track down** *vt (prey)* seguir el rastro de; *(sth lost)* encontrar ❑ **track and field** *n (SPORT)* atletismo ❑ **tracksuit** *(BRIT) n* pants *mpl* y sudadera *(MEX)*, equipo de deportes *(LAm)*, jogging *m (RPl)*, chándal *m (SP)*

tract [trækt] *n (GEO)* región *f*

traction ['trækʃən] *n (power)* tracción *f*; **in ~** *(MED)* en tracción

tractor ['træktər] *n* tractor *m*

trade [treɪd] *n* comercio; *(skill, job)* oficio; *(US: exchange)* cambio ♦ *vi* negociar, comerciar ♦ *vt (exchange)*: **to ~ sth (for sth)** cambiar algo (por algo) ▶ **trade in** *vt (old car etc)* entregar como parte del pago ❑ **trade fair** *n* feria comercial *or* de muestras ❑ **trademark** *n* marca (de fábrica) ❑ **trade name** *n* marca registrada ❑ **trader** *n* comerciante *mf* ❑ **tradesman** *n (storekeeper)* comerciante *mf* ❑ **trade union** *(BRIT) n* sindicato ❑ **trade unionist** *(BRIT) n* sindicalista *mf*

tradition [trə'dɪʃən] *n* tradición *f* ❑ **traditional** *adj* tradicional

traffic ['træfɪk] *n (gen, AUT)* tráfico, circulación *f* ♦ *vi*: **to ~ in** *(pej: liquor, drugs)* traficar con *or* en ❑ **traffic circle** *(US) n* rotonda, glorieta ❑ **traffic cop** *n* agente *mf* de tránsito *(MEX)*, guardia *mf* de tráfico *(LAm exc MEX, SP)* ❑ **traffic jam** *n* atasco ❑ **traffic lights** *npl* semáforo ❑ **traffic warden** *(BRIT) n* agente *mf* de tránsito *(MEX)*, guardia *mf* de tráfico *(LAm exc MEX, SP)*

tragedy ['trædʒɪdi] *n* tragedia

tragic ['trædʒɪk] *adj* trágico

trail [treɪl] *n (tracks)* rastro, pista; *(path)* camino, sendero; *(dust, smoke)* estela ♦ *vt (drag)* arrastrar; *(follow)* seguir la pista de ♦ *vi* arrastrar; *(in contest etc)* ir perdiendo ▶ **trail behind** *vi* quedar a la zaga ❑ **trailer** *n (AUT)* remolque *m*; *(US: caravan)* cámper *m or f (LAm)*, casa rodante *(SC)*, caravana *(SP)*; *(FILM)* avance *m* ❑ **trailer park** *(US) n* camping *m* para cámpers *(LAm) or* caravanas *(SP)* ❑ **trailer truck** *(US) n* trailer *m*

train [treɪn] *n* tren *m*; *(of dress)* cola; *(series)* serie *f* ♦ *vt (educate, teach skills to)* formar; *(sportsman)* entrenar; *(dog)* adiestrar; *(point: gun etc)*: **to ~ on** apuntar a ♦ *vi (SPORT)* entrenarse; *(learn a skill)*: **to ~ as a teacher** estudiar magisterio *or* para profesor; **one's ~ of thought** el razonamiento de uno ❑ **trained** *adj (worker)* calificado *(LAm)*, cualificado *(SP)*; *(animal)* amaestrado ❑ **trainee** [treɪ'niː] *n* aprendiz(a) *m/f* ❑ **trainer** *n (SPORT: coach)* entrenador(a) *m/f*; *(of animals)* domador(a) *m/f*; *(BRIT: shoe)*: **trainers** zapatillas *fpl* (de deporte) ❑ **training** *n* formación *f*; entrenamiento; **to be in training** *(SPORT)* estar entrenando ❑ **training shoes** *npl* zapatillas *fpl* (de deporte)

trait [treɪt] *n* rasgo

traitor ['treɪtər] *n* traidor(a) *m/f*

tram [træm] *(BRIT) n (also:* **~car***)* tranvía *m*

tramp [træmp] *n (person)* vagabundo(-a); *(US: inf: pej: woman)* puta

trample ['træmpəl] *vt*: **to ~ (underfoot)** pisotear

trampoline ['træmpəliːn] *n* cama elástica

tranquil ['træŋkwɪl] *adj* tranquilo ❑ **tranquilizer** *(US) (BRIT* **tranquillizer***) n (MED)* sedante *m*, tranquilizante *m*

transact [træn'zækt] *vt (business)* despachar ❑ **transaction** *n* transacción *f*, operación *f*

transfer [*n* 'trænsfər, *vb* træns'fɜːr] *n (of employees)* traslado; *(of money, power)* transferencia; *(BRIT: picture, design)* calcomanía; *(: SPORT)* traspaso ♦ *vt* trasladar; transferir; **to ~ the charges** *(BRIT TEL)* llamar por cobrar *(MEX) or* a cobro revertido *(LAm exc MEX, SP)*

transform [træns'fɔːrm] *vt* transformar

transfusion [træns'fjuːʒən] *n* transfusión *f*

transient ['trænʃənt] *adj* transitorio

transistor [træn'zɪstər] *n (ELEC)* transistor *m* ❑ **transistor radio** *n* transistor *m*

transit ['trænzɪt] *n*: **in ~** en tránsito

transitive ['trænzɪtɪv] *adj (LING)* transitivo

transit lounge *(BRIT) n* sala de tránsito

translate [trænz'leɪt] *vt* traducir ❑ **translation** *n* traducción *f* ❑ **translator** *n* traductor(a) *m/f*

transmit [trænz'mɪt] *vt* transmitir ❑ **transmitter** *n* transmisor *m*

transparency [træns'pɛrnsi] *n* transparencia; *(BRIT PHOT)* diapositiva

transparent [træns'pɛrənt] *adj* transparente

transpire [træns'paɪər] *vi (turn out)* resultar; *(happen)* ocurrir, suceder; **it ~d that ...** se supo que ...

transplant ['trænsplænt] *n (MED)* transplante *m*

transport [*n* 'trænspɔːrt, *vt* træns'pɔːrt] *n (BRIT)* transporte *m*; *(car)* carro *(LAm)*, coche *m (SP)* ♦ *vt* transportar ❑ **transportation** [,trænspər'teɪʃən] *(US) n* transporte *m*; **mass transportation** transporte *m* público ❑ **transport café** *(BRIT) n* bar *m* de carretera

transvestite [trænz'vɛstaɪt] *n* travesti *mf*

trap [træp] *n (snare, trick)* trampa; *(carriage)* carruaje *m* ♦ *vt* agarrar *(LAm)*, coger *(SP)*; *(trick)* engañar; *(confine)* atrapar ❑ **trap door** *n* escotilla

trapeze [træ'piːz] *n* trapecio

trappings ['træpɪŋz] *npl* adornos *mpl*

trash [træʃ] *n (US: garbage)* basura; *(nonsense)* tonterías *fpl*; *(pej)*: **the book/movie is ~** el libro/la película no vale nada ❑ **trash can** *(US) n* cubo *or* bote *m (MEX) or* tacho *(SC)* de la basura

travel ['trævəl] *n* el viajar ♦ *vi* viajar ♦ *vt (distance)* recorrer; **~s** *npl (journeys)* viajes *mpl* ❑ **travel agent** *n* agente *mf* de viajes ❑ **traveler** *(US) (BRIT* **traveller***) n* viajero(-a) ❑ **traveler's check** *(US) (BRIT* **traveller's cheque***) n* cheque *m* de viaje ❑ **traveling** *(US) (BRIT* **travelling***) n*: **I love traveling** me encanta viajar ❑ **travel sickness** *n* mareo

trawler ['trɔːlər] *n* pesquero (de arrastre)

tray [treɪ] *n* bandeja, charola *(MEX)*; *(on desk)* cajón *m*

treacherous ['trɛtʃərəs] *adj* traidor, traicionero; *(dangerous)* peligroso

treacle ['triːkəl] *(BRIT) n* melaza

tread [trɛd] *(pt* **trod**, *pp* **trodden***) n (step)* paso, pisada; *(sound)* ruido de pasos; *(of stair)* escalón *m*; *(of tire)* banda de rodadura ♦ *vi* pisar ▶ **tread on** *vt fus* pisar

treason ['triːzən] *n* traición *f*

treasure ['trɛʒər] *n* tesoro ♦ *vt (value: object, friendship)* apreciar; *(: memory)* guardar

treasurer ['trɛʒərər] *n* tesorero(-a)

treasury ['trɛʒəri] *n*: **the T~** *(US: also:* **the T~ Department***)* ≈ Hacienda, ≈ la Dirección General Impositiva *(RPl)*

treat [triːt] *n (present)* regalo ♦ *vt* tratar; **to ~ sb to sth** invitar a algn a algo

treatment ['triːtmənt] *n* tratamiento

treaty ['triːti] *n* tratado

treble ['trɛbəl] *adj* triple ♦ *vt* triplicar ♦ *vi* triplicarse ❑ **treble clef** *n (MUS)* clave *f* de sol

tree [triː] *n* árbol *m*; **~ trunk** tronco (de árbol)

trek [trɛk] *n (long journey)* largo viaje *m*; *(tiring walk)* caminata

trellis ['trɛlɪs] *n* enrejado

tremble ['trɛmbəl] *vi* temblar

tremendous [trɪ'mɛndəs] *adj* tremendo, enorme; *(excellent)* estupendo

tremor ['trɛmər] *n* temblor *m*; *(also:* **earth ~***)* temblor *m* de tierra

trench [trɛntʃ] *n* zanja

trend [trɛnd] *n (tendency)* tendencia; *(of events)* curso; *(fashion)* moda ❑ **trendy** *adj* de moda

trespass ['trɛspæs] *vi*: **to ~ on** entrar sin permiso en; **"no ~ing"** "prohibido el paso"

trestle ['trɛsəl] *n* caballete *m*

trial ['traɪəl] *n* (*LAW*) juicio, proceso; (*test: of machine etc*) prueba; **~s** *npl* (*hardships*) dificultades *fpl*; **by ~ and error** por ensayo y error

triangle ['traɪæŋgəl] *n* (*MATH, MUS*) triángulo

tribe [traɪb] *n* tribu *f*

tribunal [traɪ'bju:nl] *n* tribunal *m*

tributary ['trɪbjutɛri] *n* (*river*) afluente *m*

tribute ['trɪbju:t] *n* homenaje *m*, tributo; **to pay ~ to** rendir homenaje a

trick [trɪk] *n* (*skill, knack*) tino, truco; (*conjuring trick*) truco; (*joke*) broma; (*CARDS*) baza ♦ *vt* engañar; **to play a ~ on sb** gastar una broma a algn; **that should do the ~** a ver si funciona así ❑ **trickery** *n* engaño

trickle ['trɪkəl] *n* (*of water etc*) goteo ♦ *vi* gotear

tricky ['trɪki] *adj* difícil; delicado

tricycle ['traɪsɪkəl] *n* triciclo

trifle ['traɪfəl] *n* bagatela; (*BRIT CULIN*) *dulce de bizcocho borracho, gelatina, fruta y natillas*, sopa inglesa (*RPl*) ♦ *adv*: **a ~ long** un poquito largo ❑ **trifling** *adj* insignificante

trigger ['trɪgər] *n* (*of gun*) gatillo ▶ **trigger off** *vt* desencadenar

trim [trɪm] *adj* (*house, garden*) en buen estado; (*person, figure*) esbelto ♦ *n* (*haircut etc*) recorte *m*; (*on car*) guarnición *f* ♦ *vt* (*neaten*) arreglar; (*cut*) recortar; (*decorate*) adornar; (*NAUT: a sail*) orientar ❑ **trimmings** *npl* (*CULIN*) guarnición *f*

trip [trɪp] *n* viaje *m*; (*excursion*) excursión *f*; (*stumble*) traspié *m* ♦ *vi* (*stumble*) tropezar; (*go lightly*) andar a paso ligero; **on a ~** de viaje ▶ **trip up** *vi* tropezar, caerse ♦ *vt* hacer tropezar *or* caer

tripe [traɪp] *n* (*CULIN*) panza (*MEX*), mondongo (*LAm exc MEX*), callos *mpl* (*SP*)

triple ['trɪpəl] *adj* triple ❑ **triplets** ['trɪplɪts] *npl* trillizos(-as) *mpl/fpl* ❑ **triplicate** ['trɪplɪkɪt] *n*: **in triplicate** por triplicado

trite [traɪt] *adj* trillado

triumph ['traɪʌmf] *n* triunfo ♦ *vi*: **to ~ (over)** vencer ❑ **triumphant** [traɪ'ʌmfənt] *adj* (*team etc*) vencedor(a); (*wave, return*) triunfal

trivia ['trɪviə] *npl* trivialidades *fpl*

trivial ['trɪviəl] *adj* insignificante; (*commonplace*) banal

trod [trɑ:d] *pt of* **tread**

trodden ['trɑ:dn] *pp of* **tread**

trolley ['trɑ:li] *n* (*US: also:* **~ car**) tranvía; (*BRIT*) carrito ❑ **trolley bus** *n* trolebús *m*

trombone [trɑ:m'boun] *n* trombón *m*

troop [tru:p] *n* grupo, banda; **~s** *npl* (*MIL*) tropas *fpl* ▶ **troop in/out** *vi* entrar/salir en tropel ❑ **trooping the color** (*BRIT*) *n* (*ceremony*) desfile *m* (*con la bandera*)

trophy ['troufi] *n* trofeo

tropical ['trɑ:pɪkəl] *adj* tropical

trot [trɑ:t] *n* trote *m* ♦ *vi* trotar; **on the ~** (*BRIT: fig*) seguidos(-as)

trouble ['trʌbəl] *n* problema *m*, dificultad *f*; (*worry*) preocupación *f*; (*bother, effort*) molestia, esfuerzo; (*unrest*) inquietud *f*; (*MED*): **stomach** *etc* **~** problemas *mpl* de estómago *etc* ♦ *vt* (*disturb*) molestar; (*worry*) preocupar, inquietar ♦ *vi*: **to ~ to do sth** molestarse en hacer algo; **~s** *npl* (*POL etc*) conflictos *mpl*; (*personal*) problemas *mpl*; **to be in ~** estar en un apuro; **it's no ~!** ¡no es molestia (ninguna)!; **what's the ~?** (*with broken TV etc*) ¿cuál es el problema?; (*doctor to patient*) ¿qué pasa? ❑ **troubled** *adj* (*person*) preocupado; (*country, epoch, life*) agitado ❑ **troublemaker** *n* alborotador(a) *m/f* ❑ **troubleshooter** *n* (*in conflict*) apagafuegos *mf inv*, experto(-a) (*en conflictos*) ❑ **troublesome** *adj* molesto

trough [trɑ:f] *n* (*also:* **drinking ~**) abrevadero; (*also:* **feeding ~**) comedero; (*depression*) depresión *f*

troupe [tru:p] *n* grupo

trousers ['trauzərz] (*BRIT*) *npl* pantalones *mpl*; **short ~** pantalones *mpl* cortos

trousseau ['tru:sou] (*pl* **~x** *or* **~s** ['tru:souz]) *n* ajuar *m*

trout [traut] *n inv* trucha

trowel ['trauəl] *n* (*of gardener*) desplantador *m*; (*of builder*) paleta

truant ['tru:ənt] *n*: **to play ~** (*BRIT*) hacer novillos, irse de pinta (*MEX*)

truce [tru:s] *n* tregua

truck [trʌk] *n* (*US: vehicle*) camión *m*; (*BRIT RAIL*) vagón *m* ❑ **truck driver** (*US*) *n* camionero(-a) ❑ **trucker** (*US*) *n* camionero(-a) ❑ **truck farm** (*US*) *n* huerto

true [tru:] *adj* verdadero; (*accurate*) exacto; (*genuine*) auténtico; (*faithful*) fiel; **to come ~** realizarse

truffle ['trʌfəl] *n* trufa

truly ['tru:li] *adv* (*really*) realmente; (*truthfully*) verdaderamente; (*faithfully*): **yours ~** (*in letter*) le saluda atentamente

trump [trʌmp] *n* triunfo

trumpet ['trʌmpɪt] *n* trompeta

truncheon ['trʌntʃən] (*BRIT*) *n* macana (*MEX*), cachiporra (*LAm*), porra (*SP*)

trundle ['trʌndl] *vi*: **to ~ along** ir sin prisas

trunk [trʌŋk] *n* (*of tree, person*) tronco; (*of elephant*) trompa; (*case*) baúl *m*; (*US AUT*) cajuela (*MEX*), maletero (*LAm exc MEX, SP*), baúl (*RPl*); **~s** *npl* (*also:* **swimming ~s**) traje *m* de baño (*de hombre*) (*LAm*), malla (*RPl*) *or* bañador *m* (*SP*) (de hombre)

truss [trʌs] *vt*: **~ (up)** atar

trust [trʌst] *n* confianza; (*responsibility*) responsabilidad *f*; (*LAW*) fideicomiso ♦ *vt* (*rely on*) tener confianza en; (*hope*) esperar; (*entrust*): **to ~ sth to sb** confiar algo a algn; **to take sth on ~** fiarse de algo ❑ **trusted** *adj* de confianza ❑ **trustee** [trʌs'ti:] *n* (*LAW*) fideicomisario; (*of school*) administrador *m* ❑ **trustful** *adj* confiado ❑ **trusting** *adj* confiado ❑ **trustworthy** *adj* digno de confianza

truth [tru:θ, *pl* tru:ðz] *n* verdad *f* ❑ **truthful** *adj* veraz

try [traɪ] *n* tentativa, intento; (*RUGBY*) ensayo ♦ *vt* (*attempt*) intentar; (*test: also:* **~ out**) probar, someter a prueba; (*LAW*) juzgar, procesar; (*strain: patience*) hacer perder ♦ *vi* probar; **to have a ~** probar suerte; **to ~ to do sth** intentar hacer algo; **~ again!** ¡vuelve a probar!; **~ harder!** ¡esfuérzate más!; **well, I tried** al menos lo intenté ▶ **try on** *vt* (*clothes*) probarse ▶ **try out for** (*US*) *vt* (*team, role etc*) poner a prueba ❑ **trying** *adj* (*experience*) cansado; (*person*) pesado

tsar [zɑ:r] *n* zar *m*

T-shirt ['ti:ʃɜ:rt] *n* camiseta

T-square *n* regla T

tub [tʌb] *n* cubeta (*MEX, SP*), balde *m* (*LAm*); (*US: bath*) tina (*LAm*), bañadera (*RPl*), bañera (*SP*)

tube [tu:b] *n* tubo; (*for tire*) cámara de aire; **the ~** (*US: inf: television*) la tele (*inf*); (*BRIT: underground*) metro, subte *m* (*RPl*)

tuberculosis [tu,bɜ:rkjə'lousɪs] *n* tuberculosis *f inv*

tube station (*BRIT*) *n* estación *f* de metro *or* (*RPl*) subte

tubular ['tu:bjulər] *adj* tubular

TUC (*BRIT*) *n abbr* (= *Trades Union Congress*) *federación nacional de sindicatos*

tuck [tʌk] *vt* (*put*) poner ▶ **tuck away** *vt* (*money*) guardar; (*building*): **to be tucked away** esconderse, ocultarse ▶ **tuck in** *vt* (*shirt, blouse*) meter dentro; (*child*) arropar ♦ *vi* (*BRIT: eat*) comer con apetito ▶ **tuck up** *vt* (*skirt, sleeves*) remangar; (*BRIT: child*) arropar ❑ **tuck shop** *n* (*BRIT SCOL*) puesto de chucherías

Tuesday ['tu:zdi] *n* martes *m inv*

tuft [tʌft] *n* mechón *m*; (*of grass etc*) manojo

tug [tʌg] *n* (*ship*) remolcador *m* ♦ *vt* tirar de ❑ **tug-of-war** *n* juego del tira y afloja (*con una cuerda*); (*fig*) estira (*MEX*) *or* tira (*LAm exc MEX, SP*) y afloja *m*

tuition [tu'ɪʃən] *n* (*US: school fees*) matrícula; (*BRIT*) enseñanza; (: *private tuition*) clases *fpl* particulares

tulip ['tu:lɪp] *n* tulipán *m*

tumble ['tʌmbəl] *n* (*fall*) caída ♦ *vi* caer; **to ~ to sth** (*inf*) caer en la cuenta de algo ❑ **tumbledown** *adj* destartalado ❑ **tumble dryer** (*BRIT*) *n* secadora

tumbler ['tʌmblər] *n* (*glass*) vaso

tummy ['tʌmi] (*inf*) *n* barriga

tumor (*US*) ['tu:mər] (*BRIT* **tumour**) *n* tumor *m*

tuna ['tu:nə] *n inv* (*also:* **~ fish**) atún *m*

tune [tu:n] *n* melodía ♦ *vt* (*MUS*) afinar; (*RADIO, TV, AUT*) sintonizar; **to be in/out of ~** (*instrument*) estar afinado/desafinado; (*singer*) cantar afinadamente/desafinar; **to be in/out of ~ with** (*fig*) estar de acuerdo/en desacuerdo con ▶ **tune in** *vi*: **to tune in (to)** (*RADIO, TV*) sintonizar (con) ▶ **tune up** *vi* (*musician*) afinar (su instrumento) ❑ **tuneful** *adj* melodioso ❑ **tuner** *n*: **piano tuner** afinador(a) *m/f* de pianos

tunic ['tu:nɪk] *n* túnica

Tunisia [tu:'ni:ʒə] *n* Túnez *m*

tunnel ['tʌnl] *n* túnel *m*; (*in mine*) galería ♦ *vi* abrir un túnel/una galería

turban ['tɜ:rbən] *n* turbante *m*

turbulent ['tɜ:rbjulənt] *adj* turbulento

tureen [tu'ri:n] *n* sopera

turf [tɜ:rf] *n* césped *m*; (*BRIT: clod*) tepe *m* ♦ *vt* cubrir de césped ❑ **turf out** (*BRIT: inf*) *vt* echar a la calle

Turk [tɜ:rk] *n* turco(-a)

Turkey ['tɜ:rki] *n* Turquía

turkey ['tɜ:rki] *n* pavo, guajolote *m* (*MEX*)

Turkish ['tɜ:rkɪʃ] *adj, n* turco

turmoil ['tɜ:rmɔɪl] *n*: **in ~** revuelto

turn [tɜ:rn] *n* turno; (*in road*) curva; (*of mind, events*) rumbo; (*THEATER*) número; (*BRIT MED*) ataque *m* ♦ *vt* girar, volver; (*collar, steak*) dar la vuelta a; (*page*) pasar; (*change*): **to ~ sth into** convertir algo en ♦ *vi* volver; (*person: look back*) volverse; (*reverse direction*) dar la vuelta; (*milk*) cortarse; (*become*): **to ~ nasty/forty** ponerse feo/cumplir los cuarenta; **a good ~** un favor; **it gave me quite a ~** me dio un susto; **"no left ~"** (*AUT*) "prohibido girar a la izquierda"; **it's your ~** te toca a ti; **in ~** por turnos; **to take ~s (at)** turnarse (en) ▶ **turn around** *or* (*BRIT*) **round** *vi* volverse; (*rotate*) girar ▶ **turn away** *vi* apartar la vista ♦ *vi* rechazar ▶ **turn back** *vi* volverse atrás ♦ *vt* hacer retroceder; (*clock*) retrasar ▶ **turn down** *vt* (*refuse*) rechazar; (*reduce*) bajar; (*fold*) doblar ▶ **turn in** *vi* (*inf: go to bed*) acostarse ♦ *vt* (*fold*) doblar hacia dentro ▶ **turn off** *vi* (*from road*) desviarse ♦ *vt* (*light, radio etc*) apagar; (*faucet*) cerrar; (*engine*) parar ▶ **turn on** *vt* (*light, radio etc*) prender (*LAm*), encender (*SP*); (*faucet*) abrir; (*engine*) poner en marcha ▶ **turn out** *vt* (*light, gas*) apagar; (*produce*) producir ♦ *vi* (*voters*) concurrir; **to turn out to be ...** resultar ser ... ▶ **turn over** *vi* (*person*) volverse ♦ *vt* (*object*) dar la vuelta a; (*page*) volver ▶ **turn up** *vi* (*person*) llegar, presentarse; (*lost object*) aparecer ♦ *vt* (*gen*) subir ❑ **turning** *n* (*in road*) vuelta ❑ **turning point** *n* (*fig*) momento decisivo

turnip ['tɜ:rnɪp] *n* nabo

turn: ❑ **turnout** *n* concurrencia ❑ **turnover** *n* (*COMM: amount of money*) volumen *m* de ventas; (: *of goods*) movimiento ❑ **turnpike** (*US*) *n* autopista de peaje ❑ **turn signal** (*US*) *n* direccional *f* (*MEX*), intermitente *m* (*LAm exc MEX, SP*) ❑ **turnstile** *n* torniquete *m* ❑ **turntable** *n* plato ❑ **turn-up** (*BRIT*) *n* (*on pants*) vuelta

turpentine ['tɜ:rpəntaɪn] *n* (*also:* **turps**) trementina

turquoise ['tɜ:rkwɔɪz] *n* (*stone*) turquesa ♦ *adj* turquesa

turret ['tʌrɪt] *n* torreón *m*

turtle ['tɜ:rtl] *n* tortuga ❑ **turtleneck (sweater)** *n* (*US*) suéter *m* (*LAm*) *or* jersey *m* (*SP*) de cuello alto; (*BRIT*) suéter *m or* jersey *m* de cuello vuelto *or* de tortuga

tusk [tʌsk] *n* colmillo

tutor ['tu:tər] *n* profesor(a) *m/f* (particular) ❑ **tutorial** [tu:'tɔ:riəl] *n* (*SCOL*) seminario

tuxedo [tʌk'si:dou] (*US*) *n* esmoquin *m*

TV [,ti:'vi:] *n abbr* (= *television*) tele *f*

twang [twæŋ] *n* (*of instrument*) punteado; (*of voice*) timbre *m* nasal

tweezers ['twi:zərz] *npl* pinzas *fpl*

twelfth [twɛlfθ] *num* duodécimo

twelve [twɛlv] *num* doce; **at ~ o'clock** (*midday*) a mediodía; (*midnight*) a medianoche

twentieth ['twɛntiiθ] *adj* vigésimo

twenty ['twɛnti] *num* veinte

24/7 [,twɛnti,fɔ:r'sɛvən] *adv abbr* (= *24 hours a day, 7 days a week*) 24 horas al día, 7 días a la semana

twice [twaɪs] *adv* dos veces; **~ as much** dos veces más

twiddle ['twɪdl] *vi*: **to ~ (with) sth** dar vueltas a algo; **to ~ one's thumbs** (*fig*) estar de brazos cruzados

twig [twɪg] *n* ramita

twilight ['twaɪlaɪt] *n* crepúsculo

twin [twɪn] *adj, n* gemelo(-a) ♦ *vt* hermanar ❑ **twin-bedded room** (*BRIT*) *n* habitación *f* con camas gemelas

twine [twaɪn] *n* bramante *m* ♦ *vi* (*plant*) enroscarse

twinge [twɪndʒ] *n* (*of pain*) punzada; (*of conscience*) remordimiento

twinkle ['twɪŋkəl] *vi* centellear; (*eyes*) brillar

twirl [twɜ:rl] *vt* dar vueltas a ♦ *vi* dar vueltas

twist [twɪst] *n* (*action*) torsión *f*; (*in road, coil*) vuelta; (*in wire, flex*) doblez *f*; (*in story*) giro ♦ *vt* torcer; (*weave*) trenzar; (*roll around*) enrollar; (*fig*) deformar ♦ *vi* serpentear

twister ['twɪstər] (*US*) *n* (*tornado*) huracán *m*

twit [twɪt] (*BRIT: inf*) *n* imbécil

twitch [twɪtʃ] *n* (*pull*) tirón *m*; (*nervous*) tic *m* ♦ *vi* crisparse

two [tu:] *num* dos; **to put ~ and ~ together** (*fig*) atar cabos ❑ **two-bit** (*US*) *adj* de poca monta ❑ **two-door** *adj* (*AUT*) de dos puertas ❑ **two-faced** *adj* (*pej: person*) falso ❑ **twofold** *adv*: **to increase twofold** doblarse ❑ **two-piece (suit)** *n* traje *m* de dos piezas ❑ **two-piece (swimsuit)** *n* bikini *m*, dos piezas *m inv* ❑ **twosome** *n* (*people*) pareja ❑ **two-way** *adj*: **two-way traffic** circulación *f* de doble sentido

tycoon [taɪ'ku:n] *n*: **(business) ~** magnate *m*

type [taɪp] *n* (*category*) tipo, género; (*model*) tipo; (*TYP*) tipo, letra ♦ *vt* (*letter etc*) escribir a máquina ❑ **type-cast** *adj* (*actor*) encasillado ❑ **typeface** *n* letra ❑ **typescript** *n* texto mecanografiado ❑ **typewriter** *n* máquina de escribir ❑ **typewritten** *adj* mecanografiado

typhoid ['taɪfɔɪd] *n* tifoidea

typical ['tɪpɪkəl] *adj* típico

typing ['taɪpɪŋ] *n* mecanografía

typist ['taɪpɪst] *n* mecanógrafo(-a)

tyrant ['taɪərənt] *n* tirano(-a)

tyre ['taɪər] (*BRIT*) *n* neumático, llanta (*LAm*)

Uu

U-bend ['ju:,bɛnd] (*BRIT*) *n* (*AUT, in pipe*) sifón *m*

udder ['ʌdər] *n* ubre *f*

UFO [,ju:ɛf'ou] *n abbr* (= *unidentified flying object*) OVNI *m*

ugh [ɜ:h] *excl* ¡uf!

ugly ['ʌgli] *adj* feo; (*dangerous*) peligroso

UHT (*BRIT*) *abbr* (= *UHT milk*) leche *f* UHT *or* uperizada

UK *n abbr* = **United Kingdom**

ulcer ['ʌlsər] *n* úlcera; (*mouth ulcer*) llaga

Ulster ['ʌlstər] *n* Ulster *m*

ulterior [ʌl'tɪriər] *adj*: **~ motive** segundas intenciones *fpl*

ultimate ['ʌltɪmət] *adj* último, final; (*greatest*) máximo ❑ **ultimately** *adv* (*in the end*) por último, al final; (*fundamentally*) a fin de cuentas

ultra- ['ʌltrə] *prefix* ultra-

umbilical cord [ʌm'bɪlɪkəl,kɔ:rd] *n* cordón *m* umbilical

umbrella [ʌm'brɛlə] *n* paraguas *m inv*; (*for sun*) sombrilla

umpire ['ʌmpaɪər] *n* árbitro(-a)

umpteen ['ʌmpti:n] *adj* enésimos(-as) ❑ **umpteenth** *adj*: **for the umpteenth time** por enésima vez

UN *n abbr* (= *United Nations*) ONU *f*

unable [ʌn'eɪbəl] *adj*: **to be ~ to do sth** no poder hacer algo

unaccompanied [,ʌnə'kʌmpənid] *adj* no acompañado; (*song*) sin acompañamiento

unaccustomed [,ʌnə'kʌstəmd] *adj*: **to be ~ to** no estar acostumbrado a

unanimous [ju:'nænəməs] *adj* unánime

unarmed [,ʌn'ɑ:rmd] *adj* (*defenseless*) inerme; (*without weapon*) desarmado

unattached [,ʌnə'tætʃt] *adj* (*person*) soltero y sin compromiso; (*part etc*) suelto

unattended [,ʌnə'tɛndɪd] *adj* desatendido

unattractive [,ʌnə'træktɪv] *adj* poco atractivo

unauthorized [ʌn'ɔ:θəraɪzd] *adj* no autorizado

unavoidable [,ʌnə'vɔɪdəbəl] *adj* inevitable

unaware [,ʌnə'wɛər] *adj*: **to be ~ of** ignorar ❑ **unawares** *adv* de improviso

unbalanced [ʌn'bælənst] *adj* (*report*) poco objetivo; (*mentally*) trastornado

unbearable [ʌn'bɛrəbəl] *adj* insoportable

unbeatable [ʌn'bi:təbəl] *adj* (*team*) invencible; (*price*) inmejorable; (*quality*) insuperable

unbelievable [,ʌnbɪ'li:vəbəl] *adj* increíble

unbend [,ʌn'bɛnd] *vi* (*relax*) relajarse ♦ *vt* (*wire*) enderezar

unbiased [ʌn'baɪəst] *adj* imparcial

unborn [,ʌn'bɔ:rn] *adj* no nacido

unbroken [ʌn'broukən] *adj* (*seal*) intacto; (*series*) continuo; (*record*) no batido; (*spirit*) indómito

unbutton [,ʌn'bʌtn] *vt* desabrochar

uncalled-for [ʌn'kɔ:ldfɔ:r] *adj* gratuito, inmerecido

uncanny [ʌn'kæni] *adj* extraño

unceremonious [,ʌnsɛrɪ'mouniəs] *adj* (*abrupt, rude*) brusco, hosco

uncertain [ʌn'sɜ:rtn] *adj* incierto; (*indecisive*) indeciso

unchanged [ʌn'tʃeɪndʒd] *adj* igual, sin cambios

uncivilized [ʌn'sɪvɪlaɪzd] *adj* inculto; (*fig: behavior etc*) bárbaro; (*hour*) inoportuno

uncle ['ʌŋkəl] *n* tío

uncomfortable [ʌn'kʌmfərtəbəl] *adj* incómodo; (*uneasy*) inquieto

uncommon [ʌn'kɑ:mən] *adj* poco común, raro

uncompromising [ʌn'kɑ:mprəmaɪzɪŋ] *adj* intransigente

unconcerned [,ʌnkən'sɜ:rnd] *adj* indiferente, despreocupado

unconditional [,ʌnkən'dɪʃənl] *adj* incondicional

unconscious [ʌn'kɑ:nʃəs] *adj* inconsciente, sin sentido; (*unaware*): **to be ~ of** no darse cuenta de ♦ *n*: **the ~** el inconsciente

uncontrollable [,ʌnkən'trouləbəl] *adj* (*child etc*) incontrolable; (*temper*) indomable; (*laughter*) incontenible

unconventional [,ʌnkən'vɛnʃənl] *adj* poco convencional

uncouth [ʌn'ku:θ] *adj* grosero, inculto

uncover [ʌn'kʌvər] *vt* descubrir; (*take lid off*) destapar

undecided [,ʌndɪ'saɪdɪd] *adj* (*character*) indeciso; (*question*) no resuelto

under ['ʌndər] *prep* debajo de; (*less than*) menos de; (*according to*) según, de acuerdo con; (*sb's leadership*) bajo ♦ *adv* debajo, abajo; **~ there** allí abajo; **~ repair** en reparación

under... ['ʌndər] *prefix* sub ❑ **underage** *adj* menor de edad; (*drinking etc*) por menores (de edad) ❑ **underbrush** (*US*) *n* maleza ❑ **undercarriage** (*BRIT*) *n* (*AVIAT*) tren *m* de aterrizaje ❑ **undercharge** *vt* cobrar de menos ❑ **underclothes** *npl* ropa interior ❑ **undercoat** *n* (*paint*) primera mano ❑ **undercover** *adj* secreto ❑ **undercurrent** *n* (*fig*) trasfondo ❑ **undercut** *vt irreg* vender más barato que ❑ **underdeveloped** *adj* subdesarrollado ❑ **underdog** *n* desvalido(-a) ❑ **underdone** *adj* (*CULIN*) sancochado (*MEX*), poco cocido (*LAm exc MEX*) *or* hecho (*SP*) ❑ **underestimate** *vt* subestimar ❑ **underexposed** *adj* (*PHOT*) subexpuesto ❑ **underfed** *adj* desnutrido ❑ **underfoot** *adv* debajo de los pies ❑ **undergo** *vt irreg* sufrir; (*treatment*) recibir ❑ **undergraduate** *n* estudiante *mf* (universitario) ❑ **underground** *n* (*POL*) movimiento clandestino; (*BRIT*: *railroad*) metro, subte *m* (*RPl*) ♦ *adj* (*parking lot*) subterráneo ♦ *adv* (*work*) en la clandestinidad ❑ **underhand(ed)** *adj* (*fig*) socarrón, turbio ❑ **underlie** *vt irreg* (*fig*) subyacer tras *or* bajo ❑ **underline** *vt* subrayar ❑ **undermine** *vt* socavar, minar ❑ **underneath** [ʌndər'ni:θ] *adv* debajo ♦ *prep* debajo de, bajo ❑ **underpaid** *adj* mal pagado ❑ **underpants** *npl* (*for men*) calzoncillos *mpl*; (*US*: *for women*) calzones *mpl* (*LAm*), bombachas *fpl* (*RPl*), bragas *fpl* (*SP*) ❑ **underpass** *n* (*for cars*) paso a desnivel; (*for pedestrians*) paso subterráneo ❑ **underprivileged** *adj* desfavorecido ❑ **underrate** *vt* menospreciar, subestimar ❑ **undershirt** (*US*) *n* camiseta ❑ **undershorts** (*US*) *npl* calzoncillos *mpl* ❑ **underside** *n* parte *f* inferior ❑ **underskirt** (*BRIT*) *n* enaguas *fpl*

understand [ʌndər'stænd] *vt, vi* entender, comprender; (*assume*) tener entendido ❑ **understandable** *adj* comprensible ❑ **understanding** *adj* comprensivo ♦ *n* comprensión *f*, entendimiento; (*agreement*) acuerdo

understatement ['ʌndər,steɪtmənt] *n* modestia (excesiva); **that's an ~!** ¡eso es decir poco!

understood [ʌndər'stud] *pt, pp of* **understand** ♦ *adj* (*agreed*) acordado; (*implied*): **it is ~ that** se sobreentiende que

understudy ['ʌndər,stʌdi] *n* suplente *mf*

undertake [ʌndər'teɪk] *vt* emprender; **to ~ to do sth** comprometerse a hacer algo

undertaker ['ʌndər,teɪkər] *n* (*employee*) empleado(-a) de una funeraria

undertaking ['ʌndər,teɪkɪŋ] *n* empresa; (*promise*) promesa

under: ❑ **undertone** *n*: **in an undertone** en voz baja ❑ **underwater** *adv* bajo el agua ♦ *adj* submarino ❑ **underwear** *n* ropa interior ❑ **underworld** *n* (*of crime*) hampa ❑ **underwriter** *n* (*INSURANCE*) asegurador(a) *m/f*

undesirable [ʌndɪ'zaɪrəbəl] *adj* (*person*) indeseable; (*thing*) poco aconsejable

undo [ʌn'du:] *vt* (*laces*) desatar; (*button etc*) desabrochar; (*spoil*) deshacer ❑ **undoing** *n* ruina, perdición *f*

undoubted [ʌn'dautɪd] *adj* indudable

undress [ʌn'drɛs] *vi* desnudarse

undulating ['ʌndʒuleɪtɪŋ] *adj* ondulante

unduly [ʌn'du:li] *adv* excesivamente, demasiado

unearth [ʌn'ɜ:rθ] *vt* desenterrar

unearthly [ʌn'ɜ:rθli] *adj* (*hour*) inverosímil

uneasy [ʌn'i:zi] *adj* intranquilo, preocupado; (*feeling*) desagradable; (*peace*) inseguro

uneducated [ʌn'ɛdʒukeɪtɪd] *adj* ignorante, inculto

unemployed [ʌnɪm'plɔɪd] *adj* desempleado ♦ *npl*: **the ~** los desempleados

unemployment [ʌnɪm'plɔɪmənt] *n* desempleo ❑ **unemployment line** (*US*) *n* cola de desempleados (*LAm*) *or* del paro (*SP*)

unending [ʌn'ɛndɪŋ] *adj* interminable

unerring [ʌn'ɜ:rɪŋ] *adj* infalible

uneven [ʌn'i:vn] *adj* desigual; (*road etc*) lleno de baches

unexpected [ʌnɪks'pɛktɪd] *adj* inesperado ❑ **unexpectedly** *adv* inesperadamente

unfailing [ʌn'feɪlɪŋ] *adj* (*support*) indefectible; (*energy*) inagotable

unfair [ʌn'fɛər] *adj*: **~ (to sb)** injusto (con algn)

unfaithful [ʌn'feɪθfəl] *adj* infiel

unfamiliar [ʌnfə'mɪljər] *adj* extraño, desconocido; **to be ~ with** desconocer

unfashionable [ʌn'fæʃənəbəl] *adj* pasado *or* fuera de moda

unfasten [ʌn'fæsən] *vt* (*knot*) desatar; (*dress*) desabrochar; (*open*) abrir

unfavorable (*US*) [ʌn'feɪvərəbəl] (*BRIT* **unfavourable**) *adj* desfavorable

unfeeling [ʌn'fi:lɪŋ] *adj* insensible

unfinished [ʌn'fɪnɪʃt] *adj* inacabado, sin terminar

unfit [ʌn'fɪt] *adj* bajo de forma; (*incompetent*): **~ (for)** incapaz (de); **~ for work** no apto para trabajar

unfold [ʌn'fould] *vt* desdoblar ♦ *vi* abrirse

unforeseen [ʌnfɔ:r'si:n] *adj* imprevisto

unforgettable [ʌnfər'gɛtəbəl] *adj* inolvidable

unfortunate [ʌn'fɔ:rtʃənət] *adj* desgraciado; (*event, remark*) inoportuno ❑ **unfortunately** *adv* desgraciadamente

unfounded [ʌn'faundɪd] *adj* infundado

unfriendly [ʌn'frɛndli] *adj* antipático; (*behavior, remark*) hostil, poco amigable

ungainly [ʌn'geɪnli] *adj* desgarbado

unglued [ʌn'glu:d] *adj*: **to come ~** despegarse; (*US*: *fig*) fracasar

ungodly [ʌn'gɑ:dli] *adj*: **at an ~ hour** a una hora inverosímil

ungrateful [ʌn'greɪtfəl] *adj* desagradecido, ingrato

unhappiness [ʌn'hæpinɪs] *n* tristeza, desdicha

unhappy [ʌn'hæpi] *adj* (*sad*) triste; (*unfortunate*) desgraciado; (*childhood*) infeliz; **~ about/with** (*arrangements etc*) poco contento con, descontento de

unharmed [ʌn'hɑ:rmd] *adj* ileso

unhealthy [ʌn'hɛlθi] *adj* (*place*) malsano; (*person*) enfermizo; (*fig*: *interest*) morboso

unheard-of *adj* inaudito, sin precedente

unhurt [ʌn'hɜ:rt] *adj* ileso

unidentified [ʌnaɪ'dɛntɪfaɪd] *adj* no identificado, sin identificar; *see also* **UFO**

uniform ['ju:nɪfɔ:rm] *n* uniforme *m* ♦ *adj* uniforme

unify ['ju:nɪfaɪ] *vt* unificar, unir

uninhabited [ʌnɪn'hæbɪtɪd] *adj* desierto

unintentional [ʌnɪn'tɛnʃənl] *adj* involuntario

union ['ju:njən] *n* unión *f*; (*BRIT*: *also*: **trade ~**) sindicato ♦ *cpd* (*BRIT*) sindical ❑ **Union Jack** *n* bandera del Reino Unido

unique [ju:'ni:k] *adj* único

unison ['ju:nɪsən] *n*: **in ~** (*speak, reply, sing*) al unísono

unit ['ju:nɪt] *n* unidad *f*; (*section*: *of furniture etc*) elemento; (*team*) grupo; **kitchen ~** módulo de cocina

unite [ju:'naɪt] *vt* unir ♦ *vi* unirse ❑ **united** *adj* unido; (*effort*) conjunto ❑ **United Kingdom** *n* Reino Unido ❑ **United Nations (Organization)** *n* Naciones *fpl* Unidas ❑ **United States (of America)** *n* Estados *mpl* Unidos

unit trust (*BRIT*) *n* bono fiduciario

unity ['ju:nɪti] *n* unidad *f*

universe ['ju:nɪvɜ:rs] *n* universo

university [ju:nɪ'vɜ:rsɪti] *n* universidad *f*

unjust [ʌn'dʒʌst] *adj* injusto

unkempt [ʌn'kɛmpt] *adj* (*appearance*) descuidado; (*hair*) despeinado

unkind [ʌn'kaɪnd] *adj* poco amable; (*behavior, comment*) cruel

unknown [ʌn'noun] *adj* desconocido

unlawful [ʌn'lɔ:fəl] *adj* ilegal, ilícito

unleaded [ʌn'lɛdɪd] *adj* (*gas, fuel*) sin plomo

unless [ʌn'lɛs] *conj* a menos que; **~ he comes** a menos que venga; **~ otherwise stated** salvo indicación contraria

unlike [ʌn'laɪk] *adj* (*not alike*) distinto de *or* a; (*not like*) poco propio de ♦ *prep* a diferencia de

unlikely [ʌn'laɪkli] *adj* improbable; (*unexpected*) inverosímil

unlimited [ʌn'lɪmɪtɪd] *adj* ilimitado

unlisted [ʌn'lɪstɪd] (*US*) *adj* (*TEL*) que no figura en la guía

unload [ʌn'loud] *vt* descargar

unlock [ʌn'lɑ:k] *vt* abrir (con llave)

unlucky [ʌn'lʌki] *adj* desgraciado; (*object, number*) que da mala suerte; **to be ~** tener mala suerte

unmarried [ʌn'mærid] *adj* soltero

unmistak(e)able [ʌnmɪs'teɪkəbəl] *adj* inconfundible

unnatural [ʌn'nætʃərəl] *adj* (*gen*) antinatural; (*manner*) afectado; (*habit*) perverso

unnecessary [ʌn'nɛsəseri] *adj* innecesario, inútil

unnoticed [ʌn'noutɪst] *adj*: **to go** *or* **pass ~** pasar desapercibido

UNO ['ju:nou] *n abbr* (= *United Nations Organization*) ONU *f*

unobtainable [ʌnəb'teɪnəbəl] *adj* imposible de conseguir; (*TEL*) desconectado

unobtrusive [ʌnəb'tru:sɪv] *adj* discreto

unofficial [ʌnə'fɪʃəl] *adj* no oficial; (*news*) sin confirmar

unorthodox [ʌn'ɔ:rθədɑ:ks] *adj* poco ortodoxo *or* convencional

unpack [ʌn'pæk] *vi* deshacer el equipaje ♦ *vt* deshacer

unpalatable [ʌn'pælətəbəl] *adj* incomible; (*truth*) desagradable

unparalleled [ʌn'pærəlɛld] *adj* (*unequalled*) incomparable

unpleasant [ʌn'plɛzənt] *adj* (*disagreeable*) desagradable; (*person, manner*) antipático

unplug [ʌn'plʌg] *vt* desenchufar, desconectar

unpopular [ʌn'pɑ:pjələr] *adj* impopular, poco popular

unprecedented [ʌn'prɛsɪdɛntɪd] *adj* sin precedentes

unpredictable [ʌnprɪ'dɪktəbəl] *adj* imprevisible

unprofessional [ʌnprə'fɛʃənl] *adj* (*attitude, conduct*) poco ético

unqualified [ʌn'kwɑ:lɪfaɪd] *adj* sin título, no calificado (*LAm*); (*success*) total

unquestionably [ʌn'kwɛstʃənəbli] *adv* indiscutiblemente

unreal [ʌn'ri:əl] *adj* irreal; (*extraordinary*) increíble

unrealistic [ʌnri:ə'lɪstɪk] *adj* poco realista

unreasonable [ʌn'ri:zənəbəl] *adj* irrazonable; (*demand*) excesivo

unrelated [ʌnrɪ'leɪtɪd] *adj* sin relación; (*family*) no emparentado

unreliable [ʌnrɪ'laɪəbəl] *adj* (*person*) informal; (*machine*) poco fiable

unremitting [ʌnrɪ'mɪtɪŋ] *adj* constante

unreservedly [ʌnrɪ'zɜ:rvɪdli] *adv* sin reserva

unrest [ʌn'rɛst] *n* inquietud *f*, malestar *m*; (*POL*) disturbios *mpl*

unroll [ʌn'roul] *vt* desenrollar

unruly [ʌn'ru:li] *adj* indisciplinado

unsafe [ʌn'seɪf] *adj* peligroso

unsaid [ʌn'sɛd] *adj*: **to leave sth ~** dejar algo sin decir

unsatisfactory [ʌnsætɪs'fæktəri] *adj* poco satisfactorio

unsavory (*US*) [ʌn'seɪvəri] (*BRIT* **unsavoury**) *adj* (*fig*) repugnante

unscrew [ʌn'skru:] *vt* destornillar; (*lid*) desenroscar

unscrupulous [ʌn'skru:pjuləs] *adj* sin escrúpulos

unsettled [ʌn'sɛtld] *adj* inquieto, intranquilo; (*weather*) variable

unshaven [ʌn'ʃeɪvən] *adj* sin afeitar *or* (*MEX*) rasurar

unsightly [ʌn'saɪtli] *adj* feo

unskilled [ʌn'skɪld] *adj* (*work*) no especializado; (*worker*) no calificado (*LAm*) *or* cualificado (*SP*)

unspeakable [ʌn'spi:kəbəl] *adj* indecible; (*awful*) incalificable

unstable [ʌn'steɪbəl] *adj* inestable

unsteady [ʌn'stɛdi] *adj* inestable

unstuck [ʌn'stʌk] *adj*: **to come ~** despegarse; (*BRIT*: *fig*) fracasar

unsuccessful [ʌnsək'sɛsfəl] *adj* (*attempt*) infructuoso; (*writer, proposal*) sin éxito; **to be ~** (*in attempting sth*) no tener éxito, fracasar ❑ **unsuccessfully** *adv* en vano, sin éxito

unsuitable [ʌn'su:təbəl] *adj* inapropiado; (*time*) inoportuno

unsure [ʌn'ʃuər] *adj* inseguro, poco seguro

unsuspecting [ʌnsəs'pɛktɪŋ] *adj* desprevenido, confiado

unsympathetic [ʌnsɪmpə'θɛtɪk] *adj* poco comprensivo; (*unlikeable*) antipático

unthinkable [ʌn'θɪŋkəbəl] *adj* inconcebible, impensable

untidy [ʌn'taɪdi] *adj* (*room*) desordenado; (*appearance*) desaliñado

untie [ʌn'taɪ] *vt* desatar

until [ən'tɪl] *prep* hasta ♦ *conj* hasta que; **~ he comes** hasta que venga; **~ now** hasta ahora; **~ then** hasta entonces

untimely [ʌn'taɪmli] *adj* inoportuno; (*death*) prematuro

untold [ʌn'tould] *adj* (*story*) nunca contado; (*suffering*) indecible; (*wealth*) incalculable

untoward [ʌn'tɔ:rd] *adj* adverso

unused [ʌn'ju:zd] *adj* sin usar

unusual [ʌn'ju:ʒuəl] *adj* insólito, poco común; (*exceptional*) inusitado

unveil [ʌn'veɪl] *vt* (*statue*) descubrir

unwanted [ʌn'wɑ:ntɪd] *adj* (*clothing*) viejo; (*pregnancy*) no deseado

unwelcome [ʌn'wɛlkəm] *adj* inoportuno; (*news*) desagradable

unwell [ʌn'wɛl] *adj*: **to be/feel ~** estar indispuesto/sentirse mal

unwieldy [ʌn'wi:ldi] *adj* difícil de manejar

unwilling [ʌn'wɪlɪŋ] *adj*: **to be ~ to do sth** estar poco dispuesto a hacer algo ❑ **unwillingly** *adv* de mala gana

unwind [ʌn'waɪnd] *irreg vt* desenvolver ♦ *vi* (*relax*) relajarse

unwise [ʌn'waɪz] *adj* imprudente

unwitting [ʌn'wɪtɪŋ] *adj* inconsciente

unworthy [ʌn'wɜ:rði] *adj* indigno

unwrap [ʌn'ræp] *vt* abrir, desenvolver

unwritten [ʌn'rɪtn] *adj* (*agreement*) tácito, verbal; (*rules, law*) no escrito

up

KEYWORD

[ʌp] *prep*: **to go/be up sth** subir/estar subido en algo; **he went up the stairs/the hill** subió las escaleras/la colina; **we walked/climbed up the hill** subimos la colina; **they live further up the street** viven más arriba en la calle; **go up that road and turn left** sigue por esa calle y gira a la izquierda

♦ *adv*

1 (*upwards, higher*) más arriba; **up in the mountains** en lo alto (de la montaña); **put it a bit higher up** ponlo un poco más arriba *or* alto; **up there** ahí *or* allí arriba; **up above** en lo alto, por encima, arriba

2: **to be up** (*out of bed*) estar levantado; (*prices, level*) haber subido

3: **up to** (*as far as*) hasta; **up to now** hasta ahora *or* la fecha

4: **to be up to** (*depending on*): **it's up to you** depende de ti; **he's not up to it** (*job, task etc*) no es capaz de hacerlo; **his work is not up to the required standard** su trabajo no da la talla; (*inf*: *be doing*): **what is he up to?** ¿que estará tramando?

♦ *n*: **ups and downs** altibajos *mpl*

upbringing ['ʌpbrɪŋɪŋ] *n* educación *f*

update [ʌp'deɪt] *vt* poner al día

upgrade [ʌp'greɪd] *vt* (*house*) modernizar; (*employee*) ascender

upheaval [ʌp'hi:vəl] *n* trastornos *mpl*; (*POL*) agitación *f*

uphill ['ʌp'hɪl] *adj* cuesta arriba; (*fig*: *task*) duro, difícil ♦ *adv*: **to go ~** ir cuesta arriba

uphold [ʌp'hould] *vt* defender

upholstery [ʌp'houlstəri] *n* tapicería

upkeep ['ʌp,ki:p] *n* mantenimiento

upon [ə'pɑ:n] *prep* sobre

upper ['ʌpər] *adj* superior, de arriba ♦ *n* (*of shoe*: *also*: **~s**) empeine *m* ❑ **upper-class** *adj* de clase alta ❑ **upper hand** *n*: **to have the upper hand** tener la sartén por el mango ❑ **uppermost** *adj* el más alto; **what was uppermost in my mind** lo que me preocupaba más

upright ['ʌpraɪt] *adj* derecho; (*vertical*) vertical; (*fig*) honrado

uprising ['ʌpraɪzɪŋ] *n* sublevación *f*

uproar ['ʌprɔ:r] *n* escándalo

uproot [ʌp'ru:t] *vt* desarraigar

upset [*n* 'ʌp,sɛt, *vb, adj* ʌp'sɛt] *n* (*to plan etc*) revés *m*, contratiempo; (*MED*) trastorno ♦ *vt* (*glass etc*) volcar; (*plan*) alterar; (*person*) molestar, disgustar ♦ *adj* molesto, disgustado; (*stomach*) revuelto

upshot ['ʌpʃɑ:t] *n* resultado

upside-down *adv* al revés; **to turn sth ~** (*fig*) poner algo patas arriba

upstairs [ʌp'stɛərz] *adv* arriba ♦ *adj* (*room*) de arriba ♦ *n* el piso superior

upstart ['ʌp,stɑ:rt] *n* advenedizo(-a)

upstream [ʌp'stri:m] *adv* río arriba

uptake ['ʌpteɪk] *n*: **to be quick/slow on the ~** ser muy listo/torpe

uptight [ʌp'taɪt] *adj* tenso, nervioso

up-to-date *adj* al día

uptown ['ʌp,taun] (*US*) *adv* hacia las afueras ♦ *adj* exterior, de las afueras

upturn ['ʌp,tɜ:rn] *n* (*in luck*) mejora; (*COMM*: *in market*) resurgimiento

upward ['ʌpwərd] *adj* ascendente ❑ **upward(s)** *adv* hacia arriba; (*more than*): **upward(s) of** más de

urban ['ɜ:rbən] *adj* urbano

urchin ['ɜ:rtʃɪn] *n* pilluelo, golfillo

urge [ɜ:rdʒ] *n* (*desire*) deseo ♦ *vt*: **to ~ sb to do sth** animar a algn a hacer algo

urgent ['ɜ:rdʒənt] *adj* urgente; (*voice*) apremiante

urinate ['jurɪneɪt] *vi* orinar

urine ['jurɪn] *n* orina

urn [ɜ:rn] *n* urna; (*also*: **tea ~**) *recipiente metálico grande para hacer té*

Uruguay ['jurəgwaɪ] *n* Uruguay *m* ❑ **Uruguayan** [jurə'gwaɪən] *adj, n* uruguayo(-a)

U.S., US *n abbr* (= *United States*) EE.UU.

us [ʌs] *pron* nos; (*after prep*) nosotros(-as); *see also* **me**

U.S.A., USA *n abbr* (= *United States (of America)*) EE.UU.

USAF *n abbr* = **United States Air Force**

usage ['ju:sɪdʒ] *n* (*LING*) uso

use [*n* ju:s, *vb* ju:z] *n* uso, empleo; (*usefulness*) utilidad *f* ♦ *vt* usar, emplear; **she ~d to do it** (ella) solía *or* acostumbraba hacerlo; **in ~** en uso; **out of ~** en desuso; **to be of ~** servir; **it's no ~** (*pointless*) es inútil; (*not useful*) no sirve; **to be ~d to** estar acostumbrado a, acostumbrar

▶ **use up** vt (food) consumir; (money) gastar ❑ **used** adj (car) usado, de segunda mano ❑ **useful** adj útil ❑ **usefulness** n utilidad f ❑ **useless** adj (unusable) inservible; (pointless) inútil; (person) inepto ❑ **user** n usuario(-a) ❑ **user-friendly** adj (computer) de fácil manejo

usher [ˈʌʃər] n (in court) ujier mf; (in theater, cinema etc) acomodador(a) m/f ❑ **usherette** [ʌʃəˈrɛt] n (in movie theater) acomodadora

U.S.S.R., **USSR** n (HIST): **the ~** la URSS

usual [ˈjuːʒuəl] adj normal, corriente; **as ~** como de costumbre ❑ **usually** adv normalmente

utensil [juːˈtɛnsəl] n utensilio; **kitchen ~s** utensilios mpl or batería de cocina

uterus [ˈjuːtərəs] n útero

utility [juːˈtɪlɪti] n utilidad f; (public utility) (empresa de) servicio público ❑ **utility room** n lavadero, cuarto de triques (MEX)

utilize [ˈjuːtlaɪz] vt utilizar

utmost [ˈʌtmoust] adj mayor ♦ n: **to do one's ~** hacer todo lo posible

utter [ˈʌtər] adj total, completo ♦ vt pronunciar, proferir ❑ **utterly** adv completamente, totalmente

U-turn [ˈjuːˌtɜːrn] n cambio de sentido

Vv

v. abbr = **verse**; **versus**; **verb**; (= volt) v; (= vide) véase

vacancy [ˈveɪkənsi] n (room) habitación f libre; (BRIT: job) vacante f; **"no vacancies"** "completo"

vacant [ˈveɪkənt] adj desocupado, libre; (expression) distraído

vacate [ˈveɪkeɪt] vt (house, room) desocupar; (job) dejar (vacante)

vacation [veɪˈkeɪʃən] (US) n vacaciones fpl

vaccinate [ˈvæksɪneɪt] vt vacunar

vaccine [vækˈsiːn] n vacuna

vacuum [ˈvækjuːm] n vacío ❑ **vacuum bottle** (US) n termo ❑ **vacuum cleaner** n aspiradora ❑ **vacuum flask** (BRIT) n termo ❑ **vacuum-packed** adj envasado al vacío

vagina [vəˈdʒaɪnə] n vagina

vagrant [ˈveɪgrənt] n vagabundo(-a)

vague [veɪg] adj vago; (memory) borroso; (ambiguous) impreciso; (person: absent-minded) distraído; (: evasive): **to be ~** no decir las cosas claramente ❑ **vaguely** adv vagamente; distraídamente; con evasivas

vain [veɪn] adj (conceited) presumido; (useless) vano, inútil; **in ~** en vano

valentine [ˈvæləntaɪn] n (also: **~ card**) tarjeta para el día de los enamorados, tarjeta para el Día del Amor y la Amistad (MEX)

valet [væˈleɪ] n valet m, ayuda m de cámara

valid [ˈvælɪd] adj válido; (law) vigente

valley [ˈvæli] n valle m

valor (US) [ˈvælər] (BRIT **valour**) n valor m

valuable [ˈvæljəbəl] adj (jewel) de valor; (time) valioso ❑ **valuables** npl objetos mpl de valor

valuation [væljuˈeɪʃən] n tasación f, valuación f; (judgement of quality) valoración f

value [ˈvæljuː] n valor m; (importance) importancia ♦ vt (fix price of) tasar, valorar; (esteem) apreciar; **~s** npl (principles) principios mpl ❑ **value added tax** (BRIT) n impuesto al valor agregado (LAm) or sobre el valor añadido (SP) ❑ **valued** adj (appreciated) apreciado

valve [vælv] n válvula

van [væn] n (AUT) camioneta, furgoneta

vandal [ˈvændl] n vándalo(-a) ❑ **vandalism** n vandalismo ❑ **vandalize** vt dañar, destruir

vanilla [vəˈnɪlə] n vainilla

vanish [ˈvænɪʃ] vi desaparecer

vanity [ˈvænɪti] n vanidad f

vantage point [ˈvæntɪdʒˌpɔɪnt] n (for views) punto panorámico, mirador m

vapor (US) [ˈveɪpər] (BRIT **vapour**) n vapor m; (on breath, window) vaho

variable [ˈvɛriəbəl] adj variable

variation [ˌvɛriˈeɪʃən] n variación f

varicose [ˈværɪkous] adj: **~ veins** varices fpl, várices fpl (LAm)

varied [ˈvɛrid] adj variado

variety [vəˈraɪəti] n (diversity) diversidad f; (type) variedad f ❑ **variety show** n espectáculo de variedades

various [ˈvɛriəs] adj (several: people) varios(-as); (reasons) diversos(-as)

varnish [ˈvɑːrnɪʃ] n barniz m; (BRIT: nail varnish) esmalte m ♦ vt barnizar; (nails) pintar (con esmalte)

vary [ˈvɛri] vt variar; (change) cambiar ♦ vi variar

vase [veɪs] n jarrón m

> ⚠ Be careful not to translate **vase** by the Spanish word **vaso**.

Vaseline® [ˈvæsiliːn] n vaselina®

vast [væst] adj enorme

VAT (BRIT) n abbr (= value added tax) IVA m

vat [væt] n cuba

Vatican [ˈvætɪkən] n: **the ~** el Vaticano

vaudeville [ˈvɔːdvɪl] (US) n vodevil m

vault [vɔːlt] n (of roof) bóveda; (tomb) panteón m; (in bank) cámara acorazada ♦ vt (also: **~ over**) saltar (por encima de)

vaunted [ˈvɔːntɪd] adj: **much ~** cacareado, alardeado

VCR n abbr = **video cassette recorder**

VD n abbr = **venereal disease**

VDT (US) n abbr (= visual display terminal) monitor m

VDU (BRIT) n abbr (= visual display unit) monitor m

veal [viːl] n (carne f de) ternera

veer [vɪər] vi (vehicle) virar, torcer; (wind) girar

vegan [ˈviːgən] n vegetariano(-a) estricto(-a)

vegeburger, **veggie burger** [ˈvɛdʒiˌbɜːrgər] n hamburguesa vegetariana or vegetal

vegetable [ˈvɛdʒtəbəl] n (BOT) vegetal m; (edible plant) hortaliza ♦ adj vegetal; **~s** npl (cooked) verduras fpl

vegetarian [vɛdʒɪˈtɛriən] adj, n vegetariano(-a)

vehement [ˈviːɪmənt] adj vehemente, apasionado

vehicle [ˈviːɪkəl] n vehículo; (fig) medio

veil [veɪl] n velo ♦ vt velar ❑ **veiled** adj (fig) velado

vein [veɪn] n vena; (of ore etc) veta

velocity [vɪˈlɑːsɪti] n velocidad f

velvet [ˈvɛlvɪt] n terciopelo

vending machine [ˈvɛndɪŋməʃiːn] n máquina expendedora

veneer [vəˈnɪər] n chapa, enchapado; (fig) barniz m

venereal disease [vɪˈnɪriəldɪˌziːz] n enfermedad f venérea

Venetian blind [vɪˈniːʃənˈblaɪnd] n persiana veneciana

Venezuela [ˌvɛnɪˈzweɪlə] n Venezuela ❑ **Venezuelan** adj, n venezolano(-a)

vengeance [ˈvɛndʒəns] n venganza; **with a ~** (fig) con creces

venison [ˈvɛnɪsən] n (carne f de) venado

venom [ˈvɛnəm] n veneno; (bitterness) odio ❑ **venomous** adj (snake) venenoso; (look) lleno de odio

vent [vɛnt] n (in jacket) respiradero; (in wall) rejilla (de ventilación) ♦ vt (fig: feelings) desahogar

ventilator [ˈvɛntɪleɪtər] n ventilador m

venture [ˈvɛntʃər] n empresa ♦ vt (opinion) ofrecer ♦ vi arriesgarse, lanzarse; **business ~** empresa (comercial)

venue [ˈvɛnjuː] n lugar m

veranda(h) [vəˈrændə] n terraza, porche m

verb [vɜːrb] n verbo ❑ **verbal** adj verbal

verbatim [vɜːrˈbeɪtɪm] adj, adv palabra por palabra

verdict [ˈvɜːrdɪkt] n veredicto, fallo; (fig) opinión f, juicio

verge [vɜːrdʒ] n (fig) borde m, margen m; (BRIT: of road) borde m; **to be on the ~ of doing sth** estar a punto de hacer algo ▶ **verge on** vt fus rayar en

verify [ˈvɛrɪfaɪ] vt comprobar, verificar

vermin [ˈvɜːrmɪn] npl (animals) alimañas fpl; (insects, fig) parásitos mpl

vermouth [vərˈmuːθ] n vermut m

versatile [ˈvɜːrsətəl] adj (person) polifacético; (machine, tool etc) versátil

verse [vɜːrs] n poesía, verso; (stanza) estrofa; (in bible) versículo

version [ˈvɜːrʒən] n versión f

versus [ˈvɜːrsəs] prep contra

vertebra [ˈvɜːrtɪbrə] (pl **~e**) n vértebra

vertical [ˈvɜːrtɪkəl] adj vertical

verve [vɜːrv] n brío

very [ˈvɛri] adv muy ♦ adj: **the ~ book which** el mismo libro que; **the ~ last** el último de todos; **at the ~ least** al menos; **~ much** muchísimo

vessel [ˈvɛsəl] n (ship) barco; (container) vasija, recipiente m; see **blood**

vest [vɛst] n (US) chaleco; (BRIT) camiseta ❑ **vested interests** npl (COMM) intereses mpl creados

vet [vɛt] vt (candidate) investigar ♦ n abbr (BRIT) = **veterinarian**

veteran [ˈvɛtərən] n excombatiente mf, veterano(-a)

veterinarian [ˌvɛtərəˈnɛriən] (US) n veterinario(-a)

veterinary surgeon [ˈvɛtərənɛriˈsɜːrdʒən] (BRIT) n = **veterinarian**

veto [ˈviːtou] (pl **~es**) n veto ♦ vt vetar, prohibir

vex [vɛks] vt fastidiar ❑ **vexed** adj (question) controvertido

VHF abbr (= very high frequency) VHF f

VHS abbr = **video home system**

via [ˈvaɪə] prep por; (by plane) vía

vibrant [ˈvaɪbrənt] adj (lively) animado; (bright) vivo; (voice) vibrante

vibrate [vaɪˈbreɪt] vi vibrar

vicar [ˈvɪkər] n párroco ❑ **vicarage** (BRIT) n parroquia

vice [vaɪs] n (evil) vicio; (BRIT TECH) tornillo de banco

vice- [vaɪs] prefix vice- ❑ **vice-chairman** n vicepresidente m

Vice President n vicepresidente(-a) m/f

vice squad n brigada antivicio

vice versa [ˌvaɪsəˈvɜːrsə] adv viceversa

vicinity [vɪˈsɪnɪti] n: **in the ~ (of)** cercano (a)

vicious [ˈvɪʃəs] adj (attack) violento; (words) cruel; (horse, dog) resabido ❑ **vicious circle** n círculo vicioso

victim [ˈvɪktɪm] n víctima

victor [ˈvɪktər] n vencedor(a) m/f

victory [ˈvɪktəri] n victoria

video [ˈvɪdiou] cpd video (LAm), vídeo (SP) ♦ n (video movie) película de video (LAm) or vídeo (SP); (also: **~ cassette**) cinta de video or vídeo; (BRIT: also: **~ cassette recorder**) (aparato de) video or vídeo ❑ **video game** n videojuego ❑ **video tape** n cinta de video (LAm) or vídeo (SP)

vie [vaɪ] vi: **to ~ (with sb for sth)** competir (con algn por algo)

Vienna [viˈɛnə] n Viena

Vietnam [ˌviːɛtˈnɑːm] n Vietnam m ❑ **Vietnamese** [viˌɛtnəˈmiːz] n inv, adj vietnamita mf

view [vjuː] n vista; (outlook) perspectiva; (opinion) opinión f, criterio ♦ vt (look at) mirar; (fig) considerar; **on ~** (in museum etc) expuesto; **in full ~ (of)** en plena vista (de); **in ~ of the weather/the fact that** en vista del tiempo/del hecho de que; **in my ~** en mi opinión ❑ **viewer** n espectador(a) m/f; (TV) telespectador(a) m/f ❑ **viewfinder** n visor m de imagen ❑ **viewpoint** n (attitude) punto de vista; (place) mirador m

vigor (US) [ˈvɪgər] (BRIT **vigour**) n energía, vigor m

vile [vaɪl] adj vil, infame; (smell) asqueroso; (temper) endemoniado

villa [ˈvɪlə] n (country house) casa de campo; (suburban house) chalet m

village [ˈvɪlɪdʒ] n aldea; (large) pueblo ❑ **villager** n aldeano(-a)

villain [ˈvɪlən] n (scoundrel) malvado(-a); (in novel) malo(-a); (BRIT: criminal) maleante mf

vindicate [ˈvɪndɪkeɪt] vt vindicar, justificar

vindictive [vɪnˈdɪktɪv] adj vengativo

vine [vaɪn] n vid f

vinegar [ˈvɪnɪgər] n vinagre m

vineyard [ˈvɪnjərd] n viña, viñedo

vintage [ˈvɪntɪdʒ] n (year) vendimia, cosecha ♦ cpd de época ❑ **vintage wine** n vino añejo

vinyl [ˈvaɪnl] n vinilo

viola [viˈoulə] n (MUS) viola

violate [ˈvaɪəleɪt] vt violar

violence [ˈvaɪələns] n violencia

violent [ˈvaɪələnt] adj violento; (intense) intenso

violet [ˈvaɪələt] adj violeta ♦ n (plant) violeta

violin [vaɪəˈlɪn] n violín m ❑ **violinist** n violinista mf

VIP n abbr (= very important person) VIP m

virgin [ˈvɜːrdʒɪn] n virgen f

Virgo [ˈvɜːrgou] n Virgo

virtually [ˈvɜːrtʃuəli] adv prácticamente

virtual reality [ˌvɜːrtʃuəlriˈælɪti] n (COMPUT) realidad f virtual

virtue [ˈvɜːrtʃuː] n virtud f; (advantage) ventaja; **by ~ of** en virtud de

virtuous [ˈvɜːrtʃuəs] adj virtuoso

virus [ˈvaɪrəs] n (also COMPUT) virus m inv

visa [ˈviːzə] n visa (LAm), visado (SP)

vise [vaɪs] (US) n (TECH) tornillo de banco

visible [ˈvɪzəbəl] adj visible

vision [ˈvɪʒən] n (sight) vista; (foresight, in dream) visión f

visit [ˈvɪzɪt] n visita ♦ vt (US: person: also: **~ with**) visitar, hacer una visita a; (place) ir a, (ir a) conocer ❑ **visiting hours** npl (in hospital etc) horas fpl de visita ❑ **visitor** n (in museum) visitante mf; (invited to house) visita; (tourist) turista mf

visor [ˈvaɪzər] n visera

vista [ˈvɪstə] n (lit) vista, panorama m; (fig) perspectiva, horizonte m

visual [ˈvɪʒuəl] adj visual ❑ **visual aid** n medio visual ❑ **visual display unit** n monitor m ❑ **visualize** vt imaginarse

vital [ˈvaɪtl] adj (essential) esencial, imprescindible; (dynamic) dinámico; (organ) vital ❑ **vitally** adv: **vitally important** de vital importancia ❑ **vital statistics** npl datos mpl demográficos; (of woman's body) medidas fpl

vitamin [ˈvaɪtəmɪn] n vitamina

vivacious [vɪˈveɪʃəs] adj vivaz, alegre

vivid [ˈvɪvɪd] adj (account) gráfico; (light) intenso; (imagination, memory) vivo ❑ **vividly** adv gráficamente; (remember) vívidamente

V-neck [ˈviːˌnɛk] n suéter m (LAm) or jersey m (SP) (de cuello) de pico

vocabulary [vouˈkæbjulɛri] n vocabulario

vocal [ˈvoukəl] adj vocal; (articulate) elocuente ❑ **vocal cords** npl cuerdas fpl vocales

vocation [vouˈkeɪʃən] n vocación f ❑ **vocational** adj profesional

vodka [ˈvɑːdkə] n vodka m

vogue [voug] n: **in ~** en boga

voice [vɔɪs] n voz f ♦ vt expresar ❑ **voice mail** n buzón m de voz

void [vɔɪd] n vacío; (hole) hueco ♦ adj (invalid) nulo, inválido; (empty): **~ of** carente or desprovisto de

volatile [ˈvɑːlətl] adj (situation) inestable; (person) voluble; (liquid) volátil

volcano [vɑːlˈkeɪnou] (pl **~es**) n volcán m

volition [vəˈlɪʃən] n: **of one's own ~** por propia voluntad

volley [ˈvɑːli] n (of gunfire) ráfaga; (of stones etc) lluvia; (fig) torrente m; (TENNIS etc) volea ❑ **volleyball** n voleibol m

volt [voult] n voltio ❑ **voltage** n voltaje m

volume [ˈvɑːljuːm] n (gen) volumen m; (book) tomo

voluntary [ˈvɑːlənteri] adj voluntario

volunteer [ˌvɑːlənˈtɪər] n voluntario(-a) ♦ vt (information) ofrecer ♦ vi ofrecerse (de voluntario); **to ~ to do** ofrecerse a hacer

vomit [ˈvɑːmɪt] n vómito ♦ vt, vi vomitar

vote [vout] n voto; (votes cast) votación f; (right to vote) derecho de votar; (franchise) sufragio ♦ vt (chairman) elegir; (propose): **to ~ that** proponer que ♦ vi votar, ir a votar; **~ of thanks** agradecimiento ❑ **voter** n votante mf ❑ **voting** n votación f

vouch [vautʃ]: **to ~ for** vt fus garantizar, responder de

voucher [ˈvautʃər] n (for meal, gas) vale m

vow [vau] n voto ♦ vt: **to ~ to do/that** jurar hacer/que

vowel [ˈvauəl] n vocal f

voyage [ˈvɔɪɪdʒ] n viaje m

vulgar [ˈvʌlgər] adj (rude) ordinario, grosero; (in bad taste) de mal gusto ❑ **vulgarity** [vʌlˈgærɪti] n grosería; mal gusto

vulnerable [ˈvʌlnərəbəl] adj vulnerable

vulture [ˈvʌltʃər] n buitre m

Ww

wad [wɑːd] n bolita; (of banknotes etc) fajo

waddle [ˈwɑːdl] vi andar como un pato, anadear

wade [weɪd] vi: **to ~ through** (water) vadear; (fig: book) leer con dificultad ❑ **wading pool** (US) n piscina para niños

wafer [ˈweɪfər] n barquillo

waffle [ˈwɑːfəl] n (CULIN) gofre m ♦ vi (BRIT: inf) enrollarse

waft [wɑːft] vt llevar por el aire ♦ vi flotar

wag [wæg] vt menear, agitar ♦ vi moverse, menearse

wage [weɪdʒ] n (also: **~s**) sueldo, salario ♦ vt: **to ~ war** hacer la guerra ❑ **wage earner** n asalariado(-a) ❑ **wage packet** (BRIT) n (sobre m de la) paga

wager [ˈweɪdʒər] n apuesta

wagon [ˈwægən] (BRIT: also: **waggon**) n (horse-drawn) carro; (BRIT RAIL) vagón m

wail [weɪl] n gemido ♦ vi gemir

waist [weɪst] n cintura ❑ **waistcoat** (BRIT) n chaleco ❑ **waistline** n talle m

wait [weɪt] n (interval) pausa ♦ vi esperar; **to lie in ~ for** acechar a; **I can't ~ to** (fig) me muero de ganas de; **to ~ for** esperar (a) ▶ **wait behind** vi quedarse ▶ **wait on** vt fus servir a ❑ **waiter** n mesero (LAm), mozo (SC), camarero (SP) ❑ **waiting** n: **"no waiting"** (BRIT AUT) "prohibido detenerse" ❑ **waiting list** n lista de espera ❑ **waiting room** n sala de espera ❑ **waitress** n mesera (LAm), moza (SC), camarera (SP)

waive [weɪv] vt suspender

wake [weɪk] (pt **woke** or (US) **~d**, pp **woken** or (US) **~d**) vt (also: **~ up**) despertar ♦ vi (also: **~ up**) despertarse ♦ n (for dead person) velatorio, velorio (LAm); (NAUT) estela ❑ **waken** vt, vi = **wake**

Wales [weɪlz] n País m de Gales; **the Prince of ~** el príncipe de Gales

walk [wɔːk] n (stroll) paseo; (hike) excursión f a pie, caminata; (gait) paso, andar m; (in park etc) paseo ♦ vi andar, caminar; (for pleasure, exercise) pasear ♦ vt (distance) recorrer a pie, andar; (dog) pasear; **10 minutes' ~ from here** a 10 minutos de aquí andando; **people from all ~s of life** gente de todas las esferas ▶ **walk**

out vi (audience) salir; (workers) declararse en huelga ▶ **walk out on** (inf) vt fus abandonar ❑ **walker** n (person) transeúnte mf, caminante mf ❑ **walkie-talkie** n walkie-talkie m ❑ **walking** n (el) andar or caminar ❑ **walking shoes** npl zapatos mpl para caminar ❑ **walking stick** n bastón m ❑ **Walkman®** n Walkman® m ❑ **walkout** n huelga ❑ **walkover** (inf) n: **it was a walkover** fue pan comido ❑ **walk-up** (US) n (building) edificio sin ascensor ❑ **walkway** n paseo

wall [wɔːl] n pared f; (exterior) muro; (city wall etc) muralla ❑ **walled** adj amurallado; (garden) con tapia

wallet ['wɑːlɪt] n cartera, billetera

wallflower ['wɔːlˌflauər] n alhelí m; **to be a ~** (fig) no tener con quien bailar

wallow ['wɑːlou] vi revolcarse

wallpaper ['wɔːlˌpeɪpər] n (for walls) papel m pintado or tapiz; (COMPUT) fondo de escritorio ♦ vt empapelar

Wall Street (US) n Wall Street m

WALL STREET

Wall Street es una calle situada en el extremo sur de la isla de Manhattan en Nueva York, considerada como el centro financiero de EE.UU. La primera Bolsa de Estados Unidos se fundó en el número 68 de Wall Street en 1792 y la nueva Bolsa de Nueva York, la más importante de Estados Unidos, aún está situada en Wall Street. Cuando los norteamericanos hablan del estado de su economía se suelen referir a la "situación de Wall Street", como sinónimo del nivel de negocio del momento en la Bolsa de Nueva York.

walnut ['wɔːlnʌt] n nuez f; (tree) nogal m

walrus ['wɔːlrəs] (pl ~ or ~es) n morsa

waltz [wɔːlts] n vals m ♦ vi bailar el vals

wand [wɑːnd] n (also: **magic ~**) varita (mágica)

wander ['wɑːndər] vi (person) vagar; deambular; (thoughts) divagar ♦ vt recorrer, vagar por

wane [weɪn] vi menguar

wangle ['wæŋgəl] vt agenciarse

want [wɑːnt] vt querer, desear; (need) necesitar ♦ n: **for ~ of** por falta de; **~s** npl (needs) necesidades fpl; **to ~ to do** querer hacer; **to ~ sb to do sth** querer que algn haga algo ❑ **wanted** adj (criminal) buscado; **"wanted"** (in advertisements) "se busca" ❑ **wanting** adj: **to be found wanting** no estar a la altura de las circunstancias, no dar la talla

WAP [wæp] n abbr (COMPUT: = wireless application protocol) WAP f

war [wɔːr] n guerra; **to make ~ (on)** declarar la guerra (a)

ward [wɔːrd] n (in hospital) sala; (POL) distrito electoral; (LAW: child: also: **~ of court**) pupilo(-a) ▶ **ward off** vt (blow) desviar, parar; (attack) rechazar

warden ['wɔːrdn] n (of park, game reserve) guardián(-ana) m/f, (US: governor) director(a) m/f; (BRIT: also: **traffic ~**) guardia mf

warder ['wɔːrdər] (BRIT) n guardián(-ana) m/f carcelero(-a)

wardrobe ['wɔːrdroub] n armario, ropero; (clothes) vestuario

warehouse ['wɛrˌhaus] n almacén m, bodega (MEX)

wares [wɛərz] npl mercancías fpl

warfare ['wɔːrfɛr] n guerra

warhead ['wɔːrhɛd] n cabeza armada

warily ['wɛrɪli] adv con cautela, cautelosamente

warm [wɔːrm] adj caliente; (thanks) efusivo; (clothes etc) abrigado; (welcome, day) caluroso; **it's ~** hace calor; **I'm ~** tengo calor ▶ **warm up** vi (room) calentarse; (person) entrar en calor; (athlete) hacer ejercicios de calentamiento ♦ vt calentar ❑ **warm-hearted** adj afectuoso ❑ **warmly** adv afectuosamente ❑ **warmth** n calor m

warn [wɔːrn] vt avisar, advertir ❑ **warning** n aviso, advertencia ❑ **warning light** n luz f de advertencia ❑ **warning triangle** n (AUT) triángulo de peligro or advertencia

warp [wɔːrp] vi (wood) combarse ♦ vt combar; (mind) pervertir

warrant ['wɔːrənt] n autorización f; (LAW: to arrest) orden f de detención; (: to search) mandamiento de registro

warranty ['wɔːrənti] n garantía

warren ['wɔːrən] n (of rabbits) madriguera; (fig) laberinto

warrior ['wɔːriər] n guerrero(-a)

Warsaw ['wɔːrsɔː] n Varsovia

warship ['wɔːrʃɪp] n buque m or barco de guerra

wart [wɔːrt] n verruga

wartime ['wɔːrˌtaɪm] n: **in ~** en tiempos de guerra, en la guerra

wary ['wɛri] adj cauteloso

was [wʌz] pt of **be**

wash [wɑːʃ] vt lavar; (sweep, carry: sea etc) llevar ♦ vi lavarse ♦ n (clothes etc) lavado; (of ship) estela; **to ~ the dishes** lavar or fregar (los platos); **to ~ against/over sth** llegar hasta/cubrir algo; **to have a ~** (BRIT) lavarse ▶ **wash away** vt (stain) quitar lavando; (river etc) llevarse ▶ **wash off** vi quitarse (al lavar) ▶ **wash up** vi (US) lavarse; (BRIT) lavar or fregar los platos ❑ **washable** adj lavable ❑ **washbowl** (US) (BRIT **washbasin**) n lavabo ❑ **washcloth** (US) n toallita (para lavarse) ❑ **washer** n (TECH) arandela ❑ **washing** n (dirty) ropa sucia or para lavar; (clean) ropa lavada ❑ **washing machine** n lavadora ❑ **washing powder** (BRIT) n detergente m (en polvo)

Washington ['wɑːʃɪŋtən] n Washington m

wash: ❑ **washing-up** (BRIT) n platos mpl (para fregar) ❑ **washing-up liquid** (BRIT) n líquido lavavajillas ❑ **wash-out** (inf) n fracaso ❑ **washroom** (US) n baño

wasn't ['wʌzənt] cont = **was not**

wasp [wɑːsp] n avispa

wastage ['weɪstɪdʒ] n desgaste m; (loss) pérdida

waste [weɪst] n derroche m, despilfarro; (of time) pérdida; (food) sobras fpl; (garbage) basura, desperdicios mpl ♦ adj (material) de desecho; (left over) sobrante; (land) baldío, descampado ♦ vt malgastar, derrochar; (time) perder; (opportunity) desperdiciar; **~s** npl (area of land) tierras fpl baldías ▶ **waste away** vi consumirse ❑ **wastebasket** (US) n papelera; (COMPUT) papelera de reciclaje ❑ **waste disposal unit** (BRIT) n triturador m de basura ❑ **wasteful** adj derrochador(a); (process) antieconómico ❑ **waste ground** (BRIT) n terreno baldío ❑ **wastepaper basket** n papelera ❑ **waste pipe** n tubo de desagüe

watch [wɑːtʃ] n (also: **wrist~**) reloj m; (MIL: group of guards) centinela m; (act) vigilancia; (NAUT: spell of duty) guardia ♦ vt (look at) mirar, observar; (: game, program) ver; (spy on, guard) vigilar; (be careful of) cuidarse de, tener cuidado de ♦ vi ver, mirar; (keep guard) montar guardia; **"~ the step"** (US) "cuidado con el escalón" ▶ **watch out** vi cuidarse, tener cuidado ❑ **watchdog** n perro guardián; (fig) organismo regulador or de control ❑ **watchful** adj vigilante, sobre aviso ❑ **watchmaker** n relojero(-a) ❑ **watchman** n see **night watchman** ❑ **watch strap** n correa (de reloj)

water ['wɔːtər] n agua ♦ vt (plant) regar ♦ vi (eyes) llorar; **her mouth ~ed** se le hizo la boca agua ▶ **water down** vt (milk etc) aguar; (fig: story) dulcificar, diluir ❑ **water closet** n wáter m (LAm), váter m (SP) ❑ **watercolor** (US) (BRIT **watercolour**) n acuarela ❑ **watercress** n berro ❑ **waterfall** n cascada ❑ **water heater** n calentador m de agua ❑ **watering can** n regadera ❑ **water lily** n nenúfar m ❑ **waterline** n (NAUT) línea de flotación ❑ **waterlogged** adj (ground) inundado ❑ **water main** n cañería del agua ❑ **watermelon** n sandía ❑ **waterproof** adj impermeable ❑ **watershed** n (GEO) cuenca; (fig) momento crítico ❑ **water-skiing** n esquí m acuático ❑ **watertight** adj hermético ❑ **waterway** n vía fluvial or navegable ❑ **waterworks** n central f depuradora ❑ **watery** adj (coffee etc) aguado; (eyes) lloroso

watt [wɑːt] n vatio

wave [weɪv] n (of hand) señal f con la mano; (on water) ola; (RADIO, in hair) onda; (fig) oleada ♦ vi agitar la mano; (flag etc) ondear ♦ vt (handkerchief, gun) agitar ❑ **wavelength** n longitud f de onda

waver ['weɪvər] vi (voice, love etc) flaquear; (person) vacilar

wavy ['weɪvi] adj ondulado

wax [wæks] n cera ♦ vt encerar ♦ vi (moon) crecer ❑ **wax paper** (US) n papel m de cera ❑ **waxworks** n museo de cera ♦ npl figuras fpl de cera

way [weɪ] n camino; (distance) trayecto, recorrido; (direction) dirección f, sentido; (manner) modo, manera; (habit) costumbre f; **which ~? -- this ~** ¿por dónde?, ¿en qué dirección? -- por aquí; **on the ~** (en route) en (el) camino; **to be on one's ~** estar en camino; **to be in the ~** bloquear el camino; (fig) estorbar; **to go out of one's ~ to do sth** desvivirse por hacer algo; **under ~** en marcha; **to lose one's ~** extraviarse; **in a ~** en cierto modo or sentido; **no ~!** (inf) ¡de eso nada!; **by the ~ ...** a propósito ...; **the ~ back** el camino de vuelta; **"~ in"** (BRIT) "entrada"; **"~ out"** (BRIT) "salida"; **"give ~"** (BRIT AUT) "ceda el paso"

waylay [ˌweɪ'leɪ] vt detener

wayward ['weɪwərd] adj díscolo

W.C. n (BRIT) wáter m (LAm), váter m (SP)

we [wiː] pl pron nosotros(-as)

weak [wiːk] adj débil, flojo; (tea etc) poco cargado, claro ❑ **weaken** vi debilitarse; (give way) ceder ♦ vt debilitar ❑ **weakling** n debilucho(-a); (morally) pelele m ❑ **weakness** n debilidad f; (fault) punto débil; **to have a weakness for** tener debilidad por

wealth [wɛlθ] n riqueza; (of details) abundancia ❑ **wealthy** adj rico

wean [wiːn] vt destetar

weapon ['wɛpən] n arma

wear [wɛər] (pt **wore**, pp **worn**) n (use) uso; (deterioration through use) desgaste m; (clothing): **sports/baby~** ropa de deporte/bebé ♦ vt (clothes) llevar; (shoes) calzar; (damage: through use) gastar, usar ♦ vi (last) durar; (rub through etc) desgastarse; **evening ~** ropa de etiqueta ▶ **wear away** vt gastar ♦ vi desgastarse ▶ **wear down** vt gastar; (strength) agotar ▶ **wear off** vi (pain etc) pasar, desaparecer ▶ **wear out** vt desgastar; (person, strength) agotar ❑ **wear and tear** n desgaste m

weary ['wɪri] adj cansado; (dispirited) abatido ♦ vi: **to ~ of** cansarse de

weasel ['wiːzəl] n (ZOOL) comadreja

weather ['wɛðər] n tiempo ♦ vt (storm, crisis) hacer frente a; **under the ~** (fig: sick) indispuesto, pachucho ❑ **weather-beaten** adj (skin) curtido; (building) deteriorado (por la intemperie) ❑ **weathercock** n veleta ❑ **weather forecast** n pronóstico del tiempo, parte m meteorológico ❑ **weatherman** n hombre m del tiempo ❑ **weather vane** n = **weathercock** ❑ **weatherwoman** n mujer f del tiempo

weave [wiːv] (pt **wove**, pp **woven**) vt (cloth) tejer; (fig) entretejer ❑ **weaver** n tejedor(a) m/f ❑ **weaving** n tejeduría

web [wɛb] n (of spider) telaraña; (on duck's foot) membrana; (network) red f; **the (World Wide) W~** el or la Web

webcam ['wɛbˌkæm] n webcam f

webcast ['wɛbˌkæst] n transmisión por Internet

web page n página web

website ['wɛbˌsaɪt] n sitio Web

wed [wɛd] (pt, pp **~ded**) vt casar ♦ vi casarse

we'd [wiːd] cont = **we had; we would**

wedding ['wɛdɪŋ] n boda; **silver/golden ~ (anniversary)** bodas fpl de plata/de oro ❑ **wedding day** n día m de la boda ❑ **wedding dress** n traje m de novia ❑ **wedding present** n regalo de boda(s) ❑ **wedding ring** n alianza

wedge [wɛdʒ] n (of wood etc) cuña; (of cake) trozo ♦ vt acuñar; (push) apretar

Wednesday ['wɛnzdi] n miércoles m inv

wee [wiː] (SCOTLAND) adj pequeñito

weed [wiːd] n maleza (LAm), yuyo (RPl) ♦ vt escardar, desherbar ❑ **weedkiller** n herbicida m ❑ **weedy** adj (BRIT: person) enclenque

week [wiːk] n semana; **a ~ today/on Friday** de hoy/del viernes en ocho días ❑ **weekday** n día m laborable or entre semana ❑ **weekend** n fin m de semana ❑ **weekly** adv semanalmente, cada semana ♦ adj semanal ♦ n semanario

weep [wiːp] (pt, pp **wept**) vi, vt llorar ❑ **weeping willow** n sauce m llorón

weigh [weɪ] vt, vi pesar; **to ~ anchor** levar anclas ▶ **weigh down** vt sobrecargar; (fig) agobiar ▶ **weigh up** (BRIT) vt sopesar

weight [weɪt] n peso; (metal weight) pesa; **to lose/put on ~** adelgazar/engordar ❑ **weightlifter** n levantador(a) m/f de pesas ❑ **weighty** adj pesado; (matters) de relevancia or peso

weir [wɪər] n presa

weird [wɪərd] adj raro, extraño

welcome ['wɛlkəm] adj bienvenido ♦ n bienvenida ♦ vt dar la bienvenida a; (be glad of) alegrarse de; **thank you -- you're ~** gracias -- de nada

weld [wɛld] n soldadura ♦ vt soldar

welfare ['wɛlfɛr] n bienestar m; (US: social aid) asistencia social; **to be on ~** recibir asistencia social ❑ **welfare state** n estado del bienestar

well [wɛl] n pozo ♦ adv bien ♦ adj: **to be ~** estar bien (de salud) ♦ excl ¡vaya!, ¡bueno!; **as ~** también; **as ~ as** además de; **~ done!** ¡bien hecho!; **get ~ soon!** ¡que te mejores pronto!; **to do ~** (business) ir bien; (person) tener éxito ▶ **well up** vi (tears) saltar

we'll [wiːl] cont = **we will; we shall**

well: ❑ **well-behaved** adj bueno ❑ **well-being** n bienestar m ❑ **well-built** adj (person) fornido ❑ **well-deserved** adj merecido ❑ **well-dressed** adj bien vestido ❑ **well-groomed** adj de buena presencia ❑ **well-heeled** (inf) adj (wealthy) rico

wellingtons ['wɛlɪŋtənz] (BRIT) npl (also: **wellington boots**) botas fpl de goma

well: ❑ **well-known** adj (person) conocido ❑ **well-mannered** adj educado ❑ **well-meaning** adj bienintencionado ❑ **well-off** adj adinerado, acomodado ❑ **well-read** adj leído ❑ **well-to-do** adj acomodado ❑ **well-wisher** n admirador(a) m/f

Welsh [wɛlʃ] adj galés(-esa) ♦ n (LING) galés m; **the ~** npl los galeses; **the ~ Assembly** el Parlamento galés ❑ **Welshman** n galés m ❑ **Welsh rarebit, Welsh rabbit** n pan m con queso fundido ❑ **Welshwoman** n galesa

went [wɛnt] pt of **go**

wept [wɛpt] pt, pp of **weep**

were [wɜːr] pt of **be**

we're [wɪər] cont = **we are**

weren't [wɜːrənt] cont = **were not**

west [wɛst] n oeste m ♦ adj occidental, del oeste ♦ adv al or hacia el oeste; **the W~** el Oeste, el Occidente ❑ **westerly** adj occidental; (wind) del oeste ❑ **western** adj occidental ♦ n (FILM) western m, película del oeste ❑ **West Germany** n Alemania Occidental ❑ **West Indian** adj, n antillano(-a) ❑ **West Indies** npl Antillas fpl ❑ **westward(s)** adv hacia el oeste

wet [wɛt] adj (damp) húmedo; (wet through) mojado; (rainy) lluvioso ♦ n (BRIT POL) conservador(a) m/f moderado(-a); **to get ~** mojarse; **"~ paint"** "recién pintado" ❑ **wet suit** n traje m de buzo

we've [wiːv] cont = **we have**

whack [wæk] vt golpear

whale [weɪl] n (ZOOL) ballena

wharf [wɔːrf] (pl **wharves**) n muelle m

what

KEYWORD

[wɑːt] adj

1 (in direct/indirect questions) qué; **what size is he?** ¿qué talla usa?; **what color/shape is it?** ¿de qué color/forma es?

2 (in exclamations): **what a mess!** ¡qué desastre!; **what a fool I am!** ¡qué tonto soy!

♦ pron

1 (interrogative) qué; **what are you doing?** ¿qué haces or estás haciendo?; **what is happening?** ¿qué pasa or está pasando?; **what is it called?** ¿cómo se llama?; **what about me?** ¿y yo qué?; **what about doing ...?** ¿qué tal si hacemos ...?

2 (relative) lo que; **I saw what you did/was on the table** vi lo que hiciste/había en la mesa

♦ excl (disbelieving) ¡cómo!; **what, no coffee!** ¡que no hay café!

whatever [wɑːt'ɛvər] adj: **~ book you choose** cualquier libro que elijas ♦ pron: **do ~ is necessary** haga lo que sea necesario; **~ happens** pase lo que pase; **no reason ~** or **whatsoever** ninguna razón sea la que sea; **nothing ~** nada en absoluto

whatsoever [ˌwɑːtsou'ɛvər] adj see **whatever**

wheat [wiːt] n trigo

wheedle ['wiːdl] vt: **to ~ sb into doing sth** engatusar a algn para que haga algo; **to ~ sth out of sb** sonsacar algo a algn

wheel [wiːl] n rueda; (AUT: also: **steering ~**) volante m; (NAUT) timón m ♦ vt (baby carriage etc) empujar ♦ vi (also: **~ around**) dar la vuelta, girar ❑ **wheelbarrow** n carretilla ❑ **wheelchair** n silla de ruedas ❑ **wheel clamp** n (AUT) cepo

wheeze [wiːz] vi resollar

when

KEYWORD

[wɛn] adv

cuando; **when did it happen?** ¿cuándo ocurrió?; **I know when it happened** sé cuándo ocurrió

♦ conj

1 (at, during, after the time that) cuando; **be careful when you cross the road** ten cuidado al cruzar la calle; **that was when I needed you** fue entonces que te necesité

2 (on, at which): **on the day when I met him** el día en qué le conocí

3 (whereas) cuando

whenever [wɛn'ɛvər] conj cuando; (every time that) cada vez que ♦ adv cuando sea

where [wɛər] adv dónde ♦ conj donde; **this is ~** aquí es donde ❑ **whereabouts** adv dónde ♦ n: **nobody knows his whereabouts** nadie conoce su paradero ❑ **whereas** conj visto que, mientras ❑ **whereby** pron por lo cual ❑ **wherever** conj dondequiera que; (interrogative) dónde ❑ **wherewithal** n recursos mpl

whether ['wɛðər] conj si; **I don't know ~ to accept or not** no sé si aceptar o no; **~ you go or not** vayas o no vayas

which

KEYWORD

[wɪtʃ] *adj*

1 (*interrogative: direct, indirect*) qué; **which picture(s) do you want?** ¿qué cuadro(s) quieres?; **which one?** ¿cuál?

2: **in which case** en cuyo caso; **we arrived at 8 pm, by which time the theater was full** llegamos allí a las 8, cuando el teatro estaba lleno

♦ *pron*

1 (*interrogative*) cual; **I don't mind which** el/la que sea

2 (*relative: replacing noun*) que; (: *replacing clause*) lo que; (: *after preposition*) (el (la)) que *etc*, el/la cual *etc*; **the apple which you ate/which is on the table** la manzana que comiste/que está en la mesa; **the chair on which you are sitting** la silla en la que estás sentado; **he said he knew, which is true/I feared** dijo que lo sabía, lo cual *or* lo que es cierto/me temía

whichever [wɪtʃ'ɛvər] *adj*: **take ~ book you prefer** tome (*LAm*) *or* coja (*SP*) el libro que prefiera; **~ book you want** cualquier libro que quiera

while [waɪl] *n* rato, momento ♦ *conj* mientras; (*although*) aunque; **for a ~** durante algún tiempo ▶ **while away** *vt* pasar

whim [wɪm] *n* capricho

whimper ['wɪmpər] *n* sollozo ♦ *vi* lloriquear

whimsical ['wɪmzɪkəl] *adj* (*person*) caprichoso; (*look*) juguetón(-ona)

whine [waɪn] *n* (*of pain*) gemido; (*of engine*) zumbido; (*of siren*) aullido ♦ *vi* gemir; zumbar; (*fig: complain*) gimotear

whip [wɪp] *n* (*for training animals*) látigo; (*POL: person*) *encargado de la disciplina partidaria en el parlamento* ♦ *vt* azotar; (*CULIN*) batir; (*move quickly*): **to ~ sth out/off** sacar/quitar algo de un tirón ❑ **whipped cream** *n* crema batida (*LAm*), nata montada (*SP*) ❑ **whip-round** (*BRIT*) *n* colecta

whirl [wɜːrl] *vt* hacer girar, dar vueltas a ♦ *vi* girar, dar vueltas; (*leaves etc*) arremolinarse ❑ **whirlpool** *n* remolino ❑ **whirlwind** *n* torbellino

whirr [wɜːr] *vi* zumbar

whisk [wɪsk] *n* (*CULIN*) batidor *m* ♦ *vt* (*CULIN*) batir; **to ~ sb away** *or* **off** llevar volando a algn

whiskers ['wɪskərz] *npl* (*of animal*) bigotes *mpl*; (*of man*) patillas *fpl*

whiskey ['wɪski] (*US, IRELAND*) *n* whisky *m*

whisky ['wɪskɪ] (*BRIT, CANADA*) *n* = **whiskey**

whisper ['wɪspər] *n* susurro ♦ *vi, vt* susurrar

whistle ['wɪsəl] *n* (*sound*) silbido; (*object*) silbato ♦ *vi* silbar

white [waɪt] *adj* blanco; (*pale*) pálido ♦ *n* blanco; (*of egg*) clara; **the W~ House** (*in US*) la Casa Blanca ❑ **white coffee** *n* café *m* con leche ❑ **white-collar worker** *n* oficinista *mf* ❑ **white elephant** *n* (*fig*) elefante *m* blanco ❑ **white lie** *n* mentirilla ❑ **whiteness** *n* blancura ❑ **white noise** *n* ruido blanco ❑ **White Pages** (*US*) *npl* (*TEL*) Páginas *fpl* Blancas ❑ **white paper** *n* (*POL*) libro blanco ❑ **whitewash** *n* (*paint*) cal *f* ♦ *vt* blanquear

whiting ['waɪtɪŋ] *n inv* (*fish*) pescadilla

Whitsun ['wɪtsən] (*BRIT*) *n* Pentecostés *m*

whizz [wɪz] *vi*: **to ~ past** *or* **by** pasar a toda velocidad ❑ **whizz kid** (*inf*) *n* prodigio

who

KEYWORD

[huː] *pron*

1 (*interrogative*) quién; **who is it?, who's there?** ¿quién es?; **who are you looking for?** ¿a quién buscas?; **I told her who I was** le dije quién era yo

2 (*relative*) que; **the man/woman who spoke to me** el hombre/la mujer que habló conmigo; **those who can swim** los que saben *or* sepan nadar

whodun(n)it [huː'dʌnɪt] (*inf*) *n* novela policíaca

whoever [huː'ɛvər] *pron*: **~ finds it** cualquiera *or* quienquiera que lo encuentre; **ask ~ you like** pregunta a quien quieras; **~ he marries** no importa con quién se case

whole [houl] *adj* (*entire*) todo, entero; (*not broken*) intacto ♦ *n* todo; (*all*): **the ~ of the town** toda la ciudad, la ciudad entera ♦ *n* (*total*) total *m*; (*sum*) conjunto; **on the ~, as a ~** en general ❑ **wholefood(s)** (*BRIT*) *n(pl)* alimento(s) *m(pl)* integral(es) ❑ **wholehearted** *adj* sincero, cordial ❑ **wholemeal** (*BRIT*) *adj* = **whole wheat** ❑ **wholesale** *n* venta al por mayor ♦ *adj* al por mayor; (*fig: destruction*) sistemático ❑ **wholesaler** *n* mayorista *mf* ❑ **wholesome** *adj* sano ❑ **whole wheat** (*US*) *adj* integral ❑ **wholly** *adv* totalmente, enteramente

whom

KEYWORD

[huːm] *pron*

1 (*interrogative*): **whom did you see?** ¿a quién viste?; **to whom did you give it?** ¿a quién se lo diste?; **tell me from whom you received it** dígame de quién lo recibió

2 (*relative*) que; **to whom** a quien(es); **of whom** de quien(es), del/de la que *etc*; **the man whom I saw/to whom I wrote** el hombre que vi/a quien escribí; **the lady about/with whom I was talking** la señora de (la) que/con quien *or* (la) que hablaba

whooping cough ['huːpɪŋ,kɔːf] *n* tos *f* ferina

whore [hɔːr] (*inf: pej*) *n* puta

whose

KEYWORD

[huːz] *adj*

1 (*possessive: interrogative*): **whose book is this?, whose is this book?** ¿de quién es este libro?; **whose pencil have you taken?** ¿de quién es el lápiz que has cogido?; **whose daughter are you?** ¿de quién eres hija?

2 (*possessive: relative*) cuyo(-a), (*pl*) cuyos(-as); **the man whose son you rescued** el hombre cuyo hijo rescataste; **those whose passports I have** aquellas personas cuyos pasaportes tengo; **the woman whose luggage was stolen** la mujer a quien le robaron el equipaje

♦ *pron* de quién; **whose is this?** ¿de quién es esto?; **I know whose it is** sé de quién es

why

KEYWORD

[waɪ] *adv*

por qué; **why not?** ¿por qué no?; **why not do it now?** ¿por qué no lo haces (*or* hacemos *etc*) ahora?

♦ *conj*: **I wonder why he said that** me pregunto por qué dijo eso; **that's not why I'm here** no es por eso (por lo) que estoy aquí; **the reason why** la razón por la que

♦ *excl* (*expressing surprise, shock, annoyance*) ¡hombre!, ¡vaya!; (*explaining*): **why, it's you!** ¡hombre, eres tú!; **why, that's impossible!** ¡pero si eso es imposible!

wicked ['wɪkɪd] *adj* malvado, cruel

wicket ['wɪkɪt] *n* (*CRICKET: stumps*) palos *mpl*; (: *grass area*) terreno de juego

wide [waɪd] *adj* ancho; (*area, knowledge*) vasto, grande; (*choice*) amplio ♦ *adv*: **to open ~** abrir de par en par; **to shoot ~** errar el tiro ❑ **wide-angle lens** *n* objetivo gran angular ❑ **wide-awake** *adj* bien despierto ❑ **widely** *adv* (*traveled*) mucho; (*spaced*) muy; **it is widely believed/known that ...** mucha gente piensa/sabe que ... ❑ **widen** *vt* ensanchar; (*experience*) ampliar ♦ *vi* ensancharse ❑ **wide open** *adj* abierto de par en par ❑ **widespread** *adj* extendido, general

widow ['wɪdou] *n* viuda ❑ **widowed** *adj* viudo ❑ **widower** *n* viudo

width [wɪdθ] *n* anchura; (*of cloth*) ancho

wield [wiːld] *vt* (*sword*) blandir; (*power*) ejercer

wife [waɪf] (*pl* **wives**) *n* esposa, mujer *f*

wig [wɪg] *n* peluca

wiggle ['wɪgəl] *vt* menear

wild [waɪld] *adj* (*animal*) salvaje; (*plant*) silvestre; (*person*) furioso, violento; (*idea*) descabellado; (*rough: sea*) bravo; (: *land*) agreste; (: *weather*) muy revuelto ❑ **wilderness** ['wɪldərnɪs] *n* desierto ❑ **wildlife** *n* flora y fauna ❑ **wildly** *adv* (*behave*) locamente; (*lash out*) a diestro y siniestro; (*guess*) a lo loco; (*happy*) a más no poder ❑ **wilds** *npl* regiones *fpl* salvajes, tierras *fpl* vírgenes ❑ **the Wild West** *n* el oeste americano

THE WILD WEST

La expresión **the Wild West** hace referencia al área oeste de EE.UU. durante el período inicial de la colonización de los americanos a mitad del siglo XIX, tras el descubrimiento del oro en California en 1848. En esta época, muchos norteamericanos del este se trasladaron al lejano oeste en busca de fortuna, lo que dio lugar a un importante movimiento migratorio conocido como la fiebre del oro (**the golden rush**).

wilful ['wɪlful] (*BRIT*) *adj* = **willful**

will

KEYWORD

[wɪl] *aux vb*

1 (*forming future tense*): **I will finish it tomorrow** lo terminaré *or* voy a terminar mañana; **I will have finished it by tomorrow** lo habré terminado para mañana; **will you do it? – yes I will/no I won't** ¿lo harás? – sí/no

2 (*in conjectures, predictions*): **he will** *or* **he'll be there by now** ya habrá *or* debe (de) haber llegado; **that will be the mailman** será *or* debe ser el cartero

3 (*in commands, requests, offers*): **will you be quiet!** ¿quieres callarte?; **will you help me?** ¿quieres ayudarme?; **will you have a cup of tea?** ¿te apetece un té?; **I will not put up with it!** ¡no lo soporto!

♦ *vt* (*pt, pp* **willed**): **to will sb to do sth** desear que algn haga algo; **he willed himself to go on** con gran fuerza de voluntad, continuó

♦ *n* voluntad *f*; (*testament*) testamento

willful (*US*) ['wɪlful] (*BRIT* **wilful**) *adj* (*action*) deliberado; (*obstinate*) testarudo

willing ['wɪlɪŋ] *adj* (*with goodwill*) de buena voluntad; (*enthusiastic*) entusiasta; **he's ~ to do it** está dispuesto a hacerlo ❑ **willingly** *adv* con mucho gusto ❑ **willingness** *n* buena voluntad

willow ['wɪlou] *n* sauce *m*

willpower ['wɪl,pauər] *n* fuerza de voluntad

willy-nilly [,wɪlɪ'nɪlɪ] *adv* a la fuerza, quieras o no

wilt [wɪlt] *vi* marchitarse

wimp [wɪmp] (*inf*) *n* pelele *m*

win [wɪn] (*pt, pp* **won**) *n* victoria, triunfo ♦ *vt* ganar; (*obtain*) conseguir, lograr ♦ *vi* ganar ▶ **win over** *vt* convencer a ▶ **win round** (*BRIT*) *vt* = **win over**

wince [wɪns] *vi* encogerse

winch [wɪntʃ] *n* torno

wind[1] [wɪnd] *n* viento; (*MED*) gases *mpl* ♦ *vt* (*take breath away from*) dejar sin aliento a

wind[2] [waɪnd] (*pt, pp* **wound**) *vt* enrollar; (*wrap*) envolver; (*clock, toy*) dar cuerda a ♦ *vi* (*road, river*) serpentear ▶ **wind up** *vt* (*clock*) dar cuerda a; (*debate, meeting*) concluir, terminar

windfall ['wɪnd,fɔːl] *n* golpe *m* de suerte

winding ['waɪndɪŋ] *adj* (*road*) tortuoso; (*staircase*) de caracol

wind instrument ['wɪnd,ɪnstrəmənt] *n* (*MUS*) instrumento de viento

windmill ['wɪndmɪl] *n* molino de viento

window ['wɪndou] *n* ventana; (*in car, train*) ventanilla; (*in store etc*) vidriera (*LAm*), escaparate *m* (*SP*) ❑ **window box** *n* jardinera ❑ **window cleaner** *n* (*person*) limpiacristales *mf inv* ❑ **window ledge** *n* alféizar *m*, repisa ❑ **windowpane** *n* cristal *m* ❑ **window seat** *n* asiento junto a la ventana ❑ **window shade** (*US*) *n* persiana ❑ **window-shopping** *n*: **to go window-shopping** ir a ver escaparates ❑ **windowsill** *n* alféizar *m*, repisa

windpipe ['wɪnd,paɪp] *n* tráquea

wind power *n* energía eólica

windscreen ['wɪndskriːn] (*BRIT*) *n* = **windshield**

windshield ['wɪnd,ʃiːld] (*US*) *n* parabrisas *m inv* ❑ **windshield washer** *n* lavaparabrisas *m inv* ❑ **windshield wiper** *n* limpiaparabrisas *m inv*, limpiador *m* (*MEX*)

windswept ['wɪnd,swɛpt] *adj* azotado por el viento

windy ['wɪndi] *adj* de mucho viento; **it's ~** hace viento

wine [waɪn] *n* vino ❑ **wine bar** *n* bar *m* (*especializado en vinos*) ❑ **wine cellar** *n* bodega ❑ **wine glass** *n* copa de vino ❑ **wine list** *n* carta de vinos ❑ **wine waiter** *n* escanciador *m*

wing [wɪŋ] *n* ala; (*BRIT AUT*) aleta; **~s** *npl* (*THEATER*) bastidores *mpl* ❑ **winger** *n* (*SPORT*) extremo

wink [wɪŋk] *n* guiño, pestañeo ♦ *vi* guiñar, pestañear

winner ['wɪnər] *n* ganador(a) *m/f*

winning ['wɪnɪŋ] *adj* (*team*) ganador(a); (*goal*) decisivo; (*smile*) encantador(a) ❑ **winnings** *npl* ganancias *fpl*

winter ['wɪntər] *n* invierno ♦ *vi* invernar ❑ **wintry** *adj* invernal

wipe [waɪp] *n*: **to give sth a ~** pasar un trapo sobre algo ♦ *vt* limpiar; (*tape*) borrar ▶ **wipe off** *vt* limpiar con un trapo; (*remove*) quitar ▶ **wipe out** *vt* (*debt*) liquidar; (*memory*) borrar; (*destroy*) destruir ▶ **wipe up** *vt* limpiar

wire ['waɪər] *n* alambre *m*; (*ELEC*) cable *m* (eléctrico); (*US TEL*) telegrama *m* ♦ *vt* (*house*) poner la instalación eléctrica en; (*also:* **~ up**) conectar; (*US: person: telegram*) telegrafiar

wiring ['waɪərɪŋ] *n* instalación *f* eléctrica

wiry ['waɪəri] *adj* (*person*) enjuto y fuerte; (*hair*) crespo

wisdom ['wɪzdəm] *n* sabiduría, saber *m*; (*good sense*) cordura ❑ **wisdom tooth** *n* muela del juicio

wise [waɪz] *adj* sabio; (*sensible*) juicioso

...wise [waɪz] *suffix*: **time~** en cuanto a *or* respecto al tiempo

wish [wɪʃ] *n* deseo ♦ *vt* querer; **best ~es** (*on birthday etc*) felicidades *fpl*; **with best ~es** (*in letter*) saludos *mpl*, recuerdos *mpl*; **to ~ sb goodbye** despedirse de algn; **he ~ed me well** me deseó mucha suerte; **to ~ to do/sb to do sth** querer hacer/que algn haga algo; **to ~ for** desear ❑ **wishful** *adj*: **that's just wishful thinking** no son más que ilusiones

wisp [wɪsp] *n* mechón *m*; (*of smoke*) voluta

wistful ['wɪstfəl] *adj* pensativo

wit [wɪt] *n* ingenio, gracia; (*also:* **~s**) inteligencia; (*person*) chistoso(-a)

witch [wɪtʃ] *n* bruja ❑ **witchcraft** *n* brujería ❑ **witch hunt** *n* (*fig*) caza de brujas

with

KEYWORD

[wɪð, wɪθ] *prep*

1 (*accompanying, in the company of*) con (*con + mí, ti, sí = conmigo, contigo, consigo*); **I was with him** estaba con él; **we stayed with friends** nos quedamos en casa de unos amigos; **I'm (not) with you** (*don't understand*) (no) te entiendo; **to be with it** (*inf: person: up-to-date*) estar al tanto; (: *alert*) ser despabilado

2 (*descriptive, indicating manner etc*) con; de; **a room with a view** una habitación con vistas; **the man with the brown hat/blue eyes** el hombre del sombrero marrón/de ojos azules; **red with anger** rojo de ira; **to shake with fear** temblar de miedo; **to fill sth with water** llenar algo de agua

withdraw [wɪθ'drɔː] *vt* retirar, sacar ♦ *vi* retirarse; **to ~ money (from the bank)** retirar fondos (del banco) ❑ **withdrawal** *n* retirada; (*of money*) reintegro ❑ **withdrawal symptoms** *npl* (*MED*) síndrome *m* de abstinencia ❑ **withdrawn** *adj* (*person*) reservado, introvertido

wither ['wɪðər] *vi* marchitarse

withhold [wɪθ'hould] *vt* (*money*) retener; (*decision*) aplazar; (*permission*) negar; (*information*) ocultar

within [wɪð'ɪn] *prep* dentro de ♦ *adv* dentro; **~ reach (of)** al alcance (de); **~ sight (of)** a la vista (de); **~ the week** antes de acabar la semana; **~ a mile (of)** a menos de una milla (de)

without [wɪð'aut] *prep* sin; **to go ~ sth** pasar sin algo

withstand [wɪθ'stænd] *vt* resistir a

witness ['wɪtnɪs] *n* testigo *mf* ♦ *vt* (*event*) presenciar; (*document*) atestiguar la veracidad de; **to bear ~ to** (*fig*) ser testimonio de ❑ **witness box** (*BRIT*) *n* = **witness stand** ❑ **witness stand** (*US*) *n* tribuna de los testigos

witty ['wɪti] *adj* ingenioso

wives [waɪvz] *npl of* **wife**

wk. *abbr* = **week**

wobble ['wɑːbəl] *vi* temblar; (*chair*) cojear

woe [wou] *n* desgracia

woke [wouk] *pt of* **wake**

woken ['woukən] *pp of* **wake**

wolf [wulf] *n* lobo ❑ **wolves** [wulvz] *npl of* **wolf**

woman ['wumən] (*pl* **women**) *n* mujer *f* ❑ **woman doctor** *n* doctora ❑ **womanly** *adj* femenino

womb [wuːm] *n* matriz *f*, útero

women ['wɪmɪn] *npl of* **woman**

women's lib (*inf: pej*) *n* liberación *f* de la mujer

women's rights *n* derechos de la mujer

women's room (*US*) *n* baño (*LAm*) *or* servicio (*SP*) de señoras

won [wʌn] *pt, pp of* **win**

wonder ['wʌndər] *n* maravilla, prodigio; (*feeling*) asombro ♦ *vi*: **to ~ whether/why** preguntarse si/por qué; **to ~ at** asombrarse de; **to ~ about** pensar sobre *or* en; **it's no ~ (that)** no es de extrañarse (que +*subjun*) ❑ **wonderful** *adj* maravilloso

won't [wount] *cont* = **will not**

wood [wud] *n* (*timber*) madera; (*forest*) bosque *m* ❑ **wood carving** *n* (*act*) tallado en madera; (*object*) talla en madera ❑ **wooded** *adj* arbolado ❑ **wooden** *adj* de madera; (*fig*) inexpresivo ❑ **woodpecker** *n* pájaro carpintero ❑ **woodwind** *n* (*MUS*) instrumentos *mpl* de viento de madera ❑ **woodwork** *n* carpintería ❑ **woodworm** *n* carcoma

wool [wul] *n* lana; **to pull the ~ over sb's eyes** (*fig*) engatusar a algn ❑ **woolen** (*US*) (*BRIT* **woollen**) *adj* de lana ❑ **woolens** (*US*) (*BRIT* **woollens**) *npl* géneros *mpl* de lana ❑ **wooly**

(US) (BRIT **woolly**) adj lanudo, de lana; (fig: ideas) confuso

word [wɜːrd] n palabra; (news) noticia; (promise) palabra (de honor) ♦ vt redactar; **in other ~s** en otras palabras; **to break/keep one's ~** faltar a la palabra/cumplir la promesa; **to have ~s with sb** reñir con algn ❑ **wording** n redacción f ❑ **word processing** n procesamiento or tratamiento de textos ❑ **word processor** n procesador m de textos

wore [wɔːr] pt of **wear**

work [wɜːrk] n trabajo; (job) empleo, trabajo; (ART, LITERATURE) obra ♦ vi trabajar; (mechanism) funcionar, marchar; (medicine) ser eficaz, surtir efecto ♦ vt (shape) trabajar; (stone etc) tallar; (mine etc) explotar; (machine) manejar, hacer funcionar; **to be out of ~** no tener trabajo; **to ~ loose** (part) desprenderse; (knot) aflojarse ▶ **work on** vt fus trabajar en, dedicarse a; (principle) basarse en ▶ **work out** vi (plans etc) salir bien, funcionar ♦ vt (problem) resolver; (plan) elaborar; **it works out at $200** suma 200 dólares ▶ **work up** vt: **to get worked up** excitarse ❑ **workable** adj (solution) práctico, factible ❑ **workaholic** [wɜːrkəˈhɑːlɪk] n adicto(-a) al trabajo ❑ **workbook** n libro de ejercicios ❑ **worker** n trabajador(a) m/f, obrero(-a) ❑ **workforce** n mano f de obra ❑ **working class** n clase f obrera ❑ **working-class** adj obrero ❑ **working order** n: **in working order** en funcionamiento ❑ **workman** n obrero ❑ **workmanship** n habilidad f, trabajo ❑ **works** n (BRIT: factory) fábrica ♦ npl (of clock, machine) mecanismo ❑ **worksheet** n hoja de trabajo ❑ **workshop** n taller m ❑ **workstation** n terminal f de trabajo ❑ **work-to-rule** (BRIT) n huelga de brazos caídos

world [wɜːrld] n mundo ♦ cpd (champion) del mundo; (power, war) mundial; **to think the ~ of sb** (fig) tener a algn en gran estima ❑ **worldly** adj mundano ❑ **worldwide** adj mundial, universal ❑ **Worldwide Web** n: **the World-Wide Web** el WWW

worm [wɜːrm] n (also: **earth~**) lombriz f

worn [wɔːrn] pp of **wear** ♦ adj usado ❑ **worn-out** adj (object) gastado; (person) rendido, agotado

worried [ˈwɜːrid] adj preocupado

worrisome [ˈwɜːrisəm] (US) adj preocupante, inquietante

worry [ˈwɜːri] n preocupación f ♦ vt preocupar, inquietar ♦ vi preocuparse ❑ **worrying** (BRIT) adj = **worrisome**

worse [wɜːrs] adj, adv peor ♦ n lo peor; **a change for the ~** un empeoramiento ❑ **worse off** adj (financially): **to be worse off** tener menos dinero; (fig): **you'll be worse off this way** de esta forma estarás peor que nunca ❑ **worsen** vt, vi empeorar

worship [ˈwɜːrʃɪp] n adoración f ♦ vt adorar; (BRIT: in titles): **Your W~** (to mayor) señor alcalde; (to judge) Su Señoría

worst [wɜːrst] adj, adv peor ♦ n lo peor; **at ~** en el peor de los casos

worth [wɜːrθ] n valor m ♦ adj: **to be ~** valer; **it's ~ it** vale or merece la pena; **to be ~ one's while (to do)** valer or merecer la pena (hacer) ❑ **worthless** adj sin valor; (useless) inútil ❑ **worthwhile** adj (activity) que vale or merece la pena; (cause) loable

worthy [ˈwɜːrði] adj respetable; (motive) honesto; **~ of** digno de

would

KEYWORD

[wud] aux vb

1 (conditional tense): **if you asked him he would do it** si se lo pidieras, lo haría; **if you had asked him he would have done it** si se lo hubieras pedido, lo habría or hubiera hecho

2 (in offers, invitations, requests): **would you like a cookie?** ¿quieres una galleta?; (formal) ¿querría una galleta?; **would you ask him to come in?** ¿quiere hacerle pasar?; **would you open the window please?** ¿quiere or podría abrir la ventana, por favor?

3 (in indirect speech): **I said I would do it** dije que lo haría

4 (emphatic): **it would have to snow today!** ¡tenía que nevar precisamente hoy!

5 (insistence): **she wouldn't behave** no quiso comportarse bien

6 (conjecture): **it would have been midnight** sería medianoche; **it would seem so** parece ser que sí

7 (indicating habit): **he would go there on Mondays** iba allí los lunes

would-be (pej) adj presunto

wouldn't [ˈwudnt] cont = **would not**

wound[1] [wuːnd] n herida ♦ vt herir

wound[2] [waund] pt, pp of **wind**[2]

wove [wouv] pt of **weave**

woven [ˈwouvən] pp of **weave**

wow [wau] (inf) excl ¡vaya!, ¡hala!

wrap [ræp] vt (also: **~ up**) envolver ❑ **wrapper** n (on chocolate) papel m; (BRIT: of book) sobrecubierta ❑ **wrapping paper** n papel m de envolver; (gift-wrap) papel m de regalo

wreak [riːk] vt: **to ~ havoc (on)** hacer estragos (en); **to ~ vengeance (on)** vengarse (de)

wreath [riːθ, pl riːðz] n (funeral wreath) corona

wreck [rɛk] n (ship: destruction) naufragio; (: remains) restos mpl del barco; (US: accident) accidente m; (pej: person) ruina ♦ vt (car etc) destrozar; (chances) arruinar ❑ **wreckage** n restos mpl; (of building) escombros mpl

wren [rɛn] n (ZOOL) chochín m, carrizo

wrench [rentʃ] n (tug) tirón m; (US: non-adjustable) llave f fija (de tuercas); (BRIT: adjustable) llave f inglesa; (fig) dolor m ♦ vt arrancar; **to ~ sth from sb** arrebatar algo violentamente a algn

wrestle [ˈrɛsəl] vi: **to ~ (with sb)** luchar (con or contra algn) ❑ **wrestler** n luchador(a) m/f (de lucha libre) ❑ **wrestling** n lucha libre

wretched [ˈrɛtʃid] adj miserable

wriggle [ˈrɪgəl] vi (also: **~ around**) menearse, retorcerse

wring [rɪŋ] (pt, pp **wrung**) vt retorcer; (wet clothes) escurrir; (fig): **to ~ sth out of sb** sacar algo por la fuerza a algn

wrinkle [ˈrɪŋkəl] n arruga ♦ vt arrugar ♦ vi arrugarse

wrist [rɪst] n muñeca ❑ **wristwatch** n reloj m de pulsera

writ [rɪt] n mandato judicial

write [raɪt] (pt **wrote**, pp **written**) vt escribir; (check) extender ♦ vi escribir ▶ **write down** vt escribir; (note) apuntar ▶ **write off** vt (debt) cancelar (por incobrable); (fig) desechar por inútil ▶ **write out** vt escribir ▶ **write up** vt redactar ❑ **write-off** (BRIT) n siniestro total ❑ **writer** n escritor(a) m/f

writhe [raɪð] vi retorcerse

writing [ˈraɪtɪŋ] n escritura; (handwriting) letra; (of author) obras fpl; **in ~** por escrito ❑ **writing paper** n papel m de escribir

written [ˈrɪtn] pp of **write**

wrong [rɔːŋ] adj (wicked) malo; (unfair) injusto; (incorrect) equivocado, incorrecto; (not suitable) inoportuno, inconveniente; (reverse) del revés ♦ adv equivocadamente ♦ n injusticia ♦ vt ser injusto con; **you are ~ to do it** haces mal en hacerlo; **you are ~ about that, you've got it ~** en eso estás equivocado; **to be in the ~** no tener razón, tener la culpa; **what's ~?** ¿qué pasa?; **to go ~** (person) equivocarse; (plan) salir mal; (machine) estropearse ❑ **wrongful** adj injusto ❑ **wrongly** adv mal, incorrectamente; (by mistake) por error ❑ **wrong number** n (TEL): **you've got the wrong number** se ha equivocado de número

wrote [rout] pt of **write**

wrought iron [ˈrɔːtˌaɪərn] n hierro forjado

wrung [rʌŋ] pt, pp of **wring**

wt. abbr = **weight**

WWW n abbr (= World Wide Web) WWW m

Xx Yy Zz

Xmas [ˈɛksməs] n abbr = **Christmas**

X-ray [ˈɛksˌreɪ] n radiografía ♦ vt radiografiar, sacar radiografías de

xylophone [ˈzaɪləfoun] n xilófono

yacht [jɑːt] n yate m ❑ **yachting** n (sport) (navegación f a) vela ❑ **yachtsman/woman** n navegante mf

yam [jæm] n ñame m; (US: sweet potato) batata, camote m (MEX, SC)

Yank [jæŋk] (pej) n yanqui mf

Yankee [ˈjæŋki] (pej) n = **Yank**

yap [jæp] vi (dog) aullar

yard [jɑːrd] n (courtyard, farmyard) patio; (US: garden) jardín m; (measure) yarda (91,44 cm) ❑ **yard sale** (US) n venta de objetos usados (en el jardín de una casa particular); see also **garage sale** ❑ **yardstick** n (fig) criterio, norma

yarn [jɑːrn] n hilo; (tale) cuento, historia

yawn [jɔːn] n bostezo ♦ vi bostezar ❑ **yawning** adj (gap) muy abierto

yd(s). abbr = **yard(s)**

yeah [jɛə] (inf) adv sí

year [jɪər] n año; **to be 8 ~s old** tener 8 años; **an eight-~-old child** un niño de ocho años (de edad) ❑ **yearly** adj anual ♦ adv anualmente, cada año

yearn [jɜːrn] vi: **to ~ for sth** añorar algo, suspirar por algo

yeast [jiːst] n levadura

yell [jɛl] n grito, alarido ♦ vi gritar

yellow [ˈjɛlou] adj amarillo

yelp [jɛlp] n aullido ♦ vi aullar

yes [jɛs] adv sí ♦ n sí m; **to say/answer ~** decir/contestar que sí

yesterday [ˈjɛstərdeɪ] adv ayer ♦ n ayer m; **~ morning/evening** ayer por la mañana/tarde; **all day ~** todo el día de ayer

yet [jɛt] adv ya; (negative) todavía ♦ conj sin embargo, a pesar de todo; **it is not finished ~** todavía no está acabado; **the best ~** el/la mejor hasta ahora; **as ~** hasta ahora todavía

yew [juː] n tejo

yield [jiːld] n (AGR) cosecha; (COMM) rendimiento ♦ vt ceder; (results) producir, dar; (profit) rendir ♦ vi rendirse, ceder; (US AUT) ceder el paso

YMCA n abbr (= Young Men's Christian Association) Asociación f de Jóvenes Cristianos

yog(h)urt [ˈjougərt] n yogur m

yoke [jouk] n yugo

yokel [ˈjoukəl] n palurdo(-a)

yolk [jouk] n yema (de huevo)

you

KEYWORD

[juː] pron

1 (subject: familiar) tú, (pl) ustedes (LAm), vosotros(-as) (SP); (polite) usted, (pl) ustedes; **you are very kind** eres/es etc muy amable; **you Mexicans enjoy your food** a ustedes (or vosotros) los mexicanos les (or os) gusta la; **you and I will go** iremos tú y yo

2 (object: direct: familiar) te, (pl) les (LAm), os (SP); (polite) le, (pl) les, (f) la, (pl) las; **I know you** te/lo etc conozco

3 (object: indirect: familiar) te, (pl) les (LAm), os (SP); (polite) le, (pl) les; **I gave the letter to you yesterday** te/os etc di la carta ayer

4 (stressed): **I told you to do it** te dije a ti que lo hicieras, es a ti a quien dije que lo hicieras see also **3, 5**

5 (after prep: NB: con + ti = contigo: familiar) ti, (pl) ustedes (LAm), vosotros(-as) (SP); (: polite) usted, (pl) ustedes; **it's for you** es para ti/vosotros etc

6 (comparisons: familiar) tú, (pl) ustedes (LAm), vosotros(-as) (SP); (: polite) usted, (pl) ustedes; **she's younger than you** es más joven que tú/vosotros etc

7 (impersonal: one): **fresh air does you good** el aire puro (te) hace bien; **you never know** nunca se sabe; **you can't do that!** ¡eso no se hace!

you'd [juːd] cont = **you had**; **you would**

you'll [juːl] cont = **you will**; **you shall**

young [jʌŋ] adj joven ♦ npl (of animal) cría; (people): **the ~** los jóvenes, la juventud ❑ **younger** adj (brother etc) menor ❑ **youngster** n joven mf

your [jɔːr] adj tu; (pl) vuestro; (formal) su; see also **my**

you're [juər] cont = **you are**

yours [jɔːrz] pron tuyo (pl), vuestro; (formal) suyo; see also **faithfully**; **mine**[1]; **sincerely**

yourself [jɔːrˈsɛlf] pron tú mismo; (complement) te; (after prep) ti (mismo); (formal) usted mismo; (: complement) se; (: after prep) sí (mismo) ❑ **yourselves** pl pron vosotros mismos; (after prep) vosotros (mismos); (formal) ustedes (mismos); (: complement) se; (: after prep) sí mismos; see also **oneself**

youth [juːθ, pl juːðz] n juventud f; (young man) joven m ❑ **youth club** n club m juvenil ❑ **youthful** adj juvenil ❑ **youth hostel** n albergue m juvenil

you've [juːv] cont = **you have**

Yugoslav [juːgouˈslɑːv] adj, n (HIST) yugoslavo(-a)

Yugoslavia [juːgouˈslɑːviə] n (HIST) Yugoslavia

yuppie [ˈjʌpi] (inf) adj, n yupi mf

YWCA n abbr (= Young Women's Christian Association) Asociación f de Jóvenes Cristianas

zany [ˈzeɪni] adj estrafalario

zap [zæp] vt (COMPUT) borrar

zeal [ziːl] n celo, entusiasmo ❑ **zealous** [ˈzɛləs] adj celoso, entusiasta

zebra [ˈziːbrə] n cebra ❑ **zebra crossing** (BRIT) n paso de peatones

zero [ˈzɪrou] n cero

zest [zɛst] n ánimo, vivacidad f; (of orange) piel f

zigzag [ˈzɪgzæg] n zigzag m ♦ vi zigzaguear, hacer eses

zinc [zɪŋk] n cinc m, zinc m

zip [zɪp] n (BRIT: also: **~ fastener**) zíper m (MEX, CAm), cierre m (LAm), cremallera (SP) ♦ vt (also: **~ up**) cerrar el cierre or la cremallera de ❑ **zip code** (US) n código postal

zipper [ˈzɪpər] (US) n zíper m (MEX, CAm), cierre m (LAm), cremallera (SP)

zodiac [ˈzoudiæk] n zodíaco

zone [zoun] n zona

zoo [zuː] n (jardín m) zoo m

zoology [zouˈɑːlədʒi] n zoología

zoom [zuːm] vi: **to ~ past** pasar zumbando ❑ **zoom lens** n zoom m

zucchini [zuˈkiːni] (US) n(pl) calabacín(ines) m(pl), calabacita(s) f(pl) (MEX)

GAMES

The wordgames on the following pages have been designed to give you practice in using your dictionary. Make sure you read the "Using Your HarperCollins Dictionary" section at the front of this book before you start. Don't worry, there are answers on page 126 in case you get really stuck!

WORDGAME 1

▶ ANTONYMS ▼

Complete the crossword by supplying ANTONYMS (i.e. opposites) in Spanish of the words below. Use your dictionary to help.

¹B			
⁴P			
²C			
⁷T			
¹⁰C			
³P		
⁵E		
⁶A							
⁹N		
⁸Q				

1. FEO
2. ABRIR
3. LIVIANO
4. RIQUEZA
5. SALIR
6. ENGORDAR
7. INQUIETO
8. PONER
9. TODO
10. OSCURO

JUEGOS

Los pasatiempos de las páginas siguientes están pensados para ayudarte a manejar el diccionario de una forma práctica. Para ello, y antes de empezar, te conviene leer la introducción que está al principio, aunque es mejor que intentes resolverlos sin mirar la solución y si te quedas atascado puedes mirar a la página 126.

WORDGAME 2

▶ VERB TENSES ▼

Use your dictionary to help you fill in the blanks in the table below.

INFINITIVE	PRESENT SUBJUNCTIVE	PRETERITE	FUTURE
tener		yo	
hacer			yo
poder			yo
decir		yo	
agradecer	yo		
saber			yo
reír	yo		
querer		yo	
caber	yo		
ir	yo		yo
salir			
ser		yo	

123

WORDGAME 3

Here is a list of Spanish words for things you will find in the kitchen. Unfortunately, they have all been jumbled up. Try to work out what each word is and put the word in the boxes below. With the seven shaded boxes on the right. You will see that there are seven shaded boxes in the shaded boxes make up another Spanish word for an object you can find in the kitchen.

1. azta — ¿Quieres una _____ de café?

2. fgreirdraeor — ¡Mete la mantequilla en el _____!

3. asme — ¡La comida está en la _____!

4. locearca — Su madre está calentando la leche en el _____.

5. roegcanldo — ¡No saques el helado del _____ todavía!

6. uclclohi — ¿Dónde pusiste el _____ del queso?

7. tolpa — ¿Me pasas un _____?

The word you are looking for is:

JUEGO 4

▶ ARTÍCULOS DEL DICCIONARIO ▼

Completa este crucigrama con las traducciones en inglés de la lista de palabras españolas. Hay un pequeño inconveniente: todas estas palabras tienen más de un significado en inglés y sólo una de las traducciones encaja en las casillas del crucigrama. Por lo tanto tienes que fijarte en todos los distintos significados y elegir el que encaja en las casillas.

(Recuerda que si tienes que insertar un verbo en infinitivo, no es necesario que escribas 'to', como en 'to go', que sería sólo 'go'.)

1. ÚLTIMO
2. TODAVÍA
3. MAÑANA
4. PICADURA
5. COPA
6. CLARO
7. DISCO
8. CURVA
9. ROBO
10. REPORTAJE
11. ARTE
12. ABURRIDO

124

JUEGO 5

▶ PARTES DE LA ORACIÓN ▼

Indica con una cruz la función gramatical que tienen las palabras señaladas en cada una de las siguientes oraciones.

ORACIÓN	SUST	ADJ	ADV	VERBO
1. Are you going to wash your car?				
2. Hand me the hammer, please.				
3. Your dress is not very clean.				
4. Shall we go for a drive?				
5. We arrived just in time.				
6. The garage serviced my car last week.				
7. My foot is very sore.				
8. Are we having stew for dinner?				
9. They live in California.				
10. He switched off the light.				

JUEGO 6

▶ TABLERO DE DAMAS ▼

En las siguientes casillas las letras de diez palabras inglesas han sido sustituidas por números. Cada dígito representa siempre la misma letra.

Intenta descifrar el código para encontrar las diez palabras. Puedes recurrir a tu diccionario si necesitas ayuda.

Aquí tienes una pista: Todas las palabras están relacionadas con EL TRANSPORTE.

1. A[1] I[2] R[3] [4] [5] [6] [7] [8]

2. [9] [10] [11]

3. [12] [3] [1] [2] [7]

4. [13] [14] [15] [8] [3] [16]   [1] [17] [12]

5. [16] [14] [1] [16] [13]

6. [9] [2] [16] [18] [16] [5] [8]

7. [16] [1] [3]

8. [12] [3] [1] [2] [5] [8]   [3]

9. [11] [10] [9] [19] [1] [18]

10. [17] [8] [3] [3] [18]

125

◄ ANSWERS / SOLUCIONES ▼

WORDGAME 1

1. bonito
2. cerrar
3. pesado
4. pobreza
5. entrar
6. adelgazar
7. tranquilo
8. quitar
9. nada
10. claro

JUEGO 4

1. last
2. still
3. morning
4. sting
5. top
6. clear
7. record
8. bend
9. robbery
10. documentary
11. art
12. bored

WORDGAME 2

tuve   ría
haré   quise
podré   quepa
dije   vaya
agradezca saldré
sabré   fui

JUEGO 5

1. Verbo
2. Verbo
3. Adjetivo
4. Sustantivo
5. Adverbio
6. Verbo
7. Adjetivo
8. Sustantivo
9. Verbo
10. Sustantivo

WORDGAME 3

1. taza
2. refrigerador
3. mesa
4. cacerola
5. congelador
6. cuchillo
7. plato

Missing word –
ARMARIO

JUEGO 6

1. airplane
2. bus
3. train
4. hovercraft
5. coach
6. bicycle
7. car
8. trailer
9. subway
10. ferry

SPANISH VERB TABLES

1 Gerund **2** Imperative **3** Present **4** Preterite **5** Future **6** Present subjunctive **7** Imperfect subjunctive **8** Past participle **9** Imperfect. Etc indicates that the irregular root is used for all persons of the tense, e.g. **oír: 6** oiga, oigas, oigamos, oigáis, oigan.

agradecer 3 agradezco **6** agradezca etc

aprobar 2 aprueba **3** apruebo, aprue- bas, aprueba, aprueban **6** apruebe, apruebes, apruebe, aprueben

atravesar 2 atraviesa **3** atravieso, atraviesas, atraviesa, atraviesan **6** atraviese, atravieses, atraviese, atraviesen

caber 3 quepo **4** cupe, cupiste, cupo, cupimos, cupisteis, cupieron **5** cabré etc **6** quepa etc **7** cupiera etc

caer 1 cayendo **3** caigo **4** cayó, cayeron **6** caiga etc **7** cayera etc

cerrar 2 cierra **3** cierro, cierras, cierra, cierran **6** cierre, cierres, cierre, cierren

COMER 1 comiendo **2** come, comed **3** como, comes, come, comemos, coméis, comen **4** comí, comiste, comió, comimos, comisteis, comieron **5** com- eré, comerás, comerá, comeremos, comeréis, comerán **6** coma, comas, coma, comamos, comáis, coman **7** comiera, comieras, comiera, comiéramos, comierais, comieran **8** comido **9** comía, comías, comía, comíamos, comíais, comían

conocer 3 conozco **6** conozca etc

contar 2 cuenta **3** cuento, cuentas, cuenta, cuentan **6** cuente, cuentes, cuente, cuenten

dar 3 doy **4** di, diste, dio, dimos, disteis, dieron **7** diera etc

decir 2 di **3** digo **4** dije, dijiste, dijo, dijimos, dijisteis, dijeron **5** diré etc **6** diga etc **7** dijera etc **8** dicho

despertar 2 despierta **3** despierto, despiertas, despierta, despiertan **6** despierte, despiertes, despierte, despierten

divertir 1 divirtiendo **2** divierte **3** divierto, diviertes, divierte, divierten **4** divirtió, divirtieron **6** divierta, diviertas, divierta, divirtáis, diviertan **7** divirtiera etc

dormir 1 durmiendo **2** duerme **3** duermo, duermes, duerme, duermen **4** durmió, durmieron **6** duerma, duermas, duerma, durmáis, duerman **7** durmiera etc

empezar 2 empieza **3** empiezo, empiezas, empieza, empiezan **4** empecé **6** empiece, empieces, empiece, empecemos, empecéis, empiecen

entender 2 entiende **3** entiendo, entiendes, entiende, entienden **6** entienda, entiendas, entienda, entiendan

ESTAR 2 está **3** estoy, estás, está, están **4** estuve, estuviste, estuvo, estuvi- mos, estuvisteis, estuvieron **6** esté, estés, esté, estén **7** estuviera etc

HABER 3 he, has, ha, hemos, han **4** hube, hubiste, hubo, hubimos, hubisteis, hubieron **5** habré etc **6** haya etc **7** hubiera etc

HABLAR 1 hablando **2** habla, hablad **3** hablo, hablas, habla, hablamos, habláis, hablan **4** hablé, hablaste, habló, hablam- os, hablasteis, hablaron **5** hablaré, hablarás, hablará, hablaremos, hablaréis, hablarán **6** hable, hables, hable, hable- mos, habléis, hablen **7** hablara, hablaras, hablara, habláramos, hablarais, hablaran **8** hablado **9** hablaba, hablabas, hablaba, hablábamos, hablabais, hablaban

hacer 2 haz **3** hago **4** hice, hiciste, hizo, hicimos, hicisteis, hicieron **5** haré etc **6** haga etc **7** hiciera etc **8** hecho

instruir 1 instruyendo **2** instruye **3** instruyo, instruyes, instruye, instruyen **4** instruyó, instruyeron **6** instruya etc **7** instruyera etc

ir 1 yendo **2** ve **3** voy, vas, va, vamos, vais, van **4** fui, fuiste, fue, fuimos, fuisteis, fueron **6** vaya, vayas, vaya, vayamos, vayáis, vayan **7** fuera etc **9** iba, ibas, iba, íbamos, ibais, iban

jugar 2 juega **3** juego, juegas, juega, jue- gan **4** jugué **6** juegue etc

leer 1 leyendo **4** leyó, leyeron **7** leyera etc

morir 1 muriendo **2** muere **3** muero, mueres, muere, mueren **4** murió, murieron **6** muera, mueras, muera, muramos, muráis, mueran **7** muriera etc **8** muerto

mover 2 mueve **3** muevo, mueves, mueve, mueven **6** mueva, muevas, mueva, muevan

negar 2 niega **3** niego, niegas, niega, niegan **4** negué **6** niegue, niegues, niegue, neguemos, neguéis, nieguen

ofrecer 3 ofrezco **6** ofrezca etc

oír 1 oyendo **2** oye **3** oigo, oyes, oye, oyen **4** oyó, oyeron **6** oiga etc **7** oyera etc

oler 2 huele **3** huelo, hueles, huele, huelen **6** huela, huelas, huela, huelan

parecer 3 parezco **6** parezca etc

pedir 1 pidiendo **2** pide **3** pido, pides, pide, piden **4** pidió, pidieron **6** pida etc **7** pidiera etc

pensar 2 piensa **3** pienso, piensas, piensa, piensan **6** piense, pienses, piense, piensen

perder 2 pierde **3** pierdo, pierdes, pierde, pierden **6** pierda, pierdas, pier- da, pierdan

poder 1 pudiendo **2** puede **3** puedo, puedes, puede, pueden **4** pude, pudis- te, pudo, pudimos, pudisteis, pudieron **5** podré etc **6** pueda, puedas, pueda, puedan **7** pudiera etc

poner 2 pon **3** pongo **4** puse, pusiste, puso, pusimos, pusisteis, pusieron **5** pondré etc **6** ponga etc **7** pusiera etc **8** puesto

preferir 1 prefiriendo **2** prefiere **3** prefiero, prefieres, prefiere, prefieren **4** prefirió, prefirieron **6** prefiera, pre- fieras, prefiera, prefiramos, prefiráis, prefieran **7** prefiriera etc

querer 2 quiere **3** quiero, quieres, quiere, quieren **4** quise, quisiste, quiso, quisimos, quisisteis, quisieron **5** querré etc **6** quiera, quieras, quiera, quieran **7** quisiera etc

reír 2ríe **3** río, ríes, ríe, ríen **4** rei, rieron **6** ría, rías, ría, riamos, riáis, rían **7** riera etc

repetir 1 repitiendo **2** repite **3** repito, repites, repite, repiten **4** repitió, repi- tieron **6** repita etc **7** repitiera etc

rogar 2 ruega **3** ruego, ruegas, ruega, ruegan **4** rogué **6** ruegue, ruegues, ruegue, roguemos, roguéis, rueguen

saber 3 sé **4** supe, supiste, supo, supi- mos, supisteis, supieron **5** sabré etc **6** sepa etc **7** supiera etc

salir 2 sal **3** salgo **5** saldré etc **6** salga

seguir 1 siguiendo **2** sigue **3** sigo, sigues, sigue, siguen **4** siguió, siguieron **6** siga etc **7** siguiera etc

sentar 2 sienta **3** siento, sientas, sien- ta, sientan **6** siente, sientes, siente, sien- ten

sentir 1 sintiendo **2** siente **3** siento, sientes, siente, sienten **4** sintió, sin- tieron **6** sienta, sientas, sienta, sintamos, sintáis, sientan **7** sintiera etc

SER 2 sé **3** soy, eres, es, somos, sois, son **4** fui, fuiste, fue, fuimos, fuisteis, fueron **6** sea etc **7** fuera etc **9** era, eras, era, éramos, erais, eran

servir 1 sirviendo **2** sirve **3** sirvo, sirves, sirve, sirven **4** sirvió, sirvieron **6** sirva etc **7** sirviera etc

soñar 2 sueña **3** sueño, sueñas, sueña, sueñan **6** sueñe, sueñes, sueñe, sueñen

tener 2 ten **3** tengo, tienes, tiene, tienen **4** tuve, tuviste, tuvo, tuvimos, tuvisteis, tuvieron **5** tendré etc **6** tenga etc **7** tuviera etc

traer 1 trayendo **3** traigo **4** traje, tra- jiste, trajo, trajimos, trajisteis, trajeron **6** traiga etc **7** trajera etc

valer 2 val **3** valgo **5** valdré etc **6** valga etc

venir 2 ven **3** vengo, vienes, viene, vienen **4** vine, viniste, vino, vinimos, vin- isteis, vinieron **5** vendré etc **6** venga etc **7** viniera etc

ver 3 veo **6** vea etc **8** visto **9** veía etc

vestir 1 vistiendo **2** viste **3** visto, vistes, viste, visten **4** vistió, vistieron **6** vista etc **7** vistiera etc

VIVIR 1 viviendo **2** vive, vivid **3** vivo, vives, vive, vivimos, vivís, viven **4** viví, viviste, vivió, vivimos, vivisteis, vivieron **5** viviré, vivirás, vivirá, viviremos, viviréis, vivirán **6** viva, vivas, viva, viva- mos, viváis, vivan **7** viviera, vivieras, viviera, viviéramos, vivierais, vivieran **8** vivido **9** vivía, vivías, vivía, vivíamos, vivíais, vivían

volver 2 vuelve **3** vuelvo, vuelves, vuelve, vuelven **6** vuelva, vuelvas, vuelva, vuelvan **8** vuelto

VERBOS IRREGULARES EN INGLÉS

presente	pasado	participio de pasado
arise	arose	arisen
awake	awoke	awoken
be (am, is, are; being)	was, were	been
bear	bore	born(e)
beat	beat	beaten
become	became	become
begin	began	begun
bend	bent	bent
bet	bet, betted	bet, betted
bid (at auction, cards)	bid	bid
bid (say)	bade	bidden
bind	bound	bound
bite	bit	bitten
bleed	bled	bled
blow	blew	blown
break	broke	broken
breed	bred	bred
bring	brought	brought
build	built	built
burn	burnt, burned	burnt, burned
burst	burst	burst
buy	bought	bought
can	could	(been able)
cast	cast	cast
catch	caught	caught
choose	chose	chosen
cling	clung	clung
come	came	come
cost	cost	cost
cost (work out price of)	costed	costed
creep	crept	crept
cut	cut	cut
deal	dealt	dealt
dig	dug	dug
do (does)	did	done
draw	drew	drawn
dream	dreamed, dreamt	dreamed, dreamt
drink	drank	drunk
drive	drove	driven
dwell	dwelt	dwelt

presente	pasado	participio de pasado
eat	ate	eaten
fall	fell	fallen
feed	fed	fed
feel	felt	felt
fight	fought	fought
find	found	found
flee	fled	fled
fling	flung	flung
fly	flew	flown
forbid	forbad(e)	forbidden
forecast	forecast	forecast
forget	forgot	forgotten
forgive	forgave	forgiven
forsake	forsook	forsaken
freeze	froze	frozen
get	got	got, (US) gotten
give	gave	given
go (goes)	went	gone
grind	ground	ground
grow	grew	grown
hang	hung	hung
hang (execute)	hanged	hanged
have	had	had
hear	heard	heard
hide	hid	hidden
hit	hit	hit
hold	held	held
hurt	hurt	hurt
keep	kept	kept
kneel	knelt, kneeled	knelt, kneeled
know	knew	known
lay	laid	laid
lead	led	led
lean	leant, leaned	leant, leaned
leap	leapt, leaped	leapt, leaped
learn	learnt, learned	learnt, learned
leave	left	left
lend	lent	lent
let	let	let
lie (lying)	lay	lain
light	lit, lighted	lit, lighted
lose	lost	lost

presente	pasado	participio de pasado
make	made	made
may	might	—
mean	meant	meant
meet	met	met
mistake	mistook	mistaken
mow	mowed	mown, mowed
must	(had to)	(had to)
pay	paid	paid
put	put	put
quit	quit, quitted	quit, quitted
read	read	read
rid	rid	rid
ride	rode	ridden
ring	rang	rung
rise	rose	risen
run	ran	run
saw	sawed	sawed, sawn
say	said	said
see	saw	seen
seek	sought	sought
sell	sold	sold
send	sent	sent
set	set	set
sew	sewed	sewn
shake	shook	shaken
shear	sheared	shorn, sheared
shed	shed	shed
shine	shone	shone
shoot	shot	shot
show	showed	shown
shrink	shrank	shrunk
shut	shut	shut
sing	sang	sung
sink	sank	sunk
sit	sat	sat
slay	slew	slain
sleep	slept	slept
slide	slid	slid
sling	slung	slung
slit	slit	slit
smell	smelt, smelled	smelt, smelled
sow	sowed	sown, sowed
speak	spoke	spoken

presente	pasado	participio de pasado
speed	speeded	sped, speeded
spell	spelt, spelled	spelt, spelled
spend	spent	spent
spill	spilt, spilled	spilt, spilled
spin	spun	spun
spit	spat	spat
spoil	spoiled, spoilt	spoiled, spoilt
spread	spread	spread
spring	sprang	sprung
stand	stood	stood
steal	stole	stolen
stick	stuck	stuck
sting	stung	stung
stink	stank	stunk
stride	strode	stridden
strike	struck	struck
strive	strove	striven
swear	swore	sworn
sweep	swept	swept
swell	swelled	swollen, swelled
swim	swam	swum
swing	swung	swung
take	took	taken
teach	taught	taught
tear	tore	torn
tell	told	told
think	thought	thought
throw	threw	thrown
thrust	thrust	thrust
tread	trod	trodden
wake	woke, waked	woken, waked
wear	wore	worn
weave	wove	woven
weave (wind)	weaved	weaved
wed	wedded, wed	wedded, wed
weep	wept	wept
win	won	won
wind	wound	wound
wring	wrung	wrung
write	wrote	written